HISTOIRE
DE LA
RÉUNION DE LA NAVARRE
A LA CASTILLE

ESSAI SUR LES RELATIONS

DES PRINCES DE FOIX-ALBRET AVEC LA FRANCE ET L'ESPAGNE

(1479-1521)

PAR

P. BOISSONNADE

PROFESSEUR AGRÉGÉ D'HISTOIRE AU LYCÉE D'ANGOULÊME

DOCTEUR ÈS-LETTRES

PARIS
ALPHONSE PICARD ET FILS, ÉDITEURS
LIBRAIRES DES ARCHIVES NATIONALES ET DE L'ÉCOLE DES CHARTES
82, RUE BONAPARTE, 82
1893

Tous droits réservés

HISTOIRE

DE LA

RÉUNION DE LA NAVARRE

A LA CASTILLE

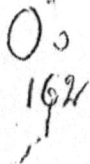

Angoulême, imp. G. Chasseignac, rempart Desaix, 25.

HISTOIRE
DE LA
RÉUNION DE LA NAVARRE
A LA CASTILLE

ESSAI SUR LES RELATIONS

DES PRINCES DE FOIX-ALBRET AVEC LA FRANCE ET L'ESPAGNE

(1479-1521)

PAR

P. BOISSONNADE

PROFESSEUR AGRÉGÉ D'HISTOIRE AU LYCÉE D'ANGOULÊME

DOCTEUR ÈS-LETTRES

PARIS

ALPHONSE PICARD ET FILS, ÉDITEURS

LIBRAIRES DES ARCHIVES NATIONALES ET DE L'ÉCOLE DES CHARTES

82, RUE BONAPARTE, 82

1893

Tous droits réservés

INTRODUCTION.

La période la plus importante de l'histoire de la Navarre est peut-être celle qui s'étend de l'avénement de la dynastie de Foix-Albret (1479) à la conquête espagnole (1512-1521). En effet, pendant ces quarante-deux années, près d'un demi-siècle, cette histoire est intimement mêlée au courant général de la politique européenne. L'annexion du petit royaume pyrénéen à l'Espagne et les vicissitudes de ses relations avec les monarchies française et castillane forment certainement un des épisodes les moins connus, mais non les moins remarquables, de la longue rivalité entre les deux grandes puissances du XVIe siècle. Sur un théâtre plus étroit et moins retentissant que celui de l'Italie se joue une partie serrée entre la France et l'Espagne, partie dont l'enjeu est loin d'être méprisable. Il s'agit pour la Castille de compléter son unité territoriale, d'atteindre à sa frontière naturelle, de fermer aux Français l'accès de la péninsule. Il s'agit pour la France de conserver sous son influence les provinces méridionales réunies par le hasard d'un mariage à la Navarre, de maintenir dans l'obéissance ces souverains détenteurs de « la porte des Espagnes », d'empêcher ses puissants vassaux de Foix-Albret, qui ont ceint la couronne navarraise, de conquérir, à la faveur des complications européennes, une indépendance dangereuse. L'histoire de la Navarre pendant ce demi-siècle complète les notions encore imparfaites que l'on possède sur cette longue rivalité de la France et de l'Espagne. Elle forme un chapitre nouveau et à peu près inconnu de l'histoire de cette rivalité. Elle montre aussi une fois de plus comment périrent les petits États du moyen-âge, épuisés par l'anarchie.

Malgré l'intérêt spécial qu'offre l'étude de cette période, elle n'a jamais été l'objet d'un travail approfondi. Les histoires générales d'Espagne mentionnent brièvement la conquête de 1512; si l'on en excepte Mariana, Garibay, et surtout Zurita, aucun historien espagnol ne s'est préoccupé d'étudier les relations de la Navarre avec l'Espagne pendant ces quarante-deux années. Encore ne trouve-t-on dans les trois auteurs qui se sont occupés de ces rapports qu'un exposé incomplet et parfois erroné. Quant aux historiens navarrais, Aleson, et plus récemment Yanguas, ils n'ont pas su utiliser les documents des Archives espagnoles, ni même le récit, cependant remarquable, de Zurita. Les lacunes, les erreurs de chronologie et de faits abondent dans les histoires de Navarre qu'ils ont écrites. Érudits espagnols et érudits navarrais ignorent à peu près entièrement les relations des princes de Foix-Albret avec la France. Ce ne sont pas les historiens français qui ont pu suppléer à leur silence. Les uns, auteurs des histoires générales de France, ne prêtent à l'épisode de la conquête de la Navarre et au récit de ses relations avec notre pays aucune attention; les autres, historiens des provinces méridionales, n'ont pas davantage étudié une question qui ne se rattachait d'ailleurs qu'indirectement à leurs études. Les éléments d'une étude originale se trouvaient dispersés, soit dans les chroniques contemporaines des événements que nous exposons, soit dans les documents français et espagnols déjà publiés, soit surtout dans les Archives de France, d'Espagne et d'Angleterre. Notre travail est donc entièrement nouveau sur la plupart des points : il fixe la chronologie de cette période de l'histoire de Navarre; il complète l'histoire intérieure de ce pays, et surtout son histoire extérieure. Nous signalerons spécialement, comme des contributions originales pour cette histoire, l'exposé des relations de la régente Madeleine de Viane avec Louis XI et Ferdinand d'Aragon, sous le règne de François-Phœbus; le récit des négociations matrimoniales de 1483-1484, ceux de la querelle de succession de Foix; l'établissement du protectorat castillan sur la Navarre de 1485 à 1494, la campagne diplomatique qui amène les traités de 1495, les tentatives de rapprochement entre Jean d'Albret et Charles VIII. Dans le livre II, nous indiquerons surtout les préliminaires des négociations de Séville, le tableau de l'administration de Jean d'Albret, la conclusion de l'alliance austro-navarraise, le récit détaillé du conflit avec la France de 1502 à 1512, l'exposé précis et complet des relations entre Ferdinand le Catholique et les rois de Navarre. Une partie du livre IV est tout à fait neuve : c'est l'exposé des négociations de Blois jusqu'ici totalement ignorées, c'est la discussion au sujet des bulles d'excommunication lancées contre les rois de Navarre. Nous avons complété le récit de Zurita sur les négociations de Burgos, montré ce qu'était ce prétendu traité de Blois que des historiens tels que Prescott considèrent comme authentique, retracé clairement le récit de la conquête, fixé la date à laquelle Ferdinand avait pris le titre de roi de Navarre, raconté d'après les pièces originales les préliminaires de la conquête, condensé et complété les récits, parfois peu concordants dans le détail, que les annalistes espagnols font de l'expédition de novembre 1512. Le livre IV est presque tout entier consacré à exposer des négociations jusqu'ici restées ignorées dans le détail, sauf deux épisodes (les conférences de Noyon et de Bruxelles et les conférences d'Aranda) qui avaient fait l'objet d'un travail magistral dû à M. Luchaire. Les négociations de 1513 et de 1514, entremêlées d'hostilités; l'administration castillane en Navarre, les conférences de Paris, les démarches des rois de Navarre auprès du Pape et de l'archiduc Charles, la seconde expédition navarraise de 1516, les secondes négociations de Bruxelles, les conférences de Saragosse, les intrigues de 1520, la troisième expédition navarraise de 1521 sont exposées d'après les pièces originales, la plupart inédites. Ajoutons qu'un grand nombre d'additions et de rectifications de détail ont été apportées à l'histoire de cette longue période. Elles sont signalées dans les notes de cet ouvrage. Une bonne partie de ce travail constitue donc un apport nouveau à l'histoire de France, d'Espagne et de Navarre, de la fin du XVe siècle et du commencement du XVIe.

Ce qui avait jusqu'ici détourné l'attention de ce sujet attrayant, c'était la difficulté même de le traiter. Les éléments en sont, en effet, dispersés dans un grand nombre de collections et d'archives. Le hasard d'un séjour de deux années à Pau nous a conduit à l'entreprendre; l'intérêt qu'il présente, malgré les difficultés très grandes d'une étude qui a coûté plus de sept années de travail, nous a fait persister dans cette entreprise. Ces recherches, poursuivies avec persévérance, nous ont enfin permis d'approfondir le sujet et d'apporter sur la plupart des points des renseignements inédits. Il convient d'indiquer à quelles sources nous les avons puisés.

I. — 1º SOURCES DIPLOMATIQUES. — C'est surtout aux pièces originales que nous avons eu recours. On n'en peut guère évaluer le nombre à moins de trois à quatre mille. Elles sont, il est vrai, d'un intérêt très inégal : actes d'hommage, pièces comptables, pièces juridiques. Un millier environ ont un intérêt historique plus grand : ce sont des traités d'alliance, des mémoires politiques, des lettres de créance et instructions d'ambassadeurs, des manifestes, des lettres privées, des correspondances diplomatiques, des ordonnances ou règlements administratifs. Nous avons analysé ces documents, les uns sommairement, les autres en détail. Nous avons copié *in extenso* les plus importants, qui pourraient former un total de plus de 400 pièces justificatives, et qui, reproduites, formeraient un volume d'étendue bien supérieure à ce travail.

C'est aux *Archives de Pau* que se trouvent les plus importantes de ces pièces ; le Trésor des Chartes des rois de Navarre y a été, en effet, transporté. On y trouve à la série C, les délibérations des États de Béarn pendant cette période, délibérations connues sous le nom d'établissements du Béarn; à la série E. appartiennent les fonds d'Albret (1), E. 86, E. 109 (environ 350 pièces), et de Béarn, E. 324-331 (à peu près le même nombre de pièces); les fonds de Bigorre, E. 379, E. 384, moins importants pour notre sujet, et ceux de Foix, E. 444, E. 452 (environ 150 pièces et 2 cahiers in-4°), dont l'intérêt est plus grand. Tous ces fonds renferment des documents relatifs à la période qui nous occupe : ce sont des pièces de procédure, actes d'hommage, contrats de mariage, textes de traités, correspondances diplomatiques (par exemple, celles relatives aux négociations de 1512). C'est naturellement le fonds de Navarre, E. 514-564 (7 cahiers et près de 430 pièces), qui renferme le plus de pièces originales (testaments, conventions avec les Beaumontais, traités de Medina, de Tudela, procès-verbal du couronnement des rois, lettres originales de Ferdinand et de Maximilien, pièces des négociations depuis 1512 jusqu'à 1519, etc.). On n'a que peu de profit à tirer des recherches dans les autres parties des Archives de Pau. Dans les *Archives de Paris*, il y a également beaucoup à prendre. A la Bibliothèque nationale, nous avons consulté et analysé longuement les documents de la célèbre collection formée au XVIIe siècle par le président Jean de Doat. La collection Doat contient des copies de pièces des Archives méridionales; quelquefois défectueuses, le plus souvent bien exécutées, ces copies remplacent parfois les originaux qui ont disparu; nous les citons toujours à côté des Archives des Basses-Pyrénées lorsque nous avons pu retrouver l'original, seules lorsque l'original nous a paru manquer. Les tomes CCXIX, CCXX, CCXXI, CCXXII, renferment les pièces antérieures à 1479, dont nous nous sommes parfois servi; on en trouve aussi aux tomes X et CCXL à CCLXV qui intéressent notre sujet. La plupart des documents sur la période qui nous occupe sont réunis dans quinze tomes (tomes CCXXII à CCXXXV) ; chaque tome renferme, en général, plus de 250 à 300 folios. Ajoutons qu'un volume des copies de Doat se retrouve aux Archives des Basses-Pyrénées, E. 11 (in-f°, 468 pages), où nous l'avons consulté. A la Bibliothèque nationale, nous avons aussi consulté les documents de la *Collection Languedoc* (deux tomes, LXCI, LXCII), composée également de copies dont quelques-unes nous ont été utiles; ceux de la *Collection Dupuy*, tome DXXV (où nous avons trouvé une copie de la bulle Pastor ille Cœlestis);

(1) Nous citons les numéros relatifs à la période qui nous occupe.

il n'y a rien d'intéressant dans les collections Duchesne et Galland. Bien plus importantes pour nous sont les pièces de l'*ancien fonds des manuscrits français,* volumes 2902, 2907, 2971, 2061, 2927, d'où nous avons tiré plusieurs lettres originales, et la précieuse correspondance de l'ambassadeur La Rochebeaucourt pendant son séjour à Saragosse (1518-1519). Au *Fonds Espagnol,* tome CLXXII (ancien classement 318), nous avons rencontré plusieurs lettres originales des rois de Navarre d'un grand intérêt; quant à la Chronique d'Avalos de la Piscina contenue dans un manuscrit de cette collection (n° 126, classement de 1860), elle ne renferme que quelques détails intéressants pour la période qui nous occupe (1). Aux *Archives nationales,* nous avons consulté le fonds de Navarre au Trésor des Chartes, J. 661, où nous avons trouvé peu de choses, et surtout la série K. (monuments historiques), n°s 1482, 1638, 1639, qui renferme des correspondances précieuses en langue espagnole sur les négociations de 1513-1514. Les *Archives de la Haute-Garonne,* série B. (Parlement), nous ont fourni quelques pièces intéressantes sur le procès du Béarn ; les *Archives de la Charente,* quelques renseignements tirés d'un registre inédit des comptes de La Romagère, agent du sire d'Albret (E. 541). — 2° *Archives d'Espagne.* Il était impossible de traiter à fond notre sujet sans visiter les archives d'Espagne ; c'est ce que nous avons fait (2). Les archives de Pampelune, conservées aujourd'hui dans le palais de la députation provinciale, sont divisées en trois séries. La première, intitulée : *Chambre des Comptes (Camara de Comptos),* renferme surtout des documents financiers et administratifs; ces documents sont renfermés dans des tiroirs *(cajones)* numérotés. On trouve des pièces relatives à notre sujet dans vingt-cinq *cajones* (cajones n° 164 au n° 180 et n° 193) : elles nous ont surtout servi pour tracer le tableau de l'administration de Jean d'Albret, de Ferdinand et de Jimenez en Navarre, et à fixer la chronologie de notre travail. Il en est qui renferment des détails inconnus; nous y avons aussi trouvé des lettres inédites (par exemple, une missive de Catherine de Foix aux Cortès en 1496), des copies de traités (ceux de Tarbes, de Medina, par exemple), des cahiers de griefs des Cortès, etc. Il y a là un assez grand nombre de documents de tout ordre dont nous avons une analyse ou une copie, et qui intéressent surtout l'histoire intérieure de la Navarre. La deuxième série, appelée *Archivo de Córtes,* comprend

---

(1) Nous avons aussi consulté le tome 1174 des pièces originales. Mss. français à la Bibliothèque nationale. — (2) Le résultat de nos recherches est consigné dans un *Rapport sur les Archives de Pampelune et de Simancas,* imprimé dans les *Archives des Missions,* t. XVII.

surtout des copies de pièces et quelques originaux ; elle est divisée *en sections,* qui se subdivisent en liasses *(legajos)* composées de documents renfermés dans une chemise de papier *(carpeta).* Les sections sont au nombre de 51, renfermant un nombre variable de liasses. Les plus intéressantes pour notre travail sont les sections de la guerre *(seccion de guerra),* de la législation *(legislacion),* des mariages *(casamientos),* des Cortès *(Córtes),* des impôts *(cuarteles),* des affaires ecclésiastiques *(negocios ecclesiásticos),* des frontières *(limites),* d'histoire et de littérature *(historia y literatura)* (1), des vice-rois *(virreyes).* Une partie des pièces de cette série, surtout la section de guerre, ont été publiées ; un certain nombre d'autres ne l'étaient pas ; nous les avons analysées ou copiées. Nous indiquons toujours dans les notes si le document est ou non inédit, sauf oubli ou erreur. Dans la troisième série, intitulée : Papiers divers *(Papeles sueltos),* et divisée simplement en liasses *(legajos),* nous avons trouvé plusieurs documents importants (par exemple, le manifeste de Jean d'Albret, septembre 1512) et des pièces administratives. Les documents des Archives de Navarre sont de tout ordre : surtout administratifs dans la première série; surtout politiques dans la deuxième, du moins dans les sections que nous avons consultées (correspondances, instructions, lettres, traités); législatifs (actes des Cortès, lois, ordonnances), et très mêlés dans la troisième. Nous devons à l'extrême courtoisie de l'archiviste de Navarre, don Hermilio Oloriz, la communication de deux ouvrages de sa collection personnelle : une histoire manuscrite de la ville d'Estella, qui n'a pas grand intérêt (elle a été écrite au XVIIe siècle), et une histoire aussi manuscrite des comtes de Lerin, intitulée : *Libro Genealógico de la casa del Condestable de Navarra,* composée en 1702. Ce manuscrit, que nous avons analysé, nous a été très utile ; l'auteur anonyme a fait de sérieuses recherches et cite des documents qui appartenaient probablement aux archives de la maison de Beaumont, réunie au XVIe siècle à celle d'Albe. — *Archives de Simancas.* C'est au château de Simancas, près de Valladolid, que se trouvent les archives générales d'Espagne; elles sont d'une richesse incomparable pour toute la période antérieure au XVIIIe siècle. La première série de ces archives, connue sous le nom de *Patronato real,* contient trois sections ou liasses *(legajos)* spéciales intitulées : *Capitulaciones* (traités) *con Aragon y Navarra;* toutes les pièces qui y sont contenues sont inédites, à l'exception d'une dizaine. Nous avons transcrit les plus importantes de ces pièces inédites, par

---

(1) A cette section appartiennent les papiers de Moret, que nous citons assez souvent dans le premier livre de ce travail.

exemple le mémoire anonyme relatif aux négociations de 1483, la correspondance diplomatique sur l'exécution du traité de Médina et les troubles de la Navarre en 1494, les instructions de l'ambassadeur espagnol en 1499, les traités de Séville (1500), le mémoire justificatif de Ferdinand le Catholique sur l'annexion de la Navarre (1512), les actes d'hommage des châtelains navarrais en 1496, le texte des enquêtes sur l'expédition navarraise de 1516, etc. Dans la même série, dans la section des bulles *(bulas sueltas)*, nous avons eu la bonne fortune de découvrir les originaux des fameuses bulles d'excommunication lancées contre les rois de Navarre, originaux dont on contestait et dont on ignorait l'existence depuis près de quatre siècles ; nous avons rencontré les pièces relatives à la publication de la première de ces bulles. Nous avons aussi examiné rapidement les pièces de la correspondance d'Angleterre, de Rome, d'Autriche ; la plupart ont été publiées en anglais par Bergenroth. Dans la seconde série, intitulée : *Secretaria de Estado*, et dans la liasse *(legajo)* 344, connue sous le nom de *Estado Navarra*, nous avons transcrit la correspondance assez volumineuse relative aux affaires de Navarre en 1494, les instructions de l'envoyé castillan Conchillos en 1507, la correspondance du duc de Nagera sur l'expédition de 1521, etc. L'ensemble des documents inédits transcrits ou analysés est considérable. La plupart de ces pièces sont des copies ou des minutes originales non datées ; il en est de même, d'ailleurs, de beaucoup de documents conservés dans la collection Doat et aux Archives de Pau. Bien que nous n'ayons pu utiliser les Archives de Madrid (elles étaient fermées à l'époque où nous nous sommes rendu en Espagne), nous avons pu obtenir des renseignements sur les pièces relatives à la Navarre qu'elles contiennent. Les plus connues, celles de l'Académie d'histoire, contiennent peu de documents sur ce sujet, et il n'y en a presque pas pour cette période dans celles de la *Biblioteca nacional*. — 3° *Archives anglaises*. Le British Museum possède un fonds espagnol dont le catalogue, très complet, a été publié par don Pascual de Gayangos. Le manuscrit 544 Egerton contient un certain nombre de documents relatifs à la Navarre ; la plupart de ces documents sont de simples copies faites au XVII° siècle sur les minutes ou les copies de Simancas. Quelques-uns ont une utilité réelle ; nous avons obtenu la transcription des plus importants.

Sources diplomatiques non inédites. — A ces nombreuses pièces inédites, nous n'avons pas négligé de joindre les documents publiés. Ils sont disséminés dans un certain nombre de recueils et ils n'ont jamais été utilisés pour la plupart. Tout d'abord, nous signalerons les *Documentos inéditos para la Historia de*

España, t. XLI (Madrid, 1862, publiés par les marquis de Pidal et de Miraflores et don Miguel Salva) ; ils renferment sept documents très importants pour l'histoire de Navarre, extraits des Archives de Simancas ; nous mentionnons dans notre travail ces pièces publiées. Bergenroth a traduit en anglais et édité d'autres documents extraits des mêmes Archives et qui sont utiles pour l'histoire navarraise ; ils se rapportent surtout aux années 1512-1514 (*Calendars of Letters, Despatches and State Papers relating to the Negotiations between England and Spain*, t. II. Londres, 1866). C'est encore des Archives espagnoles que l'on a tiré la correspondance du cardinal Jimenez en 1516 (1) ; cette correspondance, que nous avons consultée, renferme quelques lettres relatives à notre sujet. Plus utiles encore nous ont été les documents que l'ancien archiviste de Navarre, don José Yanguas y Miranda, a tirés du dépôt de Pampelune (2) : c'est la publication qui nous a le plus aidé dans notre travail. Des Archives de Pau, on a tiré diverses pièces surtout relatives aux années 1476-1491, qui ont été publiées dans les Recueils anonymes intitulés : *Compilations d'auguns priviledges et reglaments du pays de Béarn* et *Fors et costumas du Béarn* (3). Un jeune savant mort prématurément, Léon Cadier, a aussi donné diverses pièces utiles dans l'appendice de son livre si instructif, les *États de Béarn* (4). L'ancien archiviste Paul Raymond a publié dans la *Bibliothèque de l'École des Chartes* un rapport anonyme d'un agent navarrais à la cour de France en 1521, rapport qui est conservé dans le dépôt dont il avait la garde (5), et à part, la plupart des pièces du procès intenté au sire de Coarraze. Nous devons à M. de Bellussière la publication des lettres d'abolition de Charles VIII (1491), précieuses pour la période de l'histoire de Navarre qui s'étend de 1486 à 1491 (6). Les historiens du Languedoc, Vaissète et Devic, avaient inséré au tome V de leur histoire quelques pièces relatives au Béarn et à la Navarre ; elles ont été reproduites au tome XII

---

(1) *Cartas del cardenal Cisneros*. Madrid, in-8º, 1867. — *Cartas de los secretarios del cardenal Jimenez de Cisneros*, p. p. Vicente de la Fuente, in-8º, 1875. — (2) Yanguas y Miranda, *Diccionario de las antigüedades del reino de Navarra*, 3 vol. in-8º, Pamplona, 1840. — *Id. Adiciones al Diccionario de las Antigüedades*. Pamplona, 1843, in-8º. — (3) *Compilations d'auguns priviledges et reglaments du pays de Béarn*, in-4º. Pau, 1716 ; les *Fors et costumas du Béarn*, in-4º. Pau, 1725. — (4) L. Cadier, *Les États de Béarn*, in-8º. 1888, Paris. — (5) P. Raymond, *Nouvelles sur les affaires d'Espagne en 1520* (pour 1521). Bibliothèque de l'École des Chartes, quatrième série, t. V. — P. Raymond et Lespy, *Un baron béarnais au XVe siècle* (recueil de textes sur le procès Coarraze), 2 vol. in-8º, Pau, 1875. — (6) F. de Bellussière, *Lettres d'abolition en faveur du sire d'Albret*. Bulletin de la Société archéologique du Périgord, t. XIII, 1886.

de la nouvelle édition donnée par M. Roman (1). Nous avons aussi consulté l'appendice de l'*Histoire de Bretagne*, de dom Morice, où se trouvent les textes des traités de 1486 (coalition féodale contre Anne de Beaujeu) et de 1490 (traité de Moulins) (2). Quelques pièces intéressantes se rencontrent encore dans le recueil des procès-verbaux du Conseil de Charles VIII (en 1484), publié par Bernier (3); dans les papiers d'État du cardinal Granvelle, publiés par Weiss (4); dans les recueils de traités publiés par Dumont et Rymer (5). Il y a aussi profit à consulter les Mémoires sur l'histoire de Navarre et de Flandre, publiés par Galland au XVII° siècle; ils contiennent en appendice une dizaine de pièces intéressantes (6). Pour les relations de la Navarre et de la maison d'Autriche, on possède deux recueils de premier ordre, la correspondance de Maximilien et de Marguerite, publiée par Le Glay, et les Négociations diplomatiques entre la France et l'Autriche (7). Les Lettres de Louis XII, publiées par Godefroy (8), les Négociations entre la France et la Toscane, publiées par Desjardins (9), nous ont fourni plus d'un renseignement utile. Sur les événements de 1516 à 1520, nous avons trouvé dans le premier livre des Anales de Aragon de Dormer des pièces importantes (10), et pour les événements de 1512, une correspondance curieuse entre le duc d'Albe et Ferdinand le Catholique, dans le recueil de documents publié récemment par la duchesse d'Albe (11). Enfin, nous avons consulté le grand Bullaire romain publié en 1747 à Luxembourg (t. Ier, édition en 11 vol. in-f°).

(1) *Histoire du Languedoc*, par dom Vaissète et Devic. Paris, 1730-1745, 5 vol. in-f°, 5° vol., nouv. édit. Toulouse, Privat, 1890, t. XII, p. p. Roman. — (2) Dom Morice, *Mémoires pour servir à l'histoire ecclésiastique de la Bretagne*, 2 vol. in-f°, t. II, appendice. — (3) Procès-verbaux du Conseil de Charles VIII (avril 1484, janvier 1485), p. p. A. Bernier. Imp. royale, Paris, 1836, in-4°. — (4) Papiers d'État du cardinal de Granvelle, p. p. Ch. Weiss. Paris, Imp. royale, 1841-1859, 9 vol. in-4°, t. Ier. — (5) Dumont, Corps diplom., du droit des gens, t. IV, 1re partie, édition de 1726. — Rymer, *Foedera Conventiones, litteræ*, t. XIII, 1re édit. — (6) A. Galland, Mémoires pour l'histoire de Navarre et de Flandre. Paris, Guillemot, 1648, in-f°. — (7) Le Glay, Correspondance de Maximilien et de Marguerite d'Autriche (1507-1519), 2 vol. in-8°. Paris, 1839. — A. Le Glay, Négociations entre la France et la maison d'Autriche, 2 vol. in-4°. Imp. royale, 1845. — (8) Lettres de Louis XII et du cardinal Georges d'Amboise (sans nom d'éditeur, p. p. Jean Godefroy), 4 vol. in-12. Bruxelles, chez Foppens, 1712. — (9) Négociations diplomatiques de la France avec la Toscane, documents recueillis par G. Canestrini, p. p. Abel Desjardins, 1859-1886, in-4°, 6 vol., t. I et II. — (10) *Anales de Aragon desde el año de 1525, hasta el de 1540, añadense primero algunas noticias muy importantes desde el año de 1516*, por el Dr Diego Josef Dormer. Saragosse, in-4°, 1697. — (11) *Documentos escogidos del Archivo de la Casa de Alba, los publica la Duquesa de Berwick y Alba*. Madrid, in-8°, 1891, pp. 154-161.

II. — LES CHRONIQUES. — *Chroniques espagnoles*. — Outre les documents originaux, nous avons aussi consulté les chroniques contemporaines de la période qui nous occupe. Elles sont peu nombreuses, et c'est surtout parmi les auteurs espagnols que nous trouvons les renseignements les plus précieux. Pour la période antérieure à l'année 1479, les principales chroniques sont celles de *Diego Enriquez del Castillo*, intitulée : *Crónica del rey don Enrique el cuarto de este nombre*, et de *Diego de Valera*, intitulée : *Memorial de diversas hazañas*. Le premier était chapelain et chroniqueur du roi de Castille, Henri IV ; le second, membre du Conseil des Rois catholiques. Leurs œuvres ont été éditées dans la collection des Chroniques de Castille (1). Plus connue et aussi plus utile est la Chronique de *Hernando del Pulgar*, intitulée : *Crónica de los señores Reyes Católicos don Fernando y doña Ysabel*. Cet ouvrage a été écrit de 1482 à la mort du chroniqueur. Il s'étend du mariage de Ferdinand et d'Isabelle (1469) jusqu'à leur entrée à Grenade (en 1492), et est divisé en trois parties : la première, très courte (9 chapitres), est une sorte d'introduction ; la deuxième, très longue, contient 104 chapitres, et la troisième, qui commence en 1481, aussi très développée, renferme 134 chapitres. C'est une source de premier ordre : Pulgar, chroniqueur officiel, chargé à plusieurs reprises de missions diplomatiques, est exact et bien informé ; le plus grand défaut de sa Chronique est l'absence de chronologie. Son récit nous a beaucoup servi pour étudier les relations de la Navarre et de la Castille de 1476 à 1488. La Chronique de Pulgar a été éditée, d'après l'édition de 1780, dans la collection des chroniques de Castille, dont nous nous sommes servi (2). A la suite de la Chronique de Pulgar, don Cayetano Rosell a édité, d'après un manuscrit de la bibliothèque du duc d'Osuna, une continuation anonyme *(Continuacion de la Crónica de Pulgar por un anónimo)* qui va de 1492 à 1516 ; c'est un résumé très peu développé d'où l'on peut tirer quelques notions peu importantes pour l'histoire de Navarre (3). Plus utile est l'ouvrage d'un grand personnage de cette époque, le conseiller docteur don Lorenzo Galindez de Carvajal, intitulé : *Anales Breves del reinado de los Reyes Católicos*, ou *Memorial y registro breve de los lugares donde el Rey y Reina Católicos, estuvieron cada año desde el de 1486*. Cet ouvrage, écrit en 1523, est surtout précieux pour fixer la chronologie de cette période ; c'est une sorte d'itiné-

---

(1) Chroniques de Valéra et de *Diego Enriquez del Castillo*, dans les *Crónicas de los reyes de Castilla*, t. III. Madrid, 1878 (pp. 1 à 222). — (2) Chronique de Pulgar dans les *Crónicas de los reyes de Castilla*, in-8°. Madrid, 1878, t. III, pp. 225-511. — (3) *Continuacion de la Crónica de Pulgar por un anonimo*, *Crónicas de Castilla*, III, 513-524.

raire des Rois Catholiques, avec de brèves indications sur les événements de chaque année. Il a été édité par D. Miguel Salva et don Pedro Sainz de Barranda dans la *Colección de documentos inéditos para la Historia de España* (t. XVIII, p. 227), et reproduit jusqu'en 1516, par don Cayetano Rosell, dans les Chroniques de Castille (1). Nous avons également consulté la Chronique fameuse de Bernaldez, qui a tant été utilisée par les historiens espagnols et par Prescott ; cet ouvrage, intitulé : *Historia de los Reyes Católicos don Fernando y doña Ysabel*, a été composé par le bachelier Andrès Bernaldez, curé de Los Palacios et chapelain de Diego Deza, archevêque de Séville et confesseur des Rois Catholiques. Elle s'étend de 1469 à 1513 et est divisée en 245 chapitres. L'auteur a eu entre les mains des documents originaux ; il paraît avoir écrit sa chronique dans les dernières années de sa vie (on croit qu'il mourut vers 1514). C'est un chroniqueur sans beaucoup de critique, mais très sincère ; narrateur candide et naïf, il développe très inégalement les diverses parties de son sujet. Nous avons trouvé grand profit à le consulter, surtout pour les événements de 1500 et de 1512 : il nous donne pour cette année la correspondance de Ferdinand le Catholique avec Deza au sujet des affaires de Navarre (2). L'œuvre de Pierre Martyr n'offre pas moins d'utilité. Un jeune savant, M. Mariéjol, dans un excellent ouvrage, a étudié la vie et les ouvrages de cet Italien d'Anghera, passé au service des Rois Catholiques, devenu leur secrétaire et investi d'un canonicat à Grenade. Il a démontré la sincérité et même la hardiesse de ce grand écrivain (3), que quelques-uns avaient à tort suspectée (4). L'ouvrage de Martyr est intitulé *Opus Epistolarum* ; il se compose d'une série de lettres relatives aux événements de l'histoire d'Espagne depuis 1488 jusqu'en 1525, divisées en trente livres et portant chacune, dans les éditions qui en ont été publiées, un numéro d'ordre. Il ne faut point demander à ce recueil des indications absolument authentiques. Martyr est un témoin sincère, mais qui raconte ce qu'il a vu et entendu, sans se préoccuper de la véracité des témoins qu'il a interrogés ou dont il a recueilli les entretiens ; son ouvrage est surtout une chronique

---

(1) *Anales breves ou Memorial breve de Carvajal*, dans la *Colección de doc. inéditos para la historia de España*, t. XVIII, p. 227 ; partie postérieure à 1516, pp. 377-403, rééditée dans les Chroniques de Castille, III, 533-562. — (2) *Historia de los Reyes Católicos por Andrès Bernaldez*. Édition des bibliophiles andalous. Séville, 1870, 2 vol. in-8°, rééditée dans les Chroniques de Castille, III, 563-772. — (3) J.-H. Mariéjol. *Un lettré italien à la cour d'Espagne, Pierre Martyr d'Anghera (1488-1526)*, in-8°, Hachette, 1887, notamment p. 167. — (4) On reprochait au XVI° siècle à Martyr « *suspectam fidem in nonnullis* ». *Johannis Vasæi Hispaniæ Chronicon* dans l'*Hispania illustrata*, p. 579.

de la cour d'Espagne très vivante, dont on ne doit accepter les témoignages qu'en les contrôlant; c'est ce que nous avons fait lorsque nous avons recouru à cette source, qui est surtout précieuse pour les événements de 1506, de 1512 et de 1516 (1). Des ouvrages des autres Italiens, contemporains de Ferdinand, Lucius Marineus Siculus (*De Rebus Hispaniæ memorabilibus*, libri XXIII) et Laurent Valla (*De Rebus à Ferdinando Aragoniæ rege gestis*, libri III), ouvrages qui ont été édités dans le tome Ier de l'*Hispania illustrata*, il n'y a rien à tirer pour notre sujet. La même collection renferme, au contraire, un ouvrage très important pour notre histoire : c'est celui de l'humaniste célèbre Antonio de Lebrija, qui fonda en Espagne les études philologiques et enseigna à l'Université de Salamanque (2). Lebrija, qui est mort en 1522, a écrit d'abord un opuscule intitulé : *Rerum à Ferdinando et Elisabeth Hispaniæ regum gestarum Decades duo*; on trouve dans la seconde décade quelques détails peu nombreux sur les affaires de Navarre. Les Décades ont été publiées par Schott au tome Ier de l'*Hispania illustrata* (3). Le second ouvrage historique dû à Lebrija est intitulé : *De Bello Navarrico libri duo*; c'est un exposé détaillé de l'expédition de 1512. Le livre Ier comprend une préface sur la situation géographique de la Navarre et ses habitants; il renferme neuf chapitres : le premier est relatif aux droits de Ferdinand sur la Navarre et à la justification de la conquête; des huit autres, un est consacré à démontrer que Jean d'Albret était fauteur du schisme de Pise, les sept suivants concernent le récit de l'expédition depuis juillet 1512 jusqu'à la retraite du duc d'Albe (fin octobre 1512). Le livre second renferme l'exposé de l'invasion française en Navarre, du siège de Pampelune, auquel l'auteur a assisté, et de la retraite des Français; il contient également neuf chapitres. L'ouvrage de Lebrija a servi beaucoup aux historiens postérieurs; il est écrit en latin très élégant; mais l'absence de dates lui enlèverait quelque peu de son prix, si l'on n'y pouvait suppléer à l'aide d'autres chroniques ou documents. Il a été aussi édité par Schott au tome Ier de l'*Hispania illustrata* (4). Plus précieux encore est le récit de la campagne de 1512, qui a été fait en espagnol par un autre témoin oculaire qui a suivi toute l'expédition (5). Ce témoin

---

(1) L'*Opus Epistolarum*, de Pierre Martyr, a été imprimé en 1530, in-f°. Salamanque. L'édition usuelle est celle d'Amsterdam, 1670. — (2) Les Décades sont imprimées au tome Ier de l'*Hispania illustrata*, pp. 880-897. — (3) Sur Antonio de Lebrija, voir N. Antonio. *Bibliotheca hispana nova et vetus*, I, 132, 133. — (4) Le *De Bello Navarrico* est imprimé dans l'*Hispania illustrata*, t. Ier, pp. 906-926, et à part à Grenade en 1545. — (5) *En ella me faltaba*, dit-il dans sa préface.

est Louis Correa, dont on ne sait guère rien, mais qui paraît avoir été un homme de lettres ; il écrivit son ouvrage, intitulé : *La Conquista del reino de Navarra,* sur la prière de don Gutierre de Padilla, Grand-Commandeur de Calatrava, oncle du duc d'Albe, le conquérant de la Navarre, qu'il avait accompagné. La première édition de cet ouvrage avait été donnée à Tolède, le 1er novembre 1513, par l'imprimeur Juan Varéla, de Salamanque. Elle était à peu près introuvable ; un érudit navarrais, don José Yanguas y Miranda, en a donné une seconde édition à Pampelune en 1843 (1). Le récit de Correa comprend vingt-six chapitres non numérotés, y compris la préface et la conclusion : le premier chapitre est consacré aux origines de la guerre, et le récit de l'expédition commence dès le second ; c'est un ouvrage qui paraît écrit avec sincérité et bonne foi, mais qui, ayant été imprimé rapidement, renferme quelques lacunes, des obscurités et parfois des erreurs chronologiques qu'il est facile de corriger (1). Nous n'avons garde d'oublier la fameuse apologie de la conquête de la Navarre, faite sur la demande de Ferdinand le Catholique, en 1513, par Juan Lopez de Palacios Rubios. Lopez de Palacios était un canoniste renommé qui enseigna à l'Université de Salamanque et fut ensuite conseiller de la Chancellerie à Valladolid et membre du Conseil royal. Son traité est intitulé : *De Obtentionis retentionisque regni Navarræ justitiâ, necnon de situ terræ et antiquitate.* C'est une plaquette de 54 pages in-folio. Le spécimen que nous avons consulté à la Bibliothèque nationale de Paris ne porte ni lieu ni date d'impression et paraît détaché d'un autre volume (il est paginé 530-584), peut-être des œuvres complètes de Palacios, qui a, en effet, beaucoup écrit. Il existe aux Archives de Simancas un exemplaire imprimé de cette apologie, également sans lieu ni date d'impression. Un autre exemplaire in-folio a été publié à Lyon en 1576, mais il est à peu près introuvable. Nous analysons cet opuscule plus loin dans notre travail (2).

Autant les chroniques espagnoles contemporaines sont intéressantes à consulter pour le sujet qui nous occupe, autant les chroniques françaises sont peu utiles. C'est à grand'peine que nous y avons recueilli quelques renseignements sur les personnages et les faits de notre histoire. Aussi les mentionnerons-nous plus brièvement. On trouve quelques détails sur Jean de Narbonne et Madeleine de Viane, régente de Navarre, dans la *Chronique de Mathieu*

---

(1) *Historia de la Conquista del reino de Navarra, por el Duque de Alba, escrita por Luis Correa, é ilustrada con notas y un prologo por don José Yanguas y Miranda.* Pamplona, imprenta de Longas y Ripa, 1843, petit in-4°, 257 pages. — (2) Juan Lopez de Palacios Rubios, *De Obtentionis retentionisque regni Navarræ justitiâ,* in-f°, 54 pages.

d'*Escouchy*, qui ne va pas au delà du règne de Louis XI (1), et dans les fameux Mémoires de Philippe de Commines publiés en dernier lieu par M¹¹ᵉ Dupont ; on sait que ces Mémoires ne vont pas au delà de 1498 (2). Denis Godefroy a édité les historiens de Charles VIII ; le plus connu, Guillaume de Jaligny, secrétaire de Pierre II, duc de Bourbon, nous a fourni quelques détails sur la politique d'Alain d'Albret, dans son Histoire de Charles VIII, roy de France. Dans la même collection, on trouve l'histoire du voyage de Charles VIII, par André de La Vigne, secrétaire d'Anne de Bretagne, et la *Descriptio adventûs Ludovici XII* (à Gênes en 1502), par Benedictus Portuensis (Benoît de Porto), chancelier de la République de Gênes. Il n'y a rien à en tirer que quelques mots sur Jean de Narbonne et Gaston de Foix, qui prouvent la faveur dont jouissaient ces prétendants à la succession navarraise (3). Il n'y a guère à prendre dans les chroniqueurs de Louis XII, Saint-Gelais et Jean d'Auton, abbé d'Angle, que quelques détails sur les relations de ce roi avec Jean d'Albret. A la suite de l'édition de Jean d'Auton, publiée par P. Lacroix, se trouve la courte Chronique d'Humbert Bellay, qui contient quelques renseignements sur l'expédition de 1512 (4). Sur cette même campagne, on possède les récits épisodiques de Guillaume de Marillac, secrétaire du connétable de Bourbon et auteur d'une Vie du connétable (1490 à 1521), réimprimée par Buchon d'après le livre d'Antoine de Laval (les Desseins des professions nobles et publiques. Paris, 1612, in-4°) (5), et du Loyal Serviteur, le biographe bien connu de Bayard (6). A la même classe de récits appartiennent les Mémoires de Fleuranges (7). Nous aurons complété la nomenclature des sources françaises en mentionnant le Journal de Louise de Savoie, qui nous a fourni quelques dates utiles (8), et les Mémoires de Martin du Bellay, utiles à consulter pour les négociations de 1515 et de 1516, et les événements de 1520 et 1521 (9).

(1) Chronique de Mathieu d'Escouchy, p. p. G. du Fresne de Beaucourt. Paris, Renouard, 1863-1864, 3 vol. in-8°. — (2) Mémoires de Philippe de Commines, nouv. édit., p. p. M¹¹ᵉ Dupont. Paris, Renouard, 1840-1847, 3 vol. in-8°. — (3) Jaligny, André de La Vigne, etc., historiens de Charles VIII, p. p. Denis Godefroy, in-4°. Paris, Pacard, 1617. — (4) Jean de Saint-Gelais, Histoire de Louis XII, p. p. Th. Godefroy, 1622, in-4°. Chroniques de Jean d'Authon, abbé d'Angle, suivies de la Chronique d'Humbert Bellay, 4 vol. in-8°. Paris, 1834-1835 (édition p. p. P. Lacroix). — (5) Vie du connétable de Bourbon, par G. de Marillac. (Chroniques du XVIᵉ siècle, p. p. Buchon, 1836.) — (6) La très joyeuse et très plaisante histoire des faits et gestes du bon chevalier.. le gentil seigneur de Bayard, par le Loyal Serviteur. (Coll. Buchon. Paris, 1836.) — (7) Mémoires de Fleuranges. (Coll. Michaud, 1ʳᵉ série, t. V.) — (8) Journal de Louise de Savoie. (Coll. Buchon, t. IX. Paris 1836.) — (9) Mémoires de Martin du Bellay. (Coll. Michaud, 1ʳᵉ série, t. V.)

Parmi les grands historiens italiens de la période qui nous occupe, l'un, Paul Jove, ne renferme rien qui nous intéresse ; l'autre, Machiavel, nous donne quelques renseignements intéressants, dans ses Lettres familières et ses Fragments historiques, sur les événements de 1498 et de 1513 (1). Le plus utile à consulter est Guichardin, dont l'Histoire des guerres d'Italie renferme quelques détails instructifs sur la politique de la France à l'égard de la Navarre (2).

Ouvrages postérieurs. — C'est au XVIe siècle que nous trouvons les historiens qui ont le mieux étudié l'histoire du règne de Ferdinand le Catholique. Le premier en date est Mariana, dont l'Histoire d'Espagne a conservé une réputation universelle. Cet ouvrage, écrit d'abord en latin sous le titre suivant : *De Rebus Hispanicis,* libri XXX, s'étend des origines à l'année 1516 ; la première édition fut publiée à Tolède, in-folio, 1592, et reproduite dans l'*Hispania illustrata* de Schott en 1603. C'est celle que nous avons consultée de préférence (3). Les éditions postérieures ne renferment, en ce qui concerne la Navarre, aucune addition importante, à l'exception de l'édition de Valence, qui a été publiée en espagnol par José Ortiz et qui contient en appendice quelques pièces originales ; cette édition, fort rare, se trouve à la Bibliothèque nationale de Paris, mais le tome IX, le seul qui nous intéresse, a disparu. Dans notre séjour en Espagne, nous n'avons pu que jeter sur l'appendice un rapide coup d'œil (4). Les événements relatifs à la Navarre sont racontés dans les livres XXIV à XXX de l'édition latine de Mariana sous une forme très claire et généralement exacte. Mais cet ouvrage n'est ni aussi approfondi ni aussi précis que celui de Zurita. Pour notre sujet, l'ouvrage de Zurita a la valeur d'une source originale : c'est le meilleur de beaucoup, et nous pouvons même ajouter le seul bon des ouvrages espagnols, dont on peut se servir avec fruit pour l'histoire de la Navarre. Gerónimo Zurita, né à Saragosse le 4 décembre 1512, mort dans cette même ville le 3 novembre 1580, nommé en 1548 chroniqueur d'Aragon, a passé près de quarante années à parcourir les archives d'Espagne et d'Italie. De là le mérite exceptionnel de son œuvre : elle est fondée sur les documents originaux, qu'il analyse presque

---

(1) Machiavel, Fragments historiques (dans les *Opere di Niccolo Machiavelli*, 10 vol. in-8°, Firenze, Conti, 1821), t. III, et Lettres familières, t. X. — (2) Guichardin, Histoire d'Italie (1491-1534) d'après la traduction de Favre, 1738. (Panthéon littéraire de Buchon, in-8°, Paris, 1836.) — (3) Mariana, *De Rebus Hispanicis,* libri XXX, édition de l'*Hispaniæ illustratæ Scriptores varii in unum collecti*, p. p. André Schott. Francfort, 1603-1608, 4 vol. in-f°, t. Ier, pp. 401-630 (liv. XXIV à XXX). — (4) *Historia general de España*, p. p. José Ortiz. Valence, 1783-1776, 9 vol. in-f°, t. IX.

toujours, et elle est d'autant plus précieuse qu'il y donne la substance d'un assez grand nombre de pièces qui ont disparu. Telle est du moins l'observation qu'une étude attentive de la dernière partie de ses Anales nous a permis de faire. Ajoutons que, malgré son admirable érudition, Zurita, qui est bien informé des rapports de l'Espagne et de la Navarre, présente cependant un assez grand nombre de lacunes. Il connaît mal les relations des souverains navarrais avec la France. Il n'indique pas ses sources en général, du moins l'origine des documents manuscrits qu'il emploie, mais nous avons pu nous convaincre qu'il a largement puisé aux Archives de Pampelune et de Simancas. Il est très exact ; sa chronologie laisse peu à désirer ; ses informations sont sûres ; s'il s'est laissé égarer parfois, comme pour le pseudo-traité de Blois et la bulle d'excommunication des rois de Navarre, c'est que, contrairement à son habitude, il n'a pas eu recours aux pièces originales. Zurita est, en résumé, le meilleur guide que l'on puisse prendre pour étudier l'histoire extérieure de la Navarre ; à lui seul, il remplacerait au besoin tous les autres ouvrages écrits sur l'histoire de ce pays. C'est à lui que nous avons recouru de préférence, parce que son exposé est le mieux nourri, le plus approfondi, le plus exact de tous. L'ouvrage de Zurita est intitulé : *Anales de la corona de Aragon* : la 1re partie, en 2 volumes in-folio, fut publiée à Saragosse en 1562 ; le fils de Zurita publia la seconde partie, en 2 volumes, en 1585 (cette partie s'étend de la mort de don Martin d'Aragon à 1492) ; la 3e partie, en 2 volumes, s'étend jusqu'à la mort de Ferdinand. Nous nous sommes servi de l'édition la plus connue, celle qui fut publiée à Saragosse en 7 volumes in-4°, dont un de tables, par Juan de Lanuja, en 1610, et nous avons surtout utilisé les tomes IV, V et VI de cet important ouvrage. Le règne de Ferdinand est traité à la fin du tome IV, à partir du livre XX (f°s 273-369) ; le tome V (1491-1504) comprend cinq livres (I à V) et 349 folios ; le tome VI est formé de cinq livres (livres VI à X) et 404 folios. Les livres sont subdivisés en chapitres, et les évènements racontés sont groupés par année (1). Il n'y a pas grand profit à tirer de l'ouvrage, autrefois célèbre, d'*Estevan Garibay y Zamallola*, qui comprend 4 volumes in-folio et dont la première édition fut publiée à Anvers en 1571. Nous nous sommes servi de la 2e édition, qui est plus connue ; c'est l'édition de Barcelone, 1628, 4 volumes in-folio. Cet ouvrage est intitulé : *Los quarenta libros del Compendio historial de las Crónicas y universal historia de todos los reynos de*

---

(1) Zurita, *Anales de la corona de Aragon*, 7 vol. in-4°, Saragosse, Lanuja, 1610.

España. Le tome III renferme l'histoire de la Navarre ; la période de 1479 à 1521 est traitée dans les livres XXIX (qui comprend 26 chapitres) et XXX (années 1512-1521, chapitres I à VI) (1). L'exposé est satisfaisant pour l'époque, mais nous paraît singulièrement écourté en regard des ouvrages de Zurita, de Mariana et d'Aleson. On n'y trouve guère de renseignements qui ne se rencontrent dans ces auteurs. A la fin du XVI° siècle ont aussi vécu le principal des historiens de Charles-Quint, *Sandoval,* et le principal des biographes de Jimenez, *Gomez,* dont les ouvrages nous ont été utiles. Don Fray Prudencio de Sandoval, évêque de Pampelune, a raconté avec soin les événements de l'histoire de Navarre de 1516 à 1521 et quelques faits de la période antérieure, dans son ouvrage bien connu intitulé : *Historia de la vida y hechos del Emperador Carlos-Quinto,* 2 vol. in-folio, 1618 (2) ; son récit est exact, mais très incomplet ; il connaît peu de chose des négociations entamées à propos de la question navarraise. On a quelques détails sur l'expédition de Navarre en 1516 et sur l'administration de Jimenez, dans la biographie du grand cardinal publiée par Alvaro Gomez de Castro (mort en 1589) ; cette biographie est intitulée : *De Rebus Gestis à Francisco Ximenio Cisnerio, archiepiscopo Toletano, libri octo* (3). Elle a servi à tous les biographes de Jimenez, tels que Baudier, dont l'ouvrage n'a aucune valeur, Fléchier et Marsollier, qui sont plus exacts (4). Nous ne mentionnerons les autres biographes de Charles-Quint, Juan Ochoa de la Salde, Antonio de Vera y Figueroa, Antonio de Ulloa, Gregorio Leti, Robertson, que pour constater qu'ils nous ont été complètement inutiles (5). Nous n'avons pas davantage à insister sur le continuateur des *Anales de Zurita,* Leonardo d'Argensola, historiographe d'Aragon (mort en 1621). Il a composé le tome Ier des *Anales de Aragon* de

---

(1) Estevan Garibay, *Los quarenta libros del Compendio historial,* 1628, 4 vol. in-f°, Barcelone, t. III, liv. XXIX et XXX, pp. 471-522. — (2) Sandoval, *Historia de la vida y hechos del Emperador Carlos-Quinto,* 2 vol. in-f°, 1618, Pampelune, Bartholome Paris, éditeur, t. Ier, 1re partie, liv. I à X, pp. 1 à 550. — (3) Gomecius, *De Rebus Gestis à Francisco Ximenio* (liv. VI, p. 1080 et suiv.), publié dans l'*Hispaniæ illustratæ scriptores,* t. Ier, p. 1013 et suiv. — (4) Michel Baudier, Histoire de l'administration du cardinal Ximénès. Paris, 1635, in-4°, Fléchier, Histoire du cardinal Ximénès. Paris, 1693, in-4°. De Marsollier, Histoire du cardinal Ximénès, 2 vol. in-18. Paris, 1739. — (5) Ochoa de la Salde, *La Carolea Enchiridion,* in-f°, 1585. Antonio de Figueroa y Verz, *Epitome de la vida y hechos del invicto Emperador Carlos-Quinto.* Milan, 1645, in-1°. Robertson, Histoire du règne de l'Empereur Charles-Quint, 2 vol. in-4°, trad. française. Paris, 1771. Ant. de Ulloa, *Vita del Imperatore Carlos V* (en italien), Venise, 1560, in-4°. Gregorio Leti, *Vita del Imperatore Carlos V* (en italien), in-8°, 1700.

1516 à 1520, ouvrage qui a été continué jusqu'en 1525 par don Fray Diego de Sayas Rabanera y Ortubia, aussi chroniqueur d'Aragon. La seule partie utile de cette continuation est le récit de l'expédition de 1521 (1). Quelques détails nous ont été fournis par un opuscule très rare, celui d'un prêtre, don Martin de Vizcay; cet opuscule est intitulé : *Derecho de la naturaleza que los naturales de la merindad de San-Juan del Pié del Puerto tienen en los reynos de la corona de Castilla*. Saragosse, in-4°, 1621 (2). On ne trouve dans l'ouvrage postérieur du Jésuite Pedro Abarca que peu de renseignements sur notre sujet ; il n'y a guère à prendre dans son ouvrage, *Los Reyes de Aragon*, que quelques traditions sur l'histoire de Navarre (3). Nous arrivons enfin à la principale de nos sources historiques espagnoles, les *Anales de Navarra*, qui sont, avec les *Anales de Zurita*, les deux ouvrages essentiels à connaître. Les *Anales de Navarra*, qui comprennent toute l'histoire de ce pays jusqu'en 1521, ont été commencées et poursuivies jusqu'à la fin du tome IV par le savant Jésuite José Moret, qui, après avoir été recteur du collège de Palencia, devint historiographe de Navarre. Il était né à Pampelune en 1615 et y mourut en 1705. Les quatre premiers volumes sont une œuvre sérieuse, composée avec soin et digne d'estime. Le tome V, pour lequel Moret avait rassemblé diverses pièces (extraits d'archives municipales, d'archives de famille, etc.), a été rédigé par un autre Jésuite, le P. François Aleson. L'œuvre d'Aleson, à côté de quelques qualités, présente de nombreux défauts qui ne permettent de lui assigner qu'un rang très inférieur à celui qu'occupent les ouvrages de Zurita et de Moret. L'auteur a consulté les papiers réunis par Moret ; il nous donne d'après ces papiers quelques textes intéressants ; il a eu entre les mains des mémoires dus aux Beaumontais, et son récit est surtout utile pour l'histoire intérieure de la Navarre. Parfois, enfin, il fait preuve de sens critique. Mais on peut lui reprocher beaucoup de négligence : il n'a su utiliser ni le récit de Zurita, ni les pièces réunies par Moret, pour tracer un tableau complet des relations de la Navarre avec l'Espagne. Sa chronologie est extrêmement défectueuse : il place en 1486, par exemple, le mariage de Catherine de Foix, en 1496 la révolte des Beaumontais, en 1518 la mort de la reine de Navarre. Il n'a pas recouru aux sources originales autres que les papiers de Moret et

(1) Argensola et Sayas, *Anales de Aragon, desde el año de 1516 hasta el de 1525*. Saragosse, 2 vol. in-4°, 1630-1666. — (2) D. Martin Vizcay, *Derecho de la naturaleza que los naturales de la merindad de San-Juan tienen en los reynos de Castilla*. Zaragoza, in-4°, Lanuja, 1621 (61 pages). — (3) Pedro Abarca, *Los Reyes de Aragon en Anales historicos*, 2 tomes in-f° (323 et 418 pages). Madrid et Salamanque, 1682-1684.

les archives navarraises ; il ne connaît pas les chroniques contemporaines des événements ; il emploie — assez mal — les ouvrages de Mariana, de Zurita, de Garibay, de Sandoval, de Gomez et d'Abarca. Il ne connaît à peu près rien des ouvrages français. On remarque dans son œuvre des lacunes très considérables, des erreurs, et surtout de longues digressions sans intérêt (par exemple sur la guerre de Bretagne, 1488-1491, sur César Borgia, sur le concile de Pise, sur Luther et Ignace de Loyola). Le tome V des *Anales de Navarra* est divisé en onze livres (livres XXV à XXVI), subdivisés en un nombre variable de chapitres et de paragraphes ; il comprend 462 folios (1). Nous énumérerons rapidement les autres ouvrages espagnols qui ont traité de cette période de l'histoire navarraise : ce sont des résumés ou des histoires générales d'où il n'y a à peu près rien à tirer. Tel est le cas de l'Histoire générale d'Espagne de Ferreras, bon et consciencieux travail, mais qui ne renferme rien de nouveau (2), et des autres Histoires générales d'Espagne, publiées par Masdeu et don Modesto de la Fuente (3). On peut en dire autant de la *Monarquia Española* du chanoine Salazar de Mendoza, qui contient, outre un résumé de l'histoire de Navarre, un examen des droits des rois d'Espagne sur ce royaume (4). Il en est de même des manuels d'Ortiz et d'Ascargota (5). Nous pouvons encore signaler l'article de Traggia sur l'histoire de Navarre dans le *Diccionario geográfico histórico de España*, publié par l'Académie d'histoire en 1802 (6), et les bons résumés que don José Yanguas y Miranda et don Hermilio Oloriz ont publiés des *Anales* de Moret et d'Aleson ; le premier y a ajouté quelques notes utiles (7). Nous mentionnerons en dernier lieu l'opuscule d'Anacleto Garcia y Abadia, intitulé : *Historia de la Conquista de Navarra*, qui n'est qu'une amplification oratoire sur ce sujet d'après Aleson et Yanguas (8) ; les publications spéciales d'Yanguas y Miranda sur *les Fueros et les lois de succes-*

(1) Les Pères Moret et Aleson, *Anales de Navarra*. Pamplona, 5 vol. in-f°, 1684-1709. — (2) Ferreras, Histoire générale d'Espagne, traduction d'Hermilly. Paris, 1742-1751, 10 vol. in-4°, t. VIII et IX. —,(3) Masdeu, *Historia critica de España*. Madrid, 1783-1805, 20 vol. in-8°. D. Modesto de la Fuente, *Historia de España*, Barcelone, 6 vol. in-f°, 1877-1882. — (4) Salazar de Mendoza (primer canónigo penitenciario de la santa iglesia de Toledo), *Monarquia Española*, 2 vol. in-8°, Madrid, 1770, t. I°, liv. III. — (5) Ortiz, *Compendio de la historia de España*, 1830, Ascargota, *Compendio de la historia de España*, 1838, 1 vol. in-8°. — (6) Traggia, art. Navarra du *Diccionario histórico geográfico de España*, t. II, Madrid, 1802, in-8°. — (7) Yanguas y Miranda, *Historia Compendiada del antiguo reyno de Navarra*. San Sebastian, 1832, in-8°. H. Oloriz, *Resumen histórico del antiguo reyno de Navarra*. Pamplona, in-18, 1887. — (8) D. Anacleto Garcia y Abadia, *Historia de la Conquista de Navarra*, in-8°, 60 pages. Pampelune, 1877.

sion en Navarre (1); l'ouvrage apologétique de don Oloriz, intitulé : *Fundamento y defensa de los fueros*, qui contient quelques pages instructives (2); la discussion que le jurisconsulte Marichalar (3) et l'érudit don Juan Mañé y Flaquer ont consacrée plus récemment à l'excommunication des rois de Navarre (4).

Ouvrages français et en langue étrangère. — La bibliographie des sources françaises relatives à la Navarre est assez considérable. Hâtons-nous de dire qu'elle comprend un grand nombre d'ouvrages de seconde main sans importance, du moins pour ce qui concerne notre sujet. On peut les diviser en trois catégories : 1° ouvrages sur l'histoire de Navarre et d'Espagne ; 2° histoires provinciales concernant les pays autrefois soumis aux rois de Navarre ; 3° histoires générales de la France et de ses rois. À la première catégorie appartient un ouvrage de valeur, c'est l'*Histoire de Navarre et de Béarn*, par Nicolas de Bordenave, qui vivait au XVI° siècle ; malheureusement elle ne commence qu'en 1521 ; nous en avons utilisé le récit pour la troisième expédition de Navarre (5). Il n'y a rien à tirer de l'*Histoire générale d'Espagne*, par Loys de Mayerne-Turquet ; c'est une compilation faite surtout à l'aide de Mariana (6). On peut en dire autant de l'*Inventaire général de l'histoire d'Espagne*, de Guillemot, qui indique lui-même dans le titre que son œuvre est formée d'extraits de Mariana et de Turquet (7). L'avènement de Henri IV au trône de France amena la publication de quelques travaux, en général hâtifs, sur la Navarre. Tels furent ceux de Palma-Cayet, de Chappuys et de Favyn. L'*Histoire du royaume de Navarre*, par Palma-Cayet, est un insipide volume de 869 pages, en vers, paraphrase des historiens espagnols (8). L'ouvrage de Gabriel Chappuys, intitulé : *Histoire du royaume de Navarre*, « contenant de roy en roy tout ce qui est advenu de remarquable dès son origine et depuis que les roys d'Espagne l'ont usurpé », n'a aucune origi-

---

(1) Yanguas y Miranda, *Apuntes sobre la sucesion à la corona de Navarra*, in-18, 29 pages, Pampelune, 1838. *Diccionario de fueros y leyes*, in-8°, 1830. — (2) H. Oloriz, *Fundamento y defensa de los fueros*, in-8°, Pampelune, 1880. — (3) Marichalar, marques de Montesa y Manrique, *Historia de la Legislacion y recitaciones del derecho civil de España*, t. VIII, p. 103 et suiv., in-8°. Madrid, 1868. — (4) D. Juan Mañé y Flaquer, *Viaje al pais de los Fueros*. Barcelone, 2 vol. in-4°, 1878 t. I°, chap. XI, p. 85 et suiv. — (5) Bordenave, Histoire de Béarn et de Navarre, publiée pour la première fois par P. Raymond, Paris, Renouard, 1873, in-8°. — (6) Loys de Mayerne-Turquet, Lyonnois, Histoire générale d'Espagne, 1ʳᵉ édit., Lyon, 1570 ; 2° édit., Paris, 1635, 2 vol. in-f°. — (7) Guillemot (Mathieu), Inventaire général de l'histoire d'Espagne, 1628, in-f°, Paris. — (8) Palma-Cayet, Histoire du royaume de Navarre. Paris, 1618, Rousset, in-12 de 869 pages.

nalité (1). Chappuys était secrétaire de Henri IV. Son contemporain, André Favyn, avocat au parlement, publia en 1612 son *Histoire de Navarre*, « contenant l'origine, les vies et conquestes de ses rois, depuis leur commencement jusques à présent, ensemble ce qui s'est passé de plus remarquable durant leurs règnes en France, Espagne et ailleurs ». Il a consulté surtout Mariana et Lebrija, recueilli quelques documents et quelques traditions ; à ce titre, il peut être consulté, mais avec méfiance (2). Nous possédons aussi quelques dissertations composées en France au XVIIe siècle sur la question navarraise. La première en date est celle du fameux érudit Arnaud d'Oihenart, l'auteur de la *Notitia utriusque Vasconiæ* ; cette dissertation, intitulée : *Déclaration historique de l'injuste occupation de la Navarre par les Espagnols*, a été connue de Galland, qui l'analyse, mais n'a été publiée que plus tard (3). L'ouvrage d'Auguste Galland, conseiller d'État, mort en 1644, et publié après sa mort par son fils, est connu sous le nom de *Mémoires pour l'histoire de Navarre et de Flandre* ; la partie la plus utile en est l'appendice ; on y trouve aussi une discussion sur l'usurpation de la Navarre et l'exposé des revendications des rois de Navarre dans la seconde moitié du XVIe siècle et au XVIIe (4). Nous avons trouvé aux Archives de Pampelune un exemplaire de l'opuscule rarissime de Daniel Schöpflin, l'auteur de l'*Alsatia Diplomatica* ; cet opuscule est intitulé : *Diatriba de origine, fatis et successione regni Navarræ* ; c'est un résumé de l'histoire de la Navarre, suivi d'une discussion approfondie sur les droits allégués par les Espagnols (5). Il faut ranger dans la catégorie des curiosités sans utilité pratique les ouvrages de Varillas (la *Politique de Ferdinand le Catholique* et l'*Histoire de Louis XII*) (6). Au XIXe siècle, nous pouvons signaler un ouvrage consciencieux, mais uniquement composé d'après les ouvrages précités des historiens français et espagnols, l'*Histoire des Basques*, par Chaho et Belzunce (7). Le dernier essai tenté sur ce sujet est une composition de médiocre valeur, due à un fécond polygraphe, dénué d'esprit critique, Bascle de Lagrèze. Son *His-

---

(1) G. Chappuys, Histoire du royaume de Navarre, 1 vol. in-4º. Paris, Gillet, 1596, 876 pages. — (2) André Favyn, Histoire de Navarre, Paris, Sonnius, 1612, in-fº, liv. X et suiv. — (3) Oihenart, Dissertation historique de l'injuste occupation de la Navarre par les Espagnols. (Bibl. de Pau, belles-lettres, Recueil A. Z., vol. II, imprimé à Paris, 1760, pp. 176-197). — (4) A. Galland, Mémoires pour l'histoire de Navarre et de Flandre, 1648, in-fº, liv. Iʳ, Paris. — (5) J.-D. Schöpflin, *Diatriba de origine, fatis et successione regni Navarræ*, Argentorati, Dulsecker, 1720, in-4º, 85 pages. (Arch. de Nav., literatura, leg. 2, carp. 32.) — (6) Varillas, la Politique de Ferdinand le Catholique. Amsterdam, 1690, 3 vol. in-12. Histoire de Louis XII, 6 vol. in-12. — (7) Chaho et Belzunce, Histoire des Basques, 3 vol. in-8º. Pau, 1847.

toire de Navarre, composée d'après quelques auteurs vieillis, présente une foule de lacunes et de nombreuses erreurs ; elle est, pour la partie historique du moins, fort au-dessous des résumés de Yanguas, de Belzunce et d'autres historiens antérieurs (1). — 2° *Histoires provinciales*. Nous ne mentionnerons qu'en passant les vieilles histoires du comté de Foix, dues à Hélie Bertrand et à Lapeyrère. Elles n'ont plus qu'un intérêt de curiosité depuis la publication de l'*Histoire du Languedoc*, par dom Vaissète. Nous avons consulté cette publication savante à la fois dans la vieille édition (tome V) et dans la nouvelle édition (tome XI) qui en a été donnée par M. Roman. Cet ouvrage est indispensable à consulter pour la question de la succession de Foix, les guerres entre le vicomte de Narbonne et les rois de Navarre, les procès intentés à ces rois (2). Parmi les anciennes histoires de Foix, il n'en est guère qu'une qui conserve encore quelque valeur, du moins pour notre sujet : c'est celle de Pierre Olhagaray, pasteur protestant de Mazères, qui fut historiographe de Henri IV. Il a consulté pour son *Histoire des Comptes (sic) de Foix, Béarn et Navarre* les pièces originales, et sur quelques points (les événements de 1484 et de 1507 par exemple) nous donne quelques détails utiles (3). On peut aussi mentionner les *Essais historiques sur le Bigorre*, par d'Avezac-Macaya (4), les *Essais historiques sur le Béarn*, de Faget de Baure (5), les *Histoires du comté de Foix et des populations pyrénéennes*, par Castillon (d'Aspet) (6), et à titre de curiosité l'*Histoire des Pyrénées*, de Cénac-Moncaut (7). Nous n'avons à peu près rien retiré de la lecture de ces ouvrages pour l'histoire spéciale dont nous nous occupons. Au contraire, nous avons tiré grand profit des deux travaux d'un savant qui fait autorité, M. Luchaire : l'un, intitulé : *La Question navarraise de 1515 à 1519*, est l'exposé des négociations de Noyon et d'Aranda ; il a été publié dans les *Annales de la Faculté des lettres de Bordeaux* (8). L'autre est relatif à un épisode de l'histoire du

---

(1) Bascle de Lagrèze, la Navarre française, 2 vol. in-8°, Imp. nationale, 1881. — (2) Histoire du Languedoc, par D. Vaissète, anc. édit. in-f°, 1730-1745, 5 vol., t. V; nouv. édit., t. XI, p. p. J. Roman, in-4°. Toulouse, Privat, 1890. — (3) Olhagaray, Histoire des Comptes de Foix, Béarn et Navarre, in-4°, Paris, 1609; 2° édit., 1729. — (4) D'Avezac-Macaya, Essais historiques sur le Bigorre, 2 vol. in-18, Bagnères, 1823. — (5) Faget de Baure, Essais historiques sur le Béarn. Paris, 1818, in-8°. — (6) H. Castillon, Histoire du comté de Foix, 2 vol in-8°. Toulouse, 1852. Idem, Histoire des populations pyrénéennes du Nébouzan et du pays de Comminges, 2 vol. in-8°. Toulouse, 1842. — (7) Cénac-Moncaut, Histoire des Pyrénées et des rapports internationaux entre la France et l'Espagne, 7 vol. in-8°. Paris, 1854, t. IV. — (8) A. Luchaire, la Question navarraise, dans les Annales de la Faculté des lettres de Bordeaux, 1ʳᵉ année (1879), nᵒˢ 2, 4; 2ᵉ année (1880), n° 1.

Béarn en 1518 ; c'est le récit d'un conflit entre la justice royale et la justice béarnaise (1). Un autre ouvrage du même savant, *Alain le Grand, sire d'Albret*, est indispensable pour la connaissance du caractère et de la vie d'un homme qui a été très mêlé à l'histoire de Navarre (2). Parmi les historiens de la Gascogne, on ne peut guère citer que Monlezun, dont l'œuvre est un résumé des ouvrages antérieurs ; il ne nous a guère servi (3). Il en est de même de l'*Histoire du Béarn et du pays basque*, par Mazure (4).
— 3° *Histoires générales*. Parmi les histoires générales d'Espagne écrites par des Français, nous mentionnerons celles de Romey (5) et de Rosseeuw Saint-Hilaire (6), qui ne contiennent que peu de chose sur l'histoire de Navarre et rien qui ne se trouve déjà dans les historiens espagnols. Quelques mots dans l'*Essai sur les mœurs* de Voltaire (7), quelques phrases de l'*Histoire de France* de Michelet et de l'*Histoire* de Henri Martin (8), voilà tout ce qu'on peut relever, sur notre sujet, dans les histoires générales. On peut mentionner également l'*Histoire de Louis XI*, par Duclos (9), l'*Histoire de Charles VIII*, par du Cherrier (10), l'*Histoire de Louis XII* (en cours de publication), par M. de Maulde (11), l'*Histoire de François Ier*, par Gaillard (12), comme renfermant quelques renseignements sur les affaires de Navarre. Parmi les historiens étrangers, nous ne voyons guère que Prescott et Baumgarten qui puissent être cités : l'*Histoire de Ferdinand et d'Isabelle*, du premier, est classique ; elle contient un court chapitre, composé surtout d'après Bernaldez et relatif à la conquête de la Navarre en 1512 (13). Le second, Baumgarten, est l'auteur estimé de la plus récente *Histoire de Charles-Quint*, dont le tome Ier a été publié à Stuttgart en 1885 ; on y trouve quelques indications (peu nombreuses) sur le sujet

(1) A. Luchaire, Un épisode de l'histoire du Béarn, Soc. des lettres de Pau, 1873-1874 p. 9 et suiv. — (2) A. Luchaire, Alain le Grand, sire d'Albret, in-8°. Paris, 1877. — (3) Monlezun, Histoire de la Gascogne, 7 vol. in-8°. Auch, 1849-1850. — (4) Mazure, Histoire du Béarn et du pays basque. Paris, 1839, in-8°. — (5) Romey, Histoire d'Espagne, 1839-1849, 9 vol. in-8°. — (6) Rosseeuw Saint-Hilaire, Histoire d'Espagne. Paris, 1846-1856, 10 vol. in-8°, 6e volume. — Paquis et Dochez, Histoire d'Espagne. Paris, 1855, 2 vol. in-4°. — (7) Essai sur les mœurs, Œuvres de Voltaire, édition in-18, 1785, t. XIX. — (8) Michelet, Histoire de France, t. VI à VIII. H. Martin, Histoire de France, t. VII. — (9) Histoire de Louis XI, par Duclos, 2 vol. in-12. La Haye, Néaulme, 1746. — (10) Du Cherrier, Histoire de Charles VIII, 2e édit. Paris, Didier, 2 vol. in-18, 1879. — (11) R. de Maulde, Histoire de Louis XII, 3 vol. in-8° parus Leroux, 1890-1891 (le dernier volume s'arrête à la mort de Charles VIII). — (12) Gaillard, Histoire de François Ier, nouv. édit. Paris, Foucault, 1819, 3 vol. in-8°, 1er vol. — Miguet, la Rivalité de François Ier et de Charles-Quint, 2 vol. in-18, 1875. — (13) Prescott, Histoire du règne de Ferdinand et d'Isabelle, trad. Renson. Paris, 1862, 4 vol. in-8°, t. IV, chap. XXIII.

qui nous occupe. Nous n'oublions pas d'indiquer aussi, comme utiles à consulter, deux ouvrages : l'un, dû à Labeyrie, est relatif au cardinal de Foix, l'un des personnages les plus influents de la cour de Navarre (1) ; l'autre, dû à M. Charles Yriarte, est un exposé approfondi, excellent, de la vie de César Borgia, le beau-frère de Jean d'Albret (2). Pour les institutions de la Navarre, nous avons une autre œuvre de mérite, *Don Carlos, prince de Viane*, par M. Desdevizes du Désert (3). Pour les questions embrouillées de droit successoral et les procès que les rois de Navarre eurent à régler, nous avons recouru au savant traité de Chopin, qui reste encore le meilleur ouvrage de ce genre à consulter (4), et au *Fuero general de Navarre*, qui a été réédité à Pampelune en 1869, ainsi qu'au *Diccionario de Yanguas* (5). Telle est l'énumération, assez longue, des sources que nous avons consultées. Nous n'avons pas la prétention d'avoir tout vu ; quelques livres ont pu nous échapper, mais nous ne pensons pas qu'il y en ait dont la connaissance serait essentielle.

Qu'il nous soit permis, en terminant, de réclamer l'indulgence du lecteur pour une monographie, qui se recommande surtout par la recherche patiente et minutieuse du détail, dans un domaine que la multiplicité des documents rendait particulièrement difficile à explorer.

(1) Labeyrie, Étude historique sur la vie du cardinal de Foix. Pau, 1874, in-8°, 42 pages. — (2) Ch. Yriarte, César Borgia. Paris, 2 vol. in-8°, 1889. — (3) Desdevizes du Désert, Don Carlos, prince de Viane. Paris, 1889, in-f°. — (4) Chopin, Du Domaine des rois de France, édit. française, in-f°. Paris, 1673. — (5) *Fuero general de Navarra*, 1869, in-f°. Pampelune et v° *Fuero* dans le *Diccionario d'Yanguas*.

LIVRE I.

LA NAVARRE SOUS LES DYNASTIES DE FOIX ET D'ALBRET.

LA GUERRE CIVILE.

LES ESSAIS DE PACIFICATION DES ÉTATS NAVARRAIS.

LA LUTTE DES INFLUENCES FRANÇAISE ET CASTILLANE.

(1479-1498.)

CHAPITRE PREMIER.

LA NAVARRE A L'AVÉNEMENT DE LA DYNASTIE DE FOIX.

L'un des premiers États chrétiens fondés dans la péninsule avait été le royaume de Navarre. Il comptait, à la fin du XVe siècle, près de sept cents ans d'existence ; mais, après avoir été le plus grand des royaumes espagnols, il en était devenu le plus petit. Son étendue n'était alors guère supérieure à 12,000 kilomètres carrés, et il ne comprenait plus que six provinces (merindades), celles de Pampelune, d'Estella, de Tudela, de Sanguesa, d'Olite et de Saint-Jean-Pied-de-Port ou d'Ultra-Puertos (1). Resserrée, depuis le XIIIe siècle, dans sa ceinture de montagnes, la Navarre étouffait entre les possessions grandissantes de l'Aragon, de la Castille et de la France. Au moment où la dynastie de Foix devint maîtresse de ce royaume, son existence même était comptée. Après trente-trois ans de luttes ou d'intrigues, il allait devenir la proie de la Castille. Deux longues minorités, les convoitises de l'Aragon et de la Castille, la guerre civile et l'anarchie, l'impuissance de la royauté, la rivalité de la France et de l'Espagne hâtèrent la fin du petit État pyrénéen, dont l'histoire avait été jadis si glorieuse.

I. Les changements dynastiques. Les convoitises des grands États espagnols et de la France.

La Navarre, pour son malheur, avait, depuis près de trois cents ans, changé trop souvent de dynasties pour que l'autorité royale y devînt forte et la sauvât du démembrement. D'abord gouvernée par les descendants plus ou moins authentiques de son premier souverain légendaire, Garcia Jimenez, le royaume, après la mort de Sanche le Fort, en 1234, était passé à une maison française, celle de Champagne (2). Un mariage, celui de l'héritière de Henri Ier, Jeanne, avec Philippe le Bel, avait donné en 1274 la couronne aux rois de France, qui la gardèrent jusqu'en 1328. Une troisième dynastie, celle d'Évreux, qui descendait de la fille de Louis le Hutin et de Philippe, comte de Valois, gouverna ensuite la Navarre pendant un siècle entier, puis s'éteignit au moment où les liens les plus étroits s'étaient établis entre elle et la nation.

(1) Voir, pour la géographie de la Navarre, Desdevizes du Désert, *Don Carlos d'Aragon, prince de Viane*, p. 16 et suiv. — (2) Sur les diverses dynasties navarraises, Yanguas y Miranda, *Diccionario de Antigüedades de Navarra*, III, p. 18 et suiv.

Une quatrième fois, le royaume passa en des mains étrangères : Juan II, roi d'Aragon, époux de Blanche, fille unique et héritière de Charles III le Noble, garda la couronne malgré son fils, Carlos de Viane, et son gendre, Gaston de Béarn, jusqu'à sa mort, arrivée en 1479. C'est alors que la maison de Foix hérite de la Navarre, d'abord avec Leonor, fille de Juan II et femme de Gaston IV, qui ne règne que vingt et un jours, puis avec un adolescent, François-Phœbus, petit-fils de Leonor. Quatre années après, une sixième dynastie commence : c'est celle d'Albret, en 1484. Quelle force pouvait appartenir aux souverains après tant de changements dynastiques ? Quel attachement le peuple navarrais pouvait-il avoir pour ces maîtres étrangers ? C'est ce que l'événement montra. La royauté, depuis la mort de Charles le Noble, avait perdu toute autorité. La nation ne s'attacha guère à des souverains qui la négligeaient, blessaient son orgueil et sacrifiaient ses intérêts au profit des autres États qu'ils gouvernaient. Aussi, des six dynasties qui se succédèrent à Pampelune depuis 1234, aucune n'eut-elle le temps de s'affermir, d'effacer entièrement son origine étrangère et d'acquérir par une politique vraiment nationale l'attachement des Navarrais.

A cette première cause de décadence s'en joignait une autre non moins active : la politique ambitieuse des souverains aragonais et castillans. Les deux grands États espagnols, la Castille et l'Aragon, profitant des embarras et des discordes de la Navarre, s'étaient agrandis à ses dépens. C'est ainsi que la Castille lui avait enlevé, au XII° siècle, la Rioja, c'est-à-dire les territoires de Logroño, d'Alfaro et de Calahorra, sur les bords de l'Èbre. Elle avait conquis bientôt après sur elle les provinces basques d'Alava, de Guipuzcoa et de Vizcaye, et, en lui fermant l'accès de l'Océan, porté un coup mortel aux destinées de ce petit pays (1). A l'est, l'Aragon, qui, à l'origine, avait suivi les destinées de la Navarre, s'était formé en 1134, surtout des provinces démembrées de l'État jadis son suzerain (2). Entre ces deux royaumes, de plus en plus puissants, la nationalité navarraise courait grand risque de disparaître entièrement. Les guerres soutenues contre les musulmans au XIII° siècle, les troubles intérieurs de l'Aragon et de la Castille au XIV° et au XV° siècle ajournèrent pendant près de trois cents ans les projets des grandes monarchies espagnoles sur leur faible voisine. Cependant, dès le règne de Henri IV, les Castillans, profitant des luttes acharnées entre Juan II et son fils, Carlos de Viane, occu-

---

(1) Yanguas y Miranda, *Historia Compendiada del reino de Navarra*, p. 110. — (2) Yanguas, p. 57.

paient les places de la Navarre méridionale et obtenaient en 1463 la cession d'une partie de la province d'Estella (1). Quelques années plus tard, en 1479, la Castille et l'Aragon s'unissaient sous le sceptre de Ferdinand et d'Isabelle. L'indépendance du petit royaume pyrénéen, déjà très compromise, ne pouvait, dès lors, tarder à succomber. L'union de la Navarre avec les États de Foix et d'Albret et la rivalité de la France et de l'Espagne ne firent qu'en précipiter la chute. D'autre part, les intrigues de la France n'étaient pas moins à craindre pour les souverains navarrais que les convoitises de l'Espagne. Les Valois, devenus les maîtres de la Gascogne et les rivaux de la Castille, prétendaient à faire prévaloir leur influence auprès de la cour de Pampelune. Suzerains des princes de Foix-Albret, ils s'efforcèrent de les maintenir dans leur dépendance. Ainsi menacés de tous côtés, tiraillés entre les monarchies française et castillane, les nouveaux princes navarrais avaient tout à craindre de l'ambition de leurs redoutables voisins.

Sans liens avec la nation navarraise, menacées par les puissants États de France et de Castille, les deux nouvelles dynasties, en héritant de la couronne de Navarre, durent, de plus, accepter une succession peu enviable. Leur royaume était ruiné, en effet, par près de quarante ans d'anarchie et de guerres civiles. Les discordes intérieures, qui avaient commencé sous le règne de Juan II, persistaient avec la même violence à la mort de ce souverain. Deux grands partis, ceux des Beaumontais et des Gramontais, s'étaient formés. Les premiers, partisans du prince de Viane, adversaires de Juan II, puis alliés de Blanche, fille cadette du même roi, avaient fait appel aux Castillans. Les seconds, qui avaient soutenu le roi d'Aragon et les princes de la maison de Foix, s'appuyèrent d'abord sur l'Aragon, puis sur la France. Les uns et les autres subordonnaient, d'ailleurs, les intérêts des prétendants auxquels ils donnaient leur appui aux vues particulières des grands seigneurs navarrais. Sous prétexte de soutenir les prétentions des candidats au trône de Navarre, ils combattaient avec un emportement frénétique, pour assouvir leurs haines de clan, leurs animosités domestiques, leurs querelles locales. Chacun de ces partis avait des adhérents parmi la noblesse, le clergé et la bourgeoisie, dans les villes, les bourgs et les vallées du royaume. Il n'est pas un coin de la Navarre qui ait échappé aux horreurs de cette lutte acharnée. En effet, les Beaumontais et les Gramontais avaient leur clientèle dévouée au triomphe de leurs prétentions. Les uns et les autres recherchaient dans ces querelles sanglantes le moyen

II. L'anarchie, la guerre civile et les factions en Navarre; effets du régime anarchique.

(1) Yanguas, p. 310.

d'accroître l'autorité de la féodalité et de la bourgeoisie navarraises. A la tête de la faction beaumontaise figurait le chef de la famille apanagée des Beaumont, Louis II (1). Ce grand seigneur possédait au sud de la Navarre, vers les frontières de Castille, de vastes domaines et de nombreux châteaux-forts : c'étaient le comté de Lerin, les villes de Miranda de Arga, Arellano, Sesma, Mendavia, Huarte-Araquil, placées, les unes dans la montagne, du côté des provinces basques, les autres dans la vallée de l'Èbre (2). Louis II avait pour alliés les seigneurs d'Artieda, d'Armendariz, d'Ayanz et la plupart des nobles de la Haute-Navarre. Un grand nombre de villes, de bourgs, de vallées suivaient son parti, notamment la capitale Pampelune, qui lui resta plus de trente ans fidèle. Dans la Basse-Navarre, la famille influente de Luxe soutenait sa cause. Les haines individuelles, les rivalités locales déterminaient, en général, le choix des adhérents de chacune des factions (3). Elles invoquaient le Fuero pour vider leurs querelles ; la coutume navarraise autorisait, en effet, les guerres privées. Les Beaumontais restèrent pendant longtemps les principaux fauteurs de l'anarchie : leur chef, le connétable Louis II, fut, de 1456 à 1506 (un demi-siècle), l'adversaire le plus acharné des Gramontais et des rois de Navarre. Deux fois chassé du royaume, il devait finir par mourir en exil. C'est un caractère original que celui de ce bandit féodal. De petite taille, d'aspect féroce, doué d'une force peu commune (4), il avait toutes les qualités d'un soldat : la bravoure, l'audace, l'indomptable tenacité. Une ambition insatiable le dévorait ; on le soupçonna même d'aspirer à la couronne (5). D'ailleurs, dédaigneux de l'argent, avide seulement de puissance (6), il recherchait surtout dans la guerre civile le moyen d'accroître son influence. Dur pour lui-même, il l'était aussi pour les autres ; sans pitié comme sans peur, il torturait ses prisonniers ; sans moralité comme sans scrupule, il violait la foi jurée et ne reculait même pas devant le crime pour assouvir ses vengeances. Plusieurs fois assassin, souvent parjure, traître à son pays, il fut le mauvais génie de la Navarre et contribua plus que personne à la mener à la ruine. Le parti opposé,

(1) Il descendait de Louis Ier de Beaumont, neveu de Charles II le Mauvais (le père de Louis Ier était frère de Charles II). Louis Ier avait épousé une fille bâtarde de Charles III le Noble, Yanguas, *Historia Compendiada de Navarra*, p. 250. — (2) Yanguas, *Diccionario de Antigüedades de Navarra*, aux mots Lerin, Mendavia, etc. — (3) Desdevizes du Désert, *Carlos de Viane*, pp. 214-221. — (4) *En un cuerpo tan pequeño nunca se vi tanta fuerza*, dit son épitaphe au monastère de Veruela, citée par Ch. Yriarte, *César Borgia*, II, 270. — (5) Desdevizes du Désert, p. 218, d'après Avalos de la Piscina. (6) En 1500, il disait à Jean d'Albret ; « On n'échange pas des créneaux pour de l'argent. »

celui des Gramontais, s'appuyait dans le haut pays sur la famille des Peralta et sur la maison apanagée des Navarre, qui descendait de Charles III le Noble et était investie héréditairement du maréchalat. Dans l'Ultra-Puertos, il avait pour alliée la famille des Gramont, rivale de celle des Luxe. Les Gramontais comptaient parmi leurs adhérents la noblesse des provinces voisines de l'Aragon, celles d'Olite, de Sanguesa, de Tudela. Les villes de ces provinces, et parmi elles la seconde cité du royaume, Tudela, soutenaient leur cause (1). Moins rudes que les Beaumontais, mais tout aussi avides, ils eurent l'habileté d'exploiter la faiblesse des rois pour s'emparer des dignités de l'État. Leur chef fut d'abord Pierre de Peralta, capitaine général de la gendarmerie royale, qui passa pour le premier homme de guerre de la Navarre. Aussi énergique, aussi violent, aussi sanguinaire que Louis II de Beaumont, ce grand seigneur abandonna depuis 1484 la direction de son parti à un homme d'esprit plus timoré et de caractère plus doux, le maréchal don Pedro de Navarre, son neveu, qui fut le principal favori des rois de la dynastie d'Albret. Les guerres civiles suscitées par les deux partis, commencées sous le règne de Juan II, devaient se poursuivre jusqu'en 1495 et recommencer un moment en 1507. Elles eurent pour le royaume de néfastes résultats. Le principal fut l'affaiblissement de l'autorité monarchique : les partis s'emparèrent tour à tour des fonctions publiques. Les charges administratives, financières, militaires devinrent la proie des vainqueurs. Le Conseil royal, la Chambre des Comptes, la *Corte mayor* furent peuplés de leurs créatures (2). L'indépendance de la noblesse, des communautés urbaines et rurales, diminuée sous le gouvernement des princes d'Évreux, imitateurs de nos rois absolus, s'accrut sous les règnes troublés de leurs successeurs. Les souverains de Foix-Albret, pendant quinze ans, furent moins obéis dans la Navarre que le connétable Louis de Beaumont. Quand ils voulurent restaurer l'autorité royale amoindrie, ils n'eurent ni le temps ni l'énergie nécessaires pour réussir. Un autre effet de l'anarchie fut d'anéantir en Navarre le sentiment de l'unité qui commençait à se faire jour. La vie locale reprit son intensité passée. Les seigneurs, dans leurs domaines, les bourgeois, dans leurs villes, les paysans, dans leurs bourgs ou leurs vallées, vécurent les armes à la main et s'enfermèrent dans un isolement farouche. Chacune des factions fit appel à l'intervention étrangère. La nation navarraise perdit dans ces luttes l'idée de solidarité qui constitue le patriotisme. La moralité s'affaissa aussi : la ruse, la perfidie, la vio-

(1) Desdevizes du Désert, pp. 220-221. — (2) *Ibid.*

lence régnèrent en maîtresses. Il n'y eut plus dans la Navarre troublée du XVe siècle qu'un seul droit, le droit du poing. La division se glissa partout : les villes et les villages étaient souvent partagés entre les deux factions. Partout se montrait l'image de la guerre civile : dans les maisons fortifiées, les églises crénelées, les champs en friches, les ruines accumulées. La misère s'étendit sur tout le royaume : les documents signalent, à la fin de ce siècle, une foule de bourgs abandonnés *(lugares despoblados)* et d'autres tellement éprouvés qu'il faut les exempter d'impôts (1). La population est réduite à moins de 80,000 habitants (2), et comment s'en étonner avec la férocité des guerres civiles? Beaumontais et Gramontais dévastent les campagnes, enlèvent les troupeaux, incendient les maisons, massacrent les habitants. Lorsqu'on les épargne, c'est pour leur extorquer une rançon (3). Des deux côtés, on déploie la même barbarie : en 1469, Pierre de Peralta assassine au pied de l'autel l'évêque de Pampelune, Nicolas d'Etcheverry (4). En 1482, le connétable Louis de Beaumont, après avoir communié avec son rival, don Pedro de Navarre, essaie de l'égorger dans un guet-apens (5). Meurtres, spoliations, violences, c'est l'histoire presque quotidienne de la Navarre pendant un demi-siècle. L'anarchie y disparut enfin en 1495, mais elle avait laissé des traces indélébiles et réduit le royaume à un état de faiblesse qui le rendait incapable de résister à ses puissants voisins. Un État ruiné par la guerre civile, affaibli par l'anarchie, voilà l'héritage que Juan II laissa, en 1479, aux princes de Foix. Ce souverain n'avait montré qu'incapacité et faiblesse. Au milieu des guerres civiles, son autorité n'avait cessé de décliner. Son pouvoir était annulé par celui des Cortès, où les

(1) Il y a un grand nombre de mentions de ces *lugares despoblados*, données d'après les Archives de la Chambre des Comptes, par Yanguas y Miranda, *Diccionario de Antigüedades*, I, 11, 79, 470, 471, 196; II, 187, 302, 498, 411, 5, 14, 157, 183, 435, 445, 289; III, 322, 296, 324, 481, vis. Agos, Aguinagar, Arguedas, où la population est tombée de 90 habitants à 65; Baigorri, Cascante, où le nombre des habitants est réduit de 150 à 65; Eulza, Ezcaba, Huarte-Araquil, Leiza, Lesaca, Lenguida, Mendigorria, Monreal, Mora, Murillo, Munarriz, Norugarren, Olaz, val d'*Orba* (de 153 habitants, il n'en garde que 91); Oteiza, *Rada*, Sartaguda, Sarlus, Valtierra (de 70 habitants ou bourgeois, la population y est descendue à 30); Zuñiga. — (2) Ce chiffre est celui de 1450 (Desdevizes, p. 15) et devait être encore plus réduit en 1479; de 1/4 ou de 1/5, si on en juge d'après les données qui précèdent. — (3) Exemple : à Mendigorria, la banlieue est saccagée; les moulins, 100 maisons, le pont sont détruits (1474); à Monréal, les arbres fruitiers sont arrachés; il ne reste que 60 maisons sur 150; à Rada, le château et le bourg sont détruits jusqu'aux fondements; au val d'Orba, les troupeaux sont égorgés. Yanguas, *Diccionario*, II, 320, 411, 486; III, 8. — (4) Yanguas, *Historia Compendiada de Navarra*, p. 326. — (5) *Ibid.*, p. 345.

délégués des trois ordres, réunis tous les ans, élaboraient les lois et statuaient sur tous les détails de l'administration. La féodalité laïque et la bourgeoisie gouvernaient, l'une les campagnes, l'autre les villes, avec une indépendance presque absolue. Il ne léguait à ses successeurs qu'une administration désorganisée, des tribunaux que personne ne respectait, des domaines aliénés ou engagés, un Trésor presque vide, point d'armée, aucune ressource qui leur permît de ressaisir la puissance qu'avaient possédée les rois de la maison d'Évreux.

Cet affaiblissement de la royauté, ces discordes des partis avaient eu pour résultat de rendre inévitable l'intervention étrangère. Depuis le règne de Juan II, cette intervention était devenue la règle, surtout du côté de la Castille. La France, sous Charles VII, avait gardé une attitude plus réservée, et l'adversaire du roi d'Aragon, Carlos de Viane, qui s'était rendu à Paris en 1456, n'avait obtenu du souverain français aucun secours (1). Mais Louis XI intervient activement dans les affaires du petit État pyrénéen. Il soutient les prétentions de la maison de Foix au trône de Navarre. Pour obtenir l'appui de cette maison dans sa lutte contre la féodalité et contre son futur adversaire, le roi d'Aragon, il marie sa sœur Madeleine avec le prince de Viane, fils aîné et héritier de Gaston IV de Foix et de Leonor de Navarre (2). Il interpose ensuite sa médiation entre Juan II et Henri IV de Castille, et fait céder, par le traité de Bayonne (24 avril 1463), aux Castillans la province d'Estella. Par ses conseils, le roi d'Aragon, son créancier et son allié du moment, avait confirmé au comte de Foix la succession éventuelle de la Navarre et livré à Gaston IV la sœur du prince de Viane, Blanche, reine répudiée de Castille, dont les prétentions inquiétaient l'héritier de Juan II (3). Puis, abandonné par le comte de Foix, qui s'était rallié à la troisième ligue féodale, Louis XI opposait à Gaston le prince de Viane, son beau-frère. Après la mort prématurée de ce dernier (1470), suivie bientôt de celle de Gaston IV (1472), le roi de France avait pris soin de faire donner à Madeleine, sa sœur, la tutelle des enfants du prince de Viane, François-

III.
L'intervention française en Navarre.
La politique de Louis XI.

(1) Galland, Mém. pour l'hist. de Navarre, liv. Ier, chap. IV, p. 30. Desdevizes du Désert, *Carlos de Viane*, p. 252. — (2) Le contrat de mariage du prince de Viane avec Madeleine de France est daté du 11 mars 1461 et fut rédigé à Saint-Jean-d'Angély. (Arch. des Basses-Pyrénées, E. 444.) Un chroniqueur espagnol, Diego de Valera, dit à cette occasion de Louis XI qu'il « voulait mettre le comte de Foix en sentinelle vigilante du côté de l'Aragon », *queria meter viva sentinella en los reynos de Aragon*. Diego de Valera, *Crónicas de los reyes de Castilla*, III, 69. — (3) Zurita, *Anales de Aragon*, t. IV, liv. XVII, chap. XXIX, f° 111.

Phœbus et Catherine, héritiers des États de Foix et de Navarre. Il se proposait même de donner en mariage à François-Phœbus sa fille aînée, Anne, plus tard Anne de Beaujeu (1). Il empêchait Jean de Narbonne, fils puîné de Gaston IV, de faire valoir ses prétentions sur les domaines de la maison de Foix (2). Il envoyait aux États de Béarn ses ambassadeurs pour les assurer de sa protection, et leur déclarait « qu'il estoit délibéré de les garder « d'oppressions et de dommaiges, comme il fairoit de ses propres « sujets » (3). Madeleine, proclamée régente pendant la minorité de François-Phœbus, obtenait sans peine, grâce à l'intervention active de son frère, le serment de fidélité des Béarnais et la mainlevée de la saisie féodale faite, sur l'ordre du roi, dans le comté de Foix (4). Mais cette protection n'était point désintéressée. Louis XI exigeait en retour de la Régente un dévouement aveugle à la politique française. Il fit donner à une de ses créatures, Pons de Villemur, seigneur de Saint-Paul, la charge de sénéchal et de gouverneur du château de Foix, et c'est sans doute sur son conseil que Madeleine éleva à Mazères son jeune fils, François-Phœbus, loin de la Navarre et à l'abri des entreprises espagnoles (5). En rivalité avec la Castille, le roi de France tâchait à s'ouvrir l'accès des places navarraises. Il tentait de gagner la gouvernante de Navarre, Leonor, grand'mère du jeune souverain, en lui offrant le gouvernement des pays de Foix et de Béarn et les moyens de pacifier le royaume. En retour, il lui demandait la remise de quelques-unes de ses forteresses, afin de secourir son allié Henri IV de Castille contre Ferdinand d'Aragon (1473). Leonor déclina ces offres cauteleuses en alléguant que les gouverneurs des châteaux navarrais avaient prêté serment à Juan II, son père, et qu'elle n'avait aucune action sur eux. Rebuté de ce côté, Louis XI noua des intrigues avec le parti gramontais. Deux fois, en 1474 et en 1475, le chef de cette faction, le connétable Pierre de Peralta, était venu à la cour de France ; le roi déclarait « ne vouloir se gouverner que par ses conseils », dans ses relations avec la Navarre (6). Deux des adhérents de Peralta, le

(1) Duclos, Hist. de Louis XI, II, 317. — (2) Jean de Narbonne affirmait, dans un mémoire rédigé plus tard, à une date inconnue, que Louis XI l'avait forcé par ses menaces de renoncer à ses revendications. Ce mémoire est conservé aux Arch. des Bass.-Pyrén., E. 558. — (3) Lettres de créance des ambassadeurs du roi de France envoyés aux États de Béarn, 22 juillet 1472. Pièce donnée par le Recueil intitulé : *Priviledges et réglaments deus Estatz de Bearn*, édition de 1716, p. 40. — (4) Recueil des ordonnances des rois de France, XVII, 558, lettres patentes du 26 février 1473. — Hist. du Languedoc, anc. édit., V, 45 ; nouv. édit., XI, 82. — (5) Favyn, Hist. de Navarre, p. 600. — (6) Zurita, *Anales de Aragon*, t. IV, liv. XVIII, chap. L, f° 193, r°, est le seul historien qui nous renseigne sur ces obscures intrigues ; voir aussi liv. XIX, chap. XXIX, f° 250.

seigneur de Luxe et le sire de Gramont, étaient gagnés à la cause française et assuraient à Louis XI l'appui de tout l'Ultra-Puertos. Le roi confiait même au second la garde du château de Mauléon-de-Soule, excellent poste d'observation sur les frontières du royaume (1). C'est ainsi qu'en habile politique le roi de France s'efforçait d'étendre son influence dans le petit État pyrénéen pour inquiéter ses deux adversaires, Juan II et Ferdinand. Le roi d'Aragon et son fils ne restaient pas non plus inactifs et cherchaient à combattre de toutes leurs forces les intrigues françaises. Juan avait forcé Leonor, par la convention d'Olite, signée le 30 mai 1471, à lui reconnaître le titre de roi de Navarre, titre qui lui était contesté. S'il avait délégué sa fille comme gouvernante du royaume, il s'était réservé le droit de nommer les châtelains et d'occuper les places fortes du pays (2). Dès cette époque, on accusait son fils préféré, Ferdinand, d'avoir noué des relations secrètes avec le parti des Beaumontais et d'aspirer à la couronne de Navarre (3). L'accusation était sans doute exagérée, mais déjà Ferdinand, devenu infant d'Aragon en 1461, roi de Sicile en 1468, heureux époux d'Isabelle de Castille en 1469, espérait réunir un jour les royaumes espagnols sous sa domination. Il songeait aussi à faire prévaloir l'influence castillane en Navarre, et il devait craindre de laisser tomber sous le protectorat de la France un État qui menaçait le front et le flanc des provinces castillanes. C'est ce politique avisé qui allait diriger désormais la lutte contre le roi de France et tendre à faire prévaloir à Pampelune les intérêts de l'Espagne. Louis XI s'était assuré l'appui des Gramontais, Ferdinand eut recours à celui des Beaumontais. Le chef de ce parti, Louis de Beaumont, avait épousé une sœur illégitime du prince aragonais. Ce dernier avait même garanti, lors du mariage, au comte de Lerin une dot de 1,500 florins d'or (4). Cette alliance de famille facilita l'alliance politique entre le jeune roi de Castille et le puissant chef navarrais. C'est sans doute sur ses conseils que Juan II traita à Tarragone, le 30 août 1474, avec les Beaumontais, ses anciens adversaires, et ordonna de leur restituer leurs biens et honneurs (5). Avec une duplicité peu honorable, le roi de Castille, devenu l'inspirateur de la politique

IV.
L'intervention castillane en Navarre. Les débuts de Ferdinand.

---

(1) Zurita, liv. XVIII, chap. L, f° 193, r°. — (2) Zurita, liv. XVIII, chap. XXXVI, f° 180 (analyse de la convention d'Olite). — (3) Juan II, dans une lettre adressée à Leonor en 1472, cherche à disculper Ferdinand de cette accusation. Lettre de Juan II, 6 février 1472. (Arch. de Nav., *Comptos, cajones* 162, n° 22; 193, n° 17.) — (4) Ce document est mentionné par l'auteur anonyme du *Libro geneatógico de la casa del Condestable de Navarra*, Mss. inédit, f° 109, 110 (date, 31 juillet 1470). — (5) Zurita, *Anales de la corona de Aragon*, t. IV, liv. XVIII, chap. LII, f° 132, v°.

espagnole, suscitait en même temps à sa sœur Leonor, gouvernante de Navarre, un prétendant nouveau, Luis de La Cerda, comte de Medina-Celi. Il donnait à ce grand seigneur, qui revendiquait le royaume navarrais au nom de sa femme, Anne, fille naturelle de Carlos de Viane, la ville de Los Arcos, poste important sur les frontières castillanes. Au même moment, il assurait la gouvernante de Navarre, attaquée, malgré le traité de Tarragone, par le parti beaumontais, de tout son dévouement, et promettait d'empêcher la noblesse de Guipuzcoa et de Vizcaye de secourir les rebelles. Ces protestations ne l'empêchaient pas d'accueillir à Medina del Campo les envoyés du comte de Lerin et de fournir aux révoltés un secours de 1,000 hommes de pied et de 1,200 chevaux (1). La lutte d'influence entre la France et l'Espagne, aux cours de Pampelune et de Pau, éclata ouvertement bientôt après, en 1476. Louis XI avait conclu un traité d'alliance à Senlis avec le roi de Portugal et avec Juana la Beltraneja, fille de Henri IV de Castille (2). Il recevait à sa cour le chef des Gramontais, Pierre de Peralta, avec force démonstrations d'amitié (3). Peut-être méditait-il d'attaquer Ferdinand sur l'Èbre en faisant marcher une armée à travers la Navarre. Peut-être voulait-il simplement inquiéter son rival et détourner son attention. Mais Ferdinand le prévint, et avec une décision, une habileté extraordinaires, parvint, en gardant les dehors d'un médiateur désintéressé, à se faire accorder un véritable protectorat sur la Navarre. C'est en 1476, en effet, que le roi de Castille remporte à Pampelune son premier succès diplomatique, et c'est depuis cette date qu'il s'assure la haute main sur les affaires navarraises. A son avénement, en 1479, la maison de Foix, inféodée à la politique française, trouve ainsi l'influence espagnole établie dans le royaume. Ce résultat, capital pour la politique castillane, avait été obtenu par la médiation de Ferdinand, en 1476, suivie du traité de Tudela. Le roi de Castille avait eu l'habileté de se présenter en pacificateur. Il avait fait agir le comte de Buendia et l'évêque de Pampelune, Carillo, auprès des Gramontais, et envoyé aux Beaumontais don Rodrigo de Sessa, évêque de Terranova (4). La nouvelle de la victoire de Ferdinand à Toro, sur le roi de Portugal, et de la campagne peu fructueuse des Français en Guipuzcoa, détermina les Beaumontais à accepter une amnistie de la gouvernante Leonor et à signer, le 6 mai, la trêve

V.
Le protectorat castillan en Navarre.
Le traité de Tudela.
(1476.)

(1) Zurita, t. IV, liv. XIX, chap. XVII, f° 224, 225; *ibid.*, chap. XXV, f° 234, r°. — (2) Commines, édit. Lenglet-Dufresnoy, t. III, preuves, n° 244. — (3) D'après Zurita, il pensionnait Peralta. *Anales de Aragon*, t. IV. liv. XX, chap. XVIII, f° 290, v°. — (4) Zurita, *Anales*, t. IV, liv. XIX, chap. XLV, f° 255, v°.

de Pampelune (1). Mais les partisans de la France s'agitèrent aussitôt; les Gramontais avaient sans doute refusé d'accepter la trêve, puisque Louis de Beaumont, avec ses partisans, s'était mis à ravager le territoire de la ville gramontaise de Tafalla. Le parti français fit courir le bruit que Juan et Leonor avaient engagé la Navarre au roi de Castille. Le parti castillan riposta en accusant le roi de France, qui venait de lever le siège de Fontarabie, de méditer l'invasion du royaume et de songer à un coup de main sur Pampelune (2). Ces rumeurs, habilement exploitées par Ferdinand, lui facilitèrent une intervention plus directe que celle du 6 mai. Il se rendit à Vittoria, auprès de son père, Juan II, dont il obtint sans peine l'adhésion (juin); il gagna à sa cause la gouvernante de Navarre, Leonor, et reçut les offres de services des délégués beaumontais. Mais trop prudent pour ne pas ménager les apparences, il refuse de mettre garnison dans les villes beaumontaises, que le comte de Lerin voulait lui livrer. C'eût été une mesure violente, une véritable usurpation. Il répond, au contraire, en fourbe consommé, qu'il ne veut rien prendre en Navarre, qu'il est décidé à respecter les droits de son neveu François-Phœbus, qu'il ne consent à rien autre chose qu'à réconcilier les partis et à pacifier le royaume (3). Sous ces apparences de médiateur désintéressé, sous ces dehors de prince respectueux des droits d'autrui, le roi de Castille parvient, par un traité en bonne forme, à établir le protectorat castillan sur la Navarre. Ce traité, conclu à Tudela le 4 octobre 1476, semble n'avoir d'autre objet que l'intérêt de l'État navarrais. Ferdinand ne paraît intervenir que pour y terminer les troubles et y prévenir une invasion française. En effet, par une première convention dont nous n'avons pas le texte, mais que Zurita a analysée, les partis beaumontais et gramontais concluaient une trêve de huit mois (4), à la faveur de laquelle, sans doute, se négocierait une paix définitive. Un second traité, dont nous avons le texte aux Archives de Pampelune et de Simancas, stipulait pour la Navarre la garantie d'une occupation castillane, en vue d'empêcher une irruption des Français. Pour détourner don Luis de Beaumont et les « autres « membres de sa faction de prendre le parti du roi de France et « de lui livrer l'entrée du royaume », Ferdinand consent à mettre garnison « dans Pampelune et dans les autres forteresses » beaumontaises, c'est-à-dire dans Viana, Lumbier, Puente la Reina et

---

(1) Trêve de Pampelune, 6 mai 1476; texte aux Archives de Pampelune, Cortes, sec. de guerra, leg. 1, carp. 8. — (2) Zurita, liv. XIX, chap. L, f° 262. — (3) Les détails sont donnés par le chroniqueur officiel de Ferdinand, Hernando del Pulgar. *Crónicas de Los señores reyes Católicos*, 2ª partie, chap. LIII, f° 306. — (4) Zurita, liv. XIX, chap. LVI, f°s 255, 256.

Huarte. Or, par une singulière ironie, c'était le parti beaumontais qui soutenait le roi de Castille. On peut juger par ce trait de la sincérité de Ferdinand. Bien mieux, il semblait n'occuper la Navarre que pour marquer sa reconnaissance à sa sœur Leonor, « qui avait refusé, disait-il, les grands partis que lui offrait le roi « de France, pour qu'elle consentît à laisser passer son armée à « travers le royaume, afin d'attaquer la Castille ». Il se donnait ainsi le rôle d'un généreux chevalier, d'un défenseur de la cause des faibles. D'ailleurs, il promettait par les serments les plus solennels de restituer les places fortes qu'il détiendrait, « toutes « les fois qu'il en serait requis », aussitôt que le délai « fixé pour « la conclusion d'un accord définitif entre les partis navar- « rais, sous sa médiation et celle de son père, serait atteint ». En attendant, il s'engageait à veiller à la conservation du domaine royal et au paiement exact des subsides. Enfin, il leurrait la gouvernante de Navarre du vain espoir d'une restitution des villes réunies à la Castille en 1463. En son nom et au nom d'Isabelle, sa femme, il promettait de rendre à la couronne de Navarre les villes de Los Arcos, La Guardia, San-Vicente, Larraga, Bernedo, Miranda de Arga « le plus tôt possible », disait-il ; mais il se gardait bien de fixer un délai, moyen facile d'éluder sa promesse (1). Bien que déguisé sous ces formes cauteleuses, c'était bien le protectorat castillan qui s'établissait en Navarre. Le traité de Tudela est le vrai point de départ de la politique de Ferdinand. Il servira de type à un grand nombre de conventions analogues qui régleront les relations des deux royaumes espagnols jusqu'en 1500.

VI.
Rivalité
de
l'influence française
et de l'influence
castillane
en Navarre.
(1476-1479.)

L'établissement de ce protectorat était pour la France un échec caractérisé. Louis XI parvint à reprendre sa revanche de cette défaite diplomatique, en empêchant Madeleine de Viane de ratifier le traité de Tudela. Or, sans cette ratification de la mère du futur roi de Navarre, François-Phœbus, cet acte ne pouvait avoir de valeur définitive. En vain, le roi d'Aragon envoya-t-il à la petite cour de Pau le doyen de Barcelone, Berenguer de Sos, pour demander à la princesse de sanctionner la convention. En vain, l'ambassadeur fit-il l'éloge du signalé service que le roi de Castille rendait à la Navarre, en s'efforçant d'y rétablir la paix. Madeleine resta sourde à ces exhortations. Ses conseillers se montrèrent même très mécontents d'un traité qui livrait à Ferdinand Pampelune, la clé de la Navarre, et accusèrent le roi de Castille d'aspi-

(1) Le texte du traité de Tudela, intitulé : *Promesa con juramento del Rey Católico à la condesa de Fox*, se trouve aux Archives de Simancas, *Patronreal, capitulaciones con Aragon y Navarra*, leg. 1. Une autre copie est aux Archives de Pampelune, *Comptos*, cajon 163, n° 10, et a été éditée dans le *Diccionario* de Yanguas, III, 100.

rer à priver François-Phœbus de son héritage. Plus réservée dans son langage, la princesse répondit en faisant l'apologie de son frère le roi de France, dont l'envoyé de Juan II incriminait les intentions à l'égard de l'Espagne. Elle affirma qu'il ne lui avait jamais demandé de secours contre les royaumes espagnols, mais qu'il s'était toujours montré satisfait de ce qu'elle gardait la neutralité. Évitant de donner une réponse au sujet du traité de Tudela, elle conclut en promettant sa médiation, pour faire signer une trêve de huit ou dix ans entre Louis XI et ses adversaires (16 novembre 1476). Mais elle envoya aussitôt sous ce prétexte un gentilhomme de sa maison à Tours, auprès du roi de France, probablement pour lui demander conseil et appui. Aussitôt, tandis que 1500 Castillans occupaient Pampelune, 1,800 lances françaises, sous les ordres du gouverneur de Champagne, s'approchèrent des frontières de Navarre. Le bruit courut que Madeleine de Viane allait épouser le roi de Portugal, allié de Louis XI et compétiteur de Ferdinand. On croyait aussi savoir que le roi de France avait noué des intrigues avec l'aristocratie castillane et avec le parti gramontais, mécontent de la faveur des Beaumontais (1). Louis XI, sûr de l'appui de Madeleine de Viane, en relations avec Peralta, chef de la faction gramontaise, était ainsi parvenu en peu de temps à diminuer le fâcheux effet de la convention de Tudela. La duplicité de Ferdinand ne devait pas tarder à rejeter vers la France Leonor elle-même, la gouvernante de Navarre. Cette princesse s'aperçut bientôt qu'elle avait joué le rôle de dupe. En effet, la guerre civile, que devaient terminer par leur médiation les rois d'Aragon et de Castille, s'était de nouveau déchaînée. L'attitude de Ferdinand y fut particulièrement équivoque ; en 1477, il secourut Leonor contre le gouverneur beaumontais d'Estella révolté. Mais, l'année suivante, il promettait ses bons offices et sa protection spéciale aux principaux chefs du parti des Beaumont, les seigneurs de Monteagudo et de Vergara (2). C'est sans doute à son instigation que, le 31 mars 1478, le comte de Lerin lui-même, la tête de ce parti, et Lope de Baquedano, châtelain d'Estella, s'engageaient à tenir la forteresse et la ville de ce nom, que Leonor n'avait pu soumettre, à la disposition du roi de Castille (3). Livrée sans défense aux injures des Beaumontais, en querelle avec sa bru,

(1) Zurita, liv. XIX, chap. LVI, f° 265; chap. LIX, f°s 268-269. — (2) Indulto concedido por el rey Fernando... á Sancho de Vergara. — Carta del rey Fernando et Cdt. á Guillaumet de Beaumont, señor de Monteagudo (juin 1477, avril 1478). Arch. de Pampelune, Córtes, sec. de guerra, leg. 1, carp. 9 et 10. — (3) Cette ligue est mentionnée par l'auteur anonyme du Libro genealógico de la casa del Condestable de Navarra, f° 114 (Mss. de la coll. Oloriz).

Madeleine de Viane, qui lui refusait le paiement des 4,000 florins d'or de douaire que lui avait laissés Gaston IV, son mari, la gouvernante de Navarre implorait en vain l'appui de Jean et de Ferdinand. Le premier alléguait ses embarras en Catalogne et se déclarait impuissant à payer même la pension qu'il avait promis de donner à sa fille (1). Le second, qui s'était rendu à Lérida pour conférer avec son père, montrait encore plus de froideur. Aux lamentations de Leonor, il ne répondit que par une proposition outrageante. Il lui conseilla d'épouser le comte de Medina-Celi, veuf de la fille de Carlos de Viane. C'était proposer à une princesse de sang royal une mésalliance ; c'était blesser le sentiment maternel de Leonor, en lui offrant pour époux un sujet castillan, prétendant au trône de Navarre, dans le but facile à deviner de nuire aux droits de François-Phœbus. Juan était aussitôt entré dans les vues de son fils. Il les appuyait auprès de l'envoyé navarrais, Gomez de Peralta. Les deux rois eurent même l'audace de poursuivre de leurs instances, à ce sujet, la princesse Leonor, lorsqu'elle vint à Daroca implorer leur secours (4 janvier 1479). Elle refusa, mais en revanche ne put rien obtenir d'eux (2). Leonor comprit alors un peu tard la faute qu'elle avait commise, en livrant les forteresses de son royaume au roi de Castille. L'égoïsme, les calculs intéressés, la perfidie de Ferdinand lui apparurent dans tout leur jour. Ses yeux se dessillèrent enfin ; mais pour secouer le protectorat castillan, il n'y avait d'autre ressource que de se jeter dans les bras de la France. Des deux côtés le danger était grand, et il s'accrut encore, lorsque la mort de Juan II fit passer la couronne de Navarre à la maison de Foix. A ce moment, la politique française et la politique espagnole s'étaient déjà nettement dessinées. L'Espagne visait, en intervenant dans les affaires navarraises, à maintenir le traité de Tudela, qui lui assurait le protectorat du petit État voisin. La France, qui aspirait aussi à ce rôle de protectrice, avait contribué à donner le trône aux princes de la maison de Foix. C'était le fils d'une princesse française, François-Phœbus, qui allait ceindre la couronne. « Le souverain, a dit Michelet, c'était un « enfant, une femme, et le protecteur Louis XI » (3). La nouvelle dynastie allait donc se trouver aux prises avec les exigences inconciliables des souverains de France et d'Espagne.

Peut-être une dynastie ancienne, respectée et obéie, eût-elle réussi à tirer la Navarre de ces embarras. L'attachement dynas-

VII.
L'avénement de la dynastie de Foix-Albret. Résultats funestes de ce changement dynastique.

(1) Zurita, liv. XX, chap. XIX, f° 293. — (2) Zurita, liv. XX, chap. XXIV, f° 297, v°; chap. XXVII, f° 300, v°. — (3) Michelet, Histoire de France, VI, 275 (in-8°, édition de 1874).

tique était, en effet, autrefois une des formes du patriotisme. Par malheur, l'État navarrais, à l'époque même où la France et l'Espagne arrivaient à l'unité, passait aux mains de souverains étrangers dont l'autorité fut très faible, et qui n'inspirèrent à leurs sujets qu'une médiocre affection. La dynastie de Foix n'apporta au royaume dont elle héritait que des périls nouveaux. Bien qu'elle fût puissante, elle ne put garder entre les deux grandes monarchies française et espagnole cette stricte neutralité, qui eût peut-être sauvé son royaume. Les rois de France furent, plus encore que par le passé, intéressés à maintenir sous leur influence les rois de Navarre, qui se trouvaient aussi depuis 1479 maîtres du Béarn, du Bigorre, du pays de Foix, et depuis 1481, de presque toute la Gascogne, du Périgord et du Limousin. Ils firent tous leurs efforts pour conserver le libre accès des Pyrénées, afin de surveiller l'Espagne, leur ennemie de plus en plus redoutable. De leur côté, les rois de Castille luttèrent pour conserver en Navarre, cette « porte des Espagnes », une autorité prépondérante, soit par des mariages, soit par des alliances avec les partis navarrais, soit par des traités d'amitié qui n'étaient au fond que des conventions de protectorat. Leur politique devint plus soupçonneuse et plus méfiante, parce qu'ils craignirent que les intérêts des princes de Foix en France ne l'emportassent sur la tendance naturelle qui poussait les Navarrais à s'unir de préférence avec l'Espagne. Ainsi, la Navarre, déjà exposée par sa situation géographique aux entreprises de ses voisins, le fut encore davantage dès le jour où ses destinées furent unies à celles des nombreux États de la maison de Foix-Albret. Un autre inconvénient qui ne tarda pas à se faire sentir résulta aussi de l'avènement de la nouvelle dynastie. La multiplicité des intérêts des nouveaux souverains détourna nécessairement une partie de leur attention des affaires navarraises, et leurs domaines, loin d'être pour la Navarre une cause de force, ne furent pour elle qu'une cause de faiblesse. Sans doute, au premier abord, il semblait que l'union de ce royaume avec les autres États pyrénéens fût une garantie de sécurité. Qu'on songe, en effet, à l'importance de ces territoires. C'étaient le Béarn, le Bigorre, le Nébouzan, le pays de Foix, le Couserans, une partie du Comminges, le Tursan, le Marsan et le Gavardan, l'Andorre, la vicomté de Castelbon. Puis, lorsque Catherine de Foix eut épousé Jean d'Albret, à ces terres s'adjoignirent les Landes et le pays d'Albret, le comté de Gaure, de nombreuses seigneuries dans le Bordelais, le Périgord et le Limousin. Tous ces domaines, avec la Navarre, formaient le plus grand État qui se trouvât entre la France et l'Espagne. Son étendue était d'environ 55,000 kilomètres carrés, et plus d'une des puissances secondaires de l'Europe actuelle n'a qu'une superficie inférieure. Aussi conçoit-on la fierté qu'éprouvaient les souverains navarrais à gouverner ces territoires, « qui allaient en partie, disaient-ils, depuis la mer de l'Occident et « depuis près de Fontarabie jusqu'à la mer de Midy et près de la « conté de Rossillon, étaient... joignants aux royaumes de Cas- « tille et d'Aragon, contenant les monts Pyrénées, et ass.s depuis « la Castille jusqu'auprès d'Amboise » (1). La dynastie navarraise administrait désormais un vaste pays qui s'étendait de l'Èbre à la Loire. Mais sa puissance n'avait pas augmenté en raison de l'étendue de ses possessions. La situation des souverains se trouvait, au contraire, plus difficile. Ils furent aux prises avec plus d'embarras ; chacun de leurs domaines sollicitait tour à tour leurs craintes. A la moindre alerte, ils avaient à redouter la confiscation de leurs seigneuries, placées sous la suzeraineté du roi de France. Leurs inquiétudes influèrent sur la direction de leur politique en Navarre. C'est ainsi que, pour sauver le comté de Foix menacé, fut repoussé en 1484 le mariage castillan. Plus tard, en 1512, c'est pour arracher le Béarn au danger que Jean d'Albret conclut ce fatal traité de Blois, qui devait amener l'invasion castillane de 1512. D'autre part, la Navarre ne tira que peu de ressources de ces États auxquels le hasard l'avait unie. Les princes de Foix-Albret ne possédaient dans leurs seigneuries qu'une autorité restreinte ; ils ne disposaient que d'un nombre limité d'agents ; ils étaient subordonnés aux assemblées locales ou aux officiers du roi de France; ils ne disposaient que d'un trésor insuffisant ; ils manquaient de forces militaires permanentes (2). Comment auraient-ils pu améliorer leur situation dans leur royaume à l'aide des faibles secours qu'ils parvenaient à tirer de leurs autres États ? La diversité même de ces États était pour la Navarre une cause de faiblesse. Point d'unité dans ces vastes domaines; point de patrimoine moral commun aux diverses provinces que gouvernent les princes de Foix-Albret. L'unité ne se réalise, au point de vue matériel, que quand elle est déjà faite dans la langue, les institutions et les intérêts. Dans les divers pays qui composèrent depuis 1479 les États des souverains navarrais, il n'y avait rien qui rapprochât leurs sujets, rien qui les unit. Sur le versant méridional des Pyrénées, c'était la Navarre déjà à demi espagnole par l'idiome, les relations commerciales et politiques, les habitudes, les liens de famille et de voisinage. Ailleurs, dans la Catalogne, se trouvaient

(1) Expressions de la reine Catherine en 1516, dans ses instructions à son envoyé devers l'empereur. Bibl. nation., coll. Doat, 232, f°s 92-95. —
(2) C'est ce qu'ont démontré M. Luchaire, dans son ouvrage intitulé : *Alain le Grand, sire d'Albret*, in-8°, 1877, et L. Cadier, dans son travail sur les *États de Béarn*, in-8°, 1888.

les vallées d'Andorre et d'Assua, républiques de pâtres montagnards, et la vicomté de Castelbon, noyées dans les possessions catalanes. Au nord des Pyrénées, le Béarn, fier de son indépendance politique, habité par des populations libres d'allures et de mœurs, ne ressemblait guère aux terres du Languedoc, telles que le Nébouzan et le comté de Foix. Ici, la langue usitée était la langue espagnole; là, les idiomes gascons, languedociens, et plus au nord le français. Même diversité dans la condition de ces provinces : les unes tout à fait indépendantes, comme le Béarn; les autres rattachées à la France par un faible lien de vassalité, comme le Bigorre et le pays de Foix; d'autres, enfin, entièrement dépendantes du pouvoir central, comme la Gascogne, le Périgord, le Limousin. Quelle communauté d'intérêts pouvait-il y avoir entre des pays peuplés de races différentes, d'idiomes différents, de mœurs dissemblables, de condition inégale, arbitrairement réunis par le hasard des mariages, n'ayant pas même ce lien, si puissant autrefois, de l'attachement à une dynastie ancienne et respectée ? Le seul trait commun à la plupart de ces provinces était défavorable à leur unification. Le plus grand nombre de ces petits États, placés sur la lisière des Pyrénées, avaient un amour passionné pour leurs privilèges locaux, pour leur indépendance locale. Ils étaient formés de républiques de bergers dans les vallées de la montagne, de communes, de bourgs et de cités, de seigneuries à demi indépendantes dans la plaine, toutes animées d'un esprit étroit, jaloux, exclusif. Leurs aspirations n'allaient pas plus loin que leur horizon, et leur patriotisme se confondait avec l'amour du clocher. L'avènement de la dynastie de Foix-Albret au trône de Navarre a donc été plus funeste qu'utile à ce royaume. Ce que l'on pourrait appeler la question navarraise s'est, dès lors, nettement posée. Que deviendrait la Navarre ? Serait-elle la vassale de l'Espagne, comme tout semblait le faire prévoir ? Deviendrait-elle, au contraire, un État vassal de la France ? Réussirait-elle enfin à se maintenir indépendante entre les deux grandes monarchies qui l'avoisinaient ? Chacune de ces trois solutions fut tentée tour à tour et parfois simultanément. Après avoir placé une dynastie française à Pampelune en 1479, Louis XI compléta son œuvre en négociant le mariage de Catherine de Foix avec Jean d'Albret (1483). L'influence française l'emporta. Mais Charles VIII laissa passer en d'autres mains le protectorat des États navarrais. Après sa mort, Louis XII tenta pendant dix ans de donner la Navarre à son neveu, Gaston de Foix. S'il eût réussi, ce royaume serait devenu une province française. L'Espagne, de son côté, essaya de rattacher à sa politique les souverains navarrais : à plusieurs reprises, en 1482, en 1483, elle négocia l'union des deux dynasties navarraises et castillane; les projets de mariage furent repris encore en 1494 et en 1504. En même temps, Ferdinand le Catholique faisait échouer les plans de la France sur la Navarre. Depuis 1484, il empêcha les princes de Foix-Albret de servir trop docilement la politique française, et à force de patience et d'habileté, il maintint pendant longtemps le protectorat castillan sur leur royaume. Mais, à son tour, il perdit l'influence qu'il exerçait (1506). Alors, les souverains navarrais tentèrent de se soustraire à l'onéreuse protection de la France et de la Castille et de conquérir l'indépendance. Pendant six années, ils luttèrent, environnés de dangers, contre les deux grands souverains leurs voisins. L'événement montra que, de ces trois solutions de la question navarraise, aucune n'était guère possible. Les princes de Foix-Albret n'étaient pas assez puissants pour se rendre indépendants. L'Espagne ne pouvait établir et conserver son protectorat sur la Navarre, sans danger pour la France, depuis que les souverains navarrais se trouvaient aussi les maîtres des pays de la Garonne et de l'Adour. La France ne pouvait faire de la Navarre sa vassale, sans menacer l'Espagne du côté où elle était le plus vulnérable, dans la haute vallée de l'Èbre. Il n'y avait à cette situation inextricable qu'une issue : c'était l'occupation de la Navarre par les Castillans et la séparation de ce royaume et des autres États de la maison de Foix. Louis XII proposa de résoudre le conflit de cette manière en 1509. D'autres, avant lui, avaient eu la même idée sans oser l'exécuter. Ferdinand y pensait en 1483, pour le cas où le mariage de son fils avec l'infante Catherine serait rejeté; Charles VIII essaya de pousser le roi d'Espagne dans cette voie en 1497. Mais le Roi Catholique hésitait. Soit qu'il trouvât le protectorat plus avantageux, parce qu'il inquiétait davantage le roi de France, soit qu'il répugnât aux moyens violents, il attendit longtemps avant de se résigner à une conquête à main armée. Après trente-trois années de tâtonnements, la question navarraise fut résolue comme elle devait l'être fatalement, depuis le jour où la maison de Foix-Albret avait hérité du trône. Depuis 1479, en effet, la conquête de la Navarre, et la séparation de ce royaume et des États du versant français des Pyrénées, étaient la solution logique de cette question. L'occupation du royaume par les Castillans en 1512 dénoua une situation embrouillée par un partage d'influence. La France put réduire à une vassalité plus étroite des souverains dont la puissance et l'attitude indépendante l'avaient plus d'une fois inquiétée ; l'Espagne conquit la clé des Pyrénées, Pampelune, et compléta son unité par la spoliation de la dynastie d'Albret. Mais avant d'en venir à cette solution extrême, la politique française et la diplomatie castillane durent longtemps encore lutter d'intrigues et de violences, pour soutenir auprès des souverains navarrais des intérêts dont la conciliation était impossible. Cette lutte d'influence, favorisée par les embarras des princes de Foix et d'Albret, forme le principal intérêt de l'histoire de la Navarre pendant cette période.

CHAPITRE II.
LA NAVARRE SOUS LE RÈGNE DE FRANÇOIS-PHŒBUS.
(1479-1483.)

Le règne d'un adolescent, sous la tutelle d'une femme, facilite d'abord les menées de Ferdinand le Catholique et de Louis XI. Pendant les quatre années de ce gouvernement sans vigueur, le premier parvient à maintenir le traité de Tudela et projette d'unir par un mariage la Navarre à l'Espagne. Le second empêche l'exécution de ce plan et continue à diriger la politique de la Régente, Madeleine de Viane. Celle-ci est forcée de louvoyer sans cesse entre ces deux redoutables conseillers, qui, profitant de ses embarras, cherchent à inspirer sa conduite. C'est au roi de France que l'avénement de la maison de Foix parut d'abord le plus profiter. En effet, Juan II venait de mourir à Barcelone le 19 janvier 1479, et sa fille Leonor, qui n'occupa le trône que vingt et un jours, mourut le 12 février à Tudela, dans le dénûment et l'abandon, irritée de l'indifférence de son frère Ferdinand. Elle avait recommandé, sur son lit de mort, à son successeur, François-Phœbus, de recourir de préférence à Louis XI, en cas de besoin. Dans son testament, elle ordonnait à ses sujets de tout faire pour la défense du royaume et d'appeler à leur secours le roi de France, dont l'appui ne leur manquerait jamais. Au contraire, elle ne mentionnait même pas le roi de Castille dans l'acte de ses dernières volontés (1). La mère du nouveau roi, Madeleine de Viane, était toute disposée à suivre ces conseils. Son fils François-Phœbus, à qui une chevelure d'un blond ardent avait valu ce surnom, était à peine âgé de onze ans. Madeleine se trouvait investie de la régence et maîtresse du gouvernement. Née en 1443, à Tours, la sœur de Louis XI, d'abord destinée au roi de Hongrie, Ladislas (2), puis mariée au prince de Viane, administrait depuis six ans avec prudence et sagesse les États de la maison de Foix. Elle avait en 1479 trente-trois ans; on la disait

I.
L'avénement de la maison de Foix. Régence de Madeleine de Viane. Maintien du protectorat castillan en Navarre. Accord de Saragosse. (1479.)

(1) Zurita, liv. XX, chap. XXVII, f° 300 (date de la mort de Leonor, 12 février); le mémorial d'Olite, conservé dans les Mss. de Moret, Arch. de Nav., f° 19, donne la date du 11. — Zurita, liv. XX, chap. XXVIII, f° 302, analyse le testament de Leonor. Voir aussi Mariana, liv. XXIV, chap. XIX, p. 397, édit. Schott. — (2) Commines, Mém., édition de Mlle Dupont, t. II, p. 284.

simple et modeste, charitable, réservée et prudente, calme et froide, avisée et réfléchie (1). Son principal conseiller était le cardinal Pierre de Foix, l'un des fils de Gaston IV, qui avait reçu en 1476 l'évêché de Vannes et le cardinalat avec l'appui de Louis XI (2). Ce prélat, délié et très instruit (3), administrateur habile, diplomate fin et circonspect, passait depuis six ans pour l'inspirateur de la princesse de Viane. Il devait beaucoup au roi de France, qui le pensionnait; avide et intéressé, il était prêt à servir la cause française, pourvu qu'on lui payât le prix de son dévouement. Avec Madeleine de Viane et Pierre de Foix, Louis XI tenait dans sa dépendance le midi de la France. Les Gramontais, en Navarre, servaient aussi sa cause. Mais la Régente héritait d'une situation difficile, créée par le traité de Tudela. Elle ne pouvait songer à chasser les garnisons castillanes sans provoquer une guerre avec Ferdinand. Elle ne pouvait ramener à l'obéissance les Beaumontais, sans le concours du roi de Castille. Aussi ce dernier avait-il envisagé avec calme l'avènement de la maison de Foix. Les troubles de la Navarre rendaient, en effet, inévitable une médiation castillane. Les Beaumontais avaient refusé de se rendre à l'assemblée de Tafalla, convoquée par la Régente, pour y prêter serment aux lieutenants-généraux du royaume, Jean de Lasalle, évêque de Couserans, Guillaume, seigneur de Gléon, et le docteur en théologie Pès Miguel (4). Seuls les Gramontais s'étaient rendus aux Cortès. Peut-être Ferdinand fit-il offrir à la régente une médiation que la princesse paraît avoir acceptée avec empressement. Le roi de Castille était aussi intéressé que Madeleine à rétablir la paix en Navarre et à faire confirmer par ce moyen le traité de Tudela. Ses alliés, les Beaumontais, étaient d'humeur frondeuse; ils avaient réoccupé Pampelune et saccagé Viana. Cette ville, révoltée contre la dure domination du comte de Lerin, s'était livrée aux Gramontais, puis au capitaine-général des frontières de Castille, Juan de Ribera. Lerin, furieux de cette intervention, avait repris Viana d'assaut et même enlevé aux Castillans les places de Larraga et de Miranda de Arga, qu'ils détenaient depuis 1463. Dans cette

(1) Voir son éloge dans Hilarion de Coste, *Vies des reines, princesses et dames illustres*, Paris, 1630, t. II, p. 201. — (2) Labeyrie, *Étude sur le cardinal de Foix*, pp. 7 à 29. Le cardinal, né le 7 février 1449 à Pau, mourut le 10 août 1490 à Rome. — (3) Mariana, loc. cit., p. 397, vante l'« excultum ingenium » du cardinal. — (4) Le nom de ces lieutenants-généraux est mentionné dans une cédule du 24 juillet 1479. Arch. de Nav., *Comptos, cajon* 162, n° 37. — Le serment des Cortès de Tafalla se trouve aux Arch. de Pampelune. *Juramento prestado al reino*, 6 avril, copie orig., Arch. de Nav, *Cortes, seccion de casamientos*, leg. 1, carp. 23.

dernière forteresse, il avait fait jeter à la rivière les capitaines de la garnison castillane (1). Il n'en devait coûter guère à Ferdinand d'abandonner un allié aussi incommode. La régente de Navarre trouva donc le roi de Castille disposé à lui accorder son appui. Elle eut une entrevue avec lui au commencement du mois d'août à Saragosse (2), et y négocia la solution des affaires qui intéressaient ses États. En premier lieu, elle obtint de lui le renouvellement des privilèges accordés jadis aux habitants d'Oloron pour leurs transactions avec l'Espagne (3). Ensuite, elle fit conclure une trêve entre les bourgeois de la cité navarraise de Sanguesa et leurs voisins de la cité aragonaise de Sos, depuis longtemps en querelle. Un arbitrage devait terminer leurs différends (4). Il est aussi très probable que le roi de Castille offrit ou promit son intervention pour obliger les Beaumontais à déposer les armes. Madeleine reconnut, en publiant la trêve d'Aoiz, qu'elle devait la pacification de son royaume à Ferdinand. Peu après l'entrevue de Saragosse était conclu, en effet, sous la médiation castillane, le traité ou trêve d'Aoiz, ainsi nommé de la petite vallée navarraise où eurent lieu les conférences. En vertu de cet accord, dont les clauses sont en grande partie restées ignorées des historiens, la Régente restituait au comte de Lerin ses honneurs, prérogatives, offices, pensions et son titre de richombre. Un arbitrage déciderait entre lui et Pierre de Peralta au sujet de la charge de connétable, dont le second était revêtu et que le premier réclamait. La princesse s'engageait à demander au roi de France de restituer au comte de Lerin ses places de la Basse-Navarre, à savoir Curten et Guiche. Elle abandonnait au chef des Beaumontais le gouvernement de Viana et de quelques autres châteaux, tels que Irurlegui, Peña de Bullona. Elle lui faisait cadeau de la forteresse de Monjardin, dans le val de Sant-Esteban, et lui confirmait la possession de Larraga, que Leonor lui avait cédée. La ville et le château de Saint-Martin lui étaient rendus, moyennant le retour d'Artajona au domaine royal, et il recouvrait les terres d'Uxue et de Sada, que son père avait jadis possédées. Bien plus, il obtenait

(1) Yanguas, *Historia compendiada de Navarra*, pp. 343-344. — Aleson, *Anales de Navarra*, t. V, pp. 1-7. — (2) Cette entrevue, dont aucun historien ne fait mention, est mentionnée par le registre ou mémorial d'Olite, f° 20 (Arch. de Nav.; sec. de Cortes) : le conseil d'Olite vote, en effet, un crédit « *para festoyar la princesa* » qui se trouve à Saragosse « *à verse con el rey de Castilla para las paces* » (date de la délibération, 8 août). Le même document mentionne l'entrée de la princesse à Olite le 11 août. — (3) Zurita, *Anales*, liv. XX, chap. XXXII, f° 305, mentionne ce fait seul, sans parler des autres conventions ni de l'entrevue. — (4) Texte de la trêve, *treguas acordadas... entre los pueblos de Sos y de Sanguesa*. Arc. de Nav., *Guerra*, leg. 1, carp. 11 et 12.

des privilèges exorbitants. Il avait le droit de lever à son profit pendant sa vie les taxes royales appelées *cuarteles* et *alcabalas* imposées sur ses domaines, et de transmettre la même prérogative à son fils. Il obtenait le commandement d'une compagnie de 100 lances entretenues aux frais du Trésor. Il était dispensé de recevoir garnison dans ses villes et forteresses. Il n'était point obligé de comparaître en personne devant la justice royale, sur l'appel du roi ou de son Conseil, mais pouvait se faire représenter par un procureur. Enfin, une dernière clause, plus importante que les autres, stipulait qu'on « ne nommerait aucun gouverneur « ou lieutenant du roi en Navarre, qui ne fût originaire du pays « et agréé du comte » (1). Deux historiens navarrais ajoutent, d'après on ne sait quels documents, qu'il fut aussi convenu que les offices du royaume seraient attribués par moitié aux deux partis navarrais, et que le maréchal Philippe de Navarre, un des chefs gramontais, épouserait la fille du comte de Lerin (2). Quoi qu'il en soit de ce dernier point, au moment où la régente publia solennellement la trêve d'Aoiz, elle se faisait beaucoup d'illusions sur la durée d'un accord qu'elle attribuait « à la grâce divine », aidée des bons offices du roi de Castille. Elle croyait que cette trêve établirait une paix et une tranquillité profondes dans le royaume, « troublé par plus de trente ans de guerres », et qu'elle assurerait au roi la parfaite obéissance de ses sujets (3). En effet, en 1480, le royaume parut pacifié ; tous les partis représentés aux Cortès de Pampelune acceptèrent le serment de la princesse et jurèrent à leur tour fidélité au jeune roi François-Phœbus (4). Mais l'honnête courtier qui avait négocié cette trêve n'était pas homme à rendre des services gratuits. Il avait sans doute stipulé à Saragosse des avantages spéciaux : probablement la confirma-

---

(1) Texte de la trêve d'Aoiz (52 articles). *Capitulaciones hechas con el conde de Lerin*; copie aux Arch. de Navarre, *Guerra, legajo* 1, carp. 15. — Cette trêve est analysée sans doute d'après les Arch. des Beaumont, dans le *Libro genealógico de la casa del Condestable de Navarra*, f° 118 (Mss. de la coll. Oloriz). — En exécution de cette trêve, Madeleine expédia diverses cédules qui furent enregistrées à la Chambre des Comptes le 9 novembre 1479. Donation de Larraga. — Cession des *cuarteles* et *alcabalas* du comté de Lerin, etc. Arch. de Nav., Comptos, cajon 163, n°s 45-48. — En mémoire de cette paix, la Régente accorda aux habitants d'Aoiz la noblesse (*hidalguia*) et le droit de déléguer aux Cortès, Arch. de Nav., Comptos, cajon 163, n° 44. — (2) Alesson, *Anales de Navarra*, t. V, f° 7. Yanguas, *Hist. compend. de Navarra*, p. 344. — (3) Publication de la trêve d'Aoiz. Arch. de Nav., Cortes, sec. de fueros, leg. 2, carp. 3. — Les termes cités ci-dessus sont empruntés à la cédule concédant le privilège d'hidalguia à Aoiz, Arch. de Nav., Comptos, cajon 163, n° 44. — (4) *Juramento prestado por la princesa de Viana en las Cortes de Pamplona y de las Cortes al rey*. Arch. de Nav., Cortes, sec. de casamientos, leg. 1, carp. 22 et 24.

tion du traité de Tudela, avec adjonction de nouvelles clauses tellement exorbitantes qu'elles soulevèrent les protestations des Navarrais. Le texte de la convention, à supposer qu'elle ait été écrite et non verbale, a disparu. Il est vrai qu'un document d'une grande importance, jusqu'ici resté inconnu, donne une idée des sacrifices que la Régente avait dû consentir, par l'étendue même des concessions que les Cortès navarraises se résignaient à accorder au roi de Castille. D'après cette pièce, non datée, mais dont il est permis de fixer la rédaction au mois d'août 1479, époque de la présence de la princesse à Olite, ou bien aux derniers mois de la même année, les États de Navarre déclarent qu'ils ont appris avec plaisir la médiation bienveillante du roi d'Aragon pour ramener les Beaumontais à l'obéissance. Ils l'en remercient. Ferdinand s'est montré ainsi prince vraiment chrétien, ami de la justice et du droit, désireux de plaire à Dieu, qui lui accordera un règne long et prospère. Mais les Cortès n'ont pas appris sans étonnement ni douleur que le roi a demandé, en garantie de la paix, « certaines conditions qui leur paraissent nuisibles et dangereuses pour la couronne de Navarre ». Ces conditions « sont de « telle nature que les États ne peuvent y accéder sans porter « atteinte au fuero du royaume, à l'honneur et à la fidélité des « Navarrais ». Quelles étaient ces conditions? Nous l'ignorons entièrement. Peut-être Ferdinand avait-il obtenu, comme il y réussit en 1494 et en 1495, la remise des principales forteresses à des garnisons castillanes, et le serment de fidélité des gouverneurs et habitants de ces places. Ces clauses parurent-elles en 1479 trop dures aux Navarrais? On ne le sait. En tout cas, les Cortès, soucieuses de garder l'alliance du roi de Castille, consentaient à lui accorder des garanties très étendues. La Navarre conclura avec lui une alliance semblable à celle qui avait été signée précédemment, c'est-à-dire probablement identique au traité de Tudela. Les châtelains d'Estella, de Viana, de Sanguesa et de Tafalla jurèrent de ne permettre à aucun ennemi des Castillans de traverser la Navarre. Le connétable Pierre de Peralta prêtera le même serment pour le château de Tudela. Les Cortès, les villes et les particuliers désignés par le roi de Castille confirmeront ces promesses et lui donneront à ce sujet leurs lettres patentes. Ferdinand jugera sans doute ces garanties suffisantes et restituera au roi de Navarre les places qu'il occupe (1). Il est pro-

(1) *Aviso de los Estados de Navarra (congregados en la villa de Olite) sobre la capitulacion del reyno.* Arch. des Bass.-Pyrén., E. 556. Cette pièce n'est pas datée; elle doit être rapportée à l'année 1479 pour les raisons suivantes : il y est question du « roi de Castille et d'Aragon »; or, Ferdinand n'est devenu roi d'Aragon qu'en 1479; on y parle du « roi de Navarre » simplement; or, Jean d'Albret et Catherine sont toujours mentionnés

bable que le roi de Castille accepta ces conditions : il semble qu'il ait évacué les forteresses navarraises, car, quelques années plus tard, il paraît les avoir réoccupées. Peut-être se contenta-t-il de la confirmation pure et simple du traité de 1476. Il est certain, en tout cas, que les bonnes relations entre Ferdinand et la régente de Navarre ne furent nullement altérées par les représentations des Cortès.

II.
Les relations de la Régente avec la France.

Du côté de la France, la situation de la princesse de Viane était tout aussi satisfaisante. Louis XI ne manquait aucune occasion de manifester son amitié à sa sœur et paraissait la soutenir de toutes ses forces. Il exemptait les nobles des pays de Foix, Nébouzan, Bigorre, du service du ban (1). Il confirmait à François-Phœbus la possession de la vicomté de Soule et du château de Mauléon (2). Il avait noué en Navarre des intelligences avec les Beaumontais et les Gramontais ; le seigneur de Luxe, l'un des chefs du premier parti, lui était dévoué (3). Le connétable Pierre de Peralta, l'homme le plus considérable du second, l'assurait « qu'il était à ses ordres « et que ce qu'il lui commanderait, il le ferait avec autant d'empres-« sement que s'il était son frère aîné » (4). Un serviteur du roi de France se rendit en Navarre, sans doute pour y négocier avec les factions et assurer les Cortès de l'appui de Louis XI. Les Cortès, réunies à Pampelune, remercièrent, en effet, le roi « de l'affection « et bienveillance » qu'il montrait pour la Navarre. « Considérant « que ce royaume avait toujours été protégé par la couronne de « France », elles continueraient à suivre ses conseils et à s'occuper avec activité des intérêts du pays. Elles comptent que le roi, en raison de la parenté qui le lie au souverain de la Navarre, lui maintiendra sa protection, et elles terminent en faisant observer que le prince, dans sa lettre, a oublié de donner à son neveu le titre royal (5). Le cardinal Pierre de Foix, qui gouvernait le royaume depuis le retour de Madeleine en Béarn, avec le titre de vice-roi (6), ne protestait pas moins que les partis de son zèle

ensemble dans les actes, c'est donc de François-Phœbus qu'il s'agit; on y mentionne le connétable Pierre de Peralta, qui testa en 1488, n'a pas vécu au delà de 1492 et fut privé de la connétablie en 1481 ; enfin, on y parle d'un traité récent ; ce ne peut être que celui de Saragosse.

(1) Lettres pat. de Louis XI, Bibl. nation., coll. Doat, 223, f° 119. — (2) On a le serment du sire de Sainte-Colomme, châtelain de Mauléon, prêté à Madeleine de Viane (1480). Coll. Doat, t. CCXXV, f° 302. — (3) Zurita, *Anales*, t. IV, l.v. XX, chap. III, f° 275. — (4) Lettre du connétable de Navarre *al muy noble y magnifico señor Bossage* (du Bouchage). Tudela, 25 juillet 1480. Bibl. nation., Mss. français 2,902, pièce 39, f° 41. — (5) Lettre des Cortès de Navarre au T. C, roy de France (en esp.). Bibl. nation., Mss. français 2,907, pièce 36, f° 26. — (6) Le cardinal de Foix porte le titre de vice-roi dans diverses cédules datées de 1480, notamment le 16 janvier, le 6 août, etc. Arch. de Nav., *Comptos, cajon* 164, n° 1, 4, etc.

pour le roi de France. Il est vrai qu'il y mettait le prix : déjà pensionné par Louis XI, il sollicitait encore l'archevêché d'Auch, qu'un compétiteur lui disputait ; aussi demandait-il au roi d'appuyer sa candidature en cour de Rome et recommandait-il « cette matière » à du Bouchage, le confident du prince, promettant en retour « que s'il estoit chose en ce monde qu'il put faire pour lui », il s'engageait à le « faire de bien bon cœur » (1). L'autorité du roi de France était donc aussi forte que celle de Ferdinand dans le petit royaume de François-Phœbus, et Commines n'exagère nullement lorsque, passant en revue les relations de Louis XI avec les États voisins, il conclut par ces mots : « Partie de Navarre faisoit ce qu'il vouloit » (2).

La guerre civile renaissante favorisait singulièrement ce jeu occulte des intrigues castillanes et françaises. La paix éternelle d'Aoiz, cette paix surnaturelle, avait à peine duré six mois. La guerre civile n'avait pas tardé à renaître pour les motifs qui suivent. Les Gramontais firent quelques difficultés pour accepter le mariage du maréchal don Philippe, leur chef, avec la fille du comte de Lerin. Telle est du moins la version des annalistes navarrais. Le maréchal se serait même exprimé en termes injurieux à l'égard du comte. Louis de Beaumont, blessé dans son orgueil, tira de cet affront une vengeance éclatante. Dans la semaine de Pâques, en 1480, au moment où le maréchal de Navarre se rendait à Villafranca pour y conférer avec Juan de Ribera et les capitaines castillans, le comte de Lerin assaillit son ennemi et le perça d'un coup de lance en s'écriant : « Voilà pour toi, mauvais chevalier » (3). Ce meurtre rouvrait la période des violences. Le vice-roi craignit un moment qu'à la faveur de ces discordes il n'y eût une intervention castillane en Navarre. Au mois d'avril, il enjoignit aux villes « de se tenir sur leurs gardes, parce qu'il « avait reçu des avis de Castille et d'ailleurs » sur la possibilité d'une invasion (4). Déjà dans quelques esprits aventureux germait l'idée d'une réunion de la Navarre à la monarchie castillane. Un serviteur de la reine Isabelle, nommé Rodriguez de Almella, chanoine de Carthagène, adressait, en effet, aux rois de Castille un mémoire où il s'efforçait de démontrer qu'ils avaient des droits sur le royaume navarrais, et même sur les provinces de Guienne et de Gascogne (5). Aux menaces de l'étranger comme aux troubles

III. Nouveaux troubles en Navarre. Embarras de la Régente. Nouvelle médiation castillane. François-Phœbus en Navarre. (1481.)

(1) Lettre du cardinal de Foix à du Bouchage. Bibl. nat., Mss. français 2,907, pièce 29, f° 22 (Pampelune, 1ᵉʳ juin 1480). — (2) Commines, liv. VI, chap. X, édition de Mˡˡᵉ Dupont, II, 56. — (3) Aleson, *Anales de Nav.*, V, 7. Yanguas, *Hist. compendiada*, p. 345. Le comte ajouta : « Voilà, pour toi... et pour la surprise de Viana (en 1479), y á *Viana* ». — (4) Extraits des registres d'Olite (*papeles* ou manuscrits Moret), f° 22, Arch. de Nav. — (5) Mém. de Rodriguez

intérieurs, les sujets de François-Phœbus ne voyaient qu'un remède, la venue du jeune roi dans ses États. Sa présence, comme un coup de baguette magique, suffirait pour tout pacifier. Le vice-roi, Pierre de Foix, ayant convoqué les Cortès le troisième jour après la Toussaint, en 1480 (1), cette assemblée, réunie à Tafalla, réclama vivement auprès de la princesse de Viane pour qu'elle amenât le prince à Pampelune. Elle supplia la Régente « de venir « aussitôt avec son fils dans son royaume pour que celui-ci y fût « élevé et pût gagner l'affection de ses sujets ». Elle ajoutait que les désordres du pays n'étaient que le fait de quelques brouillons, et qu'à son arrivée le roi ne trouverait que de loyaux serviteurs dans tous les Navarrais (2). Malgré ces assurances, la régente n'osait risquer le voyage. Il fallut encore, avant de le tenter, avoir recours à l'éternel médiateur pour pacifier la Navarre. Ferdinand et Isabelle se trouvaient à Saragosse, où ils avaient fait leur entrée solennelle le 9 juin 1481 (3). Le cardinal de Foix et son frère l'infant don Jaime se rendirent auprès du roi de Castille pour demander ses secours et ses conseils. Ferdinand leur persuada d'entrer en négociations avec les partis, et pour faciliter leur tâche, les fit accompagner de quelques conseillers castillans, qui seconderaient leurs efforts (4). Alors le vice-roi de Navarre vint auprès de la Régente, à Pau, l'informer des vœux des Navarrais et de l'issue des conférences de Saragosse. Entraînée par ses avis, la princesse de Viane se hasarda enfin à entreprendre avec le jeune roi le voyage hasardeux de Pampelune. Mais, peu rassurée sur l'attitude de ses sujets, la Régente prit avec elle une escorte si nombreuse qu'elle ressemblait à une armée. Autour d'elle et du jeune roi se pressaient 1,500 lances, sous les ordres du sénéchal de Foix, Gaspard de Villemur, une foule de gentilshommes béarnais et un nombre considérable de troupes de pied (5).

de Almella à Pero Gonzalez del Castillo (Murcie, 18 octobre 1480), British Museum, fonds esp., Eg. 1,173, pièce 4.

(1) Cédule du cardinal de Foix convoquant les auditeurs des Comptes aux Cortès (20 octobre 1480). Arch. de Nav., *Comptos*, cajon 164, n° 6. — (2) *Exposicion de los tres Estados à la princesa de Viana*. Arch. de Nav., *Cortes, sec. de casam.*, leg. 1, carp. 25, original. — (3) Zurita, *Anales*, liv. XX, chap. XLI, f° 313, r°. — (4) Yanguas, *Historia compendiada*, pp. 346-347. — (5) Les historiens navarrais et béarnais, tels que Olhagaray, Histoire des Comptes (sic) de Foix, p. 393; Aleson, *Anales*, V, 7; Yanguas, p. 347, fixent à tort ce voyage en 1482. Il doit être rapporté à l'année 1481 : en effet, le 24 décembre 1481, la présence du roi est mentionnée à Tudela (Yanguas, *Diccionario de Antigüedades*, III, 432, cite l'acte du renouvellement de ses privilèges); un peu auparavant, Tudela vote 300 écus d'or pour recevoir le roi. Arch. de Nav., *papeles sueltos*, leg. 2, carp. 17. Le registre d'Olite atteste que le 6 novembre on devait couronner le roi et mentionne l'entrée du prince à Olite le 17 décembre 1481, Papiers de Moret, f° 23. Arch. de Nav. —

De plus, le roi de Castille, qui avait promis de favoriser l'entreprise, avait réuni sur l'Èbre des compagnies de gens d'armes, sous le commandement du capitaine-général Juan de Ribera. Il ordonna même que ce dernier et le capitaine Luis Mudarra assistassent au couronnement du jeune roi (1). Malgré ce déploiement de forces, on n'obtint qu'à grand'peine l'accès de Pampelune, la cité beaumontaise. François-Phœbus y fit son entrée le 3 novembre, et le 6 il fut couronné en grande pompe, en présence des chefs des deux partis. Des fêtes et des tournois signalèrent cette réconciliation générale (2). On l'avait, il est vrai, achetée bien cher, au prix d'une nouvelle médiation castillane et de nouvelles faveurs accordées au comte de Lerin. Il avait fallu lui restituer toutes ses places, sauf Viana, réservée au prince héritier, mais dont il gardait le château, lui faire cadeau de Larraga, lui octroyer la charge de connétable (3). Le jeune roi et sa mère durent multiplier les privilèges, distribuer les grâces, les exemptions d'impôts aux villes comme aux personnes. Le 24 décembre, dans la cité gramontaise de Tudela, le 18, dans la ville d'Olite, où il avait été reçu avec acclamations, François-Phœbus concédait aux bourgeois la confirmation de leurs chartes et immunités (4). Partout ce fut le même spectacle : des démonstrations d'enthousiasme, l'oubli momentané des discordes. Pour en abolir jusqu'au souvenir, les historiens navarrais affirment que la Régente et son fils défendirent, sous peine de mort, d'employer désormais les termes de Beaumontais et de Gramontais (5). L'idylle fut de courte durée : le terrible comte de Lerin, non content du meurtre du maréchal de Navarre et de la spoliation du connétable Peralta, ne jugeait pas sa haine assouvie. Il dissimulait ses projets de vengeance : le jeudi saint de l'année 1482, il s'était rencontré à Tafalla avec don Pedro de Navarre, frère du maréchal don Philippe, assassiné deux ans auparavant. Tous deux, en signe de réconciliation, avaient communié avec la même hostie. Le lendemain, au moment où don Pedro prenait le chemin d'Estella, le comte de Lerin, qui s'était placé en embuscade, tenta de lui donner la mort. Pedro échappa à grand'peine au sort de son frère (6). C'est sans doute

Le 18 décembre, le prince confirme les privilèges d'Olite. Arch. de Nav., *Comptos, cajon* 163, n° 40.
(1) Aleson, *Anales*, V, 7. Yanguas, *Historia compendiada*, p. 347. —
(2) *Ibid.* — (3) Aleson, *Anales*, 7. — (4) Documents cités à la note 1. —
(5) Aleson, *Anales de Nav.*, V, 7. — Oloriz, *Fundamento de los fueros*, p. 67.
— (6) Aleson, *Anales de Navarra*, V, 7 à 17, qui raconte ces faits, les place en 1481, ce qui s'accorde mal avec ce qu'il raconte de la présence en Navarre de François-Phœbus, et de son projet. L'année ne commençant alors qu'à Pâques, il a dû confondre 1481 (ancien style) avec 1481 (nouveau style). L'erreur d'Aleson est passée dans les historiens postérieurs.

alors que François-Phœbus, outré de ces violences, résolut de sévir contre le comte de Lerin. Les Beaumontais accusèrent le jeune roi d'avoir proposé à un gentilhomme de la maison d'Ayanz de le débarrasser du connétable par un assassinat (1), accusation plus que suspecte et qui supposerait une singulière décision chez un enfant de quatorze ans. Une nouvelle guerre civile suivit la tentative de meurtre commise contre le maréchal Pedro de Navarre. La Régente et son fils, pour ne pas tomber aux mains des factions, passèrent en toute hâte les Pyrénées et retournèrent en Béarn, tandis que le connétable s'emparait de Pampelune par un nouveau coup de main (2).

<small>IV.
Les négociations
pour le mariage de
François-Phœbus,
Intrigues
de Louis XI
et de Ferdinand.
(1482.)</small>

Ces troubles favorisaient les projets des deux protecteurs intéressés du roi de Navarre, Ferdinand et Louis XI, en mettant à leur merci la régente et son fils. Pendant près de trois ans, les souverains de France et de Castille, en paix depuis 1478, avaient gardé quelques ménagements réciproques. « Espagne estoit en « repos » avec Louis XI, dit Commines, « et ne désiroient le roy et « la royne d'Espagne sinon qu'amitié » (3). Ces relations courtoises avaient facilité la tâche de la princesse de Viane; elle avait pu, sans s'aliéner les deux princes, conserver avec eux des rapports amicaux. Mais en 1482 la situation s'était modifiée : la question du Roussillon avait brouillé Louis XI et Ferdinand. Le roi de Castille armait, le roi de France s'alliait avec le roi de Portugal. La Navarre devait jouer un rôle dans la rivalité des deux princes. Louis XI se proposait d'amener Madeleine de Viane à conclure le mariage de son fils François-Phœbus avec Juana la Beltraneja, fille de Henri IV, qui avait des prétentions au trône de Castille et vivait alors retirée au couvent de Sainte-Claire de Coïmbre. « Il pensait, dit le chroniqueur Hernando del Pulgar, qu'à la suite « de ce mariage, le jeune prince (de Navarre) prendrait le titre « de roi de Castille et ferait la guerre à Ferdinand et à Isabelle », avec l'appui de l'aristocratie castillane (4). Le roi de France avait aussi projeté d'unir la sœur de François-Phœbus, Catherine, avec Gaston de Foix, fils de Jean, comte de Candale, un de ses serviteurs les plus dévoués (5). La princesse de Viane ne pouvait accéder aux projets de Louis XI sans rompre avec Ferdinand. Aussi

<small>(1) C'est ce que raconte Aleson, V, f° 17, d'après les Mém. Mss. d'un bourgeois beaumontais contemporain des événements. — (2) Aleson, ibid. Yanguas, Historia compendiada, pp. 349-359. — (3) Commines, liv. VI, chap. X. (Coll. Michaud, IV, 155.) — (4) Hernando del Pulgar, Crónicas de los señores Reyes Católicos, 3ª partie, chap. XV, pp. 379-380. (Édition Rosell.) — Zurita, t. IV, liv. XX, chap. XLV, f° 310, v°. — (5) Les articles du contrat de mariage projeté sont aux Arch. des Bass.-Pyrén., E. 543; le 6 mars 1480, le registre d'Olite mentionne déjà le bruit de ce mariage. Mémorial ou registre d'Olite, papiers de Moret, f° 22. (Arch. de Nav.)</small>

dut-elle hésiter. Mais le roi de France avait un moyen puissant d'action sur la Régente. Il gardait à sa cour le fils puîné de Gaston IV, Jean de Narbonne; il l'avait attaché à sa personne (1) et lui donnait une pension annuelle de 12,000 livres tournois (2). Il lui permit de revendiquer devant le Parlement la succession de son neveu, François-Phœbus, comme héritier masculin le plus direct de Gaston IV. Le vicomte de Narbonne avait occupé plusieurs places du comté de Foix; Louis XI s'en empara aussitôt, sous prétexte de les mettre sous séquestre (3). Ce procès de succession, cette occupation des forteresses devaient faire comprendre à la Régente ce qu'il lui en coûterait de ne pas suivre les indications du roi. Ferdinand, de son côté, employait les mêmes moyens d'intimidation. Il venait de faire arrêter à Salamanque l'agent secret des rois de France et de Portugal chargé de négocier le mariage de François-Phœbus avec la Beltraneja. Pour lui, il proposait au jeune roi de Navarre une union plus avantageuse : il lui offrait la main de sa seconde fille, doña Juana, qui devait épouser plus tard Philippe le Beau (4). L'embarras de la princesse de Viane était extrême. D'un côté, elle craignait de s'attirer l'inimitié du roi de Castille, allié des Beaumontais, les maîtres des principales forteresses de la Navarre. De l'autre, que n'avait-elle pas à craindre de la vengeance de Louis XI, maître des places du comté de Foix et inspirateur des arrêts du Parlement ? L'union de Phœbus et de la Beltraneja équivalait à une déclaration de guerre contre la Castille. Le mariage avec l'infante castillane serait suivi d'une rupture avec la France. Sans doute on aurait assuré la sécurité de la Navarre du côté de l'Espagne, mais le roi de France n'eût jamais permis que le gendre du roi de Castille devînt le maître des domaines de la maison de Foix. C'est ce que la Régente de Navarre redoutait, et il est facile de concevoir combien sa perplexité était grande. D'ailleurs, ces mariages durent lui paraître disproportionnés. Si François-Phœbus était plus jeune que la Beltraneja, qui avait dépassé trente ans, tandis qu'il n'en avait que quatorze, il était bien plus âgé que la fille de Ferdinand, née en 1479 (5), et qui n'avait que trois ans. La Régente, ne voulant s'engager avec personne, recourut à la ressource des faibles, à la temporisation. Elle chercha à gagner du temps, et avant qu'elle eût pris une résolution, le jeune roi de Navarre avait cessé de

(1) Commines, liv. IV, chap. XI, édition de Mlle Dupont, I, 387. — (2) Quittance donnée par Jean de Foix. (Bibl. nation., Mss., pièces originales, t. MCLXXIV, n° 189.) — (3) Arch. des Bass.-Pyrén., E. 146. Lettres de Louis XI, ordonnant de mettre sous séquestre les places du comté de Foix. — (4) Zurita, liv. XX, chap. XLV, f° 318. — (5) Carvajal, Memorial ó registre breve, p. 543. (Édition Rosell.)

vivre. Le prince, revenu en Béarn, y avait reçu le serment de fidélité de ses vassaux (1); parvenu à sa majorité, il avait juré devant les États de Béarn réunis à Pau, le 24 novembre 1482, le maintien des privilèges du pays. La mort l'enleva aux soucis qui allaient l'assaillir. Les Béarnais tentaient de lui arracher de nouvelles concessions (2). La Navarre était en proie à l'anarchie. Le comte de Lerin venait de saccager Viana révoltée, et les Cortès d'Estella envoyaient une ambassade à leur souverain pour le supplier de venir mettre un terme aux maux du royaume (3). Au milieu de tant d'embarras, le jeune roi mourut presque subitement à Pau, le 29 janvier 1483. Après son dîner, il s'était mis à jouer de la flûte, son passe-temps favori, lorsqu'il fut saisi d'un froid mortel. Deux heures plus tard, il expirait. On attribua sa mort au poison : « charité, dit Favyn, attribuée aux rois de Cas-« tille, avec grande apparence de vérité, et dont on découvrit de « grands indices » (4). On accusa aussi le comte de Lerin de ce prétendu crime, qu'il est difficile de lui imputer. Les accusations de ce genre sont trop fréquentes au XVe siècle, pour qu'il y ait lieu de s'arrêter à des hypothèses qui ne reposent que sur la médiocre autorité de Favyn, écrivain postérieur d'un siècle à ces événements.

CHAPITRE III.

LES DÉBUTS DU RÈGNE DE CATHERINE DE NAVARRE :
LES NÉGOCIATIONS MATRIMONIALES ET LES INTRIGUES DE LA FRANCE ET DE LA CASTILLE.

(1483-1484.)

I.
L'avénement
de
Catherine de Foix.
Les prétentions
du vicomte
de Narbonne.

La mort de François-Phœbus fut un événement fatal pour la Navarre. Une nouvelle minorité commença, qui devait durer dix ans, et laisser le champ libre à l'anarchie et aux entreprises de l'étranger. La continuation de la guerre civile à l'intérieur de la Navarre, et l'intervention de plus en plus fréquente de la France et de la Castille dans les États de la maison de Foix, caractérisent cette longue période. Le jeune souverain navarrais ne laissait pour héritière qu'une sœur, Catherine, à peine âgée de

---

(1) Hommages des vassaux de François-Phœbus (fin 1482). (Bibl. nation., coll. Doat, 223, f°s 276-212.) — (2) Serment de Phœbus aux États de Béarn, (Arch. des Bass-Pyrén., C. 1,224 — E^{aa}, 1.) — Recueil des privilèges du Béarn (1716), p. 11. — (3) Registre d'Olite, f° 23 (papiers de Moret). (Arch. de Pampelune.) — (4) Favyn, Histoire de Navarre, liv. VI, p. 690. — Bascle de La Grèze, Histoire de la Navarre française, I, 257, dont l'ouvrage n'est qu'une compilation sans valeur, admet cette tradition. — De même les historiens navarrais Yanguas, Hist. compend., p. 350, et Oloriz, Fund. de los fueros, p. 8.

treize ans. C'est encore à la princesse de Viane, Madeleine, sa
mère, qu'allaient incomber les responsabilités du pouvoir. Cette
nouvelle régence s'ouvrait sous les plus tristes auspices, et la
tâche de la Régente paraissait dès le début devoir être bien
lourde. Tout d'abord, il lui fallait lutter contre les prétentions du
vicomte de Narbonne, Jean de Foix. Ce grand seigneur, sans se
soucier autrement du contrat de mariage de son frère Gaston de
Viane, par lequel son père, Gaston IV, avait cédé tous ses droits
sur la Navarre et ses autres États, aux enfants à naître de l'union
du prince avec Madeleine de France, revendiquait hautement la
succession de Foix. La Régente, pour prévenir ses prétentions,
avait dicté à son fils François-Phœbus un testament rédigé avec
une précipitation évidente et qui confirmait les actes précédents,
à savoir le contrat de mariage du prince de Viane et le testament
de Gaston IV (1). Le jeune roi, pour éviter toute compétition,
instituait héritière universelle « de ses royaumes de Navarre,
« duché de Nemours, de Montblanch et de Peñafiel, seigneurie de
« Béarn, comtés de Bigorre et de Rivegorce, vicomtés de Castel-
« bon, Marsan, Gabardan et Nébouzan, et toutes ses autres terres
« et seigneuries, et droits à lui compétens, madame Catherine, in-
« fante de Navarre, son unique, très chère et très aimée sœur ger-
« maine », et après elle « l'infant mâle premier-né de ladite dame et
« de son loyal mariage, et à défaut de fils, la première fille et ainsi de
« *gradu in gradum* ». En réglant ainsi la succession navarraise,
Phœbus, inspiré par sa mère, croyait écarter le vicomte de Narbonne.
Il n'appelait ce dernier à lui succéder qu'à défaut de toute descendance masculine et féminine de sa sœur Catherine, et il lui léguait
1,000 écus pour tout ce qu'il pourrait prétendre sur les terres et
seigneuries de la maison. Il donnait au cardinal de Foix et à l'infant Jaime, frères du vicomte, pareille somme pour les désinté-
resser; enfin, il désignait les mêmes seigneurs, et Jean de Narbonne lui-même, avec le comte de Comminges, Lescun, et le vicomte
de Lautrec, comme exécuteurs testamentaires. Il terminait en
recommandant sa maison au roi de France et en lui confiant
l'exécution de ses dernières volontés (2). Précautions inutiles !
Jean de Foix s'était empressé de prendre le titre de roi de Navarre,
malgré les injonctions de Louis XI. En France, il comptait sur le
puissant appui du duc Louis d'Orléans, son beau-frère, et du duc
François de Bretagne, son parent par alliance (3). Il croyait aussi

(1) Voir au chapitre suivant pour les origines de la querelle entre Jean de
Foix et la reine de Navarre. — (2) Testament de François Phœbus (27 janvier 1482-1483), original. (Arch. des Basse-Pyrén., E. 325.) Copiés, Bibl. nation., coll. Doat, 223, fos 188-190.) — Duchesne, t. XCVIII, fo 112. — (3) Duclos, Histoire de Louis XI, II, 475.

obtenir les secours du roi de Castille. Le 12 mars 1483, il envoyait de Tours, où il se trouvait, quelques-uns de ses serviteurs auprès de Ferdinand. Ces agents représentèrent au souverain espagnol que Louis XI soutenait les droits de Catherine, uniquement pour perpétuer l'influence de la France en Navarre. Le roi de Castille avait donc intérêt à soutenir les prétentions du vicomte de Narbonne, qui lui promettait une fidélité inébranlable (1). Mais l'habile politique, auquel Jean de Foix recourait, n'était pas homme à s'engager à fond pour l'intérêt d'autrui, d'autant plus qu'il n'avait aucun avantage à favoriser la cause du prétendant, à un moment où il se proposait de négocier le mariage de l'héritière de Navarre avec l'infant de Castille. Le vicomte de Narbonne, rebuté à la fois par Louis XI et par Ferdinand, fut forcé d'ajourner ses projets. Malheureusement, ses prétentions n'étaient pas le seul embarras de la Régente. Les troubles du royaume navarrais lui causaient autant d'inquiétude que les menaces d'agression du prétendant. Les débuts du règne de Catherine avaient paru faciles, mais bientôt les heureux pronostics qu'on en avait tirés furent démentis. L'obéissance de tous ses États lui avait d'abord semblé acquise. Les États du Béarn, satisfaits des concessions de la Régente, avaient juré fidélité à leur souveraine en février 1483. Le 12 mars, les États de Bigorre prêtaient un serment semblable, et le 20 mars Catherine était aussi reconnue par les États de Foix (2). Les vassaux de la princesse lui firent aussitôt l'hommage prescrit par les lois féodales; les villes et bourgs suivirent cet exemple (3), et la jeune reine de Navarre put croire son autorité affermie dans ses domaines de la France méridionale. Dans la Navarre elle-même, le président du Conseil royal, Jean de Beaumont, et les Cortès de Pampelune reconnurent et proclamèrent Catherine comme leur reine légitime le 10 février. Les pouvoirs du cardinal de Foix avaient été prorogés par la régente. Le 6 février, les Cortès agréèrent sans opposition le cardinal comme lieutenant-général du royaume (4). Seuls les Beaumontais eurent un instant l'idée de trahir la cause de leur souveraine : ils offrirent, à ce qu'affirme Zurita, à Ferdinand de le reconnaître pour roi et d'unir la Navarre

(1) Zurita, liv. XX, chap. XLV, f° 119. Cette démarche est restée inconnue des historiens navarrais; Zurita est le seul auteur qui la mentionne. —
(2) Serment des États de Béarn, Recueil des privilèges du Béarn, intitulé : *Priviledges et reglaments*, p. 11. — Serment des États de Bigorre et de Foix, cité par Galland. (Mém. sur l'Histoire de Navarre et de Flandre, p. 51.) — (3) Hommages des vassaux de Catherine (1483). (Arch. des Bass.-Pyrén., E. 326, 364, etc.) Coll. Doat. Bibl. nation., t. CCXXIII, f°s 232, 242 à 252. — (4) Ces détails, restés inconnus à tous les historiens, nous sont donnés par le registre d'Olite, f°s 24-25. (Papiers de Moret aux Arch. de Pampelune.)

au royaume d'Aragon (1). Une pareille usurpation aurait eu trop de retentissement et présenté trop de difficultés pour que le roi de Castille y accédât. Il se contenta de recevoir à Madrid, où il se trouvait en avril 1483, les envoyés du comte de Lerin, et de les remercier de leurs offres de service (2). Les divisions des partis navarrais lui étaient trop utiles pour qu'il découragéat les Beaumontais par un refus brutal. Il les ménageait au contraire, mais il avait conçu un projet qui devait lui assurer la domination en Navarre, plutôt qu'une annexion périlleuse. Il se contenta d'encourager secrètement les Beaumontais dans leur rébellion, et il fit avancer sur les frontières un corps de troupes comme pour les appuyer (3). Les troubles persistants de la Navarre et l'appui du parti beaumontais devaient servir ses intrigues. Mais Louis XI, de son côté, espérait trouver dans les prétentions de Jean de Narbonne un moyen de peser sur la Régente et de seconder les négociations qu'il allait engager de nouveau.

Ces négociations, entamées sous le règne de François-Phœbus, en vue de marier le jeune roi de Navarre, furent reprises sous le règne de Catherine, dans une intention analogue. La jeune reine n'avait que treize ans; les rois de France et de Castille résolurent de lui imposer un époux de leur choix. L'un et l'autre s'efforçaient de régler cette union pour le plus grand bien de leurs États. Pour l'un, il s'agissait de mettre aux mains d'un prince français les domaines qui donnaient l'accès de l'Espagne et de la France méridionale. L'autre jugeait qu'il fallait fermer aux Français les passages des Pyrénées, en mariant l'héritière de Navarre à un prince castillan. Ferdinand entama les pourparlers presque aussitôt après avoir appris la mort de François-Phœbus et reçu à Madrid l'ambassade des Beaumontais. Il réunit le Conseil royal pour délibérer à ce sujet. La reine Isabelle, le cardinal Mendoza, premier ministre, les grands seigneurs et les hauts fonctionnaires de l'entourage des souverains, assistaient à cette réunion solennelle, dont le chroniqueur officiel Pulgar semble avoir eu sous les yeux le procès-verbal. Les deux rois protestèrent de leur véhément désir de maintenir la paix; ils n'avaient certes pas; dirent-ils, l'intention d'annexer d'autres États; ceux qu'ils possèdent leur

II.
Les négociations relatives au mariage de la reine de Navarre. Les démarches des rois de Castille.

(1) Cette démarche des Beaumontais est signalée par Zurita, liv. XX, chap. XLV, f° 119, en termes assez vagues. — (2) Le chroniqueur officiel, Hernando del Pulgar, *Crónicas de los señores Reyes Católicos* (édition Rosell, 3ᵉ partie, chap. XV, p. 380), précise plus que Zurita : l'ambassade beaumontaise se rendit à Madrid après la mort de Phœbus, dit-il; or, nous savons, par le Mémorial de Carvajal (édition Rosell, à la suite de Pulgar, p. 544), que Ferdinand se trouvait à Madrid en avril 1483. — (3) Pulgar, loc. cit. Ces mouvements de troupes sont signalés par le registre d'Olite, f° 25 (papiers de Moret, Arch. de Navarre).

suffisent. Mais ils redoutent l'ambition du roi de France, qui, non content de s'unir au roi de Portugal et d'envahir le Guipuzcoa en 1476, a conçu le projet de marier le jeune roi de Navarre avec la prétendante Juana la Beltraneja, et de susciter à la Castille un nouvel ennemi. La mort de Phœbus a fait échouer ces plans. Mais la mère de la nouvelle souveraine, sœur de Louis XI, est soupçonnée de vouloir livrer à son frère les forteresses navarraises. C'est pour prévenir et déjouer les entreprises de leur ambitieux voisin, que les rois de Castille ont résolu de négocier le mariage de leur fils, don Juan, avec l'héritière de la Navarre, Catherine. Leur but est « d'éviter ainsi les dangers et les guerres, qui pour-« raient résulter des mauvais desseins du roi de France, desseins « qui ne tarderaient pas à être exécutés s'il avait l'accès » du royaume navarrais. Cet exposé très net entraîna l'approbation du Conseil : le cardinal Mendoza, en son nom, approuva chaudement le plan des souverains. On décida d'envoyer en Béarn, comme ambassadeurs, les conseillers Rodrigo Maldonado de Talavera et Alonso de Quintanilla. Ils devaient présenter à la régente, Madeleine, les compliments de condoléances des rois de Castille au sujet de la mort de François-Phœbus, et lui proposer le mariage de l'infant Juan avec la princesse Catherine. Une démonstration militaire fut faite en vue d'appuyer les négociations. Les troupes castillanes s'approchèrent de l'Èbre, sous prétexte des armements de la France, et menacèrent de saisir les forteresses navarraises si les troupes françaises passaient les Pyrénées (1). L'action diplomatique, commencée dès la fin d'avril 1483, devait, malgré ces menaces, se prolonger pendant une année encore. Les souverains castillans déployèrent, pour faire réussir ces négociations, une activité infatigable, dont les documents des Archives de Pampelune et de Simancas nous permettent de retracer le tableau détaillé. Ils avaient commencé par gagner à leur cause le vice-roi de Navarre, Pierre, cardinal de Foix. Ils étaient ou se croyaient sûrs des Beaumontais. Sous leur inspiration, les Cortès, réunies à Pampelune (2), décidèrent l'envoi d'une délégation à la Régente pour lui conseiller d'accepter le mariage espagnol. Cette première démarche et la réponse qui y fut faite sont exposées dans un mémoire inédit de la plus grande importance, que nous avons découvert

(1) Tel est le récit succinct, mais très clair de Pulgar (3ᵉ partie, chap. XV, pp. 379-380). Celui de Zurita est très sec et obscur, liv. XX, chap. XLV, f° 319, r°. — Les historiens navarrais et les historiens espagnols ne donnent de ces négociations qu'un tableau sommaire où les noms, les dates, les événements sont confondus et brouillés. — (2) Les Cortès de Pampelune étaient réunies le 18 mars, d'après le registre d'Olite, f° 25 (papiers de Moret, Arch. de Navarre).

aux Archives de Simancas. C'est une relation anonyme, due probablement à un conseiller de la reine Isabelle, de toutes les négociations poursuivies en 1483. D'après cette pièce, la régente de Navarre répondit évasivement à l'ambassade des Cortès ; elle ne pouvait, dit-elle, qu'être satisfaite de ce projet d'union pour son fils, mais n'était-il pas nécessaire qu'elle prît auparavant l'avis du roi de France, son frère (1) ? En présence de cette attitude réservée, les rois de Castille résolurent d'engager, à côté de la négociation relative au mariage, une seconde intrigue en Navarre même. Il s'agissait de préparer l'élection du prince don Juan, leur fils, comme roi de Navarre, et d'amener les Cortès à promettre leur adhésion, si la Régente refusait de conclure l'union projetée. Alonso de Quintanilla fut chargé de se rendre à Pampelune, pour sonder les chefs des partis navarrais et acheter leur conscience. Il commença par gagner le cardinal de Foix. Ce prélat était mécontent de Louis XI, qui lui avait promis l'archevêché d'Auch et qui tardait à tenir sa promesse. Bien que pourvu de l'évêché d'Aire et de nombreux bénéfices, le cardinal, dont l'avidité était insatiable, ne se jugeait pas assez riche. L'ambassadeur castillan l'entraîna dans le parti espagnol, en exploitant ses faiblesses. Le comte de Lerin était ou paraissait d'avance gagné aussi aux intérêts de l'Espagne. Le vice-roi de Navarre et le chef des Beaumontais se laissèrent donc persuader, et se rendirent, en compagnie de Quintanilla, auprès de la reine Isabelle, qui, pour surveiller de plus près les négociations, venait d'arriver à Burgos. L'entrevue commencée, à ce qu'il semble, dans cette cité, se poursuivit à Santo-Domingo de la Calzada, petite ville située sur la route de Logroño, au mois de mai 1483. Le cardinal de Foix s'engagea le premier : il promit d'employer tout son crédit pour faire réussir le mariage de l'infant don Juan avec doña Catalina, sa nièce. Mais il demandait une compensation ; son attitude allait lui faire perdre en France 8,000 livres de rente en bénéfices, et 1,500 livres de pension que lui payait Louis XI. Ce roi ne lui avait-il pas déjà refusé le paiement du second trimestre de cette pension, parce qu'il le soupçonnait d'incliner vers la Castille ? N'est-il pas juste, disait-il, qu'on lui tînt compte de ses bons offices, en lui donnant en Espagne d'assez grands biens, pour qu'il pût tenir son rang ? Une courte discussion eut lieu à ce sujet ; la reine Isabelle ne voulait accorder de

---

(1) C'est le récit du mémoire anonyme adressé à Ferdinand. Ce mémoire est intitulé : *Lo que se ynformó á los Reyes Católicos sobre las cosas del reyno de Navarra, relacion por donde el rey nuestro señor sera ynformado del estado de las cosas de Navarra.* Ce document, très long, se trouve aux Arch. de Simancas. *Patronato real. Capitulaciones con Navarra*, leg. 2, f° 13 et suiv.

récompense au cardinal qu'après la conclusion du mariage; le cardinal, au contraire, avant d'engager sa parole, exigeait des garanties (1). Finalement, un accord secret fut conclu le 31 mai, entre les rois de Castille et le vice-roi de Navarre. Celui-ci promet d'aider au succès de la négociation; mais comme « il est raisonna-« ble qu'il soit récompensé de ses démarches », il recevra des marques de la bienveillance des souverains espagnols, aussitôt que l'union projetée sera décidée par « paroles de présent », c'est-à-dire après les fiançailles. Pour permettre au cardinal de mieux « soutenir son état et dignité », on lui donnera l'archevêché de Saragosse. Si le mariage est consommé, il sera pourvu d'une pension de trois cuentos et demi de maravédis (4,500 livres). Dès la signature de cet accord, c'est-à-dire dès le 31 mai, on lui assure deux cuentos de rente par an sur les évêchés de Burgos, d'Osma et de Calahorra; les arrérages lui en seront payés à partir de cette date, bien qu'un délai de quarante jours soit stipulé, pour permettre à Ferdinand de ratifier le traité. Le roi de Castille, qui se trouvait alors à Madrid, ratifia, en effet, la convention (2). De son côté, le cardinal s'engagea, sous la foi du serment, à employer toute son influence pour hâter la conclusion du mariage, « afin « d'assurer la parfaite tranquillité et pacification » du royaume (3). Il fut plus difficile de gagner le concours du comte de Lerin, le puissant chef des Beaumontais. L'âpre et rusé Navarrais voulait bien prêter son appui, mais il l'estimait très cher. Déjà, il avait formulé ses exigences dans un mémoire qu'avait apporté à Madrid le conseiller Maldonado. Il demandait la cession de la ville de la Guardia et de sa banlieue; la promesse de la première commanderie vacante de l'ordre de Santiago, avec un revenu de 100 livres de rente; le commandement de 200 lances payées pour la durée de la guerre qui pourrait survenir; enfin la garantie de tous ses biens et privilèges en Navarre. La reine et ses conseillers tentèrent de subordonner l'octroi de ces concessions à l'accomplissement du mariage. Le comte se montra inflexible; il refusa nettement de livrer, en garantie de ses promesses, les places qu'il détenait au nom du roi de Navarre : Pampelune, Estella et Viana. « Il ne pouvait, dit-il, y introduire des troupes « étrangères sans encourir le crime de haute trahison. » On lui rappelle qu'il a promis à Madrid d'admettre les Espagnols dans

---

(1) *Lo que se ynformó á los Reyes Católicos sobre las cosas del reyno de Navarre.* (Arch. de Simancas. *Patr. real. Capit. con Nav.*, leg. 2, f° 13.) —
(2) *Minuta de concierto con el cardenal de Fox. Santo-Domingo* (31 mai 1483). (Arch. de Simancas.) *Patr. real. Capit.*, leg. 1; cette pièce a été éditée dans les *Documentos inéditos para la Historia de España*, t. XLI, p. 75. —
(3) *Escritura original del cardenal de Fox, ibid.* (30 mai).

ces forteresses. Le comte nie effrontément; il s'échauffe, il s'emporte. Pour se rendre utile aux Castillans, dit-il, il aventure sa vie, ses biens. On se méfie cependant de lui. Il jure qu'il ne livrera pas la moindre parcelle de ses domaines, et il s'écrie cyniquement : « Je suis venu ici non pour abandonner ce que je possède, mais pour gagner davantage ». Toute l'éloquence de la reine et du cardinal Mendoza se brise contre cette obstination. On ne pouvait pourtant le renvoyer mécontent. Il daigna enfin se contenter de la promesse qu'on lui fit de lui livrer la Guardia après la conclusion du mariage, et de récompenser ses services, quelle que fût l'issue de la négociation. C'était peu donner, mais on obtenait moins encore de lui. Il fallut se résigner à ne recevoir que ses vagues protestations d'amitié (1). Le dévouement des chefs navarrais, sans acception de parti, était d'ailleurs, comme celui de Lerin, prêt à se vendre au plus offrant. Le plus influent des Gramontais, l'ancien connétable Peralta, accourut à son tour, après le départ de Lerin, avec quelques membres de sa faction. Le vieux bandit se confondit en promesses, en serments ; il se mit tout à fait au service des rois de Castille. Il devait, lui et les siens, « faire merveilles », disait-il. On n'était pas dupe de ses grands mots, mais on jugea utile d'accepter son concours (2). Peralta s'engagea donc par un serment solennel, prêté sur les Évangiles et sur la croix, en présence de Juan de Luxan, délégué d'Isabelle, à soutenir les projets des rois de Castille aux Cortès d'Estella, qui allaient se réunir. Il les ferait appuyer par ses parents et amis, et il déciderait l'assemblée à envoyer une ambassade à la Régente de Navarre, pour la déterminer à accepter le mariage espagnol (3) (25 juin 1483). En même temps, le gendre du connétable, don Jaime de Foix, infant de Navarre, offrait de livrer la ville de Tudela, la seconde cité du royaume, « si importante pour la Cas« tille, disait Isabelle, qu'on ne devait rien regretter pour l'obtenir », Il demandait, en compensation, en son nom et au nom de sa belle-mère, certains domaines qu'ils disputaient au duc de Villahermosa, la ville de Miranda de Arga, sur laquelle ils avaient des droits, et celle d'Amposta en Aragon, que revendiquait Peralta. Pour négocier avec l'infant, et achever de gagner les chefs des Gramontais, la reine de Castille envoya en Navarre, Juan de Luxan, gentilhomme qui avait des intelligences avec eux. Mais on n'était pas sûr de ce parti. Maldonado avertissait la reine des allées et ve-

(1) et (2) *Lo que se ynformó á los Reyes Católicos sobre las cosas del reyno de Navarra.* (Arch. de Simancas.) *Cap. con Nav.*, leg. 2, f° 13. —
(3) *Lo que don Pedro de Peralta promete de fazer.* (Arch. de Simancas.) Capitulac. con Nav., leg. 1 ; cette dernière pièce a été publiée dans la *Colección de Doc. inéditos para la Historia de España*, t. XLI, p. 75.

nues du maréchal de Navarre, second chef de la faction gramontaise, qui paraissait de connivence avec Pierre de Peralta. On annonçait que la princesse de Viane venait de dépêcher un agent secret en Navarre, auprès de ses partisans, et que le maréchal s'était rendu en Béarn. La duplicité des Navarrais et leur avidité excitaient l'indignation de la cour de Castille, prompte à incriminer chez les autres ce qu'elle trouvait irréprochable, quand il s'agissait de la cause castillane. « Tous ces hommes, écrivait à
« Ferdinand l'auteur anonyme du mémoire qui relate les négocia-
« tions de Santo-Domingo, sont de si mauvaises gens qu'on n'en
« vit jamais de pires. Il n'y a aucune sincérité dans leur langage.
« Ils ne pensent tous qu'à s'enrichir dans cette affaire, qu'à ne
« rien aventurer de ce qu'ils ont, qu'à pousser Leurs Altesses
« jusqu'à ce qu'ils les tiennent à leur merci, pour les abandonner
« ensuite en cas de danger » (1). Il avait bien fallu cependant recourir à ces chefs de bande, pour faire réussir le plan arrêté aux conférences de Santo-Domingo. Ce plan avait été tracé d'un commun accord par la reine Isabelle, le cardinal Mendoza, le comte de Lerin, Pierre de Foix et l'ambassadeur Quintanilla. On avait d'abord décidé de convoquer les Cortès navarraises, dont l'appui était indispensable, à Estella, sous la protection des Beaumontais. L'assemblée nommerait une ambassade, qui irait en Béarn représenter à la Régente la nécessité du mariage castillan, « comme
« utile au royaume, à la reine de Navarre, au service de Dieu, et
« comme le seul moyen propre à éviter de grands maux et la des-
« truction totale de son État ». Si la princesse refusait d'accéder à ce vœu, les délégués des Cortès lui rappelleraient qu'ils avaient le droit d'élire leur souverain, et la sommeraient de conclure aussitôt l'union projetée avec le prince de Castille, sans attendre l'avis du roi de France. Après leur retour, les Cortès, ayant réitéré leur sommation, éliraient pour roi don Juan, le fils de Ferdinand, et pour reine Catherine, à condition qu'elle épouserait le prince castillan. Aussitôt après l'élection, le comte de Lerin livrerait les places qu'il tenait de la couronne, notamment Estella, et ses partisans imiteraient son exemple. On gagnerait Tudela en lui promettant les fueros d'Aragon, et on occuperait de force toutes les autres forteresses qui résisteraient. Lerin, le cardinal de Foix et Quintanilla furent chargés d'exécuter ce projet (2). En même temps, la diplomatie castillane redoublait d'efforts pour gagner des alliés, ou intimider ses adversaires. Le docteur Maldonado dut se rendre en Béarn, après avoir traversé la Navarre, pour agir

(1) *Lo que se ynformó á los Reyes Católicos*. (Arch. de Simancas.) Cap. con Nav., leg. 2, f° 13. — (2) Mémoire précité.

auprès de la princesse de Viane. On chargea Francisco de Rojas d'aller trouver Lescun, le cousin de la Régente, et de lui promettre l'appui de l'Espagne, si Louis XI voulait, comme le bruit en courait, lui enlever le gouvernement de la Guienne. En revanche, on lui demanderait d'appuyer le mariage castillan. Johan de Herrera fut envoyé en Bretagne, auprès du duc François II, afin de le pousser à intervenir en faveur de la Castille auprès de la princesse de Viane, sa parente (le duc avait épousé Marguerite de Foix). En retour, on lui garantirait le secours des rois d'Espagne en cas de conflit avec la France. On délégua en Angleterre, auprès de Richard III, le bachelier de Variola, Guipuzcoan, pour solliciter de lui une démonstration militaire, ou tout au moins pour donner par cette démarche quelque appréhension à Louis XI. Enfin, l'ambassadeur espagnol, Juan Arias del Villar (1), devait insister auprès du roi de France pour obtenir son adhésion à l'union mise en avant par les Castillans. Il lui rappellerait qu'on lui avait déjà promis une réponse sur ce point, et lui présenterait une lettre où Ferdinand prierait son bon ami et allié de consentir au mariage de sa nièce avec l'infant, ou du moins de ne soutenir aucune autre candidature. Ce mariage était convenable pour les deux partis, et il s'en pourrait négocier de plus désavantageux pour la France. Il annoncerait que si ce projet était rejeté, la reine Isabelle allait revendiquer toute la province d'Estella, qui lui appartenait en vertu du traité de Bayonne, négocié par Louis XI lui-même; qu'au reste les rois de Castille espéraient que le roi de France déférerait à la demande de ses alliés. Malgré tout, cette campagne diplomatique n'eut que de médiocres résultats. Il y avait peu à attendre du roi d'Angleterre, aux prises avec une révolte de ses sujets. L'expérience du passé avait rendu le duc de Bretagne prudent. Louis XI n'était pas homme à s'émouvoir des menaces de ses voisins, et ajournait sans cesse sa réponse. Lescun se borna à recevoir courtoisement l'envoyé espagnol Rojas; il désirait, répondit-il, le succès du mariage castillan, mais il ne pouvait le favoriser publiquement par crainte du roi de France, qu'il savait très opposé à ce projet. Il consentit pourtant à envoyer avec Rojas un de ses parents auprès de la princesse de Viane. Cette nouvelle démarche officieuse n'aboutit qu'à montrer le mauvais vouloir de la Régente. Le mariage castillan présentait, dit-elle, beaucoup d'inconvénients : le principal était la disproportion d'âge entre la princesse Catherine et le prince de Castille, disproportion qu'elle exagérait à plaisir. Il y avait davantage à espérer des

(1) Le mémoire appelle cet ambassadeur le « vicaire ». C'est probablement le même personnage que Pulgar appelle Juan Arias. Pulgar, 3ᵉ partie, chap. XXVIII, p. 396.

Cortès de Navarre ; leur avis pouvait exercer une influence décisive sur l'issue des négociations. Quintanilla, Lerin, le cardinal de Foix avaient travaillé de concert l'esprit des députés. Mais au moment décisif, le vice-roi et le chef des Beaumontais, pris de peur à la nouvelle des préparatifs militaires du roi de France, demandèrent un secours de 1,500 lances castillanes. Ils semblaient redouter de s'être trop engagés en promettant, en cas d'échec du mariage espagnol, d'amener les Cortès à élire le prince de Castille (1). En effet, un certain nombre de députés, et parmi eux surtout les délégués de Tudela, se refusaient à admettre les prétentions des rois d'Espagne sur la Navarre, et parlaient de former une confédération en faveur de Catherine (2). Le cardinal de Foix n'osa proposer à l'assemblée navarraise, réunie à Puente-la-Reina, et où figuraient les Beaumontais, que l'envoi d'une ambassade à la Régente, « pour la supplier de conclure le mariage de la « reine doña Catalina avec le prince don Juan, afin d'éviter les « maux dont la reine de Castille menaçait la Navarre ». Les Cortès beaumontaises de Puente-la-Reina s'entendirent à ce sujet avec les Cortès gramontaises d'Estella. Le 30 juillet, elles nommèrent une députation chargée de se rendre en Béarn, et d'inviter la Régente à venir dans son royaume avec sa fille, pour y conclure l'union projetée avec le prince de Castille (3). Flattés dans leur orgueil par l'espoir de voir un jour leur reine souveraine de toutes les Espagnes, désireux de donner une solution pacifique au conflit engagé avec la Castille et dont l'issue paraissait si douteuse, les États navarrais avaient, sans distinction de partis, accueilli avec faveur le projet mis en avant par Ferdinand. Ils chargèrent leurs envoyés Hernando de Baquedano, *protonotaire, et l'alcalde mayor*, don Juan de Jasu, de déclarer à la Régente que les Cortès étaient bien résolues « à multiplier leurs supplications et leurs « instances », pour hâter son voyage en Navarre et la conclusion du mariage castillan, comme il avait été déjà convenu dans les États de Pampelune réunis le 4 avril précédent (4). Les mêmes

(1) *Lo que se ynformo á los Reyes Católicos sobre las cosas del reyno de Navarra*, mémoire précité. (Arch. de Simancas, *cap. con Nav.*, leg. 2°, f° 13.) — (2) Ce fait est mentionné par le registre ou mémorial d'Olite, f° 25 (papiers de Moret). (Arch. de Nav.) — (3) *Proposicion del infante cardenal de Foix á las Cortes en Puente-la-Reina* (26 juillet 1483), original. (Arch. de Nav., *Cortes, sec. de casamientos*, leg. 1, carp. 26. — *Instrucciones que las Cortes de Estella y Puente-la-Reina dieron á sus mensageros*. (Arch. de Nav., *Cortes, sec. de casamientos*, leg. 1, carp. 27 et 28.) — (4) *Instruccion de las cosas que vosotros don Hernando de Baquedano... y .. don Joan de Jessu han de supplicar é decir á la reina nuestra natural señora y á la señora princesa su madre*. (Arch. de Nav., sec. de casam., leg. 1, carp. 27), original. Ce document, p. p. Yanguas, *Diccionario de Antigüedades*, III, 196-197 (30 juillet 1483).

ambassadeurs avaient aussi mission de démontrer aux États de Foix et de Béarn les avantages d'une alliance avec la Castille, et de leur persuader que l'union de Catherine avec l'infant don Juan était désirable, « tant à cause de la parenté qui existait entre eux « que de la pacification générale du royaume ». Ils devaient aussi faire valoir que ce mariage était favorable aux intérêts de la Navarre, des pays de Foix et de Béarn, à cause de la « proximité « des royaumes de Castille, d'Aragon et de Catalogne ». N'est-il pas à craindre, concluaient les envoyés, que si cette union n'aboutit pas, au lieu de l'amitié qu'on pouvait en attendre du côté de l'Espagne, on ne suscite « une inimitié d'où résulteront des « maux intolérables » (1)?

A ce moment, une solution semblait prochaine. La reine Isabelle, impatiente de connaître le résultat des négociations et désireuse de les suivre de plus près, s'était rendue en Vizcaye. Mais la diplomatie française n'était pas restée non plus inactive. Louis XI ne voulait pas, en effet, d'une union qui eût fait du roi d'Espagne le maître des États de la maison de Foix, et par suite du midi de la France. Il intriguait auprès des Gramontais et de leur chef, don Pedro. Il représentait sans doute à la Régente, sa sœur, les dangers d'une alliance avec la Castille, qui la brouillerait irrévocablement avec la France. Il faisait agir auprès d'elle les princes de la maison de Foix, Lescun, à qui il avait donné le Comminges (2), le vicomte de Lautrec, le sire de Candale, qu'il pensionnait. Usant à la fois de l'insinuation et des menaces, il rassemblait aussi des troupes dans la Guienne et le Labourd, comme pour envahir le Béarn et la Navarre au premier signal (3). Le bruit courait que le roi de France songeait à rompre le mariage projeté entre le Dauphin et Marguerite de Bourgogne, à cause du bas âge de cette princesse, et que, pour avoir plus tôt des héritiers, il avait résolu de marier son fils avec la reine de Navarre. Telle était la rumeur dont Lescun fit part à l'envoyé espagnol Rojas. Ce même agent transmettait à la souveraine de Castille un autre renseignement non moins alarmant. Il soupçonnait Louis XI d'avoir poussé Jean de Narbonne à revendiquer la succession de Foix, dans le but intéressé de mettre la Régente à sa discrétion. Ce calcul avait réussi. La princesse de Viane, apprenant l'invasion du comté de Foix et l'occupation des principales places de ce pays

---

(1) *Instruccion de las cosas que de parte de los tres Estados de este reyno de Navarra habeis de decir á los tres Estados de los señorios de Fox y de Bearne.* (Arch. de Nav., sec. de casam., leg. 1, carp. 28.) Document aussi publié par Yanguas, *Diccionario*, III, 197-199. — (2) Jaligny, Histoire de Charles VIII, pp. 26-29. (Hist. de Charles VIII, p. p. Godefroy.) — (3) Zurita, *Anales*, liv. XX, chap. LIII, f⁰ˢ 327-328, signale ces armements.

par le vicomte de Narbonne, avait dépêché un de ses serviteurs à son frère. On disait qu'elle avait dû conclure avec le roi un accord, en vertu duquel elle promettait de régler la question du mariage au gré de la France, pourvu que Louis XI abandonnât la cause de Jean de Narbonne. On voyait une preuve de cet accord dans la mise sous séquestre des places du comté de Foix. Mieux placé que Rojas pour bien connaître les bruits de la cour, l'ambassadeur d'Espagne auprès de Louis XI démentait la nouvelle de la candidature du Dauphin. Mais il avisait les rois de Castille que le roi de France autorisait plusieurs grands seigneurs à briguer la main de Catherine. Quatre candidats français se présentaient. C'étaient le comte d'Angoulême, Charles (père de François Ier); le prince de Tarente, de la maison d'Anjou-Lorraine, fils du prétendant au trône de Naples, cousin de la princesse de Navarre, et Jean, vicomte de Tartas, fils du sire d'Albret. Mais les préférences de Louis XI paraissaient acquises au quatrième candidat, le fils du duc de Savoie. Cependant un autre agent castillan, Juan de Gamboa, affirmait que Jean d'Albret semblait pouvoir compter aussi sur l'appui du roi. Il était question de donner à son père Alain la charge de connétable, et même de lui faire épouser la régente de Navarre. Un double mariage unirait donc les maisons de Foix et d'Albret. La proximité des seigneuries de ces deux maisons rendait, d'après Gamboa, l'union du vicomte de Tartas et de la reine Catherine très probable (1).

III.
Les démarches du roi de France. Mission du Grand-Écuyer.

Ces sollicitations contraires rendaient la situation de la régente très dangereuse et redoublaient ses anxiétés. Elle avait à craindre à la fois la vengeance du roi de France, la perte de ses domaines de Foix et de Béarn, si elle adhérait au mariage castillan, et la vengeance du roi de Castille, l'invasion probable de la Navarre, si elle consentait à l'union prônée par Louis XI. C'est sous la pression de ses redoutables voisins qu'elle délibérait. La princesse chercha encore à gagner du temps et à éconduire poliment les deux princes rivaux. Elle commença par les rois de Castille. Pour la seconde fois, les envoyés espagnols s'étaient présentés à la cour de Pau, vers la fin du mois de juillet 1483. Le chef de l'ambassade, Maldonado, présenta officiellement à la princesse les lettres des rois de Castille qui l'accréditaient auprès d'elle. Il lui offrit leurs compliments de condoléance au sujet de la mort de François-Phœbus. Puis il insinua qu'aux yeux de ses maîtres un mariage entre la reine Catherine et l'infant don Juan serait très profitable au bien des deux royaumes. L'alliance proposée,

---

(1) Tous ces renseignements si curieux nous ont été donnés par le mémoire anonyme cité plus haut, *Lo que se ynformó... sobre las cosas del reyno de Navarra*. (Arch. de Simancas, *Capitul. con Nav.*, leg. 2, f° 13.)

conclut-il, n'était pas à dédaigner. L'héritière de la Navarre pourrait, en effet, un jour ajouter à sa couronne celles de la Castille, de l'Aragon et de la Sicile (1). Pour appuyer ses propositions, arrivaient en même temps les députés des Cortès navarraises. Le viceroi, Pierre de Foix, le vieux chef des Gramontais, Pierre de Peralta, écrivaient à la Régente des lettres pressantes en faveur du projet espagnol. Enfin, on apprenait que le comte de Lerin, sous prétexte que les troupes françaises menaçaient de passer les Pyrénées, s'était enfin décidé à livrer Pampelune et les autres places beaumontaises au capitaine-général castillan, Juan de Ribera (2). Malgré ces sollicitations et ces menaces, la Régente évita de se prononcer nettement. Elle ne répondit aux ambassadeurs que par des gémissements et des protestations d'amitié, ajournant encore une fois sa décision. « Ils voyaient, dit-elle, sa « déploration et sa misère, sa douleur et ses pleurs, qui lui ont à « peine permis de voir la lettre dont le roi de Castille l'a hono- « rée. » Le licencié Maldonado la réconforte : il faut vaincre la douleur ; François-Phœbus jouit de la présence de Dieu ; d'ailleurs, le remède à tous les maux n'est-il pas la patience et la résignation (3) ? A ces consolations philosophiques, il fait succéder des instances pressantes : il demande une réponse à ses ouvertures. La princesse finit, vers le milieu du mois d'août, par se décider à la donner. Elle proteste d'abord de sa reconnaissance. L'union qu'on lui offre pour sa fille ne peut que la flatter. Elle en désire « la conclusion avec la grâce de Dieu », car, dans toute la chrétienté, il n'y a pas de prince aussi puissant que l'infant de Castille. Elle ne peut espérer de mariage plus honorable pour l'héritière de la Navarre, plus utile pour ses États. Mais elle ajoutait, ce qui détruisait l'effet de ces bonnes paroles, qu'il était raisonnable de consulter auparavant le roi de France et d'avoir son avis sur cet établissement. Il convenait d'ajourner jusqu'à sa réponse l'union si désirable qu'on lui proposait (4). Les envoyés espagnols trouvèrent qu'on les avait « maigrement reçus » (5). La Régente, pour effacer cette fâcheuse impression, écrivit à Ferdinand, le remerciant « de la souvenance qu'il avoit eu d'elle « et le priant de la continuer dans son amitié tant qu'elle vivrait,

(1) Pulgar, *Crónicas de los Reyes Católicos*, 3ᵉ partie, chap. XV, p. 380, est l'auteur qui nous renseigne le mieux sur cette ambassade. — (2) Pulgar, *ibid*. Alesson, *Anales de Navarra*, t. V, liv. XXV, fᵒˢ 32-33, raconte la trahison du comte de Lerin; mais, comme les autres historiens navarrais, il ne sait presque rien sur les négociations, et place le mariage de Catherine vers 1485 ou 1486. — (3) Olhagaray, Hist. des comtes de Foix, p. 397, chroniqueur officiel, qui a connu des documents aujourd'hui perdus, nous a transmis la réponse de la princesse. — (4) Réponse rapportée par Pulgar, 3ᵉ partie, chap. XV, p. 380. — (5) Récit d'Olhagaray, p. 397.

« comme son humble servante » (1). Une réponse aussi dilatoire, des assurances d'amitié aussi vagues, n'étaient guère encourageantes pour le roi d'Espagne. Il est vrai qu'il n'avait point perdu tout espoir d'entraîner la princesse à accepter son projet. En effet, Louis XI, son redoutable adversaire, mourut bientôt après, au château de Plessis-lès-Tours, le 30 août 1483 (2). La mort de ce grand politique, les embarras inévitables auxquels le nouveau roi Charles VIII allait se trouver exposé, la réaction féodale qui suivit le règne de Louis XI, étaient tout autant de circonstances favorables pour la réalisation des plans du diploma ie castillane. Les rois de Castille redoublèrent d'activité : tandis que Ferdinand se rendait dans le royaume de Grenade, Isabelle se transportait à Logroño pour y suivre de plus près les négociations. Enfin, les capitaines espagnols se rapprochaient des frontières navarraises (2). Les hommes d'État français devaient se hâter, s'ils voulaient réaliser les projets du feu roi, de présenter un prétendant sortable pour la reine Catherine. C'est probablement d'après les indications de Louis XI lui-même, qu'ils résolurent d'appuyer la candidature du fils du sire d'Albret, le vicomte de Tartas. Cette maison était connue par son dévouement à la couronne de France depuis Charles V ; ses membres avaient du sang royal dans les veines, et Alain le Grand s'était fait remarquer par sa servilité et son attachement aveugle, pendant le règne précédent (3). De plus, Lescun, dont l'influence était prépondérante en Guienne, travaillait en faveur du vicomte de Tartas : « A son pourchas, dit Jali-
« gny (Mgr et Mme de Beaujeu), tindrent la main au fils de
« M^r d'Albret, pour avoir la royne de Navarre en mariage » (4). La régente de France et ses conseillers n'attendirent pas longtemps, après la mort du roi, pour faire connaître leurs intentions au sujet du mariage navarrais. Le 9 septembre, le Conseil royal décidait d'envoyer en Béarn le Grand-Écuyer, Antoine de la Tour. L'agent français était porteur d'une lettre de créance adressée à la princesse de Viane, où Charles VIII déclarait à sa tante qu'il désirait voir sa cousine, « la royne de Navarre, alliée en lieu qui
« fut sûr et féable à la couronne de France ». En mariant Catherine au vicomte de Tartas, Jean d'Albret, ce but serait atteint.
« Elle ferait (au roi de France), un des grands, singuliers et agréables plaisirs que jamais luy pourroit faire », car ce mariage lui semblait « bien consonnant, pour ce que les prédécesseurs (de
« son cousin d'Albret) ont toujours esté bon et loyaulx, et servy de

(1) Lettre analysée par Olhagaray, p. 402. — (2) Sur la mort de Louis XI, Commines, liv. VI, chap. VI. — (3) Rapports entre Alain et Louis XI, voir Luchaire, Alain le Grand, pp. 17-22. — (4) Jaligny, Hist. de Charles VIII, p. p. Godefroy, p. 29.

« tout leur povoir la maison de France » (1). A la reine Catherine, sa cousine, le jeune roi, âgé de neuf ans à peine, fait l'éloge du prétendant, « qui est beau filz et grant seigneur ». Ce sera un mariage « bien consonnant », répète-t-il, car ses ancêtres « ont vertueusement servy la couronne de France », et il désire vivement, « afin de pouvoir souvent voir (sa cousine), qu'elle soit « mariée en son royaume » (2). On n'avait pas négligé de demander l'appui des États de Béarn, de Foix et de Bigorre, et des Cortès de Navarre. Charles VIII priait « très affectueusement et « de bon cueur ses grands et chers amis les Estatz de Navarre » de favoriser, « en tant qu'ils pourraient », le mariage qu'il proposait, et « de faire inciter à ce » sa tante et sa cousine, « en leur « remontrant les biens qui s'en pourraient ensuyvre à elles et « aux subgects de leurs dits pays ». « En ce faisant », ils obtiendront d'être « préservés, gardés et défendus envers et contre « tous », et le roi « aura leurs affaires en grande recommand« dation » (3). Avec les États de Béarn, le langage du souverain français était aussi courtois. Comme la princesse de Viane « est « fort requise de plusieurs lieux de traiter du mariage de sa fille, « et qu'il désire singulièrement qu'elle soit jointe et mariée en « maison qui soit féable de la couronne de France », il les prie « très affectueusement, et en tant qu'ils désirent lui complaire, « que, en tant qu'il est en eux, ils veuillent consentir et accorder « ledit mariage, et à ce faire inciter » la Régente et sa fille. « En « ce faisant, dit-il, nous les préserverons, garderons et deffendrons, « vous signifiant que si on le fait autrement, nous en déplaira et « n'en serons pas contents » (4). Aux États de Bigorre, de Marsan et de Gabardan, ainsi qu'à ceux de Foix, il renouvelle ses recommandations, mais sur un ton plus impératif, leur enjoignant de travailler à faire accepter cette union ; « Mandons et commandons, sur tant que doubtez nous désobeyr, que en tant que à « vous est, vous veuillez à ce accorder et consentir ledit mariage » (5). Le vicomte de Lautrec, conseiller de la princesse de Viane, fut également prié de seconder les efforts de la diplomatie française. Charles VIII lui écrivait sans détours qu'il s'était résolu

(1) Copie des lettres adressées à Mme la princesse (Amboise, 9 septembre 1483). Arch. des Bass.-Pyrén., E. 543. Bibl. nation., coll. Doat, t. CCXXIV, f° 105. — (2) Lettre de Charles VIII à Catherine, reine de Navarre (Amboise, 9 septembre). (Arch. des Bass.-Pyrén., E. 543, coll. Doat, 224, f° 106.) — (3) Lettre de Charles VIII aux trois Estatz de Navarre. (Arch. des Bass.-Pyrén., E. 543, coll. Doat, 224, f° 110.) — (4) Coppie des lettres adressans aux gens des trois Estatz de Béarn. (Arch. des Bass.-Pyrén., E. 543, Doat, 224, f° 109, 8 septembre.) — (5) Lettres aux États de Bigorre et de Foix (8 septembre). (Arch. des Bass.-Pyrén., E. 543, Doat, 224, f° 112-113.) Ces lettres publiées par Cadier. Les États de Béarn, App. 424-426.

à proposer le mariage de Jean d'Albret avec la reine de Navarre, « parce qu'en la mariant ailleurs il pourrait avoir un pire voisin « et subject que » le vicomte de Tartas (1), allusion évidente à l'infant de Castille. Cette même idée était développée dans les instructions secrètes dont le Grand-Écuyer, Antoine de La Tour, était porteur. Le roi y expose en détail les raisons pour lesquelles il soutient la candidature d'Albret. C'est d'abord, parce que la maison d'Albret est française de cœur, et que cette union sera faite « pour le grand et singulier bien de tout le royaume ». Cette alliance vaudra à la France « l'ayde, *secours et service* » de la Navarre et des autres seigneuries de la maison de Foix, « contre « les ennemis de son royaume ». C'est ensuite parce que Jean d'Albret sera le meilleur des maris et des gendres : « il aimera « cordialement et entretiendra en toute vraye amour et obser- « vance madite dame (la princesse) et sadite fille, comme selon « l'estat de sainct mariage est requis, et Dieu et l'Église le com- « mandent ». Ce sera aussi un excellent souverain, qui « tiendra « ses pays et subjects en vraye amour ». Bref, le jeune vicomte de Tartas ne peut qu'être le modèle des vertus publiques et pri- vées. De plus, son alliance n'est pas à dédaigner. La maison d'Al- bret, de toute ancienneté, « est une très noble et grande maison. « Elle a grandes et plusieurs seigneuries, tant en Guienne que en « plusieurs parties du royaume ». Aussi la maison de Foix « ne « saurait trouver party de mariage à elle plus conforme qu'est « cestuy cas ». Depuis longtemps, les deux maisons ont « été alliées « par plusieurs mariages ». Leurs domaines sont voisins, « leurs « pays tenants »; ils se peuvent secourir « et ayder avec aisée « despence et travail ». Ils « sont garnis de plusieurs grands « seigneurs et barons, et aultre noblesse et gens de bas état », ce qui permettra aux jeunes époux de maintenir leurs États dans l'obéissance, et même de rétablir la paix en Navarre, où la maison d'Albret a pour alliés les seigneurs de Luxe, parents des Beau- montais. Ce n'est pas tout : par ce mariage, aux terres de la maison de Foix, s'adjoindront « les grandes seigneuries, comtés, « viscomtés, baronnies que aujourd'huy tient et possède la maison « de Lebret », au cas, ce qui est probable, où de cette union « s'ensuivrait lignée ». Voilà les avantages qu'on retirera de l'union de Catherine et du vicomte de Tartas. On aura avec ce prétendant la perle des maris. Mais son père, le sire d'Albret, est aussi le modèle de toutes les vertus. Charles VIII vante ses « notables mœurs, la prudente conduite et entrètenement de sa

---

(1) Lettre de Charles VIII à M⁺ᵉ de Lautrec (8 septembre). (Arch. des Bass.- Pyrén., E. 543, original; copie, coll. Doat, 224, f° 107), inédite.

« maison et de ses affaires, la bonne et vertueuse nourriture et
« discipline et observance de toutes bonnes mœurs, sous laquelle
« il feit nourrir » le vicomte son fils. Il sera pour sa belle-fille le
plus utile et le plus sage des conseillers et des amis. Il l'aidera,
s'il est nécessaire, avec « le grand nombre et puissance de ses
« subjects, avecques la forte main du Roy qui en ce est délibéré
« l'ayder, quand il adviendroit que ceulx du royaulme de Navarre
« se vouldroient constituer en rébellion et désobéissance à ladite
« Royne ». Bref, le mariage que le roi de France propose est fait
pour assurer le bonheur matériel et moral de la reine de Navarre
et de ses sujets. « Quand madite dame advisera bien en toutes les
« autres parts qui désirent se mariage, se faillira trop que l'on y
« treuve les biens et advantages, tout bien considéré, que en
« cestuy-cy, ne de la centiesme part ». Tout au contraire, une
union avec le prince de Castille serait la source de mille maux.
D'abord, « il n'est pas vraisemblable que ung tiel roy comme est
« ledit roy de Castille, qui est tant grant seigneur et roy de plu-
« sieurs royaulmes, traitast madite dame princesse et sadite fille
« la royne, comme fera un grant et notable personnage de son
« rang et de sa naturelle extraction, et royaulme de France, et de
« pareil estat comme est la maison de Lebret, qui se tiendra pour
« grandement honnorée par ledit mariage ». Autre inconvénient;
est-il possible de marier « une fille d'un tel aage comme est la
« royne de Navarre » avec un enfant de quatre ans comme le
prince de Castille? D'autre part, si ce mariage se faisait, « atten-
« du le jeune aage du fils du roy de Castille, d'icy moult long-
« temps tout le régime et gouvernement du royaume de Navarre
« et des pays de la maison de Foix tomberoit dans la main dudit
« roy de Castille; pour lequel n'est vraisemblable que traitast les
« subjects de ladite maison, comme fera celuy qui de toute ancien-
« neté est leur prochain voisin et amy ». Il a promis sans doute
« de privilégier les subjects des pays de la maison de Foix ».
Mais on aurait tort de compter sur la promesse d'un souverain
dont les vassaux et sujets « n'ont point trop bonne coustume
« d'obéyr à leurs rois ». Enfin, cette union serait pour la France
l'équivalent d'une déclaration de guerre. Ferdinand appartient à
cette maison d'Aragon, « qui de longtemps a esté ennemye formelle
« de la maison de France et alliée confédérée avec les enemys
« d'icelle ». On se souvient « des grands et infinis maulx advenus
« en ce royaulme par les Navarroys ». On n'a pas oublié non plus
les tribulations qu'un mariage semblable, celui d'Éléonore d'Aquitaine avec le roi d'Angleterre, a valu pendant quatre cents ans à
la France. « A de tels inconvéniens, est bien et sagement fait de
« pourvoir, quant on le peut faire ». Du reste, si, « à cause de

4

« cestuy mariage, se esmovoyt aulchune guerre entre le Roy (de
« France) et le roy de Castille, toute la principale hurte en tom-
« beroit ès terres et pays de la maison de Foix, comme plus pro-
« chaines limites du royaume ». Qu'on y réfléchisse avec soin.
Par l'union avec la maison d'Albret, la maison de Foix accroîtra
ses domaines et s'assurera l'appui de la France. Par le mariage de
Castille, elle ne gagnera rien; « le nom de Navarre et de Foix sera
« absorbé et extaint, et passera tout sous le nom de Castille ».
Elle aura tout à craindre de la France menacée dans ses intérêts.
Enfin, que la princesse et sa fille prennent garde : Charles VIII
est leur suzerain, « et quand on vouldroit faire contre son vouloir,
« meu par tant raisonnables causes, il pourroit justement et sans
« faire tort aulchun, l'empescher par la prinse des pays de son
« obéissance », tandis que « n'en y a aulchuns tenus du roy de
« Castille » (1). Cette mise en demeure catégorique dut plonger
la régente de Navarre dans un cruel embarras. Si les considérations que développait l'envoyé français étaient puissantes, celles
qu'invoquaient les ambassadeurs castillans ne manquaient pas de
valeur. En mécontentant le roi de France, elle risquait de perdre
ses États de Foix, de Bigorre et de Gascogne; en mécontentant le
roi de Castille, elle s'exposait à perdre la Navarre. Déjà les troupes françaises s'amassaient sur les frontières des pays de Foix et
de Béarn. Celles de Castille, secondées par les Beaumontais,
avaient occupé Pampelune et observaient les frontières navarraises. La reine Isabelle, accompagnée du cardinal Mendoza, son
ministre, se rendait à Vitoria vers la Noël pour surveiller de
plus près les menées de ses agents. Ferdinand, vers la fin de
décembre 1483, venait l'y rejoindre. Le moment approchait où la
princesse allait être obligée de prendre une décision.

IV.
La dernière période des négociations. La réunion des États de Navarre et de Foix-Béarn. (1484.)

Décidés à peser sur cette décision, les rois de Castille activaient
leurs préparatifs militaires, sous prétexte d'une rupture avec la
France; ils venaient de refuser le renouvellement du traité
de 1478, si le Roussillon ne leur était restitué (2). En même
temps, ils envoyaient encore à la cour de Béarn leurs ambassadeurs, Juan de Barrionuevo et le docteur Rodrigo Maldonado,
pour presser la Régente de conclure le mariage qu'ils avaient
proposé, et renouveler les traités d'alliance conclus par leurs pré-

(1) Instruction à M. L'Escuyer de ce qu'il avait à dire à Mme Magdeleine de
France, princesse de Viane, sur le mariage de Catherine, reine de Navarre,
sa fille, avec Jean d'Albret (septembre 1483). (Copie, Bibl. nation., coll. Doat,
223, f° 333.) Ce document publié *in extenso* par L. Cadier. (États de Béarn,
App., p. 426.) Toutes ces négociations sont restées inconnues des historiens
espagnols et français. — (2) Récit de Pulgar, 3ᵉ partie, chap. XXVII, p. 395
(t. III des Chroniques de Castille).

décesseurs avec les souverains navarrais. Alonso de Quintanilla travaillait les partis en Navarre, en particulier les Beaumontais, et s'efforçait d'obtenir d'eux l'engagement de reconnaître les rois d'Espagne comme leurs rois nationaux, si la princesse de Viane rejetait le mariage castillan (1). La Régente estima sans doute que c'était du côté de la France qu'il y avait le plus d'avantages à espérer et le plus de périls à craindre. Sans parler de la sympathie toute naturelle qu'elle éprouvait pour son pays d'origine, la princesse croyait fortifier son pouvoir en s'unissant à la maison d'Albret, et acquérir par cette alliance l'appui du roi de France lui-même. Elle craignait, si elle rejetait le mariage français, de voir confisquer ses domaines les plus riches ; le Béarn lui-même, quoique indépendant, ne serait pas à l'abri du danger. Au contraire, du côté de l'Espagne, il y avait moins à attendre ; l'État le plus grand ne tarderait pas à absorber le plus petit. Il y avait aussi moins à redouter ; il était peu probable que les partis navarrais oubliassent leur fidélité à la dynastie, et surtout qu'ils préférassent la lourde tutelle du roi de Castille au faible gouvernement de la maison de Foix. Ferdinand, engagé à fond dans son expédition de Grenade, ne pouvait se mettre sur les bras un conflit avec la France et les princes de cette maison. Telles furent probablement les raisons qui décidèrent la princesse à se rallier au projet français. Cependant elle tenait à consulter les États de ses provinces, et à obtenir leur assentiment avant de prendre une détermination définitive. Cette manière de procéder dégageait sa responsabilité, et lui assurait l'appui de la majorité de ses sujets, qui seraient engagés par leur vote même à soutenir de toutes leurs forces le candidat qu'ils désigneraient. Le 16 février 1484, les trois États de Béarn, de Marsan et de Gabardan furent réunis pour ce motif au château de Pau. On leur demanda de donner « leur avis, suivant Dieu et leur conscience », sur le mariage de la jeune souveraine de Navarre. Avant de délibérer, les États attendirent les députés des assemblées de Foix, de Bigorre et de Nébouzan. Quand ils furent arrivés, les représentants de ces provinces statuèrent au sujet des candidatures qui leur étaient présentées. Les candidats à la main de Catherine étaient nombreux. On comptait parmi eux le prince de Tarente, cousin germain de la reine de Navarre (2), le comte Charles d'Angoulême-Orléans, le duc d'Alençon, le fils du comte de Boulogne, le vicomte de Tartas, Jean d'Albret, et l'infant don Juan de Castille. La lutte était en

(1) Récit de Zurita, liv. XX, chap. LIII, f° 328, r°. (D'après ce récit, cette nouvelle ambassade semble avoir eu lieu au début de 1484.) — (2) Par sa mère, Marie de Foix, qui avait épousé Guillaume V, marquis de Montferrat. (Hist. du Languedoc, anc. édit., V, 46.)

réalité circonscrite entre les deux derniers, l'un, Jean d'Albret, soutenu par la France, l'autre, l'infant Juan, soutenu par l'Espagne. Les députés du tiers-état de Béarn proposèrent de donner à la Régente, assistée d'un conseil de famille, la liberté de choisir l'époux de sa fille; à ce conseil auraient été appelés le cardinal Pierre, le duc de Bretagne, François II, le captal de Buch, Gaston de Candale, le sire de Lautrec, Lescun et tous les autres membres de la maison de Foix. Cette motion parait avoir été écartée. On procéda alors au vote pour désigner le prince qui épouserait la reine de Navarre. Le clergé, qui subissait l'influence de la France, et la plupart des membres de la noblesse, opinèrent en faveur du vicomte de Tartas. En Béarn, sur trente-cinq seigneurs qui assistaient à la réunion, vingt-cinq votèrent, avec ou sans conditions, pour Jean d'Albret; à leur tête se trouvait Lescun. Neuf, et parmi eux les barons d'Andoins et de Navailles, se prononcèrent pour le prince de Tarente. Un seul, le seigneur de Salles, osa proposer de choisir le prince de Castille. Les députés des villes et des montagnes se divisèrent. Trois bourgs du Béarn, Monein, Lagor et Pardies, acceptèrent Jean d'Albret. Les autres, et notamment les délégués des montagnes, sans se prononcer, demandèrent qu'on leur choisît un souverain, qui, avec le bon plaisir de Dieu, « pût promptement avoir des enfants » (1). Tandis que le Béarn et les autres provinces de la maison de Foix se prononçaient pour la candidature française, en Navarre la candidature castillane perdait une partie du terrain qu'elle avait gagné. Les partis beaumontais et gramontais en étaient venus aux mains, et le maréchal de Navarre avait surpris Estella, avant que les troupes castillanes pussent secourir cette place. Par haine pour le comte de Lerin, les Cortès gramontaises, réunies dans cette cité, déclarèrent qu'elles approuvaient d'avance le choix que ferait la Régente. Puisque la volonté du roi de France était de marier la reine avec un prince de sa maison ou de son royaume, l'assemblée lui demandait simplement de différer le mariage, jusqu'au retour d'une ambassade qu'elle se proposait d'envoyer à Charles VIII, et lui conseillait de négocier de son côté quelque accord avec le roi de Castille. Elle ajoutait que des réformes étaient nécessaires dans la justice et l'administration, réclamait la présence de la princesse et de sa fille en Navarre et l'envoi immédiat d'un vice-roi, qui eût assez d'autorité pour réta-

(1) Délibération des trois Estats du Béarn (16 février 1484), texte *in extenso*, publié dans la *Compilacion des priviledges et regt. deu pays de Béarn*, p. 30. C'est d'après ce texte que cet épisode est reproduit dans les *Essais hist. sur le Béarn*, par Faget de Baure, pp. 359-363, et dans l'*Histoire du Béarn*, de Mazure, p. 113.

blir l'ordre dans le royaume. Enfin, elle signalait à la Régente l'attitude des cités de Pampelune et de Tudela, qui venaient de refuser le serment de fidélité (1). En effet, la princesse de Viane trouvait dans les Beaumontais, et dans la fraction du parti gramontais que dirigeaient Peralta et les bourgeois de Tudela, des adversaires résolus du mariage français. Elle avait voulu remplacer le cardinal de Foix, trop inféodé à la politique castillane, par l'infant don Jaime, frère de ce cardinal. Elle avait sommé les rebelles de se soumettre au nouveau vice-roi et de prêter serment de fidélité à leur reine. Les Beaumontais, réunis aux Cortès de Pampelune, lui répondirent (avril 1484) par un véritable réquisitoire contre son administration. Ils lui reprochèrent le choix qu'elle avait fait pour les gouverner en son absence. Elle avait auparavant, disaient-ils, malgré les supplications de ses sujets, persuadé à son fils François-Phœbus de quitter presque en fugitif la Navarre, montrant ainsi la défiance qu'elle nourrissait à l'égard des Navarrais, et compromettant la paix du royaume par ce départ précipité. Quant au serment qu'elle requiert, pourquoi serait-il nécessaire de le prêter encore, alors que toutes les cités de la Navarre, Pampelune à leur tête, et toute la noblesse l'ont déjà prêté au début du règne, reconnaissant Catherine de Foix pour leur reine ? La princesse a méconnu le zèle et l'obéissance qu'ils ont montrés, lorsqu'elle leur a envoyé pour vice-roi le cardinal Pierre. A leur dévouement, elle n'a répondu que par des marques de défaveur. Elle ajourne son voyage et celui de la reine, si nécessaires à la paix du royaume. Elle a révoqué les pouvoirs du cardinal de Foix, cet administrateur éminent qui avait su maintenir l'ordre. De là des divisions, des troubles, des attentats contre le pouvoir royal, l'interruption du commerce, des querelles de frontière avec l'Aragon et la Castille. Elle a violé les lois du pays en transférant hors de Pampelune le siège de la Corte mayor. Elle a fait signer à la reine sa fille des mandements et des provisions illégales. Elle a ordonné à plusieurs villes et bourgs de soutenir des hommes révoltés contre l'autorité du cardinal. Elle a autorisé des proscriptions, des confiscations, des informations secrètes, laissé déposséder des communautés et des particuliers. Elle a refusé de révoquer les lettres qui ont autorisé ces abus. Les courses de pillage organisées sur les frontières vont provoquer des représailles de la part des Castillans et des Aragonais. Le roi d'Espagne a envoyé à la princesse et aux Cortès des ambassadeurs

---

(1) *Las cosas que à la señora Princesa et à la Reina nuestra señora se súplican de parte de los tres Estados del reino de Navarra.* (Estella.) Sans date. (Arch. de Nav., *Cortes, sec. de casamientos*, leg. 1, carp. 29.) Document publié *in extenso* par Yanguas. *Diccionario de Antigüedades*, III, 199-202.

pour leur proposer le mariage de l'infant Juan avec la reine Catherine. Les députés pensaient que cette union était très honorable, flatteuse même pour la maison de Navarre, « et favorable à la per-« pétuelle pacification du royaume ». Qu'a fait la Régente? Elle n'a tenu aucun compte de leur avis; elle diffère sa réponse; jusqu'à présent on ne sait rien de ses intentions, et on suppose qu'elle a abandonné ce projet. Bien mieux, si l'on en croit le bruit commun, elle a arrêté pour sa fille une autre union avec un personnage de rang inférieur au sien. Sa décision va couvrir de honte la Navarre et les Navarrais. Par suite du retard apporté aux négociations et à la conclusion du mariage, et de l'absence de la reine Catherine, un prétendant, Jean de Narbonne, a pu prendre le titre de roi, attaquer les seigneuries de la princesse et sommer les Navarrais de reconnaître ses droits, prétention qui peut amener la ruine du royaume. En présence de l'abandon où la Régente les laisse, et du peu de considération qu'elle a pour eux, les Beaumontais déclarent que, « contraints par une nécessité inéluctable », ils ont rassemblé leurs partisans, qu'ils ont résolu, pour leur défense et leur sûreté mutuelle, de conclure une paix perpétuelle avec les rois de Castille et d'Aragon et de la faire jurer par tous. Jusqu'à ce que la princesse ait fait droit à leurs griefs et arrêté à son tour un traité d'amitié avec la Castille, ils refuseront de prêter le serment de fidélité qu'elle leur demande et de reconnaître le nouveau vice-roi (1). Une fraction du parti gramontais, qui suivait l'impulsion de Pierre de Peralta, accéda aussi à l'alliance castillane. Peralta se rendit à Tarazona le 12 mai 1484, afin de prêter hommage à Ferdinand pour le château de Tudela. Deux jours après, l'alcalde et quatre jurats, délégués par cette importante cité, vinrent assurer les rois de Castille qu'ils « ne voulaient d'autre souverain que leur « fils et qu'ils accepteraient la régence du prince en Navarre, « pourvu qu'il respectât les fueros ». Ils les supplièrent de ne pas commencer les hostilités, tant que la princesse de Viane n'aurait pas pris de résolution définitive. Ferdinand s'empressa de tout accorder. Il faisait partout publier que le mariage castillan « était « le seul moyen de garantir la paix du royaume » (2), et, en même temps, pour effrayer la Régente, il faisait entrer sous divers prétextes ses troupes en Navarre. Le capitaine-général Juan de Ribera, qui revenait de Tours, où il n'avait pu obtenir la restitution

(1) *Las cosas que deben ser dadas en respuesta del llamamiento de la señora Reina, dirigiendose principalmente à la señora Princesa.* Pampelune, sans date. (Date probable, mars ou avril 1484.) (Arch. de Nav., *Cortes, sec. de legislacion,* leg. 1, carp. 7. Document publié *in extenso* par Yanguas, *Diccionario de Antigüedades,* III, 202-210. — (2) Récit de Zurita, liv. X, chap. LXXVII, f° 331-332. — Aleson, V, 38.

du Roussillon (1), annonçait qu'une guerre était imminente, et pour s'opposer, disait-il, à l'invasion des Français, occupait les places navarraises de Viana, de San-Geronimo et d'Irurita (2). Ces mesures extrêmes indiquaient assez combien le mariage castillan était compromis.

Elles ne modifièrent pas la résolution de la Régente. Appuyée par la majorité de ses sujets et par le roi de France, elle se refusa à accepter une union, « qui eût amené le roi d'Espagne aux « portes de Toulouse et de Bordeaux », (3) et livré à un prince étranger « ce quartier de Guienne, boloart des autres pays es- « trangiers ennemys » des Valois (4). Elle fit connaître enfin, le 20 mai 1484, sa réponse officielle. Elle déclara aux ambassadeurs espagnols, « en bon français, que c'estoit ung mariage non faisable « d'un petit enfant au maillot avec une fille nubile, que cela ne « pouvoit apporter que la désolation de tout l'État de la maison « de Foix; ce que les sujets plus oculez n'agreyoient point, disant « hautement que l'on ne doit contracter mariage que pour ayde, « amitié, génération d'enfans; que si les parties sont incapables « de ces fins, on ne peut faire mariage sans violer les droits de « la nature et de l'honnesteté. Puisque le prince était si jeune, on « ne devoit en aucune façon lui procurer tel party, ni l'exposer « aux inconvéniens qui s'en pourroient ensuivre ». C'est en ce sens que la princesse de Viane écrivit également au roi de Castille, pour lui faire part de son refus (5). Le prétexte choisi ne manquait pas d'à-propos. L'infant don Juan, né le 18 juin 1478, avait à peine six ans en 1484; il était de plus, à ce qu'affirme Pierre Martyr, de santé très délicate. Mais ces considérations, qui avaient beaucoup de prix aux yeux de la Régente, en avaient peu à ceux de Ferdinand. « Il interpréta ce refus, dit Pulgar, « comme une preuve de malveillance pour l'Espagne » (6). La conclusion du mariage d'Albret était, en effet, un grave échec pour la Castille, qui voyait s'établir en Navarre et sur la lisière des Pyrénées le protégé des Français. C'était une victoire pour la France, qui acquérait l'alliance du plus puissant seigneur du Midi et l'accès de la péninsule hispanique. Après huit années d'efforts, la politique de Louis XI prenait une revanche éclatante du traité de Tudela. Il ne restait plus qu'à savoir si Charles VIII saurait maintenir ses

V.
Mariage
de Jean d'Albret
et de Catherine
de Navarre.

---

(1) Le retour de Ribera eut lieu le 23 mars 1484. Pulgar, 3ᵉ partie, chap. XXVII, p. 395. — (2) Pulgar, loc. cit. — Zurita, fᵒ 332. — (3) Expressions de M. Luchaire, Alain le Grand, sire d'Albret, p. 24. — (4) Expressions employées dans les instructions données à M. L'Escuyer, Document cité ci-dessus. Coll. Doat, 223, fᵒ 330. — (5) La réponse de la princesse est rapportée par Olhagaray, p. 405, d'après les lettres originales de la princesse qu'il a vues à Pau et qui ont disparu. — (6) Pulgar, 3ᵉ partie, chap. XIX, p. 328.

avantages. Le mariage fut aussitôt célébré; le 14 juin on rédigeait le contrat; les fiançailles eurent lieu à Orthez, et le mariage fut peu après « solennisé en sainte église dans la cathédrale de « Lescar », au milieu d'une nombreuse assistance (1). La Régente en tirait un bénéfice important : l'accroissement des États de sa fille. Le vicomte de Tartas, Jean d'Albret, apportait par contrat à la reine de Navarre 100,000 écus d'or comme dot. Son père Alain l'instituait héritier universel de toutes ses terres et seigneuries, à savoir la vicomté de Tartas, les Landes, les domaines du Bordelais, le Périgord et le Limousin, etc., qui doublaient l'étendue des États de la maison de Foix. Il lui assurait 5,000 livres de rente sur ses autres terres, « à sa franche volonté ». La succession entière de tous les États de Foix, d'Albret et de Navarre, était assurée au fils premier né de ce mariage, ensuite au second fils, si le premier décédait sans hoirs mâles, et ainsi de suite. Les filles ne devaient hériter qu'à défaut de toute descendance masculine (2). Mais cette augmentation de puissance territoriale, qui inspira peut-être aux souverains navarrais l'idée de former un vaste État indépendant et de constituer un grand royaume de Gascogne (3), n'allait pas sans inconvénients. La dépendance des rois de Navarre à l'égard des rois de France allait devenir plus étroite, puisque leurs nouveaux domaines relevaient de cette couronne. La méfiance des princes français ne pouvait que s'accroître, si les souverains navarrais cherchaient à suivre une politique indépendante. Les craintes des rois de Castille devaient augmenter, si leurs voisins se pliaient avec trop de docilité à l'impulsion de la France. La situation de la Navarre, que l'avènement de la maison de Foix avait rendue très critique, fut encore plus périlleuse, depuis l'union de Catherine avec Jean d'Albret. Il y a plus : le vicomte de Tartas n'était qu'un enfant, moins âgé que Catherine elle-même. Tous deux, trop jeunes et trop inexpérimentés pour gouverner, laissèrent l'autorité aux mains de Madeleine de Viane et d'Alain d'Albret. Ce dernier, grand seigneur vaniteux et cupide, ne tarda pas à diriger presque seul la politique navarraise, et à employer les forces des États de son fils à la réalisation de ses ambitions personnelles. La Navarre ne pouvait que perdre sous cette minorité de deux adolescents incapables, et sous ce gouvernement égoïste d'un baron ambitieux.

(1) Les historiens navarrais placent à tort ce mariage en 1486. (Exemple : Aleson et Yanguas.) — La date du contrat est indiquée dans la pièce citée ci-dessous. — La date des fiançailles et du mariage dans Olhagaray, p. 400, et Luchaire, p. 24. — (2) Contrat de mariage de Jean d'Albret et de Catherine de Navarre (14 juin 1484). Orthez. (Arch. des Bass.-Pyrén., E. 543, original; copie, coll. Doat, 223, f° 63.) — (3) Luchaire, Alain le Grand, sire d'Albret, p. 25.

CHAPITRE IV.

LA QUERELLE DE LA SUCCESSION DE FOIX.
LES ROIS DE NAVARRE ENGAGÉS DANS LES COALITIONS FÉODALES
CONTRE CHARLES VIII.
LEURS ALLIANCES AVEC LES ROIS D'ESPAGNE.

(1481-1491.)

Le mariage de Jean d'Albret et de Catherine de Navarre semblait être, au moment où il fut conclu, une garantie de force pour le royaume navarrais et un gage d'union entre la maison de Foix et la France. Les évènements se chargèrent de démentir ces deux prévisions. Une longue querelle de succession vint affaiblir encore les États des rois de Navarre, déjà si éprouvés. L'alliance française, que le mariage d'Albret paraissait affermir, ne tarda pas à être rompue. L'attitude hésitante des conseillers de Charles VIII dans la guerre de succession de Foix, et les intrigues politiques nouées par Alain, père du souverain navarrais, amenèrent ce résultat imprévu.

Le Conseil de Charles VIII s'était montré très satisfait de l'union conclue entre le vicomte de Tartas et l'héritière de Navarre. Le roi lui-même avait écrit aux États de Bigorre, de Foix, de Béarn et aux Cortès navarraises, « qu'il avait le mariage de « Catherine et de Jean d'Albret pour agréable » (1). La petite cour de Pau comptait en retour sur le ferme appui du roi de France, dans la lutte engagée par le vicomte de Narbonne contre la jeune souveraine de Navarre. C'était en grande partie pour assurer la sécurité des États de la maison de Foix contre les prétentions du vicomte, que la Régente avait conclu ce mariage. Les revendications de Jean de Narbonne lui paraissaient, en effet, le plus grave des dangers qu'elle eût à écarter. Jean de Foix était le second fils de Gaston XII et de Leonor de Navarre, et l'oncle de Catherine. Il avait reçu de son père en apanage, en 1468, la vicomté de Narbonne et la seigneurie d'Auterive, à condition que, s'il mourait sans enfants, ses terres reviendraient à ses frères puînés (2). En revanche, il avait été exclu de la succession aux États de la maison, et spécialement à la couronne de Navarre, par le testament de Gaston XII et de Leonor, et par le codicille de

I.
La question de la succession de Foix.

---

(1) Lettre mentionnée dans les procès-verbaux du Conseil de régence du roi Charles VIII, p. p. A. Bernier (coll. des documents inédits de l'Hist. de France), p. 24 (5 août 1484). — (2) Donation de la vicomté de Narbonne à Jean de Foix (1468, 15 juin), acte daté de Pampelune. (Arch. des Bass.-Pyrén., E. 449 Bibl. nation., coll. Doat, 222, f° 37.)

François-Phœbus (1). Tant que Louis XI vécut, le vicomte de Narbonne n'osa ou ne put faire valoir ses prétentions : son fils affirme, dans un mémoire qu'il rédigea plus tard, que la terreur seule le réduisit au silence (2). Cependant, à la mort de Phœbus, il avait envahi le comté de Foix, et il revendiqua la succession entière de Gaston XII et de Léonor, comme le plus proche héritier mâle du défunt. Les filles, d'après lui, étaient « incapables de « succéder aux grandes terres ». Le droit de représentation, que Phœbus avait invoqué pour recueillir l'héritage de Gaston XII, ne pouvait s'appliquer aux femmes. Cette question du droit successoral des femmes était, en effet, très obscure et très compliquée. Sans doute, d'après l'usage, les filles étaient admises à succéder, depuis de longues années, dans les monarchies de Castille et de Navarre, et dans les grands fiefs de France. En Navarre notamment, c'est par les femmes que la couronne était passée aux maisons de Champagne, d'Évreux, d'Aragon et de Foix. Une coutume de trois siècles semblait sanctionner la légitimité de la succession féminine. Mais en se plaçant au point de vue strict du droit féodal, cette question paraissait litigieuse. Le Fuero général de Navarre ne la résolvait pas. Le texte le plus ancien de cette coutume ne parle que du droit que possède le second des frères légitimes de recueillir la succession, en cas de décès de l'aîné, si celui-ci meurt sans *enfants (fijos)* issus de légal mariage. Il est vrai qu'un texte plus récent, celui de l'Escurial, précise le sens de ce terme obscur de « *fijos* » ou d'enfants. D'après ce texte, il faut entendre par là les descendants masculins ou féminins. Le manuscrit de l'Escurial porte, en effet, que la succession doit être dévolue à l'aîné des *frères* ou *sœurs* survivants, en cas de mort du frère aîné sans postérité légitime (3). Les coutumes féodales de la France méridionale admettaient aussi les femmes à succéder, et spécialement dans les pays de Béarn et de Foix. Les textes, cependant, offraient quelque obscurité, puisqu'il fallut une enquête approfondie pour terminer le procès, qui ne prit fin qu'en 1517. D'ailleurs, en admettant même le droit de succession féminine, il restait à savoir si les femmes étaient admises à hériter, à défaut

(1) Testaments de Gaston XII (1472) et de François-Phœbus (1483). (Arch. des Bass.-Pyrén., E. 324 et E. 325, originaux.) — (2) Ce sont les faits, contreditz et salvations qui ont été extraits du plaidoyer de feu messire Jehan de Foix. (Arch. des Bass.-Pyrén., E. 548). (Mém. justificatif présenté par Gaston de Foix.) — (3) Ces textes du *Fuero general* sont cités par Yanguas, *Diccionario*, III, 343, et dans l'édition du *Fuero general*, liv. II, tit. IV. — Cette discussion a encore beaucoup d'actualité en Navarre depuis la mort de Ferdinand VII. Voir Yanguas, *Apuntes sobre la succesion á la corona de Navarra*, spécialement p. 33, et don Arturo Campion, *España moderna*, n° de janvier 1890, qui soutient aussi la thèse de la succession féminine.

d'héritiers mâles *dans leur ligne spéciale ou directe*, ou seulement à défaut d'héritiers mâles dans les lignes collatérales. Catherine, seule descendante en *ligne directe* de Gaston de Viane, frère aîné du vicomte de Narbonne, soutenait la première opinion ; Jean de Foix, le premier des héritiers collatéraux, était intéressé à soutenir la seconde. Il paraît avoir été convaincu de la justice de ses prétentions, et il semble les avoir soutenues avec une conviction sincère et une entière bonne foi. Les coutumes variaient à ce sujet de pays à pays ; dans les uns, les héritiers mâles en ligne collatérale l'emportaient sur les héritiers féminins en ligne directe ; dans les autres, la tradition inverse avait prévalu. Qu'on se rappelle simplement les procès célèbres de Robert d'Artois et de la comtesse Mahaut, la querelle de Jeanne de Penthièvre et de Jean de Montfort, et les luttes des maisons d'York et de Lancastre. L'incertitude et l'obscurité du droit féodal donnaient donc quelque apparence de raison aux revendications du vicomte de Narbonne.

La mort de Louis XI favorisa ses projets. Jean de Foix avait, en effet, épousé la sœur du duc d'Orléans, le membre le plus influent du Conseil de Charles VIII, et il avait su rallier à sa cause de nombreux partisans. En Navarre et en Béarn, il n'avait, il est vrai, rencontré que peu d'adhésions. Si l'on en croit un auteur contemporain de Henri IV, Favyn, écrivain sans grande critique, mais qui a recueilli quelques traditions relatives à l'histoire béarnaise, le prétendant s'était rendu à Pau dès la fin de 1483. Il voulait se faire reconnaître comme vicomte de Béarn ; les Béarnais, pour toute réponse, tentèrent de se saisir du prétendant (1). Mais le vicomte de Narbonne avait dans les autres États de la maison de Foix des adhérents dévoués, surtout parmi la noblesse. Il avait, en effet, tout ce qui pouvait séduire les gentilshommes. « Il était, dit Mathieu d'Escouchy, beau et bien fait, extrêmement « poli, enjoué et galant » (2). A cet extérieur séduisant il joignait une bravoure fougueuse qui devait reparaître dans son fils, le vainqueur de Ravenne. Il fut l'un des héros de la bataille de Fornoue (3), et l'un des chefs les plus admirés de l'expédition d'Italie. L'ascendant qu'il exerçait entraîna dans son parti quelques-uns des barons les plus puissants du Béarn, tels que les seigneurs d'Andoins, de Gerderest et de Coarraze. Dans le comté de Foix, le sénéchal Gaspard de Villemur, les sires de Rabat et de Lavelanet et une foule de gentilshommes se prononcèrent pour lui. Fort de ces adhésions, le vicomte de Narbonne avait envoyé à

II.
Guerre entre Jean de Narbonne et la Régente de Navarre.

(1) Favyn, Hist. de Nav., p. 607. — Olhagaray, p. 408. — (2) Mathieu d'Escouchy (édition de la Société d'histoire de France), t. II, p. 129. — (3) Commines, Mémoires, II, 473 (édition de la Société d'histoire de France).

la cour de Béarn deux de ses amis « pour faire voir le droit qu'il « prétendait », mais la cour féodale repoussa ses prétentions (1). Si l'on en croit une tradition fort suspecte, il n'aurait pas reculé devant un crime pour obtenir la succession de Foix. A son instigation et à celle de son chambellan, deux barons béarnais, Jean de Gerderest et Roger de Gramont, tentèrent de faire empoisonner Madeleine et Catherine par leur maître d'hôtel, Paillaud, et leur pâtissier, Brunet. Le 20 mai 1484, le complot était découvert, le chambellan de Jean de Béarn arrêté, et les conspirateurs condamnés devant la cour de Béarn. Gerderest, Paillaud et Brunet, d'après ce récit, furent exécutés, et Roger de Gramont n'échappa au supplice que par l'intervention du roi de France. Le complot fut moins grave que ne l'ont raconté les annalistes Olhagaray et Favyn, et ce qui le prouve, c'est que le syndic et les États de Béarn s'opposèrent à la vente des biens de l'un des conjurés, jugeant sans doute que son crime ne méritait pas pareil châtiment (2). La répression sévère de la conspiration montre, en tout cas, quels dangers les revendications du vicomte de Narbonne faisaient courir à la jeune souveraine de Navarre, même dans la province la plus dévouée à cette princesse. Jean de Foix avait aussi pour alliés le comte Charles d'Armagnac et son frère, le bâtard Louis d'Armagnac, ennemis implacables d'Alain d'Albret, qui, sous Louis XI, avait reçu une part de leurs dépouilles. Il se fit céder par eux ou occupa avec leur consentement la forte place de Maubourguet, sur les confins du Bigorre, et de là les bandes narbonnaises jetèrent la terreur dans les provinces restées fidèles à Catherine (3).

III. Attitude de la cour de France dans la querelle. Compromis du 9 juillet et du 2 octobre. (1484.)

Les menaces du vicomte de Narbonne avaient déterminé la princesse de Viane à accepter pour sa fille le candidat français, Jean d'Albret. Elle comptait bien en retour obtenir l'appui de la France. Jean de Foix, son beau-frère, Louis, duc d'Orléans, et son frère, le cardinal de Foix, étaient d'ailleurs suspects à la Régente, Anne de Beaujeu. En ce moment même, les ducs de Bretagne, d'Orléans et de Lorraine échangeaient « les scellés « d'une alliance intime envers et contre tous » (avril 1484), et le vicomte de Narbonne excitait son beau-frère à répudier Jeanne

---

(1) C'est ce que raconte Olhagaray, p. 409; c'est un historien qui a consulté les documents, mais dont le récit est très incomplet et très confus. — (2) Olhagaray, pp. 419-421, place ce complot en 1488; c'est lui qui en parle le premier, Favyn, p. 638, suit probablement ce récit. La seule trace qui existe de la conspiration est l'opposition faite par le syndic et les États de Béarn à la vente des biens confisqués du pâtissier Brunet (novembre 1484). (Arch. des Bass.-Pyrén., E. 365.) Remarque de L. Cadier à ce sujet, p. 195. — (3) Hist. du Languedoc, nouv. édit., t. XI, pp. 125-126; anc. édit., V, 70.

de France pour épouser Anne de Bretagne (1). Au contraire, Anne de Beaujeu n'avait qu'à se louer de l'attitude de la princesse de Viane. Celle-ci, en effet, opposait à la ligue des princes une confédération formée par les seigneurs du Midi en faveur du jeune roi. La régente de Navarre et ses parents, le sire de Lescun, comte de Comminges, le vicomte de Lautrec, Jean, et le sire d'Albret, Alain, formaient une ligue où ils entraînèrent le comte Charles d'Armagnac lui-même. Cette alliance avait pour objet « la défense des hommes et subjectz, des terres « et seigneuries » de chacun des contractants. De plus, les confédérés s'engagèrent à soutenir le roi Charles VIII contre tous ceux « qui voudraient entreprendre aucune chose sur sa per- « sonne, son royaume ou ses biens ». Ils promettaient de n'obéir qu'au Conseil royal et « aux mandements de la justice » du roi (10 juin 1484) (2). Anne de Beaujeu était disposée à reconnaître les bons offices de la régente de Navarre, d'autant qu'il importait de faire respecter l'autorité royale et de rétablir l'ordre dans le Languedoc, que ravageaient les bandes navarraises et narbonnaises. Elle ordonna au comte de Clermont et au sire de La Barde, lieutenants du roi, d'expulser de la province les aventuriers des deux partis (3). Les sires d'Albret et de Lautrec eurent mission d'assiéger Maubourguet, et en chassèrent les bandes narbonnaises, que commandait Marie d'Orléans, femme de Jean de Foix (juillet 1484) (4). Enfin, le 9 juillet, le Conseil du roi, réuni aux Tournelles, « appointa » le différend. Il interdit tout enrôlement aux deux adversaires, défendit aux sires d'Albret et de Comminges d'intervenir désormais dans la querelle, et enjoignit à Jean de Narbonne de remettre les cinq places du comté de Foix qu'il détenait, au sénéchal de Lyon, La Barde. Le roi de France était déclaré arbitre du différend, sauf pour la Navarre et le Béarn (5). La Régente avait résolu d'agir énergiquement pour faire observer « l'appointement » du 9 juillet. Elle envoya en Languedoc M. de Bresse (Philippe de Savoie), prince du sang, pour disperser de nouveau les bandes narbonnaises (6), et « es- « sayer de négocier des articles » entre le vicomte de Narbonne et la reine de Navarre. Mais un parti puissant, celui du duc d'Or-

(1) R de Maulde, Hist. de Louis XII, pp. 73 et 93. — (2) Ligue entre Madeleine de Viane, tutrice de Catherine, reine de Navarre, et Charles, comte d'Armagnac, Odet d'Aydie, etc., pour soutenir l'autorité de Charles VIII en France, 10 juin 1484, original parchemin, Arch. des Bass.-Pyrén., E. 86; copie, coll. Doat, t. CCXXIV, f° 12. — (3) Hist. du Languedoc, nouv. édit., t. XI, p. 126. — (4) Lettres de Charles d'Armagnac, autorisant la garnison de Maubourguet à se retirer à travers ses terres, 6 juillet, Bibl. nation., coll. Doat, 224, f° 67. — (5) Procès-verbaux du Conseil de Charles VIII, p. p. A. Bernier, p. 17. — (6) Séance du 6 août, procès-verbaux du Conseil, p. 31.

léans, soutenait Jean de Foix et le détournait d'accepter le compromis. « La plupart de ceux qui vous ayment, écrivait-on au « prétendant, dient que ce sont toutes patelleneries et que « grammeant ne vous y devez fier » (1). Dans le Conseil de Charles VIII, le cardinal de Foix et le duc d'Orléans s'appliquaient à retarder l'intervention de M. de Bresse et des troupes royales. Ils demandaient que le roi s'engageât d'abord à faire « briefve expédition de justice à M. de Foix », et ils parvinrent ainsi à faire ajourner le départ de Philippe de Savoie pendant les mois d'août et de septembre (2). En attendant, le Languedoc souffrait de tous les maux qui accompagnaient d'ordinaire les guerres féodales. Les gens d'armes des deux factions « vivaient « sur le peuple, pillaient, détroussaient, robaient » les habitants du pays, « et forçaient femmes et jeunes filles » (3). Enfin, après tant d'atermoiements, le Conseil se détermina, le 28 septembre, à ordonner l'exécution du compromis du 9 juillet. Trois jours après, le 2 octobre, étaient promulguées les lettres patentes de Charles VIII, qui réglaient provisoirement le différend entre Catherine et Jean de Foix. Le roi ordonnait « que la « connaissance » du différend pour les terres en litige situées dans le royaume « se vidât par devant luy, pour amiablement « l'apointer si faire se pouvait ». Sinon, on « ferait auxdictes « parties raison et justice, dedans un an prochain venant, par la « cour du Parlement à Paris ». En attendant, les cinq places du comté de Foix, occupées par le vicomte de Narbonne, « seront « mises en la main du roy, pour les garder jusqu'à la sentence « définitive ». En ce qui concerne le Béarn, on assemblera les États de ce pays en présence des envoyés royaux. Ces États seront tenus dans « une ville bien seure », à l'abri de toute pression ; pendant leur réunion, il n'y aura point « de gens d'armes ne gar« nison » dans la province. Ils décidèrent souverainement et statueront « sur le droit de chacune des parties ». La reine de Navarre et le vicomte de Narbonne seront obligés de se conformer à leur décision et à « l'appointement intervenu » en cette matière. Le roi tiendra la main à celui des compétiteurs qui aura « l'évident droict ». Jusqu'à la fin du procès, la vicomtesse de Narbonne est autorisée à résider dans une des cinq places du comté de Foix mises sous séquestre. Elle recevra de la princesse de Viane une pension de 4,000 livres « pour son entretènement ». Le roi contraindra au besoin les parties à observer l'accord provi-

(1) Rapport des agents de Jean de Foix à Paris, analysé d'après les Arch. du Loiret, A. 2193, par R. de Maulde. Hist. de Louis XII, II, 107, note 1. — (2) Procès-verbaux du Conseil de Charles VIII, p. 55. — (3) *Ibid.*, séance du 9 août, pp. 32-35; voir aussi pp. 76-77.

soire qu'il promulgue (1). La veille de la promulgation, le 1er octobre, Charles VIII avait donné commission au cardinal de Foix, partisan de Jean de Narbonne, et à l'évêque d'Albi, Louis d'Amboise, de se rendre en Languedoc pour apaiser le différend. Ils étaient autorisés à traiter avec la princesse de Viane et Jean de Foix, pour les amener à un « appointement », et avaient pleins pouvoirs pour le faire exécuter, même à main armée. Ils reçurent aussi mission de faire cesser « les voies de fait et pilleries »; M. de Bresse devait les suivre avec des troupes pour appuyer leurs décisions (2). La cour espérait encore obtenir la soumission du vicomte de Narbonne : on promettait à la vicomtesse 1,000 livres de pension de la part du roi (3), et au vicomte une compagnie de 100 lances. L'évêque d'Albi était chargé de distribuer aux gens de pied, qui dévastaient le Languedoc, 6,000 livres tournois, pour les « faire retraire et retourner en leur maison » (4). Les ménagements que la régente de France avait cru devoir garder à l'égard du parti narbonnais furent inutiles. Le cardinal de Foix, qui avait promis de venir à Toulouse le 23 octobre (5), se réfugia en Bretagne; le duc d'Orléans, Jean de Narbonne, et Dunois, levant le masque, organisèrent une première ligue féodale contre la Régente (octobre 1484). Leur attitude eut du moins pour effet de resserrer l'alliance entre la princesse de Viane et Anne de Beaujeu et d'amener la cour de France à hâter la pacification des États de Foix. En effet, le 13 octobre, la régente de France et son mari, M. de Beaujeu, ainsi que le duc de Bourbon, signèrent avec la Régente de Navarre et sa fille, et avec les sires d'Albret et de Comminges, un traité secret d'alliance « pour leur aide et défense réciproque », même en cas de mort du roi (6). Grâce à la puissante intervention du gouvernement français, les États des souverains navarrais furent rapidement pacifiés. Le 5 octobre, les États de Béarn, réunis à Pau, rejetaient formellement les prétentions du vicomte de Narbonne et votaient même un subside pour lever 6,000 hommes en faveur de la reine Catherine (7). Leur décision

(1) Lettres patentes de Charles VIII relatives au différend entre Jean de Foix et Catherine de Navarre. Montargis, 2 octobre 1484, copie collationnée sur l'original le 7 novembre. Arch. des Bass.-Pyrén., E. 326. — (2) Séances du Conseil du roi, 28 septembre et 20 octobre. Procès-verbaux du Conseil de Charles VIII, pp. 100 et 107. Commission donnée au cardinal de Foix et à l'évêque d'Albi, 1er octobre, Bibl. nation., coll. Languedoc, t. XC, p. 167. Galland, Mém. sur l'Hist. de Nav., preuves n° XXIV, pp. 50-51. — (3) Ibid. — (4) Procès-verbaux du Conseil de Charles VIII, pp. 105-107. — (5) Ibid., p. 105. — (6) Traité passé entre la princesse de Viane et la Régente de France, 13 octobre 1484. Montargis. Bibl. nation., coll. Doat, t. X, f° 95. — (7) Délibération des États de Béarn, 5 octobre, donnée par L. Cadier. Les États de Béarn, pièces justificatives, n° XVI, p. 431.

entraîna celle des autres provinces et des autres sujets de la dynastie de Foix. L'évêque d'Albi, seul chargé par lettres patentes du roi, datées du 30 novembre, de régler le différend, rétablit bientôt le bon ordre dans le Midi, avec le concours des troupes de La Barde (1). Enfin, au mois de décembre, il forçait le vicomte de Narbonne à accepter l'appointement du 2 octobre, à évacuer les places dont il s'était emparé, et à livrer au roi les forteresses du comté de Foix. Ces châteaux, Saverdun, Mazères, Montaut, Caumont et Tarascon, furent aussitôt mis sous séquestre. L'un d'eux, Mazères, était assigné pour résidence à la vicomtesse de Narbonne; les autres reçurent pour gouverneurs des officiers royaux (2). Telle fut l'issue de cette première période de la guerre de la succession de Foix, dont nous avons essayé de compléter l'histoire (3). Le résultat en était assez avantageux pour les rois de Navarre. Sûrs de la fidélité du Béarn et maîtres des autres domaines de la maison, ils ne perdaient rien à l'accord du 1er octobre. Cet accord leur reconnaissait la propriété réelle, sinon légale, des pays vassaux de la couronne de France, où leur autorité, à la faveur de la paix, ne pouvait que s'affermir. L'alliance conclue avec la Régente, Anne de Beaujeu, leur garantissait, pour le procès qui allait s'engager devant le Parlement, une solution prochaine et sans doute favorable. Les conseillers de Charles VIII s'applaudissaient, de leur côté, d'avoir pacifié le Midi et acquis l'appui des puissantes maisons d'Albret et de Foix dans la lutte contre les grands seigneurs. En occupant les places en litige et en déférant au Parlement le jugement du procès, ils comptaient bien, par la menace permanente d'une dépossession, maintenir les rois de Navarre dans l'alliance française.

IV.
Revirement dans la politique de la Régente de Navarre. Les ligues féodales. Rupture avec la cour de France. (1485-1491.)

La Régente Madeleine de Viane et la Régente Anne de Beaujeu se trompaient toutes deux dans leurs calculs. L'une, entraînée par le père du jeune souverain navarrais, l'ambitieux Alain d'Albret, se laissa compromettre dans les coalitions féodales contre Charles VIII, et s'engager peu après dans l'alliance espagnole. L'autre, aux prises avec les intrigues des seigneurs dans l'affaire de Bretagne, et mécontente de l'attitude de la princesse de Viane, ferma les yeux sur les nouvelles entreprises de Jean de Narbonne, et laissa traîner en longueur le procès de la succession de Foix

---

(1) Lettres patentes de Charles VIII en faveur de l'évêque d'Albi. Gien, 30 novembre. Procès-verbaux du Conseil de Charles VIII, pp. 192-194; séances du Conseil, *ibid.*, pp. 180-181. — (2) Lettres de Louis, évêque d'Albi, commettant Jacques de Salles pour la garde de la place de Montaut, 14 décembre. Bibl. nation., coll. Doat, 224, f° 135 *bis*; coll. Languedoc, t. CXC, p. 170. — (3) Voir le récit de l'Hist. du Languedoc, anc. édit., V, 70-71; nouv. édit., XI, 125-128.

devant le Parlement de Paris. La princesse de Viane commit une lourde faute en livrant la direction de la politique extérieure de ses États au beau-père de la reine de Navarre. Alain d'Albret, grand seigneur égoïste et ambitieux, sans avoir le titre de régent, en exerça réellement les attributions dans les terres de la maison de Foix. Il profita de son influence pour employer leurs ressources à la satisfaction de ses intérêts personnels. Dans le Midi, il voulait conserver à tout prix les domaines que lui avait donnés Louis XI, à savoir les comtés de Castres et de Gaure, et surtout le comté d'Armagnac, qu'il avait acheté pour la somme dérisoire de 15,000 écus (1). Dans l'Ouest, il poursuivait un dessein plus grandiose. Malgré son âge (il avait plus de quarante ans), et son extérieur peu séduisant, il songeait à épouser l'héritière du duc de Bretagne, qui avait à peine dix ans. Pour réaliser ses projets, il adhéra aux coalitions féodales formées contre le roi de France, et entraîna avec lui la Régente de Navarre. Une première fois vaincu et compris dans la trêve de Beaugency (octobre 1485), il se vit enlever l'Armagnac, à la requête du Parlement (2). La cour, mécontente de la princesse de Viane, parut pencher pour le vicomte de Narbonne. La guerre de la succession de Foix recommença dès l'année 1485, dans le Midi, avec une telle violence, qu'il fallut convoquer le ban et l'arrière-ban du Languedoc (3). Ce fut bien pis encore l'année suivante. Tandis que le comte de Comminges, Lescun, à la tête des troupes navarraises, reprenait Montaut et Saint-Antonin, dans le comté de Foix, sur les Narbonnais, ceux-ci, commandés par le sire de Lavelanet, enlevaient à la princesse de Viane, Pamiers, la plus importante des villes de la province, qu'on leur reprit un mois après (4). Les États de Béarn soutenaient énergiquement la princesse : ils votèrent 6,000 florins « pour la défense du comté de « Foix » (5). Alain d'Albret lui-même accourt avec des renforts que commande un seigneur du Limousin, Foucauld de Pierre Bufflère. Il tente de s'emparer des châteaux de Saverdun et de Son, bien qu'ils soient occupés par les troupes royales, et il assiège dans Mazères la vicomtesse de Narbonne, menaçant de « couper la gorge

(1) Il s'en était fait donner l'administration par le Parlement de Toulouse, le 27 novembre 1484. Bibl. nation., coll. Doat, 224, f° 128. Il acheta l'Armagnac au comte Charles le 12 mars 1484-1485. Coll. Doat, 223, f° 276. — (2) Lettres du roi Charles VIII ordonnant la saisie de l'Armagnac, 12 octobre 1485. Bibl. nation., coll. Doat, t. CCXXIV, f° 180. — Citation d'Alain d'Albret devant le Parlement, ibid., t. CCXXIV, f°' 190-197. — (3) Hist. du Languedoc, nouv. édit., t. XI, pp. 132-133; t. XII, pièces justificatives, n° CC, pp. 256-258. — (4) Hist. du Languedoc, anc. édit., V, 74-75; nouv. édit., XI, 133-134. — La surprise de Pamiers eut lieu le 14 juillet 1486; la ville fut reprise le 28 août. — (5) Délibération des États de Béarn, Arch. des Bass.-Pyrén., C. 679, f°' 420-424.

« à cette princesse et à sa fille ». L'autorité du roi est méconnue : « la guerre menace de s'étendre au Languedoc et à la Gascogne entière » (1), qu'envahissent les bandes des deux partis. Le sénéchal de Toulouse ne peut se faire obéir ; le Conseil royal n'est pas plus heureux, lorsqu'il envoie à Toulouse comme commissaire spécial Roger de Gramont, pour sommer les Narbonnais et les Navarrais d'évacuer les terres du roi, et de soumettre leur différend à la justice royale (2). Le seul résultat obtenu par lui est l'évacuation de Mazères par les Narbonnais. Leur docilité relative fut favorable au vicomte de Narbonne : Gramont promit à la vicomtesse que le roi « veillerait désormais sur elle et l'aiderait contre ses ennemis » (3). Au contraire, les Navarrais refusent d'évacuer Auterive, place qu'ils ont occupée près de Toulouse ; la seule concession que fait la reine Catherine est de défendre à ses gens « de piller ou « rober » sur les terres du roi (4). Bien mieux, Alain d'Albret, nommé vice-roi de Navarre, entraîne avec lui la Régente Madeleine dans une nouvelle ligue féodale conclue le 14 décembre 1486 entre les ducs d'Orléans, de Bretagne et de Lorraine, et les princes de la maison de Foix, pour leur défense réciproque. La princesse y adhéra au nom de ses pupilles « les roy et royne de Navarre », qui y sont mentionnés expressément (5). Elle autorisa le sire d'Albret à lever « un grant nombre de gens de guerre, tant de cheval « que de pié, Espaignolz et Navarrais », avec lesquels l'ambitieux seigneur, à qui l'on avait promis par écrit la main d'Anne de Bretagne, se prépara à marcher vers la Loire (6). Le 12 avril 1487, ce prince lança un manifeste violent, en réponse à une ambassade que lui avait envoyée la cour ; il s'y plaignait, entre autres griefs, de ce que « Messieurs de Narbonne et de Candale voulaient lui prendre « le royaume de Navarre ». « Ce sont des pillards, ajoutait-il ; « mes gens sont bons sujets du roi ; ils ne demandent qu'à labourer « et à gagner leur vie » (7). Cette attitude arrogante attira à la princesse de Viane et au sire d'Albret lui-même de nouveaux ennuis. La petite armée navarraise fut cernée par les troupes

(1) Luchaire, Alain le Grand, sire d'Albret, p. 188. — (2) Lettres du roi donnant commission à Gramont, Beauvais, 16 septembre 1486. — Procès-verbal rédigé par Roger de Gramont, 21 septembre-16 octobre. Bibl. nation., coll. Doat, t. CCXXV, f° 24 et 25 à 97. — Analyse très exacte de ces pièces dans l'ouvrage de Luchaire, pp. 189-191. — (3) Procès-verbal cité ci-dessus. — (4) Ordonnance de la reine Catherine, affichée à Mazères, 1er octobre 1486. Bibl. nation., coll. Doat, t. CCXXV, f° 77. — (5) Ligue du 14 décembre 1486, texte dans dom Morice, Preuves de l'Hist. de Bretagne, t. III, pp. 527-528. — (6) Historique de la rébellion du sire d'Albret, dans les lettres d'abolition que lui accorda Charles VIII en 1490. Lettres patentes publiées d'après l'original par M. de Bellussière. Soc. archéol. du Périgord, XIII (1886), pp. 114-122. — (7) De Maulde, Hist. de Louis XII, II, p. 190, note 1.

royales que commandait le sire de Candale, dans la ville de Nontron (28 mai 1487). La cour avait résolu d'imposer au vaincu de dures conditions : elle exigeait qu'on lui livrât les agents du sire d'Albret et du duc d'Orléans, et qu'on lui donnât quatre otages, parmi lesquels le vicomte de Lautrec et deux Navarrais (1). Mais avant l'arrivée de l'ultimatum royal, Alain était parvenu à obtenir de Candale un traité moins humiliant. Il promettait simplement de se départir de ses alliances, de licencier ses troupes et de se retirer en Gascogne, livrant un de ses enfants « en ostaige » (2). La leçon était dure, mais elle ne profita guère au vice-roi de Navarre. La princesse de Viane et sa fille furent enveloppées dans sa défaveur. Leurs troupes, sous les ordres du bâtard de Xaintrailles, ayant voulu occuper le comté de Foix, en furent chassées par le bailli d'Autun, Antoine de Lamet. Toute la province fut saisie au nom du roi, et on mit garnison dans les châteaux de Mazères et de Saverdun (juillet-décembre 1487) (3). Bientôt après, Alain d'Albret et la Régente de Navarre se laissaient entraîner dans une nouvelle ligue féodale plus dangereuse que les autres, puisqu'elle était organisée avec l'appui de l'étranger. Ils concluaient avec les rois de Castille le traité de Valence, par lequel la Régente livrait la Navarre à l'influence castillane, pour que Ferdinand « favorisât » Alain d'Albret « au mariage de Bretagne » (4) (21 mars 1488). L'ambitieux seigneur ne recueillit que déboires dans cette aventure. Il quitta cependant l'Espagne plein d'espoir. Il avait, en effet, levé 3 à 4,000 soldats en Navarre et en Gascogne (5), et Ferdinand lui avait donné un secours de 1,000 hommes d'armes, sous la conduite d'un brave Catalan, Juan Gralla, son maître d'hôtel (6). A Saint-Sébastien, un banquier, Pedro de Urdiñola, consentit à prêter au sire d'Albret 6,345 réaux, pour lesquels il reçut en gage la vaisselle d'argent de l'emprunteur (7). Mais rebuté par Anne de Bretagne, battu par la Trémoille le 28 juillet à Saint-Aubin-du-Cormier, Alain vit toutes ses espérances démenties par les événements. Le Parlement de Toulouse lui enleva le comté de Gaure (8). Le Parle-

(1) Lettres de Charles VIII, Laval, 2 juin, p. p. Marchegay. Lettres missives tirées du chartrier de Thouars, n°s 1 et 2, analysées par du Cherrier, Hist. de Charles VIII, I, 163-164. — (2) Analyse du traité de Nontron (juin 1487), dans les lettres d'abolition publiées par M. de Bellussière, opus citat., pp. 114-115, et dans l'Hist. de Louis XII, par M. de Maulde, II, 191. — (3) Hist. du Languedoc, anc. édit., V, 70-75; nouv. édit., XI, 137-138. — (4) Ce sont les termes qu'emploient les lettres d'abolition publiées par M. de Bellussière, opus citat., pp. 117-118. — (5) Renseignements donnés par le document précité. — (6) Pulgar, *Crónicas de los Reyes Católicos*, 3ᵉ partie, chap. XCVII, p. 476. — Zurita, *Anales de Aragon*, t. IV, liv. XX, chap. LXXVIII, f° 357, v°. — (7) Contrat d'engagement de la vaisselle d'argent du sire d'Albret, 1ᵉʳ mai 1488 (en esp.). Bibl. nation., coll. Doat, t. CCXXV, f° 229. — (8) Luchaire, Alain d'Albret, p. 146.

ment de Paris reçut l'ordre de reprendre et de presser le procès que le comte d'Angoulême avait intenté au sire d'Albret et au roi de Navarre, au sujet de la possession du Périgord (1). Le 28 mai 1490, le Parlement adjugeait un tiers de ce comté au comte d'Angoulême (2). En Languedoc, le sénéchal Pierre d'Urfé convoquait le ban et l'arrière-ban contre le rebelle et ses alliés (3). Le roi confirmait à Jean de Candale, ennemi de la reine de Navarre, la charge de sénéchal de Guienne, en remplacement de Lescun (4). Il continuait à servir au vicomte de Narbonne, qui prenait le titre de comte de Foix, une pension annuelle de 12,000 livres tournois (5). Enfin, le procès de la succession navarraise était déféré au Parlement de Paris. Le 3 janvier 1488, la princesse de Viane et sa fille reçurent sommation à comparaître devant cette cour (6). Pareille signification était faite au vicomte de Narbonne, qui y répondit en homme assuré de la bienveillance de ses juges. Dans sa réponse, il remerciait le roi du « bon vouloir qu'il avait de faire « justice aux parties », et protestait que « la chose qu'il désirait « le plus au monde, c'était de luy obéir et faire service ». Il se déclarait enfin décidé à respecter le compromis du 2 octobre 1484 (7). Les débats commencèrent, en effet, peu après : deux célèbres avocats, Michon et Canaye, soutinrent les prétentions des parties (8). Le Parlement décida, par arrêt du 7 août 1488, que les prétendants « monstreraient, et verrait la cour, leurs plaidoyés... « et leurs productions, pour en ordonner ainsi que de raison » (9). L'affaire paraissait prendre une tournure peu favorable, et la cour de France tenait suspendue sur la tête des rois de Navarre la menace d'une sentence préjudiciable à leurs intérêts. En attendant, Charles VIII défendit aux deux adversaires, et spécialement au vicomte de Narbonne, de reprendre les armes. Le sénéchal d'Armagnac reçut des ordres précis pour faire exécuter les injonctions royales (10). Mais l'attitude hostile d'Alain d'Albret et de la Régente de Navarre en 1489 et 1490, notamment dans les affaires

---

(1) R. de Maulde, Hist. de Louis XII, t. II, 219-220. — (2) Chopin, *De Domanio Franciæ*, liv. III, tit. XII, parag. 3, cite cet arrêt. — (3) Acte de convocation du ban, 28 juillet 1488, cité par l'Histoire du Languedoc, nouv. édit., XI, 138-140. — (4) Lettres du roi en faveur du sire de Candale, sept. 1488. B. N., Mss., pièces origin., t. MCLXXIV, f° 203. — (5) Quittance de Jean de Foix. B. N., Mss., pièces origin., t. MCLXXVII, f° 199. — (6) Procès-verbal de la signification faite à la princesse de Viane et à sa fille. B. N., Mss. français, ancien fonds, t. 3,920, pièce 11. — (7) Responce de M⁰ de Foix baillée à M⁰ Simon Dany. B. N., Mss. franç., ancien fonds, 3,920, f° 69. — (8) Chopin, opus citat., liv. II, tit. XII, parag. 4, p. 293. — (9) Extrait des registres du Parlement en la cause de Jean de Foix, 7 août 1488, collationné par Pichon, pièce papier, Arch. des Bass.-Pyrén., E. 417. — (10) Lettre des États de Béarn pour remercier Charles VIII de cette mesure, 16 nov. 1488. Lettre du sénéchal d'Armagnac, janv. 1489. Arch. des Bass.-Pyrén., C. 680, f° 4-12.

de Bretagne, obligea encore la cour de France à tolérer les entreprises du vicomte de Narbonne, qui recommencèrent presque aussitôt. La situation devint alarmante pour les souverains navarrais : les États de Bigorre osèrent se déclarer en faveur du prétendant et lui promettre « obéissance » (1). La même année, le Conseil de Charles VIII faisait auprès des rois de Castille une démarche significative, démarche qui est restée ignorée de presque tous les historiens, et que Zurita mentionne d'après des documents aujourd'hui probablement perdus. Au mois de mai 1489, un envoyé spécial du roi de France et du vicomte de Narbonne, chargé d'une mission secrète, vint trouver Ferdinand et Isabelle dans la ville de Jaen. Un gentilhomme de la maison du prétendant l'accompagnait, et fit valoir auprès du roi de Castille les droits du vicomte ; il allégua en faveur de ce dernier une décrétale de Boniface VIII, qui reconnaissait au profit de Robert, roi de Sicile, les droits des oncles, de préférence à ceux des nièces ou neveux, dans les successions politiques. Il cita une loi votée par les Cortès navarraises, qui excluait les femmes du trône, dans le cas où il existait des descendants mâles issus du sang royal. Cette loi, qui avait, disait-il, autant de valeur que la loi salique, n'était pas abrogée ; on avait malignement et « par tyrannie » fait tomber cette disposition en désuétude. Elle n'en avait pas moins d'autorité ; elle suffisait, en tout cas, pour prouver la légitimité des droits de Jean de Narbonne. L'envoyé de Charles VIII rappela la parenté qui unissait Jean de Foix et Ferdinand, l'assura de la reconnaissance particulière du vicomte, et finit en lui demandant d'autoriser ce prétendant à poursuivre la revendication de ses droits sur le royaume de Navarre. Pour obtenir l'adhésion du roi de Castille, l'agent du sire de Narbonne offrit, au nom de ce dernier, des conditions très avantageuses. Jean de Foix s'engageait à envoyer son fils à la cour de Castille, à confier au roi d'Espagne son éducation, et à ne pas marier son héritier sans l'assentiment de ce roi. Ferdinand, affirma-t-il, pourrait disposer « de la Navarre et de son souverain à son gré » (2). Mais le

---

(1) Déclaration des États de Bigorre, 8 fév. 1488-1489, charte papier, Arch. des Bass.-Pyrén., E. 379. — (2) Zurita, t. IV, liv. XX, chap. LXXXI, f° 359, r°, a donné le récit des conférences de Jaen. Sa scrupuleuse exactitude, que nous avons pu éprouver maintes fois, nous garantit la sincérité de son analyse. Elle est fondée sur quelque mémoire, peut-être perdu, dont nous n'avons pu, en tout cas, retrouver trace. Mais, comme il est arrivé quelquefois pour la dernière partie de ses Annales, qu'il n'a pu retoucher, il mêle l'exposé de ces conférences au récit des événements de 1492. Or, Carvajal, qui retrace l'itinéraire des rois de Castille, mentionne le séjour de ces rois à Jaen en mai 1489, (Carvajal, édit. Rosell, note 7, p. 545, t. III, des *Crónicas de Castilla*), tandis qu'en 1492 Ferdinand n'a pas résidé dans cette ville. La démarche que Zurita

roi d'Espagne se souciait peu d'appuyer un candidat soutenu par la France. Allié de Jean et de Catherine, il préférait les bénéfices d'une alliance déjà conclue aux avantages d'une union encore problématique. Mieux valait pour lui soutenir deux souverains peu dangereux, jeunes et sans autorité, comme Jean et Catherine, qu'un grand seigneur brave et actif, apparenté aux maisons de France et d'Orléans. Ferdinand préféra donc se donner les apparences d'un chevaleresque et loyal défenseur des faibles, d'autant qu'il pouvait profiter de cette attitude pour resserrer les liens de subordination qui l'unissaient aux rois de Navarre. Il répondit nettement aux agents de Charles VIII et de Jean de Narbonne par un refus. « Il considérait, dit-il, comme
« entièrement établis les droits de sa nièce Catherine sur le
« royaume de Navarre. Il les croyait aussi fondés que ceux qu'il
« possédait lui-même sur la Castille et l'Aragon. En accordant
« son appui à cette princesse, il pensait ne servir que la cause
« de la justice » (1). Il avait fallu que la cour de France fût bien irritée contre la Régente et les princes de Navarre pour prêter ainsi son appui officiel au prétendant. Elle persista à favoriser sa cause, après comme avant l'échec des conférences de Jaen. Le prétendant continua « ses brulements et pilleries » dans le comté de Foix. Il gagna à son parti les barons du Bigorre ; il menaça même le Béarn, et les États du pays durent voter à deux reprises l'entretien de fortes garnisons pour repousser ses entreprises (mars et mai 1488). Le danger fut si grand, que les Béarnais, les plus dévoués des sujets de Catherine, offrirent, dans un élan de loyalisme, de se lever tous et d' « exposer leurs
« personnes » pour la défense de leur souveraine, si les circonstances l'exigeaient (2). Le péril semblait d'autant plus menaçant, que le roi de France lui-même se décidait à faire des démonstrations militaires vers les Pyrénées. Charles, comte d'Angoulême, et le maréchal de Gié s'avançaient, en effet, sur l'Adour avec une armée française, pour surveiller la Navarre (3). L'orage s'éloigna cependant : en 1490, un rapprochement eut lieu entre le sire d'Albret et la cour de France. Le 22 juillet 1489, au traité de Francfort, conclu par Charles VIII avec Maximilien d'Autriche, Alain d'Albret et Lescun reçurent la promesse du

relate est aussi racontée dans les instructions de Ontañon, en 1509, Arch. de Nav., *Guerra*, leg. 1, carp. 7, p. p. Yanguas, *Diccionario de Antigüedades*, III, 224.

(1) Zurita, t. V, liv. I", chap. IX, f° 11-12, est le seul auteur qui mentionne cette réponse du roi d'Espagne. — (2) Délibération des États de Béarn assemblés à Orthez, 18 mars-15 mai 1489. Arch. des Bass.-Pyrén., C. 680, f°s 2-3. — (3) Jaligny (Historiens de Charles VIII, p. p. Godefroy), p. 137.

pardon de leur souverain (1). Enfin, dupé dans les affaires de
Bretagne par son allié Ferdinand, le père du roi de Navarre
traita le 2 janvier 1490-1491 à Moulins avec le roi de France, et
entraîna son fils dans sa défection. Les souverains navarrais,
après une période de six ans, revenaient à l'alliance française.

Pendant cette période, ils s'étaient surtout appuyés sur l'alliance espagnole, soit pour rétablir leur autorité dans la Navarre en pacifiant ce royaume avec le secours de la Castille, soit pour obtenir le concours du roi d'Espagne dans la question du mariage breton, auquel Alain d'Albret aspirait. Bien que la Régente, Madeleine de Viane, eût repoussé pour sa fille Catherine, en 1484, la main de l'infant de Castille, Ferdinand n'avait paru montrer aucun ressentiment. Il s'était contenté de resserrer son alliance avec les Beaumontais et avec la puissante cité de Tudela. Puis, sous prétexte d'empêcher une agression des Français, avec lesquels il était en querelle au sujet du Roussillon, il avait ordonné au capitaine-général Juan de Ribera d'occuper les principales places navarraises, et notamment Viana (2). Cependant, les deux entreprises du Roussillon et de Grenade, qu'il avait à cœur de terminer, lui faisaient un devoir de ne pas repousser les avances de la Régente de Navarre. Celle-ci ne pouvait pacifier le royaume sans son appui, et le roi d'Espagne comptait bien, en l'aidant, conserver son influence dans le petit État pyrénéen et tenir en inquiétude le roi de France. Il attendit paisiblement que la princesse de Viane implorât ses secours, ce qui ne tarda guère. La Régente tenta d'abord de rétablir l'ordre en Navarre avec ses propres forces. Mais le comte de Lerin, chef des Beaumontais, refusa d'obéir au nouveau vice-roi, don Jaime de Foix, et au Conseil royal, affectant de ne reconnaître que les pouvoirs du cardinal Pierre, relevé de ses fonctions par la princesse. Il multipliait les attaques contre les forteresses royales, et extorquait des vivres et de l'argent aux sujets directs de la reine. Don Jaime dut revenir en Béarn, et sur sa demande, la Régente ordonna à ses vassaux de concentrer leurs forces dans le val d'Isava, pour réduire à la raison les Beaumontais (3). Mais la princesse reconnaissait que ces mesures ne pouvaient avoir beaucoup de résultats. Dès le mois d'octobre 1484, elle songeait à envoyer une ambassade

V.
Alliance
des rois de Navarre
avec l'Espagne.
Intervention des rois
de Castille dans les
affaires navarraises.
(1485-1491.)

---

(1) Texte du traité de Francfort, Dumont, Corps diplomatique, t. III, 2ᵉ partie, p. 257. — (2) Pulgar, *Crónicas de los señores Reyes Católicos*, 3ᵉ partie, chap. XCVII, p. 475. — (3) Lettre de Madeleine de Viane au sire de Zavaleta, pour lui ordonner de réunir ses troupes à celles du vice-roi don Jaime dans le val d'Isava, Pau, 8 octobre. — Lettre de don Jaime au même, 24 octobre. Documents cités d'après les papiers de Moret et donnés *in extenso* par Aleson. *Anales de Navarra*, t. V, liv. XXV, chap. II, fᵒ 41.

au roi de Castille, soit « pour éviter que, cédant à de mauvais
« conseils, ce prince ne lui fît la guerre » (1), soit pour demander
son intervention. C'est à Alcala de Hénarès, où Ferdinand passait
l'hiver, que les envoyés béarnais rencontrèrent le roi de Castille.
Ce fut sous sa médiation et d'après ses conseils que des négociations
s'engagèrent entre la Régente et les Beaumontais. Les conférences
s'ouvrirent à Pampelune entre le comte de Lerin et les délégués
de la reine de Navarre, qui étaient le protonotaire Ciorda et le
seigneur de Saint-Martin (2). Le traité définitif fut peu après
conclu à Pau, le 8 février 1485. Les Beaumontais consentaient à
se soumettre, mais à des conditions très favorables. Le comte
de Lerin obtenait la restitution de la charge de connétable et de
ses châteaux de Haute et de Basse-Navarre. On lui accordait le privilège exorbitant de ne comparaître que par procureur devant le
roi ou son Conseil, et de ne pas répondre au ban de ses souverains.
A ses parents et amis, Carlos, Juan et Gracian de Beaumont, et
Bertrand d'Armendariz, on distribuait des charges, des rentes, des
domaines. La ville de Pampelune n'était pas oubliée; on lui
octroyait la juridiction criminelle en dernier ressort. Enfin, la
Régente s'engageait à protéger les Beaumontais contre les vengeances du maréchal de Navarre et des Gramontais. Le comte
de Lerin et ses partisans promettaient en retour de favoriser
« le voyage » de leur reine Catherine en Navarre et de la faire
couronner (3). La paix était ainsi provisoirement rétablie. Mais
le négociateur du traité de Pau n'était pas homme à rendre
pareil service, sans en exiger la récompense. Tout porte à croire,
bien qu'on n'ait à ce sujet aucun document, qu'il obtint à Alcala
de Hénarès, verbalement ou par écrit, le renouvellement des
conventions de Tudela et de Saragosse. Ce qui semble confirmer
cette hypothèse, c'est qu'en 1488 les troupes castillanes occupaient
encore les places navarraises, suivant une des clauses essentielles
des traités antérieurs, qui fut sans doute reproduite dans l'accord
de 1485 (4). La princesse avait cru à tort pacifier le royaume en

(1) Ce renseignement est donné par la princesse elle-même dans sa lettre au
sire de Zavaleta, citée ci-dessus. — (2) Ces deux délégués sont mentionnés dans
les instructions qu'ils reçurent de la Régente. *Memorial de las cosas que se
han de negociar con el conde de Lerin*, original. Arch. de Nav., *Comptos,
cajon* 166, n° 9. — (3) Traité de Pau et de Pampelune, 8-12 février 1483. Cette
convention comprend 43 articles. Elle est intitulée : *Capitulos con que los reyes
don Juan y doña Catalina recibieron en su gracia à don Luiz de Beaumont*.
Copie, Arch. de Nav., *Cortes, seccion de Guerra*, leg. 1, carp. 15. — Zurita,
Anales de Aragon, liv. XX, chap. LXIII, f° 338, r° et v°, a donné une analyse
de ce document, qu'ont suivie les historiens postérieurs.— Aleson et Yanguas,
dont la chronologie est très confuse, reportent cette convention à l'année
1486. — (4) Voir ci-dessous le traité de Valence. — Les Bénédictins, auteurs

s'appuyant sur la Castille et sur les Beaumontais. Ceux-ci, protégés par l'Espagne, étaient l'objet de toutes les prévenances de la part de la Régente et d'Alain d'Albret, qui venaient d'abandonner l'alliance française. Alain appelait le comte de Lerin « son cousin », et se félicitait de lui être uni par les liens du sang (1). La princesse de Viane envoyait comme vice-roi à Pampelune le cardinal Pierre de Foix, devenu l'ami intime des Beaumontais. Mais ces faveurs excitèrent un soulèvement des Gramontais, qui se plaignaient, eux les serviteurs fidèles et loyaux de la reine, de l'abandon où on les laissait. Ils prirent les armes, réclamèrent la réunion des Cortès et la présence de la jeune reine. Leur principale place d'armes, Olite, refusa de recevoir dans ses murs le cardinal de Foix, sous prétexte qu'il n'avait pas encore prêté serment devant les députés du royaume. Les jeunes souverains, qui avaient pensé obtenir par le traité de Pau la pacification de leurs États, ne retirèrent aucun bénéfice de leurs concessions à l'égard des rebelles et de leur union avec la Castille. Ils ne purent même traverser les Pyrénées pour aller recevoir la couronne à Pampelune. Arrivés à Saint-Jean-Pied-de-Port, ils résolurent d'y convoquer les Cortès, afin d'obtenir d'elles les moyens de rétablir l'ordre. Mais les Navarrais répondirent en insistant pour que leurs souverains franchissent les Pyrénées, et vinssent par leur présence pacifier le royaume. Les rois n'osèrent s'aventurer dans un pays aussi troublé; ils s'excusèrent, en alléguant « les grandes « et urgentes affaires qui les retenaient dans leurs autres sei- « gneuries », et revinrent à leur paisible cour de Pau (2). Ils se contentèrent, sur la demande des Cortès, d'envoyer comme vice-roi en Navarre Alain d'Albret. En son absence, il devait être suppléé par le sire d'Avesnes, son frère, qui reçut le titre de lieutenant-général (3) (24 septembre 1486). Le nouveau vice-roi crut faire preuve d'habileté en continuant la politique des ménagements à l'égard des Beaumontais (4). Mais il ne parvint pas plus que le cardinal de Foix à apaiser les discordes. Les Gramontais refusèrent de déposer les armes; l'un des chefs beaumontais, Gracian

de l'Histoire du Languedoc, anc. édit., V, 70-74, ont même cru qu'un traité avait été signé le 4 avril 1484 entre la Navarre et la Castille. Ils ont été trompés par une fausse indication de la coll. Doat, 224, f° 1, au sujet du traité du 30 avril 1494, dont il est question plus loin.

(1) Lettre du 5 avril 1483, citée par l'auteur anonyme du *Libro genealóg. de la casa del Condestable de Navarra*, f° 131, Mss. cité. — (2) Message des Cortès navarraises, adressé aux rois de Navarre, 1486. Arch. de Nav., *Comptos*, cajon 176, n° 13. — Protestation de la ville d'Olite contre le cardinal de Foix. Aleson, *Anales de Navarra*, t. V, liv. XXV, chap. II, f° 45. — (3) Aleson, *ibid.*, f° 56. — (4) Cédule du 9 nov. 1486 en faveur du comte de Lerin. Arch. de Nav., *Comptos*, cajon 176, n° 14.

de Beaumont, soutenu par le comte de Lerin, recommença les hostilités contre eux, l'année même où le sire d'Albret était investi de la vice-royauté (1). Le vice-roi, absorbé par ses intrigues avec les seigneurs français, quitta bientôt la Navarre. En 1487, pendant son éloignement, la princesse de Viane essaya d'obtenir « des cités et bonnes villes les moyens de rendre la « tranquillité au royaume ». Elle leur envoya l'infant don Jaime (2), qui ne put réussir là où ses prédécesseurs avaient déjà échoué. La situation s'aggrava même au début de 1488. Les Cortès de Tudela, sous l'influence des Gramontais, s'avisèrent de réclamer le rétablissement de *l'hermandad* ou association des villes, qui avait pour but le maintien de l'ordre. Une ligue gramontaise s'organisa aussitôt sous ce prétexte. Les Beaumontais ripostèrent en formant avec Pampelune, Puente-la-Reina et d'autres cités une confédération rivale, et le comte de Lerin allégua la sanction donnée par les rois aux décisions des Cortès de Tudela pour se déclarer contre eux (3). Ainsi, depuis sa conclusion, l'alliance castillane et l'accord qui en avait été la suite, n'avaient en rien servi aux souverains navarrais.

En revanche, l'alliance avait été très utile au roi d'Espagne. Il continuait à occuper les places de Navarre. Rien ne s'y faisait sans son autorisation. Les rois de Navarre, avoue Zurita, n'y possédaient « que la part d'autorité qu'il voulait bien leur lais- « ser » (4). Pour lui plaire, Jean et Catherine ordonnaient aux habitants de Tudela de chasser les hérétiques réfugiés dans cette cité, tandis que les rois de Castille, de leur côté, enjoignaient au conseil de cette ville d'expulser ces mécréants et de les livrer à l'inquisition (5). Le sire d'Albret comptait, il est vrai, trouver dans les rois catholiques des auxiliaires complaisants pour son entreprise de Bretagne, et ménageait leurs alliés les Beaumontais. Aussi, loin de s'affaiblir, l'union entre les princes de la dynastie navarraise et les souverains espagnols, ne tarda-t-elle pas à s'affermir et à se resserrer. Alain d'Albret fut le négociateur de ces nouveaux traités conclus en 1488. Il commença par s'ouvrir de ses projets au capitaine-général des frontières de Navarre, Juan de Ribera. Celui-ci n'eut garde de le rebuter; il

---

(1) Cette nouvelle prise d'armes, non signalée par les historiens navarrais, nous est indiquée par le registre d'Olite, Arch. de Nav., Mss. du P. Moret, f° 27. — (2) *Carta de creencia dada en Pau al infante don Jaime para que vinicse à Navarra*, juillet 1487. Arch. de Nav., *Cortes, Guerra*, leg. 1, carp. 16. — (3) Message des Cortes de Tudela, 1488. Arch. de Nav., *Comptos, cajon* 193, n° 28. — (4) Zurita, *Anales de Aragon*, t. V, liv. Ier, chap. IX, f° 11 — (5) Lettres des rois de Navarre et de Castille aux habitants de Tudela, 1486. Arch. de Nav., *negocios ecclesiásticos*, leg. 1, carp. 11.

l'amena avec lui à Valence, où se trouvait alors Ferdinand (1). Le 4 mars, le père du roi de Navarre fut reçu en audience solennelle par les rois de Castille, auprès desquels se tenaient le cardinal d'Espagne, Mendoza, et le Conseil royal. Il s'y présenta, si l'on en croit le chroniqueur officiel Pulgar, dans l'attitude d'un suppliant. Il récrimina contre la cour de France, qu'il avait toujours servie loyalement, disait-il, mais qui, pour prix de sa fidélité, confisquait ses domaines. On l'avait réduit à un tel degré de désespoir, qu'il trouvait plus de sûreté sur le sol de l'Espagne que sur celui de France. Si on le persécute ainsi, c'est parce qu'il a voulu défendre les biens de son fils, le roi de Navarre; c'est parce qu'il a ressenti, comme il le devait, les injures faites à ses alliés, les ducs de Brétagne et d'Orléans, et le roi des Romains, Maximilien (2). Il termine en invoquant l'appui du roi de Castille pour apaiser les troubles en Navarre. Il met, dit Pulgar, ce royaume « sous sa main, sous sa protection, pour qu'il en agisse « avec lui suivant son bon plaisir » (3). Les souverains navarrais lui ont, en effet, confié le soin de leurs intérêts. Il ajoutait que les princes ligués avec le duc de Bretagne l'avaient aussi chargé de solliciter les secours des Castillans. En retour, ils promettaient de restituer à Ferdinand le Roussillon et la Cerdagne (4). Le sire d'Albret, porteur de propositions aussi avantageuses, ne pouvait que recevoir un accueil très cordial. Les rois de Castille s'empressèrent de conclure avec lui, le 21 mars 1488, l'alliance qu'il sollicitait. Un premier traité concernait exclusivement la Navarre. Par cette convention, Alain, au nom de la princesse de Viane et des souverains navarrais Jean et Catherine, dont il avait les pouvoirs scellés et signés, déclarait, eu égard à la parenté et aux alliances qui les unissaient aux rois de Castille et à leurs royaumes, adhérer aux clauses suivantes. D'abord, il promettait que les États espagnols et leurs habitants ne seraient jamais attaqués ni par la Navarre ni par le Béarn. Ensuite, il s'engageait à empêcher les troupes étrangères de pénétrer dans ces deux pays et d'attaquer les Espagnes. Si les forces navarraises ne suffisaient pas à arrêter les envahisseurs, elles se joindraient aux armées castillanes pour les contenir. Enfin, les rois de Navarre prêteraient serment « de tenir et garder » leur promesse et d'en exécuter les

---

(1) Récit du chroniqueur Pulgar, 3ᵉ partie, chap. XCVII, pp. 474-476 (*Crónicas de Castilla*, t. III), cf. — Aleson, *Anales de Navarra*, t. V, fº 61. — (2) Pulgar, 3ᵉ partie, chap. XCVII, p. 475. — Andres Bernaldez, *Crónicas de los señores Reyes Católicos*, édit. des Chroniques de Castille, III, 647. Bernaldez est aussi un historien contemporain de ces événements. — (3) Pulgar, loco citato. — (4) Pulgar, *ibid.* — Zurita, *Anales de Aragon*, liv. XX, chap. LXXIV, fº 353.

conditions, toutes les fois qu'ils en seraient requis (1). Le second traité de Valence, signé le même jour que le premier, stipulait une alliance étroite des rois de Castille avec leurs voisins. Les rois de Castille proclamaient les souverains de Navarre comme « leurs amis et alliés ». Ils devaient restituer à leurs neveux, Jean et Catherine, les places qu'ils détenaient et les territoires qu'on leur avait enlevés depuis le début de leur règne. Alain prenait en son nom personnel l'engagement de servir et d'aider Ferdinand et Isabelle, « en toutes les choses qui pourraient leur être utiles, « contre toutes et quellesconques personnes, sauf le seigneur roi « de France », et il promettait spécialement de leur prêter secours pour obtenir la restitution du Roussillon (2). Ces deux accords étaient bien plus utiles aux souverains espagnols qu'aux rois de Navarre. Ferdinand et Isabelle garantissaient par cette alliance défensive leurs États contre toute invasion du côté des Pyrénées occidentales. Ils se préparaient avec l'aide du sire d'Albret à intervenir dans les affaires de Bretagne, et à tenir en inquiétude le roi de France, leur adversaire. Au contraire, les rois de Navarre n'obtenaient que des avantages peu importants, pour lesquels ils risquaient d'attirer sur eux les vengeances de Charles VIII. Le seul bénéfice qu'ils retirèrent des traités fut l'évacuation par les troupes castillanes de Viana et des autres places occupées depuis la mort de François-Phœbus. Le capitaine-général castillan, Juan de Ribera, les remit aux officiers navarrais (3). Mais ce n'était là qu'une concession apparente. Au fond, les rois de Castille conservaient en Navarre la principale autorité. Les Beaumontais n'avaient point déposé les armes. Les troubles continuaient, et Ferdinand devait y trouver l'occasion de nouvelles interventions. Il était dans le royaume des Albret plus obéi que les souverains eux-mêmes. Ce qui le prouve, c'est que, sur une lettre menaçante des rois de Castille, la grande cité de Tudela se résignait, au mois de mai 1488, à admettre l'inquisition, avec cette clause illusoire qu'elle « ne se soumettait qu'à l'Église » (4). En Bretagne, Alain ne tarda pas non plus à s'apercevoir qu'il jouait le rôle de dupe et qu'il travaillait pour le compte du Roi Catholique. Ferdinand, loin de favoriser les projets de l'ambitieux baron, cherchait à

---

(1) Premier traité de Valence, texte *in extenso* donné par Zurita, *Anales de Aragon*, t. IV, liv. XX, chap. LXXIV, f⁰ˢ 353-354. — (2) Texte du deuxième traité de Valence donné par le même auteur, *ibid.*, f⁰ 354. — (3) Cette évacuation est mentionnée par Pulgar. *Crónicas de los señores Reyes Católicos*, 3ᵉ partie, chap. XCVII, p. 476 (édition des *Crónicas de Castilla*, t. III). — (4) Lettre des rois de Castille à Tudela, 4 mai 1488. Yanguas, *Diccionario*, II, 84-88. Protestation du député de Tudela, Gomez, *ibid.* Arch. de Nav., *Cortes, negocios eccles.*, leg. 1, carp. 12.

faire de lui l'instrument de ses desseins. Les souverains espagnols s'efforçaient, en effet, d'empêcher le mariage d'Anne de Bretagne et de Charles VIII. Au début de l'année 1490, ils envoyèrent au secours de la duchesse un corps de 1,000 hommes d'armes et de 3,000 fantassins, sous les ordres du comte de Salinas (1). L'ambassadeur castillan, Francisco de Rojas, négociait avec tous les partis et prônait l'arbitrage du roi de Castille dans la question. Bientôt, Alain d'Albret, qui aspirait pour lui-même à l'héritage breton, s'aperçut qu'il était joué par son allié. En effet, un agent secret de Ferdinand, Luis Margarit, vint lui demander de livrer Nantes aux troupes espagnoles. Les souverains castillans auraient eu ainsi un gage pour se faire restituer le Roussillon (2). Alain apprit peut-être aussi que le roi d'Espagne avait songé à marier la duchesse de Bretagne avec l'infant don Juan, son fils (3). La cour de France ne manqua pas de profiter du mécontentement du sire d'Albret. Elle lui montra qu'il était dupé à la fois par Ferdinand et par Maximilien. Pour le gagner, elle lui offrait la charge de connétable et le commandement de 400 lances (4). Peut-être le flattait-elle de l'espoir d'arrêter les entreprises de Jean de Narbonne contre les rois de Navarre. Le sire d'Albret finit par se laisser persuader. Il abandonna brusquement l'alliance castillane, se rapprocha du roi de France, et traita en son nom et au nom des souverains navarrais avec Charles VIII. Il signa, en effet, le 2 janvier 1491 (nouv. style), la convention de Moulins. On lui donnait 25,000 livres de rente en Guienne pour la cession de ses droits sur la Bretagne, 6,000 livres pour la saisie de sa terre d'Avesnes, 110,000 écus comptant de donation, le gouvernement du château de Bayonne; on restituait Fronsac et le Comminges à Lautrec. On n'avait pas oublié son fils, le roi de Navarre, qui obtenait, comme gage de sa réconciliation avec la France, une pension annuelle de 18,000 livres (5). Peu après, en février 1491, le sire d'Albret livrait Nantes au roi de France, et concluait avec lui un second traité qui complétait et modifiait la convention de Moulins. Ce second traité fut approuvé et publié le 28 juin par Charles VIII. Alain devait recevoir 6,000 livres tournois de rente, 100,000 écus comptant pour acquitter ses dettes, 8,000 livres de pension, la capi-

---

(1) Pulgar, opus cit., p. 470. — Zurita, *Anales de Aragon*, t. IV, liv. XX, chap. LXXXI, f° 359, r°. Ce secours débarqua à Vannes dans les premiers jours de l'année 1490. — (2) Sur la mission de Margarit, voir Zurita, *Anales*, t. V, liv. I", chap. I", f° 1 à 4. — (3) C'est ce que montre un document des Arch. de Simancas intitulé : *Varias escrituras sobre el casamiento del infante don Juan con la duquesa de Bretaña*. Simancas Patr. real. capit. con Nav., legajo 1. — (4) C'est ce qu'affirme Zurita, loco citato. — (5) Texte du traité de Moulins, dans Morice, Preuves de l'Histoire de Bretagne, III, 686-690.

tainerie du Châteauvieux de Bayonne, le commandement de 1,000 lances garnies. A son frère, Gabriel d'Avesnes, gouverneur de Navarre, on allouait 6,000 livres de pension. Le roi de Navarre lui-même obtenait une pension annuelle de 8,000 livres tournois. Il avait stipulé des garanties contre le ressentiment probable du roi de Castille. « S'il advenait, était-il dit dans le traité, que le *roy* « *d'Espaigne* ou aultres voulsissent courir sus aux roy et royne « de Navarre, qu'il plaise au roy (de France) leur donner seurté et « faveur, et les supporter comme ses enfants, et ne favoriser en leur « préjudice aucun de leurs subjectz » (1). Ainsi, pendant cette longue période de six ans, la politique navarraise avait oscillé entre l'alliance française et l'alliance espagnole. Les troubles de Navarre et la guerre de la succession de Foix s'étaient prolongés, au grand détriment de l'autorité intérieure des souverains et de leur indépendance extérieure. Malgré les traités de Valence et de Nantes, ils ne pouvaient donc songer à pacifier leurs États, sans le concours de leurs puissants protecteurs, Charles VIII et Ferdinand.

CHAPITRE V.

LES SOUVERAINS NAVARRAIS ALLIÉS DE LA FRANCE ET DE LA CASTILLE. RÈGLEMENT PROVISOIRE DE LA QUESTION DE LA SUCCESSION DE FOIX, ET PACIFICATION DE LA NAVARRE PAR L'INTERVENTION FRANCO-CASTILLANE.

(1491-1494.)

I.
Rapports amicaux
des rois de France
et des
rois de Navarre,
(1491-1494.)

Le roi de France réconcilié avec la maison d'Albret, et impatient, après la conclusion de son mariage avec Anne de Bretagne, d'entreprendre l'expédition d'Italie, ne garda pas rancune aux souverains navarrais pour leur hostilité passée. D'ailleurs, son intérêt était engagé aussi bien que le leur à la pacification du Midi et au maintien de l'alliance de Nantes. Aussi donna-t-il aux princes d'Albret des preuves nombreuses de bienveillance. Alain reçut la « charge » de 100 hommes d'armes (2), le brevet d'une pension de 6,000 livres (3), le gouvernement du château de Bayonne (4); il

---

(1) Lettres de Charles VIII sur le traité fait entre lui et Alain d'Albret touchant la ville et comté de Nantes. Montilz-lèz-Tours, 28 juin 1491. B. N., coll. Doat, t. CCXXVI, fos 1-11. Ce traité est resté inconnu à tous les historiens de la Navarre. — (2) Lettres de Charles VIII à ce sujet, 31 mars. Prestation de serment par Alain, 4 mai. B. N., coll. Doat, t. CCXXV, fo 308. — (3) Lettres de Charles VIII accordant 6,000 livres de pension au sire d'Albret. Arch. des Bass.-Pyrén., E. 88, orig. — (4) Lettres du même roi accordant le commandement du Châteauvieux de Bayonne au sire d'Albret. Arch. des Bass.-Pyrén., E. 90, orig.

obtint la mainlevée des terres saisies sur lui et ses adhérents pour la guerre qu'ils avaient excitée en Bretagne (1). Le roi reconnut à Jean d'Albret le droit de francs-fiefs et de nouveaux acquêts en Limousin (2), et à Alain la propriété du comté de Gaure (3). Le gouvernement français se détermina même à agir avec vigueur pour pacifier le pays de Foix, que ravageaient des mercenaires saxons aux gages du vicomte de Narbonne. Au mois d'août 1491, sur l'ordre de Charles VIII, le ban et l'arrière-ban du Languedoc furent réunis. Les troupes royales allèrent reprendre le principal repaire de ces bandes, le château de Montaut, qu'occupait un bandit, Jean de Lordat. Pour effrayer les autres routiers, la garnison fut brûlée sur place. Le roi de Navarre remboursa au souverain français les frais de cette expédition (4). L'exécution rigoureuse du compromis du 2 octobre 1484 était désormais assurée. Le parti du vicomte de Narbonne, ainsi privé de l'appui du roi de France, ne tarda pas à décliner. Les États de Béarn, qui avaient de nouveau offert leurs services à leur souveraine Catherine contre le prétendant (5), s'empressèrent, le 15 octobre 1491, de prêter serment à la jeune reine et à Jean d'Albret, qui venaient d'atteindre leur majorité (6). Leur exemple fut suivi par les barons du pays (7). Les deux souverains étaient très aimés en Béarn, et la naissance de leur fille Anne en 1492 donna lieu dans ce pays à des démonstrations enthousiastes (8). Cependant l'attitude de la cour de France, si bienveillante après le traité de Nantes, changea lorsque les rois de Navarre se rapprochèrent de nouveau de la Castille. Au mois d'août 1492, la princesse de Viane, alarmée de la faveur que Charles VIII témoignait au vicomte de Narbonne, allait implorer à Saragosse les bons offices de Ferdinand. Le prétendant était de toutes les fêtes : il signait avec le duc d'Orléans, rentré en grâce, le contrat de mariage de Charles VIII et d'Anne de Bretagne (9). Il recevait du roi, outre sa pension, des dons importants en argent, des privilèges et

---

(1) Lettres de Charles VIII accordant mainlevée des terres saisies. B. N., coll. Doat, 225, f° 290 (31 mars 1491). — (2) Procès-verbal des commissaires du roi pour les francs-fiefs et nouveaux acquêts en Limousin, 6 fév.-21 juin 1491. B. N., coll. Doat, t. CCXLVI, f° 1. — (3) Ordonnance du 4 nov. 1491, citée par Luchaire. Alain le Grand, p. 147. — (4) Hist. du Languedoc, t. XI, pp. 145-146, nouv. édit. — (5) Response des trois Estats de Béarn à la reine Catherine de l'aider dans le différend contre Jean de Narbonne, 3 août 1491. Arch. des Bass.-Pyrén., E. 545. — (6) Serment de Jean d'Albret aux États de Béarn et serment des États à Jean d'Albret. Recueil des privilèges du Béarn, p. 17. — Les opinions des trois Estatz assemblés à Orthez. Arch. des Bass.-Pyrén., E. 545. — (7) Procuration du sire de Navailles pour prêter hommage. B. N., coll. Doat, 225, f° 277 (nov. 1491). — (8) C'est ce qu'atteste une note d'un registre de notaire à la date du 14 mai 1492. Arch. des Bass.-Pyrén., E. 1,974, f° 111. — (9) Cherrier (du), Hist. de Charles VIII, t. I, p. 214.

exemptions de droits de douane (1). Mais chez le roi de France, l'idée fixe de l'expédition d'Italie l'emportait sur tous les autres projets. Aux conférences de Perpignan et de Narbonne, il sacrifia le Roussillon pour obtenir la neutralité de Ferdinand dans les affaires italiennes. Il est de même probable que son antipathie contre les rois de Navarre ne tint pas devant le désir d'assurer pendant son expédition la paix du Midi, en terminant par un accord provisoire la querelle de la succession de Foix. Nous n'avons aucun document qui puisse indiquer dans quelle mesure les rois de France et d'Espagne s'occupèrent des affaires navarraises aux conférences de Narbonne. Mais il est certain qu'elles furent l'objet, sinon de notes écrites, du moins de résolutions verbales. Les comptes d'un agent du sire d'Albret, La Romagère, mentionnent, en effet, des lettres envoyées par ce seigneur à l'un des négociateurs français, l'évêque d'Albi, Louis d'Amboise, afin de lui recommander « les affaires de Navarre » (2). D'autre part, il est probable qu'une entente fut établie entre les souverains français et castillans, soit pour faire couronner Jean d'Albret et Catherine à Pampelune, soit pour soumettre à un arbitrage exercé en commun le litige de la succession de Foix (3). On sait que le roi de France écrivit plus tard au roi de Castille « pour le couron- « nement des roys de Navarre » (4), et que c'est en vertu d'un accord antérieur qu'en 1494 fut réglée provisoirement la querelle entre les princes d'Albret et Jean de Narbonne. Depuis la conclusion du traité de Barcelone (janvier 1493) entre la France et la Castille, les dispositions de Charles VIII à l'égard des souverains navarrais devinrent donc plus conciliantes (5). Le Parlement de Paris rendit le 13 avril 1493 (nouv. style) un arrêt qui adjugeait provisoirement le comté de Foix et les autres terres en litige à Catherine de Navarre. Il en exemptait les cinq villes de Mazères, Montaut, Saverdun, Gibel et Heremus, qui étaient données en gage au vicomte de Narbonne jusqu'à la solution définitive du procès (6). Aussitôt après, la plupart des habitants des domaines de la maison de Foix reconnurent l'autorité de la souveraine

(1) Don de 1,000 livres à Jean de Narbonne. Permission d'embarquer 1,700 tonneaux de blé sans payer de droits. B. N., Mss., pièces orig., 1,174, f⁰ˢ 210 et 219. — (2) Comptes de La Romagère, 1492-1501, reg. orig. Arch. de la Charente, série E., 541. — (3) En effet, comme on le verra plus loin, les ambassadeurs français et castillans assistèrent au sacre des rois de Navarre. L'acte de 1494 qui règle l'affaire de la succession de Foix mentionne une entente établie auparavant, en vue d'un arbitrage commun. — (4) Ces lettres sont mentionnées dans les comptes de La Romagère cités plus haut. — (5) Charles VIII nomme les rois de Navarre parmi ses alliés dans le traité de Senlis (23 mai 1493). Du Mont, t. III, partie 2, p. 303. — (6) Arrêt du Parlement de Paris mentionné dans deux mémoires postérieurs, l'un pour Gaston de Foix, l'autre pour Catherine. Arch. des Bass.-Pyrén., E. 548, E. 447.

navarraise. Les barons, qui avaient soutenu le plus ardemment la cause du prétendant, l'abandonnèrent. Tel fut le cas en Béarn du baron d'Andoins, et dans le comté de Foix, du seigneur de Rabat, qui promirent aux souverains navarrais de les servir envers et contre tous (1). Le sire de Candale, autre partisan du vicomte, négocia un accord avec Catherine et la princesse de Viane, par l'entremise de l'abbé de Lezat, Jean de Pardeillan (2). Enfin, Jean de Narbonne perdit par la mort de Marie d'Orléans, sa femme, son plus ferme et plus fidèle appui (3). Le prétendant, abandonné de tous, résolut d'en appeler au Pape. Cette démarche, qui paraît singulière, s'explique aisément, si l'on songe que les royaumes espagnols, et parmi eux la Navarre, conquis sur les infidèles, se considéraient comme vassaux du Saint-Siège. Leurs souverains avaient l'habitude de prêter au Pape un serment d'obédience, et cet usage persista jusqu'au XVIIe siècle (4). On pouvait considérer le Souverain Pontife comme l'arbitre, le juge définitif des différends relatifs à ces royaumes. L'appel du vicomte de Narbonne se produisait, d'ailleurs, à un moment favorable. Un conflit avait, en effet, éclaté entre le Saint-Siège et les souverains navarrais. Innocent VIII avait mis le royaume en interdit, parce que les rois et le chapitre de Pampelune ne voulaient pas renoncer au droit de présentation qu'ils avaient à l'évêché de cette ville. En leur nom, le sire d'Avesnes, vice-roi de Navarre, s'était opposé à la nomination de César Borgia comme évêque de Pampelune (5). Or, le successeur d'Innocent VIII fut précisément le cardinal Roderic, père du prélat que les Navarrais avaient refusé de reconnaître (6). Ce nouveau pape, resté célèbre sous le nom d'Alexandre VI, ferait peut-être bon accueil aux protestations du vicomte de Narbonne. Jean de Foix se décida à en appeler au Saint-Siège, ce « suprême refuge des opprimés », disait-il ; la cédule de protestation fut expédiée à Rome. Cet appel était affiché en même temps aux portes de la Seu ou cathédrale de Saragosse, par deux des partisans du vicomte, Mathieu d'Artiguelouve, évêque de Pamiers, que Catherine avait chassé

---

(1) Serments de Jean d'Andoins et du sire de Rabat, juillet-sept. 1494, orig. Arch. des Bass.-Pyrén., E. 545. — Coll. Doat, 226, f°s 113 et 130. — (2) Procuration des rois de Navarre à l'abbé de Lezat pour terminer leurs différends avec le sire de Candale, 5 juillet 1493. Arch. des Bass.-Pyrénées, E. 545. — (3) Marie d'Orléans mourut en 1493 à Mazères, laissant deux enfants, Germaine et Gaston de Foix, ce dernier né en 1489. Père Anselme, Hist. généal. de la maison de France, III, 377. — (4) Voir plus loin l'hommage prêté en 1500 par Jean d'Albret à Alexandre VI. — (5) Cédule du sire d'Avesnes à ce sujet, 5 nov. 1491. Arch. de Nav., Comptos, cajon 165, n° 49. — (6) Sur l'élection d'Alexandre VI (1492), voir Zurita, Anales de Aragon, t. V, liv. Ier, chap. XI, f°s 14-15.

de son siège, et le chevalier Jean de Gant. Cette longue pièce, rédigée en termes à la fois éloquents et habiles, porte la trace évidente du travail des légistes, conseillers du prétendant. Jean y prenait les titres de roi de Navarre, de comte de Foix et de Bigorre et de vicomte de Béarn. Il s'y plaint amèrement d'avoir été spolié par les armes, malgré la justice de sa cause, des domaines qu'avaient possédés son père Gaston IV et sa mère Leonor. Et pourtant rien de plus fondé que ses prétentions. Il est le second fils de Gaston, son plus proche héritier mâle; par conséquent, il devrait être son héritier universel. S'il a reconnu jadis les droits de François-Phœbus au préjudice des siens, c'est qu'il y avait été contraint. La crainte qu'inspirait le roi de France, le terrible Louis XI, ne suffisait-elle à peser sur la décision de l'homme le plus brave *(in virum constantissimum) ?* Or, la crainte, comme la fraude, suffit à vicier le consentement, et à rendre nulle l'adhésion qu'il semble avoir donnée. Depuis la mort de Phœbus, il a été victime des menées déloyales de Madeleine de Viane et de sa fille : la première a conclu le mariage de Catherine avec Jean d'Albret pour se ménager un appui contre lui, montrant ainsi une scélératesse consommée jointe à la plus profonde hypocrisie. La Régente, les princes de la maison d'Albret et tous leurs partisans et complices lui ont fait la guerre, l'ont engagé « dans « d'inextricables et damnables procès ». Bien plus, on a cherché à le diffamer : on a voulu le faire passer auprès des honnêtes gens, et même auprès du roi d'Aragon, pour un usurpateur. Pourtant, le droit civil et le droit canonique lui donnent raison : le droit de représentation n'est pas applicable aux héritages indivisibles comme le sont les royaumes, et les droits du fils survivant sont préférables à ceux du petit-fils et de la petite-fille. Les grands jurisconsultes comme Bartole et Baldus se sont prononcés en faveur de la théorie qu'il soutient : Boniface VIII, un pape, a conclu dans ce sens lors du procès de Robert, roi d'Apulie. Cependant, on conspire sa ruine, sa confusion, sa mort même. Aussi a-t-il recours au Saint-Siège, cet espoir des faibles, cette dernière ressource des opprimés, pour proclamer hautement la justice de sa cause et l'iniquité de ses adversaires (1). Il est probable qu'Alexandre VI refusa de s'engager comme le demandait Jean de Narbonne : il était absorbé par les affaires d'Italie, et ne voulait pas, sans doute, se mettre en conflit avec Ferdinand et Charles VIII, les protecteurs intéressés des rois de Navarre. Il

---

(1) Cédule appellatoire et protestation de Jean de Narbonne. Saragosse 10 décembre, longue pièce latine. Arch. des Bass.-Pyrén., E. 545. original et copie. Copie, coll. Doat, t. CCXXVI, f⁰ˢ 146-158.

était en querelle avec le roi de Naples et se défiait du roi de France. Son âme molle et sensuelle était incapable de longues rancunes, et l'opposition faite à son fils préféré, César Borgia, lorsqu'il avait été promu à l'évêché de Pampelune, devait lui paraître moins grave, depuis que César pouvait parvenir à de plus hautes dignités. Il se contenta d'ajourner l'examen de l'appel du vicomte de Narbonne, et on sait qu'il différa de recevoir jusqu'en 1500 l'obédience des rois de Navarre (1).

C'est à l'attitude du roi de France que les souverains navarrais devaient la pacification de leurs domaines du Midi. Charles VIII, soucieux d'assurer la tranquillité de son royaume pendant son expédition d'Italie, avait hâte d'en finir avec les négociations engagées du côté des Pyrénées. Dans sa précipitation, il laissait aux rois de Castille le rôle de médiateurs en Navarre. Tandis que Ferdinand prenait des garanties sérieuses pour s'assurer l'alliance des princes d'Albret, Charles VIII se contentait des vagues promesses de fidélité de ces souverains. Il négligeait d'obtenir des gages solides de leurs assurances d'amitié. Au mois de janvier 1494, les ambassadeurs castillans qui avaient assisté au couronnement des rois de Navarre obtenaient d'eux l'avantageux traité de Pampelune, suivi de la convention de Medina del Campo. Les envoyés français qui accompagnaient aussi les rois et qui auraient pu, au nom de leur souverain, élever des exigences aussi fondées, ne réclamèrent rien. Tout au contraire, Charles VIII, qui avait laissé le protectorat castillan s'établir solidement sur la Navarre, permit encore aux rois d'Espagne de partager avec lui l'honneur et le profit de l'arbitrage stipulé en 1493, dans la question de la succession de Foix. Ceux-ci ne manquèrent pas de s'en attribuer le mérite aux yeux des princes navarrais. Cet arbitrage fameux eut lieu au mois de mars 1494, à Lyon, où le roi de France s'était rendu pour prendre le commandement de l'armée d'Italie. Les ambassadeurs castillans, munis des pleins pouvoirs de Ferdinand et d'Isabelle, participèrent à la rédaction de la sentence arbitrale (2). Alain d'Albret, qui était venu à la cour pour y surveiller les intérêts de son fils (3), dut aussi être consulté. Après avoir pris leur avis, Charles VIII, en son nom et au nom des rois de Castille, ordonna, par ses lettres patentes du 20 mars, à Jean de Narbonne et à Catherine de cesser toutes violences et voies de fait. Le différend, disait-il, n'avait duré que trop longtemps, au

---

(1) Voir ci-dessous la mission de Beaumont en 1500. — (2) Ce fait est mentionné dans les lettres patentes de Charles VIII relatives à cet arbitrage. — (3) On attendait son arrivée pour le 13 mars. Lettre de Francesco della Casa à Pierre de Médicis. Lyon, mars 1494 (n. st.). Négoc. diplom. de la France avec la Toscane, p. p. A. Desjardins, I, 282-283.

grand déplaisir du roi et de ses « frère et sœur et confédérés et
« alliés, les rois de Castille et d'Aragon ». De là « étaient venues
« grande foule et charge » aux sujets français comme aux sujets
espagnols voisins des vassaux des deux adversaires. « Non-seule-
« ment les choses profanes ont été dévastées, mais encore le service
« divin a été diminué, les choses sacrées et appartenant à l'Église de
« Dieu ont été détenues et usurpées. » Pour mettre un terme à
ces excès, les arbitres enjoignent, « en tant que touche les choses
« estans » dans le royaume de France, que les « parties suivent la
« voie de justice pour quereller et débattre leurs droits », et
attendent la décision définitive du Parlement de Paris, « qui est
« le chef de la justice » royale. « Au regard du royaume de
« Navarre et des terres et seigneuries estans hors » de la suzeraineté française, Charles déclare qu'il a consulté les princes du
sang, les gens de son Conseil et les ambassadeurs des rois de
Castille. Sur leur avis, il annonce que de sa part « il prendra le
« différend et débat en sa main, et que semblablement sesdits
« frère et sœur, confédérés et alliés », les rois de Castille, « le
« prendront en leur main, ensemble et avec lui ». On conviendra
de « députer aucuns notables personnages, tant d'une part que
« d'autre », qui examineront la question, et qui, avec les rois de
France et d'Espagne, prononceront la sentence arbitrale. Mais
en attendant la décision du Parlement de Paris et le résultat de
l'arbitrage des rois, il est interdit au vicomte de Narbonne et à
Catherine de Foix de recourir aux armes, jusqu'au retour de
Charles VIII. Guillaume de Sandonville, conseiller au Parlement
de Toulouse, veillera à l'exécution des ordres royaux. D'ailleurs,
Jean de Narbonne a donné au roi l'assurance formelle « d'obéir
« et d'obtempérer à ce que dit est, et a promis et juré de non
« faire ou faire faire aucuns excès, attentats et innovats, et de
« n'user ni faire user de voyes de fait ». Madeleine de Viane,
Catherine de Navarre, leurs parents, alliés et sujets seront tenus
d'observer la sentence d'accommodement « et de ne pas procéder
« à main armée, ne autrement faire attenter ou innover » (1).
Cet arrêt n'était pas défavorable aux souverains navarrais, puisqu'ils étaient en possession de tous les États de la maison de
Foix, à l'exception de cinq villes, et que les lenteurs d'un procès
et d'un arbitrage leur assuraient pour longtemps cette possession. Cependant Madeleine de Viane crut devoir faire certaines
réserves pour le fond contre cette décision, proclamer haute-

---

(1) Lettres patentes de Charles VIII. Lyon, 20 mars 1493-1494. Galland, Mém. sur l'Hist. de Nav. et de Flandres. Preuves n° XXVI, pp. 55-57, texte *in extenso*.

ment ses droits immuables et incontestables sur les comtés de
Foix et de Bigorre, les vicomtés de Marsan, Gavardan et Nébouzan (1), et faire certifier qu'elle avait accompli toutes ses obligations en livrant à Jean de Foix, le seul domaine qui lui appartint,
la vicomté de Narbonne (2). Mais ce n'était pas, à vrai dire, une
protestation contre les lettres patentes du 20 mars; c'était plutôt
un artifice de procédure, sans grande portée. Au fond, les rois
de Navarre ne pouvaient mieux demander que cette solution
provisoire. Ils restaient, en réalité, les maîtres de tous les
domaines de la maison de Foix. Leur rival, Jean de Narbonne,
quittait la France pour accompagner le roi dans l'expédition
d'Italie. Il partit de Vienne au mois d'août 1494; l'année suivante, il se conduisait en héros au combat de Fornoue, et il était
nommé gouverneur du Milanais (3). Pendant son absence, qui
dura deux ans, la querelle de la succession de Foix sommeilla,
à la grande satisfaction des rois de Navarre. Tel fut le résultat
de la politique conciliante de Charles VIII. Cette politique n'était
point désintéressée, puisque la pacification du Midi, qu'elle avait
poursuivie, n'était qu'un moyen de faciliter l'expédition italienne.
Elle était, en revanche, marquée au coin de la précipitation et
de l'inexpérience, puisqu'elle accordait aux souverains navarrais
une paix longtemps désirée, sans obtenir d'eux de garanties
sérieuses en faveur de la France.

L'alliance des rois de Castille était plus coûteuse que celle du
souverain français. Ferdinand et Isabelle ne se piquaient point de
générosité gratuite, et poursuivaient dans leurs relations avec les
rois de Navarre un but précis, qu'ils ne perdirent jamais de vue.
C'était l'établissement de l'influence espagnole à Pampelune, et la
consolidation du protectorat castillan sur le royaume des princes
d'Albret. Ils avaient d'abord considéré avec défiance la réconciliation des rois de Navarre avec Charles VIII en 1491. On parla même
à leur cour, sur le ton de l'indignation, de la trahison insigne de
« monseor de Labrit » (4). Le capitaine-général Ribera fit avec les
compagnies des gardes une démonstration militaire sur les frontières de Navarre, sous prétexte que les Français pouvaient attaquer ce royaume sans rencontrer de résistance sérieuse (5). L'at-

II.
L'alliance
des rois de Navarre
avec la Castille,
l'établissement du
protectorat castillan
(1491-1494).
Convention de
Grenade.
Entrevue
de Saragosse.
Négociations avec
les Beaumontais.

---

(1) Requête faite par Garcie de Falces, alcalde d'Olite, à ce sujet, Arch. des
Bass.-Pyrén., E. 547. Olite, 12 avril 1494. — (2) Charte originale avec sceau
de Madeleine de Viane, attestant qu'elle a livré la vicomté de Narbonne.
Olite, 12 avril 1494, Arch. des Bass.-Pyrén., E. 449. — (3) André de la Vigne
(Histor. de Charles VIII, p. p. Godefroy, p. 229). — Commines, Mém., édition
de Mlle Dupont, II, 325; II, 473. — (4) Andres Bernaldez, Crónicas de los
señores Reyes Católicos (édit. des bibl. andalous), I, 218, signale ces rumeurs.
— (5) Zurita, Anales de la corona de Aragon, t. V, liv. 1er, chap. IV, f° 5, v°.

exemptions de droits de douane (1). Mais chez le roi de France, l'idée fixe de l'expédition d'Italie l'emportait sur tous les autres projets. Aux conférences de Perpignan et de Narbonne, il sacrifia le Roussillon pour obtenir la neutralité de Ferdinand dans les affaires italiennes. Il est de même probable que son antipathie contre les rois de Navarre ne tint pas devant le désir d'assurer pendant son expédition la paix du Midi, en terminant par un accord provisoire la querelle de la succession de Foix. Nous n'avons aucun document qui puisse indiquer dans quelle mesure les rois de France et d'Espagne s'occupèrent des affaires navarraises aux conférences de Narbonne. Mais il est certain qu'elles furent l'objet, sinon de notes écrites, du moins de résolutions verbales. Les comptes d'un agent du sire d'Albret, La Romagère, mentionnent, en effet, des lettres envoyées par ce seigneur à l'un des négociateurs français, l'évêque d'Albi, Louis d'Amboise, afin de lui recommander « les affaires de Navarre » (2). D'autre part, il est probable qu'une entente fut établie entre les souverains français et castillans, soit pour faire couronner Jean d'Albret et Catherine à Pampelune, soit pour soumettre à un arbitrage exercé en commun le litige de la succession de Foix (3). On sait que le roi de France écrivit plus tard au roi de Castille « pour le couron- « nement des roys de Navarre » (4), et que c'est en vertu d'un accord antérieur qu'en 1494 fut réglée provisoirement la querelle entre les princes d'Albret et Jean de Narbonne. Depuis la conclusion du traité de Barcelone (janvier 1493) entre la France et la Castille, les dispositions de Charles VIII à l'égard des souverains navarrais devinrent donc plus conciliantes (5). Le Parlement de Paris rendit le 13 avril 1493 (nouv. style) un arrêt qui adjugeait provisoirement le comté de Foix et les autres terres en litige à Catherine de Navarre. Il en exemptait les cinq villes de Mazères, Montaut, Saverdun, Gibel et Heremus, qui étaient données en gage au vicomte de Narbonne jusqu'à la solution définitive du procès (6). Aussitôt après, la plupart des habitants des domaines de la maison de Foix reconnurent l'autorité de la souveraine

(1) Don de 1,000 livres à Jean de Narbonne. Permission d'embarquer 1,700 tonneaux de blé sans payer de droits. B. N., Mss., pièces orig., 1,174, fos 210 et 219. — (2) Comptes de La Romagère, 1492-1501, reg. orig. Arch. de la Charente, série E., 541. — (3) En effet, comme on le verra plus loin, les ambassadeurs français et castillans assistèrent au sacre des rois de Navarre. L'acte de 1494 qui règle l'affaire de la succession de Foix mentionne une entente établie auparavant, en vue d'un arbitrage commun. — (4) Ces lettres sont mentionnées dans les comptes de La Romagère cités plus haut. — (5) Charles VIII nomme les rois de Navarre parmi ses alliés dans le traité de Senlis (23 mai 1493). Du Mont, t. III, partie 2, p. 303. — (6) Arrêt du Parlement de Paris mentionné dans deux mémoires postérieurs, l'un pour Gaston de Foix, l'autre pour Catherine. Arch. des Bass.-Pyrén., E. 548, E. 447.

le nom d'Alexandre VI, était le père du candidat rebuté par le clergé de Navarre. On peut juger de ses sentiments à l'égard des souverains qui avaient infligé à son fils cet affront. Enfin, en 1492, la cour de France montrait plus de froideur aux princes d'Albret ; son amitié semblait décliner. Il ne restait aux rois de Navarre qu'à recourir à leur ancien protecteur, le roi de Castille.

Ferdinand reçut les propositions d'alliance de ses voisins avec sa bonne grâce et sa dissimulation ordinaires. En lui, l'intérêt faisait taire tous les ressentiments. Il venait d'achever la conquête de Grenade (24 janvier 1492), et il était avant tout préoccupé d'obtenir la restitution du Roussillon. Pour y arriver, il avait accepté l'ouverture de conférences à Perpignan. Mais comme elles traînaient en longueur, il s'efforçait de peser sur les résolutions de Charles VIII, en s'alliant avec Maximilien d'Autriche et Henri VII d'Angleterre. Un rapprochement avec les rois de Navarre devait aussi servir sa politique. En cas de guerre avec la France, il s'assurait l'une des portes des Pyrénées. En toute occurrence, cette réconciliation devait inspirer des inquiétudes à Charles VIII, et contribuer à la solution tant désirée par Ferdinand. Le roi de Castille reçut donc avec courtoisie, à Grenade, au mois de mai 1492, l'ambassadeur de la princesse de Viane et d'Alain d'Albret. Cet envoyé était le seigneur d'Arles, d'après Zurita (1). C'est, sans doute, le même personnage que le sire de Lâas, dont nous avons trouvé les instructions aux archives de Pau (2). L'ambassadeur reçut des Rois Catholiques des promesses de secours ; ils offrirent d'aider les souverains navarrais « à se « faire obéyr et estre receus en leur royaulme de Navarre », et au besoin de les faire accompagner par les troupes de don Juan de Ribera. Le sire de Lâas vint rendre compte à ses maîtres du résultat de sa mission, et, sur leur ordre, il se rendit une seconde fois auprès des rois de Castille. Il était chargé de remercier « bien « humblement les seigneurs roy et royne de la bonne amour et « amitié qu'ils avaient envers Madame (la Princesse) et lesdits « roy et royne leurs enfans ». Les souverains navarrais « se déli- « béroient en briefs jours de s'en aller en leur royaume, pour le « mettre en la meilleure police et justice que leur seroit possible ».

(1) Zurita, t. V, liv. 1er, chap. IX, f° 13, r°, appelle cet envoyé le seigneur d'Arles. Il est à remarquer que le grand chroniqueur défigure parfois les noms béarnais, français et anglais. Parmi les sujets des rois de Navarre, on ne voit guère que les seigneurs d'Arthez et d'Arbus, dont le nom se rapproche de celui que donne Zurita. — (2) Ces instructions inédites sont intitulées : *Ce que aux seigneurs roy et royne de Castille de par Madame la Princesse et le roy et royne de Navarre le sire de Lâas dira*. Arch. des Bass.-Pyrén., E. 549, minute orig. Cette pièce est antérieure à 1494, comme le prouvent la mention de la princesse de Viane et les faits qui y sont relatés.

Aussi suppliaient-ils les rois de Castille « qu'il leur plut les vou-
« loir favoriser dans leurs propoz, car la principale seurté et
« fiance qu'ils eussent pour la conduite de leurs affaires et l'obéys-
« sance de leur royaume était ausdits seigneurs roys ». Ils espèrent que ces souverains s'emploieront « à favoriser leur entrée et
« à les faire obbéyr comme vrays roys, et s'il y en a qui veuillent
« aller au contraire, à leur donner toute aide et secours, aflin
« qu'ils soient pugniz comme rebelles et désobéissans ». En retour,
ils sont disposés à recevoir les avis de leurs protecteurs, à se
conduire d'après leurs conseils et à traiter les rebelles suivant
leur volonté, car « ils sont délibérés de le faire tout ainsi que les
« rois de Castille adviseront, et de leur obbéyr et complaire en
« tout ce qui leur plaira ordonner, comme leurs propres enfans ».
Telles étaient les instructions des rois de Navarre, que Zurita ne
paraît pas avoir connues. C'est cependant le chroniqueur aragonais qui, en l'absence des documents, nous apprend quel fut le
résultat précis des conférences de Grenade. En échange de leur
appui, les Rois Catholiques obtinrent des rois de Navarre un nouveau traité qui complétait la convention de Valence. Jean d'Albret et Catherine promirent qu'en cas de rupture entre la France
et l'Espagne, ils fermeraient l'accès de leurs États, le Béarn et la
Navarre, aux troupes françaises. Ils ne leur accorderaient pas le
passage, si ces troupes voulaient attaquer la Castille ou l'Aragon.
Ils leur résisteraient au besoin et les traiteraient en ennemies. Ils
s'engagèrent à ne nommer que des sujets navarrais comme gouverneurs de leurs forteresses, à n'y placer que des garnisons
navarraises, à en exclure tous leurs vassaux français. Ils consentirent à ce que les alcaydes ou commandants des places fortes
prêtassent aux rois de Castille l'hommage lige, et le serment spécial d'observer et de faire observer l'accord conclu avec leurs
souverains. Enfin, Jean et Catherine devaient ne marier aucun de
leurs fils ou filles, sans le consentement de leurs oncles, les Rois
Catholiques. De leur côté, ceux-ci assuraient leur appui à leurs
neveux contre les entreprises du vicomte de Narbonne. Ils promettaient d'interposer leur médiation, pour faire recevoir en
Navarre Jean et Catherine et faciliter leur couronnement. Ils
s'engageaient à y envoyer leurs délégués, et à ne donner aucun
secours aux Navarrais rebelles (1). Déjà, les souverains castillans
avaient, par leurs bons offices, fait conclure un nouvel accord
entre les Beaumontais et les rois de Navarre. Cet accord confirmait et renouvelait les clauses de la convention de 1485. Quelques
articles nouveaux étaient consentis en faveur du connétable Lerin.

(1) Zurita, *Anales de Aragon*, t. V, liv. 1", chap. IX, f° 13, r°.

Ainsi, on lui octroyait le privilège de ne recevoir de troupes royales dans ses châteaux que s'il y consentait, et son agrément devenait nécessaire pour la nomination du lieutenant-général chargé de gouverner le royaume en l'absence des rois. Enfin, on assurait à son parti la protection des souverains contre les entreprises du parti rival, celui des Gramontais (1). Peu après, la nouvelle alliance navarraise et castillane était resserrée par l'entrevue de Saragosse. Aussitôt après l'entrée solennelle de Ferdinand et d'Isabelle dans cette ville, le 18 août 1492, la princesse de Viane se rendit auprès des rois d'Espagne. Au nom de sa fille Catherine et de son gendre Jean d'Albret, elle réclama la protection des princes castillans contre les nouvelles menaces de Jean de Narbonne. Elle obtint d'eux, avec une courtoise réception, la promesse formelle que le roi et la reine de Navarre ne seraient pas dépouillés de leurs États (2). Il est, en effet, probable que, dans les conférences de Perpignan et de Narbonne, les négociateurs espagnols soutinrent les intérêts des souverains navarrais. Bien que dans le traité de Barcelone, signé le 19 janvier 1493, pour la restitution du Roussillon, il ne soit pas question des affaires de Navarre, il est permis de croire qu'une entente verbale eut lieu à ce sujet entre les rois de France et d'Espagne. Ils convinrent, d'un commun accord, de terminer par un arbitrage la querelle de Foix et de favoriser le couronnement de Jean d'Albret et de Catherine (3).

Cependant, pendant une partie de l'année 1493, Ferdinand ajourna l'exécution de ses engagements antérieurs. Il se méfiait des princes d'Albret, qui venaient encore de se rapprocher de la France. Il les accusait de négocier à la fois avec le souverain français et les souverains espagnols, pour mieux faire valoir leur alliance et acheter leur neutralité. Il avait appris, non sans dépit, que des capitaines français avaient été nommés au gouvernement de quelques forteresses navarraises. Enfin, la cour de France ajournait la restitution du Roussillon, et ses retards faisaient craindre le retour des hostilités sur les Pyrénées. Le roi de Castille résolut de montrer aux souverains navarrais combien son appui leur était nécessaire, et de leur prouver que, sans ses se-

---

(1) Cet accord, conclu en 1492 et dont il ne reste pas de trace, n'est mentionné que par Zurita, t. V, liv I", chap. IX, f⁰ˢ 12, v⁰, et 13, r⁰, et par l'auteur anonyme du *Libro genealógico de la casa del Condestable de Navarra* (Mss.), f⁰ˢ 133-134. — (2) C'est encore à Zurita, t. V, liv. I", chap. X, f⁰ 13, v', que nous devons la seule relation connue de cette entrevue. — (3) C'est ce que prouvent l'acte d'arbitrage du 20 mars 1494, la présence des ambassadeurs des deux rois au couronnement des rois de Navarre, les lettres écrites par Charles VIII à ce sujet et mentionnées dans les comptes de La Romagère. Ces comptes sont aux Arch. de la Charente, E. 541.

cours, ils ne pourraient ni pacifier leur royaume ni se faire couronner. Il voulut les obliger à se jeter dans ses bras et à accepter ses conditions. Aussi commença-t-il par déchaîner le parti des Beaumontais : « Il se servait d'eux, dit Zurita, comme d'un frein, « pour maintenir dans son alliance » les rois de Navarre (1). Vainement les Cortès, convoquées à Olite par le sire d'Avesnes (2), tentèrent-elles de rétablir la paix entre le connétable et le maréchal, chef des Gramontais. Elles demandèrent à Pampelune et aux Beaumontais d'envoyer deux députés pour traiter (3). Le connétable et ses partisans refusèrent de se rendre aux Cortès. Celles-ci se plaignaient aussi de ce que César Borgia, quoique investi de l'archevêché de Valence, continuait à faire exercer en son nom la juridiction ecclésiastique dans l'évêché de Pampelune. A ces embarras s'ajoutaient encore en Basse-Navarre une lutte à main armée entre le seigneur de Gramont et le sire de Luxe, allié des Beaumontais, au sujet du château de Garriz, dont le gouvernement avait été confié à Luxe par les rois. Les Cortès pensaient que la cause de ces dissensions était l'absence des souverains, qui avaient cependant promis de se rendre dans leur royaume vers le mois de juillet (4). A leurs séances assistait depuis la fin de juin le sire d'Albret, qui était venu à Olite avec une brillante escorte de gentilshommes (5). L'assemblée s'était montrée généreuse : elle accorda 10,000 livres au gouverneur Gabriel d'Avesnes et 80,000 livres aux rois, à condition que ceux-ci se rendissent dans leurs États au mois de septembre au plus tard ; sinon, la donation consentie serait nulle (6). En même temps, elle décida d'envoyer aux souverains une délégation composée de deux notables, le vicomte de Zolina, Juan de Garro, et Martin Enriquez de Lacarra (7). Mais l'attitude hostile des Beaumontais n'était point faite pour encourager les rois de Navarre à tenter de passer les Pyrénées, d'autant que leur

(1) Zurita, liv. 1", chap. XVII, f° 20. — (2) *Carta del s. de Abenes à la ciudad de Tudela, mandando la que embiase dos diputados à Olite, para tratar sobre el rompimiento entre el Condestable y el Marichat*, 10 avril 1493. Arch. de Nav. Cortes, Guerra, leg. 1, carp. 18. — (3) *Mensage de las Cortes de Olite à la ciudad de Pamplona*, sans date (1493). Arch. de Nav., Guerra, leg. 1, carp. 19. — (4) Ces détails nous sont donnés par le document suivant, intitulé : *Instruccion de las Cortes para los mensageros que enviaron à Francia*, 1493 (sans date plus précise). Arch. de Nav., Cortes, section de cuarteles, leg. 1, carp. 13. — (5) Le registre d'Olite, à la date du 23 juin 1493, mentionne la présence d'Alain. Mss. Moret, reg. ou mémorial d'Olite, f° 30. — (6) *Acuerdo de las Cortes de Olite, concediendo 80,000 libras de donativo para la venida de los reyes*. Arch. de Nav., sec. de cuarteles, leg. 1, carp. 14. — (7) Cédule pour ces deux envoyés, leur octroyant les frais de voyage. Arch. de Nav., Comptos, cajon 193, n° 42. — Cette ambassade eut lieu en août 1493, ce que prouvent les textes précités. Toutes ces démarches ne sont pas exposées par les historiens navarrais.

capitale Pampelune refusait d'ouvrir ses portes. Il fallut encore avoir recours au roi de Castille, qui, en retour de son appui, exigeait des souverains navarrais des garanties à peu près semblables à celles des conventions précédentes. Ferdinand chargea un agent spécial, Pedro de Ontañon, qui devait, pendant de longues années, être son envoyé ordinaire auprès de Jean d'Albret, d'exposer aux princes de Navarre les conditions d'une nouvelle alliance. Ontañon se rendit à la petite cour de Pau; il commença par se plaindre de ce que le sire d'Albret était venu en Navarre sans ratifier la convention de Grenade, et de ce qu'il y avait amené des troupes françaises. Il accusa les rois de Navarre d'être hostiles de parti-pris aux Beaumontais, et de retarder la ratification du traité de 1492, sous prétexte d'y introduire un article en vertu duquel les rois de Castille auraient été obligés de les aider contre les rebelles. Après ces récriminations, il offrit cependant, de la part de Ferdinand, de confirmer les conventions de Grenade et de Saragosse, à condition qu'on y ajoutât une clause nouvelle. Le sénéchal de Béarn et le sire de Lautrec, d'après cette clause, devaient garantir l'exécution du traité. Zurita, qui est ici notre unique source, et qui expose cette négociation d'après des documents dont nous n'avons pu retrouver la trace, raconte que les conseillers des rois de Navarre délibérèrent sur la réponse qu'il fallait faire à l'ultimatum castillan. Un des plus influents, le sire de Lautrec, auquel Charles VIII voulait enlever la forteresse de Fronsac, était d'avis d'accepter. Mais le père du roi de Navarre, Alain d'Albret, inclinait à rejeter les exigences de Ferdinand et à pacifier le royaume sans son appui. Il essaya du moins de négocier directement avec le comte de Lerin. Il offrit de faire conclure le mariage de l'oncle de la reine Catherine, don Jaime, l'infant navarrais, avec la fille du comte, Catherine de Beaumont. A Lerin lui-même, il promettait les gouvernements de Viana et de Sanguesa et la baronnie de Curton, à la seule condition qu'il jurerait fidélité aux souverains. Mais le chef des Beaumontais répondit qu'il ne voulait pas reconnaître les rois avant leur couronnement, comme il en avait le droit d'après le fuero, et qu'il était résolu à ne signer aucun accord sans l'approbation du roi de Castille. Ferdinand, qui avait dicté, sans doute, au connétable cette réponse, ordonna au même moment une démonstration militaire. Sur son injonction, le capitaine-général, Juan de Ribera, concentra ses troupes, disséminées dans la province de Soria, sur les frontières de Navarre, et somma Alain d'Albret de renvoyer aussitôt les troupes françaises, auxquelles il avait confié la garde des forteresses. Alain dut s'exécuter, et malgré ses hésitations et ses répugnances, reconnaître que son fils ne pour-

III.
Conclusion de
l'alliance castillane.
Pacification
de la Navarre.
Couronnement
des rois.

rait ceindre la couronne, ni pacifier ses États, sans l'adhésion du roi d'Espagne (1).

L'attitude conciliante de Charles VIII facilita l'exécution des plans de Ferdinand. Loin de recevoir du roi de France la moindre objection contre la médiation coûteuse que voulait leur imposer le souverain espagnol, les rois de Navarre étaient encouragés par le jeune prince à recourir aux bons offices du roi de Castille. Ce même prince, qui, « malgré l'opposition de tous les hommes de bon « sens, restituait le Roussillon au roi d'Espagne, sur une simple « promesse de ne pas secourir Naples » (2), autorisa, en effet, formellement Jean d'Albret et Catherine à accepter la médiation espagnole (3). Les rois de Navarre se résignèrent donc à accepter l'onéreuse protection de Ferdinand. Ils commencèrent par en recueillir les bénéfices, à savoir la pacification de leur royaume, et la soumission des partis, grâce auxquelles ils purent se faire couronner à Pampelune. Mais ils ne devaient pas tarder à connaître que l'amitié du roi de Castille était, suivant l'ingénieuse remarque de Zurita, « aussi dangereuse que sa haine » (4). Le premier effet de l'intervention castillane fut d'amener le parti beaumontais à déposer les armes. Un accord avait été négocié avec le chef de ce parti, Louis de Beaumont, par l'entremise de Juan de Ribera et de Ontañon, délégués du roi d'Espagne. Jean II, seigneur de Pompadour, ancien chambellan de Louis XI et parent d'Alain d'Albret, Arnauld de Saint-Chamans, seigneur de Lissac, sénéchal des Landes, le vicomte de Sera et le prieur d'Uciat, vice-chancelier de Navarre, représentaient à ces conférences Jean et Catherine. Le sire d'Albret, qui se trouvait encore à Olite (5), prit une part importante à ces pourparlers. Ils se terminèrent par un traité de paix solennel entre les rois et les Beaumontais. Ce traité, signé à Pampelune le 6 novembre 1493, fut ratifié par les souverains navarrais et par la princesse de Viane au château d'Orthez, le 4 décembre. Le connétable Louis de Beaumont, la ville de Pampelune, le chancelier de Navarre et les autres adhérents de leur parti, promettaient de se soumettre, mais à des conditions très avantageuses pour eux. Le comte de Lerin recevait les gou-

(1) Zurita, *Anales de la corona de Aragon*, t. V, liv. I", chap. XVII, fos 20-21. — (2) Expressions de Francesco della Casa dans sa lettre à Pierre de Médicis, 5 sept. 1493. Négoc. diplom. de la France avec la Toscane, p. p. A. Desjardins, I, 254. — (3) C'est ce qu'affirment Jean d'Albret et Catherine dans leurs mémoires adressés à leurs ambassadeurs à Blois en 1512, Arch. des Bass.-Pyrén., E, 544. — Voir plus bas. — (4) Zurita, loc. citat. — (5) La présence d'Alain à Olite est attestée par une de ses lettres, datée de cette ville et du 11 novembre. Publiée par Cl. Simon, Bulletin de la Soc. des lett. de Pau, t. I", p. 41.

vernements de Viana et de Sanguesa, la baronnie de Curton et la
terre d'Artajona. On lui octroyait les provisions de l'office de
chancelier et de président du Conseil royal. On lui rendrait justice dans le procès qu'il soutenait au sujet du domaine et du
château de Saint-Martin. Les charges d'alcaldes à Pampelune
seraient réservées à ses partisans; on interdirait aux chefs gramontais l'accès de la capitale, de Puente-la-Reina et des autres
cités beaumontaises. On donnerait aux contractants des sûretés
convenables. On autorisait le connétable et ses adhérents à
garantir les traités conclus avec la Castille; ils pourraient même
s'opposer par les armes au passage des troupes étrangères qui
voudraient attaquer les royaumes espagnols. Ils étaient aussi
autorisés à fournir de l'argent, des vivres, des logements aux
soldats castillans, et à se mettre au service des Rois Catholiques,
sans violer le serment de fidélité prêté aux rois de Navarre (1).
C'était donner à Ferdinand et à Isabelle une autorité presque
aussi grande sur eux que celle des souverains nationaux. Ceux-ci
eurent encore la maladresse de faire des rois d'Espagne les garants
de la convention. Sur leur demande, Ferdinand, qui passait
l'hiver à Saragosse, s'engagea par lettres authentiques à veiller à
l'exécution loyale du traité. Il promit au connétable qu'il ne lui
serait fait aucun mal, l'exhorta à observer son serment et à
servir fidèlement ses rois, ajoutant qu'il aiderait de toutes ses
forces celle des deux parties qui accomplirait les clauses de
l'accord (décembre 1493) (2). Le royaume ainsi pacifié, et toujours
grâce à la protection des ambassadeurs castillans Ribera et
Ontañon, qui avaient reçu l'ordre d'assister à leur couronnement,
les rois de Navarre purent enfin passer les Pyrénées, après dix
ans d'attente, et se faire reconnaître de leurs sujets (3). Jean et
Catherine, accompagnés par la princesse de Viane, quittèrent le
Béarn, à la fin du mois de décembre, avec une escorte importante
de troupes. Dans leur cortège figuraient les chefs gramontais et
la plupart des nobles béarnais. Le 21 décembre, ils arrivaient aux

(1) Le traité de Pampelune-Orthez, 6 nov.-4 déc. 1493, est intitulé : *Asiento
tomado con mosen de Pompador*, etc., *por el condestable de Navarra, sus
hermanos, fijos, deudos*, etc. (texte esp.), orig. Arch. des Bass.-Pyrén., E. 545.
Copies, coll. Doat, 226, f° 138 et suiv. — Arch. de Nav., *Cortes, Guerra*, leg. 1,
carp. 15. Ce traité comprend 18 articles. Zurita l'a connu et analysé, *Anales*,
t. V, liv. 1er, chap. XXVI, f° 32. Il a été publié par Yanguas, III, 212, *Diccionario*. — (2) Ce fait, jusqu'ici inconnu, est attesté par un document postérieur :
les instructions données à Ontañon en 1494 et dont il sera question ci-dessous.
— (3) Ce fait est attesté par un document inédit des Arch. de Pampelune et de
Simancas, intitulé : *Relacion de las gracias hechas à los reyes de Navarra*,
rédigé probablement en 1509. Arch. de Pampelune, *Cortes, Guerra*, leg. 1,
carp. 15. — Arch. de Simancas, *Patr. real, Cap. con Nav.*, leg. 1.

portes de Pampelune. Mais le comte de Lerin, effrayé de la présence de ses rivaux, refuse d'ouvrir l'accès de la cité, tant que les Gramontais n'auront pas été éloignés. Les souverains navarrais sont forcés d'aller célébrer les fêtes de la Noël dans le petit village d'Égües. Cependant les difficultés s'aplanirent. Le connétable consentit à recevoir les rois, et dans les premiers jours de janvier 1494, Jean et Catherine firent leur entrée dans la capitale de leurs États. Ils avaient à leurs côtés les ambassadeurs d'Espagne, Juan de Ribera, don Juan et don Pedro de Silva, ses fils, et Pedro de Outañon, ainsi que les envoyés du roi de France, les seigneurs d'Estissac et de Duras. Le dimanche 13 janvier 1494, peu de jours après leur entrée, les rois de Navarre étaient couronnés solennellement dans la cathédrale de Pampelune (1). Nous possédons le procès-verbal de cette cérémonie, qui devait être la dernière de l'histoire de la Navarre indépendante. Elle se fit avec une grande pompe, en présence des prélats, religieux, gentilshommes et députés des bonnes villes du royaume. Les rois Jean et Catherine, revêtus des habits royaux, prirent place en face du grand autel. Le prieur de Roncevaux, Juan de Éguia, officiait au lieu de l'évêque de Pampelune, absent. Il commence par adresser aux souverains une courte allocution ; puis, suivant l'usage, il leur demande : « Très excellents princes et puissants « seigneurs, désirez-vous être nos rois et seigneurs ? — Il nous « plaît et nous le voulons, répondent à trois reprises les rois. « — Puisqu'il en est ainsi, dit le prieur, avant de procéder au « sacrement de cette sainte onction et bienheureux couronnement, « il est nécessaire que Vos Altesses fassent au peuple le serment « que leurs prédécesseurs ont accoutumé de faire et aussi que le « peuple vous fasse son serment accoutumé. » Don Ferrand de Baquedano, protonotaire apostolique, donne ensuite lecture de la formule du serment. Jean et Catherine « jurent sur la croix « et les Saints Évangiles... à tout le peuple de Navarre... de « garder et de maintenir, faire garder et maintenir les fueros, « coutumes et franchises de leur royaume, sans les amoindrir, et « au contraire en les accroissant ». Ils promettent de corriger les abus commis par leurs officiers, de maintenir sans variations pendant douze ans la monnaie qu'ils vont faire frapper, de n'en jamais mettre en circulation de mauvaise. Les charges du royaume ne seront données qu'à des sujets navarrais, demeurant

(1) Zurita, liv. Ier, chap. XXVI, f° 32, et Aleson, *Anales de Navarra*, t. V, liv. IV, f° 73, sont les deux auteurs dont le récit sert de base à cet exposé. Les autres historiens, fort nombreux, qui parlent de ce voyage, n'ajoutent rien d'essentiel. — Aleson se trompe en donnant la date du 10 janvier pour le couronnement. L'acte original de la cérémonie donne la date du 13.

dans le pays même ; les étrangers qui occupent ces charges devront les résigner, à l'exception de cinq d'entre eux, auxquels on pourra attribuer un office. Les forteresses ne seront confiées qu'à des Navarrais, qui devront prêter le serment de rendre les châteaux dont ils auront la garde, aux héritiers des rois. Les souverains ne souffriront aucune aliénation du domaine, aucun démembrement du royaume. Ils résideront habituellement en Navarre, et ne feront aucune loi préjudiciable « au droit hérédi-« taire de leur fils ». Le serment stipule minutieusement les droits de survie qui appartiendront à Jean d'Albret, en cas de mort de sa femme, pour prévenir toute rivalité du père et des enfants. Si la reine meurt sans laisser d'héritiers masculins ou féminins, Jean laissera les Cortès conférer la couronne à l'héritier légitime ; lui-même n'est que le mari de la reine et n'a aucun droit à lui succéder. Si la reine laisse des enfants mineurs, le roi pourra gouverner le royaume en leur nom, mais seulement s'il ne se remarie pas et à simple titre d'usufruitier. S'il contracte un nouveau mariage, les Cortès nommeront au prince héritier un tuteur qui administrera le pays. Si Jean meurt avant la reine, celle-ci restera « dame propriétaire de la Navarre », et usufruitière des terres de la maison d'Albret, tant qu'elle sera veuve. L'héritier premier-né ou l'héritière des deux souverains possédera toutes les seigneuries qui appartiennent aux deux époux. Il sera élevé en Navarre avec « les habitants du pays », et instruit « dans « leur langue ». Si les rois transgressent quelques-unes de leurs promesses, les Cortès et leurs sujets ne seront plus tenus de leur obéir. Après la prestation du serment, l'alcalde de la Corte mayor, don Jóhan de Jassu, en l'absence du chancelier de Navarre, reçut le serment des Cortès. Celles-ci jurèrent « de garder et de défen-« dre bien et loyalement » la personne de leurs rois, « leur « couronne et leurs domaines », et de les aider à maintenir les fueros, « de tout leur loyal pouvoir ». Les évêques de Bayonne et de Dax, Jean de Barreria et Bertrand de Boyère, vassaux des rois de Navarre, jurèrent ensuite d'être « fidèles, loyaux et sincères « envers leurs seigneurs, le roi et la reine et leurs successeurs ». On constata l'absence des évêques castillans et aragonais de Calahorra et de Tarazona et de l'abbé de Montaragon. La première partie de la cérémonie était terminée. Alors, le roi et la reine passent dans la sacristie, derrière l'autel, et reparaissent vêtus de damas bleu fourré d'hermine. L'évêque de Couserans, qui supplée celui de Pampelune, leur fait les « onctions saintes ». Puis, les souverains vont se dévêtir et reviennent « parés d'autres habits « royaux ». Ils gravissent les degrés de l'autel, sur lequel sont déposés une épée, deux couronnes d'or garnies de pierres précieuses, deux sceptres et deux globes d'or. Le roi et la reine se couronnent eux-mêmes, prennent le sceptre dans la main droite, le globe d'or dans la main gauche; Jean d'Albret ceint l'épée. Tous deux se placent ensuite sur un large écu armorié et peint aux armes de Navarre, garni sur le pourtour de douze anneaux de fer. Douze gentilshommes soulèvent l'écu par trois fois aux cris de : « Real! real! real! ». Les rois jettent à l'assistance des pièces de monnaie nouvellement frappée et sont conduits par les prélats à leur trône. L'évêque de Couserans entonne le *Te Deum;* la messe est dite par le procureur fiscal Miguel del Espinal. A l'offrande, les rois donnent des étoffes de pourpre et de la monnaie d'or et d'argent. La messe terminée, Jean et Catherine, couronne en tête, globe et sceptre en main, se dirigent vers le cimetière de la cathédrale, où se trouve une issue réservée. Jean monte sur un beau cheval blanc, tandis que la reine, enceinte de six mois (1), et très fatiguée de la cérémonie, se fait transporter en litière. Tous deux, escortés d'un immense concours de peuple, visitent les diverses places et rues de la cité, et le soir un grand festin réunit au palais les assistants notables et les députés des Cortès (2). Le couronnement excita une joie universelle. Les fêtes et les réjouissances durèrent plusieurs semaines à Pampelune. Il y eut même quelques représentations théâtrales, et l'esprit frondeur des Navarrais se fit jour dans de piquantes satires. L'annaliste Aleson donne la traduction d'une de ces pièces écrite en langue basque, et où le poète populaire exhortait les deux Albret, le père et le fils, « à prendre pour frère » le connétable Lerin, s'ils voulaient rester les maîtres du pays (3).

Les traités de Pampelune et de Medina del Campo (19 janvier-30 avril 1494). La Navarre sous le protectorat castillan. Les brillantes cérémonies du couronnement eurent, en effet, un lendemain peu agréable. Le roi de Castille n'avait pas travaillé à pacifier le royaume et à faire reconnaître les rois de Navarre par leurs sujets, sans une arrière-pensée personnelle. S'il avait consenti à servir de courtier dans les négociations engagées avec le roi de France et avec les Beaumontais rebelles, c'était dans l'espoir d'imposer aux souverains navarrais son onéreux protectorat. Les conventions antérieures ne lui paraissaient pas suffisantes pour garantir à la Castille l'alliance de la Navarre. Aussi s'empressa-t-il de lier Jean d'Albret et Catherine par les

---

(1) Catherine accoucha, en effet, le 19 mars 1494, d'une fille. Ce fait nous est connu par le reg. ou mém. d'Olite, Mss. Moret, f° 31 (aux Arch. de Nav.). — (2) Procès-verbal du couronnement de Jean et de Catherine, intitulé : *Ungimiento y coronacion de los reyes don Juan y doña Catalina.* Arch. de Nav., papeles sueltos, leg. 1, carp. 7. — *Coppia* (sic) *de la coronacion de los reyes don Juan y doña Catalina.* Arch. des Bass.-Pyrén., E, 546, reg. in-4°, 9 feuillets; coll. Doat, t. CCXXVI, f° 278. — (3) Aleson, *Anales.* V, f° 74.

traités nouveaux de Pampelune et de Medina del Campo. La première de ces conventions, signée six jours après le couronnement, le 19 janvier 1494, fut tenue secrète. Juan de Ribera et Pedro de Ontañon, ambassadeurs de Ferdinand, avaient obtenu des souverains navarrais la promesse d'un mariage, qui aurait rattaché Jean et Catherine à la cause espagnole, d'une manière plus efficace qu'un traité. En effet, les princes de Navarre s'engagèrent, en reconnaissance des services que leur avaient rendus les rois de Castille, et pour répondre à leur désir, à marier leur fille aînée, Anne, future héritière de leurs États, avec l'infant de Castille, Juan. « Si Dieu leur donne un fils » (*hijo varon*), et si « les Rois Catholiques veulent le marier « avec une de leurs filles ou parentes, les rois de Navarre con« sentiront à cette union de grand cœur. » Si ces projets de mariage ne peuvent s'accomplir, Jean et Catherine promettent de communiquer à Ferdinand et à Isabelle les plans qu'ils formeront dans l'avenir pour établir leurs enfants, et de requérir leur consentement et avis avant de les marier. Les souverains navarrais prêtèrent un serment solennel à ce sujet, en présence d'Ontañon et de Ribera. La princesse de Viane, Madeleine, et le sire d'Albret, Alain, jurèrent également d'observer et de faire observer les articles convenus entre les rois de Navarre et les princes de Castille (1). Quelques jours après, le 23 janvier, une seconde convention était conclue à Pampelune. Elle renouvelait et étendait les clauses des traités antérieurs, signés à Valence et à Grenade. Les rois de Navarre et la princesse de Viane juraient « amitié, alliance et confédération » avec les rois de Castille. Cette alliance était purement défensive. Les Rois Catholiques assuraient leur protection aux souverains navarrais; ils s'engageaient à empêcher toute attaque, « guerre, mal ou dommage », de la part des sujets espagnols contre la Navarre et le Béarn. En retour, Jean et Catherine « tiendront et conserveront la paix » avec les seigneuries et royaumes d'Espagne. Ils interdiront l'entrée de la Navarre et du Béarn à toutes les troupes étrangères. Ils s'opposeront de toutes leurs forces à la violation de la neutralité de leurs territoires, et pour l'empêcher ils feront appel, au besoin, aux forces de la Castille. Les sujets navarrais et béarnais s'abstiendront de toute attaque contre les États espagnols. Les rois de Navarre ne recevront pas dans leurs domaines « les

(1) *Copia de ratificacion original de guardar un capitulo sobre los matrimonios de los hijos de los reyes Católicos con los de Navarra. Pamplona, 19 de enero 1494.* Arch. de Simancas, *Patr. real. Capitul. con Nav.*, leg. 1; document publié dans la *Colección de doc. inéditos para la historia de España*, t. XLI, p. 83. — Ce document n'a été utilisé par aucun historien.

7

« personnes, de quelque condition que ce soit », de nationalité espagnole ou étrangère, coupables de lèse-majesté et de trahison à l'égard des rois de Castille. Bien mieux, ils feront saisir les délinquants et les livreront aux officiers espagnols. Les souverains castillans observeront la même conduite à l'égard des princes navarrais (1). La ratification de la convention de Pampelune fut l'objet de nouvelles conférences, qui eurent lieu à Medina del Campo au mois d'avril 1494, en présence des Rois Catholiques eux-mêmes. Les envoyés navarrais s'y rendirent au nombre de quatre. C'étaient Jean de Foix, vicomte de Lautrec, le vicomte de Sera, le docteur don Juan de Jassu, et le procureur fiscal Miguel d'Espinal, tous membres du Conseil de Navarre (2). L'évêque d'Albi, Louis d'Amboise, ambassadeur de Charles VIII, se trouvait en ce moment à la cour de Ferdinand (3). Plus tard, en 1512, les souverains navarrais affirment que le roi de France connut le traité négocié à Medina et qu'il en approuva les clauses, qui lui avaient été communiquées sans doute par cet agent (4). « Ces allian-« ces, disent-ils, furent prinses par son advis et conseil. » Les négociations furent courtes : il ne s'agissait que d'arrêter définitivement « les confédérations et amitiés » déjà résolues en principe. Le 30 avril, le traité solennel qui devait régler pour l'avenir les relations de la Navarre et de l'Espagne fut enfin rédigé. Cette convention a une importance capitale : elle servit, en effet, de base aux négociations ultérieures; elle resta en vigueur jusqu'à la conquête de 1512; et c'est toujours en l'invoquant que les souverains navarrais et castillans prétendirent justifier leur politique. Elle fut toujours alléguée des deux côtés comme la charte fondamentale qui déterminait la situation des deux États à l'égard l'un de l'autre. Le traité de Medina del Campo, dont le texte original se trouve aux Archives de Pau, stipulait une alliance défensive, qui reproduisait les conditions de l'accord antérieur conclu à Pampelune. Mais, tandis que cet accord n'engageait que les rois de Navarre, le traité liait surtout les Rois Catholiques. Il contenait deux clauses essentielles. Par la première, les rois de Castille juraient de ne permettre aucune agression contre la Navarre et le Béarn, ou contre les vassaux, sujets et serviteurs

(1) *Copia de letra coetanea de la capitulacion asentada entre Madalena de Francia, don Juan de Navarra y doña Catalina con los Reyes Católicos.* Arch. de Simancas, *Patr. real. capit. con Nav.*, leg. 1. Document publié dans la *Colección de doc. inéditos par la historia de España*, t. XLI, p. 80. — (2) Ces noms sont donnés par le texte du traité de Medina cité ci-dessous. — (3) Zurita, t. V, liv. I*er*, chap. XXXI, f° 38, mentionne la présence de cet ambassadeur. — (4) Mémoires et instructions données aux ambassadeurs des rois de Navarre, 11 mai 1512. Arch. des Bass.-Pyrén., E. 554, orig.

des souverains navarrais, qu'ils déclarent « recevoir pour leurs
« amis, alliés et confédérés ». Par la seconde, ils promettent de
ne pas donner asile dans leurs États aux « personnes, de quelque
« état et condition qu'elles soient, » originaires du royaume de
« Navarre ou non originaires », qui auraient commis, à l'encontre des rois, le crime de trahison ou de lèse-majesté, de
meurtre ou de brigandage. Bien plus, ils s'engagent, aussitôt
qu'ils en seront avisés, à faire saisir ces criminels et à les
faire livrer aux officiers des rois de Navarre. Ils jurent « de
« garder et accomplir réellement » toutes les clauses de la convention. Cette promesse est faite sur la croix et les Saints Évangiles, en présence des ambassadeurs navarrais, qui ont prêté un
serment semblable au nom de leurs rois, et on leur remet l'acte
original du traité, scellé des sceaux et signé des noms des rois de
Castille (1). Ainsi, Ferdinand avait atteint le but essentiel qu'il
poursuivait, à savoir la neutralité de la Navarre, neutralité favorable à l'Espagne, puisque, comme l'avoue Zurita, elle fermait
aux Français la principale porte d'invasion, celle des Pyrénées
occidentales (2). Il avait même obtenu davantage. La promesse
relative au mariage d'Anne de Navarre avec l'infant de Castille,
qu'on avait tenue soigneusement secrète aux conférences de
Medina, et l'engagement spécial qui subordonnait l'union des
princes navarrais au consentement des souverains espagnols,
assurait à ces derniers la direction réelle de la politique extérieure du royaume des Albret. Peut-être même espéraient-ils un
jour réunir à l'Espagne les domaines de la maison de Foix. A tous
les points de vue, les traités de Pampelune et de Medina del
Campo étaient une victoire pour l'influence espagnole, victoire
due à l'habileté de Ferdinand. Ils pouvaient passer pour une
défaite de l'influence française, défaite due au fol aveuglement de
Charles VIII.

(1) Traité de Medina del Campo, 30 avril 1494. Nous avons trouvé l'original
de ce traité aux Arch. des Bass.-Pyrénées, E. 547, orig. parchemin; sceaux
disparus; il reste seulement les lacs de soie de couleur verte. La date, assez
effacée, doit se lire *treynta dyas del mes de abril*. Il y a de nombreuses
copies de cette convention : une aux Arch. des Bass.-Pyrén., E. 547, même
liasse que l'original. — B. N., coll. Doat, t. CCXXVI, f° 280, première copie
assez exacte ; t. CCXXIV, f° 1, copie fautive avec la date erronée du 4 avril
1484, ce qui a induit en erreur les Bénédictins auteurs de l'Histoire du Languedoc; autre copie très maltraitée, Arch. de Pampelune, *Comptos, cajon* 165,
n° 68; copie également aux Arch. de Simancas, *Patron. real. Capitulac. con
Navarra*, leg. 1, document publié dans la *Colección de doc. inéditos para
la historia de España*, t. XLI, p. 87. — (2) Zurita, t. V, liv. I", chap. XXXI
f° 38.

CHAPITRE VI.

PROGRÈS DE L'INFLUENCE CASTILLANE EN NAVARRE.
AFFERMISSEMENT DU PROTECTORAT ESPAGNOL.
RAPPROCHEMENT ET TENTATIVES D'ALLIANCE ENTRE LES ROIS DE
FRANCE ET DE NAVARRE.
LES PROJETS DE DÉMEMBREMENT DES ÉTATS DE JEAN D'ALBRET.

(1494-1498.)

Pendant les quatre années qui suivirent les conventions de 1494, deux faits essentiels caractérisent les relations des rois de Navarre avec la France et la Castille. C'est d'abord le progrès de l'influence espagnole et l'affermissement du protectorat castillan dans le royaume navarrais. Grâce à de nouveaux troubles qui amènent l'intervention des Rois Catholiques, à la faveur d'une nouvelle guerre entre Charles VIII et Ferdinand, Jean d'Albret et Catherine sont forcés de conclure les trois traités de Madrid (mars 1495), et de Pampelune (novembre 1496, octobre 1497). Les garnisons castillanes occupent les places de la Navarre, et une des filles des souverains de ce pays est donnée en otage aux rois d'Espagne. Les rois de Navarre, qui ont appris à leurs dépens ce que coûte la protection des Rois Catholiques, essaient d'éluder les exigences de leurs puissants voisins. Ils se rapprochent de la France ; sous les auspices de Charles VIII, la querelle de la succession de Foix est terminée par le traité de Tarbes (1497). Mais non moins égoïstes que les politiques espagnols, les politiques français, qui n'ont pu faire des rois de Navarre les serviteurs dociles de la France, tentent en secret, dans les conférences de Medina del Campo et d'Alcala (1497-1498), d'ailleurs sans succès, de démembrer, avec le consentement des rois d'Espagne, les États de la dynastie d'Albret. C'est le second événement essentiel de cette période.

I.
Nouveaux troubles en Navarre et nouvelle intervention castillane. (1494.)

Ce fut surtout le roi de Castille qui, pendant ces quatre années, recueillit les bénéfices de l'alliance conclue avec les souverains navarrais. Il parvint à transformer le caractère des relations qui l'unissaient à ces princes. D'une confédération défensive, il fit un pacte en réalité offensif. Le traité de Medina stipulait seulement la neutralité réciproque de la Navarre et de la Castille. Les souverains contractants s'y accordaient des avantages réciproques et traitaient, du moins en apparence, sur le pied d'une parfaite égalité. Ferdinand s'efforça d'engager les rois, ses neveux, dans une union plus étroite avec l'Espagne ; il exigea de la Navarre non pas seulement la neutralité, mais encore une coopération plus active avec l'Espagne. L'occupation des places navarraises, en 1495, montre que les Rois Catholiques ne voulaient pas avoir pour voisin un royaume neutre, mais un royaume soumis à leur impulsion, fidèle à leur cause et hostile à celle de leurs ennemis. Bientôt ils eurent plus de puissance en Navarre que Jean d'Albret et Catherine. Les troubles qui éclatèrent de nouveau à Pampelune et dans les domaines des Beaumontais permirent à Ferdinand de justifier l'intervention castillane et une nouvelle médiation, à la suite desquelles il obtint l'avantageux traité de Madrid. L'ère des difficultés, qui paraissait close, au mois d'avril 1494, pour les souverains navarrais, ne tardait pas, en effet, à se rouvrir. Après le couronnement, la bonne harmonie avait semblé renaître entre Jean d'Albret et le comte de Lerin. Le roi avait fait don à ce dernier de la ville et du domaine d'Artajona (1). Il avait permis à l'infant, Jaime de Foix, oncle de la reine Catherine, d'épouser la fille du connétable (2). En retour, les Cortès beaumontaises, réunies à Pampelune, avaient voté aux rois un subside de 26,000 livres « pour soutenir leur état » (3). L'entente fut de courte durée; dès le mois de mai 1494, la rupture était complète entre les souverains et le parti beaumontais. Les historiens navarrais ont cru que le motif de cette révolte avait été l'établissement d'un impôt illégal par Jean d'Albret. D'après Zurita, le connétable refusait de venir à la cour pour prêter hommage aux rois, si on ne lui accordait un sauf-conduit; il alléguait que sa vie était menacée (4). Les documents des Archives de Pampelune et de Simancas donnent les vraies raisons de ce nouveau soulèvement. Jean d'Albret avait ordonné une réformation du domaine, et nommé deux commissaires pour rechercher les terres, droits et rentes royales aliénées ou usurpées (5). Cette mesure paraît avoir vivement irrité les Beaumontais, qui, à la

---

(1) Don de la ville et du domaine d'Artajona au connétable, 1494. Arch. de Nav., seccion de nobleza leg. 1, carp. 7. — (2) Ce détail, inconnu de tous les annalistes espagnols et navarrais, nous est donné par l'auteur anonyme du Libro genealógico de la casa del Condestable de Navarra, chap. X, f°s 157-159, qui cite le nom de cette fille du connétable (elle s'appelait Catherine) et la bulle de dispense accordée par le Pape le 22 fév. 1493-1494. — (3) Otorgamiento hecho por los... Beaumonteses congregados en Pamplona. Arch. de Nav., Comptos, cajon 165, n° 66. — (4) Aleson, Anales de Navarra, t. V, f° 75. — Yanguas y Miranda, Historia compendiada de Navarra, pp. 361-363, indiquent la cause ci-dessus énoncée, sans préciser aucunement. L'un place par erreur le soulèvement en 1495-1496; l'autre en place le début était en 1494 et la fin en 1496, ce qui est encore erroné. — Voir aussi Zurita, t. V, liv. I^r, chap. XXXI, f° 38, sur le motif de la révolte. — (5) Nous avons trouvé, au sujet de la recherche des terres aliénées, deux cédules de Jean d'Albret, l'une du 2 mai, l'autre du 3 juin. Arch. de Nav., Comptos, cajon 165, n°s 69 et 71.

faveur des guerres civiles, s'étaient emparés d'un grand nombre de propriétés domaniales. Le comte de Lerin était absent; il se trouvait à la cour de Castille, à Medina del Campo, quand les commissaires royaux commencèrent leur enquête. D'après lui, les habitants du territoire et de la ville d'Artajona se soulevèrent à l'instigation des officiers du roi de Navarre, et obtinrent d'être soumis de nouveau à l'autorité directe de la couronne. On avait aussi voulu enlever à ses parents, Gracian et Martin de Beaumont, les forteresses de Tiebas et de Santa-Cara, en prétendant qu'elles appartenaient au domaine royal. On avait forcé les jurats de Pampelune à livrer aux capitaines du roi les tours de Saint-Nicolas et de Saint-Laurent, dont ils avaient la garde. On avait exilé l'official de l'église Sainte-Marie et les principaux habitants de la capitale, suspects de sympathies pour les Beaumontais. Les rois avaient ordonné de démolir la maison de Philippe de Beaumont, dans la petite ville de Huarte d'Araquil, et essayé de faire saisir ce frère du connétable, sans attendre la sentence des tribunaux, sous prétexte qu'un valet de ce seigneur avait assassiné un laboureur. On n'avait même pas épargné la maison du comte de Lerin, quoiqu'il fût alors absent. On avait refusé de livrer, malgré des promesses antérieures, à l'infant don Jaime, gendre du comte, la ville de Miranda (1). A ces griefs s'ajoutaient les poursuites dirigées contre un autre parent du connétable, nommé Juan de Mendoza. Ce gentilhomme avait épousé la fille cadette du comte de Lerin, Anna de Beaumont. Les rois de Navarre enjoignirent aux bourgeois de Tudela de lui enlever, de vive force au besoin, le château et le domaine de Buñuel, qui avaient jadis fait partie des terres de la couronne, et qu'ils voulaient y réunir (2). Le comte de Lerin invoqua aussitôt l'intervention des Rois Catholiques. Ceux-ci, sur la demande des rois de Navarre eux-mêmes, avaient garanti l'exécution de la trêve de décembre 1493, qui rétablissait la paix entre ces souverains et les Beaumontais (3). Ils accueillirent les

(1) Ces détails nous sont donnés par un mémoire adressé par les Rois Catholiques, vers 1498, à leur envoyé Ontañon, et intitulé : *Lo que vos Pedro de Ontañon... direys à los reyes de Navarra*. Arch. de Simancas, *Patron. real. Cap. con Nav.*, leg. 2, et par un autre mémoire rédigé pour le même envoyé en 1509 et intitulé : *Relacion de las gracias hechas por los reyes de Castilla à los de Navarra*. Arch. de Nav., *Cortes, Guerra*, leg. 1, carp. 15. Arch. de Simancas, *Capit. con Nav.*, leg. 2. — (2) L'union de Mendoza avec la fille du connétable n'a pas été connue des historiens navarrais. Ce détail nous est donné par l'auteur anonyme du *Libro genealógico de la casa del Condestable de Navarra*, f° 159. — L'ordre d'enlever le château de Buñuel est daté du 14 mai 1494. Arch. de Nav., *papeles sueltos*, leg. 23, carp. 21. — (3) C'est ce que Ferdinand expose dans le mémoire adressé à Ontañon en

plaintes du connétable avec faveur. Lerin était, en effet, le
beau-frère de Ferdinand, dont il avait épousé la sœur bâtarde,
Leonor. Mais son meilleur titre aux yeux du roi de Castille,
c'était encore de servir, consciemment ou non, par ses révoltes,
la cause de l'Espagne, et de favoriser le progrès de l'influence
castillane en Navarre. Les souverains navarrais ne se doutaient
guère de ces intrigues. Ils avaient appris que, le 6 mai, les Rois
Catholiques avaient ordonné aux officiers royaux et à l'infant
don Juan de publier le traité de Medina (1). Ils croyaient naïvement que ce traité leur assurait un protecteur généreux. Ferdinand avait promis à Lautrec et aux envoyés de Navarre de
régler amiablement le différend qui venait de surgir entre le
connétable et les rois (2). Aussi Jean et Catherine, pleins de
confiance, s'étaient-ils empressés de confier aux rois de Castille
leurs embarras. Ils leur avaient même demandé de les soutenir
contre le pape Alexandre VI, qui venait, sans les consulter, de
conférer l'évêché de Pampelune au cardinal de Sainte-Anastasie (3). Leurs illusions furent rapidement dissipées, et ils
s'aperçurent bientôt qu'ils avaient trouvé, au lieu d'un allié, le
plus impérieux et le plus exigeant des maîtres. Le 17 juin, un
mois et demi à peine après la convention de Medina, Ferdinand
et Isabelle envoyaient à la cour de Navarre leur ambassadeur,
Pedro de Ontañon, porteur d'un mémoire où ils exposaient leurs
réclamations. Ils reprochaient aux rois de Navarre leur conduite à l'égard de Juan de Mendoza; les tribunaux navarrais,
disaient-ils, avaient refusé de rendre justice à ce gentilhomme,
bien qu'il appartînt à la maison des rois de Castille. Ils exprimaient leur inquiétude au sujet des discordes renaissantes dans
le royaume de leurs neveux. Ils concluaient, en offrant leur
médiation au sujet de l'affaire d'Artajona, en demandant
pour l'infant don Jaime la cession de la ville de Miranda, et
pour Juan de Mendoza un nouvel examen de ses revendications.
Ils terminaient en conseillant aux souverains navarrais de se
soumettre à l'autorité du Pape, et de conclure un accord avec le
cardinal de Sainte-Anastasie, qui serait leur protecteur à la cour

1493 et cité ci-dessus. Cette garantie fut donnée au moment où Jean et Catherine se trouvaient à Saint-Jean-Pied-de-Port, prêts à entrer en Navarre.

(1) Ordres de publier le traité de Medina, 6 mai 1494, deux textes, dont l'un mutilé. Arch. de Simancas, 2ᵉ série, *Secretaria de Estado-Navarra*, leg. 344, fᵒ 9. — (2) Cette promesse est rappelée dans les lettres de créance données à Ontañon le 17 juin et qui sont citées ci-dessous. — (3) Ces faits sont rappelés dans le document précité. — Ce cardinal était Antonio Pallavicini, évêque de Vintimille, puis d'Orense, cardinal-prêtre du titre de Sainte-Anastasie, et plus tard du titre de Sainte-Praxède, mort vers 1507. De Mas-Latrie, Trésor de Chronologie, p. 1210.

de Rome, et ils manifestaient l'espoir que le connétable consentirait à déposer les armes (1). Le ton de ce mémoire était, d'ailleurs, courtois et conciliant. Les rois de Navarre répondirent à ces demandes d'explications amicales par un long mémoire, daté du 11 août, dont on possède le texte. Ils commençaient par remercier Ferdinand et Isabelle des soins qu'ils avaient donnés à la pacification de leur royaume, et les assuraient que les violations de la paix n'étaient jamais venues et ne viendraient jamais d'eux. Le premier coupable de la rupture des accords antérieurs, c'est le connétable. Il a osé maltraiter les habitants d'Artajona, « sujets des rois ». Ceux-ci ont d'abord toléré ces vexations, par égard pour les souverains de Castille, qui leur avaient demandé d'oublier les injures du rebelle. Mais depuis, Lerin a persisté dans sa révolte; il a forcé les habitants d'Artajona à lui prêter serment, contrairement aux ordres royaux. Il a prétendu, dans un factum adressé à Ferdinand, qu'il était le vrai maître de ce domaine. Certes, puisque les rois de Castille s'intéressent au sort du connétable, les souverains navarrais sont disposés à lui pardonner; ils lui feront même une nouvelle donation du domaine contesté. Mais ils exigent que Lerin obéisse à leurs ordres, comme un « bon, loyal et fidèle « sujet doit le faire », qu'il adhère à la sentence prononcée contre lui, et qu'il restitue les biens usurpés sur la couronne. Quant à Juan de Mendoza, c'est aussi un factieux. Maître des terres et de la forteresse de Buñuel, il a refusé de les rendre aux rois, bien qu'il y ait été condamné par les tribunaux. A la prière des rois de Castille, Jean et Catherine ont fait recommencer la procédure. Il a été reconnu que Mendoza n'avait droit qu'à une rente de 500 florins, jadis accordée à son aïeul sur la terre en litige. On l'a sommé de comparaître pour recevoir cette somme. Après avoir demandé un délai, il n'a pas comparu; il a même fortifié Buñuel et y a introduit des troupes étrangères. Sur une nouvelle requête de Ferdinand, on a envoyé des commissaires à Tudela pour conclure une entente avec Mendoza au sujet de la procédure. Le rebelle s'est rendu à la conférence, mais il a refusé nettement d'obéir aux ordres des rois. Il a réuni à Alfaro des troupes castillanes, et il a fallu recourir aux armes contre lui. Les commissaires royaux ont alors assiégé

(1) Lettre de créance donnée à Ontañon. Medina, 17 juin. — Mémoires donnés à Ontañon pour les rois de Navarre, le sire d'Albret et la princesse de Viane, intitulés : *Lo que vos Pedro de Ontañon, contino de nuestra casa, aveys de desir de nuestra parte à los muy ilustres princesa, é el rey y reyna de Navarra*. Arch. de Simancas, *Estado-Navarra*, leg. 344, f° 10. Ces documents étaient entièrement inconnus.

Buñuel (1); la garnison de cette place a tué ou blessé bon nombre des assiégeants. Mendoza a ainsi commis le crime de lèse-majesté. Il a fait plus encore; à la tête de ses bandes, il a forcé les troupes royales à lever le siège; il a ravagé le royaume, noué des relations avec les autres rebelles, fait appel aux Cortès de la sentence rendue contre lui. Pourtant, les souverains navarrais consentent à lui abandonner les rentes de Buñuel, jusqu'à ce que la justice ait définitivement prononcé. Mais ils sont forcés d'agir à son égard, suivant les prescriptions des fueros, et ils sont persuadés que les rois de Castille, informés de ces faits par Ontañon, désapprouveront la conduite du vassal rebelle. Toujours disposés à plaire à « Leurs Altesses », Jean et Catherine vont accorder à leur oncle, don Jaime, une rente convenable, à la place de Miranda, qu'ils ont promis de lui donner; si la donation n'a pu être exécutée, c'est que les Cortès et les tribunaux en ont contesté la validité. Pour l'évêché de Pampelune, les rois de Navarre ne voudraient pas autoriser le cardinal de Sainte-Anastasie à en prendre possession sans « leur « licence ». Ne convient-il pas de sauvegarder le droit qu'ils prétendent à disposer des bénéfices ecclésiastiques ? Cependant, comme les rois de Castille leur ont demandé de renoncer à cette opposition, ils consentent à ce que la prise de possession de l'évêché ait lieu de la même manière que pour César Borgia, c'est-à-dire sous réserve des privilèges de la couronne de Navarre, et à condition que les autres bénéfices ecclésiastiques soient « octroyés « suivant leur volonté » (2).

Ces concessions n'empêchèrent pas les Beaumontais de continuer leurs courses; le connétable avait appelé aux armes tous ses partisans et fait de Viana sa place d'armes (3). Alors, Jean et Catherine résolurent d'agir énergiquement contre les rebelles. Le 12 septembre, le roi ordonne, « vues les insultes et rébellions « commises par dor. Luis de Beaumont », de saisir les forteresses et domaines du connétable et de ses partisans. En vertu de cet ordre, le fort d'Irurlegui est occupé et démoli aussitôt (4). A Pam-

---

(1) Ce siège, qui est resté inconnu des annalistes navarrais, eut lieu en juin 1494. A la date du 19 juin, le registre d'Olite mentionne un ordre des rois adressé à Tudela pour investir le château de Buñuel. Arch. de Nav., reg. ou mémorial d'Olite, f° 31 (papiers manuscrits du P. Moret). — (2) *Respuesta de los reyes de Navarra á lo que por parte de los reyes de Castilla se les habia embiado á decir en razon de la paz de aquel reino y otras cosas*. Pampelune, 11 août 1494. Arch. de Simancas, *Patr. real. Capit. con Nav.*, leg. 1. Ce document a été publié dans la *Colección de doc. inéditos pura la historia de España*, t. XLI, p. 99 et suiv., mais n'a jamais été utilisé. — (3) Fait relaté dans le mémoire donné à Ontañon en 1498 et cité plus haut. — (4) Cédule de Jean d'Albret et donation d'Irurlegui à Juan de Méarin, 12 sept. 1494. Arch. de Nav., *Comptos*, cajon 165, n° 80.

pelune, on arrête les chefs du parti beaumontais, Juan d'Esparza, vicaire de l'église de San-Cernin, et Anton Daguerre. On enlève au connétable le sceau de chancelier. On fait main basse sur les troupeaux de vaches et de moutons des rebelles. L'un d'eux se voit enlever un millier de brebis qui servent à nourrir l'armée royale. Jean d'Albret a proclamé le ban et fait appel à tous ses sujets fidèles. Tandis que les montagnards de Roncal assiègent Sanguesa, les milices de Tudela poussent vivement le siège de la forteresse beaumontaise de Tiebas, qu'ils battent avec de l'artillerie et réduisent à la dernière extrémité (1). Les souverains navarrais poursuivent les hostilités avec tant d'énergie qu'on suppose, dit l'alcalde de Tudela, témoin oculaire des événements, « qu'ils veulent en finir pour toujours avec le connétable » (2). Ils avaient mis à la tête de leurs troupes un homme de guerre expérimenté, Jean de Foix, vicomte de Lautrec, et ils comptaient sur l'appui inébranlable des Gramontais. De son côté, le comte de Lerin se défendait avec la fureur du désespoir. Il se fortifiait dans Viana, où ses soldats s'étaient retranchés jusque dans l'église de San-Pedro (3). Il avait occupé par surprise la place de Santa-Cara avec des bandes castillanes à son service, et assiégeait la garnison royale réfugiée dans l'église de cette ville. Malgré la réunion des troupes de Lautrec à Caparosso et leur jonction avec les milices de Tudela (4), il parvint à faire cette garnison prisonnière (5). Telle était sa rage, que les soldats vaincus furent traités avec une férocité inouïe. Il les enferma dans un affreux souterrain de son château de Mendavia qu'on appelait « la chambre noire », ne leur laissant dans ce cachot glacé que la chemise pour tout vêtement, et ne leur distribuant qu'une nourriture insuffisante et gâtée. Ces malheureux se crurent si près de la mort qu'ils supplièrent un clerc enfermé avec eux de « leur donner les derniers « sacrements » (6). Le comte voulait seulement leur extorquer une forte rançon, et finit par les remettre en liberté, lorsque les rois consentirent à délivrer un nombre égal de captifs beaumontais (7). Le connétable ravageait en même temps le territoire de Tudela.

(1) *Carta del alcalde y regidores de Tudela que estaban en el ejercito de los reyes, combatiendo la fortaleza de Tiebas*, 16 sept. 1494. Arch. de Nav., Cortes, Guerra, leg. 1, carp. 21. — (2) Lettre précitée. — (3) *Carta de los reyes á la ciudad de Tudela*, 10 septembre. Arch. de Nav., Guerra, leg. 1, carp. 20. — (4) *Carta de los reyes á la ciudad de Tudela, mandando levantar toda la gente de armas*, 13 novembre. Arch. de Nav., Guerra, leg. 1, carp. 22. — (5) *Carta de la ciudad de Tudela á los reyes* (annonçant la capitulation de la garnison), 17 novembre. Arch. de Nav., Guerra, leg. 1, carp. 22. — (6) *Carta del clerigo Martin Miguel dirigida á la ciudad de Tudela*, 10 décembre. Arch. de Nav., Guerra, leg. 1, carp. 25. — (7) *Carta de los reyes á Tudela*, 24 novembre. Arch. de Nav., Guerra, leg. 1, carp. 23.

Il affama les bourgeois à tel point que, sans les secours des villes voisines de Corella et de Cascante, ils seraient morts de faim (1). Il multipliait les courses, et dans l'une de ces marches rapides, il parvint à surprendre Olite, l'une des clés de la Haute-Navarre et l'une des places d'armes des Gramontais. Il saisit un grand nombre de ces derniers, occupa leurs terres et confisqua leurs maisons (2). La guerre civile se prolongea ainsi plus de six mois ; mais il était à craindre que, livré à lui-même, le connétable finît par succomber. Les rois de Castille n'étaient pas intéressés à laisser écraser le parti beaumontais, cet instrument commode de leur politique. Ils résolurent d'intervenir et de profiter des embarras des rois de Navarre, pour leur imposer une convention plus avantageuse que celle de Medina. Ils visaient à une occupation militaire des places navarraises, dans l'éventualité d'une rupture avec la France, rupture qui, dès la dernière moitié de l'année 1494, était imminente (3). Pour motiver leur immixtion dans les affaires de la Navarre, ils prétextèrent la garantie qu'ils avaient accordée à la trêve de décembre 1493. Ils alléguèrent aussi l'accueil bienveillant que les souverains navarrais avaient fait aux habitants de deux villages du territoire castillan de Los Arcos. Sur leur ordre, le capitaine-général Ribera détruisit ces deux bourgs, sans que les rois de Navarre osassent protester (4). Au même moment, vers le mois de septembre, ils envoyèrent Ontañon à la cour de Jean d'Albret. L'envoyé castillan insista pour obtenir une suspension d'armes, pendant laquelle on aurait informé Ferdinand des errements du connétable, et il offrit au nom des souverains espagnols, une médiation destinée à obtenir du rebelle une réparation. Ces propositions furent déclinées, et Ontañon crut devoir se rendre à Madrid pour y demander aux rois de Castille de nouvelles instructions (5). C'est alors que le comte de Lerin se saisit de la ville de Viana, malgré la garantie accordée à cette cité par Ferdinand. Il devenait plus difficile de soutenir la cause de ce rebelle. Cependant le roi d'Espagne résolut de négocier à la fois avec les rois de Navarre et avec le connétable, pour les amener à une transaction profitable à ses intérêts. Ontañon repartit, au

(1) *Carta de la ciudad de Tudela á los reyes*, 28 novembre. Arch. de Nav., *Guerra*, leg. 1, carp. 23. — (2) Zurita, *Anales de la corona de Aragon*, liv. II, chap. IV, fº 62. — Registre d'Olite, fº 33 (pap. de Moret). — (3) Voir à ce sujet Zurita, chap. XXXI, fº 38 (liv. II), protestation de l'ambassadeur castillan Alonso de Silva, sur l'occupation de Naples. — (4) Ce fait est mentionné dans le mémoire remis a Ontañon en 1509 et intitulé : *Relacion de algunas quiexas que los reyes de Navarra hicieron despues del asiento de las alianzas*. Arch. de Nav., leg. 1, carp. 15. — (5) Ces négociations sont mentionnées dans le mémoire remis à Ontañon en 1498, intitulé : *Lo que vos Pedro de Ontañon... direys á los reyes de Nav*. Arch. de Simancas, *Capit. con Nav.*, leg. 2.

début du mois d'octobre, avec le docteur Ruy Gonzalez de Puebla, pour la cour navarraise. Les deux envoyés devaient rappeler à Jean d'Albret que les Rois Catholiques étaient garants de l'accord de 1493, et que leur médiation était indispensable pour mettre fin à la guerre civile (1). Un autre négociateur, Garcia de Herrera, fut chargé de se rendre auprès du connétable, Lerin. Il lui reprocha d'avoir surpris la ville de Viana, occupé ses églises, mis en prison ses bourgeois, bien qu'ils eussent obtenu la sauvegarde de la Castille. Il lui demanda ensuite de mettre en liberté les prisonniers et de livrer aux Castillans, à titre de gage provisoire, la forteresse qu'il avait indûment enlevée. Pour appuyer cette double démarche, Ferdinand faisait réunir des troupes sur les frontières, sous les ordres du capitaine-général Juan de Ribera. Il envoyait son maître d'hôtel, Sancho de Castilla, surveiller la levée de nouveaux contingents et préparer les vivres et logements nécessaires aux soldats. Il enjoignait aux capitaines de ses compagnies d'ordonnance de se tenir prêts à marcher au premier signal. Il ordonnait aux grands seigneurs voisins des frontières de Navarre de rassembler leurs vassaux ; aux villes de Logroño, de Calahorra, d'Alfaro, de Vitoria, de mettre sur pied leurs milices (2). Les démonstrations militaires produisirent leur effet ordinaire. Les rois de Navarre se hâtèrent, dans les premiers jours d'octobre, d'envoyer à Madrid leur secrétaire, le procureur fiscal, Miguel d'Espinal. Il était porteur d'un court mémoire, où les souverains se plaignaient amèrement de la conduite du connétable, qui avait surpris leur bonne ville de Viana, emprisonné une partie des bourgeois, exilé l'autre. Ils demandaient un châtiment signalé pour le duc de Nagéra, vassal des rois de Castille, qui avait envoyé 800 hommes au secours du comte de Lerin, et répondu aux représentations des rois de Navarre, en ordonnant la levée de tous les hommes valides de ses domaines. Ils suppliaient, « en fils obéissants », les rois d'empêcher leurs vassaux de s'immiscer dans les affaires navarraises, et de ne pas secourir contre eux un rebelle audacieux, dont les méfaits troublaient le royaume (3). Cette démarche montrait

(1) Ces négociations, restées jusqu'ici inconnues, nous ont été indiquées par les documents inédits des Arch. de Simancas. *Cartas que llevo el doctor de Puebla*. Madrid, 29 septembre (6 lettres adressées aux rois de Navarre, à la princesse de Viane, à Lautrec, à l'évêque de Couserans, au connétable, à Oñatoñon). — Instructions données à Puebla (sans titre spécial), 29 septembre. Arch. de Simancas, *Estado-Navarra*, leg. 314, f°s 10-12. —
(2) *Cartas que llevo Garcia de Herrera*. Madrid, 8 octobre (5 lettres). Arch. de Simancas. *Estado-Navarra*, leg. 314, f°s 12-13. — Correspondance des rois de Castille avec Ribera, les capitaines des ordonnances, les seigneurs et les villes, en tout 28 lettres. Simancas, *Estado-Nav.*, leg. 344, f°s 14-18. — (3) Nous avons trouvé ce mémoire aux Arch. de Simancas ; il était entièrement inconnu. Il est intitulé : *Memorial de las cosas que han succedido en nuestro*

bien l'effarement des souverains navarrais ; ils en étaient réduits à demander aux souverains espagnols la permission de châtier un vassal. Cette permission, les rois de Castille n'avaient garde de la donner. Ils ne voulaient ni la ruine du connétable, ni le succès de sa révolte. Ils se préoccupaient uniquement de ménager à la fois les rois et leur sujet rebelle, pour mieux les réduire à leur merci. Aussi intervinrent-ils d'abord, contrairement à l'attente de Jean d'Albret, en faveur de Lerin. Ce dernier se trouvait en grand danger : sa principale forteresse, Larraga, vivement pressée par les troupes royales, que commandait Lautrec, était sur le point de capituler. Les souverains navarrais en attendaient la prochaine reddition. Un complot formé par les Beaumontais pour s'emparer de Puente-la-Reina avait été découvert le 5 octobre ; il n'avait abouti qu'au supplice ou à la fuite des conjurés (1). Craignant la ruine du rebelle, les Rois Catholiques chargèrent le capitaine-général Ribera de faire entendre à leurs neveux d'énergiques protestations. Ils leur reprochaient d'avoir agi avec une précipitation suspecte contre le connétable, et d'avoir violé l'accord de 1493, garanti par eux (2). Ils avaient manqué ainsi à leurs devoirs de reconnaissance à l'égard des souverains castillans, et compromis leurs propres intérêts en suscitant une guerre civile. Pour ajouter à l'effet de ces remontrances, ils envoyaient à la frontière 800 lances d'élite. Enfin, le docteur de Puebla et le capitaine-général Ribera demandèrent aux rois de Navarre de lever le siège de Larraga, de livrer cette place aux Castillans à titre de séquestre et de consentir à une suspension d'armes (3). Vainement, les souverains navarrais invoquèrent-ils divers prétextes pour traîner en longueur les négociations. Ils alléguèrent les propos menaçants qu'on tenait sur leur compte en Castille. Ferdinand les fit démentir (4). Ils objectaient, pour ne pas désarmer, les pillages auxquels se livraient encore les troupes beaumontaises. Le roi d'Aragon enjoignit au connétable de Navarre et au duc de Nagéra de licencier leurs bandes et d'empêcher tout désordre (5). Ils se plaignirent des secours que fournissaient les Castillans aux rebelles.

reyno, las quales vos M, de Espinal... dirá á sus Altezas. Simancas, *Estado-Nav.*, leg. 344, f° 17.
(1) Ces faits sont relatés dans le mémoire remis à Espinal et cité ci-dessus. — (2) Instructions des Rois Catholiques pour Ribera, 13 octobre. — Lettres des Rois Catholiques à la princesse de Viane et aux rois de Navarre, 15 octobre. — Instructions données à Ribera et à Puebla, Madrid, 18 octobre. Arch. de Simancas, *Estado-Nav.*, leg. 344, f°* 14-18. Tous ces documents étaient inconnus. — (3) Dépêches envoyées à Ribera et à Puebla, 18 et 19 octobre, Madrid. Arch. de Simancas, *Estado-Nav.*, leg. 344, f° 15. — (4) Dépêches envoyées à Puebla. Madrid, 21 octobre, *ibid.* — (5) Dépêches envoyées au connétable de Navarre et au duc de Nagéra, 22 octobre, *ibid.*

Ribera reçut l'ordre de faire garder une stricte neutralité aux sujets des Rois Catholiques (1). Alors il fallut bien se soumettre. Puebla qui s'était retiré sans avoir pu conclure l'accord réclamé par les rois de Castille, revint bientôt auprès des souverains navarrais, porteur de l'ultimatum de Ferdinand. Celui-ci exigeait la levée immédiate du siège de Larraga, la remise de cette place en mains tierces, l'ouverture de conférences en vue de la conclusion d'un accord. Si Puebla ne recevait pas une réponse précise et favorable, il devait se retirer à Logroño (2). L'ultimatum, signifié au début de novembre, était appuyé par une démonstration militaire de Ribera. De nouvelles levées de troupes avaient lieu dans les territoires de Soria, d'Osma et de Calahorra (3). Alors, les rois de Navarre effrayés, levèrent le siège de Larraga, et envoyèrent à Logroño deux négociateurs, pour conclure un accommodement avec Puebla et Ribera. Lerin et Nagéra s'étaient imaginés que l'intervention castillane était uniquement dirigée contre Jean d'Albret et Catherine. Ils crurent qu'on les autoriserait à continuer la guerre avec l'appui des Castillans. Ferdinand se chargea de les détromper; il interdit à Ribera et aux grands seigneurs de Castille de les soutenir, et enjoignit durement au connétable et à son auxiliaire de déposer aussitôt les armes (4).

Les rois de Navarre montrèrent dès lors plus de docilité. Après avoir, le 4 novembre, abandonné le blocus de Larraga, et ramené leurs troupes à Tafalla (5), ils envoyèrent directement à Madrid Miguel d'Espinal, leur procureur fiscal. Cet ambassadeur avait reçu des lettres de recommandation de la princesse de Viane et du sire d'Albret « pour leurs chiers oncle et tante », les Rois Catholiques. Il devait exposer « les choses qui occorroient par deça » et prier Ferdinand et Isabelle « d'avoir les affaires de leurs
« enfans, les rois de Navarre, pour spécialement recomman-
« dées » (6). Peu après, à la prière des rois de Castille, Jean et Catherine accordèrent au rebelle Lerin une trêve de vingt jours qui fut publiée le 23 novembre : « En considération des très
« excellents roi et reine de Castille, disaient-ils, nous consen-

(1) Lettre des rois à Ribera, 22 octobre, *ibid*. — (2) Lettres et instructions envoyées à Puebla et à Ribera, 28 et 29 octobre, 2 novembre, *ibid*. — (3) Lettres des Rois Catholiques à Osma, Calahorra, etc., à Ribera, au comte d'Aguilar, etc., 28 octobre au 2 novembre, *ibid*. — (4) Lettres des Rois Catholiques à Ribera, 2 et 11 novembre; au duc de Nagéra, 11 novembre. Simancas, *Estado-Nav.*, leg. 344, fos 14 à 18. Toute cette correspondance était entièrement inédite et inconnue jusqu'ici. — (5) La levée de ce siège et la date de cette levée sont mentionnées par le registre ou mémorial d'Olite, f° 32. Arch. de Nav., pap. de Moret. — (6) Lettres (inédites) de la princesse de Viane et du sire d'Albret aux Rois Catholiques, 16 nov. 1494. B. N. de Paris, fonds espagnol, t. CLXXII, f° 51 (original).

— 111 —

« tons à surseoir aux voies de fait contre don Luis de Beaumont, « ses parents et ses partisans ». Ribera, capitaine-général des princes espagnols, avait, de son côté, promis de faire observer la suspension d'armes par le comte de Lerin et ses adhérents (1). Ferdinand envoyait au connétable Diego de las Osas, son valet de chambre, avec l'ordre formel de cesser les hostilités, et il obtenait du chef des rebelles la cession de la forteresse de Viana. Aussitôt une garnison castillane, sous les ordres de Garcia de Herrera, occupa cette place (2). Pendant la trêve, les conférences continuèrent à Logroño; mais les délégués castillans et navarrais cherchèrent vainement à conclurent un accord. Les rois catholiques, désireux de conserver l'appui du comte de Lerin, demandaient en sa faveur des concessions telles qu'aurait pu en obtenir ce vassal rebelle s'il eût été victorieux. Ils exigeaient qu'on lui restituât tout ce qu'il possédait avant l'ouverture des hostilités; qu'on lui rendit tous ses biens, meubles et immeubles, tous ses honneurs et offices. Pour eux-mêmes, ils revendiquaient, en vertu de la garantie accordée en 1493 au traité de Pampelune, le rôle d'arbitres. Sous ce prétexte, ils prétendaient qu'on leur livrât Viana et Sanguesa, deux des places les plus importantes de la Navarre, jusqu'à ce qu'ils eussent réglé le différend (3). Jean et Catherine trouvaient ces conditions trop dures ; l'alcayde d'Alfaro, au nom des rois de Castille, vint enjoindre à Ribera, chargé des négociations, de ne rien céder (4). Aussi les conférences traînèrent-elles en longueur jusqu'à la fin de décembre. Finalement, elles furent rompues : les rois de Navarre levèrent des troupes en Béarn, Marsan et Bigorre avec le consentement des Etats, et obtinrent des Béarnais un secours de 1,000 arbalétriers (5). Mais ils ne tardèrent pas à s'apercevoir de leur faiblesse et à renouer les négociations. Les Rois Catholiques, qui venaient de rompre avec Charles VIII (6), résolurent de les

II.
Affermissement du protectorat castillan.
Les traités de Madrid (1495.)
L'entrevue d'Alfaro.
La convention de l'ampelune. (1495.)

(1) Lettres pat. des rois de Navarre suspendant les poursuites contre Louis de Beaumont, 23 nov. 1494. Arch. de Nav., *Guerra*, leg. 1, carp 24; doc. p. p. Yanguas, *Diccionario de Antigüedades*, III, 222. — (2) *Lo que vos Diego de las Osas aveys de dezir de nuestra parte al condestable de Navarra*. Madrid, 15 novembre. Arch. de Simancas, *Estado-Navarra*, leg. 344, fº 17. — *Carta de los reyes á Garcia de Herrera*. Madrid, 30 novembre, *ibid*. Ces documents sont inédits. — (3) Instructions données à Juan de Ribera. Madrid, 15 novembre. Arch. de Simancas, *Estado-Nav.*, leg. 344, fº 16, doc. inéd. — (4) *Instruccion que llevo el alcayde de Alfaro*. Madrid, 4 décembre, pièce incomplète. Simancas, *ibid*. — (5) Mém. et instr. données à Jean de Lasalle (envoyé des rois) de ce qu'il aura à dire aux États (de Béarn). — Délibération des États de Béarn réunis à Lescar, 12 fév. 1495. Arch. des Bass.-Pyrén., C, 680, fos 21 et 22. — (6) Leur ambassadeur Fonseca déchira à Velletri, janv. 1495, sous les yeux de Charles VIII, le traité de Narbonne. Bernaldez, *Crónicas de los Reyes Católicos*, p. 683 (édition des Chroniques de Castille).

pousser activement et d'obtenir la soumission de la Navarre avant l'ouverture des hostilités. Madeleine de Viane, la conseillère expérimentée des souverains navarrais, venait de mourir, le 23 janvier 1495, à Pampelune (1). La direction de la politique navarraise passa, dès lors, surtout aux mains du sire d'Albret. C'est à lui que les rois de Castille s'adressèrent pour vaincre la résistance des princes navarrais. Ils savaient que l'ambitieux seigneur était assez mal disposé pour le roi de France, qui n'avait pas exécuté les clauses du traité de Nantes, et s'était contenté de lui assigner 6,000 livres de rente et le comté de Gaure. (2) Alain les avait fait assurer de ses bonnes dispositions à leur égard et « de son affection ». Aussi est-ce à lui que les Rois Catholiques envoyèrent, le 30 janvier, un gentilhomme de leur maison, Luis d'Aguirre, pour lui exposer leurs demandes. Après avoir transmis aux souverains navarrais les compliments de condoléance obligés, au sujet de la mort de la princesse de Viane, l'agent castillan devait indiquer au sire d'Albret les griefs de Ferdinand et d'Isabelle. Il lui représenta que les rois de Navarre avaient procédé avec trop de hâte contre le comte de Lerin ; ils n'avaient pas eu égard aux services que leur avaient rendus les Rois Catholiques ; ils avaient négligé de leur faire connaître, « comme à leurs défenseurs naturels », les motifs des poursuites. S'ils l'avaient fait, on aurait empêché les troubles, « sans hostilités, « sans sièges, sans mort d'hommes ». Cette conduite est de nature à éveiller leurs soupçons. Les rois de Navarre tendent peut-être à se dégager de leurs promesses antérieures. N'est-il pas juste de leur demander des gages de leur fidélité et du maintien des alliances précédentes ? Ils ont promis de ne pas admettre de troupes étrangères dans leurs États et de ne faire éprouver aucun dommage aux royaumes espagnols. Il faut aux Rois Catholiques des garanties pour l'accomplissement de ces promesses. Ces garanties, d'ailleurs, n'ont pour but que le bien de la Navarre ; il s'agit uniquement d'assurer sa neutralité, même au cas d'une rupture entre la France et l'Espagne. Que le sire d'Albret insiste sur ce point auprès de ses enfants ; c'est le seul moyen de maintenir la paix dans leur royaume. Aguirre dut aussi dissuader

(1) Son testament en béarnais est daté du 23 août 1494. Arch. des Bass.-Pyrén., E 543. B. N., coll. Doat, 225, f° 117, avec la date erronée du 21 août. — Elle fut ensevelie dans la cathédrale Sainte-Marie : on a l'épitaphe de son tombeau, citée par Yanguas. *Adiciones al Diccionario de Antigüedades*, p. 196. — Pour la date de sa mort, voir Garibay. *Compendio historial*, t. III, liv. II, chap. XVI, p. 488, et Zurita, *Anales*, t. V., liv. II. chap. IV, f° 62. —
(2) Lettres pat. de Charles VIII accordant à Alain d'Albret le comté de Gaure, août 1494. B. N., coll. Doat, 226, f° 201. — Consentement des habitants du comté de Gaure à la transaction, coll. Doat, 226, f° 269.

le père du roi de Navarre d'introduire des troupes françaises dans le royaume navarrais. Il lui déclara nettement que les rois de Castille étaient résolus à s'y opposer par la force. La mission de l'envoyé espagnol ne se bornait pas à cela; il était également chargé de se renseigner sur le chiffre des forces réunies en Béarn et en Navarre, et de faire une enquête sur les troubles de ce dernier État (1). Il fallut se résigner, en présence de ces menaces à concéder aux souverains castillans les nouvelles garanties qu'ils réclamaient, et à envoyer à Madrid l'ambassadeur Miguel d'Espinal, pour y conclure la convention qu'exigeaient ces souverains. Deux traités, dont nous possédons le texte, furent signés le 4 mars, entre la Navarre et la Castille. Par le premier, ratifié le 26 mars à Pampelune par Jean et Catherine, Ferdinand et Isabelle se faisaient livrer comme otage, pendant cinq ans, Madeleine, fille cadette des rois de Navarre. Passé ce délai, la jeune princesse devait être rendue à ses parents, si les conventions arrêtées avaient été strictement observées. Les souverains navarrais s'engagèrent à remettre leur fille aux mains du capitaine-général Ribera, qui la conduirait à la cour de la reine Isabelle, vingt jours au plus après la ratification du traité. C'était pour les rois de Castille un gage précieux de la fidélité des rois de Navarre (2). Le second traité de Madrid, signé également le 4 mars et ratifié le 14 à Pampelune, stipulait une seconde garantie non moins avantageuse, à savoir l'occupation militaire des principales places navarraises. Cette convention, qui comprend vingt-cinq articles, renouvelait les clauses des pactes antérieurs sur les obligations des rois de Navarre. Ils s'engageaient à ne pas permettre l'entrée des troupes étrangères en Navarre et en Béarn, à résister, s'il était nécessaire, de toutes leurs forces à pareille entreprise, et à faire appel, au besoin, aux armées castillanes. Ils promettaient de maintenir leurs États en paix et amitié avec les royaumes espagnols, et d'obliger leurs sujets à respecter les conditions de cette alliance. Mais le traité contenait une clause nouvelle et de grande importance. Comme gage de l'exécution de leurs engagements, Jean et Catherine firent le serment de livrer, dans le délai de

---

(1) Instructions des rois de Castille pour Luis d'Aguirre, leur envoyé auprès du sire d'Albret. Madrid, 30 janv. 1495. Il n'existe de ce document qu'une copie. Arch. de Nav., *Guerra*, leg. 1, carp. 16. — Elle a été publiée *in extenso* par Yanguas, *Diccionario de Antigüedades*, III, 227. — (2) *Promesa de los Reyes Católicos... de tener en rehenes la infanta (de Navarra) doña Madalena*, Madrid-Pampelune, 4 mars, 26 mars. Arch. de Simancas, *Patr. real. Capit. con Nav.*, leg. 1. — Ce document a été publié dans la *Colección de doc. inéditos para la historia de España*, t. XLI, p. 100.

douze jours après la ratification du traité, au capitaine-général Ribera, délégué de Ferdinand, les villes et châteaux de Sanguesa et de Viana. Des garnisons castillanes occuperaient ces forteresses, dont l'une gardait la frontière de Castille, et l'autre les cols des Pyrénées. En l'absence de Ribera, son fils Juan de Silva aurait le commandement des deux châteaux. Les Rois Catholiques devaient restituer ces places toutes les fois que des troupes étrangères envahiraient le royaume et confier aux garnisons navarraises le soin de les défendre contre les envahisseurs. Ils s'engageaient à les rendre aux rois de Navarre, dans le délai de cinq ans, sans condition, si le traité était loyalement exécuté. Une troisième garantie était encore accordée aux rois de Castille. Le vicomte de Lautrec, généralissime de l'armée navarraise, les Cortès, les villes principales du royaume, les gentilshommes du pays, les gouverneurs des forteresses, et les commandants de troupes, devaient prêter un serment solennel pour la sûreté des conventions arrêtées. Ils jureraient de veiller à l'accomplissement du traité, de supplier les rois de Navarre de l'exécuter, s'il était nécessaire, et de ne pas leur obéir, s'ils le violaient. Les souverains navarrais ne pouvaient requérir d'eux, en ce cas, la fidélité promise au moment de leur couronnement. Chacun des garants était obligé, dans le délai de trente jours, de donner à Ribera acte authentique de ce serment. En retour de ces avantages signalés, qui livraient la Navarre au protectorat castillan, Jean d'Albret et Catherine n'obtenaient que des concessions plus apparentes que réelles. Les Rois Catholiques abandonnaient la cause des Beaumontais : ils promettaient de forcer le comte de Lerin, dans le délai de vingt-cinq jours, à restituer la ville d'Olite avec toute l'artillerie qu'elle contenait et à délivrer tous ses prisonniers. Le comte sera exilé (*desterrado*) de Navarre pour toute sa vie, ou bien pour le temps qu'il plaira aux souverains navarrais, qui pourront un jour, s'ils le désirent, lui accorder son pardon. Les rois de Castille s'engagent à le surveiller et à empêcher leurs sujets de favoriser sa cause. Ils joindront même leurs troupes aux forces navarraises, pour l'obliger à livrer Olite et à cesser ses courses de pillage. Les fils du rebelle, Louis et Fernand, seront aussi exilés pour tout le temps qu'il plaira aux rois de Navarre. Les sûretés données jadis aux Beaumontais pour l'exécution de la convention de 1493 sont annulées et révoquées. Mais de ces concessions mêmes, Ferdinand avait su tirer un nouvel avantage. Il avait stipulé que les domaines confisqués sur le comte de Lerin seraient mis sous séquestre et confiés à la garde de quatre administrateurs, nommés par les souverains castillans et navarrais; un inventaire de ces biens serait dressé et on enverrait copie de cet acte au roi d'Espagne (1). Cette clause permit aux Rois Catholiques d'occuper militairement pendant cinq ans les forteresses beaumontaises, et de placer ainsi la plus grande partie de la Navarre méridionale sous leur domination.

Ils s'empressèrent de demander l'exécution de ce traité avantageux, qui garantissait leur frontière des Pyrénées, au moment où la ligue de Venise venait de se conclure (31 mars), et où une guerre avec la France allait éclater. Les rois de Navarre envoyèrent leur fille Madeleine dans les délais fixés à la cour de Castille, et livrèrent dès la fin de mars, à Ribera, les villes de Viana et de Sanguesa. Ils s'étaient résignés à céder ; les Cortès imitèrent, malgré leur répugnance, cet exemple. Les députés des trois ordres, auxquels on soumit le traité, éprouvèrent une impression profonde, mélange d'humiliation et de stupeur. L'un d'eux, Pedro Gomez, écrivant à ses commettants, les bourgeois de Tudela, traduisait les sentiments de tous en disant : « Je crois que vous « ne serez pas moins étonnés de toutes ces clauses qu'on ne s'en étonne ici ». Mais il ajoutait que les membres des Cortès avaient dû se résoudre à les sanctionner, « à cause de la fatalité des cir- « constances et en vue d'assurer la paix » (2). Ils se décidèrent, quoique à contre-cœur, à prêter le serment de veiller à l'observation de la convention conclue, et les gouverneurs des forteresses en jurèrent à leur tour le maintien.

Les rois de Castille, parvenus à leur but, devenus les protecteurs et les vrais maîtres de la Navarre, sacrifièrent dès lors sans scrupule leur allié le comte de Lerin, et l'obligèrent à déposer les armes. Ce fut le seul avantage sérieux que les rois de Navarre retirèrent du traité de Madrid. Le connétable comprit qu'il ne fallait pas tenter de résister, lorsqu'il vit les troupes castillanes, sous les ordres de Ribera, faire leur jonction avec les troupes navarraises sous les ordres de Lautrec, pour l'accabler au besoin (3). Il consentit à signer avec Ferdinand une convention spéciale, par

(1) Traité de Madrid, 4 mars, ratifié à Pampelune, 14 mars. On en possède une copie intitulée : *Copia de una ratificacion original del asiento y capitulacion hecha entre los Reyes Católicos y los de Navarra*. Arch. de Simancas, *Patr. real. Cap. con Nav.*, leg. 1. Ce document a été publié dans la *Coleccion de doc. inéd. para la hist. de España*, t. XLI, pp. 102-115. — Zurita, *Anales*, t. V, liv. II, chap. IV, f° 62, a connu et analysé cette pièce. — (2) *Carta de Pedro Gomez, diputado de Tudela, á la ciudad de Tudela*. Arch. de Nav., *Guerre*, leg. 1, carp. 30. — Ce document est daté du 2 avril ; la date de l'année manque, mais le texte prouve qu'il doit être rapporté à l'année 1495. — Yanguas, *Diccionario de Antigüedades*, III, 227-228, a publié cette pièce *in extenso*, mais avec la date erronée de 1496. — (3) Fait mentionné par le document précité.

laquelle il se soumettait aux conditions arrêtées entre les Rois Catholiques et les rois de Navarre. Cette convention fut conclue à Madrid, le 6 avril 1495, par les fondés de pouvoir du comte de Lerin, Juan de Munarriz et Garcia de Lisasoain. Une copie inédite de ce traité, se trouve aux archives de Pampelune. Ce pacte stipule l'exil du connétable, et de ses parents et vassaux en Castille, « où ils seront bien traités et considérés toute leur vie ». Louis de Beaumont livre à Ferdinand toutes ses forteresses, ses domaines, ses sujets, rentes et autres biens, à condition qu'il recevra des terres équivalentes en Espagne. Les Rois Catholiques lui accordent en retour le marquisat et la ville de Huescar, dans le royaume de Grenade, une pension annuelle de 200,000 maravédis, équivalente au revenu annuel qu'il retirait de son comté de Lerin, une autre somme de 200,000 maravédis à titre de cadeau, enfin le commandement d'une compagnie de gardes, forte de 100 lances. Un délai de vingt jours était fixé pour la remise des places du connétable aux Castillans, et un délai de trente jours pour la cession du marquisat de Huescar au connétable. On devait enfin procéder à l'évaluation de tous les biens du comte de Lerin, dans les cinquante jours qui suivraient le traité. Les arbitres nommés étaient, pour les rois de Castille, le capitaine don Juan Merlo, l'alcayde d'Alfaro, don Fernando de Buytrago, et pour le connétable, don Miguel et don Fernando de Soria. En cas de désaccord, l'évêque de Cordoue déciderait entre les arbitres (1). Ceux-ci se mirent bientôt à l'œuvre ; le procès-verbal inédit d'évaluation, qui existe aussi dans les archives navarraises, énumère le nombre des vassaux du connétable (il en avait 1,423) et le chiffre de son revenu annuel, qui s'élevait à la somme de un cuento et 978,274 maravédis. Comme ce revenu dépassait l'estimation faite au traité de Madrid, les Rois Catholiques accordèrent au comte, outre le marquisat de Huescar, les villes de Velez-el-Rubio, Velez-el-Blanco, Cassar et Castillejo, dans le royaume de Grenade. Le procès-verbal d'évaluation et l'acte nouveau de cession furent publiés à Burgos le 10 août, et à Tarazona le 5 septembre 1495 (2). Aussitôt après, le 15 septembre, le capitaine-général Ribera recevait l'ordre d'occuper les villes, forteresses et terres de Lerin, Larraga, Mendavia, Seisma, Carcar, Andosilla, San-Adrian, Allo, Arroniz, Sartaguda, Baïgorry, Monjardin et Santa-Cara (3).

(1) *Convenios hechos entre los reyes de Castilla y don Luis de Beaumont, conde de Lerin, acerca de la permuta de sus Estados.* Madrid, 6 avril. Arch. de Nav., Guerra, leg. 1, carp. 28, doc. inéd. — (2) Procès-verbal d'évaluation. *Evaluacion de las villas y lugares que poseia en Navarra el conde de Lerin*, doc. inéd. très long. Arch. de Nav., leg. 1, carp. 27. (5 sept. 1495, Tarazona.) — (3) *Comision dada á don Juan de Ribera... para mandar á su*

C'étaient les clés de la Navarre méridionale et des défilés des Pyrénées vers le Guipuzcoa et le Val-Carlos ou vallée de la Haute-Nive. Le second traité de Madrid complétait le premier, et les rois de Castille avaient su profiter de l'un et de l'autre pour imposer aux rois de Navarre, aussi bien qu'à leur vassal rebelle Lerin, des conditions qui les rendaient maîtres du royaume. Si quelque chose pouvait compenser aux yeux des souverains navarrais, la perte de leur indépendance, ce fut la tranquillité profonde dont jouit leur royaume depuis l'exil des Beaumontais. L'ancien connétable de Navarre était enfin éloigné : le roi de Castille l'employait, avec le titre de capitaine-général, à combattre les Maures des Alpujarras (1). Jean et Catherine purent gouverner paisiblement leur État : les Rois Catholiques satisfaits pour le moment, abandonnèrent à leur vengeance les partisans des Beaumontais. Juan de Munarriz, l'ancien secrétaire des Cortès, Martin de Allo et Arnauton de Berrio, les deux conspirateurs qui, en octobre 1494, avaient voulu livrer Puente-la-Reina au connétable, Miguel de Beorlegui, receveur de Pampelune, les receveurs d'Estella, Sanguesa, Tudela, Olite et d'Ultrapuertos (Saint-Jean), créatures du comte exilé, furent dépouillés de leurs biens, charges et dignités (2). Ferdinand ordonna enfin à Ribera de restituer à Jean d'Albret la ville d'Olite (3), et sous son onéreux protectorat, la Navarre put du moins réparer les maux de la guerre civile, et goûter, après tant d'années de troubles, les bienfaits de la paix.

Mais le roi de Castille était un protecteur exigeant. Non content des avantages qu'il venait d'obtenir par les traités de Madrid, il eût voulu obtenir des rois de Navarre une coopération active contre le roi de France, leur suzerain pour les domaines du versant septentrional des Pyrénées. Il profita de la guerre qui venait d'éclater, pour obliger Jean et Catherine à une nouvelle concession. Les hostilités avaient commencé en Languedoc, et les Français avaient mis garnison à Saint-Lizier, dans le Couserans, à Saint-Bertrand, dans le Comminges, et à Saint-Béat, dans le Nébouzan. Ces places appartenaient aux souverains navarrais. Leur parent, le vicomte de Lautrec, commandait, avec le duc de

---

cargo los pueblos del conde de Lerin. Tarazona, 5 sept. 1495. Arch. de Nav., *Guerra*, leg. 1, carp. 29, doc. inéd.

(1) Ce fait est attesté par le chroniqueur anonyme continuateur de Pulgar. Chronique publiée par Rosell (*Crónicas de los reyes de Castilla*, III, 518). — (2) Cédules de Jean d'Albret enlevant à ces Beaumontais leurs biens et charges, 1495-1496. Arch. de Nav., *Comptos*, cajones 166, n° 14 ; 165, n° 80 ; 166, n° 23. — (3) *Provision de los Reyes Católicos mandando entregar la villa de Olite*, 1495. Arch. de S.mancas, *Patr. real. Capit. con Nav.*, leg. 1.

Bourbon, la noblesse languedocienne, réunie pour défendre les frontières du Bigorre et du pays de Foix. Les Espagnols commencèrent par tenter une surprise, qui échoua, sur le château de Son, placé à la lisière du Roussillon (1). Les Rois Catholiques ne redoutaient guère une invasion vers cette province ou du côté des Pyrénées centrales. Ils craignaient surtout une agression vers la Gascogne. Le sire d'Albret, nommé lieutenant pour le roi de France, rassemblait le ban et l'arrière-ban en Languedoc, et il pouvait livrer passage à travers ses domaines à une armée française (2). Aussi Ferdinand laissa-t-il inquiéter les souverains navarrais par ses sujets : il toléra les courses des Aragonais de Sos sur le territoire de Sanguesa, il ferma les yeux sur les pillages commis par les garnisons castillanes des places de Navarre (3). Son plan d'intimidation fut complété par l'envoi sur les frontières d'une forte armée commandée par Juan de Ribera et par le duc de Nagéra (4). Comme les Rois Catholiques l'avaient sans doute prévu, les rois de Navarre, effrayés, craignant de voir la neutralité de leurs États violée, la sécurité de leurs sujets menacée, cédèrent encore aux exigences de la Castille. La reine Catherine se rendit, à la fin du mois d'octobre 1495, à Alfaro, sur l'Èbre, où se trouvaient Ferdinand et Isabelle (5). L'entrevue fut très courtoise : les rois de Castille prodiguèrent à leur nièce les marques d'honneur et d'amitié, et la comblèrent de présents (6). Ils la rassurèrent sur leurs intentions, mais ils n'eurent garde de ne pas profiter des craintes des souverains navarrais. Ils parvinrent à leur arracher, par les menaces d'abord, par les caresses ensuite, un avantage nouveau. Ils obtinrent que les forteresses les plus importantes de la Navarre seraient confiées à des gouverneurs investis de leur confiance et qu'ils auraient le droit de les agréer (7). Malgré ces précautions, les souverains espagnols ne se jugeaient pas assez

(1) Hist. du Languedoc, anc. édit., V, 86; nouv. édit., XI, 154. — (2) Réunion du ban et de l'arrière-ban par le sire d'Albret, 26 octobre 1495. Hist. du Languedoc, nouv. édit., t. XI, p. 155. — (3) Zurita, Anales de Aragon, t. V, liv. II, chap. 12. — Aleson, Anales de Navarra, t. V, chap. IV, f⁰ 78-79. — (4) Zurita, liv. II, chap. XIV, f⁰ 79, v⁰. — (5) L'entrevue d'Alfaro a eu lieu à la fin d'octobre ou au début de novembre. C'est ce qui ressort du récit de Zurita, Anales de Aragon, t. V, liv. II, chap. XIV, f⁰ 78, r⁰. — Voir aussi l'itinéraire de Ferdinand, dans le Mémorial de Carvajal (Chroniques de Castille, p. 578). — P. Martyr, Opus Epistol., lettre 168, raconte aussi l'entrevue. — (6) « Magnis dotata muneribus remittitur », dit P. Martyr, opus citat. — (7) Le résultat de l'entrevue d'Alfaro est indiqué par Zurita, Anales, liv. II, chap. XIV, f⁰ 78, r⁰. — Les historiens navarrais Aleson, Chappuys, Belzunce, placent cette entrevue en 1496 et en méconnaissent l'importance.

garantis contre une invasion française, ou affectaient de ne pas être rassurés contre ce danger. En 1496, et dès les premiers mois de l'année, un rapprochement avait lieu entre les cours de France et de Navarre : Charles VIII interposait sa médiation pour terminer l'affaire de la succession de Foix. Les Rois Catholiques, peu satisfaits de l'attitude des princes navarrais, renouvelèrent aussitôt leurs démonstrations menaçantes. On discuta dans le conseil de Castille le projet d'une expédition en Guienne et en Languedoc contre le roi de France. Le duc de Nagéra proposa d'occuper la Haute-Navarre avec les cols de Roncevaux et de Roncal, et d'envahir les terres du sire d'Albret. Le comte de Lerin avait été rappelé du royaume de Grenade et chargé de réunir des troupes en Guipuzcoa. Il se flattait de l'espoir de soulever les vassaux des seigneurs de Luxe, ses parents, et les montagnards de Roncal : 30,000 fantassins, 4,000 hommes d'armes, 6,000 chevaux étaient réunis sur la frontière de France. En Navarre même, Juan de Silva, fils de Ribera, introduisait 1,200 ginetes et 1,300 fantassins (1). Le terrain ainsi préparé, Pedro de Ontañon, ambassadeur des Rois Catholiques, se rendit à Pampelune. Il était chargé de gagner les principaux seigneurs navarrais à la cause castillane, et de présenter aux rois de Navarre les demandes nouvelles des souverains castillans. Il s'efforça d'abord de détourner la reine Catherine de se rendre à l'entrevue de Tarbes, projetée entre elle et Jean de Foix. Il somma ensuite les rois de Navarre d'empêcher Alain d'Albret, lieutenant du roi de France, de venir dans leur royaume, s'ils tenaient à conserver la paix. S'il ne pouvait obtenir de Catherine la renonciation à l'entrevue de Tarbes, l'envoyé castillan devait au moins exiger que le prince de Viane restât pendant son absence à Pampelune, et que les gouverneurs des forteresses navarraises fussent tous astreints à prêter l'hommage lige aux rois de Castille, en garantie de l'exécution des traités antérieurs (2). Cette ambassade, qui eut lieu au mois d'août ou de septembre 1496, produisit le résultat escompté par les souverains espagnols. Jean et Catherine cédèrent encore. Ils laissèrent, pendant leur absence, leur fils, le prince de Viane, à Pampelune, c'est-à-dire comme otage à portée des garnisons castillanes. Ils enjoignirent aux alcaydes des forteresses navarraises de prêter le serment de faire respecter le traité de Madrid. Ce serment, appelé « hommage lige », fut

---

(1) Zurita, *Anales de Aragon*, liv. II, chap. XVI, f⁰ˢ 80-81; chap. XXIV, f⁰ 89; chap. XXV, f⁰ 90. — (2) On ne connait cette ambassade et la convention verbale ou écrite qui suivit que par le récit de Zurita, *Anales de Aragon*, t. V, liv. II, chap. XXIX, f⁰ 95, v⁰.

prêté par chacun d'eux « par une, deux et trois fois, selon la « coutume d'Espagne », entre les mains de l'ambassadeur Ontañon. On a conservé les hommages du maréchal de Navarre, don Pedro de Gramont, du comte de Sant-Esteban, Alonso de Peralta, des gouverneurs d'Artajona, de Pitillas, de Lumbier, d'Estella, de Saint-Jean, d'Araçuri (1). A leur exemple, les nobles navarrais jurèrent d'observer et de faire observer l'onéreuse convention qui liait leurs souverains à l'alliance espagnole. Ferdinand et Isabelle se trouvaient ainsi posséder en Navarre une influence prépondérante, un véritable protectorat. Les esprits clairvoyants, comme Commines, ne s'y trompaient pas. Les rois de Castille, dit cet excellent observateur en 1497, « font de la « Navarre tout ce qui leur plait » (2).

III.
Essai de rapprochement entre les rois de Navarre et la France. Conférences de Tarbes (1496). Duplicité de la diplomatie française. Conférences de Medina del Campo. Projet de démembrement des États de la dynastie d'Albret (1497).

C'était précisément cette situation privilégiée qui excitait les méfiances du roi de France. Cette alliance trop étroite des souverains navarrais avec la Castille constituait un véritable danger pour Charles VIII. Ce prince ne pouvait oublier que les rois de Navarre étaient ses vassaux, et qu'outre leur royaume, ils possédaient encore une bonne partie de la France méridionale. Revenu de l'expédition d'Italie en juillet 1495, Charles VIII, qui avait jusque-là négligé de s'occuper des affaires navarraises, s'efforça de contre-balancer l'alliance conclue entre Jean d'Albret et Ferdinand, en négociant un rapprochement entre la France et la Navarre. Ne lui fallait-il pas, d'ailleurs, ménager la maison d'Albret, maîtresse des passages des Pyrénées, en vue d'une guerre avec l'Espagne ? Il dissimula l'antipathie qu'il éprouvait pour les princes de cette maison et chercha à gagner les conseillers des souverains navarrais. C'est ainsi qu'il confia des commandements à Lautrec et au sire d'Albret (3), et qu'il tenta de réconcilier Jean de Narbonne et le sire de Candale avec la reine Catherine de Foix. Dès 1495 (4), des pourparlers étaient engagés. Les rois de Navarre se disposaient, dans les premiers mois de 1496, à se rendre à la cour de Charles VIII. « Ils espéraient, disaient-ils aux États de « Béarn, tirer de ce voyage un grand bien pour leurs domaines. » Ils n'ajournèrent l'exécution de leur projet qu'en raison de l'insuf-

(1) *Obligaciones, juramentos y homenages del conde de Santisteban, del alcayde de San-Juan (Tristan de Sormendi), de don Juan de Beaumont, señor de Araçuri, de Carlos d'Erbite, alcayde de Artajóna, de Jayme, señor de Sata, alcayde de Estella, de Miguel del Espinal, alcayde de Pitillas, de Johan, señor de Olloqui, alcayde de Lumbierre.* Dates de ces actes : du 9 sept. 1496 au 10 avril 1497. Ils forment un volumineux dossier d'environ 50 folios aux Arch. de Simancas. *Patronato real. Capitulaciones con Nav.*, leg. 1 et 2. — (2) Commines, Mém., liv. VIII, chap. XXIV, p. 235 (édit. Michaud). — (3) Voir ci-dessus. — (4) Zurita, liv. II, chap. XXIX, f° 95, v°, mentionne ces rumeurs.

fisance de la donation votée par les Béarnais, et surtout à cause des craintes de leurs sujets navarrais, qui les suppliaient de ne pas s'éloigner, tant que la paix ne serait pas rétablie entre la France et l'Espagne. Cependant, dès le mois d'avril, ils annonçaient que d'actives négociations étaient entamées pour la solution du différend de la succession de Foix (1). Comme les rois ne pouvaient quitter Pampelune, ils déléguèrent le vicomte de Lautrec pour négocier en leur nom, et décidèrent les États du Béarn à voter pour leur envoyé une donation de 1,000 écus. Ils annonçaient même le 16 juillet qu'ils ne tarderaient pas à se rendre en personne auprès du roi de France, pour lui recommander leur cause et profiter des bonnes dispositions qu'il semblait nourrir à leur égard (2). C'est alors que le roi d'Espagne, toujours soupçonneux et toujours habile à exploiter les circonstances, parvint à arracher aux souverains navarrais de nouvelles concessions par la convention verbale ou écrite de Pampelune. Le roi de France, désireux de plus en plus de soustraire les maisons de Foix et d'Albret à l'alliance espagnole, redouble de bons offices. Le père des rois de Navarre, Alain d'Albret, naguère si humble, élève hardiment la voix pour demander l'exécution du traité de Nantes. Il énumère dans un long factum ses griefs contre la cour, la violation des privilèges des Landes, les délais apportés à la restitution de son comté de Lisle-Jourdain, de sa baronnie de Seignans, de ses seigneuries de Langoiran et de Pontonx (3). Charles VIII s'applique à le calmer : il lui fait accepter ou lui offre une rente de 12,000 livres au lieu du comté de Gaure (4). Le Parlement de Paris, par un arrêt du 7 septembre 1496, termine le procès relatif à la possession du Périgord, en confirmant la propriété de ce comté au roi de Navarre et à son père. Il condamne le duc d'Orléans et la veuve de Dunois, « à faire départir le comte d'Angoulême du tiers de la « comté de Périgort », au profit de la maison d'Albret (5). Le 1er décembre, le roi de Navarre prend possession de la vicomté de

(1) Tous ces faits, entièrement nouveaux, sont connus par le texte des mémoires et instructions données par le roi et la reine de Navarre à l'évêque de Couserans et au baron de Coarraze « de ce qu'ils auront à dire aux gens des trois Estats de Béarn, Marsan et Gabardan », Pampelune, 20 avril 1496. — Lettre missive aux États de Béarn, ibid., 14 mai 1496. Arch. des Bass.-Pyrén., C, 680, fos 24 et 26. — (2) Mém. et instr. au baron de Coarraze de ce qu'il aura à dire aux États, 16 juillet 1496. Arch. des Bass.-Pyrén., C, 680, f° 27, v°. L'exposé de toutes ces négociations est entièrement passé sous silence dans les historiens navarrais et autres. — (3) Mém. d'Alain d'Albret, 1496, B. N., coll. Doat, 226, f° 173. — (4) Transaction au sujet du comté de Gaure. Luchaire, Alain le Grand, p. 152. — (5) Arrest du Parlement de Paris entre Alain, sire d'Albret, et le duc d'Orléans, 1496, 7 sept., B. N., coll. Doat, t. CCXXVII, f° 61.

Limoges avec l'autorisation royale (1). Enfin, grâce à l'entremise de Charles VIII, les négociations entamées entre Catherine et le vicomte de Narbonne sont poursuivies activement. La reine se rend à Pau pour diriger les pourparlers, et laisse Jean d'Albret à Pampelune. Les deux souverains pensaient à terminer le différend, en mariant leur fille aînée, Anne, future héritière de tous leurs États, avec Gaston, fils du vicomte de Narbonne. Mais ils n'osèrent agir sans l'avis des Cortès navarraises, qui ne purent se réunir que tardivement, le 10 novembre, à cause de l'absence des députés de Tudela (2). La proposition fut froidement accueillie par elles. Un document original et inédit des Archives de Pampelune nous indique quels furent leurs sentiments. Les Cortès manifestèrent quelques regrets de ce qu'on n'eût pas songé à un mariage entre l'infant de Castille et la princesse héritière de Navarre, union qui eût assuré la paix du royaume. Cependant elles déclarèrent accéder au projet des rois; mais elles leur recommandaient de ne rien aliéner de leurs droits au profit du sire de Narbonne, et elles réclamaient le retour de la reine dans son royaume. Elles chargèrent le prieur de Roncevaux, don Fernando de Egües, de présenter leurs observations. Catherine fit au prieur un gracieux accueil, remercia les Cortès de leur dévouement, protesta qu'elle rechercherait toujours le bien de ses sujets « et la conservation de la « couronne royale », mais elle persévéra dans sa résolution (3). Déjà les conférences étaient en bonne voie ; dès le mois de novembre, les bases d'un accord étaient trouvées : Gaston de Foix, le futur vainqueur de Ravenne, devait épouser la princesse Anne. Le vicomte de Narbonne se contenterait d'une rente de 4,000 livres tournois et de l'abandon de trois places de la comté de Foix (4). Les souverains navarrais se croyaient au bout de leurs peines : en bonnes relations avec la France et l'Espagne, débarrassés de la guerre civile, au début de 1497, ils annonçaient naïvement l'intention de se consacrer désormais au gouvernement de leurs États et à l'affermissement de leur pouvoir (5). Ils ne

(1) Procès-verbal de la prise de possession de la vicomté de Limoges, B. N., coll. Doat, t. CCXXVI, f° 15. — (2) *Carta del rey don Juan á la ciudad de Tudela rezonviniendo la de su falta de obediencia, en no haber embiado diputados*, Pamplona, 1ᵉʳ novembre. Arch. de Nav., *Cortes, sercion de casam*, leg. 1, carp. 30. — (3) Ce message et la réponse de la reine nous sont connus par un document que nous avons découvert à Pampelune, intitulé : *Carta de la reina doña Catalina á los tres Estados de Navarra*. Pau, 15 décembre. Original scellé. Arch. de Nav., *Comptos, cajon* 166, n° 25. — (4) Advis des États de Béarn au sujet du mariage, 3 nov. 1496. Arch. des Bass.-Pyrén., E. 545; pièce publiée *in extenso* par L. Cadier Les États de Béarn, appendice, p. 435. — (5) Instr. données par les rois de Navarre au sire de Lautrec pour les États de Béarn, janvier 1497. Arch. des Bass.-Pyrén., C. 680, f° 32, v°.

croyaient plus avoir rien à redouter de leurs voisins : Charles VIII et Ferdinand venaient de signer, le 25 février, les trêves de Lyon, et tous deux nommaient les rois de Navarre parmi leurs alliés et confédérés (1). Ils ne se doutaient pas que la paix pouvait être aussi dangereuse pour eux que la guerre.

En effet, parmi les conseillers de Charles VIII, régnait un vif sentiment de défiance à l'égard des rois de Navarre. La situation de ces souverains, indépendants dans leur royaume et en Béarn, vassaux de la France dans les terres des maisons de Foix et d'Albret, prêtait à l'ambiguïté. N'était-ce pas une alliance anormale, suspecte et dangereuse que celle de ces rois avec l'Espagne, l'ennemie désormais inévitable de la France ? Aussi conçoit-on que les politiques français aient eu l'idée de tenter la cupidité du roi de Castille en lui offrant la Navarre, comme prix de sa renonciation à l'Italie, et d'obliger les souverains navarrais à une attitude plus nette et plus soumise à l'égard de la France, en leur enlevant un royaume, dont les intérêts les préoccupaient plus que leurs devoirs à l'égard de leur suzerain. C'est à Medina del Campo, où Ferdinand résida depuis le mois de mai jusqu'au mois de septembre 1497, que les ambassadeurs du roi de France proposèrent au roi de Castille l'étrange combinaison, où le sort de la Navarre était décidé. L'ambassade française était composée de Guillaume de Clérieux, marquis de Cotrone en Calabre, gouverneur de Poitiers, des conseillers Richard Lemoyne, Michel de Grammont et du Bouchage (2). Les négociateurs offrirent à Ferdinand une compensation pécuniaire ou territoriale, s'il voulait abandonner à Charles VIII le royaume de Naples, le Milanais et Gênes. Pressés par le roi de Castille, ils lui promirent, au nom de leur souverain, d'abandonner à l'Espagne le royaume de Navarre, s'il agréait la combinaison. Les Castillans repoussèrent ces propositions : le roi de France s'y attribuait, en effet, la part du lion. Alors les ambassadeurs français hasardèrent un second projet. On partagerait le royaume de Naples ; Ferdinand aurait pour sa part la Calabre. Mais le roi de France pourrait, quand il le voudrait, exiger la cession de la Calabre, à la condition d'abandonner au roi de Castille le royaume de Navarre, et en plus, une rente annuelle de 30,000 ducats. Les Espagnols répondent par une contre-proposition : que Charles VIII renonce au royaume de Naples ; le roi Frédéric lui donnera une indemnité et lui paiera tribut, et il mariera son fils le duc de Calabre avec la fille du duc

---

(1) Guichardin, Hist. d'Italie, liv. V, chap. V, p. 143 (coll. Buchon). —
(2) Sur cette ambassade, voir Zurita, t. V, liv. III, chap. II, f° 119, r°. — Mariana, liv. XXVI, chap. XVI, parag. 1, p. 483 (édit. latine), p. p. Schott. — Commines, liv. VIII, chap. XXIII, pp. 231-235 (coll. Michaud).

de Bourbon. D'ailleurs, insinuèrent-ils, l'offre de la Calabre n'était pas suffisante. Quant à échanger cette province contre la Navarre, il n'y fallait pas songer. Le roi de Castille ne voulait pas annexer ce royaume, sans l'assentiment formel de la reine Catherine, sa nièce, et de tous les Navarrais (1). Les conférences furent rompues sur cette réponse. Ferdinand s'était ménagé à peu de frais une réputation de souverain loyal, en repoussant l'offre de la Navarre. Il ne perdait rien à cette magnanimité, puisque les traités de Medina, de Madrid et de Pampelune lui assuraient le protectorat de ce petit État. Il y gagnait de pouvoir invoquer à l'occasion ce refus, en apparence désintéressé, pour rappeler les souverains navarrais aux devoirs de la reconnaissance.

Tandis que les ambassadeurs français trahissaient en secret les rois de Navarre, ostensiblement le roi de France redoublait de prévenances à l'égard de Jean d'Albret et de Catherine. Aussi ces princes ne paraissent-ils pas avoir soupçonné les intrigues machiavéliques de Charles VIII. Ce dernier ordonnait, le 8 mai 1497, de leur payer la somme de 5,823 écus, reliquat de la dot de 100,000 écus donnée « à feue madame Magdeleine de France, « princesse de Viane » (2). Il interposait aussi sa médiation pour terminer le long différend de la succession de Foix. Catherine était venue elle-même à Tarbes négocier un accord avec le vicomte de Narbonne. En vraie Béarnaise, tenace et rusée, la reine de Navarre disputa le terrain pied à pied, et ne se résigna que de guerre lasse à présenter un mémoire où elle faisait d'importantes concessions. Ces concessions pouvaient servir de base à une transaction. Elle consentait à céder les rentes du Tursan, du Marsan et du Gabardan, trois places du comté de Foix, la vicomté de Réalmont, mais à condition que Jean de Narbonne et Gaston, son fils, renonceraient au procès pendant devant le Parlement de Paris, que les seigneuries situées hors de France ne seraient pas comprises dans la transaction, et que le roi Charles VIII sanctionnerait la convention (3). Les deux parties parvinrent enfin à s'entendre, et, au mois de septembre, conclurent les deux traités de Tarbes. Le premier stipulait le mariage de Gaston de Foix, fils du vicomte de Narbonne, avec Anne, fille

(1) Zurita, *Anales de Aragon*, liv. III, chap. II, f° 119, r°, est l'auteur qui nous donne le plus de détails sur ces négociations. — Le récit de Mariana, *De Rebus hispanicis*, liv. XXVI, chap. XVI, parag. 1 (édit. Schott), est un peu plus court. — (2) Lettres patentes de Charles VIII au sujet de la dot de la princesse de Viane, orig. (8 mai 1497). Arch. des Bass.-Pyrén., E. 547. — (3) Réponse de la reine de Navarre aux articles baillés de la part de Jean de Foix, texte non daté, mais qui se rapporte, selon toutes apparences, aux conférences de Tarbes. Original, Arch. des Bass.-Pyrén., E. 549; copie, B. N., coll. Doat, t. CCXXXIV, f°° 164-167.

aînée et héritière des rois de Navarre. Cette union devait s'accomplir aussitôt que l'âge requis serait atteint; si elle ne s'effectuait point, la partie qui aurait forfait à ses engagements serait passible d'indemnités considérables. Catherine paierait 1,000 marcs à Jean de Foix ou à son fils, si elle manquait à sa parole, en n'unissant pas sa fille à Gaston, ou en la donnant à un autre époux; dans cette dernière occurrence, si la reine de Navarre n'avait pas d'enfants mâles, elle serait forcée de céder aussi le comté de Foix et toutes ses dépendances au vicomte de Narbonne ou à son fils. Si l'inexécution du mariage résultait de la mauvaise volonté de Jean, les vicomtés de Narbonne, de Marsan, de Tursan, de Gabardan, les seigneuries d'Auterive et de Caumont feraient retour à Catherine ou à ses héritiers. Le principal article assurait l'héritage universel de toutes les terres et domaines de la maison de Foix-Navarre et d'Albret à la princesse Anne et à son mari Gaston, dans le cas où le roi et la reine de Navarre n'auraient pas d'enfants mâles. Si la fille aînée de Catherine mourait en bas âge, le mariage projeté s'accomplirait avec la seconde des princesses navarraises (1). Le second traité, conclu quelques jours après, le 7 septembre 1497, tranchait le différend de la succession de Foix. Les rois de Navarre abandonnaient à Jean de Narbonne et à Gaston, pour toute leur vie, trois places du comté de Foix : Mazères, Saverdun et Montaut. Ils leur assignaient « 4,000 livres tournois de rente
« en assiette sur les terres et seigneuries de Marsan, Tursan,
« Gabardan, la baronnie de Captieux, Aire et le Mas d'Aire,
« tant que contient la sénéchaussée de Marsan, avec tous les
« fruits, rentes, émoluments et revenus, fiefs, hommages et
« toute juridiction ». Comme le revenu de ces domaines n'était estimé que 3,000 livres, Jean de Foix obtenait, pour les 1,000 livres qui restaient à acquitter, la place de Caumont en Lauraguais, et à défaut de cette place, qu'il fallait racheter aux héritiers du sire de Castelverdun, une rente équivalente en argent. Les partisans du vicomte de Narbonne devaient recouvrer leurs biens, offices et bénéfices, « sans difficulté et empeschement », mais sans restitution de fruits. Toutes procédures commencées des deux côtés pour « maléfices, meurtres, pilleries, larrecins, « destroussements », seraient annulées, et une amnistie sans restriction proclamée. Le vicomte de Narbonne, de son côté, « renonce et quitte à tout droit et action qui luy appartient ou « se pourroit luy appartenir ès-dites terres et seigneuries du

(1) Convention de mariage entre Gaston de Foix et Anne de Navarre, 1ᵉʳ sept. 1497, Tarbes. Original. Arch. des Bass.-Pyrén., E. 547.

« royaume de Navarre, comtés de Foix et de Bigorre, seigneu-
« rie de Béarn, vicomtés de Marsan, Tursan, Gabardan, Nébo-
« san et autres appartenentes à ladite maison de Foix, en faveur
« de ladite royne et de ses hoirs et successeurs ». Il « se
« départ » du procès pendant devant le Parlement de Paris,
« réservé touteffois le bon vouloir et consentement du roy (de
« France) » et de cette cour. Il promet qu'à l'avenir ni lui, ni
son fils, ni leurs héritiers, « ne mouvront débat, question de
« droit ny de fait, par soy ny par autre, ne feront procès ny
« demande à l'encontre de ladite royne et de ses hoirs et suc-
« cesseurs ». Lorsque Gaston atteindra l'âge de quatorze ans,
son père lui fera approuver et ratifier la transaction. Au cas
où Jean et son fils décéderaient sans enfants mâles, « descen-
« dans d'eux par loyal mariage », les terres et seigneuries hypo-
théquées en garantie des 4,000 livres de revenu concédées aux
deux princes feront retour aux rois de Navarre ou à leurs
héritiers, moyennant le paiement de « quarante mille escuz
« petits » à l'héritière de la maison de Narbonne. Chacun des
contractants désignait six garants, évêques ou seigneurs, pour
veiller à l'exécution des traités (1). Les conventions de Tarbes,
fort avantageuses pour les souverains navarrais, ainsi délivrés
d'inquiétudes, étaient aussi pour le roi de France comme une
revanche partielle des pactes de Medina et de Madrid. Le vicomte de Narbonne, maître des principales places du comté de
Foix, restait, dans la France méridionale, l'agent docile de la
politique française. Le mariage de Gaston avec l'héritière de la
Navarre, Anne, permettait de prévoir le temps où un prince
français, dévoué à la couronne, réunirait les domaines de la
maison de Foix-Albret. Cette union était une infraction formelle
aux conventions de 1494 conclues avec la Castille, et faisait
présage peut-être que bientôt les rois de Navarre s'efforce-
raient d'échapper au protectorat espagnol. Enfin, le roi de France
était le garant des traités de Tarbes; il avait poussé à les conclure, et sa sanction était nécessaire pour leur accomplissement.

Les Rois Catholiques ne se trompèrent pas sur la portée des négociations entamées entre les souverains navarrais et le vicomte de
Narbonne. Ils y virent, en effet, une revanche de la diplomatie
française, et ils craignirent qu'une alliance intime entre la maison
d'Albret et Charles VIII ne fût la conséquence de ces pourparlers
et des traités qui les avaient terminés. Ces craintes étaient d'au-

(1) Deuxième traité de Tarbes (réglant le différend de la succession de
Foix), 7 sept. 1497. Original, Arch. des Bass.-Pyrén., E. 449; copies : Arch.
de Nav., *Comptos*, cajon 177, n° 20 (copie faite en 1517). B. N., coll. Doat,
t. CCXXVII, f° 67. — Tous ces documents sont inédits.

tant plus vives que la trève signée à Lyon entre la France et l'Espagne expirait au mois d'avril 1498. Déjà les Français se rapprochaient des Pyrénées. Sous ce prétexte, Ferdinand ordonna de faire sur les frontières de Navarre une de ces démonstrations militaires dont il était coutumier, toutes les fois qu'il voulait obliger les rois ses voisins à persévérer dans son alliance ou à lui concéder quelque nouvel avantage. Sur son ordre, le capitaine-général Ribera et le connétable de Castille, Velasco, concentrèrent leurs troupes à Briviesca, vers la fin du mois de septembre 1497, et mirent en défense les forteresses de la Navarre méridionale, qu'occupaient des garnisons castillanes. Velasco ne voulait pas cependant, en envahissant la Navarre, donner occasion aux Français d'entrer en Béarn. Il commença par envoyer à Pampelune, auprès de Jean d'Albret et des Cortès navarraises, un de ses serviteurs. Cet agent annonça l'arrivée des Castillans sur la frontière, protesta du désir qu'avaient les généraux espagnols d'observer les conventions antérieures conclues avec les souverains navarrais, et demanda au roi et aux membres des Cortès d'exprimer leurs intentions à ce sujet. Zurita, qui raconte ces négociations, n'indique pas quelle fut la réponse de Jean d'Albret. Il semble bien, d'après son récit, fort précieux, puisqu'il supplée à l'absence de tout document original, que Jean et Catherine manifestèrent quelques velléités de résistance, refusant sans doute d'accorder encore des garanties au roi de Castille. Peut-être songeaient-ils à reconquérir leur indépendance du côté de l'Espagne, avec l'appui de la France. En effet, si l'on en croit Zurita, les princes navarrais réunirent dans le Béarn et la Gascogne des troupes nombreuses. La reine passa les Pyrénées, amenant avec elle à Pampelune les soldats français, malgré les supplications de ses sujets, qui craignaient une rupture avec Ferdinand. On fit courir en Espagne le bruit d'une conspiration des habitants de la province d'Estella. Ils avaient projeté, disait-on, après l'arrivée de la princesse, de surprendre et de chasser la garnison castillane du chef-lieu de leur province. On signalait la réunion dans le pays de Soule et dans l'Armagnac de nombreuses compagnies françaises, destinées à appuyer les rois de Navarre (1). Le roi de Castille et son entourage grossissaient à dessein ces bruits alarmants. Un mémoire inédit, qui se trouve aux Archives de Pampelune et de Simancas, et qui paraît avoir été composé pour l'ambassadeur Ontañon en 1509, signale avec détails une accusation qui fut alors portée contre les souverains navarrais. Ferdinand y

---

(1) Ce récit se trouve dans Zurita, *Anales de Aragon*, t. V, liv. III, chap. XI, f° 129.

affirme que Jean et Catherine avaient signé avec Charles VIII, à Amboise, un traité secret dirigé contre lui. En vertu de ce pacte, les troupes du roi de France auraient eu la libre entrée de la Navarre, du Béarn et du comté de Foix, pour menacer l'Espagne. Charles avait promis de ne faire ni paix ni trêve sans y comprendre ses alliés. Il leur avait assuré sa protection, et s'était engagé, au cas où ils perdraient leur royaume, à leur donner des domaines équivalents en France. Il accordait au roi Jean une compagnie de ses gens d'armes, au sire d'Albret 100 lances au lieu de 50, au sire de Luxe, à Lautrec, à Gramont, des commandements. Cet accord avait été entouré du plus grand mystère ; les ambassadeurs avaient pris maintes précautions pour en tenir cachées les clauses. Nul doute qu'il n'eût été exécuté, disait plus tard Ferdinand, sans la mort subite de Charles VIII (1). Zurita ajoute même qu'on crut en Espagne, d'après une rumeur sans preuve, que les rois de Navarre avaient conclu une convention secrète pour échanger leur royaume contre le duché de Normandie (2). Ce que le grand chroniqueur signale comme un simple bruit, les historiens espagnols postérieurs le rapportent comme un fait certain. L'un d'eux, Ascargota, auteur d'un abrégé de l'histoire d'Espagne, longtemps populaire dans la péninsule, stigmatise même à ce sujet la mauvaise foi des souverains navarrais, « leur aveugle affection pour la France », et loue la conduite de Ferdinand, l'artificieux inventeur de ces rumeurs (3). L'absurdité de ces racontars est évidente pour tout esprit non prévenu. S'il est permis de croire qu'un rapprochement, peut-être une alliance, aient été négociés, après la convention de Tarbes, entre Charles VIII et Jean d'Albret, il est impossible d'admettre que celui-ci ait consenti à échanger une couronne royale contre un simple titre ducal, un royaume contre un duché, fût-il le plus beau de France. Que l'on songe simplement à l'énergie que les rois de Navarre déployèrent pour reconquérir leur État, quand ils l'eurent perdu en 1512, et au démenti catégorique que Jean donnait à un bruit analogue d'échange, deux ans après le prétendu traité d'Amboise,

(1) Ces détails tout nouveaux sont donnés par un mémoire anonyme non daté, remis probablement à Oñtañon en 1509 et intitulé : *Relacion de algunas quiebras que los reyes de Navarra hicieron despues del asiento* (de 1494). 2 copies de ce document, Arch. de Nav., *Guerra*, leg. 1, carp. 15. Arch. de Simancas, *Patron. real, Capitul. con Nav.*, leg. 2. — (2) Zurita, *Anales de Aragon*, t. V, liv. III, chap. XI, f° 129-130, qui mentionne ce fait, en parle comme d'une simple rumeur ; « *entonces se entendió*, on disait », tels sont les termes qu'il emploie. — De même Mariana, *De Rebus hispanicis*, liv. XXVI, chap. XVI, parag. 1, p. 426. — (3) Ascargota, *Compendio de la historia de España*, dans la *Coleccion de los mejores autores españoles*, t. V, p. 142.

en 1500 (1). Comment croire qu'un roi de France ait voulu se dessaisir de la Normandie, la plus belle et la plus riche province de ses États, et mettre aux portes de Paris un vassal dangereux qui possédait déjà les avenues de Toulouse et de Bordeaux? Aurait-il pu céder ainsi sincèrement le pays que Charles V et Louis XI avaient eu tant de peine à reprendre à Charles le Mauvais et au duc de Berri? Ou bien faut-il supposer que les rois de Navarre aient conclu un marché inexécutable, et joué bénévolement le rôle de dupes par persuasion. Cette campagne de faux bruits était probablement l'œuvre de Ferdinand lui-même. Elle était destinée à justifier ses exigences, à lui fournir le prétexte d'une nouvelle intervention en Navarre. En même temps, il ordonnait sur les frontières des démonstrations militaires menaçantes : le connétable de Castille réunissait à Vitoria les compagnies des gardes; les troupes castillanes s'avançaient sur l'Èbre jusqu'aux portes de Tudela (2). C'étaient les préludes ordinaires des négociations qu'entamait le roi de Castille avec les rois de Navarre. En effet, bientôt après, Ribera sommait Jean et Catherine, et requérait les Cortès navarraises de veiller à l'exécution des traités antérieurs. L'ambassadeur ordinaire de Ferdinand, Pedro de Ontañon, se rendait à Pampelune; il rassurait les rois sur les projets et les dispositions de son maître. Le roi de Castille, affirmait-il, n'avait ajouté aucune créance au bruit de l'échange de la Navarre contre le duché de Normandie. Pareille rumeur était trop contraire à l'honneur de ses neveux. Il était sûr que ceux-ci n'avaient rien conclu qui dût porter atteinte à l'attachement et à la reconnaissance qu'ils devaient à leur oncle et protecteur. Une convention pareille à celle qu'on leur attribuait était d'ailleurs trop préjudiciable à leur intérêt et trop en opposition avec les traités qui les liaient à l'Espagne. La conclusion de ces discours mielleux fut tout autre qu'on aurait pu le supposer, d'après le ton conciliant de l'envoyé castillan. Les Rois Catholiques, déclara-t-il, ne pouvaient cependant se dissimuler que la neutralité de la Navarre était moins assurée à l'avenir qu'antérieurement. Aussi jugeaient-ils nécessaire de réclamer aux princes navarrais des sûretés suffisantes pour garantir la sécurité des États espagnols. Il ajouta qu'au reste ils s'en référaient aux rois pour fixer ces sûretés ; mais il eut le soin, malgré cette affirmation, de les déterminer lui-même. Il demanda que les Cortès, les principaux personnages du royaume et les alcaydes ou gouverneurs des forteresses fussent astreints à un nouveau serment, qui les obligerait à faire observer

(1) Voir ci-dessous, message de Jean aux Cortès en 1500. — (2) Ces mouvements des troupes castillanes sont signalés par le registre ou mémorial d'Olite. Arch. de Nav., Mss. du P. Moret.

les conventions précédentes conclues avec la Castille. De plus, il exigea une concession dont il n'avait jamais été question auparavant. Les rois de Navarre devaient s'engager à ne changer aucun alcayde, sans en aviser les Rois Catholiques, à ne choisir ces gouverneurs que parmi les Navarrais, et à leur faire prêter au moment de leur installation le serment d'hommage lige requis par les souverains castillans. Tel est le récit circonstancié de ces pourparlers, dont on ne trouve pas de trace dans les documents, et que Zurita seul expose (1). Il fallut bien, sous la menace d'une intervention militaire, se résigner à céder encore. Jean et Catherine consentirent à accorder les garanties réclamées par Ferdinand, et promirent, par lettres patentes authentiques, d'exécuter la nouvelle convention écrite ou verbale qui leur fut imposée.

La politique du roi de Castille, toujours prudente et persévérante, avait ainsi resserré davantage les liens qui unissaient la Navarre aux États espagnols. Tout autre était la politique française : elle manquait de netteté; elle variait au gré des impressions du moment. Après avoir tenté, en favorisant la réconciliation des princes de la maison de Foix, au traité de Tarbes, de ramener à l'alliance française les souverains navarrais, Charles VIII, mécontent peut-être de leur faiblesse à l'égard des Rois Catholiques, revint à son idée première. Il résolut de sacrifier la Navarre aux convoitises du roi de Castille, pour éloigner ce prince de l'Italie. Sous prétexte de négocier la prorogation de la trêve de Lyon, les ambassadeurs français, au nombre de cinq, le sieur du Clérieux, du Bouchage, Garin, Gramont et Étienne Petit, se rendirent, à la fin de l'année 1497, à Alcala de Hénarès (2), où se trouvait Ferdinand. Ils renouvelèrent l'offre de la Calabre, si le roi d'Espagne renonçait au reste du royaume de Naples. Les Rois Catholiques pourraient céder cette province au roi de France : la Navarre leur serait attribuée en échange, avec l'assentiment de Jean et de Catherine, et on leur paierait une rente de 30,000 ducats, en compensation du surplus de revenu que fournissait la Calabre (3). Mais le roi d'Espagne éluda encore cette proposition insidieuse ; on lui offrait un pays sur lequel il exerçait une influence prépondérante, en échange d'un royaume dont il convoi-

---

(1) Zurita, *Anales de la corona de Aragon*, t. V, liv. III, chap. XI, f° 130, r°. — (2) La date de ces conférences, qui n'est indiquée nulle part, peut être déterminée d'après l'itinéraire de Ferdinand, donné par Carvajal. *Memorial ó registre breve*. (Chroniques de Castille), III, 549. Ferdinand séjourna à Alcala de nov. 1497 à avril 1498. — (3) Le seul récit détaillé de ces négociations est dû à Zurita, *Anales de Aragon*, t. V, liv. III, chap. XIV, f°° 132-133; chap. XIX, f° 138; chap. XXI, f° 141.

tait la facile conquête. Encore l'offre de la Navarre était-elle accompagnée d'une restriction essentielle qui en détruisait la valeur ; elle était subordonnée au consentement de Jean d'Albret et de Catherine, consentement tout à fait improbable. Satisfait du protectorat qu'il exerçait sur les États de ses neveux, le roi de Castille n'avait nulle envie de s'engager dans une aventure, en annexant le royaume navarrais. Il répondit en promettant d'adhérer à une bonne paix, pourvu qu'il n'y fût question que de Naples, et il traîna les négociations en longueur, jusqu'à ce qu'une attaque d'apoplexie le débarrassât, le 8 avril 1498, du roi de France, son adversaire (1).

Au moment où s'éteint avec Charles VIII la dynastie des Valois directs, la situation du royaume de Navarre n'était guère enviable. Pendant la longue période de dix-neuf ans qui s'était écoulée depuis 1479, les maux de ce petit État n'avaient fait qu'empirer. Deux changements de dynastie, l'avénement de la maison de Foix en 1479, l'avénement de la maison d'Albret en 1484, avaient contribué à affaiblir l'autorité royale. La guerre civile, malgré quelques trêves passagères aussitôt rompues que conclues, n'avait cessé de désoler un pays où l'anarchie exerçait ses ravages depuis le milieu du XV⁰ siècle. Profitant de l'impuissance des souverains navarrais et des troubles de leur royaume, le roi d'Espagne avait soumis la Navarre à un protectorat de plus en plus lourd. Dès l'année 1476, au traité de Tudela, il avait obtenu le droit d'occuper temporairement les forteresses de ce pays. Au traité de Saragosse, en 1479, il avait fait confirmer les avantages obtenus trois ans auparavant; un moment il avait songé à marier François-Phœbus à sa fille, puis Catherine à son fils. Il avait échoué ; mais bientôt, reprenant l'avantage, il avait amené en 1488, par le traité de Valence, les rois de Navarre à se replacer sous sa protection. Sollicité par eux d'intervenir pour apaiser les troubles, il avait réussi, avec l'adhésion du roi de France lui-même, après avoir fait couronner Jean et Catherine à Pampelune, à obtenir la neutralité perpétuelle de la Navarre et du Béarn au traité de Medina del Campo (30 avril 1494). Bientôt il obligeait ses protégés à lui accorder de nouveaux avantages : il recevait en otage l'une des filles des souverains navarrais, il occupait les principales places de leur royaume, il détenait les forteresses de leur connétable exilé, le comte de Lerin (traités de Madrid, avril 1495). Peu à peu ses exigences s'accroissaient : par les menaces et par les caresses, il obtenait en 1496 le droit de recevoir le

---

(1) Zurita, *Anales de Aragon*, t. V, liv. III, chap. XIV, fᵒˢ 132-133; chap. XIX, fᵒ 138; chap. XXI, fᵒ 141.

serment d'hommage lige des châtelains, des Cortès, des grands seigneurs navarrais. En 1497, après une campagne diplomatique plus habile qu'honnête, il exigeait de nouvelles garanties : nul gouverneur de forteresse ne pouvait plus être nommé, changé, installé sans son assentiment. Jean d'Albret et Catherine n'étaient plus en Navarre que les vassaux des Rois Catholiques, et Ferdinand, suivant l'expression de Commines, « faisait de ce royaume ce « qu'il voulait ». Moins avisée et moins féconde en résultats avait été la politique française depuis l'avénement de Charles VIII. Tant que Louis XI avait vécu, l'influence française avait lutté souvent avec succès contre l'influence espagnole dans les États navarrais. C'est lui qui avait uni par un mariage à la maison royale de France la maison de Foix, héritière de la Navarre, dans l'espoir de garder ainsi la principale des portes de l'Espagne. C'est encore lui qui avait fait échouer l'union projetée entre l'infante Juana et le roi François-Phœbus, et le mariage tant désiré par les Castillans et les Navarrais entre l'infant Juan et la jeune reine Catherine (1484). C'est un de ses projets que la Régente Anne de Beaujeu avait réalisé, en faisant épouser à l'héritière de la Navarre le vicomte de Tartas, Jean d'Albret. Mais la diplomatie française n'avait pas su profiter de ces premiers avantages. Les embarras de la minorité de Charles VIII permirent aux rois de Navarre et à leur conseiller Alain d'Albret de se rapprocher de l'Espagne. Les politiques français auraient pu exploiter le différend de la succession de Foix, pour ramener à l'alliance française les princes navarrais. Ils l'essayèrent sans grand succès et tentèrent en 1489, au moment de la guerre de Bretagne, d'enlever à Catherine et à Jean le trône de Navarre. Puis, par un revirement subit, le roi de France, au traité de Nantes (1491), se réconciliait avec la maison d'Albret. Mais, sacrifiant tous les intérêts de son royaume à ses projets sur l'Italie, Charles VIII consentait à laisser au roi d'Espagne le mérite et le profit de la pacification des États navarrais. Il partageait avec lui l'honneur de régler le procès de la succession de Foix par le compromis de mars 1494, et il autorisait la conclusion du traité de Medina, qui, ostensiblement, assurait la neutralité de la Navarre, et en secret plaçait ce royaume sous le protectorat de la Castille. A son retour d'Italie, le roi de France tentait de regagner le terrain perdu : il se rapprochait de la maison d'Albret, il interposait ses bons offices pour terminer les querelles entre les princes de Foix, et faisait conclure le traité de Tarbes, qui réalisa ce dessein. Mais en même temps, avec une perfidie insigne, il essayait de gagner les Rois Catholiques en leur offrant le royaume navarrais, soit pour les brouiller avec Jean et Catherine, soit pour obtenir la renonciation des souverains d'Espagne au royaume de Naples. Cette politique, faite d'alternatives de faiblesse et de violence, sans fixité, sans netteté, avait aliéné au roi de France les sympathies des princes navarrais, et contribué à les jeter de plus en plus dans l'alliance espagnole. Ce n'est pas que Jean et Catherine eussent beaucoup à se louer du protectorat castillan : il leur paraissait bien onéreux et bien dur ; les exigences de leur protecteur croissaient sans cesse, et les services qu'il leur avait rendus avaient été largement payés. Mais jusqu'en 1498, ils durent subir ce joug, accepter en frémissant une protection aussi lourde. Ils durent attendre que les circonstances leur permissent de reconquérir leur indépendance du côté de la Castille, et de garantir la sécurité de leurs domaines du côté de la France. Après l'avènement de Louis XII, ils ne tardèrent pas à se dégager en partie du protectorat espagnol, et à assurer, par une double alliance avec la France et avec l'Espagne, la neutralité complète de leurs États. Court moment de calme avant les orages qui, dès 1503, allaient éclater, avant les périlleux conflits où l'existence même de leur royaume allait être encore mise en question !

LIVRE II.

L'ALLIANCE DES ROIS DE NAVARRE AVEC LA FRANCE,
L'ESPAGNE ET LE PAPE (1498-1502).
RUPTURE ENTRE LES SOUVERAINS NAVARRAIS ET LES ROIS
DE FRANCE ET D'ESPAGNE (1503-1506).
L'ALLIANCE AUSTRO-NAVARRAISE.
TENTATIVES INFRUCTUEUSES DE FERDINAND LE CATHOLIQUE
POUR RESTAURER LE PROTECTORAT CASTILLAN
EN NAVARRE,
ET DE LOUIS XII POUR SPOLIER LA DYNASTIE D'ALBRET
(1506-1511).

CHAPITRE Ier.

ALLIANCE DES ROIS DE NAVARRE AVEC LA FRANCE,
L'ESPAGNE ET LE PAPE.
LES SOUVERAINS NAVARRAIS PARVIENNENT A S'AFFRANCHIR EN PARTIE
DU PROTECTORAT CASTILLAN.

(1498-1502.)

Pendant les quatorze années qui séparent la mort de Charles VIII de la conquête de la Navarre, les souverains navarrais s'efforcèrent d'affranchir leurs États de l'influence française et du protectorat espagnol, et de maintenir leur neutralité au milieu des querelles qui divisèrent les grandes monarchies européennes. Tout d'abord, à la faveur des intrigues auxquelles donnaient lieu les affaires d'Italie, ils obtinrent l'alliance française et l'amitié du pape Alexandre VI. Ils purent alors échapper en grande partie à l'onéreuse protection de l'Espagne, et, par les traités de Séville, en 1500, recouvrer leurs places fortes. Mais l'accalmie devait être de courte durée. Depuis 1503 jusqu'en 1512, ils entrèrent en lutte avec le roi de France, qui soutint contre eux le prétendant Gaston de Foix, et leur suscita une foule d'embarras. Le roi de Castille cherchait en même temps à les replacer sous son protectorat, et à les entraîner dans une union intime avec lui, par la nouvelle convention de Medina (1504). Mais les rois de Navarre, soucieux de ne pas aliéner leur indépendance, si difficilement reconquise, crurent trouver dans une alliance avec la maison d'Autriche une protection moins coûteuse, et maintenir ainsi leur neutralité. Ils y réussirent, à travers bien des dangers, pendant six ans (1506-1512), grâce au conflit des intérêts français et espagnols, mais ils laissèrent s'accumuler ainsi contre eux des haines qui, dissimulées du côté de Ferdinand, ouvertes du côté de Louis XII, devaient mettre enfin en péril l'existence de leur État.

Par suite d'un concours heureux de circonstances, Jean d'Albret et Catherine, qui redoutaient l'avénement de Louis XII, ne tardèrent pas à acquérir l'alliance du nouveau roi et en même temps celle du pape Alexandre VI, son allié. Rien ne faisait prévoir un tel revirement. Le nouveau roi de France était le beau-frère du prétendant Jean de Narbonne et l'ennemi d'Alain

I.
L'alliance entre Louis XII et les princes d'Albret. Rapprochement entre ces princes et le pape Alexandre VI (1498-1502). Les conventions de Pau et d'Étampes.

d'Albret (1). Mais l'intérêt politique fut plus fort en lui que les antipathies. Louis XII, au début de son règne, était aux prises avec de sérieuses difficultés : il était en querelle avec Maximilien ; il songeait à épouser Anne de Bretagne et à conquérir le Milanais et Naples. Pour exécuter ses plans, il lui fallait conserver la paix vers les Pyrénées. Aussi dissimula-t-il ses vrais sentiments à l'égard de la maison d'Albret, qu'il détesta toujours, et il accueillit avec courtoisie le père du roi de Navarre, Alain, qui s'était rendu à Paris pour assister au sacre (2). Il lui accorda aussitôt de nombreuses marques de faveur. Le 9 juin, il le nommait capitaine du Châteauvieux de Bayonne et des tours de Saint-Esprit, en raison de « son grand sens, souffisance, science, « loyauté, preudomie » (3). Le 28 juillet, il recevait son hommage pour les terres de Gascogne, de Périgord et de Limousin (4), et même pour le comté de Castres et la baronnie de Lézignan, bien que la propriété de ces derniers domaines fût disputée au sire d'Albret (5). Dans les négociations entamées avec le roi d'Espagne, il nommait les rois de Navarre parmi ses amis et alliés (6). C'est qu'en effet Louis XII avait besoin de l'adhésion des souverains navarrais et de leur père pour exécuter le projet qui lui tenait le plus à cœur : l'annulation de son mariage avec Jeanne de France. Pour obtenir le consentement du pape Alexandre VI au divorce, il avait flatté l'ambition paternelle du pontife, en donnant à César Borgia le duché de Valence, et en négociant l'union de ce prince avec une princesse de sang royal (7). Rebuté par Charlotte d'Aragon, par Germaine de Foix et par Anne de Candale, le célèbre condottiere, dont la réputation effrayait les moins délicats, dut se rabattre sur la sœur du roi de Navarre, Charlotte d'Albret. C'était un véritable crime que de livrer au plus corrompu des princes italiens une jeune fille aussi belle, aussi pieuse et aussi douce (8). Mais la maison d'Albret saisit avec empres-

(1) Luchaire, Alain le Grand, sire d'Albret, p. 31. — Jean de Narbonne assistait au sacre du roi, le 28 mai 1498, comme pair laïque, d'après Commines, Mém., édit. de Mlle Dupont, II, 595 ; et à l'entrée solennelle de Louis XII à Paris (juillet), Saint-Gelais, Hist. de Louis XII, p. p. Godefroy, pp. 125-127. — (2) Luchaire, Alain le Grand, p. 31. — Zurita, Anales de Aragon, liv. III, chap. XXV, f° 145, signale aussi la présence d'Alain à Paris en mai 1498. — (3) Lettres patentes de Louis XII. Compiègne, 9 juin 1498. B. N., coll. Doat, t. CCXXVII, f° 149. — (4) Lettres patentes de Louis XII. Paris, 28 juillet 1498. B. N., coll. Doat, 227, f° 153. — (5) Lettres de Louis XII au sénéchal de Carcassonne, pour faire mettre Alain d'Albret en possession du comté de Castres et de la baronnie de Lézignan, 28 juillet 1498. B. N., coll. Doat, 227, f° 155 ; coll. Languedoc, t. XCI, f° 13. — (6) C'est Zurita qui mentionne ce fait, Anales de Aragon, liv. III, chap. XXIII, f° 145, v°. — (7) Sur ces négociations, voir le beau livre de Ch. Yriarte, César Borgia, t. Ier, 145-148, 158-159. — (8) Luchaire, Alain le Grand, p. 33.

sement cette occasion de gagner l'amitié du roi de France ; l'intérêt l'emporta sur les scrupules de conscience. Les souverains navarrais y virent surtout un moyen d'échapper à l'onéreux protectorat de la Castille, et de résister aux prétentions renaissantes de Jean de Narbonne. Le prétendant comptait, en effet, sur l'appui de Louis XII ; il avait refusé d'exécuter le traité de Tarbes, qui n'était pas encore revêtu de la sanction royale, et avait de nouveau saisi du procès les Parlements de Paris et de Toulouse (1). Les rois de Navarre et leur père résolurent d'adhérer au projet du roi de France, mais en stipulant le prix de leur assentiment. Alain se révéla dans ces négociations, « non pas tant comme un père « tendre, que comme un personnage plein d'âpreté et de méfiance « et avide d'argent » (2). Le roi et la reine de France s'engagèrent « à réputer très grand service leur avoir été fait par le sire « d'Albret en faisant ledit mariage, et à le reconnaître envers lui « et sa maison » (3). Ils promirent à Charlotte, sa fille, une dot toute royale, 100,000 livres tournois, pour laquelle ils donnèrent la caution de quatre banquiers, et ils accordèrent au gendre d'Alain, César Borgia, le duché de Valentinois, la terre d'Issoudun en Berri, une pension de 20.000 livres, un douaire de 30,000 et une compagnie de 100 lances (4). Enfin, si l'on en croit un diplomate florentin, il fut convenu que le roi de France ferait obtenir au frère des rois de Navarre, Amanieu d'Albret, le chapeau de cardinal (5). Le 10 mai 1499, la négociation était terminée, le contrat de mariage entre Charlotte et César Borgia signé à Blois, et le 12 « la plus belle fille de France » était livrée, à Chinon, « au « plus bel homme de l'Italie » (6). Les souverains navarrais reçurent bientôt la récompense de leur attitude docile. Le différend de la succession de Foix, qui les préoccupait tant, ne tarda pas à s'aplanir. Le roi de Navarre avait d'abord accueilli avec une vive irritation les prétentions du vicomte de Narbonne ; outré des procédés de son rival, il avait protesté à son tour contre le traité de Tarbes. La reine Catherine, disait-il dans cette protestation, avait conclu cette transaction, « sans le sceu et consentement du « roy son mary ». L'accord était nul, puisque le roi avait l'administration de tous les biens paraphernaux « et autres de sa femme », et qu'elle ne pouvait rien aliéner sans son avis. Les aliénations

(1) Hist. du Languedoc, nouv. édit., XI, 163 ; anc. édit., V, 91. — (2) Yriarte, César Borgia, I, 163. — (3) Expressions de la lettre du sire d'Albret, 29 avril, citée par Ch. Yriarte, I, 164-166. — (4) Contrat de mariage de César Borgia et de Charlotte d'Albret, 10 mai 1499, original. Arch. des Bass.-Pyrén., E. 91 ; copie, coll. Doat, t. CCXXVII, f°s 187-193 ; analysé par Yriarte. — (5) Ce fait, qui a passé inaperçu, est cité par un diplomate florentin, dont le rapport se trouve dans les Œuvres complètes de Machiavel (Frag. hist. Extraits des lettres aux Dix de la balie, III, 164-165), mai 1499. — (6) Luchaire, Alain le Grand, p. 32.

consenties à ce traité étaient de plus nulles comme contraires au serment du sacre, qui leur interdisait de céder leurs domaines, et comme préjudiciables aux droits des enfants nés et à naître de leur mariage. Enfin, la convention de Tarbes était inexécutable, puisqu'on y avait stipulé que la fille aînée des rois succéderait aux biens de la maison d'Albret, clause en opposition formelle avec la coutume de cette maison, solennellement établie en 1456 (1). Le 8 mars 1499, les fondés de pouvoir de Jean d'Albret remirent cette protestation au garde de la prévôté de Paris, Jacques de Fondeville. Ils ajoutèrent que la transaction de 1497 avait été conclue en l'absence du roi de Navarre; que Gaston et Anne ne pouvaient contracter mariage, puisqu'ils étaient cousins au cinquième degré; qu'enfin Jean réclamait six juges de plus de son côté pour arbitrer le différend (2). C'est à ce moment que l'intervention du roi de France vint arrêter la longue et coûteuse procédure qui allait s'engager. Sur ses instances, Jean de Foix renonça au procès entamé devant le Parlement de Paris, et de nouvelles transactions, conclues sous les auspices de Louis XII, rétablirent la bonne harmonie entre les rois de Navarre et leur rival. Tout d'abord, fut signé, le 24 avril 1499, le traité de Pau, par lequel Jean et Catherine convinrent de marier leur fille, « Madame Anne, « quand elle serait en aage », à Gaston, fils du vicomte de Narbonne. Ils s'engagèrent, au cas où ils consentiraient à un autre mariage pour leur fille, à payer, sous forme de donation entre vifs, au prétendant et à son fils, une somme de 1,000 marcs d'or hypothéqués sur leurs biens. Ce devait être la seule compensation à laquelle ils pussent être tenus, si, à l'époque de la rupture de leur engagement, ils avaient un enfant mâle vivant. S'ils n'ont point de fils à ce moment, ils devront céder encore à Jean et à Gaston le comté de Foix avec ses dépendances. Réciproquement, « si le « mariage est interrompu par la faute » du vicomte de Narbonne, il abandonnera à Catherine et à ses héritiers les vicomtés de Narbonne, le Tursan, le Gabardan, le Marsan, et les terres d'Auterive et de Caumont, qui lui sont attribuées par le traité, « pour tout le « droit et action, qui audit messire peut appartenir aux terres et « seigneuries de la maison de Foix, et en toute la succession de « feu Mgr Gaston, son père », le tout comme gage d'une rente de 4,000 livres. Six garants du côté de Jean de Foix, douze au lieu de six du côté des rois de Navarre, furent désignés pour veiller à

---

(1) Consultation demandée par Jean d'Albret au sujet de la validité du traité de Tarbes. Cette pièce n'a pas de titre ni de date; elle résume les arguments invoqués contre le traité. Original. Arch. des Bass.-Pyrén., E. 543. — (2) Protestation de Jean d'Albret devant le Châtelet de Paris, 8 mars 1499, original. Arch. des Bass.-Pyrén., E. 447.

l'exécution de l'accord. Cette fois, Jean et Catherine signèrent ensemble la convention. Alain d'Albret avait dirigé les négociations, et c'est « par son avis » que les souverains navarrais déclaraient agir (1). La transaction fut tenue quelque temps secrète. C'est seulement le 28 octobre de la même année que les rois de Navarre « déclarèrent » par leurs lettres patentes « les « articles du mariage arrêtés » entre Gaston de Foix et Anne, leur fille aînée (2). Il ne restait qu'à rédiger l'acte définitif de l'accord relatif à la succession de Foix. Jean d'Albret et Catherine confièrent cette mission à l'infant don Jaime, à Jean d'Orval, à Gabriel d'Avesnes, frères d'Alain, et à l'évêque de Couserans, Jean de Lasalle, qui devaient s'entendre à ce sujet avec le vicomte de Narbonne et son fils (3). Le prétendant montra les dispositions les plus conciliantes, approuva, le 28 décembre, le projet de mariage arrêté à Pau, et reconnut la validité du traité de Tarbes (4). Enfin, le 8 mars 1500, était conclu l'accommodement final, à Étampes, entre le vicomte de Narbonne et son fils Gaston, d'une part, et Jean, vicomte de Lautrec, délégué des rois de Navarre, de l'autre. C'était la confirmation pure et simple de la transaction arrêtée à Pau en avril 1499 et ratifiée en octobre. Le vidimus de la convention était daté du 8 mars; elle fut, aussitôt après, le 24 avril, par les soins de Jacques d'Estouteville, garde de la prévôté, publiée à Paris et à Étampes (5). La querelle de la succession de Foix pouvait, dès ce moment, être considérée comme finie. Le roi de France, satisfait d'une réconciliation qui assurait la tranquillité du Midi et rattachait plus étroitement à son

(1) Traité de Pau, 24 avril 1499 (contrat de mariage entre Gaston, comte d'Étampes, et Anne, princesse de Navarre). Arch. des Bass.-Pyrén., original, E. 449; copie, coll. Doat, t. I, f⁰⁸ 184-188. — Hist. du Languedoc, t. XII, 307-310, nouv. édit. — Procuration (en latin) donnée à Lautrec et à Jean d'Orval pour arrêter le mariage, 12 janv. 1499-1500. Arch. des Bass.-Pyrén., E. 11. — (2) Lettres patentes des rois de Navarre déclarant les articles du traité passé avec Jean de Foix, 28 octobre 1499, Pau, deux originaux, un scellé. Arch. des Bass.-Pyrén., E. 449, E. 547. *Testimonium* de l'accord passé avec Jean de Foix, 20 octobre. Arch. des Bass.-Pyrén., E. 449. — (3) Procuration donnée par Jean d'Albret et Catherine au sire d'Orval, etc. Pau, 20 octobre 1499. Arch. des Bass.-Pyrén., E. 547. — Hist. du Languedoc, nouv. édit., XII, cc. 309-310. — (4) Approbation par Jean de Narbonne des articles arrêtés à Pau, 28 déc. 1499. Arch. des Bass.-Pyrén., E. 547. — (5) Traité d'Étampes, latitulé : « S'ensuyt ce qui a été accordé, passé et « appointé entre dame Catherine, royne de Navarre, et messire Johan de Foix, « vicomte de Narbonne », vidimus daté d'Étampes, 8 mars, et publication 24 avril. Paris et Étampes, orig. Arch. des Bass.-Pyrén., E. 547; dans la même liasse, une autre minute et une copie. — 3 copies, dont une sur parchemin faite en 1516. Arch. des Bass.-Pyrén., E. 449. — B. N., coll. Doat, 227, f⁰⁸ 169 et 184.

alliance les rois de Navarre, accorda, le 9 mai, des lettres de grâce et d'abolition à Jean d'Albret et à Catherine, ainsi qu'au vicomte de Narbonne, pour tous les meurtres, crimes, pilleries, excès commis pendant la guerre (1). A la fin de cette même année, le 29 décembre, il confirma les transactions de Tarbes, de Pau et d'Étampes, et cette approbation parut terminer sans retour le différend (2). La domination des rois de Navarre en fut affermie, et tous leurs domaines de la France méridionale reconnurent leur autorité. Le 7 décembre, les États du comté de Foix firent hommage « à Leurs Majestés », Jean et Catherine, après que ceux-ci eurent juré de conserver les privilèges du pays. Le clergé de la province, représenté par l'archiprêtre de Pamiers, prêta un serment semblable (3). Leur alliance avec Louis XII fut aussi pour eux la source d'avantages précieux. La justice royale, naguère si peu accommodante à leur égard, se fit complaisante et empressée à écarter ou à résoudre en leur faveur tous les litiges. Ils étaient en procès avec les habitants de Limoges au sujet de l'administration de cette cité, où ils prétendaient avoir la haute main. Le Parlement de Paris reçut l'ordre de procéder sans délai au jugement de cette contestation et commença aussitôt son enquête (4). Ils obtinrent d'être relevés des contrats d'aliénation de leurs terres dans le Périgord et le Limousin, et leur père, Alain d'Albret, reçut une pension de 8,000 livres par an (5). Ces marques de bienveillance ne cessèrent pas pendant les trois années qui suivirent le mariage de César Borgia. En 1501, le 22 mars, Louis XII accordait au roi de Navarre un délai pour rendre l'hommage des seigneuries vassales de la France (6). L'année suivante, en 1502, Jean d'Albret se rendit à la cour : « Lors vint, dit le chroni-
« queur officiel, Jean d'Auton, le roy de Navarre, accompagné de
« grands seigneurs et de gentilshommes de son pays, pour voir
« le roy et lui offrir tout secours, plaisir et service, lequel fut

(1) Lettres d'abolition accordées par Louis XII à Jean de Foix et à Catherine de Navarre, Lyon, 9 mai 1500, original. Arch. des Bass.-Pyrén., E. 549. — (2) Lettres patentes de Louis XII approuvant le traité d'Étampes. Blois, 29 déc. 1500. B. N., coll. Doat, t. CCXXVII, f⁰ˢ 241-242. — (3) Acte de l'hommage des États de Foix, 7 déc. 1500. — Acte de l'hommage de l'archiprêtre de Pamiers, 9 décembre, B. N., coll. Doat, t. XCV, f⁰ 39 ; t. CCXXVII, f⁰ 223. — (4) Lettres de Louis XII au Parlement de Paris sur le procès de Limoges, 14 fév. 1499. — Enquête contre les habitants de Limoges, fév. 1500. Coll. Doat, 246, f⁰ˢ 23-32. — (5) Lettres patentes de Louis XII relevant les rois de Navarre des contrats d'aliénation de leurs terres, 23 octobre 1500. B. N., coll. Doat, t. CCXLVI, f⁰ˢ 148-151. — Lettres de Louis XII à Barcy et à Bayard enjoignant de payer à Alain d'Albret 8,000 livres de pension, 29 juin. Arch. des Bass.-Pyrén., E. 101. — (6) Lettres patentes de Louis XII accordant un délai aux rois de Navarre pour rendre l'hommage, 22 mars 1501, orig. Arch. des Bass.-Pyrén., E. 549.

« joyeusement reçu du roi et de la reine et traité à souhait » (1).
Arrivé le 8 avril à Blois, le souverain navarrais resta deux mois
auprès de Louis XII : le 18 mai, il fut admis à prêter hommage
pour les comtés de Foix et de Bigorre, les vicomtés de Marsan,
Gabardan et Nébouzan; le 23 mai, pour le Périgord, le Limousin,
les terres de Gascogne (2). Ce ne fut qu'à la fin de ce mois qu'il
quitta le roi de France, fort satisfait de l'accueil qu'il avait reçu :
« il convoya encore » Louis XII, qui partait pour Lyon, pendant
« trois journées, puis s'en alla dans son pays » (3). Ce fut pour
Jean d'Albret et Catherine le moment le plus heureux de leur
règne. Ils n'étaient plus travaillés par les craintes qui les agitaient
autrefois, au moment où Jean de Narbonne revendiquait leurs
États. Le roi de France, malgré son affection pour le prétendant,
n'osait plus le soutenir dans ses revendications, et maintenait la
transaction d'Étampes. Le vicomte de Narbonne, qui se jugeait
lésé sans doute, soit par la naissance d'un fils de Jean d'Albret,
soit par l'union projetée en mai 1500, à Séville, entre la fille aînée
de Jean et un prince espagnol, et qui perdait l'espoir de donner à
son fils, avec la main d'Anne de Navarre, l'héritage tout entier
de la maison de Foix, protesta vainement, en 1500, contre le traité
conclu un an auparavant. Il mourut à la fin d'octobre; dans
son testament, daté du 28, il déclarait avoir été trompé par ses
adversaires aux conventions de Tarbes et d'Étampes, et prenait
le titre de roi de Navarre. Il « ordonnait son fils vivant, Gaston
« de Foix, héritier universel de son royaume de Navarre et au-
« tres terres et seigneuries. Et supplions, ajoutait-il, au roy et
« à la royne (de France), qu'il leur plaise avoir pour recom-
« mandés nos enfants, et aider et favoriser notredit fils à recou-
« vrer ce qui nous appartient, ainsi que nous avons trouvé par
« conseils de gens sages et grands clercs. Et au cas que ledit
« Gaston décédât sans hoirs descendants de son corps en loyal
« mariage, laissons notre fille Germaine héritière universelle dudit
« royaume et de toutes nos autres terres et seigneuries » (4). Le
fils aîné de Jean de Foix prit, en effet, aussitôt après la mort de
son père, possession des vicomtés d'Étampes et de Narbonne.
Mais il était mineur; son oncle Louis XII se chargea de la tutelle
du jeune prince et de sa sœur Germaine. Malgré la profonde affec-

---

(1) Chroniques de Jean d'Auton, édition de Paul Lacroix, 4ᵉ partie, chap. I,
t. II, pp. 105-106. — (2) Lettres de Louis XII acceptant l'hommage des rois
de Navarre. Blois, 18 mai-23 mai. Arch. des Bass.-Pyrén., E. 450, orig. —
Copies, coll. Doat, 227, fᵒˢ 248-256. — (3) Chroniques de Jean d'Auton, édit.
Lacroix, II, 107. — (4) Testament de Jean de Narbonne, 27 octobre 1500, daté
d'Orléans. Texte *in extenso* dans l'Hist. du Languedoc, nouv. édit., t. XII,
cc. 311-314.

tion qu'il avait pour ses neveux, il n'osa recommencer contre la maison d'Albret le long procès de succession terminé par la convention d'Étampes, qu'il avait approuvée, et attendit que les circonstances lui permissent d'exécuter les derniers vœux de Jean de Narbonne. Ainsi, les souverains navarrais, délivrés d'inquiétude du côté de la France, possédaient enfin, après tant de soucis, la tranquillité à laquelle ils aspiraient.

Alliés et bons amis de Louis XII, ils ne recevaient pas moins de marques de faveur de la cour de Rome. Le pape Alexandre VI ne pouvait guère refuser sa bienveillance au roi de Navarre, frère de sa belle-fille, Charlotte d'Albret. Les difficultés que les souverains avaient rencontrées auprès du Souverain Pontife s'aplanirent dès lors aisément. Les principales étaient la question de l'évêché de Pampelune et la prestation du serment d'obédience. Depuis 1492, les rois étaient en conflit avec le Saint-Siège au sujet de la nomination au siège épiscopal de leur capitale. Après César Borgia, le Pape avait, en effet, pourvu le cardinal de Sainte-Praxède, Antonio Pallavicini, de l'évêché navarrais, sans l'assentiment de Jean d'Albret. Déjà, au mois d'avril 1497, les rois de Navarre avaient résolu l'envoi d'une ambassade à Rome pour négocier à ce sujet (1). L'année suivante, ils essayèrent de transiger avec le cardinal Pallavicini pour obtenir sa renonciation à ce bénéfice (2). Enfin, en 1501, le cardinal d'Albret se rendait auprès d'Alexandre VI, et négociait, suivant les instructions de son père Alain, l'abdication du cardinal de Sainte-Praxède (3), qu'il ne semble pas avoir obtenue. Ce fut seulement plus tard que le frère du roi de Navarre obtint l'investiture de l'évêché de Pampelune, à la grande satisfaction des Navarrais. Jusqu'au mariage de César Borgia, le Pape avait aussi décliné l'offre de l'obédience des rois de Navarre : c'était pour ceux-ci, comme pour les souverains espagnols, un usage traditionnel que de prêter au Saint-Siège ce serment spécial d'hommage. L'alliance conclue entre la maison d'Albret et la famille d'Alexandre VI eut pour résultat de modifier les résolutions du Saint-Siège. Il consentit à recevoir l'ambassadeur navarrais, délégué par les rois. Le 30 juillet 1499, sur la demande de Jean d'Albret et de Catherine, les Cortès votèrent un subside de 1000 ducats pour couvrir les frais de cette ambassade (4). Au mois

---

(1) Ce fait, entièrement inconnu, nous est révélé par le registre d'Olite (pap. de Moret, Arch. de Nav., f° 34). — (2) Procuration des rois de Navarre pour transiger avec le cardinal Antoniolus touchant leur différend sur l'évêché de Pampelune. B. N., coll. Doat, 227, f° 145. — (3) La date de ce voyage est fixée par les comptes de La Romagère, agent du sire d'Albret. Arch. de la Charente, E. 541. — (4) Ce fait, resté inconnu des historiens navarrais, est mentionné par le registre d'Olite (pap. de Moret, Arch. de Nav., f° 36).

de février suivant, en 1500, les princes navarrais envoyèrent à Rome « messire Jean de Beaumont, leur serviteur, vassal et pro-« cureur, pour faire et prester l'obédience deue par lesdits sei-« gneurs au Saint-Siège apostolique, laquelle obéissance feut « receue, ainsi qu'il peut aparoir, disaient plus tard les rois, par « les registres de la cour romaine » (1). Telle fut la conclusion heureuse de cet épisode, jusqu'ici ignoré de l'histoire navarraise. En même temps, Alexandre VI conférait au frère du roi de Navarre, Amanieu d'Albret, la dignité de cardinal, au titre de Saint-Nicolas in carcere Tulliano (2). En octobre 1502, il lui confiait l'administration spirituelle et temporelle de l'évêché d'Oloron (3) ; il y joignit bientôt l'évêché de Lescar, c'est-à-dire toute la juridiction ecclésiastique du Béarn. L'inépuisable complaisance du Pape permit au nouveau cardinal d'accaparer, outre ces évêchés, les sièges épiscopaux de Pamiers, dans le comté de Foix ; de Condom, de Bazas et de Comminges, en Gascogne ; les abbayes de la Sauve-Majeure, de Brantôme, de Saint-Amant, de Saint-Jean de la Castelle et du Mas d'Azil. Il complétait ainsi, remarque l'éminent biographe d'Alain d'Albret, « par ses terres d'Église », le domaine féodal de la maison d'Albret-Navarre ; « il exerçait « la puissance ecclésiastique sur le vaste domaine que son père « et son frère gouvernaient au temporel » (4).

Forts de l'appui d'Alexandre VI et de l'alliance du roi de France, Jean d'Albret et Catherine essayèrent de se délivrer du protectorat castillan. S'ils n'y parvinrent pas entièrement, ils réussirent du moins à en alléger le poids, et à obtenir le retrait des troupes espagnoles qui occupaient leurs forteresses. Ce ne fut pas sans peine qu'ils obtinrent des Rois Catholiques les concessions qu'ils demandaient. Ferdinand et Isabelle disputèrent pied à pied le terrain acquis, et ce ne fut qu'après deux ans de négociations, qu'ils renoncèrent aux clauses les plus onéreuses des traités de Madrid et de Pampelune. Dès la mort de Charles VIII, ils comprirent que la situation des rois de Navarre allait se modifier. Ils ne tardèrent pas à s'apercevoir qu'elle s'améliorait du côté de la France, et par suite qu'elle changeait à leur préjudice. Cependant, malgré le rapprochement opéré entre la maison d'Albret et Louis XII, ils affectèrent de traiter Jean et Catherine en protégés,

II. Relations avec l'Espagne. Affaiblissement du protectorat castillan sur la Navarre. Négociations de 1499. Les traités de Séville. (1500.)

(1) La date et l'objet de l'ambassade de Jean de Beaumont, jusqu'ici également inconnus, sont indiqués par les instructions données au maréchal de Navarre par les rois Jean et Catherine, déc. 1515. Ces instructions sont analysées plus loin. B. N., coll. Doat, 230, f° 297. — (2) Bulle d'Alexandre VI conférant à Amanieu d'Albret le titre de cardinal, 15 mars 1500, citée dans la coll. Languedoc, t. XLIII, B N. — (3) Bulle d'Alexandre VI conférant l'évêché d'Oloron au cardinal d'Albret, oct. 1502. B. N., coll. Doat, 227, f°s 250-256. — (4) A. Luchaire, Alain le Grand, p. 36.

10

en alliés intimes. Dans le traité qui fut signé entre l'Espagne et la France, aux Célestins de Marcoussis (5 août 1498), ils firent insérer un article spécial qui les dispensait de secourir Louis XII, leur confédéré, dans le cas où il serait en guerre avec les souverains de Navarre, sauf « pour la conservation de ses domaines » (1). Mais déjà les princes navarrais prenaient à l'égard de leur protecteur une attitude plus ferme. Un mémoire inédit, que nous avons trouvé aux Archives de Simancas, donne sur les négociations restées inconnues, engagées entre les Rois Catholiques et leurs neveux, des renseignements fort précieux. Ce document atteste que Jean et Catherine, vers la fin de 1498, demandèrent à l'ambassadeur castillan, Ontañon, la restitution « des villes, forteresses, « lieux » que les Castillans occupaient en Navarre depuis les traités de Madrid. « Ils lui montrèrent le véhément désir qu'ils avaient « de se voir restituer » tous ces domaines, « puisque la paix était « conclue entre les rois de France et de Castille ». Une invasion française n'était plus à craindre ; les Rois Catholiques n'avaient plus besoin de conserver des garanties jadis accordées pour l'empêcher. Ces ouvertures faites à l'envoyé espagnol l'émurent tellement, qu'il écrivit aussitôt à Ferdinand. Bientôt il se rendit à Saragosse, vers le mois de septembre 1498 (2), pour conférer avec lui. Il fallait aviser au plus tôt, pensait-il ; la demande des rois de Navarre était un indice certain du dessein qu'ils avaient formé de s'émanciper du protectorat castillan. Les Rois Catholiques esquivèrent habilement le coup. Ils répondirent que, « pour complaire à « leurs neveux, ils consentaient à négocier la forme de ladite res- « titution », mais ils subordonnèrent cette concession à des conditions inacceptables. Ils exigeaient, en effet, que l'on rendît à l'ancien connétable de Navarre exilé tous ses domaines, forteresses, offices, y compris la connétablie et la chancellerie. Pour « plaire « à leurs neveux », ils obligeraient seulement le comte de Lerin à résider quelque temps encore dans leurs États de Castille. Mais le fils du rebelle, Louis de Beaumont, serait admis à la cour de Pampelune, et recevrait, comme lieutenant de son père, les terres détenues tant par les souverains navarrais que par les Castillans. Ontañon, porteur de cette réponse, trouva Jean et Catherine à Pau, en Béarn. Les deux souverains se montrèrent peu disposés à accueillir la contre-proposition de Ferdinand. Ils craignaient, en

---

(1) Cette clause est mentionnée par Zurita. *Anales de Aragon*, t. V, liv. III, chap. XXVI, f° 147, v°. — Texte du traité de Marcoussis, dans le Recueil des traités de paix de Léonard, I, 803. — (2) Ferdinand résidait en ce moment à Saragosse. Le 30 septembre, il y confirma le traité de Marcoussis ; cf. confirmation de ce traité. B. N., Fonds espagnol, t. CCCXXXVIII, f° 96 (ancien classement).

rappelant leur turbulent vassal, de ramener en Navarre un fauteur de troubles, instrument ordinaire de la politique castillane. Ils traînèrent donc en longueur les négociations, puis rédigèrent une note où ils évitaient de faire une réponse claire aux exigences des rois de Castille (1). Les souverains navarrais attendaient sans doute le résultat des pourparlers entamés avec Louis XII pour le mariage de Charlotte d'Albret. Quand ils furent assurés de l'appui du roi de France et du Pape, ils crurent pouvoir négocier avec les Rois Catholiques, non plus en protégés, mais en égaux. Ils ne se bornèrent plus à demander la restitution des forteresses occupées en vertu des traités de Madrid. Ils revendiquèrent encore une foule d'autres restitutions qu'ils n'auraient même pas osé mentionner deux ans auparavant. Le 5 mai 1499, ils envoyèrent, en effet, à Ferdinand une ambassade solennelle, composée de deux moines, frère Juan de Vadeto, gardien du couvent des Franciscains d'Orthez, et frère Juan de Rro, gardien du couvent de Saint-Sébastien à Tafalla (2). Les instructions que leur donnèrent Jean et Catherine sont datées de Pau. On en possède une copie aux Archives de Simancas. Il était enjoint aux envoyés navarrais de réclamer aux rois de Castille un grand nombre de territoires aliénés, notamment ceux de la Guardia, de los Arcos, de San-Vicente, de Miranda, villes détachées de la province d'Estella et tombées entre les mains des Castillans en 1463. Ensuite, ils devaient demander le retour à la Navarre des cités de Toro, Herrera, et de toute la Sonsierra, dont la Castille était maîtresse depuis plusieurs siècles. Les princes navarrais appuyaient leurs revendications de longues considérations historiques, tendant à démontrer que ces terres avaient jadis fait partie de leur royaume, et n'en avaient été détachées qu'à la suite d'une usurpation. Ils poussaient leurs prétentions bien plus loin, jusqu'au point où elles devenaient chimériques et ridicules. Ne s'avisaient-ils pas, en effet, de réclamer à Ferdinand la cession des seigneuries concédées à Juan II d'Aragon, époux de Blanche de Navarre et bisaïeul de Catherine. Ce n'étaient rien moins que les duchés de Peñafiel et de l'Infantazgo, les domaines

---

(1) Toute cette phase des négociations est racontée au moyen d'un document inédit, le mémoire remis à Ontañon vers 1499, et qui est intitulé : *Lo que vos Pedro de Hontañon nuestro embaxador á los muy ilustres Rey y Reyna de Navarra, por virtud de nuestra creencia, de nuestra parte les direys.* Arch. de Simancas, *Patron. real. Capit. con Navarra,* leg. 2. —
(2) Cette ambassade a été connue de Zurita, *Anales,* t. V, liv. III, chap. XXXVI, f° 162-163, et de Garibay, *Compendio historial,* liv. XXIX, chap. XIX, p. 492; ce dernier, moins exact, confond Orthez avec Cortes, ville de Navarre. — Les historiens navarrais, notamment Aleson, *Anales de Navarra,* t. V, chap. VI, f° 90, suivent le récit de Zurita.

de Lara, de Medina del Campo, de Cuellar, d'Olmedo en Castille, le duché de Gandie, le comté de Ribagorza, les terres de Monblanch, de Balaguer et autres dans le royaume d'Aragon. Ils allaient même jusqu'à exiger qu'on leur rendît la dot de Blanche de Navarre, femme de Juan II, dot estimée à la somme de 420,111 florins d'or. Enfin, ils réclamaient l'évacuation des places que les Castillans occupaient en vertu des traités de Madrid, c'est-à-dire des châteaux de Viana, de Sanguesa, de Santa-Cara, de Monjardin et de Lerin. Ils prétendaient aussi réunir au domaine royal les terres du connétable exilé. La paix, « grâce « à Dieu, disaient-ils, a été conclue entre les rois de France et « de Castille »; « le motif pour lequel ces forteresses avaient été « occupées n'existe plus ». Il est juste de faire cesser une mesure qui n'avait eu d'autre raison que d'assurer au roi de Castille la neutralité absolue de la Navarre (1). Il fallait que l'alliance qu'ils venaient de conclure à Blois inspirât une confiance outrée aux souverains navarrais, pour qu'ils aient hasardé pareille démarche. D'ailleurs, l'exagération même de leurs prétentions en rendait l'adoption impossible et le rejet aisé. Ferdinand et Isabelle, malgré la surprise et le mécontentement que dut leur causer l'ambassade des rois de Navarre, reçurent à Ocaña les deux envoyés, sans rien laisser paraître de leur ressentiment. Ils se bornèrent à rédiger une note en réponse aux demandes des princes navarrais, où ils justifiaient les annexions jadis faites par la Castille. D'après cette note, dont Zurita paraît donner une courte analyse, les villes et territoires dont on réclamait la restitution appartenaient, à juste titre, aux souverains espagnols. Elles représentaient l'indemnité promise à Henri IV par le prince de Viane, don Carlos, pour l'intervention castillane. La sentence de Louis XI avait attribué ces domaines à la Castille, et la demande de restitution adressée aux Rois Catholiques leur semblait un prétexte imaginé par les rois de Navarre pour se soustraire à l'alliance espagnole (2). Ce qui contribuait à accroître les soupçons de Ferdinand, c'est que son ambassadeur Ontañon ne pouvait obtenir de Jean et Catherine d'autre réponse à ses propositions, au sujet du connétable de Beaumont, que de vagues assurances de bon vouloir. Encore dut-il attendre pen-

(1) Instructions des ambassadeurs navarrais. Pau, 5 mai 1499. Ce document est intitulé : *Instrucción para los venerables fray Juan de Vadeto, è para fray Juan de Kro, de parte del Rey è de la Reyna nuestros señores, acerca de las villas, fortalezas è ventas à su corona real de Navarra pertenescientes*. Arch. de Simancas, *Patron. real, Capit. con Nav.*, leg. 1. — Publié dans la *Colección de documentos inéditos para la historia de España*, t. XLI, pp. 116-125. — (2) Zurita, *Anales de Aragon*, t. V, liv. III, chap. XXXVI, f° 162-163.

dant neuf ou dix mois qu'ils se déterminassent à lui « répondre « de cette manière dilatoire, et qui ne décidait rien ». Fatigué de ces lenteurs, sur l'ordre de ses maîtres, Outañon finit par remettre aux rois de Navarre une nouvelle requête, par laquelle les souverains castillans exigeaient l'entière restitution des biens du comte de Lerin, et s'engageaient, en retour, à garder le connétable dans leurs États, « pour l'empêcher de susciter de nou- « veaux troubles et scandales ». Alors, Jean et Catherine se décidèrent à envoyer à la cour d'Espagne, en compagnie de l'ambassadeur castillan, leur procureur fiscal, Miguel d'Espinal. Ce dernier était porteur des propositions des rois de Navarre. Ils commençaient par manifester leur étonnement des exigences des Rois Catholiques. Certes, ils voulaient bien consentir, en leur considération, à restituer au comte de Lerin ses domaines, forteresses, offices, à condition qu'il resterait en Castille, et que son fils, Louis de Beaumont, viendrait en prendre possession à sa place. Ils lui rendraient également la charge de connétable et le gouvernement de Viana, dans le délai d'un an, si sa conduite n'offrait rien de répréhensible. Enfin, pour cimenter leur alliance avec la Castille, ils offraient de marier une de leurs filles avec un prince du sang d'Espagne. Mais, en échange de ces concessions, ils en demandaient d'autres qui n'étaient pas de nature à satisfaire Ferdinand. Ils voulaient qu'on laissât la charge de chancelier à l'évêque d'Oloron ; ils réclamaient le droit de changer à leur gré les gouverneurs des forteresses navarraises, clause menaçante aux yeux des Castillans ; ils ne parlaient aucunement de rendre aux parents et alliés de Lerin leurs biens confisqués ; ils revendiquaient la restitution des places occupées par les Espagnols, depuis les traités de Madrid. Ces conditions, surtout celle qui concernait les gouverneurs des places fortes, tendaient, d'après les rois de Castille, à soustraire la Navarre aux obligations que ses rois avaient assumées. Ils répondirent par un mémoire rédigé en termes amers, où ils rappelaient les bienfaits qu'ils avaient prodigués aux princes navarrais, la pacification de leur royaume obtenue grâce à eux, la garantie qu'ils avaient octroyée sur leur prière à l'accord de 1493, la magnanimité dont ils avaient fait preuve à leur égard, en oubliant les violations de cette convention commises par les rois de Navarre, et en pacifiant leurs États au traité de 1495. Ce mémoire se terminait par l'exposé des clauses qu'exigeaient les Rois Catholiques. C'était, d'abord, la restitution des domaines confisqués à Louis de Beaumont et à ses parents, sous la promesse formelle que le connétable « s'amenderait, de manière à servir les » souverains navarrais, « et à leur obéir à l'avenir ». Une amnistie pleine et entière sera accordée à tous les exilés. Les gouverneurs des forteresses navarrais ne pourront être changés, ni révoqués, ni nommés, sans l'avis et le consentement des rois de Castille. Jean d'Albret et Catherine se plaignaient de l'alcayde de Tudela, Garci Perez, et auraient voulu lui enlever son commandement. Ferdinand faisait l'apologie de ce gouverneur, « le meilleur et le « plus fidèle sujet » de ses neveux, disait-il, et exigeait qu'on lui conservât son office. De même, il voulait maintenir pour les alcaydes l'obligation de l'hommage lige à l'égard des souverains castillans. Cette précaution n'était prise, prétendait-il, qu'en garantie des traités. D'ailleurs, ajoutait-il, en s'adressant aux rois de Navarre, « tous vos alcaydes sont bons et loyaux servi- « teurs, et vous ne devez craindre d'eux ni infidélités, ni tra- « hisons ». Si les princes navarrais acceptent ces conditions, on réglera à l'amiable tous les autres différends : on restituera aux rois de Navarre les places occupées par des garnisons castillanes; on nommera des arbitres pour terminer les querelles qui existent entre les habitants de la frontière navarraise et castillane; on statuera sur le projet de mariage d'une des filles de Jean d'Albret avec un prince espagnol. Ce sont là, concluaient les Rois Catholiques, les conseils de parents affectueux qui « veulent montrer « aux rois de Navarre tout l'amour et le dévouement qu'on a « pour des fils ». Que ceux-ci se gardent, au contraire, de donner crédit à « des avis pernicieux qui leur viennent de personnes « désireuses de troubler » leurs États (1). Lorsque Ontañon revint à Pampelune, porteur de cet ultimatum, Jean et Catherine eurent quelque peine à en admettre les dures stipulations. Ils hésitaient; peut-être songeaient-ils à résister. Il importait aux rois de Castille de brusquer la solution : le terme de cinq ans, fixé par les traités de Madrid pour l'occupation des places navarraises, expirait en 1500. Ferdinand et Isabelle considéraient avec inquiétude l'approche de l'évacuation, tant qu'ils ne seraient pas assurés par un nouvel accord du maintien de leur influence en Navarre. On recommença aussitôt la campagne de faux bruits et de rumeurs mensongères, qui avait si bien réussi en 1497, et qui devait réussir encore. Ferdinand prétendit que son ambassadeur Ontañon avait appris la conclusion d'un traité secret entre Jean d'Albret et Louis XII, et qu'il s'était empressé de se rendre à Séville pour en avertir ses maîtres (2). Le roi de Navarre était

(1) Ces négociations sont exposées d'après le mémoire inédit déjà cité et intitulé : *Lo que vos Pedro de Hontañon á los muy ilustres Rey y Reyna de Navarra. . de nuestra parte les direys.* Arch. de Simancas, *Patron. real. Capit. con Nav.*, leg. 2. — (2) Cette assertion est contenue dans un autre document inédit, rédigé probablement en 1509, et déjà cité. Il est inti-

accusé d'avoir, à l'instigation de son père Alain, consenti à échanger son royaume contre d'autres domaines (1). D'après Zurita, on disait même que Jean recevrait en compensation le duché de Normandie (2). En même temps, commençaient, suivant la tactique ordinaire du roi de Castille, des démonstrations militaires. De forts détachements de troupes castillanes se rapprochaient de la frontière navarraise : les rois, craignant une surprise, mirent leurs places en état de défense (3). Sur l'ordre de Ferdinand, Juan de Silva vint aviser son père, Juan de Ribera, capitaine-général des frontières de Castille, de différer la remise des forteresses navarraises, jusqu'à ce que Jean et Catherine « eussent donné les hommages et sûretés requises », pour le maintien de la paix (4). D'après un document inédit des Archives de Navarre (le message de Jean d'Albret aux Cortès), Ribera fit parvenir aux princes navarrais des représentations menaçantes. Il les accusa d'avoir violé les traités en négligeant de faire prêter l'hommage lige dû aux Rois Catholiques par plusieurs gouverneurs de ses forteresses, tels que le comte de Comminges, les seigneurs de Gramont, de Luxe et d'Ezpeleta. Tant que les souverains navarrais n'auraient pas ordonné la prestation de cet hommage, les princes castillans se jugeraient dispensés de tenir leurs promesses et n'évacueraient pas les forteresses qu'ils détenaient (5). Si l'on en croit Zurita, qui avoue, d'ailleurs, que les bruits répandus au sujet de l'échange de la Navarre contre la Normandie n'avaient aucun fondement sérieux, Ribera aurait formulé d'autres griefs qui paraissent imaginaires. Il reprocha à Jean d'Albret de tenir en disgrâce le maréchal de Navarre, depuis que celui-ci s'était marié en Castille (6), et de regarder avec défaveur tous les Navarrais amis des Castillans. Il insista, enfin, de nouveau sur la restitution des domaines du comte de Lerin, et demanda qu'on ne confiât aucune forteresse aux Basques de Basse-Navarre, parce que la plupart d'entre eux

tulé : *Relacion de algunas quiebras que los reyes de Navarra hicieron despues del asiento de las alianzas*, Arch. de Nav., *Guerra*, leg. 1, carp. 15, Arch. de Simancas, *Patron. real. Capit. con Nav.*, leg. 2.

(1) Le roi de Navarre lui-même, dans un document curieux que nous avons découvert, parle de cette accusation. Cette pièce inédite est le message de Jean d'Albret aux Cortès navarraises après les traités de Séville. Arch. de Nav., *Cortes, seccion de limites*, leg. 1, carp. 2. — (2) Zurita, *Anales de Aragon*, t. V, liv. IV, chap. II, f° 177. — (3) Le registre d'Olite mentionne ce fait. Le maréchal de Navarre, en particulier, fut chargé de mettre Olite en défense. Reg. ou mémorial d'Olite, f° 37 (pap. de Moret, Arch. de Nav.). — (4) Zurita, loc. cit. — (5) Message de Jean d'Albret aux Cortès. Arch. de Nav., sec. *de limites*, leg. 1, carp. 2. — (6) Le mémorial d'Olite, f° 35, nous apprend qu'il avait épousé la sœur du duc d'Alburquerque en 1497.

étaient dévoués à la cause française. Bientôt après, l'ambassadeur castillan Ontañon revenait à la cour de Pampelune appuyer de ses arguments les démarches de Ribera. Vers le mois de février ou de mars 1500, un nouvel agent espagnol, don Diego de Muros, doyen de Santiago, arrivait encore pour joindre ses efforts à ceux de l'ambassadeur, et solliciter des rois de Navarre et d'Alain d'Albret des explications définitives (1). Ces menaces et ces démarches successives produisirent l'effet attendu. Les souverains navarrais prirent peur et protestèrent vivement contre l'accusation formulée contre eux, au sujet de l'échange de leur royaume contre le duché de Normandie. Ils affirmèrent qu'ils n'échangeraient pas leur couronne, même contre celles de France ou de Castille, à moins d'y être contraints : car, dit un proverbe espagnol, « celui qui se noie ne s'occupe guère de ce qu'il boit ». Aimés de leurs sujets, ils éprouvent pour eux la plus grande affection ; les Navarrais leur ont prodigué les preuves d'attachement, et aussi petit que soit leur royaume, ils n'y renonceront jamais que par la force (2). Enfin, ils offrirent à Ontañon les sûretés les plus convenables pour l'exécution des traités antérieurs. Peut-être Ferdinand voulait-il obtenir plus qu'une promesse verbale : peut-être cherchait-il à amener les rois de Navarre à lui offrir une convention formelle, qui les lierait plus qu'un engagement oral. C'est ce que semble indiquer un nouveau subterfuge dont il se servit pour compléter son œuvre d'intimidation. Si l'on en croit l'annaliste Garibay et les historiens Aleson et Yanguas, il affecta de négocier avec Louis de Beaumont l'achat du comté de Lerin et des autres domaines de ce seigneur en Navarre. Il lui proposait, en retour, la cession de terres d'une valeur égale en Castille et même une rente en argent trois fois plus élevée que ses revenus (3). Mais l'ancien connétable navarrais n'était pas homme à changer contre une servitude dorée en Espagne, le rôle de chef de parti indépendant et de roi sans couronne en Navarre. Il n'est pas impossible qu'il ait songé à se faire un mérite de son refus auprès de Jean d'Albret et de Catherine, et qu'il ne les ait avertis des propositions de Ferdinand. Il servait d'ailleurs ainsi, peut-être sans le savoir, les plans des Rois Catholiques, qui, en négociant avec lui, paraissent avoir surtout voulu effrayer les rois de Navarre.

Cette campagne de faux bruits, de démonstrations militaires et de négociations, eut un plein succès. Jean d'Albret quitta Pampe-

---

(1) Zurita, *Anales de Aragon*, t. V, liv. IV, chap. II, f° 177. — (2) Telle est l'analyse que donne Zurita de la réponse des rois de Navarre. Il est le seul historien qui la mentionne. Zurita, *ibid.*, f° 178. — (3) Garibay, *Compendio*, chap. XIX, pp. 492-493. Aleson, *Anales de Navarra*, t. V, chap. VI, f° 100. Yanguas y Miranda, *Historia compendiada de Navarra*, p. 365.

lune pour aller conférer à Pau avec la reine sa femme. Il fut résolu que le roi seul se rendrait auprès des souverains castillans, « pour leur exposer la vérité » au sujet des rumeurs répandues contre lui, « pour dissiper les doutes qu'ils avaient conçus, leur « manifester l'intention d'observer les conventions conclues, et « les assurer de l'affection et de l'amour qu'il professait pour « eux ». La reine, à cause de sa grossesse, ne put accompagner Jean d'Albret dans ce voyage (1). Jean laissa le gouvernement de ses États à Catherine, assistée de frère Pedro de Eraso, abbé de la Oliva, et partit pour l'Andalousie avec une brillante escorte de gentilshommes français et navarrais. Cette démarche du roi de Navarre parut déceler une âme faible; les Navarrais s'en montrèrent peu satisfaits, et à son retour, le souverain essaya de se justifier en adressant aux Cortès un message, où il alléguait la nécessité qu'il y avait à dissiper les bruits fâcheux répandus sur l'échange de la Navarre, et où il exposait l'heureux résultat de son voyage, pour excuser la précipitation qu'il avait montrée (2). Les grands surtout trouvèrent que leur roi faisait trop bon marché de l'orgueil national, en se chargeant lui-même du rôle d'ambassadeur. « Si j'étais roi, dit le comte de Lerin au duc d'Albe, je ne « ferais jamais rien de pareil ! » (3). Jean d'Albret, au contraire, se montra très satisfait de son initiative. Dans son message aux Cortès, il insista avec complaisance sur la flatteuse réception que Ferdinand lui avait préparée : « Partout, dit-il, nous étions reçu « comme un fils qui traverse les terres de son père; le roi et la « reine de Castille nous ont accueilli avec autant d'affection et « d'honneur qu'ils l'auraient fait pour l'infant leur fils, s'il vivait « encore ; ils nous ont offert tant de fêtes, prodigué tant d'hon- « neurs, montré tant d'amitié, qu'il serait trop long d'en faire le « récit détaillé. Ils nous ont tant obligé que nous ne saurions le « dire et l'apprécier assez » (4). Ces termes enthousiastes étaient justifiés par la brillante mise en scène que Ferdinand avait imaginée pour séduire le roi de Navarre. Le chroniqueur semi-officiel du règne des Rois Catholiques, Bernaldez, nous en a laissé le curieux tableau. Le 30 avril au soir, Jean d'Albret arrivait aux portes de Séville (5). Par ordre des rois de Castille, les vingt-quatre du corps de ville, précédés du regidor, vinrent au-devant

(1) Ces détails sont donnés par le document inédit déjà cité. Manifeste de Jean d'Albret aux Cortès navarraises, 1500, orig. Arch. de Nav., *Cortès, seccion de limites*, leg. 1, carp. 2. — (2) C'est le message cité ci-dessus et dont les principaux passages ont été analysés. Jean d'Albret s'efforce d'y démontrer que « *la yda* (de Séville) *fué bien empleada* ». — (3) C'est Aleson qui rapporte ce trait. *Anales de Navarra*, t. V, chap. VI, f° 101. — (4) Manifeste ou message de Jean d'Albret aux Cortès cité ci-dessus. — (5) La date précise est donnée par Carvajal, *Memorial breve*. (Chroniques de Castille, III, 550.)

des murs, faire compliment au roi de Navarre et lui baiser la main. Puis on vit paraître le clergé, le chapelain de la cour, et les prieurs rangés en ordre près des portes. Enfin, Ferdinand lui-même s'avança, accompagné du patriarche-archevêque de Séville, don Diego Hurtado de Mendoza, d'un cardinal et de trois ou quatre évêques italiens. Tout ce brillant cortège se rendit à la rencontre de Jean d'Albret à une demi-lieue de Séville, sur la route d'Alcala. Quand les deux souverains s'aperçurent, ils se saluèrent courtoisement, puis s'embrassèrent, et Ferdinand ramena son hôte dans son palais. Pendant dix-sept jours, Jean vécut dans un tourbillon de fêtes (1). On donna en son honneur un grand tournoi à l'Alcazar, et pour lui éviter toute contrariété, on pria l'ancien connétable de Navarre de ne pas se rendre au palais pendant tout son séjour (2). Le roi ne partit de la cour castillane que le 16 mai au matin (3), comblé de cadeaux princiers : chevaux de prix, tapisseries, joyaux (4). Bernaldez affirme même qu'on lui fit accepter de riches présents en argent (5). Dans toute la Castille, qu'il traversa à son retour, il reçut cette magnifique hospitalité dont les Castillans étaient coutumiers. A Tolède, où il passa les fêtes de l'Ascension, à Madrid, à Guadalajara surtout, il fut fêté avec un luxe inouï : les ducs de l'Infantando et de Medina-Celi se distinguèrent à son égard par des raffinements de courtoisie (6). Accablé de distinctions, rassasié d'honneurs, ébloui de tant d'éclat, Jean d'Albret revint en Navarre au commencement de juin ; le 9, il allait se reposer dans son palais d'Olite des fatigues du voyage et se mettre à l'abri des chaleurs de l'été (7). L'entrevue de Séville avait flatté son orgueil. Il est facile de voir qu'elle avait peu servi ses intérêts. Avec cet art consommé qui le caractérisait, Ferdinand avait su achever par la flatterie l'œuvre que l'intimidation avait commencée, et profiter de la faiblesse et de la vanité du roi de Navarre, pour obtenir de lui de nouvelles conventions favorables aux États castillans.

Le roi d'Espagne avait, d'après une tradition que rapporte Aleson, commencé par proposer à Jean d'Albret l'achat des domaines du comte de Lerin par la Castille, pour le délivrer à l'avenir de toute inquiétude. Jean s'était laissé persuader, sans réfléchir qu'il allait introduire dans son royaume le vassal le plus

---

(1) Bernaldez, *Crónicas de los señores Reyes Católicos*. (Chroniques de Castille, III, 695.) — (2) Aleson, *Anales de Navarra*, t. V, f° 101. — (3) Carvajal, *Memorial breve* (Chroniques de Castille, III, 551), donne la vraie date. Aleson attribue par erreur une durée de vingt jours à l'entrevue de Séville. — (4) Aleson, loc. cit. — (5) Bernaldez, ibid. — (6) Aleson, ibid. — (7) Aleson, ibid., f° 101, d'après le registre d'Olite et un acte des Archives d'Olite, cité dans ses *Anales* à l'appendice A, f° 109.

dangereux, un vassal qui pourrait faire la loi à son suzerain. Le monceau d'or qu'on offrait au besoigneux petit roi l'avait peut-être ébloui. Cependant il eut la sagesse de réfléchir avant d'accepter, et il voulut consulter le connétable, son ancien sujet. Celui-ci lui répondit fièrement : « On n'échange pas des forte-« resses contre des écus » (1). Le projet de Ferdinand échoua, et le roi de Castille semble avoir d'abord gardé pour ce motif quelque rancune au comte de Lerin. « On ne peut s'entendre avec lui, écri-« vait-il peu après à Ontañon ; il est le premier à nous susciter des « embarras » (2). N'ayant pu réussir de ce côté, il négocia une série de traités qui devaient assurer, après le retrait de ses troupes, le maintien de son influence en Navarre. Par la première de ces conventions, conclue à Séville le 14 mai 1500, il obtenait ce qu'il demandait depuis deux ans, le rappel des exilés beaumontais. Jean d'Albret consentait, « en considération des rois de Castille, à « donner rémission au comte de Lerin et à lui pardonner, ainsi « qu'à ses fils, frères, parents, amis, vassaux, serviteurs et adhé-« rents, pour tous délits de quelque nature qu'ils eussent commis « auparavant, et nous leur accordons, disait-il, pardon et rémis-« sion aussi complète et aussi large qu'il sera nécessaire ». Il s'engageait à restituer aux exilés « tout le patrimoine qu'ils possé-« daient lors du couronnement ». « Nous aurons pour agréable, « ajoutait-il, que Votre Altesse (le roi de Castille) leur restitue « de même tous les domaines qui sont entre ses mains », c'est-à-dire les forteresses occupées depuis 1495. De la restitution n'est exceptée que la ville d'Artajona. Le comte et ses partisans « pour-« ront aller et résider en Navarre »; on rendra à Lerin l'office de connétable, et le gouvernement de Viana, « pour tant que « durera le bon plaisir » royal, « et à condition qu'il prêtera ser-« ment et hommage lige » (3). C'était pour les Rois Catholiques une première et précieuse condition que le rappel du parti beaumontais. Ils savaient qu'ils trouveraient désormais en Navarre des fauteurs de discordes, des auxiliaires précieux pour leur influence, et des instruments dociles de leurs desseins. Par une seconde convention conclue le même jour à Séville, Jean d'Albret promettait, « en garantie des alliances antérieures », de faire jurer à tous les alcaydes « qu'il changerait de poste » ou nommerait à l'ave-

(1) Anecdote rapportée par Aleson, *Anales de Navarra*, t. V, f° 101. — (2) Lettre de Ferdinand à Ontañon, Arch. de Nav., Guerra, leg. 1, carp. 33 (Grenade, 7 août). – (3) Le texte de ce premier traité est intitulé : *Promesa hecha en Sevilla por el rey don Juan de Navarra al de Castilla de perdonar al conde de Lerin y restituir le todos sus Estados*, Copie, Arch. de Nav., Guerra, leg. 1, carp. 31 ; document cité *in extenso* par Yanguas y Miranda, *Diccionario de Antigüedades*, III, 229-230.

nir, « le maintien et l'accomplissement des clauses desdites
« alliances, de la même manière que les gouverneurs actuellement
« en fonctions l'avaient juré ». De plus, tous les alcaydes seront
de nationalité navarraise « et habitants du royaume ». Toutes les
fois qu'un gouverneur de forteresse serait changé ou nommé, le
roi de Navarre s'engageait à l'obliger à prêter « l'hommage lige »
requis, « entre les mains de don Jóhan de Ribera et de l'ambas-
« sadeur Ontañon » (1). C'était assurer aux rois de Castille la
neutralité du royaume dans les guerres futures, et le dévouement
des châtelains navarrais. Enfin, une troisième convention, conclue
encore à Séville le 14 mai, semblait garantir les Rois Catholiques
contre les dangers d'une union matrimoniale conclue entre les
souverains de Navarre et des princes hostiles à l'Espagne. Jean
d'Albret, « ayant égard à la parenté qui l'unissait aux rois de Cas-
« tille, et considérant l'affection et la bienveillance qu'ils mani-
« festaient envers lui », promit de donner en mariage « sa fille
« aînée et héritière doña Anna » à l'un des petits-fils des Rois
Catholiques, au cas où le mariage de cette princesse n'aurait pas
lieu avec Gaston de Foix. S'il naissait aux rois de Navarre « un
« fils, ou bien si, par la volonté divine, la succession navarraise
« passait à une autre de leurs filles », ils uniraient de préférence
« ce fils ou cette fille, leur héritier ou héritière, avec le petit-fils
« ou la petite-fille de Leurs Altesses » castillanes. Bien plus, « ils
« promettent et donnent leur parole royale que, si le roi et la
« reine de Castille veulent marier Anne de Navarre avec le très
« illustre prince, leur fils ou petit-fils, ils consentiront à conclure
« cette union de préférence à toute autre ». De même, si les Rois
Catholiques veulent marier tout autre héritier ou héritière de la
couronne navarraise avec un de leurs petits-fils ou de leurs petites-
filles, les souverains de Navarre y consentiront volontiers, « Si
« ces mariages ne s'accomplissaient pas pour quelques considéra-
« tions ou causes que lesdits roi et reine de Castille » invoque-
raient, « en tel cas », Jean et Catherine ne feraient contracter à
leurs enfants aucune autre union sans en aviser ces rois, et sans
obtenir « leur bonne volonté et consentement » (2). Ces précautions paraissaient suffisantes. D'un côté, par le rappel des Beaumontais, Ferdinand se ménageait au besoin une intervention en

---

(1) Deuxième traité de Séville, intitulé : *Cédula del rey don Juan de Navarra, que los alcaydes de Navarra sean proveidos por el rey de Castilla.*
Séville, 14 mai 1500, orig. Arch. de Simancas, *Patr. real. Capit. con Nav.*,
leg. 2, f° 15. — (2) Troisième traité de Séville, intitulé : *Promesa del rey don
Juan de casar sus hijos con los nietos de los Reyes Católicos.* Séville, 14 mai
1500, orig. Arch. de Simancas, *Patr. real. Cap. con Nav.*, leg. 2, f° 14. Ces
deux documents, que nous avons trouvés à Simancas, sont inédits.

Navarre, comme il l'avait fait avant 1495. De l'autre, il s'assurait la neutralité du royaume, en exigeant le serment des châtelains navarrais. Enfin, il pouvait, par un mariage, préparer l'annexion de l'État de Jean d'Albret, ou bien empêcher, en vertu du troisième traité de Séville, une union matrimoniale désavantageuse, conclue en dehors des princes espagnols. Le roi de Castille crut ainsi avoir lié les rois de Navarre pour l'avenir. Il jugea qu'il pouvait abandonner quelques-unes des garanties qu'il avait obtenues auparavant, et qu'il lui était permis, sans péril pour ses intérêts, de rendre à Jean et à Catherine quelque indépendance, en renonçant aux clauses exorbitantes des conventions de Madrid et de Pampelune. Ces concessions ne nous sont connues par aucun texte original; elles résultent simplement de documents postérieurs cités plus loin, et du récit de Zurita, qui est peut-être composé d'après des pièces aujourd'hui perdues. Les Rois Catholiques autorisèrent les rois de Navarre à nommer et à changer, sans leur avis, les gouverneurs des places navarraises, en se conformant aux prescriptions convenues. Ils promirent d'obliger le comte de Lerin à se soumettre à la justice royale et à observer envers les rois la même obéissance que les autres sujets navarrais. Si, après son retour, il se montrait désobéissant et rebelle, ils ne s'opposeraient point à ce qu'il fût de nouveau chassé du royaume, et ils empêcheraient les Aragonais et les Castillans de lui porter secours. Les habitants de Viana reçurent d'eux la promesse formelle qu'il ne leur serait fait aucun mal par les gens du connétable. Enfin, les troupes castillanes évacueraient les places beaumontaises et les forteresses de Viana et de Sanguesa, qu'elles occupaient depuis cinq ans (1).

Les traités furent bientôt fidèlement exécutés de part et d'autre. Un mois après leur conclusion, Ribera remit au délégué des rois de Navarre, l'alcayde Ramon Membrelle, le château et la ville de Sanguesa (14 juin) (2). En même temps, il restituait la forteresse de Viana (3). Un seul retard fut apporté à la restitution des domaines des Beaumontais. Jean d'Albret avait fait rendre à don Louis de Beaumont, fils du comte de Lerin, les terres qui composaient le comté, le gouvernement de Viana et les provisions de l'office de connétable (4). Mais le comte de Lerin montrait peu d'empressement à revenir en Navarre, parce qu'il espérait conser-

(1) Zurita, t. V, liv. IV, chap. VIII, f° 182. — (2) Acte original, dressé devant notaire, de la restitution de Sanguesa, 14 juin, cité *in extenso* par Aleson, *Anales de Navarra*, t. V, f°s 80-81. — (3) Zurita, *ibid.*, f° 182. — (4) *Real orden de los reyes de Navarra mandando restituir al conde de Lerin su condestablia*, etc. Pamplona, 26 juillet 1500. Arch. de Nav., Guerra, leg. 1, carp. 32.

ver ainsi ses domaines de Castille, que les Rois Catholiques comptaient bien recouvrer (1). Il alléguait, pour retarder son départ, que les rois de Navarre lui avaient refusé de livrer la forteresse et la terre de Dicastillo, dont le roi Charles III avait fait don à son aïeul. Le Conseil royal lui demandait même davantage : il le sommait de produire les titres en vertu desquels Dicastillo et le château de Viana, le palais de Puente-la-Reina et les rentes d'Aoiz et d'Urbe devaient lui être livrés (2). Une troisième difficulté était soulevée au sujet de l'hommage que les rois de Navarre exigeaient de leur vassal. Louis de Beaumont se refusait à prêter serment de fidélité, sous prétexte qu'il avait fait hommage lige au roi de Castille (3). Pour compliquer encore la situation, Alonso de Peralta, comte de Sant-Esteban, furieux de ce qu'on lui avait enlevé la connétablie, revint précipitamment à Pampelune, et on craignit qu'il ne provoquât une vive agitation parmi les Gramontais. L'influence du maréchal don Pedro de Gramont, que Ferdinand avait marié à la sœur du duc d'Alburquerque, et auquel il avait accordé des rentes en Castille, prévint ce dernier danger. On finit aussi, après de pénibles négociations, par résoudre les autres conflits. Jean d'Albret, qui offrait de restituer aux Beaumont tous les biens contestés, sauf Dicastillo, fut prié par Ontañon, sur l'ordre des Rois Catholiques, de rendre aussi cette forteresse et de hâter la restitution intégrale des domaines du comte de Lerin (4). Le connétable reçut sans doute quelque sévère avertissement, car l'ambassadeur espagnol fut avisé de ne pas le consulter, parce qu'il « était le premier à susciter des embarras » dans cette affaire (5). Louis de Beaumont dut le premier céder : il écrivit à Jean d'Albret et à Catherine une « lettre très humble « où il leur offrait de se mettre à leur service » (6). Puis il délégua ses pouvoirs à son parent Gracian de Beaumont et au trésorier d'Assian pour prêter hommage en son nom et prendre possession de ses domaines. Le Conseil de Navarre estima justement que ce serment par délégation ne présentait pas de garanties suffisantes, que le comte de Lerin, exilé depuis cinq ans, avait cessé, en fait comme en droit, d'être le sujet des souverains

(1) C'est ce qu'affirme l'auteur anonyme du *Libro genealógico de la casa del Condestable de Navarra*, f°s 152-153, manuscrit. — (2) C'est le récit que donne Zurita, *Anales de Aragon*, t. V, liv. IV, chap. XV, f° 186. — (3) Zurita, t. V, liv. IV, chap. XXVII, f° 197, v°. — (4) *Carta de los reyes de Castilla á Pedro de Ontañon, para que procurase que los reyes (de Navarra) restituyesen luego al conde de Lerin sus Estados*, Grenade, 15 sept. 1500. Arch. de Nav., *Guerra*, leg. 1, carp. 34. — (5) *Carta de los reyes de Castilla á Ontañon*, 1500. Arch. de Nav., *Guerra*, leg. 1, carp. 33. — (6) Lettre datée de Grenade le 25 août 1500, citée par l'auteur du *Libro genealógico de las casa del Condestable de Navarra*, f° 153.

navarrais, et qu'il devait de nouveau prêter l'hommage requis en pareille occurrence par le fuero. S'il s'y refusait, il n'avait droit à aucune restitution ; il laisserait soupçonner la loyauté de sa conduite, et supposer qu'il préférait rester sous la suzeraineté des Rois Catholiques plutôt que sous celle de ses rois nationaux (1). Pour en finir, Jean d'Albret se décida à envoyer à Grenade des ambassadeurs afin de régler le différend, et une convention supplémentaire termina sans doute le litige (décembre 1500) (2). Les rois de Navarre cédèrent encore : ils promirent, sur la demande de Ferdinand, de rendre au comte de Lerin tous les domaines contestés, y compris Dicastillo, sans exiger de titres de propriété. Ils n'en exceptaient que la baronnie de Guiche, dont ils avaient fait cadeau au sire d'Albret en 1488. De son côté, Louis de Beaumont fut contraint de prêter l'hommage sans restriction. Les délégués du roi de Navarre, don Enrique Enriquez, don Juan Chacon, adelantado de Murcie, et don Gutierre de Cardenas, grand-commandeur de Léon, reçurent le serment du connétable, en présence de trois témoins désignés par les Rois Catholiques. Le comte de Lerin jura d'être sujet loyal et fidèle, de « garder fidèlement la « personne et les États » des rois, ses suzerains, de les aider à maintenir les fueros et de remplir scrupuleusement ses offices. Il prêta ensuite, comme gouverneur de Viana, un serment spécial de fidélité (3). Bientôt après, le connétable quittait Grenade pour revenir en Navarre. On lui remit les rentes d'Aoiz, les palais de Pampelune et de Puente-la-Reina, au début de l'année suivante, en 1501 (4). Au mois de mars, tout était terminé : le château de Dicastillo avait été restitué au comte de Lerin, et celui de Santa-Cara rendu par les troupes castillanes aux princes navarrais. Les rois de Castille n'eurent plus qu'à remercier Jean et Catherine d'avoir accompli toutes les conditions du traité de Séville, et terminé la querelle qui en avait retardé un moment l'exécution (5). Ce fut pour les souverains navarrais la période la plus brillante de leur règne, que cette courte accalmie de cinq années, qui se

(1) Zurita, *Anales de Navarra*, liv. IV, chap. XXVII, f° 197, v°. — (2) La date de cette convention, conclue à Grenade, résulte d'un document inédit, intitulé : *Respuesta dada por los reyes de Castilla á los embajadores de Navarra*, Grenade, 22 décembre; cette réponse est suivie d'une lettre adressée aux rois de Navarre, 23 décembre. Arch. de Nav., *Guerra*, leg. 1, carp. 35. — (3) Ces détails ne sont connus que par le récit de Zurita, *Anales de Aragon*, t. V, liv. IV, chap. XV, f° 186-187, r°. — (4) *Orden de los reyes de Castilla á Pedro de Ontañon su embajador en Navarra*, Grenade, 23 déc. 1500. — *Orden de los reyes de Castilla á don Juan de Ribera*, 1501. Arch. de Nav., *Guerra*, leg. 1, carp. 36-37. — (5) *Carta de los reyes de Castilla á los de Navarra dandoles gracias*, Grenade, 11 mars 1501. Arch. de Nav., *Guerra*, leg. 1, carp. 36.

produisit de 1498 à 1503. Ils jouissent de la paix la plus complète dans leurs États. La querelle de la succession de Foix est terminée. Ils sont les alliés du Pape et du roi de France. Leur royaume est pacifié. Par les traités de Séville, ils pensent avoir reconquis leur indépendance, en calmant les inquiétudes des rois d'Espagne, et en obtenant le retrait des troupes castillanes. L'avenir paraissait plus rassurant que ne l'avait été le passé. Ils ne songeaient pas que ce calme n'avait d'autres garanties qu'une alliance bien fragile avec Louis XII et Alexandre VI, et qu'l devait disparaître dès le jour où renaîtrait l'inévitable rivalité entre la France et l'Espagne. La tranquillité dont jouissaient leurs domaines était à la merci d'un caprice du roi de France ou du roi de Castille. L'un pouvait faire revivre les prétentions de la maison de Narbonne, l'autre déchaîner en Navarre l'artisan ordinaire des troubles, Louis de Beaumont. Pour assurer leur neutralité et leur indépendance contre les deux grands États voisins, il eût fallu aux souverains navarrais des domaines plus unis d'intérêts, d'idées et de mœurs, des sujets plus dévoués, une autorité plus forte, des ressources financières et militaires plus grandes que celles qu'ils possédaient, et enfin une habileté politique qui leur fit toujours défaut.

CHAPITRE II.

LES ÉTATS DE LA MAISON DE FOIX-ALBRET ET LE GOUVERNEMENT DES ROIS DE NAVARRE AVANT LA CONQUÊTE CASTILLANE.

I.
Les États de la maison de Foix-Albret et leurs souverains. Caractère de Jean et de Catherine.

Pendant les vingt-quatre dernières années du XVe siècle, la Navarre était parvenue à échapper au démembrement, surtout grâce à la rivalité des deux monarchies voisines, trop occupées d'abord par leurs embarras intérieurs, puis par les affaires italiennes, pour hasarder une entreprise pareille. Cependant on avait déjà pu voir combien l'anarchie avait affaibli le petit royaume pyrénéen, et combien l'union de ce royaume avec les États de la maison de Foix et d'Albret avait compliqué ses dangers. Le seul moyen de conjurer le péril à l'avenir eût été l'union intime des peuples placés sous le sceptre de Jean d'Albret et de Catherine. Cette union ne fit aucun progrès pendant les trente-trois ans qui séparent l'avènement de François-Phœbus de la conquête castillane. Chacun des pays soumis aux rois de Navarre continua à vivre de sa vie locale, sans beaucoup se préoccuper du sort des autres domaines. La perte du royaume navarrais ne produisit chez la plupart des peuples sujets de Jean d'Albret qu'une impression médiocre : elle paraît les avoir laissés, en général, indifférents. A défaut de cette unité matérielle et morale, qu'on ne peut guère obtenir sans le concours du temps, du moins les souverains de la nouvelle dynastie auraient-ils pu fortifier leur autorité. Une administration plus forte, des ressources financières et militaires plus grandes, une politique plus avisée, leur eussent peut-être permis de sauver l'indépendance de leur État. C'est surtout en Navarre qu'ils auraient dû concentrer leurs forces, puisque c'était la partie la plus menacée de leurs terres. Pendant seize ans, le gouvernement des domaines de la maison de Foix-Albret fut livré à l'aventure : deux longues minorités, deux changements de dynastie avaient contribué à l'affaiblir. C'est seulement en 1495, après l'exil du comte de Lerin, que Jean et Catherine purent tenter des réformes et essayer de rétablir leur pouvoir. Malheureusement, les deux rois n'avaient ni les talents ni l'énergie qu'exige le rôle de princes réformateurs, et leurs sujets navarrais avaient gardé d'un demi-siècle de guerres civiles des habitudes d'indépendance qu'il était impossible de supprimer radicalement sans péril. Leur autorité s'exerça d'une manière trop paternelle pour devenir bien forte. Ils avaient le caractère trop faible et trop mobile pour être respectés et obéis. Ils inspirèrent l'affection et non le respect. Jean d'Albret n'avait pas l'âpre ambition de son père Alain le Grand. Il ressemblait plutôt à son frère, le dissipateur et voluptueux cardinal Amanieu. Étourdi et frivole, il avait l'humeur joyeuse d'un Gascon et les manières populaires qu'on revit dans son arrière-petit-fils Henri IV. Il était, dit le chroniqueur navarrais Aleson, « de corps gaillard, d'esprit nourri « aux bonnes lettres, de caractère affable et courtois, d'accès « facile » (1). Mais les qualités d'énergie nécessaires à un souverain lui faisaient défaut. Il semble n'avoir possédé ni application au travail, ni constance dans les idées, ni perspicacité d'esprit. Il ne sut ni pratiquer une politique suivie dans ses États et dans ses rapports avec l'étranger, ni résister aux impulsions de son entourage. On louait surtout sa piété : « Il aymoit Dieu, disait un de ses « serviteurs, Pierre de Biaix, et il vivoit en sa crainte » (2). Mais il poussait la dévotion jusqu'à la minutie : dans la campagne de 1512, les lansquenets n'avaient pas assez de railleries pour ce pauvre roi, qui entendait trois messes par jour, au lieu de surveiller les opérations de son armée (3). « Il était tant bon et « humain, qu'il n'ayma jamais effusion de sang, en tant que si un « homme mouroit en justice, il s'en douloit » (4). Mais cette dou-

(1) Portrait de Jean d'Albret dans Aleson, *Anales de Navarra*, t. V, f° 329. — (2) Harangue de Pierre de Biaix à Bruxelles, août 1516. B. N., coll. Doat, 231, f° 89. — (3) Mémoires de Fleuranges, coll. Michaud. Récit de la campagne de 1512, cité ci-dessous. — (4) Harangue de Biaix en 1516, loc. cit.

cœur et cette humanité dégénéraient en faiblesse. Elles n'étaient pas sans inconvénients dans un royaume où la monarchie ne pouvait être relevée que par une impitoyable énergie. Aussi est-il impossible d'ajouter foi aux assertions des mémoires beaumontais, qui l'accusent d'avoir songé à faire assassiner le comte de Lerin, son vassal. Le faible roi était bien incapable de la résolution que suppose une pareille mesure. Il aimait les lettres, « estoit bon « clerc », dit Pierre de Biaix ; et Catherine, sa femme, partageait ses goûts élevés. Ils avaient formé deux bibliothèques à Olite et à Orthez, et étaient fiers de leurs connaissances dans l'art héraldique (1). Mais on était à une époque où savoir manier l'épée ou conduire une intrigue valait mieux que la culture la plus raffinée. Jean d'Albret était affable et même familier avec ses sujets. En un temps où les cours de France et d'Espagne commençaient à appliquer les règles d'une étiquette cérémonieuse, la sienne avait un aspect tout patriarcal. Le roi de Navarre aime à converser familièrement avec les bourgeois et les paysans. Il accepte leurs invitations à dîner, assiste à leurs noces, au baptême de leurs enfants. Il ne dédaigne pas de boire avec les villageois. Dans les fêtes, il danse avec leurs femmes et leurs filles, sous les arbres des promenades et sous les arcades des rues (2). Mais la familiarité tue le respect. Le souverain perd en prestige ce qu'il gagne peut-être en affection, et ne sait pas se faire aimer de son peuple sans déchoir dans son estime. Sa bonté est poussée jusqu'au point où elle dégénère en coupable faiblesse. Il se refuse à accroître les impôts « pour ne pas surcharger ses sujets » ; ainsi, remarque Aleson, « il se prive des ressources qui lui eussent été le plus nécessaires ». On vante aussi sa chasteté, son attachement à sa femme, mérite peu ordinaire chez un prince de son époque (3). Mais il a beau être simple et bon, affable et chaste, doux et humain, lettré et savant, populaire et humain, ce sont là les vertus d'un

---

(1) Portrait de Jean d'Albret par Avalos de la Piscina : « *Tuvo en su casa mucha policia y muchos caballeros, amó cavalleros è hizo muy bien tratamiento á muchos, fué humano, gracioso, y en extremo alegre, y muy liberal; era de maravillosa hermosura. Tuvo en su casa muchos Franceses y les dió oficios en el reyno contra el fuero de Navarra; fué hombre leydo y philosopho natural, tuvo una muy singular libreria; estimaba mucho á los ombres de linage, tanto que procuraba saber distinctamente los blasones todos del reyno; fué tan dado á mugeres y cosas de plazer, que entendia poco en las cosas de la guerra.* » Chronique d'Avalos de la Piscina. B. N., Fonds esp., t. CXXVI ancien, f° 179. — (2) Aleson, *Anales de Navarra*, t. V, f° 102. — (3) Aleson, t. V, f° 330. La chasteté de Jean d'Albret paraît avoir été exagérée, comme le prouve le témoignage d'Avalos de la Piscina. M. de Ruble, dans son savant travail sur Jeanne d'Albret, cite le nom d'un au moins de ses bâtards, don Pedro.

honnête homme, ce ne sont pas les qualités d'un roi. Il n'a ni l'activité infatigable, ni l'ardeur bouillante qui caractérisent Louis XII, ni la souplesse, la profondeur d'esprit, l'habileté politique, la science diplomatique qui font le mérite de Ferdinand. Il lui manqua toujours l'énergie du caractère, la constance des vues, l'activité administrative, la pénétration d'esprit, qui sont avant tout nécessaires à un chef d'État. D'ailleurs, il n'est pas sûr qu'émus de ses malheurs, les historiens navarrais n'aient pas flatté outre mesure le portrait de leur dernier roi national, et que, par une illusion touchante, n'osant lui attribuer le titre de grand souverain, ils n'aient voulu en faire un modèle des vertus privées (1). La reine de Navarre, Catherine, paraît avoir eu plus de talent. De la lignée royale d'où elle descend, elle a gardé la fierté naturelle à une fille de rois, et le malheur la frappe sans l'abattre. Mais il semble que chez elle la fierté dégénère en hauteur. On lui attribuerait volontiers plus d'énergie qu'à son époux. Elle en donna la preuve dans les négociations qu'elle entreprit pour recouvrer ses États. On l'a souvent jugée, au reste, d'après une anecdote dont Aleson révoquait déjà en doute l'exactitude, et que des vieillards navarrais avaient racontée aux historiens Garibay et Sandoval. Lorsqu'elle dut, en 1512, quitter Pampelune, menacée par l'invasion espagnole, elle s'écria, dit-on, comme la mère de Boabdil, le dernier roi de Grenade, en jetant un regard sur sa capitale : « Si j'avais été Jean et vous Catherine, jamais la « Navarre n'eût été perdue ! » (2). Lui reconnaître d'après ce trait, trop empreint de rhétorique pour être vrai, les qualités d'une femme politique rivale des hommes d'État de son temps, serait exagérer étrangement. En réalité, elle n'a d'énergie et d'activité que par intervalles, par soubresauts. Elle possède peut-être plus d'intelligence que son mari, mais sa pénétration semble surtout s'appliquer aux détails futiles du gouvernement. D'ailleurs, elle est le plus souvent absorbée par les occupations inséparables d'une maternité féconde. Depuis la consommation de son mariage en 1492, elle met au monde successivement quatre fils et sept filles. Deux de ses enfants mâles meurent en bas âge ; deux autres, Henri et Charles, et la plupart de leurs sœurs survécurent (3). Comme son mari, elle est bonne pour ses serviteurs, pour son entourage ; elle est même sujette à des engouements ; elle a ses

(1) C'est l'impression qui résulte du portrait que trace de ce roi Aleson. *Anales de Navarra*, t. V, f°s 103, 236, 329. Ce portrait a tout l'air d'un panégyrique. — (2) Aleson, *Anales de Navarra*, chap. XV, f° 246. — (3) Les fils de Catherine se nommaient : André-Phœbus, Henri, François, Charles ; ses filles : Anne, Madeleine, Catherine, Isabelle, Quiterie, et deux autres qui furent religieuses. Favyn, liv. XI, p. 700 ; Mas-Latrie, p. 1725.

favoris, qu'elle comble de cadeaux et de grâces (1). Dans son testament, rédigé en 1504, elle n'oublie aucune des personnes attachées à sa maison, et recommande à ses héritiers de conserver les agents en exercice au moment de sa mort (2). Mais elle semble prompte à aimer comme à haïr et accessible aux influences de ses proches. Madeleine de Viane, sa mère, puis Alain d'Albret, son beau-père, furent ses conseillers toujours obéis. On lui reprochait encore en Navarre son affection pour le Béarn, où elle aimait surtout à résider, et sa faveur prolongée accordée à des étrangers. Aussi, malgré son esprit cultivé, l'énergie et la fierté de son caractère, la dignité de sa vie, la bonté de son âme, la reine n'eut-elle guère plus d'autorité que son époux.

II. Essais de réformes administratives.

Les deux souverains tentèrent cependant, à l'exemple des rois de France et d'Espagne, quelques réformes administratives destinées à accroître leur pouvoir. A leur avénement, la royauté navarraise est très affaiblie ; elle est subordonnée en réalité aux Cortès et à l'aristocratie des seigneurs et des bourgeois. Jean et Catherine s'efforcèrent de réorganiser leur administration, de manière à former un corps de fonctionnaires dévoués à leurs intérêts. Jusqu'alors, à la faveur des guerres civiles, les fonctions publiques avaient été attribuées aux partisans des deux factions rivales, les Beaumontais et les Gramontais. Parfois, ces fonctions étaient devenues héréditaires dans les mêmes familles. La plus importante de ces charges était celle de connétable, qui avait fini par appartenir de père en fils à la première maison féodale de Navarre, celle des Beaumont. On parvint à en amoindrir l'importance en la rendant révocable. Une première fois, en 1494, le comte de Lerin en fut dépouillé ; une seconde fois, en 1507, il la perdit pour toujours. Un Gramontais, Alonso de Peralta, en fut revêtu à deux reprises, mais on eut soin de lui faire promettre de se démettre de ses fonctions, quand il en serait requis et quand il plairait aux rois (3). La charge de maréchal du royaume, la seconde en importance, resta, il est vrai, à la famille des Gramont ; mais le dévouement inaltérable de don Pedro de Navarre, qui en était investi, et sa docilité constante, justifièrent cette faveur. La chancellerie du royaume avait été aussi usurpée par les Beaumontais ; en décembre 1493, le comte de Lerin avait stipulé pour

(1) Par exemple, le maréchal de Navarre, le chancelier Jean du Bosquet. — (2) Testament de Catherine, reine de Navarre, 1504, 26 juin, orig. Arch. des Bass.-Pyrén., E. 551. Elle lègue à ses filles d'honneur et à ses serviteurs environ 3,000 écus. — (3) Déclaration d'Alonso de Peralta, connétable de Navarre, par laquelle il s'engage à se démettre de sa charge quand il plaira au Roy (en esp.). Original scellé. (Morláas, 15 fév. 1496.) Arch. des Bass.-Pyrén., E. 517.

lui la conservation des fonctions de chancelier, chef de la justice royale. En 1493, il fut dépouillé de sa dignité, qu'il ne put recouvrer aux traités de Séville. Ce fut un Gascon, Jean du Bosquet, qui, pendant tout le règne, géra cet office important (1). Pour être plus sûr de l'obéissance de leurs hauts fonctionnaires, les rois, malgré les dispositions des fueros, les choisirent souvent parmi les étrangers. Les Cortès se plaignaient qu'on écartât des fonctions les plus importantes les Navarrais, « bien qu'il y eût, « disaient-ils, dans le royaume, abondance de lettrés » (2). Les vice-rois eux-mêmes, qui gouvernaient en l'absence des souverains, furent toujours choisis en dehors de la Navarre. Alain d'Albret, Gabriel d'Avesnes, Jean de Lasalle, évêque de Couserans, qui exercèrent ces attributions, étaient, en effet, aux yeux des Navarrais, des étrangers. On agit de même pour les charges financières, telles que celles de trésorier et de maître des monnaies (3), et pour les grandes charges militaires comme celle de capitaine-général des troupes (4), qui furent tantôt conférées à des étrangers, tantôt à des Navarrais. Le principal rouage du gouvernement central devient désormais le Conseil royal *(el Consejo real)*, semblable au Conseil d'État ou du roi de nos Valois. Ce Conseil comprend deux sections : l'une, appelée Conseil privé ou secret, se tient d'une manière irrégulière ; elle est composée de sept membres, légistes ou clercs, hauts fonctionnaires ou hommes de confiance du souverain. On y voit figurer le chancelier, le protonotaire, les prieurs de Roncevaux. La seconde section, nommée Conseil royal ordinaire, réunit quatre conseillers, quatre alcaldes de la Corte mayor et les auditeurs de la Chambre des Comptes. Depuis 1450, le Conseil royal avait commencé à être séparé de la Corte mayor (5). Sous le règne de Jean d'Albret, il passe au premier rang : on lui attribue dès 1496 et 1503 le jugement des appels de la Corte mayor et de la Chambre des Comptes (6). Il réunit toutes les attributions gouvernementales, prépare les règlements judiciaires, financiers, militaires et administratifs. Mais son action n'est réelle qu'autant que celle du roi l'est aussi. Au contraire, Jean et Catherine diminuèrent la puissance de la Corte mayor, qui, avant leur avénement, possédait la principale autorité.

(1) Il est mentionné dans un grand nombre d'actes. Exemple : contrat de mariage de sa fille Anne. B. N., coll. Doat, 229, f° 275. — (2) Plaintes des Cortès de Pampelune, citées dans une cédule de Jean d'Albret, 1496. Arch. de Nav., *Comptos, cajon* 166, n° 16. — (3) Jean du Bosquet, avant d'être chancelier, était trésorier. Cédule de 1491. Arch. de Nav., *Comptos, cajon* 165, n° 173. — (4) Le vicomte de Lautrec, en 1494 et 1495, exerce cette charge. Voir ci-dessus. — (5) Organisation décrite par Yanguas d'après un règlement de 1508. *Diccionario de Antigüedades*, t. I, p. 273. — (6) Règlements de 1496 et de 1503. Arch. de Nav., *Comptos, cajon* 166, n° 29; *cajon* 193, n° 44.

Cette cour, organisée définitivement en 1387, composée de quatre juges (alcaldes) permanents, de dix notaires ou commissaires-enquêteurs, d'un procureur fiscal et d'un avocat royal chargés des poursuites, jouait le rôle de tribunal suprême, semblable au Parlement de Paris ou au Grand Conseil de la monarchie française. La Corte mayor se confondait alors avec le Conseil du roi ; mais ce tribunal, à l'origine, organe de la justice royale, avait fini par devenir au XV° siècle l'instrument des partis triomphants, gramontais ou beaumontais. Jean d'Albret réduisit le nombre des membres de cette cour, qui s'était très accru ; il n'y eut plus à l'avenir que quatre juges, un avocat royal, quatre avocats ordinaires, huit notaires et six procureurs (1). Il lui fut interdit de juger en première instance les procès qui devaient être examinés en premier lieu par les tribunaux des bonnes villes (2). Elle perdit la connaissance des appels de la Chambre des Comptes, et on lui enleva le jugement des causes relatives au domaine pour le transférer à cette Chambre (3). Les attributions de la Chambre des Comptes, la plus haute des juridictions financières, instituée en 1365 par Charles le Mauvais, à l'imitation de la France, furent fixées. Elle comprenait quatre auditeurs, deux clercs et un procureur fiscal. On lui attribua le jugement de tous les procès relatifs au domaine royal (4), et on la plaça sur le même rang que la Corte mayor (5). Mais il ne paraît pas que Jean et Catherine aient touché à l'administration provinciale. Elle resta, comme par le passé, confiée aux merinos, semblables à nos sénéchaux, et comme eux héréditaires, aux receveurs placés dans chaque province *(merindad)* pour percevoir les aides, aux alcaldes royaux chargés de la justice, et à la multitude des fonctionnaires d'ordre subalterne, appelés sozmerinos, baillis (bailes), prévôts, almirantes, alguazils (6). La seule innovation que les rois semblent avoir introduite consista dans la révocation de ces agents qui appartenaient au parti beaumontais, et dans l'attribution de leurs charges à des Gascons ou à des Béarnais (7). En réalité, l'admi-

(1) Règlement de 1494. *Resúmen de lo acordado en las Cortes sobre la reforma del Consejo ó Corte mayor*. Arch. de Nav., seccion de legislacion, leg. 1, carp. 9. — (2) *Ibid.* — (3) Règlement de 1490. — Règlement de 1511. Arch. de Nav., Comptos, cajon 165, n° 34 ; cajon 177, n° 26. — (4) Règlement de 1490. Arch. de Nav., Comptos, cajon 165, n° 34. — (5) Règlement de 1511. Arch. de Nav., Comptos, cajon 177, n° 26. — (6) Sur leurs fonctions, voir l'ouvrage remarquable de Desdevizes du Désert, Carlos de Viane, pp. 64-67, liv. I°. On trouve dans ce livre le tableau très fidèle de l'administration navarraise au XV° siècle. — (7) Cédule de Jean d'Albret attribuant au trésorier Jean du Bosquet les biens et offices des receveurs beaumontais, 1496. Arch. de Nav., Comptos, cajon 166, n° 23. — Cédule de Jean d'Albret, 1496, 1" juin, au sujet des plaintes des Cortès, « sobre que no

nistration locale continua à être limitée par les pouvoirs rivaux qu'exerçaient les agents des seigneurs et des communes. Malgré les réformes opérées dans le gouvernement central, l'autorité royale ne semble pas avoir réalisé de grands progrès. L'accroissement de l'indépendance de la noblesse et de la bourgeoisie, et de l'influence des Cortès, prouve assez que le pouvoir monarchique resta toujours confiné dans d'étroites limites. La justice royale n'eut guère plus d'action que l'administration. Ses abus la rendaient suspecte. Les souverains eux-mêmes en signalaient les défauts. C'étaient la confusion de la procédure, l'obscurité ou la diversité des coutumes, l'impunité trop souvent assurée aux criminels, l'exagération des frais, l'incertitude des attributions des officiers judiciaires, le nombre excessif des notaires et procureurs. Aussi eurent-ils l'idée, en 1511, de proposer aux Cortès une réforme : elle aurait porté surtout sur la refonte et la codification des coutumes, la rédaction d'une loi (fuero) uniforme, claire, applicable à tout le royaume. L'invasion de 1512 empêcha l'exécution de ce projet, qui ne fut réalisé qu'en 1685 (1). Du reste, Jean et Catherine usèrent des procédés en usage à leur époque pour suppléer à l'insuffisance de leurs tribunaux. Les Cortès leur reprochèrent d'avoir recours aux emprisonnements arbitraires, aux exécutions capitales décidées sans jugements, aux confiscations illégales, aux recommandations ou lettres de faveur. Il est vrai que, sur les représentations de leurs sujets, les rois s'engagèrent à renoncer pour l'avenir à ces pratiques (2). En résumé, ils firent quelques essais timides de réformes administratives et judiciaires, mais rien n'indique que leur pouvoir soit devenu prépondérant ; tout prouve, au contraire, qu'ils ne réussirent jamais, comme les rois de France et de Castille, à fonder une monarchie absolue (3).

Leurs ressources financières et militaires ne s'accrurent guère plus que leur autorité. Ils possédaient, il est vrai, des domaines étendus, bois et pâturages, terres, vignes, mines, biens vacants ; ils percevaient aussi des droits seigneuriaux (pechas) très nombreux (4), payables pour la plupart en nature. Mais ces revenus

III. Insuffisance des ressources financières de la royauté navarraise.

hubiese mariscales, prevostes, ni alguaciles extrangeros. » Arch. de Nav., Comptos, cajon 166, n° 13.

(1) Exposé des motifs d'une réforme judiciaire proposée par les rois en 1511, document publié *in extenso* par Yanguas, *Diccionario de Antigüedades*, I, 579. — (2) Patentes *de las leyes y agravios de las Cortes celebradas en Pamplona*, 1496. Arch. de Nav., *Cortes, seccion de legislacion*, leg. 1, carp 10. — *Agravios concedidos por el rey*, 1499. Arch. de Nav., *sec. de legislacion*, leg. 1, carp. 12. — (3) C'est ce que prouve le paragraphe relatif aux Cortès, à la noblesse, aux communes. — (4) Yanguas, *Diccionario de Antigüedades*, II, 585-642, en donne une longue énumération.

n'ont alors qu'une faible importance : ils consistent surtout en denrées dont le prix diminue; la perception en est difficile et coûteuse. En beaucoup de lieux, enfin, les particuliers ont usurpé les droits domaniaux et les terres domaniales. A plusieurs reprises, Jean et Catherine tentent « la réformation » de leur domaine. En 1487, ils ordonnent que toutes les rentes et droits du « patrimoine « royal soient restitués au procureur fiscal, nonobstant toutes « grâces et provisions octroyées », lesquelles grâces ils révoquent « comme injustes » (1). En 1494, ils nomment une commission pour examiner les usurpations commises par les particuliers, et pour réunir au domaine « toutes les rentes, maisons, pâtura- « ges, montagnes, cens et droits, villages, qui en avaient été « séparés, sous prétexte de grâces, ventes, échanges » (2). Tous les détenteurs de terres domaniales reçoivent l'injonction de produire leurs titres devant la Chambre des Comptes et le Conseil (3). En 1501, de nouveaux commissaires sont désignés pour rechercher les parties du domaine usurpées (4). Le retour fréquent de ces ordonnances prouve qu'elles n'eurent qu'un médiocre effet. D'ailleurs, les rois eux-mêmes sont les premiers coupables : comme leurs prédécesseurs, ils exemptent avec une extrême facilité les habitants de leurs terres des rentes auxquelles ils sont astreints, ou ils aliènent ces droits pour une somme d'argent (5). Ils concèdent aux grands seigneurs, tels que le maréchal de Navarre, le comte de Saint-Esteban, à de hauts fonctionnaires, comme le trésorier du Bosquet, le conseiller Sarria, à des églises, comme la cathédrale Sainte-Marie de Pampelune, à des particuliers, les revenus des terres royales, et jusqu'à des villes et des bourgs (6). Depuis le XIVᵉ siècle, les rois de Navarre ont comme

(1) *Cédula del rey don Juan sobre las rentas y drechos del patrimonio real.* Pau, 1487. Arch. de Nav., *Comptos*, *cajon* 165, n° 12. — (2) *Cédula del rey don Juan por laqual da comision à su protonotario y à Martin de Lavraza oidor de Comptos que tomen à la mano reallas rentas... enagenadas de la corona real.* Pamplona, 2 mai 1494. Arch. de Nav., *Comptos*, *cajon* 165, n° 69; sur le même sujet, cédule du 10 mai, *ibid.*, *cajon* 165, n° 70. — (3) *Cédulas del rey don Juan... obligando à los que tenian alguna parte del patrimonio real à que exhibiesen titulos*, 16 juillet 1494. — 3 juin 1494. Arch. de Nav., *Comptos*, *cajon* 165, n°ˢ 71 et 73. — (4) Aleson, *Anales de Navarra*, V, f° 102. — (5) On trouve de nombreux exemples de ces grâces ou ventes dans les documents de la Chambre des Comptes. En voici quelques-uns : exemption de toutes rentes pour les habitants d'Uetes, 1498; pour ceux de Lizaso, du val de Burunda, de Lumbier, du val de Araiz. Arch. de Nav., *Comptos*, *cajon* 177, n° 7; *cajon* 166, n° 49; *cajon* 168, n° 43. — Yanguas, *Diccionario de Antigüedades*, II, 294, 282.— Vente à Corella des droits royaux pour 2,500 ducats. Yanguas, *ibid.*, II, 635. — Cession du droit de pâturage dans les Bardeñas à Tudela, Roncal, Salazar. Yanguas, *ibid.*, II, 90, 93 ; III, 290. — (6) Nombreux exemples dans les documents de la Chambre des Comptes; ex. : *cajon* 193, n° 39;

principal revenu les impôts indirects appelés *tablas* ou douanes, et les *alcabalas* ou aides. Les douanes, sous le règne de Jean d'Albret, étaient affermées pour une durée de cinq ans, moyennant une somme fixe (1). Les aides ou droits sur les denrées et marchandises, créés en 1361, s'élevaient en 1482 à 30,000 livres (2), en 1494 à 26,000 livres (3), en 1513 à 25,289 (4). A côté de ces taxes indirectes, existe l'impôt direct, appelé aussi aide extraordinaire (*servicio, donativo*) et *cuartel*, parce qu'à l'origine il se percevait par quart tous les trimestres. Les *cuarteles*, comme la taille française, pèsent sur chaque feu ou maison ; depuis le XIVe siècle, ils tendent à s'accroître, et les Cortès, chaque année, en fixent le nombre. Ainsi, en 1489, les députés accordent huit cuarteles, en 1494 quatorze, en 1495 dix, en 1503 vingt-sept, en 1508 vingt, et depuis 1509 jusqu'en 1512, vingt-six (5). Chaque cuartel variait en valeur ; ainsi, en 1494 il était d'environ 2,000 livres, et les quatorze cuarteles concédés donnèrent 34,000 livres, tandis que l'alcabala en donnait 26,000 (6). Mais il était d'usage, à moins de stipulations contraires, qu'on accordât un grand nombre de remises et même d'exemptions totales, soit aux villes et bourgs, soit aux particuliers (*cuarteles con gracias, alcabalas con gracias*) (7). De cette manière, le rendement réel de l'impôt se trouvait notablement diminué ; en général, la diminution était d'un cinquième sur l'alcabala, d'un tiers au moins sur chaque cuartel (8). Alors même que les alcabalas et les cuarteles sont octroyés sans grâces (*sin gracias*), les conseillers du roi, les gentilshommes de sa maison (*continos*), les nobles, les hommes d'armes en sont exemptés ; il en est de même du clergé (9). Ce dernier corps ne payait pas l'alcabala, et c'est en vain qu'en 1513 la noblesse et le tiers état voulurent lui jouer le mauvais tour de l'y soumettre (10). Aussi les Cortès de 1505 se

---

cajon 166, n° 37. *Cuentas*, t. DVIII, et dans le *Diccionario* de Yanguas, II, 489, 288, 282, 718, 716, 680, etc.

(1) Cédule de Jean d'Albret pour régler les différends entre les fermiers des *tablas*, 1493, 29 octobre. Arch. de Nav., *Comptos*, cajon 165, n° 61. — Prorogation pour un an des *tablas* affermées pour cinq ans, 1508. Arch. de Nav., *papeles sueltos*, leg. 22, carp. 1. — (2) Yanguas, *Diccionario de Antigüedades*, II, 547. — (3) *Otorgamiento hecho por las Cortes de Pamplona*, 1494. Arch. de Nav., *Comptos*, cajon 167, n° 46. — (4) Yanguas, *Diccionario*, II, 667. — (5) Yanguas, *Diccionario*, II, 664-667. — (6) *Cédula del rey Juan mandando al Tesorero que pague de los sesenta mil de la alcabala y cuarteles de 1494, á los ministros de justicia, merinos*, etc., 1495. Arch. de Nav., *Comptos*, cajon 166, n° 8. — (7) Yanguas, *Diccionario*, II, 667. — (8) Yanguas, *Diccionario*, *ibid.* — (9) *Otorgamiento hecho por los tres Estados del reino congregados en Olite de la imposicion de todo el reino, sin ningunas gracias, excepto las gentes del Consejo real*, etc. Arch. de Nav., *Comptos*, cajon 168, n° 7, 26 février 1511. — (10) Détails donnés par Yanguas, *Diccionario de Antigüedades*, I, 315-317.

plaignaient-elles qu'à cause de ces grâces et exemptions, le commun peuple fût soumis à des charges excessives. La bourgeoisie elle-même, qui formulait ces plaintes, ne répugnait pas à se faire accorder des remises, et cette même année, elle refusait de laisser accroître sa part des contributions, bien que cette mesure eût permis de dégrever les paysans (1). Les souverains navarrais avaient encore recours à l'altération des monnaies, pour se procurer quelques ressources supplémentaires. En 1495, ils avaient promulgué une ordonnance pour la frappe de réaux d'or et d'argent (2); quelques mois après, ils enjoignaient une enquête contre les faux-monnayeurs (3). On pouvait croire qu'à l'avenir le royaume posséderait enfin de bonnes monnaies. Il n'en fut rien. Dès l'année 1498, les Cortès demandaient une réforme monétaire, alléguant que les ducats et réaux navarrais étaient de si mauvais aloi qu'on les refusait partout en dehors de la Navarre. Il valait mieux, disaient-elles, fermer les ateliers de fabrication que de continuer à frapper pareille monnaie. En 1504, elles renouvelaient leurs doléances (4), sans plus de succès probablement que par le passé. Malgré ces expédients, et quoique à plusieurs reprises il eût été question d'un remaniement du système d'impôts, les ressources financières des rois n'étaient guère élevées. L'évaluation de ces ressources, qu'aucun historien n'a essayé de connaître, est indiquée dans une dépêche de l'ambassadeur florentin Vettori, qui tenait cette indication du roi de France lui-même. Ce royaume, d'après lui, ne valait guère plus de 20,000 écus de revenu (5), c'est-à-dire 100,000 livres s'il s'agit de l'écu de cinq livres, 60,000 seulement s'il est question de l'écu de trois livres. Il est vrai qu'à ces ressources s'ajoutaient celles des autres domaines de la maison de Foix et d'Albret, qui s'élevaient à 200,000 livres, « sans le royaume de Navarre », suivant une estimation digne de créance (6). C'était bien peu pour subvenir aux besoins croissants des souverains navarrais. Bien qu'ils vécussent avec

(1) Cortès de Pampelune, 1505; analyse de leurs doléances dans le *Diccionario* de Yanguas, I, 315. — (2) Ordonnance de Jean d'Albret sur la frappe des monnaies, 21 mai 1495. Arch. de Nav., *Comptos*, cajon 166, n° 2. — (3) *Cédula del rey... por lo qual manda que se ynforme de saber quienes han intendido en hazer moneda falsa*, 17 décembre 1495. Arch. de Nav., *Comptos*, cajon 193, n° 37. — (4) *Cédula del rey... por lo qual manda que guarden lo que por los tres Estados del reyno le habia sido súplicado*, 1498. Arch. de Nav., *Comptos*, cajon 166, n° 54. — Doléances des Cortès de 1504, Yanguas, *Diccionario*, I, 314. — (5) Dépêche de Vettori à Laurent de Médicis (au sujet du projet d'alliance avec les Albret), fév. 1516. A. Desjardins, Relat. diplom. de la France avec la Toscane, II, 771. — (6) Cette évaluation fut donnée par le président Olivier, en 1516, aux ambassadeurs de Charles-Quint. Lettre des ambassadeurs navarrais à la reine Catherine, 11 août 1516. B. N., coll. Doat, t. CCXXXI, f° 83 *bis*.

plus de simplicité que les princes de leur temps, ils avaient, outre les dépenses inévitables de leur administration, à faire face aux frais de leurs innombrables procès. Ils étaient, en effet, en querelle avec des compétiteurs obstinés pour un grand nombre de leurs domaines ; la baronnie d'Aspet (1), le captalat de Buch (2), la vicomté de Limoges, le Périgord (3). Ils durent soutenir contre la maison de Narbonne un procès qui dura près de quarante ans et qui exigea d'énormes dépenses. Qu'on en juge par un seul épisode. Pour décider de la propriété du comté de Foix, on entendit « les « praticiens du Châtelet de Paris en deux tourbes », ceux de la Champagnie, de la Brie, du Languedoc, de la Guienne, de la Gascogne. On procéda à l'audition de plus « de quatre à cinq mille « tesmoings » ; l'enquête dura dix-neuf mois ; elle coûta la somme de 20,000 écus (4). L'entretien de la cour ne coûtait guère moins que les procès. Les rois de Navarre avaient à leur charge un grand nombre de serviteurs : chambellans, maîtres d'hôtel, échansons, panetiers, écuyers, maréchaux des logis, trésoriers privés, secrétaires, aumôniers, médecins, pages, chevaucheurs ou courriers, valets de chambre, laquais. La maison seule du jeune Henri d'Albret, en 1518, compte vingt-neuf officiers du palais, huit valets de chambre, un apothicaire, deux huissiers, trois aumôniers et un clerc de chapelle, cinq cuisiniers, trois sommeliers, deux fruitiers, deux contrôleurs de la dépense, un pâtissier, six pages, deux laquais, deux fauconniers, un chevaucheur, cinq palefreniers, un porteur. La dépense ordinaire est par mois de 3,000 livres, y compris les aumônes, les voyages, l'habillement. Un état officiel l'évalue par an à 30,400 livres (5). Or, il ne s'agit là, qu'on le remarque bien, que de la maison d'un prince de quatorze ans. Non-seulement le roi, mais encore la reine, les princesses ont leur maison particulière, comme on peut en juger d'après les testaments de Madeleine de Viane et de Catherine (6). Le luxe des vêtements, étoffes, four-

(1) Elle leur était contestée par Marthe d'Astarac. Arch. des Bass.-Pyrén., 598 (pièces de ce procès). — (2) Le captalat est contesté par l'évêque de Béziers. Escritures... au procès pendant en Parlement de Tholose, 1487. B. N., coll. Doat, 225, f° 219. — (3) Elle était disputée aux Albret par Charlotte, Jeanne et Nicole de Bretagne. Luchaire, Alain le Grand. sire d'Albret, pp. 90-92. — (4) Ces détails topiques sont fournis par un mémoire inédit, intitulé : Mém. et instr. pour abattre ce que la royne d'Aragon, Mme Germaine de Foix, vouldroit demander au roy de Navarre. Arch. des Bass.-Pyrén., E. 556. — (5) Ordonnance de la maison de Henri II, roi de Navarre, 1518. Arch. des Bass.-Pyrén., E. 541, in-4°, 4 f^{os}. Copie, coll. Doat, 232, f°s 172-178. — (6) Testament de la princesse de Viane, 1493, Arch. des Bass.-Pyrén., E. 545. — Testament de la reine Catherine, 1504, Arch. des Bass.-Pyrén., E. 551. On y trouve mentionnés les noms de huit filles d'honneur. — On trouve aussi de nombreuses mentions d'officiers de la reine dans les docu-

— 172 —

rures, l'âge, la chasse, les fêtes contribuent aussi à accroître le déficit (1). Non moins funeste au bon ordre des finances est la générosité intempestive de Jean d'Albret et de la reine sa femme. Ils prodiguent les dons aux églises et aux couvents ; Catherine, par exemple, ordonne de dire quinze mille messes, dans le délai d'un an, pour le repos de son âme, et fonde deux messes quotidiennes à perpétuité (2). Tous deux prodiguent l'argent à leur entourage et ne savent rien refuser à leurs favoris. Ils accordent au maréchal de Navarre 3,000 écus d'or lors de son mariage avec doña Mayor de la Cueva (3), 1,000 florins à Enriquez de Lacarra pour doter son épouse (4), 6,000 florins à Anne du Bosquet, fille de leur chancelier, outre ses habillements et ses joyaux (5) ; ils marient et dotent les filles du baron de Miossens (6) ; ils déchargent leurs sujets, en don de joyeux avénement, de tous les impôts arriérés dus depuis 1481 jusqu'en 1494 (7). Aussi n'y a-t-il rien d'étonnant à les voir obligés d'hypothéquer leurs domaines, et le revenu de l'impôt lui-même, pour gager leurs emprunts (8), et à apprendre qu'ils sollicitèrent plus tard l'octroi d'une pension des rois de France (9), pour pouvoir soutenir leur rang.

IV. Institutions militaires, leur insuffisance.

Faute de ressources, les rois de Navarre ne purent organiser, à l'imitation de la Castille et de la France, d'armée permanente pour la défense de leurs États. La seule force militaire vraiment sérieuse du royaume consistait en un petit nombre d'hommes d'armes choisis dans la noblesse, exemptés d'impôt et recevant une solde de 30 livres par an. On les appelait *mesnaderos, hombres de harmas, lanzas*, et ils devaient se tenir toujours prêts à revêtir leur armure et à monter à cheval sur l'ordre des rois. Au XVᵉ siècle, ils formaient un effectif de 500 soldats ; on les trouve encore mentionnés en 1511. Les souverains navarrais possédaient aussi une garde, commandée par quatre capitaines ; peut-être avaient-ils

ments des archives de notaires. Arch. des Bass.-Pyrén., E. 1979, 1981, 1982, 1983, 1984, 1975, 1977, 1978.
(1) M. Luchaire a tracé un tableau très piquant des dépenses d'un grand seigneur du temps, tableau qui peut s'appliquer aux rois de Navarre. Alain le Grand, sire d'Albret, chap. II, pp. 50-57. — (2) Testament de Catherine, 1504. Arch. des Bass.-Pyrén., E. 551. — (3) Cédule de Jean d'Albret en faveur du maréchal de Navarre, 1498. Arch. de Nav., *Comptos*, cajon 168, n° 30. — (4) Cédule en faveur de Catarina de Antillon, femme d'Enriquez de Lacarra. Arch. de Nav., *Comptos*, cajon 167, n° 58 (1508). — (5) Contrat de mariage d'Anne du Bosquet, 1514. Coll. Doat, 229, f° 275. — (6) Lettres de Catherine en faveur du baron de Miossens. Coll. Doat, 229, f° 17. — (7) Cédule des rois de Navarre, 1494. Arch. de Nav., *Comptos*, cajon 193, n° 42. — (8) Don de la seigneurie de Falces au chancelier du Bosquet en gage d'un emprunt de 600 ducats. Arch. de Nav., *Comptos*, cajon 167, n° 42. — Les rois lui avaient emprunté 17,500 livres en 1494 ; *ibid.*, cajon 166, n° 23. — (9) Voir les négociations de Blois, 1512, ci-dessous.

à leur service quelques ingénieurs ou ouvriers, chargés de leur fabriquer des canons ou de diriger leur artillerie (1). Mais en temps de guerre, ils en étaient réduits à recourir surtout aux milices rurales et urbaines, ou aux associations de police et de défense mutuelle appelées *hermandades*, ainsi qu'aux contingents de leurs vassaux. L'hermandad, qui, organisée sérieusement, aurait pu rendre beaucoup de services, était constituée en vertu d'une décision annuelle des Cortès, et entretenue au moyen d'une imposition de deux réaux par feu; elle comprenait, en 1489, deux cents hommes d'armes, plus les troupes de pied (2). Elle fut renouvelée d'année en année jusqu'en 1510 (3). Mais les rivalités locales ne tardèrent pas à en rendre le renouvellement plus difficile, et bientôt à en amener la disparition. En 1496 déjà, Tudela, la seconde cité du royaume, avait fait difficulté pour y entrer; en 1500, elle refusa d'accéder à la ligue, et, à son exemple, tout le royaume commença à se récuser (4). Enfin, en 1510 et en 1511, à la veille même de l'invasion, les Cortès supprimèrent l'hermandad, comme une institution inutile (5). Quant aux contingents féodaux, leur obéissance et leur concours étaient subordonnés au zèle et à la fidélité des grands seigneurs, dont ils dépendaient, à l'égard de la couronne. Les souverains navarrais possédaient, comme dernière ressource, la levée en masse ou ban; on n'y recourait que dans les cas extrêmes. Il fut question d'une mesure pareille en 1510; en 1512, le ban fut proclamé, mais trop tard pour arrêter l'irruption des Espagnols (6). Ainsi, l'armée navarraise ne se composa jamais que d'un faible contingent soldé, de la cavalerie féodale, astreinte à servir seulement de trois à neuf jours, sauf dans les guerres défensives, et enfin des milices qui formaient l'infanterie et qui ne devaient le service que trente jours au plus (7). Ces troupes ne paraissent avoir eu ni discipline ni ins-

(1) Au sujet des mesnaderos, voir le *Diccionario* de Yanguas, II, 22-25 — Ces hommes d'armes sont exemptés de l'impôt par les Cortès de 1511. Arch. de Nav., *Comptos, cajon* 168, nº 7. — On voit mentionnée la garde de Catherine, commandée par quatre capitaines, dans les Établissements des États de Béarn, C. 680, Arch. des Bass.-Pyrén. — Dans le même recueil, est citée une donation de 1,000 écus pour fondre des canons. — Dans les archives des notaires, est mentionné Jean de Cologne, artilleur des rois, Arch. des Bass.-Pyrén., E. 1982. — (2) Nomination d'une commission par les Cortès, en 1489, *para entender en las cuentas de la hermandad*. Arch. de Nav., *Cortes, seccion de cuarteles*, leg. 1, carp. 12. — (3) Par exemple en 1493, 1494, 1496, 1497, 1498, 1499, 1597. Arch. de Nav., *Comptos, cajon* 165, nºs 44 et 65; *Cortes, seccion de cuarteles*, leg. 1, carp. 17; *papeles sueltos*, leg. 1, carp. 8, *Comptos, cajon* 191, nºs 70-72. — (4) Doléances des Cortès (1496) au sujet du refus de Tudela d'entrer dans l'hermandad. Arch. de Nav., *Cortes, seccion de cuarteles*, leg. 1, carp. 17. — Lettre des députés de Tudela (1500), *ibid.*, *Cortes*, leg. 1, carp. 14. — (5) Yanguas, *Diccionario de Antigüedades*, II, 41-45. — (6) Voir ci-dessous. — (7) Yanguas, *Diccionario*, II, 17 et suiv. (art. *guerra*).

truction. On verra, dans le récit de la campagne de 1512, la facilité avec laquelle les Castillans les dispersèrent, et le mépris que les Français professaient pour cette cohue, plus embarrassante qu'utile. La Navarre ne manquait pas plus de forteresses que de soldats, mais, de même qu'elle ne possédait pas d'armée instruite, de même elle n'avait que de mauvaises places, à demi ruinées pour la plupart. Si l'on excepte Pampelune, Estella, Viana, Sanguesa, Tudela, Lumbier et Saint-Jean-Pied-de-Port, les cent neuf forteresses navarraises n'étaient plus capables de tenir devant l'artillerie (1). Au moment de l'invasion, si l'on en croit Aleson, le plus grand nombre tombait en ruines (2). Leur multiplicité même les rendait plus nuisibles qu'utiles ; elles servaient de repaire aux seigneurs rebelles, et pour les garder, il fallait disperser dans les garnisons les troupes, qu'il eût été plus prudent de concentrer sur les points les plus menacés. Aussi le premier soin des Espagnols, après leur conquête, fut-il d'en réduire le nombre. Enfin, on avait obligé, par les traités antérieurs, les alcaydes ou gouverneurs de ces places à *prêter serment* au roi de Castille, si bien que Ferdinand pouvait compter sur la complicité de la plupart des châtelains navarrais, du jour où il lui plairait d'intervenir en Navarre.

V.
Les libertés nationales en Navarre. La noblesse. Les Cortès.

En face du pouvoir royal affaibli, s'accroît sans cesse l'autorité de la féodalité navarraise, et surtout la puissance des Cortès. Le clergé seul perd de son indépendance sous le gouvernement de la dynastie d'Albret. Les Navarrais étaient, comme tous les peuples de la péninsule, très attachés aux doctrines orthodoxes : ainsi, en 1493, les Cortès condamnaient encore les blasphémateurs à avoir la langue percée en public, comme au temps de saint Louis (3). Les églises et les abbayes, très nombreuses, recevaient beaucoup de dons ; les hérétiques et les juifs étaient traqués. Mais cette foi n'excluait pas une certaine liberté d'allures de la part des rois de Navarre et de leurs sujets. Les souverains revendiquaient énergiquement le droit de conférer les bénéfices ecclésiastiques. C'est ainsi qu'ils refusèrent d'admettre le cardinal de Valence, César Borgia, puis le cardinal de Sainte-Praxède ou de Sainte-Anastasie, Antonio Pallavicini, comme évêques de Pampelune ; ils tinrent bon, pendant près de dix ans, contre les injonctions du Pape (4). Ils ne voulurent pas davantage permettre qu'un étranger occupât la dignité de doyen de Tudela (5), et ils osèrent tenir tête à l'irascible Jules II, durant plus de quatre ans, à ce sujet. Jaloux de l'autonomie de l'Église navarraise, où ils choisissaient

(1) Sur les forteresses navarraises, voir Yanguas, *Diccionario*, I, 210-213.— (2) Aleson, *Anales de Navarra*, t. V, f° 291. — (3) *Cuaderno de la hermandad de todo el reyno*, 1493. Arch. de Nav., *Comptos*, cajon 165, n° 44. — (4) Sur ces incidents, voir le livre Ier de ce travail. — (5) Ordre des rois au chapitre de Tudela. Arch. de Nav., *negoc. eccles.*, leg. 1, carp. 14 (1496).

volontiers leurs hauts fonctionnaires, leurs conseillers, leurs diplomates, ils obtinrent en 1510, par la nomination du cardinal d'Albret au siège épiscopal de Pampelune, la direction effective du clergé de leur royaume. Ils conçurent même, un moment, un projet plus ambitieux. Il ne s'agissait de rien moins que d'obtenir d'Alexandre VI l'érection de la Navarre et du Béarn en province ecclésiastique indépendante. Le père du roi de Navarre, Alain, rédigea en 1500, à l'appui de ce projet, un mémoire où il indiquait les motifs qui en rendaient désirable l'exécution. « On « remonstrera à nostre seigneur le Pape, disait-il, que le réaume « de Navarre est assis entre les réaumes de France, Castille et « Aragon, et comment plusieurs foys luy movant quelque fasson « de guerres et dissensions, en tel cas (ne peut) le roy de Navarre « demander subside aux ecclésiastiques... pour relever le pouvre « peuple. » A l'avenir, on pourrait, avec le consentement d'évêques nationaux et indépendants, exiger la participation du clergé aux charges du pays. On mettrait à la taille les prêtres qui détiennent des terres du domaine royal, et en cas de guerre, on ferait taxer tous les ecclésiastiques par leurs évêques. Le sire d'Albret se flattait même de l'espoir d'obtenir du Pape un autre avantage pour les souverains navarrais. Les rois ou leurs alcaldes auraient le droit de nommer dans les paroisses et « rectories » les curés et recteurs, au lieu des fidèles qui possédaient ce privilège. Enfin, on devait persuader au Pape d'ériger l'évêché de Pampelune en archevêché, de créer des évêchés à Tudela, Sanguesa et Roncevaux, qui deviendraient les suffragants du nouveau siège, et de distraire de l'archevêché d'Auch, pour les rattacher à la nouvelle province, les évêchés béarnais de Lescar et d'Oloron (1). Le clergé navarrais et béarnais n'aurait plus ainsi relevé de métropolitains étrangers (2). Le cardinal Amanieu d'Albret, chargé probablement de cette négociation, devait être investi de tous ces sièges épiscopaux, principalement de l'évêché de Pampelune, et tâcher d'y joindre la coadjutorerie d'Urgel (3).

(1) Instructions et mémoires donnés par Alain d'Albret à son ambassadeur à Rome, sans date, probablement 1500 ou 1501. Arch. des Bass.-Pyrén., E. 552, copie. — *Idem*, coll. Doat, t. CCXXVII, f° 219. — Mém. et instr. pour envoier à Rome de la part du Roy et de la Royne et du pays de Navarre, pour remonstrer à N. S. père le Pape et le mouvoir à ce qu'il luy plaise pourvoir l'évesché de Pampelonne de personnage seur et agréable à eux et qui se puisse tenir audit pays. Arch. des Bass.-Pyrén., E. 559. — (2) La Basse-Navarre dépendait en partie des évêchés de Dax et de Bayonne; le Béarn, de l'archevêché d'Auch. — L'évêché de Pampelune comptait 20 archiprêtrés, 24 canonicats, 173 paroisses, 1,156 églises ou chapelles. Oihenart, *Notitia Vasconiæ*, p. 91. — (3) Instr. et mém. à M. le cardinal d'Albret, sans date, probablement 1501. Arch. des Bass.-Pyrén., E. 552. B. N., coll. Doat, 227, f° 221.

S'il ne réussit pas à persuader au Pape de donner à la Navarre et au Béarn l'autonomie ecclésiastique, du moins il parvint à se faire accorder l'administration religieuse de ces deux pays. Les souverains navarrais se trouvèrent ainsi les vrais maîtres du clergé de leur royaume. Ils surent encore, soutenus par les Cortès, diminuer l'autorité de l'Église et s'opposer à ses empiétements. Ils sommèrent le cardinal Pallavicini, évêque de Pampelune, de cesser d'affermer à des étrangers les revenus de son diocèse (1). Ils interdirent la publication des bulles pontificales, si elles n'avaient été examinées et autorisées par le Conseil royal. En 1496, ils s'opposèrent à la prétention du chapitre de Tudela, qui s'apprêtait à publier une bulle papale promulguée en faveur d'un étranger, doyen de ce chapitre. Ils menacèrent les chanoines de saisie de leur temporel, s'ils passaient outre à leur défense (2). Ils essayèrent de restreindre les appels en cour de Rome, dans les procès relatifs à la propriété des bénéfices ecclésiastiques (3). A plusieurs reprises, ils tentèrent d'empiéter sur les droits des patrons, en donnant des lettres de provision ou de présentation aux dignités et bénéfices vacants; ils avaient même pris l'habitude, malgré les protestations des Cortès, d'en investir des étrangers. En 1503, ils laissèrent les États de Sanguesa interdire tous les contrats où était stipulée l'attribution des différends à la justice ecclésiastique, et s'élever contre l'abus des excommunications (4). Déjà, une cédule datée de 1478 avait interdit aux membres du clergé de détenir des offices ou bénéfices temporels dans tout le royaume (5). En 1482, les Cortès de Tafalla enlevèrent aux prêtres et aux notaires apostoliques le droit de recevoir des contrats et de prendre le nom de notaires royaux (6). Plus tard, les États de Navarre s'efforcèrent même de soumettre le clergé à l'alcabala (7). Bien que très attachés aux croyances catholiques, les Navarrais n'aimaient pas l'inquisition. Il fallut que le roi de Castille recourût aux menaces pour obliger, après sept ans de lutte, la cité de Tudela à admettre ce tribunal (8). En 1500, elle montrait encore beaucoup de répugnance à en accepter la juridiction (9), et en 1510, elle donnait

(1) Instructions et mémoires de ce qu'il faut dire au cardinal de Sainte-Praxède (Pallavicini). Arch. des Bass.-Pyrén., E. 552. — (2) Ordre des rois au chapitre de Tudela, 1496. Arch. de Nav., negocios ecclesiásticos, leg. 1, carp. 14. — (3) *Proposicion de los reyes á los tres Estados (quejanse del abuso que se queria introducir de que en las causas de posesion de beneficios, se acudiese á Roma)*. Arch. de Nav., Cortes, legislacion, leg. 1, carp. 16.— (4) Délibération des Cortès de Sanguesa. Yanguas, *Diccionario de Antigüedades*, I, 311. — (5) *Cédula real de la princesa doña Leonor*, 1478. Arch. de Nav., Cortes, negocios ecclesiásticos, leg. 1, carp. 7. — (6) Yanguas, *Diccionario*, I, 393. — (7) Yanguas, *ibid.*, I, 317. — (8) Yanguas, *ibid.*, II, 84-88, a publié les lettres de Ferdinand, 1486, et de la cité, 1488, à ce sujet.— (9) Jean

le mandat à ses députés de réclamer « le départ du moine qui se « disait inquisiteur » (1). C'était sous la pression de la Castille que la Navarre avait admis l'inquisition. Ce fut également sous son impulsion qu'elle prit des mesures contre les Juifs et les Maures. Encore les villes se bornèrent-elles à s'unir pour empêcher les Juifs chassés d'Espagne de pénétrer dans le royaume. Elles laissèrent vivre les musulmans et les israélites restés dans le pays, sous le nom de nouveaux chrétiens, sans les inquiéter beaucoup (2). La seule mesure prise par les rois contre eux est un acte dont nous avons trouvé le texte à Simancas, et qui exclut « ces nou- « veaux chrétiens » de tous les offices royaux et des bénéfices ecclésiastiques (3). Cette tolérance relative est la preuve de l'influence restreinte qu'exerçait le clergé navarrais, et de la subordination dans laquelle il était placé à l'égard de la nation comme des souverains.

Jean d'Albret et Catherine ne trouvaient point dans la noblesse et la bourgeoisie une docilité pareille. La puissance de l'aristocratie navarraise ne semble pas avoir décru sous leur administration. De 1479 à 1495, les deux grandes factions aristocratiques des Beaumont et des Gramont furent, comme on l'a vu, les véritables souveraines de la Navarre. Elles avaient disposé à leur gré des fonctions administratives, usurpé les domaines de l'État, tenu tête aux vice-rois. Il avait fallu recourir au roi de Castille pour vaincre la plus redoutable, celle des Beaumontais. Le parti des Gramontais s'était rallié à la couronne, mais à quel prix ! On avait dû le gorger de faveurs et de dons : un Gramontais, Alonso de Peralta, était devenu connétable ; un autre, le maréchal de Navarre, avait reçu maintes preuves de l'affection des rois. Beaucoup de leurs partisans avaient été investis des hautes charges du gouvernement (4). Après le retour du comte de Lerin, les Beaumontais, rentrés en grâce, sont, à leur tour, l'objet des ménagements des souverains. Mais la révolte de leur chef, en 1507, amène le nouvel exil des principaux membres de la faction. Elle reste néanmoins encore puissante : en 1508, elle conspire

---

d'Albret, écrivent les députés de Tudela « *estaba fuerte en lo de la inquisicion y contra Tudela* », Arch. de Nav., *Cortes*, leg. 1, carp. 14.

(1) Lettre citée par Yanguas, *Diccionario*, II, 90. — (2) Yanguas, *ibid.*, II, 120, art. Judios. — (3) *Provision de los reyes de Navarra para que tengan los oficios y beneficios, christianos viejos y no los nuebos*. Pamplona, 1501, 29 décembre. Arch. de Simancas, *Patron. real. Capit. con Nav.*, leg. 2, f° 16, doc. inédit. — (4) On a vu que Peralta avait été nommé connétable en 1497. — Le maréchal don Pedro reçoit pour son mariage 3,000 écus ; jusqu'en 1512, on lui accorde un grand nombre de donations. — Les principaux membres de la Chambre des Comptes, de la Corte mayor, du Conseil royal sont des Gramontais depuis 1495.

contre les rois ; en 1512, elle facilite l'invasion castillane (1). La petite noblesse suit l'impulsion des deux grandes maisons navarraises. Brave et belliqueuse, mais pauvre et famélique, elle forme leur clientèle. C'est par l'intérêt que Jean d'Albret et Catherine obtiennent sa soumission. Dispensés des corvées et des douanes, les nobles se font aussi accorder la jouissance des rentes du domaine royal ; ils sont exemptés en grande partie de l'alcabala et des cuarteles ; ils conservent leur droit d'asile ; ils ne sont justiciables que de la cour du roi. Ils gardent dans leurs terres une véritable souveraineté, ayant leurs alcaldes pour exercer la moyenne et basse justice, possédant le droit de guerre privée, autorisés par le fuero à servir leur suzerain contre le roi lui-même, astreints à l'égard du souverain au service militaire, mais pour une durée très limitée (2). La longue anarchie dans laquelle la Navarre fut plongée pendant un demi-siècle avait encore accru l'indépendance de la noblesse. Jean et Catherine furent impuissants à détruire l'autorité de cette classe, que le gouvernement castillan lui-même, après 1512, eut tant de peine à soumettre. Pour l'attacher à leur couronne, ils ne surent que passer de la rigueur à la faiblesse, exilant et persécutant les Beaumontais pour combler de faveurs les Gramontais, abattant un parti pour élever l'autre (3). La bourgeoisie navarraise accrut également son influence sous le gouvernement de la dynastie d'Albret. L'autonomie des bourgs, des villes, des vallées se fortifia sous des souverains trop mal affermis sur leur trône, pour tenter contre les libertés municipales une lutte périlleuse. Les rois avaient besoin, soit à l'intérieur, soit à l'extérieur, de l'appui des communautés puissantes de leur État, des milices urbaines et rurales, des bandes de montagnards qui gardaient les cols pyrénéens. Aussi les voit-on incessamment occupés à confirmer et à accroître les privilèges des communes navarraises, et surtout les chartes des vingt-sept bonnes villes qui délèguent leurs députés aux Cortès. Chaque cité a son conseil de jurats, élus par les bourgeois ou recrutés par cooptation, son *alcalde* ou juge municipal, dont le choix est soumis à l'approbation royale, ses secrétaires *(notarios)*, son trésorier, son chef de police *(justicia)*, ses milices (4). Elles ont, comme Pampelune, la garde de leurs remparts, de leurs églises

---

(1) Voir ci-dessous. — (2) Sur la puissance de la noblesse, voir Yanguas, *Diccionario*, II, 47 et suiv., et l'exposé très exact de Desdevizes du Désert, *Carlos de Viane*, liv. 1ᵉʳ, pp. 44-48. — (3) A un moment, en 1497, ils eurent une idée bizarre : Jean d'Albret se fit reconnaître comme chef des Beaumontais, et Catherine comme chef des Gramontais. Yanguas, *Historia compendiada de Navarra*, p. 363. — (4) Sur cette organisation, voir Yanguas, *Diccionario*, II, 539-579, au mot *Pamplona*.

fortifiées, à côté du gouverneur royal *(alcayde)* chargé du commandement du château. On les voit négocier avec les rois de puissance à puissance, et résister à leurs ordres : ainsi Pampelune en 1494, avant le couronnement de Jean d'Albret; ainsi Tudela en 1496, lors du renouvellement de l'hermandad, et en 1500, lors des débats relatifs à l'inquisition. Les bourgs en grand nombre, les villages, et surtout les associations syndicales des vallées de la montagne, jouissent de libertés semblables. Un grand nombre sont dotées de l'*hidalguia* ou noblesse collective, de sorte que leurs habitants sont réputés nobles. Certaines vallées, comme Maya, dépendent directement du roi et non des fonctionnaires locaux; d'autres, comme Roncal, ne répondent qu'aux convocations militaires du souverain ou de son capitaine-général. Toutes possèdent leur conseil de jurats, ont le droit de présenter au choix royal leur *alcalde*, ne paient que des impôts très réduits, gardent souvent la jouissance des domaines de l'État (1). Elles forment des ligues *(hermandades)* pour leur défense mutuelle; elles ont aussi le droit de guerre et concluent, même sans l'assentiment du souverain, des conventions avec les vallées voisines de Castille, d'Aragon et de France (2). Jean d'Albret et Catherine, loin de diminuer le nombre des communautés libres, ne firent guère que l'accroître. On trouve dans les archives de la Chambre des Comptes de Navarre bon nombre de confirmations de privilèges municipaux, mais pas une révocation. Ainsi, en 1482 et 1494, François-Phœbus et Jean d'Albret ont juré de respecter les fueros ou chartes des communes navarraises. Ils ont même promis, au serment du sacre, d'accroître leurs libertés (3). De nouvelles villes, bourgs et vallées, reçoivent à leur tour des privilèges. Tel est le cas pour Aoiz, Sant-Esteban de Lerin, Arguedas, Aezcoa, Otlo, Dicastillo, Ostiz, Larraga, Échauri, Corella, etc. (4). Les unes sont élevées au rang de *bonnes villes*, comme Larraga, Corella, Puente-la-Reina (5), c'est-à-dire obtiennent le droit de déléguer aux Cortès, et sont exemptées de certaines taxes, telles que les rentes domaniales et l'impôt sur les vins. Les autres, comme Dicastillo, Échauri, se font concéder des chartes moins importantes, dont la teneur se ressemble en général. Ces actes confèrent parfois l'hidalguia ou noblesse aux habitants des vallées et bourgs, le plus souvent leur accordent l'exemption des

(1) Yanguas, *Diccionario de Antigüedades*, aux mots : Aibar, Maya, Roncal, Sálazar, etc. — (2) Yanguas, *Diccionario*, II, 35 et suiv., v° (hermandad). — (3) Voir ci-dessus. — (4) Yanguas, *Diccionario*, II, 175, 194, 496, 325, etc., d'après les archives de la Chambre des Comptes. — (5) Privilèges octroyés à Corella, 1488; Larraga, 1500; Puente-la-Reina, 1507. Arch. de Nav., *Comptos, cajon* 165, n° 16; *cajon* 167, n° 2; *cajon* 177, n° 21.

rentes du domaine, des droits de douane et la modération des alcabalas ou cuarteles. Ils leur octroient une certaine autonomie administrative, le droit d'élire un conseil local et de présenter au choix royal l'alcalde chargé de la justice municipale (1). Quelquefois, enfin, ils donnent aux habitants la jouissance des pâturages ou terres publiques (2). Il est des bourgs qui se font exempter du logement des gens de guerre. Un certain nombre, comme Viana, Peralta, Lesaca, sont dotés de foires et de marchés (3). Jean d'Albret et Catherine montrent une complaisance infatigable, et leur conduite décèle le désir de ménager les belliqueuses communautés de la montagne, comme les influentes cités et les bourgs populeux de la plaine. Ce fut surtout la puissance des Cortès qui s'accrut, sous l'administration des deux souverains. Composée des trois ordres de la nation, de la haute noblesse, qui y siège de droit, et des gentilshommes convoqués par le roi, du haut clergé et des députés *(procuradores)* de vingt-sept villes, cette assemblée est investie d'une autorité presque illimitée (4). A la cérémonie du sacre, les Cortès exigent que le roi prête le premier le serment de respecter les fueros et de redresser les griefs. A leur tour, elles jurent fidélité au monarque, mais avec cette réserve hautaine, qu'elles n'observeront leur serment que si le roi observe les prescriptions de la coutume et se conduit en « bon suzerain »; s'il viole une seule de ses promesses, elles seront dégagées de tout devoir d'obéissance (5). La réalité répond en Navarre à la théorie. Les Cortès sont bien une assemblée représentative aussi influente que la Chambre des communes en Angleterre au XIVᵉ siècle. D'abord, elles se réunissent tous les ans; de 1479 à 1512, elles ont été convoquées au moins une fois l'an et quelquefois deux. C'étaient les rois ou leur lieutenant-général qui adressaient aux députés les lettres de convocation (6). Les réunions avaient lieu dans les différentes villes du royaume, mais surtout à Pampelune, Tudela, Sanguesa, Olite. Les Cortès votent annuellement les impôts ou subsides, appelés alcabalas et cuarteles, fixent les exemptions à accorder aux particuliers ou aux bourgs, déterminent l'emploi des sommes votées, nomment parfois des commissaires pour répartir les

(1) Par exemple, privilèges d'Arguedas, d'Écharri, Dicastillo, Aciz, etc. Yanguas, *Diccionario*, I, 58, 42, 362, 372. — (2) Ex. : le val d'Ostiz. Yanguas, *Diccionario*, II, 496. — (3) Viana obtient une foire annuelle; Lesaca, un marché par quinzaine, deux foires par an; Peralta, un marché par semaine. — Concession d'une foire à Viana. Arch. des Bass.-Pyrén., E. 545. — Marchés à Lesaca et Peralta, Yanguas, *Diccionario*, II, 197, 690. — (4) Sur la composition des Cortès, voir Yanguas, *Diccionario*, II, 320, 330. — (5) Voir le procès-verbal du couronnement de Jean d'Albret en 1494, ci-dessus. — (6) Ex. : le sire d'Avesnes en 1489, les rois en 1496.

taxes et payer les personnes auxquelles partie de ces impôts est allouée (1). Chaque année, les rois sont obligés de leur faire part des besoins du Trésor et de leur demander le vote des subsides (2). Les Cortès votent aussi tous les ans la contribution nécessaire pour l'hermandad et rédigent les statuts de cette association (3). Si elles n'ont pas le droit de légiférer, elles ont le pouvoir de présenter des cahiers de doléances ou de griefs (*reparo de agravios*). Ainsi, elles examinent tous les détails de l'administration royale, et les rois transforment, en général, les articles de ces cahiers en règlements ou en lois (4). En 1499, par exemple, suivant la requête des Cortès, sont ordonnées une réforme monétaire et une réforme de la justice criminelle. Les députés s'occupent de toutes les parties du gouvernement : ils réclament l'attribution des bénéfices ecclésiastiques aux Navarrais seuls, la nomination de commissaires pour la réparation des chemins; ils demandent qu'on ne confie point les forteresses à des étrangers; ils proposent de remanier l'organisation du Conseil royal (5). Quand les souverains ne font pas droit aux griefs, les Cortès se chargent de leur rappeler, comme en 1501, que la coutume du royaume est de convertir chaque année les articles des cahiers « en ordonnances et textes de loi », et que contrevenir à cet usage, « c'est aller à l'encontre du serment « solennel que les rois ont fait à leurs États, dans l'acte de leur « bienheureux couronnement, serment par lequel ils ont promis « de conserver les fueros, de maintenir leurs sujets en paix et « justice, de réparer les griefs et de porter remède aux injustices ». Quant à nous, disaient fièrement les députés en cette occasion, ne pas protester contre cette conduite, ce serait « commettre la plus grande déloyauté à l'égard de Vos Altesses, car « celui qui n'est pas capable de garder et de défendre les lois et

---

(1) Ex. : En 1482, les Cortès de Tafalla délèguent une commission *para pagar la pensiones de los del Consejo, merinos, tenencias de Castillos*; ils fixent la somme à payer à chaque fonctionnaire sur l'alcabala, Arch. de Nav., *Comptos, cajon* 164, nº 34. — La même année, cette commission fait le « *repartimiento* » de l'alcabala, *ibid.*, *Comptos, cajon* 164, nº 30. — De même, Cortès de 1503, *ibid.*, *Cortes, sec. de cuarteles*, leg. 1, carp. 30. —
(2) Ex. : *proposicion de los reyes á los tres Estados* (ils sollicitent *el donativo*, à cause « *de los gastos excesivos para la conservacion de la paz* »), 1493. Arch. de Nav., *Cortes, sec. de cuarteles*, leg. 1, carp. 16. — (3) Ex. : en 1489 et 1488, vote des fonds et des statuts (*cuadernos*) de l'association. Arch. de Nav., *Comptos, cajon* 165, nº 44. — *Cortes, sec. de cuarteles*, leg. 1, carp. 12, — (4) Ex. : en 1498, Jean d'Albret ordonne à ses sujets *que manden y guarden lo que le habia sido suplicado por los tres Estados*. Arch. de Nav., *Comptos, cajon* 166, nº 54. — (5) Patente *de las leyes y agravios de las Cortes celebradas en Pamplona*, 1498. Arch. de Nav., *Cortes, sec. de legislacion*, leg. 1, carp. 19.

« la liberté ne peut qu'être un mauvais serviteur de son roi et « de son suzerain ». En 1501, les Cortès s'étaient contentées de cette protestation hautaine. En 1510, elles allèrent plus loin ; elles refusèrent d'octroyer tout subside, à l'avenir, tant que les rois n'auraient pas consenti à accorder la réparation effective des griefs qui leur étaient présentés annuellement (1). L'assemblée navarraise exerçait aussi un contrôle très actif sur le gouvernement intérieur et sur la politique extérieure du royaume. On la voit signaler les abus de l'organisation ecclésiastique, les excès de pouvoir des fonctionnaires (2). D'après ses vœux, en 1494, on réforme le Conseil royal; en 1495, on fixe les traitements et les pensions des conseillers (3). Les rois se plaignent même de ce que les Cortès s'immiscent dans les nominations des membres du Conseil et dans le règlement des dépenses de leur maison (4). C'est encore sur la requête de l'assemblée qu'en 1494 paraît une ordonnance royale réformant les tribunaux (5). Les Cortès désignent parfois des commissions ou députations des trois ordres, qui, dans l'intervalle des sessions, élaborent des projets de réforme, ou veillent à l'exécution des règlements arrêtés, de concert avec les souverains. Ainsi, en 1501, une commission parlementaire est nommée pour la réformation du domaine royal et la modification des alcabalas et cuarteles (6). En 1490, une autre commission est chargée de réformer les règlements de l'hermandad; en 1511, on propose de désigner des commissaires pour la réforme « des fueros et lois » (7). L'assemblée élit aussi, à partir de 1508, comme en Béarn, un syndic chargé de recevoir les plaintes et d'examiner les griefs des particuliers contre l'administration royale, pour déférer aux Cortès ceux qui paraîtront fondés (8). Levées de troupes, réparations de forteresses, déclarations de guerre, confirmations des traités de paix, toutes ces attributions importantes sont encore du ressort des Cortès. Elles

(1) *Peticion de agravios* (remontrances des Cortès, 14 février 1501), texte in extenso, p. p. Yanguas, *Diccionario*, II, 312-313. — Remontrances des Cortès de Pampelune, 1510, *ibid.*, II, 316. — (2) Cortès de 1504, Yanguas, II, 314. — (3) *Resúmen de lo acordado en las Cortes, con el rey, sobre la reforma del Consejo*, 1494, Arch. de Nav., *Cortes, seccion de legislacion*, leg. 1, carp. 1. — (4) *Respuesta de los reyes al informe dado por los disputados de las Cortes* Arch. de Nav., *Cortes, seccion de jueces*, leg. 1, carp. 1 (1495). — En 1504, les Cortès demandèrent qu'on fit entrer dans le Conseil les principaux prélats et barons du royaume. Yanguas, *Diccionario*, II, 314. — (5) *Ordenanza real de solicitud de los Estados, reformando los tribunales*, 1494, Arch. de Nav., *Cortes, seccion de legislacion*, leg. 1, carp. 8. — (6) Document *in extenso* relatif à cette *diputacion*, p. p. Yanguas, *Diccionario*, I, 354-356 — (7) Cortès d'Olite, 1493, minute des délibérations. Arch. de Nav., *Cortes*, leg. 1, carp. 12. — *Proposicion de los tres Estados*, 1511, Arch. de Nav., *papeles sueltos*, leg. 1, carp. 9. — (8) Yanguas, *Diccionario*, I, 358, note 3.

votent des fonds pour entretenir, réparer les places, enrôler des soldats; enfin, elles proclament le ban (1). En 1483, l'assemblée est consultée au sujet du mariage de la reine; elle l'est encore en 1497 et en 1504 au sujet du mariage des infants ou des infantes navarraises. Elle ratifie les conventions de Madrid en 1495; elle est appelée par le roi lui-même à approuver les traités de Séville en 1500 (2). On sollicite son avis et ses conseils dans toutes les circonstances graves. Aucune affaire importante n'échappe à l'examen des Cortès, qui sont devenues ainsi, sous le règne de Jean d'Albret, le premier pouvoir de l'État.

L'autorité des rois de Navarre n'est pas moins faible dans le Béarn, le domaine le plus important de leur couronne, après leur royaume. L'indépendance de ce pays est menacée par le roi de France, et le pouvoir des souverains de la dynastie d'Albret y est amoindri par les privilèges de la noblesse, de la bourgeoisie, des montagnards béarnais, et surtout par l'influence croissante des États, influence qui ne fut jamais aussi grande que pendant cette période (3). Dans leurs autres domaines, le Bigorre, le Nébouzan, le comté de Foix, la Gascogne, le Limousin, le Périgord, Jean et Catherine ne possèdent qu'une puissance très affaiblie. Ils ont à compter à la fois avec les États de chacun de ces pays, avec la féodalité locale, avec l'innombrable armée des fonctionnaires royaux, avec le roi de France lui-même, leur suzerain, dont les agents empiètent sur leurs prérogatives, et dont les tribunaux contestent leurs droits (4). Aussi, malgré l'étendue des territoires soumis à leur autorité, les rois de Navarre, n'ayant ni administration forte, ni ressources financières et militaires suffisantes, n'étaient-ils point capables de soutenir une lutte prolongée contre les deux grandes monarchies voisines, celles de France et d'Espagne. Cependant, dès 1503, ils s'attiraient l'implacable inimitié de Louis XII, et dès 1506, ils perdaient la puissante protection du roi d'Aragon. Après avoir échappé, à la fin du XVe siècle, aux dangers d'un démembrement que l'anarchie et la guerre civile semblaient rendre inévitable, la Navarre allait perdre son indépendance en 1512, au moment où la dynastie, après vingt-huit ans de règne, se croyait à l'abri du danger.

(1) Ex. : les Cortès de 1489 votent des fonds « *para proveer las fortalezas* ». — Les Cortès de 1498 demandent qu'on nomme des châtelains navarrais. — Les Cortès de 1510 proposent la levée en masse; celles de 1512 proclament cette levée. — (2) Voir les textes cités ci-dessus et ceux qui sont cités dans la suite du travail. — (3) C'est ce qu'a démontré Léon Cadier dans son excellent ouvrage intitulé : *Les États de Béarn*, 3e partie, pp. 225-368. — (4) C'est ce qu'expose avec beaucoup de clarté M. Luchaire, dans son ouvrage sur Alain le Grand, sire d'Albret, chap. V, pp. 159-196; chap. VI, p. 197; chap. II, pp. 47-48.

CHAPITRE III.

RUPTURE DE L'ALLIANCE ENTRE LES ROIS DE FRANCE ET DE NAVARRE.
LA NAVARRE RETOMBE SOUS LA DÉPENDANCE EXCLUSIVE DE L'ESPAGNE, MAIS FINIT PAR S'EN AFFRANCHIR.

(1503-1506)

Alliés à la fois de l'Espagne, de la France et du Saint-Siège, Jean d'Albret et Catherine jouissaient cependant, au début du XVIe siècle, pour la première fois, d'une paix profonde. Dans leur royaume, les troubles avaient cessé depuis 1495, et le connétable Louis de Beaumont, depuis son retour, semblait avoir renoncé à ses pratiques de turbulent vassal. Le roi de Navarre, prompt à oublier les injures, lui donnait en 1501 une preuve significative de confiance, en le nommant, avec l'abbé d'Éraso, parmi les commissaires chargés de réformer le domaine royal (1). Du côté de la France, le voyage de Jean d'Albret à Blois avait eu pour résultat de resserrer les liens entre la dynastie navarraise et Louis XII. Avec l'Espagne, les relations, depuis les conventions de Séville, n'avaient cessé d'être cordiales. Les souverains navarrais nouaient encore un commerce d'amitié avec la maison d'Autriche; en 1499 déjà, ils avaient reçu magnifiquement Marguerite, fille de Maximilien, veuve de l'infant d'Espagne, lors de son retour dans les Pays-Bas (2). Au mois de décembre 1501, Jean allait attendre à Limoges l'archiduc Philippe le Beau, époux de Jeanne de Castille, et donnait en l'honneur de son hôte une série de fêtes (3); il l'accompagnait à Dax, à Bayonne, et ne le quittait qu'à la frontière d'Espagne (4). Mais cette période de tranquillité dura ce que durèrent les alliances entre Louis XII et Ferdinand. Ces deux grands souverains, alliés depuis les traités de Marcoussis et de Grenade, ne tardèrent pas à entrer en lutte à propos de leurs droits sur le royaume de Naples. En 1502, les hostilités avaient commencé entre les généraux des deux rois, Gonzalve de Cordoue et le duc de Nemours. En 1503, la rupture

---

(1) Aleson, *Anales de Navarra*, t. V, f° 102, d'après un acte des archives d'Olite. — (2) Zurita, *Anales de Aragon*, t. V, liv. III, chap XLI, f° 170. — (3) Saint-Gelais, *Hist. de Louis XII*, p. 164. — (3) A Dax, Philippe accorda des lettres de rémission au maître d'hôtel du roi de Navarre, Jean de Puyguyon, détenu pour violences. Arch. des Bass.-Pyrén., E. 812. — (4) La reine présida, en l'absence de son mari, les États de Béarn, en janvier 1502. Établissements du Béarn. Arch. des Bass.-Pyrén., C. 680, f° 43. — En 1503, Jean demanda un subside aux Cortès de Navarre pour « les frais du voyage de l'archiduc ». Arch. de Nav., *Cortes, cuarteles*, leg. 1, carp. 24.

fut complète. Les rois de Navarre s'efforcèrent de garder d'abord, à l'égard des rois de France et d'Espagne, la plus stricte neutralité. Mais ils étaient trop faibles, et leur royaume avait trop d'importance au point de vue militaire, pour que cette neutralité fût respectée. Aussi leur fallut-il subir la loi du plus fort, s'aliéner Louis XII en lui refusant l'accès des passages pyrénéens, et se jeter encore dans les bras des Rois Catholiques. De là, une rupture avec le roi de France, qui leur voua une haine implacable, et déchaîna contre eux le prétendant Gaston de Foix, ainsi que l'armée de ses légistes. Pour éviter l'inimitié de l'Espagne, les souverains navarrais s'étaient mis sous la protection de Ferdinand. Cette protection devint bientôt très lourde, et lorsque le roi d'Aragon se rapprocha de Louis XII, elle parut d'une efficacité douteuse. Jean et Catherine craignirent d'être sacrifiés, et après de longues hésitations, en 1506, ils crurent trouver un appui dans les princes de la maison d'Autriche. Tels sont les traits généraux qui caractérisent leur politique pendant cette période agitée de trois ans, qui s'écoule entre la reprise de la rivalité entre la France et de l'Espagne et l'arrivée de Philippe le Beau en Castille.

Au moment où les hostilités éclatèrent, Louis XII avait préparé une expédition sur les Pyrénées : deux corps de troupes devaient envahir, l'un le Roussillon, l'autre le Guipuzcoa. Ferdinand, qui redoutait cette diversion, n'était pas sans quelque inquiétude, au sujet de l'attitude des rois de Navarre, maîtres des ports des Pyrénées occidentales. Il avait bien stipulé, au traité de Séville, le renouvellement de la convention de Medina, qui garantissait la neutralité perpétuelle de la Navarre et du Béarn, et il avait exigé l'hommage des gouverneurs des forteresses navarraises. De plus, il gardait à sa cour, comme un précieux otage, la princesse Madeleine, fille de Jean d'Albret. Mais il n'était pas sans appréhension, parce qu'il voyait le sire d'Albret, père du roi de Navarre, placé, avec le titre de lieutenant-général, à la tête de l'armée française de Guienne (1). Alain s'était rendu à Bayonne avec 300 lances et 3,000 fantassins, et les Espagnols l'accusaient de négocier, pour se faire livrer les passages des Pyrénées par son fils. Il n'était pas jusqu'aux ordres des rois de Navarre, en vertu desquels on faisait bonne garde dans les villes et forteresses du petit royaume, qui ne donnassent lieu aux soupçons (2). Cependant les Rois Catholiques dissimulèrent d'abord leurs craintes. Le 17 avril 1503, les souverains navarrais avaient perdu leur fils aîné, André-Phœbus ; mais, trois jours après, Catherine avait mis

I. Rupture entre la France et l'Espagne. Hésitations des rois de Navarre. Ils se décident pour l'alliance espagnole. (1503.)

(1) Lettres de Louis XII nommant le sire d'Albret son lieutenant-général en Guienne, 7 juillet 1503. B. N., coll. Doat, 228, f° 43. — (2) Zurita, *Anales de Aragon*, liv. V, chap. LX, f° 295, v°.

au monde un autre enfant mâle, qui reçut de deux pèlerins allemands, ses parrains, le prénom germanique de Henri (1). Ferdinand et Isabelle, à qui les rois avaient fait part de cette heureuse nouvelle, s'empressèrent de féliciter Jean d'Albret. « Nous avons « éprouvé, écrivait Isabelle, autant de plaisir que si vous étiez nos « propres enfants » (2). Malgré ces assurances amicales, les Rois Catholiques redoutaient les intrigues du roi de France, et craignaient que les rois de Navarre ne se laissassent forcer la main par Alain d'Albret. Aussi profitèrent-ils d'une querelle entre les souverains navarrais et le connétable Lerin, pour intervenir et peser sur les décisions de leurs voisins. Louis de Beaumont, en effet, n'avait pas tardé à se brouiller de nouveau avec le maréchal don Pedro de Gramont, et avec le roi lui-même. Le comte de Lerin prétendait recouvrer le domaine et la forteresse de San-Adrian, qu'il avait enlevée par violence au possesseur légitime, Sancho de Vergara, en 1493. Une première fois, en 1494, il avait été condamné à restituer ces biens (3). En 1503, un arrêt du Conseil royal adjugeait de nouveau à Vergara le domaine injustement détenu par le connétable (4), et la sainte hermandad reçut l'ordre de faire exécuter cet arrêt au moyen de la force (5). Les Rois Catholiques se hâtèrent de proposer leur médiation officieuse pour apaiser les troubles renaissants. Ils commencèrent par expédier en Navarre deux agents spéciaux, Caspar Manente et Francisco Muñoz, garde du palais, qui, avec le concours de l'ambassadeur Ontañon, présentèrent à Jean d'Albret les observations du roi d'Espagne. Les souverains navarrais répondirent en déléguant auprès de Ferdinand, à Barcelone, leur maître d'hôtel, Salvador de Berio, et leur conseiller, Ladron de Mauléon (6). Le 21 mai 1503, Juan de Ribera délivrait, à Logroño, un sauf-conduit aux ambassadeurs (7). Zurita a analysé leurs instructions. Les envoyés affirmèrent que le protégé des Rois Catholiques, Lerin, l'avait

(1) Cette tradition se trouve dans Garibay, *Compendio*, liv. XXIX, chap. XX, p. 494, et dans Aleson, V, f° 104. — (2) Lettre originale d'Isabelle à Jean d'Albret, Alcala de Hénarès, 2 juillet 1503, scellée du grand sceau de Castille. Arch. des Bass.-Pyrén., E. 549. — (3) *Sentencia dada por el señor rey don Juan y la reina doña Catalina por la qual condenan á don Luis de Beamont á relinquir..., á Sancho de Vergara... el lugar y fortaleza de San-Adrian*, 25 oct. 1494. Arch. de Nav., Comptos, cajon 177, n° 3. — (4) Arrêt du Conseil royal de Navarre. Viana, 13 mars 1503. Arch. de Nav., *Cortes, seccion de guerra*, leg. 1, carp. 38. — (5) *Orden de los reyes de Navarra á los presidentes de la santa hermandad*, ibid., leg. 1, carp. 38. — (6) Zurita, t. V, liv. V, chap. LX, f° 275, ne mentionne que le premier. Le second est mentionné dans le laisser-passer que leur délivre Juan de Ribera et que nous avons trouvé aux Archives des Basses-Pyrénées, E. 549. Ce sauf-conduit original est daté de Logroño, 21 mai 1503. — (7) Sauf-conduit, 21 mai 1503, Logroño. Arch. des Bass.-Pyrén., E. 549, orig. scellé inédit.

aucun motif sérieux de craindre le ressentiment de ses suzerains, et que Jean et Catherine, par égard pour leur oncle Ferdinand, oublieraient leurs griefs passés. Ils remercièrent Ferdinand de l'assurance qu'il avait fait donner de ne pas soutenir une cause injuste et nuisible à leurs intérêts. Mais ils repoussèrent, au nom de leurs maîtres, l'idée d'un arbitrage qu'auraient exercé en commun les rois de Castille et de Navarre, pour statuer sur les plaintes du connétable. Une telle façon de procéder ne pouvait convenir, puisqu'il s'agissait d'un sujet. Au reste, les souverains navarrais avaient la ferme intention de pardonner le passé et de calmer les craintes de leur vassal. Ils priaient les Rois Catholiques d'enjoindre au connétable d'agir en loyal serviteur, d'obéir à leurs ordres, et de vivre suivant les prescriptions des lois. A ces conditions, le comte de Lerin serait sûr de leur bienveillance et n'aurait aucun motif de se plaindre (1). Le roi d'Espagne, dont les bons offices étaient ainsi sollicités, s'empressa d'envoyer à Pampelune son secrétaire, Coloma. L'envoyé castillan était chargé de deux missions différentes. La première avait pour objet de régler le différend entre le connétable et les souverains navarrais. On a conservé les instructions précises qui lui furent données sur ce point. Il devait remercier les rois de Navarre « des promesses qu'ils avaient faites touchant « les affaires du connétable ». Ferdinand ne doutait point qu'ils n'eussent montré la plus grande patience à l'égard de leur vassal. Son plus vif désir est de les aider à maintenir le repos dans leur royaume, et à rétablir la paix, en forçant le connétable à leur obéir, comme il l'avait fait depuis le traité de Séville. Cependant il insinuait que le mécontentement du comte de Lerin tenait aux soupçons et aux craintes que lui inspiraient les rois, ses suzerains. Le seul moyen de l'amener à l'obéissance, c'est de dissiper ces craintes et ces soupçons. Ils y parviendront aisément en acceptant la médiation espagnole. Le roi d'Espagne a donc résolu de déléguer un de ses conseillers, pour travailler à un accord dont les deux parties seront satisfaites. En second lieu, Coloma, sous une forme toute diplomatique, devait sonder les intentions des rois de Navarre au sujet de la guerre qui avait éclaté entre la France et l'Espagne. Les Français, affirmait-il, répandaient des bruits alarmants ; ne disait-on pas que le sire d'Albret allait s'approcher des frontières avec les troupes françaises, et que le roi de Navarre, son fils, était disposé à lui livrer l'entrée du royaume ? Certes, les Rois Catholiques sont persuadés qu'il n'y a

---

(1) Les instructions de Salvador de Berio ne sont connues que par l'analyse de Zurita, *Anales de Aragon*, t. V, liv. V, chap. XL, f° 295.

rien de fondé dans ces rumeurs. Ils pensent bien que leurs neveux observeront les traités antérieurs, qu'ils garderont la neutralité et ne donneront appui ni à l'un ni à l'autre des belligérants. Ils ne peuvent qu'y gagner et seront à l'abri de « toutes dépenses et « de tous dommages ». Au reste, ils n'ont rien à redouter des Espagnols. Sans doute, le capitaine-général Ribera rassemble des troupes sur la frontière de Castille. Ces armements ne sont pas dirigés contre les souverains navarrais, Jean et Catherine « peuvent se « fier au roi et à la reine de Castille comme à eux-mêmes ». Ils peuvent être certains que les Rois Catholiques sont prêts à se mettre avec toute leur puissance au service de la Navarre, si elle avait à se défendre contre une agression, et qu'ils la secourront avec autant d'énergie que s'il s'agissait de leurs propres États (1). D'après Zurita, l'ambassadeur castillan démentit formellement l'accusation que les Français avaient répandue ; rien n'était plus faux que le projet prêté à Ribera d'envahir subitement le royaume. Au contraire, Jean et Catherine n'avaient-ils pas tout à craindre du roi de France ? N'était-ce pas Charles VIII qui avait proposé à deux reprises de sacrifier la Navarre, en échange du royaume de Naples ? Les Rois Catholiques n'avaient-ils pas refusé de négocier un accord aussi injuste, et sauvegardé les intérêts des possesseurs légitimes de l'État voisin ? Pourtant, il y a peu de temps encore, affirmait Coloma, le secrétaire du roi de France, Robertet, envoyé auprès du roi des Romains, Maximilien, n'a-t-il pas osé de nouveau proposer ce marché à l'envoyé espagnol en Allemagne, don Juan Manuel ? N'a-t-on même pas fait courir le bruit que les souverains navarrais ont consenti à échanger leur royaume contre le comté d'Armagnac (2) ? A ce trait, on reconnaît la politique ordinaire du roi de Castille : flatteries, caresses, insinuations mensongères, il n'épargnait rien pour réussir. Il était facile de prévoir la conclusion de cette nouvelle campagne diplomatique. Coloma la formula nettement : il demanda aux rois de Navarre de prendre l'engagement ferme d'interdire aux Français l'entrée de leurs États, et d'appeler à leur secours les Castillans, si leur défense était méprisée (3). Les souverains navarrais se trouvaient dans une situation fort délicate, obligés qu'ils étaient d'opter entre la faveur ou l'inimitié des belligérants. Au nord, ils

---

(1) Instructions données par Ferdinand le Catholique au secrétaire Coloma, son envoyé en Navarre (texte espagnol), sans date; d'après la teneur de ces instructions, ce document se rapporte aux événements de 1503 et doit être placé vers la fin juillet. Minute originale, Arch. des Bass.-Pyrén., E. 559. — Copie, col., Doat, 231, f°s 187-189. — Zurita ne paraît pas avoir connu ces instructions, qui sont *inédites*. — (2) Tel est le langage que Zurita prête à Coloma, peut-être d'après des instructions complémentaires aujourd'hui perdues. Zurita, *Anales de Aragon*, liv. V, chap. XL, f° 296. — (3) Zurita, *ibid.*

voyaient sur l'Adour, à la lisière du Béarn, l'armée française, concentrée sous les ordres d'Alain d'Albret ; au sud, sur l'Èbre, l'armée castillane, sous la direction de Ribera, toutes deux prêtes à franchir la frontière. Ontañon et Coloma les pressaient de se déclarer. Ce fut le sire d'Albret qui les tira d'embarras. Peu soucieux de compromettre ses enfants, pour conserver la sympathie déjà chancelante de Louis XII, connaissant la partialité de ce roi pour le prétendant Gaston de Foix, il se conduisit en homme qui, avant tout, désirait ménager la situation de son fils. Sous prétexte de dissentiments avec le maréchal de Gié, il laissa ses troupes dans l'inaction. L'armée de Guienne, manquant de vivres et de munitions, se dispersa à l'automne, après quelques marches sans résultats (1). Les Aragonais réunis au port d'Anso firent échouer un coup de main tenté de ce côté, et une tentative semblable du sire de Luxe, chef navarrais au service de la France, sur le port de Roncal, ne servit qu'à fournir à l'ambassadeur castillan Coloma l'occasion de couper court aux hésitations des rois de Navarre, et de les obliger de se prononcer. L'envoyé espagnol requit, en effet, les souverains de surseoir à toute poursuite contre le connétable Lerin, jusqu'à ce que les circonstances devinssent plus favorables, de mettre aux mains d'un arbitre le domaine de San-Adrian, objet du litige, et de disperser les troupes réunies pour forcer le connétable à l'obéissance. Il somma également les rois de veiller à « l'entière observation des traités antérieurs ». S'ils le faisaient, le roi de Castille les aiderait à défendre leurs États. Dans le cas contraire, « il ne pourrait s'empêcher de pourvoir « comme il conviendrait à la sécurité des royaumes espagnols ». A cette mise en demeure hautaine, Jean et Catherine n'avaient qu'à répondre par la soumission. L'armée castillane était prête à appuyer l'ultimatum de l'ambassadeur, tandis que la majeure partie des soldats français étaient encore loin des Pyrénées, en Gascogne. Ils jurèrent de nouveau d'observer strictement les conventions de Medina et de Séville, et sur leurs ordres, les Roncalais refusèrent l'accès de leur vallée aux bandes du sire de Luxe (2).

(1) Jean d'Auton, Chroniques, 4ᵉ partie, t. II (édit. P. Lacroix), p. 250. —
(2) Le texte de Zurita est encore ici la principale source. *Anales de Aragon*, t. V, liv. V, chap. XCVI, fᵒ 296, vᵒ. — Le récit de Mariana, *De Rebus hispanicis*, liv. XXVIII, chap. III, parag. 30, p. 358 (édit. de l'*Hispania illustrata*), est plus succinct. — La reine Isabelle, alors à Madrid, pour appuyer les négociations, avait envoyé le connétable de Castille et le duc de Nagéra avec leurs vassaux sur la frontière de Navarre, ainsi que 500 lances de la garde royale et 300 hommes d'armes. Par l'entremise du maréchal de Navarre, elle avait noué des intelligences avec le baron de Gramont, gouverneur d'un des châteaux de Bayonne, qui devait lui livrer la forteresse. Zurita, loc. cit.

Dès ce moment, la cour de France rompit son alliance avec la cour de Pampelune, et les rois de Navarre se trouvèrent ainsi rejetés vers l'alliance castillane.

II.
L'alliance de la Navarre avec l'Espagne resserrée. Traité de Medina. (1504.)

Ferdinand s'efforça, dès lors, de resserrer les liens qui l'unissaient aux souverains navarrais, et exploita habilement leur faiblesse pour les amener à ses fins. Jusqu'à l'hiver, il ne cessa d'accroître ses forces sur les frontières (1). Il laisse le duc de Nagéra entrer en conférences avec le comte de Lerín et introduire en Navarre des troupes castillanes. Il fait grand bruit d'une agression des habitants de Sanguesa contre les Aragonais, leurs voisins, et de la prise du petit fort d'Andues, pour réclamer une réparation (2). Jean d'Albret objecte vainement que les Aragonais, à leur tour, ont occupé le territoire navarrais d'Arellano. Coloma et Ontañon exigent satisfaction : les rois de Navarre sont contraints de déférer ce nouveau litige à un arbitrage (3). Aussi les souverains navarrais disaient-ils tristement aux Cortès réunies à Pampelune à la fin de 1503 : « Notre royaume est exposé à de graves dangers, à cause de « la guerre allumée entre les rois de France et de Castille, et du voi- « sinage de nos États et des leurs. Nous sommes pour ainsi dire pla- « cés entre deux grands incendies. Bien que nous ayons parenté et « alliance avec les deux rois, et que notre désir soit de conserver leur « amitié, nous ignorons ce qui peut résulter pour nous de leurs riva- « lités » (4). Pour comble de malheur, Jean et Catherine avaient perdu l'appui du Saint-Siège. Alexandre VI était mort le 18 août ; il avait eu pour successeur le cardinal François Piccolomini, Pie III. Après ce court pontificat de vingt-six jours, fut élu Jules II, l'ennemi des Borgia. C'était un événement fâcheux pour les rois de Navarre, qui ne devaient pas tarder à trouver en lui un adversaire de plus (5). Au milieu de tant d'embarras, se voyant brouillés avec Louis XII, qui venait de les dénoncer comme ses ennemis et d'enjoindre à ses sujets de quitter leur service (6), en froid avec le Pape, les souverains navarrais n'avaient d'autre recours que dans les rois de Castille. Ceux-ci, tout en gardant une attitude menaçante, s'efforçaient secrètement de gagner Jean et Catherine à leur alliance et de les lier par une convention nouvelle, de manière à rendre leur rupture avec la France irrévocable. C'est pour ce motif qu'ils chargèrent, en septembre 1503, Pedro de Ontañon et

---

(1) Il envoie ses gardes à Sória, 1,000 lances et 1,200 ginetes sur la frontière de Guipuzcoa. — (2) Zurita, *Anales*, liv. V, chap. XLV, f° 300, r° et v°. — (3) Zurita, *Anales*, t. V, liv. VI, f° 300. — (4) Déclaration des rois aux Cortès de Pampelune, 26 nov. 1503 texte cité par Yanguas, *Historia compendiada de Navarra*, pp. 368-369. — (5) Les conflits des rois de Navarre avec Jules II sont exposés plus loin, aux années 1508-1509. — (6) Lettres de Louis XII, fin 1504, contre les rois de Navarre. Arch. des Bass.-Pyrén., E. 450.

Juan de Coloma, de proposer le mariage de l'infant héritier de Navarre, Henri, avec Isabelle, petite-fille des Rois Catholiques et fille de Philippe le Beau (1) Les rois se déterminèrent, après quelques hésitations, à accepter le projet mis en avant par Ferdinand. Le roi d'Espagne, victorieux en Italie, forçait Louis XII à signer une trêve de cinq mois (27 novembre), et au mois de janvier 1504, le roi de France tombait malade à Lyon. On le crut perdu. La fortune penchait décidément vers les Rois Catholiques. Les souverains navarrais crurent devoir se ranger du côté du plus fort. Le 23 décembre 1503, ils envoyèrent à la cour d'Espagne une ambassade solennelle, composée du prieur de Roncevaux, don Fernando de Egüés, du capitaine Jóhan de Saint-Paul et du protonotaire Martin de Jauréguiçar (2). Les envoyés reçurent pleins pouvoirs pour conclure le mariage de l'infant de Navarre avec la petite-fille de Ferdinand, et pour arrêter une convention nouvelle. Ils conférèrent à Medina del Campo avec les négociateurs espagnols, qui étaient le docteur Martin Hernández de Angulo, le licencié Luis Zapata, conseiller du roi, et l'ambassadeur Pedro de Ontañon. Les conférences aboutirent, le 17 mars 1504, à un traité d'alliance, qui porte le nom de second traité de Medina del Campo, et dont l'original subsiste aux Archives des Basses-Pyrénées. On y stipulait tout d'abord le mariage du prince de Viane, Henri, fils aîné et héritier universel des rois de Navarre, avec la princesse Isabelle, fille de l'archiduc Philippe et de Jeanne de Castille. Lorsque Henri et Isabelle atteindraient à l'âge de sept ans, ils s'épouseraient « par paroles de futur », c'est-à-dire qu'ils seraient fiancés. Lorsque l'un aurait accompli l'âge de quatorze ans, et l'autre celui de douze ans, ils seraient unis « par paroles de « présent »; le mariage serait solennisé en présence de l'Église. La convention conclue assurait formellement aux enfants d'Isabelle la succession pleine et entière des États navarrais. Même au cas où son mari, Henri, aurait contracté un second mariage, les descendants du premier mariage seraient seuls admis à recueillir l'héritage universel de la maison de Foix-Albret. La succession appartiendrait au fils premier-né *(hijo varon)* des deux princes, puis au fils cadet, et enfin aux filles, si l'aîné ne laissait aucune des-

(1) *Poder de los Reyes Católicos al señor Juan de Coloma y mossen Pedro de Hontañon, para asentar el matrimonio de la princesa doña Isabel, su nieta, con don Enrique, principe de Navarra.* British Museum, Fonds espagnol, Eg. 544, pièce 5, f° 25 *(setiembre 1503)*. — (2) *Poder dado por los reyes á don Fernando de Egües, etc., para que tratasen con los reyes de Castilla y arreglasen la capitulacion matrimonial entre el principe de Viana y la infanta doña Isabel.* Pampelune, 23 déc. 1503, orig. Arch. de Nav., Cortes, sec. de casamientos, leg. 1, carp. 31.

cendance féminine ou masculine, et uniquement dans ce cas. Une clause essentielle du traité assurait aux filles elles-mêmes, issues du mariage du prince de Viane et d'Isabelle, des droits antérieurs à ceux de tous les autres enfants qui pourraient naître d'un second mariage de l'infant de Navarre, si Isabelle mourait sans laisser de fils, ou si les fils qu'elle laisserait mouraient avant leur père. C'était donner l'expectative de la Navarre et des domaines de Foix et d'Albret à une dynastie d'origine espagnole. En retour de ces concessions, d'une importance aussi considérable, les rois de Castille s'engageaient à octroyer à leur petite-fille la somme de cinquante mille doublons de « bon or et de bon poids », sans compter les joyaux et les vêtements d'or et de soie de la princesse. Jean et Catherine promettaient de donner à leur fils, à titre « de donation propter nuptias », 16,666 doublons. Ils devaient soutenir « l'état et maison de leurs enfants », dans la mesure où les ressources de leur royaume le leur permettraient, et leur céder après la célébration du mariage, en toute propriété, la principauté de Viana et la province d'Olite (1). Les avantages de cette alliance étaient surtout acquis aux rois de Castille. Elle leur assurait pour le présent la neutralité bienveillante de la Navarre, si précieuse en cas de conflit avec la France, et pour l'avenir l'établissement d'une dynastie espagnole dans les États de la maison d'Albret. Les souverains navarrais n'avaient pas à se féliciter tout autant de la conclusion du traité. Les bénéfices peu nombreux qu'ils en retirèrent furent chèrement achetés. Sans doute, ils obtenaient la protection de l'Espagne, mais ils avaient appris auparavant à en connaître le prix et le danger. Ils amenèrent aussi, grâce à la médiation castillane, le connétable Louis de Beaumont à déposer les armes. Le comte de Lerin et ses adversaires, don Pedro de Gramont, maréchal de Navarre, et don Alonso de Peralta, convinrent de remettre leur différend à l'arbitrage du roi et de la reine de Castille, qui statueraient dans le délai de six mois (2). Mais la facilité avec laquelle Ferdinand ramenait le vassal rebelle à l'obéissance était la preuve évidente des relations du parti beaumontais avec l'Espagne. La guerre civile qu'il venait de conjurer, ne pouvait-il pas la susciter au gré de ses désirs ?

(1) Traité de Medina del Campo, intitulé : *Contrato matrimonial del principe de Navarra*, 17 mars 1504, original mal conservé (en espagnol), et copie en français. Arch. des Bass.-Pyrén., E. 550; copie, E. 557.— Autres copies, B. N., coll. Doat, 228, f° 116 et f° 166 et 178. — Le texte de ce traité est inédit. — (2) Convention passée entre le connétable Louis de Beaumont et le maréchal de Navarre pour remettre leurs différends à l'arbitrage du roi et de la reine (de Castille), orig. pap., inédit (texte esp.). Arch. des Bass.-Pyrén., E. 550.

Jean et Catherine s'imaginèrent qu'ils recevraient de leur allié des preuves plus sérieuses de bienveillance, et des avantages plus considérables que ceux qu'ils venaient d'obtenir. Lorsque la mort de leur fille Madeleine à Medina del Campo, en mai 1504, eut privé les Rois Catholiques de l'otage précieux qui avait jusque-là garanti leur fidélité (1), et lorsque l'alliance de Louis XII avec la maison d'Autriche vint exciter l'inquiétude de la cour d'Espagne (2), ils s'enhardirent jusqu'à tenter auprès de Ferdinand une démarche nouvelle et intéressée. Au mois de mai 1504, ils envoyèrent auprès des souverains castillans Martin de Rada, alcalde de la Corte mayor, pour demander en leur nom la restitution des villes et territoires occupés par la Castille depuis Henri IV, c'est-à-dire des cités de Los Arcos, San-Vicente, Bernedo, Toro et Herrera. Ces terres, disaient-ils, avaient appartenu de tout temps à leur royaume; on ne les avait concédées à la Castille qu'à titre de gage pour la mise en liberté de Leonor, grand'mère de la reine Catherine. Comme en 1499, Jean d'Albret avait même la prétention naïve de se faire restituer les villes d'Aragon et de Castille concédées en apanage à Juan II, lors de son mariage avec Blanche de Navarre (3). L'envoyé navarrais devait aussi solliciter de Ferdinand la promesse de veiller à la sécurité du royaume de ses neveux, pendant le voyage qu'ils voulaient faire en Béarn, et enfin obtenir la liberté du commerce des grains avec le Guipuzcoa (4). Sur le premier point, la restitution des anciennes dépendances de la Navarre, il est probable que Ferdinand éluda ou ajourna sa réponse. Sur le second, il dut satisfaire aux vœux de ses alliés. Il avait à cette époque de sérieuses raisons pour les ménager. Louis XII signait, le 22 septembre, les traités de Blois avec les princes autrichiens, et les ambassadeurs espagnols quittaient la cour de France. La santé de la reine Isabelle déclinait tous les jours, et le roi d'Espagne n'ignorait pas que son gendre Philippe le Beau, après la mort de cette princesse, réclamerait aussitôt le gouvernement de la Cas-

(1) La mort de cette princesse est mentionnée par Carvajal, *Memorial breve* (dans les *Crónicas de los reyes de Castilla*, t. III, p. 554). — (2) Zurita, *Anales de Aragon*, t. V, liv. V, chap. LXXII, f° 329. — (3) Cette négociation n'est connue en détail que par le récit de Zurita, *Anales de Aragon*, t. V, liv. V, chap. LXIX, f° 324. — (4) C'est Aleson, *Anales de Navarra*, t. V, f° 116, qui ajoute ces derniers détails. — Il est aussi question de ces négociations dans les demandes des Cortès au prince de Viane. Les Cortès demandent « *la recuperacion de los pueblos y fortalezas en poder de los reyes de Castilla* », et le prince, dans sa réponse, annonce qu'on s'occupe de cette question. *Proposicion hecha à las Cortes por el principe.* Pamplona, 1504. Arch. de Nav., *Cortes, seccion de cuarteles*, leg. 1, carp. 25.

tille. Aussi reçut-il avec beaucoup de courtoisie à Medina del Campo la visite d'un nouvel envoyé navarrais, Pedro de Labetz, secrétaire des rois de Navarre. Cet ambassadeur était venu pour transmettre les compliments de condoléance de ses maîtres au sujet de la maladie de la reine Isabelle. Il réitéra en même temps les protestations déjà faites à l'envoyé castillan Ontañon, en ce qui concernait le mariage projeté du prince de Viane, dont les souverains navarrais désiraient l'accomplissement. Enfin, il pria les rois d'Espagne d'agir auprès du maréchal de Navarre et du comte de Sant-Estevan, pour que, au besoin, ces deux grands seigneurs portassent secours à leurs suzerains, si les troupes françaises envahissaient le comté de Foix. Ferdinand répondit, le 2 novembre 1504, à cette démarche par une lettre écrite en termes affectueux. Il remercie la reine Catherine, au nom d'Isabelle, qui a été « très touchée de la visite de son ambassadeur »; la douleur l'a tellement affaiblie qu'elle ne peut lui écrire elle-même, mais elle a été très émue de l'affection que lui montre sa nièce. Quant au roi d'Espagne lui-même, il témoigne à la reine de Navarre « tout « son attachement et sa grande estime ». Il a été très satisfait de la réponse qu'elle a faite à Ontañon touchant le mariage : « Il ne « peut qu'assurer la princesse de son amour pour ses fils et pour « sa maison aussi bien sur ce point que sur tous ». Sa nièce lui a fait exprimer ses craintes au sujet de la concentration des troupes françaises sur la frontière de Foix. Il agira, comme elle le désire, pour lui procurer le concours des grands seigneurs navarrais. D'ailleurs, qu'elle se rassure : il a toujours regardé les intérêts de la Navarre comme les siens propres. Il a eu soin de faire comprendre les États de ses alliés dans la trêve signée avec le roi de France au début de l'année 1504, et d'y faire « inclure » spécialement leur royaume. Louis XII est obligé d'observer les clauses de cette convention à leur égard comme à l'égard de l'Espagne. S'il se départ de ses engagements, les souverains navarrais recevront des Rois Catholiques aide et secours, « comme le requiert l'amitié « qui les unit à eux », « de sorte que vous puissiez, disait Ferdi- « nand, avoir la preuve que nous n'ayons pas moins de considé- « ration pour la conservation et la défense de vos biens que pour « celle des nôtres » (1). Ces protestations d'amitié montraient assez que le roi d'Espagne, environné de périls, avait à cœur de conserver l'alliance navarraise. Peu après, l'événement qu'il redoutait avant tout se produisit : la grande reine Isabelle expira

(1) Lettre de Ferdinand le Catholique à la reine de Navarre, Medina del Campo, 2 nov. 1504. Original, Arch. des Bass.-Pyrén., E. 557; copie, B., N. coll. Doat, t, CCXXVIII, fos 164-165. Document inédit.

le 26 novembre à Médina del Campo, laissant à son époux l'administration de son royaume, mais seulement en l'absence de Philippe le Beau, ou en cas d'incapacité de Jeanne, sa fille. Sa mort rendait la situation de Ferdinand très dangereuse. Outre l'inimitié de la France, n'avait-il pas à craindre aussi celle de la maison d'Autriche et des grands de Castille? L'aristocratie castillane et Philippe le Beau pouvaient trouver dans les rois de Navarre, comme ils y parvinrent plus tard, des auxiliaires précieux. Aussi le roi d'Espagne s'efforça-t-il encore de maintenir jusqu'en 1506 l'alliance navarraise. Mais il était bien résolu à ne pas la payer trop cher et à obliger ses neveux à se contenter des conventions précédentes. Les souverains navarrais, au contraire, s'imaginèrent qu'ils obtiendraient de lui, en exploitant ses embarras, des concessions plus importantes que celles du passé. Ils envoyèrent à Toro, au début de l'année 1505, deux ambassadeurs, Ladron de Mauléon et Beltran d'Armendariz, pour lui présenter leurs compliments de condoléance au sujet de la mort d'Isabelle. Ils demandèrent le renouvellement ou une nouvelle approbation des traités de Medina del Campo, et la confirmation du projet de mariage entre le prince de Viane et l'infante d'Autriche. Ils insistèrent, sans doute sur la prière de Charlotte d'Albret, pour obtenir la mise en liberté de César Borgia, arrêté l'année précédente à Gaëte par Gonzalve, et depuis lors détenu dans le château de Chinchilla, près de Valence. Ferdinand consentit volontiers à renouveler les alliances conclues en 1504, mais il refusa de mettre en liberté le duc de Valentinois, dont il voulait se servir contre Gonzalve de Cordoue, si le grand capitaine restait à Naples malgré ses ordres (1). Quant à la restitution des territoires enlevés à la Navarre et réclamés tant de fois par Jean d'Albret, le prince négligea d'en faire mention. Il n'avait garde d'accorder cette importante concession aux souverains navarrais, qui l'attendaient sans doute, si l'on en juge par l'insistance qu'ils mirent à la demander. Il savait bien que l'hostilité déclarée de la France lui garantissait le maintien du pacte de Médina.

III. Rupture des rois de Navarre avec la France. Conflits entre les princes d'Albret et Louis XII.

Depuis 1503, en effet, la rupture était complète entre les rois de France et les rois de Navarre. L'attitude louche du sire d'Albret dans la campagne de Guienne, la résistance opposée par les princes navarrais aux entreprises des troupes françaises sur les ports des Pyrénées, avaient rendu les relations entre Louis XII et Jean d'Albret très froides. La conclusion du traité de Medina

(1) Cette négociation n'est connue que par le récit très succinct de Zurita, *Anales de Aragon*, t. VI, liv. VI, chap. VI. f° 8, v°. Sur les démarches en faveur de César Borgia, voir une lettre adressée au duc de Ferrare, citée par Ch. Yriarte, César Borgia, II, 221.

del Campo, au mois de mars 1504, pendant la maladie qui mit le roi de France à deux doigts de la mort, acheva de faire éclater l'hostilité du gouvernement français. Enfin, le procès du maréchal de Gié mit au comble l'irritation de Louis XII et d'Anne de Bretagne, et aliéna pour toujours la reine à la maison d'Albret. Pendant la maladie du roi, le maréchal de Gié, désireux d'assurer la couronne à François d'Angoulême, et d'empêcher la reine de s'enfuir en Bretagne, avait demandé à Alain « de mettre 10,000 « hommes sur pied, prêts à besoigner, si le temps venait, pour « secourir au bien public » (1). Le roi, revenu à la santé, fit mettre Gié en accusation; Alain, après maintes hésitations, se décida à déposer contre le maréchal (2). Mais s'il sortit de ce procès sain et sauf, il n'en avait pas moins attiré sur lui et sur les siens l'implacable animosité de la cour, car « il avait comparu « autant comme complice que comme témoin » (3). Les rois de Navarre ne tardèrent pas à éprouver combien dangereuse était pour eux l'hostilité de la cour de France. Louis XII, au mépris de la convention d'Étampes, qu'il avait approuvée, prétendit enlever à Jean et à Catherine les États de la maison de Foix, y compris leur royaume, pour les donner à son neveu Gaston, le fils du vicomte de Narbonne. C'est lui qui, investi de la tutelle du jeune prince, avait eu, sans doute, l'idée de reprendre, lorsque Gaston eut atteint sa majorité, en 1502, le long procès de succession intenté par Jean de Foix. Ainsi, le roi de France croyait avoir un moyen de retenir dans son alliance les souverains navarrais ou de les punir de leur défection. Le 15 avril 1502, le jeune prétendant avait commencé par obtenir du Parlement de Paris des lettres de rescission de la transaction d'Étampes, et aussitôt les débats avaient été repris (4). Le procureur général du roi de France avait été chargé de soutenir la cause de Foix. Il avait résumé, dans un long plaidoyer ou réquisitoire qui ne renferme pas moins de soixante-dix-neuf articles, les arguments qu'on pouvait invoquer en faveur du prince. Il alléguait, comme Jean de Narbonne, le droit de représentation, pour prouver que le prétendant était seul apte à recueillir la succession de Gaston XII et de Léonor (5). François-Phœbus et

---

(1) Jean d'Auton, Chroniques, édition P. Lacroix, IV, 77. — (2) R. de Maulde, Procédures politiques du règne de Louis XII, pp. 85-111 (procès de Gié); pp. 39-43, déposition du sire d'Albret, 27 juillet 1504. — (3) Expressions de M. Luchaire, Alain le Grand, sire d'Albret, p. 40. — (4) Cet arrêt du 15 avril 1502 est mentionné, ainsi que d'autres arrêts du Parlement de Paris des 16 et 30 juin et 13 juillet 1502, dans la sentence du Parlement, rendue en octobre 1517, qui termina partiellement le procès. Cette sentence se trouve dans la collection Doat, t. CCXXXII, f° 31. — (5) Ce plaidoyer est analysé dans le premier livre de notre travail. Nous n'y reviendrons pas. Il est intitulé :

Catherine n'étaient que des usurpateurs, qui n'avaient obtenu leur couronne qu'avec l'appui de Louis XI. La reine de Navarre répondait en alléguant le droit de succession féminine reconnu dans ses États. Ses premières productions étaient présentées devant le Parlement en juin 1502 (1). Elle n'oubliait pas de mentionner la tacite approbation que Jean de Narbonne avait donnée à ce droit, en ne formulant ses prétentions qu'après l'avénement de François-Phœbus. Elle faisait comparaître l'évêque d'Aire et d'autres notables personnages, qui venaient déclarer que François-Phœbus avait « été paisible roy de Navarre et « percevoit le revenu des terres dudit royaume » (2). Elle n'en fut pas moins obligée d'entamer une nouvelle procédure, où furent produits une multitude de textes de lois, de contrats, de testaments, de témoignages et de pièces diverses, accompagnés des volumineux factums de ses légistes. On a peine à s'imaginer la quantité de documents relatifs à cet interminable procès; ceux qui subsistent encore suffiraient à former une bibliothèque (3). En attendant la solution du litige, Catherine fut condamnée, par un arrêt du 12 avril 1503, à payer 2,000 livres parisis de pension à Gaston de Foix (4). Le prétendant prenait officiellement le titre de roi de Navarre (5), de comte de Foix et de Bigorre, avec l'assentiment tacite de Louis XII. Tandis qu'il était comblé de faveurs par le roi de France, les souverains navarrais étaient l'objet du ressentiment croissant du prince français. Le procès de la succession de Foix continuait devant le Parlement de Paris, et forçait Jean et Catherine à des dépenses nouvelles. Ils furent obligés de demander aux États de Béarn et aux Cortès navarraises des subsides importants, pour soutenir les frais de cette longue procédure (6). En même temps, la cour de France multi-

Ce sont les faits extraits du plaidoyé, contredits et salvations de feu Me Jehan de Foix, allégués par le procureur général pour son fils messire Gaston. Arch. des Bass.-Pyrén. E. 548.

(1) Procédure et moyens allégués par Catherine de Navarre contre Gaston de Foix, 15 juin 1502. Arch. des Bass.-Pyrén., E. 446. — (2) Certificat de l'évêque d'Aire et d'autres notables, 1502. Arch. des Bass.-Pyrén., E. 549. — (3) L'inventaire des pièces produites se trouve à la Bibliothèque nationale, Fonds français, 2001, pièce 34, f° 59; 3920, pièces 28 et 29, f° 193. — Un grand nombre de ces documents sont aux Archives des Basses-Pyrénées, notamment dans la série E. 549, E. 446, E. 548, E. 550, etc. — L'inventaire seul des productions forme un cahier de 199 feuillets, Arch. des Bass.-Pyrén., E. 447. — (4) Protestations de Catherine contre les arrêts du Parlement de Paris, de mai 1502 et du 12 avril 1503. Pampelune, 17 mars 1503-1504. Arch. des Bass.-Pyrén., E. 450, origin. parchemin. — (5) Il figurait avec ce titre à l'entrée solennelle de Louis XII à Gênes, 26 août 1502. Relation de Benoît de Porto (latin), dans Godefroy, Hist. de Charles VIII, p. 313 et suiv. — (6) Délibération des États de Béarn, oct. 1503. Arch. des Bass.-Pyrén., C. 680, f° 40, v°. — Vote

pliait à leur égard les vexations; elle refusait d'admettre les droits que les rois de Navarre possédaient à la succession des seigneuries de Noyon et de Lunel (1). Louis XII réunissait au domaine le duché de Nemours, enlevé récemment au maréchal de Gié, possession à laquelle les souverains navarrais prétendaient depuis plus d'un siècle (2). Il ne répondait que par un refus hautain aux revendications de Jean d'Albret, qui avait été chargé par son beau-frère César Borgia de réclamer la somme de 100,000 livres promise en dot à Charlotte, femme du célèbre aventurier, somme dont il n'avait encore pu obtenir le paiement (3). Enfin, en 1505, le revirement subit de la politique espagnole vint porter au plus haut degré les inquiétudes de la cour de Navarre.

IV. L'alliance de Blois. Inquiétudes des rois de Navarre. (1505.)

Après la mort de la reine Isabelle, Ferdinand, qui redoutait l'ambition de Philippe le Beau et craignait une révolte des grands de Castille, comprit la nécessité d'un rapprochement avec la France. Louis XII était tout disposé à répondre aux propositions du roi d'Aragon; il s'alarmait à juste raison de la puissance croissante de la maison d'Autriche. Cette maison, déjà maîtresse de l'Alsace, de la Franche-Comté, des Pays-Bas, allait, en acquérant le royaume de Castille, menacer la frontière française sur les Pyrénées, comme sur la Saône, les Vosges et l'Oise. Un profond observateur, Guichardin, a bien compris le motif qui poussa le roi de France à abandonner l'alliance autrichienne pour l'alliance espagnole. « Louis, dit-il, alarmé de la nouvelle puissance de « Philippe le Beau, songeait à se mettre en état de n'en avoir rien « à craindre » (4). Si la confédération projetée était avantageuse pour les rois de France et d'Aragon, elle ne pouvait que jeter l'émoi au cœur des rois de Navarre. En effet, ils ne purent longtemps ignorer qu'un projet de mariage avait été mis en avant entre Ferdinand et une princesse française, et que parmi celles que l'on proposait, figurait la sœur même du prétendant à la succession navarraise, Germaine de Foix (5). Les ennemis des sou-

---

d'un subside de 2,000 livres « *para el pleito que la reina llevaba en Paris* », en 1505, par les Cortès Arch. de Nav., *Cortes, seccion de cuarteles*, leg. 1, carp. 27.

(1) Offre de l'hommage des baronnies de Lunel et de Noyon, par Gabriel de Cardailhac, maître d'hôtel de Catherine; acte original, daté du 13 février 1504. Arch. des Bass.-Pyrén., E. 550. — (2) R. de Maulde, Procédures politiques du règne de Louis XII, p. 763 (8 février 1504). — (3) Procuration donnée par César Borgia à Jean d'Albret. Chinchilla, 4 mai 1505. Arch. des Bass.-Pyrén., E, 91. — Copie, coll. Doat, 228, f° 194. Jean donna à son tour procuration à son père Alain, 30 mai 1505. Coll. Doat, 228, f° 194. — (4) Guichardin, Hist. d'Italie, liv. VI, chap. IV, p. 276, traduct. et édit. Buchon. — (5) La nouvelle de ce mariage était déjà répandue vers la fin juillet.

verains navarrais s'applaudissaient déjà de ce choix. L'un deux, le duc de Nagéra, en querelle avec Jean d'Albret au sujet de quelques domaines, s'enquérait auprès des ambassadeurs espagnols, Cifuentes, Malferit et Enguera, de la conclusion de cette union, afin, disait-il, « de prendre les mesures qui conviendraient », c'est-à-dire d'attaquer sans doute son adversaire (1) Le mariage fut arrêté dès le 24 août 1505 (2). Aussi les rois de Navarre envoyèrent-ils à Ségovie une ambassade, composée de don Martin de Rada, alcalde de la Corte mayor, et du conseiller Ladron de Mauléon, pour s'enquérir des intentions de leur allié, le roi d'Aragon (3). Les envoyés firent part à Ferdinand des inquiétudes de leurs maîtres : ils craignaient qu'il ne se fût engagé à soutenir la cause du prétendant Gaston de Foix, le frère de la future reine d'Espagne. Ferdinand s'empressa de rassurer ses neveux : il était loin de songer à abandonner leurs intérêts; il leur répéta « que les capitulations d'amitié et d'alliance » conclues à Medina « conservaient leur force et valeur, et que, de son côté, il en observerait les clauses avec une parfaite sincérité ». Enhardis par ces déclarations rassurantes, les ambassadeurs renouvelèrent la demande qui avait déjà été faite l'année précédente. Ils sollicitèrent la restitution des conquêtes castillanes de 1463, c'est-à-dire des villes aliénées de la Navarre méridionale : San-Vicente, Los Arcos, la Guardia, Bernedo, Toro, Herrera. Pour endormir leurs méfiances, le roi d'Aragon les berça de l'espoir illusoire d'une rétrocession. Il leur laissa entrevoir qu'à l'arrivée de la reine de Castille, « Juana, sa fille bien-aimée », on pourrait négocier « ladite restitution », et il promit de « l'appuyer *de toutes ses forces* » (4). En outre, les envoyés navarrais demandèrent la mise en liberté de César Borgia, alors détenu au château de la Mota de Medina

Lettre de Pandolfini aux Dix de Florence. Tours, 21 juillet, 6 août, 28 août 1505. Négoc. diplom. de la France avec la Toscane, p. p. Desjardins, II, 106-107, 112-123.

(1) Détail donné par Zurita, *Anales de Aragon*, t. VI, liv. VI, chap. XIII, f° 22, r°. — (2) Pouvoirs donnés par Ferdinand à ses ambassadeurs pour conclure le mariage. Ségovie, 24 août 1505, copie en latin. B. N., Fonds espagnol, t. CLXVIII (nouveau classement), pièce 20, f°s 139-141. — (3) Cette négociation n'est mentionnée que très succinctement par Zurita, t. VI, liv. VI, chap. XVIII, f° 32, r°. — La réponse authentique faite par Ferdinand est contenue dans un document inédit de date postérieure, une lettre de Ferdinand du 12 février 1506. B. N., coll. Doat, 228, f° 140. — La date de l'ambassade doit être placée vers août ou septembre 1505. Ferdinand partit de Ségovie le 20 octobre. (Carvajal, *Memorial breve*, Chroniques de Castille, III, 554); il y était arrivé au mois de mai. — (4) Cette demande et cette réponse sont mentionnées en termes très clairs dans le message des rois de Navarre aux Cortès, fin 1505, Arch. de Nav., *Cortes, recopilacion de actas de Cortes*, f° 29.

del Campo (1). Sur ce dernier point, le roi d'Aragon donna sans doute une promesse ou un espoir favorable, car, vers le mois de décembre, le bruit courut à la cour de Pampelune que le beau-frère du roi de Navarre avait été délivré (2). Le roi d'Espagne tenait évidemment, par cet accueil bienveillant, à dissiper les soupçons qu'avaient pu concevoir ses alliés. Il est probable qu'il était sincère en les rassurant sur ses projets à l'égard de Gaston de Foix. Il ne songeait nullement à conquérir la Navarre pour en faire cadeau au prétendant. Il était trop avisé pour remplacer des souverains, ses neveux, qu'il dominait aisément et dont il était l'allié, par un jeune homme ambitieux, qui avait pour l'appuyer toutes les forces de la France. C'eût été trahir les intérêts de l'Espagne que de livrer ainsi à un prince français les clés de la péninsule. Mais, au moment où il négociait une alliance intime avec Louis XII, il ne pouvait décourager par un refus brutal les espérances chimériques du roi et de son neveu favori. Les bonnes paroles, les assurances vagues de bon vouloir ne lui avaient jamais coûté beaucoup. De même qu'il flattait le roi de France de l'espoir de lui céder un jour l'héritage de Naples, de même il flatta peut-être les prétentions de Gaston de Foix. On savait, en effet, à la cour de Ferdinand, que Louis XII chérissait sa nièce Germaine comme « sa fille », et Gaston comme son fils (3). De là l'étrange rumeur qui courut alors à la cour de France, et que beaucoup d'historiens ont reproduite comme un fait certain. D'après Guichardin, le roi d'Aragon aurait pris l'engagement au traité de Blois, signé le 12 octobre 1505, d'aider « le comte de « Foix, frère de Germaine, à faire valoir les droits qu'il préten- « dait à la couronne de Navarre » (4). Mariana a suivi la même tradition, que tous les historiens postérieurs ont admise à leur tour (5). Le plus exact des chroniqueurs espagnols, Zurita seul, mentionne cette assertion comme un bruit sans preuve. Mais il affirme à son tour que Ferdinand promit à Gaston de Foix de lui céder les villes conquises en 1463 par la Castille sur les frontières de la Navarre méridionale (6). Un agent secret de Jean d'Albret va

---

(1) Zurita, *Anales de Aragon*, t. VI, liv. VI, chap. XVIII, f° 32, r°, mentionne cette troisième demande. — (2) Jean d'Albret, trompé par ce bruit, remerciait Ferdinand le 22 décembre 1505. Sa lettre est donnée *in extenso* par Ch. Yriarte, César Borgia, appendice, II, 222. — (3) Expressions de Pandolfini. Lettre du 6 octobre, dans les Négociations avec la Toscane, p. par Desjardins, II, 139. — (4) Guichardin, Hist. d'Italie, liv. VI, chap. IV, pp. 276-277, édit. Buchon. — (5) Mariana, *De Rebus hispanicis*, liv. XXVIII, chap. XIV, p. 587 (édit. de Schott, *Hispania illustrata*). — Favyn, Hist. de Navarre, p. 592. — Aleson, *Anales de Navarra*, t. V, chap VII, f° 121. — Yanguas y Miranda, *Historia compendiada de Navarra*, p. 371. — (6) Zurita, *Anales de la corona de Aragon*, t. VI, liv. VI, chap. XVIII, f° 32, r°.

plus loin encore : il informe son maître, après la signature des traités de Blois, que le cinquième article de cette convention stipule la conquête du royaume de Navarre par les soins des rois de France et d'Aragon, et l'attribution de ce royaume au prétendant (1). Rien, cependant, ne confirme ces diverses assertions : le texte des traités, que l'on possède, est muet sur les prétentions de Gaston, et ne renferme à son sujet aucune espèce d'engagement de la part du roi d'Espagne. Aucun document ne vient à l'appui des récits divers dus à Guichardin, à Mariana, et à Zurita lui-même. Tout ce que l'on sait de la politique de Ferdinand à l'égard des rois de Navarre dément au contraire ces allégations, qui ne sont sans doute que l'écho des rumeurs nées à la cour de Blois. Ce traité, conclu le 12 octobre, se borne, en effet, à stipuler le mariage de Ferdinand avec Germaine de Foix. Louis XII et le roi d'Aragon déclarent s'unir « pour être comme deux âmes en un seul corps », et s'engagent à se donner secours contre tous leurs ennemis sans exception (2). C'est peut-être cette clause qui suscita les espérances du prétendant; il n'est pas impossible non plus que les ambassadeurs espagnols n'aient contribué à les encourager par quelques vagues assurances d'amitié.

Bien que les traités de Blois n'eussent rien changé en droit et en apparence, aux relations de Ferdinand avec les rois de Navarre, en fait, malgré tous les efforts du roi d'Aragon, ils eurent pour résultat la rupture de l'alliance navarraise et espagnole. L'union intime nouée entre les rois de France et d'Espagne finit par effrayer Jean d'Albret. Les prétentions de Gaston de Foix devinrent plus menaçantes; le danger s'accrut pour la dynastie navarraise du côté de la France. Louis XII et son neveu, dont les espérances étaient surexcitées par les banales assurances de bon vouloir qu'avaient dû leur prodiguer les envoyés espagnols, s'imaginèrent que le moment approchait où ils pourraient déposséder, soit par la voie juridique, soit par la voie des armes, la dynastie d'Albret de ses États. Le procès de la succession de Foix suivait son cours devant le Parlement de Paris. Il inspirait tant d'inquiétudes aux rois de Navarre qu'ils se rendirent en Béarn, pour surveiller plus facilement les menées de leurs adversaires, laissant à Pampelune le prince de Viane comme lieutenant-général (3). Mais

V. Relâchement de l'alliance des rois de Navarre avec la Castille.

(1) Ces avis sont ainsi intitulés : *Estos son los capitulos que han pasado entre el rey de Francia y el de España, para confirmacion de su paz y para quitar el reyno al rey de Navarra.* B. N., coll. Doat, t. CCXXXIII, f⁰ˢ 53-54. — (2) Texte du traité de Blois. Dumont, *Corps diplom.*, IV, 72. — (3) Cédule du prince de Viane, fin 1504, lieutenant-général du royaume. — Message des rois aux Cortès de Pampelune, même date. — Citées par Yanguas, *Diccionario de Antigüedades*, III, 230. — La même année, avant son départ, la reine Catherine envoyait à ses agents ses articles ou productions

les procédures juridiques étaient trop lentes au gré de l'impatience du prétendant. Aussi essaya-t-il de profiter des troubles de la Navarre pour gagner l'appui d'un des deux grands partis navarrais. Le plus puissant, celui des Beaumontais, n'avait pas longtemps observé la trêve conclue en 1504, sous la médiation des Rois Catholiques. Le connétable Lerin avait refusé, malgré les sentences du Conseil royal, de restituer le domaine de San-Adrian, qu'il avait usurpé (1). Un de ses partisans, Lope de Baquedano, avait commis de tels excès, qu'on dut le priver de ses biens et de ses offices (2). Louis de Beaumont n'avait pas manqué d'invoquer l'appui des ennemis de ses suzerains. En 1505, pendant les négociations de Blois, il avait envoyé à plusieurs reprises « ses gens et serviteurs » au roi de France. Il avait fait à Louis XII « grans offres, remonstrances et avertissemens « concernant le bien, honneur, estat et prospérité » du royaume, et il protestait de « sa singulière et fervente amour » pour le souverain français. Bien mieux, il s'était engagé à le servir « tant de sa personne que de ses biens, places, chasteaulx », et il lui avait offert « de les mettre, bailler et délivrer » entre ses mains ou entre celles de ses délégués. Louis XII, de son côté, avait dépêché « aucuns personnaiges » au connétable de Navarre, et Lerin avait renouvelé ses offres devant eux. Il faisait « supplier « et requérir » le roi de France « que son plaisir fut le tenir, « estimer, et réputer son serviteur et amy, et comme tel, prendre « et mettre ensemble sesdites places, chasteaulx, terres, seigneu- « ries et sujets sous sa sauvegarde ». Le prince y consentit, et le jour même de la signature du traité de Blois, par une audacieuse usurpation, il promulguait des lettres patentes en vertu desquelles il déclarait prendre sous sa protection le comte de Lerin, et ses parents, amis, serviteurs, terres et places, ordonnant à tous les capitaines et officiers royaux « d'entretenir, garder et observer « lesdites lettres », et en recommandant l'exécution « à tous ses « amys et alliez » (3). Pour seconder les efforts des Beaumontais,

pour le procès de la succession de Foix, avec son approbation originale. Sangosse (Sanguesa), 22 sept. 1504. Arch. des Bass.-Pyrén., E. 548. — Le 8 août 1505, elle présentait de nouveaux moyens de défense. Moyens de défense présentés par la reine de Navarre. Arch. des Bass.-Pyrén., E. 552. —
(1) Don de 500 florins par an à Sancho de Vergara pour le domaine de San-Adrian, retenu par Lerin, 1505. Arch. de Nav., *Cortes, sec. de cuarteles*, leg. 1, carp. 26. — (2) Réponse des rois aux observations des Cortès au sujet de la confiscation prononcée contre Lope de Baquedano. Arch. de Nav., *Cortes, sec, de legislacion*, leg. 1, carp. 15. — (3) Ces négociations, jusqu'ici totalement inconnues, sont révélées par un document inédit : les Lettres patentes de Louis XII prenant sous sa protection le connétable de Navarre. Blois, 12 oct. 1505. Arch. des Bass.-Pyrénées, E. 552, orig. scellé.

le roi de France, vers la même époque, faisait don à son neveu Gaston de Foix du pays de Soule et du château de Mauléon. C'était entre les mains du prétendant un excellent poste, d'où il pouvait observer et menacer à loisir le Béarn et la Navarre, et continuer ses intrigues avec les rebelles. Aussi les souverains navarrais disaient-ils aux Cortès : « C'est là un moyen de troubler « davantage notre royaume, ou d'y susciter d'autres révoltes, « nouveautés et mouvements, ainsi que dans nos autres seigneu- « ries » (1). Louis XII, laissant un libre cours à son animosité, annonçait au père du roi de Navarre lui-même qu'il « estoit déli- « béré garder l'authorité de la majesté royale et l'honneur de la « couronne » contre certains seigneurs qu'il ne nommait point, mais qui étaient sans doute les princes navarrais et autrichiens, et il lui enjoignait de se mettre en mesure de le servir « à la fin des « trèves » (2). Alain d'Albret était de plus en plus suspect; à peine avait-il quitté Tours, où il s'était rendu pour assister aux États-Généraux, qu'on lui enleva le gouvernement des tours de Saint-Esprit et du château de Bayonne. Il lui fut ordonné de les remettre avec l'artillerie et les munitions au sire de Morviliers, bailli d'Amiens (3). Le roi de France craignait que ce vassal dangereux ne livrât une place frontière si importante aux rois de Navarre ou au nouveau roi de Castille. En réponse aux revendications de César Borgia, que les souverains navarrais avaient été chargés d'exposer, il révoqua les donations accordées jadis à cet allié de la maison d'Albret. Il lui enleva le duché de Valentinois, le comté de Diois, la seigneurie d'Issoudun, sous prétexte que César avait favorisé ses adversaires, et commis envers lui une infinité « de « trahisons et de mauvais tours » (4). Enfin, au mois de juillet 1506, le roi autorisait Gaston de Foix à revendiquer le duché de Nemours, comme véritable héritier des droits de la dynastie d'Évreux-Navarre, au préjudice des vrais souverains, Jean et Catherine (5).

Ceux-ci parvinrent, grâce à la fidélité des Béarnais et de la

---

(1) Message des rois de Navarre aux Cortès, fin 1506, Arch. de Nav., Cortes, recopilacion de actas de Cortes, f° 29. Ce document est le seul témoignage qui existe de la donation de la Soule à Gaston de Foix. — (2) Lettres de Louis XII au sire d'Albret pour lui enjoindre de se rendre aux États de Tours. Montilz-lès-Tours, 26 janv. 1506, orig. Arch. des-Bass.-Pyrén., E. 84 bis. B. N., coll. Doat, 229, f°s 217-218. — (3) Lettres de Louis XII révoquant le sire d'Albret du gouvernement de Bayonne. Plessis-lès-Tours, 27 juillet 1506. B. N., coll. Doat, 226, f° 216. — (4) Lettres de Louis XII révoquant les donations faites à César Borgia. Bourges, 19 février 1506. Arch. des Bass.-Pyrén., E. 91. — B. N., coll. Doat, 228, f° 242. — (5) Procès de Nemours et plaidoirie du docte Jacques Disome, avocat de Gaston, mentionnée par Chopin, De Domanio Franciæ, liv. Ier, tit. III, parag. 9, pp. 23-24.

plupart des Navarrais, à contenir le connétable Lerin, et à braver les entreprises audacieuses du prétendant et du roi de France. L'alliance du roi d'Aragon leur restait, et les déclarations formelles qu'il avait faites à Ségovie au mois d'août leur paraissaient rassurantes. Mais ils auraient désiré obtenir de lui des avantages plus positifs que celui de la protection précaire que leur garantissait Ferdinand. Cette protection devait diminuer en efficacité et en valeur, dès que Philippe le Beau aurait reçu l'administration de la Castille, ce qui ne pouvait tarder. Il fallait donc se hâter si l'on voulait arracher au roi d'Aragon la restitution des villes de la Navarre méridionale, qui était l'objet constant des ambitions navarraises. A la fin de 1505, Jean et Catherine annoncèrent aux Cortès qu'ils étaient résolus, « puisque « l'arrivée de la reine de Castille, doña Juana, était encore retar- « dée », d'envoyer de nouveau solliciter la cession des villes aliénées en 1463 (1). Ladron de Mauléon, conseiller des rois, fut chargé de se rendre à Salamanque pour y féliciter Ferdinand de la « paix « perpétuelle » conclue, le 24 novembre, entre lui et son gendre, lui demander la ratification des conventions de 1501, et lui présenter la requête des souverains navarrais. Il repartit le 17 février 1506, porteur d'une lettre du roi d'Aragon à ses neveux. Ferdinand remerciait les princes de Navarre de leurs courtoises félicitations. Il les assurait en termes affectueux de sa bienveillance : « Vous pouvez être certains, leur disait-il, que nous serons tou- « jours heureux de toute la prospérité et de tout le bien qui vous « pourra arriver, comme s'il s'agissait de nous-mêmes. En tout ce « qui vous concerne, nous agirons pour vous comme pour nos pro- « pres enfants, avec autant de soin et d'amour que nous agirions « pour eux ». Il leur répétait ensuite ce qu'il avait déjà dit à leurs ambassadeurs aux conférences de Ségovie. C'est que « les capitu- « lations conclues entre eux et lui, au temps où vivait la reine « Isabelle, restaient toujours en vigueur, et qu'il les observerait « strictement et volontiers de son côté, comme ses neveux, il en « avait l'espoir, les garderaient du leur » (2). Mais il évitait de donner, au sujet de la restitution des cités navarraises, une réponse écrite. Il s'en tint probablement à la déclaration qu'il avait faite sur ce point à Ségovie, c'est-à-dire qu'il en ajourna l'examen jusqu'à l'arrivée de sa fille. La mission de Ladron de

---

(1) Message des rois de Navarre aux Cortès, fin 1505. Arch. de Nav., *recopilacion de actas de Cortes*, f° 29. — (2) Cette ambassade de Ladron de Mauléon nous est révélée par un document inédit, la lettre de Ferdinand aux rois de Navarre (en esp.). Salamanque, 17 février 1506. B. N., coll. Doat, t. CCXXVIII, f° 140. — Ce document et le précédent font connaître cet épisode, inconnu des historiens antérieurs.

Mauléon avait eu également un autre objet. Le père du roi de Navarre, Alain d'Albret, avait conçu l'idée de resserrer par un mariage l'alliance de sa maison avec l'Espagne. Il fit demander la main de « madame Meusye de Velasco », sœur du connétable de Castille, l'un des plus chauds partisans de Ferdinand. La proposition fut bien accueillie. On débattit même les conditions du mariage. Velasco s'engageait à attribuer à sa sœur une dot de 50,000 florins d'or, assise sur ses biens en Castille, et dont il paierait annuellement la rente, sauf déduction de la vaisselle, des habillements, bagues, tapisseries donnés à la mariée. Au cas où Meusye mourrait sans enfants, la dot ferait retour au connétable. Aussitôt après son retour, Ladron de Mauléon était envoyé par le roi de Navarre à Casteljaloux, où se trouvait Alain, pour y porter les propositions de Velasco (1). Peu s'en fallut que l'union projetée ne fût conclue ; le désaccord portait uniquement sur la question de la dot. Alain se montrait fort disposé à contracter mariage, mais il eût voulu que les meubles, bagues, tapisseries ne fussent point déduits de la somme promise à Meusye, et que cette somme lui fût assurée en cas de mort de sa femme. Il envoya, le 15 mars 1506, en Navarre, son maître d'hôtel, Jean de Puyguyon, pour négocier un accord sur ces bases avec les délégués du connétable de Castille. Il ne semblait pas douter du succès de ses démarches, et, toujours vert malgré son âge, manifestait le désir « de besoingner à la consommation dudit mariage ». Mais, comme il l'avouait lui-même, il lui fallait, pour le contracter, « le bon congié du roi de France » (2). C'est pour ce motif, sans doute, que le projet échoua. Cette négociation était l'indice des relations cordiales qui existaient à ce moment entre les rois de Navarre et le roi d'Espagne. Ces relations continuèrent jusqu'à l'arrivée du nouveau souverain de Castille, Philippe le Beau, dans ses États. Dès que le jeune prince eut obtenu de Ferdinand le gouvernement de ce royaume, un revirement subit se produisit dans la politique navarraise. Jean d'Albret et Catherine abandonnèrent l'alliance du roi d'Aragon, pour nouer une union intime avec la maison d'Autriche. De communes inimitiés à l'égard du roi de France facilitèrent ce rapprochement entre les princes au-

---

(1) Cette négociation, entièrement inconnue et si curieuse, nous a été indiquée par les pièces inédites des Archives de Pau. *Lo que abeys de decir al muy excelente señor el rey de Navarra*, instructions de Velasco, suivies de sa procuration. Burgos, 22 février 1505-1506. Arch. des Bass.-Pyrén.; E. 549, *ibid*. Lettre de Ladron de Mauléon (même sujet), 21 février. —
(2) Réponse d'Alain d'Albret, intitulée : Mém. et instr. données à Jean de Puyguyon, maître d'hôtel, de ce qu'il aura à dire au roy de Navarre, Casteljaloux, 5-10 mars 1505-1506, original. Arch. des Bass.-Pyrén., E. 106.

trichiens et les princes navarrais. La conclusion du traité de Blois, le mariage de Ferdinand avec Germaine de Foix, les rumeurs alarmantes qui l'avaient précédé et suivi, les lenteurs du roi d'Aragon dans l'affaire de la restitution des villes navarraises, avaient insensiblement affaibli l'amitié du roi d'Espagne et de ses neveux. Un coup mortel semblait porté à son influence, lorsqu'il fut obligé d'abandonner le gouvernement de la Castille (juin 1506), et les rois de Navarre, qui jugeaient son appui désormais plus dangereux qu'utile, se tournèrent avec empressement vers le souverain jeune et puissant dont le règne commençait.

CHAPITRE IV.

ALLIANCE DES ROIS DE NAVARRE AVEC LA MAISON D'AUTRICHE. LA DYNASTIE D'ALBRET MENACÉE PAR LES ROIS DE FRANCE ET D'ARAGON.

(1506-1508.)

I.
Les origines de l'alliance austro-navarraise.
(1505-1506.)

Ce fut la communauté des dangers et des haines qui rapprocha la dynastie d'Albret de la maison d'Autriche. Elles avaient un ennemi commun, le roi de France. Louis XII soutenait contre les rois de Navarre le prétendant Gaston de Foix ; il secourait contre Philippe le Beau, Charles d'Egmont, duc de Gueldre. Il revendiquait les droits de souveraineté de sa couronne dans la Flandre et l'Artois, et suscitait à l'archiduc un procès à ce sujet devant le Parlement de Paris, de même qu'il avait fait rouvrir devant cette cour le débat de la succession de Foix (1). L'identité des intérêts ne pouvait manquer d'amener une alliance de défense mutuelle entre les souverains menacés. L'empereur Maximilien et son fils eurent les premiers l'idée d'un rapprochement. Mais elle leur était surtout inspirée par la nécessité de soutenir leurs prétentions sur la couronne de Castille, que Ferdinand paraissait peu disposé à abandonner. Le mariage du roi d'Aragon avec Germaine de Foix, en privant l'archiduc de l'espoir de réunir un jour toute la monarchie espagnole, avait achevé d'irriter Philippe le Beau, déjà mécontent de la lenteur que son beau-père mettait à reconnaître ses droits. Aussi, dès la conclusion de l'alliance entre Louis XII et le roi

(1) Sur les démêlés de Philippe le Beau avec Louis XII en 1505, voir Lettres de Louis XII, publiées par Jean Godefroy, t. Ier, pp. 32, 37, 41. — Sur ses démêlés avec Ferdinand, l'espionnage auquel ce dernier avait soumis son gendre, l'impopularité du mariage du roi d'Aragon en Castille, voir Zurita, Anales de Aragon, t. VI, liv. VI, chap. XVI, f° 28, r°, et la Chronique du roi Philippe, publiée par Rodriguez Villa, Bosquejo bibliográfico de la reina doña Juana, Madrid, 1874, in-8°.

d'Aragon, l'archiduc s'efforça-t-il de contre-balancer cette union dangereuse, en entraînant dans son parti les rois de Navarre. Par leurs vastes domaines de la France méridionale, ces souverains pouvaient tenir en échec Louis XII. Par la Navarre, ils ouvraient au besoin l'accès de la Castille aux princes autrichiens, menaçaient l'Aragon, et devaient appuyer l'aristocratie castillane, alliée de Philippe. Aussi, dès le 12 octobre 1505, le jour même de la signature des traités de Blois, l'archiduc envoya-t-il à la cour de Pampelune un agent secret, Jean de Floyon, bailli d'Avesnes. Cette mission fut tenue cachée, à tel point qu'elle n'a été connue que de nos jours (1). L'ambassadeur flamand était chargé de rappeler à Jean d'Albret la réception amicale qu'il avait faite en 1502, à Limoges et à Dax, à l'archiduc, « la peine et le danger auquel il « s'était exposé pour venir au-devant de lui, lorsqu'il alla en Cas- « tille ». Le roi de Navarre reçut alors l'offre de son amitié, qu'il lui a depuis fait renouveler de vive voix et par écrit. Philippe le Beau ne saurait être ingrat envers les souverains navarrais, qui l'ont si bien reçu. Aussi leur confie-t-il sous le sceau du secret que, « soubz couleur de l'alliance de mariage que l'on dit estre traictié « entre le roy d'Aragon et la damoiselle de Foix, l'on vouldroit « bouter icelluy seigneur roy de Navarre de son royaume, et à « icelluy (prendre), ayder le seigneur de Foix ». Mais le nouveau roi de Castille est « délibéré et résolu aider à son besoing », son bon voisin Jean d'Albret, « à la conservation de son droit ». Pour que cet appui puisse être efficace, il importe d'établir une étroite solidarité entre la cause des deux rois. L'archiduc aidera le roi de Navarre contre son ennemi le roi de France, mais à son tour « il « se tient pour assuré » que Jean d'Albret, « s'il en est requis, luy « fera service et assistance » contre le roi d'Aragon, qui veut garder contre toute justice l'administration de la Castille. Les moyens les plus sûrs pour faire aboutir cette alliance sont une réconciliation entre le roi de Navarre et le comte de Lerin, et un mariage entre le prince de Viane et une des filles de l'archiduc. Le bailli d'Avesnes insistera auprès de Jean d'Albret sur la nécessité « de bien traiter » et entretenir son connétable Lerin » (2) ; par lui, il pourra « prendre bon entendement et alliance avec le duc « de Najara, beau-frère du connétable, féal serviteur et subject » de l'archiduc et chef de l'aristocratie castillane opposée à Ferdinand. Nagéra a été instruit de la démarche tentée auprès des rois de Navarre, et par son entremise, ceux-ci se ligueront avec les

(1) Les instructions du bailli d'Avesnes, publiées par Le Glay, n'ont été utilisées jusqu'ici par aucun historien. — (2) Le Glay a lu ce nom : « le comte de Lerme », ce qui est erroné; aucun personnage de ce nom n'a jamais existé en Navarre.

grands de Castille. L'ambassadeur verra quelles sont les intentions de Jean d'Albret; s'il manifeste le désir d'aider l'archiduc « en ses « affaires », ou s'il hésite à se déclarer « par doubte ou crainte », le bailli d'Avesnes protestera « que jamais le roy ne a failly de sa « promesse et que l'on se peust bien confier de luy ». Alors, il lui confiera comme un projet venant de lui-même, qu'il a trouvé un moyen « d'assurer l'alliance de son maître avec les rois de « Navarre »; si on le presse de parler, « ledit bailly fera du « renchiery de le dire », et il n'exposera son plan que si Jean d'Albret s'engage à un secret absolu. Alors, il lui représentera que le nouveau roi de Castille a trois filles et que l'une d'elles « seroit bonne, grande et honnourable alliance pour le prince de « Navarre ». Il ira même plus loin, et assurera qu'il en a entendu « deviser » par le prince de Chimay, son maître, « en son privé, « comme celui qui montrait semblant de désirer que la chose « adviut ». Ainsi, par la conclusion de ce mariage et par l'union avec les grands de Castille, pourra être nouée une alliance étroite entre les deux rois. Le roi de Castille sera tenu d'aider et défendre le roi et la reine de Navarre « comme père et mère », et leur royaume « comme le futur héritage de madame sa fille et ainsi « que de sien propre ». Que les souverains navarrais envoient à la cour de l'archiduc des ambassadeurs chargés de négocier le mariage, ils sont sûrs d'obtenir « bonne réponse », ou bien, s'ils craignent de se hâter ou de ne pas réussir, qu'ils fassent sonder le terrain par leur parent, le prince de Chimay, beau-frère de Jean d'Albret. L'ambassadeur encouragera Jean et Catherine à cette démarche, et les assurera que son maître a grand désir de leur amitié, et ne mettra jamais en avant aucun projet dont les rois de Navarre pourraient « avoir reboutement et regret » (1). Cette première tentative d'union entre la maison d'Autriche et la maison de Navarre ne dut probablement aboutir qu'à un échange de vagues assurances d'amitié. Les princes navarrais ne voulaient pas se déclarer aussitôt contre le roi d'Aragon, leur voisin immédiat, qui, avant même l'arrivée de Philippe, aurait pu leur faire payer cher leur hostilité. Ils saisissaient peut-être le double jeu de Ferdinand, qui, d'un côté, cherchait à les rassurer par ses caresses, et de l'autre flattait Gaston de Foix de l'espoir d'une conquête de la Navarre ou d'une neutralité bienveillante en cas d'attaque. Mais il est probable aussi qu'ils comprenaient, que l'intérêt du roi d'Aragon était d'empêcher le neveu de Louis XII de s'établir aux portes de l'Es-

(1) Mémoire à Jehan de Floyon, bailli d'Avesnes, de ce que, de la part du Roy nostre sire, il aura à dire au Roy de Navarre. Anvers, 12 octobre 1505, p. p. Le Glay, Négociations diplomatiques entre la France et l'Autriche, I, pp. 98-99.

pagne, et ils n'avaient pour le moment aucune raison de douter de ses protestations de bon vouloir. D'ailleurs, Philippe et Ferdinand étaient sur le point de se réconcilier, lorsque le bailli d'Avesnes arriva à la cour de Jean d'Albret, et peu après ils concluaient à Salamanque un accord pour le gouvernement en commun de la Castille (1). Les souverains navarrais reçurent sans doute avec empressement les propositions de l'envoyé flamand, mais ajournèrent leur décision jusqu'à l'arrivée de l'archiduc. Ce dernier après avoir conclu à Windsor un traité d'alliance avec le roi d'Angleterre, débarqua enfin à la Corogne le 28 avril 1506 (2). Ses projets étaient encore inconnus; on ne savait quelle décision il allait prendre. Enfin, excité par la noblesse castillane, l'archiduc rompit avec Ferdinand et l'obligea à se retirer en Aragon. Il fallut bien alors prendre un parti, se prononcer pour le roi de Castille ou pour son rival, le Roi Catholique. Ce dernier, il est vrai, témoignait aux rois de Navarre toute la courtoisie désirable : au mois de février, il avait renouvelé avec eux à Salamanque le traité de Medina del Campo. Le 29 juillet encore, après sa rupture avec Philippe le Beau, il recommandait à son ambassadeur, Luis Ferrer, de « témoigner toute l'affection possible aux envoyés navarrais » (3). Mais Jean et Catherine craignirent sans doute que Ferdinand ne les abandonnât, malgré ses promesses, aux entreprises du roi de France, avec lequel, disait-il, « je ne fais qu'un » (el y yo somos misma cosa) (4). La loyauté du roi d'Aragon leur était suspecte, d'autant plus que des bruits fâcheux leur parvenaient de la cour de Blois. A la fin du mois de juin, ils apprenaient à la fois que Louis XII avait donné le duché de Nemours à Gaston, son neveu, et que Ferdinand « practiquoit de marier une sienne nièce qui « estoit à Vallense » (probablement la fille du roi détrôné de Naples) avec le prétendant. « Pour che faire, écrivait à son maître Jehan « de Courteville, ambassadeur de Philippe le Beau, sont venus à « Blois tels ouvriers qui avoient conduit le mariage de votredit « beau-père » (5). Les deux nouvelles étaient fausses, mais de nature à alarmer Jean d'Albret. N'était-il pas à craindre que Fer-

(1) Traité de Salamanque, 24 nov. 1505, dans la *Colección de doc. inéditos para la historia de España*, t. XIX, p. 285. — (2) Zurita, *Anales de Aragon*, liv. VI, chap. XXVIII, fº 46, vº. — (3) Instructions du roi d'Aragon à Luis Ferrer, son ambassadeur en Castille. Saragosse, 29 juillet 1506; publiées par Weiss, Papiers d'État de Granvelle, I, 48-51. — (4) Expressions de Ferdinand dans ses instructions à Luis Ferrer, citées ci-dessus. — (5) Lettre de Jehan de Courteville, ambassadeur du roi de Castille, Tours, 29 juin 1506, dans Le Glay, Négociations entre la France et la maison d'Autriche (Coll. des doc. inéd. de l'Hist. de France), I, 149. — La fille de l'ex-roi de Naples, dont il est ici question, était venue en Espagne en 1505. Carvajal, *Memorial breve* (Chroniques de Castille), III, 555.

14

dinand ne subit l'influence de sa jeune femme, Germaine de Foix, qui lui inspirait une passion profonde, et qu'il ne laissât le champ libre au prétendant, son beau-frère ? Quelle sûreté fonder sur un prince qui préférait à tout l'alliance française, et qui pourrait être obligé, pour conserver l'appui de Louis XII, de lui sacrifier les intérêts de ses alliés? L'exemple du passé n'était point fait pour rassurer les rois de Navarre sur le présent. La conquête de Naples n'avait-elle pas montré combien le roi d'Aragon se jouait de ses promesses? D'ailleurs, l'avenir paraissait chargé d'orages pour Ferdinand; la fortune, au contraire, souriait au nouveau roi de Castille, et une union intime avec Philippe le Beau offrait autant de garanties au moins que l'ancienne alliance avec le roi d'Aragon. Le caractère du jeune souverain castillan, sa douceur, sa courtoisie, sa générosité, sa loyauté chevaleresque (1), contribuèrent aussi à entraîner les souverains navarrais, qui espéraient trouver en lui un protecteur moins intéressé, moins avide et moins dissimulé que le roi d'Aragon. Nul ne pouvait prévoir à ce moment la mort prématurée du roi de Castille, et le traité qu'ils se proposaient de conclure avec lui avait encore l'avantage d'assurer pour longtemps aux rois de Navarre la généreuse protection de Philippe le Beau. Enfin, l'animosité de Louis XII, qui se manifestait dans le procès de la succession de Foix, acheva de déterminer Jean d'Albret et Catherine à accepter l'alliance de la maison d'Autriche, que le bailli d'Avesnes, l'année précédente, était venu leur offrir. Au mois d'août, lorsque la cause du roi de Castille parut triompher en Espagne, lorsque Ferdinand, découragé, allait s'embarquer pour Naples, des conférences s'ouvrirent à Tudela del Duero entre les ambassadeurs navarrais et les délégués castillans. Les négociateurs qu'avait envoyés Jean d'Albret étaient le maréchal de Navarre, don Pedro, et le prieur de Roncevaux, don Fernando de Égües. Le 27 août 1506, ils signèrent avec Philippe le Beau une convention, qui fut aussitôt soumise à la ratification des souverains navarrais. Cet acte diplomatique stipulait une confédération intime entre les rois de Navarre et de Castille, « en raison de la parenté et de l'affection qui les unissaient ». Philippe y promettait de protéger « et de maintenir en paix le « royaume de Navarre et la seigneurie de Béarn ». Il s'engageait à ne donner ni asile, ni protection, ni secours aux sujets navarrais ou béarnais qui se réfugieraient dans ses États, après avoir commis les crimes de trahison ou de lèse-majesté. Au contraire, si ces criminels s'enfuyaient en Castille, on les fera saisir et on les livrera

II.
Le traité
de Tudela del Duero.
(27 août 1506.)

---

(1) Portrait de Philippe le Beau : « *Forma egregius, mores mites, natura lenis* », dit Pierre Martyr. *Opus Epistolarum* (lettre 179).

aussitôt aux officiers des rois de Navarre ou à leurs mandataires. En retour, les souverains navarrais n'accueilleront pas les rebelles castillans, et ne permettront à leurs sujets aucune agression contre les royaumes de Castille et de Leon. Ils traiteront bien et laisseront « vivre en toute paix et sûreté » les sujets castillans établis dans leur royaume. Ils s'opposeront de toutes leurs forces à l'entrée en Navarre ou en Béarn des troupes étrangères qui voudraient attaquer la Castille, et au besoin ils joindront leurs troupes à celles de leurs alliés pour y mettre obstacle. Enfin, la liberté du commerce est stipulée entre les États des contractants. Philippe le Beau et Juana, sa femme, jurèrent sur la croix et les Évangiles, en présence des ambassadeurs navarrais, « de garder et d'accom« plir de bonne foi, sans tromperie, fraude ou cautèle, les articles « de ladite convention, et pour plus de sûreté », firent rédiger le texte sous la surveillance de leur secrétaire, Christoval de Sotomayor, puis ils y apposèrent leur signature et leur sceau (1). A ces clauses écrites, les souverains castillans durent ajouter des stipulations verbales et secrètes, dont la plus importante fut la confirmation du traité de Medina, relative au mariage projeté entre l'infant de Navarre, le prince de Viane, et la princesse Isabelle, fille du roi de Castille (2). Il n'était nullement question du roi d'Aragon dans l'alliance de Tudela. Peut-être les souverains navarrais promirent-ils leur appui à Philippe le Beau, en cas de conflit avec son beau-père. Ce qu'il y a de sûr, c'est que Ferdinand montra un vif ressentiment de la défection de ses alliés (3). Enfin, il est probable que, sous la médiation du souverain castillan, une réconciliation eut lieu entre les rois de Navarre et leur connétable Lerin. Ce qui semblerait l'indiquer, c'est que le duc de Nagéra, beau-frère de Louis de Beaumont, se trouvait à Tudela lors de la conclusion du traité ; c'est aussi qu'il reçut, à la place de Ribera, l'agent de Ferdinand, le commandement des troupes stationnées sur les frontières navarraises (4). Mais, en revanche, Jean et Catherine venaient de se faire un ennemi mortel, d'autant plus dangereux qu'il savait mieux dissimuler sa haine. Il est vrai que Ferdinand ne paraissait guère en mesure de leur faire expier leur abandon, et que Louis XII, le second de leurs adversaires, ne pou-

(1) Le texte du traité de Tudela, dont nous donnons ici l'analyse pour la première fois, est inédit. Il est intitulé : Alliances entre Philippe et Jeanne, roi et reine de Castille, avec Jean et Catherine, roi et reine de Navarre. Minute originale. Arch. des Bass.-Pyrén., E. 552. Copie, B. N., coll. Doat, 226, f° 218. — (2) Ce projet est mentionné dans une lettre ultérieure de Maximilien (fin 1506), lettre comprise dans la collection Doat, t. 226, f° 158, et citée cidessous ; il en est aussi fait mention dans les instructions des ambassadeurs navarrais envoyés à l'empereur en 1516. — (3) C'est ce qu'affirme Zurita, Anales de Aragon, t. VI, liv. VII, chap. XIII, f° 77, v°. — (4) Zurita, ibid.

vait pour le moment leur nuire. L'un s'embarquait le 4 septembre à Barcelone pour se rendre à Naples; l'autre était occupé en Italie par la révolte de Gênes (1). Les rois de Navarre pouvaient se croire à l'abri du ressentiment secret du premier, comme de l'animosité avouée du second, puisqu'ils possédaient l'appui du roi des Romains et de ses alliés, le Pape, le roi d'Angleterre et le roi des Romains, Maximilien.

III.
Les conflits
des rois de Navarre
avec
le roi de France.
(1506.)

Un événement inattendu vint tout à coup anéantir les espérances que Jean et Catherine avaient fondées sur le traité de Tudela, et jeter les États navarrais dans une série de dangers, auxquels ils n'échappèrent qu'à grand'peine. Peu après la conclusion de l'alliance, Philippe le Beau expirait le 23 septembre, à l'âge de vingt-huit ans (2). Ce trépas prématuré jeta les souverains navarrais dans les angoisses les plus vives et les exposa aux périls les plus redoutables. Il ne fallait pas compter sur la reine de Castille, Juana, qui subissait l'influence des conseillers de Ferdinand, et qui ne voulut donner le gouvernement de son royaume ni à l'archiduc Charles, qu'elle trouvait trop jeune, ni à Maximilien, qu'elle trouvait trop éloigné (3). Il leur restait, il est vrai, l'appui du roi des Romains, qui, pour obtenir l'administration des États castillans, confirma l'alliance conclue par son fils avec les rois de Navarre. Mais Jean et Catherine avaient tout à craindre du roi d'Aragon, naguère leur allié; il allait revenir en Espagne, altéré de vengeance, peu disposé à pardonner à ses neveux leur défection. L'occasion était trop belle pour que le roi de France, suscitant aux rois de Navarre quelque nouvelle querelle, ne tentât de donner tous les États de la maison de Foix à Gaston, duc de Nemours. Les souverains navarrais, par bonheur, trouvèrent dans l'alliance autrichienne un secours inattendu, et l'intervention de Maximilien en leur faveur leur valut, en 1508, une courte trêve stipulée au traité de Cambrai. Ils montrèrent une énergie inaccoutumée pour réprimer une révolte des Beaumontais dans leur royaume et ôter tout prétexte à l'intervention de Ferdinand. Ils surent résister à ses insinuations comme à ses menaces et maintenir dans l'exil les rebelles qu'ils avaient vaincus et chassés. Le roi d'Aragon, malgré son dépit, était trop habile pour livrer au prétendant français, avec le Béarn et la Navarre, les clés des Pyrénées. Le roi de France, Louis XII, malgré son animosité, ne put donc réaliser son projet de placer la couronne sur la tête de Gaston de Foix. C'est ainsi que, par un concours inespéré de cir-

(1) Zurita, *Anales de Aragon*, t. VI, liv. VII, chap. XXIV, f° 79, v°. — (2) Pierre Martyr, *Opus Epistolarum* (lettres 313 et 316). — Zurita, *Anales de Aragon*, t. VI, liv. VII, chap. XV, f° 80. — (3) C'est ce que raconte Pierre Martyr, *Opus Epist.* (lettre 323).

constances, le royaume navarrais échappa pour la première fois, de 1506 à 1508, au danger d'un démembrement.

Après la mort de Philippe le Beau, le péril parut à la fois redoutable du côté de la France et du côté de l'Espagne. Non content d'avoir fait revivre devant le Parlement de Paris le procès de la succession de Foix, qui se poursuivait toujours en 1506 (1); Louis XII avait mis en question l'indépendance même du Béarn, l'État le plus important des rois de Navarre. Une querelle entre le sire de Coarraze, baron béarnais, et Jean d'Albret, fut l'origine de ce long différend, qui devait se prolonger jusqu'en 1512. Gaston de Foix, sire de Coarraze et comte de Carmaing, était un des douze grands barons du Béarn. Il avait d'abord suivi le parti de Jean de Narbonne, puis s'était réconcilié avec les souverains navarrais, qui, à plusieurs reprises, le chargèrent d'importantes missions (2). Mais, aux conférences de Tarbes, il s'était de nouveau lié avec le vicomte de Narbonne, et lui offrit même de lui livrer son château, pour faciliter l'invasion du pays. Depuis, on l'accusait d'avoir noué des intelligences avec le prétendant Gaston, le neveu de Louis XII (3). Ce fut là, sans doute, le principal motif des poursuites dirigées contre le baron de Coarraze. Mais le prétexte invoqué pour le traduire devant la cour du Béarn n'était pas le crime de trahison. On le mit en jugement pour d'autres causes. C'était, en effet, un de ces brigands féodaux, avides et féroces, dissolus et méchants, comme il y en avait encore beaucoup à la fin du XVᵉ siècle. L'acte d'accusation rédigé contre lui ne comprenait pas moins de cinquante-sept chefs. Cette pièce et les dépositions des témoins mentionnent toutes sortes de méfaits à la charge du baron de Coarraze : vols, pillages, arrestations arbitraires, attentats variés contre les mœurs, rapts, viols, adultères, sodomies, levées de redevances illégales, séquestrations, brigandages commis sur les routes (4). Assigné à six reprises devant la

(1) Procuration de la reine de Navarre à ses fondés de pouvoirs, 22 oct. 1506. (Elle les prie de soutenir ses droits devant le Parlement de Paris et de s'en rapporter aux pièces qu'elle leur envoie « pour tout ce qui est illatif, relatif et « présuppositif » au procès de la succession de Foix), Arch. des Bass.-Pyrén., E. 448, cahier. — Original de la procuration, B. N., Mss., pièces originales, t. MCLXXV, p. 356. — (2) En 1496, il fut délégué par la reine pour présider les États du Béarn. Arch. des Bass.-Pyrén., C. 680, fº 27. — (3) Une partie des pièces de ce procès a été publiée par P. Raymond et V. Lespy, sous ce titre : Un Baron béarnais au XVᵉ siècle, 2 vol. in-8º. Pau, 1877. — Les relations avec le prétendant Gaston sont établies par un interrogatoire de mai 1504 (déposition de Sainte-Colomme. Un Baron béarnais, II, p. 55.) — (4) Ces crimes sont énumérés dans l'acte d'accusation contre le sire de Coarraze, publié par Lespy et Raymond, Un Baron béarnais, II, p. 3-54; voir aussi la déposition du témoin du Cassou, ibid., p. 64, sur les traitements auxquels il soumettait ses sujets; et la déposition des habitants de Claracq. Arch. des Bass.-Pyrén., E. 329.

cour du sénéchal, l'accusé n'avait pas comparu (1). Alors, le 4 novembre 1501, on avait commencé contre lui une procédure par défaut, et le sénéchal du Béarn, Bertrand de Gerderest, avait pris sous sa sauvegarde les malheureuses victimes du baron. En même temps, il donnait l'ordre de saisir la baronnie de Coarraze, jusqu'à ce que l'accusé se fût soumis à la juridiction de la cour et eût comparu devant elle, suivant les prescriptions des fors ou coutumes du pays (2). Le 21 avril 1502, Galardé de la Vignole, viguier de Pau, procéda, en effet, à la saisie des terres et du château du rebelle.(3). Mais le baron, outré de ces poursuites, se répandit devant le viguier en menaces contre les rois, ses suzerains, et pour se venger, il promit au roi de France et au sire de Narbonne de leur livrer ses domaines du Béarn, en échange de la baronnie d'Aspet, dans le Comminges (4). Ensuite, il s'empressa de fuir en Languedoc, terre française, où il était à l'abri du danger. De là, il demanda à comparaître par procureur devant la cour du sénéchal, mais les souverains navarrais refusèrent de faire droit à cette requête (5). Peu après, le 3 février 1504, Jean et Catherine ordonnaient aux procureurs généraux du Béarn de dresser l'acte d'accusation contre le sire de Coarraze (6) et de commencer une enquête. Cette procédure fut dirigée par le procureur général Arnaud-Guilhem de Lasalle; on entendit, au mois de mai, les dépositions des témoins, qui ne laissèrent aucun doute sur la culpabilité du rebelle (7). Après une information minutieuse, la cour du sénéchal condamna par contumace le baron à la peine de mort, et ordonna la confiscation de ses biens et la destruction de son château, qui fut incendié et rasé (8). Jusqu'alors, la querelle était limitée au sire de Coarraze et aux rois

(1) Acte d'accusation dans Lespy et Raymond, *Un Baron béarnais*, II, pp. 3 et 4. — (2) Articles de la procédure contre le sire de Coarraze, 4 nov. 1501. Arch. des Bass.-Pyrén., E. 329 ; pièce non citée par Raymond et Lespy. — Lettres de sauvegarde accordées aux habitants de Claracq. Arch. des Bass.-Pyrén., E. 2227. — Ordre donné par le sénéchal du Béarn pour la saisie de la baronnie de Coarraze, cité par Lespy et Raymond. *Un Baron Béarnais*, II, pp. 3 et 4. — (3) Procès-verbal de la saisie de la terre de Coarraze, par Galardé de la Vignole, 21 ou 22 avril 1501-1502, non cité par Lespy et Raymond. Arch. des Bass.-Pyrén., E. 329. — (4) Accusation formulée dans la déposition de Bernard de Bescat, citée par Lespy et Raymond. *Un Baron béarnais*, II, 64. — (5) Réponse des rois de Navarre à la requête du sire de Coarraze, 20 mai 1502. Arch. des Bass.-Pyrén., E. 329, non citée par Lespy et Raymond. — (6) Lettre originale des rois de Navarre ordonnant aux procureurs généraux du Béarn de poursuivre le sire de Coarraze, Pampelune, 3 février 1504, publiée par Lespy et Raymond. *Un Baron béarnais*, II, pp. 1-2. — (7) Déposition des témoins dans le procès Coarraze, mai 1504, publiée par Lespy et Raymond, opus cité, II, 55 et suiv. — (8) Sentence mentionnée dans l'arrêt du Parlement de Toulouse (1507), condamnant les rois de Navarre, et dans les lettres de juillet 1512, révoquant cette sentence, citées ci-dessous.

de Navarre. Mais, en 1506, elle changea de caractère ; le roi de
France ordonna de recevoir l'appel du baron, et le Parlement de
Toulouse évoqua le jugement du litige (1). Ainsi se trouva soulevée la question de l'indépendance du Béarn. Les vicomtes de
Béarn et les rois de Navarre, leurs successeurs, soutenaient que
cette seigneurie ne relevait d'aucune couronne étrangère. Au
XIV⁰ siècle, cette indépendance était déjà établie, puisque, en
1371, les barons béarnais disaient au fils de Gaston-Phœbus :
« Nous sommes tous francs, sans servitude ni hommage ». Frois-
sart écrivait alors : « Le pays de Béarn est de si noble condition
« que les seigneurs qui le tiennent n'en doivent à nul roi ni
« autre seigneur service, fors à Dieu ». On alléguait aussi ce fait
que les criminels condamnés en France ne pouvaient être poursuivis en Béarn, ce qui semblait prouver que la juridiction des
tribunaux français expirait aux frontières de ce pays. Enfin, les rois
de France ne levaient aucun subside, aucun aide dans cette seigneurie (2). En 1505, le Parlement de Toulouse lui-même avait
reconnu l'indépendance du Béarn. Un Béarnais auquel on avait
refusé l'investiture d'un bénéfice, sous prétexte qu'il n'était pas
Français, avait saisi de la question la cour du Languedoc. Le
substitut du procureur général avait soutenu la validité du
refus, et dénié aux Béarnais la qualité de sujets du roi de
France (3). Devant le Parlement de Paris, le procureur général
chargé de soutenir la cause de Gaston de Foix avait aussi
reconnu, dans son plaidoyer, la souveraineté du Béarn. Il déclarait formellement « que c'était une seigneurie non recognoissant
« quelque souverain *in temporalibus*..., non subjecte ni du res-
« sort ni de l'hommage au roy » (4). Aussitôt après le traité de
Blois, les deux cours se déjugeaient. Le 25 décembre 1505, le
Parlement de Paris, désavouant la doctrine du substitut toulou-
sain, adjugeait un bénéfice contesté à un clerc béarnais « comme
« à vrai et naturel Français », et le procureur général procla-
mait que le Béarn « faisait partie du royaume de France » (5).

(1) Arrêt du Parlement de Toulouse recevant l'appel du sire de Coarraze et
sommant les rois de Navarre de comparaître. Arch. des Bass.-Pyrén., E. 329
(12 fév. 1506). — (2) Résumé des arguments en faveur de l'indépendance du
Béarn dans la sentence arbitrale du 23 juil 1512. B. N., coll. Doat, 229, f⁰⁸ 176-
195. — Voir aussi Chopin, *De Domanio Franciæ*, liv. Iᵉʳ, tit. XI, §§ 11 à 13.
Ce savant légiste discute cette question sans oser se prononcer. — (3) Fait cité
par Chopin, liv. II, tit. II, parag. 11 à 12. — (4) Expressions du procureur général dans le document intitulé : Ce sont les faits extraits des plaidoyés,
contrediz et salvations du procès... sur lesquels le procureur général du roy,
au nom de messire Gaston (de Foix), entend faire preuve. Arch. des Bass.-
Pyrén , E. 548. — (5) Au XIIIᵉ siècle, il est certain que les vicomtes de Béarn
faisaient hommage aux ducs de Guienne. Cf. les documents réunis par
Champollion, Lettres des rois, I, 122, 123, 154, 178, 166, 168, 188, 280, 305.

Tout aussi zélé à servir les rancunes de Louis XII, le Parlement de Toulouse admettait l'appel du sire de Coarraze, et prétendait soumettre à sa juridiction la seigneurie dont les rois de Navarre soutenaient la souveraineté. Les juges français alléguaient que le Béarn était un fief mouvant du duché de Guienne, duché réuni par Charles VII au domaine royal. On ne pouvait invoquer la prescription, touchant l'hommage que les vicomtes béarnais avaient cessé de prêter aux ducs de Guienne depuis le commencement du XIVe siècle, parce qu'il n'existe pas de prescription à l'égard du souverain. D'ailleurs, les légistes de Louis XII citaient un arrêt prononcé « six vingt ans auparavant » dans un procès entre Gaston de Béarn et Guicharnaud de Navailles, qui mettait le Béarn provisoirement « dans la main » du roi de France (1). Les usages particuliers de cette seigneurie, son droit de battre monnaie, sa régale particulière, son exemption d'impôts ne prouvent rien, puisque d'autres provinces vassales jouissent du même droit. Enfin, si l'on invoque quelques traits de la vie de Charles VI et de Louis XI, d'où il résulterait que ces deux souverains ont reconnu l'indépendance du Béarn, les gens du roi répondent que les droits de la couronne de France sont inaliénables, de même qu'ils sont imprescriptibles (2). Les arguments historiques et juridiques invoqués de part et d'autre avaient à peu près la même valeur, si bien qu'un excellent jurisconsulte, Chopin, qui a étudié avec soin la question, n'ose se prononcer (3). Au fond, le nouveau procès intenté devant le Parlement de Toulouse, au sujet de la souveraineté du Béarn et de l'appel du sire de Coarraze, était surtout destiné à faciliter les prétentions de Gaston de Foix sur les États des rois de Navarre. Le procureur général du roi de France soutint, en effet, plus tard, qu'en déclinant la juridiction de la cour de Toulouse, les souverains navarrais avaient commis le crime de félonie, et requit la confiscation de leurs domaines (4). Mais avant d'en arriver à prononcer cette sentence, le Parlement, se conformant aux règles de la procédure, commença à statuer par défaut sur l'appel du sire de Coarraze. Il se déclara compétent, et après avoir terminé son enquête, précipitant sa décision sur l'ordre de Louis XII sans doute, il rendit, le 2 janvier 1507, un arrêt qui condamnait les rois de Navarre à une amende de 5,000 livres envers le roi de France, pour avoir brûlé le château de leur vassal. En outre, ils étaient astreints à

---

(1) Résumé des arguments invoqués par le Parlement de Toulouse, dans le texte de la sentence arbitrale du 23 juil. 1512. B. N., coll. Doat, 229, f° 197 et suiv. — (2) Résumé des arguments dans la sentence arbitrale du 23 juillet 1512, citée ci-dessus. — (3) Chopin, Du Domaine des rois de France, liv. Ier, tit. II, parag. 11 à 13. — (4) Hist. du Languedoc, nouv. édit., t. XI, p. 172.

payer une seconde amende de 1,000 livres au baron de Coarraze et à rebâtir son château, dans le délai de quatre ans. Le baron était de plus exempté de la juridiction des rois. En attendant que ceux-ci lui eussent restitué ses biens, la vicomté de Nébouzan et la viguerie de Mauvezin seraient saisies, et on les lui remettrait pour qu'il en perçût les revenus, à titre d'indemnité (1). Cet arrêt était la négation absolue de la souveraineté du Béarn. Aussi les souverains navarrais firent-ils une opposition acharnée à la sentence du Parlement. Ils interdirent l'entrée de la province à l'huissier royal chargé de leur notifier l'arrêt. Cet agent dut s'arrêter à Tarbes, où il signifia le jugement intervenu au jugemage de Bigorre, Ramon de Casarrer. Aussitôt les délégués des rois de Navarre, Casarrer, Pées de Fondères, procureur général du Béarn, et du Ferran, juge de Pau, en appelèrent au roi de France et au Pape de l'arrêt rendu par la cour de Toulouse, arrêt « tyrannique et donné par juges incompétents », et ils requirent l'huissier de prendre acte de cet appel (2). L'un deux, du Ferran, se rendit même à Montauban, où le Parlement s'était transporté en raison de la peste, pour protester contre la sentence. Les magistrats essayèrent de le faire arrêter. Le procureur de Jean d'Albret parvint à s'enfuir et se réfugia à Saint-Gaudens. Là, sous prétexte que le sire de Coarraze, accusé du crime de sodomie, n'était justiciable que des tribunaux ecclésiastiques, il en appela à la cour de Rome et au prochain concile de l'arrêt des juges royaux (3). Cette résistance ne fit qu'irriter la haine du roi de France contre les souverains navarrais. Il multiplia les vexations contre eux, enleva à Alain d'Albret et à son fils le comté de Gaure (4), et enjoignit de maintenir un ennemi des rois de Navarre, Mathieu d'Artiguelouve, sur le siège épiscopal de Pamiers, au mépris des droits du cardinal Amanieu (5). A la fin de 1506, il crut le moment venu de tenter un nouvel effort pour obtenir le concours du roi d'Aragon dans l'entreprise qu'il méditait contre la maison d'Albret. Il savait que Ferdinand était irrité de l'alliance des souverains navarrais avec la maison d'Autriche, et de l'appui qu'ils

(1) Arrêt des 2-7 janv. 1507. Arch. des Bass.-Pyrén.,E. 329. — Résumé dans les lettres patentes de juillet 1512, révoquant cet arrêt. B. N., 229, fos 153-154. — (2) Instrument des appellations des délégués des rois de Navarre, 14 mars 1507, parchemin original. Arch. des Bass.-Pyrén., E. 329. — Cf. Olhagaray, Hist. des comptes de Foix, pp. 453-454. — (3) Ce dernier fait n'est connu que par le recit d'Olhagaray, opus citat., p. 452. — (4) Ordonnance de Bourges, 6 oct. 1506. — Assignation à Nérac et à Tarbes d'Alain et de son fils, le roi de Navarre, au sujet de la confiscation du comté de Gaure. Luchaire, Alain le Grand, sire d'Albret, pp. 153-154. — (5) Fait cité par l'Histoire du Languedoc, t. XI, p. 134 (nouv. édit.).

prêtaient à l'aristocratie castillane. Le roi d'Aragon venait de renouveler son alliance avec lui, et il avait entraîné dans cette confédération le pape Jules II. Aussi Louis XII ne doutait-il pas du succès de ses démarches. Le 14 décembre, dans un entretien avec l'ambassadeur florentin Pandolfini, il annonçait que Ferdinand était sûr de reprendre le gouvernement de la Castille, et que lui-même allait, avec le concours du Roi Catholique, agir « par tous les moyens », pour enlever aux rois de Navarre leurs États, et les donner à son neveu « Monseigneur de Foix, à qui ils « appartenaient de droit » (1). En effet, à ce moment, il tentait une démarche décisive pour entraîner le roi d'Aragon. Un agent français, le sire de Guise, se rendait à Naples, sous prétexte de régler la restitution promise par Ferdinand aux barons du parti angevin. Il s'efforça d'obtenir de lui une promesse de secours en faveur de Gaston de Foix, et en vue de la conquête de la Navarre. Dans cette périlleuse occurrence, Jean d'Albret et Catherine ne durent leur salut qu'à l'intérêt que le roi d'Aragon avait de ne pas livrer leur royaume à un prince français. Ferdinand éluda, en effet, l'engagement que sollicitait de lui le roi de France. Il prodigua les bonnes paroles dont il était coutumier, mais il ajourna la solution de l'affaire jusqu'à son retour en Castille (2). D'un autre côté, la protection de la maison d'Autriche ne fut pas inutile aux souverains navarrais. Maximilien, le chef de cette maison, était en conflit avec Louis XII au sujet de la Bourgogne et du Milanais, et il disputait à Ferdinand l'administration de la Castille. L'alliance des rois de Navarre lui était très utile contre l'un et l'autre de ses adversaires. Aussi accepta-t-il avec empressement la demande que Jean et Catherine lui firent, de confirmer la convention de Tudela. Les souverains navarrais lui avaient envoyé, après la mort de son fils Philippe, un ambassadeur, Salvador de Berio (3), chargé de lui présenter leurs compliments de condoléance et de lui proposer le renouvellement du traité du 27 août 1506. Maximilien répondit lui-même, en remerciant les rois de leur démarche amicale. Il promettait de les considérer toujours « comme bons frères et amis », et de leur donner les preuves de cette amitié. Il consentait volontiers à approuver le projet de mariage entre le prince de Viane et la princesse Isabelle. Il en désirait vivement la conclusion, pour remplir le vœu de son bien-aimé fils défunt, et pour montrer à ses alliés qu'il

(1) Dépêche de Pandolfini. Blois, 14 déc. 1506. Relations diplomatiques de la France avec la Toscane, publiées par A. Desjardins, II, 197. — (2) Cette démarche n'est connue que par Zurita, *Anales de Aragon*, t. VI, liv. VII, chap. XL, f° 114, r°. — (3) Salvador de Berio est mentionné dans des pièces postérieures, citées ci-dessous, comme ambassadeur des princes navarrais.

a pour eux une affection très vive. Les souverains navarrais s'étaient plaints des violences du roi de France à leur égard. Maximilien assura qu'il en a été vivement affligé. Il rappelle qu'il éprouve pour Louis XII un ressentiment égal au leur. Ce prince n'a-t-il pas tenté de le molester lui-même, ainsi que son petit-fils, l'archiduc Charles? Il a fait des incursions sur leurs domaines, et s'il n'eût craint les préparatifs faits en Allemagne pour l'expédition d'Italie, peut-être en serait-il venu à une guerre ouverte. Aussi le roi des Romains proposait-il à Jean d'Albret de transformer l'alliance défensive conclue à Tudela en une confédération offensive. On conclura, disait-il, une ligue de défense mutuelle, en vue de garantir chacun des contractants contre toute agression, « de manière que les alliés sachent qu'ils n'ont à « redouter aucune défection, qu'ils connaissent ce qu'ils doivent « espérer les uns des autres, et qu'ils consacrent toutes leurs « forces à la protection de leurs domaines ». La ligue comprendra les rois de Navarre, Maximilien et ses petits-fils, Charles et Ferdinand. Elle sera dirigée contre les Français, « communs et « naturels ennemis » des souverains navarrais et autrichiens. Aucun des alliés ne fera ni paix, ni trêve, ni convention quelconque, sans y comprendre les princes ligués avec lui et sans soutenir leurs revendications. Aussitôt que l'alliance sera conclue, le mariage de l'infant de Navarre, Henri, avec l'infante Isabelle, sera célébré. Jean et Catherine pourront compter sur la maison d'Autriche, et Maximilien ne conclura aucun traité sans y faire comprendre ses bons amis. Ainsi, à l'avenir, ils n'auront rien à redouter du roi de France. Bien mieux, le roi des Romains consentira, en raison de l'amitié qui l'unit à ses alliés, à leur restituer les villes navarraises détenues par la Castille depuis 1463, et dont ils lui ont demandé la restitution. Il s'engage à exécuter cette promesse dès qu'il sera devenu maître du gouvernement de ce royaume, en vertu de l'accord qu'il négocie avec l'aristocratie castillane. Il accepte avec plaisir l'offre que lui ont faite les rois de Navarre d'aider par d'activés démarches les partisans de l'archiduc Charles à triompher de l'opposition qui se manifeste contre ses droits. Dans l'ardeur de son zèle, Maximilien pousse même les souverains navarrais à rompre ouvertement avec le roi de France. « Qu'ils cherchent, leur conseille-t-il, pour « leur utilité et sécurité, à engager quelque querelle »; ils feront connaître leurs griefs au roi des Romains, qui, de son côté, est disposé à une rupture prochaine, et qui compte faire valoir ses droits et ceux du Saint-Empire sur le duché de Milan (1). Parmi

(1) Cette alliance des rois de Navarre avec Maximilien et les négociations entamées à ce sujet sont restées inconnues de tous les historiens. Elles nous

ces propositions, il en était que Jean d'Albret et Catherine durent agréer volontiers. Peut-être le traité de Tudela fut-il renouvelé; peut-être stipulèrent-ils de nouveau le mariage de leur fils avec l'infante autrichienne. Mais ils se gardèrent bien d'entrer en guerre ouverte avec le roi de France; la prudence leur commandait d'attendre les événements. Toutefois, sans accepter entièrement les vues de Maximilien, ils parvinrent à garder l'alliance de la maison d'Autriche. Les armements du roi des Romains, les embarras de Louis XII en Italie et l'attitude expectante de Ferdinand contribuèrent à détourner de la Navarre, jusqu'à l'entrevue de Savone (juin 1507), l'orage qui grondait du côté de la France.

IV
Le conflit avec le roi d'Espagne. Révolte des Beaumontais.

Les appréhensions des souverains navarrais au sujet du roi d'Aragon durent être tout aussi grandes qu'à l'égard de Louis XII, au moment où la mort de Philippe le Beau les priva de l'allié sur lequel ils comptaient. Leur première idée fut de se renfermer dans les bornes d'une stricte neutralité, entre les partis qui se formèrent en Castille, afin de ne pas exaspérer l'animosité de Ferdinand. Le 22 septembre 1506, ils se hâtèrent de faire publier le traité de Tudela, et d'interdire à leurs sujets de donner asile aux Castillans, coupables de lèse-majesté (1). Le même jour, ils enjoignirent à leurs officiers d'interdire à tous les Navarrais la moindre immixtion dans les mouvements qui pourraient se produire dans le royaume voisin. « Nous défendons, disaient-ils, à chacun de vous
« et à tous nos sujets quelconques, sous peine d'encourir notre
« colère et notre indignation, et de voir vos biens confisqués,
« d'entrer auxdits royaumes de Castille, ou d'y faire entrer vos
« gens de pied ou à cheval, quelles que soient les difficultés qui s'élè-
« vent entre les partis et factions de ces royaumes » (2). Mais bientôt, sous l'impulsion de l'ambassadeur impérial, André de Burgo, et sur les instances des membres de l'aristocratie castillane, Jean et Catherine commirent une première faute, en se laissant entraîner dans les intrigues compliquées dont l'Espagne était alors le théâtre. Ferdinand ne devait pas oublier cette nouvelle infraction aux traités qui l'avaient uni autrefois aux rois de Navarre. Vers

sont indiquées par un document inédit, la lettre de Maximilien aux rois de Navarre (en latin), orig. Arch. des Bass.-Pyrén., E. 556. Copie. B. N., coll, Doat, 226, f°s 158-160. Cette pièce n'est pas datée, mais la mention de la mort récente de Philippe le Beau, prouve qu'elle doit être rapportée à la fin de l'année 1506.
(1) Lettres des rois de Navarre ordonnant de publier la clause du traité de Tudela relative aux sujets castillans coupables de haute trahison. Pampelune, 22 sept. 1506 (en esp.). Arch. des Bass.-Pyrén., E. 552, orig. — (2) Mandement des rois de Navarre à leurs officiers pour leur enjoindre de garder et faire garder la neutralité avec la Castille. Pampelune, 22 sept. 1506 (en esp.), Arch. des Bass.-Pyrén., E. 552, orig. Ces deux documents sont inédits.

la même époque, les souverains navarrais, attaqués par leur vassal, Louis de Beaumont, le beau-frère du roi d'Aragon, parvenaient à chasser le rebelle de leur royaume. Ce fut pour le prince espagnol un nouveau motif de haine contre la maison d'Albret. Tout d'abord Jean et Catherine soutinrent en Castille les prétentions de Maximilien et de son petit-fils, qui revendiquaient l'administration de ce pays. Quelques-uns des membres de l'aristocratie castillane eurent même l'idée de confier le gouvernement aux princes navarrais (1). Ceux-ci préférèrent prêter leur appui au parti autrichien. Ils donnèrent aussi asile à Pampelune au célèbre condottiere César Borgia, qui venait de s'enfuir de sa prison (2), et ils s'aliénèrent par là les confédérés de Blois, Louis XII, le Pape, et surtout Ferdinand. Maximilien destinait, en effet, au beau-frère du roi de Navarre, dont les talents militaires étaient renommés, le commandement de l'expédition projetée contre les rois d'Aragon et de France. On peut imaginer quelle dut être la colère de Louis XII, lorsqu'à la fin du mois de novembre, César lui fit demander par son majordome Requesens la restitution du duché de Valentinois. L'envoyé fut fort mal reçu, et c'est alors que courut de nouveau le bruit de la spoliation des rois de Navarre au profit de Gaston de Foix (3). Cette rumeur parut vraisemblable ; le séjour de César Borgia à la cour de Jean d'Albret autorisait, en effet, tous les soupçons du prince français, et paraissait de nature à aliéner au prince navarrais sans retour le roi d'Aragon. L'aventurier italien devait ramener de Flandre l'archiduc Charles, le faire reconnaître comme roi de Castille sous la tutelle de Maximilien, armer en sa faveur le roi de Navarre, dont le fils épouserait Isabelle d'Autriche, et le roi de Portugal, dont la fille serait unie à l'infant Ferdinand (4). Tels étaient les plans que l'on prêtait à la coalition formée sous les auspices de César Borgia, et il est permis de croire que ces bruits ne contribuèrent pas peu à accroître l'animosité du Roi Catholique contre ses neveux et anciens alliés, les souverains navarrais. Mais l'acte qui irrita le plus le prince espagnol, fut l'expulsion de son protégé, Louis de Beaumont, comte de Lerin, l'instrument ordinaire de sa politique en Navarre. L'im-

---

(1) C'est Zurita, *Anales de Aragon*, t. VI, liv. VII, chap. XXII, f° 89, r°, qui mentionne ce fait. — (2) César Borgia s'était évadé le 25 octobre; le 3 décembre, il arrivait à Pampelune. Ch. Yriarte, César Borgia, II, 231-252. — (3) Ces démarches eurent lieu en novembre 1506. Elles sont connues par les dépêches de Pandolfini, 27-28 nov. 1506. Relations diplomatiques de la France avec la Toscane, p. p. Desjardins, II, 190-193. — Le récit de Ch. Yriarte complète les renseignements tirés de ces dépêches; mais le savant historien de César Borgia semble placer à tort cette négociation en janvier 1507. Ch. Yriarte, César Borgia, II, 252. — (4) Ces détails sont donnés par Zurita, *Anales de Aragon*, t. VI, liv. VII, chap. XXV, f° 94, r° et v°.

prudente révolte de ce grand seigneur, arrivée à l'insu et en l'absence du roi d'Aragon, amena l'écrasement du parti beaumontais, et priva Ferdinand de l'appui sur lequel il comptait pour restaurer son influence à Pampelune.

C'est à la fin de 1506 qu'éclata le soulèvement. Le comte de Lerin, jaloux de la faveur du maréchal de Navarre, chef des Gramontais, en butte aux méfiances de ses suzerains à cause de ses méfaits passés, cherchait une occasion de reprendre les armes, qu'il avait déposées depuis le traité de Tudela. Les souverains navarrais lui ayant demandé de leur remettre le château de Viana, dont il était gouverneur, afin de le mettre en défense, en prévision d'une guerre contre la France, le fier baron refusa. Il fit même saisir l'officier royal porteur de cet ordre, le roua de coups de bâton, et l'enferma dans un cachot de sa forteresse de Larraga (1). D'après une tradition plus ou moins suspecte, il avait été poussé à la rébellion par le comte de Sant-Esteban, Alonso de Peralta, qu'il croyait son ami et qui espérait hériter de sa charge de connétable (2). Sommé de comparaître devant la cour du roi, le comte de Lerin, si l'on en croit ce récit, se serait abstenu, parce qu'il avait été avisé par le comte de Sant-Esteban « qu'il y « allait de sa vie », s'il obéissait à la sommation. Il ne comparut pas, et fut condamné par contumace, pour crime de félonie et de lèse-majesté, à perdre tous ses biens, titres, honneurs et offices. La peine de mort fut même prononcée contre lui (3). Le soulèvement inattendu des Beaumontais se produisait dans des circonstances qui permirent aux rois de Navarre de le réprimer rapidement et sans danger. Le roi d'Aragon était loin de l'Espagne, et jugeant la révolte inopportune, ordonna à ses sujets de garder la neutralité (4). En Castille, les luttes des partis empêchaient une intervention active. En France, Louis XII, qui avait pris le connétable de Navarre sous sa protection, était obligé de réserver toutes ses forces pour les affaires d'Italie et des Pays-Bas. Jean d'Albret et Catherine comprirent qu'il fallait agir avec promptitude, s'ils voulaient en finir avec le comte de Lerin, l'éternel fauteur des troubles. Ils obtinrent des Cortès réunies à Pampelune le vote d'un subside extraordinaire de 3 livres carlines par feu, payables par tous leurs sujets, sans distinction de classe (5). Ils levèrent une

(1) Aleson, *Anales de Navarra*, t. V, f° 136. — (2) L'amitié de Peralta et de Lerin paraît bien contestable, si l'on en juge par leurs rapports passés. — (3) Telle est la tradition que rapporte Aleson et qu'il n'appuie sur aucune donnée précise. *Anales de Navarra*, t. V, chap. VII, f°s 136-137. — (4) C'est ce que Ferdinand affirme à plusieurs reprises dans ses manifestes de 1512, voir III° livre. — (5) *Actas de las Cortes en Pamplona* (vote d'un subside de 3 livres carlines), 1507. Arch. de Nav., *Cortes, seccion de cuarteles*, leg. 1, carp. 29.

armée et ils en conférent le commandement à César Borgia (1). Les troupes royales occupèrent aussitôt les domaines du connétable rebelle et assiégèrent ses places fortes. Le 11 février 1507, César Borgia investit la forteresse de Larraga, que Louis de Beaumont avait confiée à Oger de Verastegui, l'un de ses plus braves officiers (2). En même temps, Jean d'Albret ordonnait de mettre le siège devant Viana, où le fils du comte de Lerin s'était jeté (3). De la prise de ces deux villes dépendait l'issue de la campagne. Aussi le roi de Navarre fit-il lever par le sire de Zavaleta, un de ses vassaux dévoués, tous les montagnards des Pyrénées (4), et requit-il les bourgeois de Tudela de fournir des vivres et munitions aux soldats chargés du siège (5). Le connétable, alarmé, fit appel aux Castillans; il obtint des secours de son beau-frère, le duc de Nagéra, l'un des plus grands seigneurs de Castille, qui entra lui-même en Navarre à la fin de février pour débloquer Larraga (6). Juan de Silva, fils du capitaine-général Ribera, s'approcha aussi de la frontière, mais n'osa la franchir sans un ordre formel de son souverain (7). D'un autre côté, une partie des Castillans soutenaient la cause de Jean d'Albret. Ainsi, le connétable de Castille, Velasco, bien que partisan du roi d'Aragon, le comte de Benavente, les comtes d'Aguilar et de Nieva, parents ou alliés des Gramontais, envoyèrent leurs vassaux contre Louis de Beaumont (8). Le roi de Navarre, pressé d'en finir, se rendit lui-même au camp, le 10 mars, avec 1,200 lances ginetes, 130 hommes d'armes, plus de 5,000 fantassins, et commença à assaillir le château de Viana. Le duc de Valentinois, qui bloquait Larraga, vint tenir conférence avec lui. Viana manquait de vivres et ne pouvait tenir sans être ravitaillée. Le comte de Lerin parvint, par un audacieux coup de main, à en retarder la capitulation. Posté à Mendavia, point stratégique sur la route de Logroño, d'où il pouvait recevoir des secours de la Castille et observer les mouvements des troupes royales, il en partit dans la nuit du 11 mars, à la faveur d'un orage qui couvrait le bruit de la marche de ses chevaux. Tandis que son avant-garde jetait dans le château de

(1) Zurita, *Anales de Aragon*, t. VI, liv. VII, chap. XL, f° 114. — (2) Aleson, *Anales de Navarra*, V, f° 137. — (3) Aleson, *Anales de Navarra*, t. V, chap. VII, f° 137. — (4) *Cartas de los reyes de Navarra al señor de Zavaleta*, 8, 21, 23 fév. 1507. Pamplona, Arch. de Nav., *Cortes* (pap. de Moret), f^s 9-11. — (5) *Orden de los reyes á la ciudad de Tudela para que embiase lo necesario, para el mantenimiento de la gente que tenian en el cerco de Viana*, 13 mars, Viana. Arch. de Nav., *Cortes, Guerra*, leg. 1, carp. 40. — (6) Cette intervention est mentionnée par les rois de Navarre dans une lettre du 23 février adressée au sire de Zavaleta, Arch. de Nav., papiers de Moret (fonds Zavaleta, f° 10). Ch. Yriarte, II, 272, écrit à tort que Nagéra soutenait Jean d'Albret. — (7) Zurita, *Anales de Aragon*, t. VI, liv. VII, chap. XLIV, f° 121. — (8) *Ibid.*

Viana un convoi de farines, le comte lui-même s'était placé en embuscade avec l'arrière-garde dans un ravin, pour protéger la retraite des siens. L'audacieux connétable devait traverser les lignes de l'armée royale; à la pointe du jour, il avait réussi à les franchir, lorsqu'aux lueurs indécises de l'aube, ses soldats, croyant reconnaître un corps de troupes castillanes qu'ils attendaient, poussèrent leur cri de guerre : « Beaumont ! Beaumont ! » A ce bruit, le camp royal se réveille en tumulte; César Borgia, sans prendre le temps de revêtir sa cuirasse, s'élance presque seul à la poursuite des Beaumontais. Il tombe dans l'embuscade qu'avait disposée le comte de Lerin, est renversé de cheval et périt percé de plusieurs coups de lance (1). La mort de ce vaillant capitaine exaspère le roi de Navarre; Louis de Beaumont est forcé d'abandonner Mendavia et de s'enfermer dans son château de Lerin. L'armée royale recevait sans cesse de nouveaux renforts; les comtes d'Aguilar et de Nieva, lui amenèrent un secours de 100 lances, 2,000 fantassins, 600 arquebusiers, qui avaient été équipés par le connétable de Castille. Au contraire, Louis de Beaumont se voyait à peu près réduit à ses seules ressources; le duc de Nagèra seul lui donna quelques soldats. Juan de Silva ne bougea pas; l'archevêque de Saragosse, Alphonse d'Aragon, fils naturel de Ferdinand, qui se disposait à donner quelque appui au rebelle, n'eut pas le temps d'achever ses préparatifs. Déjà les Beaumontais avaient perdu leur principale place d'armes, Viana, qui capitula vers le milieu du mois de mars (2). Les troupes royales commencèrent aussitôt à presser le blocus de Larraga, qu'un corps détaché assiégeait. L'armée réunie sous les murs de la place, forte de 8,000 fantassins et de 600 lances, donna l'assaut le 22 mars. Les deux alcaydes, Martin de Montoya et Miguel de Gongora, sans espoir de secours, capitulèrent; la garnison, menacée d'être passée au fil de l'épée, obtint la vie sauve, grâce à l'intercession de quelques seigneurs, le chevalier d'Albret, Beltran de Lescun et Diez de Gurnea (3). Les souverains navarrais se disposèrent alors à assiéger le connétable jusque dans ses dernières forteresses.

L'écrasement du parti beaumontais ne paraissait pas douteux. Les hommes d'État qui, en Aragon et en Castille, étaient les dépositaires des projets du roi d'Espagne, s'émurent de la ruine immi-

(1) On a trois récits de la mort de César Borgia dus à Zurita, *Anales de Aragon*, liv. VII, chap. LI, f° 131. r°; — à Mariana, *De Rebus hispanicis*, liv. XXIX, chap, VI, pp. 610-612 (édition Schott), — et à Garibay, *Compendio*, liv. XXIX, chap. XXII, p. 497. — Voir aussi Ch. Yriarte, II, 272. — (2) Zurita, *Anales de Aragon*, t. VI, liv. VII, chap. LI, f° 131. — Aleson, *Anales de Navarra*, t. V, chap. X. f° 142. — (3) Aleson, *Anales de Navarra*, t. V, chap. X, f° 142.

nente du protégé de Ferdinand, de l'homme qui avait tant de fois favorisé l'intervention espagnole en Navarre. Le Conseil de Castille, que dirigeait le cardinal de Tolède, le célèbre Jimenez, envoya auprès du comte de Lerin et des souverains navarrais Lope de Conchillos, secrétaire de la reine doña Juana. L'ambassadeur ordinaire, Oatañon, était aussi invité à ménager la conclusion d'un accord entre le rebelle et ses suzerains. Jimenez avoue que la cour d'Espagne est, en effet, intéressée « au bien et à la con- « servation » du chef des Beaumontais (1). Lope de Conchillos, devra reprocher au comte de Lerin « l'imprudence et l'indis- « crétion dont il a fait preuve, en donnant occasion aux rois « de Navarre de procéder contre lui ». Il aurait dû se souvenir de ses devoirs de vassal. Mais la reine de Castille, tout en blâmant sa révolte, se rappelle qu'il a « été bon serviteur de la « feue reine Isabelle », et qu'il est uni par des liens étroits à la maison d'Aragon. Aussi désire-t-elle faire conclure un accommodement entre lui et ses suzerains. Que le connétable se hâte d'y souscrire, bien que « pour le moment il ne lui semble pas satis- « faisant ». S'il n'accepte pas la transaction qu'on négocie en sa faveur, Conchillos lui laissera entendre qu'il est « bien difficile de « donner secours à des sujets rebelles » comme lui, et que d'ailleurs la reine de Castille ne peut, dans les circonstances où elle se trouve, lui accorder le moindre appui (2). Aux rois de Navarre, l'agent castillan avait ordre de rappeler l'affection et les bienfaits de Ferdinand et d'Isabelle à leur égard. Il devait leur représenter que les troubles de leur royaume pourraient avoir un contre-coup fâcheux pour les royaumes espagnols : « il en pourrait advenir « dommage et scandale ». La reine de Castille ne peut croire que Jean d'Albret et Catherine, ces « très chrétiens princes et zéla- « teurs de justice », aient pris des mesures d'une rigueur excessive contre leur connétable. Elle les prie d'avoir égard à la parenté qui unit le rebelle à la maison d'Aragon. Elle les conjure de prendre garde à ne pas rompre l'alliance de la Navarre avec la Castille « par voies indirectes ». Enfin, elle prescrit à Conchillos de demander une suspension d'armes de trois mois, pendant laquelle on négociera un accord raisonnable, où, sans sacrifier les intérêts

(1) Nous avons découvert à Simancas les pièces relatives à cette mission. Ces pièces sont inédites; aucun historien ne mentionne ces documents. — C'est d'abord la lettre de Jimenez à l'ambassadeur Oatañon. Torquemada, mars 1507. Arch. de Simancas, *Estado Navarra*, leg. 344, f° 6, v°. — (2) Les instructions de Lope de Conchillos, au nombre de deux, aussi inédites, sont intitulées : *Lo que vos Lope de Conchillos, secretario de la reyna nuestra señora aveys de dezyr de parte de los del Consejo de la reyna al conde de Lerin*, sans date, Arch. de Simancas, *Estado Navarra*, leg. 344, f° 4 et 6. (Torquemada, mars 1506-1507.)

du comte de Lerin, on prendra les mesures nécessaires pour le forcer désormais à obéir (1). L'envoyé castillan, que secondaient de tous leurs efforts l'ambassadeur Ontañon et l'évêque de Calahorra, ne reçut des rois de Navarre que l'accueil le plus froid. Jean et Catherine ne firent aucune réponse à ses propositions de trêve et d'arbitrage. Alors le Conseil de Castille lui enjoignit d'insister de nouveau pour obtenir un accommodement, de faire encore valoir les raisons qu'il avait invoquées, et de prendre aussi la défense du duc de Nagéra, dont les terres venaient d'être confisquées en Navarre. Au besoin, il était autorisé à menacer les rois d'une intervention castillane (2). Caresses, menaces, tout fut inutile. Les souverains navarrais, enhardis par leurs succès, peut-être poussés par les Gramontais, étaient résolus à achever la ruine des Beaumontais. Ils comprenaient qu'admettre les propositions de Conchillos, ce serait donner au roi d'Aragon un prétexte pour intervenir et rétablir son protectorat en Navarre. Dans trois mois, Ferdinand serait de retour en Espagne; le comte de Lerin aurait le temps de rétablir ses forces, et ils seraient contraints de subir la loi du médiateur. Vainement les chefs des contingents auxiliaires de leur armée, le comte de Nieva et l'alcayde de Briviesca, joignirent-ils leurs instances à celles de l'agent castillan. Jean et Catherine se montrèrent inflexibles. Ils traînèrent en longueur les négociations. Enfin, vers le 24 avril, ils répondent en refusant non-seulement de pardonner au connétable, mais encore d'accorder la trêve de trois mois que la reine de Castille sollicitait. Ils s'étonnent même, disent-ils, qu'on puisse implorer leur clémence en faveur d'un révolté, alors qu'en vertu des traités antérieurs, les rois et les royaumes de Castille sont tenus d'aider les rois de Navarre contre les rebelles et les criminels, tels que le comte de Lerin. L'envoyé espagnol, écrivant à sa souveraine à ce sujet, ajoute qu'on affectait envers lui un ton sec et cassant, qu'on usait à son égard de procédés peu courtois (3). Il est vrai

(1) Instructions de Conchillos, intitulées : *Lo que vos Lope de Conchillos aveys de desir de parte de los del Consejo de la reyna á los reverendissimos rey y reyna de Navarra*, sans date, pièce inédite. Arch. de Simancas, *Estado Navarra*, leg. 344, f° 7. — (2) Nouvelles instructions de Conchillos, intitulées : *Lo que vos Lope de Conchillos haveys de desir de nuestra parte al rey é á la reyna de Navarra*, sans date, pièce inédite. Arch. de Simancas, *Estado Navarra*, leg. 344, f° 5. — Lettre du Conseil de Castille en réponse au rapport de Conchillos, *ibid.*, leg. 344, f° 5, v°. — (3) Le récit des négociations est contenu dans la lettre de Conchillos à la reine de Castille, datée du 24 avril 1506-1507 (Arch. de Nav., leg. 1, carp. 41), publiée *in extenso* par Yanguas, *Diccionario de Antigüedades*, III, 233-236. — Seul, Zurita a connu ce document et l'a analysé partiellement. Zurita, *Anales de Aragon*, liv. VII, chap. LII, f° 131, v°.

de dire que le choix de la reine de Castille avait été peu heureux. Conchillos passait pour un espion dangereux, et Philippe le Beau, en 1504, mécontent de ses menées, n'avait pas hésité à le faire emprisonner. Jean d'Albret se montrait cependant plus traitable que ne voulait bien l'avouer l'agent castillan. Il offrait d'accorder aux rebelles des conditions, dures sans doute, mais à la rigueur acceptables. Il exigeait que le comte de Lerin vînt à la cour demander pardon de ses fautes, qu'ensuite il livrât ses dernières places, et qu'il s'exilât ou sortît du royaume. Mais il consentait à bien traiter ses fils, « en considération de la reine de Castille et « du roi d'Aragon, et de la parenté qui les unit » à Ferdinand. Les enfants du connétable exilé garderont les domaines de leur père, à la seule condition de résider auprès de leurs souverains, « pour les servir ». Conchillos essaya vainement d'obtenir un accommodement plus favorable. Jean et Catherine restèrent inflexibles (1). Alors l'envoyé espagnol demanda et reçut, après quelques délais, l'autorisation d'aller négocier un accord avec Louis de Beaumont. Arrivé à Los Arcos, il trouva un messager du duc de Nagéra, qui le priait de venir conférer avec son maître. Le duc s'efforça de circonvenir Conchillos en faveur du connétable; il lui fit espérer qu'il abandonnerait en Castille la cause de Maximilien pour celle du roi d'Aragon, si ce dernier consentait à une intervention efficace en faveur des Beaumontais. A Lerin, où il arrive ensuite, l'ambassadeur trouve le connétable peu disposé en faveur d'une transaction. Le rebelle se défend avec force serments d'avoir suscité les troubles en Navarre; c'est Jean d'Albret qui en est le promoteur. Il se confond en remerciements pour la reine de Castille, « si sensible à ses malheurs » (2). Quant aux conditions que lui offrent les rois de Navarre, il les trouve déraisonnables. Mais puisque la reine de Castille et le roi d'Aragon sont d'avis qu'il faut transiger, il propose de remettre la connaissance et la solution du différend à la médiation des Rois Catholiques. Ferdinand et sa fille seront juges de la querelle, et provisoirement on leur remettra à titre de séquestre les domaines que les souverains navarrais viennent d'occuper. Si le connétable est reconnu coupable, il se résignera au châtiment. Mais les Rois Catholiques ne sauraient l'abandonner sans rien tenter pour lui; il les supplie de ne pas permettre « qu'il se perde pour les avoir « servis ». Le lendemain de cette entrevue, le 23 avril, Louis de Beaumont s'explique sur l'ultimatum des rois de Navarre. Il s'indigne contre leurs exigences. Comment pourrait-il consentir à

---

(1) Zurita a analysé cette partie du rapport de Conchillos. — (2) On ne trouve pas dans Zurita l'analyse de cette partie du document précité.

laisser ses fils auprès de souverains tels que Jean et Catherine ?
Il veut qu'ils servent leur bienfaiteur, le roi d'Aragon, et non les
spoliateurs de leur maison. Il s'exilera, puisqu'on l'exige, mais
on remettra ses domaines, avec la place de Lerin, à la comtesse
sa femme. La forteresse de Larraga pourra être provisoirement
confiée à la garde du roi d'Aragon. Il insiste enfin pour obtenir
l'arbitrage de Ferdinand : il tient à ce qu'il « soit juge entre lui et
« les rois de Navarre ». A ces conditions, il quittera le royaume,
et n'y reviendra pas tant que les Rois Catholiques l'exigeront (1).
Conchillos, porteur de ce contre-projet, retourne auprès des souverains
navarrais et insiste pour avoir une réponse. Jean et
Catherine finissent par lui remettre une note écrite, contenant
leurs dernières propositions, avec prière de la transmettre à la
reine de Castille. Ils y affirment qu'ils conservent le souvenir des
bienfaits qu'ils ont reçus de Ferdinand et d'Isabelle, et qu'ils ont
la ferme volonté de maintenir les traités conclus avec eux. Ils rappellent
que si le roi d'Espagne leur a rendu des services, il a été
payé de retour : n'ont-ils pas exposé leurs États à de grands dangers,
au temps des guerres contre la France, pour empêcher l'invasion
de ses royaumes ? Certes, ils ont le plus vif désir de garder
avec la reine Juana les mêmes relations amicales que par le passé.
Mais ils ne comprennent pas que, pour une question aussi mesquine
que celle du châtiment mérité du connétable rebelle, on feigne de
croire menacées l'amitié et l'alliance de la Navarre et de la Castille.
Les torts du comte de Lerin sont manifestes : il travaillait contre
les intérêts de ses suzerains, contre la paix du royaume. Il n'était
que temps de le châtier, pour pacifier leurs États. Aussi leur
semble-t-il étrange qu'un souverain, qu'un chef de gouvernement,
cherche à favoriser un vassal félon, fauteur de discordes et de
guerres, dont les rébellions peuvent causer de grands maux,
même aux royaumes voisins. On devrait les aider à réprimer de
pareils excès, et non en entraver la répression. Ils n'hésiteraient
pas, en ce qui les concerne, à mettre en péril leurs domaines pour
secourir la reine de Castille contre les séditions des Castillans.
Quel roi pourrait supporter l'insolente révolte d'un vassal comme
le comte de Lerin ? N'a-t-il pas bravé les ordres de ses suzerains,
pillé, détroussé, maltraité, emprisonné, assassiné un grand
nombre de leurs sujets, fait appel aux troupes étrangères ? Cependant,
s'il avait voulu faire acte de soumission, on lui aurait pardonné,
par égard pour la reine de Castille et pour le roi d'Aragon ;

(1) Lettre de Conchillos à la reine de Castille, 24 avril. Arch. de Nav.,
leg. 1, carp. 41 (Guerra). Yanguas, loc. cit. — Zurita, loc. cit., reproduit
cette dernière partie du document presque mot pour mot.

on l'aurait même traité avec clémence. Il s'y est refusé. Ils ne peuvent que renouveler les déclarations qu'ils ont faites à Conchillos. Moyennant l'exil du rebelle, ils consentiront à accueillir à leur cour Louis de Beaumont et ses frères, les fils du connétable; ils les prendront à leur service, leur donneront des charges et des pensions, sans considérer les crimes de leur père (1). C'était là leur ultimatum. Une troisième et dernière démarche tentée par Conchillos, avec l'appui des comtes de Nieva et d'Aguilar, et même du maréchal de Navarre, pour amener Jean et Catherine à une trêve et les faire renoncer à exiger l'exil du connétable, n'eut pas plus de succès que les précédentes. L'agent castillan se retira sans avoir réussi dans sa mission. Aussi, furieux de son insuccès, conseillait-il à la reine de Castille d'intervenir en faveur de Beaumont et de lui envoyer des secours. Elle agirait ainsi dans « l'intérêt de sa couronne »; si Lerin « se perdait », c'était pour avoir voulu rendre service aux Rois Catholiques; ce serait « une grande faute que de ne pas le sauver » (2). L'archevêque de Saragosse, Alphonse d'Aragon, fils naturel de Ferdinand, avait à ce sujet les mêmes idées. Il avait essayé d'obtenir des rois de Navarre, en leur envoyant un de ses serviteurs, une suspension d'armes valable jusqu'au retour du Roi Catholique. Jean d'Albret avait répondu par un refus formel. Alors, l'archevêque conçut le projet d'imposer par la force ce qu'il ne pouvait avoir par la persuasion, et il réunit pour ce motif à Tarazona un corps de 800 lances. Mais ni le prélat, qui exerçait en l'absence de Ferdinand les fonctions de lieutenant-général d'Aragon, ni la reine de Castille et son Conseil n'osèrent prendre une décision aussi grave, sans connaître l'avis du roi d'Espagne. Celui-ci, déjà aux prises avec de graves embarras en Italie, en conflit avec Maximilien pour le gouvernement des États castillans, se souciait médiocrement de compliquer, par une guerre ouverte avec les rois de Navarre, une situation déjà embrouillée. Peut-être craignait-il aussi d'autoriser une intervention du roi de France en Béarn, et de faciliter l'exécution des projets de Gaston de Foix, qu'il était bien résolu à ajourner. Il répondit froidement à sa fille et à son fils, « qu'il s'occuperait des affaires du comte de Lerin lorsqu'il « serait de retour en Castille » (3). Louis de Beaumont était abandonné à ses seules ressources. Les troupes réunies dans les

(1) La note écrite envoyée à la reine de Castille paraît perdue. Heureusement, Zurita en a donné une analyse étendue. *Anales de Aragon*, liv. VII, chap. LII, f° 132, r°. — Aucun historien navarrais, espagnol ou français n'a, d'ailleurs, utilisé depuis ces textes ni le document précité. — (2) L'unique source, pour cette phase des négociations, est Zurita. *Anales de Aragon*, t. VI, liv. VII, chap. LII, f° 132. — (3) Zurita, *ibid.*

provinces basques se tinrent immobiles, sur l'ordre du Conseil de Castille, et il fut enjoint aux 800 lances concentrées à Tarazona de s'abstenir de porter secours au duc de Nagéra, allié de Lerin. Néanmoins, pendant l'absence du connétable, qui s'était rendu en Aragon pour essayer de décider l'archevêque de Saragosse à le secourir, on avait tenté en Navarre un nouvel accord, qui pouvait rouvrir la voie aux négociations. Le fils du connétable, Louis de Beaumont, avait signé avec Salvador de Berio, délégué des souverains navarrais, une convention en vertu de laquelle il promettait de remettre la place de Lerin à la garde de Berio, si Jean d'Albret consentait à négocier un accommodement. Pendant les négociations, le connétable s'éloignerait de la frontière, et s'il rouvrait les hostilités, le marquis de Villena et le duc de Nagéra, garants de ce pacte, marcheraient contre lui avec leurs troupes. Le corps aragonais réuni à Tarazona serait dissous. Enfin, si on ne pouvait conclure d'accord, la forteresse de Lerin serait restituée à Louis de Beaumont. Le connétable refusa obstinément de ratifier cette convention, qui retardait sa perte et rendait possible un arrangement, qui eût pu le sauver d'une ruine complète. Il recommença la guerre, entraîna le versatile duc de Nagéra, débaucha les troupes aragonaises de Tarazona, et avec l'aide de son grand ami, don Jimeno de Urrea, vicomte de Biota, multiplia les courses en Navarre. Vainement encore la reine de Castille tente-t-elle un dernier effort pour arrêter les hostilités. Elle envoie de nouveau Conchillos, qui, en médiateur officieux, court d'un camp à l'autre pour tout concilier. Il présente un projet de traité à peu près identique à celui que les rois de Navarre avaient proposé au mois d'avril. Le connétable, d'après ce projet, sera exilé ; la garnison aragonaise qui défend la place de Lerin rendra la forteresse aux troupes royales, à condition de n'être pas inquiétée dans sa retraite. Louis de Beaumont et ses frères viendront à la cour de Jean d'Albret et lui jureront obéissance. Le duc de Nagéra et le connétable seront livrés à leurs propres ressources ; les Rois Catholiques ne leur prêteront aucun appui. Jean et Catherine adhérèrent sans doute à ce compromis. Mais le comte de Lerin se montra intraitable et fit échouer l'accord par son obstination. Il refusa d'autoriser ses fils à faire leur soumission, et à se livrer aux rois de Navarre ; il défendit à la garnison de Lerin de remettre la place aux troupes navarraises ; il proposa seulement de remettre la forteresse à l'archevêque de Saragosse, qui en disposerait (1). Son refus irrita le lieutenant-général d'Aragon et la

---

(1) Le récit de ces négociations est retracé d'après Zurita, *Anales de Aragon*, t. VI, liv. VII, chap. LII, f° 132, v°. — Il manque dans la plupart des autres historiens navarrais et espagnols.

reine de Castille : l'un refusa de recevoir la garde de la place, et
enjoignit au corps réuni à Tarazona de se disperser ; l'autre rappela
son envoyé (1). Dès lors, les Beaumontais étaient perdus ; le
21 avril, on leur avait enlevé Larraga (2), puis les autres villes et
domaines du rebelle avaient été occupés. Puente-la-Reina se sou-
levait en faveur du roi et chassait sa garnison beaumontaise (3).
Au commencement du mois de juin, il ne restait plus aux rebelles
que la place forte de Lerin et quelques autres petites forteresses.
Les troupes royales, furieuses des sorties de la garnison, dévas-
tèrent et incendièrent tout le territoire environnant (4). Enfin,
renforcées par les contingents de la province de Pampelune, elles
obligèrent la forteresse à capituler le 12 juin (5). Le connétable,
malgré les secours du duc de Nagéra, ne put empêcher la capitulation. Au dernier moment, Nagèra essaya d'entraîner l'archevêque
de Saragosse, lui promettant, s'il secourait son beau-frère, d'être
« bon serviteur du roi d'Aragon ». L'archevêque refusa, le duc
n'ayant pas voulu s'engager par une convention en bonne forme à
favoriser les projets de Ferdinand sur le gouvernement de la Castille (6). Le connétable, de son côté, avait invoqué l'aide du roi de
France, Louis XII (7). Mais celui-ci, menacé par Maximilien et
tout occupé des affaires d'Italie, n'eut pas le temps de lui porter
secours. A la fin de juin, la ruine des Beaumontais était consommée : les petites forteresses du comte de Lerin, Andosilla, Sesma,
Carcar, Miranda de Arga, se rendirent successivement (8). Le
comte, ses fils et ses partisans allèrent chercher un refuge en
Aragon. Aleson rapporte, d'après les mémoires manuscrits d'un
contemporain, fauteur du connétable, qu'au moment de quitter le
sol de sa patrie, le rebelle versait des larmes. Ses amis essayaient
de le consoler : « Ne croyez pas, leur dit-il, que je pleure l'aban-
« don de mes domaines ; nous les recouvrerons ; si ce n'est moi,
« ce seront du moins mes enfants. Mais je pleure la perte de ce

(1) Zurita, liv. VII, chap. LII, f° 133, r°. — (2) Lettre de Conchillos à la
reine de Castille, 24 avril, citée ci-dessus. — (3) Privilège octroyé à Puente-
la-Reina pour s'être débarrassée de sa garnison beaumontaise, 20 juin 1507,
orig. parchemin. Arch. de Nav., Comptos, cajon 177, n° 21. — (4) Ce fait est
rapporté par Zurita. *Anales de Aragon*, liv. VII, chap. LII, f° 132, r°. —
(5) *Comision dada por los reyes á Pedro de Torres, M. de Beortegui y
Esteban de Unzarrer, para lavantar toda la gente de pid y á caballo de
la merindad de Pamplona, contra los rebeldes de Lerin*. Puente-la-Reina,
6 juin. Arch. de Nav., *Cortes, Guerra*, leg. 1, carp. 42. — (6) Zurita, *Anales
de Aragon*, t. VI, liv. VII, chap. LII, f° 132, r°. — (7) Ce fait est attesté par
Zurita, *ibid*. — (8) Avalos de la Piscina (Chronique, f° 179) et Aleson, *Anales
de Navarra*, t. V, chap. X, f° 146. Au siège de Miranda, un boulet faillit
tuer Jean d'Albret ; un page tomba mort à ses côtés. Le roi fit pendre le
gouverneur du château et un de ses frères comme coupables de lèse-majesté.

« royaume, de mon pays, que j'ai toujours défendu, et qui sera la
« proie de l'étranger » (1). Bien des Navarrais virent, en effet,
dans l'exil du comte un acte de vengeance imprudente, qui devait
aliéner pour toujours à la dynastie d'Albret les Rois Catholiques,
et rompre l'alliance de la Navarre avec les royaumes espagnols.
Jean et Catherine n'avaient pris pareille mesure que contraints
par l'obstination du connétable. Une fois vainqueurs de leur vassal
rebelle, ils ne pensèrent qu'à recueillir les fruits de leur victoire (2), comptant sur la divergence des intérêts entre le roi
d'Aragon et le roi de France, et sur la protection de la maison
d'Autriche, pour prévenir le danger.

<small>V.
L'entrevue
de Savone.
Nouvelles attaques
de Louis XII contre
les rois de Navarre
(1507-1508.)</small>
Ils parvinrent, en effet, malgré l'animosité déclarée de Louis XII
et l'hostilité sourde de Ferdinand, à écarter encore une fois,
en 1507, le péril qui les menaçait. Leurs adversaires avaient
pourtant contre eux bien des motifs de mécontentement, bien des
prétextes d'agression. Louis XII leur contestait la possession de
tous leurs États et revendiquait la suzeraineté du Béarn, afin
de les spolier au profit de son neveu, Gaston de Foix. Il attendait avec impatience que le roi d'Aragon, suivant la promesse
qu'il avait faite au sire de Guise, à Naples, en décembre 1506, se
décidât à s'occuper des affaires de Navarre. Il espérait lui arracher l'engagement formel de soutenir les prétentions de Gaston.
Il eut même l'idée, si l'on en croit les rapports suspects de l'ambassadeur autrichien Courteville, de marier Jeanne la Folle, la
reine de Castille, avec le prétendant (3). Celui-ci était traité en
souverain ; il prenait le titre de roi de Navarre, et Louis XII lui
prodiguait les marques d'affection, l'amenant avec lui au siège de
Gênes et aux fêtes qui suivirent la soumission de cette ville (4).
Le roi de France se flattait bientôt d'obtenir l'adhésion de Ferdinand aux plans de conquête de son neveu ; une entrevue entre les
deux souverains devait avoir lieu à Savone à la fin de juin.
Louis songeait à y mettre en avant l'idée de la conquête de la

<small>(1) Aleson, t. V, chap. X, fº 146. — (2) Le 20 juin, les rois réunissent
au domaine la ville de Lerin. Yanguas, *Diccionario de Antigüedades*,
II, 194. Ils récompensent Antonio de Velasco, comte de Nieva, des secours
qu'il leur avait amenés, en lui rendant Mendavia, qu'avait usurpée Louis
de Beaumont. *Real cedula de los reyes mandando reintegrar don Antonio de Velasco, conde de Nieva, en la posesion de la villa de Mendavia*.
Arch. de Nav., *Guerra*, leg. 1, carp. 45. Ils donnent à Alonso de Peralta la
connétablie et la terre d'Andosilla ; à Vergara, celle de San-Adrian. Aleson,
Anales de Navarra, t. V, chap. IX, fº 137. — *Respuesta de las Cortes á los
reyes* (au sujet de la restitution de ces terres), juillet 1507. Arch. de Nav.,
Guerra, leg. 1, carp. 44. — (3) Ce bruit est rapporté par Zurita, *Anales de
Aragon*, liv. VII, chap. XLIII, fº 119, r°, et par Mariana, *De Rebus hispanicis*, liv. XXIX, chap. III, p. 614 (édit. de l'*Hispania illustrata*). — (4) Jean
d'Auton, Chroniques, chap. XXXIII, t. IV, pp. 88 et 99 (édit. P. Lacroix).</small>

Navarre, et croyait que le roi d'Aragon ne ferait pas d'objection. Il supposait que le Roi Catholique était ulcéré par l'exil de ses alliés les Beaumontais et par les intrigues des souverains navarrais avec Maximilien. N'avait-on pas dit que Jean et Catherine, avec l'appui des grands de Castille et du roi de Portugal, avaient promis de favoriser la cause de l'archiduc Charles et du roi des Romains ? On affirmait même qu'ils avaient conclu avec ce dernier un traité d'alliance par lequel ils s'engageaient à livrer passage à travers leurs États aux troupes autrichiennes (1). La mort de César Borgia avait contrarié ces projets, car le célèbre aventurier était désigné pour se rendre en Flandre et en ramener l'archiduc. Mais, au mois de juin, Maximilien annonçait que ses préparatifs étaient terminés, et prévenait ses partisans de son arrivée prochaine et de celle de son petit-fils en Castille (2). Les circonstances étaient de nature à entraîner l'adhésion de Ferdinand au plan d'attaque contre les rois de Navarre, qui venaient ainsi de braver sa colère. Aussi, à l'entrevue de Savone, le 28 juin 1507, le roi de France mit-il tout en œuvre pour obtenir du roi d'Aragon la permission d'entreprendre la conquête des États navarrais (3). Un document postérieur, le manifeste du Roi Catholique en 1512, nous indique quels furent les arguments invoqués par Louis XII. « Il insista vivement pour que Ferdinand
« facilitât, au besoin avec ses secours, la prise de possession du
« royaume de Navarre à Monsieur de Foix. Tous les légistes
« de France avaient vu les titres sur lesquels il fondait ses
« droits, et ledit royaume comme les autres seigneuries lui
« appartenaient évidemment en toute justice. Son Altesse le
« roi d'Aragon devait lui permettre de s'en saisir. Ainsi, il n'em-
« pêcherait pas l'exécution des arrêts de la justice française,
« et il trouverait dans le frère de sa femme, la Reine Catholique,
« un allié perpétuel. Bien mieux, si Gaston mourait sans enfants,
« ladite Reine Catholique serait son héritière et lui succéderait
« en tous ses États, de sorte qu'en travaillant pour le prétendant,
« le roi d'Aragon travaillerait aussi pour lui-même » (4). D'après cette pièce apologétique, Ferdinand *refusa* son consentement à la spoliation qu'on sollicitait. Mais il est permis de croire que le refus fut enveloppé de réticences habiles, et qu'il sut en déguiser

---

(1) Ce projet est mentionné par Zurita, *Anales de Aragon*, liv. VII, chap. LI, f° 130, v°. — (2) Zurita, *Anales de Aragon*, liv. VIII, chap. II, f°s 137-138. — (3) Zurita atteste que la question de la Navarre fut traitée à cette entrevue, mais il ne donne aucun détail. *Anales de Aragon*, liv. VIII, chap. XIV, f°s 155-157. — (4) Manifeste publié en 1512. Arch. de Simancas, *Capitulaciones con Nav.*, leg. 2, f° 53.

l'amertume sous des compliments. Il fit « merveilleusement « bon recueil » à Gaston, et la chaleur de ses démonstrations contrasta avec la froideur hautaine que montra Germaine de Foix, à l'égard de son frère (1). Zurita affirme même qu'il se garda bien de décourager le prétendant par une fin absolue de non-recevoir. Fidèle à ses habitudes de ménagements et de temporisation, il se contenta d'ajourner la solution de la question navarraise, jusqu'au moment où il aurait réglé les différents relatifs au gouvernement de la Castille (2). Le prudent politique n'avait garde de livrer les États navarrais aux convoitises du roi de France : il savait que les Castillans, à la nouvelle du projet de mariage entre Gaston et Jeanne de Castille, avaient manifesté le plus vif mécontentement, accusant leur ancien souverain de vouloir lui abandonner la Navarre et d'exposer ainsi l'Espagne aux entreprises des Français (3).

L'attitude réservée du roi d'Aragon fut interprétée par Louis XII et Gaston de Foix comme un demi-aveu de bon vouloir, ou du moins comme une promesse de neutralité. Ils paraissent dès ce moment avoir supposé que Ferdinand fermerait les yeux sur leurs entreprises, et s'ils réussissaient, sanctionnerait les faits accomplis. Aussitôt après l'entrevue de Savone, les rois de Navarre furent avisés que les procès de la succession de Foix et de la souveraineté du Béarn prenaient une fâcheuse tournure devant les Parlements de Paris et de Toulouse. Bien mieux, Louis XII leur avait déjà déclaré la guerre. Vainement lui avaient-ils envoyé leur maître d'hôtel, Gabriel de Cardilhac, pour lui exposer la justice de leur cause et savoir ses intentions. Le roi de France avait reçu très rudement l'envoyé navarrais « sans motif ni raison ». Puis il avait ordonné de publier le ban de guerre dans les sénéchaussées de Guienne, « sans présenter de requête, sans donner aucun avis, « sans indiquer ses griefs, sans aucune des solennités requises en « pareil cas » (4). Il avait également fait proclamer en Languedoc et en Gascogne qu'il était résolu à attaquer les rois de Navarre ; il les déclarait ses ennemis, et il avait enjoint à tous ses sujets de quitter

---

(1) Fleuranges, Mémoires, chap. XIX, coll. Michaud, t. V, p. 20. Ferdinand donna à Gaston deux colliers « avec rapière et ceinture » ; chaque chaîne ou collier valait 1,000 écus et était garni de diamants. Gaston avait avec lui le gendre de Lerin, « James (Jaime), infant de Foix », Jean d'Auton, Chroniques, 6ᵉ partie, chap. XXXVIII, p. 144 ; voir aussi chap. XXXVI et XXXVII, p. 110 et suiv., p. 122 et suiv. (édit. P. Lacroix). — (2) Zurita, liv. VIII, chap. XIV, fᵒ 155-157. — (3) Zurita, *Anales de Aragon*, liv. VII, chap. XLIII, fᵒ 119. — (4) *Manifiesto de los reyes á las Cortes en Puente-la-Reina*, 6 juillet 1507. Arch. de Nav., Cortes, Guerra, leg. 1, carp. 44. — Document p. p. Yanguas, *Diccionario de Antigüedades*, III, 236-237.

leur service dans le délai de quinze jours (1). En même temps, il nouait des intelligences avec « plusieurs des vassaux félons » de Jean d'Albret, c'est-à-dire avec les Beaumontais (2). Les rois protestèrent aussitôt, le 3 juillet, contre la déclaration de Louis XII : « Sa décision, disaient-ils dans leur protestation, a été prise sans que « nous ayions été entendus ni oys, ce dont nous sommes bien esbays « et nous déplaist grandement ». On n'a point observé les formes requises, et le but des lettres royales n'est que « de favoriser la question du différend et procès de M. de Narbonne ». Aussi Jean et Catherine en appellent-ils de cette déclaration de guerre à la juridiction du Parlement, la seule qu'ils reconnaissent (3). En même temps, ils convoquèrent les Cortès pour leur demander conseil. L'assemblée, réunie à Puente-la-Reina le 6 juillet, conseilla aux souverains d'envoyer au roi de France une nouvelle ambassade, pour se justifier et ajourner l'ouverture des hostilités. Une rupture ne pourrait qu'être nuisible aux nombreux États qu'ils possédaient sous la suzeraineté française. Si Louis XII restait inflexible, les rois de Navarre pouvaient compter sur la vie et les biens de leurs sujets, quand il s'agirait de défendre leur couronne. En attendant le résultat de ces démarches, il fallait mettre en défense les forteresses et ne les confier qu'à des gouverneurs navarrais (4). La série des mauvais procédés ne s'arrêta cependant pas. Au mois d'août, il fallut protester contre une ordonnance du sénéchal de Toulouse, qui avait appelé à la guerre les nobles du comté de Foix sans l'autorisation de Catherine (5). Ce ne fut qu'à la fin de 1507 que les rois de Navarre obtinrent un court répit du côté de la France. Un rapprochement parut alors prochain entre Louis XII et le roi des Romains, et on agita de nouveau la question du mariage de Charles d'Autriche avec une princesse française (6). La réception ménagée à l'ambassade navarraise qui se rendit à la cour de Blois se ressentit de ces pourparlers. Les trois envoyés de Jean d'Albret reçurent un accueil meilleur que celui qui avait été

(1) Lettres patentes de Louis XII, analysées dans la protestation des rois de Navarre, 3 juillet 1507, document inédit cité ci-dessous. — (2) *Manifiesto de los reyes*, 6 juillet. — (3) Protestation des rois de Navarre au sujet de l'ordre qu'avait fai. publier le roi de France, orig. (en français) scellé Pampelune, 3 juillet 1507. Arch. des Bass.-Pyrén., E. 450, doc. inéd. — (4) *Respuesta de las Cortes á los reyes*. Puente-la-Reina, 7 juillet 1507. Document analysé par Yanguas, *Diccionario*, III, 237. — (5) Opposition de Catherine, reine de Navarre, à l'ordonnance du sénéchal de Toulouse, 26 août 1507, orig. parchemin, doc. inéd. Arch. des Bass.-Pyrén., E. 450. — (6) Voir sur ces pourparlers, qui durèrent de septembre 1507 à février 1508, les Lettres de Louis XII p. p. Godefroy, I, 105-107; la Correspondance de Maximilien avec Marguerite, p. p. Le Glay., I, 7; les *Anales de Aragon* de Zurita, liv. VIII, chap. XII, f° 152.

réservé à Gabriel de Cardilhac six mois auparavant. Le roi de France se montra courtois ; mais quoique « gracieusement » accueillis, les ambassadeurs ne purent obtenir de lui la plus petite concession. Il refusa de révoquer le ban de guerre qu'il avait fait proclamer contre les rois de Navarre en Guienne, et de prendre la moindre mesure qui eût pu témoigner de ses sentiments pacifiques (1). Les souverains navarrais se trouvèrent déçus dans leurs espérances, et leurs inquiétudes se réveillèrent lorsque, l'année suivante, ils s'aperçurent que Louis XII ne manifestait nullement l'intention de désarmer. En effet, son attitude restait menaçante : dans tous les traités qu'il concluait, il refusait de laisser nommer les rois de Navarre, prétextant qu'ils étaient ses vassaux et non des princes indépendants (2). Au mépris de leurs droits, il conférait à son neveu Gaston, en échange de la vicomté de Narbonne, le duché de Nemours, et le comté de Beaufort, dans le bailliage de Chaumont (3). Il lui donnait un magnifique gouvernement, celui du Dauphiné (4). Il le traitait en souverain légitime de la Navarre, et lui laissait prendre le titre de roi, même dans les actes officiels (5). Contre cette haine tenace, les souverains navarrais n'avaient d'autre appui que celui de la maison d'Autriche. Encore Maximilien était-il un singulier allié, toujours prêt à compromettre les princes ses amis dans quelque aventure fâcheuse. En novembre 1507, il reçut à sa cour l'envoyé ordinaire des rois de Navarre, Salvador de Berio, qui venait sans doute implorer ses secours. L'ambassadeur trouva le roi des Romains à Kauffbeuren, en Souabe. Maximilien lui déclara « qu'il étoit content de ce que le Roy son « maistre lui demandoit », c'est-à-dire, sans doute, le renouvellement de leur accord et une promesse de protection. Mais il mit en avant l'idée d'une campagne à entreprendre en commun contre le roi de France. Lorsque Jean d'Albret « sentiroit le roy des Romains estre aux champs », il devrait « rompre aussi de son cousté la « guerre contre la France ». Berio eut la sagesse de ne pas adhérer à une promesse aussi imprudente. Une telle entreprise, répondit-il, « ne se porroit fére si subit » (6). Les rois de Navarre

(1) Cette négociation, dont aucun historien ne fait mention, est indiquée dans le manifeste des rois aux Cortès de Navarre, réunies à Sanguesa (fin 1507), document analysé par Yanguas, *Diccionario*, III, 238. — (2) Zurita, *Anales de Aragon*, liv. VIII, chap. XIV, f° 155. — (3) Lettres de donation du duché de Nemours, nov. 1507, Arch. des Bass.-Pyrén., E, 450. Coll. Doat, 228, f° 249. — Publication de l'échange de la vicomté de Narbonne contre le duché de Nemours par le bailli de Blois. B. N., coll. Languedoc, t. XCI, p. 32. — (4) Ordonnance de paiement en faveur de Gaston de Foix, gouverneur du Dauphiné, 27 juillet 1508, B. N., Mss., pièces originales, 1175, p. 345. — (5) Ainsi dans l'acte d'échange de la vicomté de Narbonne. — (6) Sur les négociations de Berio avec Maximilien, voir lettre de Mercurin Gattinara,

avaient raison de garder leur attitude expectante ; ils parvinrent ainsi à éviter l'invasion de leurs États, qui n'eût pas manqué de se produire s'ils avaient pris l'initiative d'une rupture. Leur prudence, aidée de la protection du roi des Romains et de la neutralité intéressée du roi d'Aragon, les sauva encore une fois en 1508 des entreprises de Louis XII. Le roi de France, après avoir rompu ses pourparlers avec les envoyés autrichiens, s'était imaginé pouvoir, à la faveur d'une guerre générale alors imminente, spolier la maison d'Albret au profit de Gaston de Foix. Une campagne juridique commença aussitôt : les procureurs généraux et les Parlements se prononcèrent contre les rois de Navarre. La cour de Toulouse fit sommer les souverains navarrais de comparaître devant elle, pour entendre déclarer le Béarn fief du duché de Guienne. Michel Gilles, roi d'armes du titre de Champagne, se rendit à Tarbes pour assigner Jean d'Albret et Catherine, et leur déclarer que faute de comparaître, le Béarn serait confisqué au profit du roi, pour félonie et défaut d'hommage (1). Catherine, qui était venue dans ses domaines de France, afin de surveiller ces agissements, répondit en son nom et au nom de son époux. Elle refusa de comparaître, alléguant « que lesdits ajournements étaient « octroyés par juges non compétens », puisque le Béarn était un pays souverain, et elle « protesta de toute nullité au cas où il « serait procédé en avant » (2). Le Parlement de Toulouse, au même moment, ordonnait aux officiers royaux de procéder à la saisie du Nébouzan, en faveur du sire de Coarraze. Il chargeait Pierre de Bernade, un de ses membres, de poursuivre cette procédure, qui ne put aboutir à cause de l'opposition du procureur des rois de Navarre (3). En même temps, il entamait des poursuites contre ces souverains pour défaut d'hommage. Bien que Jean et Catherine fissent exécuter fidèlement les ordonnances royales dans les comtés de Foix et de Bigorre, les juges royaux, encouragés par le Parlement, empiétaient sans cesse sur les droits des deux princes (4). A Paris, le procès de la succession navarraise

Kauffbeuren, 10 nov. 1507. Le Glay, Négociations de la France avec la maison d'Autriche, I, 212.

. (1) Acte par lequel Michel Gilles, roi d'armes, cite les rois de Navarre à comparaître devant le Parlement de Toulouse. B. N., coll. Languedoc, t. XCI, p. 52, fév. 1508. — (2) Réponse faite par les rois de Navarre à Champagne, roi d'armes, 21 fév. 1508. Arch. des Bass.-Pyrén., E. 330; autre minute, E. 329. — Réponse rappelée aussi dans l'acte du 15 juillet 1512 au sujet du Béarn. Arch. des Bass.-Pyrén., E. 338 et 330. — (3) Lettres accordant main-forte contre les rois de Navarre en faveur du sire de Coarraze, 1508, 6 mars. Arch. des Bass.-Pyrén., E. 329. — Opposition faite par le procureur du roi de Navarre à la saisie du Nébouzan, 1508. Arch. des Bass.-Pyrén., E. 329. — (4) Remontrances du roi et de la reine de Navarre ; mé-

poursuivait son cours, entraînant les rois à de nouvelles dépenses, si bien que les Cortès de Tafalla leur octroyèrent pour ce motif un subside de 1,000 florins d'or (1). L'action judiciaire était le prélude d'une campagne diplomatique et d'une nouvelle déclaration de guerre. Le roi de France, démasquant bientôt ses desseins, annonça publiquement qu'il était résolu à commencer les hostilités, pour chasser Jean d'Albret de ses États, et mettre à sa place Gaston de Foix, le ur possesseur légitime. Mais il n'osait se hasarder à une telle entreprise, sans avoir, ou l'appui de Ferdinand, ou du moins sa bienveillante neutralité. Il lui fit demander « de lui déclarer « l'aide qu'il pensait lui donner dans cette expédition ». Le roi d'Aragon savait que ses sujets étaient hostiles aux prétentions du neveu de Louis XII. Il était trop avisé pour lui faciliter la conquête de la Navarre et lui ouvrir de ses propres mains les portes de l'Espagne. Il avait aussi à ménager le roi de France. Il concilia ses intérêts de souverain et ses obligations d'allié, en ajournant, comme l'année précédente, une entreprise qui lui agréait si peu. Il fallait, répondit-il, avant de commencer l'expédition, faire déclarer par les tribunaux les droits du prétendant, afin de montrer à tous que l'on n'agissait qu'en vue d'une cause équitable. Faute de ces garanties, ni le roi de France ni le roi d'Espagne ne pouvaient enlever aux souverains navarrais leurs États, sans charger leur conscience et leur honneur. D'ailleurs, lorsque les juges auraient prononcé, que Louis XII avisât le roi d'Aragon de leur sentence. On déciderait alors en commun la manière dont l'entreprise serait conduite, et l'époque où elle pourrait être commencée. Si les prétentions de Gaston de Foix étaient justes, le roi de France pouvait être certain que les secours de son allié ne lui feraient pas défaut, et que le roi d'Espagne soutiendrait la cause du prétendant avec autant de zèle et d'ardeur que Louis lui-même (2). L'échappatoire était très habile : avant que les procédures ne fussent entièrement terminées, Ferdinand avait le temps de préparer une nouvelle réponse, et d'ajournement en ajournement, d'attendre que la rupture de son alliance avec le roi de France le dispensât de ses engagements. Ce n'était pas la seule démarche qu'eût tentée Louis XII. Loin d'oublier dans ce conflit

moire pour leurs avocats au Parlement de Toulouse, 1508. Arch. des Bass.-Pyrén., E. 552.
(1) Pièces de la procédure poursuivie entre Gaston et Catherine, avril 1508 (après Pâques). Arch. des Bass.-Pyrén., E. 446. — Délibération des Cortès de Tafalla, concession des cuarteles et alcabalas, don de 1,000 florins d'or « para el pleito que la reina llevaba en Paris », 1508. Arch. de Nav., Cortes, sección de cuarteles, leg. 1, carp. 30. — (2) Cette démarche n'est connue que par le récit de Zurita (Anales de Aragon, t. VI, liv. VIII, chap. XVIII, f° 161, v°), récit qui n'a été utilisé par aucun historien.

les intérêts de son royaume, il avait conçu un projet dont l'adoption lui eût été très avantageuse. Il s'efforça, en effet, par ses menaces, d'amener les souverains navarrais à une transaction qui ne tendait à rien moins qu'au démembrement de leurs États. Il leur offrit la paix, à condition qu'ils abandonneraient en toute souveraineté à son neveu Gaston les comtés de Foix et de Bigorre et la vicomté de Béarn, avec les autres domaines du versant français des Pyrénées. Il ne leur laissait que la Navarre, dont le revenu était loin d'égaler celui de leurs autres terres (1). On peut imaginer quelle fut la réponse de Jean d'Albret. Repoussé de ce côté, le roi de France tenta de fomenter la guerre civile en Navarre, et fit alliance avec le parti des Beaumontais. Le comte de Lerin, exilé en Aragon, conclut avec Louis XII une convention formelle, en vertu de laquelle il promettait de mettre toute son influence au service de Gaston de Foix et de l'aider à conquérir le royaume de Jean d'Albret, moyennant la promesse de recouvrer ses biens et ses dignités. Le connétable représentait cette entreprise comme facile : on pouvait, assurait-il, se fier à l'appui de son parti ; il avait de puissantes intelligences à Pampelune, qui l'aideraient dans ses projets (2). Aussitôt après, vers le printemps de 1508, Louis de Beaumont, fils aîné du comte, se rendit à la cour de France. Il y reçut le commandement d'un corps de troupes françaises, auxquelles il joignit plusieurs compagnies fortes de 1,500 hommes et composées d'Espagnols, qu'il prit officiellement à sa solde. L'armement était destiné à agir contre le roi de Navarre (3). Mais une conspiration beaumontaise, qui devait éclater à Pampelune et dans le reste du royaume, pour seconder ces projets, fut découverte au commencement de juin. Un hasard heureux mit les souverains sur la trace de l'association secrète, dirigée par « quelques nobles et clercs » qui avaient organisé le complot, « en vue de troubler la paix du royaume et d'agir contre les rois ». Aussitôt la ville de Pampelune demanda le châtiment des coupables, et les Cortès furent convoquées pour statuer sur leur sort (4). L'échec du soulèvement beaumontais et les hésitations

(1) Cette proposition n'est connue, du moins pour cette date, que par le récit succinct de Zurita, *Anales de Aragon*, t. VI, liv. VIII, chap. XVIII, f° 161, v°. — (2) Ces faits sont connus d'après le récit de Garibay, *Compendio*, liv. XXIX, chap. XXIII, p. 500, et le témoignage d'Aleson, *Anales de Navarra*, t. V, chap. X, f° 151, qui a consulté à ce sujet des documents manuscrits, sans doute les papiers des Beaumont. — (3) Détails donnés par Zurita, *Anales de Aragon*, liv. VIII, chap. XVIII, f°s 161, v°, et 162, r°. — (4) Sur cette conspiration, restée ignorée de tous les historiens, on a comme unique source la lettre des chefs gramontais à Tudela (*Carta del Condestable don Alonso y de don Pedro de Navarra à la ciudad de Tudela*), Olite, 6 juin 1508, publiée *in extenso* par Yanguas, *Diccionario de Antigüedades*, III, 238-240, d'après les Arch. de Nav., *Guerra*, leg. 1, carp. 40.

calculées de Ferdinand, forcèrent Louis XII à ajourner encore son entreprise contre Jean d'Albret. Il dut envoyer les émigrés du parti des Beaumontais en Lombardie, sous les ordres de Trivulce, en attendant que des circonstances plus favorables lui permissent de les employer à l'exécution de ses desseins.

<small>VI.
Tentatives du roi d'Aragon pour restaurer le protectorat castillan en Navarre.</small>

Depuis l'entrevue de Savone, le roi de France n'avait nullement déguisé son hostilité à l'égard des rois de Navarre. Il n'avait pas tenu à lui que la dynastie d'Albret ne fût dépouillée de ses États. Plus prudente et plus réservée était l'attitude du roi d'Aragon. Il savait mieux se contraindre et s'observer, et il espérait obtenir par les voies diplomatiques des concessions que Louis XII cherchait à arracher par les armes. Le but auquel il tendait était d'ailleurs tout différent. Le roi de France poursuivait la spoliation des souverains navarrais, l'établissement d'un prince, son neveu et son vassal, dans les domaines de la maison de Foix. Ferdinand tâchait seulement à restaurer le protectorat espagnol sur la Navarre, et pour y parvenir, à ramener dans ce royaume les Beaumontais exilés, instruments ordinaires de sa politique. Il dissimula le mécontentement que lui avait causé en 1506 la défection de ses neveux, et que lui causait encore leur alliance avec le roi des Romains et les grands de Castille (1). Au mois d'août, au moment où le roi d'Aragon, revenu en Espagne, reprenait le gouvernement, Jean et Catherine, qui n'étaient pas sans inquiétudes au sujet des résolutions arrêtées à Savone, lui envoyèrent une ambassade pour pénétrer ses desseins et obtenir quelques renseignements sur ses projets (2). Il ne semble pas que les envoyés navarrais aient été mal accueillis. Ferdinand se contenta de laisser en Aragon se former des bandes qui, sous la conduite de don Pedro de Beaumont, l'un des parents du comte de Lerin, organisèrent des courses de pillage sur les frontières de Navarre (3). Il enjoignit aussi au connétable de Castille de ne plus fournir de secours aux rois ses neveux. A la fin de 1507, profitant des craintes qu'inspiraient aux souverains navarrais les préparatifs de Louis XII, il leur dépêcha comme ambassadeur le commandeur Diego Perez de Sant-Esteban. Lui-même se rendit, au mois d'octobre, à Los Arcos, sur les limites de la Castille, pour suivre de près la négociation (4). L'envoyé castillan commença par récriminer contre les armements que faisaient les Gramontais pour repousser les troupes du duc de Nagéra ; il demanda aux rois de Navarre

---

(1) En août 1507, ils donnaient encore asile au chef des grands, Juan Manuel. — (2) Détails dus à Zurita. *Anales de Aragon*, liv. VIII, chap. XIV, f° 155. — (3) Cédule des rois de Navarre au sujet de ces courses. Arch. de Nav., *Comptos*, cajon 168, n° 1. — (4) Carvajal, *Memorial breve* (*Crónicas de los reyes de Castilla*, III, 557).

de s'abstenir de toute hostilité à l'égard des Beaumontais et de leurs alliés. En même temps, il mit en avant, au nom du roi d'Espagne, une proposition de transaction ayant pour objet le retour des exilés. Louis de Beaumont était venu en Castille; il prétendait qu'il n'avait pas mérité le châtiment qu'on lui avait infligé; cependant il offrait de transiger, pourvu qu'on lui rendît ses terres, et il promettait de se soumettre aux décisions de la justice royale. Le Roi Catholique trouvait la solution acceptable; il ne pouvait oublier que le comte et la comtesse de Lerin lui étaient unis par les liens du sang (1), et que le traitement rigoureux qu'ils avaient subi avait eu pour principale cause leur attachement aux intérêts espagnols. Les rois de Navarre feraient bien d'agréer les offres de soumission de leur vassal; ce serait le moyen d'assurer la paix de leur royaume. D'ailleurs, Ferdinand prodiguait à ses neveux les protestations d'amitié. S'il agissait ainsi, c'était pour l'avantage de la Navarre; sa démarche était inspirée par l'amour vraiment paternel qu'il avait conservé pour ses neveux. Aussi demandait-il qu'on restituât au comte de Lerin ses domaines, et que sa querelle avec les rois fût terminée par voie de justice ou d'accommodement, sûr qu'il était de garantir de cette manière la tranquillité de leurs États (2). Jean et Catherine comprirent aisément que si le roi d'Aragon insistait tant pour obtenir la restauration du rebelle, c'est qu'il visait à remettre le royaume sous sa dépendance, au moyen du parti beaumontais. Ils répondirent à Ferdinand sur un ton ferme et résolu qui leur était peu habituel. Ils lui avaient fait connaître, disaient-ils, les excès de leur ancien connétable, les troubles qu'il avait suscités dans leurs États. La conduite de Lerin avait été telle, que la confiscation et l'exil pouvaient seuls mettre un terme aux agissements d'un vassal, qui ne voulait ni vivre en repos, ni remplir ses obligations de sujet fidèle. Supporter sa révolte, c'eût été exposer leurs domaines à un grand péril. Récemment encore, les ambassadeurs navarrais avaient démontré au roi d'Aragon la justice de leur cause. Aussi étaient-ils certains que le Roi Catholique, qui leur avait toujours montré l'affection d'un père, approuverait leurs actes. Tous les princes, tous les rois ne peuvent qu'applaudir à leur conduite; n'ont-ils pas tous le même intérêt à réprimer les révoltes de leurs vassaux? Nul mieux que Ferdinand ne connaît l'obstination inflexible et la vie séditieuse du comte de Lerin; il sait bien que ce seigneur n'a jamais pu rester

---

(1) La comtesse était la sœur bâtarde de Ferdinand. — (2) Ces négociations, dont les pièces ont disparu, ne sont connues que par Zurita. *Anales de Aragon*, liv. VIII, chap. XIV, f° 156. — Sur les armements des Gramontais contre les Beaumontais, *ibid.*, liv. VIII, chap. IX, f° 147, r°.

en repos. Demander la restitution de ses domaines, c'est vouloir mettre en danger l'existence de la Navarre. Le roi d'Aragon est trop ami de la justice et de la paix pour l'exiger, lui qui ne permettrait jamais dans ses royaumes, à un de ses sujets, fût-il son frère ou son fils, de mener une conduite semblable à celle du comte de Lerin, sans lui appliquer les plus rigoureux châtiments. Certes, ils ont usé de mansuétude ; ils ont montré une patience exemplaire, par égard pour le Roi Catholique, tant qu'il leur a été possible de supporter les rébellions et les insolences du comte sans danger sérieux. Ils n'ont agi que contraints ; les excès qu'a commis le rebelle étaient si graves et si persistants, qu'ils ont été forcés de procéder contre lui. En effet, il a refusé obéissance, il a commis des meurtres, il a saisi les forteresses royales, il a formé des ligues secrètes dans le royaume, il a fait appel à tous les ennemis de ses souverains. Une punition était nécessaire, inévitable. Les rois de Navarre n'ont pu se dispenser de sévir. Ils espèrent qu'en présence de ces explications, Ferdinand ne voudra pas se faire le défenseur d'un vassal félon. Ils sont ses neveux, si Lerin est son beau-frère, et leur parenté est plus réelle que celle du comte. Ils considèrent toujours le roi d'Aragon comme leur père, et ils méritent plus d'égards qu'un sujet. Ils terminent en suppliant leur oncle de laisser la Navarre jouir de la paix qu'elle goûte depuis l'exil du rebelle. Le projet de restitution que l'ambassadeur castillan avait développé n'était donc plus possible. Devant le refus formel des souverains navarrais, Diego de Sant-Esteban renonça à l'appuyer davantage. Il se rejeta sur une seconde combinaison, dont l'adoption eût été bien plus avantageuse pour son maître. Si les rois de Navarre, dit-il, voyaient quelque inconvénient à restituer pour le moment au comte de Lerin ses domaines, ils pouvaient du moins les mettre sous la garde du Roi Catholique, jusqu'à ce que les tribunaux du royaume eussent prononcé sur le différend. Il ne serait pas difficile d'arriver à un accord conclu sur d'autres bases que celles d'une restitution pure et simple. Par là, l'envoyé espagnol faisait sans doute allusion à la convention de Madrid conclue en 1495 dans des conditions semblables. Cette proposition n'offrait, assurait-il, que des avantages pour eux. Tant que le roi d'Aragon détiendrait les domaines des Beaumontais, la Navarre se trouverait à l'abri de tout péril, sous la protection simultanée de la Castille et des autres États espagnols. Ferdinand interposerait sa médiation pour aplanir la querelle où les rois, ses neveux, se trouvaient engagés contre Gaston de Foix. Il affirmait qu'à l'entrevue de Savone, il avait refusé de se prêter aux desseins hostiles du roi de France, et que son attitude avait seule empêché une agression déclarée contre eux (1). La seconde combinaison eut le sort de la première. Jean et Catherine se souvinrent de l'onéreux traité de 1495, dont ils avaient eu tant de peine à se dégager. Menaces, caresses, tout fut inutile. Peu soucieux de retomber sous le protectorat castillan, aussi bien que de rappeler leur vassal, les rois de Navarre rejetèrent les propositions du roi d'Espagne, et Diego de Sant-Esteban reprit, sans avoir rien obtenu, le chemin de la Castille. L'échec était sensible pour Ferdinand; il n'osa cependant se départir de sa réserve. Il avait à ce moment sur les bras l'épineuse affaire du gouvernement de la Castille; une guerre paraissait imminente, au début de 1507, entre la maison d'Autriche et le souverain espagnol (2). L'aristocratie castillane s'agitait; une émeute éclatait à Cordoue, et le marquis de Priego prenait les armes en Andalousie (3). Les circonstances étaient peu favorables pour une entreprise contre Jean d'Albret. D'un autre côté, le roi d'Aragon, avant tout soucieux de l'intérêt de ses États, montra, comme on l'a vu, peu d'empressement à seconder les projets de Louis XII et de Gaston de Foix contre la Navarre. Il se contenta de permettre aux Beaumontais de passer au service de la France et il refusa de les secourir. Ces déceptions hâtèrent la fin du connétable exilé, Louis de Beaumont; il expira à Aranda del Xarque, en Aragon, le 6 novembre 1508. « Bien qu'il fût « très âgé, dit Zurita, sa mort fut surtout causée par la douleur « qu'il éprouvait, en se voyant abandonné de Ferdinand et sans « espoir de recouvrer ses domaines » (4). Sa femme, Leonor, la sœur bâtarde du Roi Catholique, le suivit de près dans le tombeau. Elle mourut à Tortose, laissant deux fils, Louis et Ferdinand, et une fille Anna, mariée à Juan de Mendoza (5). Ces trois grands seigneurs étaient alors au service de Louis XII, et la cause beaumontaise semblait pour longtemps compromise. Le roi d'Aragon, malgré son dépit, se bornait à faire surveiller les frontières navarraises par ses troupes, placées sous les ordres du capitaine-général Juan de Ribera et de son fils, Juan de Silva (6). Jusqu'en 1509, il n'osa se départir de son rôle d'observateur.

(1) Le récit de ces négociations est tracé d'après Zurita. *Anales de Aragon*, t. VI, liv. VIII, chap. XIV, f°s 155, v°; 156, 157, r°, qui a dû consulter des pièces aujourd'hui perdues. — (2) Zurita, liv. VIII, chap. XVI, f° 158. — (3) Zurita, liv. VIII, chap. XIX et XX. — (4) Zurita, *Anales de Aragon*, liv. VIII, chap. XLIII, f° 200, r°. Aleson, *Anales de Navarra*, t. V, f° 150. — D'après l'auteur anonyme du *Libro genealógico de la casa del Condestable de Navarra*, chap. X, f° 159 (manuscrit de la collection de M. Oloriz), le corps du comte de Lerin, déposé dans le couvent cistercien de Berzuela (Aragon), fut en 1512 enseveli dans l'église paroissiale de Lerin, où on lui éleva un magnifique tombeau en albâtre, que décrit longuement l'auteur, et dont il donne l'inscription. — (5) Même manuscrit, f° 159. — (6) Zurita, *Anales de Navarra*, liv. VIII, chap. XXI, f° 165, r°.

VII.
Le traité de Cambrai.
(1508.)

L'hostilité de Louis XII était plus à craindre que l'animosité de Ferdinand, à la fin de cette période si critique de l'histoire de Navarre. Mais la protection de la maison d'Autriche parvint du moins à écarter provisoirement du côté de la France tout danger d'une attaque à main armée. Un congrès s'était réuni à Cambrai, au mois de novembre, pour régler les différends entre Louis XII et Maximilien. Marguerite y négociait au nom de l'Autriche, et le cardinal d'Amboise au nom de la France. Les rois d'Angleterre et d'Aragon avaient été invités à y envoyer leurs ambassadeurs (1), et Salvador de Berio, l'agent navarrais à la cour impériale, suivit attentivement les conférences. Les négociateurs parvinrent aisément à s'entendre sur la plupart des points débattus : le mariage de Charles-Quint avec Claude, la reconnaissance de la souveraineté de Louis XII sur le Milanais, et la formation d'une ligue contre Venise. La question navarraise faillit tout mettre en suspens. Le roi de France s'obstinait à vouloir exclure les rois de Navarre du traité, espérant qu'abandonnés par leur protecteur Maximilien, ils seraient spoliés plus facilement de leurs États, ou du moins obligés de transiger avec son neveu Gaston de Foix. Mais les instructions données par l'Empereur à sa fille étaient formelles. Lié par des engagements solennels avec les souverains navarrais, il exigeait qu'ils fussent compris dans la paix : « Ne serait notre honneur, « disait-il, les délaisser derrière, veu le bon amour et désir « qu'ils ont de faire service à nous et à notre maison ». Grâce aux instances de Marguerite, le cardinal d'Amboise se laissa entraîner. Il consentit à ce que Jean d'Albret et Catherine fussent admis à bénéficier du traité comme alliés de Maximilien. Un ordre de Louis XII, qui avait sans doute cédé aux sollicitations du prétendant, vint remettre en question ce point litigieux. Le cardinal d'Amboise, au dernier moment, déclara à la princesse que « le roy « son maître n'entendoit ledit roy de Navarre estre nullement « compris dans la paix » ; il lui montra des lettres qu'il venait de recevoir à ce sujet. Marguerite se récria : « Ce parler » et ces ordres étaient « bien estranges », et lui « sembloient chose dissi- « mulée plus que autrement ». Elle releva la contradiction qui existait entre cette exigence tardive et l'assurance que lui avait donnée le cardinal au début de la négociation qu'il était muni de pleins pouvoirs. Elle insista sur l'étrangeté qu'il y avait à revenir sur une concession déjà acquise. Elle finit par déclarer résolûment qu'elle « était décidée à délaisser le tout, plutost que ledit roy de « Navarre ne fût comprins en ladite paix ». Elle menaça de quitter aussitôt Cambrai, « cognoissant la perdicion de temps, et luy des-

(1) Lettres de Louis XII, I, 122.

« plaisant les choses estre si près approchées au dénouement, et
« demeurer à conclure à si petite occasion ». Cette menace produisit l'effet prévu par la princesse ; le cardinal d'Amboise la
supplia de retarder son « partement », promettant d'en référer
aussitôt à Louis XII (1). Le roi, impatient de régler les affaires
italiennes, consentit à transiger sur la question de la Navarre. L'ambassadeur navarrais, Salvador de Berio, qui avait suivi les négociations, se préparait à envoyer à ses souverains la nouvelle de la
conclusion du traité, lorsque, à la dernière heure, le jour même
de la signature des conventions, les diplomates français soulevèrent
un nouvel incident, en soutenant « que le Béarn était sujet de la
« couronne de France » et ne pouvait être mentionné dans le texte
de la paix. Berio prit la parole pour démontrer que ce pays était
indépendant et que ses maîtres le « tenaient seulement de Dieu et
« de leur épée » (2). Les négociateurs envoyés par Louis XII
durent se résigner à céder au sujet de la question navarraise, et à rédiger un article spécial qui fut annexé au traité de
Cambrai. Il était ainsi conçu : « En considération de Sa Majesté
« Impériale, il a été convenu que pendant un an, à compter du jour
« de la publication et de la ratification de cette paix, aucun acte de
« violence ne sera tenté contre le roi et la reine de Navarre, leurs
« royaumes et seigneuries, ni par le Très Chrétien Roi de France,
« ni par le très illustre seigneur Gaston de Foix, duc de Nemours,
« ni par leurs sujets, amis et confédérés, directement ni indirec-
« tement, ni sous quelque prétexte que ce soit. Mais en ce qui
« concerne les seigneuries que les rois de Navarre possèdent sous
« la souveraineté et juridiction du roi de France, celui-ci est auto-
« risé à procéder contre eux *juridiquement* et par tous les
« moyens de droit, et à les forcer à obéir aux sentences rendues.
« Toute discussion sur les droits des souverains navarrais au
« royaume de Navarre et aux domaines indépendants de la cou-
« ronne de France devra être suspendue pendant un an. Avant la
« fin de ce délai, le Très Chrétien Roi de France et Sa Majesté
« Impériale pourront chercher quelque bon remède pour apaiser
« et régler le différend et la querelle relative audit royaume
« de Navarre » (3). Mais Jean d'Albret et Catherine étaient loin

(1) Lettre de Marguerite à Maximilien, déc. 1508. Le Glay, Correspondance
de Maximilien avec Marguerite, I, 108-110. — (2) Cet épisode inconnu se
trouve relaté dans un document inédit, intitulé : *Abisos sobre lo que Salvador
de Berio, su embaxador, me encargo (que) refiriese à sus Altesas*. B. N.,
coll. Doat, t. CCXXXIII, f° 51. — (3) Article du traité de Cambrai, relatif aux
rois de Navarre, 10 décembre. Dumont, Corps diplomatique, 1re partie, t. IV,
p. 110 (texte latin). — Le Glay, Relations diplomatiques de la France et de
la maison d'Autriche, I, 226 (texte français).

d'avoir obtenu complète satisfaction. La trêve qui leur était accordée pour la Navarre pouvait paraître bien courte. Si leur royaume était mis pour le moment hors de cause, il n'en était pas de même pour le Béarn. Enfin, ils avaient toujours à craindre pour les domaines de la maison de Foix les revendications juridiques du roi de France. Cependant ils croyaient avoir remporté un demi-succès, en obtenant la promesse de ne pas être attaqués à main armée par le prétendant et par Louis XII. Ils s'imaginèrent même que leur ennemi revenait à de meilleurs sentiments. Ils lui avaient envoyé, sans doute à l'occasion du traité de Cambrai, leurs ambassadeurs. « Nous avons fait, disaient-ils aux Cortès d'Estella après « le retour de l'ambassade, toutes les justifications nécessaires « pour apaiser le roi de France. Confiants dans le droit et la jus-« tice que nous possédons, nous lui avons offert des concessions « en vue de gagner son amitié et de terminer nos différends. Nos « envoyés ont été bien accueillis et ont laissé le roi dans des dis-« positions plus conciliantes. » Aussi annoncent-ils aux députés qu'ils espèrent conclure bientôt une bonne paix (1). Cette paix, c'était sans doute celle qu'on négociait à Cambrai. Lorsque l'article relatif à la Navarre fut connu, Jean et Catherine durent s'apercevoir qu'il y avait loin de leur désir à la réalité. Faute de mieux, ils se contentèrent de l'espérance de la médiation autrichienne et du répit qui leur était promis. C'était une première éclaircie dans leur ciel si chargé d'orages. Elle leur permettait d'espérer le retour du calme, qu'ils ne connaissaient plus depuis la mort fatale de Philippe le Beau. Les procès de la succession de Foix et de la souveraineté du Béarn, les intrigues de Louis XII en faveur du prétendant, la révolte des Beaumontais, les conférences secrètes de Savone, suivies de nouvelles tentatives de Louis XII et de l'intervention diplomatique de Ferdinand, tels étaient les sujets de leurs inquiétudes depuis deux années. Après tant de soucis et d'ennuis, peut-être pensaient-ils que la paix de Cambrai leur assurerait, du moins du côté de la France, une tranquillité relative. L'événement se chargea encore de démentir ces espérances.

(1) Déclaration des rois aux Cortès d'Estella, déc. 1508, analysée d'après la *Recopilacion de actas de Cortes*, par Yanguas y Miranda, *Diccionario de Antigüedades de Navarra*, III, 240-241.

CHAPITRE V.

PERSISTANCE DU CONFLIT ENTRE LES ROIS DE NAVARRE ET LE ROI DE FRANCE. RAPPROCHEMENT ENTRE CES SOUVERAINS, LE ROI D'ARAGON ET LE PAPE JULES II.

(1509-1511.)

A peine la ligue de Cambrai était-elle conclue, que Louis XII éleva des difficultés sur l'article relatif aux rois de Navarre, si bien que le conflit, qui avait semblé un moment se ralentir, recommença avec une nouvelle âpreté. Tout d'abord, si le roi de France s'était interdit l'action militaire contre les souverains navarrais, il avait conservé le droit de poursuivre contre eux l'action juridique. Il était, il est vrai, convenu que la Navarre et les domaines des souverains navarrais non soumis à la suzeraineté française ne pourraient être l'objet d'aucun litige pendant une année. Mais les autres États de la maison d'Albret restaient exposés aux entreprises des officiers royaux. La trêve, d'ailleurs, aux yeux de Louis XII, était strictement provisoire. Il tenait à ce qu'on ne pût s'y méprendre, et lorsqu'il fallut ratifier le traité de Cambrai, il s'opposa nettement à ce qu'on nommât les souverains navarrais parmi les alliés de l'Empereur, comme le demandaient les ambassadeurs autrichiens, Gattinara et Viry. A cette proposition, les négociateurs français, Poncher et Carpi, se récrièrent. Le roi et son Conseil, disaient-ils, ne pouvaient admettre qu'on nommât dans un traité perpétuel « le roy de Navarre, lequel ne peult « estre compris que pour un ang seulement ». Les envoyés impériaux avaient à ce sujet des instructions formelles : ils refusèrent de laisser exclure Jean d'Albret, et exigèrent qu'il fût nommé comme allié de l'empereur « de la même sorte que le roi de France « avait fait dénommer le roy d'Arragon et M. de Gheldres » (1). Il fallut en référer à Maximilien; Louis XII ne céda qu'à la dernière extrémité, et le 13 mai 1509, ratifia à Bourges la convention conclue avec le souverain autrichien, sans insister davantage sur la condition qu'il avait prétendu lui imposer. Cette obstination était de mauvais augure pour les rois de Navarre; elle prouvait que l'animosité du roi de France contre eux n'avait pas disparu.

I.
Continuation du conflit entre les rois de Navarre et Louis XII. Querelle avec le pape Jules II. Nouvelles tentatives du roi d'Aragon. (1509.)

---

(1) Lettre de Poncher et de Carpi aux ambassadeurs impériaux. Lyon, 4 avril 1509. — Réponse de Gattinara à Poncher. Montluel, 4 avril. Lettres de Louis XII, p. p. Jean Godefroy, I, 163, 164, 167. — Il fut un moment question d'envoyer Poncher et Carpi en Tyrol à ce sujet. Lettre de Nasi aux Dix de Florence, Milan, 30 avril. Négociations diplomatiques de la France avec la Toscane, p. p. A. Desjardins, II, 310.

Ils en eurent bientôt de nouvelles preuves. Le père de Jean d'Albret, Alain, se vit enlever, par sentence du Parlement, le comté de Castres (1). La procédure commencée au sujet de la souveraineté du Béarn continua; Louis XII prétendait, en effet, que ce pays était placé sous sa suzeraineté, et que l'article du traité de Cambrai, relatif à la suspension de la procédure pendant un an contre les domaines indépendants que possédait la dynastie navarraise, ne lui était pas applicable. En présence du danger, la reine Catherine elle-même était venue à Pau, surveiller les menées de son adversaire (2). Le péril grandissait peu à peu, et dès que le roi de France, victorieux à Agnadel, fut revenu dans ses États, le Parlement de Toulouse requit l'exécution des arrêts qu'il avait rendus en faveur du sire de Coarraze (3). Louis XII accorda aussi à un sujet français, qui avait à se plaindre des rois de Navarre, la permission de faire des courses en Béarn, et ce sujet, nommé Pierre de Lahet, ayant été saisi et emprisonné par les officiers béarnais, le roi octroya des lettres de marque aux parents et amis du prisonnier (4). Sous prétexte d'aider Gaston de Foix, son neveu, à faire valoir ses droits, « il préparait certaines entreprises contre « les États navarrais » (5). Il rassemblait des troupes en Languedoc et en Gascogne, et on répandait le bruit qu'il s'était rendu à Toulouse pour hâter lui-même les préparatifs d'une expédition (6). La trêve consentie à Cambrai allait expirer au mois de décembre, et le roi de France voulait être prêt à agir aussitôt. Il comptait bien cette fois entraîner dans son parti le roi d'Aragon, et même le pape Jules II. Jean d'Albret et Catherine étaient, en effet, à ce moment, en conflit avec le Saint-Siège au sujet de l'évêché de Pampelune et du décanat de Tudela. L'évêque de Pampelune, Antonio Pallavicini, cardinal du titre de Sainte-Praxède, était mort le 26 septembre 1508, à Rome. Le chapitre proposa de nommer à sa place le cardinal de Saint-Nicolas, Amanieu d'Albret, frère du roi de Navarre. Mais le Pape, l'un des alliés de Louis XII et de Ferdinand, était médiocrement disposé pour les souverains navar-

---

(1) Luchaire, Alain le Grand, sire d'Albret, pp. 215-216. — Chopin, De Domanio Franciæ, liv. III, tit. VI, parag. 2, p. 385. — (2) En novembre 1508, Catherine préside les États de Béarn; le 19 avril 1509, elle en obtient une donation de 2,000 écus. Arch. des Bass.-Pyrén., C. 680, f° 61. — (3) Sentence de Georges d'Olmières, conseiller, pour l'exécution des arrêts du Parlement de Toulouse, 19 juin 1509. Orig. papier, Arch. des Bass.-Pyrén., E. 329. — (4) Lettres originales de représailles accordées par Louis XII à la requête de Pierre de Lahet. Blois, 30 septembre 1509. Arch. des Bass.-Pyrén., E. 552. — (5) Déclaration des rois de Navarre aux Cortès, 1509. Extrait du registre des Cortès (Recopilacion de actas de Cortes), p. p. Yanguas, Diccionario, III, 353. — (6) Faits mentionnés par Zurita, Anales de Aragon, liv. VIII, chap. XLIII, f° 201.

rais. Il désigna le cardinal Faccio (1) comme successeur de Pallavicini, et celui-ci envoya un chanoine de Pise, le docteur Antonio Roncionio, avec le titre de vicaire général et de procureur, pour prendre possession du siège épiscopal. Le chapitre de la cathédrale refusa de recevoir l'envoyé du cardinal, qui ne trouva d'asile qu'à l'archiprêtré de la Valdonsella. La résistance des chanoines avait été encouragée par les rois de Navarre, désireux de rendre leur clergé plus indépendant. Jules II répondit à ce timide essai d'opposition avec sa fougue ordinaire. Il lança, le 26 janvier 1509, contre Jean d'Albret un monitoire, qui fut bientôt suivi d'une sentence d'excommunication et d'interdit (2). Une autre querelle avait éclaté entre le Pape et les rois au sujet du décanat de Tudela. Deux candidats, l'un, Peralta, présenté par les souverains, l'autre, Villalon, soutenu par le Saint-Siège, se disputaient depuis 1507 la dignité de doyen de l'église de cette cité navarraise. Jules II finit par jeter l'interdit sur les habitants de la ville et sur tous ceux qui s'étaient prononcés en faveur de Peralta (3).

Plus dangereuse encore était l'hostilité du roi d'Aragon. Il n'avait pris aucun engagement à l'égard des rois de Navarre au traité de Cambrai, et après avoir ajourné pendant longtemps une nouvelle démarche en vue de la restauration des Beaumontais, il se décida à une intervention énergique. En 1509, le roi de France était occupé en Italie; Ferdinand pouvait, sans favoriser les desseins de son allié, tenter auprès des souverains navarrais un effort décisif. Il n'avait pas abandonné son projet de rétablir en Navarre le protectorat espagnol, à l'aide du parti des Beaumont. La mort du comte de Lerin avait fait disparaître, pensait-il, le principal obstacle qui, jusque-là, s'opposait au rappel des exilés. Aussi chargea-t-il, au mois d'avril 1509, Pedro de Ontañon, son agent ordinaire, de se rendre à la cour de Jean d'Albret, pour y demander la réintégration des bannis. L'ambassadeur partit de Valladolid (4), porteur des instructions secrètes de Ferdinand. Nous possédons les pièces relatives à la négociation qu'il entama. Dans un premier et court mémoire, le roi

(1) Le cardinal Fatius (ou Faccio) Sanctori, de Viterbe (cardinal de Sainte-Sabine), avait été promu au cardinalat en 1565, Mas-Latrie, Trésor de Chronol., p. 1213. — (2) Sur le conflit au sujet de l'évêché de Pampelune, voir Aleson, *Anales de Navarra*, t. V, chap. X, f° 147.— (3) Sur l'incident du décanat de Tudela, resté inconnu, on a cinq lettres adressées par les rois de Navarre à la cité de Tudela. Sanguesa, 23 sept.-15 nov. 1507. Arch. de Nav., *Cortes, negocios ecclesiásticos*, leg. 1, carp. 15. — Lettres inédites. — (4) La lettre de créance donnée à Ontañon est très courte et non datée. Arch. de Nav., *Guerra*, leg. 1, carp. 47. Document publié par Yanguas, *Diccionario*, III, 241-242. — Ferdinand séjourna à Valladolid du 4 mars au 28 juin. Carvajal, *Memorial breve* (Chroniques de Castille, III, 557).

d'Aragon prescrivait à son envoyé de demander aux souverains navarrais la restitution des domaines des Beaumontais. Ontañon devait leur rappeler qu'à la démarche précédente, celle de Diego de Sant-Esteban, il n'avait été donné aucune « conclu-« sion ». Si son maître « avait alors quelque motif de négo-« cier ladite restitution, combien plus avait-il de raisons pour « la demander en faveur de don Luis, fils dudit connétable dé-« funt. Il ne peut s'abstenir de l'aider, parce que don Luis n'a « rien fait contre lesdits roi et reine ». « C'est pourquoi, disait « Ferdinand, je les prie très affectueusement de vouloir bien « rendre audit connétable don Luis, mon neveu, tout ce qu'ils « ont pris à son père. En faisant ladite restitution, ils m'oblige-« ront beaucoup, et ils s'assureront la fidélité et les services de « leur vassal. » Si les rois de Navarre refusent de restituer aux Beaumontais les domaines confisqués, s'ils déclinent l'intervention espagnole, Ontañon prendra un ton plus ferme. Il dira aux souverains navarrais que son maître « a fait toute la justification « (de ses démarches) nécessaire, qu'il a toléré de leur part ce « qu'aucun autre prince n'eût souffert », qu'il ne peut oublier que Louis de Beaumont « est son neveu et de sa race », et qu'il ne pourra s'empêcher de l'aider à prendre les dédommagements auxquels il a droit, jusqu'à ce qu'il soit rétabli dans ses biens (1). La seconde instruction remise à Ontañon lui indiquait les points sur lesquels il aurait à insister. Il était chargé d'énumérer aux rois de Navarre les nombreux bienfaits qu'ils avaient reçus des Rois Catholiques. Ferdinand et Isabelle n'avaient-ils pas refusé tout secours à Jean de Narbonne, qui les suppliait de reconnaître ses droits, et n'avaient-ils pas mérité, à cette occasion, les remerciements de la princesse de Viane? N'étaient-ce pas les rois d'Espagne qui avaient procuré à leurs neveux la soumission des Navarrais? Le capitaine-général Juan de Ribera avait alors assisté Jean et Catherine avec 300 lances, et il en avait réuni 1,000 autres, prêtes à les appuyer. Depuis cette époque, le roi d'Aragon leur a prodigué les marques d'honneur et de faveur. Il a souffert les courses qu'ont faites leurs sujets sur le territoire de son royaume et qu'ils n'ont jamais empêchées. Il ne leur a point tenu rigueur pour les nombreuses violations des traités qu'ils ont commises : d'abord, en 1494, contre la convention de Pampelune, lorsqu'ils ont poussé, par leurs excès de pouvoir, le connétable à la révolte; ensuite, après 1500, contre la paix de Séville, lorsqu'ils ont négligé de restituer au comte de Lerin sa pension et les

(1) *Primera instruccion al embajador* (Ontañon). Valladolid, avril 1509. Arch. de Nav., *Guerra*, leg. 1, carp. 47. — Ce document a été publié *in extenso* par Yanguas, *Diccionario*, III, 242-243.

200 florins d'or qu'il possédait sur les douanes du pays. Il n'a pas protesté, lorsque, profitant de son départ, les rois de Navarre ont consommé la ruine de leur vassal. Bien mieux, il a défendu de lui donner secours, afin de leur permettre d'exécuter leur volonté, persuadé qu'à son retour il obtiendrait de ses neveux une restitution qui lui tenait à cœur (1). Enfin, si les souverains navarrais refusent de se rendre à ces représentations, ou ajournent l'exécution de la demande qui leur est faite, l'ambassadeur les sommera de restituer à Louis de Beaumont et à ses parents les biens confisqués, et leur déclarera que le roi d'Aragon est décidé à les soutenir même par les armes. Puisque les rois de Navarre répondent par l'ingratitude aux services rendus, il sera « justifié « devant Dieu et devant les hommes, s'il travaille à faire rendre « justice à un de. ses proches, innocent » (2). L'envoyé castillan fera attester par acte notarié les arguments qu'il a présentés et le refus qu'on lui a opposé (3). Malgré ces menaces, Jean et Catherine restèrent inflexibles. Débarrassés des Beaumontais, ils n'avaient aucune envie de rappeler dans leur royaume ces éternels fauteurs de troubles, ni de se mettre de nouveau sous le lourd protectorat du Roi Catholique. Ils comptaient sur les circonstances pour éviter l'agression dont ils étaient menacés. Le roi d'Espagne n'oserait, pensaient-ils, en venir à une rupture ouverte, de peur de favoriser les projets de la France sur leurs États, et de perdre de vue les affaires d'Italie et de Castille. Cependant, Ferdinand, profitant de quelques démêlés qui s'étaient produits entre les habitants de la cité navarraise de Sanguesa et leurs voisins de Sos, en Aragon, envoya encore Ontañon en Navarre, au mois de juillet, pour dénoncer les traités conclus entre les souverains navarrais et les royaumes espagnols. L'ambassadeur était porteur d'un long mémoire, dont il existe plusieurs copies, où étaient énumérées les infractions commises par Jean d'Albret et Catherine, en violation des clauses de ces conventions. Il remontait jusqu'aux alliances de 1494, pour signaler les poursuites entamées contre le connétable et les siens, au mépris de la trêve conclue avec lui et garantie par les Rois Catholiques. Il continuait en reprochant aux rois de Navarre d'avoir conclu avec Charles VIII et Louis XII des pactes secrets pour leur livrer leur royaume, en échange de domaines équivalents. Il mention-

(1) *Segunda instruccion al embajador*, sans date, publiée par Yanguas, *ibid.*, III, 243-247. — (2) Première instruction, loc. cit., p. 243. — (3) Seconde instruction, *ibid.*, p. 247. — Cette négociation n'a été connue d'aucun historien, Zurita lui-même semble l'avoir ignorée, Yanguas ne s'est même pas servi des documents qu'il a publiés dans son Dictionnaire, pour rédiger son Résumé de l'histoire de Navarre.

naît les violations des traités de Séville. Les souverains navarrais avaient négligé de faire prêter au roi d'Aragon l'hommage requis. Plusieurs gouverneurs de forteresses navarraises, les sires de Gramont, de Luxe, de Lautrec, ne s'y étaient jamais astreints. Enfin, il rappelait les usurpations commises par les souverains ou leurs sujets. Sur le territoire espagnol, ils avaient tenté de s'emparer de la ville de Los Arcos, de connivence avec les habitants; ils avaient toléré, malgré plusieurs avertissements, les courses de Sanguessans sur les terres de l'Aragon, à Ul, Filera et Andues (1). Ainsi, ils ne pouvaient se plaindre si Ferdinand prêtait à son tour main-forte aux entreprises des Beaumontais. Aussitôt, en effet, les hostilités commencent. Les Aragonais de Sos, sous prétexte d'exercer des représailles contre les Navarrais de Sanguesa, franchissent la frontière, entrent dans la banlieue de la cité, dévastent les champs et les jardins et, pendant neuf jours, poussent leurs ravages jusqu'aux portes de la ville (2). Le fils de l'ancien connétable de Navarre, Louis de Beaumont, est autorisé à rassembler des troupes à Calahorra et à Alfaro, dans la vallée de l'Èbre, pour tenter de recouvrer ses domaines par les armes. Le roi d'Aragon lui-même indique à son neveu la manière dont il devra conduire les opérations. Puisqu'on n'a pas suffisamment gardé le secret sur ses préparatifs, puisque les rois de Navarre sont sur leurs gardes, il faudra dissimuler, « user de ruse, recourir à des coups de main ». S'il peut se saisir de quelque place, les sujets espagnols l'aideront à la défendre. Mais il convient d'attendre pour entamer une guerre ouverte : « Son Altesse déclarera le temps où il sera utile d'agir, et donnera « alors les ordres nécessaires pour exécuter ses desseins, avec « l'autorité et la sûreté requises en pareille occurrence » (3). On a là tout le secret de la tactique adoptée par Ferdinand : il

(1) Cette seconde mission est mentionnée par l'auteur anonyme du *Libro genealógico de la casa del Condestable de Navarra*, fos 169-170 (manuscrit de la collection de don Oloriz). — Le mémoire dont Ontañon était porteur, non daté, mais où il est fait mention des courses des Sanguessans, qui eurent lieu à cette époque, est intitulé : *Relacion de algunas quiebras que los reyes de Navarra hicieron, despues del asiento de las alianzas*. On en a plusieurs copies : 1º aux Archives de Navarre, *Cortes, Guerra*, leg. 1, carp. 15; 2º aux Archives de Simancas, *Patron, real. Capit. con Navarra*, leg. 2; 3º au British Museum, fonds espagnol, manuscrits Egerton 544, pièce 6, fos 29 à 44.
(2) Faits mentionnés par Zurita, liv. VIII, chap. XLIV, fº 200, vº. — Cet auteur donne aussi un récit des négociations, mais très confus et très incomplet.
(3) *Carta y instruccion del rey Fernando al conde de Lerin*. Valladolid, 23 juillet 1509. Arch. de Nav., *Guerra*, leg. 1, carp. 49. — Ces deux documents publiés par Yanguas, *Diccionario*, III, 249-250, sans indication de date ni de lieu. Nous ajoutons ces indications d'après le *Libro genealógico de la casa del Condestable de Navarra*, fº 122.

laisse commencer les hostilités, mais sans les ouvrir officiellement;
il insinue que les conventions anciennes sont rompues, mais sans
en venir ouvertement à une rupture. C'est en s'enveloppant des
mêmes réticences qu'il enjoint secrètement au capitaine-général
des troupes castillanes sur la frontière de Navarre, Ribera, et à
son fils Juan de Silva, d'appuyer les entreprises du comte de
Lerin et de l'aider à reconquérir ses domaines (1). Il avise aussi
les provinces de Guipuzcoa, d'Alava et de Vizcaye de rassembler
leurs contingents et de se tenir prêtes à seconder Juan de Silva,
et il ordonne aux villes de Calahorra et d'Alfaro de fournir des
logements aux soldats beaumontais (2). Tout se borna cependant
à quelques courses de pillage exécutées en Navarre par les partisans du comte de Lerin. Deux motifs empêchèrent Ferdinand de
pousser à fond son attaque. D'abord, les forteresses navarraises
étaient en état de défense, et ensuite Louis XII, revenu d'Italie,
préparait à Toulouse une expédition contre Jean d'Albret (3). Le
roi d'Aragon craignit de faire le jeu de la France. Comptant que
ses démonstrations militaires auraient produit leur effet ordinaire,
il insista de nouveau auprès des rois de Navarre, pour obtenir la
restitution des domaines de Louis de Beaumont et de la dot de la
comtesse de Lerin défunte, et pour demander le châtiment des
habitants de Sanguesa. En même temps, il cherchait à gagner le
maréchal de Navarre, don Pedro, chef des Gramontais, par l'entremise de Juan de Silva. Une entrevue eut lieu entre ces deux personnages dans une des places voisines de Los Arcos. Le capitaine
castillan s'efforça de faire conclure une alliance entre le maréchal
et Louis de Beaumont. Il démontra à don Pedro les avantages de
cette entente, qui les rendrait maîtres du royaume et leur donnerait toute l'autorité. Mais le maréchal se borna à protester de
son dévouement pour le Roi Catholique, sans vouloir entrer en
négociation avec le chef des Beaumontais. Il allégua qu'il ne
pouvait conclure d'accord avec un vassal exilé et disgracié par
ses suzerains, sans encourir l'accusation de félonie. Tout ce qu'il
pouvait promettre, c'était d'appuyer auprès des rois les démarches de Ferdinand, en vue de la restitution des domaines du comte
de Lerin. Le roi d'Aragon dut se contenter de cette réponse cour-

(1) *Orden secreto del rey Fernando á su capitan-general en la frontera
de Navarra*. Arch. de Nav., *Guerra*, leg. 1, carp. 48, publié aussi par Yanguas, *ibid.*, III, 250-252, sans indication de date ni de lieu (23 juillet 1509).
— (2) *Orden á la provincia de Guipuzcoa para reunir gente*. Arch. de Nav.,
Guerra, leg. 1, carp. 51, Yanguas, III, 252. — *Orden á las ciudades de
Calahorra y Alfaro*, 23 juillet (Arch. de Nav., *Guerra*, leg. 1, carp. 56),
non cité par Yanguas. Le *Libro genealógico* mentionne aussi des lettres
adressées à l'archevêque de Saragosse. — (3) Zurita, *Anales de Aragon*,
liv. VIII, chap. XLIII, f° 201.

toise et n'obtint rien des souverains navarrais. Mais, de peur de favoriser indirectement les projets de Louis XII, il renonça à toute attaque contre Jean d'Albret. Il se contenta de faire adjuger par les tribunaux de Catalogne à Louis de Beaumont les rentes de la vicomté de Castelbon et de la seigneurie de Castellon de Farjanie, propriétés des souverains navarrais, en compensation de la saisie de ses domaines (1). Bientôt même la situation s'améliora du côté de l'Espagne. Les relations entre le Roi Catholique et le roi de France devinrent, en effet, plus froides dès que l'accord avec Maximilien, au sujet du gouvernement de la Castille, eut été conclu, à la fin de 1509. Ferdinand et Jules II commençaient à s'inquiéter de la puissance des Français en Italie (2). Au moment où allait se rompre l'alliance de Blois, il y avait moins de chances que jamais pour que le roi d'Aragon consentit à favoriser les plans de Gaston de Foix au sujet de la Navarre. Louis XII tenta cependant auprès de lui un dernier effort. Aux conférences tenues, sous sa médiation, entre les ambassadeurs espagnols et autrichiens, il renouvela les propositions qu'il avait déjà faites les années précédentes. Il demandait au Roi Catholique d'aider le prétendant, dont les droits étaient reconnus par tous les légistes français, à s'emparer des États navarrais. Si Gaston concluait un accord avec les rois de Navarre (3), il exigerait au préalable qu'on sollicitât l'avis et la confirmation du roi d'Aragon, et il y insérerait comme clause essentielle la restitution des domaines du comte de Lerin. S'il parvenait à entrer en possession des domaines de sa maison, et s'il mourait sans enfants, il ferait de la reine Germaine, sa sœur, l'héritière de toutes ses seigneuries (4). Malgré ces promesses, destinées à le séduire, Ferdinand paraît avoir décliné les propositions du roi de France. Il agissait ainsi au mieux des intérêts de l'Espagne. D'ailleurs, Maximilien prenait la défense des souverains navarrais, ses alliés. Il exigea qu'on les comprît dans le traité signé à Blois le 20 décembre, au sujet du gouvernement de la Castille (5), et le 10 mars 1510, il les nomma

(1) Zurita, liv. VIII, chap. XLIII, f° 201, r° et v°, est notre source essentielle pour ce paragraphe. — (2) Dès le mois de septembre, on parlait d'une ligue générale contre Louis XII. Nasi aux Dix de Florence, 20 sept. 1509. Négociations de la France avec la Toscane, p. p. Desjardins, II, 416. — Louis XII savait bien que Ferdinand ne le ménageait encore que pour conclure l'accord avec Maximilien par son entremise. Nasi aux Dix, 18 novembre. Desjardins, II, 446. — (3) Il était question à ce moment d'une transaction entre Gaston et Jean d'Albret, comme on le verra plus loin. Jean n'aurait gardé que la Navarre. — (4) Ces détails sont donnés d'après Zurita, *Anales de Aragon*, liv. VIII, chap. XLVII, f° 206, v°, et d'après l'exposé de ces négociations, exposé assez vague, contenu dans le manifeste de Ferdinand, 30 juillet 1512, cité plus loin. — (5) Ce fait est rappelé dans une lettre de Maximilien, 17 mars 1510. Correspondance de Maximilien avec Marguerite, p. p. Le Glay, I, 248.

expressément parmi ses alliés et confédérés (1). Il fit même davantage. Le 31 décembre 1509, il écrivit au roi d'Aragon une lettre autographe pour le prier d'empêcher les attaques de Louis de Beaumont contre la Navarre. Dans cette missive, il rappelle la vieille alliance qui unissait les Navarrais et les Castillans. Il a lui-même, dit-il, pour Jean d'Albret et Catherine « une bienveil- « lance, une amitié fraternelle ». Il tient leurs intérêts « en re- « commandation spéciale »; il les a pris « sous sa protection « particulière ». Aussi considère-t-il les entreprises des Beaumontais « comme une grave offense pour lui-même », comme une violation des traités, qui est certainement contraire aux intentions de Ferdinand. Il sera obligé au roi d'Aragon de refuser tout appui au chef de ce parti et d'agréer sa requête. Il lui sera reconnaissant de cette marque de bon vouloir, comme si elle s'adressait à lui-même (2). Tout semble indiquer que le roi d'Aragon, soit par déférence pour l'Empereur, soit plutôt pour ne pas s'aliéner les rois de Navarre, au moment où il allait entrer en lutte avec la France, renonça à ses projets antérieurs, et que les relations entre le royaume des princes d'Albret et les États espagnols s'améliorèrent rapidement. Il y eut alors un revirement subit, dont les souverains navarrais profitèrent. Ils se réconcilièrent avec le Pape, se rapprochèrent du Roi Catholique, conservèrent l'appui de la maison d'Autriche, et c'est ainsi qu'ils parvinrent à déjouer l'hostilité passionnée de leur grand adversaire, le roi de France.

Louis XII, en effet, n'avait cessé de poursuivre avec obstination la lutte qu'il avait commencée contre les rois de Navarre. Le conflit prit, à la fin de 1509, un degré de gravité inouïe, et sans la fermeté que montrèrent les sujets de Jean d'Albret, surtout sans l'attitude nouvelle que prirent le Roi Catholique et le Pape, il est probable que le roi de France aurait réussi à démembrer les États navarrais. Revenu de son expédition contre les Vénitiens, Louis XII, stimulant le zèle de ses Parlements, s'était résolu à tenter un énergique effort en faveur de Gaston de Foix. Les magistrats de Toulouse commencent, le 6 juin, par rendre un arrêt nouveau, confirmant les sentences déjà rendues en faveur du sire de Coarraze, et le roi en ordonne l'exécution (3). Le procureur

II.
Aggravation du conflit entre Louis XII et les rois de Navarre. (1509-1510.)

---

(1) Nous avons trouvé à Simancas l'acte original, sur vélin, de cette nomination, intitulé : *Nombramiento por el Emperador de las personas que avian de ser comprehendidas en la liga hecha con el Rey Católico*. Arch. de Simancas, *Patron. real. Capitulac. con la casa de Austria*, leg. 2, f° 32. — (2) Lettre de Maximilien au roi d'Aragon (en latin), original. (Bolsano, 29 déc. 1509.) Arch. des Bass.-Pyrén., E. 552. Ces deux documents sont inédits. — (3) Lettres de Louis XII, au sujet du procès Coarraze, et arrêt du Parlement de Toulouse, 9 juin 1509. Arch. des Bass.-Pyrén., E. 329.

général Pierre de La Bernade est chargé de faire exécuter l'arrêt, et le 2 octobre 1509, il se rend en Bigorre pour remplir sa mission (1). Le 11 octobre, les officiers du roi de Navarre interjettent appel au sujet de « l'instrument d'exécution » (2), et la procédure est suspendue pendant deux mois. L'indépendance du Béarn se trouvait en danger plus que jamais ; une attaque semblait imminente. En même temps, le procès de la succession de Foix prenait une fâcheuse tournure devant le Parlement de Paris (3). Jean et Catherine essayèrent de conjurer le péril en négociant un accord et en envoyant une ambassade au roi de France (4). Les envoyés navarrais étaient le sénéchal de Béarn, l'évêque de Lescar et le docteur de Jassu. Louis XII, qui croyait tenir les souverains à sa discrétion, leur proposa comme une grâce la transaction la plus déshonorante, celle-là même qu'il avait déjà mise en avant l'année précédente. Il offrait de reconnaître les droits de Jean d'Albret sur le royaume de Navarre et sur les seigneuries que ce prince possédait en Catalogne, mais il exigeait qu'il abandonnât au duc de Nemours, son neveu, tous les États du versant français des Pyrénées : le Béarn, le Bigorre, le Marsan, le Tursan, le Gabardan et le comté de Foix. C'étaient les deux tiers des domaines des souverains navarrais. Jean et Catherine refusèrent d'accéder à un accord aussi honteux. Ils convoquèrent le 3 décembre les Cortès de Navarre pour leur communiquer ces étranges propositions et obtenir d'elles des secours, afin de préparer la résistance (5). Un démembrement des États de la dynastie navarraise était à craindre, si l'on n'avisait au plus tôt. Après la rupture des négociations, sur une nouvelle requête présentée par le baron de Coarraze, le 10 décembre (6), le Parlement de Toulouse enjoignit de nouveau à La Bernade d'exécuter l'arrêt rendu en faveur de ce seigneur (7). Le 14, Louis XII lui-même,

(1) Proc.-verb. pour l'exécution des arrêts du Parlem. de Toulouse, rédigé par La Bernade, 2 oct. 1509. Arch. des Bass.-Pyrén., E. 329. — (2) Instrument des appellations des officiers du roi, de Navarre, 11 oct. 1509. Arch. des Bass.-Pyrén., E. 329. — (3) Déclaration des rois de Navarre aux Cortès, 3 déc. 1509. Arch. de Nav., *Recopilacion de actas de Cortes*, f° 61. — (4) Ils y étaient décidés dès le mois d'août ; le 9, à Lescar, les États de Béarn délibéraient sur ce sujet. Arch. des Bass.-Pyrén., C. 680, f° 61. — (5) Nous avons trouvé sur cette ambassade un document important aux Archives de Navarre. C'est le message des rois aux Cortès après le retour de l'ambassade, déc. 1509. Arch. de Nav., *Cortes, seccion de limites*, leg. 1, carp. 7. — Les rois disent de cette transaction : « Nos ha seydo fuerte cosa de oyr, assi querer abatir é desmembrar esta casa ». — (6) Copie d'une requête présentée à Louis XII par Gaston de Foix, sire de Coarraze, contre les rois de Navarre. Toulouse, 10 déc. 1509. Arch. des Bass.-Pyrén., E. 329. — (7) Arrêt du Parlement de Toulouse commettant Pierre de La Bernade pour faire exécuter ses arrêts, 10 déc. 1509. Arch. des Bass.-Pyrén., E. 329.

par un mandement spécial, ordonnait de procéder sur-le-champ à l'exécution de la sentence (1). Les rois de Navarre firent remettre au maître des requêtes La Bernade, par leur procureur, Anne Lélion, une longue protestation motivée, « par manière de remons-
« tration, à l'exécution de certain prétendu arrêt du Parlement ». Ils ne pouvaient accepter le jugement rendu contre eux ; cette sentence était nulle, la cour de Toulouse ne possédant aucune juridiction sur le Béarn, pays indépendant. Cette seigneurie « appar-
« tient, disaient-ils. auxdits roy et régine et à leurs prédécesseurs
« comme vrays seigneurs et souverains, et il est notoire qu'elle ne
« fut oncques de la souveraineté de la couronne de France ». Les rois et leurs prédécesseurs y « ont à toujours usé de toute souve-
« raineté et régalies, comme battre monnoie, abolitionner, bailler
« grâces, donner champs de bataille et sauf-conduits aux étran-
« gers, exiger traite de l'or desdits étrangers à la salie dudit pays,
« administrer justice et tenir cour souveraine sans appel ». Bien plus, les rois d'Espagne et de France ont toujours réputé le Béarn « distinct et séparé de leur couronne. Ils baillent des lettres
« de naturalité aux Béarnais comme étrangers, et s'appliquent
« par confiscation et aubaine les biens de ceux qui décèdent
« sans ces lettres ». A Toulouse et dans le reste de la France, on fait payer la traite foraine pour les marchandises qui passent dans le Béarn. Louis XI lui-même a formellement reconnu l'indépendance de ce pays. Le Pape le considère comme distinct du royaume de France, puisque les grâces expectatives et les lettres apostoliques, interdites à Paris, sont admises à Pau. Aussi la procédure signifiée par La Bernade est-elle nulle et de nul effet.
« Lesdits ajournements, défauts, arrêts, exécution, et tout ce qui
« s'en est suivi ou s'en pourroit ensuivre, sont tous de nulle valeur,
« faute de juridiction et comme faits et octroyés par juges non
« compétens. » Les rois déclarent donc « qu'ils n'entendent point
« à comparoir » ; ils somment le commissaire du Parlement de surseoir à l'exécution de ces arrêts et d'en remontrer l'injustice au roi de France. S'il passe outre, ils protestent d'avance « de toute
« nullité » ; ils n'obéiront pas à des sentences qui n'ont aucune valeur pour une seigneurie indépendante de la suzeraineté française. Ils ne peuvent que proposer de soumettre la question de la souveraineté du Béarn à un arbitrage. Que le litige « soit connu
« par juges compétens, eslus du consentement de toutes parties » ;

(1) Mandement de Louis XII pour l'exécution de l'arrêt du Parlement de Toulouse en faveur du baron de Coarraze, 14 déc. 1509, orig. papier. Arch. des Bass.-Pyrén., E. 329. — Copie des sentences rendues contre les rois de Navarre à la requête des procureurs du roi, 20 décembre. Arch. des Bass.-Pyrén., E. 329.

ces arbitres prononceront sans appel, et les rois promettent de s'incliner devant leur jugement (1). En présence de cette opposition, le Parlement de Toulouse rendit, le 7 janvier 1510, « les deux « chambres assemblées », un arrêt solennel « contre messire Jehan, « roy, et dame Catherine, royne de Navarre, eulx disans vicomtes « de Béarn, adjournez et défaillans ». La « court déclara que les « défaulx demandés par le procureur général du roy (de France) « estoient bien obtenuz, continuez et entretenuz, et par voie d'iceulx, « elle adjugia audit demandeur tel profit et utilité de défault » qu'il requerrait. Elle proclama que Jean et Catherine, « réputés « vraiz, évidens, manifestes et notoires contumax et défaillans, « estoient descheuz de toutes exceptions, déclinatoires, dilatoires « et péremptoires ». « En oultre », comme les souverains navarrais ont écrit, « fait dire, proposer et maintenir judiciellement en « ladite court, qu'ilz estoient souverains seigneurs dudit pays de « Béarn, et ne recognoissoient aucun souverain, car estoit princi- « paulté et seigneurie à part soy, et qu'ilz ne comparoistroient point « en ladite court, pour ce qu'ils n'estoient subjectz du roy », le Parlement, « tant par vertu desdits défaulx que pour ce que dit « est, a réputé et répute lesdits ajournez et défaillans estre at- « tainctz et convaincus de félonnie et désobéissance ». Pour ces motifs, la « court, à grande et meure délibération, les chambres « assemblées, prive et déboute lesdits adjournez et défaillans de « tout le droit qu'ilz povoient avoir et prétendre audit vicomté de « Béarn et ses appartenances, lesquels la court a adjugiés et adjuge « au roy » de France (2). Louis XII essaya de faire exécuter cette audacieuse sentence de confiscation. Trois commissaires, un président et deux conseillers reçurent du Parlement mission de prendre possession du Béarn au nom du roi de France ; le sénéchal de Toulouse devait leur prêter main-forte. Mais les souverains navarrais interdirent l'entrée de la province aux commissaires, protestant de l'illégalité d'un arrêt rendu « par juges « incompétens ». Les agents du roi durent s'arrêter à Tarbes et se contenter de notifier le jugement au sénéchal de Bigorre (3). Jean et Catherine avaient, en effet, résolu d'empêcher par tous

---

(1) Protestation des rois de Navarre présentée à La Bernade par Anne Lélion, procureur à Toulouse, sans date. Arch. des Bass.-Pyrén., E. 329, pièce inédite. — (2) Arrêt du Parlement de Toulouse confisquant le Béarn au profit du roi de France, lundi 7 janvier 1509-1510. Archives de la Haute-Garonne, série B. (reg. du Parlement), reg. 14, f° 358. — Extrait sur parchemin daté du 15 janv. 1509-1510. Arch. des Bass.-Pyrén., E. 330.— Double de l'arrêt, 15 janv. 1509-1510. Arch. des Bass.-Pyrén., E, 330, pièces inédites. — (3) Résumé du procès relatif au Béarn dans les lettres du 15 juillet 1512. Arch. des Bass.-Pyrén., E. 330.

les moyens le démembrement de leurs États. Ils convoquèrent aussitôt les Cortès de Navarre à Pampelune, et les États de Béarn à Sauveterre, pour leur demander des secours. Les Cortès, instruites des prétentions du roi de France, décidèrent le 21 janvier que « si des troupes étrangères entraient dans le « royaume pour y porter la guerre et l'occuper en totalité ou en « partie », une levée en masse serait proclamée. Tous les Navarrais, en vertu des dispositions du fuero, seraient astreints à prendre les armes. Les députés assurèrent les souverains du dévouement inébranlable de leurs sujets, et en leur nom, promirent de mettre « leurs personnes et leurs biens » au service de la défense nationale. Pour prévenir les soulèvements qui auraient pu se produire, ils renouvelèrent les dispositions de l'hermandad, qui enjoignaient aux cités et bourgs du royaume de lever toutes les troupes disponibles et de les tenir prêtes à marcher au premier signal (1). En même temps, la Navarre concluait une confédération avec le Béarn, en vue de repousser l'agression éventuelle de la France. Au mois de février 1510, les Cortès navarraises déléguèrent à Sauveterre une députation composée de cinq membres : le prieur de Roncevaux, don Fernando de Égües, don Jóhan de Beaumont, seigneur d'Arazuri, le docteur don Jóhan de Jasu, seigneur de Javier, père du célèbre apôtre des Indes, le procureur fiscal, Miguel d'Espinal, et le seigneur d'Otazu, Pedro de Berio. Ces commissaires rédigèrent une convention en vertu de laquelle les Béarnais et les Navarrais se confédérèrent pour une durée de deux ans, afin d'assurer leur défense mutuelle, et pour sauvegarder l'indépendance du Béarn menacée. Ils s'engageaient à réunir leurs forces et à se porter aide et secours, toutes les fois « que « quelque roi, prince, duc ou tout autre puissant seigneur, tente- « rait avec des troupes étrangères de faire la guerre au royaume « de Navarre ou à la seigneurie de Béarn, ou aux deux conjointe- « ment » (2). De grands préparatifs militaires furent aussitôt commencés; Jean d'Albret mit en défense ses forteresses et concentra ses troupes. « Nous avons esté présentement advertis, écrivait le « Parlement de Toulouse au roi de France, qu'il fait tant qu'il « peut amas de gens à cheval et à pié, et ne sçet l'on bonnement « où il veut tirer » (3). La guerre semblait prochaine; le cardinal d'Amboise, vieil ami d'Alain d'Albret, lui signalait l'irritation de

---

(1) Délibération des Cortès de Navarre, 21 janv. 1510 (Arch. de Nav., Guerra, leg. 1, carp. 52), analysée en partie par Yanguas, Diccionario, III, 253-254. — (2) Acte original de la confédération, intitulé : La Union con los Bearneses. Arch. de Nav., Comptos, cajon 168, n° 5. — Copie. Cortes, seccion de limites, leg. 1, carp. 5. Ce document est inédit. — (3) Lettre du Parlement de Toulouse au roi de France (inédite), février 1510. B. N., coll. Languedoc, t. XCI, pièce 49.

Louis XII, et lui annonçait que le moment « de baisser les lances » n'était pas éloigné (1). Afin de conjurer ce péril, les rois de Navarre, sur le conseil des Cortès et des États de Béarn, essayèrent de négocier avec Louis XII ; ils résolurent de se rendre en France (2) et se firent voter pour ce motif par les Béarnais une donation de 14,000 écus (3). Mais l'attitude de Louis XII était si menaçante, que la reine Catherine, n'osant elle-même venir à la cour, se contenta d'envoyer au souverain français son conseiller et maître d'hôtel, Bernard de Sainte-Colombe, et le juge de Marsan, Bernard de Capfaget, pour lui « remontrer » l'injustice de l'arrêt du Parlement de Toulouse (4). Les rois de Navarre tentèrent aussi d'entraver l'exécution de la sentence relative au Béarn par des artifices de procédure. Ils commencèrent par protester contre l'arrêt du 7 janvier et par faire présenter des conclusions contre cet arrêt (5). Ils chargèrent Raimon del Corn et Pierre Sans, syndics des États de Foix, d'appuyer cette protestation au nom de ce pays (6). Le roi de France, irrité de cette résistance, loin de désarmer, enjoignit à ses officiers de continuer les poursuites. Le 26 mars 1510, le Parlement de Toulouse rendit une nouvelle sentence qui confirmait celle du 7 janvier (7). Neuf jours après, le 4 avril, le roi autorisait le baron de Coarraze à se saisir des terres qui lui avaient été adjugées, aux dépens des rois de Navarre (8). Le 27 avril, il promulguait des lettres patentes où il menaçait d'employer la force pour faire exécuter les sentences rendues en faveur du baron béarnais (9). Les commissaires royaux s'efforcèrent même de saisir le comté de Foix, et voulurent obliger

(1) Lettres de La Romagère, agent du sire d'Albret, citées par Luchaire, Alain le Grand, sire d'Albret, pp. 112-113. — (2) Le voyage était décidé pour le mois de mars. Le 13 mars, la ville de Tudela donne pour instructions à ses députés d'engager les rois à cette démarche, *Instruccion dada por la ciudad de Tudela á sus diputados en Cortes*, 13 mars 1510, Arch. de Nav., Cortes, sec. de limites, leg. 1, carp. 6. — (3) Janv.-26 fév. 1510. Session des États de Béarn en présence du roi et de la reine, à Sauveterre. — Vote d'une donation de 10,000 écus pour le voyage de la reine en France. Arch. des Bass.-Pyrén., C, 680, f° 61, v°. — (4) Instr. et mém. baillés par la royne de Navarre à Bernard de Sainte-Colomme et à Me Bernard de Capfaget, de ce qu'ils auront à dire et remonstrer au roy de France. Pau, 29 mars 1509-1510, orig. scellé. Arch. des Bass.-Pyrén., E. 330. — (5) Productions contre certain arrêt rendu par le Parlement de Tholose, adjugeant le Béarn au roy de France, 1510. Arch. des Bass.-Pyrén., E. 330. — (6) Déclaration de Raimon del Corn et Pierre Sans au sujet de la protestation qu'ils font contre l'exécution des arrêts du Parlement de Toulouse, 25 mars 1509-1510, Arch. des Bass.-Pyrén., E. 329, orig. parchemin. — (7) Arrêt du Parlement de Toulouse confirmant celui du 7 janvier. Arch. des Bass.-Pyrén., E. 330. — (8) Exequatur accordé par Louis XII au sire de Coarraze contre les rois de Navarre, 4 avril 1509-1510, orig. Arch. des Bass.-Pyrén., E. 329. - (9) Lettres patentes de Louis XII en faveur du sire de Coarraze, Grenoble, 29 mars 1509-1510, orig. pap. Arch. des Bass.-Pyrén., E. 329.

les habitants de Pamiers à prêter serment à Louis XII (1). Contre les entreprises du souverain français, les princes navarrais avaient heureusement pris leurs mesures de défense. Mais ces armements exaspéraient Louis XII, qui soupçonnait les rois de Navarre d'avoir subi l'influence du roi d'Aragon, devenu son ennemi. Aussi leur envoya-t-il le héraut Montjoie pour protester contre ces préparatifs militaires, qu'il attribuait aux intrigues espagnoles (2). Jean et Catherine n'eurent garde de désarmer. Le roi de France furieux refusa, malgré les instances de Maximilien, de renouveler les clauses spéciales du traité de Cambrai relatives aux souverains navarrais; sur ce point, il se montra intraitable (3). Le 12 juillet, par lettres patentes datées du bourg d'Oysans, il commandait aux sénéchaux de Carcassonne et de Beaucaire de faire publier de nouveau, à son de trompe, l'ordre royal qui enjoignait à tous les sujets français de quitter le service du roi de Navarre. Tous ceux qui ne s'étaient pas « retirés de ce « service » devaient être punis de confiscation (4). En vertu de ces lettres, on saisit, en effet, les biens du chancelier de Jean d'Albret et d'un certain nombre d'autres de ses agents (5). Il fallut prendre d'urgence de nouvelles mesures défensives. Les États de Béarn, réunis le 18 juillet à Pau, accordèrent le paiement anticipé de la donation octroyée en janvier, et votèrent l'achat de métal pour fondre des pièces d'artillerie (6). Les princes navarrais essayèrent cependant encore de négocier. Sur le conseil des États, ils envoyèrent à la cour de France le juge de Marsan, Bernard de Capfaget, pour demander au Grand Conseil la révocation des lettres de marque octroyées contre leurs sujets (7). Louis XII ne se départit point de son attitude hostile. Le 30 septembre, il promulguait à Tours de nouvelles lettres patentes en faveur du sire de Coarraze (8). Il faisait mettre le duc de Nemours, son neveu, en pos-

(1) Protestation de la reine de Navarre contre les officiers du roi de France au sujet du serment des habitants de Pamiers, 1510. Arch. des Bass.-Pyrén., E. 479. — (2) Nasi aux Dix de Florence. Troyes, 18 avril 1510. Négociations de la France avec la Toscane, p. p. Desjardins, II, 491. — (3) Lettre de Maximilien à Marguerite, Augsbourg, 10 mars 1510. Le Glay, Correspondance de Max. avec Marg., I, 248-250. — (4) Lettres patentes de Louis XII contre les rois de Navarre (Bourg-d'Oysans, 12 juillet 1510), publiées *in extenso* par Galland, Mém. sur l'hist. de Navarre et de Flandre, Preuves, n° 4, p. 5. — (5) Confiscations mentionnées dans les lettres de révocation accordées au chancelier de Navarre en juillet 1512. B. N., coll. Doat, 229, f°s 167-168. — (6) Donations octroyées par les États de Béarn, 18 juillet 1510. Arch. des Bass.-Pyrén., C. 680, f° 83; août 1510, *ibid.*, f° 67, v°. — (7) Procuration donnée par les États de Béarn à Capfaget, juge de Marsan, 23 août 1510. Arch. des Bass.-Pyrén., C. 680, f°s 65-67. — (8) Lettres patentes de Louis XII en faveur du sire de Coarraze. Tours, 30 sept. 1510. Arch. des Bass.-Pyrén., E. 329.

session des cinq places fortes de la comté de Foix qui avaient été adjugées au vicomte de Narbonne en 1484 (1). Il obligeait la reine de Navarre, Catherine, à lui servir une pension annuelle, en attendant l'issue du procès qui les divisait (2). Gaston, déjà gouverneur du Dauphiné depuis 1506, recevait encore en 1510 le gouvernement du Milanais, et de l'aveu de son oncle, continuait à prendre le titre de roi de Navarre (3). Le roi de France, entravé dans ses desseins par ses différends avec le Pape et le roi d'Aragon, fut, il est vrai, contraint d'ajourner une fois encore son expédition contre les princes navarrais. Mais en 1511 son langage restait si menaçant et son attitude si hostile, que Jean et Catherine n'osèrent quitter le Béarn ; ils demeurèrent à Pau, pleins d'anxiété « au sujet des nouveautés qu'on préparait contre eux du côté de « la France ». Peu rassurés sur l'avenir, ils sollicitaient des Cortès de « larges subsides et le renouvellement de l'hermandad », pour maintenir la sécurité de leur royaume (4). Non-seulement l'indépendance du Béarn était toujours menacée, mais encore le procès de la succession de Foix pouvait leur réserver de pénibles surprises. Le Parlement de Paris poursuivait activement l'examen du litige (5). N'était-il pas à craindre que, dans la guerre prochaine, le fougueux prétendant, Gaston de Foix, « n'emportât « sa cause, comme l'a observé Michelet, par une victoire en « Italie » (6) ?

III.
Rapprochement entre les rois de Navarre et le roi d'Espagne. Maintien de l'alliance austro-navarraise. Réconciliation avec le pape Jules II. (1510-1511.)

Très inquiets sur les suites que pouvait avoir leur conflit avec Louis XII, les rois de Navarre croyaient du moins n'avoir rien à redouter du côté de l'Espagne. Ils conservaient en effet précieusement l'alliance autrichienne, qu'ils jugeaient plus utile encore que par le passé, et Maximilien, réconcilié avec Ferdinand, se faisait le négociateur d'un rapprochement entre les souverains navarrais et le roi d'Aragon. Il obtenait du Roi Catholique que le roi de Navarre fût compris parmi les princes alliés de la maison d'Autriche qui

---

(1) Fait mentionné dans les lettres de Louis XII rétablissant les rois de Navarre en la possession de Mazères, Saverdun, Montaut et Gibel, en Foix, juillet 1512. B. N., coll. Doat, 229, f°s 158-159. — (2) Quittance de 1,000 livres parisis payées au duc de Nemours par la reine de Navarre en déduction de la pension annuelle qu'elle lui servait, parchemin original, 3 avril 1510. Arch. des Bass.-Pyrén., E. 452. — (3) Faits mentionnés dans l'Hist. du Languedoc, nouv. édit., XI, 183. — (4) *Proposicion de los reyes á las Cortes de Olite, dirigida desde Pau (se escusan de su larga ausencia del reino por la necesidad de su presencia en los señorios de Bearne)*, 1511. Arch. de Nav., *Cortes, sec. de cuarteles*, leg. 1, carp. 31. — (5) *Real cedula de los reyes á los oidores de comptos* (ordre de confier au juge d'appeaux de Bigorre six pièces pour les présenter au procès en cours devant le Parlement de Paris), 1511. Arch. de Nav., *papeles sueltos*, leg. 1, carp. 10. — (6) Michelet, Hist. de France, t. VII, p. 242.

devaient bénéficier des avantages du traité de Blois, conclu au mois de décembre 1509 (1). Il essayait aussi, sur la demande de Salvador de Berio, l'ambassadeur navarrais, de faire renouveler par Louis XII les clauses du traité de Cambrai, qui avaient pendant un an garanti la Navarre contre toute expédition armée. Aussi les princes de Navarre, pour mieux s'assurer le concours de l'Empereur, proposèrent-ils de conclure le mariage de l'infant, Henri de Viane, leur fils, avec Isabelle d'Autriche, petite-fille de Maximilien. L'Empereur renvoya la solution de cette affaire à sa conseillère ordinaire, Marguerite, gouvernante des Pays-Bas. Il persuada à l'envoyé Salvador de Berio « de passer par devers » cette princesse, qui, « après avoir entendu » ce projet, « l'adver- « tiroit de ce qui lui en sembleroit » (2). La proposition ne semble pas avoir abouti : on négociait alors, à la cour de Flandre, l'union d'Isabelle avec le duc de Gueldre (3). Mais la bienveillance de la maison d'Autriche envers ses alliés ne se démentit point. Lorsque Louis XII eut sommé ses sujets de quitter le service des rois de Navarre, ceux-ci « recommandèrent » leur cause à Maximilien et à Marguerite. Les princes autrichiens s'efforcèrent « de tenir « main vers leur frère et cousin » le roi de France, en faveur des souverains navarrais, et d'empêcher qu'ils ne « fussent par luy « et son assistance destruiz et affaiblis sans cause raisonna- « ble » (4). S'ils n'obtinrent rien, ce ne fut point faute d'insister en faveur de leurs protégés. Jean et Catherine n'avaient pas manqué, vers la même époque, de se rapprocher aussi du pape Jules II, devenu le fougueux ennemi de Louis XII. Ils s'empressèrent d'en appeler au Saint-Siège de la sentence du Parlement de Toulouse rendue dans le procès du sire de Coarraze. Sous prétexte que ce baron avait été convaincu de sodomie, crime justiciable des tribunaux ecclésiastiques, ils donnèrent commission au juge de Bigorre, Ramon de Casarrer, et au juge de Béarn, de porter le différend en cour de Rome (5). Le souverain pontife leur marquait sa bienveillance en retirant l'excommunication lancée contre eux deux ans auparavant, lorsqu'ils s'étaient opposés à la prise de

(1) 10 mars 1510, *Nombramiento del Emperador Maximiliano de las personas que avian de ser comprehendidas en la liga hecha con el Rey Católico*, orig. vélin. Arch. de Simancas, *Patr. real. Cap. con la casa de Austria*, leg. 2, f° 32. — (2) Lettre de Maximilien à Marguerite, 10 mars 1510, Augsbourg. Correspondance de Maxim. avec Marg., p. p. Le Glay, I, 248-250. — (3) Maximilien à Catherine, juin 1510; *ibid.*, I, 279. Isabelle n'épousa pas, d'ailleurs, le duc de Gueldre, mais Christian II, roi de Danemark (1516). — (4) Lettre de Maximilien à Marguerite, Innsprück, 31 août 1510. Correspondance de Max. avec Marg., p. p. Le Glay, I, 322. — (5) Appel interjeté au nom des rois de Navarre contre les sentences du Parlement de Toulouse en faveur du sire de Coarraze, 1510. Arch. des Bass.-Pyrén., E 329.

possession de l'évêché de Pampelune par le procureur du cardinal Faccio. Le 3 septembre 1510, Alphonse d'Aragon, archevêque de Saragosse, relevait les princes navarrais des censures prononcées en 1508, suivant les ordres du Pape (1). Cinq mois auparavant, le cardinal Faccio était mort, et Jules II concédait enfin au cardinal Amanieu d'Albret, frère du roi de Navarre, l'évêché de Pampelune (2). Vers cette époque, le jour même où il condamnait le concile gallican de Tours réuni par Louis XII contre lui, le Pape avait rétabli le cardinal d'Albret dans l'administration de l'évêché de Condom (3). Il avait également consenti à régler par un arbitrage, confié à l'archevêque de Saragosse, le litige relatif au décanat de Tudela, que se disputaient deux candidats, l'un royal, l'autre papal (4). La protection du Saint-Siège semblait ainsi assurée aux souverains navarrais. Mais ce qui contribua le plus à tempérer leurs craintes du côté de l'Espagne et à détourner toute leur attention vers la France, ce fut le rapprochement qui se produisit en 1510 entre eux et le roi d'Aragon. Cette réconciliation paraissait peu probable encore à la fin de 1509, puisque Ferdinand, aux conférences de Blois, refusait de nommer le roi de Navarre parmi ses alliés, à cause du refus qu'on lui avait opposé dans l'affaire du rappel des Beaumontais (5). Quelques mois après, en 1510, il montrait des dispositions plus amicales. Il était, en effet, sur le point de rompre avec Louis XII, et la cour de France le soupçonnait d'exciter ses voisins, les princes navarrais, à accroître leurs armements (6). Le changement qui s'accomplit dans son attitude fut tel, que Jean et Catherine s'empressèrent de recourir à lui, pour obtenir sa protection contre les entreprises du roi de France. Ils envoyèrent leur ambassadeur, le sire de Sainte-Colomme, auprès du roi d'Aragon, qui avait réuni les Cortès à Monçon (fin avril 1510), et ils s'efforcèrent de l'intéresser aux dangers de leurs États. La reine Catherine s'adressait elle-même à Ferdinand. Elle le suppliait, « comme son plus pro-« che parent et oncle, et comme souverain conservateur de jus-« tice », de ne pas permettre l'exécution de l'arrêt du Parlement

(1) Faits mentionnés par Aleson, *Anales de Navarra*, t. V, chap. X, f° 147. — (2) Le cardinal Faccio mourut le 24 mars 1510. Aleson, loc. cit. — (3) Bulle du pape Jules II, par laquelle il rétablit le cardinal d'Albret dans l'administration de l'évêché de Condom. B. N., coll. Doat, t. CCXXIX, f° 15 (*pridie idus octobris 1510*). — (4) Lettres des rois de Navarre à Tudela, annonçant que le différend relatif au décanat est remis à un arbitrage et va être aplani. Pau, 22 et 29 juillet 1510. Arch. de Nav., *Cortes, negocios eclesiásticos*, leg. 1, carp. 19 (documents inédits). — (5) Zurita, *Anales de Aragon*, liv. VIII, chap. XLV, f°, 203, v°. — (6) Rumeurs de la cour de Blois, mentionnées dans la dépêche de Nasi aux Dix. Troyes, 18 avril 1510. Négociations de la France avec la Toscane, p. p. A. Desjardins, II, 491.

de Toulouse relatif à la confiscation du Béarn. Elle essayait aussi d'obtenir le concours des États d'Aragon. Le roi de France, disait-elle dans sa lettre aux Cortès aragonaises, « à tort et sans « cause veut occuper le Béarn » ; il a poussé le Parlement à rendre un injuste arrêt. Il « s'est fait juge dans sa propre cause », et maintenant il se dispose à exécuter la sentence « à main « armée ». La parenté qui unit le Roi Catholique aux rois de Navarre, les sentiments d'équité du prince espagnol, son intérêt même lui commandent d'intervenir en leur faveur. Le Béarn et les autres États navarrais ne sont-ils pas « confins » aux royaumes d'Espagne, et leurs habitants bons voisins ? Si le Béarn tombe entre les mains du roi de France, l'Espagne et ses habitants « en recevront grant préjudice, puisqu'ils auront pour voi- « sin et maître de leurs frontières un aussi grant et aussi puis- « sant seigneur », à la place d' « une fille d'Aragon » comme la reine de Navarre (1). Ferdinand répondit à cette démarche par une lettre courte et polie, où il souhaitait à Catherine « autant de « vie, de bonheur et d'honneur qu'elle le désirait », et pour le surplus, il s'en rapporta aux instructions verbales qu'il avait données à l'envoyé béarnais (2). Ces instructions ne devaient pas être défavorables, car il est certain que les relations entre les souverains navarrais et le roi d'Aragon redevinrent plus fréquentes et plus cordiales. A la mission de Sainte-Colomme, succéda celle de Ladron de Mauléon. Ferdinand renouvela à cet ambassadeur ses protestations de bon vouloir. Jean et Catherine, touchés de cet accueil, remercièrent leur oncle de ses assurances « de bienveillance », et le 8 octobre ils lui renvoyèrent le même agent « pour le supplier d'avoir en spéciale recommandation les « personnes, l'honneur et les affaires de leur État ». Ils manifestaient leur désir de régler « et pacifier » les différends qui avaient eu lieu entre les habitants des frontières d'Aragon et de Navarre ; ils proposaient de les soumettre à des arbitres dont on ne pût suspecter l'impartialité. Ils lui signalaient aussi, pour réclamer ses bons offices, la question de l'évêché de Pampelune, pour lequel ils présentaient un candidat de leur choix, le cardinal d'Albret, leur frère. Ils lui montraient enfin une entière confiance (3). La raison de ce rapprochement subit se devine des

---

(1) Lettre de Catherine, reine de Navarre, aux États d'Aragon, réunis à Monçon (en béarnais), 25 mai (pour mars) 1510. B. N., coll. Languedoc, t. XCI, p. 50, publiée *in extenso* par Galland. Mém. pour l'Histoire de Navarre et de Flandre, Preuves, n° 3, pp. 4-5. — (2) Lettre originale de Ferdinand à la reine de Navarre. Monçon, 12 mai 1510. Arch. des Bass.-Pyrén., E. 553, document inédit. — (3) Lettre de créance des rois de Navarre pour leur ambassadeur Ladron de Mauléon. Pau, 9 octobre 1510, orig. signé,

deux côtés. Le roi d'Aragon avait conclu le 7 juillet une ligue défensive avec le roi d'Angleterre et le Pape (1), et, dans la prévision d'une guerre avec la France, il n'était pas fâché de pouvoir compter sur la neutralité bienveillante ou même sur la coopération des rois de Navarre. Ceux-ci trouvaient avantage à se ménager la protection de l'Espagne et de ses alliés contre les menaces de Louis XII. Ils espéraient encore obtenir de Ferdinand d'importantes concessions pour prix de leur alliance. Aussi, le 6 février 1511, lui envoyèrent-ils une troisième ambassade, composée de Juan de Jasu, seigneur de Javier, président du Conseil royal, de Ladron de Mauléon et de Martin de Jaureguiçar, leurs conseillers. Les négociateurs navarrais protestèrent du vif désir qu'avaient leurs maîtres de vivre en bonne amitié avec le roi d'Espagne. Ils lui demandèrent de ne pas oublier les intérêts de la dynastie d'Albret, au cas où la paix serait conclue avec la France (2), et d'exiger de Louis XII la promesse de garantir la Navarre et les autres États des rois contre toute attaque. Enfin, ils formulèrent une demande déjà bien des fois hasardée, celle de la restitution des villes de San-Vicente, Los Arcos, La Guardia, et autres domaines de la Sonsierra occupés par la Castille depuis 1463. Ils alléguaient que la reine Isabelle, sur son lit de mort, avait ordonné de les restituer, et que le roi d'Aragon lui-même l'avait promis. Ferdinand, sans décourager les envoyés navarrais par un refus, ajourna une réponse positive, subordonnant à son tour ses concessions à la restauration de Louis de Beaumont et de ses partisans dans leurs terres de Navarre (3). La négociation n'eut pas de résultat immédiat : le roi d'Aragon voulait attendre les événements, et il pensait bien, si les hostilités s'ouvraient, dicter aux rois de Navarre des conditions, et non pas en recevoir (4). La guerre devenait, en effet, imminente : le pape Jules II, outré de la réunion du concile de Tours (septembre 1510), avait excommunié le duc de Ferrare, allié de Louis XII. Ferdinand, que le roi de France appelait « un méchant homme, vivant « de tromperies, sans foi ni loi » (5), voyait ses propositions de

inédit, B. N. de Paris, Fonds espagnol, t. CLXXI, f° 23, pièce 19 (nouveau classement).

(1) Sur cette ligue, voir Mariana, *De Rebus hispanicis*, liv. XXIX, chap. XXIV. — Rymer, t. XIII, 270-284 (traité du 24 mai entre Ferdinand et Henri VIII). — (2) On négociait en effet la paix ; l'évêque de Gürck proposait la réunion d'un congrès à Mantoue, et les négociations durèrent jusqu'en juin 1511. Voir Lettres de Martyr, n° 452. — (3) Ces négociations sont connues par le récit d'Alsson, t. V, f° 169. — (4) On voit que Ferdinand avait rejeté la demande de restitution des villes navarraises par une lettre que lui adresse à ce sujet Maximilien le 25 juin 1511. Arch. des Bass.-Pyrén., E. 553. — (5) Paroles de Louis XII, rapportées par l'envoyé florentin. Dépêche du

médiation froidement accueillies à la cour de Blois (1). Les Français occupaient Bologne, et Louis XII réunissait un concile à Pise pour intimider le Pape, en le menaçant d'une déposition. Jules II ripostait en lançant l'anathème par la bulle *Sacrosanctœ Ecclesiœ*, contre tous ceux qui adhéreraient à cette assemblée et lui prêteraient « secours ou faveur » (2). Enfin, le 5 octobre 1511, la Sainte-Ligue était formée entre le roi d'Espagne, le Pape et les Vénitiens, auxquels se joignit bientôt le roi d'Angleterre (3). Les souverains navarrais étaient loin de se douter qu'ils seraient obligés de prendre part à cette guerre générale, où ils croyaient n'avoir aucun intérêt engagé, et qu'ils y perdraient leur royaume. Rien ne faisait présager une pareille catastrophe, au moment où fut conclue cette coalition. Loin de là, Jean et Catherine s'imaginaient être à l'abri de nouvelles épreuves. Rien ne paraissait plus les menacer que l'hostilité tenace du roi de France. Depuis 1498, après la courte période de cinq ans où ils avaient possédé à la fois l'amitié de Louis XII et celle de Ferdinand, ils étaient parvenus à écarter le danger d'un démembrement, grâce à l'antagonisme des intérêts français et espagnols. De 1503 à 1506, ils s'étaient appuyés sur l'alliance du roi d'Aragon, puis sur celle des princes autrichiens. La première leur avait permis de braver les desseins hostiles de Louis XII, la seconde d'échapper au protectorat du roi d'Espagne, d'écraser la rébellion de leurs États, de déjouer les entreprises du roi de France. Malgré l'union qu'il avait nouée avec le Roi Très Chrétien, Ferdinand, soucieux de ménager les intérêts de ses royaumes, n'avait ni osé ni voulu soutenir la cause du prétendant Gaston de Foix (1506-1509). Enfin, au moment le plus critique, lorsque Louis XII avait fait prononcer la confiscation du Béarn (1510), la rupture entre les confédérés de Cambrai avait une troisième fois sauvé les rois de Navarre. Aussi le passé leur semblait-il le garant de l'avenir. Ils avaient traversé sans grand dommage tant d'épreuves, qu'ils s'imaginèrent pouvoir triompher encore de celle qui les menaçait, avec le bonheur persistant dont ils avaient joui jusque-là.

15 juin 1510, Négociations de la France avec la Toscane, p. p. Desjardins, II, 511.

(1) Sur les démarches de Ferdinand, voir Zurita, *Anales de Aragon*, liv. IX, chap. XXXI, f° 248. — (2) Bulle *Sacrosanctœ Ecclesiœ*, 18 juillet 1511. *Magnum Bullarium romanum*, t, I, p. 110. — (3) Conclusion de la Sainte-Ligue, Zurita, liv. IX, chap. XXXVIII, f° 255.

LIVRE III.

LA CONQUÊTE DE LA NAVARRE.

(1512.)

CHAPITRE Iᵉʳ.

LA SAINTE-LIGUE; ATTITUDE DES ROIS DE NAVARRE
DANS LE CONFLIT ENTRE LES CONFÉDÉRÉS ET LA FRANCE.
LES NÉGOCIATIONS ENTRE JEAN D'ALBRET
ET FERDINAND LE CATHOLIQUE; RUPTURE AVEC L'ESPAGNE.

(1511-1512.)

Au moment où les grandes puissances allaient en venir aux mains, les rois de Navarre étaient loin de s'attendre aux terribles surprises que leur réservait un conflit où ils ne semblaient pas intéressés. En moins d'un an, ils allaient devenir, d'ennemis de la France, ses plus intimes alliés; ils allaient s'attirer l'implacable inimitié du roi d'Aragon, dont ils paraissaient d'abord sur le point de reconquérir l'appui. Ils devaient perdre leur royaume en moins de deux mois, voir leur couronne usurpée en vertu d'une excommunication pontificale qu'ils n'avaient point méritée, recouvrer leur État pour le reperdre presque aussitôt. L'année 1512 fut le terme fatal de la crise qui menaçait la dynastie navarraise depuis 1479. C'est alors qu'apparut clairement l'impossibilité qu'il y avait à faire vivre sous l'autorité des mêmes princes un État comme la Navarre, dont l'alliance était indispensable à l'Espagne, et des pays comme les domaines de Foix et d'Albret, dont la soumission et la fidélité étaient nécessaires à la sécurité de la France. La diplomatie maladroite des souverains navarrais précipita le dénouement prévu depuis de longues années, et qu'on aurait pu peut-être retarder encore. L'idée générale qui les guida dans leurs négociations était juste, mais d'une application difficile. Ils comprenaient qu'il ne leur restait qu'un moyen d'échapper au péril, c'était de garder entre la France et l'Espagne une stricte neutralité. Aussi refusèrent-ils, en 1511 comme en 1512, de se déclarer contre la Sainte-Ligue. De même, ils évitèrent toute occasion de rupture ouverte avec Louis XII. Après la mort de Gaston de Foix, leur ennemi, ils négocièrent à la fois à Burgos et à Blois, avec les rois de France et d'Espagne, dans l'espoir obstiné de faire admettre cette neutralité par les deux partis. Mais le Roi Catholique ainsi que le Roi Très Chrétien craignaient d'être dupes. L'un exigea l'occupation des forteresses navarraises comme garantie, et ne pouvant l'obtenir, prépara la conquête. L'autre obtint la coopération active des rois de Navarre contre les Anglais et leurs alliés, c'est-à-dire les Espagnols, tout en acceptant pour la forme la neutralité à laquelle les souverains navarrais tenaient tant. Trompés par l'un comme par l'autre, Jean d'Albret et Catherine s'endormirent dans une dangereuse sécurité, et c'est ainsi que l'aveuglement et les erreurs de la diplomatie navarraise préparèrent et facilitèrent l'invasion de juillet 1512.

I. La Sainte-Ligue et les confédérés de Pise. Neutralité des rois de Navarre dans la querelle; hostilité du roi de France contre eux. (1511-1512.)

Pour les esprits clairvoyants, ce n'étaient point Louis XII et ses alliés, c'étaient bien plutôt les confédérés de la Sainte-Ligue qui possédaient les chances les plus sérieuses de succès. Aussi Jean d'Albret et Catherine, réconciliés en 1510 avec le pape, Jules II et avec le roi d'Aragon, se gardèrent-ils d'abord avec soin d'adhérer à la coalition organisée par le roi de France, le roi d'Écosse et l'Empereur contre le Saint-Siège et ses défenseurs. Ils étaient peu désireux de s'aliéner de nouveau le Pape et le Roi Catholique, et ils ne pouvaient professer qu'une médiocre sympathie pour une confédération dont le membre principal était précisément leur grand ennemi, Louis XII. Cependant Maximilien tenta de les entraîner à adhérer au concile de Pise. Continuant à jouer le rôle de maladroit ami, il leur écrivit, le 14 juin 1511, pour les engager, au nom des intérêts de la chrétienté, et en considération de l'alliance qu'il avait nouée avec eux, à prendre part à l'assemblée générale convoquée contre Jules II. Il incriminait vivement la conduite du Pape : il a violé toutes ses promesses ; il cherche à exclure de l'Italie les confédérés de Cambrai, qu'il appelle « des barbares » ; il n'a pas la dignité qui convient à son rang ; on le voit aux camps, aux sièges, aux batailles. Il « use du glaive temporel comme du glaive spirituel à « tort et à travers ». Avec lui, tous les moyens de conciliation sont épuisés ; il a joué l'envoyé impérial, Gürk, qui s'efforçait de rétablir la paix entre les princes. Il faut donc réunir un concile et se hâter d'y participer, « pour ne pas se laisser prévenir par « le Pape, qui ne manquerait pas d'excommunier les promoteurs » de cette assemblée (1). C'était une assez maladroite façon d'encourager les rois de Navarre à adhérer au conciliabule de Pise, que de leur montrer la perspective de l'anathème pontifical. Mais Maximilien pensait entraîner Jean d'Albret à se déclarer en faveur de son parti, par des considérations moins illusoires que l'intérêt de la chrétienté. Il crut le gagner en intervenant pour lui auprès de Ferdinand. Le 25 juin, il demandait, en effet, au roi

(1) Lettre de Maximilien aux rois de Navarre (texte latin), 14 juin 1511. Arch. des Bass.-Pyrén., E. 553. — Copie, B. N., coll. Doat, t. XV, f° 119.

d'Aragon de restituer aux souverains navarrais les villes conquises jadis par la Castille ; il estimait que les revendications des rois de Navarre étaient conformes à l'équité et fondées sur les dernières volontés de la reine Isabelle. « Votre Sérénité, disait-il, « fera ainsi une action digne de la mémoire d'une bonne reine, « réclamée par le droit et qui nous sera très agréable ; ce bien-« fait, enfin, vous assurera l'éternelle amitié du roi et de la « reine de Navarre » (1). Le Roi Catholique ne tint aucun compte de cette démarche officieuse, et une marque de bon vouloir aussi platonique ne pouvait suffire à entraîner les souverains navarrais dans la hasardeuse entreprise où Maximilien cherchait à les engager. Ils n'avaient aucune raison de se déclarer contre Jules II et contre Ferdinand ; au contraire, la protection du Saint-Siège et du roi d'Espagne était trop précieuse pour y renoncer ainsi sans motif. Jean et Catherine refusèrent de se départir de leur prudente attitude et de se prononcer contre le Pape et ses alliés. Bien mieux, lorsque le Pape eut excommunié les adhérents du concile de Pise, les rois de Navarre se prononcèrent clairement contre les schismatiques. Le cardinal Amanieu, frère de Jean d'Albret, figurait, « quoique à regret », dit Guichardin, parmi les cinq cardinaux organisateurs de cette assemblée (2). Il était évêque de Pampelune, d'Oloron, de Pamiers ; sa présence pouvait faire supposer que le clergé navarrais et le roi de Navarre adhéraient au concile. Jean et Catherine tenaient à dissiper l'équivoque. Lorsque le docteur Capia, auditeur de rote, envoyé du Pape, se présenta, au mois de septembre, à leur cour, pour les sommer de déclarer s'ils adhéraient au schisme, les deux souverains répondirent nettement « qu'ils « vouloient estre obéyssants audit Pape, et ils baillèrent par « escript audit Capia le désaccord dudit concile » (3). S'ils n'entendaient point se déclarer *contre* la Sainte-Ligue, les souverains navarrais n'avaient pas non plus l'intention de se prononcer en sa *faveur*. Ils voulaient rester neutres entre les deux partis, et ils ne se souciaient pas, en acceptant une alliance étroite avec Jules II et Ferdinand, de rompre avec leur allié et protecteur,

---

(1) Lettre de Maximilien au roi d'Aragon (latin). Innsbrück, 25 juin 1511. Arch. des Bass.-Pyrén., E. 553, copie. — Ces deux lettres sont inédites et cette double démarche est restée inconnue des historiens. — (2) Guichardin, Hist. d'Italie, liv. X, chap. I", p. 407 (coll. Buchon). — (3) Ce fait important est mentionné dans une note des frères Dupuy, à la suite de leur copie de la bulle *Pastor ille cœlestis*. B. N., fonds Dupuy, vol. 525, f° 101. — Il est confirmé par les affirmations répétées des rois de Navarre, qui déclarent dans leurs instructions et mémoires, en 1514, 1515, 1516, qu'ils n'ont jamais adhéré au concile de Pise, et même qu'ils ont refusé formellement d'y adhérer. Voir ci-dessous l'analyse de ces mémoires.

18

Maximilien. Ils redoutaient aussi de donner au roi de France un prétexte qui lui eût permis de confisquer leurs États et de les occuper au profit de Gaston de Foix. Cette attitude de réserve leur était commandée par la prudence. En effet, l'animosité de Louis XII contre la maison d'Albret était parvenue à son paroxysme. A la cour de Blois, on accusait Jean et Catherine d'avoir conclu une entente secrète avec le roi d'Aragon dans les derniers mois de l'année 1511. On prétendait qu'ils avaient réuni « un grand nombre de gens d'armes et qu'ils faisaient « grandes provisions de vivres ». C'était, disait-on, « à seule fin « de tenir en crainte le roy de France du cousté de l'Espaigne » (1). Le père du roi de Navarre, Alain d'Albret, soupçonné d'intrigues hostiles, dut quitter, sur l'ordre de Louis XII, ses terres de Gascogne, pour venir se mettre à Dreux sous la main du roi (2). On prêtait au souverain français des projets menaçants : il avait promis, d'après les rumeurs qui couraient à ce moment, de conquérir les États navarrais et de les donner à Gaston de Foix, aussitôt que le prétendant, qu'il avait mis à la tête de l'armée d'Italie, aurait terminé la guerre dans la péninsule (3). Aussi Jean et Catherine, ne doutant pas de la réalité de ces desseins, avaient-ils tourné toute leur attention du côté de la France. Ils avaient demandé aux États de Béarn, réunis sous la présidence de leur fils cadet Charles et de l'évêque de Couserans, une donation de 10,000 écus pour mettre le pays en défense (4). Mais ils ne tenaient pas à prendre le rôle d'agresseurs, ni à fournir à Louis XII un prétexte pour les attaquer. Ils se gardèrent donc d'adhérer à la Sainte-Ligue. Ils se bornèrent à recommander leur cause à l'Empereur Maximilien, qui négociait en décembre 1511 avec les deux partis, et qui était l'objet de ménagements infinis de la part du roi de France. Le prince français « avait « une terrible crainte » de la défection du chef de la maison d'Autriche (5). Il était question d'un congrès qui se réunirait à Mantoue, pour réconcilier tous les princes chrétiens (6). Les

(1) Lettre de Jean le Veau à Marguerite d'Autriche. Blois, 29 décembre 1511. Négociations diplomatiques de la France avec l'Autriche, p. p. Le Glay, I, 447. — (2) Fait rappelé dans la harangue de Pierre de Biaix, à Bruxelles, le 25 août 1516 ; voir ci-dessous. — (3) S'il eût vécu, disait Louis XII à un envoyé de la reine d'Aragon, j'eusse fait de lui le plus grand seigneur (el mayor hombre) de mes États. La respuesta que dieron á Felipon. Arch. de Simancas, Patr. real. Cap. con Nav., leg. 2. — (4) Novembre 1511. Délibération des États de Béarn. Arch des Bass.-Pyrén., C. 680, f⁰ˢ 81-83. — (5) Lettre de Jean le Vehu à Marguerite d'Autriche. Blois, 10 déc. 1511. Lettres de Louis XII, p. p. Godefroy, t. III, p. 100. — (6) Sur ce projet de congrès, voir une lettre de Maximilien, Fribourg, 4 janvier 1512. Correspondance de Max. avec Marg., p. p. Le Glay, I, 468.

rois de Navarre, qui avaient prudemment agi jusque-là en restant neutres entre les coalisés, croyaient qu'ils allaient profiter de ces négociations pour obtenir toute sécurité des deux côtés. Ils comptaient sur l'appui de l'Empereur. Leur ambassadeur, Salvador de Berio, se rendit à Toblach, à la cour impériale, pour implorer la protection de Maximilien. Il lui exposa « le tort que « le roi de France se parforçait de faire à ses maîtres », et le supplia de ne pas les oublier dans les conventions qu'il pourrait conclure, soit avec la Sainte-Ligue, soit avec Louis XII. Marguerite, la gouvernante des Pays-Bas, joignait ses instances à celles de l'envoyé navarrais. Elle priait son père, « en raison de leur « droit et du devoir où les rois de Navarre se vouloient mettre » en faveur de la maison d'Autriche, de « les avoir pour recomman- « dez ». Elle lui demandait « que, si l'opportunité se ordonnait, « et si quelque bon traicté de paix ou d'amitié se faisoit », il voulût bien « les y comprendre, et les avoir en bonne et sin- « gulière recommandation, comme ses bons parents, amys et « alliés » (1). L'espoir que les souverains navarrais avaient fondé sur cette médiation se trouva déçu. Maximilien ne put réconcilier le roi de France avec la Sainte-Ligue, et la guerre éclata dans les premiers mois de 1512. Cependant les rois de Navarre ne se départirent pas de leur prudente réserve, et malgré les menaces de Louis XII, ils ne sortirent point de la défensive stricte, que l'intérêt leur commandait.

Tant que les hostilités n'avaient point été prochaines, Jean et Catherine avaient réussi à garder cette neutralité, qui était leur seule garantie. Mais, au mois de mars 1512, le roi d'Espagne faisait déclarer la guerre au roi de France, ennemi de l'Église et usurpateur des biens du Saint-Siège (2). Le 9 février, il avait conclu avec Henri VIII un traité d'alliance, et l'une des clauses de ce pacte stipulait une expédition combinée en Guienne (3). Dès ce moment, il était évident que Ferdinand, pour réussir dans son attaque, et Louis XII, pour la prévenir, chercheraient à occuper le grand passage des Pyrénées, le col de Roncevaux, dont les souverains navarrais détenaient les clés. La neutralité de la Navarre et du Béarn était également impossible à maintenir, à moins que Jean d'Albret ne possédât des forces suffisantes pour la faire respecter. Or, s'il avait réuni en Béarn des troupes assez considé-

---

(1) Sur ces négociations de Toblach, voir la lettre de Marguerite à Maximilien en faveur des rois de Navarre (Bréda, 23 nov. 1511. Correspondance de Max. avec Marg., p. p. Le Glay, I, 449), et la lettre de Jean le Veau à Marguerite, Blois, 29 déc. 1511. Négociations de la France avec la maison d'Autriche, p. p. Le Glay, I, 477. — (2) Pierre Martyr, *Opus Epistolarum*, lettre 481. — (3) P. Martyr, *Epist.*, n° 479.

rables (1), il avait entièrement négligé de mettre en défense la frontière navarraise. Il ne croyait pas, en effet, être en danger du côté de l'Espagne. Bien qu'il n'eût pas adhéré officiellement à la Sainte-Ligue, et qu'il fût bien résolu à se tenir en dehors de tout engagement avec les belligérants, il formait des vœux pour le succès des ennemis de Louis XII et de Gaston de Foix. Il avait même permis, si l'on en croit Aleson, aux sujets navarrais de servir dans l'armée des confédérés, et il envoya secrètement à Raymond de Cardone, général de la ligue en Italie, un corps de troupes qui figura à la bataille de Ravenne (2). Loin d'être les alliés de la France et d'avoir été excommuniés dès le mois de février 1512 par le Pape, comme l'ont soutenu les historiens espagnols apologistes de la conquête (3), les rois de Navarre avaient tout à redouter de Louis XII, le protecteur du prétendant Gaston, duc de Nemours. Au contraire, leurs sympathies allaient aux membres de la Sainte-Ligue. Malgré ces sentiments secrets, ils étaient bien décidés à rester à l'écart de la lutte, de peur d'attirer sur eux les armes du prince contre lequel ils se prononceraient. En cela, ils agissaient sagement. Mais les intérêts de Ferdinand étaient en conflit avec les leurs sur ce point. Il ne pouvait admettre la neutralité de la Navarre pour deux raisons : l'une, c'est qu'il avait besoin d'occuper ce pays et de s'assurer de la grande voie de Roncevaux pour envahir la Guienne; l'autre, c'est qu'il était résolu à profiter de l'occasion pour obliger les souverains navarrais à rappeler les Beaumontais, et à se soumettre de nouveau au protectorat de l'Espagne, qu'ils avaient secoué, grâce aux événements de 1506 et de 1507. Le roi d'Aragon s'efforça d'arriver à ses fins en entamant des négociations. Les pourparlers passèrent par deux phases successives : dans la première, jusqu'à la mort de Gaston de Foix, ils furent dirigés de part et d'autre, à ce qu'il semble, avec l'intention d'aboutir à un accord; les conditions proposées par Ferdinand n'étaient pas encore aussi dures qu'elles le furent plus tard. La seconde phase commence après la bataille de Ravenne : le roi d'Aragon, mécontent des négociations entamées par Jean d'Albret à Blois, exige des concessions de plus en plus exorbitantes, puis il ne négocie plus que pour achever ses préparatifs, endormir les soupçons des rois de Navarre, et finit par rompre avec eux, en leur demandant des conditions inacceptables, auxquelles il n'y avait d'autre réponse possible que la guerre.

(1) Lettre de Jean le Veau, 29 décembre. Citée ci-dessus. — (2) Aleson, *Anales de Navarra*, t. V, chap. XIII, f° 217. Cet auteur ne cite pas ses preuves. — (3) Zurita, Mariana, Sandoval, etc., soutiennent cette opinion, dont nous montrerons plus loin la fausseté.

Quelques jours après la déclaration officielle des hostilités contre la France, Ferdinand commençait à la cour de Pampelune une campagne diplomatique dont le but était la restauration du protectorat castillan et l'adhésion de la Navarre à la Sainte-Ligue. Le négociateur choisi était le diplomate consommé qui, depuis vingt ans, avait traité les affaires navarraises, Pedro de Ontañon. Il partit de Burgos le 31 mars 1512 (1) pour se rendre auprès des souverains navarrais, qui résidaient alors dans leur capitale, et qui séjournèrent peu après à Tudela, pour y présider les Cortès (2). L'ambassadeur espagnol leur proposa la conclusion d'une convention analogue aux traités antérieurs de Medina del Campo et de Madrid. Ce pacte serait surtout favorable à leur sécurité. Il ne manqua pas de leur rappeler les projets qu'avait formés le roi de France pour leur enlever la Navarre et leurs autres États. C'est au roi d'Aragon qu'ils s'en étaient plaints, et c'est lui qu'ils avaient maintes fois supplié, au nom des liens du sang et de l'amitié, de prendre leur défense et de les couvrir de sa protection. L'année précédente, Ladron de Mauléon était venu à la cour de Castille, implorer le secours de Ferdinand, et ce secours ne leur avait pas fait défaut. Le roi d'Aragon sait mieux que personne quelles sont les intentions du roi de France. A plusieurs reprises, Louis XII l'a requis clairement de se joindre à lui, pour leur enlever leurs États et les donner à son neveu. Il s'est même vanté, si le Roi Catholique consentait à unir ses forces aux siennes pour cette entreprise, de ne faire des domaines navarrais « qu'une bouchée » (3). Si le souverain français n'a pas exécuté ses desseins, c'est uniquement parce qu'il n'a pu obtenir le consentement du roi d'Espagne. L'intérêt comme la reconnaissance commandent donc aux rois de Navarre de s'allier avec leur protecteur, avec l'homme qui leur a rendu depuis huit ans un service aussi signalé. Maintenant, la situation s'est modifiée. Louis XII a rompu avec l'Église; il a suscité un schisme. Il offre ou il offrira aux souverains navarrais de régler à l'amiable tous leurs différends; il les leurrera de l'espoir d'une réconciliation; il les amusera par de belles paroles tant que durera la guerre. Que les rois prennent garde de se laisser séduire. Ferdinand a appris que le roi de France a promis à son neveu, Gaston de Foix, qu'après l'achèvement de son entreprise d'Italie, il le mettrait en possession du royaume de Navarre, sans tenir compte des traités qu'il pour-

II.
Les négociations entre les rois de Navarre et le roi d'Espagne. Conférences de Tudela, mission d'Ontañon. (Mars-avril 1512.)

(1) La date de cette ambassade, qui n'est pas indiquée par Zurita, est fixée par l'auteur anonyme du *Libro genealógico de la casa del Condestable de Navarra*, chap. XI, f° 172, d'après les documents des archives de la maison d'Albe, sans doute. — (2) Ils étaient le 11 mai à Tudela, d'où sont datées plusieurs pièces. — (3) « *No auria en ella para un dejuner.* »

rait conclure avec les princes d'Albret. Au lieu de cette alliance précaire et trompeuse qu'on leur offre de la part de Louis XII, combien plus avantageuse et plus loyale est celle que propose le roi d'Espagne! D'abord, il s'engagera, en son nom et au nom de ses successeurs, à protéger et à défendre perpétuellement les rois ses neveux, et à veiller à la conservation de leurs États de Navarre et de Béarn. Ensuite, s'il parvient à conclure une nouvelle paix avec la France, il ne manquera pas, en allié fidèle, de soutenir la cause des souverains navarrais et de les faire comprendre dans le traité. S'il consent ainsi à couvrir pour toujours de sa protection les États de ses neveux, ce n'est pas dans une pensée d'égoïsme. C'est pour leur montrer l'affection qu'il a pour eux ; c'est aussi pour resserrer l'union entre les princes chrétiens, au moment où l'Église est attaquée avec tant de fureur. Mais, en compensation des avantages signalés que son alliance assurera aux rois de Navarre, n'est-il pas juste que ceux-ci lui donnent, comme ils l'ont fait autrefois, des sûretés suffisantes pour garantir l'exécution stricte de l'accord conclu avec eux? Au temps où la reine Isabelle vivait, ils avaient consenti, par les conventions signées avec les Rois Catholiques, à donner en gage plusieurs de leurs forteresses. Ferdinand est aujourd'hui moins exigeant; il veut prouver à ses neveux son affection et sa bienveillance. Bien qu'il ait en ce moment des raisons plus pressantes que jamais pour demander une clause semblable, il se contentera de la garantie que les rois de Navarre pourront lui donner, sans préjudicier à l'intérêt de leur royaume. Ces phrases doucereuses, ces protestations d'amitié n'empêchaient pas le roi d'Aragon de poser des conditions fort dures. Il affectait la modération en n'exigeant pas que les principales places navarraises lui fussent remises en gage, comme au traité de Madrid. Mais il demandait deux garanties qui valaient bien celle à laquelle il renonçait. En premier lieu, il exigeait qu'on lui livrât comme otage l'héritier du trône de Navarre, Henri, prince de Viane, sous prétexte de l'élever à sa cour pendant quelques années. En second lieu, les souverains navarrais s'engageraient à ne pas livrer passage à travers la Navarre et le Béarn aux troupes françaises ; les Cortès, le maréchal du royaume, le connétable Alonso de Peralta, les principaux gentilshommes, les gouverneurs des forteresses prêteraient le serment de veiller à l'observation de cette promesse, et feraient à ce sujet au roi d'Aragon l'hommage requis par les conventions antérieures de Madrid et de Séville. En échange de ces concessions, Ferdinand consentait à conclure une alliance et confédération perpétuelle entre les États de Navarre et d'Espagne. On y prendrait toutes les précautions nécessaires pour assurer aux souverains navarrais et à leurs héritiers la protection efficace des princes castillans. Le mariage projeté entre le prince Henri et l'infante Isabelle d'Autriche serait accompli, et s'il ne pouvait être célébré, puisque cette princesse résidait hors de l'Espagne, à défaut d'Isabelle, il serait convenu qu'à l'âge de douze ans accomplis, l'infant de Navarre épouserait Catherine, sœur d'Isabelle. Le Pape s'engagerait à accorder aux rois toutes ses faveurs, et à employer ses bons offices pour conserver leurs domaines. Le nonce de Jules II a reçu mission expresse de dispenser Jean d'Albret d'envoyer des troupes en Italie pour la défense de l'Église. Le Saint-Siège se déclarera satisfait, pourvu que les souverains navarrais interdisent à leurs sujets, ainsi qu'aux Béarnais et aux Basques, de porter secours au roi de France et à ses alliés. Il suffira que Jean et Catherine fassent publier cette défense, et ordonnent à tous leurs vassaux de s'y conformer, sous peine de confiscation (1). Accepter ces conditions, c'eût été remettre leur royaume sous ce protectorat castillan auquel ils avaient eu tant de peine à échapper. Les rois de Navarre hésitaient à les admettre; ils crurent éviter le péril en traînant en longueur les négociations. Mais Ferdinand eut recours à son artifice ordinaire, l'intimidation. Il accusa ses voisins de faire de grands préparatifs militaires, et prétendit qu'ils méditaient la ruine des partisans de la Castille; il en donnait pour preuves la disgrâce de deux seigneurs navarrais et du prieur de Varaiz, ses amis. Le capitaine-général castillan, Juan de Silva, fit des représentations à la cour de Pampelune sur ses armements. Tout était mis en œuvre, promesses et menaces, pour appuyer les démarches de l'ambassadeur Ontañon (2). Peut-être les rois de Navarre, entraînés par les sympathies de leurs sujets pour l'Espagne, et effrayés des projets de Louis XII, eussent-ils fini par céder. Un événement imprévu vint modifier leurs dispositions. Le redoutable prétendant à la succession navarraise, Gaston de Foix, fut blessé à mort sur le champ de bataille de Ravenne (11 avril). Aussitôt le roi de France, peu désireux de soutenir les prétentions de la maison de Narbonne au grand profit de la reine d'Aragon, Germaine, se rapprocha de la maison d'Albret. Dès le 20 avril, il envoyait Jean d'Orval en Béarn, et peu après s'ouvraient les négociations de Blois. Elles durèrent deux mois et demi. A partir de ce moment, un brusque revirement se produisit dans la politique des rois de Navarre; ils crurent habile de négocier à la

---

(1) Cette négociation, dont les pièces sont sans doute perdues, est connue par le récit de Zurita, *Anales de Aragon*, liv. IX, chap. LIV, f°s 272-273. —
(2) Zurita, *ibid.*, f° 273, r°. D'après l'auteur du *Libro genealógico de la casa del Condestable de Navarra*, f°s 172-173, Ontañon proposait aussi de remettre à un arbitrage le différend entre le comte de Lerin et les rois de Navarre.

fois avec la France et avec l'Espagne, espérant obtenir, soit de Ferdinand, soit de Louis XII, de meilleures conditions. Ils caressaient l'espoir de maintenir leur neutralité à l'égard du premier et de conclure avec le second une alliance purement défensive. Aussi le projet de traité que Pedro de Ontañon était venu leur présenter fut-il accueilli par un refus. Les souverains navarrais prétendaient traiter à des conditions plus avantageuses que celles que le Roi Catholique voulait leur imposer. Ils refusèrent nettement de lui donner en otage leur fils, le prince de Viane. Pareille exigence, disaient-ils, était la preuve d'une méfiance injustifiée à leur égard. Le prince devait être élevé à leur cour, comme il était juste et naturel, et non dans une cour étrangère. Sur le second point, le mariage de l'infant de Navarre avec la princesse Isabelle, ils répondirent qu'ils désiraient vivement cette union. Mais il fallait attendre que le prince eût l'âge requis; jusque-là, il convenait de ne pas le soustraire aux soins de sa mère. Ils conjuraient le roi d'Aragon d'avoir plus de confiance en eux, et se bornaient à affirmer qu'ils étaient disposés à observer d'une manière inviolable les alliances antérieures. Ils ne pouvaient donner de garantie meilleure que leur parole (1). En même temps, Jean d'Albret tentait quelques armements; après la clôture des Cortès, il allait inspecter les places des frontières. Le 6 mai, il visitait la forteresse de Viana, accompagné de son capitaine-général, Lescun (2). Mais il manquait d'argent; d'autre part, l'attitude menaçante des troupes castillanes le détermina à ajourner ses préparatifs militaires (3), et il se reprit à espérer que Ferdinand admettrait ses propositions de neutralité. Il se trompait étrangement. En effet, le roi d'Aragon ne voulait point conclure de traité pour obtenir ce mince avantage, et il ne renonçait nullement à son idée primitive, celle de rétablir le protectorat castillan sur la Navarre. Il présenta donc aux souverains navarrais un second projet, où l'article capital qui avait excité les susceptibilités de Jean et de Catherine était supprimé. Il renonçait à demander qu'on lui livrât en otage le prince de Viane, mais il exigeait qu'on confiât à six gentilshommes navarrais qu'il désignerait lui-même les six principales places fortes du royaume. Un nouveau refus accueillit la proposition du roi d'Espagne (4). C'est sans doute à ce moment, vers la fin du mois de mai, que Ferdinand, désespérant de réduire les rois de Navarre à accepter le protectorat plus ou moins déguisé de l'Espagne, résolut d'imposer par la force ce qu'il ne pouvait

(1) On n'a sur ces négociations qu'un exposé détaillé, celui de Zurita, *Anales de Aragòn*, liv. X, chap. IV, f° 290, r°. — (2) Aleson, *Anales de Navarra*, chap. XIII, f°s 201, 203, 204. — (3) Aleson, *ibid.*, f° 202. — (4) Récit de Zurita, liv. X, chap. IV, f° 290.

obtenir par les négociations. Il est probable qu'avec la pénétration ordinaire de son esprit, il comprit que le roi de France finirait par entraîner dans son alliance les princes d'Albret. En finir avec l'éternel procès de la succession de Foix, terminer les autres litiges suscités contre eux, faire reconnaître l'indépendance du Béarn, n'étaient-ce pas des avantages plus séduisants que ceux qu'ils pouvaient attendre de l'alliance espagnole? Quelles compensations Ferdinand pouvait-il offrir qui fussent capables de balancer l'effet des promesses de Louis XII? Le roi d'Aragon savait que l'intérêt politique l'emporterait chez le roi de France sur la haine invétérée que ce prince nourrissait à l'égard des rois de Navarre. Aussi est-il permis de supposer qu'instruit de la marche des négociations de Blois, il remit aux armes le soin de faire triompher ses projets. C'est alors que l'idée de l'occupation de la Navarre dut germer dans son esprit; peut-être voulait-il simplement rendre ce royaume vassal de l'Espagne, peut-être était-il déjà résolu à le garder, si la dynastie d'Albret ne se résignait point à accepter cette vassalité.

Cependant, pour endormir les soupçons et les alarmes des souverains navarrais, aussi bien que pour terminer ses préparatifs militaires (1), le roi d'Aragon continua à négocier. Il accroissait ses exigences à mesure que son armée augmentait en Guipuzcoa et que les négociations de Blois approchaient d'une conclusion favorable. Lorsqu'il reçut la réponse des rois de Navarre, qui lui fut transmise par Pedro de Ontañon, il commença par propager des nouvelles défavorables qui tendaient à faire suspecter la conduite de ses voisins. Jean et Catherine, disait-il, étaient sur le point de se déclarer contre la Sainte-Ligue et de conclure une alliance avec le roi de France. Leur obstination, leur attitude suspecte à l'égard de l'Espagne allaient rendre impossible l'expédition de Guienne. La déloyauté des rois de Navarre n'avait rien d'étonnant : ils avaient déjà, antérieurement, violé les clauses du traité de Séville et les conventions qui les liaient à la Castille. N'avaient-ils pas nommé des gouverneurs de forteresses sans en aviser le roi d'Aragon, sans faire prêter hommage à l'ambassadeur d'Espagne ou au capitaine-général Ribera, transgressant ainsi une des conditions essentielles des traités précédents? En outre, on affirmait à la cour du Roi Catholique que le sire d'Orval, ambassadeur de France, avait offert à Jean d'Albret de conclure avec lui une alliance perpétuelle. Un double mariage, celui du

III.
Les négociations de Burgos.
(Juin-juillet 1512.)
Derniers efforts de la diplomatie espagnole.

---

(1) Les Anglais venaient de s'embarquer le 21 mai à Southampton, et le rassemblement de l'armée castillane en Guipuzcoa n'était pas terminé. Zurita, liv. X, f° 290, r°.

prince de Viane avec la fille cadette de Louis XII, Renée, et l'union du duc de Lorraine avec une des filles du roi de Navarre, devait être le gage de cette amitié. Un conseil tenu à Pampelune, sous la présidence du roi Jean, et composé du chancelier et des conseillers ordinaires, du comte de Sant-Esteban et du maréchal de Navarro, avait discuté ces propositions, que les deux derniers étaient d'avis de repousser (1). Alarmés de l'attitude menaçante du roi d'Espagne, les souverains navarrais décidèrent d'envoyer à Burgos, où résidait Ferdinand, deux négociateurs : le conseiller Ladron de Mauléon et le protonotaire Martin de Jaureguiçar. Les ambassadeurs offrirent simplement de renouveler les traités de Séville et de Medina del Campo, qui avaient stipulé la neutralité de la Navarre. Mais le roi d'Espagne se plaignit de ce que les envoyés n'étaient pas munis de pleins pouvoirs pour confirmer ces alliances, et surtout de ce qu'ils n'avaient pas reçu commission d'offrir les garanties précises qu'il avait fait demander récemment. Ladron de Mauléon fut renvoyé à la cour de Pampelune pour solliciter de nouvelles instructions. Il était porteur d'une lettre où Ferdinand, toujours aussi courtois que dissimulé, assurait en termes amicaux sa nièce Catherine « de son affection et de sa « bienveillance pour elle et pour ses États ». Il lui offrait en même temps de veiller à la protection de son royaume. La reine de Navarre répondit aussitôt en assurant son oncle de sa reconnaissance pour ses bienfaits passés, et en le remerciant pour sa proposition généreuse, dont elle se déclare vivement touchée. « Il pouvait, disait-elle, avoir confiance en son dévouement; elle « ne cesserait de faire tous ses efforts pour garantir l'accroisse- « ment et la sécurité de l'Espagne. » Elle promet d'avoir toujours pour lui le respect et l'obéissance « d'une vraie fille », qui a sans cesse sous les yeux les témoignages de l'affection paternelle du roi d'Aragon. Cette lettre était datée du 12 juin (2). Ladron de Mauléon, qui fut chargé de la remettre, repartit aussitôt pour Burgos. Il avait reçu pleins pouvoirs pour ratifier de nouveau les traités de Medina del Campo et de Séville, « bien qu'ils eussent été « confirmés, disaient les rois, depuis la mort d'Isabelle ». Jean et Catherine déclaraient aux Cortès, qu'ils pensaient satisfaire ainsi le Roi Catholique, qui leur avait demandé une nouvelle confirmation des traités. C'était, à leurs yeux, l'unique motif des démarches de l'ambassadeur Ontañon à Tudela, et du retour du

---

(1) Détails connus seulement par Zurita, liv. X, chap. IV, f° 290, v°. —
(2) Lettre de la reine de Navarre au Roi Catholique, 12 juin 1512. Pampelune (en esp.), orig. B. N., Fonds espagnol, t. CLXXII, pièce 51, f° 52 (du nouv. classement). Ce document *inédit*, d'une grande importance, permet de fixer a date de ces négociations et d'éclaircir le récit de Zurita.

conseiller Ladron de Mauléon à Pampelune (1). En consentant à ratifier les traités, c'est-à-dire à interdire le passage à travers la Navarre et le Béarn aux troupes étrangères, et à faire prêter serment par les alcaydes au roi d'Espagne, les souverains navarrais croyaient calmer les inquiétudes de Ferdinand. Celui-ci, au contraire, peu satisfait d'une neutralité pour laquelle on ne lui donnait pas la garantie qu'il exigeait, déclara insuffisantes les concessions qu'on lui faisait. Il reprocha aux rois de Navarre d'avoir oublié les bienfaits dont ils lui étaient redevables, leurs devoirs de princes chrétiens, de parents et d'amis, pour négocier une union étroite avec leur ancien ennemi, le schismatique roi de France, ce roi qui, sans l'opposition de l'Espagne, leur eût enlevé leurs États. Apprenant alors qu'une armée française se rassemblait en Guienne et se rapprochait des Pyrénées, il somma les ambassadeurs navarrais de lui donner les « sûretés » nécessaires, en garantie de la neutralité qu'ils offraient. Les envoyés s'efforcèrent de le calmer, en prenant l'engagement, au nom des princes navarrais, de ne fournir aucun secours à la France contre l'Église et le roi d'Aragon, clause qui fut, en effet, insérée dans le traité de Blois (2). Ferdinand riposta en déclarant la garantie trop minime. Il leur présenta aussitôt un contre-projet bizarre qu'il savait bien inacceptable, mais qui lui permettait de gagner du temps et même de se donner les apparences de la modération. Il ne s'opposait pas, disait-il, à ce que ses neveux gardassent la neutralité à la fois pour la Navarre et pour le Béarn, mais il fallait octroyer les garanties nécessaires pour assurer cette neutralité et empêcher « que les armées anglaises et espagnoles ne « fussent attaquées » du côté des Pyrénées. Il exigeait donc qu'on lui livrât les châteaux d'Estella, de Saint-Jean-Pied-de-Port et de Maya, qu'il confierait à des gouverneurs navarrais investis de sa confiance. Les rois pourraient accorder à Louis XII de semblables sûretés en Béarn et confier les forteresses de ce pays à des Béarnais placés au service de la France. Si Jean et Catherine repoussent cette première combinaison, qui eût mis les États indépendants de la maison d'Albret sous la dépendance de leurs puissants voisins, Ferdinand en propose une seconde, celle-là tout à fait impraticable. Les rois de Navarre pourront mettre les forces de leur royaume à la disposition de la Sainte-Ligue et joindre celles du Béarn aux troupes françaises.

(1) C'est ce qu'il est permis d'établir par la déclaration des rois aux Cortès, 19 juin 1512, analysée dans Yanguas, *Diccionario de Antigüedades*, III, 255.
— (2) D'après le récit de Zurita, liv. X, chap. IV, f° 290, r°. — On peut voir dans le chapitre suivant de notre travail que cette clause fut insérée dans le traité de Blois.

Ainsi, ils n'auraient plus eu à donner des garanties pour leur neutralité, mais une partie de leurs sujets eût combattu contre l'autre. Enfin, le roi d'Aragon arrive à la troisième et dernière combinaison : que les rois de Navarre se déclarent pour la Sainte-Ligue; ils le doivent, puisqu'elle a pour objet la défense de l'Église. Par cette alliance, ils obtiendront la protection de l'Espagne et de tous les membres de la coalition, qui s'engageront à défendre leurs territoires. Bien mieux, on leur restituera les villes de Los Arcos, San-Vicente, La Guardia et les autres petites cités que la Castille occupait depuis 1463 (1). On était au 20 juin, lorsque le contre-projet du roi d'Aragon fut communiqué aux souverains navarrais. Ferdinand avait lui-même écrit aux Cortès pour leur exposer les raisons qu'il avait de défendre la cause de l'Église, et les prier d'user de leur influence pour détourner les rois de l'alliance française (2). Les exigences du Roi Catholique produisirent à Pampelune une émotion profonde. Un mouvement d'indignation souleva les Cortès lorsqu'elles apprirent que le prince et son ambassadeur Ontañon, non contents de la ratification des traités antérieurs, demandaient, en garantie de la neutralité du royaume, l'occupation des forteresses. Elles décidèrent aussitôt par acclamation la levée de 300 hommes d'armes et de 4,000 fantassins (3). Il était bien tard pour prendre des mesures de défense : 10,000 Espagnols se trouvaient déjà aux environs de Vitoria, et 9,000 Anglais arrivaient sur la frontière de Guipuzcoa (4). Les rois de Navarre, trop faibles pour résister, crurent désarmer le roi d'Aragon en lui accordant des concessions qui, pour tout autre prince, auraient paru suffisantes. Mais Ferdinand était dès lors bien résolu à mettre à profit ses avantages pour occuper les États navarrais. S'il accepta de continuer les négociations, c'était pour mieux terminer ses préparatifs, endormir ses voisins dans une trompeuse sécurité et trouver un prétexte de rupture. Il faisait en ce moment solliciter à Rome une bulle d'excommunication contre ses neveux, et loin de se borner à la neutralité qu'il avait d'abord uniquement demandée, il avait résolu d'exiger le libre passage de ses troupes à travers la Navarre, sous prétexte que c'était le seul moyen de faire réussir l'entreprise de Guienne. L'idée de l'invasion

(1) Exposé du contre-projet de Ferdinand dans son mémoire justificatif d'août 1512, intitulé : *Escrito en que se muestra el derecho del Rey Católico*. Arch. de Simancas, *Cap. con Nav.*, leg. 2, fº 53. — Exposé semblable dans Zurita, liv. X, chap. IV, fº 291. — (2) Zurita, *ibid*. — (3) Déclaration des rois et délibération des Cortès, 20 juin 1512. Arch. de Nav., *Recop. de actas de Cortes*, fº 80; analyse dans Yanguas, *Diccionario*, III, 255, sans l'indication précise de la source. — (4) Zurita, liv. X, chap. V et VI, fº 292.

était si bien arrêtée dans son esprit, que son général le duc d'Albe avouait, avant le 28 juin, à sir Thomas Grey, marquis de Dorset, que son maître, ne pouvant obtenir de Jean d'Albret le passage à travers le Béarn et la Navarre pour les troupes espagnoles, avait résolu de commencer par faire la guerre à ce prince (1). La duplicité du roi d'Espagne ressort de tous ces faits. Officiellement, il continuait à demander la neutralité des États navarrais avec des garanties suffisantes ; secrètement, il se réservait d'exiger le libre passage de ses troupes, et il faisait déjà affirmer au chef des Anglais qu'il avait proposé cette clause au roi de Navarre, alors qu'il n'en avait jamais été question. Les négociations de Burgos se poursuivirent dans ces conditions, sans aboutir au résultat qu'attendaient Jean et Catherine. Ils avaient chargé le maréchal de Navarre et le docteur de Jasu de se rendre à la cour de Ferdinand pour y présenter leurs nouvelles propositions. Le maréchal, que Pierre Martyr appelle « un bon gentilhomme, « homme d'expérience et d'esprit » (2), prit chaudement la défense des rois ses maîtres. Il ne pouvait concevoir pourquoi le roi d'Aragon avait tant de méfiance à leur égard. Ils avaient sans doute résolu de conclure un traité avec le roi de France, mais ils avaient formellement stipulé que ce traité ne préjudicierait en rien aux alliances qui les liaient à la Castille. Cette réserve, ils la feraient insérer à tout prix dans la convention ; plutôt que d'y renoncer, ils refuseraient de signer l'accord, dussent-ils mettre en péril leurs domaines placés sous la suzeraineté française. Ils étaient aussi déterminés à respecter les intérêts du siège apostolique et du Saint-Père, dont ils se proclamaient les fils obéissants. Cependant Ferdinand n'avait pas confiance dans leurs protestations ; il leur demandait de livrer plusieurs de leurs forteresses, exigence dangereuse pour le présent et l'avenir de leurs États. Mais, pour montrer la sincérité de leurs déclarations et maintenir la paix, ils consentaient à faire des concessions. Non-seulement ils interdiraient formellement l'entrée de la Navarre à toutes les troupes qui voudraient attaquer l'Espagne ou les membres de la Sainte-Ligue, mais encore ils demanderaient aux Cortès de prêter le serment de garantir cette promesse : c'étaient là les meilleures sûretés qu'on pût offrir. Cette neutralité, garantie par le serment solennel de la nation et des rois, serait en vigueur pour une durée

(1) Les Anglais étaient arrivés le 8 juin au Passage en Guipuzcoa. Zurita, liv. X, chap. V, f° 291. Peu après, le duc d'Albe vint conférer avec Dorset ; or, le duc ne partit de Burgos que le 13. Martyr, *Epist.*, 488. L'entrevue où fut faite cette confidence eut lieu du 14 au 28 juin. C'est ce qui ressort du récit de Zurita, qui rapporte cet aveu. Zurita, liv. X, chap. VIII, f° 294, v°. —
(2) Martyr, *Epist.*, 488, 20 juin.

de quatre mois, c'est-à-dire pour tout le temps nécessaire à l'achèvement de l'entreprise de Guienne. Ce même engagement, ils l'auraient pris aussi pour le Béarn, sans la crainte qu'ils avaient de voir exécuter l'arrêt du Parlement, qui déclarait ce pays vassal de la France. Ils ne pouvaient accorder davantage, sans s'exposer à être accusés de félonie par Louis XII, et à perdre leurs domaines, mesure qui serait aussi préjudiciable aux États espagnols qu'aux rois de Navarre eux-mêmes. En retour de ces avantages, le roi d'Aragon empêcherait les troupes espagnoles et anglaises de causer le moindre dommage aux territoires navarrais. Il abrogerait l'obligation de l'hommage imposée par les traités antérieurs aux Cortès, aux gentilshommes et aux alcaydes, en garantie de la neutralité ; les alliances entre la Navarre et la Castille seraient maintenues en leur forme et teneur. Enfin, on ordonnerait aux exécuteurs testamentaires de la reine Isabelle de restituer les villes de La Guardia, San-Vicente et Los Arcos aux souverains navarrais. Après des échanges d'observations entre le diplomate délégué par Jean d'Albret et le roi d'Espagne, le maréchal, poussé à bout, se détermina à exposer les dernières conditions que les rois se résignaient à offrir. C'était de mettre au pouvoir de trois personnes, vassales et sujettes de la couronne navarraise, les trois châteaux de Maya, de Monréal et de Larraga, qui figuraient parmi les meilleurs du royaume. Les alcaydes de ces forteresses seraient désignés d'un commun accord par Ferdinand et par Jean d'Albret, et ces places resteraient en gage pendant quatre mois. Si le roi d'Aragon refusait d'accepter les châteaux désignés, il pourrait en choisir trois autres, pourvu que son choix ne portât ni sur Estella ni sur Saint-Jean, les clés de la frontière castillane et de la frontière française (1). Ferdinand trouva que les sûretés étaient encore insuffisantes. A son instigation, sans doute, le marquis de Dorset envoya à Pampelune l'ambassadeur d'Angleterre, John-William Knygt (2), pour sommer Jean et Catherine de se joindre à la Sainte-Ligue. Le négociateur anglais rappela aux rois de Navarre les alliances qui, autrefois, au XIII° et au XIV° siècle, avaient uni les souverains britanniques et leurs prédécesseurs. Il offrit à Jean d'Albret de renouer cette union en s'alliant avec Henri VIII, pour porter aide et secours à l'Église contre les fauteurs du schisme. Le roi de Navarre répondit franchement que l'expé-

(1) La négociation n'est connue en détail que par le récit de Zurita, liv. X, chap. VII, f° 293. — (2) Cet envoyé, que Zurita appelle Joan-Guillermo Knyghuete, se nommait J.-W. Knygt et était ambassadeur d'Angleterre en Espagne, ce que ne dit pas Zurita. Voir à ce sujet les *Calendars of State papers* (Spain), t. II, p. 789.

rience du passé l'avait instruit, et qu'il voulait garder une neutralité absolue entre la Sainte-Ligue et ses ennemis. Jadis, pour avoir suivi le parti du Roi Catholique, il s'était exposé aux attaques de la France. La maison d'Albret avait beaucoup souffert, parce qu'elle n'avait pas été défendue par l'Espagne avec l'énergie nécessaire. A l'avenir, il prétendait rester étranger aux querelles des princes ses voisins. Comme l'ambassadeur anglais le requérait de donner des garanties pour l'observation stricte de la neutralité : « Ma parole doit suffire, s'écria le roi de Navarre ; il me « déplaît de voir des princes, parce qu'ils sont en guerre, me « demander des conditions aussi étranges qu'injustes ». Et il ajouta : « Grâce à Dieu, mes ressources ne sont pas si faibles que « je ne puisse réunir des forces plus nombreuses et meilleures « que celles des Français et des Espagnols. Avant de consentir à « me laisser enchaîner par des liens aussi étroits, je suis résolu « à recourir aux derniers moyens ». Il conclut en disant qu'il avait chargé le maréchal d'offrir au roi d'Aragon les sûretés nécessaires, et qu'il agirait « conformément à la justice et à l'honnê- « teté ». Il affirma que son alliance avec le roi de France n'était en rien dirigée contre l'Espagne, puisqu'il était convenu que les conventions antérieures seraient maintenues. Maintenant, si Ferdinand, par sa lenteur à joindre ses troupes à l'armée anglaise, éprouvait quelques difficultés dans son entreprise de Guienne, et s'il avait laissé aux Français le temps de fortifier Bayonne, il n'était pas juste qu'il rejetât la responsabilité de sa faute sur d'autres que lui-même. En effet, le Roi Catholique prétendait que les souverains navarrais, en n'offrant pas de sûretés convenables pour leur neutralité, étaient responsables de l'inaction des alliés et du retard de l'expédition. On ne pouvait marcher en avant sans être sûr qu'ils n'attaqueraient point le flanc de l'armée combinée (1). C'est alors que Ferdinand formula une nouvelle exigence dont il n'avait pas été question jusqu'alors : il voulut obliger les rois à livrer passage aux troupes anglaises et espagnoles à travers la Navarre et le Béarn. Pareille concession eût amené la rupture immédiate des négociations de Blois et empêché la conclusion de tout accord avec la France. Elle équivalait à une adhésion formelle à la Sainte-Ligue. Le duc d'Albe et le marquis de Dorset signifièrent à Jean d'Albret cet ultimatum par l'entremise de l'évêque de Zamora, Antonio d'Acuña, et de John Stil, ancien ambassadeur d'Angleterre en Espagne (2). Ces deux

---

(1) Cette démarche n'est connue en détail que par le récit de Zurita, liv. X, chap. VII, fos 293, v°; 294, r°. Le grand annaliste a eu probablement sous les yeux les pièces des négociations qui n'existent plus ni aux Archives de Pau, ni à celles de Pampelune et de Simancas. — (2) Sur John Stil, voir les *Calendars of State papers* (Spain), II, 848.

envoyés arrivèrent à Pampelune le 29 juin, jour de la fête de saint Pierre, et après la messe, obtinrent une audience du roi et de la reine de Navarre. L'évêque de Zamora, au nom des rois d'Aragon et d'Angleterre, requit les souverains navarrais de livrer passage aux troupes de la Sainte-Ligue à travers leur royaume. Pour garantir ces troupes de toute attaque pendant leur trajet en Navarre et en Béarn, il les somma de remettre au Roi Catholique les trois places fortes d'Estella, de Maya et de Saint-Jean. Elles seraient confiées à trois Navarrais agréés par le roi d'Aragon, tant que durerait l'expédition de Guienne. Si les souverains acceptaient ces propositions, ils seraient admis dans la Sainte-Ligue et obtiendraient la protection des princes alliés pour tous leurs États. S'ils refusaient de les admettre, Ferdinand et Henri VIII décideraient « ce qui leur paraîtrait convenable « pour le succès de leur entreprise ». Jean d'Albret répondit qu'il était résolu à ne rien faire de nuisible aux intérêts des rois d'Aragon et d'Angleterre ; au contraire, il désirait « se maintenir « en leur bonne amitié ». Il ajouta qu'il avait chargé le maréchal de Navarre d'offrir au Roi Catholique les sûretés convenables (1). Il s'obstinait, en effet, à conserver l'espoir d'une neutralité désormais impossible, et ne comprenait pas qu'on le mit en demeure de choisir entre la Sainte-Ligue et l'alliance française. Comme dernière concession, en garantie de cette neutralité, il offrit de faire prêter hommage au Roi Catholique par les alcaydes de cinq places navarraises, celles de Viana, Larraga, Santa-Cara, Sanguesa et Monréal. Ferdinand feignit de discuter ces propositions, et il traîna en longueur les négociations. Afin « d'entretenir le maréchal de Navarre, dit Zurita, il semblait « être satisfait des sûretés qu'on lui offrait. Ainsi, il empêchait « que les ennemis de l'Église ne se tinssent sur leurs gardes » (2). L'aveu de cet apologiste est bon à conserver. En effet, le roi d'Aragon n'avait nullement renoncé à son projet d'envahir la Navarre. Les hésitations du marquis de Dorset le retenaient seules ; le chef des troupes anglaises répugnait à l'idée d'attaquer sans motifs un État neutre. Il avait grand'peine à retenir ses troupes, impatientes d'entrer en Guienne, au point que, le 28 juin, elles passèrent la Bidassoa sans en avoir reçu l'ordre. Aussi pressait-il les Espagnols de venir le rejoindre. Pendant ce temps, les troupes françaises se concentraient sur la frontière ; le sire d'Andoins, avec 500 Béarnais, se jetait dans Bayonne. Tout le Béarn prenait les

---

(1) Récit de Zurita, liv. X, chap. VIII, f° 294, r° ; c'est la source unique que l'on possède sur ces négociations. — (2) Zurita, liv. X, chap. VIII, f°ˢ 294, v°, et 295, r°.

armes. Le ban de guerre était publié dans la province de Saint-Jean. On annonçait l'arrivée prochaine du bâtard d'Albret avec quelques compagnies françaises. Enfin, le Roi Catholique recevait de Blois la nouvelle que l'alliance entre Louis XII et les souverains navarrais, décidée en principe, ne tarderait pas à être signée (1). A Burgos, il insistait auprès du maréchal pour qu'on lui accordât les sûretés qu'il demandait. Au quartier général du marquis de Dorset, il parlait un autre langage. Bien résolu à envahir la Navarre, il dissimulait son véritable dessein, en affirmant que l'occupation de ce royaume était le seul moyen d'assurer le succès de l'entreprise de Guienne. Les passages entre Bayonne et Fontarabie étaient dangereux et étroits, tandis que la route de Roncevaux était le vrai chemin d'invasion commode et facile de la France. On ne pouvait entreprendre le siège de Bayonne sans être certain qu'on ne serait pas attaqué par derrière, du côté de la Navarre ou du Béarn (2). Puisque l'entreprise de Guienne avait été décidée dans l'intérêt de l'Église, rien n'était plus licite que de demander aux souverains navarrais le libre passage à travers leurs États, d'exiger d'eux des sûretés, de les obliger, moyennant indemnité pécuniaire, à fournir des vivres. S'ils acceptaient, on leur accorderait un traité de paix et d'amitié. S'ils refusaient, on les traiterait en ennemis, et après s'être emparé de leurs places fortes pour garantir la sécurité des troupes, on entreprendrait l'expédition de Guienne avec des chances sérieuses de succès. Le marquis de Dorset, peu touché de ces arguments, devinant peut-être que le roi d'Aragon ne songeait qu'à occuper la Navarre dans l'intention de la soumettre à sa domination, refusa de quitter Fontarabie. Il fit proposer à Ferdinand, par l'entremise de John Stil et de W. Knygt, de diviser l'armée alliée en deux corps, dont l'un, composé des Anglais, entrerait en France par la côte du Labourd, et dont l'autre, composé des Espagnols, envahirait la Gascogne par Roncevaux. Cette combinaison agréait fort peu au Roi Catholique. Pour rassurer Dorset, il protestait que son vif désir était d'exécuter l'expédition de Guienne, mais qu'il convenait auparavant de s'assurer des États de Jean d'Albret au moyen d'une *action commune des deux armées*. Le général anglais resta inébranlable, et on arriva ainsi jusqu'au 15 juillet.

IV. L'ultimatum du roi d'Espagne. Le pseudo-traité de Blois. (Juillet 1512.)

Les chefs espagnols désapprouvaient les lenteurs de Ferdinand, craignant qu'on ne laissât le temps aux troupes françaises d'Italie

---

(1) Zurita, liv. X, chap. VIII, f° 294, v°. — (2) Ce sont les raisons que Ferdinand invoque dans sa lettre à Deza, 20 juillet (Bernaldez, Chroniques de Castille, III, 756), et dans son exposé justificatif, intitulé : *Un escrito en que se muestra el derecho que el Rey Católico tiene al reyno de Navarra*.

19

d'arriver sur l'Adour, et au roi de Navarre de fortifier ses places, qui étaient toutes incapables de résister (1). Alors, le Roi Catholique réunit son Conseil, qui fut d'avis de sommer les rois de Navarre de livrer passage aux troupes espagnoles, de donner les sûretés requises pour la durée de l'expédition, c'est-à-dire de livrer Estella, Maya et Saint-Jean, et de fournir des vivres à l'armée moyennant indemnité. A ces conditions, on leur offrait un traité de paix et d'amitié. S'ils refusaient, le Conseil exprima l'opinion qu'on avait le droit de forcer le passage et de prendre les garanties nécessaires. Puisque l'armée anglaise ne voulait pas se réunir aux troupes espagnoles, on la laisserait en observation sur la frontière de Guienne, et le duc d'Albe entrerait en Navarre (2). La sommation décidée fut aussitôt notifiée au maréchal, qui se récria : « On demandait, disait-il, à son maître « des choses impossibles » (3). Lorsqu'elle fut connue des rois et des Cortès, le 17 juillet, elle excita une profonde stupeur. Les députés navarrais refusèrent sans doute d'y souscrire ; Jean et Catherine ne pouvaient songer un instant à admettre des conditions qui équivalaient à une rupture avec la France. Sur leur demande, les Cortès décidèrent en toute hâte la levée de la population entière, et accordèrent cinq cuarteles pour les frais de la guerre (4). Alors, les conférences de Burgos furent rompues, et les troupes espagnoles se mirent en mouvement vers la frontière. Les rois de Navarre s'étaient laissé jouer par Ferdinand, et se trouvèrent exposés sans défense à ses attaques. Pour égarer l'opinion, le Roi Catholique, qui, depuis plus d'un mois, trompait avec tant de cynisme les souverains ses parents et ses voisins, s'efforça encore de leur attribuer le rôle d'agresseurs. Non content de les avoir dupés, il voulut rejeter sur eux la responsabilité de son odieuse agression, et faire croire qu'en envahissant leurs États, il n'avait fait que prévenir leur attaque. Le 17 juillet, il publia, en effet, le texte d'un traité qu'il prétendait avoir été conclu à Blois entre Louis XII et Jean d'Albret. D'après cette pièce, qui n'a rien d'authentique et qui n'est qu'un faux impudent, le roi de France s'était engagé à aider ses alliés à conquérir le Guipuzcoa, les villes de La Guardia et de Los Arcos, ainsi que d'autres domaines en Castille. Il leur fournirait des secours pour recouvrer les cités de Balaguer, de Riva, de Pisa, le comté de Ribagorça, le duché de Gandia, dans les royaumes de la couronne d'Aragon. Il devait leur

(1) Récit de Zurita, liv. X, chap. IX, f° 295. — (2) Lettre de Ferdinand à Deza, 20 juillet, dans Bernaldez (Chroniques de Castille, III, 756). — Zurita, *ibid.*, f° 295, v°. — (3) P. Martyr, *Epist.*, 490 (ce sont ses expressions). — (4) Délibération des Cortès de Pampelune, 17 juillet, analysée par Yanguas, *Diccionario de Antigüedades*, III, 256.

donner pour cette entreprise 1,000 grosses lances payées et l'appui de toutes ses forces. Il leur avait promis aussi le duché de Nemours et le comté d'Armagnac. Il leur attribuait 24,000 livres de pension, le commandement de 300 lances, un don de 100,000 écus d'or payables en plusieurs termes et destinés aux levées de troupes. Le père des rois de Navarre, Alain d'Albret, s'était fait rendre toutes les terres, offices, pensions qu'on lui avait enlevées. Tels étaient, d'après le texte du faux traité publié à Burgos, les avantages que Louis XII avait concédés aux souverains navarrais. Ceux-ci, de leur côté, s'étaient laissé entraîner à des concessions importantes. Ils avaient pris l'engagement de marier leur fils aîné, le prince de Viane, avec la fille cadette du roi de France, Renée, et d'envoyer ce prince à la cour de Blois pendant toute la durée de l'alliance. Ils avaient conclu avec le souverain français une ligue perpétuelle offensive et défensive « d'ami « à ami, et d'ennemi à ennemi ». Ils ont promis de l'aider de toutes leurs forces et avec les ressources de tous leurs États à combattre les Anglais et les Espagnols, ainsi que les alliés de ces derniers. Pour ce motif, Louis XII leur paierait la solde de 4,000 fantassins tant que durerait la guerre. L'ambassadeur français, M. d'Orval, avait reçu le texte des conventions scellées et confirmées par les rois de Navarre. En exécution de ces clauses, ces rois ont ordonné, disait Ferdinand, et enjoint à tous leurs sujets languedociens, béarnais, navarrais, qui se trouvent sur les frontières d'Espagne et dans le Labourd, d'obéir au capitaine-général du roi de France. Louis XII, en retour, a commandé à son capitaine-général de prendre l'avis des rois de Navarre, d'exécuter leurs ordres, d'entrer en Espagne, s'ils le commandent, et d'y conquérir toutes les terres qu'il pourra. Enfin, il leur a envoyé de l'argent pour payer leurs troupes (1). Tel est l'amas de mensonges que les historiens espagnols sans exception, depuis le XVI° siècle jusqu'à nos jours, ont pris pour l'exacte expression de la vérité. L'honnête et consciencieux Prescott lui-même s'y est laissé tromper, sur la foi de Bernaldez, et c'est ainsi que l'audacieux

(1) Le pseudo-traité de Blois est intitulé : *Suma del concierto y capitulacion de entre el rey de Francia y el rey de Navarra, contra la Santa-Liga de la Iglesia*. Il en existe deux copies manuscrites, l'une à Simancas, *Patron. real, Cap. con Nav.*, leg. 2; l'autre à Madrid, *Biblioteca nacional*, lettra F., n° 353 (Mss.). — On en trouve le texte à la suite de la lettre de Ferdinand à Deza, 20 juillet, dans Bernaldez (Chroniques de Castille, III, 757-758), et une analyse dans Zurita, *Anales de Aragon*, liv. X, chap. IV, f° 291, r° et v°, qui semble placer à tort la publication de cet acte au mois d'avril ou de mai. — P. Martyr, *Epist.*, 491, en indique aussi quelques clauses. Ainsi, il affirme qu'on avait promis d'annexer à la Navarre tout le nord de la Castille, jusqu'à deux milles de Burgos.

faussaire couronné a réussi jusqu'à nos jours à égarer l'opinion. Les annalistes navarrais, tels que Aleson et Yanguas, ne paraissent même pas s'être doutés de sa supercherie (1). Nul doute, en effet, ne peut subsister au sujet de ce pseudo-traité. Tout d'abord, nous possédons le texte authentique de la convention de Blois, et pas un article n'y est conforme à celui de l'acte fabriqué par Ferdinand. Cette pièce a été imaginée par l'entourage du Roi Catholique, et rédigée uniquement d'après des bruits de cour ou des rapports d'espions. Si on rapproche, en effet, ce document de la correspondance inédite des ambassadeurs navarrais, on saisit aisément l'origine du pseudo-traité : la mention de certains avantages concédés aux rois de Navarre, tels que la concession du duché de Nemours, de compagnies d'hommes d'armes, de pensions en argent, la restitution des offices du sire d'Albret, ne peut provenir que d'indiscrétions commises dans les cercles français à Blois. Ces parcelles de vérités altérées indiquent suffisamment la source des allégations de Ferdinand. D'un autre côté, il est impossible d'ajouter foi à l'historiette romanesque imaginée pour expliquer la divulgation d'un traité, qu'on devait nécessairement tenir secret en France comme en Navarre. Pierre Martyr, témoin bien informé, familier du roi d'Aragon, nous l'expose sans grands détails. Il raconte qu'un prêtre de Pampelune, nommé Miguel, avait trouvé l'original de la convention dans l'aumônière ou la cassette d'un secrétaire du roi de Navarre, qui avait été assassiné chez sa maîtresse. Ce clerc, désireux de gagner la faveur du roi d'Aragon, aurait fait parvenir le document à la cour de Burgos (2). L'invraisemblance de cette anecdote est évidente. Comment supposer qu'un secrétaire emporte avec lui des pièces diplomatiques de si grande importance à un rendez-vous d'amour ? Comment croire à un assassinat aussi providentiel, et à la présence non moins étrange de ce prêtre qui se trouve à point nommé chez une femme galante, pour recueillir le dernier soupir de la victime et lui soustraire ses papiers ? Enfin, ce qui achève de montrer le peu de valeur du pseudo-traité et ce qui en décèle la fabrication, c'est que la lettre de Martyr, où cet acte est signalé, porte la date du 17 juillet. Or, c'est le jour où les ambassadeurs navarrais juraient dans le plus grand secret l'observation de la convention de Blois, et c'est seulement le lendemain, 18, que la convention était ratifiée et signée.

(1) Zurita ne doute pas de la réalité de ce traité; de même tous les historiens postérieurs. Il en est ainsi des annalistes navarrais. Ex. : Aleson, V, f° 235, qui se contente de parler des doutes d'Oihenart sur ce traité sans les vérifier. — Voir aussi Yanguas, *Historia compendiada de Navarra*, p. 399, et Prescott, Histoire de Ferdinand et d'Isabelle, traduction Renson, IV, 140-141, note 1. — (2) P. Martyr, *Epist.*, 491, 17 juillet.

Comment, dès lors, eût-on pu connaître à Burgos la teneur d'un instrument diplomatique resté secret, et cela le jour même où la rédaction définitive en était arrêtée à deux cents lieues de l'Espagne? Le document divulgué par Ferdinand a donc été fabriqué entièrement, d'après ces bruits de cour, des rapports d'espions, et peut-être, comme semble l'indiquer l'anecdote racontée par Martyr, à l'aide de quelque correspondance tombée entre les mains d'un agent beaumontais. Le prêtre Miguel, cet obligeant personnage qui joue dans l'affaire un rôle capital, pourrait bien être ce même Navarrais qui devint en 1512 alcalde de Pampelune, et qu'Aleson mentionne en 1513 parmi les députés aux Cortès (1). C'est par cette comédie cynique, par cette impudente falsification que le roi d'Espagne égara l'opinion publique et suscita contre les souverains navarrais le ressentiment de ses sujets. Le spoliateur se posait ainsi en victime, et l'agresseur prétendait prévenir simplement l'attaque imminente de ses ennemis. Au fond, Ferdinand n'avait publié le pseudo-traité de Blois que pour tromper ses contemporains, pour leur donner le change sur les vrais motifs de son entreprise. Ces motifs, il les exposait en partie dans une lettre confidentielle adressée le 20 juillet à son confesseur, Deza, archevêque de Séville. A travers maintes circonlocutions oratoires, il explique que, s'il s'est déterminé à envahir la Navarre, c'est pour punir les souverains navarrais de leur ingratitude. Ne les a-t-il pas défendus contre les prétentions de Jean de Narbonne et de Gaston de Foix, contre les projets de Charles VIII et de Louis XII? Et cependant ils ont osé conclure une alliance avec le roi de France contre lui. Dès lors, ne convient-il pas de les punir de leur trahison? L'occupation de leur royaume, en d'autres termes, a pour objet de les ramener à leur devoir, c'est-à-dire de les obliger à se soumettre au roi d'Espagne. C'est ce qui ressort du langage ambigu de Ferdinand. Il s'agit aussi, d'après lui, de faciliter l'expédition de Guienne, en ouvrant la Navarre aux armées de la Sainte-Ligue, et de fermer aux Français l'accès des Pyrénées et de l'Espagne. Enfin, l'intérêt de l'Église et de la chrétienté était engagé dans l'exécution de l'entreprise projetée par la Sainte-Ligue contre la France, et par suite permettait d'exiger des souverains navarrais le libre passage des Espagnols à travers leur État (2). La première seule de ces allégations trahissait la véritable pensée du Roi Catholique. S'il envahissait la Navarre, c'était pour tirer vengeance de ce qu'il appelait l'ingratitude de ses rois, c'est-à-dire pour sauvegarder les intérêts politiques de l'Espagne. Cette

(1) Aleson, *Anales de Navarra*, t. V, f° 277. — (2) Lettre de Ferdinand à Deza, 20 juillet, *in extenso* dans Bernaldez (Chroniques de Castille, III, 756-757).

pensée se dégage aussi de l'exposé des négociations de Burgos. Dès le début, Ferdinand avait songé à tirer parti des embarras de Jean d'Albret, au moment où éclatait la guerre entre la Sainte-Ligue et Louis XII, pour rétablir le protectorat castillan sur les États navarrais. Il avait espéré peut-être réussir, jusqu'au moment où la mort de Gaston de Foix avait permis un rapprochement entre les rois de Navarre et le roi de France. Aussitôt que s'étaient engagées les conférences de Blois, il semble avoir froidement calculé qu'il possédait peu de chances de réussir par la voie diplomatique. S'il avait négocié encore pendant les mois de mai et de juin, c'était pour gagner du temps, terminer ses préparatifs, endormir les soupçons de ses voisins. Au moment décisif, il les avait sommés de lui livrer le passage de leur royaume pour ses troupes, et de lui donner en garantie leurs places fortes, c'est-à-dire de se déclarer contre Louis XII. Il trompait enfin l'opinion en publiant le texte prétendu du traité de Blois, et il couvrait son invasion de faux prétextes tirés des nécessités militaires. Il se présentait en défenseur de la chrétienté, alors qu'il ne pensait qu'à soumettre par la voie des armes la Navarre au protectorat espagnol, ou à l'annexer au besoin à ses royaumes. Sa diplomatie peu scupuleuse avait préparé ainsi l'œuvre que devait accomplir la violence.

CHAPITRE II.

LES NÉGOCIATIONS DE BLOIS :
L'ALLIANCE DES ROIS DE NAVARRE AVEC LA FRANCE.

(Avril-juillet 1512.)

L'alliance inattendue que les rois de Navarre avaient conclue avec la France fournit au roi d'Aragon le double prétexte dont il se servit pour justifier sa conduite. Elle lui permit d'invoquer l'intérêt politique et militaire de l'Espagne, menacée par la coalition des souverains navarrais avec le principal ennemi de la Sainte-Ligue. Elle lui donna l'occasion de se présenter comme le défenseur du Saint-Siège, et de garder ensuite sa conquête, comme le fruit d'une spoliation légitime, consacrée par la sentence du chef de l'Église, qui avait frappé d'anathème les schismatiques et leurs alliés. Le rapprochement entre Louis XII et Jean d'Albret avait irrité, en effet, au plus haut point le Roi Catholique. Bien que les souverains navarrais eussent stipulé le maintien de leur neutralité, Ferdinand ne croyait pas cette neutralité possible. Avec sa sagacité ordinaire, dès le lendemain de la mort de Gaston de Foix, il jugea que la cour de France chercherait à garantir la Guienne contre l'invasion qu'il projetait, en attirant à tout prix les rois de Navarre dans son alliance. Menaçante pour le présent, cette union ne le serait pas moins pour l'avenir. Elle livrerait aux souverains français le facile accès de la Castille. Jean et Catherine avaient beau croire qu'ils pourraient rester neutres, le roi d'Aragon savait par expérience que cette neutralité dégénérerait par la force des choses en sujétion au profit de l'État le plus fort. Aussi s'était-il efforcé de prendre des garanties en Navarre, et voyant qu'on les lui refusait, avait-il fini par se décider à les prendre. La clairvoyance des souverains navarrais fut moins grande. Jusqu'à la mort du duc de Nemours, ils n'avaient pas eu de pire ennemi que le roi de France. Lorsque le prétendant eut disparu, ils comprirent que la politique française allait être profondément modifiée. Louis XII n'avait aucun intérêt à soutenir les droits de l'héritière de Gaston, Germaine, reine d'Aragon. C'eût été vouloir livrer à l'Espagne les portes de la France méridionale, que de l'aider à conquérir les États de la maison de Foix. Au contraire, le danger pour Jean et Catherine venait maintenant surtout du côté des royaumes espagnols. Non-seulement ils avaient à craindre que Ferdinand ne restaurât le protectorat castillan en Navarre, mais encore qu'au nom de sa femme il ne revendiquât tout l'héritage, auquel avait prétendu le duc de Nemours. Un historien, sagace observateur autant que profond érudit, Zurita, remarque avec raison que cette appréhension ne fut pas étrangère au revirement qui se produisit tout à coup dans les résolutions des souverains navarrais (1). De plus, en se rapprochant de la France, Jean d'Albret et Catherine allaient en finir avec les embarras qu'on leur suscitait depuis plus de vingt ans, faire reconnaître l'indépendance du Béarn, obtenir le duché de Nemours, des pensions et des troupes. Que risqueraient-ils à tenter l'aventure ? Ils croyaient naïvement que tant d'avantages seraient le prix de leur neutralité; que Louis XII ne leur demanderait aucun autre engagement; que le roi d'Espagne, dont ils étaient bien résolus à sauvegarder les intérêts, se contenterait de leurs assurances de bon vouloir et de leur promesse d'observer les conventions antérieures. Ils s'imaginèrent, sans tenir compte de l'expérience du passé, que les belligérants respecteraient leurs États, et qu'ils pourraient rester neutres entre les deux partis. Ce fut cette illusion qui les mena à leur perte. Ferdinand eut l'adresse de les maintenir dans cette fausse sécurité, en négociant sans avoir l'espoir de conclure un accord qu'il savait inacceptable; Louis XII eut l'habileté de les engager dans son alliance plus qu'ils ne pensaient, en insérant

(1) Zurita, *Anales de Aragon*, liv. X, chap. IV, f° 291.

dans le traité de Blois des clauses ambiguës qui devaient les brouiller avec la Sainte-Ligue.

I. Ouverture des négociations. Demandes des rois de Navarre. (Avril-mai 1512.)

D'abord, les rois de Navarre furent très flattés de voir leur amitié sollicitée avec une égale ardeur des deux côtés, et surtout par leur ancien ennemi, le roi de France. Louis XII, que la mort de Gaston de Foix avait plongé dans un extrême chagrin (1), détestait la maison d'Albret ; si son neveu eût vécu, tout rapprochement aurait été impossible. Mais après sa mort, il surmonta son aversion dans l'intérêt de sa politique. Il comprenait l'importance de l'alliance navarraise, au moment où les alliés le menaçaient sur les Pyrénées et se préparaient à envahir la Guienne. Le vieil Alain, confiné à Dreux depuis la fin de 1511, fut subitement appelé à Blois, pour se faire le médiateur de la réconciliation entre les rois de France et les rois de Navarre (2). Peu après, vers le 20 avril, son frère, Jean d'Orval, partit pour le Béarn, porteur des propositions de Louis XII. Arrivé à Pampelune, l'agent français commença par déclarer « qu'il convenait d'oublier « les querelles suscitées » entre les souverains navarrais et le roi de France, « à cause de M. de Narbonne ». Louis XII, dit-il, désire renouer amitié avec les rois de Navarre, conclure la paix et signer une alliance avec eux (3). Il est disposé à terminer leurs différends, et les prie en retour « de se déclarer pour luy », et de signifier le traité qui les liera à la France « au roy d'Aragon, « en cas qu'il voulsist courir sus au royaume et adhérer aux « Anglois » (4). Jean d'Albret et Catherine accueillirent avec empressement ces ouvertures, et les négociations commencèrent sur deux théâtres à la fois : en Navarre, entre Jean d'Orval et les souverains navarrais eux-mêmes ; à Blois, entre les ambassadeurs de ces souverains et les conseillers de Louis XII. Jean et Catherine déléguèrent leurs pouvoirs à Étienne, bâtard d'Albret, seigneur de Miossens ; à Alexandre de Saint-Gelais, seigneur de Lansac ; à Pierre-Arnaud du Périer, juge de Béarn, et au jurisconsulte Pierre de Biaix, qui fut plus tard chancelier de Foix (5). Leur correspondance inédite et un grand nombre d'autres pièces conservées dans les archives des Basses-Pyrénées et à la Biblio-

(1) Le Loyal Serviteur, chap. LIV, et Martyr, *Epist*., 484, donnent quelques détails significatifs sur cette douleur de Louis XII à la nouvelle de la mort du duc de Nemours. — (2) D'après la lettre d'André de Burgo à Barangier, Blois, 20 avril, Lettres de Louis XII, III, 233. — (3) Déclaration des rois aux Cortès sur la mission du sire d'Orval, *Recopilacion de actas de Cortes*, f° 80 (juin 1512), extrait dans Yanguas, *Diccionario*, III, 255 (sans indication du folio). — (4) Réponse des rois de Navarre à ce qui leur a été remontré par M. d'Orval, sans date. B. N., t. CCXXXIV, f° 73. — (5) Pouvoirs donnés par les rois de Navarre à leurs ambassadeurs, Tudela, 7 mai, orig. Arch. des Bass.-Pyrén., E. 554.

thèque nationale permettent de retracer le tableau de ces négociations, jusqu'ici inconnues.

Le départ des ambassadeurs eut lieu à la fin d'avril. Le 3 mai, ils arrivaient à Montrichard, entre Blois et Loches (1), où ils attendirent que la cour de France les admît à une audience. Ils reçurent bientôt les instructions des rois de Navarre. Ceux-ci estimaient que si on voulait leur alliance, il fallait la payer un bon prix. Ils avaient résolu d'en subordonner la conclusion au règlement des questions litigieuses pendantes entre eux et Louis XII. Dans un mémoire qui fut remis aux négociateurs navarrais le 3 mai, ils prescrivaient à leurs délégués la ligne de conduite à suivre. On devait insinuer que les rois de Navarre avaient reçu des ennemis de la France des propositions brillantes ; ils n'avaient pas voulu y répondre sans connaître les intentions de Louis XII, en raison du bon « vouloir et de la bonne amitié » qui les unissaient à lui. Les souverains navarrais sont, en effet, « bons serviteurs, parents et amys de la couronne de France » ; ils désirent lui rendre « service de tout leur pouvoir », comme leurs prédécesseurs. Leur appui peut être très utile, au moment où l'on fait « de grands apprêts pour endommager ledit seigneur ». Mais s'ils s'allient avec Louis XII, ils vont s'exposer à de graves « dommaiges et inconvénients ». Il est juste que le roi « leur donne « bonnes et suffisantes seuretés pour le présent et l'advenyr ». Au reste, comme ils le faisaient observer eux-mêmes à Jean d'Orval, c'est le prince français lui-même qui leur a communiqué ses intentions et leur a proposé un accommodement, d'abord par l'entremise de leur père, puis par celle de leur oncle lui-même. Le secrétaire qu'Alain d'Albret leur a envoyé, et ensuite le sire d'Orval ont « requis leur amitié » au nom du roi de France, et c'est sur son désir qu'ils lui ont délégué leurs négociateurs. Aussi enjoignent-ils aux ambassadeurs de formuler hardiment leurs conditions, qui sont énoncées en une vingtaine d'articles. Tout d'abord, ils consentiront volontiers à conclure une alliance perpétuelle envers et contre tous ; ils promettront de ne faire contre « le roi de France et ses successeurs aucune guerre directe ou « indirecte », de ne pas livrer passage à leurs ennemis, de s'y opposer de tout leur pouvoir, et au besoin de faire appel pour les arrêter aux troupes françaises. Cette alliance sera purement défensive ; elle aura uniquement pour objet « la deffension du « royaume et couronne de France » (2). Les rois de Navarre né

(1) Lettre des ambassadeurs aux rois de Navarre. Monterichaud, 3 mai. B. N., coll. Doat, 239, f° 45. — (2) Instructions reçues par les ambassadeurs le 3 mai, minute originale. Arch. des Bass.-Pyrén., E. 554; coll. Doat (copie).

peuvent s'engager en aucun cas à attaquer le roi d'Aragon. Sans doute, si Ferdinand entre en lutte avec le roi de France, ils aideront celui-ci, « comme subjectz et vassaux, à la deffension de son « royaume »; mais la Navarre et le Béarn resteront neutres. En effet, du temps de Charles VIII, ils ont conclu, « du consentement » de ce prince, avec Ferdinand et Isabelle, certaines alliances (les traités de Medina del Campo); ils ont promis par ces conventions de ne pas livrer passage à travers la Navarre et autres pays « de leur souveraineté » aux troupes qui voudraient faire la guerre aux royaumes de Castille et d'Aragon. Aussi demandent-ils au roi de France « de vouloir estre contant que lesdites alliances demeurent en leur entier ». Ils en ont montré la copie à M. d'Orval, et ils ne peuvent, sans porter atteinte à leur honneur, en enfreindre les clauses (1). Il leur est donc impossible de ne pas garder la neutralité qu'ils ont promise aux souverains espagnols. Ainsi, le Béarn et la Navarre resteront neutres à la fois à l'égard de l'Espagne et à l'égard de la France. Mais les autres États de la maison de Foix-Albret suivront le parti français; le roi de France pourra tirer d'eux tous les secours, tandis que la neutralité béarnaise et navarraise rendra difficile toute agression contre la Guienne. Ce sont là deux précieux avantages, en retour desquels les souverains navarrais exigent de nombreuses concessions. Tout d'abord, leurs ambassadeurs demanderont l'annulation des arrêts du Parlement de Toulouse, qui concernent le procès du sire de Coarraze et la souveraineté du Béarn (2). Ensuite, ils stipuleront la révocation des lettres de marque accordées au sire de Lahet contre leurs sujets, la réduction des tailles et aides du Bigorre, qui s'élèvent au chiffre exorbitant de quatre lan_es et demie (7,500 livres), ainsi que celles du Marsan, pays pauvres et besoigneux. Le roi de France sera sollicité d'accorder des pensions aux rois de Navarre, pour les mettre en état de soutenir leur rang, et de leur octroyer le commandement d'une compagnie de 100 hommes d'armes. On le suppliera « de vouloir donner aucun estat et bien-« fait » à l'infant de Navarre, « afin que, d'ores et déjà, il soit obligé le servir ». Comme garantie de l'exécution du traité d'amitié, Louis XII livrera aux souverains navarrais, « pour leur « sûreté », les châteaux de Bordeaux, de Bayonne, de Cazères,

---

t. CCXXIX, f° 45. — Réponse du roy et de la royne de Navarre à M. d'Orval. Arch. des Bass.-Pyrén., E. 554; coll. Doat, 234, f° 73.
(1) Instructions baillées aux ambassadeurs des rois de Navarre, reçues à Montericbaud le 3 mai, minute originale. Arch. des Bass.-Pyrén., E. 554; copie, coll. Doat, 229, f°° 45-50. — (2) Mémoire de ce qu'au commencement se doit dire au roy de France, sans date, minute originale. Arch. des Bass.-Pyrén., E. 554; copie, coll. Doat, f°° 51-52.

de Dax et de Saint-Sever, et ils auront le droit de les garder pendant tout le temps que durera l'alliance. Il jurera l'observation de ces divers articles sur le corps du Christ (1). De plus, on restituera aux rois les villes du comté de Foix, occupées par le vicomte de Narbonne et le duc de Nemours, c'est-à-dire Mazères, Sayerdun, Montaut, Montolif et Mander. « On remettra » Alain d'Albret et la duchesse de Valentinois, sa fille, veuve de César Borgia, « en l'estat » qu'il « avoit pleu au roy de France » leur faire. Louis XII donnera aux rois de Navarre le duché de Nemours et les admettra à en prêter l'hommage. Il leur rendra la souveraineté de la ville de Limoges, qui a été jadis livrée par leurs ancêtres à Charles V, pour lui permettre d'en chasser les Anglais, et qui n'a jamais été rendue. On autorisera la circulation en France des monnaies béarnaises et navarraises (2). Ces premières exigences parurent-elles un peu exagérées, ou trop difficiles à obtenir ? Eurent-elles pour effet de susciter aux ambassadeurs des difficultés sérieuses dans les conférences préliminaires qui s'ouvrirent peut-être à Montrichard ? C'est ce que nous ignorons. Ce qu'il y a de certain, c'est que les rois de Navarre crurent devoir arrêter le texte de nouvelles instructions, dont nous possédons trois variantes, et qui sont datées du 11 mai 1512 et de la ville de Tudela. Le premier mémoire paraît être le texte officiel, le second semble une pièce confidentielle, le troisième développe pour les négociateurs les clauses des deux premiers documents (3). Dans la pièce officielle, destinée à être présentée aux conseillers du roi de France, les princes navarrais proposent de conclure avec Louis XII une alliance perpétuelle, mais purement défensive : « C'est assavoir, disent-ils, que nous, ni nos hoirs et successeurs, « ne ferons jamais guerre par nous, ne par interposées personnes, « directement ni indirectement » contre la couronne de France. De leur côté, le roi de France et ses successeurs « ne nous feront « jamais guerre en notredit royaume de Navarre, pays de Béarn, « ne autres terres et seigneuries ». De part et d'autre, on s'engagera à ne pas livrer passage aux troupes ennemies, et à s'opposer, au contraire, par tous les moyens à leur marche ; au besoin, on s'aidera réciproquement pour empêcher la violation de la neutralité béarnaise et navarraise. Les articles 10 et 14 des instructions précédentes sont supprimés. Le premier, qui stipulait le droit pour les rois de Navarre d'occuper les châteaux de Bordeaux, Bayonne,

(1) Instructions baillées aux ambassadeurs des rois de Navarre, reçues le 3 mai. — (2) *Ibid.* — (3) Mémoires et instructions données au bâtard d'Albret et aux autres ambassadeurs des rois de Navarre. Tudela, 11 mai 1512, minutes originales. Arch. des Bass.-Pyrén., E. 554 ; copies, coll. Doat, 229, f°s 59-62, 63-65, 53-58.

Dax, Cazères et Saint-Sever, est entièrement abandonné, aussi bien dans les instructions secrètes que dans les instructions officielles. L'article 14, qui mentionnait le maintien des alliances entre les souverains navarrais et le roi d'Espagne, disparaît du texte officiel (1), mais il est soigneusement rétabli dans le texte secret et confidentiel et dans le mémoire explicatif. Les rois insistent sur ce point : bien que la pièce officielle ne mentionne pas ces alliances, les ambassadeurs doivent en demander la confirmation dans le traité qu'ils concluront. Ils réserveront cette clause, en insistant surtout sur l'approbation que Charles VIII a donnée à la convention de neutralité signée en 1494, et sur l'engagement d'honneur qui oblige les souverains navarrais à l'exécuter (2). Les autres demandes formulées par Jean et Catherine sont conformes aux instructions primitives. Ils désirent spécialement que la souveraineté du Béarn soit reconnue, et qu'on octroie la « mainlevée « de la saisie des pays de Bigorre, Foix, Marsan, Gabardan, « Nébouzan », qui a été prononcée à la requête du procureur général de Toulouse, à la suite du procès du sire de Coarraze. Ils veulent qu'on fasse « vuider et expédier » au Parlement de Paris leur procès contre les habitants de Limoges, qui prétendent n'être pas les vassaux des rois de Navarre. Ils ne manquent pas de stipuler qu'ils espèrent qu'on leur abandonnera la succession du duc de Nemours. Ils ajoutent enfin à leurs demandes précédentes deux conditions nouvelles : on restituera à leur chancelier les biens confisqués à son préjudice, et on autorisera leurs sujets à « contracter » en France, à charge de réciprocité pour les Français en Béarn et en Navarre (3). Les ambassadeurs sont, du reste, autorisés à spécifier davantage les points qui ne le sont pas assez dans leurs instructions. Le bâtard d'Albret, chef de l'ambassade, a reçu des rois un blanc-seing pour ce motif. Parmi les propositions qu'ils pourront hasarder *officieusement*, il en est une d'une importance capitale ; c'est le mariage de l'infant de Navarre, Henri, et de la fille de Louis XII, Renée (4). Si ce projet eût été accepté, les rois seraient tombés dans la complète dépendance de la France. D'ailleurs, les concessions qu'ils faisaient avaient déjà un côté dangereux. Cette alliance perpétuelle et défensive qu'ils voulaient conclure les amenait, en réalité, à rompre avec le roi d'Espagne, qui, certainement, ne l'interpréterait jamais comme

---

(1) Premier mémoire (officiel), minute originale. Arch. des Bass.-Pyrén., E. 554 ; copie, coll. Doat, 229, f⁰⁸ 53-58. — (2) Troisième mémoire remis aux ambassadeurs navarrais. Tudela, 11 mai 1512. Arch. des Bass.-Pyrén., E. 554 ; coll. Doat, 229, f⁰⁸ 65-66. — (3) Deuxième et troisième mémoires. Tudela, *ibid*, Arch. des Bass.-Pyrén., E. 554 ; coll. Doat, 229, f⁰⁸ 59-62, 63-65. — (4) Deuxième mémoire, cité ci-dessus.

une convention destinée à assurer leur neutralité. Mais les souverains navarrais craignaient, s'ils déclinaient l'alliance française, de pousser Louis XII à favoriser les revendications de Germaine de Foix, si ce n'était dans le présent, du moins dans l'avenir. Ils savaient, en effet, qu'un envoyé de cette princesse, nommé Felipon, était venu à la cour de Blois. La reine d'Aragon avait écrit à son oncle pour lui manifester « la vive douleur qu'elle avait ressentie de la mort de son frère, et du conflit » qui venait d'éclater entre l'Espagne et la France (1). Elle avait aussi donné à son agent « charge expresse » de demander la reconnaissance « de ses droits « sur le duché de Nemours, les places de la comté de Foix et la suc- « cession navarraise » (2). Les rois de Navarre n'osaient se montrer trop difficiles : Louis XII se maintenait en Italie et paraissait peu traitable. Aussi, pendant tout le mois de mai, les négociations ne firent-elles pas le moindre progrès, et l'issue en sembla plus que douteuse. Deux points surtout suscitaient chez le roi de France une résistance obstinée : il ne pouvait se résigner à admettre la souveraineté du Béarn et le maintien des alliances entre la Navarre et la Castille. Le premier article lui semblait porter atteinte aux droits de la couronne de France, et le second annuler tous les avantages qu'il pouvait espérer d'un traité de paix avec les souverains navarrais. Aussi les ambassadeurs durent-ils attendre à Montrichard que les circonstances devinssent plus favorables. La nécessité força, en effet, Louis XII à se montrer plus accommodant : les nouvelles d'Italie devinrent mauvaises; au début du mois de juin, on apprenait coup sur coup l'entrée des Suisses dans Vérone et la perte de la Romagne (3). D'autre part, une ambassade navarraise s'était rendue à Burgos, et la cour de France pouvait craindre qu'au lieu de l'alliance française, Jean d'Albret et Catherine n'acceptassent l'alliance espagnole. Ce fut après l'arrivée d'un secrétaire de Jean d'Orval, porteur de dépêches secrètes, datées de Pampelune, que le roi de France se détermina à sortir de la réserve où il s'était tenu jusque-là. Il autorisa les ambassadeurs navarrais à se rendre auprès de lui, et dès le 4 juin, leur héraut Béarn alla demander pour eux « du logis » à Blois (4). Enfin, le 11 juin, les négociateurs, ayant à leur tête le

II.
Les premières conférences de Blois. (9-19 juin 1512.)

---

(1) Nous avons trouvé à Simancas la lettre de Germaine de Foix, sous le titre suivant : *La respuesta que la Reyna embio al rey de Francia sobre la muerte de M. de Fox*. Arch. de Simancas, *Patr. real. Cap. con Navarra*, leg. 1. — (2) Fait mentionné dans le troisième mémoire adressé aux ambassadeurs navarrais. Coll. Doat, f° 64. — (3) Lettre des ambassadeurs navarrais au sire d'Albret, 5-6 juin. Doat, 229, f°s 68-69. — (4) Double de la lettre escrite aux roy et royne de Navarre, Monterichaud, 4 juin. Arch. des Bass.-Pyrén.; E. 554; Doat, 229, f° 66.

bâtard d'Albret, étaient admis en audience solennelle auprès de Louis XII. Ils lui présentèrent leurs lettres de créance au château de Blois, à huit heures du matin. Le roi de France leur fit « bon « accueil » et leur annonça qu'il avait délégué Étienne Poncher, évêque de Paris, Ymbert de Bastarnay, sieur du Bouchage, et le trésorier Robertet, « afin de débattre de la matière de leurs ins- « tructions » (1). Le lendemain, 12 juin, s'ouvraient les confé- rences. Les ambassadeurs navarrais, invités à déposer le précis de leurs demandes, remirent à Robertet et à du Bouchage un mémoire détaillé, où ils réclamaient, au nom des rois, la recon- naissance de la souveraineté du Béarn, l'annulation de la procé- dure du Parlement de Toulouse dans le procès de Coarraze, la restitution des places de Foix et du duché de Nemours, la clôture du procès relatif à la ville de Limoges, la remise des tailles dues par le Bigorre et le Marsan, le libre cours des monnaies béar- naises et navarraises en France, le don de 100 hommes d'armes et d'une pension aux rois de Navarre, la rentrée en grâce d'Alain d'Albret. Ils demandèrent verbalement la restitution des biens du chancelier de Navarre et l'abolition des lettres de marque concédées par Louis XII. Ils insinuèrent enfin qu'il serait néces- saire de fournir aux rois « une bonne somme de deniers pour « réparer leurs places et icelles garnir d'artillerie, vivres et « autres choses, ce qu'il leur seroit impossible faire sans l'aide du « Roy Très Chrestien » (2). En même temps, ils remirent un projet de traité contenant quatre articles principaux ; les rois de Navarre feraient alliance perpétuelle avec le roi de France, pour eux et pour leurs successeurs, et promettraient de ne jamais faire la guerre au royaume, directement ni indirectement. Ils s'enga- geraient à refuser le passage aux étrangers qui voudraient l'en- vahir, et, au besoin, ils s'y opposeraient par la force. Ils secour- raient le roi de France envers et contre tous, s'il était attaqué « en son royaume », et mettraient à son service les forces de leurs États soumis à la suzeraineté française, le Béarn et la Na- varre conservant la neutralité. Enfin, ils voulaient qu'on stipulât expressément le maintien de leurs alliances avec la Castille, « desquelles honnestement ne se pouvoient départir » (3). Le dimanche 13 juin, après dîner, une nouvelle réunion eut lieu au logis d'Étienne Poncher. Les principales questions à discuter

(1) Double des lettres escrites aux roy et royne de Navarre. Blois, 11 juin. Arch. des Bass.-Pyrén., E. 554; Doat, 229, fº 69. — (2) Double de certains articles baillés par les ambassadeurs, etc. Arch. des Bass.-Pyrén., E. 554; coll. Doat, 229, fº 76-80. — (3) Double des quatre articles baillés par les ambassadeurs de Navarre à MM. de Paris, du Bouchage et Robertet Arch. des Bass.-Pyrén., E. 554; Doat, 229, fº 80-81.

étaient celles de la souveraineté du Béarn et du maintien de l'alliance navarraise et castillane. Aussi est-ce sur ces deux points que s'engagèrent les débats. On examina d'abord le premier. Les négociateurs français consentirent, de la part du roi, à ce que l'on nommât des arbitres, pour connaître « de la nullité » de l'arrêt du Parlement de Toulouse, concernant la souveraineté du Béarn. Mais ils objectèrent que l'arbitrage demanderait trois ou quatre mois, et proposèrent, en attendant, d'annuler simplement la procédure, sans rien statuer au fond ; en cassant les arrêts, on promettrait aussi de ne jamais aider à leur exécution. Ce moyen dilatoire ne fut pas du goût des Navarrais. Ils ripostèrent résolument, en refusant de signer toute alliance avant qu'on n'eût vidé la question de la nullité de l'arrêt du Parlement, soit *pour le fond*, soit pour la forme. Le 14 juin, les Français font une autre concession : le roi de France va choisir ses arbitres, disent-ils ; il fera comparoir le procureur-général du Grand-Conseil, de sorte qu'on pourra rendre aussitôt la sentence d'annulation. Les Navarrais, toujours méfiants, flairent un vice de forme et exigent la présence du procureur général de Toulouse, qui, ayant requis les arrêts, aurait pu, s'il n'eût été convoqué, attaquer la décision des arbitres. Les commissaires français cèdent ; on envoie « quérir le procureur-général de Toulouse en poste », et on décide de procéder sans retard à la nomination des personnages chargés de l'arbitrage. En attendant leur jugement, il est convenu qu'on donnera aux Navarrais une réponse écrite sur les autres articles et qu'on dressera la minute des alliances (1). La facilité avec laquelle ce premier succès avait été obtenu donnait « bon espoir » aux ambassadeurs, « que tout ou grande partie de leurs demandes » leur seraient accordées. Ils se hâtèrent de solliciter de Jean d'Albret l'envoi des pièces nécessaires pour faire annuler les arrêts du Parlement de Toulouse. C'étaient des titres anciens, lettres de naturalité accordées à des Béarnais, sauf-conduit octroyé par Charles VI à Archambaud de Grailly, charte des archives d'Orthez prouvant « qu'un Empereur mist en « franchise le pays de Béarn », missive du roi de France demandant passage à travers le Béarn, livre des Fors, etc. (2). Il fallait aussi presser le départ du procureur-général de Pau, Fondères, ou, à son défaut, du substitut Arnaud-Guilhem de Lasalle, qui devaient soutenir la cause de l'indépendance béarnaise devant les arbitres, contre le procureur-général de Toulouse, Nogerolles (3). L'im-

(1) Double des offres faites aux ambassadeurs de Navarre par les commissaires de Louis XII sur le fait de la souveraineté du Béarn. Arch. des Bass.-Pyrén., E. 554 et E. 330 ; Doat, 229, f⁰ˢ 92-97. — (2) Double des offres, *ibid*., et coll. Doat, f⁰ˢ 95-98. — Lettre des ambassadeurs navarrais. Arch. des Bass.-Pyrén., E. 554 ; Doat, 229, f⁰ˢ 82-83. — (3) *Ibid*.

pression favorable que le début des négociations avait laissée aux Navarrais fut encore confirmée par l'entrevue qu'ils eurent le 15 juin avec Louis XII lui-même. Le bâtard d'Albret et le sire de Saint-Gelais furent admis « à lui parler à son lever de table » en présence de l'héritier du trône, le comte d'Angoulême. Louis XII les reçut avec sa jovialité ordinaire, écouta attentivement leurs doléances, se montra impatient de conclure l'alliance et pressa « grandement » le bâtard d'Albret « de tout expédier promptement ». Il déclara qu'il était résolu à se rendre en Guienne avec Alain, le père des rois de Navarre, aussitôt qu'il aurait reçu des nouvelles de l'Italie, et qu'il espérait qu'on aurait bientôt réglé la question de la souveraineté du Béarn. Le comte d'Angoulême, à qui les ambassadeurs exposent l'objet de leur mission, en lui remettant des lettres de Jean d'Albret, leur fait aussi un accueil gracieux. Le bâtard, enthousiasmé par cette réception flatteuse, affirme à son tour « le bon vouloir du roi de « Navarre », et va jusqu'à laisser entrevoir la coopération active de son maître à l'expédition de Guienne : « Les affaires pourront « estre de telle sorte, dit-il, qu'il s'y trouvera en personne ». Comment, en effet, ne pas se laisser entraîner par le spectacle des prévenances qu'on lui prodigue ? « Tous ceux du royaume, « écrit-il, désirent merveilleusement l'alliance navarraise, et tout « au plus de tous autres de qui le Roy se peut allier » (1). Cette apparente sollicitude cachait un dessein assez machiavélique. Louis XII avait insinué aux ambassadeurs, par une de ces ruses qui lui étaient familières et qu'il cachait sous des airs de bonhomie, qu'on pourrait conclure l'alliance aussitôt, en réservant les deux questions de la souveraineté du Béarn et du maintien des traités avec la Castille (2). « L'alliance d'Aragon et de Castille, « disait-il, pourrait être mise à part en une patente ». Les négociateurs navarrais, auxquels cette dernière proposition avait été faite dès la première entrevue, le 11 juin, en avaient facilement deviné le but : « C'est aux fins de montrer là où bon luy sem- « blera, écrivaient-ils à leurs rois, qu'il vous a gagnés envers et « contre tous » (3). La seconde entrevue, celle du 15, où tant de démonstrations chaleureuses avaient été faites, les laissait hésitants sur ce point. Fallait-il conclure l'alliance en réservant les deux articles stipulés par le roi de France, ou bien en exiger l'insertion au traité ? Ils en référèrent aux rois de Navarre. Ils s'apprêtaient aussi à formuler d'autres demandes qu'ils n'avaient

(1) Lettre du bâtard d'Albret aux roy et royne de Navarre. Blois, 15 juin. Arch. des Bass.-Pyrén., E. 554; coll. Doat, 229, f° 84. — (2) Double de la lettre escrite par les ambassadeurs aux roy et royne de Navarre, 15 juin. Arch. des Bass.-Pyrén., E. 554; coll. Doat, 229, f° 82. — (3) Lettre des ambassadeurs, 11 juin; coll. Doat, 229, f° 70.

pas faites jusque-là. Alain d'Albret voulut qu'on prît soin de ses intérêts, qu'on érigeât sa seigneurie d'Albret en duché-pairie, que le roi lui donnât le gouvernement de la Guienne, avec les châteaux de Bayonne, Blaye, La Réole, Saint-Sever et Dax. Il fallait aussi faire accorder « un état » à l'infant de Navarre et obtenir la cession de la terre de Soule pour Jean d'Albret (1). Les ambassadeurs navarrais ne semblaient pas se douter que l'empressement de Louis XII n'avait d'autre motif que la crainte de la Sainte-Ligue. Il pressait la conclusion de l'alliance et sollicitait les rois de Navarre de mettre en campagne leurs troupes pour lui « faire service », parce qu' « il doubtoit avoir affaire en « brief à Bayonne » (2). Les Anglais venaient, en effet, le 8 juin, de débarquer en Guipuzcoa, et le 13 juin, le duc d'Albe arrivait au quartier général de Salvatierra d'Alava pour prendre le commandement des forces espagnoles; l'invasion de la Guienne semblait imminente, et le roi de France n'y avait que des troupes insuffisantes. Telles étaient les appréhensions qui dictaient la conduite du souverain français.

Ces dispositions conciliantes de la cour de France changèrent tout à coup complètement. Dans l'entrevue du 15, Louis XII déclarait à Saint-Gelais et au bâtard d'Albret qu'il était prêt à faire toutes les concessions : « Là où ils lui demanderaient demi-« pied sans le presser, disait-il, au temps advenir il en donnerait « volontiers deux ». Il était impossible de manifester plus de bienveillance ; mais les Navarrais ayant montré peu d'empressement à conclure immédiatement le traité d'alliance, l'attitude du roi et de la cour se modifia aussitôt. Il est probable que ce changement était dû aux rapports secrets de Jean d'Orval, qui négociait à Pampelune directement avec les rois de Navarre. Le bâtard d'Albret avait signalé les inconvénients de cette négociation en partie double. Tant que M. d'Orval restera en Navarre, écrivait-il, le roi de France « se tiendra plus fort et plus difficile à « octroyer » ce qu'on lui demande, « confiant et pensant » que si les souverains navarrais « retiennent Orval par delà », on pourra obtenir d'eux de meilleures conditions que de leurs ambassadeurs à Blois. D'après son assertion, en effet, M. d'Orval avait avisé Louis XII que, si les négociateurs navarrais « lui « demandaient grands choses, il se tînt fort, et sans le leur « octroyer », qu'il se chargeait de faire « condescendre les rois de « Navarre à ce qu'il voudrait au service du roy de France » (3).

III.
Les dernières conférences de Blois. (19-28 juin.)

(1) Lettre des ambassadeurs, 15 juin, coll. Doat, 229, f° 82. — (2) Lettre des ambassadeurs, 15 juin, Doat, 229, f° 82. — (3) Adjoustement à la lettre escrite aux roy et royne de Navarre par leurs ambassadeurs, 11 juin. Arch. des Bass.-Pyrén., E. 554 ; coll. Doat, 229, f° 74.

Les appréhensions des ambassadeurs étaient justifiées peu après. Le 18 ou le 19 juin, un courrier du nom de Belloc arrivait à Blois porteurs de dépêches secrètes de Jean d'Orval. Après son arrivée, les commissaires français faisaient aux Navarrais des « réponses « plus froides et refusaient de passer ce qui avait été auparavant « accommodé ». On soupçonne Orval d'avoir écrit au roi de France que les souverains de Navarre se contenteraient « de « moins de ce que leurs ambassadeurs avaient demandé ». On défend maintenant à tous les courriers, de quelque côté qu'ils viennent, d'entrer en rapports avec les négociateurs navarrais (1). Il est probable que Louis XII avait appris la mauvaise tournure des négociations engagées à Burgos entre les délégués des rois de Navarre et Ferdinand. Il jugeait sans doute que ses concessions devaient diminuer en raison même de l'attitude menaçante du roi d'Aragon, qui forcerait les souverains navarrais à se jeter dans les bras de la France, sans exiger des conditions trop dures de celle-ci. D'un autre côté, on se leurrait volontiers, à la cour de Blois, de fausses espérances. Le bruit courait que les Anglais voulaient se rembarquer, que trois rois maures allaient attaquer les Espagnols en Sicile et à Majorque. On ne voyait « qu'allées et venues « pour advertir le roy des affaires qui survenaient de tous les « côtés ». Un autre motif du refroidissement subit des relations entre les négociateurs français et navarrais, c'était la haine persistante d'Anne de Bretagne, la reine de France, contre la maison d'Albret. Cette animosité datait de l'époque, déjà lointaine, où la défection d'Alain avait livré la Bretagne à Charles VIII, et du temps plus rapproché où le même seigneur avait pris part aux projets du maréchal de Gié. La rancunière Bretonne, devenue de plus en plus revêche, n'avait rien oublié. Le roi et le dauphin, comte d'Angoulême, dissimulaient et faisaient « bon visage » aux Navarrais. La reine, au contraire, « remettait de demain en demain » l'audience des ambassadeurs, et ceux-ci affirmaient qu'elle était le principal obstacle au succès de leurs démarches : « C'est le plus grand contraire, disaient-ils, que ayions de par « delà » (2). Enfin, les négociateurs navarrais eux-mêmes n'étaient pas sans reproches ; leurs hésitations, leur méfiance faisaient mauvais effet, à ce qu'il semble, sur la cour de Blois. Leurs incertitudes étaient accrues par les conseils que leur faisait donner l'empereur Maximilien. Son envoyé, André de Burgo, qu'on appelait par convention « le marchand » dans la correspondance navarraise, cherchait à leur persuader « d'entre-

(1) Lettre du bâtard d'Albret au chancelier de Navarre, 20 juin. Arch. des Bass.-Pyrén., E. 554; coll. Doat, 229, f° 89. — (2) Ibid.

« tenir le bélier », c'est-à-dire Louis XII, de traîner en longueur les conférences, et « de ne se lier plus avant ». L'envoyé navarrais à la cour impériale, Salvador de Berio, se rendait peu après à Blois, porteur sans doute des mêmes avertissements. Le bâtard d'Albret, dont la confiance enthousiaste avait disparu, jugeait avec clairvoyance les sentiments réels des hommes d'État français : « En ceste cour, écrit-il le 20 juin, l'on se « gouverne selon le temps; car de peu de chose s'esbahissent et « se resjouissent. S'ils négocient » avec la Navarre, « c'est que « leurs grandes affaires les ont contraincts de se servir de nous »; la nécessité seule peut les amener à faire des concessions; « autre- « ment nous n'en tirerons rien, car par amour n'en faut point « parler. Ils nous font beau semblant, mais c'est pour dissimuler et « nous entretenir le plus qu'ils pourront; en attendant le temps à « leur advantage, tâchent avoir de nous le meilleur marché qu'il « leur sera possible ». Malgré ces incidents, le refroidissement fut passager ; les rois de Navarre et de France avaient un égal besoin de conclure les traités d'alliance. Ferdinand adressait le 20 juin à Jean d'Albret un ultimatum menaçant. Louis XII perdait le Milanais ; le duc de Ferrare, son allié, se réconciliait avec le Pape, et les Anglais arrivaient sur la Bidassoa. Les ambassadeurs navarrais se décidèrent à formuler nettement leurs conditions. Dans une nouvelle conférence où les commissaires français avaient répondu de vive voix aux quatorze articles déposés par les Navarrais, ceux-ci déclarèrent d'abord qu'ils « avaient mandement » de non procéder à l'alliance que toutes les choses contenues « ès- « dits articles » ne « fussent accordées, et ensuite qu'il leur fallait « une réponse écrite pour la communiquer à leurs maîtres » (1). Un vif débat s'était aussitôt engagé, le samedi 18 juin. Il avait porté en premier lieu sur la question de la souveraineté du Béarn. Les Navarrais refusèrent d'accepter le moyen proposé par Louis XII, qui consistait à annuler par lettres patentes l'arrêt du Parlement de Toulouse. Ils consentirent à un arbitrage, mais avec cette réserve capitale que la solution en serait favorable aux rois de Navarre ; « si les arbitres royaux ne se « veulent accorder à l'opinion de ceux des souverains navarrais, « les ambassadeurs ne peuvent passer l'alliance ». Sur la restitution du duché de Nemours, la discussion ne fut pas moins animée. Vainement les Navarrais alléguèrent-ils la donation de ce duché faite à Charles le Mauvais en compensation de la Champagne, de la Brie et du comté d'Évreux, qui ont dix fois plus de valeur; l'in-

(1) Lettre du bâtard d'Albret au chancelier de Navarre, 20 juin. Arch. des Bass.-Pyrén., E. 330 et 554; coll. Doat, 229, f° 89.

justice de la sentence qui en avait dépouillé Blanche de Navarre pour en investir la maison d'Armagnac, ils ne purent obtenir à ce sujet de réponse favorable. Louis XII fit aussi de « grandes difficultés » pour admettre la libre circulation des monnaies béarnaises et navarraises en France. Il opposa un refus formel aux demandes de subsides que formulaient les rois de Navarre pour lever des troupes. La plupart des autres questions recevaient une solution plus favorable : le roi consentait à accorder une pension aux souverains navarrais et à décharger des tailles le Bigorre et le Marsan. Enfin, il fut convenu qu'il donnerait une réponse écrite aux quatorze articles « baillés » par les ambassadeurs navarrais (1). Le 19 juin, Louis XII faisait remettre aux Navarrais cette réponse : sur la question de la souveraineté du Béarn et du procès de Coarraze, il consentait à ce qu'un arbitrage décidât de la validité de l'arrêt du Parlement de Toulouse ; deux arbitres français et deux arbitres navarrais prononceraient la sentence. On annulera aussi la procédure entamée pour la saisie des fiefs des rois de Navarre ; on leur livrera les places de Mazères, Sayerdun et Montaut. On leur remettra le duché de Nemours ; mais comme « le droit » des souverains navarrais n'est pas clair, le Parlement de Paris en examinera la valeur et leur « fera justice ». Le roi de France ordonnera que le procès sur la souveraineté de la ville de Limoges soit bientôt expédié ; il fera toutes les concessions possibles pour la question des monnaies. Il maintiendra les franchises du Bigorre et du Marsan. Il s'engage « à traiter et contenter très « bien le sire d'Albret », à « traiter encore mieux » que par le passé la duchesse de Valentinois, Charlotte, à qui « il a baillé « 100,000 livres qui estoient le mariage d'une fille de France », à donner 100 hommes d'armes et une bonne pension au roi et à la reine de Navarre. Il regrette de ne pouvoir, à cause de ses dépenses, leur fournir des subsides pour réparer leurs forteresses. Il veut enfin « que les alliances soient faites en bonne seureté tant pour « l'un que pour l'autre des alliés » (2). Cette réponse était aussitôt envoyée le 20 juin aux rois de Navarre. Leurs ambassadeurs les priaient « de faire diligence, car leur longue demure leur pourroit « nuire ; le roy (de France) les presse de se despescher, et ils « n'osent rien conclure sans leur mandement » (3). En attendant la

(1) Réplique des ambass. de Navarre à la réponse du Roy Très Chrétien. Arch. des Bass.-Pyrén., E. 554 et 330; coll. Doat, 229, f°s 102-105. — (2) Double de la responce faite par le roy (de France) aux ambass. navarrais. Minute orig. Arch. des Bass.-Pyrén., E. 554; copie, coll. Doat, 229, f°s 98-101. — (3) Lettres des ambassadeurs navarrais (Blois, 19 juin, parties le 20), minutes originales, Arch. des Bass.-Pyrén., E. 330 et 554; copie, coll. Doat, 229, f°s 86-88.

décision des souverains, les négociateurs débattirent, dans une conférence tenue le 22 juin, les articles présentés par Louis XII. Ils les trouvaient obscurs « et confus, notamment sur les faits « de Nemours et des monnaies, de l'état de Mgr d'Albret et « de la duchesse de Valentinois, et de la pension des rois de « Navarre » (1). Mais ils ne purent avoir de réponse plus spécifiée, sauf au sujet des monnaies. Sur ce point, ils obtinrent qu'un général des monnaies de France se rendrait en Navarre et en Béarn, pour s'enquérir de la valeur des monnaies de ce pays, et voir si elles « se frappaient à la loy » française. En présence de l'attitude des négociateurs français, les conférences faillirent se rompre. Elles subirent, en tout cas, un temps d'arrêt. En effet, le 24 juin, les Navarrais demandèrent à leurs souverains « s'ils vou-« laient passer outre à faire les alliances », vu que « le roy, écri-« vaient-ils, ne veut octroyer autre chose touchant ce que nous « demandons, sinon ce qui est contenu ès-dites responces », ou bien « s'ils devaient s'en retourner sans rien faire ». Dans le premier cas, ils recommandaient aux rois « de préparer dès à présent leurs « gens de pied, afin qu'ils ne soient surpris » (2). A Pampelune, Jean et Catherine ne croyaient pas la situation aussi critique; éblouis par les avantages d'une alliance avec la France et par les promesses de Jean d'Orval, ils étaient tout disposés à traiter. Pour les décider tout à fait, l'ambassadeur français s'était aventuré jusqu'à leur promettre la cession sans réserve des places du comté de Foix et du duché de Nemours (3). Les rois de Navarre s'étaient même empressés, le 23 juin, de dresser une procuration par laquelle ils autorisaient leurs envoyés à la cour de Blois à prêter hommage au roi de France pour ce duché (4). Orval les avait aussi assurés que la question de la souveraineté du Béarn était résolue selon leurs vœux. Mais le zélé négociateur avait outrepassé ses pouvoirs. Ses engagements au sujet des places du comté de Foix, du duché de Nemours, de l'indépendance du Béarn furent désavoués par les commissaires français à Blois. Il sembla même un moment que Louis XII songeait à revenir sur ses concessions antérieures. Il ne voulait plus livrer les places du comté de Foix, ni céder le duché de Nemours. Au sujet de la souveraineté du Béarn, il se bornait à offrir de la reconnaître par lettres patentes, mais non

(1) Lettres des ambassadeurs navarrais, Blois, 24 juin. Arch. des Bass.-Pyrén., E. 330 et 554; copie, coll. Doat, 229, f° 106. — (2) *Ibid.* — (3) Lettre des rois de Navarre, mentionnée dans la lettre du bâtard d'Albret au chancelier, 24 juin. Arch. des Bass.-Pyrén., E. 554; copie, coll. Doat, 229, f° 109. — (4) Procuration des rois de Navarre a leurs ambassadeurs pour prêter l'hommage du duché de Nemours, 23 juin. Pampelune. Original scellé du grand sceau sur cire rouge. Arch. des Bass.-Pyrén., E. 554; Doat, f°s 42-43.

par sentence des arbitres, sentence que les ambassadeurs navarrais estimaient être le seul « moyen de rendre la chose perpétuelle ». Enfin, les commissaires français se récriaient parce que les rois de Navarre se refusaient à prendre l'engagement « de secourir le roy « de France de leurs troupes à leurs dépens ». Cependant, sur ce dernier point, ils finirent par céder, et ils agréèrent cette clause. Alain d'Albret et les délégués navarrais avaient eu la prudence de ne pas aller plus loin dans la voie des concessions, bien que les souverains les eussent imprudemment autorisés à promettre de leur part aide et secours à Louis XII, même « avec leur puissance, « et emploi de leurs personnes » (1). Malgré l'urgence, la réponse formelle que les ambassadeurs demandaient aux rois de Navarre ne fut donnée que le 28 juin. Jean et Catherine, qui avaient jusque-là hésité à se prononcer, annonçaient à leurs envoyés, sans doute sous l'impression fâcheuse que leur causaient les exigences du roi d'Espagne, qu'ils étaient résolus à accepter l'alliance française; mais cette alliance se bornerait à la défensive, et leur neutralité serait strictement maintenue. En retour, ils indiquaient, dans ces instructions définitives, les avantages qu'ils attendaient du roi de France. Le premier et le plus essentiel, c'était la reconnaissance de la souveraineté du Béarn et l'annulation des arrêts du Parlement de Toulouse rendus à ce sujet. Si on n'obtenait point cette concession, « on ne devait procéder aucunement » à la conclusion du traité; les négociations seront rompues. La réponse de Louis XII, en ce qui concerne l'annulation de la saisie des fiefs appartenant aux rois de Navarre, paraît à ceux-ci suffisante. Mais ils prescrivent aux ambassadeurs d'insister « sur l'estat de « Mgr d'Albret et de la duchesse de Valentinois » et sur la cession du duché de Nemours, auquel « le roi de France ne peut préten- « dre de droit ». Il faudra demander aussi que le procès relatif à Limoges soit jugé dans les six mois, et que les rois de Navarre soient relevés de la prescription alléguée contre eux dans ce litige par le procureur général du Parlement de Paris. On sollicitera aussi la libre circulation des monnaies béarnaises et navarraises, au moins en Guienne et en Languedoc, pourvu qu'elles soient « aux tails et loy de France », et l'exemption perpétuelle des tailles pour le Bigorre, le Marsan et le Tursan. On obtiendra de Louis XII le commandement de 100 lances payées à ses frais, et qui pourront être employées « à la défense du roy de Navarre et « de ses terres », et l'envoi immédiat de la moitié de la pension qu'il a promis d'accorder à ses alliés. Avant de signer le traité,

---

(1) Lettre du bâtard d'Albret au chancelier de Navarre, 24 juin 1512, Blois. Arch. des Bass.-Pyrén., E. 330 et 554; copie, B. N., coll. Doat, 229, fos 102-110.

les envoyés devront exiger que ces articles soient préalablement accordés. Enfin, on priera le « Roy Très Chrétien » de fournir l'argent nécessaire pour entretenir les troupes navarraises, parce qu'elles « ne sont tenues hors de leurs terres sortir, sans estre « payées » (1). Le mémoire où Jean et Catherine avaient formulé leurs dernières conditions arriva trop tard. Les ambassadeurs navarrais avaient dû conclure l'accord, sans attendre les instructions de leurs souverains. En effet, le 27 juin, le roi de France écrivit aux délégués des rois de Navarre, qu'il s'en tenait « à ce « qu'il leur avait fait dire et respondre par écrit aux articles et « demandes qu'ils avoient baillées ». Il n'y ajoutait qu'une légère faveur; il consentait à relever les souverains navarrais de la prescription touchant le procès de Nemours, et à ordonner au Parlement de rendre promptement sa sentence sur ce litige. Les commissaires français, le lendemain 28 juin, le jour même où les rois de Navarre se décidaient à envoyer leurs dernières instructions, renouvelèrent cette déclaration devant l'ambassade navarraise; ils ajoutèrent que si les ambassadeurs rejetaient ces conditions, « ils « auroient congié de s'en retourner » (2). Les négociateurs se résignèrent à céder; le même jour, en présence de la reine, du sire d'Albret et des commissaires de Louis XII, « ils accordèrent « les articles ainsi qu'ils étaient couchés dans la réponse du roi de « France » (3). L'alliance était en principe arrêtée ; il ne restait plus qu'à en régler les détails et à en rédiger les clauses.

IV.
La conclusion de l'alliance franco-navarraise ; avantages concédés aux rois de Navarre. (28 juin-17 juillet.)

Le premier effet de cette détermination fut de rompre les pourparlers entamés entre la cour de Blois et la reine d'Aragon, pourparlers qui inquiétaient les rois de Navarre. Felipon, l'envoyé de Germaine de Foix, reprit le chemin de l'Espagne, porteur d'une lettre où Louis XII essayait d'adoucir par des formules affectueuses l'amertume de l'échec qu'éprouvait Germaine de Foix. « Ma « fille, mon amie, lui disait-il, je veux garder votre droit comme « le mien, et en toutes choses je vous montrerai toute l'affection « d'un oncle dévoué » (3). Robertet et ses collègues alléguèrent, pour colorer le refus qu'ils opposaient à la reine d'Aragon, que le roi avait mis sous séquestre les biens du duc de Nemours uniquement pour éviter une saisie des nombreux créanciers du

---

(1) Mémoires envoyés par le roy et la royne de Navarre à leurs ambassadeurs à Blois. Pampelune, 28 juin. Minutes orig. Arch. des Bass.-Pyrén., E. 330, E. 554; copie, coll. Doat, 229, f⁰ 111. — (2) Lettre des ambassadeurs navarrais aux roy et royne de Navarre, Blois, 6 juillet, Arch. des Bass.-Pyrén., E. 330. B. N., coll. Doat, 229, f⁰ 117. — (3) Lettre de Louis XII à Germaine de Foix. Blois, 28 juin (texte esp.). Arch. nation., K, 1482, B. 1, n° 4. — Lettre de Robertet à la même, 28 juin. British Museum, fonds espagnol, Mss. Égerton, 544, f⁰ 107.

prince, qu'il avait d'ailleurs pour sa nièce une affection inaltérable, et qu'à la paix il ferait droit à sa requête (1). Cette première décision n'en était pas moins une concession faite aux alarmes des nouveaux alliés du roi de France. Les ambassadeurs s'occupèrent ensuite de la rédaction des articles du traité. Le 5 juillet, les envoyés navarrais présentent et « baillent » leurs pouvoirs aux commissaires et délégués français. Le 6, ils rédigent la minute des alliances, pour la communiquer aux délégués de Louis XII, et, s'il en est besoin, l'envoyer aux rois. Ils espèrent que tout sera terminé dans dix ou douze jours (2). Le 7, la minute du traité est définitivement arrêtée (3). Le même jour, étaient nommés les arbitres chargés de régler la question de la souveraineté du Béarn. Ce furent, pour le roi de France, le docteur Jean Nicolaï, premier président de la Chambre des Comptes, et le maître des requêtes Pierre de La Bernade (4), et pour le roi de Navarre, Raimond du Périer et Pierre de Biaix (5). Nicolaï, d'abord désigné, fut remplacé le 9 juillet par Étienne Poncher, évêque de Paris (6). Louis XII se montrait très impatient d'en finir. Mais les Navarrais, toujours méfiants, ne voulurent pas consentir « à publier et « à jurer les alliances », avant « que le procès du Béarn fût para- « chevé et la sentence donnée ». Ils estimaient « que vouloir faire « les choses en si grande haste », c'eût été « laisser arrière le fait « du Béarn, en plus grand brouillis que jamais, car, disaient-ils, « en la cour de France, on tâche faire les besoingnes au plus « grand advantage qu'ils peuvent, et ne font rien par amour ». Au reste, leur méfiance n'était pas tout à fait injustifiée. Après qu'ils eurent « dressé » le texte du traité, on leur « tint des termes un « peu estranges ». On chercha « à mettre en délay » la question de la souveraineté du Béarn, et à obtenir « que, ce nonobstant, « lesdites alliances fussent jurées et publiées ». On essaya de les circonvenir, en leur disant que les rois de Navarre « vouloient « lesdites alliances », et que leurs ambassadeurs « ne faisoient « que dilayer les affaires contre leur vouloir ». On leur montrait des lettres de M. d'Orval où l'envoyé français affirmait que les souverains navarrais « ne fauldroient à faire service au roy de

---

(1) *La respuesta que dieron á Felipon de parte del rey de Francia*, 28 juin. Arch. de Simancas, *Patron. real. Capit. con Nav.*, leg. 2. Tous ces documents sont inédits. — (2) Lettre des ambassadeurs aux roy et royne de Navarre, Blois, 6 juillet, Arch. des Bass.-Pyrén., E. 330 et 554 (orig. et copie); Doat, 229, f° 117. — (3) Lettre des ambassadeurs navarrais, 13 juillet, Arch. des Bass.-Pyrén., E. 330 et 554 (orig. et copie); coll. Doat, 229, f° 119 et suiv. — (4) Nomination des arbitres du roi de France, 7 juillet, B. N., coll. Doat, 229, f° 75, orig. Arch. des Bass.-Pyrén., E. 330. — (5) Procuration des rois de Navarre (désignant leurs arbitres), 11 mai. Arch. des Bass.-Pyrén., E. 554, orig. — (6) Lettre du 13 juillet.

« France ». Robertet lui-même leur communiqua une missive plus ou moins authentique, où le roi de Navarre assurait Louis XII « que les choses ne tenoient » qu'à ses ambassadeurs. Malgré ces manœuvres, les Navarrais tinrent bon. Ils eurent du moins le mérite de ne pas conclure de traité, sans avoir obtenu des avantages précis et formels. Leur clairvoyance ne fut pas en défaut. Ils avertissaient leurs maîtres du danger qu'il y avait à négocier à la fois à Blois avec Louis XII et à Burgos avec Ferdinand. Le 6 juillet, les rois leur avaient fait part de la mission donnée antérieurement au maréchal de Navarre et au docteur de Jasu, « pour travailler de contenter le roy d'Aragon avecques « la neutralité de la Navarre tant seulement » ; Ferdinand réclamait aussi celle du Béarn. « Ce fait, observaient le bâtard d'Albret « et ses collègues, nous semble porter grande contrariété, car « l'alliance que le roy de France fait avecques vous, c'est pour « vostre royaume de Navarre, lequel, s'il demure en neutralité, « ne pourra choir en l'alliance, et doubtons que vous contenterez « mal ceux de deçà et ceux de delà. » C'est la meilleure critique que l'on pût faire de la convention qui allait être conclue à Blois, sur l'ordre des souverains navarrais. Ils ajoutaient, caractérisant avec beaucoup de sens ces négociations en partie triple engagées à Burgos, à Pampelune et en France, cette remarque fort juste : « Croyons fermement que les offres que vous avez faites en tant « de lieux vous porteront dommage » (1). Mais au moment où ils faisaient entendre ces avertissements, bientôt justifiés, il était déjà trop tard pour reculer. Louis XII, impatient d'en finir, pressé de sauver de l'invasion la Guienne menacée, calma les inquiétudes des rois de Navarre, effrayés des préparatifs de Ferdinand, en leur promettant une protection efficace, et entraîna leurs ambassadeurs à conclure l'alliance, en leur accordant enfin les concessions qu'ils exigeaient. Il hâta les délibérations des arbitres sur la question du Béarn, la seule qui retardât la conclusion du traité. Le 15 juillet, à l'heure « de vespres », fut prononcée la sentence d'arbitrage. Elle annulait la procédure du Parlement de Toulouse pour défaut de compétence, et reconnaissait en termes formels la souveraineté et l'indépendance du Béarn. Les deux procureurs généraux de Toulouse et de Pau, Pierre de Nogerolles et Pierre de Fondères, avaient exposé pour la forme les raisons et preuves qui pouvaient être alléguées pour ou contre cette souveraineté. Mais ce n'était là qu'un débat académique.

---

(1) Lettres des ambassadeurs navarrais. Blois, 13 juillet. Minute orig. et copie, Arch. des Bass.-Pyrén., E. 330 et 554 ; copie, coll. Doat, t. CCXXIX, f⁰ 119-122.

Les arbitres, dont la décision était connue d'avance, cassèrent tous les arrêts de la Cour de Toulouse, comme donnés « par juges « incompétens », les déclarèrent nuls et de « nulle efficacé et « valeur », et reconnurent ainsi l'indépendance du Béarn, « sauf « et réservé au Roi Très Chrétien, que s'il vouloit prétendre « aucun droit audit païs, il le pourroit demander par-devant juges « compétens ». La réserve était de pure forme, puisqu'il ne pouvait y avoir de juges « compétens » pour prononcer sur la souveraineté d'un pays déclaré indépendant (1). C'était là le premier et le plus important des avantages que les rois de Navarre retiraient de leur alliance avec la France. Ils obtenaient encore la révision de tous leurs procès, et terminaient en leur faveur la plupart de ces litiges. En effet, Louis XII annula les arrêts rendus par le Parlement de Toulouse dans la cause du sire de Coarraze, le baron béarnais rebelle, et tous les « adjournements « personnels, indictions de peines, et autres exécutions et procé- « dures » (2). Il ordonna aux officiers royaux de ne pas mettre à exécution ces arrêts (3), non plus que les sentences rendues contre l'indépendance du Béarn. En conséquence, les procédures faites à la requête du procureur général contre les officiers du roi de Navarre, pour crimes « de désobéissance et de rébellion », sont également cassées et annulées (4). Le roi de France donne encore mainlevée des biens saisis en 1510 sur le chancelier de Navarre, Jehan du Bosquet, en Périgord, et sur les autres sujets navarrais ; il révoque l'arrêt de confiscation prononcé à leur préjudice (5). Jean et Catherine se font aussi accorder des avantages matériels considérables. C'est d'abord la cession des places du comté de Foix, Mazères, Saverdun, Montaut et Gibel, remises jadis à Jean de Narbonne et à Gaston de Nemours. Louis XII ordonne aux habitants de ces villes de « recevoir les rois de « Navarre, de leur prêter serment de fidélité », et enjoint « aux

(1) Minute des procès-verbaux des conférences (9 au 15 juillet) et sentence arbitrale du 15 juillet, Arch. des Bass.-Pyrén., E. 330 (originaux) ; copies, coll. Doat, 229, fᵒˢ 171-211. — (2) Sentence arbitrale touchant la souveraineté du pays de Béarn (contenant toute la procédure faite à ce sujet), 23 juillet 1512, Arch. des Bass.-Pyrén., E. 330, orig. ; copie, coll. Doat, 229, fᵒˢ 171-211. — (3) Lettres d'homologation du roy Louis XII de la sentence relative au Béarn, Blois, 24 juillet, Arch. des Bass.-Pyrén., E. 554 et 330 ; coll. Doat, 229, fᵒ 151-152. — (4) Lettres de Louis XII révoquant les arrêts rendus par le Parlement de Toulouse en faveur du sire de Coarraze, juillet 1512, Arch. des Bass.-Pyrén., E. 329 et 554 ; coll. Doat, 229, fᵒˢ 153-154. — Lettres de Louis XII cassant les procédures du Parlement de Toulouse et accordant rémission pour les crimes de désobéissance et de rébellion ; ibid., et coll. Doat, 229, fᵒˢ 156-157. — (5) Lettres de Louis XII donnant mainlevée du séquestre mis sur les villes du comté de Foix, juillet 1512, orig. Arch. des Bass.-Pyrén., E. 452 ; coll. Doat, 229, fᵒˢ 158-159.

« officiers royaux de les y contraindre au besoin »(1). C'est ensuite l'acquisition du duché de Nemours, concédé autrefois par Charles V à Charles le Mauvais, confisqué par Charles VI, et depuis constamment séparé de la couronne de Navarre. Le 12 juillet 1512, le roi de France consent, « en considération de l'alliance », à livrer ce duché aux souverains navarrais, sans rien statuer au fond au sujet de la légitimité de cette attribution. Le procès pendant entre la couronne et les princes de Navarre devra être promptement jugé devant le Parlement de Paris, et pour ce motif, Louis XII relève Jean d'Albret de la prescription encourue depuis la confiscation de ce domaine, c'est-à-dire depuis soixante-quinze ans (2). Pour leurs sujets, Jean et Catherine obtenaient des privilèges spéciaux. Les habitants du Marsan et du Gabardan étaient déchargés des impôts et aides établis dans la sénéchaussée des Lannes par Charles VII, pour la construction des châteaux de Bayonne, Dax et Saint-Sever, « attendu que ces vicomtés sont de « la sénéchaussée d'Agenais », et qu'ils ont des franchises quatre fois confirmées depuis 1461 (3). Non-seulement les lettres de marque octroyées aux parents du sire de Lahet sont révoquées, mais encore permission est donnée aux sujets des rois de Navarre « de venir marchander en France franchement, sans qu'il leur « soit fait aucun destourbier ni empeschement en leurs personnes « ou biens », sous peine pour les officiers royaux qui voudraient les molester d'une amende « de 100 marcs d'or » (4). Louis XII avait aussi promis d'autoriser la libre circulation des monnaies navarraises et béarnaises en France, pourvu qu'elles eussent le titre et le poids des monnaies françaises. Il délégua en Béarn un général des finances pour faire une enquête sur la frappe usitée dans les États de Jean d'Albret. Enfin, ce qui n'était pas non plus à dédaigner pour des rois aussi besoigneux que ceux de Navarre, dans la conférence du 16 juillet, les commissaires français déclarèrent officiellement que le roi de France donnait à Jean, son allié, une pension de 8,000 livres tournois par an ; à Catherine, une seconde pension de même somme, et une de 4,000 livres à

(1) Lettres de Louis XII sur la mainlevée des biens saisis au préjudice du chancelier et autres serviteurs des rois de Navarre, juillet 1512. Arch. des Bass.-Pyrén., E. 554 et 330 ; coll. Doat, 229, f° 167. — (2) Lettres d'investiture du duché de Nemours, 12 juillet 1512. — Hommage du roi de Navarre. — Lettres de Louis XII relevant les rois de Navarre de la prescription. Arch. des Bass.-Pyrén., E. 554 ; Doat, 229, f°s 160-161. — (3) Lettres de Louis XII déchargeant les habitants du Marsan et du Gabardan des impôts établis dans la sénéchaussée des Lannes, juillet 1512. Arch. des Bass.-Pyrén., E. 554 et 330 ; coll. Doat, 229, f° 164. — (4) Révocation des lettres de marque accordées au seigneur de Lahet. Blois, 17 juillet, orig. Arch. des Bass.-Pyrén., E. 554 ; copie, coll. Doat, 229, f°s 169-170.

« Messeigneurs leurs enfants ». Au total, c'était un don annuel de 20,000 livres que devaient recevoir les souverains navarrais. Enfin, Louis XII s'était engagé à leur accorder une compagnie de 100 hommes d'armes payés sur son trésor, et à prendre en considération « l'estat » d'Alain d'Albret et de la duchesse de Valentinois (1).

V. Le traité de Blois ; engagements des rois de Navarre à l'égard de la France.

Sans doute, ces avantages étaient séduisants, et les rois de Navarre avaient réussi à se faire octroyer la plupart de leurs demandes. Mais ils auraient dû comprendre que la cour de France, « qui ne faisait rien par amour », n'avait cédé que pour recueillir les bénéfices de l'alliance navarraise. Les hommes d'État français étaient trop habiles et trop intéressés pour ne pas avoir calculé les conséquences de leur générosité. Le premier résultat de cette confédération, c'était de fermer les grands passages des Pyrénées aux troupes espagnoles, et d'empêcher ainsi l'expédition de Guienne. Le second, c'était de compromettre les rois de Navarre et de les entraîner, malgré leur désir, dans la guerre contre le roi d'Aragon, en stipulant qu'ils prendraient les armes contre les Anglais, alliés de ce roi. Cette alliance devait inquiéter le Roi Catholique et lui faire craindre une diversion sur l'Èbre contre la Castille. Tant pis si la Navarre payait les frais des hostilités au lieu de la Guienne. A ces avantages militaires, s'en ajoutaient de politiques. Les plus puissants des grands vassaux de la couronne, les maîtres du Midi, se trouvaient rattachés à la cause française. On les enchaînait à cette cause par des liens dorés. Ils devenaient les obligés des Valois, et qu'ils le voulussent ou non, cette nouvelle alliance les détachait de l'Espagne, peut-être pour toujours. La confiance serait détruite désormais entre les souverains espagnols et les princes navarrais, des germes de méfiance semés pour de longues années. Enfin, aujourd'hui alliés, les rois de Navarre ne tarderaient pas à devenir sujets. Ces espérances secrètes et l'imminence du danger qui menaçait la Guienne expliquent l'impatience que montraient les commissaires français d'en arriver à la conclusion définitive des traités. Le 17 juillet, eut lieu dans la petite chapelle du château de Blois l'échange des serments entre les ambassadeurs et Louis XII. La cérémonie se fit dans le plus grand secret, en présence du Dauphin, comte d'Angoulême, du sire d'Albret et des commissaires français. Le roi de France « jura sur la « saincte croix et le *Te igitur* de tenir et garder les alliances qui « avoient esté arrestées ». Puis, les négociateurs navarrais prêtèrent un serment semblable. Les délégués français, Poncher, du

(1) Lettre des ambassadeurs navarrais aux rois de Navarre. Blois, 17 juillet. Archives des Bass.-Pyrén., E. 330 (minute originale); copie, coll. Doat, t. CCXXIX, f°s 223-224.

Bouchage, La Bernade et Morviliers, bailli d'Amiens, ce dernier adjoint vers la fin des conférences aux autres, les assistaient comme témoins (1). L'ambassade navarraise s'imaginait que le secret serait fidèlement gardé. Les clauses du traité ne furent pas, en effet, connues, mais la conclusion en était certaine depuis la fin du mois de juin. Ferdinand savait, soit par ses espions, soit par les bruits de cour, que l'alliance avait été ou allait être conclue. Il lui importait peu d'en connaître les conditions ; les rois de Navarre devenaient ses ennemis dès le moment où ils n'étaient plus ses alliés ; dans sa pensée, ils ne pouvaient être neutres entre lui et la France. Aussi chercha-t-il à égarer l'opinion en publiant audacieusement, au lieu du texte authentique du traité de Blois, qu'il ne connaissait pas, un prétendu résumé des clauses de cette convention qu'il avait fabriqué lui-même. La précaution des ambassadeurs navarrais resta ainsi inutile. Elle fut plutôt dangereuse. Mieux eût valu publier les conditions de l'alliance que de laisser tromper la chrétienté par la cynique supercherie du roi d'Aragon. On était de même convenu de retarder la publication des alliances « jusqu'à ce que l'armée que le roy de France envoyait » en Guienne fût prête à secourir Jean d'Albret. Cette seconde précaution devait être aussi illusoire que la première, puisque le Roi Catholique n'attendit pas que les préparatifs des Français fussent terminés (2). A supposer même, d'ailleurs, que le traité eût été publié aussitôt qu'il fut signé, c'est-à-dire le 18 juillet, le lendemain de la prestation du serment, il avait été rédigé de telle sorte, qu'il eût été difficile aux rois de Navarre de prétendre qu'ils ne seraient point forcés de violer cette stricte neutralité, dont ils se disaient les scrupuleux observateurs. Les clauses en étaient à la fois trop significatives et trop contradictoires, pour que Ferdinand, alors même qu'il les eût connues, eût pu considérer comme réelle la neutralité des souverains navarrais. En effet, la convention de Blois stipulait d'abord une alliance, union, amitié, confédération perpétuelle, « pour la seureté, tuition, défense » des deux couronnes de France et de Navarre. Les deux rois se promettaient d'être « amys de leurs amys et ennemys de leurs ennemys », tellement, que « nous ne pourrons, disaient-ils, ni pareillement nos « hoirs et successeurs, pour quelconque cause, couleur ou occa-« sion que ce soit ou ce puisse être, donner aide ou secours, « faveur ou assistance aux ennemys desdits roy et royne de « Navarre, ni eulx aux nostres ». Ils s'engageaient aussi à se secourir mutuellement envers et contre tous, et si le roi de France

(1) Lettre des ambassadeurs navarrais aux rois de Navarre, Blois, 17 juillet 1512. Arch. des Bass.-Pyrén., E, 330 (minute originale); copie, coll. Doat, 229, f⁰ˢ 223-224. — (2) *Ibid.*

avait « à besoingner pour quelque affaire des gens et subjectz
« desdits roy et royne de Navarre » ceux-ci seraient tenus à lui
« en bailler tel nombre » qu'il leur en ferait demander et « requé-
« rir, à ses dépenz ». Un autre article ambigu concernait l'inter-
diction, pour les troupes ennemies, du passage à travers la Navarre
et le Béarn. Mais la condition la plus dangereuse était la promesse
que faisaient les souverains navarrais, aussitôt après la publication
du traité, de « se déclairer ouvertement contre les Anglais », s'ils
tentaient d'envahir le royaume, et contre « les aultres ennemys
« du roy de France qui seroient en leur compaignie ». Pareilles
stipulations constituaient de graves imprudences, car contre qui
les rois de Navarre pouvaient-ils secourir le roi de France, à
quels ennemis pouvaient-ils interdire le passage à travers leurs
États, si ce n'était aux Espagnols et aux Anglais ? Pouvait-on
s'imaginer qu'il serait possible d'attaquer les Anglais sans rompre
par le fait avec les Castillans ? La promesse de se déclarer ouvertement contre le roi d'Angleterre et « les aultres ennemys » qui
seraient « en sa compaignie », ou n'avait aucun sens, ce qui est
difficile à admettre dans un traité, ou s'appliquait précisément
aux troupes du Roi Catholique. Non-seulement les rois de Navarre
étaient tenus de se déclarer contre les Anglais et leurs alliés,
mais encore ils devaient « leur faire toute la meilleure et plus
« forte guerre que faire pourroient ». Ces clauses détruisaient
tout l'effet de la réserve que les négociateurs navarrais avaient
fait introduire dans le traité, et qui semblait en contradiction avec
les autres articles de la convention. Cette réserve était ainsi conçue : « Pour ce que par ci-devant a esté faite alliance par lesdits
« roi et reine de Navarre avec le roi d'Aragon et la feue dame
« Isabelle, reine de Castille, sa femme, par laquelle alliance fut
« dit et accordé que, si aucuns étrangers vouloient passer par le
« royaume de Navarre et autres leurs pays, pour aller faire la
« guerre contre lesdits roi et reine de Castille ès Espagnés, les-
« dits roi et reine de Navarre ne leur donneraient passage, a été
« convenu et traité que ledit article demeurera dans la forme
« qu'il est déclaré ci-dessus, et le pourront observer, entretenir
« et garder lesdits roi et reine de Navarre ». Mais quel pouvait
être l'effet d'une clause en contradiction aussi grande avec les
articles précédents ? Ce qui augmente encore l'incohérence du
traité, c'est qu'on y comprend les alliés et confédérés des deux
parties, c'est-à-dire le roi d'Aragon lui-même, puisque les rois
de Navarre supposent que leur alliance avec lui est toujours en
vigueur. Ainsi, les souverains navarrais s'engageaient, d'un côté,
à attaquer un prince dont ils semblaient garantir les intérêts de
l'autre. De plus, comme il ne s'agissait pas d'une guerre offensive

contre le roi d'Espagne, mais simplement d'une guerre défensive, les derniers articles, ceux qui stipulaient la neutralité, ne pouvaient qu'être favorables au roi de France, puisque c'était Ferdinand qui songeait à violer cette neutralité et non Louis XII; et les premiers articles, ceux qui obligeaient les rois de Navarre à porter secours à leur allié en cas d'attaque du royaume, contre les Anglais et « leur compagnie », devaient seuls recevoir application. En échange de cette alliance avantageuse, le roi de France promettait à ses alliés « de les aider et secourir de tout son pouvoir « pour la sûreté, tuition, garde et défense de leurs royaume, « pays, terres, seigneuries », envers et contre tous. Si « aucuns « princes ou prince étranger, quels qu'ils fussent, vouloient « passer par le royaume, pays, terres et seigneuries dudit Roy « Très Chrétien, pour aller faire la guerre contre lesdits roi et « reine de Navarre, ledit Roy Très Chrétien ne leur donnerait « passage, mais y obvierait de tout son pouvoir ». Il accordait aux sujets navarrais le droit « d'aller, fréquenter, séjourner, « marchander ou autrement, par terre, mer et eau douce, seu-« rement et sauvement », dans les pays français. Il était enfin convenu que les rois de Navarre, leurs hoirs et successeurs seraient compris dans tous les traités, amitiés et alliances « avec « quelque prince ou potentat que ce fût », qui seraient conclus ultérieurement (1). Si ces compensations pouvaient paraître suffisantes pour l'avenir, elles ne l'étaient guère pour le présent. En résumé, l'avantage immédiat du traité de Blois était évidemment acquis au roi de France. En effet, au moment où Louis XII était menacé d'une invasion en Guienne, il détournait habilement le danger vers ses alliés. La rédaction du traité, incohérente à dessein, engageait les souverains navarrais dans une alliance offensive, alors qu'ils croyaient ne conclure qu'une alliance défensive, et rendait à peu près impossible le maintien de leur neutralité. Si deux articles stipulaient que le Béarn et la Navarre resteraient neutres, trois autres étaient rédigés de façon à attirer la guerre contre ces États. L'un forçait les rois de Navarre à secourir le roi de France envers et contre tous, pour la défense de ses domaines, et c'était précisément le cas qui se présentait; l'autre permettait à Louis XII de requérir le concours « des gens « et sujets » navarrais, clause évidemment contraire à une exacte neutralité; le troisième et le plus dangereux assurait aux Français l'appui armé des rois de Navarre contre les Anglais et

(1) Double des alliances faictes entre le roy de France et les roy et royne de Navarre. Blois, 18 juillet 1512. Arch. des Bass.-Pyrén., E. 554. — Ce traité a été édité d'après une autre copie par Du Mont. Corps diplomatique, IV¹, 147.

leurs auxiliaires, ce qui ne pouvait s'entendre que des Espagnols. Telle était l'imprudente convention que les ambassadeurs navarrais, munis des pleins pouvoirs de leurs souverains, venaient de conclure. Jean d'Albret et Catherine n'en pouvaient ignorer la teneur, puisque le texte des alliances, rédigé entre le 4 et le 6 juillet, leur avait été envoyé avant la signature définitive (1). Ferdinand ne connut pas les clauses réelles de ce pacte, mais il dut et il put légitimement se croire menacé. Il n'était pas difficile de comprendre que, si Louis XII faisait des concessions aussi importantes que celle de reconnaître l'indépendance du Béarn, c'est qu'il comptait bien obtenir des avantages équivalents. Quels pouvaient être ces avantages, sinon l'engagement de fournir des troupes à la France et de l'aider contre ses ennemis ? Sans doute, en droit strict, les rois de Navarre pouvaient refuser le passage aux troupes espagnoles, à cause des dangers qu'ils auraient encourus et par suite de leurs traités conclus avec la Castille elle-même. Prescott l'a justement remarqué (2). Le premier tort des souverains navarrais fut de signer un traité secret; ce mystère devait effrayer le roi d'Aragon et lui faire soupçonner que la confédération des deux rois était dirigée contre lui. Ils commirent, en second lieu, la faute d'approuver une convention ambiguë, qui les engageait plus qu'ils ne souhaitaient et qui était en contradiction avec la neutralité qu'ils tenaient tant à garder. Leur seule excuse, c'est qu'ils n'auraient pu entraîner Louis XII à leur faire tant de concessions, s'ils n'avaient consenti à lui octroyer de leur côté quelque satisfaction. Menacés à la fois par le roi d'Aragon, qui s'efforçait de rétablir son protectorat en Navarre, et par le roi de France, qui n'aurait pas manqué, s'ils s'étaient déclarés contre lui, de leur enlever le Béarn et les domaines de la maison de Foix, ils s'imaginèrent qu'ils réussiraient à contenter l'un et l'autre avec la promesse de leur neutralité. Ni Louis XII ni Ferdinand n'étaient disposés à accepter ces conditions. Le prince français réussit à compromettre les rois de Navarre aux yeux du souverain espagnol, et tandis que Louis XII s'assurait l'alliance effective de ses anciens adversaires, Ferdinand préparait activement la revanche de ce qu'il appelait leur ingratitude et leur défection. Tel fut le principal résultat des conventions de Blois : les souverains na-

---

(1) Lettre des ambassadeurs navarrais aux rois de Navarre. Blois, 17 juillet 1512. Arch. des Bass.-Pyrén., E. 330. — Copie, B. N., coll. Doat, 229, f° 123. — (2) Prescott, Hist. de Ferdinand et d'Isabelle, trad. G. Renson, t. IV, pp. 146-149. Il croit à tort, d'après les récits de Bernaldez et de Zurita, que Ferdinand connut le vrai texte du traité de Blois, et ne soupçonne même pas la déloyale supercherie du roi d'Aragon.

varrais sauvèrent, en les signant, leurs États du versant français des Pyrénées, mais ils y perdirent leur royaume de Navarre.

CHAPITRE III.

LA CONQUÊTE DE LA NAVARRE.

(21 juillet-fin septembre 1512.)

I. Insuffisance des préparatifs militaires des rois de Navarre. Les forces du roi d'Espagne.

En attendant l'issue des négociations engagées à Blois et à Burgos, Jean et Catherine avaient entièrement négligé la défense de leur État et ne s'étaient point préparés à repousser une attaque de leurs voisins. L'invasion les surprit ; il fallut à peine un mois aux Castillans pour conquérir la plus grande partie de la Navarre, deux mois pour en assurer la soumission complète. Au début de l'année, les souverains navarrais avaient bien fait quelques armements, dirigés surtout contre le roi de France, alors leur principal ennemi. Mais de ce côté, les conférences de Blois avaient suffi à les rassurer. La frontière de Castille ne semblait pas à ce moment menacée. Cependant les rois avaient cru devoir prendre quelques mesures pour prévenir un soulèvement des Beaumontais. Ils croyaient pouvoir compter sur l'appui inébranlable des Gramontais et de leurs chefs, le maréchal de Navarre et le connétable Peralta, qu'ils avaient comblés de dons. Ils pensaient gagner l'affection des anciennes villes beaumontaises, en leur octroyant des privilèges. Ainsi, Miranda de Arga obtenait le droit d'envoyer des délégués aux Cortès ; les douze écuyers de Viana recevaient des rentes viagères, et déjà, en 1507, Puente-la-Reina, Andosilla, Lerin avaient obtenu d'importantes faveurs (1). Ils réunirent aussi quelques compagnies d'hommes d'armes, sous le commandement de Bernardino de Lescun. Les Cortès de Tudela, réunies au mois de février, leur avaient offert spontanément et sans débat des subsides extraordinaires pour mettre en état les forteresses et lever des soldats. Les députés avaient déclaré qu'ils mettaient à la disposition des rois « leurs « biens, leurs personnes et leurs vies, pour les préserver du « péril » (2). Mais les rois n'osèrent lever ces subsides, de peur de mécontenter leurs sujets et de donner prétexte à une agitation des Beaumontais contre eux. Ils négligèrent de fortifier leurs châteaux, et ils les laissèrent dans un tel état de délabrement, « que la plupart, dit Aleson, n'avaient pour toute garnison qu'un

(1) Textes de quelques-uns de ces privilèges dans les *Anales de Navarra*, d'Aleson, t. V, chap. XIII, f° 202-213, et dans Yanguas, *Diccionario de Antigüedades*, II, 317, etc. — (2) Aleson, *Anales de Navarra*, t. V, f° 201.

« gouverneur et quelques soldats » (1). C'est qu'en effet le roi
d'Aragon leur avait fait des représentations menaçantes lorsqu'ils
s'étaient avisés de commencer leurs armements; au mois d'avril,
le capitaine-général, Juan de Silva, avait protesté contre ces
préparatifs (2). Toute mesure de défense fut, dès lors, suspendue.
Les rois confièrent les villes murées à la fidélité de leurs habitants,
mesure imprudente, qui facilita l'invasion. Beaucoup de ces villes
renfermaient encore des partisans secrets des Beaumontais et,
comme l'événement le montra, voyaient dans les Castillans plutôt
des alliés que des ennemis. Ainsi, tandis que la crainte paralysait
les résolutions des rois, la trahison les environnait. Ils crurent
encore écarter le danger en négociant, et quand la guerre parut
presque inévitable, il était trop tard pour espérer de la soutenir
avec succès. Le 20 juin, ils apprenaient avec effroi que le roi
d'Aragon refusait de se contenter de la confirmation des traités
antérieurs et réclamait l'occupation de leurs forteresses. Aussitôt
les Cortès, réunies à Pampelune, leur votèrent les subsides
nécessaires pour la levée de 300 hommes d'armes et de 4,000 fantassins (3). Mais il fallait du temps pour percevoir ces taxes, et
en attendant, l'argent faisait défaut. Le roi de France, sur
lequel les princes comptaient, déclara qu'il ne pouvait avancer à
ses alliés les sommes qu'ils demandaient; ses ressources étaient
absorbées, disait-il, par les armées d'Italie et de Guienne (4).
Il se contenta de leur accorder une compagnie de 100 hommes
d'armes. Il était d'ailleurs bien difficile de recruter rapidement des
soldats : « On est bien empesché d'en trouver, écrivaient les ambassadeurs navarrais à Blois, soit en France, soit en Gascogne »,
à cause des levées déjà faites par le duc de Bourbon. Ils conseillaient donc aux rois « de préparer dès à présent leurs gens de
« pied, afin de n'être surpris » (5). Vers le 1er juillet, en effet, le
bruit courut que Ferdinand et le Pape avaient projeté l'invasion de la Navarre, avant de tenter le siège de Bayonne (6).
Mais, malgré ces rumeurs, les souverains navarrais ne purent
ou ne surent assez rapidement rassembler leurs forces, pour être
prêts à repousser l'attaque des Castillans. Ils envoyèrent en

(1) Aleson, *Anales de Navarra*, t. V, chap. XIII, f° 202. — (2) Zurita,
Anales de Aragon, t. VI, liv. IX, chap. LIV, f° 273, r°. — (3) Délibération des
Cortès de Pampelune, 20 juin 1512, analysée par Yanguas. *Diccionario de
Antigüedades*, III, 255. — (4) Double de la réponse faite par Louis XII aux
ambassadeurs des rois de Navarre, 24 juin. Arch. des Bass.-Pyrén., E. 554;
coll. Doat, t. CCXXIX, f°s 98-191. — (5) Lettre des ambassadeurs navarrais,
Blois, 24 juin 1512. Arch. des Bass.-Pyrén., E. 330; coll. Doat, 229, f°s 106-
108. — (6) Ce bruit est mentionné dans une dépêche de Paul de Lande à
Marguerite d'Autriche. Le Glay, Négociations de la France avec l'Autriche,
I, 511 (1er juillet 1512).

toute hâte un commissaire enrôler les Basques de la Basse-Navarre (1), et c'est seulement le 17 juillet, le jour même où Ferdinand publiait à Burgos le texte tronqué du traité de Blois, qu'ils reconnurent l'imminence du danger. Alors, les Cortès votèrent cinq cuarteles pour la solde des troupes, réglèrent la répartition du contingent des 4,000 hommes de pied et celle des 300 hommes d'armes entre les six provinces du royaume. Enfin, elles décidèrent la levée en masse de tous les Navarrais, « si le cas le requérait », et conférèrent l'exécution de cet ordre aux capitaines et gouverneurs de chacune des *merindades* du pays (2). Ces dispositions furent rendues inutiles par la soudaineté de l'attaque des Espagnols. A supposer même que Jean d'Albret eût pu faire les levées décidées par les Cortès, il n'aurait pu disposer que d'une armée régulière de 4,300 hommes, bien inférieure en nombre aux troupes que dirigeait le duc d'Albe, général du roi d'Aragon. Il est vrai que les rois de Navarre comptaient sur l'appui des forces qui se rassemblaient en Guienne. Louis XII déclarait, le 10 juillet, à leurs ambassadeurs qu'il aiderait ses alliés « de tout son pouvoir et de toutes ses gens en leurs terres et seigneuries ». Il promettait d'ordonner au connétable de Bourbon, au duc de Longueville et « autres capitaines s'en « aller par devers eux, si l'affaire y étoit, avecques leur puis- « sance, pour leur servir et obéyr ainsi qu'à sa propre personne ». Il avait, en effet, réuni sur la Garonne et l'Adour, 500 lances et un grand nombre de lansquenets, outre les compagnies qui résidaient déjà dans la province (3). Le 20 juillet, à la veille de l'invasion, il affirmait encore aux envoyés navarrais, qu'il avait enjoint au duc de Longueville, chef de son armée de Guienne, de « vou- « loir secourir et ayder » les souverains navarrais, « s'ils avoient « affaire de gens ». Il s'engageait à envoyer à leur secours « sur « l'heure tel nombre de gens qu'il en pourroit recouvrer », et même les bandes allemandes aussitôt qu'elles seraient réunies (4). Mais les bonnes intentions du roi de France furent paralysées par les événements et par la mollesse de ses généraux. La levée de 800 lances (4,800 hommes) et l'enrôlement des lansquenets au pays de Gueldre, demandèrent plus de temps qu'on ne l'avait prévu. L'armée française de Guienne ne fut renforcée que par 1,500 Béarnais, placés sous le commandement de Gaston d'An-

---

(1) Zurita, liv. X, chap. V-VJ, f° 292. — (2) Délibération des Cortès de Pampelune, 17 juillet. Arch. de Nav.; *Recopilacion de actas de Cortes*, I, 82. — (3) Lettre des ambassadeurs navarrais au roi de Navarre. Blois, 13 juillet 1512. Arch. des Bass.-Pyrén., E. 330; coll. Doat, 229, f° 122. — (4) Lettre des ambassadeurs navarrais au roi de Navarre: Blois, 20 juillet. Arch. des Bass.-Pyrén., E. 330 et 554; coll. Doat, 229, f° 125.

doins (1). Le duc de Longueville, Dunois, la jugea trop faible pour pouvoir être divisée et tenir tête à la fois aux Anglais et aux Espagnols. « Il craignit, dit le chroniqueur contemporain Humbert Bellay, que s'il laissoit l'Aquitaine sans armes et sans garnisons, l'Anglois non-seulement la surprendroit, mais encore pourroit empêcher le chemin à son retour. Il trouva plus à propos... de mettre garnison par toutes les villes et forteresses, jusqu'à ce que le roy eût moyen de lui envoyer davantage de forces » (2). Ainsi, la Navarre se trouva livrée presque sans défense aux entreprises du Roi Catholique.

Ferdinand n'avait point commis les fautes qui coûtèrent si cher à ses adversaires. Dès l'année 1511, il s'était préparé à la guerre contre le roi de France, sous prétexte de combattre les Turcs : « Le Sarrasin contre lequel il arme, disait alors Louis XII, c'est moi » (3). Il avait continué à loisir ses armements pendant les dix-huit mois qui précédèrent l'expédition navarraise. L'armée destinée à l'entreprise de Guienne se réunit dans le Guipuzcoa. A la fin du mois de juin 1512, elle comprenait 1,000 hommes d'armes, 2,500 chevaux, 6,000 fantassins, 20 pièces d'artillerie. A la tête de la cavalerie se trouvait l'élite de la noblesse espagnole, les Lara, les Cueva, les Luna, les Rojas, et d'autres grands seigneurs, dont l'énumération remplit deux pages du récit de l'historien de la conquête, Luis Correa, le secrétaire du duc d'Albe. L'infanterie était excellente, formée en partie des vieilles bandes de Gonzalve de Cordoue, commandées par deux colonels de grand talent, Vitalva et Rengifo. Un autre vétéran des guerres italiennes, Diego de Vera, dirigeait l'artillerie (4). Le chef suprême de l'armée, désigné au mois de mars, était le duc d'Albe, père du fameux pacificateur des Pays-Bas (5). Un humaniste distingué, Antonio de Lebrija, l'accompagnait, et devait, avec le secrétaire Correa, raconter les exploits de l'armée espagnole. Bientôt à ces troupes, fortes d'environ 9,000 hommes, allaient se joindre les contingents aragonais et castillans. L'archevêque de Saragosse, Alphonse d'Aragon, avait convoqué la noblesse aragonaise et catalane, mis en défense les forteresses de la frontière, obtenu des Cortès de Monçon la levée de 200 lances et de 300 chevau-légers, enjoint

---

(1) Zurita, *Anales de Aragon*, liv. X, chap. VIII, f° 294. — (2) Chronique de Humbert Bellay, publiée à la suite de la Chronique de Jean d'Auton par P. Lacroix, t. IV, p. 273. — (3) Pierre Martyr, *Opus Epist.*, lettre 450e, fév. 1511. — (4) Sur la composition de l'armée castillane, on a tous les détails dans Luis Correa, *Historia de la conquista de Navarra*, pp. 64-66, édition Yanguas; dans Lebrija, *Antonii Nebrissensis de Bello Navarrico Decades duo (Hispania illustrata*, chap. III, p. 910), et dans Zurita, *Anales de Aragon*, t. VI, liv. X, chap. VI, f° 292, v°. — (5) Pierre Martyr, *Epist.*, 482.

aux villes de rassembler leurs milices (1). Au mois d'août, il disposait de 3,000 hommes d'infanterie et de 400 chevaux. De leur côté, la Castille et le Guipuzcoa levaient près de 3,000 hommes de pied et 400 lances (2). Dans les premiers jours du mois d'août, l'armée espagnole comptait près de 17,000 hommes. Ces forces écrasantes devaient avoir facilement raison de la résistance des Navarrais. Un moment même, Ferdinand avait cru pouvoir obtenir le concours de l'armée anglaise, forte de 8,000 hommes, qui était débarquée le 8 juin à Bermeo, en Galice, et campait le 20 juillet à Renteria, sur la Bidassoa (3). Le duc d'Albe tenta vainement d'entraîner le marquis de Dorset, chef des Anglais, dans l'expédition de Navarre. Le marquis, qui eut avec lui une entrevue à Vitoria, refusa de participer à l'entreprise, se fondant sur ce que ses instructions lui prescrivaient uniquement d'attaquer la Guienne. Diego de Vera, envoyé par Ferdinand au quartier général anglais, ne réussit pas mieux (4). Mais l'armée anglaise, en menaçant Bayonne, rendit aux Espagnols un inappréciable service. Elle empêcha les Français de venir au secours des rois de Navarre, et ceux-ci se trouvèrent à la merci des troupes castillanes (5).

L'invasion ne présentait aucune difficulté ; elle réussit aisément, et la conquête s'accomplit avec une rapidité prodigieuse. Le 17 juillet, les négociations de Burgos étaient rompues. Ferdinand donnait congé au maréchal de Navarre, en lui disant « qu'il « saurait bien prendre par force ce qu'on refusait de lui accorder « de bon gré » (6). Deux jours après, le lundi 19 juillet (7), l'armée castillane, commandée par le duc d'Albe, quittait le quartier général de Salvatierra de Alava. Elle semblait se diriger vers les ports du Guipuzcoa, comme pour pénétrer dans le Labourd. Tout à coup elle fit volte-face, et le mercredi 21 juillet, elle franchit la frontière de Navarre (8). Les exilés beaumontais, sous les ordres de Louis de Beaumont, fils du connétable exilé, formaient l'avant-garde, et

II.
L'invasion espagnole.
Conquête de la Haute-Navarre et capitulation de Pampelune.
(21 juillet-31 juillet.)
Ultimatum du 31 juillet.

(1) Zurita, chap. VI, fos 292-293. — (2) Correa, pp. 76-77. — Zurita, chap. VI, fos 292-293. — (3) Zurita, liv. X, chap. VIII et IX, fos 294-295. — Correa, p. 61. — (4) Zurita, *ibid.* — Lettre de Ferdinand à Deza, Arch. de Séville, 20 juillet, dans Bernaldez, *Crónicas de los señores Reyes Católicos*, (Chroniques de Castille, III, 757.) — (5) Bernaldez évalue à 12,000 hommes le chiffre de ces troupes. — (6) Correa, pp. 63-64. — (7) Cette date est fixée par Zurita, chap. X, f° 296, dont le témoignage concorde avec celui de P. Martyr, *Epist.*, 492. Correa donne la date erronée de lundi 18 juillet. — (8) La date de l'invasion est fixée par la lettre de Ferdinand à l'archevêque de Séville, 27 juillet 1512, analysée dans Bernaldez (Chroniques de Castille, III, 760). Le récit des premiers temps de l'invasion est très confus dans Correa, Lebrija, Zurita lui-même. La correspondance de Ferdinand encore inutilisée nous permet de l'exposer avec clarté.

c'est par les anciens domaines du comte de Lerin, dans le val de Huarte-Araquil, que les troupes castillanes envahirent le royaume. La complicité des partisans du connétable dépossédé facilita la tâche des Espagnols (1). La discipline et la bonne tenue des troupes ne nuisirent pas non plus à leur rapide succès. Le duc d'Albe avait ordonné, dès le premier jour, de ne pas molester les Navarrais désarmés, de respecter leurs biens, et de payer exactement les vivres qu'on prendrait aux habitants (2). La soudaineté de l'attaque paralysa la résistance. Jean d'Albret, effrayé, fit partir précipitamment la reine et ses enfants pour le Béarn; restant lui-même à Pampelune afin d'organiser la défense (3). Catherine passa avec sa famille les Pyrénées en toute hâte, « comme fit Notre-« Dame quand s'enfuit en Égypte », et la fuite fut si précipitée que le troisième de ses fils, François, mourut de fatigue (4). Le roi, apprenant que l'armée castillane avait campé le 21 au soir à Écharri-Aranaz, à une lieue et demie de la frontière, réunit aussitôt quelques bandes de Roncalais, excellents soldats, et enjoignit aux bourgeois de Tudela de lui envoyer 500 hommes, pour fermer aux ennemis le port d'Osquiate ou d'Osquia (5). La route que suivaient les envahisseurs est formée d'une série de vallées étroites, d'aspect sauvage, dominées par des hauteurs. La première est le val de Burunda, dont le chef-lieu est Écharri; la seconde a pour centre Huarte-Araquil, où les Castillans campèrent le 22 juillet. Quelques compagnies de Roncalais, qui gardaient cette petite ville fortifiée, ancienne place beaumontaise, l'évacuèrent sans combat. A l'issue du vallon d'Araquil, s'ouvrent, entaillés dans le roc, deux principaux défilés, longs et resserrés, ceux de Villanueva ou du Paso de las dos Hermanas, et d'Irursun ou d'Osquiate, ce dernier le plus difficile à franchir. C'est là que les Roncalais étaient allés attendre l'ennemi. Le duc d'Albe, après avoir examiné le passage, fit attaquer de front le port par son infanterie, qui ouvrit sur les Navarrais un feu très vif de mousqueterie. Pendant ce temps, l'artillerie tournait la gorge d'Osquiate, par un chemin que l'on creusa avec la pioche, dans la sierra. Les troupes navarraises, menacées d'être tournées, se replièrent sur la capitale. L'armée espagnole alla camper le soir dans la plaine de Pampelune, à deux lieues de la cité. Elle y

(1) Ferdinand, dit l'auteur anonyme du *Libro genealógico de la casa del Condestable de Navarra* (Mss. de M. Oloriz, f° 176) « decia la corona de Navarra en gran parte á la casa de Beaumont ». — (2) Bernaldez (Chroniques de Castille, III, 760). — Zurita, liv. X, chap. X, f° 296. — (3) Lettre de Ferdinand à Deza, 27 juillet, loc. cit. — (4) Fait mentionné dans la harangue de Pierre de Biaix à Bruxelles, en août 1516, B. N., coll. Doat, 231, f° 92. — (5) Lettres de Jean d'Albret à Tudela, 20 et 23 juillet 1512, *in extenso* dans Yanguas, *Diccionario*, III, 444-445.

occupa le petit château-fort de Garazon (1). A la nouvelle de
l'approche des soldats castillans, le roi de Navarre fut saisi de
terreur. Il craignit d'être trahi par les partisans secrets des Beaumontais et de tomber aux mains des Espagnols. Il résolut donc
d'abandonner la ville, où régnait le plus grand désarroi, bien qu'il
eût lui-même fait annoncer, « que le peuple y était bien disposé,
« les troupes nombreuses et bonnes, qu'on y avait reçu ce jour
« même un renfort de 500 arquebusiers » (2), et qu'il attendait le
secours des milices de Tudela, qui venaient d'arriver à Tafalla. Malgré cette feinte assurance, le roi, jugeant la résistance impossible,
se détermina à fuir. Il réunit avant son départ les principaux
habitants de la cité, et leur déclara qu'il était contraint de se
rendre en France pour y réunir des troupes ; il ne tarderait pas à
revenir et à délivrer son royaume. En attendant, il les exhorta à
résister de leur mieux, ajoutant que s'ils risquaient, en soutenant
un siège, de compromettre leurs vies et leurs biens, il les
autorisait à capituler, persuadé qu'il était de recouvrer bientôt sa
capitale. Les notables promirent d'exécuter ses ordres et protestèrent de leur fidélité (3). « Un bon chevalier espagnol qui avait
« demeuré avecques » le roi de Navarre, l'avait avisé de l'arrivée
imminente du duc d'Albe (4). Il n'y avait pas de temps à perdre
pour gagner la route de France encore libre. Aussi Jean d'Albret,
craignant de risquer sa personne en restant dans une ville peu
sûre comme l'était Pampelune, abandonna-t-il sa capitale dans la
soirée du vendredi 23 juillet (5). Il se retira d'abord à Sanguesa,
puis, ne se croyant pas en sûreté, il se réfugia à Lumbier, près du
port de Roncal, d'où il pouvait gagner le Béarn sans difficulté (6).
Si le roi avait compté sur une longue résistance des habitants de
Pampelune, il dut être bien déçu. Pour les bourgeois de cette ville,
l'amour des libertés locales l'emportait sur celui de la dynastie.
Les Beaumontais avaient toujours conservé des partisans secrets
dans la cité, si bien qu'à l'approche de l'armée castillane, les bour-

(1) Lettre de Ferdinand à l'archevêque de Séville, 27 juillet, Bernaldez
(Chroniques de Castille, III, 760). — (2) Carta de Gonzalo de Mirafuentes à
la ciudad de Tudela. Tafalla, 24 juillet. Arch. de Nav., Guerra, leg. 1,
carp. 23. Publiée in extenso, avec une autre indication de source (les Archives de Tudela), par Yanguas, III, 257. — (3) Aleson, Anales de Navarra, t. V,
chap. XV, f° 245-246; ce récit peut, d'ailleurs, avoir été composé sur des
documents favorables aux habitants de Pampelune, pour excuser leur faible
résistance. — (4) Sans cet avis, « la Reine et tous messieurs leurs enfans
« eussent été prins », dit Pierre de Biaix, harangue du 25 août 1516, B. N.,
coll. Doat, 231, f° 92. — (5) Cette date est donnée par Ferdinand lui-même
dans sa lettre du 27 juillet; même date dans Zurita. Correa donne celle du
jeudi 21 juillet, et Aleson celle du jeudi 22. — (6) Carta de Gonzalo de Mirafuentes, citée ci-dessus. — P. Martyr, Epist. 492, 26 juillet.

geois jugèrent impossible toute résistance. Ils n'ont pas donné d'eux, disait tristement Jean d'Albret, la mesure qu'on était en droit « d'attendre ; ils n'ont agi qu'avec la plus grande mollesse » (1). En effet, le jour qui suivit le départ du prince, Pampelune capitulait. Le 24 juillet au matin, à peine le duc d'Albe était-il arrivé à Arazuri (2), dans le vallon fertile de l'Arga, qu'il envoyait un roi d'armes, porteur d'une lettre de créance, pour sommer les habitants de se rendre. Il y exposait les motifs de l'expédition ; elle avait été entreprise en faveur de l'Église, et il avait été nécessaire de s'assurer de la Navarre avant d'attaquer la Guienne. Il invitait la ville à se rendre aussitôt, promettant, « s'il en était ainsi, « de la bien traiter » ; sinon, il donnerait l'assaut. Il priait donc les jurats de lui envoyer un de leurs officiers pour s'entendre avec les fourriers de son armée et fixer les logements de ses troupes. Aussitôt après, l'armée espagnole s'avançait jusqu'aux portes de Pampelune en ordre de bataille, l'infanterie flanquée de la cavalerie à droite et de l'artillerie à gauche ; le connétable de Navarre et l'évêque de Zamora commandaient le centre. Les fantassins passèrent l'Arga sur le pont de la ville, qui se trouvé à l'arrivée du côté de l'ouest, et la cavalerie franchit le fleuve à un gué ; puis toute l'armée s'avança sur le petit plateau de la Taconera, à peu de distance des murs (3). A la vue de ce grand appareil militaire, de ces troupes aux armes étincelantes sous le soleil de juillet, de cette contenance fière, de ces vieux soldats que dirigeait le duc d'Albe lui-même, monté sur une blanche haquenée, au spectacle des flammes allumées aux portes mêmes de la cité (4), les bourgeois de Pampelune s'étaient hâtés de dépêcher vers le général espagnol deux négociateurs, qui le rejoignirent avant qu'il eût assis le camp. Les envoyés demandèrent un délai de quelques jours pour traiter, espérant recevoir des secours de Jean d'Albret. Ils voulaient dicter les conditions de la capitulation (5). Le duc d'Albe, impatienté, répondit brusquement : « Ce sont les vainqueurs qui font d'ordinaire la loi aux vaincus ! » et il ajouta que la ville n'avait qu'à se rendre à discrétion, si elle tenait à éviter les horreurs d'un assaut (6). Il se hâta, il est vrai, pour tempérer la rudesse du propos, de promettre le maintien des

---

(1) Lettre de Jean d'Albret à Tudela (Lumbier, 27 juillet), publiée *in extenso* par Yanguas, *Diccionario*, III, 445. — (2) Lettre de Gonzalo de Mirafuentes à Tudela, 24 juillet, *ibid.*, III, 257. — (3) Détails donnés par Ferdinand lui-même dans sa lettre du 27 juillet, analysée par Bernaldez (Chroniques de Castille, III, 760-761). — (4) Description dans Correa, chap. II, pp. 68-71. — (5) Correa, chap. II, p. 66. — Lebrija (*Hispania illustrata*, p. 910). — La lettre de Ferdinand ne mentionne pas cette première démarche. — (6) Aleson, *Anales de Navarra*, t. V, chap. XV, f° 246.

libertés et franchises de la cité, si elle faisait sa soumission. Mais il exigeait une réponse immédiate (1). Le soir, quatre notables venaient arrêter avec le général castillan les termes de la capitulation (2). Le lendemain, un dimanche, fête de saint Jacques, à neuf heures du matin, le duc recevait les otages des habitants. Une heure après, il prenait possession des portes et des tours de la ville. Ce fut au bruit d'une musique guerrière que les soldats castillans, précédés de leur chef magnifiquement vêtu, défilèrent dans les rues étroites de la cité. A l'entrée de la porte principale, le duc jura d'observer les privilèges de Pampelune; aussitôt les jurats lui remirent les clés. Le général espagnol se rendit ensuite à l'église Sainte-Marie, pour remercier Dieu de lui avoir donné la victoire sans effusion de sang. Il y entendit la messe et reçut avec son état-major la bénédiction du légat du Pape, Mesa, évêque de Trinopoli (3). Désireux de se concilier les vaincus, Ferdinand avait donné au duc des instructions très sages. Aussi la capitulation, concédée le 24 juillet à Pampelune, accordait-elle aux bourgeois de la capitale navarraise des conditions telles, qu'en recevaient rarement les villes conquises. Elle garantissait aux habitants tous leurs biens ; elle les dispensait d'héberger les troupes, à moins d'être payés des frais de logement. Une commission composée moitié de Castillans, moitié de Navarrais, évaluerait les dégâts commis dans la banlieue et en ordonnerait le paiement. Tout gentilhomme qui ferait sa soumission dans le délai de trente jours ne serait point molesté. Amnistie serait accordée pour le passé aux Beaumontais comme aux Gramontais. Les intérêts des fonctionnaires étaient sauvegardés. Ceux d'entre eux, et notamment les agents des finances, qui resteraient à leur poste et feraient leur soumission, conserveraient leur place. Les autres devaient recevoir leurs appointements jusqu'au jour de l'entrée des Castillans à Pampelune. Enfin, les fournisseurs des rois de Navarre ne seraient point lésés; on les paierait de leurs avances (4). Les bourgeois avaient demandé que la justice fût rendue et que les impôts fussent levés comme par le passé, au nom de Jean d'Albret et de Catherine, « leurs souverains naturels ». Ils avaient stipulé aussi

(1) Correa, chap. II, p. 67. — (2) Lettre de Ferdinand à Deza, 27 juillet, citée ci-dessus. — Correa, chap. II, p. 71. C'est ce récit qu'ont suivi Zurita, Anales de Aragon, liv. X, chap. X, f° 296, v°, et Abarca, Reyes de Aragon, II, 307. — (3) Correa, chap. II, p. 73. Lebrija, p. 910. Zurita, liv. X, chap. X, f° 297. — (4) Capitulation de Pampelune (texte espagnol), 24 juillet 1512, orig. Arch. de Nav., Guerra, leg. 1, carp. 36. Arch. des Bass.-Pyrén., E. 554, copie; nombreuses copies : à Simancas, Patron. real. Capit. con. Nav., leg. 2 et 3 (quatre exemplaires); Estado Navarra, leg. 344 (un exemplaire). — British Museum, fonds esp., Ég. 544, pièce 10; — texte de l'original des Archives navarraises, p. p. Yanguas, Diccionario, II, 532-539.

que si leurs princes reconquéraient leur royaume, il fût permis à la ville de se rendre à eux ou à leurs successeurs légitimes, sans encourir le crime de félonie. Le duc consentit à insérer ces articles, mais sous la réserve expresse qu'il en serait référé au Roi Catholique, parce que le chef de l'armée « n'avait ni pouvoir ni « commission pour octroyer » pareilles clauses. De même il refusa de laisser aux habitants les pièces d'artillerie, au nombre de 14, qui restaient dans la ville (1), mais il s'engagea à en payer le prix au procureur fiscal, Miguel d'Espinal (2). La capitulation de Pampelune avait une importance particulière : elle devait entraîner la soumission de presque toute la Navarre. Cinq jours à peine avaient suffi pour conquérir ce royaume. « Succès vraiment « miraculeux, s'écriait Ferdinand dans une lettre adressée à son « confesseur Deza, succès où nous devons reconnaître la main de « Dieu, dont l'intervention surnaturelle s'est laissé voir dans « toute cette entreprise, conçue pour le bien de l'Église et l'extir-« pation de la damnée hérésie » (3). Déjà le roi d'Aragon se préparait à faire marcher le duc d'Albe vers Lumbier (4). La rapidité de l'invasion, la crainte du danger, la détresse où se trouvait Jean d'Albret, sans espoir d'être secouru à bref délai par les Français, déterminèrent ce malheureux prince à tenter la voie des négociations (5). Rien n'était encore entièrement compromis, tant que le roi de Navarre n'était pas excommunié ; peut-être espérait-il obtenir de son vainqueur les mêmes conditions qu'en 1495. Il envoya donc de Lumbier, où il s'était réfugié (6), à Pampelune, où se trouvait encore le duc, une ambassade composée du bachelier de Sarria, conseiller royal, de Pedro de Navaz, alcalde de la Corte mayor, et de Martin de Jaureguiçar, protonotaire. Les négociateurs, après avoir présenté leurs pouvoirs, déclarèrent que le roi Juan s'en remettait, pour les conditions du traité qui restait à conclure, à la volonté du Roi Catholique. « Celui-ci ordonnerait et réglerait, suivant sa convenance, ce que « les rois de Navarre devraient accomplir » (7). Le 29 juillet, ils conclurent, en attendant la convention définitive et la décision de

---

(1) Aleson, *Anales de Navarra*, t. V, f° 245-246, donne le chiffre de 3 pièces d'artillerie ; Correa, chap. III, p. 73, le chiffre de 14. — (2) Articles 1 et 2 de la capitulation. — (3) Lettre de Ferdinand à Deza, archevêque de Séville, Burgos, 26 juillet, *in extenso* dans Bernaldez (Chroniques de Castille, III, 760). — (4) *Ibid.* — (5) Le 27 juillet, Jean songeait encore à la résistance (lettre à Tudela, 27 juillet) ; le 30, il annonçait qu'il négociait et qu'il avait fait conclure un accord préliminaire (lettre à Tudela, 30 juillet). Ces deux lettres citées *in extenso* par Yanguas, *Diccionario*, III, 446-447. — (6) *Ibid.* — (7) Expressions du manifeste de Ferdinand (fin août), intitulé : *Un Escrito en que se muestra el derecho que el Rey Católico tiene*, etc. Arch. de Simancas, *Patron. real. Capit. con Nav.*, leg. 2, f° 53.

Ferdinand, les articles préliminaires d'un accord. Le duc d'Albe, Pedro de Ontañon, et le chancelier de l'évêché de Pampelune, Pedro de Tarazona, rédigèrent les clauses de cet acte, en vertu duquel Jean d'Albret devait livrer aussitôt comme otages le maréchal de Navarre, le connétable Alonso de Peralta, les forteresses de Maya et de Saint-Jean, licencier ses troupes et se retirer en Béarn. Le duc d'Albe promettait en retour d'arrêter sa marche (1). Le 31 juillet, Ferdinand répondit aux propositions de paix du vaincu par un ultimatum célèbre. Il y indiquait les motifs qui l'avaient déterminé à tenter son entreprise. Ce sont les intérêts de l'Église et les nécessités de la lutte contre le schismatique Louis XII. Les rois de Navarre ont refusé d'accorder à ses troupes le libre passage pour l'entreprise de Guienne ; ils rendaient ainsi cette sainte expédition impossible ; pour obtenir ce passage et les sûretés nécessaires, il a fallu occuper de force leur royaume. Bien plus, les souverains navarrais se sont déclarés contre la Sainte-Ligue : ils ont fait alliance avec le roi de France ; ils l'ont aidé de leurs ressources ; ils ont mis à sa disposition des hommes et des approvisionnements, pour mettre en défense Bayonne et la Guienne. Leur attitude hostile justifie l'expédition du duc d'Albe. Pour le moment, Ferdinand se contente d'occuper leur royaume. Il pourrait cependant le garder, car il a été « stipulé expressé- « ment par Sa Sainteté, dans le traité d'alliance signé avec elle, « comme une chose également nécessaire pour le bien de l'Église « et de la chrétienté, que tout ce qui serait pris hors de l'Italie « par l'un des confédérés, à ceux qui s'opposeraient aux entre- « prises de la Sainte-Ligue d'une manière quelconque, fussent-ils « même rois, pourrait être à bon droit conservé ». Cependant il veut user de mansuétude, et afin de pouvoir poursuivre l'entreprise de Guienne, « jusqu'à l'entière destruction du schisme », et pour se conformer à la convention qui vient d'être conclue le 29 juillet avec les négociateurs navarrais, il consent à traiter avec les rois de Navarre et à leur dicter les clauses de la paix. Mais les conditions qu'il exigeait étaient tellement dures qu'il en devait juger lui-même l'acceptation à peu près impossible. Il affirme tout d'abord, que pour le succès de l'expédition contre la France, « il est indispensable que le royaume de Navarre et toutes ses for- « teresses demeurent au pouvoir des Espagnols, jusqu'à l'issue « définitive de la guerre ». Les souverains navarrais seront donc tenus de souscrire à cette occupation temporaire, et de faire livrer

(1) *Capitulacion hecha entre el duque de Alba y el bachiller de Sarria*. Copies, Arch. de Simancas, *Patr. real. Cap. con Nav.*, leg. 2. — Arch. de Nav., *Cortes*, papiers de Moret. — British Museum, fonds esp., Eg., 544, pièce 9. Analyses dans Zurita, liv. X, chap. XII, f° 308, et Aleson, t. V, f° 242.

au capitaine-général castillan ou à ses mandataires toutes les villes, forteresses, bourgs qui n'ont pas fait leur soumission. Le royaume et ses places, ainsi que tous les habitants, « resteront « soumis au pouvoir et à l'obédience » du roi d'Aragon, « tout le « temps qu'il le jugera convenable à sa sainte entreprise ». Il se réserve même le droit « exclusif de décider à quelle époque et de « quelle manière il devra faire la restitution dudit royaume à ses « premiers maîtres ; le tout afin de s'assurer qu'il ne sera rien fait « à son préjudice, ni à celui de ses sujets ». Jusqu'à l'époque « où, « de son plein gré », il fera cette restitution, les sujets navarrais seront tenus de lui obéir « sans réserve, comme au dépositaire de « l'autorité légitime, et sous peine de trahison ». Les rois de Navarre devront autoriser ceux de leurs vassaux qui résident hors du royaume à y revenir et à se soumettre au Roi Catholique. Ils seront obligés d'envoyer en Navarre pour y résider, les chefs des Gramontais, le maréchal don Pedro et le connétable Alonso de Peralta, comte de Sant-Esteban. Ils confieront le prince héritier leur fils, l'infant Henri de Viane, au souverain espagnol, pour « qu'il vive en sa cour », jusqu'à la fin de l'expédition. S'ils laissaient le prince en France, « ils pourraient », en effet, « être « contraints, soit par l'espoir d'un mariage, soit pour tout autre « motif, à le remettre entre les mains » de Louis XII, l'adversaire de la Sainte-Ligue. Enfin, le Roi Catholique, en vertu des pouvoirs que lui a conférés la sainte Église romaine, dont il est le défenseur et l'allié contre les schismatiques, enjoint aux souverains navarrais de n'autoriser et de ne tolérer, sous aucun prétexte, aucune tentative directe ou indirecte du côté du Béarn contre « l'Aragon, et de ne pas livrer passage aux gens de guerre » (1). Accepter des conditions pareilles, avec une compensation aussi vague qu'une restitution subordonnée au bon plaisir de Ferdinand, c'eût été se livrer à lui aveuglément. Les rois de Navarre auraient peut-être consenti à donner leur fils en otage et leurs forteresses en gage, s'ils avaient obtenu que leur royaume fût restitué. Leur situation, dans ce cas, n'eût guère été plus précaire qu'à l'époque du traité de 1495. Mais donner tant de garanties sans avoir la certitude d'une restauration immédiate, c'eût été jouer le rôle de dupes, devenir les prisonniers de l'Espagne, les esclaves du roi d'Aragon, joindre la lâcheté à l'imprudence, et pour éviter la guerre avec le Roi Catholique, encourir la vengeance du roi

---

(1) Ultimatum de Ferdinand, intitulé : *Mandamiento del señor rey don Fernando en lo de Navarre*. Burgos, 31 juillet 1512, orig. parchemin avec sceau, plus une copie, Archives des Basses-Pyrénées, E. 554; copies, B. N., coll. Doat, 229, f° 210-216 ; dans Bernaldez (Chroniques de Castille, III, 758-759), et dans les Papiers d'État de Granvelle, p. p. Weiss, I, 76-83.

de France. Les promesses si vagues du vainqueur ne pouvaient inspirer la moindre confiance, eût-on résolu de les admettre. L'ultimatum, sans nier les droits de Jean d'Albret, insinuait que Ferdinand avait au fond le droit de garder sa conquête. Il semblait faire de la restitution non un devoir, mais une grâce, et la subordonner non-seulement à la conclusion de l'expédition, mais encore à la volonté et au caprice du spoliateur. Aussi Jean d'Albret ne répondit-il que par le silence à des conditions aussi dures. Mieux valait la guerre qu'une convention pareille. Il ne fallait pas songer à la soutenir avec les quelques milices et compagnies d'hommes d'armes dont il pouvait disposer en Navarre. Sans même attendre l'issue des négociations, le roi détrôné résolut de gagner le Béarn et de s'y joindre aux troupes françaises. Peut-être craignait-il de tomber entre les mains des Beaumontais et des Espagnols. « J'aime mieux, se serait-il écrié, vivre « dans les montagnes en exilé, que de rester prisonnier dans mes « États » (1). Le 30 juillet, il quittait Lumbier, laissant à Olite le Conseil et la Corte mayor pour expédier les affaires, et il allait retrouver à Orthez la reine Catherine (2). Un grand nombre de gentilshommes le suivirent, et parmi eux le maréchal de Navarre, le connétable Peralta, comte de Sant-Esteban, le docteur Jean de Jaso, sieur de Javier, président du Conseil royal, et même quelques Beaumontais plus fidèles à leur serment qu'à leur parti (3).

III. Achèvement de la conquête de la Haute et de la Basse Navarre. (Août-septembre 1512.)

La Navarre, livrée à ses propres ressources, sans chef pour rallier ses forces et diriger la résistance, se soumit sans difficulté. Ferdinand se présentait d'ailleurs non en conquérant, mais « en « simple dépositaire du royaume, de la couronne de Navarre « et du gouvernement » (4). Il ménageait les sentiments les plus chers au cœur des Navarrais : il faisait respecter les propriétés, conservait aux fonctionnaires leurs charges, garantissait les privilèges des villes, bourgs et vallées. Aussitôt après la retraite de Jean d'Albret en Béarn, le duc d'Albe avait envoyé des trompettes aux cités et forteresses navarraises pour les sommer de se rendre, et les requérir « de ne pas s'exposer follement à la « ruine » par une résistance inutile. La plupart, à la seconde sommation, imitèrent l'exemple de Pampelune, dont la capitu-

(1) Garibay, *Compendio*, t. III, chap. XXV, liv. XXIX, p. 508. — (2) Lettre de Jean d'Albret à Tudela (Lumbier, 30 juillet), publiée par Yanguas, *Diccionario*, III, 447. — (3) Tradition rapportée par Aleson, *Anales de Navarra*, t. V, f° 249. — (4) « *Depositario de la corona de Navarra, y del reino, y del señorio y mando del.* » Approbation de la capitulation de Pampelune. Burgos, 4 août, quatre exemplaires, Arch. des Bass.-Pyrén., E. 554; copies, B. N., coll. Doat, 229, f° 240. Simancas, *Estado Navarra*, leg. 344. British Museum, fonds espagnol, Egerton, 544, pièce 10. Ce document, ainsi que l'ultimatum du 31 juillet, est resté inutilisé.

lation, sauf les deux premiers articles, venait d'être ratifiée le 4 août, à Burgos, par le Roi Catholique (1). Sanguesa, Olite, Tafalla, les places gramontaises, consentirent à se soumettre. Il en fut de même des places de la montagne : Monréal, Maya, Saint-Jean-Pied-de-Port, la clé du défilé de Roncevaux, où le duc d'Albe jeta aussitôt une garnison sous les ordres de Diego de Vera et de Ruy Diaz de Rojas (2). Le 10 août, la forte place de Lumbier, avant-poste du port de Roncal, capitulait devant le général espagnol, « contrainte, disait-elle, et sans espoir de « secours » (3). Le jour même de l'arrivée de Ferdinand à Logroño (15 août), sur la frontière du royaume, la ville et la forteresse de Viana faisaient leur soumission, et la cité d'Estella recevait une garnison castillane (4). Au milieu du mois d'août, c'est à peine si huit villes ou vallées résistaient encore aux troupes du duc d'Albe. C'étaient le château d'Estella, qui, défendu par un brave officier, tint six semaines; la métropole gramontaise, Tudela, la seconde cité du royaume, qui n'ouvrit ses portes que le 9 septembre; enfin, les petites villes de Monjardin, Miranda, Caseda, les vallées de Roncal, d'Aezcoa et de Salazar (5). Toute résistance devint bientôt impossible devant la supériorité écrasante des troupes ennemies, et ce que la force n'avait pu faire, la terreur religieuse produite par l'excommunication lancée contre les rois de Navarre devait l'achever. L'armée espagnole recevait d'ailleurs d'incessants renforts. Les grands et les villes de Castille et des provinces basques envoyaient, pour appuyer le corps expéditionnaire, 2,900 fantassins et 400 lances (6), tandis qu'une colonne de 3,000 hommes d'infanterie et de 400 chevaux pénétrait de l'Aragon dans la Navarre méridionale, et y soumettait aussitôt Cascante, Cintruenigo et Corella (7). Le 14 août, l'archevêque de Saragosse, chef des Aragonais, arrivait sous les murs de Tudela. Il somma aussitôt la cité de capituler, lui promettant des conditions très douces et l'octroi des fueros de l'Aragon. La ville répondit fièrement qu'elle était incapable « de faillir à la « fidélité qu'elle devait à ses rois », et demanda à Jean d'Albret de la secourir (8). Ferdinand joignit vainement ses instances à

---

(1) Voir ci-dessus, note 4. — (2) Sur tous ces faits, voir Correa, chap. III, p. 76, et Zurita, *Anales de Aragon*, liv. X, chap. XVI et XIV, dont le récit est malheureusement embrouillé et inexact pour quelques détails, par exemple pour la soumission de Tudela, chap. XIII, f° 298, v°. — (3) Capitulation de Lumbier (texte esp.), 10 août 1512. Arch. de Nav., *Guerra*, leg. 1, carp. 57. — (4) Zurita, liv. X, chap. XIV, f° 299, r°. — (5) Sur ces faits, les détails exacts sont donnés par Bernaldez (Chroniques de Castille, III, 757) et Correa, chap. III, p. 76. — (6) Détails donnés par Correa, chap. IV, pp. 76, 77. — (7) Détails donnés par Zurita, liv. X, chap. XV, f° 301. — (8) Lettres d'Alphonse d'Aragon à Tudela, 14 août; réponse de Tudela, 17 août; lettre

celles de son fils. Il envoya aux bourgeois son majordome Juan Ramirez, pour leur rappeler toute l'affection qu'il avait pour eux. Il s'engageait à convoquer les Cortès aussitôt que le royaume serait soumis, afin d'y rétablir la paix. Il lui « répugnerait beaucoup », disait-il, de recourir « contre eux à des mesures de violence », et il attend avec confiance à Logroño le serment d'obéissance de leurs délégués. La vaillante cité répondit sur un ton respectueux, mais ferme, qu'elle ne voulait pas, en violant son devoir, porter atteinte à son honneur et commettre une trahison que le Roi Catholique lui-même ne pourrait approuver (1). Elle résista, attendant de jour en jour les secours des souverains légitimes. Mais rien n'était encore prêt pour tenter une expédition au delà des Pyrénées en faveur de Jean d'Albret. Le roi de Navarre, réfugié à Orthez, n'avait trouvé dans sa seigneurie que des forces insuffisantes. Les troupes françaises étaient cependant entrées en Béarn; leur quartier général était placé à Sauveterre, à proximité du grand passage de Roncevaux (2), et l'avant-garde, sous les ordres du sire de Luxe, en menaçait l'entrée. Mais cette armée ne se renforçait qu'avec une extrême lenteur. Le roi de France « avait encore ses gens d'armes répandus parmi le « royaume, et partie par delà les monts en Italie » (3). La petite cour navarraise d'Orthez se berçait cependant d'illusions. Le 21 août, la reine Catherine écrivait aux habitants de Tudela qu'une entreprise se préparait « pour reconquérir le royaume », qu'une armée ne tarderait pas à paraître et à faire repentir ceux qui « avaient voulu braver » les rois de Navarre (4). Ces illusions, bien naturelles chez la souveraine détrônée, reçurent bientôt un démenti. Au bruit de la jonction imminente des troupes espagnoles et anglaises (5), les généraux français, craignant une invasion en Guienne, se bornèrent à fortifier Bayonne et refusèrent de prendre l'offensive. Il n'y avait d'ailleurs nulle entente entre les chefs. Le connétable Charles de Bourbon, qui avait quitté Moulins le 15 juillet avec 400 lances, et qui venait de rejoindre l'armée, chargé du commandement en commun avec le duc de Longueville, lui disputait la préséance. « Ils ne s'accor-

---

de Tudela à la reine Catherine, 17 août, *in extenso* dans Yanguas, *Diccionario*, III, 447-452.

(1) Instructions de Ferdinand pour le majordome Ramirez. Logroño, 20 août. — Réponse de la cité de Tudela au Roi Catholique, 22 août, Textes publiés *in extenso* par Yanguas, *Diccionario*, III, 453-456. — (2) Zurita, liv. X, chap. XIII, f° 298-299. — (3) Expressions de Guillaume de Marillac. Vie du connétable de Bourbon (coll. Buchon), p. 142. — (4) Lettre de la reine Catherine à Tudela, Orthez, 20 août, *in extenso* dans Yanguas, *Diccionario*, III, 452. — (5) Bruit mentionné dès le 20 août dans la lettre de la reine Catherine à Tudela ; lettre citée ci-dessus.

« dèrent guère ensemble », dit Marillac, le biographe du connétable (1), et leurs divisions, non moins que l'infériorité numérique de leur armée, jointe à la crainte d'une irruption en Guienne, paralysèrent tous leurs efforts jusqu'à l'époque de la retraite des Anglais. Dès lors, la résistance des dernières cités navarraises, restées fidèles à leur dynastie, ne pouvait être bien longue. Ferdinand, pour les vaincre plus aisément, fit publier le 21 août, à Burgos et à Calahorra, la bulle *Pastor ille cœlestis*, qui excommuniait les rois de Navarre et qu'il avait tenue jusque-là secrète (2). Auparavant, vers le 15 août, afin de mettre de son côté les apparences de la modération, il avait envoyé en Béarn l'évêque de Zamora, don Antonio de Acuña, porteur de l'ultimatum du 31 juillet. Il promettait aux souverains navarrais « de
« leur restituer le royaume, qu'il n'avait occupé que pour assu-
« rer le succès de son entreprise (de Guienne). Aussitôt l'expé-
« dition finie ou tout au moins après la prise de Bayonne, il le
« rendrait volontiers ». Il ajoutait que « si les rois voulaient lui
« envoyer le prince leur fils, il le marierait à une de ses nièces ;
« il ferait pour eux bien d'autres choses, s'ils consentaient à aban-
« donner l'alliance du roi de France » (3). A peine l'ambassadeur castillan avait-il passé la frontière du Béarn, qu'il était saisi avec sa suite, sous prétexte qu'il n'avait ni sauf-conduit, ni lettres de créance, et emprisonné à Orthez, soit sur l'ordre de Jean d'Albret, soit sur la demande des Français (4). Le roi d'Aragon fit sonner bien haut que la responsabilité d'une rupture violente incombait aux rois de Navarre ; il était allé jusqu'à l'extrême limite des concessions ; on lui répondait en arrêtant son envoyé, en attaquant la Cerdagne, en livrant le Béarn aux troupes de l'ennemi de l'Église, Louis XII (5). Dès lors, il jeta le masque et somma les Navarrais encore insoumis de reconnaître son autorité. La peur de l'excommunication fut assez forte pour amener la soumission des villes et vallées qui n'avaient point encore accepté la domination espagnole. Le 23 août, la principale de ces cités, Tudela, était informée par Ferdinand lui-même du danger qu'elle courait en s'obstinant à soutenir la cause d'un excommunié. Alors, la métropole gramontaise, sous le coup de l'ana-

(1) Récit de Marillac, Vie du connétable de Bourbon (coll. Buchon), p. 142. — (2) Récit de Pierre Martyr sur la publication de la bulle. *Opus Epist.*, lettre 496. — (3) La mission de l'évêque de Zamora est exposée en détail dans le manifeste intitulé : *Un Escrito en que se muestra el derecho quel Rey Cathólico tiene*. Arch. de Simancas, *Patr. real. Cap. con Navarra*, leg. 2, f° 53. — (4) Récit de Martyr, *Epist.*, 497 (27 août) ; il attribue l'arrestation au roi de Navarre. Correa, pp. 78-79, est moins affirmatif ; il l'attribue aux Français. Zurita, liv. X, chap. XIV, f° 299, charge les rois de Navarre. — (5) Manifeste de Ferdinand, cité ci-dessus, note 3.

thème, à la vue de sa banlieue incendiée, de ses biens confisqués, se résigna à demander une trêve, puis, le 9 septembre, à capituler (1). Caseda avait déjà ouvert ses portes le 24 août, moyennant le maintien de ses privilèges (2). Le 3 septembre, c'était le tour des montagnards du val de Roncal, effrayés de la prise du fort de Burgui par les bandes aragonaises, que commandait Carlos de Pomar (3). Dans la dernière semaine du mois d'août, l'avant-garde espagnole, sous les ordres du colonel Villalva, allait occuper Roncevaux, renforcer la garnison de Saint-Jean-Pied-de-Port et soumettre toute la Basse-Navarre (4). Bientôt il ne resta plus dans tout le royaume que le château d'Estella à réduire. La conquête avait été accomplie avec une rapidité foudroyante, en un mois et demi à peine, si bien que Ferdinand affecta toujours de voir dans ce succès un effet de la volonté divine.

L'État qu'il venait de conquérir, il résolut dès lors de le garder. Jusqu'à l'arrestation de l'évêque de Zamora, jusqu'au 23 août, date de la lettre qu'il adressait aux habitants de Tudela, il n'avait point manifesté l'intention de profiter de l'anathème lancé contre les vaincus pour les spolier. Il ne se présentait aux Navarrais que comme le dépositaire du royaume; il affirmait que l'occupation était provisoire et motivée par la nécessité d'assurer la réussite de l'expédition de Guienne (5). Mais lorsqu'il vit que les rois de Navarre refusaient d'accepter l'ultimatum du 31 juillet, qui les eût livrés pieds et poings liés à l'Espagne, quand il comprit que l'établissement du protectorat espagnol sur leur État n'était plus possible, il se décida à garder sa conquête, à l'unir à la Castille, à donner à ses royaumes leur frontière naturelle des Pyrénées. L'occasion était unique ; elle ne se retrouverait peut-être jamais, et l'intérêt de la monarchie castillane pouvait bien excuser une usurpation. D'ailleurs, le roi d'Aragon avait un excellent prétexte pour conserver le pays conquis : c'était l'excommunication prononcée par le Pape contre les souverains navarrais. A peine la bulle *Pastor ille cœlestis* était-elle publiée le 21 août, qu'avec sa décision ordinaire, Ferdinand en profitait pour prendre le titre de roi de Navarre. Il n'attendit nullement, comme l'ont cru les historiens navarrais, jusqu'en 1515 pour s'attribuer ce nom.

IV.
Ferdinand prend le titre de roi de Navarre et exige le serment des Navarrais.
(Fin août-sept. 1512.)

(1) Lettre de Ferdinand à Tudela, 23 août, Logroño. — Correspondance de la ville avec Ferdinand, 24 août, et les rois de Navarre, 24 et 28 août. — Capitulation de Tudela, 9 septembre. — Textes dans Yanguas, *Diccionario*, III, 457-465. — (2) Capitulation de Caseda et confirmation de ses privilèges, 24 août. Arch. de Nav., *Comptos, cajon* 182, n° 109. — (3) Zurita, liv. X, chap. XVI, f° 301-302; capitulation de Roncal (11 articles, 3 septembre). Arch. de Nav., *Guerra*, leg. 1, carp. 58. — (4) P. Martyr, *Opus Epist.*, n° 495 (26 août). — (5) Voir l'ultimatum du 31 juillet et l'approbation de la capitulation de Pampelune, 4 août, cités ci-dessus.

Dans un mémoire ou manifeste qu'il publia vers la fin du mois d'août; il exposa lui-même officiellement les raisons qui le décidaient à garder le royaume et à s'en déclarer le légitime souverain. Il y rappelait qu'après Dieu, c'était lui, le Roi Catholique, qui avait vraiment placé la couronne sur la tête de Jean d'Albret et de Catherine. Il les avait ensuite protégés contre les entreprises du vicomte de Narbonne et du duc de Nemours. Pour prix de ses bienfaits, les souverains navarrais ont jugé bon de s'allier avec Louis XII, l'ennemi de leur bienfaiteur. En s'unissant à lui, ils ont pris sciemment le parti d'un schismatique. Ils ont empêché l'invasion de la Guienne, que les Anglais et les Espagnols avaient entreprise dans l'intérêt de l'Église. Ils ont refusé de souscrire aux propositions avantageuses que leur faisait le roi d'Aragon. C'est alors que, de l'avis de son Conseil, ce roi a rompu les négociations et occupé la Navarre. Son but était de faciliter l'expédition de Guienne, de détourner les forces françaises de l'Italie, et d'obtenir les garanties nécessaires pour assurer le libre passage des troupes de la Sainte-Ligue à travers les Pyrénées. Tout le royaume s'est soumis au duc d'Albe; malgré sa victoire, le général espagnol a consenti encore à négocier avec le vaincu. Le Roi Catholique a offert aux rois de Navarre des conditions acceptables; il leur a promis la restitution de leurs États après l'achèvement de son entreprise et la prise de Bayonne. Mais les souverains navarrais ont persisté dans leur attitude, encouragés par la puissance du roi de France et par l'inaction des Anglais. Ils ont fait mieux : ils ont arrêté son ambassadeur, qui venait leur signifier l'ultimatum du 31 juillet; ils ont attaqué les territoires aragonais ; ils ont resserré leur alliance avec le schismatique Louis XII. Ferdinand déclaré qu'il a maintenant le droit de garder sa conquête et de renoncer à des ménagements qui ne seraient plus interprétés que comme des preuves de faiblesse. Il pourrait, en principe, annexer la Navarre à ses États « en vertu de l'article de la Sainte-Ligue qui
« autorise les princes confédérés à prendre et à conserver les
« domaines des ennemis de l'Église, suivant le droit de la guerre
« *(jure belli)* ». Mais il a des titres meilleurs encore. Il s'appuie
« sur la bulle qu'il a obtenue du Saint-Père contre tous ceux qui
« aideraient le roi de France et empêcheraient l'exécution de l'en-
« treprise décidée par Son Altesse et par le Sérénissime roi d'An-
« gleterre en faveur de l'Église, alors même que ces adhérents du
« prince français seraient rois. Cette bulle est expressément et
« spécialement *(bien y particularmente)* dirigée contre les rois
« de Navarre et les Basques. Sa Sainteté y édicte de graves cen-
« sures et donne au premier occupant les biens de ceux qui y
« contreviendront. Elle a été publiée dans les lieux où Sa Sain-

« teté l'a ordonné *(y se publico donde Su Santidad lo mando).*
« Les rois de Navarre ont laissé passer les délais assignés, sans
« obéir aux ordres et monitions apostoliques, et, par suite, ils
« peuvent être considérés comme contumaces et rebelles et
« comme fauteurs obstinés du principal auteur du schisme » (1).
L'acte dont il est question dans le manifeste est la bulle *Pastor
ille cælestis,* qui avait été publiée le 21 août; elle assignait aux
souverains navarrais un délai de trois jours. C'est donc entre le 24
et le 31 août que Ferdinand publiait cette retentissante déclaration, que tous les historiens ont cependant passée sous silence
et ne paraissent pas avoir connue. Il termine son manifeste en
annonçant qu'en vertu de l'anathème pontifical, « Son Altesse le
« Roi Catholique confisque ledit royaume de Navarre, après
« l'avoir justement conquis, avec l'autorisation de l'Église, et
« comme le droit le lui permet. Il en garde la propriété, puis-
« qu'il l'a occupé dans une guerre entreprise pour de justes
« motifs, comme l'a déclaré Sa Sainteté, et dans l'intention de
« s'indemniser des frais de son expédition, frais si élevés qu'ils
« égalent la valeur du royaume confisqué ». Il prend donc le
titre de roi de Navarre. Ce titre lui appartient « en vertu de ses
« droits, et parce que, s'il ne prenait cette dignité et les attri-
« butions qui en dérivent, il ne pourrait pourvoir à la justice,
« conservation et repos de ce pays, suivant ce que la volonté de
« Dieu et son devoir exigent » (2). Aussitôt après, probablement
le 28 août (3), avant de passer les Pyrénées pour se rendre en
Basse-Navarre, le duc d'Albe somma les habitants de Pampelune
de reconnaître le roi d'Espagne « pour leur souverain naturel »
et de lui prêter serment de fidélité. Il réunit les notables au couvent de Saint-François, hors des murs de la cité, pour leur adres-

---

(1) Ce manifeste, d'importance capitale, n'est pas daté; mais, d'après
notre exposé, on peut le placer entre le 24 et le 31 août 1512. Il est
intitulé, dans la copie qui se trouve à Simancas: *Un Escrito en que se
muestra el derecho que el Rey Católico y los de Castilla tiene y tienen
al reyno de Navarra y titulo del por bulas apostolicas.* Archives de
Simancas, *Patr. real, Cap. con Nav.,* leg. 2, f° 53 (c'est le texte que nous
avons trouvé). Autre copie à Madrid, intitulée: *Causos por que los Reyes
Católicos se apoderaron de Navarra,* Biblioteca nacional. Mss. letra X, 31.
Troisième copie à l'Archivo de la Academia de historia, intitulé: *Manifesto
explicando las causas por qué el Rey Católico tomó el titulo de rey de
Navarra.* (Coll. Salazar, K. 33.) Cette copie, publiée par La Fuente, *Hist.
general de España,* t. II, App°, pp. 626-628, diffère par plusieurs détails du
texte de Simancas. Elle est restée d'ailleurs inutilisée. — (2) Manifeste cité ci-dessus. — (3) La date de cet événement n'est pas fixée, mais on sait par le récit
de Correa, p. 97, que le duc partit de Pampelune le 1er septembre. Le manifeste de Ferdinand doit être fixé entre le 24 août et le 28, la réunion du couvent
de Saint-François au 28 ou au 29, la prestation de serment au 31.

ser cette requête, qu'il ne manqua pas d'accompagner d'un discours où il faisait l'éloge des vertus de Ferdinand, vertus qui avaient attiré sur ce prince la bénédiction de Dieu. L'assemblée ne voulait reconnaître le roi d'Aragon « que comme roi et souverain » *(como rey y señor)*, mais non « comme roi légitime, national » *(mas que rey natural no podian)*, puisque Jean d'Albret, « auquel les Navarrais avaient juré fidélité, vivait encore ». C'était un subterfuge que le général espagnol ne pouvait admettre. Il avait accordé trois jours aux notables pour se décider. En recevant cette réponse, il fit haranguer les bourgeois par le licenció Villafaña, alcalde de l'armée. L'orateur officiel soutint que le roi d'Espagne avait le droit de prendre le titre « de roi légitime de « Navarre », parce que le Pape lui avait accordé l'investiture de ce royaume, et en avait dépouillé l'ancien souverain, comme fauteur du schisme. En même temps, le légat, Bernardo de Mesa, évêque de Trinopoli, donnait lecture en chaire de la bulle d'excommunication, et la commentait devant les soldats assemblés, s'écriant qu'ils « étaient autorisés à traiter comme esclaves les « Français et leurs partisans » (1). En présence du corps espagnol, exalté par ces prédications, il n'était pas prudent de résister, et les habitants de Pampelune se déterminèrent à prêter serment à Ferdinand, comme à leur souverain légitime (2). Tout le reste du royaume fut forcé d'imiter l'exemple de la capitale et de jurer fidélité à l'usurpateur. L'ambassadeur Pedro de Ontañon négocia la soumission des Gramontais. Le maréchal de Navarre, leur chef, hésita d'abord ; il réunit, si l'on en croit Zurita, ses partisans à Santa-Maria d'Uxue, à deux lieues d'Olite, et après avoir conféré avec eux, il écrivit au Roi Catholique « que ni lui ni les siens ne « pouvaient entrer à son service sans manquer à l'honneur » (3). Cependant il réfléchit bientôt que son refus pourrait lui coûter cher. En effet, le duc d'Albe le fit requérir de venir prêter serment. Arrivé à Pampelune, le maréchal demanda à conférer avec Ferdinand, avant de prendre une décision. Il se rendit aussitôt à Logroño ; vainement à deux reprises supplia-t-il le roi d'Aragon de ne pas l'obliger à prêter un hommage incompatible avec ses obligations à l'égard de Jean et de Catherine. « Il offrit de servir « le prince avec ses biens et de sa personne, pourvu qu'on ne lui « demandât rien de contraire à l'honneur. » Alors, on lui montra la bulle, « les provisions apostoliques ». Il se refusait encore à aban-

---

(1) Ce récit est emprunté à Correa, chap. V, pp. 79-86, et chap. VI, pp. 95-96, ainsi qu'à Antonio de Lebrija. *De Bello Navarrico Decades duo (Hispania illustrata)*, p. 913, chap. VI. — (2) *Ibid.* — (3) Récit de Zurita, liv. X, chap. XV, f° 301. Le célèbre annaliste révoque en doute la soumission du maréchal ; de même tous les historiens navarrais.

donner ses souverains légitimes, car, disait-il, « ils n'ont jamais désobéi à l'Église ». Mais il n'était pas libre. C'est alors que, « contraint » par Ferdinand (1), il consentit enfin, le 31 août, à jurer fidélité au Roi Catholique (2). L'autre chef des Gramontais, revenu en Navarre, le comte de Sant-Esteban, moins scrupuleux, s'était soumis sans difficulté, avait ouvert les portes de son château de Falces et offert ses services au vainqueur (3). Les villes se résignèrent à subir la loi du plus fort, comme l'avaient fait les grands et le clergé (4). Le 8 septembre, les délégués de Tudela, de Viana, de Torralba ; le 21, ceux de Roncal, d'Olite, de Tafalla, de Miranda, venaient à Logroño, reconnaître Ferdinand comme leur roi légitime et lui promettre fidélité (5). De son côté, le nouveau roi, suivant l'usage, confirmait les privilèges des cités, promettait de garder les fueros, « de maintenir les libertés, de réunir les « Cortès, de tenir son royaume en paix et justice, et d'y empêcher « les violences et divisions » (6). Ainsi, l'usurpation était consommée, et après trente-six ans d'efforts, le roi d'Espagne réussissait à annexer la Navarre et à compléter au nord l'unité de la péninsule.

CHAPITRE IV.

L'EXCOMMUNICATION DES ROIS DE NAVARRE.

Le titre fondamental que le Roi Catholique allégua, pour conserver la Navarre et la réunir à ses États, fut toujours la bulle d'excommunication lancée contre Jean d'Albret et Catherine par le pape Jules II. C'est en vertu de l'anathème pontifical qu'il se crut autorisé à prendre le nom de roi légitime du pays conquis, et qu'il repoussa les revendications des souverains dépossédés. Aussi, pendant longtemps, adversaires et partisans du roi d'Aragon ont-ils, les uns attaqué, les autres soutenu la réalité et la validité de la sentence du Saint-Siège. Cette question a passionné

I. Les discussions sur l'excommunication des rois de Navarre.

(1) Nous avons pu éclaircir ce point controversé, d'après la déposition même du maréchal de Navarre, prisonnier à Atienza en 1516. Enquête aux Archives de Simancas, *Capit. con Nav.*, leg. 2, fº 60. — (2) Nous avons trouvé à Simancas copie du serment du maréchal ; ce serment est daté de Logroño, 31 août 1512. Arch. de Simancas, *Capit. con Nav.*, leg 2. — (3) Récit de Zurita, liv. X, chap. XV, fº 301. — (4) L'un des chefs du clergé navarrais, le prieur de Navarre, prête serment à Logroño le 21 août. Copie du serment, Arch. de Simancas, *Cap. con Nav.*, leg. 2. — (5) Copies des serments de ces villes : Viana, Tudela, Torralba, 8 septembre ; Roncal, Olite, Tafalla, Miranda, 21 septembre. Arch. de Simancas, *Cap. con Nav.*, leg. 2. — (6) *Minuta de la promesa del Rey Católico de guardar los fueros*, Logroño, septembre 1512. Arch. de Simancas, *Cap. con Nav. (Patron. real.)*, leg. 2. Tous ces documents sont inédits.

pendant deux siècles, c'est-à-dire jusqu'à l'avénement des Bourbons au trône d'Espagne, les publicistes français. Elle passionne encore les historiens espagnols et navarrais. Parmi les contemporains de Ferdinand, les uns, historiens, apologistes, écrivains officiels, tels que Lebrija, Correa, Palacios, Carvajal, ne doutent pas un instant de l'existence de la bulle pontificale, pas plus que de sa valeur juridique. Les autres, ce sont les serviteurs des rois dépossédés et les diplomates français, sans nier la réalité de la sentence, en contestent la validité. C'est le fond de l'argumentation employée par l'abbé de Béarn en 1514, et par le maréchal de Navarre en 1515, lorsqu'ils furent chargés d'aller plaider la cause de ces rois en cour de Rome. C'est l'argument qu'invoquent les envoyés des souverains détrônés aux conférences de Noyon, de Bruxelles, d'Aranda et de Montpellier. Plus tard, lorsque le souvenir de cet épisode se fut amoindri, les écrivains français et béarnais, Olhagaray, Chappuys, Favyn, qui composèrent leurs histoires de Béarn et de Navarre à l'époque de Henri IV, contestèrent non-seulement la valeur de l'excommunication, mais l'existence même de la bulle. Les historiens espagnols se trouvèrent fort embarrassés de prouver le contraire. Les archives d'État étaient fermées à presque tous, et les rois d'Espagne refusèrent communication de la pièce pontificale aux historiens officiels eux-mêmes, tels que Zurita, Mariana, Garibay, Sandoval. Aussi les publicistes français du XVII° siècle qui reprirent la question, Oihenart, Dupuy, Galland, Schöpflin, eurent-ils beau jeu en soutenant que non-seulement l'excommunication ne constituait pas un titre suffisant pour justifier l'usurpation, mais encore que la bulle invoquée par Ferdinand n'avait jamais existé ou qu'elle était fausse, puisqu'on n'en pouvait produire l'original. Les érudits espagnols s'obstinaient à vouloir prouver et la valeur juridique de l'anathème, et l'existence du document pontifical, sans apporter de preuve. Abarca, historien aragonais, et le chanoine Salazar sont alors les principaux défenseurs de cette thèse. Aleson, l'annaliste navarrais, désireux d'éclaircir la question, la laisse indécise, n'ayant pu obtenir des archivistes de Simancas communication de la bulle. Sa prudence était justifiée. En 1628, un écrivain, don Juan de Rada, ayant osé, sous le pseudonyme de Garcia Gongora y Torreblanca, soutenir la fausseté du document invoqué par le roi d'Aragon, son livre avait été condamné au bûcher (1). Au XVIII° siècle, Voltaire, dans l'*Essai sur les mœurs*, résume l'impression générale qui résultait de cette discussion prolongée, aux yeux des

(1) Ce livre était intitulé : *Apologética historia y descripcion del reino de Navarra*. Pamplona, in-folio, 1628. Th. Muñoz y Rivero, *Bibliografía Española*, p. 201.

historiens étrangers. Pour lui, la bulle d'excommunication est une pièce fausse qu'avait imaginée le roi d'Aragon : « Son bri-
« gandage, dit-il, était appuyé d'un prétexte sacré : Ferdinand
« prétendait avoir une bulle du pape Jules II qui excommuniait
« Jean d'Albret, comme adhérent du roi de France et du concile
« de Pise » (1). Mais, à la même époque, Ferreras, qui écrit
sa grande histoire, d'après les historiens espagnols antérieurs,
reproduit encore les assertions des écrivains du XVIᵉ siècle, et
croit à l'existence de la sentence d'excommunication. La question
fit un pas décisif lorsque Ortiz publia, en appendice à l'édition
de l'*Histoire d'Espagne* de Mariana, les copies de deux bulles
lancées contre les rois de Navarre. On avait cru jusqu'alors à
l'existence d'une bulle unique, il s'en trouvait deux (2). Mais les
adversaires des historiens castillans ne furent pas désarmés :
rien ne prouvait l'authenticité de ces documents, puisqu'on ne
produisait pas, qu'on ne retrouvait même pas les originaux.
Aussi les savants espagnols n'osaient-ils plus alléguer que pour
la forme les bulles de Jules II. Traggia, dans l'article qu'il con-
sacre à la Navarre, y fait allusion, sans essayer de s'en prévaloir (3). Les historiens du XIXᵉ siècle, tels que Rosseeuw
Saint-Hilaire, Prescott, don Modesto de La Fuente, qui se sont
occupés de l'histoire de l'Espagne, mentionnent brièvement
l'excommunication, sans se prononcer sur sa valeur juridique, ni
sur l'authenticité de la bulle. Yanguas, l'historien le plus connu
de la Navarre, nie formellement cette authenticité (4). En 1868,
le jurisconsulte Marichalar, qui discute la question, en reconnaît
la difficulté et n'ose la résoudre (5). Enfin, le dernier érudit
espagnol qui l'ait examinée, don Juan Mañé y Flaquer, ayant
vainement recherché les originaux des bulles, déclare les
documents publiés très suspects, et voit dans ce problème une
énigme impossible à deviner (6). Il convient, pour essayer de
traiter un sujet aussi controversé depuis près de quatre siècles,
de distinguer soigneusement dans le problème trois questions
bien différentes. La première, c'est la question de fait ; y a-t-il

(1) Voltaire, Essai sur les mœurs. (Œuvres complètes, édition de 1785, in-18, t. XIX, p. 90.) — (2) Hist. d'Espagne, de Mariana, édition p. p. Ortiz, à Valence, t. IX, appendice n° 2, p. 136 et suiv. Cette édition, très rare, est incomplète à la Bibliothèque nationale de Paris; le tome IX y manque. — (3) *Diccionario histórico-geográfico de España*, t. II, p. 118 (art. *Navarra*, p. p. Traggia); il fait allusion à la bulle; « l'alliance du roi de France », dit-il, *hizo envolver el rey don Juan en la acusacion de fautor del cisma y dió un muy poderoso titulo á las armas del Rey Católico*. — (4) Yanguas, *Historia Compendiada de Navarra*, p. 409. — (5) Marichalar, *Historia de la Legislacion de España*, t. VIII, pp. 103-106. — (6) Mañé y Flaquer, *Viaje al pais de los Fueros*, I, pp. 85-88.

réellement une ou plusieurs bulles d'excommunication concernant les rois de Navarre? La seconde, c'est la question de la valeur *théorique* de l'excommunication. Aux yeux des hommes du XVIe siècle, le Pape pouvait-il disposer des couronnes? La troisième, c'est la question de la validité de l'anathème particulier lancé contre les rois de Navarre. En supposant que le Saint-Siège eût le droit de disposer du trône de Jean d'Albret, les bulles avaient-elles été entourées des formalités requises par le droit canonique? Ce n'est qu'après ce triple examen qu'il peut être permis de se prononcer.

<small>II.
Le roi de Navarre a-t-il été excommunié le 18 février 1512?
La première et vraie bulle d'excommunication, Bulle *Pastor ille cœlestis*.
(21 juillet 1512.)</small>

Sur le premier point, le silence gardé par le roi d'Espagne, le mystère dont on environnait les originaux, les erreurs des historiens espagnols, l'impossibilité où l'on a été de produire autre chose que des copies, tous ces motifs réunis ont fait la partie belle aux adversaires de l'authenticité des bulles. Tout d'abord, on ne croyait qu'à l'existence d'une seule bulle ; c'est seulement depuis la publication d'Ortiz qu'on a appris l'existence de deux. Ensuite, on croyait et on a cru jusqu'ici que la bulle essentielle, celle que Ferdinand alléguait en août 1512, avait été promulguée à Rome au mois de février : c'était, disait-on, la bulle *Exigit contumaciam* qui avait été invoquée par le Roi Catholique. Tous les historiens espagnols sont tombés dans cette erreur depuis Mariana, Zurita et Sandoval, jusqu'aux plus récents, tels que Yanguas, La Fuente, Mañé y Flaquer. Il n'a pas été difficile aux adversaires de l'authenticité de prouver qu'à la date indiquée, en février 1512, les rois de Navarre n'étaient pas excommuniés. En premier lieu, l'original de la bulle *Exigit contumaciam* n'avait pu être jamais produit. On en donnait seulement le texte d'après des copies. L'argument a été valable jusqu'à nos jours. Mais, dans nos recherches aux Archives de Simancas, nous avons eu la bonne fortune de trouver cet original mystérieux. Un second argument invoqué par les érudits français, navarrais et même espagnols (Marichalar par exemple), a plus de portée. Les historiens ou publicistes, qui soutiennent l'authenticité de la bulle, n'en fixent pas uniformément la date. Zurita la place au 18 février, Mariana au 19, et Sandoval au 1er mars ; ce qui prouverait qu'ils n'ont vu ni la copie ni l'original du document, ou que les textes qu'ils avaient sous les yeux étaient différents (1). Depuis la publication d'Ortiz, la date n'était plus douteuse : c'est celle du 12 des kalendes de mars, c'est-à-dire

<small>(1) Sur la date de la bulle d'excommunication, voir Zurita, t. VI, liv. IX, chap. LIV, f° 271, v°. Mariana, *De Rebus hispanicis*, liv. XXX, chap. VIII, pp. 585-586 (*Hispania illustrata* de Schott), Sandoval, Vie de Charles-Quint, liv. Ier, chap. XLV, pp. 34-35. Lebrija (*De Bello Nav., Decades duo*, liv. Ier, chap. III, p. 907) place la date de cette excommunication après la bataille</small>

du 18 février (1). Mais une difficulté plus sérieuse qu'ont signalée les adversaires de l'authenticité, c'est que la bulle est datée de la dixième année du pontificat de Jules II, année que les historiens espagnols disent être celle de 1512. Or, la dixième année du pontificat de Jules II correspond à 1513 et non à 1512, Jules II n'ayant été élu qu'en novembre 1503, et l'année 1512 ne finissant qu'à Pâques 1513, suivant la chronologie antérieure à la réforme grégorienne. D'autres raisons contribuent encore à faire rejeter l'assertion des historiens espagnols. Comment les rois de Navarre auraient-ils pu être excommuniés le 18 février 1512, pour avoir adhéré au schisme et pour s'être alliés avec le roi de France, puisqu'à ce moment ils n'avaient pas de plus grand ennemi que Louis XII, l'oncle du prétendant Gaston de Foix ? Ce n'est qu'après la mort de ce dernier (11 avril) qu'un rapprochement eut lieu entre les souverains navarrais et leur ancien adversaire. Comment admettre, d'autre part, que Ferdinand ait négocié pendant plus de quatre mois, après la promulgation de l'anathème, avec les souverains excommuniés, et leur ait offert son alliance ? Pourquoi, dans ces négociations, n'est-il jamais fait allusion à la sentence du Pape ? Pourquoi, si la bulle d'excommunication avait été lancée le 18 février 1512, le roi d'Aragon n'en fait-il aucune mention, ni dans sa lettre du 20 juillet à l'archevêque de Séville, ni dans le célèbre ultimatum du 31 juillet, ni dans l'acte du 4 août, où, ratifiant la capitulation de Pampelune, il prend simplement le titre de dépositaire de la Navarre ? Il n'aurait pas manqué de mentionner dès lors un document qui eût servi si puissamment sa cause. Il y a plus : on a des preuves certaines des bons rapports qui persistaient entre le Pape et les souverains navarrais jusqu'au mois de juin 1512. On sait qu'ils avaient refusé en 1511, malgré les instances de Maximilien, d'adhérer au concile de Pise. A la fin du mois de septembre de la même année, ils avaient, en présence du docteur Capia, envoyé du Saint-Siège, protesté de leur dévouement à l'Église romaine et s'étaient prononcés énergiquement contre le conciliabule. « Jamais, disaient-« ils un peu plus tard, par mandement, volonté ni consentement « desdits seigneurs, homme de leurs terres et seigneuries n'y alla « ni manda impétrer lettres ; mais, pendant le temps dudit concile, « le pape Jules a esté obéy par eux, et en toutes les terres et sei-« gneuries desdits Roy et Royne, et n'y a subject qui jamais ait « impétré lettres apostoliques d'autres que du Pape pendant ledit

de Ravenne et vers le mois de mai. Palacios n'indique aucune date; Garibay (*Compendio historial*, t. III, p. 505) répète les assertions de Lebrija.

(1) La copie p. p. Ortiz porte cette date; l'original des Archives de Simancas que nous avons découvert porte aussi la mention du 12 des kalendes de mars.

« temps, ainsy que peut apparoir par les actes » et registres de la
cour romaine (1). On a, en effet, une bulle de Jules II, datée du 21
juin 1512, qui montre qu'à ce moment encore, c'est-à-dire quatre
mois après la prétendue sentence d'excommunication, Jean d'Albret et Catherine entretenaient avec le Saint-Siège les relations les
plus courtoises. Dans cette bulle, qui confirme les privilèges du
chapitre de la collégiale de Tudela, le Pape appelle les rois de
Navarre « ses très chers fils et fille en Jésus-Christ, illustres souverains et catholiques rois *(charissimus in Christo filius noster
Joannes rex, et charissima in Christo filia nostra Catharina,
regina Navarræ illustres...* », et ailleurs « *Catholici reges* ») (2).
Comment eût-il employé un tel langage si, le 16 février, il avait
promulgué la sentence d'anathème, où les souverains navarrais
sont traités de « fils de perdition et d'anciens rois » *(perditionis
filii, Johannes olim rex et Catharina, regina Navarræ)* (3),
termes qui contrastent étrangement avec ceux de la bulle du 21
juin? Enfin, le 16 juillet, lorsque Ferdinand somme le roi de
Navarre de livrer passage à l'armée de la Sainte-Ligue, et le menace de le traiter comme un hérétique, Jean d'Albret ne répond-il
pas qu'il n'a reçu aucun ordre du Pape, et que ce dernier sait
« qu'il ne peut rien » faire en faveur de sa cause *(se nihil habere
in mandatis a Pontifice, neque pontificem ei quicquam jubere;
quia novit se nihil posse)* (4)? De cette discussion, il résulte que
les souverains navarrais n'étaient certainement pas excommuniés
avant le milieu du mois de juillet 1512. Les historiens espagnols
se sont cependant obstinés à fixer la date de l'excommunication au
mois de février 1512, ce qui n'est pas soutenable, et à affirmer que
la bulle *Exigit contumaciam* a été promulguée à cette date, ce qui
ne peut résister à l'examen le plus superficiel. Les adversaires de
l'authenticité des bulles, tels que Galland, Schöpflin, Yanguas, en
ont conclu précipitamment à la supercherie du roi d'Aragon;
ils ont cru qu'il n'y avait pas eu d'anathème, et que Ferdinand
avait fabriqué le texte de la sentence pontificale (5). Cette assertion est non moins erronée que celle des savants espagnols.

(1) Mémoires et raisons pour estre allégués par le licencié Biaxs, touchant
la restitution de la Navarre (1516). Arch. des Bass.-Pyrén., E, 556, orig.
inédit. — (2) La bulle de Jules II en faveur de Tudela est datée du 11 des
kalendes de juillet, « *pontificatus nostri anno nono* »; copie auth. Arch.
de Nav., *negocios eccles.*, leg. 1, carp. 22. Elle a été publiée partiellement
par Yanguas, *Historia compendiada*, p. 419, en note; et par H. Oloriz,
Fundamento y Defensa de los Fueros, p. 35, sans indication de source. —
(3) Voir l'analyse de la bulle *Exigit contumaciam* ci-dessous. — (4) Expressions de P. Martyr, *Epist.*, 491 (17 juillet 1512). — (5) Galland, Mém. sur
l'hist. de Nav. et de Flandre, p. 12, accuse Ferdinand de supercherie. De
même Schöpflin, *Diatriba de origine, fatis et successione regni Navarræ*
(Strasbourg, 1720), chap. III. — Yanguas, *Historia compendiada*, p. 419.

Les rois de Navarre ont été certainement excommuniés, tout le prouve. C'est d'abord l'assertion constante, maintes fois répétée, du Roi Catholique lui-même, à commencer par son mémoire ou manifeste d'août 1512, où il explique les raisons qui l'ont conduit à prendre le titre de souverain légitime du royaume conquis, et à finir par ses lettres à son successeur, le prince Charles (1). Ce sont ensuite les affirmations de ses apologistes, tels que Correa, Palacios, Lebrija, qui mentionnent cette excommunication. C'est l'argument qu'invoquent les diplomates espagnols aux conférences de Montpellier et de Calais, en 1519 et 1521. Jean d'Albret et Catherine eux-mêmes ne nient pas l'existence de l'anathème; ils se bornent à en contester la validité. Dans les instructions qu'ils donnèrent à leurs envoyés depuis 1513 jusqu'en 1517, on ne trouve pas un mot qui puisse être interprété contre la réalité de l'excommunication. Mais nous avons plus que ces preuves morales; nous possédons le texte même de la bulle lancée contre les rois de Navarre, de cette bulle qu'allègue Ferdinand dans son manifeste d'août 1512. Les érudits espagnols et français, occupés depuis près de quatre siècles à combattre pour ou contre l'authenticité de la bulle *Exigit contumaciam*, n'ont pas connu la véritable pièce, la première et peut-être la seule authentique des bulles d'excommunication. Ortiz en avait cependant publié une copie, mais n'avait point connu l'original. On n'avait point fait attention à cette publication, et la bataille était restée limitée à la bulle *Exigit contumaciam*. La véritable sentence est cependant contenue dans la bulle *Pastor ille cœlestis*. Nous avons découvert l'original, dont on ignorait l'existence, aux Archives de Simancas, et l'authenticité en paraît indiscutable. On ne saurait donc invoquer pour cette bulle l'absence du texte authentique. Ce texte existe, et il est conforme aux copies qui se trouvent aux Archives de Madrid et à la Bibliothèque nationale de Paris. La bulle est écrite sur un magnifique parchemin bien conservé, avec le sceau en plomb de Jules II intact, suspendu à des lacs de soie. Dans le même dépôt, nous avons rencontré un autre exemplaire de ce document, aussi sur parchemin; le sceau a disparu, seuls les lacs subsistent. Enfin, nous y avons trouvé deux copies anciennes de la bulle, dont l'une, imprimée en caractères gothiques, est de l'année 1512, quatre copies plus modernes, et le témoignage donné par un auditeur de la cour romaine, attestant qu'il a été délivré expédition authentique de la bulle (2). Les Archives de l'Académie

(1) Voir ci-dessus, chap. III, le manifeste de Ferdinand analysé; nous analysons ci-dessous les autres pièces. — (2) Textes originaux de la bulle *Pastor ille cœlestis*, 12 des kalendes d'août 1512. Arch. de Simancas, *Patr. real. Bulas sueltas*, leg. 21, nos 64-65; deux copies anciennes, quatre modernes; témoignage de l'auditeur de la cour romaine, même liasse, nos 66-70.

royale d'histoire à Madrid possèdent également une copie de cet acte, imprimée en caractères gothiques, et la Bibliothèque nationale de Paris conserve une autre copie manuscrite due au savant Dupuy (1). La bulle est datée du 12 des kalendes de juillet et de l'année neuvième du pontificat de Jules II, c'est-à-dire du 21 juillet 1512. A l'époque où elle a été expédiée, les rois de Navarre étaient bien les alliés du fauteur du schisme, Louis XII, et les adversaires de la Sainte-Ligue. Rien d'étonnant à ce que Ferdinand ait sollicité et obtenu contre eux l'anathème pontifical. On ne peut donc formuler contre l'authenticité de ce document les mêmes objections, tirées des faits, qu'on a faites à bon droit contre la prétendue bulle du 18 février. Il y a plus : les correspondances officielles du temps mentionnent la bulle *Pastor ille cœlestis*. Jules II lui-même, dans une lettre-circulaire datée du 21 juillet, et adressée à Henri VIII et à Maximilien, déclare qu'il envoie à ces princes copie de l'acte d'anathème. Il accompagne cet envoi d'un bref résumé : « Le roi de France, dit-il, a séduit les Vascons « et les Cantabres (c'est-à-dire les Navarrais; ce sont aussi les « termes de la bulle) au moyen de fausses assurances et par de « fortes sommes d'argent. Il a entraîné dans la guerre contre « l'Église ces peuples, qui, de temps immémorial, s'étaient montrés « les fils obéissants du Saint-Siège. C'est pourquoi j'ai prononcé « contre eux et contre tous les fauteurs du roi de France l'ex- « communication majeure, avec défense de les absoudre, sauf à « l'article de la mort, si, dans les trois jours après la publication de « la bulle, ils ne reviennent à l'obéissance de l'Église romaine » (2). C'est également cette pièce que Ferdinand analyse en partie dans sa lettre aux habitants de Tudela le 22 août (3), et qu'il allègue dans le manifeste où il expose les raisons pour lesquelles il prend le titre de roi de Navarre (4). C'est enfin le document que Pierre Martyr mentionne dans sa lettre à Fajardo, et qu'il déclare avoir publié le 21 dans l'église de Calahorra (5). La bulle *Pastor ille cœlestis*, qui excommunie les rois de Navarre, est donc parfaite-

(1) Copie imprimée de la bulle *Pastor ille cœlestis*. Archivo de la Academia de historia (Madrid), coll. Salazar y Castro, A, 14, f°s 63-64; copie manuscrite de la B. N. de Paris, fonds Dupuy, t. DXXV, f° 101. — Ortiz a imprimé cette bulle d'après la copie gothique de la coll. Salazar. Appendice de l'Hist. de Mariana, t. IX, pp. 136-142. — (2) Lettre de Jules II au roi d'Angleterre, 21 juillet 1512, accompagnée du texte latin de la bulle. Arch. de Simancas, *Patron. real. Trat. con Inglaterra*, leg. 6, f° 25; la lettre a été publiée par Bergenroth, *Calendars of State papers* (Spain), II, 68-69. — (3) Lettre de Ferdinand à Tudela, 23 août, publiée *in extenso* par Yanguas, *Diccionario de Antigüedades*, III, 457-459. — (4) Manifeste de Ferdinand, Arch. de Simancas, *Patr. real. Cap. con Nav.*, leg. 2, f° 53; doc. analysé au chapitre précédent. — (5) P. Martyr, *Epist.*, 496, 27 août.

ment authentique. On n'en saurait suspecter ni la date ni les termes. Dans ce document, dont l'importance est capitale, et qu'on a jusqu'ici entièrement négligé, le pape Jules II commence par exposer que « le Céleste Pasteur qui est mort pour le genre « humain » a imposé à son vicaire le devoir de séparer du troupeau des fidèles les brebis galeuses, et de retrancher du tronc encore sain « les membres pourris ». Il rappelle longuement le schisme qu'a suscité Louis XII, les entreprises qu'il a faites contre l'Église, la réunion du concile de Pise, la formation de la Sainte-Ligue conclue entre le Saint-Siège, Ferdinand, Henri VIII et le doge de Venise, enfin l'excommunication prononcée par le concile de Latran contre les cardinaux schismatiques. Arrivant à l'objet précis de la bulle, il affirme que le roi de France, non content de soutenir les ennemis de l'Église, « a entraîné dans le schisme les
« Vascons et les Cantabres et toutes les nations circonvoisines,
« qui avaient toujours été dévouées au Saint-Siège. Par de fausses
« et criminelles suggestions, ces populations ont été conduites à
« quitter leur ancienne dévotion; le roi de France les a armées
« contre les confédérés par ses subsides, et les a amenées à mépri-
« ser l'autorité apostolique et les fidèles du Christ. Elles sont
« alliées maintenant avec les schismatiques eux-mêmes, exclus de
« la communion des fidèles, au grand péril des âmes, à la confu-
« sion de l'Église, au scandale du grand nombre ». « C'est pour-
« quoi, ajoutait Jules II, nous avertissons par ces présentes tous
« et chacun des fidèles du Christ, et spécialement les Vascons et
« Cantabres susdits, et leurs voisins, que la sentence d'excommu-
« nication majeure est prononcée contre toute personne, de quel-
« que autorité spirituelle et temporelle qu'elle soit revêtue, fût-ce
« de la dignité de marquis, duc, roi, d'évêque ou de toute autre
« charge laïque ou ecclésiastique, qui, dans les trois jours de la
« publication des présentes, publication faite aux églises de
« Calahorra, de Saragosse, de Burgos et d'Elne, n'aura pas fait
« soumission au Saint-Siège, et se sera armée contre nous ou
« contre l'un des alliés du Siège apostolique, ou qui aura reçu *des*
« *subsides* dudit roi Louis et des schismatiques, ou qui aura conclu
« alliance avec lui. Nous sommons ceux qui auraient déjà reçu
« de tels subsides, ou pris les armes ou conclu des alliances contre
« nous ou nos alliés, de se déclarer pour nous et nos confédérés,
« ou du moins de déposer aussitôt les armes et d'abandonner ces
« damnables alliances, les auraient-ils conclues sous la foi du ser-
« ment. S'ils refusent et ne se soumettent pas *dans les trois*
« *jours de la publication,* nous ordonnons qu'ils encourent l'ex-
« communication *ipso facto*, et qu'ils ne puissent en être absous
« *sous aucun prétexte,* sauf à l'article de la mort, et par le

« Pontife romain lui-même... Ils seront anathématisés, maudits,
« damnés, privés de leurs dignités et honneurs, fiefs, grâces, pri-
« vilèges, inaptes à tout acte légal, passivement et activement,
« comme coupables de lèse-majesté. En vertu de l'autorité apos-
« tolique, nous rendons tous leurs biens en général et en parti-
« culier chose publique, et voulons qu'ils deviennent la propriété
« du premier occupant, ainsi que leurs villes, forteresses, terres
« et lieux quelconques soumis à eux. Nous enjoignons, sous peine
« d'anathème, à tous les fidèles de cesser tout rapport et commerce
« avec eux, et aux clercs de donner connaissance de nos lettres
« aux peuples » (1). La bulle *Pastor ille cœlestis* ne désignait pas
nommément les rois de Navarre, mais elle s'appliquait évidemment à eux, puisqu'il y était question en particulier des Navarrais (Vascons et Cantabres) et de leurs chefs, « rois, ducs, marquis
« ou évêques ». Elle ne visait qu'eux seuls et avait bien pour objet
de les détacher de l'alliance française. Ce qui montre que le bref
avait été spécialement rédigé à l'adresse des rois de Navarre, c'est
que le Pape ne jugea pas suffisant pour eux le monitoire général
qu'il promulgua le même jour pour tous les princes chrétiens. En
effet, le 12 des kalendes d'août (21 juillet), Jules II édictait une
autre bulle, dont nous avons également retrouvé l'original aux
Archives de Simancas, et qui commence par les mots : *Etsi ii qui
christiani nomine et titulo gloriantur*. Bien que les chrétiens
eussent le devoir de prêter secours à l'Église, il avait appris,
disait-il, qu'un certain nombre de princes se laissaient entraîner
dans le schisme ; il les sommait, sous peine d'excommunication,
d'abandonner les schismatiques et de se soumettre dans les trois
jours de la publication du monitoire (2). La bulle *Etsi ii qui
christiani* était donc le monitoire général adressé à tous les alliés
des schismatiques, tandis que la bulle *Pastor ille cœlestis* était
le monitoire particulier qui visait les rois de Navarre. Ceux-ci
n'y étaient pas désignés nominativement, mais ils l'étaient implicitement. La bulle une fois obtenue, Ferdinand se hâta de
la faire publier. Il ne l'avait point encore reçue le 31 juillet,
lorsqu'il publia son ultimatum, ni le 4 août, lorsqu'il approuva
la capitulation de Pampelune, puisqu'il n'y fait aucune allu-

(1) Bulle *Pastor ille cœlestis*. Arch. de Simancas, *Patron. real. Bulas sueltas*, leg. 2¹, nº 64, orig. scellé, sceau en plomb pendant à des lacs de soie rose
et jaune ; sur le sceau, d'un côté, lettres SS. PP, AE. ; en haut et en bas, les
figures des deux apôtres avec les clés croisées ; au revers, Julius Papa II.
Parchemin, quatre plis ; sur le repli, le nom A. de Comitibus. Il en existe
aussi dans le même dépôt un autre exemplaire sur parchemin, avec les lacs,
mais sans le sceau. — (2) Bulle *Etsi ii qui christiani*, comme la précédente.
Rome, 12 des kal. d'août. Arch. de Simancas, leg. 2¹, fº 64 *(Patr. real. Bulas
sueltas)*, beau parchemin, lacs de soie ; le sceau a disparu.

sion, et qu'il s'intitule simplement dépositaire de la Navarre. Il n'eut garde de ne pas s'en prévaloir, lorsque le légat du Pape lui eut apporté à Logroño les lettres apostoliques. Nous avons retrouvé aux Archives de Simancas toutes les pièces qui concernent la publication de la bulle. La première est un ordre royal en vertu duquel il est enjoint, sans doute aux ministres, « d'envoyer une personne de confiance publier la bulle dans « les églises de Calahorra et de Burgos, en présence de deux no- « taires et de trois témoins ». Il faudra dresser « acte de la pu- « blication, en faire la lecture dans le chœur et dans l'église, en « latin et en roman (espagnol), en afficher une copie à la porte de « chaque église et rédiger procès-verbal de l'affichage » (1). La seconde pièce est l'autorisation originale donnée par le nonce du Pape, Giovanni Ruffo, archevêque de Cosenza, à Logroño, le 20 août, de prendre copie de la bulle littéralement et sans omissions *(de verbo ad verbum)*. Cette autorisation est accordée devant Alonso de Herrera, notaire apostolique, et deux témoins, Francisco Dinerio et Diego Mariana. Elle est signée par l'archevêque lui-même et scellée de son sceau sur papier (2). Le lendemain, samedi 21 août, Pierre Martyr, le célèbre humaniste, chanoine de Grenade, protonotaire apostolique, donne lecture de la copie des lettres apostoliques au chapitre des chanoines de l'église de Calahorra, dans le chœur, où ils ont été convoqués « de la part du Roi Catholique ». Cette copie authentique, nous apprend le procès-verbal original que nous avons trouvé à Simancas, fut déposée entre les mains des chanoines. Le lendemain, dimanche 22 août, d'après le même procès-verbal, pendant la grand'messe, en présence d'une grande multitude de peuple, sur la requête de Pierre Martyr, les lettres « apostoliques furent lues « en chaire par un des chanoines, Rodrigo Martinez ». Elles furent ensuite affichées aux portes de l'église de Calahorra. Acte de la publication fut aussitôt dressé par le notaire Juan Diez, en présence de deux témoins, Diego Lopez de Mendoza, diacre de Calahorra, et Pedro Ximenez de Cornago, archidiacre de Burgos, sans compter une foule d'assistants. Le procès-verbal de cette double publication du 21 et du 22 août est authentique, revêtu de la signature du notaire et du sceau du chapitre de Calahorra (3).

(1) *Las diligencias que se han de hacer en lo de Navarra*, sans date. Arch. de Simancas, *Capit. con Nav.*, leg. 2, f° 13, copie. Autres copies, Madrid, *Biblioteca nacional*, Mss., letra E, n° 353. British Museum, fonds espagnol, Mss., Egerton, 544, pièce 12. — (2) C'est à la suite de la copie authentique manuscrite de la bulle *Pastor* que se trouve l'autorisation en latin du légat Ruffo, arch. de Cosenza, avec sa signature et son sceau sur papier. Arch. de Simancas, *Patron. real, Bulas sueltas*, leg. 2¹, f° 65. — (3) Procès-verbal manuscrit en latin de la publication des lettres apostoliques à Ca-

Pierre Martyr lui-même, dans une lettre écrite à son ami Fajardo, mentionnant la publication dont il a été chargé, indique bien que la bulle était dirigée contre le roi de Navarre, et qu'elle a été promulguée suivant les formalités requises (1). En effet, le roi d'Aragon présentait partout le monitoire du 21 juillet comme une sentence d'excommunication formelle, *expressément* dirigée contre Jean d'Albret. Le 23 août, il prévenait lui-même les habitants de Tudela de la publication des lettres apostoliques, en ces termes significatifs, qui ne laissent aucun doute sur la bulle en vertu de laquelle il garda sa conquête : « Vous saurez, écrivait-il, que notre
« Saint-Père, par une bulle qui vient d'être publiée dans l'église
« de Calahorra, voulant, comme bon pasteur universel des chré-
« tiens, porter remède aux grands maux que le roi de France a
« suscités contre la foi catholique, en excitant le schisme dans
« l'Église ; désirant que les rebelles, comme des membres pourris,
« soient retranchés, pour qu'ils ne corrompent point les fils obéis-
« sants du Saint-Siège, a ordonné que tous les adhérents du roi
« de France, fauteur principal du schisme, soient excommuniés,
« interdits, maudits, anathématisés et damnés, qu'ils soient privés
« de tous honneurs et dignités, que leurs biens soient confisqués,
« qu'ils deviennent eux-mêmes les esclaves de leurs vainqueurs.
« Il est interdit de communiquer avec les alliés des schismatiques,
« et ceux qui leur étaient liés par le serment de fidélité et l'hom-
« mage lige sont déliés de leurs obligations, et forcés, sous peine
« de lèse-majesté, de se déclarer contre eux ». Ce qui prouve bien que les lettres apostoliques concernaient les rois de Navarre, c'est que Ferdinand, en communiquant le résumé de cet acte aux habitants de Tudela, cherchait à les détacher du parti de Jean d'Albret (2). Bien plus, les délais de soumission expirés, le roi d'Aragon s'empressait, en vertu du même document, de prendre le titre de roi de Navarre. Il se faisait prêter serment par les Navarrais, parce que les anciens souverains *(reyes que eran)* étaient excommuniés *ipso facto*, n'ayant pas obéi au monitoire. « Ces souverains ont suivi, dit-il, et suivent le parti du principal « fauteur du schisme », et ils ont persévéré dans leur alliance impie malgré la publication de la bulle (3). Lorsque le licencié

lahorra, les 21 et 22 août, en double, signature du notaire et sceau sur papier du chapitre. Arch. de Simancas, *Bulas sueltas*, leg. 2¹, nᵒˢ 64-66.
(1) P. Martyr, *Epist.*, 496, 27 août. — (2) Lettre de Ferdinand à Tudela, datée de Logroño, le 23 août, publiée *in extenso* par Yanguas, *Diccionario de Antigüedades*, III, 457-459. L'érudit navarrais ne paraît pas avoir connu d'autre bulle que la bulle *Exigit contumaciam*; il ne soupçonne même pas l'existence de la bulle *Pastor ille cœlestis*. — (3) Manifeste de Ferdinand, fin août, cité ci-dessus. Arch. de Simancas, *Patr. real, Cap. con Nav.*, leg. 2, fᵒ 53.

Villafaña exhorte les habitants de Pampelune à prêter serment, c'est encore en invoquant le même argument (1). On le retrouve enfin dans le sermon que le légat du Pape, Bernardo de Mesa, adresse le 31 août aux troupes castillanes, pour leur démontrer que le roi de France et ses alliés doivent être traités comme hérétiques, qu'on a le droit de les réduire en esclavage, « aussi bien « les vieillards que les jeunes gens, les femmes que les enfants », et de se saisir de leurs biens (2). Tel est l'acte que le Roi Catholique invoqua pour légitimer son usurpation. La bulle *Pastor ille cœlestis*, dont aucun historien n'a remarqué l'importance, est bien le principal titre sur lequel Ferdinand fondait l'annexion de la Navarre, qu'il venait de conquérir.

Le vainqueur jugea-t-il que ce titre n'était pas entièrement suffisant, parce que la bulle n'était point assez formelle, et que le nom des rois de Navarre n'y était pas nettement prononcé ? Peut-être cette hypothèse explique-t-elle l'existence d'une seconde bulle, celle-là même que l'on a longtemps présentée comme l'acte dont le roi d'Aragon s'était servi pour justifier l'invasion et la conquête. Le vainqueur n'avait cessé de réunir en faveur de son usurpation toutes les apparences du droit. On voit, le mercredi 10 novembre 1512, son ambassadeur, Jérôme de Vich, se faire délivrer par un des auditeurs de la cour romaine un témoignage ou attestation notariée, pour certifier que la bulle *Pastor ille cœlestis* avait été régulièrement expédiée (3). Peu après, Ferdinand jugea sans doute qu'une seconde bulle lui serait très utile pour affirmer sa domination en Navarre. C'est probablement alors qu'il enjoignit à son envoyé de solliciter du Pape une excommunication formelle, légitimée, d'après lui, par la résistance obstinée des rois Jean et Catherine, qui, depuis le moniloire du 21 juillet, n'avaient fait aucun acte de soumission. Cette seconde bulle fut obtenue; c'est celle qui commence par les mots *Exigit contumaciam obstinata protervitas*. On sait que Zurita, Mariana et Sandoval placent à tort cette pièce au mois de février ou de mars 1512. La plupart des objections formulées contre l'authenticité de la bulle, objections qui sont fondées si on l'attribue à l'année 1512, comme l'ont fait les savants espagnols, tombent si on la rapporte à la

III.
La seconde bulle d'excommunication.
Bulle *Exigit contumaciam*.
(18 février 1513.)

---

(1) Discours rapporté par Correa, *Hist. de la conquista de Navarra*, chap. V, pp. 80-96. — (2) Correa, *ibid.*, chap. VII, p. 96. — (3) *Testimonium* de la bulle *Pastor ille cœlestis*, Rome, 10 nov. 1512 (par Jérôme de....., auditeur de la cour romaine); lettres à demi-effacées; les lacs de soie subsistent, le sceau a disparu; au bas, attestation du notaire. Arch. de Simancas, *Bulas sueltas*, leg. 2¹, n° 64-65. Nous avons trouvé ce document, qui était resté jusqu'ici inconnu.

vraie date, l'année 1513. On a tout d'abord pu avancer que ce document était suspect, parce qu'on n'avait jamais pu produire l'original; on n'en connaissait, en effet, jusqu'ici que des copies. L'une de ces transcriptions, qui appartenait jadis aux Archives d'Aragon, et qui est aujourd'hui dans les Archives de l'Académie d'histoire à Madrid, a servi au docteur Joseph Ortiz, lorsqu'il publia son édition de l'*Histoire d'Espagne* de Mariana. La copie exécutée d'après cette transcription par l'archiviste aragonais Pedro de Laugier a été imprimée dans l'appendice du tome IX de cet ouvrage (1). Les adversaires de l'authenticité de la bulle *Exigit contumaciam* ont allégué l'absence de tout original de ce document, soit au Vatican, soit dans les dépôts d'archives d'Espagne (2). Cet argument ne paraît plus valable, puisque nous avons eu la bonne fortune de découvrir cet original tant recherché, et dont on niait l'existence, aux Archives de Simancas. C'est un parchemin bien conservé, sauf à l'endroit des plis, avec le sceau en plomb de Jules II et les lacs de soie rouge et jaune des bulles pontificales. Le texte *semble* conforme aux habitudes de la chancellerie romaine; on y retrouve les formules ordinaires de ces actes; le début est en lettres capitales, les lettres indiquant la date sont très espacées. Ainsi disparaît le premier argument qu'on avait formulé contre l'authenticité de cette pièce. On ne peut pas arguer non plus la fausseté manifeste des dates: la bulle est datée du 12 des kalendes de mars, l'an 10° du pontificat de Jules II, c'est-à-dire du 18 février 1513. Les adversaires de l'authenticité soutenaient avec raison contre Zurita et Mariana que cette date ne pouvait être le 18 février 1512, car l'année 1512 est seulement la 9° du pontificat de Jules II. Mais il n'y a aucune impossibilité matérielle à ce que Jules II ait expédié cette bulle le 18 février 1513, ou à ce qu'on l'ait soumise à son approbation plus ou moins consciente; il mourut, en effet, dans la nuit du 20 au 21 février 1513 (3). Le texte lui-même de la bulle prouve bien, d'ailleurs, qu'il s'agit d'un document qui a pour but de confirmer le monitoire du 21 juillet. Comme la bulle *Pastor ille cœlestis*, cette pièce est postérieure à la rupture entre les rois de Navarre et le roi d'Aragon, et non antérieure à cette rupture. Le Pape rappelle dans la bulle *Exigit contumaciam* que le devoir du chef suprême des fidèles est de punir « l'obstination audacieuse et la témérité insensée des coupa-

---

(1) Hist. d'Espagne de Mariana (éditée par Joseph Ortiz, 1796), t. IX, appendice n° 2, pp. 123-131. — (2) C'est l'argumentation des érudits français Galland, Schopflin, et plus récemment de Mañé y Flaquer, I, 83-85. — (3) Mas-Latrie, Trésor de Chronologie, in-4°, 1890, colonne 1141.

« bles, surtout quand ils possèdent l'autorité souveraine ». Il y mentionne l'anathème lancé contre les cardinaux schismatiques, et le monitoire qu'il a adressé déjà aux Vascons et aux Cantabres, pour les sommer de refuser obéissance aux adversaires de l'Église et aux alliés de ses adversaires, qui voudraient s'opposer aux entreprises du roi d'Espagne et des autres membres de la Sainte-Ligue. Ce monitoire accordait aux fauteurs du schisme et à leurs adhérents un délai de trois jours pour se soumettre, s'ils voulaient éviter l'excommunication et ses conséquences; il concernait, même les rois, ducs, marquis, évêques et autres personnages, de quelque dignité qu'ils fussent revêtus. Ce préambule se rapporte évidemment à la bulle *Pastor ille cœlestis,* dont les termes sont reproduits ou résumés. Malgré ce monitoire, les « anciens rois
« de Navarre, Jean et Catherine, ces fils de perdition, dont nous
« possédions, dit le Pape, le respect et le dévouement, et pour le
« salut desquels nous avions publié lesdites lettres, ont méprisé
« nos ordres et nos censures, ainsi que les avertissements pater-
« nels à eux faits personnellement, et nos lettres à eux exhi-
« bées personnellement en forme de bref, par lesquelles nous
« les exhortions à adhérer au saint concile de Latran et à se
« séparer des schismatiques ». Ils ont, au contraire, après le délai fixé, continué à servir la cause du schisme; ils ont resserré leur alliance avec Louis XII et attaqué les alliés de l'Église.
« C'est pourquoi, continue le Pape, considérant la témérité
« effrénée desdits rois Jean et Catherine et le mépris qu'ils ont
« montré pour le Saint-Siège, ayant égard à l'évidence de leur
« crime, qu'on ne peut excuser, afin de refréner par un châtiment
« exemplaire l'audace des schismatiques et d'empêcher le poison de
« se propager, après avoir pris l'avis de nos frères (les cardinaux),
« en vertu de l'autorité apostolique et de la plénitude de notre
« pouvoir, nous déclarons lesdits Jean et Catherine excommuniés,
« anathématisés, maudits, fauteurs du schisme et de l'hérésie,
« coupables de lèse-majesté divine et dignes de l'éternel supplice.
« Nous les privons et dépouillons de tous leurs royaumes, titres,
« honneurs, dignités; nous publions (confisquons) leurs États et
« domaines et biens quelconques, et en attribuons la possession
« aux premiers occupants, qui les garderont en vertu du droit de
« la guerre la plus sainte et la plus juste qui ait existé. Pour plus
« de cautèle, nous déclarons que Jean et Catherine eux-mêmes
« sont privés de leurs titres et honneurs, ainsi que du royaume de
« Navarre, de leurs duchés, comtés, domaines et autres biens
« temporels, et nous en donnons la possession légitime à ceux qui
« pourront les occuper ou les ont occupés, et aux successeurs des
« premiers occupants, à la place des anciens possesseurs, qui en

« 'sont exclus à perpétuité, eux et leurs héritiers. » Le Pape délie en même temps des serments d'hommage et de fidélité tous les officiers et sujets des rois de Navarre excommuniés; il leur enjoint de se soustraire à l'obédience de leurs anciens souverains dans le délai de six jours, après que la publication de la bulle aura été faite dans les églises de Burgos, de Calahorra et de Tarazona. Il leur interdit formellement « de reconnaître comme leurs rois à « l'avenir et d'appeler de ce nom *(eosque ex tunc de cetero in* « *reges vel dominos minime recognoscant et appellent)* » Jean d'Albret et Catherine. Même injonction est adressée aux évêques et à tous les membres du clergé, aux villes, bourgs, communautés, le tout sous peine d'anathème. Enfin, il ordonne de publier la bulle pendant l'office divin dans les églises indiquées, ou au moins dans deux de ces églises, et d'en afficher les copies authentiques, pour que tout le monde puisse en prendre connaissance (1). Ainsi, la bulle *Exigit contumaciam* paraît bien authentique; mais rien ne prouve non plus qu'elle ait été obtenue et expédiée régulièrement. A la date où elle est rédigée, c'est-à-dire le 18 février 1513, les relations entre Ferdinand et Jules II étaient singulièrement altérées et refroidies, comme l'attestent tous les historiens; de plus, le Pape agonisait : singulier moment pour réunir les cardinaux et pour promulguer une bulle. En outre, l'excommunication *précise* formulée contre les rois de Navarre, la minutie même des formules employées dans ce document (2) inspirent quelque soupçon sur sa provenance. La confiscation de leurs biens y est prononcée en termes qui ne laissent aucune prise à l'ambiguïté. L'audace de certaines assertions, par exemple l'affirmation mensongère que la bulle *Pastor ille cœlestis* aurait été signifiée par le nonce personnellement aux rois de Navarre et qu'il leur en aurait été communiqué un exemplaire, le soin scrupuleux avec lequel sont spécifiées les causes de l'anathème et ses suites, toutes ces précautions induisent en méfiance. Ce qui contribue encore à accroître les soupçons sur l'origine de cette pièce, c'est que le seul original qui en existe, celui que nous avons découvert à Simancas, n'est pas l'original qui avait été primitivement envoyé à la cour d'Espagne. Cet original primitif paraît avoir été rédigé avec une certaine précipitation ou une certaine

---

(1) Bulle *Exigit contumaciam obstinata protercitas. Datum Romæ, anno millesimo quingentesimo duodecimo, duodecimo kal. Martii, pontificatus nostri anno decimo.* Original parch., quatre plis; sceau en plomb très bien conservé, pendant à des lacs de soie rouge et jaune. Arch. de Simancas, *Patr. real, Bulas sueltas,* leg. 2¹ *(primera parte),* n° 63. — (2) Autant qu'il nous est permis d'en juger, le style même de ce document paraît assez différent, pour l'élégance et la pureté, de celui de la bulle *Pastor*.

négligence, voulue ou non. En effet, un peu plus tard, vers le mois de juillet 1513, le roi d'Espagne écrivait à son ambassadeur, Jérôme de Vich : « Il est impossible de faire usage
« de la bulle par laquelle le Pape a privé le roi et la reine
« de Navarre de leurs États, parce qu'un mot très essentiel
« y manque. *La copie* envoyée avec la bulle contient ces mots :
« *cosque ex tunc de cetero in reges vel dominos minime re-*
« *cognoscant nec appellent ;* mais dans la bulle originale le mot
« *minime* est laissé de côté. Dans un autre passage de l'original
« de la bulle, une lettre *r* ne se trouve pas, et cette omission
« altère essentiellement le sens de la sentence, le mot *reos* étant
« changé en *eos* ». Aussi Ferdinand demande-t-il une nouvelle expédition originale (1). C'est peut-être à cette même question que se rapporte un autre document non daté des Archives de Simancas. Ce document renferme l'ordre d'écrire à l'ambassadeur espagnol
« pour qu'il supplie le Saint-Père d'expédier une bulle ou bref
« dans lequel Sa Sainteté confirme, ou, s'il en est besoin, concède
« de nouveau les bulles ou brefs et autres provisions, et spécia-
« lement en ce qui touche et concerne le royaume de Navarre, et
« que de sa propre science ou de son propre mouvement, il passe
« outre (ou permette de passer outre) à tous défauts quelconques
« de substance ou de solennité, qui sont intervenus au sujet de
« l'obtention, demande ou publications *(diligencias)* nécessaires,
« de manière que tout soit bien en forme » (2). Il est probable que le Roi Catholique obtint l'expédition d'un nouvel original, puisque le document d'apparence fort authentique que nous avons trouvé à Simancas ne renferme pas les négligences que Ferdinand signalait dans sa dépêche à Jérôme de Vich. Il est donc permis de hasarder au sujet de la bulle *Exigit contumaciam* une hypothèse qui semble plausible : c'est que cette pièce fut rédigée à l'avance par l'ambassadeur d'Espagne, et que le texte qu'il rédigea fut simplement copié précipitamment par les scribes de la chancellerie romaine, de complicité avec les officiers de la Daterie apostolique, revêtu du sceau du Pape et soumis à l'approbation de Jules II agonisant. Il ne dut pas être difficile d'obtenir l'adhésion du souverain pontife, qui, à ce moment, n'avait nulle conscience de ses actes, et dont on pouvait interpréter comme on voulait la volonté. L'entourage du Pape était alors singulièrement vénal : l'intégrité

(1) Dépêche de Ferdinand à Jérôme de Vich, Arch. de Simancas, *Estado Roma*, leg. 847, f° 137, sûrement postérieure au 10 mars 1513, puisque le nouveau pape Léon X y est mentionné; minute non datée, p. p. Bergenroth, *Calendar of State papers* (Spain), II, p. 142. — (2) Instr. pour l'ambassadeur d'Espagne à Rome, avec ce seul titre : *Para Roma*, sans date. Arch. de Simancas, *Patr. real. Cap. con Nav.*, leg. II, f° 13.

et les scrupules de la chancellerie romaine ne pouvaient guère résister aux arguments sonnants d'un prince aussi riche que le roi d'Espagne. Ainsi s'expliqueraient à la fois le soin méticuleux avec lequel sont choisis les termes de l'excommunication, la précision et la clarté de l'anathème, et enfin la hâte avec laquelle fut rédigée la bulle que l'on voulait soumettre à la sanction inconsciente de Jules II. Ajoutons qu'il est impossible de savoir si cette bulle fut réellement publiée; nous n'avons trouvé à Simancas aucune des attestations ou des certificats de publication qui accompagnent le monitoire *Pastor ille cœlestis*, et il paraît bien qu'au mois de juillet la bulle *Exigit contumaciam* n'avait pas été publiée, puisque Ferdinand déclare que, pour le moment, il est impossible de s'en servir. La question de fait paraît donc suffisamment tranchée. Les rois de Navarre ont été excommuniés deux fois : une première fois par la bulle *Pastor ille cœlestis*, du 21 juillet 1512; une seconde fois par la bulle *Exigit contumaciam*, du 18 février 1513. Le premier de ces documents comme le second offrent les caractères de l'authenticité ; mais dans l'un les rois de Navarre ne sont qu'*implicitement* désignés, tandis que dans le second ils sont expressément et *nommément* excommuniés. La première bulle fut publiée avec toutes les formalités requises, du moins en Espagne; pour la seconde, le fait de la publication, au contraire, reste douteux et même très improbable.

IV.
Valeur juridique de l'excommunication aux yeux des Espagnols. Du droit des papes à disposer des royaumes espagnols.

Au sujet de la question de droit, la discussion est moins facile ; elle exige une connaissance du droit canonique qui manque à la plupart des profanes. On peut cependant essayer de la résoudre, en exposant les arguments produits de part d'autre pour la validité ou la nullité de l'excommunication. Il convient tout d'abord de se placer à un point de vue différent de celui qu'ont choisi les érudits gallicans du XVIe et du XVIIe siècle, pour juger ce point controversé. Aux yeux des diplomates et des publicistes français, la doctrine en vertu de laquelle le Saint-Siège avait le droit de disposer des couronnes a toujours été inacceptable. Déjà, aux conférences de Montpellier, un Espagnol, le docteur Carvajal, avait essayé d'invoquer l'anathème pontifical pour justifier l'usurpation de la Navarre. Cet argument excita les vives protestations des ambassadeurs français (1). Un peu plus tard, en 1521, aux conférences de Calais, le grand-chancelier d'Espagne, Gattinara, ayant aussi allégué l'excommunication, le chancelier de France, Duprat, répondait : « Si ne peut estre valable la prétention du « Pape de par telle voye porter et transporter les royaumes non

(1) Journal de Pierre de Blaix (sur les conférences de Montpellier), cité ci-dessous.

« mouvans de l'Église en fief » (1). Telle est la réponse uniforme
que les érudits gallicans ont faite pendant deux siècles à l'argumentation des Espagnols. « Le Pape n'a pas le droit de dépouiller
« les hommes de leur héritage, dit l'un d'eux, l'historien Guille-
« mot, joint que Dieu a fait commandement à Saint Pierre de
« paître les ouailles et non de les écorcher. Les papes n'ont
« d'autre juridiction temporelle qu'indirecte, et par forme de
« conseil ou d'admonition, et par honneur et révérence sur les rois
« et les royaumes » (2). De même, André Favyn, discutant les
assertions de l'apologiste castillan Lebrija, s'élève contre l'argument invoqué par le Roi Catholique : « C'est un abus de croire,
« dit-i', que le Pape ayt la puissance de transférer les royaumes,
« les donner selon sa fantaisie, et de déclarer schismatiques
« les États et Républiques qui ne veulent seconder ses pas-
« sions » (3). On retrouve des idées semblables sous une forme
peu différente chez les autres érudits français, qui ont voulu
démontrer l'usurpation de Ferdinand. Ainsi, Arnaud d'Oihenart,
qui publia en 1625 une Déclaration historique de l'injuste occupation de la Navarre, et qui travailla longtemps pour réunir
des documents sur le même sujet, soutient que les papes n'ont
pas le droit de dépouiller les rois de leur couronne ; l'Écriture ne
leur attribue pas ce pouvoir ; ils n'ont sur « les rois que la juri-
« diction indirecte, et encore par forme de conseil ou d'avertisse-
« ment » (4). Galland n'a garde de passer sous silence cette thèse
favorite du gallicanisme (5), et Schöpflin, qui examine aussi cette
question si controversée, insiste à son tour sur l'inanité des prétentions théocratiques (6). Les gallicans, en soutenant l'indépendance du pouvoir civil à l'égard du pouvoir religieux, représentaient une tradition très ancienne en France; leurs idées sont
conformes à celles de notre époque, aux principes du libéralisme.
Mais leurs arguments avaient-ils une grande valeur aux yeux des
Espagnols ? C'est le contraire qu'il est permis d'affirmer. La tra-

(1) Précis des conférences de Calais, 1521 (7ᵉ conférence), p. p. Weiss,
Papiers d'État de Granvelle, I, 205. — (2) Guillemot, Inventaire général de
l'histoire d'Espagne, in-f°, 1628, Paris (p. 1048). — (3) Favyn, Hist. de Navarre, Paris, 1612, in-f° (liv. XII, p. 674). — (4) Oihenart, Déclaration historique de l'injuste occupation de la Navarre, 1625 ; opuscule très rare, imprimé à Paris, 1760, dans un recueil de pièces diverses, in-18. Bibl. de Pau,
Recueil A. Z. (belles-lettres), vol. II., p. 190. — En 1628, la Chambre des
Comptes de Navarre refusa à Oihenart l'autorisation de consulter ses papiers
pour l'ouvrage plus étendu qu'il préparait. Arch. de Nay, *Pap. sueltos*,
leg. 4, carp. 34. — (5) Galland, Mém. pour l'histoire de Navarre et de Flandres, p. 22 et suiv. — (6) Schöpflin, *Diatriba de origine, fatis et successione
regni Navarræ*, in-4°, Strasbourg, 1720. (Aux Archives de Navarre, *Cortes,
literatura*, leg. 2, carp. 39.)

dition espagnole, les idées des Espagnols, au sujet du pouvoir des papes sur les rois et de la valeur des excommunications, différaient complètement de la tradition et des idées françaises. Diplomates et publicistes des deux côtés ne se sont même pas compris. Pour les contemporains de Ferdinand, et même pour leurs successeurs jusqu'au milieu du XVIII° siècle, l'autorité du Saint-Siège était indiscutable; le droit du Pape à disposer des couronnes a été longtemps admis en Espagne. Les historiens ou publicistes qui vivaient à l'époque du Roi Catholique ne paraissent avoir conçu sur ce point aucun doute. Bernaldez, Correa, Lebrija, Carvajal, mentionnent l'usurpation de la Navarre comme un acte très légitime, exécuté en vertu du pouvoir pontifical et de la sentence de Jules II (1). On sait que Ferdinand lui-même invoqua cette décision et le pouvoir du Pape sur les couronnes pour justifier sa conquête. Plus tard, aux conférences de Calais, le grand-chancelier d'Espagne s'indigne de ce qu'on ose contester ce droit : « C'est crime de sacrilège, s'écrie-t-il, « débatre et disputer la puissance du souverain prince, et n'est-il « pas vray que tous les biens des schismatiques, quels qu'ilz soient « sont confisquez comme ceulx des hérétic ques, et que le Saint-« Siège apostolique les peult transporter et appliquer à aultres » (2). La puissance du Pape, même en matière temporelle, est une espèce de dogme pour les Espagnols de ce temps. Telle était la force de cet argument que l'usurpateur lui-même chargea un de ses conseillers, Juan Lope de Palacios Rubios, docteur en droit, de le développer en détail. Cet apologiste officiel écrivait sous l'inspiration et « à la demande » de Ferdinand, en 1513, après la victoire du souverain castillan. Son ouvrage a pour but de démontrer la justice de la conquête et de l'annexion de la Navarre; il est intitulé : *De obtentionis retentionisque regni Navarræ justitia*. C'est dans ce traité, qui a le caractère très net d'une apologie officielle, qu'on peut le mieux saisir l'argumentation favorite des Espagnols. L'auteur, dans une courte préface, expose l'objet de son opuscule, les circonstances qui l'ont amené à l'écrire, et donne le plan de sa démonstration. Il commence par féliciter le Roi Catholique d'avoir entrepris cette glorieuse expédition « pour secourir l'Église en vue d'une bonne « et sainte fin », et d'avoir mis de son côté, en l'entreprenant, le bon droit et l'équité. Puis, dans la seconde partie de l'apologie, il

---

(1) Bernaldez, *Historia de los Reyes Católicos* (Chroniques de Castille, III, 748). — Correa, *Historia de la conquista de Navarra*, p. 95. — Lebrija, *De Bello Navarrico, Decades duo*, chap. 1" (*Hispania illustrata*, p. 997.) — Carvajal, *Memorial breve* (Chroniques de Castille, p. 558). — (2) Précis des conférences de Calais, p. p. Weiss. Papiers de Granvelle, I, 205.

s'efforce à démontrer, par un raisonnement très serré, comment le roi d'Espagne a pu conquérir et garder la Navarre, en vertu de la sentence du Saint-Siège. Le vicaire du Christ a le pouvoir de disposer des couronnes et des États. L'Ancien Testament montre que Dieu et ses prêtres admonestaient, déposaient, désignaient les rois : on n'a qu'à se souvenir de l'histoire de Saül et de David, d'Osias et d'Achaz, d'Athalie, de Nabuchodonosor. Depuis, le Christ lui-même, dont les papes sont les vicaires, leur a transmis cette autorité souveraine. Le Saint-Siège l'a exercée pendant le moyen-âge; les exemples abondent, et Palacios cite pêle-mêle l'histoire du roi Childéric, de Didier, de Constantin Léon, empereur, de Henri IV et de Frédéric Barberousse, d'Othon de Brunswick et de Manfred, de Pierre d'Aragon et de Ladislas de Hongrie, de Philippe le Bel, du duc de Ferrare, Borso, et du roi d'Apulie, Ferdinand. Il insiste tout particulièrement sur la bulle *Unam sanctam*, le meilleur fondement, en effet, de sa thèse. « Tous les « royaumes viennent de Dieu, dit-il, toute puissance dérive de lui « *(regna sunt à Deo, omnis potestas à Deo)*. » Le vicaire de Dieu est donc libre de disposer des couronnes et des États (1). Cette doctrine est si bien établie, que les historiens espagnols postérieurs, Zurita, Mariana, Sandoval, puis Abarca et le chanoine Salazar, admettent la légitimité des droits du Roi Catholique, fondés sur ce pouvoir du Saint-Siège. Les rois de Navarre eux-mêmes ne protestent pas contre la théorie théocratique, en paraissent avoir admis la souveraineté temporelle du Pape. C'est au souverain pontife qu'ils avaient fait appel lorsque l'indépendance du Béarn était menacée par Louis XII, et c'est encore à la cour de Rome qu'ils s'adressent pour obtenir la restitution de leur royaume, lorsqu'il a été conquis par Ferdinand. Ils reconnaissaient, ainsi la suzeraineté de l'Église romaine. Ce qui le prouve encore, c'est qu'ils avaient envoyé, en 1500, leur conseiller, Jean de Beaumont, prêter le serment d'obédience à Alexandre VI. Ce même serment, ils offrirent de le prêter à Léon X en 1513, en 1514, en 1515 ; ils affirmaient qu'ils « étaient tenus de lui prester obéissance pour « raison de leur royaume de Navarre et pays de Béarn ». Ils

(1) L'opuscule très rare du docteur Palacios, *De obtentionis retentionisque regni Navarræ justitia, necnon de terræ situ et antiquitate*, a été imprimé probablement en 1513; il y est question, en effet, de la soumission des cardinaux schismatiques à Léon X ; il ne porte ni lieu ni date d'impression. Il en existe un exemplaire aux Archives de Simancas, *Patron. real, Cap. con Nav.*, leg. 1, et un autre à la Bibliothèque nationale de Paris; c'est une plaquette reliée, paginée 530-584, ce qui semblerait indiquer que l'opuscule a été détaché des Œuvres complètes de Palacios; cet auteur a, en effet, beaucoup écrit. Le passage analysé de cet opuscule est la deuxième partie, pp. 537-547 et p. 566.

appelaient ces domaines « des fiefs » du Saint-Siège, et se qualifiaient eux-mêmes du nom de « vassaux du Pape » (1). En effet, les royaumes espagnols, conquis sur les musulmans, étaient considérés comme relevant de l'Église romaine, et les rois de Castille, comme ceux de Navarre, depuis le règne d'Alphonse III, c'est-à-dire depuis le X⁰ siècle, prêtaient hommage au souverain pontife. En se plaçant au point de vue de la doctrine théocratique, admise dans l'Espagne du XVI⁰ siècle, et surtout en considérant ce fait spécial, que la Navarre était regardée comme un fief du Saint-Siège, le Pape pouvait priver la dynastie d'Albret de la couronne et l'attribuer au roi d'Aragon pour crime de félonie, c'est-à-dire de schisme ou d'hérésie.

<small>V.
De la valeur juridique de l'excommunication lancée contre les rois de Navarre. Les rois de Navarre pouvaient-ils être excommuniés comme schismatiques ?</small>

Ce premier point de droit examiné, il s'agit de savoir si les rois de Navarre avaient réellement commis ce crime d'hérésie qui motivait la spoliation aux yeux des Espagnols, et s'ils avaient bien mérité l'excommunication lancée contre eux. En effet, pour que l'anathème pût être prononcé et pour qu'il fût suivi d'un effet légitime, il fallait que la cause qui l'avait provoqué fût elle-même équitable et juste. Il est difficile d'admettre, d'abord, que Jean d'Albret, jusqu'à la conclusion du traité de Blois, ait pu être qualifié du nom de prince schismatique. Il a été démontré que la première bulle promulguée contre lui est postérieure de trois jours au traité. Ferdinand lui-même, dans sa lettre du 20 juillet, et dans son ultimatum du 31, n'accuse pas formellement le roi de Navarre d'avoir adhéré au schisme ; il se borne à lui reprocher d'être devenu l'allié du roi de France schismatique, et lui rappelle qu'il s'expose à encourir les mêmes peines que Louis XII. Il se garde bien d'alléguer le schisme de Jean d'Albret pour envahir son royaume ; il n'invoque que la nécessité où il se trouve de s'assurer de ce royaume pour faciliter l'invasion de la Guienne. En effet, il est impossible de prouver, ce que démontrèrent d'ailleurs les souverains détrônés, que les rois de Navarre fussent schismatiques *avant* leur alliance avec Louis XII, et même qu'ils pussent être accusés du crime de schisme *après* cette alliance. Il est certain que Jean et Catherine étaient, jusqu'à la conclusion du traité de Blois, en bonnes relations avec la cour de Rome. « Les roy et royne de Navarre, disaient-ils dans les « instructions qu'ils donnèrent au maréchal don Pedro en 1515, « n'ont jamais été schismatiques, mais tousiours ont demuré en « l'union de saincte mère Église et en icelle sont délibérés vivre « et mourir. Et quand au concille, commencé à Pise et translatté

---

(1) Mém. et instr. pour le maréchal de Navarre, envoyé en cour de Rome, 1515. Arch. des Bass.-Pyrén., E. 556.

« à Milan, jamais lesdits seigneurs roy et royne n'approuvèrent,
« ne consentirent directement ou indirectement audit concille.
« Ne se trouvera que leurs subjetz des royaume de Navarre et
« seigneurie de Béarn, où ils ont authorité suprême, soient allés
« quérir aucune expédition audit concille, mais ont eu recours
« pendant ledit concille au pape Jules, lequel a esté obéy èsdites
« terres et seigneuries, sa vie durant, comme en la cité de
« Rome » (1). Même après la signature de l'alliance de Blois,
les souverains navarrais pouvaient soutenir qu'ils n'étaient point
schismatiques. « Si l'on a alliance, disent-ils à leur envoyé, Pierre
« de Biaix, avecques un qui est schismatique, mais que l'on
« ne soit adhérent au schisme, et si l'on n'en sçait rien, pour
« ce, icelluy adhérent doit-il estre reputé schismatique ? » (2).
L'objection ne manque pas de force; Louis XII n'avait pas été
excommunié *nommément* ni déclaré schismatique au moment
où le traité du 18 juillet fut conclu. Dans la bulle du 18 juillet
1511 (bulle *Sacrosanctæ romanæ Ecclesiæ*), le concile de Pise
est excommunié, mais non le roi de France, qui est même appelé
dans cette pièce par le Pape : « notre très-cher fils en Jésus-
« Christ » (3). Après la réunion du concile de Latran, les cardinaux qui avaient adhéré à l'assemblée dissidente de Pise sont
anathématisés le 17 mai 1512, ainsi que tous leurs adhérents et
protecteurs, mais le nom de Louis XII n'est pas prononcé (4).
Lorsque ce prince a rompu ouvertement avec le Pape et ordonné
de publier les décrets du conciliabule de Milan, le 16 juin (5), le
souverain pontife attend encore près de deux mois avant de se
décider à lancer l'anathème. Le 15 août 1512, Jules II se déter-
mine à l'excommunier (6) et à le déclarer schismatique; encore
est-ce en des termes si ambigus qu'on a pu soutenir que le roi
de France n'avait jamais été excommunié (7). Les publicistes
français n'ont pas manqué de remarquer que Léon X admit, en

---

(1) Mém. et instr. pour le maréchal de Navarre, déc. 1515. Arch. des Bass.-Pyrén., E. 556; copie, coll. Doat, t. CCXXX, f° 299. — (2) Mém. et raisons pour être alléguées par le licencié Biaix, 1516. Arch. des Bass.-Pyrén., E. 556; copie, coll. Doat, 232, f° 105. — (3) Bulle *Sacrosanctæ romanæ ecclesiæ*, 18 juillet 1511; texte dans le *Magnum Bullarium romanum*, t. I", p. 507 (édition de Luxembourg). Sont excommuniés tous les adhérents du schisme, tous ceux qui lui prêtent obéissance : « *omnes adhærentes, obedientiam, consilium, auxilium vel favorem præstantes* ». — (4) Bulle *Cum inchoatam hujus sacri Lateranensis concilii celebrationem*, 17 mai 1512; *ibid.*, t. I", p. 525 (édition de Luxembourg). — (5) Lettres patentes de Louis XII ordonnant la publication des décrets du concile de Pise, 16 juin 1512. Arch. de la Haute-Garonne (Édits et lettres patentes, reg. 2, f° 268). — (6) Schœpflin, opus cit., fait cette remarque (p. 35, chap. III). — (7) C'est ce que soutient Marichalar, *Historia de la legislacion de España*, t. VIII, pp. 103-106, qui a

1513, les ambassadeurs de Louis XII, et se contenta d'exiger de ce roi le désaveu du concile de Pise, mais sans l'obliger à se faire relever des censures prononcées par le Pape précédent (1). Comment, dès lors, les rois de Navarre eussent-ils pu encourir l'anathème, alors que le principal fauteur du schisme y avait échappé? Comment eussent-ils pu être déclarés schismatiques, alors que le roi de France, dont ils étaient devenus les alliés, n'avait pas été expressément déclaré coupable de schisme? A cette argumentation, les apologistes de Ferdinand, tels que Palacios, auraient pu répondre que Louis XII, il est vrai, n'était point, au moment des traités de Blois, *expressément* nommé dans les bulles d'anathème qui avaient frappé les adhérents du concile de Pise, mais qu'il y était *implicitement* désigné. Dans la bulle *Pastor ille cœlestis,* dirigée contre les rois de Navarre, bien qu'ils n'y soient pas *nommément* mentionnés, le roi de France est clairement signalé comme le fauteur du schisme. Avant même d'avoir reçu cette bulle, Ferdinand déclarait, dans son ultimatum du 31 juillet 1512, qu'il avait eu le droit d'envahir la Navarre et qu'il serait en droit de la garder *(pudiesemos detener !a),* en vertu de l'article de la Sainte-Ligue qui autorisait les confédérés à s'emparer des domaines de tous ceux qui, en dehors de l'Italie, s'opposeraient à leurs entreprises. Il répète cette affirmation dans son manifeste de la fin du mois d'août (2). Il jugeait donc que, par le seul fait d'avoir conclu leur alliance avec Louis XII, les souverains navarrais avaient encouru le crime de schisme et les peines attachées à ce crime. Mais ses droits eussent été trop difficiles à établir et son usurpation eût paru trop violente, s'il n'eût pu alléguer l'existence de bulles d'excommunication *spécialement* dirigées contre le roi de Navarre. Aussi les apologistes espagnols essayèrent-ils pendant longtemps de démontrer surtout la valeur juridique de ces bulles. C'est au plus célèbre de tous, Palacios, que l'on peut emprunter l'exposé des preuves destinées à établir la légitimité de la conquête fondée sur la validité de l'anathème pontifical. Palacios, dans la première partie de son apologie, cherche, en effet, à démontrer que l'excommunication prononcée a été entourée de toutes les formes légales. Après avoir exposé les origines de la Sainte-Ligue, raconté les négociations poursuivies entre Jean d'Albret et Ferdinand, stigmatisé l'ingra-

essayé de discuter cette question et n'a pu la résoudre; il croit, du reste, que *la vraie* bulle qui a excommunié les rois de Navarre est la bulle *In Cœna Domini* du 1ᵉʳ mars 1511.

(1) C'est ce que rappellent Galland, opus cit., p. 22, et Schöpflin, loc. cit.
— (2) Ultimatum du 31 juillet 1512, cité au chapitre précédent. — Manifeste de Ferdinand (fin août), cité au chapitre précédent.

titude du roi de Navarre, il ajoute : « Lorsque Votre Majesté (il s'a-
« dresse au Roi Catholique) fut certaine que les rois de Navarre s'é-
« taient étroitement liés avec le roi de France et avaient conclu leur
« alliance avec lui, elle l'annonça au Pontife romain. Celui-ci, sur
« le conseil des cardinaux, avertit le roi et la reine de Navarre
« et les somma, sous les peines les plus graves, d'abandonner le
« roi de France et les autres schismatiques, d'adhérer à la cause
« de l'Église romaine et de la favoriser. » C'est évidemment une
allusion à la bulle *Pastor ille cœlestis.* « Mais ces rois, bien que
« plusieurs fois interpellés, sommés et avertis, refusèrent d'obéir ;
« bien plus, ils persistèrent dans leurs mauvais desseins, et décla-
« rèrent publiquement leur alliance avec le roi de France. Alors
« le Pape, suivant *les formes du droit*, les déclara rebelles,
« schismatiques, coupables de lèse-majesté, et les dépouilla du
« royaume de Navarre, donnant à Votre Majesté ou au pre-
« mier occupant le droit de s'en emparer. » C'est probablement
une allusion à la « bulle *Exigit contumaciam* ». L'apologiste
n'avançait rien qui fût contraire à la vérité, sauf un détail d'une
importance, il est vrai, capitale. Il affirmait hardiment ce que les
rois de Navarre nièrent toujours, à savoir que ces rois avaient
été plusieurs fois interpellés, avertis et sommés de se soumettre.
De plus, le publiciste espagnol, intéressé à brouiller les faits et les
dates, travestit et dénature complètement, dans la suite de son
exposé, la conduite des souverains dépossédés. Il semble, en
effet, placer les deux bulles qu'il mentionne antérieurement à
l'invasion et à la conquête, bien que la première n'ait été publiée
qu'un mois après l'invasion, et que la seconde soit postérieure
de plus de sept mois à la conquête. Aussitôt après avoir parlé
de l'excommunication, Palacios ajoute : « Votre Majesté, ne
« voulant pas user tout de suite de son droit, avertit encore les
« rois (de Navarre) deux fois *(iterum atque iterum)*, mais ne
« put rien en obtenir ». C'est alors qu'il raconte l'entrée du
duc d'Albe dans le royaume : « Après la prise de Pampelune
« et la conquête de la Navarre, Votre Majesté, dit l'apologiste,
« somma encore de nouveau (les princes navarrais) d'abandonner
« les schismatiques, de s'unir à l'Église, de fournir des sûretés
« pour le libre passage de l'armée ; elle offrit à ces conditions
« de rendre leur État ». Ils s'y sont refusés, ils ont persévéré
dans le schisme et encouru le châtiment qui leur a été infligé (1).
Ces prémisses une fois posées, il n'est pas difficile à Palacios, qui
a démontré, au moyen de plusieurs mensonges audacieux, la

(1) Lope de Palacios, *De obtentionis retentionisque regni Navarræ justitia*, 1ʳᵉ partie, pp. 532-535.

valeur canonique des bulles, de prouver la légitimité de l'annexion de la Navarre. Dans la deuxième partie de son apologie, il montre que les papes ont le droit de disposer des couronnes. La déchéance des souverains navarrais n'est pas une punition trop sévère pour leur crime; le schisme est l'un des attentats les plus graves qu'on puisse commettre contre l'Église. Les schismatiques ne sont pas seulement ceux qui sèment la division dans la chrétienté; ce sont encore les chrétiens qui n'observent pas les préceptes du Siège apostolique et ne le secourent pas contre ses ennemis. Quand l'Église est en péril, la neutralité ne saurait être permise. Le Christ n'a-t-il pas dit : « Celui qui n'est pas pour moi « est contre moi » ? Le roi et la reine de Navarre se sont refusés à aider le Saint-Siège ; ils peuvent donc être désignés sous le nom de schismatiques. De plus, ils ont fait alliance avec le roi de France, le principal fauteur du schisme ; or, les alliés des schismatiques encourent les mêmes peines que les promoteurs du schisme, et « dans le cas spécial des rois de Navarre, il y a eu une procé- « dure particulière dirigée contre ces rois, qui ont été déclarés « schismatiques et coupables de lèse-majesté ». Objectera-t-on qu'en s'alliant avec Louis XII ils avaient uniquement pour but de sauver leurs domaines, et notamment le Béarn, d'une confiscation? L'excuse n'est pas valable ; la crainte ne saurait justifier le péché, et il vaut mieux obéir à Dieu qu'aux hommes (1). Dira-t-on que le châtiment infligé aux rois de Navarre est disproportionné ? Qu'on songe, répond Palacios, que le schisme est un crime d'une gravité exceptionnelle, que les papes ont le pouvoir d'organiser contre les schismatiques des croisades, et qu'ils ont le droit de décréter contre eux la guerre, sans violer les lois de l'équité. Les schismatiques sont des criminels de lèse-majesté ; contre eux, l'Église peut se servir du glaive; elle peut les priver du trône, puisque tout pouvoir vient de Dieu et que le Pape est le vicaire de Dieu. Il est licite d'enlever la couronne à un prince qui ne défend pas l'Église, dont il est le vassal ; à plus forte raison, est-il légitime d'en priver des souverains qui se conduisent en tyrans, c'est-à-dire qui attaquent le Saint-Siège, comme les souverains navarrais (2). Remarquera-t-on que la reine de Navarre et son fils ne doivent pas supporter le poids de la rébellion de Jean d'Albret et ses suites? L'apologiste, qui a réponse pour toutes les objections, observe que la reine administrait le royaume avec son époux, qu'elle a adhéré comme

---

(1) Palacios, 3ᵉ partie, pp. 547-552. — (2) Palacios, 4ᵉ et 5ᵉ parties, pp. 552-565. Le même raisonnement est développé par Lebrija, *De Bello Navarrico, Decades duo*, chap. Iᵉʳ (p. 957, dans l'*Hispania illustrata* de Schott).

lui à l'alliance française, et qu'ayant partagé la faute, elle doit partager le châtiment. Le fils des rois de Navarre ne saurait être admis à prétendre recouvrer l'État que son père a perdu. S'il s'agissait d'une faute ordinaire, sans doute on ne saurait le rendre responsable du crime de ses parents. Mais le schisme, comme l'hérésie et l'apostasie, est un crime énorme ; les schismatiques, les personnes déclarées coupables de lèse-majesté transmettent leur tare à leurs enfants. Ceux-ci « sont infâmes et « déchus de leurs dignités comme leurs pères ». La Bible et les docteurs montrent, en effet, que le penchant au péché est héréditaire. Dieu lui-même l'atteste : « La faute des parents est punie « jusqu'à la troisième et à la quatrième génération, et les arbres « dégénérés ne pousseront jamais de profondes racines ». Ainsi, l'occupation de la Navarre est justifiée par l'excommunication que le Pape a lancée contre les rois, pour punir leur malice, leurs dols, leurs fraudes contre Dieu et l'Église, poursuivies avec obstination. Dieu a conduit le Roi Catholique à la victoire; sa main a tout dirigé, les Espagnols n'ont été que les instruments de sa volonté (1). A l'argumentation de leur adversaire et de ses légistes, les princes de Navarre répondirent toujours en niant la validité des bulles d'excommunication. On n'a pu, disent-ils, les excommunier comme schismatiques, parce qu'ils se sont alliés avec Louis XII, car, s'ils ont conclu cette alliance, c'est pour remplir leur devoir de vassaux. Ils ont eu soin de limiter leur alliance « à la garde, tuition et défense du royaume de France », et d'en excepter les affaires d'Italie (2). L'argument n'était point très probant. Les souverains navarrais en ajoutaient d'autres qui paraissent plus décisifs. « Quand il seroit ainsy que un homme « seroit schismatique, il faut savoir que le droit divin, canonic « et civil, veut que l'on n'exécute un schismatique ou autre « criminex, auparavant qu'il soit accusé, appelé et convaincu du « crime à luy imposé. » L'Écriture confirme cette assertion : « Elle nous est doctrine de non procéder contre aucun criminex « exsequendo, auparavant qu'il soit appelé ». « Item, le prince « ne le Pape n'ont puissance d'oster la deffense à aucun, comme « la deffense soit de droit de nature. Et pour ce que disent les « docteurs, la sentence baillée contre aucun, sans l'avoir cité « ne ouy, est nulle et ne vaut rien et est comme non donnée et « prononcée. Item, et qui est plus fort, jaçoit que les biens d'un

---

(1) Palacios, 6ᵉ partie, 578-584. — Lebrija, chap. II (p. 909, *Hispania illustrata)*, voit dans la spoliation le châtiment du crime de Leonor, qui, en assassinant sa sœur Blanche de Navarre, avait, en 1463, assuré la couronne à la maison de Foix. — (2) Instructions pour le maréchal de Navarre, 1515. Arch. des Bass.-Pyrén., E. 556.

« hérétique ou schismatique soient confisqués pour raison de
« hérésie ou schisma, ce nonobstant il faut que auparavant que
« l'on puisse prendre sesdits biens, il y ait *sentence déclaratoire*
« comme ledit crime d'hérésie ou autre a esté commis par iceluy
« duquel sont les biens. Item, et que soit nécessaire sentence
« déclaratoire en cas esquels *ipso facto quis incurrit pœnam*,
« ainsi le tiennent les docteurs. Item, il faut que telle déclaration
« soit faite par juge compétant, c'est assavoir par l'évesque du
« lieu ou par autre personne ecclésiastique. Item, encores que
« l'on eust commis crimes par lesquels l'on fut privé de son bien,
« et que sentence déclaratoire s'en fut ensuivie, si se pourroit
« appeler de ladite déclaration ; par quoy de dire que *propter*
« *scisma* ait esté occupé ledit royaume de Navarre n'y a fonde-
« ment ni apparence » (1). Ainsi tombent les assertions de l'apologiste Palacios ; les souverains navarrais n'ont été ni *appelés*, ni
entendus ; les formalités juridiques n'ont pas été observées, et
l'excommunication est de nulle valeur. Ajoutons que, contrairement au témoignage de la bulle *Exigit contumaciam*, il est
impossible de prouver que le monitoire du 21 juillet ait été
communiqué aux rois de Navarre, qu'on leur ait « présenté per-
« sonnellement » les lettres apostoliques, et adressé « personnel-
« lement » les « avertissements » ou sommations requises. Les
circonstances dans lesquelles la « sentence déclaratoire », c'est-
à-dire la bulle *Exigit contumaciam* elle-même, avait été
obtenue, en diminuent singulièrement l'autorité. Il n'est même
pas sûr qu'elle ait jamais été publiée en Espagne, à plus forte
raison, qu'elle ait été signifiée aux souverains navarrais. Le
soin jaloux avec lequel Ferdinand et ses successeurs tinrent
secrètes les pièces qu'ils alléguaient, s'explique peut-être par la
crainte qu'ils avaient de fournir des armes aux adversaires
de la monarchie espagnole. Ils préférèrent laisser s'établir la
fausse croyance que l'anathème avait précédé la conquête, alors
qu'il l'avait suivie et ne pouvait la justifier. Le calcul était
juste : peu à peu les Espagnols admirent de bonne foi les mensongères assertions de Palacios et la justice des droits du Roi Catholique. Mais la cour de Rome et les souverains espagnols, successeurs de Ferdinand, qui savaient sans doute mieux que le
vulgaire quelle était la valeur réelle des bulles pontificales, ne
semblent pas avoir admis aussi aisément la validité de l'excommunication, et, par suite, de la conquête. Les papes et les rois
d'Espagne ne mirent d'accord leurs scrupules et leur conscience

---

(1) Mémoires et raisons pour estre dites et alléguées par le licencié Bialz,
1516. Arch. des Bass.-Pyrén., E. 556; coll. Doat, 232, fos 105-112.

que par un artifice juridique. Les premiers, ayant des doutes sur la valeur de l'anathème, finirent par admettre les successeurs de Jean d'Albret à prêter l'obédience, sous la réserve des droits du Roi Catholique *(sine cujusque et præsertim regis Hispaniæ præjudicio)* (1). Quant aux souverains castillans, ils n'étaient guère plus sûrs de la justice de l'occupation de la Navarre, puisque, dans son testament Charles-Quint, ordonna à son fils de restituer ce royaume, et que Philippe II, dans le sien, prescrivait de faire une enquête sur la question (2). Leurs efforts pour faire accepter une compensation territoriale ou pécuniaire aux héritiers des rois spoliés, prouvent que la justice de l'excommunication resta toujours pour eux douteuse.

Plus tard, et même du vivant de l'usurpateur, on imagina d'autres prétextes pour justifier la conquête. Ces arguments, proposés après coup par des légistes ou des érudits, n'ont rien de sérieux. On peut les rappeler brièvement à titre de curiosité. L'une de ces raisons est tirée du droit naturel. Palacios et Lebrija, qui l'ont les premiers produite, soutiennent que le Roi Catholique avait le droit de demander et d'exiger le libre passage pour son armée à travers la Navarre, parce que les grandes routes ou voies doivent être communes à tous. C'est en vertu de ce droit que les Hébreux ont envahi et conquis le pays des Amorrhéens et exterminé ce peuple. De même, Annibal s'ouvrit par la force un passage à travers le pays des Ilergetes. L'histoire sacrée et profane justifient ce principe, dont Ferdinand s'est servi à l'encontre du roi de Navarre (3). Ce singulier argument est repris, un siècle et demi plus tard, par le chanoine Salazar de Mendoza (4). Ferdinand lui-même alléguait en 1513 les droits de sa femme, Germaine de Foix, héritière des prétentions du duc de Nemours (5). Il n'invoqua pas, au reste, cette raison au moment de l'annexion ; il en comprenait la mince valeur. Ces droits litigieux ne pouvaient être valables qu'autant que les tribunaux les auraient admis ; ils ne pouvaient justifier ni l'invasion ni l'usurpation, car le procès de la succession de Foix n'était point terminé lorsque la Navarre fut conquise. Dès 1512, les apologistes de l'usurpateur produisaient aussi des

---

(1) L'obédience fut acceptée par les papes à partir de la réforme qui transforma la papauté. L'un des premiers papes réformateurs, Pie IV, admit en 1560 les ambassadeurs d'Antoine de Bourbon à *prêter l'obédience*, cérémonie qui fut depuis lors souvent renouvelée, Galland, Mém. sur l'histoire de Navarre et de Flandres, chap. VIII et IX, pp. 79 à 115. — (2) Galland, *ibid.*, pp. 80 et 110-112. — (3) Palacios, opus cit., 3ᵉ partie, pp. 565-569. — Lebrija, opus cit., chap. II (pp. 908-909, *Hispania illustrata*). — (4) Salazar, *Monarquia Española* (ouvrage publié en 1770). Madrid, in-4°, t. Iᵉʳ, chap. VI, VII et VIII, p. 403 et suiv. — (5) Zurita, *Anales de Aragon*, t. VI, liv. X, chap. LXIX, f° 363.

arguments historiques. Dans un discours du licencié Villafaña aux bourgeois de Pampelune, il est question des droits que le Roi Catholique tenait de Juan II d'Aragon, son père, sur le royaume des princes d'Albret. Le même argument se retrouve dans les œuvres de Lucius Marineus Siculus (1) et dans les annalistes du XVI° et du XVII° siècle. On invoqua aussi la donation faite en 1463 par Blanche de Navarre, fille de Juan II, à Henri IV, roi de Castille. On remontait même au delà jusqu'au moyen-âge. La Navarre devait être réunie à l'Espagne, parce que jadis et jusqu'à la mort d'Alphonse le Batailleur, en 1134, elle avait fait partie du grand royaume chrétien d'Aragon. On n'oubliait pas de mentionner l'adoption de Jaime le Conquérant par le roi de Navarre, Sanche le Fort, sans réfléchir qu'en 1234 Jaime avait renoncé à ses prétentions en faveur de Thibaut de Champagne (2). La multiplicité de ces arguments prouve l'embarras que les publicistes espagnols éprouvaient à trouver un titre légitime pour justifier l'annexion. Ils n'ont, d'ailleurs, aucune importance réelle. Le seul, le vrai motif allégué par Ferdinand en 1512, et toujours mis en avant par lui jusque dans son testament et sur son lit de mort, fut l'anathème pontifical qui l'avait investi de la Navarre, au préjudice des princes d'Albret. La conscience de ce grand politique se sentait rassurée par ce prétexte : elle se contentait des apparences du bon droit. Il lui suffisait, comme le remarque Prescott, « d'avoir obtenu de la « plus haute autorité qu'il y eût au monde une sanction qui voi- « lât cette iniquité aux yeux de ses contemporains et aux siens » (3). Au fond, la conquête de Navarre avait été inspirée par la raison d'État. Ce sont les deux apologistes de Ferdinand, Palacios et Lebrija, qui nous donnent le mot de cette comédie. Le Roi Catholique convoitait, dit Lebrija, un royaume « qui fait comme l'angle « de l'Espagne » et qui, séparé de ce pays, était un danger permanent pour sa sécurité. Cet État, dit Palacios, était le « passage « dangereux » par où l'Espagne était envahie, et Dieu, dans sa justice, avait résolu de changer sa destinée (4).

(1) Discours de Villafaña dans Correa, p. 86. — L. Marineus Siculus, *De Rebus Hispaniæ*, libri IV (*Hispania illustrata*, p. 511). — (2) Ces arguments sont produits aux conférences de Calais en 1521. Précis des conférences dans les Papiers de Granvelle, p. p. Weiss, 196-205. — Voir aussi Zurita, t. VI, liv. X, chap. XCII, f° 300. — (3) Prescott, Hist. de Ferdinand et d'Isabelle, traduction Renson, IV, 148. — (4) Lebrija, opus cit. (p. 906), dit de Ferdinand qu'il répétait ce vers : *O si angulus ille, proximus accedat nostros qui fœdat Iberos*, et il ajoute : « *Verebatur ab ea parte nunquam Gallos esse quieturos* ». Palacios, 6° partie, pp. 578-584, montre que la Navarre était pour l'Espagne « *vitiosus ingressus* ».

CHAPITRE IV.

LA PREMIÈRE TENTATIVE DE RECOUVREMENT DE LA NAVARRE. L'ALLIANCE FRANCO-NAVARRAISE CONFIRMÉE ET L'EXPÉDITION DES FRANÇAIS EN NAVARRE.

(Septembre–décembre 1512.)

Les souverains détrônés ne pouvaient, malgré les bulles d'excommunication, accepter le fait accompli. Ils essayèrent, avec une patience obstinée, de recouvrer leur royaume, soit par la voie des armes, soit par celle des négociations. Pendant les neuf années qui suivirent la conquête, la dynastie d'Albret tenta trois fois de reconquérir ses États à main armée, sans y réussir, et avec l'appui de la France, se crut à plusieurs reprises sur le point d'en obtenir par la diplomatie la restitution pacifique. Ce fut surtout en 1512 que les princes navarrais furent plus près que jamais de recouvrer leur royaume perdu. Peu s'en fallut que la Navarre, si rapidement conquise par Ferdinand, ne fût reprise avec une facilité aussi grande par Jean d'Albret. Le roi fugitif avait cru d'abord être en mesure, dès le mois d'août, de prendre l'offensive avec le concours des Français. Mais à ce moment, l'armée française était inférieure de moitié à celle des Anglo-Espagnols. Le souverain spolié quitta le Béarn pour aller à la cour de Blois implorer les secours de Louis XII, et dissiper les soupçons que ce prince avait conçus au sujet de la rapide occupation de la Navarre (1). Le 7 septembre, il ratifia solennellement le traité d'alliance conclu par ses ambassadeurs le 18 juillet (2). En même temps, il s'efforçait d'intéresser à sa cause l'empereur Maximilien. L'envoyé navarrais, Salvador de Berio, sollicitait pour ce motif les bons offices de Marguerite d'Autriche. Mais l'Empereur, qui négociait alors un accord avec la Sainte-Ligue, se souciait peu de prendre en main les intérêts du vaincu. Il se borna à répondre « qu'il estoit fort « desplaisant du dommaige des Roy et Royne de Navarre », mais que « les choses étaient trop avant venues pour qu'il y pût don- « ner quelques bons conseils ». Il terminait sa réponse par des assurances banales de bon vouloir. « Là où nous les pourrons « ayder, disait-il, dans la préservacion de leur estat, nous nous « y emploierons de bien bon cueur » (3). Il ne fallait donc pas compter sur le versatile chef de la maison d'Autriche. En même

1.
Jean d'Albret prépare une expédition pour recouvrer la Navarre.
Désaccord entre les Anglais et les Espagnols.

---

(1) Tel est du moins le récit de Zurita, liv. X, chap. XIII, fº 299, vº. — (2) Ratification du traité de Blois par Jean d'Albret. Blois, 7 septembre (le traité du 18 juillet y est reproduit); texte dans Dumont, Corps diplomatique, IV¹, 147. — (3) Lettre de Maximilien à Marguerite. Cologne, 20 août 1512, Correspondance de Max. avec Marg., p. p. Le Glay, II, 23.

temps, Jean d'Albret entamait avec le marquis de Dorset, chef des troupes anglaises, des pourparlers secrets, que les espions de Ferdinand parvinrent à découvrir. Le marquis était à demi gagné : un projet de mariage avait été imaginé entre le général anglais et une des filles du roi de Navarre. Mais le roi d'Aragon fit échouer ce plan, en dénonçant la conduite de Dorset au roi d'Angleterre (1). Ces négociations eurent du moins pour effet d'accroître la mauvaise humeur du chef des Anglais contre les Espagnols. Déjà, dès le début du mois d'août, il s'était plaint de ce que Ferdinand avait envahi la Navarre, au lieu d'entrer en Guienne, comme il avait été convenu. Il adressait à Henri VIII des rapports défavorables sur le compte de son allié, si bien que le roi d'Espagne dut envoyer à Londres, pour se disculper, un agent secret, Martin de Ampies. Cet envoyé, de concert avec l'ambassadeur castillan, Luis Carroz, avait protesté de la part de son maître contre les insinuations du marquis, ajoutant que le Roi Catholique avait la ferme intention, après avoir occupé les défilés des Pyrénées, d'envahir la Guienne (2). Lorsque la Navarre fut soumise, le roi d'Aragon envoya au roi d'Angleterre un autre agent, Sepulveda, pour lui communiquer ses idées au sujet de l'expédition. Il demanda aussi à Dorset de joindre ses troupes à celles du duc d'Albe. Les deux armées occuperaient le Béarn (3), puis la Gascogne, bloqueraient Bayonne jusqu'à ce que la famine eût forcé cette place à se rendre, et peut-être pourrait-on entreprendre pendant l'hiver le siège de Bordeaux (4). Si la concentration se faisait aussitôt, on pourrait attaquer avant l'arrivée des troupes françaises d'Italie et des lansquenets d'Allemagne. Mais la principale préoccupation du Roi Catholique était de retenir les Anglais sur les frontières de France pour se fortifier dans sa conquête. Dorset, qui paraît avoir deviné cette arrière-pensée, demanda que les armées combinées vinssent aussitôt assiéger Bayonne, au lieu d'envahir le Béarn (5). Ferdinand feignit d'entrer dans ses vues : le légat du Pape, Bernardo de Mesa, vint à Pampelune annoncer à l'armée du duc d'Albe la nou-

---

(1) Instructions de Ferdinand pour Martin de Muxica, son envoyé extraordinaire, et Luis Carroz de Villaragut, son ambassadeur en Angleterre, octobre 1512 (résumé de ses rapports avec Dorset), traduction anglaise d'après le texte esp. des Arch. de Simancas, *Patr. real. Cap. con Inglaterra*, leg. 5, f° 141, dans les *Calendars of State papers relating to the negotiations between England and Spain*, p. p. Bergenroth, t. II, p. 64. — (2) Zurita, liv. X, chap. XI, f° 297, r° et v°. Instructions de Muxica, citées ci-dessus. — (3) L'expédition de Béarn était décidée dès le 25 août. Lettre de Ferdinand au duc d'Albe, 25 août, p. p. la duchesse d'Albe. *Documentos escogidos de su archivo*, pp. 154-157. C'était la seule qui convînt au roi d'Espagne; il ne voulait pas assiéger Bayonne. Lettre du 26 août, *ibid.*, p. 161. — (4) Instructions de Muxica. — (5) Zurita, liv. X, chap. XIV, f° 300.

velle de l'expédition. L'enthousiasme fut au comble parmi les soldats espagnols, qui disaient merveilles des richesses de la capitale du Labourd (1). La noblesse castillane quitta en foule la cour de Logroño pour se rendre à l'armée de Navarre. Les fils du duc d'Albe, ceux du comte d'Osorno et le grand-commandeur de Leon accoururent à la tête de cette brillante jeunesse (2). Le duc quitta, en effet, Pampelune le mercredi 1er septembre, et le 3, après deux jours de marche, il campait à Burguete, dans le port de Roncevaux, à peu de distance de Saint-Jean (3). Il avait laissé dans la capitale du royaume conquis une forte garnison, commandée par le connétable Louis de Beaumont. Un corps de 200 hommes, sous les ordres du capitaine Lacarra, bloquait le château d'Estella, et l'archevêque de Saragosse attendait la soumission de Tudela (4). Le général espagnol trouva la Basse-Navarre à peu près soumise. Le colonel Villalva, qui, avec 3,000 hommes, y avait été envoyé quelques jours avant, avait, en occupant le poste de Mongelos, près de Sauveterre, sur les frontières du Béarn, obligé les troupes françaises à se replier sur Mauléon. Il se proposait même d'enlever, par un coup de main sur Orthez, la reine Catherine et l'évêque de Zamora, mais le duc d'Albe s'opposa à cette pointe hardie (5). Les montagnards des vallées de Roncal, d'Aezcoa et de Salazar, à l'arrivée du général en chef, se soumirent aussitôt, et Villalva, par une sanglante exécution militaire, mit fin aux dernières résistances. Il saccagea le val de Garro, dont la population avait pris les armes, y brûla les maisons, massacra les habitants et livra les femmes à la brutalité du soldat (6). Mais le séjour prolongé du duc d'Albe en Navarre avait permis à l'armée française de se renforcer. Lorsque le chef des Castillans passa enfin les Pyrénées, il était trop tard pour tenter sérieusement une expédition en Guienne. La Palice et les troupes venues d'Italie avaient rejoint les ducs de Longueville et de Bourbon. Le marquis de Dorset envoya à Logroño le trésorier de son armée et l'ambassadeur John Stil pour représenter au roi d'Aragon l'impossibilité de cette entreprise. L'invasion de la Guienne aurait pu réussir tant que les Français avaient leurs principales forces en Lombardie. Mais il n'était plus temps, maintenant que leur armée s'était concentrée sur les frontières de Gascogne, de songer au siège de Bayonne.

(1) Correa, chap. VII, p. 95. — (2) Correa, chap. VII, pp. 96-97. Lebrija, chap. VII, p. 914, Gomecius, Vie latine de Jimenez (*Hispania illustrata*, liv. V, pp. 1062-1063). — (3) Correa, chap. VII, pp. 97-98. — Il devait y attendre la marche des Anglais. Lettre de Ferdinand au duc d'Albe, 30 août, p. p. la duchesse d'Albe. *Documentos escogidos*, p. 161. — (4) Correa, chap. VI, pp. 87-88. Lebrija, chap. VI, pp. 913-914. Zurita, liv. X, chap. XVII, f° 302, v°. — (5) Correa, chap. VI, pp. 93-95. — (6) Correa, chap. VI, pp. 91-92. Zurita, liv. X, chap. XVI, f° 302, r° et v°.

D'ailleurs, disait-il, trois mois d'inaction avaient éteint l'ardeur de ses troupes ; le mauvais temps et les maladies achevaient de les démoraliser. Il concluait en affirmant que l'entreprise était manquée et devait être ajournée après l'hiver. Vainement Ferdinand affecta-t-il d'insister, pour amener le général anglais à joindre ses forces à celles du duc d'Albe. Vainement essaya-t-il de se disculper, en alléguant qu'avant de commencer l'expédition de Guienne, il fallait s'assurer de la Navarre et du Béarn, d'où le roi de France et ses alliés auraient pu jeter 20,000 hommes sur la ligne de communication des troupes anglo-espagnoles. Dorset ne voulut rien entendre. Le roi d'Aragon prétendait que si les deux armées faisaient leur jonction, on aurait encore le temps de conquérir le Béarn et une partie de la Gascogne, d'occuper Bidache, Guiche, Dax, et de bloquer étroitement Bayonne. Les soldats français étaient découragés; une bataille heureuse suffirait à les disperser. Le marquis n'était disposé à accueillir ni cette justification, ni ces plans optimistes. Il répétait, en présence de ses intimes, que le roi d'Espagne « s'était joué de ses alliés », qu'il n'avait nul souci de la Guienne, et qu'il ne pensait qu'à garder la Navarre (1). D'ailleurs, ses troupes commençaient à se mutiner : elles brûlèrent Renteria, dans le Guipuzcoa, et pressaient leur général de se rembarquer (2). Le duc d'Albe, arrivé enfin le 19 septembre à Saint-Jean-Pied-de-Port, après avoir campé sept jours à Roncevaux, informa le marquis de Dorset qu'il allait faire une diversion contre le quartier général des Français, à Sauveterre, pour lui donner le temps de venir le rejoindre. Le rendez-vous assigné pour la jonction des deux armées était le bourg d'Hasparren, que le général espagnol fit occuper par une avant-garde de 500 lances. Trois jours suffisaient, disait-il, pour que les Anglais gagnassent par Saint-Jean-de-Luz, Urtubie et Ustaritz, le quartier général désigné. Le marquis prétendit qu'il faudrait un délai plus grand à ses troupes pour exécuter ce plan ; elles ne pouvaient, objectait-il, faire plus d'une lieue par jour (3). Pendant que les chefs des deux armées délibéraient, l'automne commençait : des pluies torrentielles, le défaut de vivres, l'état des chemins, une épidémie qui sévit parmi les chevaux de l'armée espagnole, rendaient presque impossible la jonction des alliés, et par suite l'expédition de Guienne (4). La présence de l'armée an-

(1) Analyse de ces négociations dans Zurita, liv. X, chap. XVII, f° 303. Projets de Ferdinand indiqués dans ses instructions à Muxica, p. p. Bergenroth, *Calendars*, II, 64. — (2) P. Martyr, *Opus Epistolarum*, n° 499. — (3) Récit de Zurita, source unique, *Anales de Aragon*, liv. X, chap. XVIII, f° 304. — (4) Les historiens espagnols se gardent bien de montrer que l'expédition, en présence de ces intempéries, était impossible. Voir, sur cet automne si pluvieux, le récit de Correa, chap. VII, pp. 98-99.

glaise n'était plus utile que pour garantir la conquête de Ferdinand. Les Anglais, furieux d'avoir été trompés, ne tarissaient pas de plaintes contre le roi d'Aragon. Dorset finit par déclarer que, dans un délai de vingt-cinq jours, il reprendrait la mer (1). C'était pour le roi d'Espagne un fâcheux contre-temps que le départ de ces 10,000 hommes de bonnes troupes. Aussi avait-il dépêché en Angleterre le trésorier Muxica, porteur d'un long mémoire apologétique où il essayait de justifier l'invasion de la Navarre, et où il incriminait la conduite du marquis de Dorset (2). Mais, malgré le retour de cet agent, qui avait obtenu de Henri VIII l'ordre pour les troupes anglaises de rester en Guipuzcoa, l'irritation de l'armée anglaise était devenue telle, que Ferdinand jugea prudent de lui fournir des navires et de la laisser partir vers le milieu du mois d'octobre (3). La retraite des Anglais et les armements formidables du roi de France et de Jean d'Albret placèrent les Espagnols dans une situation fort périlleuse. Le duc d'Albe, qui s'était aventuré en Basse-Navarre avec toute son artillerie et la majeure partie de ses forces, se trouvait sans communications faciles avec l'Espagne, isolé dans un pays ruiné, avec une armée affaiblie par les privations et les maladies. Les soldats en étaient réduits à se nourrir de pommes, de noix et d'autres fruits. Les Français enlevaient les convois de vivres. La pluie tombait à torrents. Les troupes, mal abritées sous des huttes de branchages, réduites à coucher sur la terre nue, étaient décimées par les épidémies (4). Malgré l'arrivée de renforts sous les ordres du grand-commandeur de Castille, Francisco de Vega, de Diego Lopez de Ayala et de Nuñez de Guzman (5), l'armée espagnole se trouvait inférieure en nombre à l'armée française, toujours grossissante. Elle comptait 1,200 hommes d'armes, 1,600 ginetes et 6,600 fantassins (6). L'artillerie, sous les ordres de Diego de Vera, était restée à Roncevaux. Le duc, craignant une surprise, la fit mettre en sûreté à Saint-Jean. Cette petite ville n'était qu'une place médiocre; le général espagnol fut obligé d'y faire de grands travaux pour la mettre à l'abri d'un coup de main. Il y fit construire des bastions en terre, des magasins de vivres, un nouveau fort pour protéger la citadelle, creuser des fossés profonds. Mais ses soldats, excédés de tant de travaux, et

---

(1) Zurita, liv. X, chap. XVIII, f° 304, v°. Lettre de Ferdinand à l'archevêque de Séville, Deza, Logroño, 12 novembre; dans Bernaldez (Chroniques de Castille, III, 761). — (2) Instructions de Muxica, p. p. Bergenroth, *Calendars*, II, 61. — (3) Lettre de Ferdinand citée plus haut, à la note 1. La date exacte de ce départ n'est pas connue. Martyr en parle dans une lettre du 23 octobre, *Opus Epistolarum*, n° 501. — (4) Récit de Correa, chap. IX, pp. 102-104. — (5) Correa, chap. VIII, pp. 99-100. — (6) Chiffres donnés par Zurita, liv. X, chap. XXIX, f° 307, r°.

ne recevant plus de solde, finirent par se mutiner. Une sédition militaire éclata dans la nuit du 24 septembre; elle ne fut apaisée qu'à grand'peine. Encore fallut-il pardonner aux rebelles et se contenter d'envoyer les plus compromis d'entre eux, un millier d'hommes environ, sous les ordres du capitaine Valdès, à la garde du col de Roncal (1). Ce ne fut qu'au prix de mille fatigues, en excitant les gentilshommes eux-mêmes à mettre la main à l'œuvre, que le duc put terminer les fortifications de Saint-Jean (2). Enfin, le départ des Anglais acheva de jeter la consternation dans l'armée espagnole, affaiblie par les maladies et harassée par les fatigues (3).

II.
Armements
des rois de France
et de Navarre.
Négociations de
St Jean-Pied-de-Port
(septembre-octobre).
Manifeste
de Jean d'Albret.

En présence de ces troupes, dont la résistance paraissait facile à vaincre, se concentraient peu à peu les forces françaises. Il avait fallu trois mois et demi pour terminer les préparatifs de l'expédition, projetée dès le 18 juillet, contre le roi d'Espagne. Aux 500 lances du duc de Longueville, à la garnison de Bayonne, forte de 5,000 hommes, étaient venus se joindre successivement les contingents béarnais, qui comprenaient 150 lances et 10,500 fantassins, puis les bandes italiennes avec 300 lances sous les ordres de La Palice (4). Les lansquenets arrivèrent plus tard. Fleuranges, « le « jeune Adventureux », M. de Montmort et le seigneur d'Arenberg, chargés de les lever dans les Marches d'Allemagne et des Ardennes, en avaient enrôlé sans peine 10,000 ; mais « ils n'avaient « voulu partir que lorsque le roi leur eût envoyé à chacun un écu « dedans leur maison ». Sept mille d'entre eux, sous les ordres du capitaine Brandeck, rejoignirent l'armée de Guienne vers la fin de septembre. Le duc de Suffolk, grand seigneur anglais du parti d'York, qu'on appelait la « Rose Blanche », en amena un autre corps, fort de 3,000 hommes, levé en Lorraine (5). Le roi de Navarre avait, de son côté, pris à son service plusieurs escadrons de cavalerie légère, composée d'Albanais ou estradiots, sous les ordres du capitaine Fontrailles (6). Il montrait une grande activité, levait, en vertu des lettres patentes du roi de France, des subsides extraordinaires en Périgord et en Limousin, pour enrôler des mercenaires, et convoquait à la guerre toute la noblesse du Béarn, du Bigorre, du Marsan et du comté de Foix (7). On n'at-

(1) Récit de Correa, chap. X, f°s 110-113. — (2) Correa, chap. XII, p. 118. — (3) Les Espagnols attribuèrent cette retraite à la trahison, et accusèrent les Anglais d'avoir reçu l'or français. Correa, chap. VIII, p. 102. Lebrija, chap. VII, pp. 914-915. P. Martyr, *Epist.*, n° 500. Mariana, chap. XXXII, pp. 595-598 (liv. XXX, *Hispania illustrata*). — (4) Chiffres donnés par Zurita, liv. X, chap. XIV, f° 300. — (5) Récit de Fleuranges. Mémoires, chap. XXXII-XXXIII (coll. Michaud, t. V, p. 32). — (6) Récit de Martin du Bellay, liv. 1er (p. 114, coll. Michaud). — (7) Convoc. du ban dans les domaines de la maison de Foix, sept. 1512. Arch. des Bass.-Pyrén., E. 554.

tendait plus, vers la fin du mois de septembre, que le chef de l'armée, le Dauphin, François, comte d'Angoulême, auquel on avait donné le commandement général ; il arriva enfin au début du mois d'octobre (1). Avant d'entrer en campagne, on fit la revue des troupes. L'armée française comptait à ce moment environ 3,000 hommes d'armes, 30,000 hommes de pied, plus de 1,500 lances de l'arrière-ban, 8 pièces d'artillerie. « C'était, dit Marillac, une « grosse compagnie » (2). L'expédition disposait donc de forces trois ou quatre fois plus nombreuses que celles du duc d'Albe. En attendant la concentration complète des troupes et le départ imminent des Anglais, les généraux français avaient entamé des pourparlers avec le chef des Espagnols (3). Celui-ci les avait acceptés, afin d'avoir le temps de se fortifier en Basse-Navarre, tandis que les chefs de l'armée française les traînaient en longueur, pour terminer en sécurité leurs préparatifs. On négocia de part et d'autre une trêve, sans y mettre la moindre sincérité. Louis XII était si peu disposé à traiter qu'il ordonnait de ne la conclure « qu'à la « seule condition qu'on restituerait à Jean d'Albret tout ce qu'on « lui avait pris dans son royaume de Navarre » (4). Il déclarait, d'ailleurs, qu'il ne « voulait à aucun prix faire la paix avec le roi « d'Aragon » (5). Ces négociations se poursuivirent jusqu'au commencement de la campagne d'automne. Elles n'empêchaient point une vive guerre d'escarmouches entre les avant-postes des deux armées. Six mille Gascons et Béarnais réunis à Sauveterre sous les ordres de La Palice, secondés par les 500 lances de ce général et surtout par la cavalerie légère, formée de 800 Albanais, faisaient des courses jusqu'aux portes de Saint-Jean, enlevant les convois et affamant les Castillans (6). La confiance revenait au camp des Français ; leurs prisonniers annonçaient au duc d'Albe que le Dauphin allait arriver avec 60,000 hommes, que ses troupes « couvriraient tout le pays, et qu'aucun Espagnol ne reviendrait « dans sa patrie » (7). Le plan de la campagne était déjà décidé, lorsque le comte d'Angoulême arriva au quartier général. Jean d'Albret avait envoyé ce plan à Louis XII par l'entremise de M. des Cars, et le roi de France lui répondait qu'il lui donnait toute liberté « pour adviser avec le duc de Longueville et les

(1) Le duc d'Angoulême partit de Blois le 7 septembre (Journal de Louise de Savoie, coll. Michaud, V, 87); mais, d'après le récit de Correa, p. 131, il ne semble pas être arrivé avant le début d'octobre. D'après ce récit, il amenait 8,000 lansquenets et 2,000 hommes de cavalerie. — (2) Marillac, Vie du connétable de Bourbon (édition Bachon, p. 142). — (3) Correa, chap. IX, p. 106. — (4) Expressions de Louis XII dans sa lettre à Jean d'Albret. Blois, 24 septembre 1512. B. N., coll. Doat, 229, f° 221. — (5) Bruit rapporté par Zurita, Anales de Aragon, liv. X, chap. XX, f° 306, r°. — (6) Récit de Correa, chap. VIII, p. 99 ; chap. XII, p. 118. — (7) Correa, chap. XIII, p. 125.

« autres capitaines ce qui serait de faire, tant pour le bien de ses
« affaires que pour celui des siennes propres ». Il lui promettait
de faire « exécuter promptement » la décision du conseil de guerre.
Enfin, il assurait son allié qu'il « désirait faire pour luy et le
« recouvrement de son royaume autant qu'il voudrait faire pour
« la conservation du sien, sans y rien espargner » (1). En effet, la
concentration s'acheva bientôt. Le 24 septembre, l'aile gauche de
l'armée française, sous les ordres de La Palice, était à peu près
entièrement formée à Sauveterre; le centre, sous la direction du
duc de Longueville, se trouvait à Peyrehorade, sur l'Adour (2);
l'aile droite avec Lautrec occupait Bayonne. Le 30 septembre, le
roi de Navarre lançait, sans doute en réponse au manifeste de Ferdinand, une proclamation adressée aux sujets castillans. Il sommait les « connétable, ducs, marquis, comtes, barons, gentils-
« hommes, alcaldes, villes et domaines des royaumes de Castille »
de se souvenir qu'il était l'allié de leur roi légitime, le prince
Charles d'Autriche, et d'abandonner la cause du roi d'Aragon.
« Celui-ci, disait-il, a usurpé, tyrannisé, occupé par force notre
« royaume de Navarre, et il a pris le titre royal. Il a violé les
« traités que nous avions conclus avec lui, sans que nous lui ayions
« jamais donné motif ou occasion de nous attaquer, sans avertis-
« sement préalable, et alors que nous l'assurions de notre neutra-
« lité » (3). Ce manifeste annonçait que l'expédition ne tarderait
pas à commencer. On attendit encore quelques jours que l'armée
anglaise se fût rembarquée, et aussitôt les pourparlers de la trêve
furent rompus. L'envoyé du duc de Longueville quitta Saint-Jean,
après avoir remis au duc d'Albe un ultimatum qui lui enjoignait
d'évacuer la Navarre et de livrer son artillerie, s'il voulait obtenir
une suspension d'armes. En même temps, l'ambassadeur espagnol,
Fernan Alvarez de Tolède, majordome du duc, reçut l'ordre de
quitter le camp du Dauphin (4).

*III.
Première période
de l'expédition.
Mouvement
tournant des troupes
françaises.
Occupation du
Roncal.
Marche sur St-Jean
et Roncevaux.
(15-26 octobre.)*

La campagne devait s'ouvrir le 15 octobre (5). L'attaque principale était confiée à l'aile gauche, forte de 2,000 lansquenets,
4,000 Gascons, 1,000 hommes d'armes et 7,000 aventuriers navarrais conduits par les Gramont. Le commandement de ce corps était
confié à Jean d'Albret, qui avait pour conseiller le plus expéri-

(1) Lettre de Louis XII à Jean d'Albret, 29 septembre, Blois. B. N., coll.
Doat, 229, f° 221. — (2) Même lettre. — (3) Nous avons découvert ce manifeste
de Jean d'Albret, qui était inconnu. Il est daté de Saint-Palais, le 30 septembre
1512, intitulé : *Manifesto del rey de Navarra. San-Pelay, 30 de setiembre
1512*, texte original (en esp.). Arch. de Navarre, *papeles sueltos*, leg. 18,
carp. 2. — (4) Récit de Correa, chap. XIV, pp. 132-135. — (5) Cette date est
fixée par Zurita, chap. XXXI, f° 319 (liv. X); elle facilite mieux l'intelligence
du récit de l'expédition que celle que donne Correa (loc. cit.), et qui est le
21 octobre.

menté des capitaines français, La Palice (1). Ils devaient occuper rapidement le val de Roncal, et couper à l'armée du duc d'Albe, occupée en Basse Navarre, la retraite sur Pampelune. Le centre, placé sous les ordres du Dauphin, des ducs de Longueville et de Bourbon, s'avança de Peyrehorade vers Sauveterre et Garriz, à quelques lieues de Saint-Jean. Il comptait 8,000 à 10,000 Gascons et Béarnais, 1,500 lansquenets, 1,000 hommes d'armes et l'artillerie. Ces troupes devaient attaquer le duc d'Albe à Saint-Jean et retarder sa retraite jusqu'au moment où La Palice aurait occupé Roncevaux. La droite, sous les ordres de Lautrec, devait rester à Bayonne et observer le Guipuzcoa. Enfin, le sénéchal de Bigorre fut chargé de faire une diversion du côté de l'Aragon, dans le val de Brota, près de Jaca (2). Les circonstances semblaient assurer le succès de ce plan. La position des Espagnols en Basse-Navarre aurait dû leur attirer un désastre : le duc d'Albe, aventuré à Saint-Jean, avec 10,000 hommes à peine, pouvait y être affamé aisément et contraint de se rendre. S'il essayait de battre en retraite, il risquait d'être pris entre l'armée de La Palice et celle du Dauphin et écrasé sous des forces trois fois supérieures aux siennes. La Haute-Navarre n'était pas sûre ; déjà, à la nouvelle du départ des Anglais, un soulèvement partiel y avait éclaté. Le maréchal s'était enfui de la cour de Logroño, où on le retenait, et avait appelé aux armes les Gramontais. Les montagnards des vallées de Roncal, de Salazar, d'Isava, se déclarèrent aussitôt pour Jean d'Albret. A Estella, le château, défendu par un intrépide gouverneur, Juan Vellez, tenait encore ; les bourgeois chassèrent les troupes castillanes qui l'assiégeaient. Tafalla avait expulsé sa garnison (3). Il en fut de même des petites villes de Cabrera et de Monjardin (4). On craignit que Lumbier, Sanguesa, Olite, Miranda, Tudela ne prissent à leur tour les armes. Les alcaydes, effrayés, demandaient de tous côtés du secours au roi d'Aragon (5). La fidélité de Pampelune même était douteuse ; une partie de la population appelait de ses vœux le retour de son souverain. Ferdinand ordonna au grand-trésorier, Antonio de Fonseca, d'aller renforcer la garnison avec la jeune noblesse. Mais le général castillan ne partit que le 20 de Logroño, voulut reprendre Tafalla sur sa route, et n'arriva à Pampelune que le 25 octo-

---

(1) Correa, chap. XIII, p. 131. — (2) C'est ce qui résulte des chiffres et du récit de Correa, chap. XIII, p. 131, et des détails complémentaires donnés par Zurita, liv. X, chap. XXIX, f° 317 ; chap. XXX, f° 318. — (3) Détails fournis par la lettre de Ferdinand à Deza ; Logroño, 12 novembre ; conservée par Bernaldez (Chroniques de Castille, III, 763). — (4) Lettre de Ferdinand à Deza, 12 novembre, citée ci-dessus. — P. Martyr, lettre 501 (25 octobre). — (5) Zurita, liv. X, chap. XXX, f°s 318-319.

bre (1). Jamais le succès n'avait été plus facile et n'avait paru plus certain. Il dépendait uniquement de la rapidité du mouvement tournant confié à La Palice et à Jean d'Albret, c'est-à-dire de l'occupation du val de Roncal et de la marche des deux chefs vers Roncevaux. On avait dix jours pour s'emparer du premier passage, occuper le second, tenter un coup de main sur Pampelune avec l'appui du parti gramontais, ou tout au moins cerner dans les défilés l'armée du duc d'Albe, qui ne put gagner le col de Roncevaux que le 25 octobre. Le manque de décision et la mollesse de La Palice firent tout échouer. L'attaque des Français ne fut ni assez prompte ni assez vive. Ils mirent deux jours pour se rendre de Saint-Palais à l'entrée du val de Roncal. Là, ils rencontrèrent une bande de 500 Beaumontais sous les ordres des capitaines Miguel de Donna Maria et Ramon d'Esparça, qui leur disputèrent l'accès du port d'Ochagavia. A la tombée de la nuit, le 18, les Espagnols se replièrent ; ils envoyèrent demander des secours à la garnison de Lumbier et aux troupes de Valdès, qui occupaient le petit fort de Burgui, dans la partie centrale du col de Roncal. Le 19, les Français campaient à Ochagavia. Tandis que Jean d'Albret allait occuper les vallées de Salazar et d'Aezcoa, et s'avançait à trois lieues de Burgui, sur la route de Lumbier, au delà des Pyrénées, La Palice assaillit la petite garnison que commandait Valdès, capitaine de la garde du Roi Catholique. Elle ne comptait qu'un millier d'hommes. Mais Valdès se défendit en héros, résista deux jours à une armée quinze fois plus forte que ses troupes, blessa ou tua quatre cents hommes et se fit tuer sur la brèche (2). On avait perdu un temps précieux devant cette bicoque. Le Dauphin, François d'Angoulême, inquiet de ce retard et instruit de l'occupation de Roncal, pressa Jean d'Albret de hâter sa marche vers Pampelune et de venir occuper les issues du col de Roncevaux. Pour lui, il se faisait fort d'empêcher le duc d'Albe de quitter aussitôt Saint-Jean (3). Mais La Palice se montra l'éternel temporisateur qui avait déjà perdu le Milanais, et le roi de Navarre n'avait aucune expérience de la guerre. Le 21, après la prise de Burgui, ils se dirigèrent vers Pampelune. La ville n'avait qu'une faible garnison ; elle était dépourvue de chefs militaires, les partisans de Jean d'Albret y travaillaient la population. Il fallut trois jours aux troupes françaises pour parvenir à trois lieues de cette cité. Le

(1) C'est ce qui résulte du récit de Pierre Martyr, lettres 501 (23 octobre) et 502 (27 octobre). — (2) Le récit le plus circonstancié est celui de Zurita, liv. X, chap. XIX, f⁰ˢ 319-320 ; voir aussi ceux de Correa, chap. XIV, pp. 134-136, et de Lebrija, chap. VIII, p. 916. D'après Aleson, La Palice aurait sauvé la vie à Valdès ; mais il vaut mieux suivre l'opinion de Correa et de Zurita, qui assurent tous deux que Valdès périt. — (3) Correa, p. 136.

24 octobre, elles auraient pu encore y entrer sans difficulté ; l'historien de la conquête, Correa, en convient. Elles ne l'osèrent pas, craignant d'être prises entre l'armée du duc d'Albe et celle de Fonseca, bien que l'une et l'autre fussent encore trop éloignées pour être dangereuses. Peut-être aussi l'indiscipline des soldats, qui se dispersaient afin de piller, était-elle pour quelque chose dans leurs hésitations. La lenteur des généraux français sauva le roi d'Espagne du désastre qu'il redoutait. A la nouvelle de l'entrée de La Palice en Navarre, Ferdinand, plein d'inquiétudes, était revenu en toute hâte de Tudela à Logroño : « Il ne sait, dit Martyr, quel parti « prendre ; son esprit est troublé, il change sans cesse d'avis, il « gémit sur sa mauvaise destinée ». Il avait fallu toute l'assurance de Fonseca pour lui « donner du cœur » (1). Le bruit avait, en effet, couru un moment que les Français avaient enfermé le duc d'Albe dans les défilés des Pyrénées (2). Heureusement, Fonseca parvint à se jeter le 25 octobre dans Pampelune avec des renforts, et le duc d'Albe, grâce à la négligence des Français, réussit à gagner la capitale de la Navarre sans subir de pertes.

Pendant que l'armée de La Palice exécutait avec tant de mollesse l'opération capitale qui lui était confiée, les troupes du connétable de Bourbon et du Dauphin laissaient échapper de Saint-Jean les soldats espagnols. François d'Angoulême s'était chargé de faire une diversion de ce côté, pour permettre à Jean d'Albret d'exécuter le mouvement tournant par le port de Roncal. Il avait placé son quartier général au village de Garriz (3), d'où il annonçait au gouverneur d'Estella qu'il serait sous les murs de cette place le 1er novembre (4). Sans doute pour gagner du temps et retenir davantage en Basse-Navarre le général espagnol, il fit mettre en liberté sous caution l'évêque de Zamora, et l'envoya entamer des pourparlers avec le duc. Il y eut de part et d'autre assaut de courtoisie et échange de cadeaux (5). Mais lorsque le chef des Castillans apprit l'attaque de Roncal, il comprit le but de la diversion tentée par le Dauphin et le danger qui allait le menacer (6). Il fit évacuer, le mardi 19 octobre, le fort de Mongelos, avant-poste de Saint-Jean, en ordonnant d'y mettre le feu, et il envoya aussitôt une avant-garde, sous les ordres de Manuel de Benavides, pour occuper les ports de Roncevaux et d'Aezcoa (7). Il commit cependant l'imprudence de

---

(1) Récit de Pierre Martyr, *Opus Epistol.*, n° 501 (23 oct. 1512). — (2) Fléchier, Hist. du cardinal Ximenes, I, p. 477, d'après le récit de Gomez. — (3) Correa, chap. XV, pp. 140-145. — Zurita, *Anales de Aragon*, liv. X, chap. XXX, f° 318-319. — (4) Récit de Martyr, *Opus Epist.*, n° 502 (27 octobre). — (5) Correa, chap. XV, pp. 140-145. — (6) Le 19 octobre, Valdès avisa le duc de l'attaque des Français. Zurita, liv. X, chap. XXXI, f° 319, v°. — (7) Correa, chap. XV, pp. 140-145. — Zurita, liv. X, chap. XXXII, f° 320, v°.

laisser ses troupes, qui étaient sorties de Saint-Jean, pour recueillir la garnison de Mongelos, engager l'action contre les Français. Une bataille générale faillit en résulter (1); le duc eût été forcé de la livrer, entraîné par ses soldats. Mais les Français arrêtèrent le combat et laissèrent passer l'occasion d'écraser l'armée espagnole sous des forces triples. D'après Marillac, panégyriste du duc de Bourbon, ce fut le duc de Longueville qui, par son obstination, fit ajourner la rencontre. « Il refusa, dit-il, de
« bouger du lieu où il était, et se voulut rafraîchir et boire,
« disant qu'il ne fallait mettre l'état du roi en hazard » (2). Le duc d'Albe se hâta de se replier, heureux de se tirer de ce mauvais pas à si peu de frais. Il se retira à Saint-Jean, à la faveur de la nuit. Cette marche pénible eut lieu à travers des collines et des bois obscurs, où les soldats, effrayés, croyaient voir l'ennemi apparaître à chaque instant; on ne rentra dans la ville qu'à deux heures du matin. Le lendemain, 20 octobre, et le surlendemain, 21, le Dauphin tenta vainement de ressaisir l'occasion perdue. Il envoya un roi d'armes au duc pour le provoquer à la bataille. Mais le général castillan répondit, en homme prudent, « qu'il ne
« pouvait combattre sans l'ordre du roi son maître, et qu'il donnait
« rendez-vous prochain aux Français sur un autre terrain » (3). L'armée française s'était avancée de Garriz, qui est situé à cinq lieues de Saint-Jean, jusqu'à Hostabat, à deux lieues de là (4). Après avoir laissé échapper, le 19, l'occasion d'écraser les Espagnols, malgré l'énorme supériorité de ses forces, le Dauphin n'osa tenter une attaque contre la capitale de la Basse-Navarre. La petite cité n'avait que des murs de terre, renforcés, il est vrai, avec du bois, et protégés par la citadelle et une artillerie puissante. On n'eût probablement pu, faute de canons de siège, en forcer les portes, mais une attaque eût certainement retardé la retraite du duc d'Albe. Loin de l'essayer, François d'Angoulême, apprenant l'arrivée de La Palice sur la route de Ronceyaux à Pampelune, crut avoir assez fait et se retira vers Mauléon (5). En apprenant cette nouvelle, que lui transmirent ses espions, le général espagnol s'empressa de se replier vers Pampelune. Il laissa à Saint-Jean une forte garnison, composée de 800 fantas-

— Correa dit le mardi 21 octobre; Zurita, le mardi 19 octobre, et à bon droit; le 21 octobre, en 1512, est un jeudi, non un mardi.
(1) Correa, chap. XV, p. 145. — (2) Marillac (édit. Buchon), p. 142. — (3) Récit de Correa, pp. 145-156, chap. XIV et XV, à comparer avec le récit plus court de Martin du Bellay, liv. I", p. 114. — Mariana, liv. XXX, chap. XV, pp. 603-604, et Zurita, liv. X, chap. XXXII, f° 329, s'inspirent des récits de Correa et de Lebrija, chap. IX, pp. 916-917. — (4) Zurita, liv. X, chap. XXXII, f° 321. — (5) Correa, chap. XVI, p. 156. — Zurita, liv. X, chap. XXXII, f° 321.

sins, 200 lances, 21 pièces de canon, qui formaient toute son artillerie, avec Diego de Vera pour gouverneur, et six mois de vivres. Le 24 octobre, il commençait sa retraite (1). Le Dauphin avait commis la faute de ne pas l'entraver. La coupable négligence de La Palice et de Jean d'Albret permit au duc de l'achever. Le général castillan éprouvait de terribles angoisses; il savait que les Français occupaient la route de Pampelune. Aussi cacha-t-il avec soin à son armée la nouvelle de l'occupation de Roncal. Il fit même courir le bruit de la défaite et de la captivité du roi de Navarre. Il passa en toute hâte le port de Roncevaux, mais, arrivé au village de Burguete, sur la ligne de partage des eaux, il y apprit à une heure de la nuit, le 25 octobre, que Jean d'Albret était tout près de là avec 10,000 hommes et marchait vers Pampelune. Il s'avança avec précaution jusqu'au bourg de Larrasoaña, dans le val d'Esteribar; il y arriva le 25 au soir, au coucher du soleil. Il n'était plus qu'à un jour de marche du chef-lieu de la Navarre. Mais devant lui se dressait la chaîne abrupte qui sépare le val de la conque *(cuenca)* où s'élève la capitale navarraise. Au débouché de cette chaîne, La Palice et Jean d'Albret avaient assis leur camp. Une heureuse inspiration du duc d'Albe et l'incurie des Français sauvèrent l'armée espagnole d'un désastre. Le duc eut l'idée de tenter le passage de la sierra pendant la nuit. Favorisés par la clarté de la lune, ses soldats s'avancèrent en silence à travers un chemin étroit que dominaient de grands blocs de roche et que longeaient de sauvages ravins. Ils passèrent ainsi à deux milles à peine du camp français. Le dimanche 26 octobre, deux heures avant le lever du jour, ils firent, au bruit des trompettes, leur entrée dans Pampelune, où Fonseca leur ménagea une réception chaleureuse (2). Le duc d'Albe avait glorieusement réparé son imprudence, mais la négligence de ses adversaires l'avait mieux servi encore que ses talents. Une armée qui aurait eu le moindre service d'éclaireurs n'eût pas laissé les Espagnols s'avancer d'abord sur Larrasoaña, puis traverser la sierra, sans leur disputer le passage. Toute l'attention des Français avait été, semble-t-il, détournée du côté de Pampelune. Fonseca avait fait annoncer une sortie et publier qu'il se proposait de présenter la bataille aux ennemis. L'armée française avait attendu toute la nuit, les yeux fixés sur la ville, dans la crainte d'une surprise, et elle avait négligé de garder les cols de

---

(1) Correa, chap. XVI, pp. 156-160. — Lebrija, chap. IX, p. 917. — (2) Le meilleur récit est celui de Correa, le secrétaire du duc d'Albe, témoin oculaire de la retraite. Correa, chap. XVI, pp. 156-163. — Voir aussi Lebrija, chap. IX, p. 917. — Le récit de Zurita est très vague, liv. X, chap. XXXII, p. 321.

la montagne (1). L'incurie de La Palice et de Jean d'Albret nous est également démontrée par le récit curieux que fit à Correa un Navarrais de leur parti. Avertis dès le samedi 25, par un de leurs espions, de l'arrivée du duc d'Albe à Larrasoaña, les deux chefs remirent au dimanche matin l'occupation des défilés voisins. Le lendemain, ils furent consternés en apprenant qu'ils avaient laissé fuir par leur faute l'occasion de terminer d'un seul coup la campagne (2). Cet échec fut accompagné d'un grand nombre d'autres. La diversion tentée vers Jaca par le maréchal de Bigorre et par Louis d'Aste avec 2,500 Gascons n'avait abouti qu'au pillage du village de Torla, dans le val de Brota. Les montagnards aragonais s'en étaient vengés en égorgeant dans une embuscade un grand nombre des pillards avec leurs deux chefs (3). Le soulèvement de la Navarre fut rapidement étouffé; la principale des cités révoltées, Estella, surprise pendant la nuit par François de Beaumont, à qui quelques bourgeois avaient livré une des portes, fut mise à sac (4). Le château seul résista; mais, assiégé par des forces imposantes, il capitula le 31 octobre et fut aussitôt occupé par Hernández de Cordoue, alcayde de Los Donceles, grand seigneur que Ferdinand avait envoyé au siège de la place avec une petite armée de secours (5). Déjà, Antonio de Fonseca avait repris Tafalla; les Beaumontais réoccupèrent les petites forteresses de Monjardin et de Cabrera (6). Les villes de Sanguesa et d'Olite, dont on suspectait la fidélité, furent maintenues dans l'obéissance par leurs garnisons, dont on accrut l'effectif, et par les forces aragonaises qui se rassemblaient sur la frontière. Le duc d'Albe répartit une partie de son armée dans les places navarraises, pour prévenir une nouvelle révolte, et, avec 4,000 hommes environ, s'enferma dans Pampelune (7). Tandis que la Navarre était rapidement pacifiée, Ferdinand découvrait un complot formé entre Jean d'Albret, Louis XII et le duc de Calabre. Ce prince, nommé Fernand, avait, en 1511, pendant le séjour du roi d'Espagne à Séville, entamé des négociations secrètes avec le roi de France. Profitant de l'expédition

(1) Ce détail est mentionné par P. Martyr, *Epist.*, 504 (1er novembre). — (2) Récit de Correa, chap. XVI, pp. 164-166. — (3) Récit de Ferdinand lui-même dans sa lettre à Deza (Logroño, 12 novembre) (Bernaldez, Chroniques de Castille, III, 763); détails dans Zurita, liv. X, chap. XXXIV, fos 322-323. — (4) Correa, chap. XIV, p. 137. — *Historia de la ciudad de Estella* (Mss., coll. Oloriz), fos 743-745. — (5) Correa dit le 31 octobre; Zurita, évidemment par erreur, le samedi 30 octobre. Zurita, chap. XXXIII, fo 322. Martyr parle de cette capitulation le 1er novembre, *Episto.*, 504. — (6) Zurita, liv. X, chap. XXXII, fo 321, vo. — (7) Lettre de Ferdinand à Deza, 12 novembre, dans Bernaldez, III, 763; sur la répartition de ces garnisons, détails dans Zurita, liv. X, chap. XXXV, fo 323.

française, le duc avait tout préparé pour une évasion, disposé
des relais autour de Logroño et en Navarre. Il comptait trouver
un refuge dans le camp français, de là gagner la cour de Blois et
aller soulever le royaume de Naples, dont il avait été dépossédé
par le Roi Catholique. Son secrétaire, Felipe Copula, un gentilhomme napolitain, le commandeur Juan de l'Ordona, et deux
agents de Louis XII étaient dans la confidence de ce plan. Le
secret fut surpris par un prêtre, qui le révéla au cardinal Jimé-
nès. Avant que la fuite du duc, fixée au 25 octobre, pût s'effec-
tuer, le roi d'Espagne, averti de la conspiration, fit mettre à la
torture Copula et ses complices. On saisit chez eux la correspondance poursuivie avec le roi de France, et après les avoir forcés
à des aveux, on les condamna à être écartelés. Le duc de Calabre
fut arrêté et enfermé sous bonne garde dans la forteresse
d'Atienza, puis dans celle de Jativa (1). Ainsi avaient échoué
tour à tour tous les projets formés pour favoriser l'entreprise du
roi de Navarre.

L'insuccès de cette première tentative forçait Jean d'Albret et
ses alliés à adopter un nouveau plan, plus hasardeux et plus difficile à réaliser que le premier. Ils résolurent de faire le siège en
règle de Pampelune, bien que cette entreprise, exécutée au début
d'un hiver rigoureux, offrît beaucoup de difficultés. Mais Jean
comptait sur les sympathies d'une partie de ses sujets, et il savait
que la prise de la capitale eût amené la conquête rapide du reste
du royaume. Il fut résolu, pour diviser les forces des Espagnols,
que le Dauphin et Lautrec feraient une diversion vers le Guipuzcoa
et attaqueraient Saint-Sébastien, tandis que La Palice et le roi de
Navarre avec 20,000 hommes assiégeraient Pampelune. L'adoption de ce projet, les conseils de La Palice, les encouragements du
Dauphin dissipèrent l'abattement auquel Jean d'Albret était en
proie depuis l'échec de l'expédition précédente (2). L'armée française passa les derniers jours d'octobre et les premiers du mois de
novembre en marches et contre-marches, pour dissimuler ses
desseins et se rapprocher des Pyrénées. Elle alla d'abord se poster
à Urroz et y reçut un renfort de 1,400 hommes, conduits par
Beltran d'Armendariz, qui venaient de franchir le port de Roncevaux. Elle semblait menacer Estella, où le duc d'Albe avait jeté
une forte garnison. Puis elle se rapprocha de Pampelune et alla
camper à la Resueña, à deux lieues et demie de la ville, pour

IV.
Le premier siège
de Pampelune
et la dévastation
de la Navarre.
(Novembre 1512.)
Blocus
de Pampelune.

(1) Récit du complot du duc de Calabre, dans la lettre de Ferdinand à Deza,
12 décembre. Bernaldez, chap. CCXXVII, p. 764, et chap. CCXXXV, p. 755.
La date de ce complot peut être fixée d'après la lettre de Martyr, Epist., 504
(1er novembre). Voir aussi Zurita, chap. XXXVIII, f° 326. — (2) Correa,
chap. XVI, pp. 167-168; Lebrija, liv. Ier, chap. IX, p. 917.

revenir encore à son premier campement, mais en laissant à Huarte, à une lieue de la cité, un corps d'observation. On croyait dans l'armée castillane que ces déplacements avaient pour cause la difficulté de trouver des vivres. Il est probable aussi que les Français voulaient se tenir à proximité de Roncevaux, d'où ils recevaient leurs renforts. Tandis que les Espagnols, craignant pour Lumbier, en renforçaient la garde, un corps français cherchait à s'emparer du fort de Maya, dans le val de Baztan, pour assurer les communications avec les troupes du Dauphin (1). Enfin, vers le 1er novembre, l'armée de Jean d'Albret reçut par Roncevaux les renforts qu'elle attendait. François d'Angoulême lui envoya 6,000 lansquenets, 1,200 lances, 8 mortiers et quelques petites pièces d'artillerie (2). Alors, le plan des Français se dessina nettement. La Palice et le roi de Navarre, longeant la sierra de Sansoain, vinrent mettre le siège devant Pampelune le 3 novembre (3); il devait durer vingt-sept jours. Ils espéraient réduire la place, soit par la famine, soit par un assaut. Ils disposaient, en effet, d'environ 14,000 hommes de pied et de 1,200 hommes d'armes ou Albanais (4). Beaucoup d'aventuriers gascons et navarrais accoururent au camp; le maréchal de Navarre y conduisit ses fidèles Gramontais, et le sire d'Albret vint à Mont-de-Marsan engager la reine Catherine à se rendre auprès de son époux (5). Le 10 novembre, les derniers renforts rejoignaient l'armée assiégeante. Le duc d'Albe s'était préparé à une défense énergique. Il avait mis les principales places, Olite, Tafalla, Estella, Sanguesa, Lumbier, en mesure de se suffire à elles-mêmes. Il avait gagné le chef des Peralta, le comte de Sant-Esteban, et prévenu ainsi tout soulèvement dangereux. Il était résolu à résister jusqu'à ce que les trois armées qui s'organisaient, l'une sur les frontières de Castille, l'autre en Biscaye, la troisième en Aragon, fussent prêtes à lui porter secours (6). A Pampelune, il surveillait avec soin les bourgeois Gramontais, qui avaient promis, disait-on, de livrer une des portes aux assiégeants (7). Deux cents d'entre eux furent exilés à Logroño. Il ordonna d'éclairer toutes les maisons pendant la nuit sous peine de mort, d'allumer des feux dans les rues étroites et tortueuses de la cité, pour faciliter les

(1) Détails donnés par Zurita, liv. X, chap. XXXV, f° 323. — (2) Correa, chap. XVI, pp. 167-168. Zurita, liv. X, chap. XXXVII, f° 325. Pour les lansquenets, Correa parle de 2,000 hommes de renfort; Zurita, de 6,000 hommes. — (3) Cette date est fixée d'après Bernaldez (Chroniques de Castille, III, chap. CCXXXV, p. 754), qui assigne au siège une durée de vingt-sept jours; or, le siège fut levé le 30 novembre. — (4) Correa, chap. XVIII, pp. 170-171. Bernaldez (chap. CCXXXVII, p. 763) parle de 20,000 hommes. — (5) Détail donné par Correa, chap. XVI, p. 167. — (6) Zurita, chap. XXV et XXVI, f° 323-324. — (7) Détail donné par Zurita, chap. XXVI, f° 324.

rondes de la garnison. Il donnait fréquemment de fausses alarmes, pour éprouver la fidélité des habitants. Grâce à ces précautions, les espérances que fondaient Jean d'Albret et le maréchal de Navarre sur un soulèvement se trouvèrent anéanties (1). La ville avait de bons remparts. On en confia la garde aux meilleures troupes. Le côté le plus faible était celui qui dominait le lit de l'Arga et par lequel déjà deux fois Pampelune avait été prise. Le duc y plaça son lieutenant le plus expérimenté, Lopez de Padilla, avec l'élite de son armée. Il mit en réserve au centre de la ville les vieilles bandes du colonel Villalva. Le 5 novembre, après une légère escarmouche où quelques Français sont tués, Jean d'Albret envoie au général castillan un roi d'armes, porteur d'une lettre par laquelle « il requérait le duc d'évacuer la cité dans le délai de « trois heures, ou de sortir en rase campagne pour lui livrer ba- « taille ; sinon, il lui ferait une guerre acharnée à feu et à sang. « Il rendait Dieu juge des malheurs que causerait cette lutte ». Le duc se contenta de répondre « qu'il occupait la ville au nom du roi « son maître, qu'il ne la livrerait que sur son ordre, et qu'il don- « nerait la bataille quand il lui conviendrait ». Il somma en même temps les Français d'évacuer la Navarre, au nom de Dieu. « Ce « Dieu, disait-il, qui l'avait aidé à conquérir le royaume, et qui « l'aiderait aussi à le conserver », déciderait entre les Espagnols et leurs agresseurs (2). Alors, on tint un conseil de guerre au camp français, et on décida de donner l'assaut à Pampelune le 7 novembre (3). Le succès paraissait certain, car on comptait encore sur la révolte d'une partie de la population. Pour entraîner les lansquenets, La Palice leur avait promis le pillage de la ville. Le débonnaire Jean d'Albret y avait consenti, en faisant promettre à ces mercenaires qu'ils « éviteraient l'effusion du sang et respecteraient les églises, femmes et enfants » (4). L'assaut commença au jour indiqué ; il devait avoir lieu surtout contre la partie du rempart que longe l'Arga. Il commença par un feu meurtrier d'artillerie, auquel répondirent les canons de la place. Déjà les Français étaient parvenus jusqu'aux jardins placés au pied des murs, lorsqu'une sortie de la garnison, favorisée par le brouillard et l'opaque fumée de la poudre, les rejeta vivement sur leur camp. Cet échec détermina La Palice et Jean d'Albret à

(1) Exposé de ces mesures dans Correa, chap. XVIII, pp. 172-180, et Lebrija, liv. II, chap. II, p. 918, tous deux témoins oculaires. — (2) Récits de Correa, chap. XVIII, pp. 170-182, et de Lebrija, liv. II, chap. II, p. 918. — (3) Cette date et les suivantes sont déterminées d'une manière approximative d'après le récit de Correa, qui est le plus complet. — (4) Anecdote racontée par Pierre de Biaix, dans sa harangue d'août 1516 à Bruxelles. Coll. Doat, 231, f° 89.

se replier sur le chemin de Larrasoaña, où ils restèrent deux jours, puis les décida à transformer le siège en blocus. Puisqu'on ne pouvait prendre la ville d'assaut, il fallait en préparer la prise en affamant la garnison. Ils restèrent dans leur nouveau camp pendant quinze jours, du 8 au 23 novembre, espérant réduire la place en arrêtant les convois et les vivres, et en dévastant le pays environnant. Peut-être pensaient-ils obliger le duc d'Albe à sortir de la cité, pour hasarder en rase campagne une bataille où la supériorité du nombre assurerait l'avantage à leur armée (1). Cette méthode ne réussit pas mieux qu'une attaque de vive force, et les causes de l'échec final de l'expédition peuvent être clairement indiquées d'après le tableau que nous tracent des troupes françaises les historiens contemporains.

L'armée de Jean d'Albret était tout d'abord, malgré sa supériorité numérique, très inférieure aux soldats castillans pour la discipline et l'entente entre les chefs. Elle était formée de trop d'éléments divers pour être unie et de trop de mercenaires pour ne pas être indisciplinée. L'infanterie se composait de lansquenets au nombre de 8,000, braves au feu, mais avides, peu soucieux d'obéir et très ménagers de leurs fatigues et de leur sang. Une anecdote que raconte le Loyal Serviteur les peint sur le vif. Le bon chevalier Bayard est envoyé avec deux compagnies françaises et 800 lansquenets pour occuper le fort de Tiebas, avant-poste qui gardait la route de Castille (2). Lorsqu'il arrive devant cette petite place et veut donner l'assaut, les Allemands demandent double paie. Bayard refuse et, par un habile stratagème, s'empare de la forteresse sans leur concours. Les mercenaires osent cependant, après n'avoir en rien participé à l'action, réclamer encore la double paie. « Dites à ces coquins de lansquenets, répond Bayard, « outré de tant d'audace, que je leur ferai plutost bailler chascun « ung licol pour les pendre. J'en parlerai à Mgr de La Palice « et à leur cappitaine-général (Suffolk), mais ce sera pour les « faire casser, car ils ne valent pas putains. » L'aventure faillit tourner mal pour le bon chevalier : les lansquenets, furieux de ce langage, eurent un instant l'idée de l'assassiner (3). Telles étaient les meilleures troupes de l'expédition. Aux deux assauts de Pampelune, on ne put les faire marcher qu'en leur promettant le pillage. A côté de ces étrangers, on voyait la sauvage cavalerie des Albanais, qui combattait à la manière turque. Les Béarnais, les Gascons, les hommes d'armes français montraient

(1) Correa, chap. XVIII, pp. 183-190. — Lebrija, chap. II, p. 918. — (2) Le Loyal Serviteur ne cite pas le nom de ce château, mais ce ne peut être que celui de Tiebas, mentionné dans Zurita. *Anales*, chap. XLI, f° 329, r°. — (3) Le Loyal Serviteur, chap. LV, p. 100 (coll. Buchon).

la même avidité, la même indiscipline. Il était difficile de maintenir l'union parmi ces éléments si différents, plus difficile encore de s'en faire obéir. Un autre motif d'insuccès fut la brutalité dont usèrent les soldats de La Palice à l'égard de la Navarre envahie. Elle contrasta étrangement avec la douceur et la modération qu'avaient montrées les Espagnols, et aliéna le cœur des Navarrais à ceux qu'ils eussent volontiers accueillis en libérateurs. Le pays entier fut livré à d'effroyables dévastations. Le fertile vallon de Pampelune devint en deux jours un désert. Des chariots chargés de dépouilles s'acheminaient tous les jours par longues files vers la France (1). Jean d'Albret, Correa lui-même l'avoue, protestait en vain contre ces ravages, disant qu'on « ne le lais- « serait régner que sur des ruines ». La Palice, vieux soudard habitué aux horreurs des guerres d'Italie, restait sourd à ses plaintes et laissait le champ libre aux soldats (2). Au pillage ils joignaient d'autres méfaits, alors ordinaires parmi les armées, c'est-à-dire le viol et le sacrilège. Aux portes mêmes de Pampelune, une bande de Gascons et de lansquenets envahit les monastères de Sainte-Claire et de Sainte-Engrace. Les religieuses subirent les derniers outrages, le sanctuaire fut forcé; on enleva aux madones les robes précieuses dont elles étaient revêtues, suivant l'usage espagnol ; on racla jusqu'aux dorures des statues (3). Les profanations commises par les pillards épouvantèrent la population navarraise. Les Gascons et les Allemands, races peu dévotieuses, riaient bruyamment de ce bon Jean d'Albret, à qui il fallait trois messes par jour (4). Ils dépouillaient les églises sans le moindre scrupule. On raconta avec horreur dans le camp castillan que le bâtard d'Albret, capitaine gascon, entré dans une chapelle, avait dépouillé le prêtre de ses ornements au moment même où il célébrait la messe, et fait main basse sur le calice et la patène. Un capitaine de lansquenets, au couvent de Sainte-Engrace, s'était emparé de la custode et avait jeté sans façon à terre l'hostie consacrée. Comme une religieuse s'indignait du sacrilège : « Votre Dieu, répondait le lansquenet, « est celui des Espagnols, mais non celui des Allemands ! » Un autre de ces mercenaires avait brisé, disait-on, les portes du tabernacle et avalé par dérision une hostie consacrée. Mais aussitôt « son corps commença à enfler, et il ne tarda pas à crever « en poussant un grand cri, au milieu de ses compagnons terri- « fiés » (5). Dans ce pays dévasté et devenu hostile, la famine ne

(1) Récit de Correa, chap. XX, pp. 189-191. — (2) Correa, p. 184. — (3) Récits de Correa, chap. XIX, pp. 180-181, et de Lebrija, chap. II, p. 918. Mariana, liv. XXX, chap. XV, p. 603. Zurita, chap. XXXIX, f° 328. — (4) Mémoires de Fleuranges (coll. Michaud, t. V, p. 32). — (5) Correa, chap. XIX, pp. 180, 181, 191; Lebrija, chap. II, p. 918.

tarda pas à sévir parmi les Français. Ils avaient brûlé tous les moulins aux environs de Pampelune, pillé et incendié les villages, arraché les vignes et les arbres fruitiers. Il leur devenait difficile de vivre dans ce désert (1). « Ils gastèrent et dissipèrent tous les « biens, dit le Loyal Serviteur, dont ils eurent depuis grande « indigence, car la famine y fut si forte que beaucoup de gens « en moururent » (2). Les vivres n'arrivèrent plus que par convois venant du Béarn ou de France : les neiges commençaient à tomber; elles rendirent les communications difficiles. D'ailleurs, les garnisons castillanes les interceptaient. C'est ainsi que l'archevêque de Saragosse, posté à Sanguesa avec 700 hommes, arrêta les approvisionnements qui arrivaient par le col de Roncal, prenant en une seule fois jusqu'à 600 têtes de bétail (3). Enfin, l'armée française montrait la plus complète négligence. Occupée à piller, elle se gardait si mal que la cavalerie légère espagnole enlevait presque chaque jour les détachements isolés. La garnison de Pampelune insultait souvent les approches du camp. Le duc d'Albe pouvait communiquer librement avec le roi d'Espagne et savait qu'une armée se préparait à Puente-la-Reina pour le secourir (4). Ses espions circulaient sans difficulté parmi les assiégeants. Lorsque, le 25 novembre, les Français se disposèrent à ouvrir la brèche dans les murs de la place, le duc connut d'avance l'endroit où elle devait être pratiquée et put le fortifier à loisir (5). Il n'est même pas impossible qu'il n'eût gagné quelques capitaines. Un soldat, nommé Jehan d'Esquibar, qui servait parmi les Espagnols, raconta plus tard qu'il se trouvait une nuit, avec ses camarades, factionnaire à la porte des Cordeliers. Il vit entrer trois fois de suite plusieurs capitaines français qui se retirèrent deux heures avant le jour, et « se disoit « lors dans ladite cité, qu'il y avoit intelligence entre eux et « le duc d'Albe, qui leur avoit baillé de l'argent » (6). Telle était l'armée, désorganisée par la désunion, l'indiscipline, les excès, la misère et la faim, au moment où il lui fallait tenter le suprême effort d'où allait dépendre l'issue définitive de l'expédition.

V.
Le second siège.
Assaut
de Pampelune
et retraite
des Français.
(24-30 novembre.)

Il était temps de se décider à une action énergique. En effet, une diversion tentée par le Dauphin, Lautrec et le duc de Bourbon vers le Guipuzcoa, avait misérablement échoué. Les troupes

(1) Correa, pp. 181, 188, 191. — (2) Le Loyal Serviteur, chap. LV (édition Buchon, p. 100). — (3) Récit de Bernaldez (Chroniques de Castille, chap. CCXXXVII, pp. 763-764). — (4) P. Martyr, *Epist.*, 507. — (5) Récit de Correa, chap. XX, p. 180. — (6) Information secrète faite par les juges du sire d'Albret à Nérac contre le sieur de Puy-en-Born; déposition de Jehan d'Esquibar, teinturier, demeuré trois ans au service d'Espagne. B. N., coll. Doat, 228, f⁰⁸ 67-70.

françaises passèrent la Bidassoa, brûlèrent, après les avoir pillées, les petites villes d'Oyarzun, de Renteria, d'Irançu et d'Ernani, et tentèrent le 17 novembre d'enlever par un coup de main la place forte de Saint-Sébastien. La cité, quoique dégarnie de défenseurs, résista héroïquement. Assaillis avec furie pendant six heures, maltraités par l'artillerie, 400 hommes y tinrent tête à 14,000. Mais des secours arrivaient aux assiégés par terre et par mer. Jean d'Aragon, fils de l'archevêque de Saragosse, et Juan de la Nuça, vaillant Aragonais, se jetèrent dans la place. A la nouvelle de la marche des contingents guipuzcoans et biscayens, les Français se mirent précipitamment en retraite le 19, et perdirent leur butin, leurs bagages et un grand nombre de prisonniers (1). Cette victoire permit aux troupes de la Biscaye et du Guipuzcoa de se porter vers les cols de Maya et de Baztan, pour menacer la ligne de retraite de l'armée de Navarre. Vers la Castille, au sud, s'était rassemblée une forte armée de 8,000 hommes, sous les ordres du duc de Nagéra (2), tandis qu'à Sadava et à Sanguesa, sur la frontière d'Aragon, l'archevêque de Saragosse réunissait 7,000 hommes (3). Enfin, les cols des Pyrénées allaient bientôt devenir impraticables, quand la neige y serait accumulée. Il fallait donc profiter de l'affaiblissement de la garnison de Pampelune pour tenter un dernier assaut. On savait que l'armée du duc d'Albe avait beaucoup souffert de la disette. Elle resta pendant vingt jours sans manger de pain ; faute de moulins, elle en était réduite à manger le blé cuit, à se nourrir de fèves et de pois. Bientôt même, on dut rationner les soldats, et toutes les subsistances atteignirent à des prix exorbitants. Le camp français recevait tous les jours un grand nombre de déserteurs, désireux d'échapper à la misère. Les chevaux, qui n'avaient plus pour nourriture que des sarments pilés, périrent en foule. Le froid commençait à sévir ; on enlevait les couvertures des maisons pour en faire des brasiers. La population civile ne souffrait pas moins que l'armée ; les gens du peuple, depuis deux semaines, ne se nourrissaient plus que de graines, de fèves ou de châtaignes. La bourgeoisie commençait à murmurer, demandant ou l'arrivée d'une armée de secours, ou une capitulation. Les maladies et la faim avaient tellement sévi, qu'il fallut combler les vides de la garnison en armant les domestiques des gentilshommes (4). Les troupes étaient affaiblies, les habitants

(1) Récits de l'expédition de Guipuzcoa dans Correa, chap. XIX, p. 194. — Bernaldez, chap. 235, p. 755. — Mariana, liv. XXX, chap. XV, p. 604. — Zurita, chap. XXXVII, f° 325-326. — (2) Correa, chap. XX, p. 189. Sur l'effectif de l'armée du duc de Nagéra, voir Zurita, chap. XXXVI, f° 324, v°. — (3) Sur celui de l'armée aragonaise, Bernaldez, chap. CCXXXVII, pp. 763-764. — (4) Description de cette disette dans Correa, pp. 198-202, et Bernaldez, chap. CCXXXV, p. 754.

mécontents. Malgré les mesures de rigueur, malgré les faux bruits répandus par les Espagnols, qui représentaient Jean d'Albret comme très irrité contre ses sujets et disposé à les punir du dernier supplice, on n'était pas sans inquiétude au sujet d'un soulèvement des habitants (1). Les circonstances commandaient donc aux Français de tenter une nouvelle et décisive attaque. Ils reçurent de l'armée du Dauphin un renfort de 2,000 lansquenets et de 4 pièces de canon le 21 novembre, et aussitôt ils se rapprochèrent de Pampelune. Peu s'en fallut, dans ce mouvement, qu'ils ne rencontrassent l'armée du duc de Nagéra, qui s'était imprudemment avancée jusqu'à la sierra de Reniega, à une journée de marche de la capitale navarraise. Le duc, faute de vivres, se replia sur Puente-la-Reina, et les Français occupèrent aussitôt la forteresse de Tiebas, à l'issue de la sierra, pour observer cette armée (23 novembre) (2). Le 24, ils prenaient, après une belle résistance de la châtelaine, le château de Guendulain (3), et ils décidèrent de tenter l'assaut le lendemain. Mais, au dernier moment, un conflit s'éleva qui rendit fort douteux le succès de l'entreprise. La Palice déclara qu'il ne permettrait pas aux meilleures troupes, c'est-à-dire aux lansquenets et aux lances françaises, de se mettre à la tête des colonnes d'attaque. A ce sujet, une vive altercation eut lieu entre ce général et Jean d'Albret, que soutenait le maréchal de Navarre. Ils représentèrent vainement qu'avec sa faible garnison et sa population mécontente, Pampelune serait aisément forcée, si on faisait donner les vieilles bandes. La Palice resta inflexible. Ce furent les Gascons et les Béarnais, c'est-à-dire des troupes irrégulières, sans expérience de la guerre, qui furent chargés de combattre contre ces soldats espagnols, alors les premiers de l'Europe. Le général français promit seulement de soutenir avec les lansquenets et la gendarmerie le mouvement des colonnes d'assaut, et de former le corps de réserve qui protégerait l'action principale (4). C'est dans ces conditions défavorables que l'attaque se produisit, condamnée à ne pas aboutir. De plus, le duc d'Albe, averti secrètement du plan des Français, eut le temps de faire réparer à la hâte les remparts. Il força la population entière, hommes, femmes, enfants, à porter les terres et à creuser les fossés. Les soldats et leurs chefs eux-mêmes mirent la main à l'œuvre, et tout se trouva prêt pour recevoir vigoureusement l'assaut projeté (5). Le 24 novembre, les troupes françaises, après avoir saccagé les couvents de Sainte-Claire et de Sainte-Engrace, établirent leur camp sur le petit plateau de la Taconera, aujourd'hui la promenade favorite de

(1) Correa, chap. XX, p. 193 et suiv. — (2) Zurita, liv. X, chap. XXXIX, f° 328; chap. XLI, f° 329, v°. — (3) Aleson, t. V, f° 270. — (4) Correa, chap. XX, pp. 193-198. — (5) Correa, chap. XX, pp. 202-204.

Pampelune, alors placé en dehors du rempart. Le quartier général se trouvait aux couvents de la Merced et de Saint-François, devant lesquels campaient les lansquenets. La cavalerie se répandit tout auprès, sur les pentes et dans les petits villages de la sierra de Sansueña, dont les cimes bleuâtres dominent au sud la cité (1). Presque aussitôt après son arrivée, La Palice fait disposer les mortiers ; l'artillerie ébranle les murs de ses boulets, et les arquebusiers français, placés au sommet de la tour Saint-François, balaient de leur feu les remparts de la ville. La garnison de Pampelune se prépare au combat, et la nuit, de peur d'une révolte, le colonel Villalva parcourt les rues en tous sens. Le lendemain, 25 novembre, les Français ne purent donner l'assaut; il n'y avait pas de brèche. L'artillerie tonne encore. Elle renverse au ras de terre la muraille qui dominait les berges de l'Arga, vers la porte Saint-Nicolas. Ses boulets, bien dirigés, éventrent les murs, coupent les sacs de laine, blessent un grand nombre de soldats. Une vive escarmouche avait lieu en même temps dans les jardins qui environnaient la ville. Mais, à la faveur de la nuit, le duc d'Albe et Villalva, sans prendre un moment de repos, font réparer la brèche. Par un hasard heureux, la poudre manque aux Français le 26 novembre, et le feu des canons se ralentit. Cependant une sortie de la garnison est vivement repoussée par la cavalerie française (2). Des deux côtés, on se prépare pour le lendemain à l'action décisive. Jean d'Albret parcourt les rangs de ses soldats. Il promet une « somme de 1,000 ducats au premier qui plantera son enseigne « sur les murs ». Un grand enthousiasme règne parmi les siens, et la joyeuse humeur des Navarrais et des Gascons se donne libre carrière en paris et en bravades qui font sourire La Palice, plus capable d'apprécier les difficultés de l'entreprise. Enfin, le 27 novembre, par une claire journée d'hiver, on sonne l'assaut. Les lansquenets et la cavalerie française se postent en réserve. Les colonnes d'attaque sont formées des contingents gascons et béarnais, au nombre de 8,000 arbalétriers et arquebusiers. A leur tête marche une troupe d'élite, formée de 300 hommes d'armes à pied, qui ont juré de mourir autour du drapeau de Navarre, « à l'azur parsemé de bandes d'or ». Six mille volontaires ou montagnards portent les échelles pour escalader les murs. Le duc d'Albe était prêt à recevoir les assaillants. Il avait mis en réserve sur la Plaza Mayor le régiment des gardes, sous les ordres de son fils, le marquis de Villafranca. Aux remparts se trouvaient les vieilles bandes d'Italie et la jeune noblesse, sous la direction du

---

(1) Correa, chap. XXI, pp. 204-207. Lebrija, chap. III et IV, pp. 920-921. —
(2) Correa, chap. XXI, pp. 207-211. Lebrija, chap. IV, p. 921.

trésorier Antonio de Fonseca, du grand-commandeur de Leon, Hernando de Vega, du connétable de Navarre, Beaumont, et de Lopez de Padilla. On avait apporté sur les murs des chaudières remplies de cendres, des quartiers de rocs, des boîtes à poudre, pour les jeter sur l'ennemi (1). A une heure de l'après-midi, l'assaut commence. Les lansquenets, suivant l'usage, se mettent à genoux, font leur prière, et les trompettes sonnent l'attaque. L'artillerie ouvre l'action ; ses boulets balaient les remparts. Un pan de muraille s'écroule, et la brèche est ouverte du côté de la porte Saint-Nicolas. Béarnais et Gascons s'élancent aux cris de : « Navarre ! France ! » et une lutte corps à corps s'engage entre l'avant-garde et les Espagnols. La mêlée dura à peine une heure ; la discipline des Castillans triompha facilement de la cohue tumultueuse et désordonnée qui se précipitait au combat. Les troupes béarnaises et gasconnes se retirèrent laissant deux drapeaux aux mains de l'ennemi. Elles perdirent 118 morts, parmi lesquels 18 hommes d'armes. Il y eut un grand nombre de blessés et de prisonniers. Les Espagnols n'eurent que 6 morts et 30 blessés : parmi ces derniers figuraient Hernando de Vega, Pedro Manrique, don Juan de Castille et le colonel Villalva (2). L'action fut si peu vive que les Castillans eux-mêmes convenaient qu'elle n'avait pas été bien sérieuse (3). La responsabilité de l'insuccès retombait sur La Palice, qui avait laissé le tiers à peine de l'armée engager le combat, avait refusé de laisser donner les meilleures troupes, s'était abstenu de soutenir activement les assaillants, et n'avait même pas tenté de diversion sur un autre point des remparts, pour diviser les forces ennemies. Désolé de cet échec, qui anéantissait sa dernière espérance, Jean d'Albret tenta encore d'entraîner l'armée à une nouvelle attaque. Peu respecté des soldats, qui le jugeaient mauvais général, « jaçoit qu'il fût bon prince et fort dévotieux » (4), il en était cependant très aimé. Les lansquenets, touchés de sa douleur, lui promirent d'essayer, le lendemain 28, un autre assaut et de se mettre à l'avant-garde. Le roi de Navarre jura de leur donner toute sa fortune. Mais La Palice s'opposa nettement à ce nouvel effort. « Le roy de Navarre, dit-il, devra fortifier ses « places et attendre l'aventure que Dieu lui vouldroit envoyer ». « Il ajouta que l'armée ne pouvait rester au delà des Pyrénées tout « l'hiver, car c'eust esté grande constance au roy de France » (5).

(1) Récits de Correa, chap. XXII, pp. 211-216, et de Lebrija, chap. IV, p. 920. — (2) Correa, chap. XXI, pp. 217-220. — Lebrija, *ibid.* D'après Bernaldez, chap. CCXXXVII, pp. 763-764, 800 Français furent tués ou pris, 3 Espagnols seulement tués. — (3) C'est ce qu'atteste un ancien soldat castillan, Jehan d'Esquibar, dans sa déposition citée ci-dessus, p. 349, note 3. — (4) Expressions de Fleuranges, Mémoires (coll. Michaud, t. V, p. 32). — (5) Fleuranges, Mém. (coll. Michaud, V, 32).

Tout se borna à une démarche ridicule des lansquenets. Ils envoyèrent à l'entrée de la nuit deux capitaines et un trompette sommer le duc d'Albe de se retirer en Castille avec armes et bagages, le menaçant, en cas de refus, de monter eux-mêmes aux remparts. Le duc, le premier moment de colère passé, répondit froidement qu' « il n'avait cure de leurs menaces, qu'ils « auraient dû montrer leur valeur à l'assaut de la veille; qu'ils « étaient des traîtres et des schismatiques, puisqu'ils combattaient « en faveur des ennemis de l'Église et contre Ferdinand, le « grand-père de leur prince, Charles d'Autriche; qu'enfin il « promettait 30,000 ducats au premier d'entre eux qui, le « 29 novembre, escaladerait la muraille, et que ses soldats, quoi- « que affaiblis par la faim, sauraient encore prouver qu'ils « n'avaient pas perdu toutes leurs forces ». Cette sommation fanfaronne des bandes allemandes fut le dernier effort des assiégeants. Le découragement et la misère étaient si grands parmi eux, qu'en un seul jour, le 28, 4,000 Gascons désertèrent. La Palice se décida à la retraite, et comme les lansquenets parlaient de recommencer l'attaque, il fit saisir leurs capitaines et jura « que leur tête lui répondait de la conduite de leurs « soldats ». Puis il alla trouver au couvent de la Merced le roi Jean d'Albret, et lui déclara « qu'il refusait d'aventurer inconsi- « dérément l'armée que le roi de France lui avait confiée ». Les pluies, les neiges, le froid et la famine s'opposaient à ce que l'on continuât l'entreprise (1). Sans doute, la garnison de Pampelune était très affaiblie : le pain et le vin avaient été rationnés; en dehors des troupes chargées de la garde des remparts et qui recevaient la majeure part des vivres, les soldats étaient si exténués qu'ils pouvaient à peine se tenir debout (2). Mais le duc de Nagéra, après avoir rallié à Puente-la-Reina les troupes aragonaises (3), s'avançait avec environ 16,000 hommes et un grand convoi jusqu'à la sierra de Reniega, à une journée de Pampelune. On put voir des murs de la cité et du camp français les feux allumés au sommet de la montagne, et qui annonçaient sa marche. L'armée française, menacée par l'arrivée de ces secours, craignait aussi de voir couper sa ligne de retraite par les montagnards beaumontais, qui tenaient la campagne sous les ordres du capitaine Donnamaria (4). Ces diverses raisons l'emportèrent, et, après une vive discussion, le conseil de guerre, malgré l'avis de Jean d'Albret, opina pour la retraite (5). Elle commença le

V. Désastreuse retraite de l'armée française. (30 nov.-6 déc.)

(1) Récits de Correa, chap. XXII, pp. 220-229; chap. XXIII, pp. 230-232; et de Lebrija, chap. VI et VII, pp. 922-923. — (2) Correa, chap. XXIII, pp. 230-232. — (3) Récit de Zurita, liv. X, chap. XL, fos 328, vº, 329, rº. — (4) Zurita, liv. X, chap. XLII, fº 331, rº. — (5) Correa, chap. XXIII, p. 232.

30 novembre, d'après les uns, dans la matinée, à la faveur de la nuit, d'après les autres (1). Les assiégeants parvinrent à amener toute leur artillerie, qu'escortèrent les lansquenets. On n'abandonna que deux canons. Mais on laissa dans les couvents de Saint-François et de la Merced un grand nombre de blessés que les Espagnols recueillirent à l'hôpital royal de Pampelune. On les obligea, raconte naïvement Correa, à promettre d'abandonner la cause du roi schismatique ; ceux d'entre eux qui expiraient après l'avoir promis étaient enterrés en terre sainte, tandis que les autres étaient jetés à la fosse commune (2). Les prisonniers avouèrent que la discorde régnait au camp français, et que le 29 il n'y avait pas un morceau de pain dans toute l'armée (3). Les troupes françaises passèrent l'Arga le 1er décembre et arrivèrent bientôt à la sierra de Sansueña, semant sur leur route un grand nombre de malades et de blessés. Le même jour, l'armée de secours, commandée par le duc de Nagéra, arrivait sous les murs de Pampelune, et le duc d'Albe s'empressait de venir au couvent de la Merced conférer avec son collègue. Tout à coup, ils aperçurent l'armée de La Palice, dont on voyait la veille, du haut des remparts, les feux de bivouac étincelants au milieu de la nuit, s'avancer rapidement dans la vega de Sansueña, à une demi-lieue de la cité (4). Le 2 décembre, le général français envoyait un roi d'armes aux ducs pour leur présenter la bataille, disant que la famine seule le forçait à la retraite. « Puisque les Français « veulent se retirer, répondit le duc de Nagéra, qu'ils continuent « leur marche. Je serai heureux de leur livrer combat, mais ce « ne sera pas en Navarre; ce sera dans les plaines de Bordeaux. » Alors, les troupes françaises continuèrent leur mouvement vers les défilés des Pyrénées. Le désespoir de Jean d'Albret, si l'on en croit Correa, était navrant. Il se retournait sans cesse pour voir encore les tours et les édifices de sa capitale, où il ne devait plus rentrer. On dut lui promettre, pour calmer sa douleur, que le Dauphin tenterait en sa faveur une nouvelle expédition au printemps (5). La retraite se fit d'abord en bon ordre. On avait placé l'artillerie au centre et les lansquenets à l'arrière-garde. L'armée comptait encore 3,000 chevaux, 16,000 fantassins et 12 pièces de canon. Elle prit le chemin du val de Baztan, c'est-à-dire la route de Pampelune à Bayonne, où le Dauphin avait fait occuper la forte-

(1) La retraite, d'après Correa, commence le jour de Saint-André ; d'après Carvajal et Zurita, le 29 novembre. P. Martyr, *Epist.*, 511, dit qu'elle eut lieu pendant la nuit ; le Loyal Serviteur, en plein jour. — (2) Correa, chap. XXIII, pp. 233-235. — (3) Correa, p. 241. — (4) Correa, pp. 241-244. — Lebrija, chap. VIII et IX, pp. 924-925. — Le Loyal Serviteur, chap. LV, p. 100, coll. Buchon. — (5) Récit de Correa, pp. 244-245.

resse de Maya. Mais sa marche était fort lente; le 3 décembre, elle n'était encore qu'à trois lieues de Pampelune (1). Quelques compagnies de Béarnais qui s'étaient retirées vers Monréal furent taillées en pièces dans le val d'Aoiz par les montagnards beaumontais (2). Mais le gros des troupes n'eut pas à souffrir les premiers jours. Les soldats du duc d'Albe étaient trop affaiblis pour poursuivre les Français; le connétable de Navarre avec 1,300 lances et le colonel Villalva avec 1,500 fantassins furent seuls chargés d'appuyer les courses des bandes irrégulières qui harcelaient l'arrière-garde ennemie. Le duc de Nagéra, après avoir ravitaillé Pampelune, était revenu à Logroño le 4 décembre et y licencia son armée (3). Ce fut lorsqu'on arriva dans le val de Baztan que la marche des vaincus devint périlleuse. La famine et la misère les décimèrent. « Au repasser des Pyrénées, dit le « Loyal Serviteur, y eut de grandes pertes par le défaut de « vivres. » Un jour, le colonel-général des lansquenets, Suffolk, qui, depuis vingt-quatre heures, n'avait ni bu ni mangé, va trouver le bon chevalier Bayard : « Je vous prie, s'écrie-t-il, donnez-« moi aujourd'hui à souper, car je meurs de faim. Le bon « chevalier, qui ne s'estonna jamais de riens, respondit : Ouy, « vrayment, Monseigneur, et serez bien traicté. Puis, devant « lui, appela son maistre d'hostel, auquel il dit : Monseigneur de « Mylieu, allez devant faire haster le soupper, et que nous soyons « ayses comme dedans Paris. De laquelle parole le duc rit ung « quart d'heure, car il y avoit déjà deux jours qu'ils ne man-« geoient que pain de millet ». Un grand nombre de soldats périrent aussi de la rigueur du froid. Au milieu de la neige, ils allaient sans souliers, « car une meschante paire pour ung laquais « coustoit ung escu ». Le fer de l'ennemi ne causa pas moins de ravages. Lorsqu'on fut arrivé dans les défilés, les montagnards du Guipuzcoa, sous les ordres du sire de Gongora, et ceux de a Navarre, dirigés par Ramon d'Esparza et Miguel de Donna Maria, harcelèrent constamment l'armée. A tout moment, « à toute « heure du jour, il y avait alarme âpre et chaude » ; les lansquenets avec leur chef Suffolk, les hommes d'armes avec Bayard payèrent résolument de leur personne : « Le bon chevalier de-« meura sur la queue tant que le danger fut passé » (4). Malgré cette énergique résistance, on fit des pertes sensibles. Les montagnards avaient coupé les sentiers du val de Baztan, creusé des fosses, dissimulées par des branchages, où tombaient les hommes

(1) Correa, chap. XXIII, pp. 245-247. — Lebrija, p. 925. — (2) Détail donné par Zurita, liv. X, chap. XLII, f° 331, v°. — (3) Récit de Zurita, liv. X, chap. XLII, f° 331, r°. — (4) Récit du Loyal Serviteur, chap. LV (pp. 100-101, coll. Buchon).

et les chevaux, placé des hêtres en travers des chemins. On n'avançait que pas à pas; les attelages ayant fini par manquer, les lansquenets, moyennant quelque argent, s'attelèrent aux canons. Il fallut envoyer en avant deux mille travailleurs pour reconnaître et dégager la route avec des pics et des hoyaux. L'arrière-garde diminuait à vue d'œil; le 4 décembre, elle perdit 200 Béarnais, avec leur capitaine Coloma, et un escadron tout entier de Gascons, fort de 400 hommes, qui furent tués ou pris par Gongora et ses auxiliaires. Au débouché du val de Baztan, près de la sierra de Velate, on se heurta encore à 3,000 montagnards, qui, sous les ordres de Lopez de Ayala, occupaient l'issue de tous les ravins. Sur le flanc de la montagne, apparaissaient d'autres bandes conduites par le sire de Liçau. La cavalerie parvint à s'échapper en suivant les hauteurs. Les lansquenets, placés à l'arrière-garde, repoussèrent bravement l'ennemi et s'ouvrirent un chemin à travers les assaillants. Mais ils laissaient un millier d'hommes tués ou blessés, que l'on retrouva dans la vallée raidis par le froid ou agonisants au milieu des neiges. Ils avaient dû abandonner toute l'artillerie, que les Guipuzcoans ramenèrent à Pampelune avec les prisonniers, au bruit des acclamations de l'armée du duc d'Albe (1). Enfin, le 6 décembre, La Palice et Jean d'Albret arrivèrent sous les murs de Bayonne, « où le Dauphin, dit Correa, les reçut avec « la discrétion qui était de mise en pareille circonstance » (2). Leurs soldats étaient tellement affamés, que, d'après le Loyal Serviteur, « il en mourut tout plain », pour s'être jetés sur les aliments avec trop d'avidité (3). Ainsi se termina une expédition commencée sous les plus brillants auspices, et qui, mieux conduite, aurait dû réussir. « Ce fâcheux voyage », comme l'appelle le biographe de Bayard, avait montré l'infériorité des généraux et des troupes françaises. Plusieurs fois, les Français avaient eu l'occasion de saisir la victoire, et plusieurs fois ils l'avaient laissé échapper. Ils n'avaient su profiter ni de leur énorme supériorité de forces, ni de la retraite des Anglais, ni de l'imprudence du duc d'Albe, aventuré à Saint-Jean, ni du soulèvement partiel de la Navarre. Le siège et les deux assauts de Pampelune n'avaient pas été mieux dirigés que le mouvement tournant destiné à envelopper l'armée espagnole à Roncevaux. L'issue de la campagne semblait montrer que la Divinité même favorisait l'usurpateur : les Espagnols virent, en effet, dans cette victoire inespérée,

---

(1) Correa, chap. XXIV, pp. 249-253. — Lebrija, chap. IX, p. 926. — Fleuranges, Mém. (coll. Michaud, V, 32). — Zurita, liv. X, chap. XLII, f° 331, v°. — (2) Correa, chap. XXIV, pp. 249-253, Lebrija, chap. IX, p. 926. Le Loyal Serviteur, chap. LV, pp. 100-101. — (3) Le Loyal Serviteur, loc. cit.

une preuve nouvelle de la faveur divine (1). Jean d'Albret perdit pour toujours son royaume, et Ferdinand le Catholique profita aussitôt de son triomphe pour y asseoir solidement sa domination.

CHAPITRE VI.

GOUVERNEMENT DE FERDINAND LE CATHOLIQUE EN NAVARRE. ORGANISATION DE LA CONQUÊTE.

(1512-1516.)

Cet État, dont il avait préparé l'annexion par sa diplomatie patiente, facilité la conquête par son astuce et sa déloyauté, conservé la possession par la supériorité de ses armes, le roi d'Espagne en assura la conservation par l'énergie et la prudence de son administration. La Navarre aspirait au repos après tant de guerres civiles, il lui donna la tranquillité. Elle était jalouse de ses privilèges, il les confirma et les étendit. Elle se plaignait de la lourdeur de ses charges, il les diminua. Elle souffrait de l'animosité des partis, il s'efforça de pacifier leurs querelles. Elle était exposée à de nouvelles attaques, il y organisa fortement la défense militaire. Il montra ainsi, pour gouverner sa conquête, la même habileté qu'il avait déployée pour la préparer.

Il prit d'abord le titre officiel de roi de Navarre, et ne voulut pas permettre qu'on équivoquât sur ses droits. En vertu de l'excommunication pontificale, il s'était fait reconnaître, à la fin du mois d'août 1512, comme souverain national de ce royaume (2). Il eut soin, d'ailleurs, de respecter les formes légales ; les Fueros exigeaient que le roi prêtât serment aux Cortès avant de posséder les pouvoir légaux. Le 23 mars 1513, le lieutenant de Ferdinand réunit pour ce motif les députés navarrais à Pampelune. Il jura « à la place et au nom du roi de garder les lois, ordonnances, « usages, coutumes, franchises du royaume, en la forme où il les « possédait, sans les interpréter, si ce n'est pour l'honneur, utilité « et profit de l'État, et de les faire observer sans altération » (3). Les députés de la noblesse et du clergé, et les délégués des bonnes villes, au nombre desquelles figurait Saint-Jean-Pied-de-Port, firent serment sur la croix et les Évangiles de recevoir et prendre « pour seigneur naturel de tout le royaume de Navarre le roi

I. Gouvernement de Ferdinand en Navarre. Maintien des anciens privilèges et de l'ancienne administration.

---

(1) Correa, conclusion, p. 253 et suiv.; Lebrija, p. 926. — (2) Voir le chap. III. On voit aussi, le 4 octobre, Ferdinand prendre le titre de roi de Navarre dans l'acte de confirmation des privilèges de Tudela. Yanguas, III, 435-438. Cependant tous les historiens navarrais croient qu'il n'a pris ce titre qu'en 1513 ou même en 1515. — (3) *Juramento hecho por el visorrey à los tres Estados del reyno* (1513, 23 mars), copie inédite. Arch. de Nav., Comptos, cajon 168, n° 26.

« Ferdinand, leur souverain national », aussi bien absent que présent, et promirent de le servir, d'être pour « lui fidèles et bons « sujets, et de conserver sa personne et son État » (1). Le 12 juin 1513, Ferdinand lui-même ratifia le serment, en présence des ambassadeurs des Cortès, don Luis de Beaumont, frère Bérenguer Sanz de Berrozpe, prieur de Saint-Jean, et le conseiller Martin de Lizazu (2). On ne changea presque rien dans l'administration de la Navarre; le pays conserva son autonomie, son organisation séparée. Le roi d'Espagne se contenta, suivant l'usage ancien, de déléguer ses pouvoirs à un vice-roi, lieutenant et capitaine-général, dont les fonctions sont clairement définies dans l'acte de nomination promulgué par le souverain. Il est placé « au-dessus de tous les évê-« ques, ecclésiastiques, barons et autres personnes du royaume de « Navarre. Il a la juridiction civile et criminelle dans toute son éten-« due, et même le droit de grâce, dirige les juges et autres officiers, « peut les désigner ou nommer à son gré ». Il possède le pouvoir de concéder des privilèges et même des légitimations, de convoquer et de présider les Cortès, d'accorder des foires et marchés, d'édicter des statuts et des pragmatiques, et de « faire tous les autres actes royaux ». Le premier vice-roi fut nommé à Logroño le 17 décembre 1512. C'était un grand seigneur castillan, Hernández de Cordoba, marquis de Comares, plus connu sous le nom d'alcayde de Los Donceles (3). Pour ménager l'ombrageuse susceptibilité de ses nouveaux sujets, il modifia peu l'ancien gouvernement. Il s'engagea à ne choisir les officiers du royaume « que parmi les habitants, « originaires du pays même, et issus de père et de mère navarrais, « à ne distribuer les biens et privilèges qu'à des Navarrais » (4). Le Conseil royal, la Corte mayor, la chancellerie sont maintenus en fonctions et composés moitié de Gramontais, moitié de Beaumontais. Pour départager les voix et assurer l'impartialité des hauts fonctionnaires, Ferdinand se contenta de mettre à leur tête un régent ou président espagnol, qu'il refusa de supprimer malgré les plaintes des Cortès navarraises (5). Les juges ordinaires du

(1) *Juramento hecho por los tres Estados de Navarra*. Arch. de Nav., Cortes, sec. de ccsam., leg. 1, carp. 33; ce second document reproduit *in extenso*, sans indication de source, dans Aleson, *Anales de Navarra*, t. V, f° 277. — (2) Ratification du serment du vice-roi par Ferdinand, Valladolid, 12 juin, original (inédit). Arch. de Nav., *Comptos*, cajon 168, n° 27. — (3) Cédule de Ferdinand nommant l'alcayde de Los Donceles vice-roi de Navarre. Logroño, 17 déc. 1512, copie (inéd.). Arch. de Nav., *Cortes*, sec. de *Virreyes*, leg. 1, carp. 2. — *Recopilacion de actas de Cortes*, f° 86. — (4) Serment du vice-roi (mars 1513), cité à la note 3 de la p. 399. — (5) Ces faits sont mentionnés dans l'exposé des griefs des Cortès. *Patente original de los agravios de las Cortes de Navarra*, 30 juin 1515 (présenté à Burgos), orig. (inédit). Arch. de Nav., *Cortes, legislacion*, leg. 1, carp. 23.

royaume sont seuls autorisés à porter la verge, insigne de leur juridiction, et sont seuls investis du droit d'arrêter les Navarrais accusés. Les juges espagnols sont déchus de toute autorité en Navarre. La justice doit être rendue suivant les usages, sans exiger de gages excessifs des plaideurs ou des prisonniers. Les exécutions capitales ne peuvent avoir lieu qu'en présence du procureur fiscal. Toutes les causes civiles ou criminelles sont réservées à la Corte mayor, sauf dans le cas où le roi accordera des provisions pour les porter aussitôt devant le Conseil royal. Quant aux procès qui sont jugés en appel devant le Conseil ou la Corte mayor, l'instruction doit s'en faire cinquante jours après la sentence des premiers juges, et on y peut produire de nouvelles pièces. L'alcalde de l'armée castillane, Falcès, avait voulu emprisonner des Navarrais, Ferdinand ordonna que, dans les procès entre soldats espagnols et navarrais, on suivit toujours le fuero du demandeur, si ce dernier était habitant du royaume. Dans toutes les contestations relatives aux affaires militaires, l'alcalde de l'armée ne pourra juger qu'avec le concours d'un membre du Conseil royal ou de la Corte mayor, désigné par le vice-roi. La Chambre des Comptes conserve toute juridiction sur les affaires commerciales, sur les procès relatifs au domaine, sur la gestion des officiers de finance et des fermiers des douanes. Le Conseil royal seul est investi du droit d'examiner les grâces et privilèges concédés par le roi, et de déterminer le logement des troupes. Aucune ordonnance ou mandement royal ne peut être promulgué sans avoir été examiné par le Conseil et la Corte mayor, et revêtu du sceau de la chancellerie. Les autres fonctionnaires de l'administration politique et judiciaire sont maintenus en charge. Les gouverneurs *(merinos)*, les alcaldes des villes et bourgs, les bailes, les alguazils sont toujours choisis parmi les Navarrais. Ils gardent leur juridiction, leur droit de police, leur pouvoir de fixer le prix des denrées. Il est interdit aux capitaines castillans de nommer à leur détriment des administrateurs civils. Rien non plus n'est innové dans l'administration financière. Les trésoriers, les receveurs, les fermiers du domaine continuent à percevoir les revenus de l'État (1). A la demande des Cortès, en 1515, le Roi Catholique augmente les traitements des membres du Conseil et de la Corte mayor, des maîtres des comptes, auditeurs des finances et juges (2). Pour faciliter les

(1) Ce tableau a été tracé d'après le cahier des griefs des Cortès en 1513, suivi des réponses de Ferdinand. *Reparo de agravios que el Rey Católico dio al reino de Navarra*. Valladolid, 12 juin 1513, orig. (inédit). Arch. de Nav., Comptos, cajon 168, n° 27. — (2) *Súplica hecha por los tres Estados del reino congregados en las Cortes generales de Pamplona, para que se aumentasen las pensiones de los del real Consejo*, etc. Arch. de Nav , Comptos, cajon

échanges, il confie la surveillance de la frappe de la monnaie au vice-roi et au Conseil, qui veillent à ce qu'elle ait le titre et le poids requis, et qu'elle soit conforme au titre des pièces des hôtels de Burgos et de Saragosse. Il réserve les pensions aux habitants du royaume ; il s'engage à payer les dettes des anciens rois ; il abandonne aux Navarrais le droit de faire du bois et du charbon dans les forêts royales, de jouir des eaux du domaine, de mener paître les troupeaux dans les pâturages domaniaux. Il modère les droits de consommation et de douane, interdit aux courtiers de se faire payer une taxe quand ils ne sont pas intervenus entre vendeurs et acheteurs, réduit à deux les laissez-passer des douaniers, l'un payé au lieu de départ de la marchandise, et l'autre à sa sortie du royaume (1). Il est, malgré ces concessions, bon administrateur des biens de l'État, auxquels il ordonne de réunir toutes les propriétés et rentes confisquées sur les rebelles (2). De nombreuses remises d'impôts sont accordées, les anciennes exemptions sont confirmées (3). D'après une tradition dont on ne peut vérifier l'exactitude, après la conquête, Ferdinand avait même fait aux habitants de la Navarre une remise de toutes les taxes pendant cinq ans (4). Les libertés nationales furent respectées avec autant de soin que les libertés locales. Les Cortès sont réunies régulièrement pour voter tous les ans les subsides, contrôler le gouvernement, rédiger leurs cahiers de doléances ; elles subordonnent comme par le passé le vote de l'impôt à la réparation des griefs. Elles réservent aux Navarrais les emplois publics, à l'exception de cinq, dont le roi peut disposer (5). Elles gardent leur attitude indépendante, jusqu'au point de décider en 1515 que les cédules royales « contraires aux fueros seront obéies, mais non exécu« tées » (6). Chaque ville obtient la confirmation de ses privilèges particuliers. Pampelune, la première, s'était fait accorder par la capitulation du 24 juillet les conditions les plus avantageuses (7). Tudela, la seconde ville du royaume, n'est pas moins bien traitée,

168, n° 56 (années 1514-1515). — En 1515, les juges voient leur traitement porté à 1,000 livres carlines. *Patente original de los agravios concedidos*, 30 juin 1515. Arch. de Nav., *Cortes, sec. de legislacion*, leg. 1, carp. 23.

(1) *Patente original de los agravios concedidos* (12 juin 1513, Valladolid). Arch. de Nav., *Comptos, cajon* 168, n° 27. — (2) *Provision del Rey Católico sobre los bienes confiscados*, Valladolid, 30 mai 1513, copie. Arch. de Simancas, *Estado Navarra*, leg. 314, f° 38. (Tous ces documents sont inédits.) — (3) Voir ci-dessous, même chapitre. — (4) Cette tradition est rapportée par Traggia (art. Navarre du *Diccionario geográfico de España*, p. p. l'Académie d'histoire, t. II, p. 230). — (5) *Patente original de los agravios concedidos*, Valladolid, 12 juin 1513, cité ci-dessus, note 1. — (6) *Patente original de los agravios concedidos*, Burgos, 30 juin 1515, cité ci-dessus. — (7) Voir la capitulation de Pampelune ci-dessus, au chapitre III.

malgré sa résistance prolongée. Le 15 septembre, le Roi Catholique, prompt à oublier les offenses quand son intérêt le demandait, remerciait la cité de sa soumission tardive et l'assurait de « son « affection ». Le 4 octobre, il se rendait dans la métropole gramontaise, et jurait solennellement d'observer « ses fueros, privilèges, « exemptions, grâces et faveurs » (1). Roncal n'eut pas non plus à se plaindre de la générosité du roi d'Espagne. Le 27 septembre, Ferdinand, confirmant le traité conclu avec les montagnards de cette vallée, leur reconnaît la noblesse *(hidalguia)*, les exempte de tout impôt, leur accorde le droit de n'aller à la guerre qu'avec le souverain ou son capitaine-général, et leur octroie la jouissance des pâturages des Bardeñas (2). Les autres villes, les bourgs, les vallées sont l'objet de semblables ménagements. Partout, le vainqueur s'empressait de confirmer leurs privilèges, exemptions, coutumes particulières (3). Leurs conseils, leurs regidors conservent la justice et l'administration locales, et sont garantis contre les excès des troupes (4). Il exige du clergé la même soumission que sous les anciens rois. Il emploie ses membres aux mêmes offices et leur confie les charges importantes de l'État. Il maintient l'indépendance de la justice séculière à l'égard de la juridiction ecclésiastique ; cette dernière est exclue de la connaissance de toutes les affaires civiles (5). L'excommunication lancée contre Jean d'Albret rompit aisément les liens entre ce clergé et l'ancienne dynastie. Pour compléter cette rupture, le Roi Catholique enleva l'administration de l'évêché de Pampelune au cardinal Amanieu, frère du roi de Navarre dépossédé, et la donna à un vicaire général délégué du Pape, Paul Olivieri (6). La noblesse était divisée entre les factions beaumontaise et gramontaise. S'il rétablit les partisans de la première dans leurs biens et honneurs, il s'efforça de gagner les fauteurs de la seconde par la clémence, et de les maintenir toutes deux dans l'obéissance par l'énergie de son administration.

Le gouvernement du Roi Catholique, grâce à ce mélange de fermeté et de douceur, eut plus d'autorité que celui de la dynastie déchue. Il donna aussi au royaume une paix dont il avait rarement joui jusque-là. Il cherchait à effacer le souvenir de la

II.
La Navarre pacifiée.
Politique
de Ferdinand
à l'égard des partis navarrais.

---

(1) Confirmation des privilèges de Tudela, 4 octobre 1512, texte *in extenso* dans Yanguas, *Diccionario*, III, 465 et 435-437. — (2) Conf. de la capitulation accordée à Roncal. Logroño, 27 sept. 1512, analyse dans Yanguas, *Diccionario*, III, 279. — (3) Par exemple, confirmations des privilèges de Caseda, Larraun, Errazquin, Betelu, Aizpun, citées par Yanguas, *Diccionario*, II, 179; I, 25, 385, 201, etc. — (4) *Reparo de agravios*, Valladolid, 12 juin 1513, Arch. de Nav., *Comptos, cajon* 168, nº 27. — (5) Même document et autre intitulé : *Reparo de agravios concedidos*, 1514. Arch. de Nav., *Cortes, legislacion,* leg. 1, carp 20. — (6) Fait cité par Aleson, *Anales de Navarra,* t. V, fº 277.

conquête, en multipliant les concessions aux particuliers comme aux communautés, et à s'attacher par l'intérêt les personnages influents du pays. Inaccessible au sentiment de la vengeance comme à celui de la haine, il traita avec la même bienveillance ses alliés et ses ennemis, ne demandant aux uns et aux autres qu'un étroit dévouement. Il sut se mettre au-dessus des partis et ne pas se faire le serviteur de leurs rancunes. En 1513, il fit promettre par le vice-roi le pardon à tous ceux qui avaient soutenu la cause de Jean d'Albret l'année précédente, « bien « qu'il eût, disait-il, le droit de châtier » leur rébellion (1). Il limita le droit de confiscation aux cas d'hérésie, de lèse-majesté et de fausse-monnaie (2). Il ne se montra impitoyable que pour ceux qui persévéreraient dans leur attachement aux rois détrônés. C'est ainsi qu'il confisqua les biens du vicomte de Valderro, du sire de Jasu, du seigneur de Saint-Martin (3). Il n'exila les suspects que dans les cas graves, quand il y avait sur la frontière des mouvements menaçants. Encore, en 1515, accorda-t-il des lettres de pardon aux exilés, et promit-il de ne plus prononcer de sentence de confiscation ou d'exil, sans que l'accusé ne fût entendu (4). Les Beaumontais ne furent pas oubliés : ils recouvrèrent leurs domaines et leurs charges. Leur chef, Louis de Beaumont, est rétabli dans les dignités de connétable, de chancelier et de président du Conseil. La procédure entamée contre lui par les rois déchus est annulée, parce qu'elle avait été conduite d'une manière illégale, et Ferdinand casse les sentences d'exil et de confiscation prononcées contre son neveu (5). Il lui fait don du gouvernement de Viana (6) avec 150,000 maravédis de salaire ; il lui accorde à titre perpétuel pour lui et ses héritiers la ville de Castellon de Farjauie, en Catalogne, enlevée à Jean d'Albret ; il lui concède les impôts de la ville de Miranda. Il y joint de nombreux cadeaux en argent : 2,000 ducats de rente perpétuelle sur les douanes royales de Navarre, 200 florins d'or de revenu, 11,000

---

(1) Déclaration du vice-roi aux Cortès de Pampelune, 1513, copie. Arch. de Nav., *Cortes, sec. de guerra*, leg. 1, carp. 59. — (2) Fait mentionné par Traggia, *Diccionario geográfico-histórico de España*, t. II, p. 230. — (3) Confiscation contre le vicomte de Valderro, 1513; fait cité par Yanguas, *Diccionario*, I, 476. Protestations des Cortès de 1515 contre les confiscations prononcées au préjudice des seign. de Jasu et de Saint-Martin, *Reparo de agravios*, 30 juin 1515. Arch. de Nav., *Cortes, legislacion*, leg. 1, carp. 23. — (4) *Reparo de agravios concedidos*, 30 juin 1515, *ibid*. — (5) Lettres patentes de Ferdinand annulant la procédure faite contre Louis de Beaumont. Valladolid, 15 juin 1513. Arch. des Bass.-Pyrén., E. 554 (orig.); copie, Arch. de Nav., *Cortes, sec. de guerra*, leg. 1, carp. 60. — (6) Nomination de Louis de Beaumont comme alcayde de Viana. Arch. de Nav., *papeles sueltos*, leg. 22, carp. 38. (Valladolid, 19 août 1513.)

maravédis de rente sur l'évêché d'Almèria. Ordre est donné au marquis de Comares de veiller à ce que l'on observe tous les privilèges du comte de Lerin (1). Les partisans du connétable reçoivent la récompense de leurs services sous forme de pensions et d'offices. A l'un, Alonso Sanz de Berrozpe, on donne le cens des synagogues de la province de Tudela (2); à un autre, Christian d'Ezpeleta, le titre de gouverneur de la merindad de Sanguesa et la charge de maître d'hôtel (3); un troisième, Charles de Gongora, devient alcayde de Monréal (4). Un autre, Juan Ramirez, est investi de la charge d'alcayde de Pitillas (5). Le prêtre Miguel de Ulzurrun, qui avait peut-être trouvé ou fabriqué avec tant d'à-propos le pseudo-traité de Blois, est nommé alcalde de Pampelune (6). Juan d'Ariostegui est désigné comme receveur de Saint-Jean-Pied-de-Port. A Thibaud de Beaumont, pour « ses services et sa fidélité », le Roi Catholique accorde les rentes en nature et en argent du val d'Araquil. Il restitue leurs biens aux seigneurs de Garro; il concède 5,000 maravédis de pension annuelle à Luis d'Andosilla, maître d'hôtel du connétable; 10,000 à Bernat Cruzat, banni autrefois avec le comte de Lerin; 10,000 à Pedro d'Ariostegui, dans le val de Baztan (7). Mais il ne voulait pas se faire l'instrument des vengeances des Beaumontais contre leurs rivaux. Il chercha, au contraire, à gagner les Gramontais en les traitant avec la même bienveillance. Il avait vainement tenté de rallier à sa cause le maréchal de Navarre, don Pedro, qui avait fui de sa cour pour rejoindre les souverains vaincus. Après la retraite des Français, il ne tint pas rigueur aux cités gramontaises, qui avaient

---

(1) Privilèges divers accordés à Beaumont (don. de Castellon, 15 mars 1514; de Miranda, 16 mars et 16 août 1514; de 2,000 ducats sur les douanes, 30 juin 1514; de 200 florins d'or, 6 août 1513; de 11,000 maravédis sur Alméria, 8 février 1515; cédule expédiée à Comares, 11 mars 1514); analyse dans le *Libro gen. de la casa del Condestable de Navarra*, f°° 176-185. — (2) Privilège en faveur d'Alonso Sanz de Berrozpe, 1514. Arch. de Nav., *Comptos, cajon* 168, n° 37. — (3) Lettres patentes en faveur de Christian d'Ezpeleta (lui conférant la charge de maître d'hôtel), 1512, 30 septembre. Arch. de Nav., *Comptos, cajon* 156, n° 7. — (4) Lettres en faveur de Charles de Gongora, 1514. Arch. de Nav., *papeles sueltos*, leg. 22, carp. 37. — (5) Lettres en faveur de Ramirez, 1514. Arch. de Nav., *papeles sueltos*, leg. 22, carp. 29. — (6) Ce Miguel de Ulzurrun est mentionné dans Aleson, *Anales de Navarra*, V, f° 277, parmi les députés des Cortès de Pampelune en 1513; un autre, Miguel de Arbizu, est nommé notaire de la *Corte mayor* en 1513. Arch. de Nav., *papeles sueltos*, leg. 6, carp. 9. — (7) Lettres en faveur de Juan d'Ariostegui, 1513; de Luis de Andosilla, 1513; de Cruzat, de Pedro d'Ariostegui, etc. Arch. de Nav., *papeles sueltos*, leg. 6, carp. 10; leg. 18, carp. 6; dans la même liasse, 35 autres pièces de ce genre (carp. 6 à 42). — Lettres en faveur de Thibaut de Beaumont et des Garro. Arch. de Nav., *Comptos, cajon* 168, n°s 24-21.

gardé pendant l'invasion une attitude plus que suspecte. Avec le concours d'un des chefs gramontais, Alonso de Peralta, il ramena à l'obéissance Olite et Tafalla. Il s'empressa de recevoir à merci les chefs de la faction qui s'étaient réfugiés dans la place forte de Murillo (1). C'étaient les principaux lieutenants du maréchal rebelle, à savoir Ladron de Mauléon, le vicomte de Zolina, Martin de Goñi, Pedro de Rada. Ils promirent au délégué de Ferdinand, don Juan de Alagon, « d'être à l'avenir fidèles serviteurs et « vassaux », lui livrèrent le plus jeune fils de don Pedro, et lui ouvrirent les portes de leurs forteresses de Burgui, Salinas de Oro, Peña, San-Martin, Santa-Cara et Miranda (2). Il n'y avait aucun espoir de gagner le chef des Gramontais. Ferdinand confia ses domaines au connétable de Castille, au duc d'Alburquerque, beau-frère de l'exilé, et à Juan de Arellano. Il consentit à les nommer tuteurs du fils mineur du maréchal, auquel avait été faite donation des terres de la maison (3). Il nomma chef du parti gramontais le comte de Sant-Esteban, Alonso de Peralta, personnage de caractère souple et accommodant. En échange de la connétablie conférée à Louis de Beaumont, il lui donna le maréchalat outre le titre de marquis de Falces, avec faculté de transmettre ces dignités à ses fils (4). Dès le lendemain de la conquête, le vainqueur s'efforçait d'apaiser les rivalités des factions et d'amener un accord entre le comte de Lerin et le comte de Sant-Esteban (5). Il s'appliquait à terminer les différends des familles alliées de ces deux partis. C'est ainsi qu'en 1513 il réconcilia, au moyen d'un arbitrage, les deux maisons des Alcaldes et des Antillons de Cascante, dont les dissensions troublaient depuis longtemps cette petite cité (6). Cette impartialité ne laissait pas que de mécontenter le connétable et les Beaumontais. Ils avaient cru qu'une fois la Navarre reconquise, ils la gouverneraient à leur gré. Au lieu d'un complaisant, ils trouvaient dans le Roi Catholique un maître. Aussi Louis de Beaumont eut-il un moment l'idée d'échanger ses domaines pour des terres importantes en Castille et en Aragon. Ferdinand accueillit avec joie ce projet, et déjà il se proposait de donner à un vieillard, don Juan de Beaumont, la direction du parti beaumontais; mais

(1) Lettres de l'archevêque de Saragosse à Tudela annonçant cette capitulation (Sadava, 6 déc. 1512). Arch. de Nav., *Guerra*, leg. 1, carp. 54 et 55. — (2) Récit de Zurita, *Anales de Aragon*, liv. X, chap. XLIII, f°s 331-332. — (3) Zurita, *Anales de Aragon*, liv. X, chap. XLIII, f° 332. — (4) Zurita, liv. X, chap. XXXVI, f° 325. — (5) Zurita, chap. XLIII, f° 232. — (6) Ordre à Antonio Enriquez et à don Francisco de Beaumont de réconcilier les Antillons et les Alcaldes de Cascante. Arch. de Nav., *Cortes, seccion de extravag.*, leg. 1, carp. 6.

le connétable renonça à son projet, non sans garder sans doute rancune au souverain de ce dernier dessein (1). Le roi de Castille ne négligea pas d'effacer les traces de la guerre et de ménager les intérêts des Navarrais. Il nomma, à la demande des Cortès, une commission pour évaluer les dommages qu'avaient subis Pampelune et sa banlieue pendant les hostilités (2). La capitale de la Navarre reçut ainsi 7,000 ducats d'indemnité, et ses habitants 4,000, le tout « par pure libéralité », observait le Roi Catholique (3). En 1515, il fit répartir 5,000 livres votées par les Cortès entre les créanciers des rois fugitifs et les victimes de l'invasion (4). C'est ainsi que Mongelos reçoit 11,000 sous « jaqueses » en réparation des dégâts commis par le duc d'Albe (5); les religieux de ce bourg obtiennent 50 ducats; un bourgeois de Pampelune, Anton Daguerre, a pour sa part un don de 200 ducats pour les dommages que le siège lui a causés (6). Le Roi Catholique fait payer jusqu'à un moulin brûlé dans la vallée d'Huarte, jusqu'à cinq vaches et un bœuf enlevés au prieur de Velate (7). Il accorde de nombreuses exemptions d'impôts pour les ravages que l'invasion a produits; le val d'Orba, les cités de Pitillas et de Murillo, les montagnards de Baztan et de Vera sont exemptés des cuarteles et des alcabalas pour seize ou vingt ans (8). Enfin, toutes les dépenses de la conquête sont mises à la charge des royaumes de Castille (9).

S'il était désireux de s'attacher les Navarrais par la douceur et l'équité de son gouvernement, il ne l'était pas moins d'assurer par un ensemble de mesures d'ordre militaire la conservation de l'État qu'il venait de conquérir. Pour contenir les aspirations

III. Mesures prises par Ferdinand en vue de conserver la Navarre. Travaux de fortification. Le corps d'occupation du royaume.

(1) Zurita, liv. X, chap. LXXXII, fº 398. — (2) *Reparo de agravios concedidos por el rey Fernando*, 12 juin 1513, Valladolid. Arch. de Nav., *Comptos, cajon* 168, nº 27. — (3) Ordre de Ferdinand « *destinando 4,000 ducados anates para pagar los daños de la guerra* », Burgos, 30 juin 1515, orig. Arch. de Nav., *Cortes, seccion de guerra*, leg. 1, carp. 63. — Rôle des personnes entre lesquelles furent répartis les 4,000 ducats. Arch. de Nav., *papeles sueltos*, leg. 23, carp. 29. — (4) Répartition des 5,000 livres votées par les Cortès, 1513; des 9,000 livres votées en 1514. Arch. de Nav., *Cortes, seccion de vinculo del reyno*, leg. 1, carp. 1 et 2. — (5) Ordre de payer à Mongelos 11,000 sous jaqueses (1515). Arch. de Nav., *pap. sueltos*, leg. 23, carp. 50. — (6) Don de 50 ducats aux religieux de Mongelos, *ibid.*, leg. 23, carp. 54. Don de 200 ducats d'or à Anton Daguerre (1514). Arch. de Nav., leg. 23, carp. 38. — (7) Information sur les préjudices causés à Huarte. Arch. de Nav., leg. 23, carp. 25. — Ordre de payer une indemnité au prieur de Velate et aux bergers del Busto. Arch. de Nav., *Comptos, cajon* 168, nº 41 (1514, 2 mai). — (8) Privilèges octroyés au val d'Orba (juin 1513), à Saint-Martin de Unx, à Pitillas, à Murillo, à Baztan, a Vera (1514). Arch. de Nav., *Comptos, cajon* 177, nº 29; cajon 168, nºˢ 33, 34, 36. — (9) Ordre de Ferdinand au sujet des frais de la guerre de Navarre, Burgos, 30 juin 1515, cité ci-dessus. Arch. de Nav., *Guerra*, leg. 1, carp. 63.

de ses nouveaux sujets à l'indépendance, et prévenir un retour offensif de la dynastie d'Albret, appuyée par la France, il ne négligea aucun moyen de défense. Il établit à demeure en Navarre un corps d'occupation, composé d'excellentes troupes, appartenant à l'élite de son armée. A Pampelune, il plaça 1,500 fantassins, 200 ginetes, 100 hommes d'armes; à Sanguesa, 100 lances et 200 ginetes; à Tafalla et à Lumbier, un nombre égal de soldats; à Olite, 100 hommes (1). Le commandement de ce corps était confié à un chef expérimenté, le colonel Villalva, qui, en 1516, devait sauver par son énergie la conquête de Ferdinand. A Saint-Jean-Pied-de-Port, il mit une forte garnison sous les ordres d'un autre vétéran, Diego de Vera. D'ailleurs, il s'efforça de soumettre les soldats castillans à une stricte discipline et de rendre l'occupation peu onéreuse aux habitants du pays. Il interdit aux chefs des troupes de s'immiscer dans l'administration des villes et des bourgs, d'usurper les propriétés, d'empiéter sur la justice ordinaire, de fixer le prix des vivres. Il leur ordonna de payer exactement les provisions, les vêtements, les logements, et d'empêcher toute rapine (2). Il ne tint pas à lui que ces prescriptions ne fussent strictement observées. De grands travaux furent entrepris pour fortifier les places de la Navarre qui avaient une certaine importance stratégique. On y concentra tous les moyens de défense. On accrut les fortifications de Pampelune, la clé du royaume ; Ferdinand y fit élever sur les terrains du couvent de Santiago une nouvelle citadelle (3). Le vice-roi obligea les villages de la banlieue à envoyer des travailleurs, à apporter la chaux nécessaire aux constructions, à amener leurs chevaux, leurs chars, à fournir, toujours moyennant indemnité, les pierres et les charpentes (4). Aux environs de la ville, on conserva la petite place de Tiebas, qui gardait l'entrée de la sierra Reniega ou du Perdon, du côté de la Castille. Auprès du port de Roncal, on fortifia les châteaux de Grañon et de Monréal. Vers le Béarn, on améliora

---

(1) Renseignements dus à Zurita, liv. X, chap. XLIII, f° 332, v°. D'après le duc de Nagéra, ce corps, non compris les garnisons, comptait 1,200 lances, plus la vieille infanterie et les troupes d'Aragon. Mémoire de Nagéra, 1521. Arch. de Simancas, *Estado Nav.*, leg. 344, f° 118. — (2) *Reparo de agravios concedidos por el rey Fernando*, 12 juin 1513. Arch. de Nav., *Comptos, cajon* 168, n° 27. — (3) Don de rentes au monastère de Santiago en compensation des terrains qu'on lui a pris pour la citadelle, 21 mars 1515. Don de 6,000 maravédis au même, à prendre annuellement sur le revenu des douanes, pour prix d'un jardin, 1514. Arch. de Nav., *Comptos, cajon* 168, n° 62; *papeles sueltos*, leg. 22, carp. 3. — (4) Ordre du vice-roi Donceles aux villages de la banlieue et de la montagne, 7 janv. 1513. Arch. de Nav., *Comptos, cajon* 168, n° 20. *Idem* en 1514. Arch. de Nav., *papeles sueltos*, leg. 23, carp. 35, 40, 42, 45, 47, 48.

les places importantes de Lumbier et de Sanguesa ; le pont de cette dernière fut muni d'une nouvelle tour. Olite et Tafalla au sud, du côté de l'Aragon, Estella à l'est, ne furent pas oubliées. On eut soin de mettre à l'abri d'une surprise le val d'Araquil, le chemin d'invasion qui mène du Guipuzcoa en Navarre, par les travaux effectués dans la petite ville d'Huarte, qui en est le chef-lieu (1). Le roi d'Espagne, comprenant de quelle importance serait pour lui la possession de la Basse-Navarre, comme boulevard du reste du royaume, y fit solidement occuper Saint-Jean-Pied-de-Port, et il obtint en 1514 la soumission complète de cette petite province, que l'on nommait l'Ultrapuertos. Plusieurs de ses conseillers lui en proposaient l'abandon, disant que le rempart des Pyrénées suffirait à couvrir la péninsule. Mais Ferdinand leur répondit qu'il n'abandonnerait jamais un pays aussi avantageusement situé, qui lui assurait le libre passage en France, et dont la nombreuse noblesse pouvait lui rendre service. « Il y aurait inhu-« manité, dit-il, à amputer un corps si beau d'un membre qui « n'en était pas le plus frêle » (2). C'était avant tout dans un intérêt militaire qu'il gardait cette province, car elle ne rapportait presque rien et était difficile à conserver. Mais, sur ce point, cet intérêt se conciliait avec l'amour-propre national des Navarrais, fort jaloux de l'intégrité de leur royaume, et qui reprochèrent longtemps à la Castille d'avoir spontanément abandonné la Basse-Navarre en 1530 (3). Le roi d'Aragon, mieux avisé, sut sacrifier aux nécessités de la défense ceux de son Trésor. Non content d'avoir, en occupant Saint-Jean, garanti l'accès du col de Roncevaux, il résolut de placer en avant de ce port deux forteresses, l'une à Ochagavia, sur le versant français, l'autre à Isava, sur le versant navarrais. Il jeta aussi une forte garnison à Maya, dans le val de Baztan, sur la route de Bayonne, et ne négligea pas de s'assurer du val de Roncal, à l'entrée du Béarn (4). Un document des Archives de Navarre nous apprend qu'un ingénieur spécial, « inspecteur général des travaux du roi », nommé Pedro Malpaso, fut chargé de veiller à l'exécution de cette grande œuvre (5). Le roi d'Espagne ne tomba pas dans la faute qu'avaient

---

(1) Sur ces travaux, voir Zurita, liv. X, chap. XLIII, f° 332, v°. — (2) Récit du prêtre Martin de Vizcay, dans son opuscule intitulé : *Derecho de la naturaleza que los naturales de la merindad de San-Juan tienen en los reynos de la corona de Castilla*. Zaragoza, in-4°, 1621, p. 55. — (3) Les patriotes navarrais regrettent encore cet abandon. Voir H. de Oloriz, *Fundamento y defensa de los Fueros*, in-8°, 1880, p. 58. — (4) Zurita, chap. XLIII, f° 332. — (5) Ce « vedor general de las obras del rey » est mentionné dans une estimation des frais des travaux exécutés à Monréal. *Taxacion del importe de las obras hechas en Monreal*, 15 nov. 1514. Arch. de Nav., Comptos, cajon 168, n° 55.

commise ses prédécesseurs, les princes d'Albret. En même temps qu'il fortifiait les places situées à l'issue des grands chemins d'invasion, il ordonnait de détruire tous les châteaux inutiles à la protection du royaume. Il avait compris que conserver trop de forteresses, c'était multiplier les points vulnérables du pays conquis, affaiblir la défense en la dispersant, offrir aux insurrections plus de chances de succès. Aussi fit-il démolir un grand nombre de petites places plus nuisibles qu'utiles à la sécurité de la Navarre. Dès la fin de l'année 1512, les Castillans renversèrent les murs des forteresses de Leguin, Melida, Caseda, Castillonuevo, Aguilar, Cabrera, Xabierre, San-Martin, Oro, Murillo, Belmecher, près d'Estella, Alcarroz, Axieta, Arguedas, Peña, Uxue, Eslava, Pitillas, Azamez et Santa-Cara. On ne fit nulle distinction entre ces châteaux, et on les rasa, qu'ils appartinssent aux Beaumontais ou aux Gramontais (1). Le seul tort de Ferdinand fut de ne pas poursuivre l'exécution complète d'une mesure dont l'expédition de 1516 devait démontrer la nécessité. C'est ainsi que le Roi Catholique assura à l'Espagne la conservation de sa précieuse conquête. Un gouvernement à la fois prudent et ferme, une politique de ménagements à l'égard des personnes et des partis, de sages mesures de défense militaire, achevèrent ce que la force des armes avait commencé. Bien que le vainqueur eût résolu de laisser à la Navarre son autonomie administrative et politique, il compléta son œuvre en unissant ce royaume à la Castille le 15 juin 1515 (2), afin d'intéresser le plus puissant et le plus riche des États espagnols à conserver jalousement un pays dont l'acquisition lui avait coûté tant de soins.

(1) D'après Zurita, liv. X, chap. XLIII, f° 332. — Partout, Ferdinand confie le gouvernement des forteresses à des Castillans, malgré les réclamations des Cortès. Il répond en 1515 aux délégués navarrais qu'il ne peut faire droit sur ce point à leurs plaintes. *Reparo de agravios*, Burgos, 30 juin 1515. Arch. de Nav., *Cortes, legislacion*, leg. 1, carp. 23. — (2) Zurita, liv. X, chap. LXXXII, f° 378, rapporte qu'il hésita quelque temps pour savoir s'il unirait la Navarre à l'Aragon ou à la Castille.

LIVRE IV.

LES TENTATIVES DE RECOUVREMENT DE LA NAVARRE.
EXPÉDITIONS ET NÉGOCIATIONS.
RÉUNION DÉFINITIVE DE CE ROYAUME A LA CASTILLE.

(1513-1521.)

CHAPITRE Ier.

LA QUESTION NAVARRAISE. LES NÉGOCIATIONS DE 1513 ET DE 1514.
ÉCHEC DES ROIS DE NAVARRE.
ACHÈVEMENT DE LA CONQUÊTE CASTILLANE.

Le grand politique qui avait su conquérir si rapidement la Navarre, et qui la gouverna avec tant d'habileté, n'avait pas seulement à assurer la soumission des vaincus, il avait encore à lutter contre les tentatives de recouvrement des princes spoliés. Ceux-ci, arrachés par le malheur à leurs habitudes d'indolence, mirent tout en œuvre pour rentrer en possession de leurs États. Ils déployèrent une activité prodigieuse, s'efforçant d'intéresser tout le monde à leur cause, agissant auprès de l'Empereur, de l'archiduc Charles, du roi de France, du Pape, pour obtenir la restitution du royaume qu'ils venaient de perdre. Par leur obstination, ils forcèrent les diplomates à placer la question navarraise au nombre des affaires dont la solution intéressait la chrétienté. Ils obligèrent les souverains à l'examiner dans les conférences et les congrès, et à reconnaître la justice de leurs plaintes. Pendant trois années, le roi d'Espagne dut mettre en jeu toutes les ressources de sa diplomatie pour faire admettre le fait accompli, et la conservation de la Navarre fut l'objet constant de ses préoccupations. Il était trop puissant et trop habile pour ne pas gagner la partie. Jean d'Albret et Catherine, sacrifiés par tous leurs alliés, eurent la douleur de se voir exposés presque sans défense aux entreprises de leur rival. Le roi d'Aragon profita de leur faiblesse pour compléter sa conquête en occupant la Basse-Navarre, et les rois détrônés, dépouillés par leur oncle lui-même, furent encore joués par Louis XII.

Dès le lendemain de l'expédition malheureuse dirigée par La Palice, les souverains navarrais essayèrent d'obtenir les bons offices de l'empereur Maximilien. Ils ne tardèrent pas à apprendre ce que valaient les protestations d'amitié du chef de la maison d'Autriche. Maximilien avait, à la fin de novembre 1512, adhéré à la Sainte-Ligue (1). Au lieu de s'entremettre en faveur des rois de Navarre, il finit par trouver que le séjour de l'ambassadeur

I.
Les rois de Navarre abandonnés par leurs alliés dans les négociations de janvier-mars 1513. Occupation de la Basse-Navarre par les Espagnols.

(1) Voir à ce sujet les Lettres de Louis XII, p. p. Jean Godefroy, t. IV, pp. 5-12.

navarrais, Salvador de Berio, auprès de lui, pouvait donner
« aucune mauvaise ymagination à son bon amy le roy d'Aragon ».
L'ambassadeur fut invité à quitter Wissembourg, résidence de la
cour autrichienne, le 6 janvier 1513 (1). Il se retira auprès de
Marguerite, gouvernante des Pays-Bas, « qui le traita gracieu-
« sement » tout d'abord. Mais, sur les observations de son père,
la princesse donna bientôt à l'envoyé navarrais le conseil « de
« s'en retourner vers ses maîtres, sans plus dilayer » son départ (2). Désormais, Jean et Catherine durent cesser de compter
sur la protection intéressée de la maison des Habsbourg. De
nouvelles déceptions leur étaient réservées, plus cruelles encore,
par le roi de France, leur allié. Louis XII s'était servi d'eux pour
détourner, en 1512, l'orage qui allait fondre sur la Guienne,
mais, au fond, les intérêts de Jean d'Albret lui étaient indifférents. Ferdinand, qui connaissait bien la versatilité et l'égoïsme
de la cour de Blois, exploita la faiblesse de Louis XII et les
haines d'Anne de Bretagne, au détriment des princes déchus. Au
mois de janvier 1513, il entamait avec le roi de France des négociations secrètes, où il ne manqua pas de mêler la question
navarraise. Préoccupé de conserver la Navarre, il offrait à
Louis XII de consentir au mariage de l'archiduc Charles avec
une princesse française, Renée; on leur attribuerait pour dot
le Milanais et Gênes. Mais il demandait que le roi de France
renonçât à tous ses droits sur le royaume de Naples en faveur
de la maison d'Aragon, et qu'il s'engageât à ne pas aider la maison d'Albret contre l'Espagne. Le Roi Catholique et sa femme,
Germaine, renonceraient, de leur côté, à tous leurs droits sur le
Béarn et les domaines de la maison de Foix, droits qu'ils possédaient comme héritiers du duc de Nemours, et ils promettraient
de ne pas prêter leur appui aux princes d'Albret contre la
France (3). Suivant son habitude, le Roi Catholique unissait les
démonstrations militaires aux négociations; il poussait Henri VIII
à entreprendre une nouvelle expédition en Guienne. Il faisait
occuper fortement Roncal et Saint-Jean-Pied-de-Port, et construire une route militaire pour faciliter les relations entre Pampelune et l'Ultrapuertos. Le Béarn et la Gascogne étaient dans
l'inquiétude (4). Les États de Béarn votaient une donation de

(1) Lettre de Max. à Marg. d'Autriche, Wissembourg, 6 janvier. Corresp.
de Max. avec Marg., p. p. Le Glay, II, 79-80. — (2) Lettre de Max. à Marg.
Wissembourg, 8 février; ibid., II, 88. — (3) Les propositions du roi d'Espagne sont indiquées dans sa lettre à Ramon de Cardona, vice-roi de Naples,
11 janvier 1513. Arch. de Simancas, Estado España, leg. 1554, f° 60 (varios
despachos), publiée en anglais par Bergenroth dans les Calendars of State
papers, II, 90. — Voir aussi Zurita, liv. X, chap. XLVIII, f° 348. — (4) Zurita,
liv. X, chap. L-LI, f° 343-344.

10,000 écus à Jean d'Albret pour lui permettre de lever des troupes (1), et la noblesse de Basse-Navarre se réunissait pour renforcer l'armée française, commandée par Lautrec (2). Mais ni le roi de France ni le roi d'Espagne n'étaient disposés à continuer la guerre sur les Pyrénées. La question italienne préoccupait avant tout Louis XII, et la question navarraise, plus que les affaires d'Italie, intéressait alors Ferdinand. Les négociations continuèrent à Lyon, par l'entreprise du cardinal Bernaldino de Carvajal, l'un des promoteurs du concile de Pise. Ses efforts étaient secondés par Anne de Bretagne. Le médiateur proposait de signer une trêve ou même la paix, en sacrifiant les alliés des deux rois. Ferdinand abandonnerait le duc de Milan et les Vénitiens, et Louis XII cesserait de soutenir le roi de Navarre. Des conférences furent ouvertes à Bayonne, pour la signature d'un accommodement sur ces bases, entre Jaime de Conchillos, évêque de Catania, titulaire désigné de l'évêché de Lérida, et le vicomte de Lautrec, gouverneur de Guienne (3). Elles aboutirent à la conclusion de la trêve du 1er avril, qu'on appelle par une erreur singulière la trêve d'Orthez, et qui fut en réalité conclue au château d'Urtubie, près de Saint-Jean-de-Luz (4). Louis XII, qui, le 30 mars, protestait de toute sa bienveillance pour les rois de Navarre, qui assurait leur ambassadeur Berio, lors de son passage à Blois, « qu'il ferait de « très bon cœur pour eux » tout ce qu'il pourrait, n'avait même pas compris ses alliés dans cette convention (5). Avait-il volontairement sacrifié les souverains navarrais, ou bien ceux-ci n'avaient-ils pas voulu adhérer à la suspension des hostilités ? C'est ce que l'on ignore. Ce qui est certain, c'est que la trêve combla de joie le roi d'Aragon. Les autres princes ne s'y trompèrent pas. Maximilien, en apprenant que Ferdinand avait conclu l'accommodement sans consulter les confédérés, s'écria : « Le « Roi Catholique ne veut plus de guerre, maintenant qu'il est « nanti de la Navarre! » (6). Le plus profond observateur de ce temps, Machiavel, écrivait à ce sujet à son ami Vettori ces remarques, d'une vérité saisissante : « Le roi d'Espagne a voulu « se fortifier dans le royaume de Navarre, qu'il a conquis et dont « il convoitait la possession; ce royaume lui garde toute l'Es-

(1) Délibération des États de Béarn. Pau, janv. 1513. Arch. des Bass.-Pyrén., C. 680, f° 85. — (2) Zurita, chap. L-LI. — (3) Zurita, liv. X, chap. LV, f° 345, r°. — (4) On appelle encore dans toutes les histoires cette trêve du nom de trêve d'Orthez. Elle fut signée à Ortuvia ou Urtubie (commune d'Urugne, près de Saint-Jean-de-Luz). On a à ce sujet la lettre même écrite par Conchillos à Ferdinand. (inédite). Arch. Nation., K. 1482, B 1, n° 43. Le texte de la trêve du 1er avril est aussi aux Arch. Nation., K. 1639, n° 35. — (5) Lettre de Louis XII aux rois de Navarre (inédite). Blois, 30 mars 1513. B. N., coll. Doat, t. CCXXIX, f° 222. — (6) Zurita, liv. X, chap. LXI, f° 351, v°.

« pagne *(che gli guarda tutta la Spagna)*. Autrefois, il craignait
« tous les jours d'être pris à dos de ce côté par les Français;
« maintenant, ce sont les Français qui ont à redouter ses atta-
« ques. Il a aussi compris qu'il ne pouvait entretenir deux
« armées, l'une vers la France, l'autre en Italie, et en signant la
« trêve, il a voulu se délivrer de la guerre domestique *(guerra
« di casa)*, pour accroître son armée en Italie ». Machiavel ajoutait, ce que l'évènement devait confirmer, qu'il était probable que
les confédérés porteraient leur effort sur le Milanais, pour empêcher les Français de s'y établir. « Ainsi, le roi de France s'en
« retournera avec honte, et le roi d'Aragon aura consolidé sa con-
« quête de Navarre; puis il verra à chercher quelque autre accom-
« modement » (1). Le grand écrivain n'avait jamais mieux deviné
l'avenir. En effet, tandis que Louis XII allait chercher en Lombardie
une nouvelle aventure, Ferdinand s'assurait de la Basse-Navarre,
pour garantir le reste du royaume contre toute attaque ultérieure.
Il n'avait pas, disait-il, de ménagements à garder à l'égard de
princes excommuniés, comme l'étaient Jean et Catherine. Aussi
refusa-t-il d'ordonner à l'évêque de Zamora, mis en liberté provisoire par Jean d'Albret, de revenir en Béarn se constituer prisonnier d'un prince excommunié. Après avoir mis en défense la Haute-
Navarre, il enjoignit au vice-roi de poursuivre l'occupation de la
province d'Ultrapuertos. Le marquis de Comares passa les Pyrénées, dispersa les bandes qui infestaient les défilés, renforça la
garnison de Saint-Jean, et résolut d'occuper le val de Baztan,
pour fermer complètement aux Français l'accès du royaume. La
forteresse de Maya, qui était la clé de cette vallée, avait une
garnison béarnaise; elle repoussa deux attaques dirigées par le
seigneur d'Ursua et le gouverneur de Saint-Jean, Diego de Vera.
Mais le vice-roi accourut avec de l'artillerie et 3,000 hommes de
troupes venues du Guipuzcoa ou de Castille, et en quelques jours,
Maya fut forcée de se rendre. Ce succès fut suivi de la soumission
de toute la Basse-Navarre; les délégués de la province, réunis à
Saint-Jean, prêtèrent serment au Roi Catholique. Jean d'Albret,
posté à Sauveterre avec 5,000 hommes, dut se borner à couvrir le
Béarn, et le maréchal de Navarre, qui se trouvait avec 2,000 Navarrais bannis vers le Guipuzcoa, ne put rien tenter, faute de
l'appui des Français (2). Les souverains détrônés n'avaient pas
mieux réussi en essayant de faire une diversion du côté de la
Catalogne. A la fin du mois d'avril 1513, 4,000 Gascons, sous les
ordres de M. de Durban, tentèrent de reconquérir la vicomté de

(1) Lettre de Machiavel à Vettori, Rome, 21 avril 1513. (Lettres familières, dans les Œuvres complètes, édition italienne, in-8°, Florence, 1821, t. X, pp. 111-117.) — (2) Récit de Zurita, liv. X, chap. LII, f°° 353-354.

— 417 —

Castelbon, que Ferdinand avait confisquée, en juillet 1512, sur Catherine de Navarre, et dont il avait fait donation à Germaine de Foix. Les envahisseurs pillèrent le val de Ferrera et surprirent le château de Castelbon. Mais le duc de Cardone, l'évêque d'Urgel et le vicomte de Rocaberti levèrent les milices catalanes, reprirent la forteresse, qui fut rasée, et forcèrent les Gascons à la retraite. Cet insuccès détermina la suspension des hostilités. Jean d'Albret revint à Orthez et permit même aux montagnards du Béarn de rouvrir les relations commerciales avec ceux de l'Aragon (1). Il porta toute son attention sur les négociations qui se poursuivaient à la cour de Blois et dont il redoutait l'issue.

Le rapprochement entre Louis XII et Ferdinand n'annonçait rien de bon aux rois de Navarre; il ne pouvait qu'exciter leurs craintes, et ces craintes étaient justifiées. Le roi d'Espagne, en même temps qu'il s'efforçait d'entraîner Maximilien à adhérer à la trêve, sous prétexte « que c'était le seul moyen d'assurer les affai- « res de Navarre, de régler la question de Naples et de gagner du « temps pour celle du Milanais » (2), continuait à négocier avec le roi de France en attendant les événements. Il donnait pleins pouvoirs à son envoyé, Gabriel d'Orti, pour conclure le mariage de l'infant Ferdinand, son petit-fils, avec Renée de France, fille de Louis XII (3). Le même ambassadeur devait, au nom de la reine Germaine, revendiquer de nouveau l'héritage de Gaston de Foix. L'envoyé espagnol, en premier lieu, était chargé de réclamer la restitution du duché de Nemours, du comté d'Étampes, de la seigneurie de Narbonne, des villes du comté de Foix qui avaient jadis appartenu à Gaston. En second lieu, il avait mission de solliciter l'autorisation royale pour poursuivre devant le Parlement de Paris le procès de la succession navarraise; la reine d'Aragon entendait, en effet, faire valoir ses droits sur le Marsan, le Tursan, le Bigorre, le Béarn et les autres domaines que détenait indûment Catherine de Navarre (4). Germaine recommandait à Gabriel d'Orti, dans les instructions spéciales qu'elle lui donnait à ce sujet, d'agir avec l'appui d'Anne de Bretagne. Elle protestait de son affection pour son oncle Louis XII, et se plaignait de ce que le roi « avait voulu la spolier, elle, sa fille et sa créature, de « ce qui lui appartenait, pour le donner à une maison qui avait « toujours été ennemie de sa couronne », allusion évidente à la dynastie d'Albret. Elle affirmait que le roi d'Aragon, « son mari,

II.
Négociations entre Ferdinand et Louis XII.
(Mai-juin 1513.)
Revendications de la reine d'Aragon.
Inquiétudes des rois de Navarre.
Ambassade de leur maréchal à la cour de France.

(1) Zurita, liv. X, chap. LXIII, f⁰ˢ 354-355. — (2) Instr. de l'ambassadeur Pedro de Urrea, analysées par Zurita, chap. LXVI, f⁰ 357, v⁰. — Les mêmes, Arch. Nation., K. 1482, n⁰ 52. — (3) Pouvoirs donnés à Gabriel d'Orti. Valladolid, 23 mai 1513 (en esp.). Arch. Nation., K. 1482, n⁰ 44. — (4) Exposé de ces revendications dans Zurita, liv. X, chap. LXIX, f⁰ˢ 361-362.

27

« ne désirait rien tant que la paix ; que si, l'année précédente, il
« avait fait la guerre, c'était pour la défense de l'Église ».
D'ailleurs, il a toujours pris soin de ne pas attaquer les domaines
du roi de France, même le Milanais et Gênes. Lorsque Louis XII
s'est déclaré contre lui, Ferdinand a empêché l'invasion de la
Guienne, qu'il eût pu entreprendre sans difficulté. Il s'est borné à
occuper la Navarre, pour s'assurer des passages de la montagne,
et tant qu'il a pu, il a évité d'entrer en conflit avec les troupes
françaises. Il n'a pas réussi à éviter ce conflit, et son cœur a
souffert des maux des Français comme de ceux de ses propres
sujets. Maintenant, la reine d'Aragon et son époux ont hâte de
conclure avec le roi de France une amitié intime, une alliance
éternelle, pour s'épargner les douloureux déchirements que leur
ont causés les hostilités passées (1). Telle est l'impudente apologie
que présenta le négociateur espagnol. Non contents de se faire
reconnaître la possession de la Navarre, les souverains castillans
prétendaient présenter l'occupation de ce royaume comme un service rendu à la France. Ils osaient même revendiquer l'ensemble de
la succession de Foix. Au fond, le roi d'Aragon était surtout désireux de gaguer du temps pour s'affermir dans sa conquête. Détacher
Louis XII de l'alliance navarraise, et susciter de nouveaux embarras à Jean d'Albret, pour l'empêcher de tenter un retour offensif
contre l'Espagne, tel était le but qu'il poursuivait. Au reste, s'il
était disposé à négocier, il ne l'était pas à conclure de paix définitive avec la France. Il recommandait à son secrétaire, Pedro de
Quintana, qu'il envoyait à Paris vers le mois de juin, de ne pas
se presser de signer de traité, « s'il apprenait que les entreprises
« de l'Empereur et du roi d'Angleterre avaient quelque suc-
« cès »(2). L'Empereur, le roi d'Angleterre et le Pape, qui avaient
conclu le 5 avril la Ligue de Malines, ne se faisaient guère d'illusions sur la conduite intéressée de Ferdinand. On savait bien
que, pour garder sa conquête, il userait de toutes les ressources de sa diplomatie. « Il fera facilement un accord avec la
« France, écrivait Machiavel, pourvu qu'il conserve la Navarre, et
« il abandonnera le Milanais, État bien difficile à conserver à cause
« du voisinage des Suisses » (3). On croyait, en effet, dans les
cours de Flandre et d'Allemagne, à la conclusion d'une paix perpétuelle entre Louis XII et le roi d'Aragon. Le premier laisserait

(1) Analyse des instructions données à Gabriel d'Orti, intitulées : *Memorial de lo que de mi parte haveys de dezir à la señora Reyna mi tia*. Arch. Nat., K. 1638, n° 1¹⁸ (doc. inédit). — (2) Instructions (inédites) données à Quintana, intitulées : *Lo que haveys de dezir de mi parte al rey de Francia*. Arch. Nat., K. 1638, n° 1¹⁹. — (3) Lettre de Machiavel à Vettori, 22 juin 1513. Lettres familières (Œuvres complètes, t. X, pp. 126-130).

le second jouir paisiblement du royaume enlevé aux princes d'Albret; il lui permettrait même de conquérir le Béarn et le comté de Foix, en vertu des droits de la reine Germaine. En compensation, le roi de France obtiendrait le Milanais, et sa fille Renée épouserait l'infant Ferdinand, qui recevrait comme héritage Naples et la Castille (1). Les négociations secrètes engagées à Paris et à Bayonne, et les rumeurs menaçantes qui circulaient de tous côtés, excitèrent les vives inquiétudes des souverains détrônés. Jean et Catherine, effrayés, envoyèrent à la cour de France une ambassade solennelle, composée du maréchal de Navarre, du juge de Bigorre, du doyen de Saint-Jean et de don Enriquez de Lacarra. On n'a sur l'accueil qui fut fait aux ambassadeurs d'autre récit que celui de Zurita. Si l'on en croit l'annaliste aragonais, d'ordinaire si bien informé, mais dont les assertions paraissent ici assez invraisemblables ou du moins inspirées par quelque document suspect, cet accueil fut peu encourageant. L'ambassade se plaignit vivement des prétentions de la reine d'Aragon et du Roi Catholique. Louis XII répondit que Ferdinand n'avait d'autres titres à la possession de la Navarre que ceux qu'il tenait de Germaine de Foix, mais que ces droits étaient sérieux. Les meilleurs légistes, auxquels il en avait confié l'examen, avaient admis la légitimité des revendications du roi d'Espagne. Ils avaient reconnu que Catherine de Navarre détenait injustement et par force une succession qui devait revenir à la fille du vicomte de Narbonne. Le roi de France aurait même conclu brutalement, en disant qu'il aiderait de tout son pouvoir sa nièce à s'emparer de la succession contestée (2). Il était, en effet, difficile à Louis XII, qui avait soutenu avec tant d'âpreté les droits du duc de Nemours, de repousser les revendications de la sœur du duc, Germaine. Mais il est bien douteux qu'il se soit exprimé à ce sujet avec autant de netteté et de cynisme que l'affirme Zurita, devant les envoyés d'un prince qui était toujours son allié. D'après le même historien, le maréchal de Navarre exposa au roi de France l'inanité de l'argument invoqué par le roi d'Espagne. Il n'eut pas de peine à démontrer que Ferdinand n'avait pas conquis la Navarre au nom des droits de sa femme Germaine, mais bien en vertu de l'excommunication prononcée par le pape Jules II contre un souverain qui n'avait d'autre tort que de s'être uni avec Louis XII lui-même (3). A ce moment, le roi de France, sans aller jusqu'à sacrifier les intérêts de la dynastie d'Albret, ne devait pas être cependant dis-

---

(1) Récit de Zurita, *Anales de Aragon*, liv. X, chap. LXIX, f° 362, r°. —
(2) Récit de Zurita, liv. X, chap. LXIX, f° 363, r°. — (3) Récit de Zurita, liv. X, chap. LXIX, f° 363, r°.

posé à décourager les prétentions du roi d'Espagne. Il n'avait jamais eu plus de besoin de le ménager. La bataille de Novare venait de lui faire perdre le Milanais (6 juin). Les Anglais menaçaient la Picardie; l'Empereur et les Suisses, la Bourgogne. La neutralité de l'Espagne était trop précieuse pour qu'on risquât de l'aliéner, en soutenant ouvertement la cause des vaincus. Aussi, malgré l'ambassade du maréchal de Navarre, le roi de France autorisa-t-il la reine d'Aragon à poursuivre devant le Parlement de Paris le procès de la succession navarraise. Le vicomte de Lautrec, Odet de Foix, avait aussi obtenu, par lettres patentes du 20 mars 1513, la permission de faire valoir ses droits au même héritage (1). Bien mieux, le 20 juillet, par un acte où Germaine était appelée « reine de Navarre », Louis XII accordait à sa nièce « mainlevée » des terres et seigneuries qui avaient appartenu au duc de Nemours; c'étaient notamment le comté de Beaufort en Champagne, la baronnie d'Auterive en Languedoc, et la seigneurie d'Aspet en Comminges (2). Voilà comment le roi de France observait ses promesses. En moins de six mois, il avait sacrifié deux fois ses alliés : le 1er avril, en oubliant de les comprendre dans la trêve d'Urtubie, ce qui avait amené la perte de la Basse-Navarre (3), et plus tard, dans les négociations de mai et de juin, en paraissant admettre les prétentions de Germaine de Foix et le bien-fondé de la conquête de la Navarre. Une déception semblable était réservée aux souverains navarrais dans leurs négociations avec la cour de Rome. La principale raison sur laquelle Ferdinand se fondait pour garder sa conquête était l'excommunication lancée contre Jean d'Albret et Catherine par le pape Jules II. Les rois détrônés crurent que le successeur de ce pontife, Léon X, reconnaîtrait la légitimité de leurs plaintes et l'illégalité de la sentence prononcée à leur préjudice. Ils lui envoyèrent, quelques mois après son élévation au trône pontifical, un de leurs conseillers, Bernard de Vispalia. Cet envoyé, dont la mission est restée jusqu'ici inconnue, était secrétaire des rois de Navarre (4). C'est probablement pour lui qu'avaient été rédigées les instructions latines,

---

(1) Lettres et arrêts du Parlement mentionnés dans l'arrêt de 1517, qui termina le procès de la succession de Foix. B. N., coll. Doat, 232, f° 31. — (2) Lettres patentes de Louis XII en faveur de Germaine de Foix, 20 juillet 1513. B. N., coll. Languedoc, t. XCI, pièce 27. — (3) Le 1er juin 1513, Ferdinand ratifiait l'acte de soumission ou d'hommage des nobles de Basse-Navarre. Acte de ratification, Valladolid, 1er juin 1513, copie. Arch. de Nav., *papeles sueltos*, leg. 23, carp. 26. — (4) Le nom de cet envoyé nous est donné par les instructions du maréchal de Navarre (1515), citées à la page suivante, note 1 ; il était secrétaire des rois. Or, le porteur des instructions de 1513 est qualifié, dans la lettre de créance qui accompagne ces instructions, du nom de « secrétaire ».

datées d'Orthez, le 10 des kalendes de juillet 1513 (juin), qui
existent aux Archives de Pau. Dans la lettre de créance remise à
leur ambassadeur, les rois notifiaient à Léon X « comment ils
« estoient obéissans à luy, et avoient délibéré le plus tost qu'il
« leur estoit possible, envoyer devers Sa Sainteté pour luy prester
« l'obéissance que lesdits seigneurs sont tenus de luy prester,
« pour raison de leur royaume de Navarre et pays de Béarn » (1).
Ils protestaient contre l'invasion d'un royaume qu'ils avaient
possédé pendant longtemps sans contestation, et qui leur avait
été enlevé sans qu'ils eussent commis la moindre faute *(absque
nostrâ culpâ, à nobis innoxiis illatum est)* (2). Dans une autre
lettre, adressée au Sacré-Collège, ils appellent à leur aide l'auguste assemblée, « refuge des opprimés », et « comme des fils
ont recours à leurs pères », ils implorent le secours des cardinaux contre l' « injuste spoliation » dont ils sont les victimes (3).
Ils ne négligent pas de recommander leur envoyé au cardinal
d'Albret. Pour intéresser à sa cause son frère, dont l'avidité
était bien connue, le roi de Navarre offre de l'aider à soutenir son
rang, pourvu qu'il favorise ses revendications (4). Enfin, les instructions remises à Vispalia lui enjoignent de représenter au Pape
l'injustice de l'occupation de la Navarre et la légitimité des
droits des souverains dépossédés, droits reconnus par l'usurpateur
lui-même. Il disculpera Jean d'Albret du reproche d'avoir adhéré
au schisme et d'être ainsi tombé sous le coup de l'excommunication. Jamais les souverains navarrais n'ont reconnu le concile
de Pise et ses décrets. S'ils ont traité avec Louis XII à Blois, c'est
comme vassaux du roi de France, en stipulant formellement leur
neutralité à l'égard du roi d'Aragon, et en limitant leur alliance
aux territoires situés en dehors de l'Italie (5). Les espérances des
rois spoliés étaient d'autant plus vives, que le nouveau Pape
semblait bien disposé pour leur maison. Il avait admis dans son
intimité le cardinal d'Albret, auquel il accordait, le 1er juillet, la

(1) Expressions des Mém. et instructions données au maréchal de Navarre
en 1515. (On y trouve un exposé des démarches antérieures.) Arch. des Bass.-
Pyrén., E. 555; B. N., coll. Doat, 230, f°s 293-297. Ces expressions repro-
duisent à peu près le texte des lettres de créance de 1513. — (2) Lettre de
créance des rois de Navarre pour leur secrétaire, envoyé au pape Léon X,
10 des kal. de juillet 1513, Orthez, orig. Arch. des Bass.-Pyrén., E. 555;
B. N., coll. Doat, 231, f° 190. — (3) Lettre des rois de Navarre au Sacré-
Collège, même date, orig. Arch. des Bass.-Pyrén., E. 555; coll. Doat, 231,
f° 191. — (4) Lettre des rois de Navarre au cardinal d'Albret, même date,
Arch. des Bass.-Pyrén., E. 555; Doat, 231, f° 192. Toutes ces lettres sont en
latin. — (5) *Memorialia et instructiones regum Navarræ*, Orthez, 10 des
kal de juillet 1513, minutes orig. (deux), Arch. des Bass.-Pyrén., E. 555;
B. N., coll. Doat, 231, f°s 145 et 193.

coadjutorerie de l'évêché de Cambrai (1). On le disait de caractère aimable, d'esprit fin et cultivé. Mais il ne fallait pas demander à ce pontife, grand seigneur sceptique et spirituel, qui, sous des dehors bienveillants, cachait « la prudence cauteleuse » (2) des Médicis, de se mettre en conflit avec le puissant roi d'Espagne. Or, accepter le serment d'obédience de Jean d'Albret et de Catherine, c'eût été reconnaître l'illégalité de l'excommunication du 20 juillet 1512 et l'injustice de l'occupation de la Navarre. Léon X n'avait rien d'un redresseur de torts. Il y avait loin de ce dilettante raffiné à l'apôtre ardent, épris de justice, tel qu'on se figure un Grégoire VII ou un Innocent III. Aussi allégua-t-il des difficultés de forme pour se soustraire à l'obligation de se prononcer. Le secrétaire Vispalia n'avait pas « de pouvoirs suffisants « pour prester l'obéissance en forme deue », et le Pape, après l'avoir reçu gracieusement, le renvoya en le leurrant de belles paroles. Il promit de pacifier le différend des rois de Navarre avec le roi d'Aragon comme ceux « de tous les princes chrétiens », promesse qui ne l'engageait en réalité à rien (3). Ferdinand apprit sans doute la démarche faite par ses adversaires auprès du Saint-Siège, et prenant audacieusement l'offensive, fit publier, en réponse à leurs revendications, le mémoire latin de son conseiller Palacios, où celui-ci s'efforçait de démontrer la justice de l'occupation de la Navarre, fondée sur l'excommunication lancée contre ses rois (4). Il cherchait ainsi à égarer l'opinion. En même temps, il demandait à la chancellerie romaine, par l'entremise de l'ambassadeur espagnol, Jérôme de Vich, une rédaction plus correcte de la bulle *Exigit contumaciam* (5), et il l'obtint probablement, puisque l'original qui subsiste à Simancas ne présente pas les fautes qui dénaturaient le texte primitif.

III.
Nouveau rapprochement entre les rois de Navarre et Louis XII. Nouvelles négociations entre Ferdinand et le roi de France. Abandon des revendications navarraises. (Août 1513, avril 1514.)

Les souverains navarrais, abandonnés de tous, du roi de France, de l'Empereur, du Pape, livrés à leurs propres ressources en présence de leur implacable ennemi, n'avaient plus d'espoir que dans une rupture entre Louis XII et le Roi Catholique. Cette rupture parut imminente pendant les derniers mois de l'année 1513. Les négociations de Paris et de Bayonne avaient cessé à la suite des désastres des Français en Italie, et dès le mois de juillet, Fer-

(1) Fait mentionné dans une lettre d'Hénocque à Marg. d'Autriche, 6 juillet, Rome. Lettres de Louis XII, t. IV, p. 171. — (2) Expression de Mignet. — (3) Exposé des mémoires et instructions données au maréchal de Navarre (en 1515). Arch. des Bass.-Pyrén., E. 555; B. N., coll. Doat, 230, f° 293-294. — (4) Cet ouvrage, dont nous avons parlé, doit être, en effet, daté de 1513 et probablement de cette époque. — (5) La lettre de Ferdinand à Jérôme de Vich (sans date, juillet? 1513) a été publiée par Bergenroth, *Calendars of State papers*, II, 147.

dinand s'était rapproché des coalisés de Malines. Il avait adhéré, le 15 octobre, à la Ligue de Lille, conclue avec Maximilien et Henri VIII (1). Les envoyés espagnols à la cour de Flandre, Pedro de la Nuça et Orti, affirmaient que leur maître ne tarderait pas à rompre la trêve d'Urtubie, et qu'il invoquerait comme prétexte l'appui prêté par Louis XII en ce moment aux rois de Navarre (2). C'est ce que répétait l'ambassadeur, don Luis Carroz, au roi d'Angleterre. Il mettait aussi en avant le projet d'une expédition en Guienne, offrant pour cette entreprise le concours du roi d'Aragon, si Henri VIII consentait à payer la solde de 6,000 lansquenets (3). Pour se mettre à couvert d'une nouvelle attaque sur les Pyrénées, Louis XII, de son côté, s'était rapproché de Jean d'Albret. Au mois d'août, il obtenait de la reine Catherine la confirmation du traité de Blois (4). Il l'excitait à faire de grands préparatifs, en vue de la guerre qui allait s'allumer. Pour ce motif, il l'autorisait à lever un subside de 4,000 livres sur les nobles et gens d'église du Limousin, et de 20,000 livres sur ceux du Périgord (5). Les trois États de Béarn, Marsan et Gabardan, réunis à Orthez en novembre, votèrent aussi un subside de 10,000 écus (6). On prépara une expédition contre la Basse-Navarre. Jean d'Albret noua des intelligences avec quelques soldats de la garnison de Saint-Jean, qui, après avoir encloué l'artillerie, devaient lui livrer la forteresse. Il est vrai que l'un d'eux révéla le complot au capitaine Gonzalo Pizarro, et que le marquis de Comares eut le temps d'en empêcher l'exécution. Le plus puissant des seigneurs de ce pays, le sire de Luxe, avait promis son appui aux souverains navarrais et enrôlait pour eux les montagnards basques. A ces nouvelles, l'émoi fut très vif à la cour d'Espagne, et le vice-roi de Navarre se disposa à repousser l'invasion, en renforçant les garnisons des places. La guerre semblait imminente. Le roi de France envoyait à Bayonne de nombreuses compagnies d'hommes d'armes; d'autres se réunissaient

(1) Voir à ce sujet une lettre de Max. à Marg., 5 juillet, dans Lettres de Louis XII, t. IV, p. 165. — Texte de la Ligue du 15 octobre. Rymer, XIII, 379. Le texte des Arch. Nation., K. 1639, n° 41, donne la date du 7 octobre. — (2) Lettre de Ferdinand à don Luis Carroz, sans date. Arch. de Simancas, *Patr. real. Copit. con Aragon y Navarra*, leg. 2, f° 46. — Sur le même sujet, lettre de Rafaello de Médicis, 20 novembre. Négoc. avec la Toscane, p. p. Desjardins, II, 599. — (3) Assertion de Zurita, liv. X, chap. LXXV, f°s 369-370. — (4) Confirmation du traité de Blois, Orthez, 8 août 1513, mentionnée par Dumont, Corps diplomatique, IV¹, 148. — (5) État des nobles du Périgord et du Limousin requis d'aider le roi de Navarre, et des donations faites à ce roi (sept.-oct. 1513). B. N., coll. Doat, 229, f° 233. — (6) Délibération des États de Béarn, nov. 1513, à Orthez. Arch. des Bass.-Pyrén., C. 680, f° 90, v°.

à Cahors et à Agen, et on attendait à Bordeaux le Dauphin, François d'Angoulême, qui avait reçu le commandement de l'armée (1). Son arrivée était fixée au jour des Rois, c'est-à-dire au début de l'année 1514. Le roi dépossédé cherchait à s'assurer l'appui de ses anciens sujets. Il envoyait au delà des Pyrénées un agent secret, nommé Gamboa, et il comptait sur le concours de la puissante famille de Zavaleta pour soulever le royaume (2). Le maréchal de Navarre pressait Louis XII de commencer les hostilités et de faire une nouvelle tentative en faveur de son allié. Le danger parut un instant si prochain, que le marquis de Comares lui-même passa les monts ; il accumula les approvisionnements à Saint-Jean et se prépara à ruiner le pays voisin pour arrêter, au besoin, la marche des Français (3). Tous ces armements n'avaient au fond rien de sérieux ; aucun des adversaires, sauf Jean d'Albret, n'avait envie de recourir aux armes. Le pape Léon X s'était réconcilié avec le roi de France, qui désavoua le concile de Pise. Maximilien, peu satisfait de ce que le roi d'Angleterre gardait Tournai, négociait un accommodement avec la cour de Blois (4). Ferdinand, préoccupé surtout de conserver paisiblement la Navarre, adhérait avec empressement aux propositions conciliantes d'Anne de Bretagne. Il recevait à Valladolid un agent secret de cette princesse, le sieur de Borne, qui sollicitait du Roi Catholique une paix définitive ou du moins la prolongation de la trêve. Comme la réponse de Ferdinand avait été trop évasive (5), un nouvel agent, Gabriel d'Orti, fit, en novembre 1513, auprès de lui, une seconde démarche (6). La négociation avait toujours pour principal objet le mariage de l'infant Ferdinand avec Renée, la seconde fille d'Anne de Bretagne. Le roi d'Aragon, qui connaissait le vif désir qu'avait la reine de France de conclure cette union, mettait à la conclusion du projet des conditions avantageuses pour ses États. La principale était l'abandon de l'alliance navarraise par Louis XII. Déjà, au mois d'octobre, Ferdinand insinuait, dans ses instructions au sieur de Borne, que l'attachement du roi de France à la cause des princes d'Albret était un des obstacles les plus sérieux à l'établissement

(1) Récit de Zurita, liv. X, chap. LXXXII, f° 378, v°. — (2) Lettre de Jean d'Albret au sire de Zavaleta. Pau, 8 février 1513-1514. Arch. de Nav. (Cortès, papiers de Moret, fonds Zavaleta, f° 11.) — (3) Zurita, liv. X, chap. LXXIV, f° 368. — (4) Sur le début de ces négociations, voir une lettre de Giovanni Corsi, 27 octobre 1513. Négoc. avec la Toscane, p. p. Desjardins, II, 592. — (5) Instructions du Roi Catholique au sieur de Borne pour répondre à la reine de France, 28 octobre, et instructions de la reine de France au sieur de Borne. Arch. Nat., K. 1638, n° 1²⁸ ; K. 1638, n° 1²¹. — (6) Instructions données à Gabriel d'Orti pour répondre à la reine de France. Arch. Nat., K. 1482, B¹, n° 44.

d'une entente entre les monarchies française et espagnole.
« Déjà, l'année précédente, on eût pu conclure une trêve aussitôt
« après le départ des troupes anglaises. Le Roi Catholique avait
« prié Louis XII d'y consentir, mais ce prince avait refusé, par
« amour pour le roi et la reine de Navarre, qui n'ont jamais
« été ses amis et ne le seront jamais » (1). Anne de Bretagne n'était pas éloignée de l'idée d'abandonner les intérêts
de Jean d'Albret pour obtenir le mariage projeté, et c'est
sans doute sous son influence que, le 1er décembre, était rédigé
un projet de traité, par lequel les deux parties contractantes
concluaient une alliance défensive dirigée « contre les ennemis
« de leurs ennemis, sans en excepter qui que ce fût » (2). Le roi
de France, si l'on en croit Ferdinand, se montrait disposé à aller
encore plus loin dans la voie des concessions. « Il était tout prêt,
« disait Quintana, l'envoyé espagnol, dans un entretien avec l'Em-
« pereur, à s'engager pour lui et ses héritiers à assister le Roi Ca-
« tholique et ses successeurs pour la défense de la Navarre contre
« tout agresseur » (3). Non-seulement « il renoncera au Milanais,
« écrivait le roi d'Aragon à son ambassadeur Brizéño, mais encore
« il doit renoncer à toutes ses prétentions sur Naples et la
« Navarre » (4). Un peu plus tard, au début de l'année 1514,
en janvier, Ferdinand annonce lui-même à Lanuza, son agent à la
cour de Flandre, « que le roi de France doit secourir perpétuelle-
« ment le roi d'Espagne, et l'aider à défendre le royaume de Na-
« varre contre ses ennemis intérieurs ou extérieurs, et qu'ainsi
« il en assure la possession » pour le présent et l'avenir (5). Mais
Anne de Bretagne mourut le 9 janvier. La politique peu scrupuleuse de l'Espagne perdit en elle un auxiliaire précieux. Louis XII
se montra dès lors plus hésitant. Il pressa les armements commencés en Guienne, et envoya François d'Angoulême avec Lautrec
prendre le commandement de l'armée qui se réunissait sur la Garonne (6). De son côté, le Roi Catholique projetait avec Henri VIII
une invasion de la Guienne, qui serait confiée au corps d'occupation de la Navarre; en peu de temps, il espérait, affirmait-il, con-

---

(1) Instructions du Roi Catholique au sieur de Borne pour répondre à la reine de France. Valbuena, 24 octobre. Arch. Nat., K. 1638, n° 1^{35}. —
(2) Projet des stipulations de trêve entre la France et l'Espagne. Blois, 1er décembre 1513 (texte esp.). Arch. Nat., K. 1639, n° 82. — (3) Lettre de Ferdinand à Quintana, son ambassadeur en France et auprès de l'Empereur, 23 décembre, p. p. Bergenroth, *Calendars*, II, 188-189. — (4) Lettre de Ferdinand à Christobal Brizeño, son ambassadeur à Rome, janvier 1514, p. p. Bergenroth, *Calendars*, II, 195. — (5) Lettre de Ferdinand à Lanuza, son ambassadeur en Flandre, janvier 1514, p. p. Bergenroth, *Calendars of State papers*, II, 197. — (6) Récit de Zurita, liv. X, chap. LXXVIII, f°s 378-379.

— 426 —

quérir le Béarn et la Gascogne (1). De part et d'autre, cependant, on était las de la guerre, et en dépit des démonstrations militaires, on négociait toujours. Le secrétaire Pedro de Quintana, parti le 23 décembre de la cour de Castille (2), était chargé de poursuivre les conférences (3). Mais Ferdinand demandait qu'on lui livrât Bayonne et Narbonne, en attendant que la dot constituée à Renée fût acquittée (4). Il avait à lutter contre les répugnances de Maximilien, hostile à la paix. L'Empereur ne se prononçait pas en faveur de la trêve, bien qu'on en fît luire à ses yeux les avantages, et qu'on promît d'assurer à son petit-fils, l'archiduc Charles, l'héritage de tous les royaumes espagnols, et de la Navarre en particulier (5). Dans l'espoir de hâter la conclusion d'un accommodement, le roi d'Aragon résolut d'envoyer à la cour de Blois un nouvel ambassadeur, Bernardo de Mesa, évêque de Trinopoli. Cet agent était chargé de terminer, de concert avec le chapelain Gabriel d'Orti et le secrétaire Quintana, les pourparlers qu'avait si mal à propos interrompus la mort d'Anne de Bretagne. Il devait proposer la conclusion d'une paix définitive au moyen d'un double mariage : le premier entre Louis XII et Leonor d'Autriche, petite-fille de Ferdinand ; le second entre Renée et l'infant d'Espagne (6). En même temps, l'évêque de Trinopoli avait reçu mission de présenter les compliments de condoléance de Germaine de Foix au sujet de la mort de la reine de France. On lui avait enjoint d'insister sur le désir qu'avait la reine d'Aragon de faire conclure la paix, et de demander la reconnaissance des droits de cette princesse sur l'héritage de sa maison. Il remercierait Louis XII d'avoir consenti à lui restituer une partie de la succession du duc de Nemours. Mais il prierait le roi de lui abandonner également les autres domaines de Monseigneur de Foix. La reine d'Aragon en prêterait volontiers l'hommage à son oncle, « qui serait plus sûr de ses ser-« vices que de ceux de toute autre personne ». Il s'efforcerait enfin d'obtenir que le gouvernement de ces domaines fût confié au baron de Béarn, ancien serviteur de Gaston (7). Dans les pouvoirs que

(1) Mém. pour la formation d'une bonne armée (janv. 1514?), p. p. Bergenroth, Calendars, II, 183. — (2) Lettre de créance de Quintana, 23 décembre 1513. Arch. de Simancas, Capit. con Aragon y Nav., leg. 2, f° 46. — (3) Instr. données à Quintana. Arch. Nation., K. 1638, n° 1²². — (4) Instr. pour le secrétaire Quintana. Madrid, 22 janv. 1514. Arch. Nation., K. 1482, B¹, n° 54. — (5) Lettres de Ferdinand à Pedro de Urrea, son ambassadeur à la cour impériale, déc. 1513 ; à Lanuza, janv. 1514, etc., publiées par Bergenroth, Calendars, II, 185 ; II, 197. — (6) Lo que vos et reverendo in Christo padre obispo de Trinopoli y Gabriel d'Orti, mi capellan, haveys de dezir de mi parte al christianissimo rey de Francia. Arch. Nation., K. 1638, n° 1² (non daté). — (7) Instruccion para el obispo de Trinopoli que yva á Francia acerca del pesame de la muerte de la Reyna, sans date. Arch. Nat., K. 1638, n° 1¹⁶.

Germaine donnait le 15 février à Bernardo de Mesa, elle sollicitait, en même temps que toute la succession du duc de Nemours, la permission de continuer le procès de la succession de Foix, contre Jean d'Albret et Catherine (1). Louis XII se décida, en effet, à faire cette dernière concession. Il autorisa Germaine, par des lettres de rescision datées du 15 février 1514, à entamer de nouveau la procédure engagée autrefois par Jean de Narbonne devant le Parlement de Paris (2). Il consentait aussi à donner son adhésion au projet de mariage mis en avant par l'ambassade espagnole. Mais il se refusait à aider l'Empereur contre les Vénitiens et le duc de Gueldre, et il lui répugnait de promettre son concours pour défendre la Navarre contre les légitimes souverains de ce pays. Ferdinand avait hâte d'en finir ; l'essentiel pour lui était d'obtenir une prolongation de la trêve pour se fortifier dans sa conquête. Aussi prescrivit-il à Quintana de conclure une suspension d'armes d'un an et de renoncer à la clause qui excitait les scrupules du roi de France. Il ne demandait plus à Louis XII, au sujet de la Navarre, qu'une seule concession : c'était de ne pas aider ou assister Jean d'Albret et Catherine, directement ou indirectement, contre le roi d'Espagne et ses successeurs. Pour obtenir cette condition, il ne craignait pas de promettre son concours au roi de France contre le roi d'Angleterre, si ce dernier refusait d'accéder à la paix (3). Il savait mieux que personne les difficultés que présentait la reprise des hostilités : le Trésor était vide, les dépenses d'entretien d'une armée sur les Pyrénées très élevées ; il aurait fallu faire venir les vivres d'Andalousie, car en Navarre on souffrait de la disette (4). Aussi restait-il sourd aux exhortations belliqueuses de Marguerite d'Autriche, qui lui représentait la facilité d'une entreprise contre la France et affirmait qu'on n'avait rien à craindre de cette puissance. La Navarre seule, disait-elle, donnait quelque appréhension, mais « elle était déjà pacifiquement « possédée, et on n'avait qu'à s'y maintenir » (5). Ferdinand, mieux avisé et plus prudent, savait que la domination espagnole était encore mal affermie dans sa conquête, et ne songeait qu'à gagner du temps pour éloigner des attaques, qui auraient pu lui

(1) Pouvoirs donnés par Germaine de Foix à Bernardo de Mesa, évêque de Trinopoli, 1514, 15 février, copie collationnée sur l'original. B. N., Mss., pièces originales, t. MCLXXV, pièce 381. — (2) Lettres de rescision du 20 février 1514, mentionnées dans l'arrêt du Parlement (octobre 1517) au sujet de la succession de Foix. B. N., coll. Doat, 232, fº 31. — (3) *Instruccion del Rey Católico para el secretario Quintana* (mars 1514). Arch. Nat., J. 1482, nº 51. — (4) C'est ce qu'il expose dans une lettre adressée à don Luis Carroz, décembre 1513, p. p. Bergenroth, *Calendars*, II, 174. — (5) Lettre de Marguerite à Ferdinand, 24 février 1514. Correspondance de Max. avec Marg., p. p. Le Glay, II, 225.

être fatales. Il consentit volontiers à ce que le secrétaire Quintana signât la trêve d'Orléans, qui prorogeait pour une année la convention d'Urtubie (13 mars 1514), et il se hâta de la faire publier dans tous ses États, notamment en Guipuzcoa, en Navarre et en Roussillon (1). Les intérêts des souverains détrônés étaient pour la seconde fois sacrifiés. Sans doute, Louis XII avait refusé de prendre l'engagement de ne pas les secourir ; c'eût été une violation manifeste du traité de Blois. Mais il avait admis que Ferdinand prît, dans l'instrument de la trêve, le titre de roi de Navarre ; de plus, chacun des contractants devait « rester en possession de ce qu'il occupait », clause favorable au conquérant. Enfin, Jean d'Albret et Catherine n'étaient même pas mentionnés dans la convention d'Orléans (2). L'évêque de Trinopoli fut aussi autorisé à rester en France, pour soutenir les revendications de Germaine de Foix au sujet de la succession entière du duc de Nemours, et pour surveiller le procès pendant devant le Parlement de Paris (3). Cette nouvelle défection coûta encore cher aux rois de Navarre. Elle permit, en effet, à Ferdinand d'achever la soumission de la province de Saint-Jean. Le roi d'Aragon fit entamer des négociations avec le plus puissant baron de ce pays, le sire de Luxe, par l'entremise du connétable Lerin, son parent (4). Il envoya en Basse-Navarre Bernat de Aramburu, avocat de la Corte mayor, pour organiser une administration régulière, rétablir les tribunaux, réunir les Cortès et faire rentrer les impôts (5). En effet, bientôt après, le 5 juin, la pacification de l'Ultrapuertos était assurée par la soumission de la noblesse basque. Les chefs de cette noblesse, Beltran d'Armendariz, vicomte de Mearin, les seigneurs de Belzunce, d'Aguerre, d'Apate, jurèrent fidélité au Roi Catholique, moyennant la conservation de leurs privilèges, pensions et offices, et promirent de le servir contre leurs anciens rois, à condition de recevoir une solde (6). Jean et Catherine eux-mêmes se résignèrent momentanément à cesser les hostilités, et consenti-

(1) C'est ce que Ferdinand annonce à Quintana (fin mars 1514). *Carta del rey al embaxador Quintana, sobre la tregua*, copie, Arch. de Simancas, Cap. con Nav., leg. 2, f° 57. — *Cartas del Rey à sus ministros... advirtiendoles de la paz para que la guarden*, copies, Arch. de Simancas, ibid., leg. 2, f° 56. — (2) Texte de la trêve d'Orléans, 13 mars 1514, dans Rymer, XIII, 395 ; l'original aux Archives Nationales, K, 1639, n° 4 (latin). — (3) D'après Zurita, liv. X, chap. LXXXVI, f° 382. — (4) D'après Zurita, liv. X, chap. LXXXII, f° 378, r°. — (5) *Comision dada al bachiller Bernat de Aramburu, abogado del Consejo, para que pase à la tierra de Vascos*. Pampelune, 15 mars 1514. Arch. de Nav., Comptos, cajon 168, n° 39. — (6) Ce qui a été traité entre le marquis de Comares et les gentilshommes de Basse-Navarre, Ostabat, 5 juin 1514, ratifié à Valladolid le 23. Arch. de Nav., *papeles sueltos*, leg. 23, carp. 26, publié par Yanguas, *Adiciones al Diccionario de Antigüedades*, p. 293.

rent à établir un *modus vivendi* entre les habitants des frontières de leurs États et les sujets du Roi Catholique. Ils autorisèrent le juge de Béarn, Fortaner de Neys, et le seigneur de Méritein, Tristan, leurs commissaires, à conférer dans la ville de Mauléon de Soule avec les délégués du vice-roi Comares, à savoir le capitaine Alonso de Albornoz et l'alcayde Guymaran, au sujet des différends qui s'étaient produits entre les Aragonais et les Béarnais ou autres sujets des princes d'Albret et du Roi Catholique. Les négociateurs, réunis le 29 juin, convinrent de faire dresser par les intéressés, dans le Béarn, le Bigorre, le comté de Foix, la Navarre et l'Aragon, l'exposé détaillé des prises faites à leurs dépens ou des dommages qu'ils avaient éprouvés par suite des courses de pillage. Ils décidèrent de terminer leur enquête sur ces mémoires et plaintes avant le 15 août, et s'accordèrent pour fixer les dédommagements qu'il conviendrait d'accorder. Enfin, clause plus importante, il fut convenu que Jean et Catherine d'une part, le Roi Catholique de l'autre, s'engageraient à payer dans le délai d'un mois tous dégâts, vols ou « incursions » qui seraient imputés à leurs soldats ou à leurs sujets et serviteurs (1). Le 1er juillet, les Cortès aragonaises déléguaient le capitaine Ramon de Mur pour traiter du rétablissement des relations commerciales entre l'Aragon, le Béarn, le Bigorre et le pays de Foix. Catherine, de son côté, donnait la même mission le 24 juillet au juge Fortaner de Neys. Enfin, le 17 septembre 1514, un accord était signé, qui réglait les différends du passé et rétablissait la paix entre les vallées des États espagnols et français (2).

Les souverains navarrais ne comptaient plus, en effet, sur les secours de Louis XII pour reconquérir leur royaume. Après la trêve d'Orléans, un rapprochement s'était, il est vrai, opéré entre les adversaires de l'alliance espagnole, à savoir le pape Léon X, l'héritier du trône de France, François d'Angoulême, et le roi d'Angleterre, Henri VIII. On parlait même d'entreprendre une expédition en Italie contre les Espagnols, et le 2 août le traité de Londres était conclu entre Louis XII et Henri VIII. Mais bien que le roi de Navarre, Jean d'Albret, y fût nommé parmi les alliés des deux souverains (3), on se faisait peu d'illusions à la cour de Pau sur les

---

(1) Pouvoirs donnés par Catherine à ses commissaires, Pau, 6 juin 1514 (en esp.), et texte de la convention de Mauléon, 29 juin, intitulée : *La Capitulacion que asento el marques de Comares con el rey don Juan y la reyna doña Catalina*. Arch. de Simancas, *Patr. real. Capit. con Nav.*, leg. 2, f° 48 (copie) British Museum, fonds esp. (Mss. Égerton), 544, pièce 24. — (2) Commission des députés d'Aragon (1er juillet) et de l'archev. de Saragosse (3 juillet) à Ramon de Mur. — Procuration donnée au juge du Béarn, 24 juillet. Capitulation du 17 sept. 1514, copies. B. N., coll. Doat, t. CCXXX, f°s 132-155, 182-251 ; t. CCXXIX, f°s 248-249. — (3) Texte du traité de Londres dans Rymer, XIII, 413.

intentions du roi de France. Ce prince ne se montrait guère disposé à recommencer les hostilités contre l'Espagne. Henri VIII, toujours bouillant d'impatience, ne parlait rien moins que de lever 10,000 archers, de les joindre aux 18,000 lansquenets qu'enrôlerait Louis XII et de les jeter sur les provinces espagnoles. « Grâce à « mon secours, disait-il à l'ambassadeur impérial, le roi d'Aragon « a conquis la Navarre » (1). Désireux de se venger de la duplicité du Roi Catholique, il se croyait assez puissant pour lui enlever cet État. Mais Louis XII et ses conseillers, plus pratiques que le fougueux roi d'Angleterre, répondirent au duc de Suffolk, qui leur proposait une entreprise à frais communs pour reconquérir la Navarre et la rendre à ses anciens souverains, « que faire une « grosse armée pour seullement recouvrer ce royaume, la despence « se monteroit plus que le principal » (2). Ainsi, il fallait ajourner toute négociation sérieuse, comme toute tentative de recouvrement, jusqu'à la mort du roi de France. Déjà très affaibli par la maladie, Louis XII ne tarda pas à succomber. Le 1ᵉʳ janvier 1515, il expirait, et l'avénement de François Iᵉʳ ranimait les espérances des souverains navarrais dépossédés. Jean et Catherine, joués par leur allié à la trêve d'Urtubie, aux négociations de mai 1513, aux conférences de Blois, à la convention d'Orléans, spoliés par Ferdinand de la Basse-Navarre, saluèrent avec joie le nouveau règne qui leur permettait de caresser l'idée de la revanche.

CHAPITRE II.

LES NÉGOCIATIONS DE 1515 ; LE TRAITÉ DE PARIS.
LES DÉMARCHES DE FRANÇOIS Iᵉʳ ET DE L'ARCHIDUC CHARLES
POUR LE RECOUVREMENT DE LA NAVARRE.
L'ÉCHEC DES NÉGOCIATIONS
ET LA POLITIQUE DE FERDINAND LE CATHOLIQUE.

I.
L'avénement de François Iᵉʳ, Préparatifs d'une expédition contre le roi d'Espagne. Nouvelle ambassade navarraise auprès du pape. Le traité de Paris (23 mars 1515) et l'alliance franco-navarraise. L'action militaire ajournée.

Si Louis XII n'avait jamais éprouvé qu'une médiocre sympathie pour la maison d'Albret, François Iᵉʳ, au contraire, passait, même avant son avénement au trône, pour un partisan déterminé des rois de Navarre. « Il brûlait, dit Guichardin, du désir de les voir « rétablir dans leurs États » (3). Une amitié déjà ancienne unissait la maison d'Angoulême et celle d'Albret; elle avait été resserrée par la commune disgrâce qu'avaient eu à subir Louise de Savoie et Alain le Grand depuis le procès de Gié. En 1511, la mère du

---

(1) Lettre des ambassadeurs de Maximilien, 19 juin, dans les Lettres de Louis XII, p. p. Godefroy, IV, 328-330. — (2) Réponse de Louis XII au duc de Suffolk, 9 nov. 1514, publiée par Bergenroth, *Calendars*, II, 243. — (3) Guichardin, Hist. d'Italie, liv. XII, chap. II (p. 508, édit. Buchon).

nouveau roi ne disait-elle pas au père du souverain navarrais
« qu'il temporisast et prit patience », l'assurant que, lorsque
son fils ceindrait la couronne, « il auroit raison de tout » (1) ?
La campagne de 1512 avait aussi contribué à développer ces
relations amicales entre le Dauphin et le roi dépossédé. Enfin,
François Ier, qui passait pour le plus chevaleresque, le plus
loyal et le plus brave des princes, paraissait devoir détester
dans le roi d'Aragon l'astuce et la fourberie, qui lui étaient si
odieuses. Il n'est pas invraisemblable qu'il ait été séduit d'abord
par l'idée de soutenir la cause des opprimés. L'intérêt politique
aussi bien que le sentiment lui commandaient d'ailleurs d'aider
Jean et Catherine à reconquérir la Navarre. Le bruit courut, en
effet, à la cour d'Espagne, qu'il se proposait d'occuper le Milanais
et de détourner des affaires italiennes l'attention de Ferdinand,
en lui suscitant des embarras sur les Pyrénées (2). Une guerre
générale était imminente, et dès les derniers mois de l'année précédente, toutes les puissances s'y attendaient. Aussi les rois de
Navarre d'un côté, et le roi d'Aragon de l'autre, s'étaient-ils mis
en mesure, les premiers d'attaquer, le second de se défendre.
Jean d'Albret réunissait des troupes sur la frontière de Béarn (3),
jetait 1,000 hommes dans la place forte de Navarreinx, se
faisait octroyer par les États béarnais une donation de 10,000
écus (4). Mais Ferdinand avait pris les précautions nécessaires pour
conjurer le péril. Trouvant l'artillerie trop exposée à Saint-Jean, il
la fit conduire à Pampelune. Ensuite, il envoya le colonel Villalva,
avec une colonne d'infanterie et un corps de 300 lances sous les
ordres de Sandoval, occuper Saint-Palais et raser le château de
Garriz. Le sire de Luxe, le principal partisan du roi détrôné, fut
contraint de prêter l'hommage au Roi Catholique, de licencier les
bandes qu'il avait levées et d'envoyer à la cour d'Espagne un de ses
fils en otage (5). Le 31 octobre 1514, le marquis de Comares força
les Cortès de la Basse-Navarre tout entière, réunies à Huarte, près
de Saint-Jean, de jurer fidélité au roi d'Aragon et de s'engager « à
« ne pas souffrir qu'on lui fit tort soit vers la France, soit vers le
« Béarn » (6). Pour contenir la province et surveiller les armements
de Jean d'Albret, Villalva laissa à Saint-Jean le capitaine Gonzalo
d'Avalos avec 1,200 soldats et 600 arquebusiers et accrut la garnison

(1) D'après Luchaire, Alain le Grand, sire d'Albret, p. 225. — (2) Bruit
mentionné par Zurita, liv. X, chap. XCI, f° 387, v°. — Mariana, liv. XXX,
chap. XXIV, p. 627 (édit. Schott). — (3) Délibération des États de Béarn,
oct.-nov. 1514, Pau. Arch. des Bass.-Pyrén., C. 680, fos 96-103. — (4) Récit
de Zurita, liv. X, chap. XC, f° 387, r°. — (5) Zurita, liv. X, chap. XC, fos 386-
387. — (6) Serment des États de Basse-Navarre, réunis à Huarte, 31 octobre,
suivi de la nomination des lieutenants du vice-roi dans les quartiers de ce
pays, 1er nov. 1514, orig. Arch. des Bass.-Pyrén., E. 555.

de Maya. Enfin, on s'efforça de concilier les grands partis navarrais, en composant le Conseil royal moitié de Beaumontais et moitié de Gramontais (1). Cependant les souverains dépossédés conservaient encore de nombreuses intelligences dans leur royaume, et ils comptaient bien qu'à l'expiration de la trêve d'Orléans, ils pourraient, avec l'appui du roi de France, entreprendre une nouvelle expédition pour reconquérir la Navarre. Ils voulaient être prêts à attaquer leur adversaire dans les meilleures conditions. Aussi essayèrent-ils encore de faire reconnaître par le Pape la nullité des prétentions de Ferdinand, fondée sur la bulle d'excommunication de 1512. Ils choisirent un moment favorable, celui où Léon X concluait avec Louis XII et Henri VIII une ligue défensive contre le roi d'Espagne, et où le cardinal Amanieu d'Albret paraissait posséder la faveur de la cour romaine (2). Le 11 décembre 1513, ils résolurent d'envoyer à Rome un second ambassadeur, dom Paul de Béarn, abbé de Boulbonne, dans le comté de Foix, leur conseiller et leur cousin. Il devait présenter au souverain pontife l'assurance de l'affection et de l'obéissance des rois. Le fléau de la guerre, lui dira-t-il en leur nom, les a empêchés d'offrir plus tôt le serment d'obédience requis, avec les formes régulières. Maintenant, profitant de la trêve, ils s'empressent de lui faire hommage de leur royaume de Navarre et de leur seigneurie de Béarn. Si le Pape fait quelque difficulté pour admettre le serment d'obéissance, l'ambassadeur est chargé de lui démontrer le bon droit de ses maîtres, l'injustice de l'occupation espagnole, la nullité de l'excommunication qui servait de prétexte au roi d'Aragon pour retenir leur État (3). Cette seconde tentative auprès du Pape paraît, du reste, avoir été aussi infructueuse que celle de juin 1513. A supposer que l'envoyé béarnais ait réellement accompli la mission dont on l'avait investi, ce que l'on ignore, lorsqu'il arriva à Rome, il trouva les dispositions de Léon X bien changées. La politique pontificale, après la mort de Louis XII, s'était entièrement modifiée, et le 12 février 1515, le souverain pontife entrait dans la ligue formée par les puissances italiennes, le roi d'Angleterre et le roi d'Espagne contre François Ier (4). Il ne fallait pas songer, dans ces circons-

---

(1) Récit de Zurita, liv. X, chap. XC, f° 387, r°. — (2) Le cardinal Amanieu d'Albret est nommé, le 8 des ides de novembre 1514, abbé de Saint-Amand, dans le diocèse de Sarlat. Bulle du Pape, 8 des ides de nov., copie dans la coll. Doat, t. CCXXIX, f° 291. — (3) Lettre de créance de Paul de Béarn, abbé de Boulbonne (texte latin), 11 décembre 1514, orig. Arch. des Bass.-Pyrén., E. 559, copie. B. N., coll. Doat, 229, f° 295. — *Instructiones et memorialia regum Navarræ* (latin), même date (deux minutes orig.). Arch. des Bass.-Pyrén., E. 559, B. N., coll. Doat, t. CCXXXI, f°s 145-153. — (4) Ligue du 12 février 1515; analyse des clauses dans les *Calendars of State papers*, II, 252.

tances, à obtenir de lui le moindre acte d'hostilité contre l'usurpateur de la Navarre, devenu son allié, et tout ce qu'il accorda peut-être, ce fut ce renvoyer les demandes que formulait l'ambassadeur à l'examen des auditeurs de rote (1). Faute de l'appui du Pape, les souverains navarrais furent obligés de se contenter du concours de la France pour l'expédition qu'ils méditaient. Ils croyaient cependant toucher au but, et ils cherchaient à engager François Ier dans une guerre ouverte du côté des Pyrénées. Aussi Jean d'Albret se rendit-il lui-même à Paris, muni des pleins pouvoirs de la reine Catherine, afin de soumettre le traité de Blois à la ratification du nouveau souverain (2). Le roi de France s'empressa de consentir au renouvellement de l'alliance de 1512, et le 23 mars il conclut avec le roi de Navarre un nouveau traité, celui de Paris, qui confirmait et sur quelques points modifiait l'acte précédent. Le préambule en était tout d'abord plus humble ; il marquait bien que les souverains navarrais avaient cessé de traiter en égaux avec les princes français. « Le roy de Navarre, y était-il dit, a
« remonstré le grand désir que luy et la Royne sa compagne
« avoient et ont audit roy de France et à sa couronne, et l'a
« requis que ce fût son bon plaisir de luy accorder aucun traicté
« d'amytié, alliance et intelligence. » François Ier et Jean d'Albret se promettaient d'être « amys des amys et ennemys des ennemys » les uns des autres. Jean s'engageait en son nom, ainsi qu'au nom de la reine sa femme et de ses successeurs, « à aider et secourir
« le seigneur roi de France et ses hoirs envers et contre tous, de
« quelque autorité, qualité, condition ou dignité qu'ils fussent ». Il devait empêcher « les princes étrangers, quels qu'ils fussent,
« de passer par son royaume, terres et seigneuries, s'ils vouloient
« obtenir passage pour venir faire la guerre contre ledit
« seigneur ». Bien mieux, « si ledict seigneur avoit à besoigner
« pour quelque affaire des gens et sujets » du roi de Navarre, ce dernier serait obligé « de lui en envoyer et bailler tel nombre
« qu'il lui en demanderoit, à ses dépens ». De son côté, François Ier était tenu de ne pas livrer passage à travers ses États aux ennemis de son allié, d'accorder à ses sujets liberté de commerce, et de ne prêter faveur ou assistance à aucun de ses adversaires. La clause la plus importante du traité et la plus avantageuse était celle qui obligeait le roi de France et ses successeurs « à
« aider et secourir de tout leur pouvoir » les rois de Navarre
« envers et contre tous, sans nul excepter, pour la sûreté, garde,

---

(1) C'est une hypothèse, car on n'a à ce sujet aucun texte ou preuve précise. — (2) Procuration donnée par la reine Catherine à Jean d'Albret, 1515, mars. Arch. des Bass.-Pyrén., E. 555, orig.

« défense *et recouvrement* de leurdit royaume, pays, terres
« et seigneuries qui leur appartenaient ». Enfin, un dernier
article stipulait « que dorénavant ledit seigneur, ses hoirs et suc-
« cesseurs seraient tenus nommer et comprendre » leurs alliés
« ès traités, alliances et confédérations » ultérieurs, conclus
« avec quelque prince ou potentat que ce fût », à charge de
réciprocité (1). Cette convention fut ratifiée peu après, le 26 mai,
à Pau, par la reine Catherine (2). Elle n'était pas de nature à
décourager les projets des souverains navarrais ; mais il restait à
savoir de quelle manière François Ier allait aider les princes
d'Albret à recouvrer leur État. Le roi de Navarre s'était imaginé
qu'il obtiendrait de lui un concours actif, sous la forme d'une
expédition à main armée contre le roi d'Aragon. Aussi essaya-t-il
de détourner le roi de France de renouveler la trêve d'Orléans,
qui expirait le 1er avril. Il savait que le vicomte de Lautrec
et le marquis de Comares avaient entamé des pourparlers pour
proroger la suspension d'armes pendant une année (3). François Ier n'était pas défavorable à ce projet ; il eût bien voulu, en
effet, limiter les hostilités à l'Italie et conquérir le Milanais,
sans avoir à craindre une diversion sur les Pyrénées. Jean
d'Albret combattit de toutes ses forces la prorogation de la trêve.
Dans un mémoire destiné au roi de France, il exposait brièvement les raisons qui lui dictaient son opposition. Le roi d'Aragon,
disait-il, ne conclura de nouvelle convention « qu'à son avantaige
« et pour gaigner temps de pouvoir mener les choses à son
« intention ». S'il obtient « la trêve, cependant icelle, il sera en
« repos, et aura loisir de praticquer comme il a accoustumé,
« avecques les princes et potentatz de la chrétienté, pour les
« gaigner de son cousté et mutiner contre le roy (de France) et
« ses alliés ». Il lui sera facile, « en mectant en crainte les Castil-
« lans, de se faire obéyr tant de ceux qui l'ayment que des
« autres ». Il pourra lever sur eux « grand argent, les tailler à
« sa volonté, au moyen de quoi » il lui sera aisé « de mettre ses
« gens d'armes en grand nombre quand il luy plaira... tant
« delà les monts qu'en autre part ». Il se prévaudra du traité
qui lui sera accordé, pour insinuer qu'il a « eu du feu roy

---

(1) Traité d'alliance et de confédération entre François Ier et Jean d'Albret,
roi de Navarre. Paris, 23 mars 1514-1515, orig. Arch. Nation., supplément du
Trésor des Chartes, J. 917, n° 2. — Copie, Arch. des Bass.-Pyrén., E. 555. —
Le texte, p. p. Dumont, Corps diplom., t. IV¹, 198, porte la date erronée du
20 mars. — (2) Ratification du traité de Paris par la reine Catherine, Pau,
26 mai 1515, orig. scellé, Arch. Nation., Trésor des Chartes, J. 619, n° 30.
Copie, Arch. des Bass.-Pyrén., E. 555. — (3) Fait mentionné par Zurita, liv. X,
chap. XCI, f° 388.

« et du roy (de France), par crainte ou autrement, ce qu'il
« demande ». Il en profitera pour rassembler en Aragon
les vivres « et autres choses nécessaires », « afin d'être plus
« puissant contre le roy et ses alliés ». Il fortifiera les places de
la frontière et intriguera en Navarre pour empêcher que les
souverains légitimes ne reçoivent secours de ce côté. Jean et
Catherine « perdront ainsi le bon vouloir des Gramont et d'au-
« tres bonnes maisons » qui leur sont restées fidèles. L'occasion
de recouvrer le royaume sera, par conséquent, perdue (1). Le roi
de Navarre revint encore à la charge dans un entretien qu'il eut
avec le bâtard de Savoie, conseiller intime de François Ier, et
dans un mémoire où il résumait les demandes qu'il désirait faire
agréer à la cour de France. Il priait le « Roy qu'il lui plût bien ad-
« viser sur la tresve que le roy d'Aragon pourchassait, laquelle est,
« disait-il, la totalle perdition du royaume de Navarre, tant pour
« le désespoir en quoi l'on mettra les Navarrois et tous autres
« amis et serviteurs de delà, comme pour les réparations de
« places et autres préparatifs que ledit roy d'Aragon pour .
« faire ». Il ajoutait que, suivant la proposition qui lui avait été
faite de la part du roi de France, « il adviseroit sur les articles
« que le roi d'Aragon avoit baillés, et il diroit ce que lui semble-
« roit le plus utile ». Il nourrissait, malgré les apparences contraires, l'espoir d'être soutenu par François Ier dans une nouvelle
expédition. « Plaira au Roy adviser, dit-il, l'aide et secours que
« luy semblera pour le recouvrement dudit royaume de Navarre,
« et comment le roy de Navarre se doit gouverner avecques ceux
« qu'il a intelligence en Espagne ». Enfin, il sollicitait une indemnité en argent, « pour les grands frais et mises qu'il avait portés
« depuis la perdition de son royaume », et « afin qu'il se pût
« ayder » (2). Mais le roi de France se souciait peu d'entreprendre
un grand armement sur les Pyrénées, au moment où il songeait
avant tout à régler les affaires italiennes. Sans doute, les négociations relatives à la trève furent un moment rompues, Ferdinand
exigeait que la suspension d'armes s'appliquât non-seulement à
la frontière pyrénéenne, mais encore à l'Italie, pour ne pas laisser
à François Ier la liberté d'attaquer le Milanais (3). Mais ce contre-

(1) Les raisons pour lesquélles semble au roy de Navarre que le roy (de France) ne doit vouloir entendre à la trève demandée par le roy d'Aragon, sans date, minute originale inédite. Arch. des Bass.-Pyrén., E. 554 (trois exemplaires); autre exemplaire, E. 556. Copie, coll. Doat, t. CCXXXI, fº 229. — (2) Mémoire des demandes du roy de Navarre au roy de France, lesquelles il avoit expliquées plus au long au bastard de Savoye, sans date, B. N., coll. Doat, t. CCXXXI, fº 234, copie. Arch. des Bass.-Pyrén., E. 554, minute originale inédite. — (3) Voir Guichardin, liv. XII, chap. III, p. 615 (trad. et édit. Buchon). — Zurita, liv. X, chap. XCI, fº 388, vº.

temps n'empêcha pas le roi de refuser à son allié l'action militaire qu'il demandait contre l'Espagne. Il se contenta de lui promettre son appui armé, au cas où les voies diplomatiques échoueraient.

11.
Les négociations pour le recouvrement pacifique de la Navarre. Accord du 31 mars entre le prince de Castille et le roi de France. Démarches du roi de Navarre auprès du roi de France et auprès des princes de la maison d'Autriche. (Avril-juin 1515.)

C'était pourtant un succès que d'avoir obtenu un essai de solution, même pacifique, de la question navarraise. Cette question fut, en effet, agitée au Congrès de Paris par les ambassadeurs français et flamands. L'archiduc Charles et ses conseillers désiraient vivement conclure une alliance étroite avec la France. Ils craignaient que le roi d'Aragon ne dépouillât son petit-fils des royaumes espagnols, au profit de l'infant Ferdinand, le frère de l'Archiduc. L'infant, élevé en Espagne, possédait toute l'affection du Roi Catholique. Le prince de Castille, menacé dans ses droits, s'était rapproché de François Ier. Il lui avait envoyé une ambassade solennelle dont le chef était Michel de Croy, sire de Saint-Pinon, et qui comptait parmi ses membres Michel Pavie, doyen de Cambrai, Philippe Dalles, son maître d'hôtel, et Gilles Vandesdamme, son secrétaire. Le roi de France avait délégué ses pouvoirs, pour négocier avec eux, au chancelier Duprat, au sire d'Orval, oncle du roi de Navarre, au vicomte de Lautrec et au bâtard de Savoie. Pour cimenter l'union projetée, on proposait de marier l'Archiduc avec la fille de Louis XII, Renée (février 1515). Les pourparlers durèrent près de deux mois. Jean d'Albret n'eut garde de laisser passer l'occasion de revendiquer son royaume auprès des délégués du futur roi d'Espagne. Il obtint de François Ier communication des articles de « l'alliance de Flandre », et il demanda que, dans le traité conclu avec le prince de Castille, on « ne comprît pas le royaume « de Navarre, s'il y était fait mention du roi d'Aragon », et qu'on lui accordât « surséance de guerre ». Il priait aussi son allié « de « faire que ledit prince baillât lettres adressantes aux grands de « Castille par lesquelles lettres leur déclareroit qu'il n'entendoit « point que ses subjects s'empeschassent en l'affaire dudit Na- « varre ». Il suggérait aussi l'idée suivante : « Que ledit prince « donne quelque bonne seureté secrètement au Roy, qu'il s'em- « ploiera et aidera au recouvrement et restitution dudit royaume « de Navarre, ainsi qu'il voudroit estre aidé et secouru pour ce qui « lui appartient » (1). Bien que les ambassadeurs français eussent appuyé dans les conférences les demandes de Jean d'Albret, ils ne purent aisément obtenir des Flamands que l'on discutât les propositions du roi détrôné. Le traité du 24 mars 1515, conclu à Paris, ne stipulait rien en faveur du roi de Navarre; il n'y était question que du mariage de Renée avec l'Archiduc, et d'une alliance

(1) Mém. des demandes du roy de Navarre au roy de France, lesquelles il avait expliquées plus au long au bâtard de Savoie, sans date, minute originale inédite. Arch. des Bass.-Pyrén., E. 554: Copie, B. N., coll. Doat, 231, f° 234.

offensive et défensive entre François et Charles (1). Mais on avait décidé que les procureurs du roi de France et ceux du prince de Castille nommeraient les alliés qu'ils voudraient comprendre dans la convention. Alors, sur les insistances de François Ier, les Flamands consentirent à annexer au traité un article spécial qui fut signé le 31 mars par eux et par les négociateurs français. Cet article concernait les différends relatifs au royaume de Navarre. « Les députés du Roy, y est-il dit, ont déclaré aux ambas-
« sadeurs de M. le prince d'Espagne que le Roy, en gardant le
« traicté d'amytié fait entre luy et mondit seigneur le Prince,
« peult, pourra et entend assister et aider le roy de Navarre à
« la tuicion ou recouvrement dudit Navarre, occupé par le roy
« d'Arragon, grant-père dudit seigneur le Prince et par lui déno-
« miné son allié ». Les ambassadeurs flamands se sont refusés à admettre cette clause, « pour ce que dans le traicté d'amytié est
« dit entre autres choses que iceulx seigneurs Roy et Prince,
« leur amytié durant, pourront poursuivre leurs droits et que-
« relles par voye amiable et de justice, et selon ce, se doivent
« régler les alliez d'ung costé et d'autre ». Mais, pour mettre fin à cette contestation, ils consentaient à adhérer à un acte additionnel ainsi conçu : « Dans les six mois prochaine-
« ment venans, iceulx seigneurs le Roy et Prince pourront,
« ainsi que par chacun d'eulx sera advisé, envoyer leurs ambas-
« sadeurs par devers ledit roy d'Arragon, pour le persuader de
« vouloir prendre journée amyable pour vuider le différend
« estant entre iceulx roys d'Arragon et de Navarre, et de bouloir
« entretenir ce que par les depputez d'iceulx seigneurs Roy et
« Prince sera advisé ». Si « lesdits roys d'Arragon et de Na-
« varre ou l'ung d'eulx ne se veulent accorder, (ils) moyenne-
« ront de les faire condescendre à eslire arbitres ». Si le roi d'Aragon « ne veult entendre à ladite voye amiable, ne s'en rap-
« porter aux depputez du Roy et de monsieur le Prince, ne eslire
« arbitres, ou ne veult pas obtempérer et fornir à l'ordonnance
« desdits depputez ou arbitres, ou que les choses dessusdites ne
« sont accomplies dedans ung an, par faute desdits seigneurs roy
« d'Arragon ou Prince, èsditz cas ledit seigneur roy d'Arragon de-
« mourera forclos du bénéfice desdits traictés d'amytié desdits sei-
« gneurs Roy et Prince ». Il en sera de même du roi de Navarre, s'il se refuse également à l'arbitrage ou à l'accommodement. Ainsi, le roi de France n'était autorisé à aider le roi de Navarre à recouvrer son État par les armes que dans un délai d'un an, et tout ce

---

(1) Traité de Paris, 24 mars 1515, orig. Arch. Nation., J. 661, n° 1. — *Ibid.*, K. 1639, n° 44²⁴ (texte esp.); — publié aussi par Dumont, Corps diplom., IV¹, 99.

qu'avait pu obtenir Jean d'Albret, c'était de soumettre ses revendications à un congrès de Français et de Flamands ou à la décision d'arbitres. Encore fallait-il l'adhésion du roi d'Aragon (1). L'avantage pouvait paraître mince. Les souverains navarrais semblent cependant l'avoir estimé assez grand. C'était beaucoup pour eux que d'avoir intéressé les deux plus puissants princes de la chrétienté à la solution de la question navarraise, et d'avoir obtenu que leurs droits fussent mis en parallèle avec ceux infiniment contestables de l'usurpateur. A supposer, d'ailleurs, ce qui était probable, que Ferdinand refusât d'accepter la médiation du roi de France et de l'Archiduc, on avait toujours, dans le délai d'un an, la ressource d'une expédition à laquelle François Ier donnerait son appui. Enfin, le prince de Castille, le successeur du Roi Catholique, ne pourrait, lorsqu'il serait devenu le souverain de l'Espagne, s'opposer au recouvrement de la Navarre, car, le 31 mars, il reconnaissait les droits de Jean d'Albret, en lui donnant le titre « de roi de Navarre » et en le nommant parmi ses alliés (2).

Puisque l'entreprise projetée contre la Castille ne pouvait avoir lieu, il ne restait plus qu'à attendre l'issue des négociations engagées, sous les auspices de François Ier et de l'Archiduc, avec le roi d'Espagne. De cette campagne diplomatique allait dépendre la tournure que prendrait à l'avenir la question navarraise. Dès ce moment, le roi de Navarre mit tous ses soins à hâter les démarches qu'on lui avait promises. Il resta encore à Paris, et il eut avec le roi de France une dernière entrevue le 15 avril, jour de Quasimodo. Dans cet entretien, il prie François Ier d'enjoindre à ses ambassadeurs, qui allaient partir pour la cour de Flandre, « de dire à l'Archiduc ce qu'il « cognoissoit être au profit et utilité du roy de Navarre », de manière « à l'assurer le plus qu'il pourra de la restitution de son « royaume ». Il lui demande aussi de l'aider « à entretenir » les exilés navarrais, qui lui causaient « grosses despences ». Il le supplie de lui indiquer comment il devrait « entretenir ses

---

(1) Acte passé entre les ambassadeurs du roi de France et du prince de Castille au sujet de la Navarre, texte français; en espagnol, le titre est le suivant : *La Declaracion que se fizo por los embaxadores del Rey de Francia y del Principe sobre lo de Navarra*, Paris, 31 mars 1513, orig. Arch. Nation.; J. 661, n° 3. Copie en espagnol, *ibid.*; K. 1639, n° 46. Deux copies, une en français, l'autre en espagnol, aux Arch. de Simancas, *Patr. real. Cap. con Nav.*, leg. 2, f°s 52 et 55. Une copie, British Museum, texte espagnol, Mss. Égerton, 544, pièce 16, f° 70. Texte français, p. p. Dumont, Corps diplom., IV^1, 203. — (2) Nomination des alliés du roi de France et du prince de Castille, 31 mars, orig. Arch. Nation., J. 661, n° 11; copie, coll. Doat, t. X, f° 214.

« amys et ses subjects et bons serviteurs qui sont encore au
« royaume de Navarre ». Il espère que son allié le voudra secourir si « le roi d'Aragon court sus à messieurs de Gramont et
« de Luxe, car les laisser perdre, ce seroit donner aux autres
« mauvaise espérance ». Quelques jours plus tard, avant de
quitter la cour, il n'oublia pas de solliciter une augmentation
de sa pension et de celle de la reine Catherine. Il s'offrait à
aider, de son côté, le roi de France de tous ses moyens. Pour
obéir au désir qui lui avait été exprimé, Jean amenait à la
cour son fils, le prince Henri. Il le laissa auprès de François Ier,
à la seule condition que le souverain, son allié, lui donnerait « un
« estat » qui lui permît de tenir son rang. Il s'engagea à gagner
au service de la France la maison de Croy, dont l'un des membres, le prince de Chimay, avait épousé sa sœur, Louise d'Albret (1), et, en outre, don Juan Manuel, ainsi que les autres Castillans réfugiés en Flandre, ses anciens amis de 1506. Il s'efforça
de faire entrer le grand ingénieur Pedro Navarro, son vassal,
dans l'armée française, proposition que Navarro accueillit volontiers. Il promit, en effet, au roi de Navarre « qu'il y mettroit la
« peau et les os, en sorte que le roy (de France) en seroit con-
« tent ». Si François Ier avait besoin de son aide pour « quelque
« entreprinse qui lui sembleroit », le prince lui offrait aussi quatre
ou cinq cents chevau-légers, et spécialement les Albanais qu'il avait
réunis en Bigorre l'année précédente. Enfin, il allait « se pré-
« parer » dans ses États « pour estre prêt au service dudit sei-
« gneur quand luy plairait le luy mander » (2). Il est probable
que le roi de France accueillit avec bienveillance les demandes
de son allié et qu'il lui sut gré de ses offres de service. Sur le
point essentiel, il promit formellement à Jean d'Albret « de donner
« charge des affaires dudit royaume de Navarre aux ambas-
« sadeurs qu'il avoit délibéré envoyer devers l'Archiduc et le
« roy d'Aragon, et d'en parler à l'ambassade » flamande, qui
n'avait pas encore quitté la cour (3). Confiant dans cette promesse, Jean revint en Béarn et y attendit le résultat des négociations qui allaient s'engager. Ces pourparlers, dont on connaît
l'existence, surtout d'après des pièces inédites, se poursuivirent

---

(1) Louise d'Albret, sœur du roi de Navarre, avait épousé en 1495 le prince
de Chimay (Charles de Croy). Contrat de mariage daté du 9 déc. 1495, orig.
Arch. des Bass.-Pyrén., E. 90. — (2) Mém. de ce que le roy de Navarre dit
au Roy le jour de Quasimodo, 15 avril 1515, le Roy estant à Paris; copie,
B. N., coll. Doat, 230, f°s 251-253. — Articles baillés au Roy touchant les
affaires du roy de Navarre, sans date, copie, B. N., coll. Doat, 231, f°s 236-
237; doc. inédits. — (3) Rappelé dans le mémoire intitulé : Articles baillés au
Roy, cité ci-dessus.

obscurément, du mois de juin au mois de septembre 1515. Comme il l'avait promis, le roi de France chargea ses ambassadeurs de plaider auprès de l'archiduc Charles la cause des souverains dépossédés. Les envoyés français, M. de Vendôme, Étienne Poncher, évêque de Paris, M. de Genlis et le sire d'Escheney, s'étaient rendus à La Haye au mois de juin (1). Ils ne manquèrent pas de recommander au prince de Castille les intérêts du roi de Navarre. Jean d'Albret recourait en même temps aux bons offices de Marguerite d'Autriche, tante de l'Archiduc. Il lui écrivit le 2 mai pour lui faire part de la joie que lui causait « l'alliance, « bonne amytié et confédération accordée entre Mgr le Roy de France et « monsieur son cousin le prince de Castille, ayant « espoir que, à cause d'icelle, Dieu en serait mieux servi, et toute « la chrétienté ». Il la priait aussi, « pour la singulière affection « que toujours lui avoit pleu avoir en ses affaires », de l'aider à ce que son royaume, injustement occupé, « lui fût rendu et « restitué » (2). Il chargea son fidèle vassal, le maréchal don Pedro, d'accompagner l'ambassade française à La Haye, et de « supplier le Prince d'envoyer quelque personne de sa maison, « qui persuadât à son grand-père (le roi d'Aragon) de restituer « la Navarre » (3). Sur les instances des envoyés de François Ier et du maréchal, l'Archiduc promit, en effet, « qu'il enveyroit un « personnage pour parler » des revendications des princes d'Albret au Roi Catholique (4). Telle fut la réponse singulièrement vague que le chef de l'ambassade, M. de Vendôme, rapporta au roi de France à Lyon, vers la fin du mois de juillet (5).

III.
Incorporation de la Navarre à la Castille par Ferdinand le Catholique (6 juin-11 juill. 1515).
Inutiles démarches des rois de Navarre, du roi de France et du prince de Castille auprès du roi d'Espagne.

Mis au courant de ces intrigues, Ferdinand avait tout disposé pour les déjouer. Plus que jamais, il était résolu à garder la Navarre; la raison d'État le lui commandait, et il croyait avoir des droits suffisants pour justifier son usurpation. Tout d'abord, il chercha à opposer à la ligue du roi de France, du roi de Navarre et de l'Archiduc une coalition où entrèrent le Pape et Henri VIII. Il s'efforçait de persuader à Léon X d'excommunier François Ier. Il demandait au roi d'Angleterre, sa dupe, un secours

(1) Les Mémoires de Martin du Bellay, liv. Ier, p. 122 (coll. Buchon), mentionnent cette ambassade et les noms des ambassadeurs. — (2) Lettre de Jean d'Albret à Marguerite d'Autriche, Paris, 2 mai 1515, publiée par Le Glay, Négoc. entre la France et l'Autriche, II, 84. — (3) Cette démarche nous est connue par la déposition du maréchal de Navarre, intitulée : Los dichos y deposiciones del marichal (dossier inédit des Archives de Simancas, Patron. real. Capit. con Nav., leg. 2, f° 60), 1516. — (4) Cette réponse est relatée dans les instructions (inédites) du roy et de la royne de Navarre à leurs envoyés devers l'Archiduc (sept.? 1515). Arch. des Bass.-Pyrén., E. 559. — (5) Date du retour de l'ambassade fixée par les Mémoires de Martin du Bellay, liv. Ier, p. 122 (coll. Buchon).

de 100,000 couronnes et de 4,000 hommes pour protéger la frontière des Pyrénées (1). Malgré ses protestations contraires, tout le monde savait bien qu'il n'avait rien à craindre de ce côté, tant que les affaires italiennes ne seraient pas réglées sur les champs de bataille du Milanais. Sûr de n'être pas attaqué dans le présent, il craignait pour l'avenir. Aussi se faisait-il accorder par les Cortès de Valence, de Catalogne et d'Aragon d'importants subsides en vue de la guerre (mai 1515), et comme l'avait prévu Jean d'Albret, il profitait du répit qui lui était accordé pour se fortifier dans sa conquête. Enfin, désireux d'intéresser l'amour-propre et l'intérêt national du plus important de ses États, l'État castillan, à la conservation de la Navarre, il résolut d'incorporer ce royaume à la couronne de Castille. Il se sentait depuis deux ans affaibli par l'âge et la maladie. La passion sénile qu'il éprouvait pour sa seconde femme, Germaine de Foix, avait achevé d'épuiser ses forces. Agité par la fièvre, saisi de vomissements, en proie à un besoin de déplacements perpétuels, recherchant la solitude et le grand air, il sentait la mort s'approcher (2). Malgré ses souffrances, malgré l'amertume qui l'envahissait, lorsqu'il songeait que la monarchie espagnole allait passer à un étranger détesté, il n'oublia point ses devoirs de souverain. Il voulut, avant de mourir, assurer à l'Espagne ce royaume de Navarre qui lui avait coûté quarante ans d'intrigues, de négociations et de guerres. Avec la sûreté de coup d'œil du génie, il comprit qu'il imposerait à son successeur la nécessité de garder cette conquête, qui lui tenait tant à cœur, en la plaçant sous la sauvegarde de l'intérêt, de l'orgueil et du patriotisme des Castillans. La Castille, plus disciplinée, plus forte, plus dévouée à l'unité nationale que l'Aragon, lui semblait plus apte aussi à servir ses desseins. Il saisit, pour promulguer l'acte d'incorporation, le prétexte que venait de lui offrir le dévouement enthousiaste de ce royaume. Dans un élan patriotique, les Cortès castillanes, réunies à Burgos le 8 mai, lui avaient voté un subside important de 150 cuentos en vue des dépenses de la guerre (3). Le lundi 11 juin 1515, dans une salle basse de l'hôtel du connétable de Castille, eut lieu la cérémonie solennelle qui lia irrévocablement les destinées de la Navarre à celle de l'Espagne. Le duc d'Albe, qui avait conduit l'expédition de 1512, annonça aux grands, aux prélats et aux députés des villes assemblés, que le Roi Catholique faisait donation du royaume de Navarre, pour en jouir après sa mort, à sa

(1) Voir à ce sujet la lettre de Ticioni à Marguerite d'Autriche, mai 1515. Le Glay, Négoc., II, 101, et les *Calendars of State papers*, II, pp. 254-255. — (2) Sur la maladie et les dernières années du roi d'Espagne, voir le tableau vivant que trace Pierre Martyr, *Epist.*, 530 et 542. — (3) Zurita, liv. X, chap. XCII, f° 390.

fille doña Juana et à son petit-fils don Carlos, « en vue du bien
« et de l'accroissement de leur couronne royale. Dès à présent, il
« incorporait ledit royaume à la couronne royale desdits royau-
« mes de Castille, de Leon et de Grenade, pour qu'il appartînt
« à ladite reine, et après sa mort au prince son fils ». Cette
donation était faite, ajouta le duc, en vertu des droits que Ferdinand possédait sur sa conquête, depuis que le pape Jules II « avait
« privé don Juan de Labrit et doña Catalina, sa femme, les anciens
« rois, dudit royaume, parce qu'ils avaient pris le parti de Louis
« de France, ennemi de l'Église et fauteur du schisme, et avait
« donné ledit royaume à Son Altesse, pour qu'elle pût en disposer
« pendant sa vie et à sa mort, suivant sa volonté ». Après que le
duc eût parlé, « parce qu'il y avait, suivant l'usage, certain diffé-
« rend entre les députés de Burgos et ceux de Tolède, pour savoir
« lesquels d'entre eux prendraient la parole les premiers, les pré-
« sidents des Cortès prononcèrent la formule usitée : « Tolède fera
« ce que Son Altesse a commandé, et Burgos parlera ». Aussitôt
« les députés de Burgos, en leur nom et au nom de tous les délé-
« gués », remercièrent le Roi Catholique « de son profond amour
pour ses royaumes », et pour ce motif, déclarèrent « baiser les
« mains de Son Altesse ». Puis, chacun des membres de l'assemblée, au nom de la cité qu'il représentait, renouvela ce remercie-
ment. Le 7 juillet, le roi d'Espagne se rendit lui-même aux Cortès
pour confirmer les déclarations faites sur son ordre par le duc
d'Albe. Il répéta qu'il donnait le royaume de Navarre à sa fille doña
Juana, et après la mort de la reine, à son petit-fils, et qu'il « l'in-
« corporait à la couronne de Castille ». Il ajouta que les membres du
« Conseil de la reine doña Juana connaîtraient de toutes les affaires
« qui concernaient les cités, villes et lieux dudit royaume et leurs
« habitants, et leur rendraient à l'avenir la justice, en observant les
« fueros et coutumes » navarraises. Sur la requête des Cortès, le secrétaire Ruiz de Castañeda dressa aussitôt l'acte d'incorporation,
que signèrent en qualité de témoins l'évêque de Burgos, le grand-
commandeur de Castille, le licencié Zapata et le docteur Carvajal [1].
Dès ce moment, l'annexion fut consommée. Les trois députés des
Cortès de Pampelune, l'abbé d'Iranzu, don Rodrigo, le sire de
Cadreita, Jaime Diez, et l'alcalde Miguel d'Aoiz, se bornèrent à
stipuler des garanties pour l'autonomie administrative de leur
pays, et obtinrent qu'on fît droit à leurs griefs sur la plupart des

---

[1] Acte d'incorporation de la Navarre à la Castille, 11 juin-7 juillet 1515, Burgos. Copie principale, Arch. de Simancas, *Estado Navarra*, leg. 344, f. 31. Autres nombreuses copies : Simancas, *Capit. con Nav. (Patronato real.)*, leg. 2.; Arch. de Nav., *Cortes, Guerra*, leg. 1, carp. 62, copie p. p. Yanguas, *Diccionario de Antigüedades*, III, 260-267; British Museum, etc.

points (1). Mais les forteresses du royaume continuèrent à rester aux mains des Espagnols ; la présidence du Conseil royal demeura à un Castillan ; on ne fit plus de différence entre les habitants de la Castille et de la Navarre, au point de vue des bénéfices et des offices, autres que les charges administratives et politiques (2). Dès lors, toute l'Espagne, et surtout la Castille, considéra les revendications de la maison d'Albret comme une atteinte à la dignité nationale et à l'intégrité du territoire. Les successeurs de Ferdinand furent liés par l'acte d'incorporation, et nul n'osa braver la colère des Espagnols, en reconnaissant loyalement l'usurpation et en restituant le royaume usurpé à ses légitimes possesseurs.

C'est alors que le Roi Catholique, fort de l'adhésion de toute l'Espagne, put répondre par une fin dédaigneuse de non-recevoir à toutes les démarches diplomatiques, sur lesquelles les souverains dépossédés fondaient en partie leur espoir. L'ambassadeur de France, Artus Gouffier, sieur de Boissy, négociait à ce moment le renouvellement de la trêve d'Orléans. Il ne semble pas que ce diplomate ait appuyé les revendications de Jean d'Albret, ni proposé la médiation ou l'arbitrage dont il avait été question dans l'acte du 31 mars (3). Une démonstration militaire sur les Pyrénées eût singulièrement secondé les efforts des envoyés français et flamands qui allaient sonder les intentions du roi d'Espagne au sujet de la Navarre. Mais François Ier, uniquement préoccupé de son expédition d'Italie, ne songeait nullement à « tourner ses « forces sur Ferdinand pour reconquérir » le royaume de son allié, comme l'avait craint d'abord le roi d'Aragon (4). Il finit même par renouveler la trêve d'Orléans. Une fois rassuré au sujet des intentions du roi de France, et certain que l'orage ne fondrait pas sur lui, le souverain espagnol repoussa hardiment les tentatives faites auprès de lui en faveur des princes d'Albret.

(1) *Patente original de los agravios representados por las Cortes de Pamplona al Rey en Burgos*, 30 juin 1515. Arch. de Nav., *Cortes, legislacion*, leg. 1, carp. 23. — (2) D'après le document précité. — Sur la collation des bénéfices, on a le témoignage de Vizcay, *Derecho de la naturaleza que los naturales de la merindad de San-Juan tienen en los reynos de la corona de Castilla*, in-4°, p. 22, et celui du chanoine Belça dans un mémoire rédigé en 1603 et placé à la suite de l'acte d'incorporation, dans la liasse 344 des Archives de Simancas *(Estado Navarra)*, précitée. — (3) Sur les négociations relatives à la trêve, voir Ferreras, t. VIII, p. 413. — (4) Expressions de Martin du Bellay, Mémoires, liv. Ier, p. 123 (coll. Buchon). Son assertion est confirmée par Guichardin, qui mentionne aussi l'union de la Navarre à la Castille, en ajoutant cette remarque fort juste, que Ferdinand pensait ainsi « mieux engager ses sujets à la défendre ». Hist. d'Italie, liv. XII, chap. III, p. 518 (coll. Buchon).

Jean et Catherine, apprenant que le Roi Catholique était tombé malade et que sa mort paraissait imminente, déléguèrent deux religieux qui se rendirent à Burgos, en Castille. Ces envoyés, d'après une tradition que rapporte Aleson, dont il est impossible de contrôler le récit, sommèrent le roi d'Aragon de restituer le royaume qu'il détenait injustement et le citèrent à comparaître au tribunal de Dieu, pour y répondre de son usurpation. Ferdinand leur répondit avec calme qu'en présence de la mort, il se sentait la conscience aussi tranquille, pour avoir conquis et gardé la Navarre, que lorsqu'il avait hérité de ses autres États. Il possédait ce royaume, dit-il, en vertu de droits aussi légitimes que l'Aragon et la Sicile, puisqu'il en avait fait la conquête et conservé la possession en vertu de l'ordre même du vicaire du Christ et avec l'appui de Dieu (1). La démarche du roi de France ne fut pas mieux accueillie. Pendant l'absence de François Ier, et sans doute sur son ordre, la reine Claude avait enjoint au gouverneur de Guienne, André de Foix, seigneur d'Asparros, cousin des rois de Navarre, de demander un sauf-conduit au roi d'Espagne pour le négociateur qu'elle se proposait de déléguer auprès de ce souverain. Le messager du gouverneur de Guienne, que Zurita nomme Domengo de Turbida, requit de Ferdinand ce sauf-conduit, destiné à l'envoyé français, Gilles de Comacre, secrétaire de la reine. Il trouva le Roi Catholique au bourg d'Osma le 20 septembre, et reçut pour toute réponse l'injonction de quitter la cour, sous prétexte que le prince ne pouvait recevoir aussi fréquemment la visite des agents français sans éveiller les soupçons de ses alliés. Ferdinand ajoutait que, si la mission de Gilles de Comacre « avait pour objet les affaires de Navarre et les prétentions « de Jean d'Albret, il déclinait toute négociation ; maître du « royaume et ayant sur lui les droits les plus clairs, il n'admet- « tait pas qu'on pût raisonnablement entamer des pourparlers « au sujet de sa possession » (2). A l'égard de l'Archiduc, le roi d'Espagne gardait plus de ménagements. Sa réponse fut plus courtoise dans la forme, quoique aussi péremptoire pour le fond, que celle qu'il avait faite au délégué français. Suivant sa promesse, le prince de Castille avait donné l'ordre à un de ses serviteurs de se rendre auprès de Ferdinand, pour lui demander d'accepter la médiation ou l'arbitrage stipulés au traité de Paris au sujet de la Navarre. Mais les instructions rédigées pour cet envoyé, Jacques de Marsilla, écuyer-tranchant de l'Archiduc, le

---

(1) Cette démarche n'est connue que par le récit de deux Jésuites, Abarca, *Reyes de Aragon*, II, 404, et Aleson, *Anales de Navarra*, chap. XIX, f° 310 (t. V), qui ne donnent aucune preuve. — (2) Cette négociation n'est connue que par le récit de Zurita, liv. X, chap. XCV, f° 397.

30 juillet 1515, étaient conçues de manière à ne produire aucune impression sur Ferdinand. Charles semblait s'y excuser de sa démarche, qui avait surtout pour objet de satisfaire en apparence le roi de France, et il présentait son alliance avec François Ier comme un expédient; elle lui « estoit, disait-il, plus que néces-« saire », et sans elle « il ne pouvoit entretenir son estat » (1). Un autre document inédit du British Museum nous a conservé les termes mêmes de la lettre que le Roi Catholique adressa à son petit-fils. Cette missive, datée de Santistevan et du 25 août 1515, fut portée à la cour de Flandre par Marsilla, qui avait été aussi chargé de présenter les compliments de condoléance du prince touchant la maladie de son grand-père. Ferdinand y remercie son petit-fils de cette attention et l'assure qu'il a pour lui « toute l'affection d'un véritable père ». Il se réjouit « de le « savoir en bonne santé, situation et prospérité », et il prie Dieu « de lui conserver et accroître ses biens ». « En ce qui con-« cerne la Navarre, dit-il, je crois volontiers que vous n'avez pas « tenté votre démarche de votre propre mouvement *(no procede* « *de vuestra voluntad)*, mais uniquement pour plaire au roi de « France. Vous connaissez la justice de mes droits; vous savez « que j'ai agi pour le bien et la sûreté de mes royaumes d'Es-« pagne, en m'en assurant la *possession*. Vous devez hériter un « jour de cet État comme des autres, et je pense que vous ne « consentirez à rien qui soit contraire à vos propres intérêts. « Aucun bon serviteur ne vous conseillera autrement que je ne « le fais, et vous avez trop de prudence et de discrétion pour ne « pas me comprendre » (2). Quoique enveloppé sous ces formes polies, le refus opposé à l'essai de médiation était clair et net. Aussi bien, l'Archiduc n'avait-il tenté cette négociation que par acquit de conscience, et les souverains navarrais se faisaient de singulières illusions en comptant sur son appui. Ils envoyèrent, en effet, à la cour de Flandre un de leurs agents, muni des lettres de recommandation de la Régente Louise de Savoie et de la reine Claude, pour connaître la réponse du roi d'Aragon (3).

(1) Instr. analysées d'après le fonds espagnol du British Museum, par H. Baumgarten. Geschichte Karls, V, t. Ier, p. 30. Baumgarten ne paraît pas avoir connu la réponse de Ferdinand, ci-dessous. — (2) *Carta del Rey (Católico) á su nieto el principe don Carlos agradeciendole de la visitacion que le habia embiado á hacer y respondiendole acerca lo de Navarra*, 25 août. British Museum, fonds espagnol, Mss. 544, pièce 69, f° 240 (copie). Ce document, très important, encore inédit et resté inconnu de tous les historiens de la Navarre, ne se retrouve plus à Simancas, où a été prise la copie unique qui en existe et qui appartient au British Museum. — (3) Instr. des roy et royne de Navarre à leur envoyé devers l'archiduc, sans date, minute originale. Arch. des Bass.-Pyrén., E. 559. Copie, B. N., coll. Doat, 232, f°s 113-132 (inédites).

Elle n'était point de nature à les confirmer dans leurs espérances, et, dès lors, il ne leur restait plus qu'à tenter encore de recourir aux armes. C'est ce qu'ils essayèrent pour la seconde fois en 1516, et c'est à préparer la deuxième expédition de recouvrement qu'ils passèrent les derniers mois de l'année 1515.

CHAPITRE III.

LA SECONDE TENTATIVE DE RECOUVREMENT DE LA NAVARRE. EXPÉDITION DE 1516. GOUVERNEMENT DE JIMENEZ ET DE CHARLES D'ESPAGNE.

(1515 septembre-avril 1516.)

I. Préparatifs de la seconde expédition navarraise. Démarches des rois de Navarre auprès du roi de France, du prince de Castille et du pape Léon X. (Sept.-déc. 1515.)

Pour réussir dans l'entreprise qu'ils méditaient, Jean et Catherine comptaient sur le concours du roi de France, sur la neutralité bienveillante de l'Archiduc, sur l'appui du pape Léon X, et enfin sur le soulèvement de leurs anciens sujets. François 1er s'était formellement engagé à les soutenir, par l'acte additionnel du 31 mars et par le traité de Paris, au cas où la médiation et l'arbitrage proposés au roi d'Aragon seraient repoussés. Aussitôt qu'ils connurent le résultat des démarches de l'envoyé français auprès de Ferdinand, les souverains navarrais chargèrent le maréchal de Navarre de se rendre auprès du roi de France. Le maréchal raconte lui-même qu'il trouva le vainqueur de Marignan à Milan (1). On était alors au mois d'octobre. L'ambassadeur exposa que les nouvelles d'Espagne étaient favorables aux projets de ses maîtres. « Aucuns de leurs amys de Castille les avaient advertys que la « vie du roy d'Arragon ne peut guères durer. » Il y a quelques jours, on les a même avisés qu'il était mort, et ils ont informé de ce fait M. d'Asparros, qui saura leur donner des renseignements tout à fait sûrs. Le temps est donc venu d'agir. Dès que le Roi Catholique ne sera plus, on aura une occasion excellente de recouvrer le royaume « si l'on y fait diligence promptement ». C'est pour ce motif que Jean et Catherine font des préparatifs, « se mettent en leur devoir ». Mais ils ont besoin d'être « aydés et secourus », et ils supplient le roi de France « que « soit son bon plaisir mander dès à présent au seigneur d'As-

(1) Instr. des roy et royne de Navarre au mareschal... de ce qu'il aura à dire au Roy. Arch. des Bass.-Pyrén., E. 556, orig. Copie, coll. Doat, 231, fos 22-27. Ce mémoire paraît avoir été rédigé en septembre, car il y est dit que Ferdinand ne passera pas la fin de ce mois. La déposition du maréchal en 1516 nous apprend qu'il trouva le roi à Milan, *Los dichos y deposiciones del marichal*. Arch. de Simancas, *Patron. real. Cap. con Nav.*, leg. 2, fº 60. Or, François 1er n'est entré à Milan que le 16 octobre.

« parros, lieutenant en Guienne, et autres cappitaines ayant
« charge par deçà, qu'ayent à donner secours et ayde auxdits roy
« et royne de Navarre, toutes fois que par eux en seront requis,
« sans attendre dudit seigneur autre mandement, car, veue la dis-
« tance où ledit seigneur est ou pourroit estre, au temps de la
« mort du roy d'Aragon, l'on se pourroit fortifier audit royaume de
« Navarre et faire entreprinses pour empêcher ledit recouvre-
« ment ». Peu de temps auparavant, la garnison de Saint-Jean a
tenté de surprendre le château de Luxe, et M. d'Asparros, à qui
les rois ont demandé des troupes, s'y est refusé, disant « qu'il
« n'avoit mandement pour ce faire ». Jean et Catherine espèrent
qu'à l'avenir ils n'éprouveront point de refus pareil (1). La réponse de François Iᵉʳ ne fut pas celle qu'avaient escomptée les
souverains. On peut en juger par la lettre que Louise de Savoie
adressait le 20 octobre en son nom à Jean d'Albret. Elle lui
annonçait qu'on allait lui envoyer une compagnie de gens d'armes :
« Il faudra, disait-elle, qu'il s'en contente, le roy ayant grandes
« dépenses » (2). François lui-même, occupé surtout des affaires
d'Italie, oubliait en parfait égoïste les intérêts de ses alliés.
Donnant avis, le 14 décembre, à Jean d'Albret de son entrevue
avec le Pape à Bologne, il engageait le pauvre roi dépossédé à
« entrer avec lui dans le dessein d'une paix universelle, pour
« faire la guerre aux infidèles, car quant à moy, écrivait-il, nos
« droitz toutesfois et honneurs saulvés, seray prest à me mettre
« en tel devoir que connaîtrès que ne souhaitte ne désire l'effusion
« du sang chrestien, ni d'avoir autre chose que le mien, sans
« appéter l'aultruy, duquel il fauldroit rendre compte à la
« fin » (3). C'étaient là, sans doute, des sentiments fort chrétiens,
mais dont le roi de Navarre devait fort peu goûter l'expression, lui
à qui on avait enlevé « le sien », et qui voulait le recouvrer.
Le seul effet de l'alliance française fut de faciliter les préparatifs
militaires des souverains navarrais et leurs démarches auprès
de l'Archiduc et des Médicis. Il n'est même pas bien sûr que
François Iᵉʳ ait, comme le rapporte un espion béarnais, fait
sommer par un héraut le roi d'Aragon de restituer le royaume
usurpé, en le menaçant de lui déclarer la guerre s'il refusait.
Le récit de l'agent des rois détrônés est trop vague pour qu'on y
puisse ajouter beaucoup d'importance (4). Du côté du prince de

(1) Instr. au mareschal de Navarre de ce qu'il aura à dire au roy (de France), citées ci-dessus. — (2) Lettre de Louise de Savoie aux rois de Navarre. Amboise, 20 oct. 1515, orig. Arch. des Bass.-Pyrén., E. 556. — (3) Lettre de François Iᵉʳ à Jean d'Albret. Bologne, 14 déc. 1515, orig. Arch. des Bass.-Pyrén., E. 556. — (4) Ce rapport d'espion, intitulé : *Las nuebas de Castilla*, ne relate l'envoi du héraut que d'après le récit d'un soldat ou valet

Castille, il y avait encore moins de chances d'intervention. Jean et Catherine envoyèrent à la cour de Flandre un de leurs serviteurs pour requérir l'Archiduc de les aider « à la réintégration de « leur royaume, tyranniquement détenu », et pour le prier d'enjoindre aux Castillans « qu'ils soy désistassent de faire aucune chose « contre les roy et royne, mais qu'ils les aydassent à recouvrer « leur État ». Ils avaient prescrit à leur envoyé la marche qu'il devrait suivre : obtenir une entrevue secrète avec M. de Chièvres, le tout-puissant conseiller du prince, et avec son appui, demander un entretien à l'Archiduc et à Marguerite d'Autriche. Là, il exposerait la justice des revendications de ses maîtres, ferait appel à l'ancienne amitié qui avait uni les princes autrichiens aux souverains navarrais, et montrerait l'injustice de l'usurpation du Roi Catholique, fondée sur une excommunication sans valeur, et sur les prétendus droits de Germaine de Foix (1). Pareille démarche était condamnée à échouer ; le prince de Castille ne pouvait, en effet, songer ainsi à sacrifier l'intérêt national de ses futurs sujets. Peut-être y avait-il davantage à attendre de la cour de Rome. Le pape Léon X se montrait plein de prévenances pour la maison d'Albret. Il assignait au cardinal Amanieu de nouvelles pensions sur les évêchés de Couserans et de Lescar (2), et réconcilié avec le roi de France, allié des rois de Navarre, il semblait devoir accueillir favorablement les plaintes de ces derniers. Ce qui pouvait faciliter le succès des revendications des princes dépossédés, c'était surtout un projet de mariage qu'avaient conçu Louise de Savoie et François Ier. Il s'agissait d'unir l'un des Médicis avec une princesse d'Albret. En vue de ménager une entrevue entre les filles du roi de Navarre et les neveux de Léon X, la reine Claude et la Régente Louise de Savoie, prétextant qu'elles « voulaient le bien, honneur et advantage » de leur allié, prièrent la reine Catherine et les princesses de se rendre à Lyon (3). La négociation paraît avoir été sérieusement entreprise. Un diplomate florentin, Vettori, avait été chargé de la conduire de la part du prétendant, Laurent de Médicis. En bon agent matrimonial, il donnait des détails précis sur l'alliance projetée. L'aînée des filles

---

d'armée qui a rencontré ce héraut. *Las nuebas de Castilla*, minute originale. Arch. des Bass.-Pyrén., E, 554.

(1) Mém. et instr. des roy et royne de Navarre pour celluy qui ira devers l'Archiduc, sans date, minutes originales (inédites). Arch. des Bass.-Pyrén., E. 556 et E. 559. Copie, B. N., coll. Doat, t. CCXXXII, f°s 113-126. — (2) Bulles de Léon X accordant une pension de 912 livres sur l'évêché de Couserans (7 juillet), et une autre de 1,000 écus sur l'évêché de Lescar (12 juillet), au cardinal d'Albret. Copies, B. N., coll. Doat, 230, f° 275-289. — (3) Lettre de Louise de Savoie au roi de Navarre, Marseille, 6 janvier 1516, orig. Arch. des Bass.-Pyrén., E. 556.

de Jean d'Albret, écrit-il le 27 janvier 1516, a vingt ans, la cadette dix-sept, et toutes deux sont fort belles, « mais leur père « est pauvre, et il ne lui reste qu'une partie très minime de son « royaume, que le roi d'Espagne lui a enlevé »; il est vrai que le vieil Alain « est fort riche, mais tant qu'il vivra, il est impossible que son fils se prévaille de sa fortune » (1). Ces pourparlers déterminèrent sans doute le roi de Navarre à faire auprès du Pape un nouvel effort pour obtenir le désaveu de la bulle d'excommunication. Ainsi aurait disparu l'argument principal sur lequel s'appuyait l'usurpateur. Le recouvrement du royaume eût été singulièrement facilité, si le Saint-Siège avait accepté l'obédience des souverains détrônés et reconnu de cette manière la validité de leurs droits. Ce fut encore au maréchal de Navarre, qui se trouvait alors en Italie, que Jean et Catherine confièrent cette nouvelle mission. Il fut chargé d'exposer au souverain pontife et aux cardinaux les services rendus à la cause de la chrétienté par les prédécesseurs des rois ses maîtres, tels que Thibaut de Champagne, Sanche le Fort, Raymond-Roger de Foix, et de rappeler le dévouement dont leur maison avait toujours fait preuve à l'égard du Saint-Siège. « Les roy et royne eux-mêmes avaient toujours « esté filz de l'Église, obéissans à icelle ». Ils n'ont jamais failli à leurs devoirs de chrétiens et de vassaux du Pape. En 1500, ils avaient prêté l'obédience à Alexandre VI, et en 1513 leur secrétaire, Bernard de Vispalie, est venu l'offrir à Léon X lui-même. Le maréchal devait insister pour être admis à prêter ce serment d'obédience, et si l'on objectait, pour le refuser, les droits du roi d'Aragon, il s'efforcerait de démontrer que celui-ci n'était qu'un usurpateur, d'autant moins excusable qu'il avait reconnu pendant longtemps la légitimité des souverains navarrais. Il recommencerait enfin la démonstration, déjà tant de fois faite, de l'inanité ou de la fausseté des arguments invoqués par le roi d'Espagne. Il prouverait que le traité de Blois n'était dirigé ni contre lui ni contre l'Église, et que la bulle d'excommunication lancée contre les rois de Navarre n'avait aucune valeur (2). Le Pape réservait à cette troisième démarche le sort des précédentes; il n'était pas homme à se compromettre pour un aussi petit avantage que l'amitié et la reconnaissance des princes d'Albret. D'ailleurs, le mariage projeté entre Laurent de Médicis et l'une des princesses

(1) Lettre de Vettori à Laurent de Médicis. Lyon, 27 janvier 1516. Négoc. de la France avec la Toscane, p. p. Desjardins, II, 760-761. — (2) Instr. et mém. de par les roy et royne de Navarre au mareschal de Navarre, touchant ce qu'il aura à faire en cour de Rome, Pau, 13 déc. 1515, deux exemplaires originaux (dont un en latin). Arch. des Bass.-Pyrén., E. 556. Copies, coll. Doat, t. CCXXX, f°s 294-305 et f°s 327-336 (inédit).

navarraises traînait en longueur. Bien que l'alliance fût très honorable pour le descendant des banquiers florentins, bien qu'elle fût secondée par le grand-maître Boisy, conseiller préféré de François Ier, et que Vettori, au mois de février 1516, en crût la réalisation prochaine, quand la fille du roi de Navarre serait arrivée à Vienne, où résidait la cour, le plan échoua. On ignore pour quel motif précis : peut-être la fière reine Catherine se refusa-t-elle à accepter cette union ; peut-être les Médicis trouvèrent-ils la fortune de la princesse trop maigre. Il semble que la cause essentielle de l'ajournement de l'union projetée ait été la crainte d'un refroidissement entre la maison d'Albret et le roi de France, au moment où allait s'engager l'expédition de Navarre (1).

<small>II.
Opportunité de l'expédition. Dispositions de la Navarre à l'égard des souverains d'Albret. Troubles de la Castille. Mort de Ferdinand le Catholique.</small>

Déçus dans leur attente sur ce point, Jean et Catherine avaient de plus sérieuses chances de succès du côté de l'Espagne elle-même. Ils avaient noué des intelligences parmi leurs anciens sujets, et ils comptaient encore dans leur royaume un grand nombre de partisans. C'étaient d'abord les Gramontais, qui, malgré leur soumission apparente, détestaient dans le roi d'Aragon un usurpateur. Une enquête qui eut lieu après la courte campagne de 1516, et dont nous avons trouvé le texte à Simancas, montre sur le vif la haine que nourrissaient pour Ferdinand une partie des Navarrais. Les dépositions des témoins prouvent avec quelle joie on accueillit la nouvelle de l'entreprise du roi Jean. « Si je pouvais voir les champs couverts d'hommes d'armes « français, disait un vieillard, Pero Alcalde, je donnerais toute « ma maison, toutes mes brebis, tout ce que je possède. » Lorsque le vice-roi ordonna, au début de 1516, la démolition des forteresses navarraises : « Le royaume, s'écriait Alcalde, devrait s'y « opposer ; nous devons tous mourir pour notre pays. Quant à « moi, je mourrais volontiers pour lui ! » On ne voyait qu'allées et venues des partisans du souverain détrôné ; ils faisaient leurs préparatifs, rassemblaient des armes, achetaient des chevaux pour rejoindre l'armée libératrice. Tudela, la grande cité gramontaise, était la plus ardente à souhaiter le retour des rois légitimes. Clercs, bourgeois, paysans attendaient avec anxiété ces Pâques de 1516 où leur roi devait reparaître victorieux. Les femmes se montraient surtout hardies. « Laissez, disait l'une, « l'épouse de Beltran de Sarria, à Pâques tous les traîtres saute- « ront le pas. » Une autre, la dame d'Ablitas, faisait préparer des confitures, des gants, pour les offrir à la reine Catherine ; elle appelait un orfèvre d'Agreda pour graver les armes des

---

(1) Voir à ce sujet la lettre de Vettori à Laurent de Médicis, 20-21 fév. 1516. Négoc. de la France avec la Toscane, p. p. Desjardins, II, 771.

princes d'Albret. Sa fille, doña Fresina, confiait à un témoin qu'elle pensait bien qu'à Pâques « le roi Juan aurait conquis toute « la Navarre ». Les partisans de la Castille n'osaient rien dire : leurs adversaires insultaient à leur tristesse ; quelques-uns faisaient le geste de leur couper le cou. « Tu paieras tes sottises, » disait l'un d'eux à un certain Juan de Frias, ami des Castillans. « Si le roi Jean arrive, s'écriait un autre, je jure de donner de « bons coups à trois ou quatre de ces traîtres. » « On vous mettra « sur la tête un trépied brûlant, » annonçait un partisan du roi Jean au Castillan Juan Ruiz. « O roi tyran et sans conscience, « disait publiquement le patriote Pero Alcalde en parlant de « Ferdinand, que Dieu manifeste sa vengeance contre toi ! ». — « Il y a ici un frémissement qui ne me plait guère, observait un « partisan du roi d'Aragon, et je crains plus les Navarrais que « les Français » (1). Les sentiments des Beaumontais n'étaient guère plus favorables que ceux des Gramontais à la domination castillane. Les uns et les autres reprochaient au Roi Catholique les abus de pouvoir que commettaient ses soldats, malgré ses ordres, les confiscations qu'il avait prononcées, la nomination de gouverneurs castillans ou aragonais dans les forteresses navarraises (2). En soumettant la Navarre à la juridiction du Conseil de Castille, il est probable que Ferdinand avait blessé les sentiments d'indépendance des Navarrais. Sa justice impartiale n'était pas du goût des partis. Il avait froissé les intérêts des puissantes familles du royaume. Louis de Beaumont, le connétable, ne lui pardonnait pas ses ménagements à l'égard des Peralta, ses rivaux, et lui savait mauvais gré de l'avoir dépouillé du marquisat d'Huescar pour en faire don au duc d'Albe (3). La nomination d'un nouveau vice-roi, don Fadrique d'Acuña, avait porté au comble le mécontentement des Beaumontais. Ils virent avec défaveur le gouvernement de la Navarre passer « à un jeune homme sans « expérience », comme le qualifiait l'archevêque de Sara-

(1) Relation sommaire de l'enquête faite au sujet de l'expédition du roi don Juan (Relacion sumaria de la inquisicion hecha sobre la venida del rey don Juan), dossier inédit, très volumineux, composé de 36 dépositions, Arch. de Simancas, leg. 3, f° 9. — (2) On a comme preuve de ces plaintes les cahiers des griefs et de leur réparation, du 30 juin 1515. Patente original de los agravios representados en Burgos, 30 juin, orig. Arch. de Nav., Cortes, legislacion, leg. 1, carp. 23. — (3) Fait mentionné dans le double des lettres envoyées par M. de Luxe à la royne de Navarre. Arch. des Bass.-Pyrén, E. 562 ; copie, coll. Doat, 235, f° 185. D'après le Libro genealógico de la casa del Condestable de Navarra (f° 150), le duc d'Albe reçut Huescar en vertu d'un privilège du 23 octobre 1513. On a encore l'ordre de Ferdinand, adressé à Garcia de Osorno, pour la prise de possession du marquisat, 15 nov. 1515, Arch. de Nav., leg. 1, carp. 61 (Guerra).

gosse (1), et ils se plaignirent de ce que le vice-roi servait les rancunes de la maison d'Albe (2). Dès son arrivée, le vice-roi avait convoqué les Cortès; mais déjà la trahison l'environnait. Jean d'Albret avait dans l'assemblée un agent chargé de l'informer des actes et décisions des députés. En Espagne même, le désarroi commençait, dans les derniers mois de la vie du Roi Catholique. « La santé de Ferdinand, dit un rapport « d'espion, va de mal en pis; son infirmité est incurable; on « le transporte de Palencia à Grenade, sans garder beaucoup « d'espoir sur la prolongation de sa vie. Le grand-capitaine « (Gonzalve) et le grand-commandeur de Castille sont morts : « voilà deux événements funestes pour l'Espagne en ce moment. « Les grands tirent chacun de leur côté; ils font tous des préparatifs, s'approvisionnent d'artillerie, et on croit qu'ils se disposent à recouvrer ou à défendre leurs biens. En Aragon, il y a « aussi des troubles, des discordes entre les nobles, car le roi « leur a enlevé tous leurs privilèges, et ils ne sont pas contents « de ce qui a été fait ». En présence de cette agitation, le vice-roi de Navarre avait retiré la plus grande partie des troupes de la province de Saint-Jean, ne laissant dans la capitale de ce pays et dans le château de Peñon que 100 à 150 hommes. « Dans tout « le royaume, il n'y en a guère plus, de sorte que maintenant « on pourrait mieux réussir qu'en tout autre temps. » « Les Cas- « tillans sont peu nombreux en Navarre, ajoute-t-il, et avec 1,000 « hommes d'armes on fera meilleure besogne qu'en toute autre « occasion avec 10,000 » (3). Les souverains navarrais, bien que mollement appuyés par la France, et encore incertains sur l'issue de leurs démarches auprès du Pape, se trouvaient donc en excellente situation pour recouvrer leur État. Ils n'avaient qu'à profiter de la sympathie de leurs anciens sujets et des désordres qui ne pouvaient manquer d'éclater après la mort de Ferdinand. Aussi pressèrent-ils leurs préparatifs, en vue d'une invasion qu'ils comptaient faire à la fin de l'hiver, aussitôt que le roi d'Aragon aurait expiré. Dès le mois d'août 1515, ils avaient obtenu de la noblesse du pays de Soule la promesse de servir sous leurs drapeaux, lorsqu'elle en serait requise (4). Ils avaient

---

(1) Lettre de l'archevêque de Saragosse, 2 avril 1516, publiée par Dormer, *Anales de Aragon*, liv. Ier, chap. IX, pp. 46-57. — (2) Lettre justificative du connétable de Navarre (*La creencia que truxo maestre Mirando*), 1516, Arch. de Simancas, leg. 314, f° 28 (*Estado Navarra*), inédit. — (3) Rapport d'un espion des rois de Navarre, intitulé : *Las nuebas de Castilla*, sans date, minute originale (inédite). Arch. des Bass.-Pyrén., E. 554. Ce rapport doit être daté de la fin de décembre 1515, avant la mort du roi d'Aragon (23 janv. 1516) et après celle de Gonzalve (2 déc. 1515). — (4) Promesse de servir les

fait voter par les États de Béarn un subside pour mettre sur pied 1,000 hommes contre les Aragonais (1). Les Béarnais leur promirent un peu plus tard un secours de 3,000 hommes (2). Les rois espéraient encore avoir le concours des 300 lances françaises de Guienne et l'appui des montagnards des Pyrénées. De son côté, le Roi Catholique, sentant la mort approcher, redoutait les dangers qui allaient de nouveau menacer sa dernière conquête. Pour la protéger, il avait conclu, par l'entremise de l'évêque de Trinopoli, une convention d'alliance avec le roi d'Angleterre. Bien qu'il n'eût pu obtenir de Henri VIII l'engagement de défendre les États espagnols et notamment la Navarre (3), il faisait cependant publier à son de trompe, à Saint-Jean, son grand traité d'amitié avec les Anglais. Il répandait même le bruit que M. d'Asparros, au nom du roi de France, avait fait solliciter « une trêve ou paix » avec l'Espagne (4). Malgré son assurance, bien qu'il eût confiance dans son grand ministre, le cardinal Jimenez, il était envahi par l'inquiétude, lorsqu'il songeait qu'il aurait pour successeur cet archiduc Charles, dont son entourage tenait l'intelligence en si médiocre estime (5). La question de la Navarre préoccupa son esprit jusqu'à la dernière heure, et dans le testament qu'il rédigea le 22 janvier 1516 à Madrigalejo, un jour avant sa mort, il la recommanda spécialement à l'attention de son successeur. Il semble qu'il ait voulu lui forcer en quelque sorte la main, au cas où Charles aurait eu l'idée d'aliéner cette partie de son héritage. Il s'efforce de le rassurer sur la légitimité de ses droits, déclarant qu'il lègue « le royaume de Navarre, « avec toutes ses cités et dépendances, à la reine doña Juana, sa « fille, et à son petit-fils, le prince de Castille, ses héritiers uni- « versels », et qu'il fait ce legs en toute sûreté de conscience. Il affirme énergiquement que, s'il a conquis et gardé cet État, c'est en vertu de la rébellion et du schisme des anciens rois, Jean et Catherine, et de la sentence du Saint-Siège, qui lui a attribué leur couronne, « comme bien de schismatiques », après l'avoir requis de la conquérir. « Et comme c'est un royaume

rois de Navarre faite par les gentilshommes de la Soule, 16 août 1515 (en béarnais), orig. inéd. Arch. des Bass.-Pyrén., E. 556. Copie, coll. Doat, 230, f° 292.

(1) Délibération des États de Béarn, sept. 1515, Pau. Arch. des Bass.-Pyrén., C, 680, f° 107. — (2) Délibération des États de Béarn accordant aux rois 12,000 écus pour l'entretien de 3,000 hommes. Pau, fév. 1516. Arch. des Bass.-Pyrén., C, 680, f° 119. — (3) Traité de Windsor, 18-27 oct. 1515, analysé dans Zurita, liv. X, chap. XCVI, f°s 397-398. — (4) Rapport de l'espion béarnais, intitulé : *Las nuebas de Castilla*. Arch. des Bass.-Pyrén., E. 554. — (5) Pierre Martyr, *Epist.*, 569, parle de l' « *imperitia et naturæ defectus* » de l'archiduc.

« nouvellement acquis, dit-il, j'en fais mention spéciale, rap-
« pelant qu'il a été réuni, par les Cortès célébrées à Burgos,
« à nosdits royaumes de Castille » (1). Dans un mémoire relatif
à ses dernières intentions et destiné à son successeur, il insistait
encore sur ce point, qui lui tenait à cœur. Il assure « que s'il avait
« pu obtenir du roi de France une paix raisonnable, à condition
« qu'il abandonnerait le roi Jean de Navarre et les préten-
« tions sur Naples, il l'eût volontiers conclue ». Il n'a pu y
réussir, mais il importe de ne pas oublier que l'occupation de
la Navarre est légitime ; le prince de Castille doit s'en souvenir,
et Ferdinand lui conseille de poursuivre les négociations avec
la France, en exigeant toujours l'abandon des revendications des
princes d'Albret comme condition d'une alliance (2). Ces dispositions, ces conseils étaient empreints de la profonde sagesse
et de prudence politique qui avait toujours distingué le roi d'Aragon. L'archiduc Charles, devenu le maître des États espagnols,
allait être obligé, par point d'honneur et pour ne pas heurter le
sentiment national de ses nouveaux sujets, de ne pas diminuer
l'héritage que lui léguait son grand-père. Le successeur de Ferdinand habitait, il est vrai, à trois cents lieues de l'Espagne, et tout
l'effort de la diplomatie flamande, que dirigeait son conseiller,
M. de Chièvres, tendait à conserver l'alliance française. Au traité
de Paris, il avait paru reconnaître la légitimité des droits de Jean
d'Albret, et la situation était gênante pour lui. Mais le cardinal-
régent Jimenez veillait, et tandis que le nouveau roi de Castille
hésitait sur la ligne de conduite qu'il devait suivre, le grand ministre agissait.

III.
La seconde expédition de recouvrement. Agitation en Navarre. Attitude de la cour de France. Invasion de la Basse-Navarre. François Ier refuse secours aux souverains navarrais. Désastre de Roncal. (Février-avril 1516.)

Cependant, au moment où l'on apprit la mort de Ferdinand, une campagne rapide eût pu rendre aux rois détrônés la possession de leur État. Peut-être le prince Charles en eût-il accepté la perte sans beaucoup de chagrin. On ne pouvait guère songer à lui demander l'abandon de la Navarre, mais si on avait conquis ce royaume en son absence et à son insu, peut-être se fût-il résigné sans trop de peine à admettre le fait accompli. Il fallait donc pro-fiter de l'éloignement du Roi Catholique, de la période de troubles qui s'ouvrait en Castille et en Aragon, pour envahir promptement le pays contesté. Les circonstances étaient tout à fait favorables.

---

(1) *Testamento del señor rey Hernándo el Católico*, 22 janvier 1516, nom-breuses copies. Arch. de Simancas, *Patr. real.* (*Testamentos*, leg. 2, pièce pre-mière). British Museum, *Additional*, Mss., 14,044, pièce 7, f° 51. Arch. de Nav., *Cortes*, leg. 1, carp. 19 (sec. de *casamientos*, copie de la clause relative à la Navarre). — (2) Mém. sur les dernières intentions du Roi Catholique. Arch. de Simancas, *Patr. real. Cap. con la casa de Austria*, leg. 2, f° 44, publié par Bergenroth, *Calendars*, II, 77-81.

Dans les États castillans, Jimenez se trouvait aux prises avec le soulèvement de la noblesse et des villes. Cordoue, Tolède, Madrid, Séville, Burgos étaient en pleine révolte, et pour combattre les rebelles, les Régents avaient dû rappeler de Pampelune 800 hommes d'armes (1). En Aragon, une partie des nobles avait pris les armes. En Navarre, le vice-roi, don Fadrique d'Acuña, n'ayant ni autorité ni prestige, voyait ses ordres bravés par tous les partis. Les Gramontais ne cachaient pas leurs desseins et leur joie : à Tudela, à Ablitas, à Sanguesa et dans les autres cités dévouées à cette faction, on complotait ouvertement. On attendait pour Pâques l'arrivée des soldats français ; déjà, disait-on, le roi Jean distribuait les offices de son royaume. Il avait fait don d'une maison à un bourgeois de Tudela et confisqué d'avance les biens d'un partisan des Castillans ; il avait promis au fils de la dame d'Ablitas le poste de gouverneur de province (2). A Sanguesa, pendant l'absence de l'alcayde, l'Aragonais Castro, qui guerroyait pour son compte en Aragon, les bourgeois s'étaient « à demi sou-« levés ». « On craint, écrivait l'archevêque de Saragosse, qu'un « certain nombre de cités ne se révoltent en faveur du roi « Jean » (3). L'attitude des Beaumontais était plus que suspecte. Les rois dépossédés s'efforçaient de les gagner à leur cause. On sait, par une procuration inédite, que Jean d'Albret donna à sa femme Catherine la mission de conclure un accord avec le parti des Beaumont. Il lui permettait d'octroyer toutes les conditions nécessaires pour acquérir l'appui de la faction. « Notre volonté, « disait-il naïvement, a toujours été et est de gagner la bienveillance « de nos sujets, et spécialement de ceux qui nous peuvent beaucoup « servir. » Il atteste, dans cet acte, que don Francès de Beaumont, fils aîné de don Juan, l'un des parents du connétable, ses frères, ses amis et adhérents « lui ont fait assurer qu'ils voulaient revenir à « son obédience, et ont reconnu qu'ils lui devaient fidélité » (4). Le comte de Lerin lui-même, l'homme le plus puissant du royaume, d'après une tradition vraisemblable, aurait noué des négociations secrètes avec les princes déchus ; plus tard, on trouva dans les bagages du maréchal de Navarre des lettres qui

---

(1) Gomez, *De vita et gestis Francisci Ximenii*, liv. VI, p. 1083 (dans l'*Hispania illustrata* de Schott). — (2) *Sumaria relacion de la inquisicion hecha sobre la venida del rey don Juan*, 1516. Arch. de Simancas, Capit. con Nav., leg. 3, f° 9. — (3) Lettres de l'archevêque de Saragosse au Roi Catholique, Saragosse, 2 mars et 7 avril 1516, publiées par Dormer, *Anales de Aragon*, pp. 35-44, pp. 46-57. — (4) Minute de la procuration octroyée par Jean d'Albret à Catherine de Navarre, sa femme, pour traiter avec don François de Beaumont, 21 janv. 1516 (texte esp. inéd.). Arch. des Bass.-Pyrén., E, 556. Copie, coll. Doat, t. CCXXX, f°s 290-291.

prouvaient les relations de ses partisans avec Jean d'Albret (1). Si l'on en croit Aleson, qui rapporte cette tradition, les souverains navarrais avaient offert au connétable de grands avantages ; le plus important, était le mariage de son fils aîné avec Isabelle d'Albret, leur fille, qui fut plus tard duchesse de Rohan. Quelque temps après l'expédition, invité par le Roi Catholique à présenter sa justification, le fier seigneur répondit : « Il est vrai que j'ai « reçu la lettre du roi de Navarre, mais que Votre Majesté me « montre la réponse que j'ai faite » (2). Le vice-roi, don Fadrique d'Acuña, jeune et inexpérimenté, ne savait quelles mesures adopter. Il avait commencé par permettre au connétable de fortifier les églises et de jeter des troupes dans les places du pays. Puis, sur le conseil du colonel Villalva, chef du corps d'occupation castillan, comprenant sa faute, il lui avait enjoint de les retirer. Il en référait au cardinal d'Espagne, qu'il accablait de ses plaintes et de ses imprécations contre « ce royaume de traîtres » qu'il gouvernait (3). C'est le moment qu'il a fallu choisir pour tenter une attaque. La cour de France, qui détestait le feu roi d'Aragon, avait appris la mort de celui qu'on y appelait d'ordinaire « Jehan « Grippon » (4), le 3 février 1516. Aussitôt François Ier écrivit de Tarascon (5) au roi de Navarre, l'avertissant « que l'heure et le « temps étaient venus de faire extrême diligence pour le recou- « vrement de son royaume », lui promettant de l'aider « en tout « ce qui lui seroit possible ». Il ordonnait au même moment au gouverneur de Guienne, M. d'Asparros, « de se retirer devers » son allié, « pour lui faire, tant de sa personne que de sa puis- « sance, tout le service qu'il pourrait ». Il enjoignait à Alain d'Albret « de secourir son fils au recouvrement de son royaume » et de l'éclairer de son expérience (6). Jean d'Albret n'avait pas, malheureusement, des forces suffisantes pour ouvrir la campagne : les États de Béarn votèrent trop tard, en février seulement, les subsides nécessaires à la levée de trois mille hommes (7). Le roi de Navarre ne put réunir qu'une petite armée, composée de Béarnais et de Gascons, de Basques et de Gramontais exilés. C'étaient des troupes sans discipline et sans cohésion, et Pierre

---

(1) Aleson, *Anales de Navarra*, t. V, f° 325. — (2) Aleson, *ibid.*, chap. XIX, f° 326. — (3) Exposé justificatif du connétable de Navarre, intitulé : *La carta de creencia que truxo muestre Miranda* (doc. inéd.). Arch. de Simancas, *Estado Navarra*, leg. 314, f° 28. — (4) C'est le surnom qu'on donnait à Ferdinand, d'après Martin du Bellay, Mémoires (coll. Michaud, t. V, p. 129). — (5) Ce fait est mentionné par le Journal de Louise de Savoie (coll. Buchon, p. 89). — (6) Lettre de François Ier au roi de Navarre, Tarascon, 4 février (orig. inéd.). Arch. des Basses-Pyrén., E. 556. Coll. Do...t, 231, f° 257 (copie). — (7) Délibération des États de Béarn, fév. 1516, Pau, Arch. des Bass.-Pyrén., C. 680, f° 119.

Martyr atteste combien les Espagnols les tenaient en petite estime. On n'y voyai.t, dit-il » que des domestiques du princes ou des « coureurs d'aventures » (1). Après avoir promis son concours, François Iᵉʳ changea d'avis, et Jean n'eut pas même l'appui d'un homme d'armes français. Le roi allégua que la majeure partie de ses forces étaient à Milan, et que, « des 300 lances bretonnes de la « garnison de Guienne, le plus grand nombre était en congé en « Bretagne » (2). Le maréchal de Navarre, qui s'était rendu à Valence (3), auprès de lui, pour solliciter des secours, n'obtint rien que de pressants encouragements, mais pas un soldat. François Iᵉʳ, répondant lui-même à son allié, le sollicitait d'agir seul : « Aydez-vous de vostre part, écrivait-il le 12 février ; vous ferez « plus à présent de 200 lances et de 4,000 hommes de pied que « d'ici à six semaines de quatre fois autant. Grosse diligence est « merveilleusement requise en vostre affaire, et doit estre faict et « exécuté avant que ceux qui y pourroient avoir intérest s'en « advisent. Et pour ce, mon cousin, il est temps de vous esvertuer « plus que jamais, car d'attendre que vous envoye des lans- « quenetz, gens d'armes et artillerie, avant que les peusse recou- « vrer de là où ils sont et que feussent par devers vous, vos « ennemys auroient repris le bon espoir, et pourroient mettre « tel ordre en ledit affaire qu'il seroit plus difficile de le recouvrer « que jamais » (4). Au fond, le roi de France, avant tout préoccupé de reconquérir le royaume de Naples, ne se souciait pas de rappeler ses troupes d'Italie. D'après le témoignage, il est vrai suspect, de Vettori, il songeait même à exploiter à son profit le succès probable de Jean d'Albret. Il croyait, en effet, que le nouveau roi de Castille ne s'opposerait pas à la restitution, dès que le roi dépossédé serait nanti du royaume usurpé. Mais Jean « a « beaucoup d'ennemis et de haut parage en Navarre, raconte « Vettori ; les Navarrais accepteraient volontiers le roi de France « pour leur souverain ; on donnerait au roi de Navarre une « compensation », chose facile, « car cet État ne vaut guère plus « de 20,000 écus » (5). Aussi l'envoyé florentin prévoyait-il un refroidissement entre la maison d'Albret et la France, et détour-

---

(1) P. Martyr, *Epist.*, 570. — (2) Fait rapporté par le maréchal de Navarre dans sa déposition résumée dans une lettre du licencié Galindo, *Carta dirigida al cardenal de España*, sans date (doc. inéd.), copie. Arch. de Simancas, *Patr. real, Cap. con Nav.*, leg. 2, fᵒ 165. — (3) Cette mission est rappelée par le maréchal, également dans sa déposition. — (4) Lettre de François Iᵉʳ au roi de Navarre. Valence, 12 fév. 1516, orig. inéd. Arch. des Bass.-Pyrén., E. 556. Copie, coll. Doat, 231, fᵒ 257. Cette lettre fut confiée au maréchal de Navarre. — (5) Lettre de Vettori à Laurent de Médicis, 20-21 fév. 1516, Négoc. de la France avec la Toscane, p. p. Desjardins, II, 771.

naît-il Laurent de Médicis du mariage projeté avec une des princesses de cette famille. Ainsi pressé d'agir, Jean d'Albret entra en campagne sans être prêt. Aussitôt la plus grande partie de la Basse-Navarre se souleva; les Basques des pays de Mixe et d'Ostabarets supplièrent « le roy les voulsist recevoir, car ils « avoient délibéré de retourner à son obéissance ». La plus grande partie de la garnison de Saint-Jean, sous les ordres de Diego de Vera, avait été rappelée à Pampelune (1). Les troupes béarnaises entrèrent sans difficulté dans la ville et se saisirent de l'un des forts, mais la citadelle, bien défendue par l'alcayde Antonio d'Avila, résista énergiquement. On résolut d'occuper aussi le monastère de Roncevaux et le fameux col qui est la principale route d'invasion de la Haute-Navarre (2). Mais après ces premiers succès, Jean d'Albret dut s'arrêter presque aussitôt. Il manquait d'artillerie et de troupes suffisantes pour pousser en avant; les Espagnols avaient enlevé tout le bétail « de charroy, « chevaux, bœufs, mules et mulets », et on n'en pouvait tirer que du bailliage d'Orthez. Le roi de Navarre fit demander conseil et appui à la cour de France par son envoyé, M. de Sermet. Il allait, disait-il, faire raser le fort de Saint-Jean et attaquer la citadelle, qui contenait d'importantes munitions; il rassemblait des vivres à Saint-Palais et se disposait à enrôler les Basques (3). Mais, comme il l'écrivait de son quartier général de Sauveterre à Louise de Savoie, il avait besoin d'être « aydé et secouru de aucun bon « nombre de gens tant de pied que de cheval, et d'une bande d'ar- « tillerie équippée de munitions, pour continuer le recouvrement « de son royaume », et il la suppliait « qu'il lui plût mander que « fût fait en diligence » (4). La reine Catherine joignait ses instances à celles de son mari, se plaignant du départ du gouverneur de Guienne, Asparros. Elle l'avait vainement attendu à Mont-de-Marsan, « à cause de quoy on n'avait pu prendre conclusion en « ladite affaire, telle qu'il eût été besoin ». Elle adjurait la reine-mère et le roi de l'aider à recouvrer son royaume, et de ne pas tromper « la totalle espérance » qu'elle avait mise en eux (5). L'agent des rois de Navarre à la cour, le cadet de Duras, et

(1) Faits exposés dans les instructions du roy de Navarre à M. de Sermet, envoyé à la cour de France, sans date, doc. inéd., copie. B. N., coll. Doat, 231, f⁰ˢ 50-51. — (2) P Martyr, Epist., 570. Sandoval, Vie de Charles-Quint, liv. II, chap. XV, f⁰ 79. Ces faits sont également mentionnés dans les lettres de Jean d'Albret à Louise de Savoie; B. N., coll. Doat, 231, f⁰ 44; et au roi de France, ibid., f⁰ˢ 44-45 (lettres inédites). — (3) Instr. du roy de Navarre à M. de Sermet, citées ci-dessus. — (4) Lettre du roy de Navarre à Madame, sans date. B. N., coll. Doat, 231, f⁰ 44 (inédite). — (5) Lettres de la royne de Navarre au roy de France et à Madame. Copie, B. N., coll. Doat, 231, f⁰ 44 (inédite).

l'oncle de Jean d'Albret, M. d'Orval, furent suppliés de demander à François Ier l'envoi de secours « en toute diligence » (1). Ces sollicitations n'eurent aucun effet, et tandis qu'on délibérait, le cardinal d'Espagne, bien secondé par le colonel Villalva, étouffait dans son germe l'insurrection de la Navarre.

Il commença par couper court aux rumeurs qui représentaient le Roi Catholique comme disposé à restituer le royaume. Acuña reçut l'ordre de publier que l'archiduc Charles, loin d'être disposé à une restitution, avait approuvé toutes les dispositions du testament de Ferdinand, son grand-père (2). Le 22 février 1516, les Cortès navarraises furent réunies à Pampelune. Le vice-roi, au nom de la reine de Castille et du prince Charles, prêta serment de respecter les fueros, et les députés, à leur tour, jurèrent fidélité et obéissance aux souverains espagnols ; ils reconnurent que, par suite de l'incapacité de doña Juana, le pouvoir devait appartenir à son fils (3). Le chef des Beaumontais, le comte de Lerin, bien que malade, assistait à cette assemblée ; il se vanta plus tard d'avoir contribué à faire admettre l'autorité du Roi Catholique (4). Pour gagner les Navarrais à la cause espagnole, Acuña promit que les sentences d'exil prononcées les années précédentes sans motif sérieux seraient révoquées, et qu'à l'avenir il n'en serait plus prononcé sans causes légitimes. Il s'engagea à réformer les abus qui se produisaient au sujet du logement et de l'entretien des troupes, et à indemniser les habitants (5). Mais ces concessions ne réussirent pas à calmer l'agitation. Beaumontais et Gramontais conspiraient contre la domination castillane. Le connétable de Navarre avait, disait-on, écrit secrètement au roi Jean d'Albret, qu'après avoir passé les Pyrénées, il aurait bientôt 20,000 hommes sous ses drapeaux (6). Le vice-roi, effrayé, voulut prendre des mesures de rigueur. Il crut effrayer les conspirateurs

(1) Lettres de la royne de Navarre à M. d'Orval et au cadet de Duras. — Lettre de Jean d'Albret à M. d'Orval, sans date. B. N., coll. Doat, 231, f° 43-44 (inédites). — (2) Carta de la reyna doña Juana para don Fadrique de Acuña, virrey de Navarra, avisandole que su hijo don Carlos ha aprobado todo lo que el Rey Católico deja ordenado en su testamento, 1516. British Museum, Mss. Egerton, 544, pièce 26. — (3) Acto original de los Estados de Navarra, en que por incapacidad de la reyna doña Juana otorgan su curaduría á su hijo don Carlos, 1516. Arch. de Simancas, Cap. con Nav., leg. 2. — Juramento del virrey don Fadrique de Acuña en nombre de la reina doña Juana, y juramento de las Cortes, vendredi 22 février 1516. Arch. de Nav., Cortes, sec. de casamientos, leg. 2, carp. 35, original. — (4) Reparo de agravios concedidos en Pamplona por el virrey Acuña. Arch. de Nav., Cortes, legislacion, leg. 2. carp. 2. — (5) Patente original del contrafuero concedido por el virrey Acuña, 10 mars; ibid., legislacion, leg. 1, carp. 24 et 25. — (6) Fléchier, Histoire du cardinal Ximenes, II, 61, rapporte ce trait, que nous ne retrouvons pas dans Gomez.

en frappant un grand coup : il ordonna d'arrêter le marquis de Falces et le comte de Lerin. Mais le chef des Gramontais, Alonso de Peralta, comte de Sant-Estevan et marquis de Falces, résista « avec les gens de sa partialité, de manière que son vouloir ne put « sortir à effet ». Les Castillans ne parvinrent pas à se faire ouvrir le château de Marcilla, résidence du rebelle. Alors, don Fadrique d'Acuña, « sans autre procédure, déclara ledit comte et sa par- « tialité estre traitres à la couronne de Castille ». Il tenta également de faire saisir et conduire à Pampelune le comte de Lerin, « à cause « des praticques qu'il disoit estre entre luy et le sieur d'Aspar- ros » (1). D'après une tradition que rapporte Aleson, la femme du connétable, doña Brianda Manrique, sœur du duc de Nagéra, avait averti Jimenez des intrigues de son mari avec les rois de France et de Navarre. Lerin n'eut que le temps de s'enfuir en Aragon, quand il sut que le capitaine Pizarro venait pour l'arrêter, et il ne reparut que lorsque le duc de Nagéra, son beau-frère, eut pris possession de la vice-royauté (2). Jimenez, jugeant qu'il fallait mé- nager les Beaumontais jusqu'à ce que l'invasion eût été repoussée, résolut alors de nommer vice-roi de Navarre Antonio Manrique, duc de Nagéra, à la place de don Fadrique d'Acuña. Le duc était un grand seigneur, qui, par ses richesses et le nombre de ses vassaux, se trouvait plus à même que son prédécesseur de veiller à la sûreté de son gouvernement. De plus, sa nomination rassura le parti du comte de Lerin, tandis qu'elle effrayait les Gramontais. Mais le connétable de Castille, parent des Peralta, s'opposa au départ de Nagéra, si bien que le royaume resta provisoirement sous l'autorité méprisée de don Fadrique d'Acuña (3). Heureusement, sur sa prière, le vice-roi d'Aragon, Alphonse, archevêque de Sara- gosse, lui envoya tous ses vassaux. (4), et l'expérience consommée du colonel Villalva, le confident de Jimenez, suppléa à l'insuffisance du gouverneur. Le cardinal d'Espagne avait confié la défense de la Navarre à ce vieux soldat, l'un des meilleurs lieutenants de Gonzalve. Cristobal Villalva était né à Plasencia ; il avait com- mandé un régiment en Italie et contribué, en 1512, à la conquête du royaume de Jean d'Albret. Depuis quatre années, il comman- dait le corps d'occupation organisé par Ferdinand ; de vieilles

(1) Faits rapportés dans la lettre (inédite) du roi de Navarre au roi de France, sans date (mars 1516), orig. Arch. des Bass.-Pyrén., E. 562. Copie, coll. Doat, 231, f° 245. — (2) D'après Aleson, *Anales de Navarra*, t. V, chap. XIX, f° 325-326. Il ne cite pas ses sources. — (3) Récits de Gomecius (Vie de Ximenes, liv. VI, p. 1086, édition de Schott et de Sandoval, liv. II, chap. XV, f° 79. — (4) *Instruccion que llevo don Juan de Aragon al rey principe don Carlos, en nombre del Arzobispo de Zaragoza*, Saragosse, 7 mars 1512, publiée par Dormer, *Anales de Aragon*, liv. Ier, chap. VIII, pp. 35-44.

bandes d'infanterie le secondaient, et il comptait sur le concours d'une partie des Beaumontais que dirigeait le capitaine Miguel de Donnamaria. Vers le 16 mars, il apprit que les troupes du roi de Navarre se mettaient en mouvement; elles marchaient vers les défilés de Roncal et de Roncevaux. Le cardinal Jimenez lui enjoignit d'occuper le second de ces défilés en toute diligence; s'il y parvenait, il l'autorisait à livrer bataille aux ennemis. S'il ne pouvait arriver à temps, il refuserait le combat, reviendrait sur ses pas, et ruinerait les villes, bourgs, villages; il ferait du pays un désert, pour empêcher les envahisseurs d'y subsister, et les harcèlerait d'attaques incessantes jusqu'à ce qu'ils se fussent retirés. Avant l'arrivée de ces ordres, Villalva avait pris l'initiative d'une marche en avant pour se saisir de Roncevaux (1). Il était temps. Déjà, les troupes de Jean d'Albret s'étaient mises en mouvement. Un document inédit très important, la déposition du maréchal de Navarre, indique clairement le plan qui avait été adopté, et donne le récit de l'expédition. On avait résolu au quartier général de Sauveterre de détacher un corps qui assiégea la citadelle de Saint-Jean. Un autre détachement devait occuper Roncevaux, tandis que le gros des forces du roi de Navarre, sous les ordres du maréchal, entrerait dans le val de Roncal. On était au commencement de la semaine sainte, vers le 17 ou le 18 mars 1516. Le maréchal emmenait avec lui 1,200 hommes; c'étaient des Basques et des Béarnais avec un groupe considérable d'exilés. Il avait comme lieutenants le fils du marquis de Falces, Antonio de Peralta, le vicomte d'Espeleta, Jaime Vellez, l'ancien gouverneur d'Estella, et les principaux chefs gramontais, à savoir les sires de Vergara, de Sarria, de Jasu, de Goñi, de Saint-Martin, d'Olloqui. Il comptait qu'aussitôt qu'il aurait pénétré dans le royaume, un soulèvement éclaterait, et que les Navarrais se réuniraient à lui. Trois mille Béarnais ne devaient pas tarder à le rejoindre (2). En effet, dès qu'ils eurent appris son arrivée à Ochagavia, à l'entrée du val de Roncal, les partisans de la dynastie déchue s'agitèrent; on disait qu'il allait arriver à Sanguesa avec 6000 hommes, et que le roi Jean serait à Pampelune le jour de Pâques. Des messagers avaient annoncé que le souverain distribuait déjà les offices de son royaume entre ses partisans. « Dieu soit loué, s'écriait la femme d'un des fauteurs

(1) Marsollier, Hist. du cardinal Ximenes, II, 83. — (2) Los dichos y deposiciones del marichal y de los otros caballeros que estan presos. Atiença, 2 mai 1516 (volumineux dossier, 8 dépositions), orig. Arch. de Simancas. Cap. con Nav., leg. 2, f° 69 et suiv. (inédit). — Carta autografa del licenciado Galindo sobre las deposiciones, sans date, Arch. de Simancas. Cap. con Nav., leg. 2, f°s 106-108 (sans date), aussi inédite.

« du parti d'Albret, de ce que la résurrection et le maréchal
« arrivent en même temps ! » Beaucoup de Navarrais se disposaient à rejoindre le chef de l'expédition béarnaise (1). Un désastre foudroyant vint anéantir toutes ces espérances. Au moment où le maréchal pénétra dans le val de Ronca., des 1,200 hommes qu'il amenait (2), la moitié avait déjà déserté ; on peut juger par ce trait de la qualité des troupes. Il espérait combler les vides en enrôlant les montagnards. En effet, la vallée de Roncal fit aussitôt soumission et offrit 200 hommes. Cent vingt rejoignirent la petite armée, sous les ordres de leur capitaine, Petri Sanchez. Mais les vallées voisines d'Aezcoa et de Salazar, qui avaient promis chacune 300 soldats, n'en fournirent en réalité aucun. Bien mieux, en apprenant l'arrivée de Villalva à Roncevaux, elles envoyèrent leur contingent au chef espagnol. Malgré ce contre-temps, le maréchal se proposait d'occuper Sanguesa et Lumbier et d'y attendre les secours du roi Jean et le soulèvement de la Navarre. Pour éclairer sa marche, il envoya des espions à Pampelune et à Roncevaux ; il reçut d'eux un avis pressant. On lui apprit que des forces importantes se dirigeaient vers le port de Roncevaux, et qu'une partie du corps béarnais réuni à Saint-Jean l'y attendait. Parvenu au rendez-vous, le lieutenant de Jean d'Albret trouve le monastère abandonné, le port désert, et bientôt on lui signale l'approche de Villalva. Il bat en retraite, et se replie, à travers un col rempli de neige, vers Roncal, pour y rallier quelques troupes qu'il avait chargées de bloquer le fort de Burgui (3). Mais les Castillans l'avaient prévenu ; Villalva et le capitaine Donnamaria, se jetant dans la neige jusqu'au genou, franchirent la sierra qui sépare Roncevaux de la vallée voisine, à travers des sentiers abrupts, et devancèrent le maréchal (4). Ils le surprirent par leur brusque attaque. Abandonnés d'une partie de leurs troupes, le chef navarrais et ses lieutenants, Peralta, Jasu, Sanchez, mirent bas les armes et se constituèrent prisonniers, à condition qu'on rendrait la liberté aux soldats qui leur étaient restés fidèles (17 au 23 mars 1516) (5). Il y eut dans la rencontre une centaine de morts;

(1) *Sumaria relacion de la inquisicion hecha en Navarra sobre la venida del rey don Juan*, sans date (inédit), copie. Arch. de Simancas, Cap. con Nav., leg. 3, f° 9. — (2) *Los dichos y deposiciones del marichal*, document cité ci-dessus, donnent ce chiffre. Martyr dit 1,700 fantassins ; Sandoval, 2,000 ; l'éditeur de la correspondance de Jimenez, 6,000. — (3) Ce récit est tiré de la déposition du maréchal, citée ci-dessus. — (4) Récit de Pierre Martyr, *Epist.*, 570, qui complète sur ce point celui du maréchal. — (5) Récit du maréchal *(los dichos y deposiciones del marichal)*, document cité ci-dessus. Ce récit ne nous donne aucune date, mais Sandoval (*La Vida y hechos del ilustre Emperador Carlos-Quinto*, liv. II, chap. XV, p. 79), dit que le combat eut

— 463 —

800 hommes furent obligés de se rendre avec leurs capitaines (1), mais furent aussitôt délivrés. Seuls, les chefs restèrent aux mains de l'ennemi, et on les enferma au château d'Atiença dans le royaume de Valence (2). A la suite de cette défaite, l'expédition était manquée. Le roi de Navarre dut lever le siège de la citadelle de Saint-Jean, et la garnison castillane poursuivit, en la maltraitant, son arrière-garde jusqu'aux frontières de Béarn (3). Désespéré de son insuccès, il n'avait plus d'autre ressource que les secours du roi de France, qui l'avait poussé dans cette désastreuse aventure. Mais François Ier, peu disposé à abandonner ses projets sur Naples et son alliance avec le Roi Catholique pour recouvrer l'Etat de son allié, répondit aux demandes du vaincu par un refus formel. M. d'Estissac, maire de Bordeaux, fut chargé, de la part du souverain français, d'aviser Jean d'Albret de l'impossibilité où l'on était de le secourir. L'échec de l'entreprise « a grandement « déplu » au roi de France. Il a cependant fait tout ce qui lui était possible pour le roi de Navarre, en l'avertissant du trépas du roi d'Aragon, en lui donnant le conseil de profiter de l'occasion qui se présentait, et en mandant à ses officiers de l'aider de tout leur pouvoir. François Ier oubliait de dire que tout s'était borné de sa part à de vaines paroles d'encouragement. « Le Roy « a seu, ajoutait-il, tant par les rapports du sieur d'Asparros que « de l'envoyé même » de son allié, « que les ressources des Roy « et Royne de Navarre sont insuffisantes, attendu l'ordre et les « provisions que leurs adversaires ont mis pour eulx défendre ». Cette nouvelle l'a beaucoup affligé. Il donnerait volontiers son appui au prince, « mais les grans, urgens et très nécessaires affaires qu'il « a ailleurs l'empeschent, à son très grant regret et déplaisir, de « fournir aide et service esdits Roy et Royne ». En effet, l'Empereur a envahi le Milanais avec une grosse armée, et il faut entretenir dans le duché 200 lances et 26,000 hommes de pied pour lui tenir tête. On dit que le roi d'Angleterre se prépare à faire une descente sur les côtes de France. La Bourgogne est aussi menacée par Maximilien. Dans ces circonstances, il convient de ménager le Roi Catholique ; donner secours à Jean d'Albret, « ce serait mouvoir « contre » le roi de France « toutes les Espaignes et exposer le « royaume à ung dommage irréparable ». En présence de ces armements, il a dû lui-même renoncer à l'entreprise de Naples.

lieu au mois de mars. L'enquête citée ci-dessus *(inquisicion sobre la venida del rey don Juan)* fixe cette expédition à la semaine sainte (16-23 mars 1516).
(1) Chiffres donnés par Martyr, *Epist.*, 570, et la lettre de Jimenez. *Carta del cardenal Cisneros á don L. de Ayala*, Alcala, 3 avril (*Cartas del cardenal Cisneros*, p. p. Gayangos, pp. 101-108). — (2) Enquête citée ci-dessus. — (3) Gomecius, Vie de Ximenès, liv. VI, p. 1086.

— 464 —

Le roi et la reine de Navarre n'ont « qu'à se retirer » et à attendre « que ce qui ne peut se faire présentement se fasse avec l'aide de « Dieu en d'autres temps » (1). Encore une fois, il fallut abandonner la voie des armes pour recourir à celle des négociations.

IV.
L'administration de Jimenez et de Charles d'Espagne en Navarre. (1516-1518.)

Ce répit permit au cardinal Jimenez de mettre pour longtemps la Navarre dans l'impuissance de tenter une révolte, et la dynastie d'Albret dans l'impossibilité de s'y maintenir, au cas où elle eût réussi par surprise à s'en emparer un moment. Son administration, aussi énergique que celle de Ferdinand, acheva l'œuvre de soumission que la victoire de Villalva avait commencée. Le grand régent d'Espagne et son confident, le chef du corps d'occupation, prirent sur eux de démanteler toutes les forteresses navarraises, sauf Pampelune, Saint-Jean, Maya et Peñon. Ils jugeaient avec raison qu'elles coûtaient plus à garder qu'elles n'avaient d'utilité, qu'elles affaiblissaient la défense, obligeaient à disperser les troupes castillanes, et facilitaient la résistance des Navarrais dans leurs révoltes. « On évitera à l'avenir, écrivait le cardinal à « Diego Lopez de Ayala, son envoyé auprès du Roi Cathclique, la « difficulté qu'il y avait à placer en chaque place des forces suffi-« santes, qui devaient se garantir à la fois contre l'ennemi du « dedans et contre celui du dehors. Le royaume sera désormais « mieux subjugué et mieux soumis ; aucun Navarrais n'aura plus « l'audace de se révolter » (2). Les avantages politiques de cette mesure n'étaient pas moins considérables, en effet, que les avantages militaires. La destruction des forteresses frappa au cœur l'aristocratie navarraise et terrifia la population du royaume. « Afin « d'assurer la sécurité de ce pays et de bannir toute crainte » au sujet d'un soulèvement (3), Jimenez commença par détruire les places fortes des chefs beaumontais et gramontais. Il prétexta qu'il voulait les punir d'avoir favorisé l'entreprise de Jean d'Albret (4). Malgré les clameurs de la seconde des deux factions, les murs de Tudela (5), d'Olite, de Tafalla furent rasés. Les châteaux de Mendigorria, de Lumbier et de Lerin subirent le même sort, en dépit des réclamations des Beaumontais (6). Le connétable, Louis

(1) Mémoire du roy de France au sieur d'Estissac, maire de Bourdeaux, pour représenter au roy de Navarre comme il ne pourroit luy donner secours pour le recouvrement de la Navarre. Lyon, 13 avril 1516, orig. Arch. des Bass.-Pyrén., E. 557. Copie, coll. Doat, 231, f° 13. — (2) *Carta del cardenal Cisneros á Lopez de Ayala*, Alcala, 3 avril (p. p. l'Académie d'histoire), p. 168. — (3) *Ibid.* — (4) Gomecius, liv. VI, p. 1087 (Vie de Ximenes, édition Schott). — (5) Il fit payer, d'ailleurs, aux bourgeois de Tudela le bois qu'il leur avai: pris pour détruire les murs de leur cité. Ordre de paiement, 1516. Arch. de Nav., *papeles sueltos*, leg. 23, carp. 53. — (6) Ces protestations sont mentionnées par Gomez (*De Vita et Gestis Francisci Ximenii*, liv. VI, p. 1087, édition Schott).

de Beaumont, qui avait fait mine de résister, fut sommé de se rendre à Madrid pour se justifier. Il s'y refusa, alléguant son état de santé, ses occupations en Aragon, et protestant de sa loyauté. « On me veut faire passer pour suspect, comme le mar-
« quis de Falces, faisait-il dire à Jimenez ; aussi n'irai-je pas faire
« le voyage que vous m'ordonnez ; on ne doit pas demander à un
« gentilhomme d'acte contraire à son honneur » (1). Ensuite, il se réfugia dans ses forteresses, et mit en défense Lerin et Larraga. Mais le colonel Villalva, comme il l'avait proposé au cardinal, ne laissa pas impunis « ce mauvais exemple et cette intolérable audace ». Il occupa les domaines du connétable. Personne n'osa protester.
« Depuis que Votre Seigneurie a ordonné de détruire les forte-
« resses, écrivait-.l, la Navarre a tellement abdiqué sa fierté,
« qu'il n'y a pas un homme qui ose lever la tête » (2). Le nouveau vice-roi Nagéra obtint uniquement qu'on épargnât provisoirement la place de Puente-la-Reina (3). Seule, une femme, Anne Velasco, marquise de Falces, osa désobéir aux ordres de don Fadrique d'Acuña, qui avait commencé à faire exécuter les prescriptions de Jimenez. Elle s'enferma dans le château de Marcilla, fit lever les ponts aux yeux des soldats castillans, et refusa de livrer sa forteresse jusqu'à ce qu'elle en eût reçu l'ordre direct du Roi Catholique. Ce coup d'audace sauva la demeure féodale des Peralta (4). Partout ailleurs, les ordres du cardinal furent rigoureusement exécutés. On n'épargna même pas les églises ; la plupart étaient crénelées et servaient d'asile aux révoltés dans les guerres civiles. Les Navarrais, auxquels on enlevait une garantie d'indépendance, ressentirent comme un affront la destruction de leurs places fortes. Ils se plaignirent vivement de ce qu'on « décapitait » ainsi leurs villes. Ils assuraient que beaucoup de hameaux et de bourgs avaient été entièrement ruinés sous prétexte qu'ils étaient fortifiés. Une partie de la population, chassée par l'incendie des villages de la Navarre, dut, si l'on en croit Aleson, émigrer en Andalousie. « Le royaume devint une
« sorte de désert où l'on ne voyait plus que des pâturages » (5). A toutes les plaintes, Jimenez répondit qu'il n'avait pas à se préoccuper de l'injustice de ces mesures, mais seulement de leur opportunité ; il avait reçu mission de défendre l'État, et il servait ses

(1) *La creencia que truxo maestre Miranda de parte del Condestable de Navarra*, sans date, copie inédite. Arch. de Simancas, *Estado Navarra*, leg. 344, f° 28. — (2) *Copia de carta original del coronel Villalba al cardenal de España*, 18 mai 1516, doc. inéd. Arch. de Simancas, *Estado, Navarra*, leg. 344, f° 20. — (3) D'après Aleson, *Anales de Navarra*, t. V, f° 326. — (4) Gomecius, Vie de Ximenes (liv. VI, p. 1086, édit. Schott). — (5) Aleson, t. V, chap. XIX, f° 326, et Gomecius, liv. VI, pp. 1087-1088.

intérêts en ôtant aux Navarrais l'envie et les moyens de se révolter, à l'ennemi la facilité de favoriser leurs révoltes (1). Le colonel Villalva, l'exécuteur impitoyable des ordres du cardinal, fut voué à l'exécration des habitants de la Navarre. On attribua sa mort subite, qui arriva peu après, à la vengeance divine. Il venait de faire détruire une chapelle vénérée entre toutes : Dieu punit ce sacrilège. Le chef castillan expira subitement, raconte Aleson avec un luxe de détails qui fait sourire, au sortir d'un repas, sur le sein de sa femme (2). Sa mort n'arrêta point l'œuvre de destruction, déjà très avancée ; il ne resta bientôt plus dans la Haute-Navarre que trois villes fortifiées : Estella à l'ouest, Viana au sud, et Pampelune au centre. De celle-ci on fit une vaste place d'armes, destinée à contenir tout le royaume (3). On y mit une forte garnison, sous les ordres du camérier Miguel Herrera (4). L'ingénieur Pedro Malpaso fut chargé d'en presser les travaux, fit creuser de larges fossés, achever la citadelle, construire des abris pour les troupes. Il termina aussi, de concert avec l'alcayde Antonio d'Avila, les fortifications de Saint-Jean, la grande forteresse de la Basse-Navarre (5). On institua même en 1517 une charge d'inspecteur général « des châteaux et places « de Navarre » en faveur d'un ingénieur, nommé Fernandez de Biedma (6). Le cardinal ordonna d'ailleurs de maintenir une discipline rigoureuse parmi les troupes du corps d'occupation, composé de 800 lances et d'une nombreuse infanterie. Les logements ne pouvaient leur être attribués sans le concours des *regidors* et autres autorités locales. Les vivres qui leur seraient nécessaires devaient être payés au prix fixé par les municipalités (7). Plus tard, il fut interdit aux soldats d'opérer des arrestations sans le concours d'un officier royal (8). L'administration de la Navarre, telle que Ferdinand le Catholique l'avait organisée, fut

---

(1) Récit de Gomecius, loco citato. — (2) Récit d'Aleson, *Anales de Navarra*, t. V, chap. XIX, f° 326. Cette tradition est confirmée par l'assertion de Pierre de Biaix dans sa harangue prononcée à Bruxelles, en septembre 1516. B. N., coll. Doat, 231, f° 112. — D'après Aleson, on raconta aussi que Villalva avait été empoisonné par le comte de Lerin, *ibid.*, f° 328. — (3) Gomecius, Vie de Ximenes, liv. VI, p. 1088. — (4) Acte de nomination de Miguel Herrera comme alcayde de Pampelune, 1516. Arch. de Nav., *papeles sueltos*, leg. 23, carp. 54. — (5) *Carta de Pedro Malpaso sobre las obras de Pamplona (y de San-Juan)*, Saint-Jean, 16 juin 1517. Copie inédite. Arch. de Simancas, *Estado, Navarra*, leg. 344, f° 34. — (6) *Título de veedor de los castillos y fortalezas de Navarra en favor de M. Fernández de Biedma*, 1517. Arch. de Nav., *papeles sueltos*, leg. 23, carp. 56. — (7) *Real orden despachado por el cardenal Cisneros, etc., para que se pagasen los viveres tomados por la tropa*, Madrid, 1516 ?, orig. Arch. de Nav., *Cortes, sec. de guerra*, leg. 2, carp. 1. — *Memorial de contra fueros reparados*, 1519. Arch. de Nav., *Cortes, legislacion*, leg. 1, carp. 26. — (8) *Real orden*

maintenue par Jimenez et par le roi Charles, qui s'inspirèrent, autant qu'ils le purent, des traditions de leur illustre modèle. Le cardinal confia la vice-royauté au duc de Nagéra, grand seigneur qui mit sa fortune et son influence au service de la cause castillane (1), et qui gouverna le royaume jusqu'en 1521. Le duc, allié des Beaumontais, les rattacha de nouveau à l'Espagne. Grâce à ses efforts et à ceux de l'archevêque de Saragosse (2), le connétable Lerin rentra en grâce. Le nouveau vice-roi prêta serment le 22 mai 1516, à Pampelune, et promit, au nom du prince Charles, de respecter les fueros. Les Cortès navarraises jurèrent à leur tour fidélité au Roi Catholique (3). Charles confirma les pouvoirs de Nagéra, et le 10 juillet, à Bruxelles, approuva le serment de son lieutenant (4). La confiance du cardinal d'Espagne était bien placée; le vice-roi de Navarre, par sa grande fortune, était inaccessible à la corruption. D'après Gomez, un agent du roi de France essaya de le corrompre, en lui proposant un don de 30,000 couronnes, s'il voulait favoriser secrètement la cause d'Albret. La proposition, transmise par le capitaine Gonzalo Pizarro, fut repoussée avec une vive indignation (5). De plus, le duc était un instrument docile des projets du cardinal; il exécutait aveuglément ses ordres. Celui-ci le maintint en fonctions, malgré les plaintes qu'adressaient au Roi Catholique les chefs gramontais (6). Le vice-roi fit, en effet, pencher la balance en faveur des Beaumontais, parce qu'il jugeait leurs intérêts plus liés à ceux de l'Espagne. Auparavant, le Conseil royal de Navarre était composé par moitié des membres des deux factions. Nagéra donna aux Beaumontais cinq des offices du Conseil, et trois seulement aux Gramontais. De même, la Corte mayor comprit quatre alcaldes du premier parti, et n'en compta aucun du second (7). L'autorité du Conseil de Navarre fut maintenue,

al duque de Nagéra, 1519. Arch. de Nav., *Legislacion*, leg. 2, carp. 3; ordre semblable en 1517, *ibid.*, *guerra*, leg. 2, carp. 39 et carp. 3.
(1) Gomecius, liv. VI, p. 1088. — (2) Lettre de l'archevêque de Saragosse au Roi Catholique, 25 avril 1516, p. p. Dormer, *Anales de Aragon*, p. 60. — (3) *Juramento hecho por el virrey duque de Nagéra, y juramento de las Cortes*. Pampelune, 22 mai 1516, orig. Arch. de Nav., *Cortes, sec. de casam.*, leg. 2, carp. 37; copies, carp. 36, Arch. de Simancas, *Estado Nac.*, leg. 344, fos 39-40. — (4) *Carta dirigida al Condestable de Navarra, noticiandole que el Rey ha confirmado el titulo de virrey al duque de Nagéra*, 7 juin 1516. Arch. de Simancas, *Est. Nav.*, leg. 344, fo 83. — Ratification du serment du duc de Nagéra, Bruxelles, 10 juillet. Arch. de Nav., *Cortes, sec. de casam.*, leg. 2, carp. 36. — (5) Gomecius, liv. VI, p. 1088, nomme l'agent du roi de France « *Lethensis regulus* ». — (6) *La principal causa que á los Agramonteses les parece que ay para no tener seguras sus vidas y honras*, sans date, copie. Arch. de Simancas, *Patr. real, Capit. con Nav.*, leg. 3, fo 8. — (7) Faits mentionnés dans une requête non datée

mais on eut soin d'y nommer comme président (*Regente*) un Castillan. Ce fut d'après les uns le docteur Rodrigo Mercado, évêque d'Avila, auditeur au Conseil de Castille, d'après les autres, le licencié Manzanedo (1). De même, la charge de chancelier fut donnée à un Espagnol, le licencié Salazar (2). Le cardinal et le Roi Catholique modifièrent peu l'administration locale, respectèrent en général les situations acquises et confirmèrent les Navarrais pourvus d'offices dans leurs fonctions (3). Ils ordonnèrent de payer les pensions concédées auparavant aux gentilshommes; ils augmentèrent même les traitements des hauts fonctionnaires de la Corte mayor, de la Chambre des Comptes et du Conseil (4). Bien que le gouvernement des forteresses et un certain nombre de places de juges de la Corte eussent été confiés à des Castillans, Charles laissa espérer aux Navarrais qu'une fois le calme rétabli, et lorsqu'il viendrait en Espagne, il supprimerait ces infractions aux fueros (5). L'administration de la justice fut réorganisée; jusqu'en 1518, elle fut inspirée par les nécessités politiques. On frappa d'exil une partie de ceux qui avaient contribué aux troubles et conspiré avec Jean d'Albret (6). Les chefs gramontais faits prisonniers à Roncal furent d'abord traités avec rigueur, soumis à une dure captivité; on leur interdit toute communication avec leurs serviteurs; on fit renforcer les murs et les barreaux de fer des cachots où ils étaient enfermés à Atiença, et on les enchaîna avec de lourdes chaînes de six livres, fermées à clé. Le licencié Galindo avait été chargé par le cardinal de faire appliquer ces dispositions rigoureuses (7). Bientôt, le Roi Catho-

---

des Gramontais. *Lo que súplican Falces y los Agramonteses*. Arch. de Simancas, *ibid.*, leg. 3, fos 9-10.

(1) Gonecius, liv. VI, p. 1089. — Favyn, *Hist. de Navarre*, liv. XII, p. 695, d'après nous ne savons quelle source, donne le nom de ce président. — D'après une autre source, il s'appelait le licencié Manzanedo, *Provisiones del virrey Nagéra contra los oidores del Consejo que se resistian á recibir por regente el licenciado Manzanedo*. Arch. de Nav., *papeles sueltos*, leg. 1, carp. 12. — (2) Lettre de Jiménez annonçant la nomination de Salazar. Arch. de Nav., *Cortes*, leg. 1, carp. 16. — (3) *Memorial original de contrafueros* (cahier de griefs présenté à Bruxelles, juillet 1516, avec réponses du Roy Catholique). Arch. de Nav., *Cortes, legislacion*, leg. 1, carp. 26. — (4) Ordres de paiement adressés au trésorier Sanchez en 1519; le président du Conseil reçut 500 ducats; les conseillers, 200 ou 1,000 livres; les 4 alcaldes de la Corte, 1,000 livres. Arch. de Nav., *Comptos, cajon* 179, nos 2 et 3. — (5) *Memorial original de contrafueros*, juillet 1516, document précité. Arch. de Nav., *Cortes, legislacion*, leg. 1, carp. 26. — (6) Plaintes des Gramontais, intitulées : *Lo que et marques de Falces de parte de los Agramonteses súplica*. Arch. de Simancas, *Patr. real., Cap. con Nav.*, leg. 30, f° 10 (copie non datée). — (7) *Testimonio del reparo de la manera de la prision de los prisioneros que estan en Atiença* (procès-verbal de la visite du licencié Galindo et exposé des mesures qu'il ordonna), 2 mai-

lique adoucit la rigueur des tribunaux et rétablit une justice plus
régulière. Il promit de n'exiler ses sujets navarrais que pour des
motifs graves et après un examen attentif (1) (1516). En 1518, il
consentit à stipuler que les habitants de la Navarre ne fussent
jugés que par des juges navarrais, et que le procureur fiscal,
chargé des poursuites judiciaires, ne fût jamais un étranger (2).
Aucun sujet navarrais ne pourrait être traduit devant un tribunal
étranger, « pour y être jugé contre les libertés et prééminences
« de son pays » (3). Les privilèges financiers du royaume furent
respectés ; le vote des alcabalas et cuarteles réservé comme par
le passé aux Cortès ; de nombreuses modérations et remises accordées comme auparavant aux villes, bourgs et particuliers (4). Les
revenus de la Navarre étaient consacrés au royaume lui-même, à
l'entretien des troupes, à la poursuite des malfaiteurs (5), au
paiement des dommages causés par les expéditions précédentes,
notamment par celle de 1512, et à l'extinction des dettes contractées par les anciens rois (6). Le Roi Catholique promit même
d'examiner la question de la suppression des douanes du côté de
la Castille (7), réforme qui eût facilité les rapports commerciaux
avec l'Espagne, mais qui ne put aboutir (8). Le cardinal d'Espagne et le Roi Catholique eurent la sagesse de ne pas porter trop
d'atteintes aux libertés nationales de la Navarre. Ils continuèrent
à réunir annuellement les Cortès, dont les attributions financières
et législatives furent maintenues. Mais les vice-rois se réservèrent

6 mai 1516, dossier assez considérable des Arch. de Simancas, *Patr. real.
Cap. con Nav.*, leg. 2, fº 120.
(1) *Memorial de contrafueros*, juillet 1516, document cité ci-dessus. —
(2) *Patente original de los agravios concedidos*. Valladolid, mars 1518.
Arch. de Nav., *Cortes, legislacion*, leg. 1, carp. 27. — (3) *Real orden al
duque de Nagéra, proveyese acerca de la solicitud del reino en razon d
que los naturales de el no fuesen obligados á salir fuera por ser juzgados
contra sus libertades y preeminencias*. Arch. de Nav., *legislacion*, leg. 1,
carp. 30. (4) Exemples nombreux dans les Archives de la Ch. des Comptes
de Navarre. Ainsi, Olite est autorisée à ne payer que 175 livres d'alcabala
(1516-1519). Arch. de Nav., *Comptos, cajon* 179, nº 1. — Vote des cuarteles
et des alcabalas par les Cortès (exemple : en 1516, 52 cuarteles moderados;
en 1518, 50). Arch. de Nav., *Cortes, seccion de cuarteles*, leg. 1, carp. 35;
leg. 1, carp. 39. — (5) *Real orden mandando al Tesorero que de los receptos
de penas de Camara de Comptos se pagase lo necesario para perseguir á
los malhechores*, 1519, Arch. de Nav., *Cortes, seccion de juices*, leg. 1, carp. 2.
— (6) *Real orden al virrey mandando que de los 39,000 ducados de oro,
con que el reyno habia servido al rey en los años de 1518 y 1519, se
pagasen los cargos ordinarios del reino, y los acostamientos y los daños
hechos por los ejércitos en el ano de 1512*; 1519. Arch. de Nav., *Cortes,
seccion de cuarteles*, leg. 1, carp. 40. — (7) *Memorial de contrafueros*,
juillet 1516. — (8) D'après Yanguas, *Diccionario de Antigüedades*, I, 231.
De là, diminution du commerce de la Navarre.

le droit d'expédier les lettres de convocation, droit que les députés s'étaient attribué (1). Les lieutenants du roi furent, comme par le passé, contraints de jurer les premiers fidélité aux fueros. Une délégation des Cortès, composée du capitaine Donna Maria et du licencié Juan de Ozcariz, obtint de Charles, à Bruxelles, qu'il prêtât lui-même le serment accoutumé, avant les députés navarrais et suivant la coutume. Charles y consentit de bonne grâce (2). Le 10 juillet 1516, il jura de respecter les fueros de la Navarre, ajoutant que, malgré l'incorporation de ce pays à la Castille, il le considérerait et le gouvernerait toujours comme un royaume indépendant et autonome *(tendria á Navarra como á reino de porsi)* (3). Il promit aussi de se rendre à Pampelune et de s'y faire couronner comme les anciens rois, et même d'examiner la question de la réunion des domaines enlevés à la Navarre par les Castillans en 1463 (4). Les privilèges des villes, bourgs et vallées ne furent pas atteints. Il en fût de même de ceux de la noblesse. On se contenta de maintenir en exil les gentilshommes compromis dans les événements de 1512 et de 1516, bien que les Gramontais demandassent une amnistie (5). On continua à payer aux nobles les *acostamientos*, c'est-à-dire les pensions viagères ou temporaires qui leur avaient été concédées auparavant (6). Le connétable Louis de Beaumont consentit à faire acte de soumission; il vint à Madrid, sur la promesse qu'on lui fit de reconnaître ses droits et de surseoir à la destruction de ses places fortes (7). Son parti se rattacha plus étroitement à la Castille, par suite de la nomination du duc de Nagéra comme vice-roi, et obtint la meilleure part des offices du royaume. Le clergé vit sa dépendance s'accroître; le cardinal d'Espagne refusa énergiquement de restituer l'évêché de Pampelune au cardinal d'Albret, dépossédé depuis 1512, malgré les sollicitations du Pape et du Sacré-Collège. Il donna pour prétexte qu'il ne convenait pas au Roi Catholique de « livrer les revenus

---

(1) En 1517, les députés de Pampelune avaient convoqué les Cortès; le duc annule ces lettres de convocation. *Orden del visorrey duque de Nagéra*, 1517. Arch. de Nav., *papeles sueltos*, leg. 1, carp. 11. — (2) *Memorial original de contrafueros* (présenté à Bruxelles, juillet 1516). Arch. de Nav., *Cortes, legislacion*, leg. 1, carp. 26. — (3) Serment du Roi Catholique, Bruxelles, 10 juillet 1516, orig. Arch. de Nav., *Cortes, sec. de casam.*, leg. 2, carp. 36. — (4) *Memorial original de contrafueros*, 1516, doc. cité ci-dessus. — (5) *Lo que súplican Falces y la parcialidad de los Agramonteses*, sans date, copie. Arch. de Simancas, *Patr. Cap. con Nav.*, leg. 3, fos 9-10. — (6) *Memorial original de contrafueros*, 1516, cité ci-dessus. — (7) Instruction de l'archevêque de Saragosse pour Antón Moreno, son envoyé au cardinal d'Espagne, 27 juillet 1516, publiée par Dormer, *Anales de Aragon*, liv. Ier, chap. XI, p. 65.

« de son royaume à un ennemi qui s'en servirait contre l'Es-
« pagne ». Il poussa même l'audace jusqu'à faire détruire la forteresse de Navardun, qui dépendait de l'évêché, et jusqu'à consacrer les rentes de ce siège à l'entretien du corps d'occupation
espagnol (1). Malgré les protestations des Cortès, il attribua à
des étrangers les bénéfices de la Navarre. Ainsi, le cardinal
d'Aragon fut maintenu en possession du prieuré de Falces, dont
on avait dépouillé le fils du chancelier du Bosquet, partisan de
Jean d'Albret (2). Au reste, sur d'autres points, on donna satisfaction aux vœux du peuple navarrais. Ainsi, le Guipuzcoa fut
maintenu dans le ressort de l'évêché de Pampelune, dont il voulait
se séparer, et le Roi Catholique promit qu'à l'avenir les dépositions des témoins devant les tribunaux d'inquisition seraient
rendues publiques. Il accorda aussi que les juges de ces tribunaux fussent originaires du royaume (3). C'est par cette administration énergique et conciliante à la fois que la Navarre fut
maintenue dans le devoir. C'était surtout Jimenez qui pouvait
revendiquer l'honneur d'avoir étouffé la révolte, prévenu l'invasion et assuré l'avenir de la conquête par la rigueur des
mesures de défense militaire dont il avait pris l'initiative. Les
Espagnols reconnurent plus tard que, sans la destruction des
forteresses navarraises, ils auraient difficilement conservé la
Navarre à l'époque de la terrible crise de 1521. Aussi peut-on
souscrire à bon droit au jugement du biographe du cardinal,
Gomez, qui compte parmi les plus beaux titres de gloire de Jimenez sa victoire décisive de mars 1516 et son impitoyable administration dans le royaume soumis. Mais il serait injuste de
méconnaître que le gouvernement sage et conciliateur de Charles-
Quint contribua à affermir la domination castillane et à habituer
la plus grande partie des Navarrais au joug espagnol.

CHAPITRE IV.

LES NÉGOCIATIONS DE NOYON ET DE BRUXELLES.

(Mai-septembre 1516.)

I.
Reprise
des négociations
avec l'appui
de la France.
Mission du
commandeur de
Samathan à Rome.
Les premières
conférences de Noyon
(Avril-mai 1516.)

Bien que déçus dans leur espoir par l'échec de leur entreprise,
les souverains navarrais n'abandonnèrent pas la revendication de
leurs droits. La Navarre n'avait pu être reconquise par la force,

(1) Récit de Gomecius (liv. VI, p. 1089, édit. Schott). — (2) *Orden real para
que el duque de Nagéra no diese lugar que el cardenal de Aragon, fuese
despojado de la posesion del priorado de Falces*. Madrid, 13 sept. 1516,
orig. Arch. de Nav., Comptos, cajon 168, nº 70. — (3) *Memorial original
de contrafueros presentado en Bruselas*, juillet 1516. Arch. de Nav., Cortes,
sec. de legislacion, leg. 1, carp. 26.

ils essayèrent de la recouvrer encore au moyen des négociations. C'est le conseil que leur avait donné François Ier. Avant d'agir auprès des diplomates flamands, ils tentèrent auprès de Léon X une quatrième démarche, pour faire accepter le serment d'obédience et reconnaître la nullité de l'excommunication prononcée contre eux. Le commandeur de Samathan, du Bosquet, fut chargé de cette mission. Il se rendit à Rome, porteur de lettres de recommandation du roi de France, l'intime allié des Médicis. Pendant son séjour à Valence au mois de février, le maréchal de Navarre avait confié à deux agents navarrais, M. de Lusan et le secrétaire du Mont, le soin de faire rédiger ces lettres. Mais le commandeur de Samathan n'osa même pas les présenter, « parce qu'elles étaient bien maigres et en forme commune seu-« lement ». On avait aussi négligé de lui en donner pour l'ambassadeur de France, qui devait le recommander au Pape (1). Le sieur de Lusan fut donc chargé de demander à François Ier d'autres « lettres plus amples, par lesquelles il requerroit au Saint-Père « qu'il voulût casser et annuler le brief qui avoit esté baillé par le « pape Julius ». Avec le concours d'un nouvel envoyé des rois, M. d'Asques, il devait s'efforcer d'obtenir du souverain français et de ses ministres qu'ils intervinssent vivement auprès des personnages influents de la cour romaine, à savoir l'ambassadeur de France, le cardinal de Saint-Séverin, son frère, les cardinaux de Médicis, de Sainte-Marie in Porticu, et quatre ou cinq autres « des plus privés » amis du Pape (2). Mais loin d'obtenir du Saint-Siège l'annulation du bref de Jules II, les rois de Navarre reçurent de Rome la plus inattendue des nouvelles. Léon X, qui tâchait à jouer le rôle de médiateur entre le Roi Très Chrétien, le Roi Catholique et l'Empereur, avait imaginé une transaction, où il sacrifiait sans le moindre scrupule les droits des princes d'Albret. « Entre autres choses, il traicte, écrivait le commandeur « de Samathan, que lesdits Empereur et prince de Castille assu-« reront au Roy Très Chrétien la duché de Milan et le fairont jouir « d'icelle paisiblement, moyennant quoy ledit Roy Très Chrétien « asseurera audit prince de Castille le royaume de Naples et la « Navarre. » Aussitôt qu'ils eurent appris cette étrange intrigue, Jean et Catherine envoyèrent à la cour de France le sieur d'Asques, avec mission de supplier François Ier « qu'il ne voulût « consentir à chose si déraisonnable tant que touche le royaume

---

(1) Faits rappelés dans les instructions baillées à M. d'Asques par les roy et royne de Navarre, mai 1516. Arch. des Bass.-Pyrén., E. 557, orig. Copie, B. N., coll. Doat, 231, f°s 32-35. — (2) Lettres du sieur de Lusan au roy de Navarre. Lyon, 16 mai 1516, orig. Arch. des Bass.-Pyrén., E. 559. Instructions baillées à M. d'Asques, citées ci-dessus.

« de Navarre, et ne voulût permettre que lesditz Roy et Royne
« demeurassent privés de leur dit royaume et ancien héritage,
« à tort et sans cause, veu que leur avoit esté occupé pour le
« service de la couronne de France ». Ils faisaient aussi remarquer que pareille concession était dangereuse pour la France elle-même, voisine du royaume navarrais, et rappelaient que François Ier avait promis de faire rendre « paisiblement » la Navarre à ses légitimes souverains (1). Cette attitude résolue ou d'autres motifs firent échouer la combinaison de Léon X. Le Roi Très Chrétien daigna rassurer ses alliés et calmer leurs inquiétudes. Il donna l'ordre d'écrire aux cardinaux et à l'ambassadeur Saint-Séverin des « lettres plus pressantes » en faveur du commandeur de Samathan. Mais le trésorier Robertet, chargé de les envoyer, tomba malade à Lyon, et c'est seulement à la fin du mois de mai qu'elles furent expédiées à Rome par les soins de la banque de Toulouse ou de la poste (2). Il ne semble pas, d'ailleurs, que cette négociation ait mieux réussi que les précédentes. Les rois de Navarre purent se convaincre encore que Léon X était peu disposé à entrer en conflit avec l'Espagne et avec le Roi Catholique en leur faveur, quelque légitime que fût leur cause. C'était donc d'un autre côté que les souverains navarrais devaient tourner leurs efforts : ils plaçaient dans l'appui de la France leur dernier espoir. Déjà, pour consoler Jean d'Albret du désastre qu'il avait éprouvé et faire oublier le peu de secours qu'il lui avait donné, François Ier avait insinué que la restitution de la Navarre pourrait être obtenue au moyen de nouvelles négociations. Le maire de Bordeaux, d'Estissac, annonçait en avril à Jean d'Albret que le Roi Catholique « faisait tenir quelques propos au
« Roy de faire quelque assemblée de bons personnaiges, pour vuider
« les différens survenuz depuis le trespas du feu roy d'Aragon ».
« Ledit seigneur, avait-il ajouté au nom de François Ier, n'oubliera,
« si icelle assemblée se faict, de donner charge à ses commis et
« depputés de guider et conduire l'affaire desditz roy et royne de
« Navarre en l'estat, forme et manière qu'il vouldroit faire gui-
« der de sien propre » (3). Peu après le départ de M. d'Estissac, qui était resté à la cour d'Orthez du 20 au 26 avril, Jean et Catherine avaient envoyé, au commencement du mois de mai, leur maître d'hôtel, M. d'Asques, auprès du roi de France. L'agent navarrais remercia le roi de « ce qu'il lui avait plu avoir souvenance de
« leurs affaires », et le supplia, « leur continuant toujours son bon

(1) Instructions baillées à M. d'Asques. — (2) Lettre du sieur de Lusan au roy de Navarre, 16 mai, citée ci-dessus. Tous ces documents sont inédits. — (3) Mémoire du roy de France au sieur d'Estissac. Lyon, 13 avril. Arch des Bass.-Pyrén., E. 557.

« vouloir, de les avoir pour recommandées, et d'écrire à ses am-
« bassadeurs qu'ils eussent à travailler avec ceux du prince de
« Castille, que la restitution de leur royaume se fit. » En même
temps, les souverains chargeaient leur jurisconsulte le plus
habile, le savant et probe Pierre de Biaix, chef de leur diplomatie
pendant huit ans, de se rendre à Paris pour y négocier avec le
grand-maître Boisy et l'évêque Poncher le recouvrement de la Navarre (1). Les circonstances semblaient de nouveau favorables. Le
Roi Catholique avait besoin de l'alliance française pour affermir
son autorité en Espagne ; il savait que les Aragonais lui préfé-
raient son frère Ferdinand, et que les Castillans pouvaient refuser de le reconnaître pour leur maître, au moins pendant la
vie de Jeanne la Folle (2). Il était possible, en échange de la neutralité ou de l'appui des Français, de l'obliger à restituer le
royaume de Naples et la Navarre. Il est vrai que François Ier, de
son côté, sollicitait la médiation du prince de Castille pour faire la
paix avec l'Empereur (3), et il était à craindre que les intérêts de
Jean d'Albret ne fussent encore sacrifiés, comme ils avaient failli
l'être dans les négociations de février et d'avril. Cependant le roi
de France était engagé d'honneur à soutenir les revendications
des souverains navarrais ; l'intérêt même lui commandait de ménager la puissante maison de Foix-Albret. Mais, dans les négociations qui s'engagèrent, tout en paraissant favorables à leur cause, les
ambassadeurs français et castillans s'arrangèrent de façon à ne leur
accorder qu'une satisfaction illusoire. Pourtant, ni les rois ni leurs
serviteurs n'épargnèrent leur temps et leurs efforts. Tandis que
Lusan, du Mont et d'Asques sollicitaient à Lyon François Ier, la
reine Claude, Louise de Savoie, en faveur de leurs maîtres, Jean
et Catherine ne négligeaient rien pour obtenir l'appui des conseillers influents de Charles-Quint. Le plus écouté était Philippe de
Croy, seigneur de Chièvres ; il exerçait un ascendant souverain
sur le prince, à peine âgé de quinze ans. La famille de Croy tou-
chait de près à celle de Chimay, qui elle-même avait des liens de
parenté avec les Albret. Louise d'Albret, fille d'Alain et sœur du
roi de Navarre, avait, en effet, en 1495, épousé le prince de
Chimay. Pour rendre son gendre favorable à la cause navarraise,
Alain fit donation à la princesse sa fille du droit de rachat des
terres d'Avesnes et de Landrecies, qui lui avaient été accordées
en dot ; il cédait ce droit pour la somme de 25,000 livres (4). Le
roi de Navarre lui-même pria le prince de Chimay de recomman-

(1) Instr. à M. d'Asques. Arch. des Bass.-Pyrén., E. 557 ; coll. Doat, 231,
f°s 32-35 (inédites). — (2) Gaillard, Hist. de François Ier, I, 194. — (3) Guichardin, liv. XII, chap. VI, p. 543. — (4) Contrat du don et de la cession du droit
de rachat, etc., 18 avril 1516. B. N., coll. Doat, 230, f°s 254-266.

der ses revendications aux ambassadeurs flamands, l'assurant que, de son côté, « il vouldroit en toutes choses luy complaire » (1). En effet, l'envoyé navarrais à Noyon, Biaix, lui fit dire secrètement qu'on lui laisserait la seigneurie d'Avesnes en toute propriété, sans faculté de rachat, « moyennant qu'il voulût tenir la « main » à la restitution du royaume et agir auprès du Roi Catholique (2). Des démarches semblables étaient faites pour assurer aux souverains détrônés la bienveillance du grand-maître Boisy, qui jouissait auprès de François Ier d'un crédit égal à celui que Chièvres possédait auprès de Charles-Quint. Jean d'Albret le priait de lui accorder son appui pour obtenir la restitution. L'évêque de Paris, Poncher, était de même sollicité par le roi de Navarre (3). Jean d'Orval, gouverneur de Champagne, oncle du roi, le cadet de Duras, le Grand-Maître s'employaient de leur mieux en faveur de la cause navarraise (4). Boisy écrivait à Jean d'Albret pour lui certifier « qu'il avait charge du roy de France « de faire de son cas comme celluy propre » de S. M. Très Chrétienne, « et de ma part, ajoutait-il, y feray tout ce qui me sera « possible » (5). Les premières conférences de Noyon s'ouvrirent donc sous des auspices satisfaisants. Biaix y assistait sur l'ordre des rois de Navarre (6). Le roi de France y avait pour représentants le grand-maître Boisy, l'évêque de Paris, Poncher, et le premier président au Parlement, Olivier (7). Le Roi Catholique avait délégué M. de Chièvres, le grand-chancelier impérial, et l'Audiencier de Flandre (8). L'ouverture des conférences eut lieu le 9 mai (9) ; elles durèrent jusqu'au mercredi 14, jour « où « messeigneurs les ambassadeurs tant de France que de Flandre « se départirent » (10). Biaix y soutint les revendications de ses

(1) Lettres du roy de Navarre au prince de Chimay. Pau, 9 mai. Coll. Doat, 231, f° 37. — (2) Lettres du roy de Navarre au licencié Biaix, 9 mai. Coll. Doat, 231, f° 37. — (3) Lettres du roy de Navarre à M. de Paris. Coll. Doat, 231, f° 46. — (4) Lettres du roy de Navarre à M. d'Orval et au cadet de Duras, sans date. B. N., coll. Doat, 231, f°s 44-45. — (5) Lettres du Grand-Maître (de France) au roy de Navarre, Noyon, 14 mai, minute originale. Arch. des Bass.-Pyrén., E. 557. — (6) Lettres du roy de Navarre au licencié Biaix (en béarnais), 11 mai. Arch. des Bass.-Pyrén., E. 556. B. N., coll. Doat, 231, f°s 38-41. — (7) D'après M. Luchaire, auteur d'un savant travail sur la Question navarraise de 1516 à 1518 (Annales de la Faculté des lettres de Bordeaux, 1879, p. 259), ce premier président était le jurisconsulte Olivier ; d'après Buchon (note de la traduction de Guichardin), Pierre Mondiot de la Marthonie. — (8) Guichardin, liv. XII, chap. VI, p. 543 (coll. Buchon). — Martin du Bellay, Mémoires, liv. Ier, p. 129 (coll. Michaud). — (9) Lettres de M. d'Asques au roy de Navarre, Noyon, 16 mai, minute originale. Arch. des Bass.-Pyrén., E. 557. — M. Luchaire place l'ouverture des conférences au samedi 20 mai ; c'est probablement une faute d'impression, pour le 10 mai ; le rapport de Biaix, qu'il cite à l'appui de son assertion, est d'ailleurs daté du 15 mai. — (10) Lettres de M. d'Asques, citées ci-dessus.

maîtres avec une grande énergie. Il avait bon espoir ; le Roi Catholique avait promis, en effet, de restituer la Navarre, si les souverains dépossédés faisaient la preuve de leurs droits. C'était une espèce de procès qui devait se plaider devant les ambassadeurs ; Jean d'Albret n'avait pas manqué de donner à son envoyé des instructions détaillées pour résoudre les objections qui auraient pu être élevées. Biaix devait surtout insister sur ce fait que Ferdinand avait formellement et à plusieurs reprises reconnu la légitimité du pouvoir des rois de Navarre, et même conclu avec eux des alliances. Il avait charge de rappeler les relations étroites nouées entre eux et la maison d'Autriche depuis Philippe le Beau, de montrer que le traité de Blois n'était en rien dirigé contre le roi d'Aragon, que les souverains n'avaient point adhéré au schisme, et que l'anathème lancé contre eux était nul d'après toutes les règles du droit (1). Il devait conclure à une restitution pure et simple. Si les Flamands proposaient de remettre la question à un arbitrage, il fallait s'y opposer ; accepter un compromis pareil, ce serait implicitement reconnaître l'incertitude des droits des rois de Navarre. Tout au plus, était-il autorisé à admettre que le litige fût soumis à des arbitres, en exigeant auparavant la réintégration pure et simple des princes spoliés dans leur royaume. Une seconde hypothèse était prévue ; les ambassadeurs du Roi Catholique pouvaient faire des difficultés pour admettre la restitution ; dans ce cas, il conviendrait de proposer le mariage de l'infant de Navarre avec une des sœurs du Roi Catholique. Enfin, Biaix, à la demande de restitution, devait joindre celle de la mise en liberté du maréchal don Pedro et de ses vassaux (2). L'envoyé navarrais attendit quatre jours après l'ouverture des conférences, avant d'être autorisé à exposer l'objet de sa mission. Ce fut seulement le mardi 13 mai qu'il fut admis à prendre la parole devant les délégués du prince de Castille, sur les instances des ambassadeurs français. « Il s'est esvertué du mieux, écrivait le Grand-« Maître au roi de Navarre, pour donner à entendre le tort où l'on « vous tient et remonstrer vos affaires ; il a fait très bien son « debvoir » (3). Mais quand il eut exposé les preuves des droits des souverains dépossédés et la nécessité de la restitution, le chancelier de Flandre, après un instant d'entretien avec les Fla-

(1) Mém. et raisons pour estre dittes et alléguées par le licencié Biaix, sans date (le texte prouve que ce document est antérieur à la mort de Jean d'Albret), minute originale, Arch. des Bass.-Pyrén., E. 556. Copie, col. Doat, 231, f⁰ˢ 52-59 et 105. — (2) Instr. et Mém. envoyés par les roy et royne de Navarre au licencié Biaix de ce qu'il aura à dire à M. de Paris et à Mᵍʳ le Grand-Maître. Arch. des Bass.-Pyrén., E. 556. Coll. Doat, 231, f⁰ 18. — Cf Luchaire, La Question navarraise, pp. 259-260. — (3) Lettre de Mʳ de Boisy au roy de Navarre. Noyon, 14 mai. Arch. des Bass.-Pyrén., E. 556.

mands, prétendit qu'il n'avait ni mémoires ni instructions du
Roi Catholique pour pouvoir débattre la question navarraise. Il
est vrai, ajouta-t-il, que le roi « est sur son partement pour s'en
« aller en Castille » ; trop occupé maintenant pour examiner la
validité des griefs des princes navarrais, il s'informera, aussitôt
qu'il sera arrivé en Espagne, de « son droit au royaume de
« Navarre, et alors il fera ce qui sera de faire ». Cet ajournement
indéfini de la restitution ne pouvait convenir à Pierre de Biaix.
Il répliqua avec vivacité que le droit de ses maîtres était tellement
notoire, qu'on n'avait nul besoin de s'en informer ni de prendre
délai. « En Dieu et vos consciences, vous le savez bien, dit-il, et
« rien n'est plus aisé que d'envoyer vers le Roy Catholique, qui se
« trouve dans le pays de Cambrai », pour en obtenir les pouvoirs
nécessaires à une solution immédiate. Le chancelier de Flandre,
par un habile détour, transporta la question sur un terrain différent. Les rois de Navarre parlaient de leur « bon vouloir » à l'é-
gard du Roi Catholique. L'ont-ils montré, répliqua-t-il, lorsqu'ils
ont commencé contre lui la guerre, et ont essayé de procéder
par violence sans lui faire « rien assavoir » ? L'objection était délicate ; Biaix ne put que présenter une excuse : ses maîtres, répondit-il, ont « fait diligence de recouvrer leur royaume », parce
qu'il leur appartient justement. Il n'est personne, « parmi Vos Sei-
« gneuries, s'écria-t-il, qui, s'il eût été jeté hors de sa maison, ne
« crût pas devoir par tous les moyens y retourner. » D'ailleurs,
en quoi cette entreprise peut-elle justifier le refus de restituer la
Navarre ? Le Roi Catholique, après comme avant, n'a aucun
titre à la possession de ce royaume, que les ancêtres des souverains détrônés ont gouverné depuis Philippe le Bel sans opposition (1). Le débat fut interrompu sur cette réplique ; mais il
fut impossible d'obtenir des Flamands une autre réponse que celle
qu'ils avaient donnée d'abord. Vainement les ambassadeurs français, sollicités par un nouvel agent navarrais, d'Asques, qui venait
de se rendre à Noyon, parlèrent-ils « de la meilleure bouche qui
« leur fut possible, par trois et quatre foys », aux envoyés du Roi
Catholique, en faveur des Navarrais (2). Les Flamands s'excu-
« sèrent et certifièrent sur leur honneur qu'ils n'avoient aulcuns
« tiltres devers eux dont ils se pouvoient ayder » ; ils ajoutèrent
que si les rois de Navarre « fussent venus par une autre voye »
(allusion sans doute à leur entreprise de février-mars), ils au-

(1) Double des lettres envoyées par P. de Biaix aux roy et royne de Navarre
après la première assemblée de Noyon, 15 mai 1516. Arch. des Bass.-Pyrén.,
E. 107. — Luchaire, La Question navarraise, pp. 259-260. — (2) Lettre de
M. d'Asques, Paris, 16 mai ; de M⁽ʳ⁾ de Boisy au roy de Navarre, 14 mai.
Arch. des Bass.-Pyrén., E. 556.

— 478 —

II.
Les rois de Navarre
essaient de négocier
directement avec
le roi d'Espagne.
Mort
de Jean d'Albret.
Démarche des
Navarrais auprès du
prince de Chimay.
(Mai-août 1516.)

raient été « mieulx traictéz ». Les ambassadeurs français et flamands finirent par décider d'en référer à leurs souverains, et s'engagèrent à revenir à Noyon le 1er août, « garnis de leurs droits », pour résoudre la question navarraise (1).

C'était un nouveau déboire à ajouter à tant d'autres essuyés depuis 1512. Pour en adoucir l'effet, François 1er permit aux souverains navarrais d'envoyer avant la « nouvelle assemblée » leurs délégués au prince de Castille, afin de préparer les débats et de « débatre leurs titres, de sorte qu'ils fussent mieulx entendus » (2). Le roi et la reine de France comblaient de caresses le prince héritier de Navarre, qui résidait auprès d'eux à Lyon : « Il « est bien sain et bien gaillard, écrivait Lusan, et se fait grant et « tout gentil, et est fort amé en ceste court de toutes gens ; la « Royne l'ayme plus que choses au monde... et croys que si elle « avoit grande puyssance qu'il s'en apercepvroit » (3). L'agent navarrais exhortait en même temps ses maîtres à ne pas désespérer. Mais le roi de Navarre avait été profondément découragé par ses insuccès répétés depuis quatre ans. Les négociations pas plus que la guerre ne paraissaient tourner en sa faveur. La prétention du Roi Catholique de n'examiner la question navarraise qu'à son arrivée en Castille lui était un sûr indice qu'elle serait encore résolue contre lui ; les Castillans, auxquels la Navarre avait été donnée, n'en permettraient jamais la restitution. Aussi Jean d'Albret fut-il saisi, après les premières conférences de Noyon, d'un accès de mélancolie profonde. Sa santé, altérée par le chagrin et les émotions qu'il avait éprouvées depuis 1512, ne résista pas à une nouvelle déception. Il fut atteint de la fièvre le 9 juin, au château d'Esgoarrabaque, près de Monein, au moment où il allait visiter « aucuns corps saints » dans le voisinage, et il expira quelques jours après, le 17, songeant jusqu'à sa dernière heure au recouvrement de son royaume (4). Biaix raconta aux conférences de Bruxelles, en termes naïfs, la mort de ce bon roi, avec des détails touchants. Après avoir appelé son confesseur et avoir reçu les derniers sacrements, « Jean manda la Reine venir devers « luy ; il lui dit qu'il s'en alloit mourir, et que ladite dame voulût « avoir son âme pour recommandée, et qu'elle voulût récompenser « ses serviteurs. Il lui dit aussi comment ils avoient délibéré « envoyer devers le Roy Catholique, mais que jusque-là il ne « leur avoit esté possible, pour aucuns empeschemens, et par

(1) Lettres du grand-maître Boisy au roy de Navarre, 14 mai. — (2) Lettres de M. d'Asques, Paris, 16 mai, *ibid*. — (3) Lettres du sieur de Lusan au roy de Navarre, Lyon, 16 mai. Arch. des Bass.-Pyrén., E. 559. — (4) Lettres de Catherine, royne de Navarre, au licencié Biaix. B. N., coll. Doat, t. CCXXXI, f° 123.

« ainsy qu'elle y envoyât le plus tôt qu'il lui seroit possible, car il
« espéroit que led.t Roy Catholique feroit son devoir touchant la
« restitution du royaume de Navarre ». Puis il fit venir ses serviteurs, leur serra la main, « pria son confesseur ne le délaisser, et
« tenant un cierge en sa main et la croix dans l'autre, rendit
« l'âme à Dieu » (1). Dans son testament, daté de la veille de sa
mort, le 16 juin, il avait soin de fixer la dot de ses quatre filles, et
il léguait à son second fils, Charles, le comté de Périgord et la
vicomté de Limoges. Tous ses autres domaines, droits et actions
doivent appartenir à son fils aîné, Henri, qu'il institue son héritier
universel, et après lui, à ses descendants masculins et féminins ;
puis, à défaut de descendance de l'aîné, à son fils cadet, Charles, et
à ses enfants, et enfin à ses filles en cas d'extinction de toute lignée
masculine. Il nomme comme exécuteurs testamentaires son
père Alain et sa femme Catherine, réservant à cette dernière
l'administration et l'usufruit de tous ses biens, et il recommande sa famille au roi de France ; c'est en lui qu'il met
son suprême espoir (2). La reine de Navarre, mère énergique
autant qu'épouse dévouée, fit trêve à sa douleur pour exécuter la dernière pensée de son mari, en tâchant à obtenir la
restitution de ce royaume qu'elle ne pouvait croire perdu pour
jamais. Elle résolut de s'adresser directement, cette fois, au Roi
Catholique, afin d'aplanir d'avance les difficultés qui pourraient
être opposées à ses projets aux secondes conférences de Noyon.
Le maître d'hôtel de Catherine, M. d'Asques, après avoir demandé
et reçu l'autorisation du roi de France à ce sujet, se rendit à Paris,
où lui fut transmis l'ordre officiel d'aller avec Pierre de Biaix
trouver le roi de Castille à Bruxelles, « avant que ses ambassadeurs
« partissent pour aller audit Noyon, afin que les choses fussent
« débattues avecques luy en leur présence ». La reine de Navarre
écrivit elle-même au Roi Catholique, à Marguerite d'Autriche, au
prince de Chimay, à M. de Chièvres, les priant de s'intéresser à sa
cause (3). Biaix et d'Asques ne purent, on ne sait pour quel motif,
se rendre à la cour de Flandre (4). Mais ils y envoyèrent un
« licencié » dont on ignore le nom ; c'était un agent chargé de
« solliciter » à Paris les affaires du prince et de la princesse de

---

(1) Harangue de Pierre de Biaix à Bruxelles. Arch. des Bass.-Pyrén., E. 559.
Coll. Doat, 231, f° 84. — Luchaire, p. 261. — (2) Testament de Jean d'Albret,
16 juin 1516, texte béarnais, orig. Arch. des Bass.-Pyrén., E. 557; copie,
coll. Doat, 231, f° 60. — (3) Lettre de la reine Catherine à Pierre de Biaix,
Pau, sans date (ce document est un peu postérieur à la mort du roi Jean,
qui y est mentionnée comme récente). Copie, B. N., coll. Doat, t. CCXXXI,
f.° 123-125. — (4) M. Luchaire se trompe, du moins en ce qui concerne Biaix,
qui ne se rendit pas en Flandre comme il le croit (La Question navarraise,
p. 262). Le rapport de Biaix prouve qu'il ne put faire ce voyage.

Chimay. Les envoyés navarrais lui donnèrent mission « de bailler « au prince par écrit » les mémoires qui prouvaient le bon droit des rois dépossédés et la nécessité de la restitution ; il devait lui offrir la seigneurie de Beauvais, afin de l'intéresser à la négociation. Le prince de Chimay consentit volontiers à parler à la cour de Flandre en faveur de ses parents (1). Il n'eût pas mieux demandé, comme Chièvres et tous les Flamands, que de restituer la Navarre. Mais le roi de Castille n'ignorait pas quel prix les Espagnols attachaient à la conservation de ce royaume. Déjà, Ferdinand, dans ses dernières volontés, lui avait signalé cette conquête comme digne de toute son attention. Le 7 mars, l'archevêque de Saragosse, Alphonse d'Aragon, l'un des plus influents personnages de l'Espagne, lui écrivait cette lettre significative : « Il est « nécessaire que Votre Majesté veille à la conservation du royaume « de Navarre, parce qu'il importe grandement à ses États. La « Navarre est, en effet, placée à l'endroit où s'abaissent les « Pyrénées, sur les frontières de l'Aragon et de la Castille, et par « sa possession, Votre Altesse est maîtresse de tous les passages « de ces monts » (2). Sur ce point, le Roi Catholique trouvait ses sujets intraitables. Un moment, il avait eu l'idée, pour satisfaire le duc d'Alburquerque, l'un des grands seigneurs castillans, de faire remettre en liberté le maréchal de Navarre, beau-frère du duc. Ce dernier devait fournir caution sur ses biens et s'engager pour le maréchal. Le Conseil d'Espagne, persuadé par Jimenez, trouva la garantie insuffisante : nulle sûreté, répondit-il, ne pouvait suffire pour détourner le chef navarrais de ses desseins pernicieux ; deux fois, il avait violé ses serments de fidélité ; on risquait, en le délivrant, de troubler la Navarre ; s'il trahissait encore, ce qui était probable, on serait obligé de faire supporter à un innocent, le duc d'Alburquerque, la responsabilité d'une faute qu'il n'aurait pas commise. « Que Votre Majesté considère, écrivait « Jimenez, s'il est juste de compromettre le repos de vos royau-« mes, qui a pour garant la tranquillité de la Navarre. Qu'elle « considère encore que cet État a coûté à conquérir plus qu'il ne « vaut, et qu'elle n'aventure pas pour si peu une conquête d'aussi « grande importance. Qu'elle songe que la Navarre confine aux « royaumes d'Espagne, dont *elle est comme la porte*, et qu'il y a « plus à craindre pour la conserver maintenant que s'il s'agissait

---

(1) Lettres envoyées à la Royne après la deuxième assemblée de Novion (rapport de Biaix sur les négociations depuis la mort de Jean d'Albret), copie. B. N., coll. Doat, 231, f° 83 *bis*. — (2) *Instruccion que llevo don Juan de Aragon al rey principe don Carlos, en nombre de don Alonso de Aragon, arçobispo de Zaragoza*. Saragosse, 7 mars 1516, *in extenso* dans Dormer, *Anales de Aragon*, liv. Ier, chap. VIII, pp. 35-44.

« de la conquérir de nouveau » (1). Si les Espagnols, pour une affaire en somme secondaire, montraient tant d'opiniâtreté, combien plus devaient-ils manifester d'opposition à la seule idée d'une restitution de leur conquête ! Le prince d'Autriche l'avait bien compris ; il avait reçu à Bruxelles, le 10 juillet, les délégués navarrais, Donna Maria et Ozcariz, et avait prêté serment comme roi de Navarre (2). Dès ce moment, il lui était difficile de se déjuger en renonçant à une couronne qu'il avait acceptée. Aussi faisait-il montre d'un grand zèle pour les intérêts du royaume conquis, engageant ses sujets à tout faire pour la défense de ce qu'il appelait : « *notre État de Navarre* » (3). Les conseillers espagnols étaient d'avis que, malgré la promesse faite au traité de Paris, il fallait chercher un moyen d'ajourner indéfiniment les revendications des souverains dépossédés. Ils trouvèrent bientôt ce moyen. Le prince de Chimay avertissait, en effet, au début du mois d'août, l'agent secret de la reine Catherine qu'avant le départ des ambassadeurs flamands pour Noyon, « conclusion avait « été prinse, en présence de l'Archiduc, de remettre ladite resti- « tution au temps où il serait en Espagne » (4).

Lorsque cette réponse peu encourageante parvint à Paris, les conférences de Noyon venaient de commencer depuis quelques jours (5). Elles ne devaient être, pour les ambassadeurs navarrais, qu'une nouvelle déception, le second acte, en quelque sorte, de la comédie diplomatique commencée peu de mois auparavant dans le même lieu. C'est le 1er août 1516 que s'ouvrit la seconde assemblée de Noyon. Le Grand-Maître de France, M. de Boisy, l'évêque de Paris, Étienne Poncher, le premier président, Olivier, s'y rencontrèrent de nouveau avec les délégués flamands, M. de Chièvres, le chancelier de Flandre, Jean Sauvage, sieur d'Escambecque, et l'audiencier, Philippe Haneton (5). Pierre de Biaix et le maître d'hôtel d'Asques y représentaient la reine de Navarre. Les conférences durèrent douze jours, mais les discussions sérieuses n'y tinrent aucune place.

III.
Les secondes conférences et le traité de Noyon.
(Août 1516.)

(1) *Carta de los del Consejo de Castilla sobre la liberacion del marichal de Navarra*, sans date (doc. inéd.). Arch. de Simancas, *Estado Navarra*, leg. 344, f° 27. — (2) Expression de Charles lui-même dans une de ses lettres, *Carta del Rey á los barones, ciudades*, etc., *de Aragon*. Bruxelles, 14 mai 1516, *in extenso* dans Dormer, *Anales de Aragon*, liv. Ier, chap. LX, pp. 61-62. — (3) Serment du Roi Catholique comme souverain de la Navarre, orig. inéd. (10 juillet). Arch. de Nav., *Cortes, sec. de casam.*, leg. 2, carp. 36. — (4) Rapporté dans les lettres envoyées à la Royne après la deuxième assemblée de Noyon. B. N., coll. Doat, 231, f° 83 bis, inédit. — (5) L'avis du prince de Chimay, dit Biaix dans son rapport du 14 août, arriva huit ou dix jours avant la conclusion des conférences. — (6) Les noms des négociateurs se trouvent dans le recueil de Dumont, Corps diplomatique, IV1, 228.

31

C'était une représentation dont le programme était arrêté d'avance entre les deux principaux acteurs. François Iᵉʳ voulait, avant tout, régler la question de Naples en mariant sa fille, Louise, avec le Roi Catholique (1), et Charles était prêt à accepter ces conditions, pour conserver l'alliance française, nécessaire à l'affermissement de son autorité. Les intérêts de la reine de Navarre ne venaient qu'au second plan. Ses ambassadeurs, appuyés par ceux du roi de France, tentèrent « de débattre du « droit de royaume ». Mais, comme le prince de Chimay l'avait fait prévoir, les Flamands avaient reçu des instructions précises, qui ne leur permettaient pas d'engager un débat sur ce point. « Jamais les ambassadeurs du Roy Catholique, écrivait Biaix à « la reine, n'ont allégué ni maintenu que le Roy leur maistre eust « aucun droit en vostre royaume, mais se sont toujours excusés « de le rendre présentement et auparavant que le Roy leurdit « maistre en eust parlé aux Castillanos, disant que ne seroit « l'honneur du Roy leur maistre rendre ledit royaume, que « préalablement il n'en eust parlé avecques lesdits Castillanos, « qui l'avoient acquis, mais que parlé qu'il auroit avecques eux, « il fairoit tellement son devoir envers vous, que vous auriès « raison de vous en contenter, et qu'il n'avoit riens délibéré « tenir qu'il n'y eust droit. » En attendant, les négociateurs flamands, pour faire prendre patience aux Navarrais, firent entrevoir qu'une démarche directe auprès du Roi Catholique serait bien accueillie. « Le Roy leur maistre, dirent-ils, estoit mal-« content de ce que les souverains navarrais n'avoient jamais « envoyé devers luy depuis le décès du feu roy d'Aragon. » Ils mirent aussi en avant un projet de mariage entre le prince héritier de Navarre et l'une des sœurs du Roi Catholique, Catherine, ou bien Éléonore. Plusieurs grands seigneurs flamands, le prince de Chimay en particulier, appuyaient ce projet. Le Grand-Maître de France l'approuvait et engageait la reine de Navarre à y accéder, « car elle ne sçauroit (ainsi), disait-il, « estre mieulx assurée, que d'estre assurée des deux quarts; « elle en étoit du quartier du Roy (François Iᵉʳ) assez, lequel ne la « laisseroit jamais, et quand elle en seroit de l'autre quartier, ce « lui seroit grand bien ». L'envoyé français à la cour de Flandre, La Rochebeaucourt, vassal du roi de Navarre pour quelques paroisses qu'il possédait en Limousin, faisait aussi ses offres de service aux ambassadeurs navarrais. Il affirmait qu'il avait parlé

---

(1) Le mariage était décidé dès le 6 juillet. Pouvoirs donnés par le roi pour traiter ce mariage, 6 juillet Lyon, enregistrés au Parlement de Toulouse. Arch. de la Haute-Garonne, Édits, reg. 2, f⁰ 202.

de ce mariage à l'Archiduc et qu'il en appuierait de tout son crédit la conclusion. Le bruit courut même que Charles traverserait la France pour se rendre en Espagne, et qu'à son passage il restituerait la Navarre à l'héritier de Jean d'Albret (1). Toutes ces belles promesses adoucirent l'amertume que devaient éprouver les agents de la reine Catherine, lorsqu'on leur communiqua les résultats positifs des conférences. Ces résultats n'étaient guère brillants. On n'avait même pu obtenir la délivrance du maréchal don Pedro et de ses vassaux. Les Flamands prétendaient n'avoir aucune instruction pour résoudre cette difficulté; ils en remirent la solution à l'époque du voyage du Roi Catholique en Espagne (2). Quant à la restitution du royaume, elle fut renvoyée à un examen ultérieur et à une date éloignée. Un article spécial du traité conclu à Noyon avait été rédigé en ce sens. Il était conçu dans les termes suivants : « Pour ce que le fait de Navarre
« pourroit donner quelque trouble en ceste présente amytié, au
« moyen des alliances et promesses que le Roy Très Chrestien
« avoit avec le feu roy de Navarre et la royne, après plusieurs
« remonstrances et instances faites par les ambassadeurs dudit
« Roy Très Chrestien en ceste matière, les ambassadeurs du
« Roy Catholique, pour plus grande seureté et corroboration
« desdites présentes amytié, fraternité, confédération et alliance
« et pour oster toutes occasions de troubles et empeschemens
« d'icelles, ont accordé que sitost que ledit Roy Catholique
« sera en ses pays d'Espaigne, où il espère aller en brief, s'il
« plaist à la Royne de Navarre et à ses enfans envoyer devers
« luy leurs ambassadeurs et dépputéz pour luy faire remons-
« trer le droit qu'ils prétendent audit royaume de Navarre, après
« iceulx oys, et que iceluy Roy Catholique aura entendu le droit
« de ladite Royne et de ses enfans, selon rayson et manière qu'ils
» se doivent raisonnablement contenter, contentera icelle Royne
« et sesdits enfans. Sans touteffoys que pour ce présent article,
« ledit Roy Très Chrestien se départe de l'alliance, promesse
« et traicté qu'il avoit avec ledit feu roy de Navarre et la
« Royne, laquelle demourera en sa force et vertu, en cas que
« ladite Royne ne soit contente selon la rayson. Et s'il advenoit
« que le Roy Catholique n'allast èsdits païs d'Espagne, dedans
« huit moys prouchains, lesditz ambassadeurs de ladite dame
« pourront aller devers ledit Roy Catholique, là où il sera, lequel

(1) Lettres envoyées à la Royne après la deuxième assemblée de Noyon, 14 août. Copie, B. N., coll. Doat, 231, f° 83 bis. — (2) Article du traité de Noyon concernant la Navarre, Copies : Arch. des Bass.-Pyrén., E. 557; coll. Doat, 231, f° 82 ; Dumont, Corps diplomatique, IV, 288. Original du traité, Arch. nation., J. 662, n° 1.

« luy fera la raison, comme s'il estoit èsdits pais d'Espaigne »
(13 août 1516). Cet article n'accordait à la reine de Navarre
qu'une satisfaction bien mince : il n'y était même pas question de
restitution, mais d'une simple promesse « de la contenter raisonnablement », promesse subordonnée à la démonstration de ses
droits et ajournée à une époque encore lointaine.

<small>IV.
Les conférences
de Bruxelles.
(Août-septembre.)</small>
Ces atermoiements étaient de mauvais augure pour la cause navarraise. Cependant les conseillers de la reine n'avaient point perdu
l'espoir de recouvrer le royaume, en faisant appel au Roi Catholique, et en insistant auprès de lui pour obtenir une solution immédiate. La reine Catherine, sur leur avis, se décida à envoyer en
Flandre, auprès de Charles lui-même, ses ambassadeurs Biaix et
d'Asques. Leurs instructions leur enjoignaient de faire valoir « la
« proximité de linaige » et les anciennes alliances conclues avec la
Castille et Philippe le Beau. Ils lui exposeront la triste situation où
se trouve la princesse, veuve de son époux, et lui recommanderont la cause de ses enfants. Ils démontreront, s'il est nécessaire,
la validité de ses droits sur les domaines usurpés par Ferdinand,
c'est-à-dire sur la Navarre et les seigneuries de Castelbon, de
Castillon de Farjanie et d'Andorre. Une fois de plus, ils prouveront
que Jean d'Albret n'a pas été schismatique et n'a pu être excommunié ; ils excuseront la dernière expédition navarraise sur la
croyance où il était « de ne pas rencontrer de résistance » dans
un État qui lui appartenait selon la justice (1). Avant de partir
pour Bruxelles, Biaix tenta de gagner le conseiller le plus
influent du Roi Catholique, M. de Chièvres. Il eut avec lui à
Noyon plusieurs entretiens secrets. Il l'avait déjà fait pressentir
par le prince de Chimay, dont la fille devait épouser le comte
de Porcien, neveu de l'ambassadeur flamand. Biaix lui fit entrevoir les avantages qu'il retirerait du concours donné à la reine
de Navarre. Il trouverait au besoin dans son royaume une
retraite assurée; le Roi Catholique, en cas de conflit avec ses
sujets castillans, pourrait compter sur l'appui de 20 à 30,000
soldats navarrais, qui, du jour au lendemain, « seroient dans la
« terre espagnole, ce qui n'est pas petit avantage, disait-il, vu
« la distance qui sépare la Flandre de l'Espagne ». Chièvres
écoutait volontiers ces propositions ; il promit d'aider du mieux
qu'il pourrait la cause navarraise, et insista sur le projet de
mariage entre le prince de Navarre et l'une des sœurs du roi de Cas-

<small>(1) Instr. et Mém. envoyés par la royne de Navarre au licencié Pierre de
Biaix et au sieur d'Asques de ce qu'ils auront à dire et remonstrer au Roy
Catholique, 10 juillet. Arch. des Bass.-Pyrén., E. 556. — Galland, Preuves,
p. 113.</small>

tille (1). Les voies ainsi préparées, Biaix et Montfaucon, qui remplaça d'Asques au dernier moment, partirent de Noyon le 14 août pour se rendre à Bruxelles, où se trouvait le prince (2). Le 25, le chef de l'ambassade navarraise était admis en audience par Charles lui-même, qui l'accueillit avec bienveillance, « et le fit asseoir et couvrir la tête devant lui ». A cette réception assistaient Marguerite et Éléonore, la tante et la sœur du roi, les membres flamands du Conseil, le comte Palatin, l'évêque de Badajoz et un certain nombre de seigneurs espagnols. Devant cette brillante assistance, Biaix prit la parole et prononça un long discours. Composée dans le goût du XVIe siècle, avec des divisions semblables à celles d'un sermon, des citations savantes, des digressions nombreuses, coupée parfois d'heureux mouvements de véritable éloquence, cette harangue produisit une profonde impression ; l'évêque de Badajoz, en l'écoutant, ne put retenir ses larmes (3). L'envoyé navarrais fit avec une émotion communicative le récit des derniers instants de Jean d'Albret, « par « lequel trespas ladite dame Katherine estoit demourée privée de « sa compaignie, ses enfans orphelins, et sa mayson, subjectz, « païs, terres et seigneuries du tout merveilleusement désoulez ». Ensuite, passant au développement le plus important de son discours, il montre quelle a été la conduite déloyale de Ferdinand, qui a envahi la Navarre sans déclaration de guerre, et a failli se saisir du roi et de la reine. Au contraire, l'attitude des souverains navarrais à son égard fut toujours irréprochable. Il n'est pas vrai qu'ils se soient ligués avec Philippe le Beau contre lui : « ce sont des flatteurs, mauvais garçons, qui l'ont persuadé à « don Fernando ». Le prétexte invoqué pour excuser l'invasion et l'usurpation du royaume est tout aussi faux. Les rois de Navarre n'ont jamais été schismatiques, pas plus que leur allié Louis XII, et jamais ils n'ont signé d'alliance au préjudice de l'église. S'ils ont été excommuniés et privés de leurs États par le pape Jules II, la sentence est nulle, parce que les formes du droit n'y ont pas été observées, et qu'on les a condamnés sans les appeler et sans les entendre. Rien ne peut justifier l'occupation de la Navarre. Les rois dépossédés en sont les possesseurs légitimes ; le roi d'Aragon a reconnu à plusieurs reprises leurs droits. On ne saurait alléguer, pour conserver sa conquête, la sentence du Pape, puisqu'elle est nulle, ni les menées des rois contre Ferdinand, puisqu'ils n'ont jamais conclu de ligue à son préjudice, ni la der-

(1) Deuxième lettre envoyée à la reine après l'assemblée de Noyon, 14 août. B. N., coll. Doat, 231, fo 83 bis. — (2) Ibid. — (3) Double de la lettre envoyée à la Royne, portée par Gaillard, le 11 d'octobre. Arch. des Bass.-Pyrén., E. 107. — Luchaire, pp. 264-265.

nière expédition faite par Jean d'Albret, « jaçoit que aucuns aient « fait ledit acte bien aigre » au Roi Catholique. Et Biaix rappelle avec beaucoup d'à-propos qu'au traité de Paris, l'année précédente, les ambassadeurs flamands avaient promis de demander la restitution de la Navarre à Ferdinand. Ils ont donc admis la légitimité des prétentions du roi dépossédé, qui n'a fait qu'essayer de reprendre son bien, et s'il y fût parvenu, « eust esté au service » de l'Archiduc. On ne saurait davantage alléguer l'intérêt politique ou « la proximité de lieu », c'est-à-dire le voisinage de la Navarre et de la Castille ; autant vaudrait que le Roi Catholique revendiquât « Saint-Quentin, Amiens et les autres places frontières du roi de France », et que celui-ci « occupât Mons » : pareille raison ne peut constituer un titre légitime. Puisque rien ne justifie l'injuste occupation du royaume, la justice oblige l'héritier de Ferdinand à le restituer à ses rois : le bien mal acquis ne profite jamais, comme le prouve l'histoire d'Achab et de la vigne de Naboth, racontée par les livres saints. Retenir les domaines d'autrui, ce serait pour le Roi Catholique s'exposer à la même accusation d'injustice que le roi d'Aragon, mettre en péril son salut, charger sa conscience et laisser peser un poids redoutable sur l'âme de son aïeul. Mais la reine Catherine a confiance dans la justice et la libéralité du roi d'Espagne : « Vous « qui estes un des nobles et grands princes du monde, s'écriait « Biaix dans sa péroraison, vous descendant de la couronne de « France et de Castille, qui sont les plus grandes et les plus nobles « couronnes du monde, porterez le vray escusson d'un bon roy « et prince garni de justice et de libéralité » ; et il terminait en exprimant le ferme espoir que le Roi Catholique ferait restituer la Navarre et ordonnerait la mise en liberté du maréchal don Pedro et de ceux « qui estoient en sa compaignie » (1). Si l'ambassadeur avait pensé obtenir une réponse immédiate, il se trouva déçu. Charles, avec une impassibilité parfaite, écouta attentivement la harangue, demanda des nouvelles de la reine Catherine, et se retira en annonçant que le chancelier de Flandre communiquerait ses intentions à l'orateur. La communication se fit attendre trois semaines. Ce fut le 19 septembre seulement, qu'en présence de l'évêque de Cordoue, du comte Palatin, de M. de Chièvres, de Juan Manuel, de Jean d'Aragon et du gouverneur de Bresse, le chancelier Jean Sauvage répondit à la requête des ambassadeurs navarrais. Sa réponse n'était qu'une paraphrase de l'article du traité de Noyon relatif à la Navarre : « Le Roy, dit-il, a ouy

(1) Harangue de Pierre de Biaix à Bruxelles, 25 août 1516. Arch. des Bass.-Pyrén., E. 559, Coll. Doat, 231, f° 84-105. — Galland, Preuves, 115-123. — Luchaire, pp. 265-266.

« et bien entendu ce que ces jours passéz par vous luy a esté dit
« et remonstré de par la Royne de Navarre vostre maistresse,
« et en a communiqué avec son conseil, et m'a mandé vous dire
« touchant les trois points que vous remonstrastes en vostre pro-
« position. Quant au premier, qui estoit la notification de la mort
« du feu roy don Jehan, il luy déplaist grandement de la mort
« dudit seigneur, pour ce qu'il estoit bon amy du feu roy don
« Philippe, et le réputoit le Roy un de ses bons amis ; mais puis-
« qu'il a pleu à Dieu le prendre, faut prendre patience... et le
« Roy délibère faire prier Dieu pour son âme. Quant au second
« point, qui concerne la restitution du royaume de Navarre,
« lequel ladite dame prétend luy compéter et appartenir, le Roy
« Catholique n'est pas encores bien informé du droit qui peut luy
« compéter et appartenir audit royaume ; il ne l'a prins, mais
« il l'a trouvé en l'héritage et succession qui lui est advenue du
« feu Roy Catholique. Par quoy, il délibère soy informer de son
« droit et d'iceluy que ladite dame prétend luy compéter et
« appartenir, et après qu'il sera bien informé dudit droit, faira
« et accomplira le contenu en l'article passé et accordé à Noyon,
« et ne veut ny ne délibère ledit seigneur tenir ny occuper chose
« qui ne luy compète et appartienne par bon tiltre, par quoy
« ladite dame prendra patience pour le présent ». En ce qui
concerne le maréchal, on a commandé qu'il fût bien traité, et
quand il sera en Espagne, le roi décidera de sa délivrance,
comme de la restitution de la Navarre (1). Cette réponse ruinait
les espérances que Biaix avait fondées sur une démarche
directe. Charles s'en tenait strictement à l'article du traité de
Noyon, et ajournait l'examen de la question navarraise. Cependant le tenace ambassadeur revint encore à la charge pour
obtenir une solution immédiate. Il répliqua vivement au chancelier de Flandre qu'il ne pouvait, comme jadis les ambassadeurs
de Carthage à Rome, louer « la munificence et la bonté » du
puissant roi d'Espagne. Il pensait qu'il se souviendrait de son
beau titre de Roi Catholique, « qui le faisait réputer avoir si
« bonne conscience que personne du monde ». Il espérait qu'il
songerait aux anciennes et cordiales relations nouées entre les
maisons de Castille et de Navarre, et à la proximité du sang qui
l'unissait à ses cousins germains, les souverains navarrais, pour
accorder ce qu'ils demandaient, « qui estoit chose juste et raison-
« nable ». S'il n'a pas octroyé ce qu'on sollicitait de lui, la faute
en est sans doute à l'ambassadeur, qui n'a pas « su donner à

(1) Réponse du Roi Catholique, 19 sept. 1516. B. N., coll. Doat, 231, f°s 106-107.

« entendre le bon droit » de la reine de Navarre ; s'il l'avait entendu, le prince ne voudrait détenir son bien « ni charger « sa conscience, car autrement seroit en grand danger de damna-« tion éternelle ». La reine ne sera pas satisfaite de la réponse, car elle ajourne encore une restitution nécessaire, mais elle enverra toutefois de nouveau, pour remontrer son droit, d'autres délégués. La délivrance du maréchal de Navarre et de ses compagnons s'impose aussi ; le roi de France l'a demandée ; on a promis les cautions nécessaires, et cependant on la refuse. Qu'on songe pourtant que l'amitié de la reine n'est pas à dédaigner ; elle est voisine de l'Espagne, et elle a encore trois ou quatre fois autant de rentes « comme vaut ledit royaume » usurpé (1). Pour la seconde fois, le conseil de Charles-Quint délibéra, et après un semblant de discussion, le chancelier de Flandre fit savoir que le Roi Catholique s'en tenait à sa première réponse, « et qu'on prît « patience jusques au susdit temps » où il serait en Espagne. Il promettait aussi que le maréchal don Pedro serait bien traité. Biaix essaya du moins d'obtenir satisfaction sur trois points secondaires : la mise en liberté des compagnons du maréchal, « pauvres « gentilshommes qu'il ne seroit ni grand honneur ni grand profit « de faire consumer en prison » ; la défense de démolir les forteresses de la Navarre, dont la destruction « est grand dommage », disait-il, et charge encore davantage la conscience du roi ; enfin, la permission d'envoyer notifier la mort de Jean d'Albret à la reine d'Aragon. Après « avoir communiqué avec plusieurs grands per-« sonnages », le prince fit répondre par le chancelier « qu'au re-« gard desdits prisonniers, il fallait se tenir contens » de la réponse primitive ; qu'il « estoit malcontent de la démolition » des forteresses et avait ordonné d'y surseoir ; qu'il consentait enfin à ce qu'on envoyât un messager à Germaine de Foix. Puis il donna congé aux ambassadeurs, en les chargeant « de ses recommanda-« tions » pour la reine de Navarre (2). Déçu dans son attente, Biaix, avant de quitter Bruxelles, rédigea une dernière et solennelle protestation qu'il remit au chancelier Sauvage et à M. de Chièvres. Il était « malcontent de la response qui lui avoit été « faite, laquelle n'estoit raisonnable, veue l'injuste occupation « que l'on faisoit du royaume de Navarre ». Il remontra « com-« ment leur était grande charge de conscience, puisque tous « deux avaient les biens, corps et âme du Roi Catholique entre « leurs mains ». Le chancelier, « touchant sa poitrine », se borna à répondre ces mots : « J'en ai dit mon avis et mon opinion ».

(1) Réplique de Pierre de Biaix à la réponse du Roi Catholique, B. N., coll. Doat, 231, f°s 108-111. — (2) Réplique de Biaix et réponse du chancelier, B. N., coll. Doat, 231, f° 111-113.

Mais Chièvres, plus conciliant, ajouta en guise de consolation :
« Ce qui ne se fait pas à présent se fera une autre fois » (1).
C'était un maigre résultat pour tant d'efforts déployés. Cependant,
comme les Flamands l'avaient conseillé aux ambassadeurs navarrais, un mariage entre le prince de Navarre et l'une des sœurs
du Roi Catholique paraissait le vrai moyen de résoudre la question embarrassante de la restitution, en ménageant l'amourpropre des Espagnols. Ce fut de ce côté que les envoyés de la
reine Catherine tournèrent désormais tous leurs efforts.

CHAPITRE V.

LES NÉGOCIATIONS RELATIVES AU MARIAGE DU PRINCE DE NAVARRE.
LES NOUVELLES CONFÉRENCES DE BRUXELLES
ET DE CAMBRAI.
LA COUR DE FRANCE ET LES QUESTIONS DU MARIAGE
ET DE LA SUCCESSION NAVARRAISE.

(Octobre 1516. — Mars 1517.)

I. Le projet de mariage du jeune roi de Navarre avec Éléonore d'Autriche. Les ambassadeurs Navarrais à la cour d'Amboise. Secondes conférences de Bruxelles. (Octobre-décembre 1516.)

Avant d'engager sur ce point de nouvelles négociations, il importait de s'assurer de l'adhésion et de l'appui de la cour de France. Les ambassadeurs résolurent de conférer à ce sujet avec François Ier et de l'adjurer de soutenir leurs revendications et leurs projets. Biaix, le chef de l'ambassade, qui croyait trouver le roi à Amboise, le rencontra sur le chemin de Paris avec toute la cour, à Artenay, près d'Orléans. François Ier était accompagné des amis de la maison d'Albret : M. de Boisy, les sires d'Orval et d'Asparros. Par leur entremise, l'envoyé navarrais obtint la faveur d'être admis dans la suite du prince pendant une partie du voyage, afin « d'avoir mieux audience ». Il lui raconta ses démarches en Flandre et leur issue ; il le supplia d'insister auprès du roi d'Espagne pour obtenir la délivrance du maréchal de Navarre et la restitution du royaume. Tout dépendait de lui, assurait-il ; on n'oserait rien lui refuser, « car M. de Chièvres, « qui faisoit tout en la maison de Castille, estoit un bon serviteur « sien ». Le roi de France répondit par de bonnes paroles ; il promit de s'occuper des affaires de la reine de Navarre comme s'il s'agissait des siennes, et annonça qu'il avait chargé M. d'Orval de les prendre en main, lorsqu'il se rendrait auprès de l'Archiduc. Il ajouta : « La reine Catherine sera mandée aux accou-

---

(1) Double des lettres envoyées à la Royne le 11 d'octobre 1516. Arch. des Bass.-Pyrén., E. 107, doc. analysé par M. Luchaire, La Question navarraise, pp. 357-360.

« chailles de la Reine (de France) (1), mais qu'elle envoie à la
« cour ses fils et ses filles ; elle me trouvera toujours bon parent ».
Arrivé à Amboise, Biaix reçut de Louise de Savoie et de Claude
des assurances semblables d'affection et de dévouement pour la
souveraine navarraise ; la cour comblait d'attentions et de
caresses le prince héritier Henri. Le moment était favorable pour
exposer les projets que les ambassadeurs avaient conçus, en vue
de faire aboutir leurs revendications. Biaix conseilla donc à la
reine Catherine de négocier le mariage de l'infant de Navarre
avec une des sœurs du Roi Catholique, moyen que lui avait
suggéré au mois d'août le prince de Chimay, et qui avait reçu
l'approbation de Marguerite d'Autriche. On destinait au prince
navarrais la princesse Éléonore, sœur de l'Archiduc. Biaix en
avait parlé à Madame de Chimay ; il lui avait demandé s'il était
vrai que la princesse « n'eût pas bon sens » ; par cette ruse, il
voulait provoquer des confidences. Madame de Chimay s'était
récriée ; Éléonore avait toutes les qualités désirables ; « elle était
« aimée sur toutes » les autres sœurs du Roi Catholique, et son
frère « la voulloit colloquer mieux que toutes et auprès de luy, si
« faire le pouvoit ». Le seul obstacle, minime il est vrai, c'était
l'âge de la princesse ; elle avait quatre ans de plus que l'infant
Henri. Cette union était fort avantageuse : elle aurait permis
le recouvrement pacifique de la Navarre. La restitution eût été
déguisée sous forme de dot, et Éléonore aurait reçu le royaume
comme cadeau de noces de l'Archiduc. En même temps, pour
gagner la reine-mère, Louise de France, l'ambassadeur était
d'avis qu'on mariât l'une des filles de Catherine avec M. de Savoie,
bien qu'il fût de faible complexion, et une autre des princesses
d'Albret avec le comte de Genève, frère de M. de Savoie. Ces deux
princes sont riches, « ils ont bien de quoy, écrivait-il », ils seraient
peu exigeants sur la dot, et enfin ils sont « bien alliez » du côté
du roi de France et du roi d'Espagne. Biaix et Montfaucon exposèrent ce plan à la reine-mère pendant leur séjour à Amboise,
insistant surtout sur le mariage du prince de Navarre, et rappelant
qu'il en avait déjà été question aux conférences de Noyon. Ils lui
déclarèrent que la reine Catherine « n'avoit délibéré entendre »
à cette union, « ne autre praticque, pour recouvrer le royaume,
« que ce ne fût avec le su, vouloir, conseil et avis » du roi de
France et de sa mère, « pour quoy les deux, si leur plaisoit,
« voulsissent aviser si seroit bien ». Louise de Savoie, à cette con-

---

(1) Claude de France accoucha, en effet, à Amboise, le 23 octotre, d'une
fille qui fut appelée Charlotte. Journal de Louise de Savoie, p. 89 (coll.
Buchon).

fidence, montra un médiocre empressement; elle se souciait peu, dans l'intérêt de son fils, d'unir les maisons d'Albret et d'Autriche, et de créer à la France pour l'avenir de sérieux dangers vers les Pyrénées. Elle ne consentit pas à donner un *appui officiel*, au nom du gouvernement français, aux projets d'union du prince de Navarre avec la princesse Éléonore, et des princesses d'Albret avec les princes de Savoie. Elle permit seulement au sire d'Orval de proposer le mariage de l'infant Henri au Roi Catholique, mais à titre purement privé, « comme parent et ami » de la reine Catherine (1). De nouvelles négociations s'étaient, en effet, ouvertes à Bruxelles pour faire adhérer l'Empereur au traité de Noyon et le détacher de la ligue qui venait d'être conclue à Londres entre Léon X et Henri VIII. La Rochebeaucourt et Jean d'Orval furent chargés de poursuivre les pourparlers, qui durèrent pendant les deux mois de novembre et de décembre 1516. Montfaucon et Biaix, qui avaient accompagné M. d'Orval, tentèrent encore, avec le concours officieux des ambassadeurs français, une démarche, qui est restée jusqu'ici inconnue. Ils demandèrent de nouveau la restitution de la Navarre, et pour la faciliter, ils proposèrent de conclure le mariage du prince Henri avec Éléonore. Jean d'Orval appuya leurs projets de son influence, mais la rédaction du traité qui fut signé le 3 décembre entre l'Empereur et François Ier absorbait toute l'attention des négociateurs flamands. Le 14 décembre, Catherine se plaignait au sire d'Albret de ce que ses envoyés ne lui avaient encore « rien fait savoir » (2). Les ambassadeurs finirent par obtenir une audience, et c'est alors, sans doute, que Biaix prononça une seconde harangue pour demander la restitution du royaume, faisant appel à l'esprit de justice du Roi Catholique, alléguant les droits évidents de la reine dépossédée, les vieilles alliances entre les dynasties castillane et navarraise, s'efforçant à montrer que cet acte d'équité éloignerait toutes chances de rupture entre la France et l'Espagne (3). En même temps, le sire d'Orval, « comme proche parent et bon amy « du roy et de la royne de Navarre, advança aucunes paroles de

---

(1) Double des lettres envoyées à la Royne le 11 d'octobre. Arch. des Bass.-Pyrén., E. 107. — Analyse dans M. Luchaire, opus cit., p. 358. — (2) Ces secondes conférences de Bruxelles sont mentionnées dans les instructions de la reine de Navarre à son envoyé devers l'Empereur, 1517, Arch. des Bass.-Pyrén., E. 556; la procuration d'Alain d'Albret au sire d'Andoins, 1518, Arch. des Bass.-Pyrén., E. 559, et la lettre originale de la reine de Navarre au sire d'Albret. Pau, 14 décembre. Arch. des Bass.-Pyrén., E. 99. — (3) Seconde harangue de Pierre de Biaix à Bruxelles, sans date. Cette pièce paraît bien, d'après le préambule, où il est parlé d'une réponse antérieure peu satisfaisante, se rapporter à cette nouvelle négociation. Copie, B. N., coll. Doat, 231, f°s 114-122.

« mariage entre le prince de Navarre et aucunes des sœurs du
« Roi Catholique ». Il rappela que ce projet n'était pas nouveau,
et qu'en 1506 le père de l'Archiduc, Philippe le Beau, en avait
décidé l'exécution (1). Charles lui-même, sans se prononcer sur
la restitution, répondit « qu'il vouldroit entendre audit mariage,
« lequel seroit cause et occasion d'avoir toute bonne amitié,
« confédération et alliance entre la maison de Castille et celle de
« Navarre » (2). Cette réponse ramena la joie et l'espoir dans le
cœur de la reine Catherine ; le mariage projeté lui semblait le
plus sûr moyen de terminer le conflit pendant entre la dynastie
d'Albret et l'Espagne. Aussi, lorsque les ambassadeurs Biaix et
Montfaucon furent de retour à Pau, le 24 décembre, et qu'ils
eurent exposé à leur souveraine l'issue des secondes conférences
de Bruxelles, Catherine s'empressa d'écrire au sire d'Albret pour
lui exprimer « le grant plaisir » qu'elle venait de ressentir après
tant d'épreuves, et le prier de venir conférer avec elle au sujet
d'une affaire d'aussi grande importance (3). Un conseil de famille
fut aussitôt réuni à Mont-de-Marsan ; il était composé de la souveraine de Navarre, du vieil Alain d'Albret et de son fils, le cardinal
Amanieu. On y décida de faire d'actives démarches auprès des
cours de France et de Flandre pour obtenir la conclusion du
mariage projeté. Il fut résolu qu'on enverrait au roi de France
le baron d'Andoins, au Roi Catholique Pierre de Biaix et Montfaucon, et à l'empereur Maximilien un autre agent, dont le nom
est resté inconnu (4).

II.
Dernières démarches
de la
reine Catherine
en faveur
du mariage.
Projets de la cour
de France.
(Janvier 1517.)

Mais au moment même où allait s'engager cette négociation décisive, François Iᵉʳ, qui avait d'abord consenti officieusement à
l'union arrêtée entre le prince de Navarre et Éléonore d'Autriche,
changeait brusquement d'avis, en apprenant que l'Archiduc avait
accueilli favorablement cette idée. L'intérêt de la politique française n'était pas de donner au roi d'Espagne un beau-frère et un
allié tel que l'infant Henri, maître des passages des Pyrénées
occidentales et le plus puissant vassal de la couronne de France.
Aussi le Roi Très Chrétien, sans s'opposer directement au mariage, se détermina-t-il à le faire ajourner, jusqu'à ce que le
prince fût en âge d'épouser une princesse du sang des Valois.

(1) L'exposé de cette négociation se trouve en résumé dans la procuration
du sire d'Albret au sire d'Andoins, 1518. Arch. des Bass.-Pyrén., E. 559,
copie, coll. Doat, 232, fº 68 bis ; et dans les Instructions de la reine de
Navarre à son envoyé devers l'Empereur. Arch. des Bass.-Pyrén., E. 556,
copie, coll. Doat, 232, fᵒˢ 92-95. — (2) Cette réponse est rappelée dans les
Instructions de la reine de Navarre à ses envoyés devers le Roi Catholique
et le roi de France (janvier 1517). Arch. des Bass.-Pyrén., E. 556; copies, coll.
Doat, 232, fᵒˢ 69 et 96-100. — (3) Lettres de Catherine au sire d'Albret, 24 déc.
1516, Pau, et 25 décembre, orig. Arch. des Bass.-Pyrén., E. 99. — (4) Ibid.

Il avait également sur les princesses d'Albret des vues particulières. Abandonnant le projet antérieur d'union entre ces princesses et les princes de Savoie, il songeait alors pour elles à une alliance avec les Médicis. De nouveau désireux d'avoir en Italie l'appui de cette famille et surtout du pape Léon X, avec lequel il venait de signer le Concordat (19 décembre 1516), il reprit la négociation abandonnée depuis le mois de mars. Il proposa le mariage d'une des filles de Catherine avec Laurent de Médicis. Mais la reine de Navarre répondit nettement par un refus aux propositions du roi de France L'ambassadeur Gaston d'Andoins partit de Pau après les fêtes de Noël (1), porteur à ce sujet d'instructions précises. « Moitié par fierté, moitié par prudence » (2), Catherine déclinait l'offre qu'on lui faisait. « Elle a notifié, dit« elle dans son mémoire, ladite créance à aucuns de ses subgectz, « lesquels sont d'avis et opinion qu'il ne sera pas honneur dudit « seigneur ni de ladite dame de colloquer une fille de roy, son « humble parente et servante, en une telle maison qu'est icelle de « Médicis, laquelle, ainsi qu'est nottoire, ne descend d'aucune « noblesse. Et jaçoit à présent ladite maison soit sublimée à cause « du Pape, l'on a veu par cy-devant par expérience en quels dé« sarrois et nécessités sont venuz ceux qui ont été sublimés « par le Saint-Siège, dont aucuns ont été tués, d'autres bannis « de leurs biens et chassés de leur pays. » C'était une allusion évidente à l'union néfaste de César Borgia et de Charlotte d'Albret. La reine ne pouvait croire que le roi « voulût tenir la main « à ce mariage, dont l'honneur dudit seigneur dépendroit ». Si « elle fait cette remonstration », c'est qu'elle est mère avant tout et qu'elle ne voudrait pas causer le malheur de sa fille. Elle ajoute, il est vrai, qu'elle n'opposera pas à l'alliance projetée un refus absolu, si le roi s'engage à « colloquer » en même temps ses trois autres filles ; car une fois l'union avec les Médicis conclue, lorsque « leur sœur seroit en une telle maison » que celle-là, il lui serait difficile de les marier. C'était mettre à l'exécution du projet des conditions qui le rendaient impraticable Malgré ce refus peu déguisé, la reine de Navarre, toujours confiante, s'imaginait que la cour de France appuierait le mariage de son fils avec Éléonore d'Autriche. Le baron d'Andoins était chargé de solliciter le concours de François Ier. « Puisqu'il a pleu au Roy « faire porter la parole dudit mariage, disait la reine, il luy « plaise icelluy sortir à effet, et qu'il soit traité et conclu de « façon que soit à l'honneur dudit seigneur, et moyennant la res-

(1) La reine annonce son départ pour cette époque. Lettre de la reine de Navarre au sire d'Albret, 25 décembre, orig. Arch. des Bass.-Pyrén., E. 99.
— (2) Expressions de M. Luchaire, La Question navarraise (loco citato), p. 360.

« titution préalable de la Navarre ». Elle ne manquait pas de lui demander aussi la continuation de la pension qui lui était allouée et de celle du prince Henri. La perte de son royaume, les levées de troupes, les legs faits aux serviteurs du roi Jean, les dépenses de ses filles ont diminué ses revenus; elle ne peut plus « s'entre-« tenir honorablement » sans les secours pécuniaires du roi de France. Elle sollicite également le maintien des lances françaises dont François Ier lui a donné le commandement, et sans lesquelles elle ne peut guère défendre et « garder ses terres et seigneu-« ries » (1). Ainsi se trouvaient marqués dans la même circonstance et l'orgueil de l'ancienne souveraine indépendante, et la dépendance étroite où la pauvreté et le malheur avaient jeté la maison d'Albret. La reine se faisait de grandes illusions sur les bonnes dispositions du roi de France à l'égard de l'alliance entre l'infant et la princesse Éléonore. Il y avait loin, en effet, de la démarche officieuse permise par François, lors des conférences de Bruxelles, à une coopération active, loyale et officielle. Catherine prenait ses espérances pour la réalité. Elle déployait une activité fébrile en vue de la réalisation d'un plan auquel elle rattachait son dernier espoir. Elle sollicitait l'appui des personnages influents de la cour de France, des princes du sang, tels que M. d'Alençon, beau-frère du roi, et Marguerite d'Angoulême, la sœur bien-aimée de François Ier. Le connétable de Bourbon et sa mère, la régente Louise de Savoie, la reine Claude, le favori Bonnivet, récemment promu amiral, les sires de Lautrec et d'Asparros, M. de Châteaubriant, le mari de la maîtresse du roi, s'intéressaient à la cause de la souveraine spoliée (2). Elle demandait aussi les bons offices des ministres et des fonctionnaires influents, tels que le grand-maître Boisy, l'évêque de Paris, Poncher, le trésorier Robertet, le chancelier Duprat, le président Olivier, le sénéchal de Toulouse, l'ambassadeur La Rochebeaucourt (3). Désireuse de voir aboutir au plus tôt la négociation, elle se hâtait également d'envoyer à la cour du Roi Catholique, Biaix et Montfaucon. Ils devaient en premier lieu seconder les démarches du baron d'Andoins auprès de François Ier, et obtenir du roi de France, ainsi que de Madame de Savoie, sa mère, une promesse de concours (4). Ensuite, ils se rendraient en Flandre. Leurs instructions, datées du 29 janvier,

(1) Instructions de la reine de Navarre à son envoyé auprès du roi de France, sans date, Arch. des Bass.-Pyrén., E. 556 (minute orig.); copie, B. N., coll. Doat, 232, f°s 95-100. — (2) Lettres de la reine de Navarre au duc d'Alençon, etc., Mont-de-Marsan, 24-26 janvier 1516-1517; inventaire de 19 lettres et texte *in extenso* de quelques courts billets. Arch. des Bass.-Pyrén., E. 557; copies, coll. Doat, t. CCXXXI, f°s 154-161. — (3) *Ibid.*
(4) C'est ce qui résulte d'un court billet de Catherine à Madame de Savoie. Mont-de-Marsan, 24 janvier. Arch. des Bass.-Pyrén., E. 557; coll. Doat, 231, f° 158.

prescrivaient la marche à suivre pour traiter la question du
mariage. Les envoyés annonceraient au Roi Catholique que la
réponse faite aux secondes conférences de Bruxelles « avoit esté
« bien plaisante » à la reine de Navarre. L'accueil fait à ses propositions ne pouvait qu'accroître « sa singulière affection pour
« les maisons de Castille et d'Aragon, dont elle descendait ». Elle
était heureuse de voir renouveler un projet, déjà mis en avant
par Ferdinand le Catholique et par Philippe le Beau, pour cimenter l'union entre les royaumes d'Espagne et de Navarre. Il était
convenu autrefois qu'on unirait son fils avec la princesse Isabeau,
mais puisque cette princesse est maintenant mariée (1), la reine
accepte volontiers, « affecte singulièrement » la nouvelle alliance
qu'on lui propose entre le prince Henri et « Madame Éléonore ».
Cette alliance permettra aux deux maisons d'Albret et d'Autriche
« d'icelles soi entretenir et secourir l'une à l'autre, et d'avoir à
« jamais toute bonne fraternité, paix et union ». Catherine
semble croire que le mariage est certain, aussi y met-elle des
conditions dont l'acceptation eût été bien difficile, à supposer que
le roi d'Espagne ait sincèrement songé à exécuter ce projet. Elle
exige, avant de rien arrêter, que le royaume de Navarre lui soit
préalablement restitué, « lequel le Roi Catholique ne saurait dé-
« tenir sans grandissime charge de sa conscience ». Bien mieux,
cette restitution devra être faite d'une façon très nette : on lui
rendra cet État « comme à elle appartenant ». Elle ne veut pas
d'une restitution déguisée, sous forme de donation ou de dot. On
lui remettra aussi les rentes perçues depuis la conquête; on ré-
parera les murailles des villes et châteaux abattus. On lui allouera
des dommages-intérêts pour compenser l'injustice de l'occupation.
A supposer que le Roi Catholique consente à restituer purement
et simplement la Navarre, mais qu'il veuille s'y réserver « aucu-
« nes places pour sa seureté », on lui montrera qu'il n'a aucun
droit sur ce royaume, que jamais cet État n'a causé de dommages à
la Castille, que pareille clause serait contraire aux alliances des
princes d'Albret avec la France, qu'enfin la meilleure garantie
sera ce mariage lui-même, par lequel « les deux maisons devront
« estre repputées pour une ». Cependant, s'il insiste, on lui offrira
les garanties accordées jadis à Ferdinand par les conventions de
Medina et de Séville ; on pourra même rédiger à ce sujet « un
« traité spécial ». Mais, de son côté, le Roi Catholique mettra
aussitôt en liberté le maréchal don Pedro, et restituera à la
Navarre les villes frontières occupées par les Castillans depuis

---

(1) Isabeau était mariée au roi de Danemark, Christiern. Le Glay, Correspondance de Maximilien, II, 383.

1463 (1). Ce document peut donner une idée des illusions que nourrissait la reine. Il semble que l'approche de la mort ait exalté son imagination, comme chez les malades, qui, au moment du dénouement fatal, croient renaître à la vie. Elle ne doutait pas du succès. Ce qui le prouve, c'est qu'elle avait déjà dressé un projet de contrat pour le mariage de son fils avec Éléonore d'Autriche. Elle déclarait instituer le prince Henri « dès à présent « héritier universel, tant au royaume de Navarre que seigneurie « de Béarn, comtés de Foix et de Bigorre, et autres ses seigneuries « à elle appartenans », ne s'en réservant que l'administration viagère, avec la disposition d'une partie des rentes et des sommes nécessaires pour l'établissement de ses autres enfants, « selon la faculté de la maison ». Elle stipulait que les héritiers du prince et d'Éléonore succéderaient à la moitié de ses biens personnels. Enfin, pour ménager la France, elle ordonnait de ne conclure d'alliance avec le Roi Catholique qu'en la restreignant à la Navarre et au Béarn, et sans l'étendre aux autres États de la dynastie d'Albret (2). Le cardinal Amanieu, le sire d'Orval, le vicomte de Lautrec, le baron d'Andoins, les sires de Biaix et de Montfaucon reçurent commission d'arrêter ce mariage, que « la « proximité du sang » et les bonnes dispositions du roi d'Espagne faisaient considérer comme certain (3). La reine de Navarre ne doutait pas que l'empereur Maximilien ne s'intéressât au succès de ces projets. Elle lui envoya un agent spécial pour lui rappeler « la fiance que le feu roy de Navarre avoit en luy », et les services que lui avait rendus la maison d'Autriche au traité de Cambrai, en 1508, « de quoy elle et ses enfants luy demeurent en grandissime « obligation ». Son défunt mari et elle-même avaient résolu depuis longtemps « d'envoyer aucuns personnaiges pour luy « remonstrer leurs affaires ». Ils n'ont pu jusqu'à ce jour réaliser leur dessein, mais une occasion favorable s'offre maintenant de renouer des relations un moment interrompues. L'amitié que

(1) Instructions de la royne de Navarre pour celuy qui devait aller devers le Roy Catholique, sans date, minute orig. Arch. des Bass.-Pyrén., E. 556; copie, B. N., coll. Doat, 232, f° 69. — Mém. et instructions données par la royne de Navarre à Biaix et Montfaucon, ses envoyés devers le Roy Catholique, 29 janvier 1516-1517, minute orig. Arch. des Bass.-Pyrén., E. 557; copie, B. N., coll. Doat, 231, f°s 247-250; ce mémoire est une reproduction du premier cité, qui paraît être le brouillon des instructions définitives. — (2) Mémoire sur les articles de mariage entre Henry, roy de Navarre, et une des sœurs du Roy Catholique, donné par la Royne à ses procureurs. Mont-de-Marsan, 29 janv., 1516-1517, minute orig. Arch. des Bass.-Pyrén., E. 557; copie, B. N., coll. Doat, 231, f°s 245-246. — (3) Procuration de la reine Catherine pour accorder le mariage du roi de Navarre, 29 janvier 1516-1517 (en français). Arch. des Bass.-Pyrén., E. 557; copie, B. N., coll. Doat, 231, f°s 244-245.

l'Empereur a montrée dans le passé pour la maison d'Albret fait espérer à la reine qu'il l'aidera de toutes ses forces à obtenir la restitution de la Navarre, et à conclure le mariage du prince Henri avec la princesse Éléonore. Cette union des deux dynasties n'a-t-elle pas été l'un des vœux les plus chers de Philippe le Beau et de Maximilien lui-même? Bien mieux, le Roi Catholique peut en retirer beaucoup d'avantages. Les terres et seigneuries du prince de Navarre s'étendent de l'Océan à la Méditerranée et de l'Èbre à la Loire; leur proximité de l'Espagne rend l'alliance navarraise très précieuse pour les souverains castillans. Philippe le Beau, le père du Roi Catholique, n'a pas dédaigné « la excellence et noblesse et dignité de sang dont descent ledit « prince de Navarre, lequel vient par vraye descente des corones « d'Espagne », ni une amitié « convenable et approfitable à toutes « les terres et seigneuries de la maison de Castille, qui sont par « delà les monts Pyrénées ». En reprenant ce projet, on ne fera qu'exécuter l'un des desseins du fils de l'Empereur, et celui-ci peut aider beaucoup à la conclusion d'un mariage qui rétablira l'union entre deux maisons que les liens du sang et les alliances passées devraient rapprocher. Aussi Catherine supplie-t-elle « Sa « Majesté Impériale que ledit mariage sorte effect et celluy soit « traicté, passé et accordé, en la forme que justice commande et « amitié requiert » (1). Elle multipliait également les démarches auprès des personnages influents de la cour de Flandre, tels que M. de Chièvres, le prince et la princesse de Chimay, le chancelier Jean Sauvage, le comte Palatin, M. de Reulin, M. de Beaurain, les évêques de Cordoue et de Badajoz, Juan Manuel, l'ancien allié de Jean d'Albret en 1506, le grand-prieur de Castille, le maître des requêtes Josse Lorens, le confesseur du Roi Catholique, frère Boniface, prédicateur en renom, le trésorier, le vice-chancelier et le comte d'Aragon, Éléonore d'Autriche elle-même, furent vivement sollicités de s'intéresser aux projets de la reine de Navarre et de les seconder de tout leur pouvoir (2). En retrouvant l'espérance, Catherine semblait renaître aux vastes pensées et à la vie même. Elle se croyait si peu voisine de sa fin que, le 22 janvier, elle déclarait prendre en main le gouvernement de ses États et la tutelle de ses enfants, « comme mère naturelle et légitime, pour « leur prouffit, bien et utilité », jurant devant son Conseil « de « bien et loyalement régir, gouverner et administrer leurs

(1) Instr. de la royne de Navarre à son envoyé devers l'Empereur, sans date, minute originale. Arch. des Bass.-Pyrén., E. 556. Copie, B. N., coll. Doat, 232, fos 92-95. — (2) Inventaire des lettres adressées par la reine Catherine à la cour de Flandre (vingt lettres), janvier 1516-1517. Arch. des Bass.-Pyrén., E. 557. Copie, B. N., coll. Doat, 231, fos 154-155.

« biens » (1). Mais cette activité fébrile était la dernière lueur d'une existence qui s'éteignait. Quatre ans de luttes, de misères et de déceptions avaient usé la santé de l'énergique souveraine. Elle tomba malade tout à coup à Mont-de-Marsan, et expira après quelques jours de souffrances, le mardi 12 février (2), dans la maison du juge de la vicomté, Bernard de Capfaget (3). Jusqu'au dernier moment, elle ne désespéra point de la cause navarraise. Elle croyait si bien à une restitution prochaine, qu'elle recommanda à son fils Henri de transporter son corps et celui de son époux dans l'église Sainte-Marie de Pampelune, au sépulcre de ses ancêtres, « quand il serait rétabli au royaume de Navarre » (4). Ce vœu suprême ne devait jamais être exaucé, et les dépouilles de la vaillante reine attendirent vainement, dans un caveau provisoire de l'église de Lescar, que le jour de la justice fût arrivé.

III.
Conflit entre la cour de France et la maison d'Albret au sujet de la tutelle du roi de Navarre. (Février-mars 1517.)

Au moment où la souveraine de Navarre mourait à Mont-de-Marsan, le délai de huit mois stipulé dans le traité de Noyon pour la restitution du royaume était bien près de finir. Les négociations commencées par Catherine, en vue du mariage de son fils, auraient pu amener une solution de la question navarraise avant que ce délai fût expiré. Mais elles furent tout à coup arrêtées par un conflit inattendu que suscita la cour de France, à propos de la régence du sire d'Albret. Henri II, l'héritier des domaines de la maison de Foix-Navarre, n'avait que quatorze ans. Son grand-père Alain avait pris au mois de janvier, en même temps que la reine, le titre de gouverneur et tuteur de son petit-fils (5). A la mort de Catherine, il se trouva investi de toute l'administration. Mais le roi de France et sa mère s'efforcèrent de lui disputer le gouvernement des États du prince de Navarre. Le vieil Alain, que ses petites-filles suppliaient « d'être bon père et bonne mère » pour elles et pour leur frère (6), ne faillit point à sa tâche. Il sauva l'indépendance des États de sa maison, en résistant courageusement aux prétentions absorbantes de François Ier. Le mardi 19 février, le baron d'Andoins, Biaix et Montfaucun avaient appris à Paris « les piteuses nouvelles de la mort de la reine »; ils

(1) Lettres patentes de la reine Catherine, par lesquelles elle déclare accepter la tutelle de ses enfants, orig. (Mont-de-Marsan, 22 janvier 1516-1517.) Arch. des Bass.-Pyrén., E. 557. Copie, coll. Doat, 231, fo 241. — (2) La date de cette mort est fixée par Favyn au 12, et par Galland au 15. La première date, d'après un passage d'une lettre d'Andoins, 22 février, citée ci-dessous, paraît plus probable. — (3) Détail donné d'après une note du syndic des États de Béarn. Arch. des Bass.-Pyrén., C. 680, fo 20 (registre des États). — (4) Tradition rapportée par Galland, Mém. sur l'Histoire de Navarre, p. 71. — (5) D'après M. Luchaire, p. 361 (La Question navarraise). — (6) Lettres adressées à Alain, sire d'Albret, par les filles de la reine de Navarre. Pau, 23 février, orig. Arch. des Bass.-Pyrén., E. 107.

en informèrent aussitôt le roi de France et Louise de Savoie, et lui recommandèrent les affaires de leur jeune prince. François Ier les assura « qu'il aurait pour recommandés » les intérêts de l'infant ; la reine-mère ajouta que son fils « avoit délibéré estre « père et mère aux enfans » des rois de Navarre, et que, de son côté, elle ferait « ce qu'elle pourrait pour eux ». Elle résolut « d'envoyer quérir » les princesses navarraises, disant que la reine Claude et elle-même en prendraient soin. Le roi de France se chargea d'aller informer Henri du malheur qui le frappait. Ces témoignages de sympathie et d'affection n'avaient rien que de touchant. Les ambassadeurs navarrais ne soupçonnaient pas les desseins machiavéliques de la cour. Quelle ne fut pas leur surprise lorsqu'ils apprirent que le roi, invoquant la minorité de l'infant, se proposait « de prendre la garde et administration dudit « seigneur » ! Le prétexte invoqué était « de favoriser les affaires » du prince ; mais cette résolution avait pour véritable objet d'écarter de la tutelle Alain d'Albret, et de livrer à la France le gouvernement des États de la maison de Foix. En même temps, le roi chargeait le seigneur de Lansac, Alexandre de Saint-Gelais, et M. de Biron d'aller prendre et d'amener à la cour les filles de Catherine. Il aurait ainsi gardé sous sa surveillance les princes et les princesses d'Albret. Les Navarrais, avertis de ces projets reçoivent le lendemain, 20 février, l'accueil le plus bienveillant de la reine Claude, qui leur promet de redoubler d'efforts pour arranger les affaires de Navarre; « au besoin, disait-elle, elle en impor-« tunerait » son mari. Mais elle demandait qu'on lui envoyât aussitôt les princesses. Andoins et Biaix comprirent que le roi avait fait la leçon à la reine ; tout en la remerciant, désireux de gagner du temps, pour avertir le sire d'Albret et lui permettre « d'adviser sur ladite venue », ils répondirent qu'il convenait, avant de rien décider, que les princesses assistassent au service de leur mère défunte (1). Ils gagnèrent par là quelques jours de répit. C'était déjà pour le roi de France une précieuse garantie que la présence du jeune souverain navarrais à sa cour. Il le gardait avec lui, remarque l'historien béarnais Bordenave, « sous pré-« texte de le faire nourrir auprès de sa personne, mais, à la vérité, « plutost pour empescher qu'il n'entrast en quelque traité avec « Charles, roy d'Espagne » (2). Fallait-il lui livrer encore en otage les princesses navarraises, et lui sacrifier l'indépendance des

---

(1) Lettre de Gaston d'Andoins au sire d'Albret. Longjumeau, 22 février. Arch. des Bass.-Pyrén., E. 107. Doc. donné *in extenso* par M. Luchaire, La Question navarraise (Annales de la Faculté des lettres de Bordeaux, n° 4, 1879, p. 362), sauf la date, le lieu et quelques phrases. — (2) Bordenave, Hist. de Navarre et de Béarn, p. p. P. Raymond, p. 3.

États de la maison de Foix-Albret, en lui abandonnant la tutelle de l'infant Henri ? Le vieil Alain eut le courage de résister à ces nouvelles prétentions ; sa fierté de grand seigneur, la conscience du devoir qui lui incombait inspirèrent son opposition, et les Béarnais le secondèrent avec enthousiasme. Ce fut le moment le plus honorable de sa vie, celui qui en racheta les bassesses. Le grand-père du nouveau roi de Navarre revendiqua, en vertu du testament de Jean d'Albret, la tutelle et la curatelle de son petit-fils. Il chercha, comme le lui conseillait le chancelier du Bosquet, vieux serviteur de sa maison, « à éviter par toutes les « voies et moyens le vouloir » du roi de France, afin « d'empê- « cher le grand dommaige qui, au temps à venir », aurait pu en résulter « pour la maison, les terres et seigneuries » des princes navarrais (1). Il commença par consulter le Conseil de Navarre, qui, instruit de la situation, fut d'avis de réunir les États du Béarn. Les États, convoqués au mois de mars, à Lescar, pour les obsèques de la reine Catherine, prirent le parti de résister énergiquement au roi de France. Ils résolurent d'écrire à leur prince Henri et à François Ier pour obtenir le retour de l'infant dans ses domaines (2). Ils chargèrent Gaston d'Andoins d'exposer au roi de Navarre lui-même combien sa présence était nécessaire. Des troubles ont éclaté dans le comté de Foix. Le sire de Rabat a envahi avec une bande d'hommes d'armes la salle des séances des États de ce pays, et a fait révoquer une donation de 2,000 écus qu'ils avaient consentie. Le rebelle les a forcés à le déléguer auprès de François Ier pour « faire plaintes contre les feus Roy et « Royne ». Il a contesté la légitimité de leurs droits, disant « qu'on « ne leur devoit obéyr », alléguant les revendications de Lautrec et de la reine d'Aragon au sujet de la succession navarraise. On le soupçonne, écrivaient confidentiellement les États de Béarn à l'ambassadeur, de n'être qu'un agent provocateur. On prétend « qu'il pourchasse secrètement de faire mettre à la main du Roy « (de France) le comté de Foix », dans l'espoir d'obtenir de lui les offices de sénéchal ou de gouverneur (3). Les raisons officielles que le baron d'Andoins devait faire valoir étaient toutes différentes de celles qu'on lui indiquait dans ses instructions secrètes. Les

(1) Lettre du chancelier de Navarre, du Bosquet, au sire d'Albret, Paris, 28 février. Arch. des Bass.-Pyrén., E. 107; analyse dans Luchaire, La Question navarraise, p. 363. — (2) Lettre de Bertrand de Béarn, baron de Gerderest, sénéchal, à Gaston d'Andoins. — Lettre des États de Béarn au même, fin février 1517, orig. Arch. des Bass.-Pyrén., E. 331. Doc. publiés par L. Cadier, Les États de Béarn, pièces justificatives, pp. 437-438. — (3) Mém. à M. d'Andoins de parler et d'advertir le roy de Navarre d'aucunes choses qui occorrent en la conté de Foix et autres choses, orig. Arch. des Bass.-Pyrén. E. 331, publié par Cadier, opus cit., pièces justificatives, p. 439.

Béarnais sont prêts, écrivait le sénéchal de Béarn, « à faire ser-
« vice à leur prince comme bons sujets et vassaux » (1). Mais les
États demandent que le jeune roi vienne recevoir leurs serments
et hommages, et « mettre ordre et police dans ses terres et sei-
« gneuries » (2). Le sire d'Andoins, muni de ces lettres de créance,
devra représenter au roi de France que l'infant de Navarre
réside à sa cour depuis deux ans. Ce séjour n'a eu rien que d'u-
tile : « le prince s'y est nourri et accoustumé à servir » le roi
de France, comme l'avaient fait ses ancêtres, qui furent
toujours « bons et loyaux alliés, vassaux et serviteurs » de
la couronne. Mais la mort de son père et de sa mère rend sa présence nécessaire dans les domaines dont il est « le seigneur natu-
« rel » ; seule, elle peut faire cesser « la désolation » qui y règne
et y maintenir la tranquillité. Une fois qu'il aura reçu le serment
de ses sujets et rétabli le bon ordre, le prince reviendra à la cour
de son protecteur et suzerain (3). Les États, prévoyant le cas où le
roi de France ferait des objections à ce départ et revendiquerait
la tutelle de leur souverain, tracèrent à Gaston d'Andoins, dans
des instructions complémentaires, la ligne de conduite qu'il devait
suivre. Il remontrerait que le testament de Jean d'Albret confiait
cette tutelle à Catherine et à Alain d'Albret; que déjà ceux-ci
étaient investis de cette charge et avaient prêté serment pour
l'exercer ; que d'ailleurs le jeune roi pourrait être déclaré majeur
au mois d'avril suivant, lorsqu'il aurait atteint l'âge de quatorze
ans, et gouvernerait dès lors avec le concours du Conseil de
Navarre; qu'il était par suite inutile de revendiquer la curatelle pour si peu de temps ; qu'enfin, à aucune époque, les
rois de France n'avaient prétendu exercer la tutelle pendant la
minorité des princes de la maison de Foix. Cette maison, comme
celles d'Autriche, de Bourbon et de Vendôme, était exempte d'une
pareille loi (4). Le 4 mars, Andoins recevait ses instructions. Les
États avaient oublié de lui donner pour Louise de Savoie une lettre
de créance. Afin d'éviter de froisser l'amour-propre de la reine-
mère, il se hâta de faire écrire et de sceller une missive identique
à celle qui avait été adressée au roi François Ier. Le lendemain, 5,

(1) Lettre du sénéchal de Béarn au roy de Navarre, orig. Arch. des
Bass.-Pyrén., E. 331, publiée par Cadier; pièces justificatives, pp. 439-
440. — (2) Lettre des États de Béarn au roy de Navarre. — Ibid. —
(3) Instr. et mém. envoyées à M. d'Andoins de ce qu'il aura à dire et à
remonstrer au Roy T. C. de par les États de Béarn, 28 fév. 1516-1517, orig.
Arch. des Bass.-Pyrén., E. 331, publiées in extenso par Cadier, opus. cit.
pièces justificatives, p. 442. — (4) Autres instr. et mém. de ce que ledit
M. d'Andoins pourra dire et remonstrer. Arch. des Bass.-Pyrén., E. 331; in
extenso dans Cadier, opus cit., pp. 443-444. Ces documents permettent de
compléter le récit de M. Luchaire.

il présentait ses lettres de créance à la reine-mère, annonçant qu'il désirait lui faire de « courtes remonstracions ». Le 6 mars, il était admis au dîner de Madame, au bois de Vincennes, et lui faisait part des vœux des Béarnais et des autres sujets du roi de Navarre. Il lui demanda de faire octroyer « congé » au jeune prince « pour s'en aller faire un voyage en ses pays », afin d'y recevoir les hommages et serments de ses vassaux. Louise de Savoie répondit qu'elle ne doutait point du désir qu'éprouvaient les États de Béarn de revoir au milieu d'eux leur souverain. Mais avant que d'y satisfaire, il était juste de régler les affaires de l'infant de Navarre. Aussi le roi de France avait-il résolu « de « boter aucun personnaige pour entendre » à ces affaires, liquider les dettes des feus rois et s'occuper du mariage des princesses d'Albret. Les projets du gouvernement français étaient ainsi nettement démasqués. Le roi de France voulait obtenir pour lui et ses agents la tutelle des enfants de la reine de Navarre et l'administration de ses domaines. Andoins esquiva adroitement ces offres dangereuses. Il commença par remercier la reine-mère de sa sollicitude, puis il fit observer que le roi de Navarre « avoit de « bons et affectionnés serviteurs pour entendre à ses affaires ». Jean d'Albret avait, dit-il, confié la tutelle et curatelle de ses enfants à son père Alain, qui l'avait acceptée et en avait exercé les attributions. Aussi priait-il la reine que « fût le bon plaisir du « Roy et d'elle de ne boter » aucun curateur. Le sire d'Albret et les sujets du prince Henri « s'en malcontenteroient », ce qui « pourroit porter » au jeune souverain de Navarre « grand « dommaige », car « la plus grande partie de son bien vient pour « la voulenté de sesdits subgectz, à cause des donnations qu'ils luy « font, lesquelz ne sont tenus de luy faire ». Devant ce refus, Louise de Savoie ne perdit pas son assurance. Ni le roi ni elle n'entendaient pourvoir de curateur le prince Henri, sans le consentement de ses vassaux et du sire d'Albret. Pour rassurer l'envoyé spécial de ce dernier, Lusan, elle ajouta que le roi de France se contenterait « de boter M. de Lansac pour entendre aux affaires « du roy de Navarre, soubz la charge dudit M. d'Albret ». Même sous cette forme atténuée, le projet restait dangereux. M. de Lansac eût été pour le grand-père du roi de Navarre un surveillant fort incommode. Andoins et ses collègues Biaix et Montfaucon conseillèrent au jeune prince de décliner la proposition, s'il voulait éviter de tomber en « la subjection » du roi de France (1).

(1) Lettre de M. d'Andoins aux États de Béarn, Paris, 22 mars 1516-1517, lue le 28 aux États (c'est l'exposé détaillé de ces négociations), orig. Arch. des Bass.-Pyrén., C. 1225; *in extenso* dans L. Cadier, opus cit., pp. 444-449.

Finalement, sur la question de la tutelle, François Ier n'osa insister ni se mettre en conflit avec les Béarnais. Il laissa le sire d'Albret se faire agréer le 28 mars par les États de Béarn comme régent et administrateur des domaines du roi de Navarre, et prêter deux jours après, comme tuteur de l'infant, le serment accoutumé (1). Mais il prit sa revanche sur un autre point : il garda le prince Henri à sa cour, pour le soustraire à l'influence de son grand-père et s'assurer de la fidélité de ses sujets. La reine-mère refusa nettement à Gaston d'Andoins d'octroyer « le congé » du jeune roi. L'obéissance de ses vassaux pouvait, dit-elle, « aussi bien se prendre par quelque ung autre « que par sa propre personne » ; quant à ses domaines, ils ne couraient aucun danger, puisqu'on était en paix avec l'Espagne. François Ier, que l'ambassadeur rencontra à une fenêtre de la galerie de Vincennes, en habit de chasse, s'exprimait plus vivement encore : « Il ne fault point, dit-il, que les Étatz de Béarn « ayent pensement que les affaires du roy de Navarre, mon cousin, « je ne les aye en aussi bonne recommandacion que les miens, car « je feré pour luy et pour ses affaires ce que pourré ». C'était un prétexte commode pour ajourner indéfiniment le départ du prince Henri. Bien mieux, la cour d France insista pour faire venir auprès des reines les princesses navarraises : « Je n'ay, disait le « roi à Andoins, de plus prochaines parentes qu'elles sont, et quand « elles seront de deçà, elles seront plutost mariées que ne seroient « demeurant de par delà » (2). En effet, les princesses vinrent rejoindre un peu plus tard leur frère, et François Ier eut dès lors de nouveaux gages de la sujétion de la maison d'Albret. Il put se consoler de l'échec de son premier projet, et considérer sans appréhension les négociations engagées avec le Roi Catholique par les serviteurs de la reine Catherine. Le mariage du roi de Navarre avec Éléonore d'Autriche ne pouvait plus se faire qu'autant qu'il l'autoriserait, puisqu'il gardait ce prince auprès de lui.

Le conflit entre le roi de France et le sire d'Albret une fois évité, les pourparlers que la reine Catherine avait engagés avant sa mort reprirent leur cours. Ce n'est guère qu'au début du mois de mars qu'il fut permis de s'en occuper. Bien que la reine eût donné ses instructions aux ambassadeurs dès le mois de janvier, ceux-ci n'avaient pu partir pour la cour de Flandre

IV.
Reprise des négociations avec le Ro. Catholique. Mission de Montfaucon. Conférences de Cambrai. Nouvel ajournement. (Mars 1517.)

(1) Lettre du chancelier du Bosquet, 30 mars (sur ce sujet). Arch. des Bass.-Pyrén., E. 107. Analyse dans Luchaire, La Question navarraise, p. 363. — Serment d'Alain d'Albret, 30 mars, château de Pau (prêté en présence des États), orig. parch., E. 107; *in extenso* dans Cadier, pp. 449-452. — (2) Lettre de M. d'Andoins aux États de Béarn, Paris, 22 mars, citée ci-dessus.

avant d'avoir conféré avec François Ier. Le 22 février, Andoins écrivait aux États de Béarn qu'il n'avait pas été encore possible d'exposer au roi de France et à Madame « la charge qu'il avoit « pleu à la Royne lui bailler ». En effet, le roi et sa mère n'étaient revenus à Paris que le 18 février, puis ils étaient allés assister à Notre-Dame de Boulogne, près de Saint-Cloud, au mariage de la duchesse de Valentinois avec le duc de la Trémoille. Les envoyés navarrais n'avaient pu obtenir d'audience. D'ailleurs, on ignorait la date des entrevues projetées entre le Roi Très Chrétien, le Roi Catholique et l'Empereur (1). Ce fut seulement dans son entretien du 6 mars avec la reine-mère, à Vincennes, qu'Andoins se hasarda à demander les bons offices de cette princesse pour négocier le mariage espagnol et la restitution. Les entrevues, disait-on, étaient prochaines. L'ambassadeur supplia la reine de « s'em- « ployer auprès du Roi Catholique, de sourte et de manière que « le royaume fût rendu et restitué au roy de Navarre ». Louise de Savoie promit en son nom et au nom de son fils « d'aider au « recouvrement dudit royaume, et d'avoir toutes les affaires du « roy et de sa maison pour recommandés ». Elle ferait tous ses efforts, assura-t-elle, non-seulement pour marier le jeune prince, mais encore ses sœurs (2). Il est probable qu'en effet le grand-maître Boisy et l'envoyé français La Rochebeaucourt, qui se rendirent à la cour de Flandre, appuyèrent de leur influence les démarches des Navarrais. Ceux-ci eurent soin de déléguer un des leurs, le sire de Montfaucon, auprès du roi d'Espagne, et de demander l'appui du prince et de la princesse de Chimay. Montfaucon fut chargé d'aller remercier le prince et la princesse de leurs bons offices passés. Grâce à eux, devait déclarer l'agent navarrais, le roi de Navarre espère « conserver grande intelli- « gence avec plusieurs grands personnaiges, pour employer iceux « en lieu et temps à la restitution ». Afin d'obtenir la continuation de leur concours, Montfaucon avait la faculté de leur offrir en toute propriété la seigneurie d'Avesnes, dont la valeur n'était pas moindre de 150,000 florins; Alain d'Albret renoncerait aux 49,000 florins qui lui appartenaient sur cette terre. En retour, le roi de Navarre comptait s'aider de leurs conseils et de leur appui, soit pour faire aboutir le projet de mariage, soit pour amener le Roi Catholique à restituer le royaume, injustement conquis par Ferdinand. L'envoyé devait surtout insister sur les avantages que présentait l'union de l'infant Henri avec Éléonore d'Autriche,

(1) Lettre de Gaston d'Andoins au sire d'Albret. Arch. des Bass.-Pyrén., E. 107. Orig. (Longjumeau, 22 février.) — (2) Lettre de M. d'Andoins aux États de Béarn, 22 mars, Paris, orig. Arch. des Bass.-Pyrén., C. 1225, in extenso dans Cadier, Les États de Béarn, pp. 444-449.

union pour la conclusion de laquelle les ambassadeurs navarrais ont pleins pouvoirs. Depuis la mort de la reine Catherine, ce mariage est plus avantageux que jamais, car auparavant Éléonore eût été mariée à un prince, « à présent sera mariée à un roy ». C'est le moment d'agir ; on attend beaucoup du prince de Chimay ; qu'il parle à l'Empereur en faveur de ce projet et qu'il « s'emploie « auprès du Roy Catholique, pour qu'il veuille descharger sa « conscience » de l'injuste occupation de la Navarre. Le mariage du prince Henri et d'Éléonore est la meilleure solution qui se puisse trouver pour terminer le litige. Montfaucon avait également reçu la mission de solliciter l'appui du Père Gardien des Cordeliers de Paris, qui prêchait le carême devant le Roi Catholique, et Biaix lui avait donné des lettres de recommandation pour le maître des requêtes Josse Lorens (1). Les démarches de Montfaucon devaient-elles préparer le terrain pour les conférences ultérieures que Biaix et Andoins se proposaient d'entamer avec les ministres flamands ? C'est ce que nous ignorons. Les documents nous font ici complètement défaut. Il n'est même pas sûr que l'envoyé navarrais ait assisté aux négociations qui eurent lieu au mois de mars dans les Pays-Bas, et qui aboutirent le 11 au traité de Cambrai, conclu entre François Ier, Charles d'Espagne et Maximilien (2). Galland a prétendu, sans donner de preuves, que les ambassadeurs de Catherine avaient assisté au mois de janvier à des conférences qui se seraient tenues à Arras, avant la mort de la reine. Olhagaray et Favyn mentionnent également ces prétendues négociations, qu'ils placent à la fin de l'année 1516 (3). Ces assertions ne méritent guère de confiance. On sait que les instructions des ambassadeurs navarrais ne sont datées que du 29 janvier ; qu'ils se trouvaient encore tous les trois à la cour de France le 22 février, et qu'ils y furent retenus jusqu'à la fin de mars par la question de la tutelle du roi de Navarre. Seul Montfaucon semble avoir fait le voyage de Flandre, et ses instructions portent la date du 9 mars. A ce moment, le Roi Catholique se trouvait à Cambrai ; c'est donc dans cette ville qu'aurait eu lieu la nouvelle conférence entre l'envoyé navarrais et les conseillers flamands, à

(1) Mém. et instr. du sieur de Montfaucon, envoyé du roy de Navarre au prince et à la princesse de Chimay, 9 mars 1516-1517, orig. inéd. Arch. des Bass.-Pyrén., E. 557. Copies, *ibid.*, E. 11, et coll. Doat, 231, f°s 28-31. — (2) Traité de Cambrai, 11 mars 1516-1517, dans Dumont, Corps diplom., IV 1, 167. — (3) Galland, Mém. sur l'histoire de Navarre, pp. 124-125. — M. Luchaire, La Question navarraise, p. 361, adopte son opinion, qui nous semble erronée. — Olhagaray, Hist. des comtes de Foix, p. 472, et Favyn, Hist. de Navarre, liv. XII, ne donnent aucune date précise. Il y a eu un congrès à Arras, mais à la fin de 1517, et uniquement relatif aux affaires des Pays-Bas ; voir Le Glay, Négoc. de la France avec l'Autriche, II, 157.

supposer qu'il y ait eu une entrevue, ce qui reste encore incertain. Dès cette époque, les huit mois stipulés pour le règlement de la question navarraise étaient écoulés, et toutes les démarches n'avaient abouti qu'à un ajournement. Les ministres du roi d'Espagne s'étaient bornés à promettre l'examen et la solution du litige lorsque le roi serait en Castille, et si on avait mis en avant le projet de mariage du prince Henri, c'était sans doute un moyen de faire prendre patience aux agents du roi de Navarre. Les aveux des conseillers du Roi Catholique, qui reflétaient les idées du souverain, montrent que la cour de Flandre songeait surtout à traîner les négociations en longueur. L'un d'eux, l'évêque de Badajoz, écrivait à Jimenez le 6 mars : « Je crois que, dans l'ac-
« cord conclu avec le roi de France, notre prince s'est engagé à
« restituer la Navarre quand il le pourra faire. Mais il est néces-
« saire que nous conservions ce royaume, surtout parce qu'il y a
« lieu de croire que nous ne pourrons garder l'amitié des Fran-
« çais. D'un autre côté, il convient d'examiner si le prince a de
« justes titres et droits sur ce pays, car il vaut mieux écouter la
« voix de la conscience que se guider d'après d'autres fins. Il sera
« convenable, malgré les instances du roi de France, de ne pren-
« dre nulle décision avant que Son Altesse soit arrivée en Espa-
gne et ait reçu vos conseils (1). » Il fallut se résigner à attendre encore et préparer le terrain pour ouvrir de nouvelles négociations, lorsque le Roi Catholique serait parvenu dans ses États de Castille. Les conseillers du jeune roi de Navarre, malgré tant d'ajournements successifs, croyaient encore au succès de leurs revendications. Mettant à profit le répit forcé qui leur était donné, ils s'efforcèrent d'écarter les objections qu'on pourrait leur opposer pour éviter une restitution, et d'enlever au roi d'Espagne tout prétexte de se dérober à ses promesses. On savait que les Castillans alléguaient deux grands motifs pour garder la Navarre : l'excommunication prononcée contre Jean d'Albret, et les droits de la reine d'Aragon, Germaine de Foix, sur la succession navarraise. Les Flamands n'avaient jamais osé, de peur d'exciter les protestations du roi de France, invoquer le premier de ces arguments. On craignait sans doute, et l'événement prouva combien cette crainte était fondée, que Charles ne mît en avant les prétentions de Germaine de Foix. Louis XII avait permis en 1514 à cette princesse de recommencer le procès de succession entamé par Jean de Narbonne et le duc de Nemours. Le Parlement de Paris

---

(1) *Carta ó memorial del obispo de Badajoz á Cisneros*, 8 mars 1516-1517, publiée dans les *Cartas de los secretarios de Cisneros*, éditées par V. de La Fuente, p. 260.

avait depuis longtemps étudié l'affaire sans la résoudre par une sentence définitive. La reine de Navarre, Catherine, peu avant sa mort, s'était préoccupée d'en finir avec ce litige, et avait donné procuration à Gaston d'Andoins pour la représenter devant la cour parisienne (1). De son côté, la reine d'Aragon délégua ses pouvoirs à maîtres R. Turquain et G. Chastellier, conseillers au Parlement. Elle requérait l'entérinement des lettres royaux de rescision du 15 avril 1502, qui avaient permis à son frère de reprendre la procédure, sous prétexte de l'inexécution du traité d'Étampes, et elle revendiquait tous les domaines de la maison de Foix, « pour et au lieu de feus messire Jehan de Narbonne, son « père, et Gaston, duc de Nemours, son frère ». Un autre prétendant, Odet de Foix, vicomte de Lautrec, le célèbre maréchal, revendiquait aussi la succession, comme descendant du troisième fils de Gaston XII. Il requérait l'entérinement des lettres royaux du 20 mars 1513, qui l'avaient autorisé à entamer le procès; il demandait à être reçu « à déduire tiltres, droits, moiens, noms et « actions qu'il avoit en cette succession », et à être subrogé au feu duc de Nemours, comme seul descendant mâle le plus proche du grand-père de François-Phœbus. Le roi de Navarre avait pour curateurs maître Jean Bouchard, avocat, et Jacques le Sage (2). Grâce à l'intervention du roi de France, la procédure fut rapidement menée. Le Parlement entendit les cinq cent cinquante-deux moyens de défense ou articles présentés par Lautrec, examina les pièces du procès antérieur, écouta le rapport des commissaires-enquêteurs, et rendit enfin, le 7 octobre 1517, un arrêt motivé qui terminait le litige au profit de la maison d'Albret. Il « mettait au « néant l'appellation desdits Turquain et Chastellier, interjetée au « nom de la reine d'Aragon, toutefois sans amende ». Il déclarait « que ladite dame Germaine de Foix ne serait reçue à reprendre « le procès pour le droit au principal ». Il la déboutait « de l'effect « et entérinement des lettres royaux de rescision obtenues par « feu messire Gaston ». Enfin, il ordonnait que le roi de Navarre et la reine d'Aragon fussent contraints de solder par moitié les frais de l'instance. Les prétentions de Lautrec étaient également rejetées. La cour décidait, en conséquence, « que le comté de « Bigorre, les vicomtés de Nébouzan, Tursan, Marsan et Gabar- « dan compétoient et appartenoient audit Henry, roy de Navarre ». La question du comté de Foix était réservée, et une enquête nou-

(1) Procuration de Catherine pour Gaston d'Andoins, janv. 1516-1517, mentionnée dans la coll. Doat, t. CCXXXI, f° 154. — (2) Ces détails sont donnés par le texte de l'arrêt du Parlement, 7 oct. 1517, cité ci-dessous. — On trouve quelques pièces relatives à la demande de Lautrec, à la Bibliothèque nationale, Mss. français, anc. fonds, 3920, pièce 16, f° 118.

velle devait être poursuivie, « ce dedans le lendemain de Quasi-
« modo prochain venant », pour qu'on pût prononcer plus tard
l'arrêt définitif (1). Le jugement ne mentionnait pas la Navarre
ni le Béarn, pays indépendants de la couronne de France, mais il
était bien évident que si les droits de la reine d'Aragon étaient reconnus sans valeur pour les provinces françaises, ils ne pouvaient en
avoir davantage pour les autres domaines contestés. Il est vrai que
l'arrêt du 7 octobre 1517 arrivait un peu tard, et que Germaine,
s'appuyant sur les décisions antérieures rendues en faveur du duc
de Nemours et sur les déclarations de Louis XII, considéra la
sentence comme nulle, et persista à se présenter comme la légitime héritière de la succession navarraise. Mais le roi de Navarre
et ses conseillers crurent avoir écarté ainsi pour l'avenir un des
moyens de défense qu'auraient pu leur opposer les légistes espagnols. Le moment approchait, en effet, où le Roi Catholique allait
être obligé de se prononcer sur les revendications du prince
dépossédé et de résoudre la question navarraise, tant de fois
ajournée.

CHAPITRE VI.

LES NÉGOCIATIONS D'ARANDA ET DE SARAGOSSE.

(1518.)

**1.
Le Roi Catholique
en Espagne.
Les Cortès
de Valladolid
obtiennent la confir-
mation
de l'incorporation
de la Navarre.
(Février 1518.)**

L'archiduc Charles s'était enfin résolu à entreprendre le voyage
de Castille, pour recevoir le serment de ses sujets et régler les
affaires des royaumes espagnols. Parti de Middlebourg, en Zélande,
il avait abordé le dimanche 19 septembre à Villaviciosa, dans les
Asturies. Le 18 novembre, il faisait son entrée à Valladolid, et
le 12 décembre, il y convoquait les Cortès castillanes pour le
début de l'année 1518 (2). Dès son arrivée, le prince entrevit
quelles difficultés insurmontables présenterait la restitution de la
Navarre, même déguisée sous la forme d'un mariage entre
Éléonore d'Autriche et Henri d'Albret. Les Castillans avaient
appris avec indignation la promesse faite aux Navarrais par
l'article du traité de Noyon. Ce fut un déchaînement d'injures contre les conseillers flamands, « ces amis de la France, ces ennemis
« de l'Espagne » (3). Le Roi Catholique se trouva donc très embar-

(1) Arrêt du Parlement de Paris en faveur du roi de Navarre contre Germaine, reine d'Aragon, 7 oct. 1517. Arch. des Bass.-Pyrén., E. 432, orig.
parch. Copie, coll. Doat, 232, f° 31. Document inédit. — Les articles présentés
par Lautrec dans ce procès forment deux cahiers in-f° de 74 feuillets. Arch.
des Bass.-Pyrén., E. 560. — (2) Sandoval, 1re partie, liv. III, chap. II et V,
pp. 112 et 115. — (3) P. Martyr, *Epist.*, n° 615, dit, a ce propos, des Flamands :
« *Hos corde Gallos, Hispanis inimicos* ». — Voir aussi Sandoval, 1re partie,
liv. II, chap. XLI, p. 103.

rassé lorsque l'ambassadeur de France, La Rochebeaucourt, vint lui rappeler la clause malencontreuse, en vertu de laquelle il avait promis d'accorder satisfaction aux enfants de Jean d'Albret. A la demande de restitution, Charles répondit, d'après Sandoval, « par de « bonnes paroles », dissimulant « sous un air gracieux » son profond embarras. Il savait les Castillans mal disposés pour lui, pleins de haine pour ses conseillers flamands ; pendant son séjour à Valladolid, il put observer les symptômes évidents du mécontentement public. La Rochebeaucourt, dans sa correspondance inédite, signale notamment l'attitude de la noblesse. Le 4 février 1518, s'étaient ouvertes les Cortès au monastère de San-Pablo (1). Deux jours après, elles prêtèrent serment au souverain. La Rochebeaucourt assistait à la cérémonie, qu'il raconte en détail ; il remarque que les grands se sont retirés fort peu satisfaits de ce que le prince a juré de « ne jamais aliéner chose de son domaine ». Chièvres lui fait part des menaces qui ont été proférées contre son maître ; le Roi Catholique craint même d'être empoisonné (2). Fallait-il, dès lors, révolter l'orgueil national des Castillans et se faire accuser de sacrifier les intérêts de l'Espagne en restituant la Navarre ? Le Roi Catholique ne l'osa pas sans l'aveu des Cortès. Il chargea Mota, évêque de Badajoz, et Garcia de Padilla de communiquer aux députés les engagements qu'il avait pris à Noyon et à Bruxelles, mais d'annoncer aussi sa ferme intention de conserver le royaume conquis. Les Cortès, le 6 février, répondirent en repoussant énergiquement toute idée de restitution. L'article 60 de leur cahier, qui fut sans doute tenu secret, était conçu en ces termes très nets : « Votre Altesse sait déjà que le royaume de Navarre est uni à la « couronne de Castille depuis l'assemblée tenue à Burgos en 1515. « L'évêque de Badajoz vient de nous dire, quand nous avons « juré fidélité à Votre Altesse, qu'elle avait la volonté arrêtée de « le garder. Nous la supplions de veiller, comme ses prédécesseurs « l'ont fait, à la conservation de ce royaume et de tous les domaines « qui ont été acquis par la Castille en raison du schisme. Si, pour « défendre cette conquête, il est nécessaire d'exposer nos per- « sonnes et nos biens, nous sommes prêts à les sacrifier, puisque la « Navarre est la clé principale de l'Espagne *(pues este reyno es la llave principal destos reynos)* ». En présence de cette manifestation significative, le roi fut bien forcé de répondre « qu'il avait « résolu de toujours garder le royaume, comme il le possédait

---

(1) Sandoval donne la date du 4 janvier ; Martyr, celle du 4 février. Voir la note instructive où Baumgarten discute ce point, Geschichte Karls V, I, 90. — (2) Lettre de La Rochebeaucourt au roi de France, fév. 1518, orig. inéd. B. N., Mss. français, anc. fonds, 2927, f° 130. Cette source n'a été utilisée par aucun historien de la question navarraise.

« déjà, considérés le droit qu'il avait audit royaume de Navarre,
« son importance pour les États de Castille, l'incorporation qui
« en a été faite à ces États, et la recommandation qui se trouve
« dans le testament du Roi Catholique ». « Nous vous remercions,
« ajoutait-il, des grandes offres que vous nous avez faites à ce sujet,
« au nom de ces royaumes, et qui sont dignes de bons et loyaux
« vassaux comme vous. Mais nous croyons et nous sommes cer-
« tains qu'il ne sera pas nécessaire de recourir à vos services,
« car notre droit sur la Navarre est si clair que personne n'osera
« nous en disputer la possession » (1). Cet engagement si ferme
et si net résolvait la question navarraise au préjudice des princes
d'Albret avant même que les négociations eussent commencé.
Aussi est-il probable que la requête des Cortès et la réponse du
Roi Catholique furent tenues secrètes, afin d'éviter les protestations du roi de France et de son allié, le roi de Navarre.

<small>II.
L'ambassade
navarraise
en Espagne.
Conférences
de Valladolid.
(Mars 1518.)</small>

Les conseillers navarrais, ignorant l'état des esprits en Espagne
et les embarras de l'archiduc Charles, avaient entamé d'actives
démarches pour faire aboutir les négociations qui allaient s'engager. L'ambassadeur de France, La Rochebeaucourt, les secondait.
Alain d'Albret usait de toutes ses relations pour favoriser la cause
de son petit-fils. Il adressait de pressantes recommandations à
M. de Chièvres, le principal ministre du roi d'Espagne, au maître
des requêtes Josse Lorens, au chancelier de Flandre, Sauvage, au
connétable et au premier président de Castille, aux cardinaux de
Tolède, d'Utrecht et d'Aragon. Les grands seigneurs, don Juan
Manuel, le duc d'Alburquerque, les ducs de Beira et de Luna, les
comtes de Benavente, d'Aguilar, de Cifuentes, de Ribagorza, furent
également sollicités d'aider à conclure le mariage qui devait permettre de résoudre à l'amiable la question navarraise. L'évêque de
Cordoue, don Alonso Manrique, parent du maréchal de Navarre,
et l'évêque de Badajoz, don Pedro Ruiz de la Mota, reçurent aussi,
de la part du jeune roi Henri d'Albret, des lettres où on leur
demandait leur appui. On avait soin de faire expédier des copies
de l'arrêt rendu par le Parlement de Paris contre Germaine
d'Aragon. On redoublait d'efforts auprès du roi de France,
des deux reines Louise de Savoie et Claude, pour en obtenir un vigoureux concours. Jean d'Orval et La Rochebeaucourt devaient employer leur crédit auprès des Flamands en
faveur des revendications de l'infant Henri. On comptait enfin
sur l'amitié du connétable de Bourbon, du duc d'Alençon, du grand-
maître Boisy. Alain d'Albret comprenait que le moment était

(1) Texte du cahier des Cortès et de la réponse du Roi Catholique dans
Sandoval, liv. III, chap. X, pp. 126-127.

solennel, et que de l'issue des négociations allait dépendre le succès ou l'échec définitif de la restitution (1). En apparence, il y avait de sérieux motifs d'espérer une solution favorable. François Ier se prononçait résolument pour son allié, le prince de Navarre. On savait que le Roi Catholique avait besoin de l'alliance française pour affermir son autorité en Espagne. « Le Roy, écri- « vait La Rochebeaucourt, nous est fort tenu et entretiendra « nostre amytié ». La reine d'Aragon semblait aussi bien disposée pour la France ; elle était mécontente. Elle a « quelque chose sur « l'estomac », disait le même ambassadeur, et songe à se retirer auprès de François Ier (2). Aussi La Rochebeaucourt n'était-il pas éloigné de croire que les revendications des princes d'Albret seraient admises : » Le Roy (d'Espagne), annonce-t-il dans sa lettre « du mois de février, a fait déclaration aux Estatz (Cortès), qu'il « fera veoir le droit qu'il prétend par justice (à la Navarre), et « s'il trouve qu'il n'y ait droit, il en fera la rayson ». Charles s'efforça d'entretenir cette illusion, en acceptant de négocier, alors qu'il était déterminé à ne rien accorder, et c'est pour gagner encore du temps, qu'il consentit à recevoir les ambassadeurs navarrais. Engagées dans ces circonstances, les négociations d'Aranda et de Saragosse ne furent qu'une répétition de la comédie diplomatique qui s'était jouée déjà à Noyon et à Bruxelles.

Dans ces conférences, où les délégués espagnols arrivaient décidés d'avance à ne consentir à aucun accommodement, les envoyés navarrais apportaient, au contraire, les plus grandes illusions. Ils ne doutaient pas, en démontrant les droits de leur prince, d'obtenir la restitution du royaume usurpé. Le 15 janvier 1518, le jeune roi de Navarre avait choisi ses ambassadeurs. C'étaient Gaston d'Andoins, sénéchal de Béarn, Bernard de Lordat, abbé de Lucq, Pierre de Biaix et Gaillardon de Montesquieu, sieur de Gelas. Il leur donnait procuration pour aller « traiter « et conclure alliance, fraternité et amitié avec le Roy Catholique, « vue la proximité du sang » qui existait entre lui et ce prince, afin « d'éviter les maux de la guerre et d'assurer le salut des « âmes » (3). Les envoyés devront demander la restitution du royaume de Navarre, de la vicomté de Castelbon et de la sei-

---

(1) Mémoire aux ambassadeurs du roy de Navarre de ce qu'ils auroient à faire touchant le recouvrement dudit royaume, sans date (d'après le texte, antérieur à la Saint-Martin, nov. 1517), orig. Arch. des Bass.-Pyrén., E. 556 ; copie, coll. Doat, 232, fos 79-82. — (2) Lettre de La Rochebeaucourt au roy de France, février 1518, B. N., Mss. français, ancien fonds, 2927, fo 130 (doc. inédit). Ces deux pièces n'ont pas été utilisées jusqu'à ce travail. — (3) Pouvoirs du roi de Navarre à ses ambassadeurs pour traiter et conclure alliance avec le Roi Catholique, 15 janvier 1517-1518, orig. Arch. des Bass.-Pyrén., E. 559 ; copie, coll. Doat, 232, fo 55.

gneurie de Castellon, « invadées et prises sans fondement ne
« cause par le roy don Fernando d'Aragon, qui les a gardées
contre raison et justice, sa vie durant ». Ils rappelleront au Roi
Catholique la clause du traité de Noyon qui leur a garanti justice,
quand ce roi « serait en ses pays d'Espaigne, ou huit mois après
« lesdites alliances ». Le moment est venu d'octroyer la restitution promise, puisque le délai stipulé est expiré et que le prince
d'Espagne se trouve dans ses États (1). Le tuteur du jeune roi,
Alain d'Albret, comprenant l'impossibilité d'une restitution pure
et simple, chargea les ambassadeurs de négocier le mariage de
son petit-fils avec une des sœurs du Roi Catholique, comme il en
avait déjà été question (2). Le 11 février, les délégués navarrais
se réunissaient à Orthez (3). Ils y reçurent les instructions du sire
d'Albret que leur apporta M. de Gelas, ainsi que la procuration
et les blancs-seings du roi de Navarre, qui leur furent remis par
l'écuyer, M. de Lamothe. Avant de se décider à partir, ils crurent
prudent, suivant le conseil d'Alain, d'envoyer en Espagne l'écuyer
Johannot et le chevaucheur Bernard, pour avertir de leur arrivée La Rochebeaucourt et Chièvres et savoir d'eux « si l'on
« pouvoit sentir aucunes choses du vouloir » du Roi Catholique (4). Après un court voyage, peut-être à Nérac auprès du
sire d'Albret, Andoins, l'abbé de Lucq et Gelas revinrent à Orthez,
où Biaix était resté seul (5), et le 23 février, l'ambassade quitta
le Béarn pour la Castille. Au nom de ses collègues, Andoins
annonça le départ au roi de Navarre, promettant de lui « faire
« service de son mieux » et de lui envoyer par l'abbé de Lucq
« la portraicture de la dame » qu'on lui destinait, c'est-à-dire de
Catherine d'Autriche (6). Le 11 mars, les ambassadeurs navarrais
arrivaient à Valladolid (7), presque en même temps que les députés des Cortès de Pampelune, qui venaient faire hommage au
roi d'Espagne (8). Les déboires et les tribulations les plus variées
les y attendaient. On essaya par toute espèce de mauvais pro-

(1) Procuration du roi de Navarre à ses ambassadeurs pour demander la restitution du royaume de Navarre, Amboise, 15 janvier. Arch. des Bass.-Pyrén., E. 559; B. N., coll. Doat, 232, f° 58. — (2) Procuration du sire d'Albret, Nérac, sans date. Arch. des Bass.-Pyrén., E. 559; copie, coll. Doat, 232, f° 68 bis. — (3) Journal de Pierre de Biaix (sur les négociations de 1518). Arch. des Bass.-Pyrén., E. 559; coll. Doat, 232, f° 199. — (4) Lettre du sire d'Andoins à Alain d'Albret, Orthez, 12 février. Arch. des Bass.-Pyrén., E. 559; Doat, 232, f° 139-140. — (5) Journal de Pierre de Biaix. Arch. des Bass.-Pyrén., E. 559; Doat, 232, f° 199. — (6) Lettre du sire d'Andoins au roi de Navarre, Orthez, 22 février. Arch. des Bass.-Pyrén., E. 559; Doat, 232, f° 139. — (7) Journal de Biaix, ibid., et coll. Doat, 232, f° 199. — (8) Patente original de los agravios pedidos por las Cortes de Pamplona en Valladolid, 23 mars 1517-1518, orig. Arch. de Nav., Cortes, legislacion, leg. 1, carp. 27.

cédés de les dégoûter de leur entreprise, d'ajourner leurs audiences et d'éviter une réponse définitive (1). Ils avaient, dès leur arrivée, sollicité Chièvres et le chancelier de leur faire accorder un entretien avec le Roi Catholique. Cet entretien fut octroyé pour le dimanche 14 mars. Mais, ce jour-là, quand ils s'informèrent de l'heure de la réception, Josse Lorens, au nom du chancelier, vint leur dire que le roi, occupé, remettait l'audience au lundi. Ce premier ajournement était de mauvais augure. Mais l'ambassadeur de France, La Rochebeaucourt, soutenait le courage des Navarrais. Le samedi 13, il les avait conviés à dîner ; il leur assura « qu'il avait parlé du roy de Navarre au Roy Catho-
« lique, et qu'il avait ordre du roy (de France) et de Madame
« (Louise de Savoie) de mettre à l'avant le mariage, quant autre
« moyen ne se trouveroit pour recouvrer le royaume ». Le 14, il leur renouvela cette assurance. Le grand-maitre Boisy, le roi et sa mère, affirma-t-il encore, l'avaient formellement chargé de « mettre à l'avant » cette union. Il ne fallut rien moins que cette attitude bienveillante pour dissiper le découragement naissant de l'ambassade navarraise. De délai en délai, après neuf jours d'attente, les envoyés finirent par obtenir l'audience désirée. Ils demandèrent au Roi Catholique la restitution du royaume et la délivrance du maréchal. Charles se borna à répondre quelques paroles gracieuses. Il promit de commettre quelques-uns de ses conseillers « pour entendre » les Navarrais ; il « ferait quelque « chose en faveur du maréchal, tant par affection pour le roi de « France que pour le roi de Navarre ». Le même jour, les ambassadeurs eurent un entretien avec la reine d'Aragon. Ils en obtinrent l'engagement « qu'elle feroit dans cette affaire tout ce « qu'elle pourroit ». Ils reçurent le même accueil cordial, le 21 et le 22 mars, de M. de Chièvres, du chancelier, d'Éléonore d'Autriche, du connétable de Castille. Malgré cette courtoisie d'apparat, la cour d'Espagne était bien résolue à traîner les pourparlers en longueur. Les Navarrais ne tardèrent pas à apprendre que le Roi Catholique, sa sœur, la reine d'Aragon et les ministres allaient quitter Valladolid pour se rendre à Saragosse. Ils demandèrent au chancelier un sauf-conduit, pour leur faciliter le voyage qu'ils comptaient faire en compagnie du roi, et annoncèrent l'intention d'entamer les conférences en présence du prince lui-même. Le chancelier commença par leur déclarer que le roi avait désigné quatre commissaires pour conférer avec eux, à savoir lui-même, Chièvres, le grand-commandeur de Santiago et le

(1) La partie du sujet qui suit a été très bien traitée par M. Luchaire, La Question navarraise, Annales de la Faculté des lettres de Bordeaux (1880), p. 74 et suiv., dont nous avons essayé de compléter le récit.

33

docteur de Palacios Rubios. Il ajouta que la mise en liberté du maréchal de Navarre était décidée. Quant au procès de la reine d'Aragon, c'était une question à écarter des pourparlers (1). Le 26 mars, les ambassadeurs croyant tout réglé, quittaient Valladolid un peu après la cour. Mais à peine étaient-ils arrivés à deux lieues de cette ville, qu'ils rencontraient le grand-commandeur de Santiago, porteur d'une lettre adressée au baron d'Andoins par le Roi Catholique (2). Cette lettre, datée de Valbuena et du 25 mars, était ainsi conçue : « Seigneur d'Andoins, suivant ce que já vous avons dit et « déclaré, nostre intention est que vous et vos collègues com- « muniquiés la mattière de vostre charge avec nos commissaires, « que avons pour ce député et ordonné se trouver devers vous « en nostre ville de Vailledolit, pour et après de tout estre fait « relation et rapport » (3). La surprise des Navarrais fut grande. Ainsi, le roi d'Espagne projetait de faire examiner la question navarraise à Valladolid même, loin de sa présence, et d'en confier la solution aux pires ennemis du roi de Navarre, tels que le commandeur et Palacios. Après une courte délibération, Andoins répondit au nom des ambassadeurs, « qu'ils ne reviendroient « pas à Valladolid, parce que l'on s'y mouroit de peste », et que, d'ailleurs, ils avaient à parler au Roi Catholique non-seulement de la restitution, mais encore d'une autre affaire dont ils n'avaient jusque-là rien dit. Les envoyés continuèrent donc leur route en compagnie du grand-commandeur jusqu'à Aranda, où Charles devait s'arrêter. La veille de Pâques fleuries (les Rameaux), le 28 mars, ils arrivaient à Curiel. Le lendemain, 29, Biaix, envoyé en avant, rencontrait au village de Saint-Martin, à deux lieues de Curiel, le chancelier de Flandre (4). Il se plaignit avec vivacité du choix des délégués castillans : « Il n'est point raison, s'écria- « t-il, que ayions à débattre nostre cas par devant ledit com- « mandeur, ne de Palacios Rubios, pour ce que ledit com.nan- « deur avoit esté du temps du roy don Fernando en partie cause de « la usurpation du royaume de Navarre, et que ledict de Palacios « avoit faict le libre, contenant comment ledit royaume se pou-

---

(1) Journal de Pierre de Biaix. Arch. des Bass.-Pyrén., E. 559. Coll. Doat, 232, f°s 200-201. — Lettres d'Andoins au roi de Navarre, portées par les gens du duc de Bourbon, 23 mars. Arch. des Bass.-Pyrén., E. 559. B. N., coll. Doat, 232, f° 141. — (2) Mém. à M. de Gelas de ce qu'il aura à dire au roy de Navarre. Saragosse, 6 mai. Arch. des Bass.-Pyrén., E. 556. Coll. Doat, 232, f°s 126-138. — (3) Lettre de Charles, roy d'Espagne, au siré d'Andoins. Valboune, 25 mars, orig. Arch. des Bass.-Pyrén., E. 559. B. N., coll. Doat, 232, f° 73. — (4) Mém. à M. de Gelas de ce qu'il aura à dire au roy de Navarre (de la part des ambassadeurs). Saragosse, 6 mai. Arch. des Bass.-Pyrén., E. 556. Coll. Doat, 232, f° 126. — Le Journal de Biaix, *ibid.*, et coll. Doat, 232, f° 101, place la réponse d'Andoins au 28 mars, et raconte qu'elle fut faite au lieu de Dinat (?).

« voit justement détenir » (1). Le chancelier en référa aussitôt au Roi Catholique. Charles paraissait fort ennuyé de cette affaire de Navarre. Il estimait que c'était beaucoup de bruit pour un royaume qui ne lui rapportait presque rien. Il en tirait, disait-il, 10,000 ducats avant son arrivée; c'est à peine maintenant s'il en recevait 8,000. Il consentit cependant à accorder à Biaix une nouvelle audience, lui demanda si lui et ses compagnons avaient un gîte et promit encore de s'occuper de leur requête. Les ambassadeurs se reprennent à espérer, d'autant plus que La Rochebeaucourt les encourage. Il leur raconte qu'il vient de recevoir d'autres lettres du roi de France, qui lui enjoignent de parler de nouveau au Roi Catholique de la restitution et du mariage. Il s'engage sur ce dernier point à faire agir Mmes de Chièvres et de Porcien (2). Les ambassadeurs sont donc autorisés à se rendre à Aranda. Le chancelier leur annonce qu'il « traictera leurdicte « affaire avecques les autres que le Roy y commettra » ; le grand-commandeur et Palacios ne seront point chargés de ces pourparlers (3). Les Navarrais, satisfaits de ces concessions, arrivent à Aranda-del-Duero le mardi après Pâques, demandent le 5 avril une audience et l'obtiennent pour le 7. Le jour fixé, à huit heures du matin, eut lieu « la remonstration » solennelle de l'ambassade navarraise. L'auditoire était nombreux et choisi au logis du chancelier, où se tenait l'assemblée. Aux côtés de Jean Sauvage, se trouvaient l'archevêque de Burgos, l'évêque de Badajoz, Mota, M. de Fonseca, frère de l'archevêque, le docteur flamand Josse Lorens, maître des requêtes, le grand-trésorier de Castille, Barguès, et don Garcia de Padilla, tous conseillers du Roi Catholique (4). Le chef de l'ambassade, M. d'Andoins, prend la parole. Il rappelle qu'à Valladolid il a annoncé au chancelier que l'ambassade navarraise était prête à accomplir « le contenu de l'article du traité de Noyon », c'est-à-dire à montrer les droits du roi Henri sur la Navarre. Biaix a été chargé de parler au nom des ambassadeurs (5). Il commence aussitôt à développer sa « remonstracion ». C'était, suivant le goût du temps, un discours mêlé de français et de latin, farci de citations et de récits historiques. Philippe de Macédoine, Hérodote et Aristote, la Bible, saint Jérôme, saint Augustin, Justin, Barthole et Paul sont les autorités que l'orateur invoque

III.
Conférences d'Aranda del Duero.
(7-20 avril.)

(1) Il semble que l'entrevue de Biaix ait eu lieu à Saint-Martin et non à Aranda, comme le dit M. Luchaire. Voir Journal de Biaix, f° 201. — (2) Journal de Biaix, ibid. — (3) Mém à M. de Gelas, etc., cité ci-dessus. — (4) Même mémoire, et Journal de Biaix, ibid., f° 202. — (5) Mémoire à M. de Gelas de ce qu'il aura à dire au roy de Navarre. Saragosse, 6 mai. Arch. des Bass.-Pyrén., E. 556 ; coll. Doat, 232, f°s 126-130.

à l'appui de sa thèse. Après quelques généralités sur la gravité de sa mission, qui le remplit de crainte, sur la solennité d'une assemblée où figurent tant de lettrés, ce qui lui permettra de prononcer la première partie de sa harangue en latin, il s'efforce de montrer que le Roi Catholique ne peut, sans charger sa conscience, conserver la Navarre. Depuis trois cents ans, les prédécesseurs de Henri d'Albret en ont joui paisiblement. Ferdinand a plusieurs fois reconnu la légitimité des droits de Jean et de Catherine. Il n'a pu invoquer, pour colorer son usurpation, qu'un traité d'alliance, celui de Blois, qui n'était nullement dirigé contre lui. Les Navarrais font appel à l'intégrité du Roi Catholique ; ce prince a trop de respect pour la justice, qui est la première vertu des souverains, pour ne pas restituer la Navarre. Il évitera ainsi les reproches de sa conscience ; il éloignera de ses États les malheurs que Dieu réserve aux princes injustes. Il aura égard à la vieille amitié et aux liens du sang qui unissent les maisons de Navarre et d'Autriche. Qu'il songe enfin qu'aucune loi divine ou humaine ne permet d'occuper ni de détenir le bien d'autrui sans s'exposer à un péché mortel (1). Le résultat de cette « éloquence prolixe et érudite » (2) fut médiocre. Le chancelier délibéra quelques instants avec ses collègues, puis demanda aux ambassadeurs « s'ils avaient autre charge », les requérant « le luy voulsissent dire, pour communiquer ensemble le tout au « Roy ». Les Navarrais se concertèrent. Pour le présent, répondit Andoins, ils priaient seulement le chancelier d'obtenir du roi la restitution, « comme il était juste ». Après la conférence, ils allèrent de nouveau recommander leur cause à La Rochebeaucourt. Celui-ci convint que, s'il n'y avait pas d'autre moyen, on pourrait « mettre en avant » le projet de mariage, et il consentit à accompagner Andoins auprès de M. de Chièvres, pour l'entretenir de cette proposition. Le 12 avril, ils avaient tous deux une entrevue avec le ministre flamand. Andoins lui rappelle les démarches antérieures de M. d'Orval : « Le Roy son maître, dit-il, « désire avoir alliance du Roy Catholique », et sollicite « son « amitié autant que de prince du monde ». Le sire d'Albret lui a donné mission de négocier le mariage de l'infant Henri avec une des sœurs de l'Archiduc ; il prie Chièvres d'en parler à son maître et de s'employer à faire réussir ce projet. Chièvres répond par de bonnes paroles : « La remonstration dudit mariage est très hon-

(1) Propos et remonstracions faites en la ville d'Aranda par les ambassadeurs du roi de Navarre, et discours de Pierre de Biaix, deux minutes, Arch. des Bass.-Pyrén., E. 559 ; copies, *ibid.*, E, 11 ; coll. Doat, 232, f°s 179-180. Autre texte dans le Journal de Pierre de Biaix. Arch. des Bass.-Pyrén., E. 559 ; Doat, 232, f°s 202-212. — (2) Expressions de M. Luchaire, opus cit.

« nesto et luy semble très raisonnable ». Il ne demande pas mieux que de rendre service au roi de Navarre et au sire d'Albret, parents du prince de Chimay, dont la fille va épouser le comte de Porcien, son neveu. Le royaume de Navarre est d'ailleurs un embarras pour le Roi Catholique. Il lui coûte plus qu'il ne vaut, car à peine en retire-t-il 15,000 livres de revenu. Il conclut en conseillant à Andoins de faire la même « remonstracion » au chancelier de Flandre, avec lequel il conférera. Puis tous deux en feront part au roi lui-même. Andoins, avant de se retirer, insiste vivement. « Le Roy mon maistre, dit-il à Chièvres, sait bien que « vous lui pouvez plus aider à la restitution de son royaume que « homme qui soit au monde, et il est assuré que le tout est entre « vos mains; il vous en tiendra grand compte, et n'épargnera ni « ses biens ni sa personne pour vous faire tout plaisir. » La Rochebeaucourt ajoute que la restitution contentera fort le roi de France, qu'elle est du reste juste et raisonnable. Chièvres, ainsi sollicité, affirme « que, de sa part, il fera tout ce qu'il pourra ». Le lendemain, 13 avril, a lieu un entretien semblable avec le chancelier ; il proteste lui aussi qu'il a gardé bon souvenir du sire d'Albret, qu'il trouve « le party fort sortable » et qu'il fera de son mieux (1). Ces marques de bon vouloir raniment la confiance des Navarrais. A l'issue de l'entretien, Andoins écrit au cadet de Duras, l'un des conseillers du jeune roi de Navarre, qu'il a bon espoir, et que la négociation ira bien, pourvu que le roi de France prenne chaudement en main le parti de Henri d'Albret, et presse l'ambassadeur du Roi Catholique de donner satisfaction à son allié (2). Mais l'illusion fut de courte durée. Le 15 avril, Chièvres et le chancelier exposent le résultat de leur entrevue avec le roi d'Espagne. Il a trouvé « bon et très agréa-« ble » le mariage projeté ; mais, pour le présent, « il n'y peut « rien entendre, étant sur son partement pour faire son voyage « en Aragon » ; il prie les ambassadeurs de le suivre audit Aragon, « et après qu'il aura entendu en ses affaires, il fera de sourte « qu'ils aient cause de le remercier ». Cette réponse évasive n'était pas de nature à plaire aux Navarrais, qui, en ayant conféré, trouvèrent « qu'elle estoit trop maigre », et demandèrent à revenir en leur logis pour réfléchir. Aussitôt, ils se rendirent chez La Rochebeaucourt : « Cette responce, lui dirent-ils, n'est que « pour dissimuler », et ils le prièrent de remontrer à Chièvres et

(1) Mém. à M. de Gelas de ce qu'il aura à remontrer à Monseigneur. Saragosse, 6 mai, orig. Arch. des Bass.-Pyrén., E. 556. Copie, coll. Doat, 232, fᵒˢ 126-133. — (2) Lettre écrite au cadet de Duras par le sieur d'Andoins. Aranda, 13 avril. Arch. des Bass.-Pyrén., E. 559. Copie, coll. Doat, 232, fᵒ 143.

au chancelier, que « si le cas estoit que le Roy Catholique n'eust
« vouloir d'entendre tant à la restitution du royaume qu'au
« mariage, qu'ilz aimeroyent mieulx que les en fût faite décla-
« ration, sans les détenir plus longuement ». L'ambassadeur de
France, forcé de convenir que « la déclaration n'était point
« bonne », promit d'intervenir auprès des conseillers du roi
d'Espagne, et obtint d'eux une nouvelle audience pour le 17 avril.
Au jour fixé, Andoins prit la parole et fit remarquer à Chièvres
et au chancelier, en présence de La Rochebeaucourt, que les
Navarrais ne pouvaient être contents de la réponse qui leur avait
été faite. Elle leur semble « un peu estrange, d'autant qu'on leur
« a auparavant déclaré que quand le Roy seroit en Aragon, il
« auroit voulenté d'entendre tant à la restitution dudit royaume
« de Navarre qu'au mariage ». Ils prient donc les ministres de
vouloir bien le remontrer à leur maître. Le chancelier réplique
qu'il a répondu suivant les instructions du roi, et non d'après ses
propres sentiments. Il ajoute de plus qu'il a charge de déclarer
que « le Roy ne pouvoit entendre en l'affaire qu'il ne fût de retour
« en Castille », et que « à ceste cause », si les envoyés « s'en
« vouloient aller, ils le pouvoient bien faire par trois ou quatre
« moys » ; ils reviendraient lorsque Charles serait revenu,
et alors « il entendroit en leur affaire, et les contenteroit
« par moyen de mariage et autrement ». A la demande d'Andoins
si la question ne pouvait se traiter pendant le séjour du prince en
Aragon, le chancelier répond par un refus formel. Tant de mauvaise foi excita la colère du chef de l'ambassade navarraise. « Le
« Roy demande encore un délai, s'écria-t-il, mais nous semble qu'il
« a eu assez longtemps pour adviser ce qu'il a de vouloir touchant
« la restitution dudit royaume, car il y a désia six ans que l'on
« tient occupé icelluy. » Il y a deux ans que la reine de Navarre
a envoyé ses ambassadeurs en Flandre, près de deux ans que
M. d'Orval a mis en avant le projet de mariage. Il est évident
qu'on veut refuser toute restitution; on n'a cure de l'article
formel du traité de Noyon ; cependant, le bien-fondé des réclamations du roi de Navarre a été démontré ; son droit est « si clair
« que n'est possible de l'être plus ». Alors, se tournant vers La
Rochebeaucourt, Andoins le prend à témoin de cette nouvelle violation de la convention d'août 1516, violation qui « l'intéresse et ne
« doit en nulle façon le contenter ». La réponse des ministres du
Roi Catholique est, en effet, contraire aux clauses de ce traité ;
elle laisse comprendre « qu'il n'a nulle voulenté d'entendre à la
« restitution du royaume ne aussi au mariage, et ce n'est que
« toute dissimulation ». Que si le Roi Catholique ne veut pas accorder ce dont il est requis, qu'au moins « il le déclare franche-

« ment plutost que de les tenir plus longtemps ». « Et, messei-
« gneurs, conclut le fougueux Béarnais, le Roy nostre maistre
« n'est point pauvre et nécessiteux, et quand ainsi sera que le
« Roy ne y vouldra entendre et ne faire raison, le Roy nostredit
« maistre attendra le temps tel qu'il plaira à Notre Seigneur luy
« envoyer ». L'ambassadeur de France tente, au sortir de l'entretien, de calmer le sire d'Andoins : les ministres du roi d'Espagne
sont « de bon vouloir » ; il faut se contenter de la réponse donnée,
et si François I⁺ apprend l'incident qui a causé le départ des
envoyés navarrais, il ne pourra que les blâmer, car le Conseil du
Roi Catholique paraît résolu « à leur faire raison ». Dans un
autre entretien, le 18, il revient à la charge : le chancelier et
M. de Chièvres, dit-il, sont peu satisfaits de l'attitude du baron
d'Andoins ; s'il veut se retirer avec ses collègues, le roi d'Espagne
« en fera retenir actes par notaires, afin qu'il apparaisse au Roy
« Très Chrestien que la responce qu'il a mandé faire est juste et
« raisonnable ». Cette menace produisit un effet immédiat. Que
faut-il décider? demande le chef de l'ambassade navarraise.
La Rochebeaucourt, après s'être laissé un peu prier, consent à lui
tracer une ligne de conduite. Il faut, dit-il, ménager Chièvres et le
chancelier, « qui ont bonne voulenté; agir autrement ne seroit que
« dommaige » pour les Navarrais ; et ce n'est point chose bien
aisée, ajoute-t-il « de recouvrer ung royaume en peu de temps ».
Il est nécessaire que le roi de France « en escripve plusieurs
« fois, et si ce n'est par son moien, il estoit assuré qu'on ne le
« recouvreroit pas ». Nous le savons bien, répliquent les ambassadeurs; aussi est-ce en lui que M. d'Albret et le roi de Navarre
placent toute leur espérance. Enfin, après une nouvelle démarche
de La Rochebeaucourt, les Navarrais obtiennent une autre
réponse en apparence plus favorable. Le 20 avril au matin, ils
sont admis en audience solennelle devant le roi d'Espagne; auprès du roi étaient le cardinal Adrien d'Utrecht, le chancelier,
M. de Chièvres et plusieurs gentilshommes de sa maison. Le
chancelier prend la parole : « Le Roy, dit-il, me commande de
« vous dire en sa présence comment il a bien entendu ce que par
« M. de Chièvres et moy luy a esté remonstré, touchant le
« mariage de Madame sa sœur et de M. le Prince vostre maistre...
« et m'a commandé vous déclairer qu'il trouve le party très bon, et
« il l'a très agréable, et a bonne voulenté d'y entendre. Touteffois
« qu'il ne le peut faire si promptement qu'il le vouldroit, à cause
« de son voyage d'Aragon, et aussi pour ce qu'il faut qu'il en
« fasse aucune remonstracion aux Castillans comme est bien de
« raison; et à ceste cause il vous prie que vous le veuilliez suivre
« en son royaume d'Aragon, et après qu'il aura entendu en ses

« affaires dudit royaume, si bonnement luy est possible, il enten-
« dra aux vostres, de sourte que vous aurez cause de vous en
« contenter. » Il fallut bien se déclarer satisfait de cette nouvelle
déclaration, aussi vague et aussi aléatoire que les précédentes,
quoique plus polie dans la forme. « Cognoissons assés, répondit
« Andoins, que c'est bien raison que vos affaires se fassent pre-
« mier que tous autres. Touteffois, sire, nous vous supplions très
« humblement que quand vous serez en vostre royaume d'Aragon
« et traictant vos affaires, qu'il vous plaise nous donner ung jour
« de la semaine pour nous oyr et traicter des affaires du Roy
« nostre maître. » Charles, après en avoir conféré avec le cardinal, Chièvres et le chancelier, fit répondre par ce dernier : « La
« requeste semble très juste et raisonnable, et la vous accorde
« très volontiers » (1). Ainsi se terminèrent les conférences d'A-
randa ; le seul résultat en était un nouvel ajournement, et il était
facile de voir que les Espagnols avaient la ferme volonté de ne
pas restituer leur conquête.

IV.
Les ambassadeurs
navarrais
à Saragosse.
(Mai-août 1518.)
Intervention
de la cour de France.
Ajournement
des négociations.

Dès ce moment, les négociations subirent un temps d'arrêt en
Espagne. Ce fut désormais à la cour de France que se traita la
question navarraise, et c'est de François Ier que les Navarrais
attendirent le succès de leurs démarches. Après avoir assisté aux
Cortès de Calatayud à la fin d'avril, les ambassadeurs arrivèrent
le 5 mai à Saragosse avec le roi d'Espagne. Ils devaient y rester
trois mois, réduits au rôle d'observateurs oisifs, attendant le jour,
toujours reculé, où l'on consentirait à discuter leurs revendications. C'est de la France qu'ils attendaient le salut. Dès le 23
avril, Andoins recommandait au roi de Navarre de solliciter l'intervention de François Ier. « Que le Roy Très Chrétien, écrivait-il,
« entretienne l'ambassadeur du Roy Catholique, de manière à lui
« laisser entendre qu'il a *la voulenté arrêtée* d'exiger cette res-
« titution. Qu'il en écrive affectueusement au Roy Catholique
« lui-même, et que dans ses lettres, il le prie, sur tous les plaisirs
« qu'il luy entend faire, que la restitution du royaume (de Na-
« varre) soit faite » avant que les envoyés navarrais quittent
l'Aragon. Qu'il prescrive à son ambassadeur « d'en faire la
« poursuite » auprès du roi d'Espagne et de son Conseil. La
Rochebeaucourt « s'est donné grosse peine » et il a déjà intéressé à la cause navarraise « les bons amis qu'il a deçà ». Il
fera mieux encore, s'il en reçoit l'ordre de son maître. Grâce à

(1) Mém. à M. de Gelas de ce qu'il doit remonstrer à Monseigneur, Saragosse, 6 mai. Arch. des Bass.-Pyrén., E. 556. Deux copies dans la collection
Doat, 232, f°s 126-138 et 147-160. — M. Luchaire, opus cit., a retracé le récit
des négociations d'Aranda ; son exposé détaillé s'arrête à l'arrivée des ambassadeurs à Saragosse. Le reste de notre récit est entièrement nouveau.

l'intervention du roi de France, on peut espérer « que l'affaire « se portera bien » (1). Le 6 mai, les Navarrais, envoyant M. de Gelas auprès du sire d'Albret et de son petit-fils, pour leur exposer le détail des conférences d'Aranda, renouvelaient leurs conseils. Le lendemain, 7 mai, Andoins insistait de nouveau à ce sujet dans une lettre au roi de Navarre. Il faut solliciter aussitôt, disait-il, de François Ier les lettres nécessaires et « faire dili- « gence ». C'est le seul moyen d'obtenir la restitution, « car le « Roy Catholique et ceux qui ont le maniement de ses affaires « ont grosse crainte de perdre l'amitié du roy de France, et aupa- « ravant de la vouloir perdre, seroient contents non-seulement « de rendre la Navarre, mais de perdre une grosse chose de « leur propre ». Il convient donc que le jeune roi insiste pour « décider le prince et sa mère à une action énergique. Qu'il leur dise « qu'il ne fait nul doute de recouvrer son royaume par « leur moyen, pourvu que leur plaise de en escrire et prendre « l'affaire » (3). Il faut que le roi de France et Madame écrivent aussi, en vue du même objet, au chancelier de Flandre et à M. de Chièvres, et « leur donnent à entendre le bon et gros vou- « loir qu'ils ont en la restitution ». Qu'ils envoient également à La Rochebeaucourt des instructions « un peu rigoureuses tou- « chant ladite restitution, afin qu'il les puisse montrer ». Enfin, il ne sera pas inutile d'avoir l'appui du grand-maître Boisy et du surintendant Semblançay (2). Le 13 mai, les ambassadeurs reviennent encore à la charge. Le Roi Catholique envoie en France M. de La Chaux, « qui leur a fait bon recueil avant son « départ, et qui a beaucoup de crédit auprès de son maître ». Aussitôt qu'il sera arrivé, le roi de Navarre devra prier Fran- çois Ier de « donner à entendre » à ce diplomate, « qu'il est mal- « content de ce que les Navarrais sont si longtemps de deçà, « sans avoir quasi rien fait touchant ladite restitution, laquelle « ledit seigneur entend soit faite promptement » (3). L'occasion ne saurait être meilleure. La Chaux a reçu mission d'apaiser le mécontentement du Roi Très Chrétien, à l'alliance duquel le Roi Catholique tient par-dessus tout. L'Espagne est divisée ; bon nombre de seigneurs désirent une rupture, afin « qu'on les estime

(1) Lettre de M. d'Andoins au roi de Navarre, Aranda, 23 avril. Arch. des Bass.-Pyrén., E. 559. Copie, coll. Doat, 232, f° 142. — (2) Lettre de M. d'An- doins au roi de Navarre. Saragosse, 7 mai. Arch. des Bass.-Pyrén., E. 556. Copie, B. N., coll. Doat, 232, f° 144. — (1) Mém. sur ce que semble aux am- bassadeurs du roy de Navarre estans devers le Roy Catholique, que le Roy leurdit seigneur et maistre doit faire, 7 mai, Saragosse. Arch. des Bass.- Pyrén., E. 556, orig. inédit. — (3) Lettre des ambassadeurs au roi de Navarre. Saragosse, 13 mai. Arch. des Bass.-Pyrén., E. 559 ; copie, coll. Doat, 232, f° 160.

« et tra.te mieux, et s'il y avoit guerre, il y auroit grandes divi-
« sions pour le malcontentement de plusieurs et pour la diversité
« des nations qui sont au service du Roy Catholique, lesquelles
« joindre ensemble en ung vouloir est bien difficile ». Aussi le
roi de France peut-il agir hardiment, requérir l'exécution du
traité de Noyon et signifier à La Chaux, « que son plaisir est que
« le Roy Catholique restitue la Navarre », qu'il sait que les ambassadeurs navarrais attendent cette solution depuis longtemps, et
qu'il entend qu'une réponse leur soit faite promptement. Louise
de Savoie pourra aussi faire remarquer à La Chaux le soin
qu'elle a pris « de continuer l'alliance, et qu'elle ne void chose ne
« fondement par lequel ladite amitié se puisse enterrompre, si
« ce n'est à cause de la restitution du royaume de Navarre ». Le
roi de France, dira-t-elle, l'a promise aux princes d'Albret, et il
est juste que le roi d'Espagne « la veuille faire promptement,
« ainsi qu'il y est tenu ». Le grand-maître Boisy remontrera
ensuite à l'envoyé espagnol l'injustice de l'occupation, et cherchera
à l'effrayer en l'assurant que son maître est résolu à secourir et
à aider le roi de Navarre. On pourra enfin faire agir la reine
Claude, le connétable de Bourbon, le duc d'Albanie, Jean d'Orval
et M. de La Trémoille (1). Le 17 mai, l'ambassade navarraise
dépêchait le baron d'Arros, porteur d'un nouveau mémoire. « Le
« roy d'Espagne et son Conseil, disaient Andoins et ses collègues,
« ont grande crainte du malcontentement du Roy Très Chré-
« tien. » La Chaux est chargé de solliciter la continuation de la
« confédération et alliance » conclue avec la France; elle a été,
en effet, si utile au prince Charles, « que si icelle n'eust été, ledit
« Roy Catholique n'auroit eu la obéyssance en ses royaulmes de
« deçà, qu'il a eue ». Il faut profiter des circonstances pour exiger de lui la restitution de la Navarre. Le roi de France devra
refuser « de répondre à la charge » que La Chaux a reçue, avant
que l'envoyé espagnol « ne face déclaration de la restitution du
« royaume, sans remectre que quand il sera deçà, il en fera remons-
« tracion à sondit maître »; car se contenter de cette promesse serait conclure un marché de dupes : « le tout » n'aboutirait « qu'à
« des dissimulations ». Au contraire, si François Ier et sa mère
demandent que la Navarre soit rendue avant de consentir à
renouveler l'alliance, le royaume sera restitué, car le Roi Catholique et ses ministres « ne vouldroyent point mécontenter le Roy,
« non-seulement pour la restitution du royaume, mais quant

(1) Mém. sur ce que semble aux ambassadeurs que doivent faire le roy de
Navarre et M^{er} d'Albret, 13 mai (c'est le développement de la lettre), orig.
Arch. des Bass.-Pyrén., E. 556; copie, coll. Doat, f°s 161-162. — Lettres
d'Andoins à Gelas sur le même sujet, 13 mai, *ibid.*, et coll. Doat, f° 165.

« seroit question de luy accorder plus grant chose, ils compli-
« royent sa volenté, et pour riens ils n'ont besoin de perdre son
« amitié ». Le moment est grave. Qu'on fasse « bonne diligence,
« car si vous faillez à ceste fois, écrivait Andoins au roi de Na-
« varre, je suis hors d'espérance que jamais, si ce n'est par
« force, recouvriez vostredit royaume » (1). Le sire d'Albret
et son petit-fils, suivant les conseils de leurs ambassadeurs,
firent tous leurs efforts pour obtenir l'intervention énergique de
la cour de France. Ils réussirent, en effet, à persuader à François Ier de réclamer la solution de la question navarraise. Dans
l'entretien qu'il eut le 7 juin, à Angers, avec les deux envoyés du
roi d'Espagne, Philibert Naturelli et Charles de La Chaux, le roi
de France se plaignit « de ce que rien n'avoit été satisfait de la
« restitution du royaulme de Navarre ». Puis, « tout d'un train,
« vint à dire que peut-être on vouloit faire son prouffit de luy,
« dont il n'estoit pas malcontent, mais aussi qu'il n'entendoit
« d'estre mené à la longue pour en faire le prouffit d'autruy et
« riens du sien ». La Chaux s'excusa du mieux qu'il put. Il
affirma que le Roi Catholique avait « volontiers veu et ouy les
« ambassadeurs qui estoient venus pour ceste affaire (de Na-
« varre), et qu'ils avoient proposé quelque ouverture du mariage
« que le Roy trouvoit assez bonne, et que l'on espéroit leur faire
« bonne despesche ». « Ce me sera plaisir, répondit le roi de
« France, si ainsi le faictes » (2). Malgré cette nouvelle promesse, les négociations ne furent nullement « despeschées ». Un
nouvel incident, la mort du chancelier de Flandre, Jean Sauvage,
vint fournir aux Espagnols un nouveau prétexte pour ajourner les
conférences de Saragosse. Le Conseil du roi d'Espagne saisit cette
occasion « pour différer à faire responce » aux Navarrais, qui
comprirent une fois de plus qu'on cherchait uniquement à « met-
« tre leurs affaires en dilacion ». Cependant ils prenaient encore
patience, résignés à attendre et « à ne presser ne solliciter »,
avant de savoir le résultat des démarches tentées par le roi de
France auprès de La Chaux. L'intervention de François Ier était
leur dernière ressource; le sire d'Albret leur avouait lui-même
que « si, par ce moien, ledit affaire ne se menoit à fin, à l'intention

(1) Mém. de ce qu'il semble aux ambassadeurs du roy de Navarre... de ce que leur semble ledit seigneur doit faire en court de France pour la restitution de son royaume. Saragosse, 17 mai 1518, orig. Arch. des Bass.-Pyrén., E. 559. Copie, coll. Doat, 232, f°s 168-172. — Double des lettres envoyées au roy de Navarre et au cadet de Duras par le sieur d'Andoins, 17 mai. Arch. des Bass.-Pyrén., E. 559. — (2) Récit de l'entretien dans la lettre de Naturelli et de La Chaux au roi de Castille. Angers, 7 juin 1518, in extenso dans Le Glay, Négoc. entre la France et l'Autriche, II, 140.

« du roy de Navarre, ne s'y pourroit mener par autre à grand'-
« peine ». Enfin, un envoyé de Henri d'Albret, le capitaine de
Mazières, arriva à Saragosse au mois de juillet; il annonça que
La Chaux « avoit esté despesché » par le roi de France, qu'il retournait en Aragon, « que les propos qu'on lui avoit tenus à la
« cour estoient très bons », et qu'il y avait lieu de croire « qu'ils
« serviroient de beaucoup, voire autant que du tout, pour avoir
« bonne issue de la restitution » (1). Le roi et sa mère avaient
assuré à l'infant « qu'ils avoient tenu fort bonnes paroles »
à l'ambassadeur espagnol. « Qu'il ne se souciast de son affaire,
« ils la pousseroient jusqu'au bout ». « Ils avoient son cas pour
« recommandé, lui disaient-ils, ne plus ne moins que le leur, et
« ils ne feroient point leurs affaires qu'ils ne fissent quant et
« quant les siennes » (2). Il ne restait donc plus qu'à voir l'effet
que l'intervention du prince français avait produit sur les résolutions de la cour d'Espagne. Aussitôt après le retour de La Chaux,
les ambassadeurs navarrais, avec l'assentiment de La Rochebeaucourt, sollicitèrent une réponse du Roi Catholique. Ils s'étaient
efforcés de gagner l'appui du doyen de Besançon, Gattinara,
le nouveau chancelier, et ils comptaient sur le concours de
M. de Chièvres. C'était le sire d'Albret qui leur avait conseillé
ces démarches, auxquelles il ne paraissait pas attacher beaucoup
d'espoir. Il prévoyait qu'on userait encore de dissimulation, et que
ce dernier échec serait la ruine des espérances fondées depuis 1515
sur les négociations entamées avec l'Archiduc. Si « l'affaire ne
« se conduit pas maintenant, écrivait-il, il n'y aura d'autre
« moyen par lequel on la puisse conduire, si ce n'est par force
« d'armes, qui seroit une chose bien longue et bien difficile à
« mener à fin » (3). L'événement justifia ces tristes prévisions.
Les ministres du roi d'Espagne furent bien forcés d'accorder une
dernière audience aux Navarrais, au début du mois d'août. Mais
ce fut pour leur faire, après cinq mois d'attente, une réponse
aussi dilatoire que par le passé. « Que lesdits ambassadeurs, dé-
« clara le Roi Catholique, veuillent prendre patience pour l'es-
« pace de trois ou quatre mois, pendant lequel terme je parlerai
« avec les Castillans et autres avec lesquels j'entends communi-
« quer ledit affaire, et après que j'auray communiqué icelluy

(1) D'après les lettres et instructions du sire d'Albret aux ambassadeurs du roy de Navarre, sans date (probablement début de juillet), orig. Arch. des Bass.-Pyrén., E. 559; copie, coll. Doat, 232, fos 75-78. — (2) Lettre du roi de Navarre à ses ambassadeurs en Espagne. Angers, 30 juin (1518). Copie, coll. Doat, 232, fº 73, vº. Lettre du sieur de Duras aux ambassadeurs du roi de Navarre, Amboise, 30 juin. Copie, coll. Doat, 232, fos 73-74. — (3) Lettres et instructions du sire d'Albret, citées ci-dessus.

« affaire, je ferai raison desdits royaume, vicomté, seigneurie,
« par eux demandés, en façon que ledit roy de Navarre ait cause
« de s'en contenter » (1). Les conseillers du roi d'Espagne trouvèrent, comme l'écrivait Michel de Croy au sire d'Albret, « la
« responso bonne et aimable » (2). Mais les ambassadeurs
navarrais, qui n'avaient pas les mêmes raisons d'être satisfaits,
quittèrent Saragosse, désormais fixés sur les intentions des
Espagnols. Ce nouvel ajournement était l'indice de la volonté
arrêtée des Castillans de ne pas restituer la Navarre, et de
l'impuissance de l'Archiduc à réparer l'injustice de son aïeul.
Charles en effet sentait que son pouvoir était mal affermi en Aragon
et en Castille; la nation détestait ses ministres flamands; la noblesse
était prête à la révolte; les grands venaient offrir leurs services à
l'ambassadeur de France, en disant « que son maistre trouveroit
« quand il le vouldroit autant de serviteurs en leur pays qu'en lieu
« qu'il sauroit souhaiter » (3). Le Roi Catholique comprenait que
s'il ne ménageait pas le patriotisme ombrageux des Espagnols, il
risquait sa couronne. Aussi avait-il résolu de tenir la promesse qu'il
avait faite aux Cortès de Valladolid de garder la conquête de son
aïeul. Afin de mettre de son côté l'apparence de la justice, peu après
la clôture des conférences de Saragosse, il se fit céder par la reine
d'Aragon, Germaine, tous les droits de la maison de Narbonne sur
les États de Foix et de Navarre, droits qui avaient été imprudemment admis par Louis XII, et que Germaine prétendait valables,
malgré l'arrêt du 7 octobre 1517. Cette cession, dont la minute
originale existe aux Archives de Simancas, eut lieu le 22 août 1518
à Saragosse (4). Elle fut tenue secrète, afin d'éviter pour le moment
les récriminations du roi de France et de son allié. La
reine d'Aragon, considérant qu'elle était la légitime héritière
du royaume, comme petite-fille de Leonor, comme fille du
vicomte de Narbonne et sœur du duc de Nemours, invoquant les
dispositions du contrat de mariage de Gaston XII, désireuse de
reconnaître les bienfaits de son défunt époux Ferdinand et les

---

(1) Cette réponse est rappelée par le sire d'Albret dans la procuration du
12 mars 1517-1518, donnée aux ambassadeurs délégués aux conférences de
Montpellier, orig. Arch. des Bass.-Pyrén., E. 559; copie, coll. Doat, 232,
f⁰⁸ 65-66. — (2) Lettre de Michel de Croy au sire d'Albret, Saragosse, 7 août,
orig. pap. Arch. des Bass.-Pyrén., E. 197. — (3) Lettres de La Rochebeaucourt,
citées ci-dessus. — (4) Nous avons trouvé à Simancas la minute originale,
non datée, de cette donation, intitulée : Minuta de traspaso que la Reyna
de Aragon hizo del derecho que tenia à la corona de Navarra en su nieto
Carlos V, Arch. de Simancas, Patron. real. Capit. con Nav., leg. 3, f⁰ 3 et
suiv. Il y a aussi une copie. — Zurita, t. VI, liv. X, chap. XCII, f⁰⁸ 390-391,
a inséré une analyse de cette pièce dans ses Anales (année 1516), et nous
donne la date de ce document.

égards de son successeur, déclarait faire donation de ses droits au roi d'Espagne. « Il nous a montré, disait-elle, toute l'affection « d'un filz; il nous a pris sous sa protection, et continuellement « nous a prodigué les bons traitements et les plus grands hon- « neurs; il nous a persuadée de vivre en ses royaumes et seigneu- « ries et sous sa protection. Ses bienfaits nous obligent à faire « pour son agrandissement tout ce qu'une mère doit à son filz; « désirant lui donner une preuve de notre maternel amour, par « le présent instrument, nous lui transmettons pour toujours, de « notre propre mouvement et certaine science, librement, gra- « cieusement et spontanément, tous les droits, action, question, « pétition et demande que pour le présent nous avons, ou pour- « rions posséder à l'avenir audit royaume de Navarre... : laquelle « donation, renonciation, cession et transmission nous faisons en « faveur dudit Catholique Roi don Carlos et de ses héritiers et « successeurs. » L'acte solennel de cette donation fut aussitôt dressé en présence de M. de Chièvres, du gouverneur de Bresse, de Jean Hannarth, vicomte de Hibenk, premier audiencier, sur-nommé Juan Aleman, d'Aymeric de Contellas, camérier de la reine, du sire de Nabarres, du secrétaire Francisco de Los Covos et du chapelain Gabriel d'Orti. Les légistes espagnols se crurent désormais fondés à repousser toute restitution. La conquête, déjà fondée sur l'excommunication pontificale, était encore légitimée par la renonciation de Germaine de Foix, dont les droits avaient été reconnus par les Français eux-mêmes. Dés lors, il ne pouvait plus être question d'admettre les revendications du roi de Navarre, et si l'on négocia encore, ce fut uniquement pour ne pas assumer la responsabilité d'une rupture du traité de Noyon.

CHAPITRE VII.

LES NÉGOCIATIONS DE MONTPELLIER.
LES PRÉLIMINAIRES DE LA RUPTURE ENTRE LA FRANCE ET L'ESPAGNE.
PRÉPARATIFS DU ROI DE NAVARRE.

(1518-1520.)

I.
Embarras de la cour d'Espagne au sujet de la Navarre.
Le programme des négociations de Montpellier (octobre 1518, février 1519) et la question navarraise.

La raison d'État commandait à Charles de garder le royaume conquis, mais la prudence lui conseillait de ne pas repousser sans ménagements les démarches du souverain spolié, de peur de mécontenter son tout-puissant allié, le roi de France. M. de Chièvres émit donc, au mois d'octobre, l'idée d'un congrès où l'on résoudrait les deux questions litigieuses de Naples et de la Navarre. Le Roi Catholique déclarait en ce moment à La Roche-beaucourt qu'il « était déliberé demourer tousjours le bon filz » du roi de France, « et de luy obéyr comme à son père » (1). Il consentait à comprendre le roi de Navarre dans le traité de Londres qui fut signé le 2 octobre entre François Iᵉʳ, le Pape, l'Empereur, les rois d'Angleterre et d'Espagne (2). On n'avait plus qu'à discuter le programme précis des conférences qui devaient s'ouvrir, et qu'à indiquer le lieu où elles se tiendraient. Charles parlait de se rendre en France, à Toulouse ou à Cognac, pour y assister, aussitôt après son voyage de Catalogne. Mais, malgré ses assurances pacifiques, il armait : il rassemblait 10,000 hommes sur la frontière, fortifiait Pampelune et y envoyait « de petites « pièces d'artillerie et des boulets » (3). On réunit, annonçait, le 3 novembre, La Rochebeaucourt, « tous les gens d'armes « de par deçà, qui sont 300 accoustréz comme ceux qui cruci- « fièrent Notre Seigneur, lesquelz ils ont envoyé sur les marches « de Navarre ». L'ambassadeur de France soupçonnait, non sans raison, la mauvaise foi du Roi Catholique. Le mariage de Germaine de Foix avec le frère du margrave de Brandebourg semblait préoccuper le prince plus que de raison. Cet empressement donna l'éveil à l'envoyé français : « Je croy, dit-il, que « du droit qu'elle demandoit à Navarre, qu'elle en a fait quelque « chose avec ledit Roy Catholique ». Les Espagnols, ajoute-t-il, « délibèrent de ne jamais rendre ledit royaume de Navarre. « Je suis certain que, de leur gré, ilz n'en feront point de cons- « cience quelque chose qu'ilz promettent, ne de cela ne de toutes « autres choses, car je n'ai point esté en compaignie de gens qui « facent moins de estime de demander ne aussi de promettre, et « de leur part ne tenir riens et veullent toujours gaigner » (4). Telles étaient les vraies dispositions de la cour d'Espagne, ce qui n'empêchait point les grands personnages de cette cour de leurrer de vaines promesses les princes d'Albret. « S'il y a chose « de par deçà où je vous puisse faire service, écrivait-on au nom de « Chièvres à Alain, de bon cueur en fairai, comme Dieu sçet. » « Vous asseure et certifie, écrivait Élisabeth d'Autriche, la sœur « de Charles, que vous désire faire tout l'honneur et plaisir que « au monde me seroit possible, et vous prie affectueusement que « en chose que je vous le podray remonstrer, que vous m'y « employés ». « Tout ce que je pourrai bonnement faire, disait à « son tour l'archevêque de Saragosse, Alonso d'Aragon, je le ferai

(1) Lettre de La Rochebeaucourt au Grand-Maître (Boisy). Saragosse, 25 octobre, orig. inédit. B. N., Mss. français, ancien fonds, 2961, f⁰ 97. — (2) Texte du traité de Londres, 2 octobre 1518, *Calendars of State papers (Spanish)*, II, 290-291. — (3) Lettre de La Rochebeaucourt, 25 octobre, citée ci-dessus. — (4) Lettre de La Rochebeaucourt au Grand-Maître, 3 novembre 1518, orig. inédit. B. N., Mss. français, ancien fonds, 2961, f⁰ 46.

« de toutes mes forces pour tout ce qui vous sera utile » (1). Politesses banales, qui ne durent pas tromper le vieux sire d'Albret sur la mauvaise volonté des politiques espagnols. Au reste, il n'y avait pas à compter beaucoup non plus sur l'appui désintéressé de la cour de France. François Ier voyait dans le Roi Catholique le rival qui lui disputait avec le plus de chances de succès la couronne impériale, et cherchait avant tout à l'effrayer par ses menaces ou à lui susciter des embarras par ses intrigues. Il ne se laissait pas désarmer par les protestations de son allié, qui ne cessait de se dire « son bon et loyal filz », tout en armant, et il faisait réclamer l'exécution pleine et entière de la convention de Noyon. La Rochebeaucourt fut chargé de déclarer que son maître ne consentirait à une nouvelle conférence qu'à la condition « qu'il ne « seroit desrogé ne préjudicié en aucune façon que ce feust » à ce traité. Le Roi Catholique, désireux, de son côté, de gagner du temps et d'ajourner une rupture, finit par accéder à cette clause. Il fut convenu qu'un Congrès s'ouvrirait à Nîmes pour régler les questions en suspens, notamment celle de la Navarre et de la délivrance du maréchal. Afin d'éviter des débats dangereux, les ministres espagnols demandèrent qu'on examinât d'avance les points en litige. Le Conseil de Charles-Quint proposa alors une transaction qui dévoilait le dessein arrêté de ne pas procéder à la restitution (25 novembre) : « Il voudrait bien, écrit La Roche-« beaucourt, trouver moyen de garder la Navarre », en offrant une indemnité pécuniaire à Henri d'Albret. « On en donnerait « plus qu'elle ne vaut », et on pourrait ensuite marier la sœur du Roi Catholique avec le prince béarnais. L'ambassadeur avait aussi demandé la mise en liberté du maréchal don Pedro. Charles lui répondit lui-même « que, pour l'honneur du roy de France, « il avoit commis et ordonné gens pour soy informer » des causes de sa détention, « et que entre cy et le jour de l'assemblée il « y feroit veoir. S'il y avoit difficulté, le Grand-Maistre et « M. de Chièvres adviseroient et besoigneroient à sa déli-« vrance » (2). Cette réponse n'était guère satisfaisante ; le jeune roi de Navarre ne pouvait accepter une renonciation sans déchoir. Mais le roi de France n'était peut-être pas fâché, au fond, de voir la restitution toujours ajournée ; la maison d'Albret devait ainsi rester sous sa dépendance, et il avait un prétexte tout trouvé pour rejeter, quand il le faudrait, la respon-

(1) Lettre du sire de Croy à Alain d'Albret, orig. (7 août); Arch. des Bass.-Pyrén., E. 107; — d'Élisabeth d'Autriche au même, 10 août; — d'Alphonse d'Aragon, orig. scellé (8 août), 1518, Arch. des Bass.-Pyrén., E. 559, E. 107, doc. inéd. — (2) Lettre de La Rochebeaucourt au Grand-Maître, Saragosse, 25 novembre, orig. inéd. B. N., Mss. français, anc. fonds, 2961, f° 71.

sabilité de la guerre prochaine sur le roi d'Espagne. Deux incidents qui se produisirent alors montrent que la question navarraise ne tenait pas tant à cœur au roi de France qu'on se l'imaginerait volontiers d'après ces négociations. En décembre 1518, en effet, l'indépendance du Béarn était de nouveau mise en question par une violation de territoire. Les officiers royaux saisirent à Morláas un réfugié, au mépris des droits de la justice béarnaise, et malgré les protestations des États et les réclamations du régent Alain, aucune réparation ne fut accordée (1). Il fut facile de s'apercevoir à ce moment que le roi de France voyait surtout dans le roi de Navarre un vassal à maintenir sous son autorité, et qu'il n'avait qu'un médiocre intérêt à lui rendre l'indépendance, en lui facilitant les moyens de reconquérir son royaume. De plus, François Ier avait imaginé d'attirer à sa cour l'adversaire des princes d'Albret, Germaine de Foix. La Rochebeaucourt reçut la mission de proposer à cette fantasque princesse, à qui le veuvage pesait, un mariage avec le vicomte de Lautrec. Les deux prétendants à la succession navarraise eussent ainsi confondu leurs droits. Ce projet, menaçant pour la maison d'Albret, ne reçut pas d'exécution. La reine d'Aragon eût été disposée à l'accepter : « Son consentement, écrivait l'am- « bassadeur le 25 novembre, ne cousteroit guères à avoir » (2); mais le roi d'Espagne, avisé sans doute à temps, parvint à retenir auprès de lui ce précieux otage. Ainsi, depuis le départ des ambassadeurs navarrais, les négociations, continuées à Saragosse par La Rochebeaucourt, n'avaient amené aucun changement dans la situation du souverain spolié. Les Espagnols annonçaient plus que jamais l'intention de garder la Navarre, sauf à offrir une indemnité en argent; les Français ne montraient pour la restitution qu'un médiocre empressement. Le succès des revendications navarraises paraissait encore plus improbable que par le passé. Cependant, il restait un dernier espoir. Peut-être, dans les conférences qui allaient s'ouvrir, le Roi Catholique se déciderait-il à reconnaître le bon droit de son compétiteur. L'illusion était permise aux Navarrais, quoiqu'elle ne le fût plus aux envoyés du roi de France. Un premier indice de la mauvaise volonté des Espagnols et des Français était le retard qu'ils apportaient à la réunion du Congrès. Dès le mois de novembre, les négociateurs, le grand-maître Boisy, M. de Chièvres, l'évêque de Badajoz, le gouverneur

---

(1) Cette violation de territoire fait l'objet d'un savant travail de M. Luchaire, intitulé : Un Épisode de l'histoire de Béarn. Mém. de la Société des lettres de Pau, t. III (deuxième série), p. 3 et suiv. — (2) Lettre de La Rochebeaucourt au Grand-Maître, 25 novembre, orig. inédit. B. N., Mss. français, ancien fonds, 2961, f° 71.

de Bresse, étaient désignés (1). Ils devaient se réunir à Nîmes ; il fut ensuite question de Perpignan, et finalement on choisit Montpellier comme lieu de réunion de l'assemblée. L'ouverture des conférences, fixée à la première semaine de janvier, fut ensuite remise au 15, puis au 31, et encore différée. « La conférence se refroidit « et se dilate », écrivait un agent impérial le 8 février (2). Les Flamands et les Espagnols rejetaient la faute de ces retards sur le roi de France, qu'ils accusaient de négocier à contre-cœur et pour la forme. Il « dilayait, disaient-ils, le partement du Grand-« Maître, afin de voir comment ses affaires se portaient en « Allemagne » et de régler d'après le résultat le programme de la conférence, « espérant, au moyen d'icelle journée, faire délaisser l'affaire de l'Empire » par le Roi Catholique (3). D'un autre côté, on ne s'entendait pas sur les questions à débattre au Congrès. Les Français demandaient, avant de se rendre à Montpellier, que les négociateurs espagnols fussent munis de pleins pouvoirs pour l'exécution intégrale du traité de Noyon. Les conseillers de Charles ergotaient sur les articles de cette convention. Le défaut d'entente, qui devait paralyser le Congrès, se manifestait déjà avant sa réunion. La question navarraise était l'une des difficultés les plus sérieuses à l'établissement de cette entente. Au mois de janvier 1519, La Rochebeaucourt eut à ce sujet avec les ministres flamands un entretien décisif. Il leur déclara qu'avant de se rendre à la conférence, le roi de France et le Grand-Maître « désiroient savoir ce que l'on y pourroit requérir et demander, « et mesmement de la restitution de la Navarre, et que sans en « estre assurés, et que M. de Chièvres n'allast pour veu de puis-« sance d'y mettre fin », ils n'étaient pas d'avis de la réunir. Au fond, en soutenant les revendications navarraises, les Français avaient surtout pour but d'accroître les embarras du Roi Catholique. Si Charles refusait la restitution, on l'accuserait d'avoir violé le traité de Noyon ; s'il l'accordait, on ne doutait pas qu'il n'entrât en lutte avec la Castille. La Rochebeaucourt insinuait, en effet, qu'un refus pourrait donner lieu à la rupture : « Pour paix « perpétuelle et alliance, disait-il, il faut oster toute occasion de « guerre, ce qui pourroit arriver si le roy de France estoit sommé « par le roy de Navarre de l'aider, à quoy il est obligé ». Cette déclaration excita à la cour d'Espagne un vif émoi : « Nous

(1) Lettre de La Rochebeaucourt, ci-dessus. — (2) Lettres de Max. de Berghes à Marg. d'Autriche, 8 février 1519 ; de Marg. d'Autriche à M. de Zevenberghe, 31 janvier, dans Le Glay, Négociations entre la France et l'Autriche, II, 219 et 188. — Sur ces ajournements successifs, Argensola, Anales de Aragon, liv. I", chap. LXXI. — (3) Marguerite d'Autriche au roi d'Espagne, 20 février, Le Glay, II, 257, opus cit.

« voyons bien que nous avons la guerre, s'écrièrent les conseil-
« lers de Charles, et qu'il n'est point totalement question du
« royaume de Navarre et qu'il sert d'occasion ». L'émotion
ne fut pas moindre dans l'aristocratie aragonaise et castillane.
A peine l'ambassadeur de France était-il sorti du cabinet des
ministres, qu'on apprit l'ultimatum qu'il y avait formulé. « Une
« heure après, écrit La Rochebeaucourt, la nouvelle était pu-
« bliée dans toute la ville de Saragosse. Les grands s'assemblè-
« rent, faisans les bons compagnons, et s'en allèrent devers le
« Roy, lui remonstrant qu'il ne devoit pas rendre un tel royaume,
« et que c'estoit la clé des Espaignes, et que si le Roy (de
« France) l'avoit en son obéissance, il pourroit commander en
« toutes les Espaignes ce qu'il vouldroit. » Pour le conserver, ils
offraient corps et biens. Pareille démonstration eût suffi à convaincre l'Archiduc, s'il ne l'avait déjà été, de la nécessité de
garder la Navarre, d'autant que la lutte avec la France était
inévitable. Sur son ordre, les ministres se réunirent aussitôt pour
examiner la question. Chièvres et le chancelier, chargés de
rédiger la réponse, recoururent, pour éluder la restitution,
à une argutie juridique. Ils remirent à La Rochebeaucourt
une note où ils prétendaient que, dans l'article du traité de
Noyon, dont il réclamait l'exécution, « il n'était pas nommé-
« ment de faire ladite restitution du royaume de Navarre », mais
seulement qu'on examinerait le droit qu'alléguaient les princes
d'Albret, et qu'on leur accorderait, au besoin, une satisfaction
raisonnable. Pour atténuer la gravité de cette interprétation,
le roi d'Espagne lui-même, dans un entretien avec l'ambassadeur,
déclarait qu'il était prêt à accorder cette satisfaction, mais à titre
gracieux. « Nonobstant qu'il ne soit dit » dans l'article du traité
« qu'il doive restituer la Navarre », il a promis, écrit La Rochebeaucourt, « que si la rayson veult et que le roy de Navarre y
« aye droit, il en feroit la raison telle que le Roy (de France) et
« luy s'en devroient contenter ». C'était laisser une issue pour les
négociations. Chièvres ajouta qu'il amènerait à la conférence « des
« gens à ce cognoissans », et que le Grand-Maître pourroit en
amener également : « Que le Roy de Navarre y envoye, dit-il,
« et s'il est cognu que ledit royaume soit à luy, j'auray puis-
« sance d'y mettre une fin ». Ainsi, les diplomates flamands s'efforçaient à perpétuer l'équivoque, niant qu'ils se fussent engagés à rendre ce pays, et n'osant cependant rejeter l'idée d'une
transaction. Cette attitude ambiguë excitait au plus haut
point l'indignation des Espagnols. La Rochebeaucourt raconte
que les grands assiégeaient son logis « pour savoir s'il estoit
« vray » qu'il eût réclamé la restitution ; si elle a lieu, « ils ne

« bailleront pas ung denier et y retarderont de toutes choses ». Malgré ces indices, l'ambassadeur montrait un optimisme qu'il n'avait peut-être pas au fond du cœur. Le roi d'Espagne et Chièvres, écrit-il, « plutost rendront ledit royaume de Navarre » que de rompre avec la France (1). C'est ce que l'événement ne tarda pas à démentir.

II. Les conférences de Montpellier. (3-10 mai 1519.) Les Espagnols refusent de restituer la Navarre.

Le Congrès de Montpellier, où devait être finalement résolue la question navarraise, s'ouvrit, en effet, sous des auspices peu favorables. Ni les Français ni les Espagnols n'étaient animés de l'esprit de conciliation nécessaire pour faire aboutir les conférences. Le roi de France réclamait l'exécution pure et simple du traité de Noyon, qu'il savait impossible, et le roi d'Espagne était bien décidé à n'offrir pour le satisfaire que des concessions insuffisantes. Les Flamands, qui auraient voulu maintenir une alliance étroite avec la France, pour sauvegarder avant tout les intérêts des Pays-Bas, déguisaient mal leur embarras sous des déclarations rassurantes. Les conférences, disait Chièvres, « seroient cause « du plus grand bien qui advint oncques en la chrétienté, et on ne « partyroit jamais d'ensemble qu'en bonne paix et amytié ». Il avait fait tous ses préparatifs dès le mois de février, se proposant de mener avec lui quatre ou cinq cents chevaux comme escorte. Il avait choisi « quatre ou cinq des plus grands clercs de Castille « et d'Aragon, pour débatre le droit du royaume de Navarre et « pour contenter le roy de Navarre, suivant les clauses du traité « de Noyon ». Mais La Rochebeaucourt connaissait déjà les dispositions toutes contraires des Espagnols. Il savait que ceux-ci se préparaient à décliner toute restitution, en alléguant la donation de la reine d'Aragon. Il signalait en même temps des rassemblements de troupes sur les marches de Roussillon ; on les destinait, suivant les uns, à la défense de Naples, suivant les autres, à celle de la Navarre (2). C'était aussi à ce moment que le roi d'Espagne, rattachant définitivement à sa cause Germaine de Foix, mariait cette princesse avec le frère du margrave de Brandebourg, écartant ainsi le dangereux mariage qu'on avait projeté de lui faire conclure avec Lautrec (3). Enfin, la rivalité entre François 1er et Charles-Quint, jusqu'alors courtoise, prenait un caractère menaçant. Leur candidature simultanée à l'Empire les avait mis aux prises, et Charles se montrait fort courroucé,

---

(1) Lettre de La Rochebeaucourt au Grand-Maître. Saragosse, sans date, probablement janvier 1519, orig. inéd. B. N., Mss. français, anc. fonds, 2961, f° 56. — (2) Lettre de La Rochebeaucourt au Grand-Maître, orig. inéd., sans date (janvier ou février). B. N., Mss. français, anc. fonds, 2961, f° 85. — (3) Lettre de La Rochebeaucourt. Barcelone, 20 février, orig. inéd. B. N., Mss. français, 2961, f° 92.

disant que le roi de France « s'était déclaré contre luy » (1). C'étaient de fâcheux préludes pour l'issue des négociations qui venaient de commencer à Montpellier. Elles s'étaient ouvertes le 1ᵉʳ mai 1519; mais les négociateurs y arrivèrent dans un état d'esprit peu favorable. Les Espagnols, pleins de méfiance, affectaient de ne pas se croire en sûreté sur le territoire français. L'un d'eux, Carvajal, va jusqu'à dire qu'ils ne purent négocier en toute liberté, et que « sans la protection de Dieu, lui et ses collègues « eussent été retenus prisonniers » (2). Quant à leurs instructions, on peut juger si elles étaient conciliantes par le résumé qu'en donnait Charles lui-même : « Il ne se parlera (au Congrès) que de toutes bonnes choses au bien de paix universelle ». Rien ne s'y fera au préjudice de ses droits, « car ceux qui sont de par nous
« à ladite journée ont pour recommander ensemble tout ce que
« touche notre bien et honneur, et sont allés bien despeschés pour
« bien respondre à tout ce qu'on pourroit mettre en avant; joint
« les armées que faisons dresser sur nos frontières de Navarre
« et Perpignan, par quoy ils pourront parler plus hardiment et
« montrer que l'on n'a point de paour » (3). C'est dans ces dispositions que les négociateurs castillans et flamands arrivèrent à Montpellier. Les chefs de l'ambassade étaient M. de Chièvres, le prévôt d'Utrecht, Naturelli, ambassadeur à Paris, M. de Porcien, qui y représentaient l'élément flamand et penchaient vers la France; les autres membres, Espagnols d'origine, se montraient les adversaires décidés de l'alliance française. On remarquait parmi eux le grand-chancelier Gattinara (Piémontais de naissance), le grand-commandeur de Castille, l'un des conquérants de la Navarre, l'évêque de Badajoz, Mota, le docteur Lorenzo Galindez de Carvajal, « réputé, dit Biaix, l'honneur des Espaignes « en lectres », et don Antonio de Zuñiga, prieur de Saint-Jean. On leur avait adjoint dix ou douze jurisconsultes, dont le principal était le maître des requêtes Josse Lorens (4). L'ambassade française, aussi fort nombreuse, comprenait le grand-maître Boisy, l'évêque de Paris, Poncher, le premier président Olivier, l'ambassadeur La Rochebeaucourt, et trois jurisconsultes, M. de

---

(1) Mignet, Rivalité de François Iᵉʳ et de Charles-Quint, I, 218. — (2) Carvajal, *Memorial ó registre breve*, publié dans les *Documentos inéditos para la historia de España*, t. XVIII, p. 403. Cette accusation est reproduite par Sandoval, *Historia de Carlos-Quinto*, liv. III, chap. XXXIV, p. 142. — (3) Lettre du roi de Castille à ses députés en Allemagne, Barcelone, 16-20 avril, dans Le Glay, Négociations diplomatiques entre la France et l'Autriche, II, 455. — (4) D'après le Journal inédit de Pierre de Biaix sur les conférences de Montpellier (copie, B. N., coll. Doat, 231, f° 126); et le mémoire de ce qui s'est passé à la journée de Montpellier (source flamande), p. p. Le Glay, Négoc. II, 450.

Barolles, conseiller au Parlement de Bordeaux, et MM. de Case et de Solerre, conseillers au Parlement de Toulouse (1). Sur la demande de La Rochebeaucourt, il avait été décidé que le roi de Navarre enverrait ses gens pour débattre ses droits et soutenir la nécessité de la restitution (2). Le tuteur du jeune prince, Alain d'Albret, avait donc envoyé à la conférence trois délégués : Gaston d'Andoins, sénéchal de Béarn, Arnaud de Casa, archidiacre de Rostaing, docteur ès lois, et Pierre de Biaix, chancelier de Foix, qui nous a laissé, dans un mémoire inédit, le récit des négociations (3). Les ambassadeurs avaient reçu mission de requérir la restitution du royaume de Navarre, des vicomtés de Castelbon et de Castellon, ainsi que de leurs « fruits » ou revenus perçus depuis les négociations. Ils devaient rappeler les pourparlers antérieurs poursuivis à ce sujet, et proposer de nouveau le mariage de Henri d'Albret avec une des sœurs du Roi Catholique, « laquelle « ouverture le Roy et son Conseil avaient trouvée bonne ». Cette union affermirait l'amitié entre les souverains de Navarre et de Castille et elle réaliserait le projet autrefois formé par la reine Isabelle, ainsi que par Philippe le Beau. Mais avant de conclure le mariage, les négociateurs avaient charge d'exiger la restitution préalable du royaume et des autres domaines usurpés. Ils insisteraient pour que cette restitution eût le caractère d'un acte de justice et non de faveur. Ils ne consentiront en retour qu'à renouveler les alliances de Medina et de Séville, relatives à la neutralité de la Navarre, et ils n'oublieront pas de demander en même temps la liberté du maréchal don Pedro (4). Si Alain d'Albret avait cru à l'efficacité des conférences, dès le début, les envoyés navarrais durent en douter. La mauvaise volonté des Français et des Espagnols apparut, en effet, clairement, le lendemain même de l'ouverture solennelle du Congrès. Le 2 mai, ils commencèrent à prendre prétexte de la fatigue et de la maladie du grand-maître Boisy, « pour convenir « ensemble de ne rien faire ». Le 3 mai, on commence pourtant à s'entretenir des questions qui avaient motivé la réunion. M. de

(1) Journal de Biaix, cité ci-dessus, et Histoire du Languedoc, nouv. édit., XI, 201. — (2) Lettre de La Rochebeaucourt, sans date. B. N., Mss. français, ancien fonds, 2961, f° 85. — (3) Mentionnés dans la procuration du sire d'Albret, citée ci-dessous; l'Histoire du Languedoc ajoute le nom d'Arnaud de Casa. — (4) Lettres patentes d'Alain d'Albret par lesquelles il constitue ses procureurs le sieur d'Andoins et autres pour se présenter à l'assemblée de Montpellier, Mas-d'Agenais, 12 mars 1518-1519, orig. Arch. des Bass.-Pyrén., E. 559, Copie, coll. Doat. — Instructions à M. d'Andoins et à P. de Biaix, envoyés à l'assemblée de Montpellier pour réclamer la restitution de la Navarre, sans date, orig. Arch. des Bass.-Pyrén., E. 559, Copie, coll. Doat, 232, f°s 101-104, doc. inéd.

Chièvres, accompagné de don Diego de Guevara, seigneur de Jonvelle, et de l'audiencier de Flandre, va rendre visite à Boisy. Il demeure « devisant avec luy environ une heure ». Le Grand-Maître lui parle, « entre autres choses, du fait de la Navarre, disant
« que le Roy son maistre l'avoit fort à cueur, et lui fait aucunes
« ouvertures pour appointer ladite affaire ». Ces ouvertures concernaient le mariage du prétendant Henri d'Albret avec « Madame
« Catherine », sœur du Roi Catholique (1); on leur eût donné
« ledit royaume en faveur et advancement dudit mariage ». Si cette première combinaison ne convenait pas, le Grand-Maître en proposait une seconde : « Qu'on laissast audit querelleur (Henri
« d'Albret) le titre de Roy, avec le domaine du royaume, en
« retenant pour le Roy Catholique les forteresses, et prenant
« seurté et obligation de lui de ne jamais donner entrée ne assister
« Français ou autres contre le Roy, ne faire autre chose qui lui
« poroit porter préjudice ou domaige, directement ou indirecte-
« ment, à payne de confiscation et commise de tous ses biens ».
M. de Chièvres promit de réfléchir à ces propositions et d'y répondre. M. de Boisy chargea en même temps Étienne Poncher et ses autres collègues « de communiquer » avec les Espagnols
« touchant ces matières ». Mais aussitôt une première difficulté surgit. Les ambassadeurs français prétendirent « de prime face
« entrer et parler dudit affaire de Navarre »; les Espagnols ne voulaient l'examiner qu'en dernier lieu. Boisy, à qui il en fut référé, se montra conciliant; il accéda sur ce point au désir des Castillans. Le 4 mai, la discussion commença. On se réunit au logis de Chièvres. Le chancelier donne lecture du traité de Noyon et en note les articles litigieux. Arrivant à celui qui fait mention de la Navarre, les négociateurs français et espagnols décident d'un commun accord que les mandataires du prétendant viendront le 5 mai « remonstrer et déduire le droit de leur maistre ». Au jour fixé, eut lieu la séance solennelle où devaient être exposées les revendications du roi de Navarre. Ce fut le chancelier de Foix, Pierre de Biaix, qui prit encore la parole. Il recommença la
« remonstracion » qu'il avait déjà faite à Noyon, à Bruxelles et à Aranda, alléguant notamment « la possession de trois à quatre
« cents ans que les prédécesseurs de son maistre avoient eue
« continuellement et en ligne directe, selon la généalogie qu'il
« déclara, disant que le mort saisit le vif, et que par droit divin,
« humain et canon, et mesmement le droit des Mores ou païens,
« ledit royaume de Navarre compétoit et appartenoit à sondit

---

(1) Éléonore, dont il avait été question auparavant, avait épousé en 1518 le roi de Portugal.

« maistre » (1). Il conclut en affirmant que le Roi Catholique
était contraint, pour éviter un parjure, de rendre, conformément
aux clauses du traité de Noyon, le royaume usurpé avec tous les
revenus perçus depuis la conquête, et à payer en plus des dommages-intérêts. S'il refusait, il commettait une injustice, il violait
les serments les plus sacrés, il allait se rendre indigne de la
couronne impériale. Le 6 mai, le maître des requêtes Josse Lorens
« s'efforça d'abattre lesdites raisons ». Il chercha d'abord à prouver que l'argument tiré de la longue possession du royaume par
les ancêtres du prétendant n'avait aucune valeur (2). Il soutint
aussi que le roi de Navarre « n'avoit (pas) satisfait à l'article du
« traité de Noyon, contenant qu'il devoit envoyer ses ambassa-
« deurs devers le Roy (Catholique) en Espagne, pour lui remons-
« trer son droit, et après que d'icelluy lui seroit apparu, lui feroit
« la raison, ce qu'il n'avoit fait, car jamais ne lui avoit fait appa-
« roir de son droit » (3). Engagée dans de pareilles conditions, la
discussion n'avait aucune chance d'aboutir, les Navarrais répétant
qu'ils avaient droit au royaume, et les Espagnols affirmant que
les arguments de leurs adversaires n'avaient aucune valeur.
Aussi le débat ne fut-il pas long. Le 7 mai, eut lieu une troisième
et dernière conférence, qui ne tarda pas à dégénérer en querelle.
Biaix y réfuta l'argumentation de Josse Lorens, et le maître des
requêtes flamand commença une nouvelle démonstration pour
prouver « que le Roy Catholique avait droit au royaume de Na-
« varre, tant à tiltre de succession du feu roy d'Aragon, son
« grand-père, comme par transport à luy fait par la royne
« Germaine, succédée à son frère Gaston de Foix, auquel le feu
« roy (de France) avoit fait toute assistence à luy possible pour
« le maintenir et garder son droit ». Il « conclut finalement que
« le roy avoit fait consulter et examiner son droit, non-seulement
« par gens docts et lettrez de ses royaumes, mais par estrangers,
« et le trouvoit si cler et bien fondé, que selon Dieu, raison, et
« sans charge et scrupule de conscience, il le povoit et devoit re-
« tenir et n'entendoit s'en départir » (4). Le chancelier Biaix se
hâta de réfuter le nouvel argument des légistes espagnols, en
donnant lecture de l'arrêt du Parlement de Paris qui déclarait
mal fondées les prétentions de la reine d'Aragon (5). Poussés à

(1) Exposé du mémoire (flamand) de ce qui s'est passé à la journée de
Montpellier, p. p. Le Glay, Négoc., II, 450. — (2) Ces détails ne se trouvent
que dans le Journal de Biaix, intitulé : Mémoire sur les instances faites en
Flandre, Espagne et Montpellier; copie, B. N., coll. Doat, 231, f° 126. D'après
Biaix, la discussion dura trois jours (5-7 mai); d'après le mémoire flamand,
deux. — (3) Exposé du mémoire flamand, il ne se trouve pas dans le Journal
de Biaix. — (4) Ibid. — (5) Exposé du Journal de Biaix; il complète le mémoire flamand.

bout, les Espagnols parlèrent en termes obscurs « d'un autre « droit » qu'ils possédaient (1). Pressés de s'expliquer, ils n'osaient prendre la parole. Enfin, le docteur Carvajal, perdant patience, s'écria : « Nous avons un droit qui nous a été conféré non par des « juges civils, mais par celui qui a le pouvoir de disposer des « royaumes, par le pontife romain ». C'était une allusion évidente à la bulle d'excommunication lancée contre Jean d'Albret, comme adhérent de Louis XII. Jusque-là les diplomates flamands n'avaient osé produire cet argument, de peur de soulever les protestations des Français. L'événement prouva que leur prudence était fondée. En effet, la sortie du docteur Carvajal produisit un profond émoi. L'évêque de Paris, Poncher, et le premier président Olivier se récrièrent vivement : « Jamais le roi de France n'avait cessé « d'être un souverain catholique et très chrétien, dirent-ils, « jamais il n'avait été infecté de la lèpre du schisme ! » Une querelle allait éclater. Le chancelier de Flandre y coupa court en imposant silence à Carvajal : « Taisez-vous, seigneur docteur, « lui dit-il ; vous n'avez pas reçu mission de prendre la parole sur « ce point ». La discussion se termina là-dessus, et les ambassadeurs du Roy Catholique déclarèrent qu'il était inutile « de dis- « puter davantage des droits et moyens, et qu'il était temps d'en « venir à quelque bonne transaction » (2). Cette transaction ne pouvait être la restitution : le roi d'Espagne prétendait « retenir » la Navarre « sans charge et scrupule de conscience ». Chièvres se chargea d'expliquer ce que les Espagnols entendaient par ce mot d'accommodement. Il se rendit une seconde fois auprès du grand-maître Boisy, auquel il rendit compte des conférences. Il ajouta que la question navarraise serait facilement vidée par « quelque expédient » ; mais il ne croyait pas que le Roi Catholique « voulust entendre aux ouvertures » qui lui avaient été faites par le chef de l'ambassade française. Cependant il offrait une indemnité au prétendant à titre gracieux ; « Posé ores, dit-il, « que le droit (de ce Roi) fût cler et bien fondé, et qu'il ne « cogneust autre que luy avoir droit au royaume, si seroit-il « content, pour l'amour du Roy (de France), faire audit quereleur « quelque gracieuseté en rentes ou argent comptant, et telle que « par eux deux seroit advisé » (3). La concession était dérisoire ; il était certain que les princes d'Albret refuseraient un arrangement pareil. Le Grand-Maître ne répondit rien à cette proposition inacceptable. Il fut sans doute décidé que l'ambassade française

---

(1) D'après le mémoire flamand, c'est d'abord ainsi qu'on parla. — (2) Le récit de cet incident ne se trouve que dans *le Journal inédit de Biaix*. — (3) Exposé du mémoire flamand, dans Le Glay, II, 450.

demanderait de nouveau l'acceptation des projets formulés par Boisy. En son nom, le 9 ou le 10 mai, Poncher, La Rochebeaucourt et le président Olivier se présentèrent au logis de Chièvres. « De « prime face fut dit par M. de Paris (Poncher) que mondit sieur « le Grand-Maistre avoit fait à mondit sieur de Chièvres aucunes « ouvertures sur le fait de Navarre, ausquelles il devoit penser, « désirant savoir ce qu'il en avoit fait. A quoi mondit sieur de « Chièvres respondit qu'il estoit bien vray que mondit sieur le « Grand-Maistre lui avoit fait des ouvertures, mais il lui en avoit « fait aussi d'autres ausquelles il s'arrestoit et n'avoit charge « d'en faire autre chose » (1). Toute entente était dès lors impossible. Poncher comprit qu'il était inutile de négocier davantage : « Puisque l'on ne veut dire ne faire autre chose, s'écria-t-il, « seroit bien de adviser à quelque honneste département et n'est « besoin de communiquer plus avant » (2). Bientôt, la mort du grand-maître Boisy vint fournir un prétexte pour rompre les conférences. Boisy mourut le 10 mai de la pierre; trois jours après le Congrès fut dissous ; les ambassadeurs de France prétendirent que leurs pouvoirs étaient expirés et « qu'ils n'avaient charge « d'aller plus avant » (3). C'était le dernier épisode des négociations entreprises depuis sept ans pour le recouvrement de la Navarre. Les espérances que les princes navarrais avaient mises dans le nouveau roi d'Espagne se trouvaient tout à fait déçues. Les conférences de Montpellier dissipèrent leurs illusions, et ils virent clairement que les souverains espagnols ne consentiraient jamais à une restitution que la raison d'État leur interdisait. Trop fier pour accepter une transaction, trop jaloux de son honneur pour admettre une indemnité pécuniaire en retour de la perte de son royaume, Henri d'Albret se prépara à reprendre par la force ce que la force lui avait enlevé. La voie des négociations avait échoué, la voie des armes restait ouverte; il se disposa à reconquérir l'héritage dont on lui refusait la possession.

III.
Les préparatifs de la rupture entre la France et l'Espagne.
(1519.)

La lutte s'engageait entre François Ier et Charles-Quint; elle allait fournir au prince dépossédé l'occasion de tenter la conquête de son royaume. Dès le jour où les électeurs allemands eurent conféré au Roi Catholique la couronne impériale (28 juin 1519), tout le monde prévit une guerre sanglante. Le roi de Navarre ne pouvait hésiter à se ranger du côté de son protecteur, le roi de France. François Ier, pour rejeter sur son adversaire la responsabilité du conflit, réclama une dernière fois, en faveur de son

(1) Exposé du mémoire flamand. — (2) Ibid.; le Journal de Biaix ne mentionne pas la fin du Congrès. — (3) Mémoire de ce qui s'est passé à la journée de Montpellier, Le Glay, Négociations, II, 450.

allié, l'exécution du traité de Noyon. A la fin du mois de février 1520, pendant le séjour de Charles-Quint à Burgos, La Rochebeaucourt et M. de Lansac sommèrent le souverain espagnol de restituer la Navarre au prétendant. Ils lui remirent en même temps une déclaration écrite où ils l'avisaient que « s'il ne resti- « tuait la Navarre », le roi de France considérerait le traité de Noyon comme nul et lui en attribuerait la violation. Charles, qui n'était pas encore prêt à la guerre, répondit en protestant de son désir de conserver la paix « par tous les moyens honnêtes » (1). Mais, dès lors, chacun des adversaires se prépara à ouvrir les hostilités. Les circonstances se prêtaient de nouveau à une action vigoureuse sur les Pyrénées. En Castille, la noblesse et les communes étaient mécontentes des exactions commises par les Flamands, favoris du Roi Catholique. La révolte des *comuneros* éclatait dès le mois de mai 1520, et le 29 juillet se formait à Avila une junte composée de douze villes. Les nobles se montraient disposés à suivre le mouvement (2). En Navarre, les Gramontais étaient hostiles à la domination espagnole. Ils se plaignaient de la faveur qu'on manifestait à l'égard des Beaumontais, de la destruction des forteresses, de la confiscation des biens et de l'exil d'une partie de leurs amis (3). Avant de quitter l'Espagne, et pendant son séjour à Valladolid (mars 1520), Charles-Quint avait cherché à gagner le maréchal don Pedro, chef de cette faction. Il l'avait fait venir du château d'Atiença auprès de lui, et il s'efforça de l'amener à lui prêter serment, en lui promettant la liberté et la restitution de ses domaines et honneurs. Le loyal Navarrais refusa, en disant qu'il « n'était pas né Espagnol ni sujet « de la maison de Castille, et qu'il ne pouvait faire hommage à « d'autres qu'à ses souverains ». Il ajouta « qu'en bon gentilhomme, « il resterait fidèle au serment qu'il avait prêté à Jean d'Albret et « à Catherine, les vrais rois de Navarre, et qu'il ne renierait point « sa patrie ». Cette loyauté inflexible, qui n'eut guère d'imitateurs, ne se démentit pas un moment. Le maréchal, enfermé dans le château de Simancas, désespéré de sa longue captivité, mais toujours indomptable, se coupa la gorge d'un coup de couteau deux ans après (4). Les Beaumontais restaient seuls fidèles à la cause espagnole ; leurs chefs avaient été récompensés par des titres et des

(1) Cette démarche es. racontée par Sandoval, *Historia de Carlos-Quinto*, 1ʳᵉ partie, liv. III, chap. LI, p. 158. Cet auteur défigure le nom de Lansac, qu'il transforme en celui de Lansugue.— (2) Ferrer del Rio, *Historia del levantamiento de las Comunidades*, p. 82. — (3) C'est l'objet de leur plainte à Charles-Quint, déjà citée, intitulée : *Lo que súplican Falces y la parcialidad de los Agramorteses*. — (4) Récit de Sandoval, 1ʳᵉ partie, liv. IV, chap. II, pp. 193-194.

honneurs. Le duc de Nagéra favorisait leur faction, et avant de s'éloigner, Charles-Quint eut soin de confirmer les privilèges et dons accordés au connétable Louis de Beaumont, l'homme le plus puissant du parti (1). Mais la plus grande partie des Navarrais étaient mécontents du gouvernement du vice-roi. Nagéra avait violé les prérogatives des députés aux Cortès l'année précédente (1519), en défendant l'entrée de l'assemblée au délégué de Pampelune, le bachelier Balanza (2). Les troupes du corps d'occupation n'étaient pas soumises à une discipline assez sévère. Les hommes d'armes quittaient leurs compagnies pour vivre chez eux et n'apparaissaient aux revues que pour toucher leur salaire journalier de 200 maravédis ; un agent secret qui avait signalé ces abus à Jimenez faillit être assassiné (3). Les soldats qui restaient à leur poste ne recevaient pas régulièrement leur solde; on employait l'argent de leur paie, de l'aveu de l'Almirante de Castille, à d'autres usages. Aussi « ces soldats, écrivait l'Almi- « rante, vont-ils pillant et détruisant tout sur leur chemin et dans « les bourgs où ils passent » (4). Ils prenaient les vivres sans les payer, choisissaient leurs logements sans l'assistance des autorités locales, et appréhendaient au corps quiconque leur déplaisait (5). La fidélité des Navarrais était chancelante, et plus d'un, au fond du cœur, souhaitait le retour du souverain légitime. Les troubles de l'Espagne, les dispositions favorables de la Navarre ranimèrent l'espérance dans l'entourage du prétendant. On fit une nouvelle démarche auprès du Pape, afin d'obtenir qu'il reconnût la légitimité des droits de Henri d'Albret, et qu'il admit le délégué du prince à prêter le serment d'obédience, « vue la tirannie « notoire et l'injuste occupation que l'Empereur faisait du royaume « de Navarre » (6). En même temps, on formait le plan d'une vaste conspiration contre le roi d'Espagne et d'un démembrement

(1) *Confirmacion de la gracia y merced hecha de todos los drechos en la villa de Larraga á don Luis de Beamonte. La Coruña, 1er mayo 1520.* Arch. de Nav., *Comptos, cajon* 179, n° 9. Voir aussi sur ces faveurs les plaintes des Gramontais. *Lo que suplican Falces y la parcialidad de los Agramonteses.* — (2) *Reparo de agravios, año de 1519.* Arch. de Nav., *Cortes,* leg. 1, carp. 18 (sur le cas du député Balanza). — (3) Sur ces abus, on a un rapport secret, intitulé : *Memorial de los robos que se hacen en la gente y capitanias del reyno de Navarra,* 1517. Arch. de Simancas, *Estado, Navarra,* leg. 344, f° 23. — (4) Rapport de l'Almirante de Castille, intitulé : *Lo que Pero Çapata dice por virtud del memorial que le dio el Almirante,* 1521. Arch. de Simancas, *Estado Nav.,* leg. 344, f°s 60-61. — (5) *Real orden para que la tropa no tomase viveres ni se alojase en los pueblos sin asistencia de los oficiales ó regidores,* 1519, Arch. de Nav., *Cortes, Guerra,* leg. 2, carp. 5 et 29. — (6) Mém. sur l'obédience (en béarnais, sans date); Charles y est appelé « l'Empereur ». Coll. Doat, 231, f° 133-135. Tous ces documents sont inédits.

de ses États. On devait faire valoir les droits du roi de France sur les royaumes d'Aragon et de Valence, sur la Catalogne, Majorque et la Sicile, possessions qui appartiennent à la maison de France, en vertu de l'excommunication lancée jadis contre Pierre III (1281). De son côté, le roi de Navarre peut légitimement prétendre à annexer la Galice, la Vieille et la Nouvelle-Castille, l'Andalousie, Murcie et Grenade, comme compensation pour la perte de l'Alava, du Guipuzcoa et de la Biscaye, que les Castillans ont enlevées à ses prédécesseurs depuis six siècles, et de l'apanage de Juan II, qui a été confisqué injustement sur ses héritiers. Pour exécuter ces projets, il convient de gagner l'aristocratie espagnole. On essaiera d'avoir l'adhésion du duc de Cardonne, le plus puissant des seigneurs catalans, et de son parent l'infant Fortuné, qui descend par les mâles de la famille royale d'Aragon, et qui prétend que les royaumes de cette couronne lui appartiennent, parce qu'en cet État « ne héritent filles ». Cardonne et l'infant sont les maîtres du Lampourdan et de nombreux domaines en Catalogne; ils possèdent le duché de Ségorbe, dans le royaume de Valence. Ils pourront ouvrir aux Français les portes des Pyrénées orientales par le comté de Pailhas, ou celles du Lampourdan par Girone; on leur attribuera le royaume d'Aragon dans le partage. Au moyen de Cardonne, on pourra obtenir l'appui du duc de Nagéra, son beau-frère, et par celui-ci, le concours du comte de Lerin, le plus influent des seigneurs navarrais. On nouera des intelligences avec tous les grands d'Espagne mécontents, en promettant de leur restituer les terres qu'ils ont perdues. En Navarre, on s'engagera à donner au comte de Lerin 10,000 ducats de rente, les titres de marquis et de connétable. On s'alliera avec les chefs de l'aristocratie des provinces basques, tels que le comte de Salvatierra et le gouverneur de Fontarabie, Sancho de Leyva. On pourra aussi entraîner dans le complot le connétable de Castille, Velasco, le marquis de Villena, le duc d'Albe, le comte de Benavente, le duc de Medina-Sidonia, le marquis de Priego, le comte de Lemos, le duc de l'Infantazgo. Il sera facile de gagner, par l'entremise du duc de Cardonne, son parent Ramon, vice-roi de Naples, qu'on a mécontenté en le menaçant de lui enlever son gouvernement. Enfin, on n'oubliera pas d'obtenir l'appui du roi de Portugal; on lui reconnaîtra la légitime possession des pays découverts par Cabral, et on « baillera » en mariage à son fils une des sœurs du roi de Navarre. Une fois le complot organisé, on pourra faire une attaque générale par terre et par mer. On envahira la Catalogne par le comté de Pailhas et le Lampourdan, ainsi que par les bouches de l'Èbre vers Tortose. On pénétrera en Aragon et en Castille par le val d'Aran et le port de Canfranc, s'il est praticable à l'artillerie; de ce côté, Jaca ne tiendrait pas une heure devant le canon, et on arriverait aussitôt sous les murs de Saragosse. Mais on évitera d'envahir la Navarre « à cause des Biscayens et « des Guipuzcoans », qui, en intervenant avec leurs bandes, pourraient gêner l'entreprise. On profitera des troubles de la Castille pour faire une expédition rapide sur l'Èbre, en faisant courir le bruit d'une diversion vers Bayonne, pour « empescher » le roi d'Espagne de se prémunir. Enfin, il serait utile de lui susciter des obstacles pour l'empêcher de se faire couronner Empereur. A la faveur de cette guerre générale, on pourra séparer l'Aragon de la Castille, reconquérir la Navarre et soumettre les Castillans à la suzeraineté navarraise (1). Il est probable que le plan soumis au prétendant n'était, dans la plupart des détails, « qu'une rêverie belliqueuse éclose dans quelque cerveau gas- « con » (2). Cependant, sur quelques points, il n'était pas chimérique. Déjà, en 1516, les ducs de Cardonne et de Ségorbe avaient noué des relations avec le roi de France. En 1520, d'après un document passé inaperçu et que cite Dormer, Cardonne conclut une alliance avec François Ier et Henri d'Albret. Il avait résolu de marier sa fille cadette avec le prétendant navarrais lui-même ou avec le frère de ce dernier, Charles. Mais, sur l'avis du gouverneur de Catalogne, le roi d'Espagne, par un message daté du 16 août, enjoignit au frère du duc, Ramon, de détourner ce grand seigneur d'une pareille union. Cardonne dut renoncer à son projet et marier sa fille doña María avec le comte de Lerin (3). Le roi de Navarre, avant de recourir aux armes, s'efforçait aussi de bien établir ses droits ; il négociait avec la reine d'Aragon, Germaine, cherchant à obtenir son appui. Il parvint tout d'abord à terminer le procès de la succession navarraise et à faire reconnaître ses prétentions sur tous les États de sa maison. L'arrêt d'octobre 1517 avait réservé la question du comté de Foix. Après deux ans d'enquête, le 20 avril 1520, le Parlement condamna encore Germaine sur ce dernier chef à tous les dépens du procès, et reconnut à Henri d'Albret la légitime possession de ce comté (4). C'est probablement après cette sentence que le roi de Navarre

---

(1) Moyens pour recouvrer le royaume de Navarre et conquérir Aragon et Castille, sans date, orig. Arch. des Bass.-Pyrén., E. 569. Copie, coll. Doat, 231, fos 163-187. La date de ce mémoire doit être placée entre le 28 juin 1519 et le 29 mai 1520 ; Charles-Quint y est mentionné comme sur le point de passer en Flandre pour aller ceindre la couronne impériale. — (2) Expressions de M. Luchaire, La Question navarraise, 2e partie, p. 74 (Annales de la Faculté de Bordeaux, 1880), qui place à tort ce mémoire en 1517. — (3) Lettre de Charles-Quint, Bruxelles, 16 août 1520, analysée par Dormer, Anales de Aragon, liv. Ier, chap. XXVII, p. 122. Il ne dit à quel fils de Jean d'Albret était destinée la fille de Cardonne. — (4) L'arrêt de 1520 est mentionné dans les instructions de Frédéric de Foix, envoyé en 1531 à la reine d'Aragon. B. N., coll. Doat, 234, fo 97.

envoyait à la reine d'Aragon un de ses serviteurs, M. de Larboust, pour la prier qu'elle « se voulust bien tenir pour contente, veu « mesmement qu'elle avoit eu de la maison de Foix la viscomté de « Narbonne et la terre de Beaufort et de Colomiès ». Il lui rappelait « la proximité du sang » qui existait entre elle et lui, et lui demandait « de le secourir et aider à faire rendre son « royaume » (1). C'étaient là les préliminaires d'une action plus énergique. Le prétendant comptait, en effet, avant tout, sur la force des armes pour reconquérir ses États, et préparait avec l'appui secret de François Ier une expédition destinée au recouvrement de son royaume. Le succès ne dépendait plus que de la rapidité de l'attaque.

CHAPITRE VIII.

LA TROISIÈME EXPÉDITION DE NAVARRE.
LA NAVARRE RECONQUISE ET DÉFINITIVEMENT PERDUE.

(1521.)

Les circonstances ne pouvaient être meilleures pour un nouvel essai de conquête. Le roi d'Espagne avait quitté la Castille le 20 mai 1520 ; aussitôt, la révolte éclatait parmi les Aragonais et les Castillans. Pour tenir tête aux rebelles, les Régents durent faire appel au duc de Nagéra. Le corps d'occupation de la Navarre, qui était fort de 800 lances et comprenait toute la vieille infanterie (2), fut successivement diminué. Dès le mois d'août, le duc de Nagéra recevait l'ordre d'envoyer à Valladolid 150 lances (3). Comme il représentait aux gouverneurs d'Espagne le danger de cette mesure, Charles-Quint lui écrivit le 24 octobre d'Aix-la-Chapelle, où il venait de recevoir la couronne impériale, « que « s'il était raisonnable d'avoir souci de bien garder la Navarre, « il l'était encore plus d'aider à la pacification de la Castille ». Il lui enjoignait de se borner à tenir en état de défense les places de Pampelune et d'Estella, et d'envoyer la majeure partie de ses forces, ses vassaux eux-mêmes au besoin, au connétable Velasco, à Burgos (4). Le vice-roi de Navarre, bien qu'ennemi personnel du connétable, obéit aux ordres de son souverain. Il se résigna

1.
La Navarre avant l'expédition : craintes du vice-roi.

(1) Instructions pour M. de Larboust, sans date. Arch. des Bass.-Pyrén., E. 556. Coll. Doat, 231, f°s 253-256. — (2) Chiffre indiqué dans un mémoire justificatif du vice-roi, intitulé : *Lo que el duque dice es (lo siguiente)*. Arch. de Simancas, *Estado Nav.*, leg. 344, f° 118. — (3) Sandoval, 1re partie, liv. V, chap. XLVII, p. 245. — (4. *Traslado de una carta que Su Magestad escribió al duque de Nagéra*. Aix-la-Chapelle, 24 oct. 1520. Arch. de Simancas, *Estado Nav.*, leg. 344, f° 67.

à expédier aux Régents tous les renforts qu'ils demandèrent. Du mois de novembre 1520 au mois de mars 1521, il fit partir ainsi 2,500 fantassins, parmi lesquels un millier de vieux soldats, et 12 pièces d'artillerie (1). Il ne resta bientôt plus au duc de Nagéra, pour garder le royaume, que 250 fantassins de la vieille infanterie et deux compagnies de ginetes, au total, 30 lances, outre les garnisons des places fortes. Encore devait-on à ces troupes douze mois de solde, si bien qu'elles menaçaient de se mutiner et d'abandonner leur poste (2). A Pampelune, sur l'injonction du duc, l'alcalde et les jurats avaient réparé le mur d'enceinte et les fortifications ; mais la cité manquait d'artillerie, de vivres et d'argent. Les gouverneurs d'Espagne, les villes et provinces voisines ne répondirent pas à son appel (3). L'insurrection gagnait en Castille. Aussi, à ce moment critique, les gouverneurs requirent-ils Juan Manrique, fils du vice-roi de Navarre, qui avait réuni 800 hommes et 8 pièces d'artillerie, d'amener ces renforts à Tordesillas, au lieu de les conduire à son père. Ils écrivirent au duc de Nagéra lui-même de se rendre au plus tôt, avec le reste de ses troupes, auprès d'eux, « car, disaient-ils, si la Cas-« tille est perdue, la Navarre le sera aussi » (4). Le duc protesta ; un gentilhomme, Pedro Velez de Guevara, qui venait de Flandre et avait traversé la France, lui avait signalé de grands mouvements de troupes et l'arrivée d'une forte artillerie à Toulouse et à Bordeaux. Les espions rapportaient au vice-roi que le prétendant Henri d'Albret levait les contingents du Béarn, de la Soule et du Labourd. On apprit aussi qu'il entretenait des intelligences avec une partie des Navarrais (5). Le vice-roi craignait surtout pour la Basse-Navarre. Saint-Jean-Pied-de-Port pouvait à peine tenir quelques jours ; sa perte entraînerait le soulèvement du pays basque, qui donnerait au prétendant l'appui de 4,000 montagnards. De là, l'ennemi ne rencontrerait aucune résistance jusqu'à Pampelune, « et bien qu'on puisse compter sur « la fidélité de cette ville, je ne sais, écrivait le duc, si, voyant le « fils de Jean d'Albret maître de la campagne, et le vice-roi sans

---

(1) C'est ce qui résulte du récit de Sandoval, 1re partie, liv. VII, chap. III, p. 140; chap. XI, p. 353; chap. XII, p. 356; liv. VIII, chap. XXII-XXIII, pp. 412-413; liv. IX, chap. VIII, p. 461. — (2) Lettres du duc de Nagéra, intitulées : Cartas á Su Magestad del duque de Nagéra, 15 mars, 21 et 27 mars 1521, Pampelune, Arch. de Simancas, Estado Nav., leg. 344, fos 98, 99, 100. — (3) Carta de la ciudad de Pamplona al emperador Carlos V, 13 juillet 1521, Arch. de Simancas, Estado Nav., leg. 344, f° 62. — (4) Lo que vos don Pedro de Beaumont aveys de desir de la parte del duque de Nagéra (mémoire justificatif du duc), 22 juillet, Arch. de Simancas, Estado Nav., leg. 344, fos 78 et 120. — (5) Lettres du duc à Charles-Quint, 15-27 mars, citées ci-dessus.

« secours ni ressources, les habitants ne se soumettront pas » (1). Mais les Régents de Castille, aux prises avec l'insurrection des communes, restaient sourds à ces représentations. Il importait, en effet, avant tout, d'écraser la révolte des villes (mars 1521). L'invasion approchait cependant ; le vice-roi redoublait vainement d'instances auprès des gouverneurs. Apprenant le départ de l'artillerie française pour Mont-de-Marsan, la concentration des troupes béarnaises à Mauléon, il envoyait aux Régents à la fin d'avril son secrétaire Alonso, puis don Pedro Velez de Guevara, pour leur demander des secours immédiats en infanterie, cavalerie et canons (2). Le 2 mai, un troisième envoyé du duc arrivait à Ségovie ; il y reçut un accueil assez froid. Le connétable de Castille objecta que les renforts n'arriveraient pas à temps, et qu'il fallait terminer la répression de l'insurrection castillane avant de s'occuper de la Navarre. Il promit, d'ailleurs, d'envoyer de l'argent pour payer les troupes et réparer les places fortes (3). Mais il était déjà trop tard ; deux jours après, le prétendant entrait en campagne, et la Navarre se trouvait livrée presque sans défense à ses entreprises. L'expédition devait encore être favorisée par les troubles de la Castille. Les *comuneros* étaient d'intelligence avec le roi de France et Henri d'Albret. Nagéra en avait reçu l'aveu d'un partisan du prince béarnais (4). Plus tard, on prit à la bataille de Noain des lettres qui prouvaient ces relations et qui furent envoyées à Charles-Quint (5). D'après le récit de Pierre Martyr, les chefs des révoltés, Juan de Padilla et Maria Pacheco, avaient invité François Ier et le prince d'Albret à tenter une diversion en leur faveur, au moyen d'un coup de main sur la Navarre, dégarnie de troupes (6). Il fallait donc se hâter de saisir le succès, au moment où il se présentait comme certain.

Le roi de France et son allié ne surent pas assez profiter de ces avantages. Au lieu de répondre aussitôt aux avances des *comuneros*, ils traînèrent leurs préparatifs en longueur pendant tout

II.
Préparatifs militaires des rois de France et de Navarre. (Décembre 1520, avril 1521.) Invasion de la Navarre. (Mai.)

(1) Lettres du duc de Nagéra à Charles-Quint, 15-27 mars 1521. Arch. de Simancas, *Estado Nav.*, leg. 344, f°s 98-100. — (2) *Requerimiento del duque de Nagéra á los gobernadores de Castilla* (fin avril). Arch. de Simancas, *Estado Nav.*, leg. 344, f° 66. — (3) *Requerimiento que hizo Juan de Porres*. Ségovie, 2 mai. Arch. de Simancas, *Estado Nav.*, leg. 344, f° 68. — (4) Fait relaté dans le mémoire justificatif de Nagéra, *Lo que vos don Pedro de Beaumont aveys de desir de la parte del duque de Nagéra*, 22 juillet, Arch. de Simancas, *Estado Nav.*, leg. 344, f°s 78 et 120. — (5) Fait mentionné dans une lettre de l'Almirante de Castille à l'Empereur, intitulée : *Lo que Pero Çapata dice por virtud del memorial que le dió el Almirante*. Arch. de Simancas, *Estado Navarra*, leg. 344, f°s 60-61. — (6) P. Martyr, *Opus Epist.*, n°s 695, 721, 728.

l'hiver. C'est seulement à la fin du mois de décembre 1520 que François Ier fit appeler à Romorantin le chef de l'expédition, André de Foix, seigneur d'Asparros, et le chargea de faire des levées en Gascogne (1). Au milieu du mois de mars, la concentration des compagnies françaises commençait à peine à Toulouse et à Bordeaux (2). Encore n'eut-on pas la précaution d'envoyer une bonne infanterie. On attendit ainsi le printemps pour entrer en Navarre. Le roi de France, préoccupé de susciter des embarras à l'Empereur de tous côtés, avait résolu d'aider au succès de l'expédition navarraise en gagnant à sa cause les petits souverains allemands. Le 5 mars 1521, il promettait d'unir Catherine, sœur du prince d'Albret, avec le duc Henri de Brunswick, et attribuait à cette princesse une dot de 60,000 livres tournois (3). Mais, engagé dans toutes ces intrigues, il prêtait une attention plus distraite aux préparatifs de la campagne projetée vers les Pyrénées. On perdit ainsi l'occasion favorable. Une invasion eût certainement réussi et aurait pu avoir des résultats durables, si on l'avait entreprise au moment où les rebelles castillans triomphaient, c'est-à-dire au début de l'année 1521. Mais, le 21 avril, l'armée des *comuneros* était écrasée à Villalar, et son chef Padilla décapité le lendemain à Valladolid. Toutes les villes s'étaient soumises aussitôt, sauf Tolède, où s'enferma l'héroïque Maria Pacheco. Quand l'expédition française fut prête, le 10 mai, il n'était plus temps ; on ne pouvait plus compter sur l'appui des insurgés. La Navarre fut facilement conquise, mais les Espagnols n'étaient plus désunis : s'ils ne purent empêcher les Français de conquérir le royaume, ils les empêchèrent de le conserver. La première partie de la campagne réalisa néanmoins l'attente du prétendant. On n'avait à craindre aucune résistance sérieuse ; le corps d'occupation était trop faible pour tenir tête à l'armée que commandait Asparros. Cette armée avait une écrasante supériorité numérique. Elle comptait 12,000 fantassins, parmi lesquels 6,000 Gascons, 800 lances, parmi lesquelles 300 des ordonnances, 29 pièces d'artillerie, dont faisaient partie 10 gros canons, et elle amenait à sa suite un grand convoi de vivres et de munitions (4). André de Foix avait pour lieutenants le sire de Sainte-Colomme, seigneur d'Esgoarrabaque et maire de

---

(1) Mém. de Martin du Bellay, liv. Ier, pp. 132-133. — (2) Lettres de Nagéra à Charles-Quint, 15-27 mars, citées ci-dessus. — (3) Ratification du contrat de mariage de Catherine de Navarre par Henri d'Albret (lettres patentes en latin), 5 mars 1520-1521, orig. Arch. des Bass.-Pyrén., E. 562. Copie, B. N., coll. Doat, 233, f° 27. — (4) L'effectif de cette armée est indiqué par Martin du Bellay, Mémoires, liv. Ier, pp. 132-133, par Sandoval, liv. X, chap. V, pp. 561-562, et surtout par la lettre de Nagéra, citée note 2.

Bayonne, le seigneur de Tournon et l'évêque de Couserans, Charles de Gramont (1). Les troupes françaises, que vinrent rejoindre les Béarnais sous les ordres du jeune roi de Navarre, arrivèrent le 12 mai devant Saint-Jean-Pied-de-Port (2). Aussitôt toute la Basse-Navarre se souleva en faveur du prétendant (3). Saint-Jean n'avait qu'une faible garnison. Les assaillants « l'ayant « battu, ceux du dedans, n'osans attendre l'assaut, se rendirent, « vie et bagues sauves », le 15 mai. On laissa dans la place comme gouverneur le sénéchal de Nébouzan, Menaud d'Aure, seigneur de Larboust. Pendant le siège, le connétable Louis de Beaumont parut vers Roncevaux avec quelques détachements. Mais à la vue de 2,000 fantassins qui s'avançaient contre lui, conduits par Iñigo d'Échaux, fils du vicomte de Baïgorry, il évacua aussitôt le défilé. Le lendemain, 16 mai, deux coups de canon suffirent pour faire capituler le fort du Peñon, que les Espagnols avaient construit dans le val de Roncevaux, sur la route de Pampelune (4). Le gros de l'armée envahit la Haute-Navarre par cette vallée; on détacha un corps de troupes pour assiéger Maya, qui ne put être enlevée malgré trois jours de blocus (5). Le vice-roi Nagéra, avait aussitôt envoyé son fils, don Juan Manrique, à Ségovie pour demander l'envoi de prompts secours (13 mai) (6). Le 22 mai, il accourut lui-même auprès des Régents pour les sommer de lui donner les forces nécessaires; mais le connétable de Castille et ses collègues n'étaient pas prêts à le secourir; il attendit inutilement à Valladolid les renforts qu'on lui promit (7). Pendant son absence, les Gramontais se soulevaient, les Beaumontais n'osaient résister. En quelques jours, la Navarre était conquise. Les montagnards de Roncal donnent le signal de la soumission; ils s'empressent d'envoyer leurs délégués à Asparros pour prêter hommage à leur roi et l'informer des bonnes dispositions du royaume (8). Pedro de Navarre, fils du maréchal prisonnier à Simancas, est reçu en triomphe dans les provinces d'Olite et de Tudela (9). Le fils du marquis de Falces, Antonio

(1) Bordenave, Hist. de Navarre et de Béarn, édition P. Raymond, p. 6. — (2) Requerimiento que hizo don Juan Manrique en Segovia, 15 mai. Arch. de Simancas, Estado Nav., leg. 344, fº 69. — Nagéra, dans cette lettre, donne la date du 12 pour le siège, et annonce que la place ne peut tenir que trois jours. — (3) Même document. — (4) Bordenave, opus cit., pp. 6-7, donne la date exacte du 15. — (5) Sandoval, chap. V, pp. 501-502. — (6) Carta del duque de Nagéra, 13 mai. Requerimiento que hizo don Juan Manrique en Segovia, 15 mai. Arch. de Simancas, Estado Nav., leg. 344, fº 69. — (7) Requerimiento del duque de Nagéra, Segovie, 22 mai. — Mém. justificatif du duc, intitulé : Lo que vos don Pedro de Beaumont aveys de desir, 22 juillet, Arch. de Simancas, Estado Nav., leg. 344, fº 66 et 78. — (8) Récit d'Aleson, Anales de Nav., t. V, liv. XXXVI, chap. II, fº 363. — (9) Bordenave, opus cit., p. 10.

de Peralta, occupe la province et la ville de Tudela, qui, sur l'ordre d'Asparros, prêtent serment de fidélité, le 29 mai, au roi Henri II (1). Don Enriquez de Lacarra est chargé d'y faire des levées pour surveiller la frontière de Castille (2). Les habitants de la cité d'Estella chassent leur garnison, la refoulent dans le château, et écrivent à leur souverain cette lettre touchante : « Sire, paraissez seulement, vous verrez aussitôt jusqu'aux « pierres, aux montagnes, aux arbres, s'armer pour votre ser- « vice » (3). Seuls, les châteaux de Larraga et d'Estella, où s'étaient enfermés quelques soldats castillans, essayèrent de résister ; à la vue du canon, ils capitulèrent (4). En présence des succès foudroyants de l'expédition, le comte de Lerin lui-même feignit de vouloir traiter au nom des Beaumontais. Il fit demander un sauf-conduit au général français, qui le lui refusa, sous prétexte qu'il cherchait à retarder par des simulacres de négociations la marche de l'armée victorieuse (5). Le principal épisode de cette rapide conquête fut la soumission de Pampelune. La capitale de la Navarre n'avait qu'une faible garnison. Le vice-roi Nagéra et son lieutenant, l'évêque d'Avila, étaient allés chercher du secours en Castille. Il y avait dans la ville un parti dévoué à la maison d'Albret. A peine eut-on appris l'arrivée d'Asparros et des exilés navarrais à Roncevaux, que le peuple se souleva, abattit les armoiries d'Espagne et pilla le palais du vice-roi (6). Le conseil de la cité décida d'envoyer une députation de notables porter les clés de la ville à André de Foix, qui venait d'arriver à Villanueva, village du val d'Araquil. Le 19 mai, Asparros reçut cette députation, qui lui exposa les demandes de la population de Pampelune. Les habitants sollicitaient une amnistie générale pour le passé, la confirmation des privilèges, franchises, exemptions concédés auparavant dans tout le royaume, et le paiement des dettes contractées par les anciens rois, Jean et Catherine. Ils demandaient aussi qu'on confirmât dans leurs offices, bénéfices, pensions, salaires, tous les fonctionnaires ; qu'on renouvelât toutes les concessions et grâces accordées à la ville et à sa *merindad*, ainsi que les privilèges particuliers dont jouissaient les bourgeois de la capitale. Le général français promettrait au nom du roi de ne maltraiter ou léser aucun Navar-

(1) *Orden del señor de Asparros á la ciudad de Tudela para que prestase la obediencia*, 24 mai. Document suivi du texte du serment, daté du 29 mai. Arch. de Nav., Cortes, sec. de casamientos, leg. 1, carp. 23. — (2) *Comision dada à don Enriquez de Lacarra para levantar gente de la merindad de Tudela*. Arch. de Nav., Cortes, Guerra, leg. 2, carp. 6. — (3) Citée par Gaillard, Histoire de François 1er, I, 280. — (4) Bordenave, p. 11. — (5) Aleson, liv. XXXVI, chap. II, fᵒ 363. — (6) Récit de Bordenave, p. 10, et d'Aleson, fᵒ 363.

rais dans sa personne ou ses biens. Il ferait respecter les propriétés du duc de Nagéra, de sa famille, de ses vassaux et de tous les étrangers, présents et absents. Les fonctions judiciaires et administratives seraient réservées aux Navarrais ; on ne leur imposerait le logement des troupes qu'aux conditions accoutumées. On observerait les fueros ; on paierait aux juges et aux autres officiers leurs gages arriérés depuis un an et demi. Enfin, les députés supplièrent Asparros de ne pas attaquer le château du côté de la ville, et de convenir avec le gouverneur espagnol qu'il ne dirigerait pas le feu de son artillerie sur la cité. Ils le priaient aussi, à cause du manque de vivres, de ne pas les obliger à recevoir toute son armée, mais seulement une petite partie. Asparros consentit à octroyer une capitulation sur ces bases. L'acte fut dressé en présence de Sainte-Colomme, du juge de Nébouzan et d'autres personnages. On y accordait tous les articles demandés, sauf ceux qui concernaient le duc de Nagéra et l'attaque du château (1). Le même jour, 19 mai, fête de la Pentecôte, les députés de Pampelune prêtaient serment de fidélité à leur souverain, Henri d'Albret. « En cette journée, où Dieu envoya le Saint-« Esprit aux apôtres, disaient-ils, il a délivré par l'entremise des « Français le royaume opprimé ; il l'a arraché à la tyrannie et « à la servitude, pour lui rendre la liberté et le gouvernement « légitime. » Aussi, après avoir requis Asparros de jurer le premier, suivant l'usage, d'observer les fueros, comme délégué du roi Henri, s'empressèrent-ils, « avec l'humilité et l'enthousiasme « de loyaux Navarrais, de promettre d'être bons et fidèles sujets » de leur prince (2). La cérémonie terminée, l'armée quitta le camp de Villanueva ; l'avant-garde, formée de 300 hommes d'élite, sous les ordres du colonel de l'infanterie, Sainte-Colomme, se hâta d'occuper la cité. Le lendemain, Asparros y fit son entrée (3). Tous deux sommèrent le château de se rendre. Le gouverneur, don Francisco de Herrera, refusa. Bien que les fortifications fussent inachevées, il résolut de résister. L'artillerie ouvrit alors un feu violent sur la citadelle ; une partie des murailles et les portes furent enfoncées ou s'écroulèrent. C'est là qu'un ancien page de Ferdinand, Ignace de Loyola, gentilhomme guipuzcoan, précipité en bas du rempart, reçut la blessure qui devait l'obliger à abandonner la carrière des armes, pour devenir le fondateur de la Société de Jésus (4). Herrera n'avait avec lui qu'une garnison

(1) Articles de la capitulation de Pampelune, 19 mai 1521 (texte esp). Arch. des Bass.-Pyrén., E. 564, orig. Copie, coll. Doat, t. CCXXXIII, f° 44, doc. inéd. — (2) Serment des députés de Pampelune et du vice-roi Asparros, 19 mai, ibid. Coll. Doat, 233, f° 41, doc. inéd. — (3) Bordenave, opus cit., p. 8. — (4) Il fut blessé à la jambe. On prétend à Pampelune qu'il reçut cette blessure à l'endroit où s'élève aujourd'hui le palais de la Députacion.

peu nombreuse et découragée. Après deux ou trois jours de résistance, au moment où les compagnies françaises s'ébranlaient pour l'assaut, il demanda à capituler. Il obtint pour lui et les siens libre sortie, vie, armes et bagues sauves, en ne laissant aux mains des Français que les vivres et les munitions de guerre. Mais au moment où les Espagnols se retiraient, « l'infanterie, irritée de ce
« que plusieurs de ses compagnons avoient esté tuez durant le
« siège, les chargea; quelques-uns furent tuez, plusieurs desvalisez,
« et tout le reste estoit en danger de passer le mesme pas, si
« Asparros, avec la cavalerie, ne les eust deffenduz et ne leur eust
« fait escorte auprès de Logroño ». Le général français changea le conseil de la ville, nomma un de ses compagnons, Tolet, capitaine du château, et y laissa 2,000 hommes de troupes avec 17 pièces de grosse artillerie abandonnées par l'ennemi (1). Quinze jours suffirent pour soumettre toute la Navarre, tant la défense était désorganisée. Parmi les Navarrais, les uns avaient accepté avec enthousiasme, les autres subi avec résignation la restauration de leur dynastie. Charles-Quint lui-même crut la conquête de son aïeul perdue, la nouvelle de l'invasion le troubla tellement que le 14 mai, quand il l'apprit, il ne put manger, et quittant la table, s'empressa de conférer aussitôt à ce sujet avec le duc d'Albe (2).

III.
Fautes du chef de l'expédition française, Asparros, Invasion de la Castille, Siège de Logroño. (Juin.)

La difficulté n'était pas de conquérir le royaume, mais bien de le conserver. C'est ce que le vainqueur ne sut pas obtenir. Une série de fautes d'ordre politique et militaire amena la perte du pays conquis. Tout d'abord, l'absence du jeune roi de Navarre mécontenta ses sujets. Asparros refusa de le laisser venir à Pampelune, bien que « plusieurs fois » le jeune prince « se fût mis
« en son devoir pour assister au recouvrement de ses États » et eût fait connaître ses intentions au général français (3). André de Foix, qui avait pris le titre de vice-roi, gouvernait la Navarre avec un pouvoir aussi absolu que si c'eût été une province française. Il avait fait publier la commission que lui avait donnée Henri d'Albret, ordonné d'abattre les armoiries d'Espagne aux portes de la capitale, du château et des édifices publics, fait battre monnaie au coin du prince. Mais, si l'on en croit Bordenave,
« quelques-uns disent qu'il y mist les armoiries de France, non
« pas celles de Navarre; cela offensa beaucoup les Navarrois et
« aliéna fort les volontez de luy, car, d'autant qu'ils s'estoient
« resjouiz de sortir de la domination du Castillan, ils furent

---

(1) Bordenave, opus cit., pp. 8-9. — Sandoval, liv. X, chap. V. p. 502. — Sayas, *Anales de Aragon*, chap. XXIX, p. 299. — (2) Baumgarten, Geschichte Karls, V, I, 484. — (3) Mém. justificatif du roi de Navarre, 1522. Arch. des Bass.-Pyrén., E. 562. Copie, B. N., coll. Doat, 232, f°* 83-88. (inédit).

« marris de voir les commencements de la française » (1). On soupçonnait le roi de France de songer à garder pour lui la Navarre, et il ne manquait pas de mécontents pour propager ces craintes. Le baron Jean de Luxe, notamment, « qui avoit grande
« créance parmi le peuple, despité de n'avoir en ceste armée
« aucune charge, mettoit secrètement aux oreilles du peuple
« des bruits que ceste guerre se faisoit en faveur du roy de
« France, non pas de celuy de Navarre, et qu'on se servoit seule-
« ment de son nom pour piper les cœurs, mais s'ils se povoient
« emparer du pays, on n'orroit plus parler d'Henry, ains des Fran-
« çais ». (2). Ces appréhensions n'étaient peut-être pas chimériques. Un agent secret n'écrivait-il pas de Dijon, vers cette époque, au jeune roi que « plusieurs étaient d'advys, puisque
« le Roy (de France) avoit fait ladite entreprinse à ses dépens,
« que ledit seigneur devoit tenir ledit royaulme en ses mains
« quelque temps pour le mieux garder » ? Cet agent ajoutait ces sages remarques : « Touteffoys ceux dudit royaulme en
« seront malcontenz, et aussi les Espaignols en pourroient avoir
« quelque autre pensement et ymaginacion » (3). D'un autre côté, le vice-roi faisait preuve, à l'égard des Navarrais compromis au service de la Castille, d'une rigueur impolitique. Il avait eu d'abord l'idée de proclamer une amnistie générale pour le passé ; il ne tarda pas à renoncer à ce projet. Il refusa aux Beaumontais les sauf-conduits qu'ils demandaient pour venir se soumettre. Il les somma de se joindre à son armée sans conditions, « afin qu'il ne fût contraint d'user contre eux de la rigueur
« et hostilité établie contre les rebelles et ennemis » (4). C'était forcer les chefs de ce parti à se jeter dans les bras des Castillans. Ils prirent, en effet, la fuite avec leurs vassaux et allèrent grossir les rangs de l'armée espagnole, dont ils formèrent l'avant-garde. Parmi les fugitifs figuraient le comte de Lerin, Louis de Beaumont, connétable, avec tous ses parents, les seigneurs de Gongora et de Guendulain, le capitaine Donna Maria, gouverneur de la province d'Estella, et un certain nombre de hauts fonctionnaires, l'avocat royal, le maître des finances, l'essayeur de la monnaie (5). Avec ce système politique peu habile, Asparros découragea les dévouements et accrut l'hostilité des Navarrais. Il ne se montra pas meilleur général qu'administrateur capable. Il eût été nécessaire de s'établir solidement en

(1) Bordenave, opus cit., pp. 9-11. — (2) Ibid. — (3) Nouvelles sur les affaires de France, relation écrite de Dijon par un agent du roi de Navarre, 1521, document p. p. P. Raymond, Bibliothèque de l'École des Chartes, t. XX (1859), p. 378. — (4) Bordenave, pp. 9-11. — (5) Liste des Navarrais absents du royaume, minute non datée. Arch. des Bass.-Pyrén., E. 554.

Navarre pour pouvoir soutenir le retour offensif des Castillans. Il fallait donc occuper les principales places fortes, y jeter de bonnes garnisons, concentrer à Pampelune ou sur l'Èbre la majeure partie de l'armée, assurer les communications avec la France. C'était l'opinion de quelques conseillers de François Iᵉʳ. « Aulcuns sont d'avys, écrivait l'agent secret du roi de Na-
« varre, qu'on ne marche plus avant pour ceste heure, et qu'on
« fortifie ledit royaume pour le garder contre les Espaignols, qui se
« pourroient esmouvoir et faire entreprise pour le reconques-
« ter » (1). Si les vainqueurs, dit encore Bordenave, « se fussent
« contentés de ce qu'ils avoient conquis et eussent, comme leur
« devoir estoit, fortifié, avitualé et muny de gens de guerre les
« places défendables et ouvert les autres, les légitimes héritiers
« (de Jean d'Albret) possèderoient encore ce royaume » (2). Loin de là, Asparros commit l'imprudence de ne pas garder avec lui des forces suffisantes, surtout en infanterie. Sur l'avis du colonel Sainte-Colomme, il licencia un grand nombre de fantassins gascons. Cet officier prévaricateur « donnoit congé à quiconques en vouloit, en
« lui restituant la solde d'un mois, pour lequel il n'avoit guère
« jours ils avoient fait monstre, ce qu'il mettoit en ses bouges » (3).
La faute de Sainte-Colomme devait contribuer largement au désastre de Noain. Asparros lui-même, qui avait montré trop de confiance dans les avis de son lieutenant, fit preuve de témérité en envahissant la Castille, au risque de soulever contre lui toute l'Espagne. On ne sait s'il tenta cette attaque de lui-même « par espérance de butin », comme l'insinue Martin du Bellay, ou sur l'ordre du roi de France, comme l'assure Pierre Martyr (4). Une partie du conseil de François Iᵉʳ avait eu une idée assez semblable à celle du général, en proposant d'employer l'armée de Navarre à envahir l'Aragon et le Roussillon (5). Le résultat eût été tout aussi déplorable. Quoi qu'il en soit, Asparros passa l'Èbre pour aller mettre le siège devant Logroño. Les Français commencèrent par enlever et piller la petite ville de Los Arcos, à six lieues de là (6). Ils y perdirent quatre ou cinq jours, et donnèrent ainsi le temps à don Pedro Velez de Guevara de se jeter, sur l'ordre du duc de Nagéra, dans la place menacée, avec les garnisons de Saint-Jean et de Pampelune, que comman-

(1) Nouvelles sur les affaires de France, p. p. P. Raymond, citées ci-dessus.
— (2) Bordenave, p. 12. — (3) Récit de Martin du Bellay, Mém., liv. Iᵉʳ, pp. 132-133. Il est confirmé par l'assertion du Journal de Louise de Savoie (coll. Buchon, p. 92). — (4) Martin du Bellay, liv. Iᵉʳ, p. 133 (édit. Michaud); P. Martyr, *Opus Epistolarum*, nᵒ 729. — (5) Les nouvelles sur les affaires de France, rapport secret, p. p. P. Raymond. — (6) Ce fait est rappelé dans l'acte de pardon concédé par Charles-Quint en 1523 aux rebelles navarrais. Arch. de Nay., *Comptos*, cajon 179, nᵒ 6.

dait don Pedro de Beaumont (1). La ville se trouvait en état de défense lorsque les Français arrivèrent. Ceux-ci s'étaient imaginés qu'on leur ouvrirait aussitôt les portes, s'ils se présentaient comme alliés des *comuneros*. Ils arrivèrent sous les murs de Logroño aux cris de : « Vive la fleur de lis et les communes de Castille ! » C'était le plus sûr moyen d'exciter l'aristocratie castillane, victorieuse à Villalar, contre les envahisseurs. Au lieu de l'accueil favorable qu'ils attendaient, les assaillants rencontrèrent une vigoureuse résistance. La garnison fit des prodiges, se présentant sur tous les points attaqués, si bien qu'au lieu de 4,000 hommes, Asparros crut avoir 20,000 Castillans à combattre. Les assiégés inondèrent le camp français en détournant les canaux de l'Èbre, et virent sans s'émouvoir l'artillerie ennemie abattre leurs vieux murs (2). Ils donnèrent ainsi à une armée de secours le temps d'arriver. Une explosion de colère patriotique avait, en effet, accueilli la nouvelle de l'invasion française. Les Régents, qui se disposaient à marcher contre Tolède, résolurent d'accourir à la délivrance de Logroño. Ils furent admirablement secondés par la noblesse et les communes récemment soumises. Le connétable de Castille, Velasco, était à la tête du mouvement : « Il me déplaist, écri-
« vait-il au marquis de Falces, l'un des chefs du parti castillan
« en Navarre, de la confusion où vous estes ; mais, de nostre
« costé, sommes délibérez d'aller à vostre secours, et le secours
« que vous mène est tel, que, avec l'ayde de Dieu, j'espoire en
« brief vous tirer de la merencollie où vous estes ». « La destruc-
« tion du royaume de Navarre, disait-il au fils du marquis, nous
« a esmeuz, tous les seigneurs de Castille et moy, en façon que
« sommes délibérez de laisser tout ce qui est deçà pour vous aller
« secourir. » Les communes elles-mêmes se mettent en mesure de fournir leur contingent. Le duc de Nagéra est parti pour Aranda avec ses soldats, et à Burgos on réunit « un gros exercite » (3). Dès que les villes ont appris l'entrée des Français sur le territoire espagnol, chacune est « venue pour offrir son service ». Ségovie a donné 1,000 hommes, Valladolid, Palencia et d'autres cités tout autant, Medina del Campo 800, Avila 500. On espère ainsi porter au secours de Logroño 15,000 hommes et 2,500 lances (4). En même temps, les Cortès aragonaises, réunies par le vice-roi

(1) Récit du duc de Nagéra dans son mémoire justificatif du 22 juillet. Arch. de Simancas, *Est. Nav.*, leg. 344, f° 120. (*Lo que vos don Pedro de Beaumont aveys de desir.*) — (2) Sandoval, liv X, chap. V, p. 593 ; Sayas, *Anales de Aragon*, chap. XXIX, p. 228 ; Bordenave, p. 12. — (3) Lettre du connétable de Castille au marquis de Falces et à son fils don Antonio, 25 mai 1521, orig. inédit. B. N., Mss. français, ancien fonds, 2971, f°s 99 et 100. —
(4) Advertissements de Castille envoyés au marquis de Falces par le connétable, orig. inéd. B. N., Mss. français, 2971, f° 100.

IV.
La retraite
des Français
(11-30 juin).
Bataille de Noaia
(30 juin 1521).
La Navarre
définitivement
perdue.

Lanuza, répondaient aux gouverneurs de Castille, en les « assu-
« rant de leur concours, comme il convenait dans une circons-
« tance aussi grave » (1). Asparros se trouva alors dans une situation fort dangereuse. Menacé à l'est par la réunion des troupes
aragonaises, il l'était au sud par l'armée concentrée à Burgos, et
à l'ouest par les contingents que rassemblait à Navarrete le fils
du duc de Nagéra (2). Un corps d'Aragonais avait pris derrière
lui Sanguesa « et molestait tellement les fourrageurs et vivan-
« diers de son armée, qu'elle en souffrait grande disette de
« vivres ». De plus, le général français manquait de munitions;
le tir de l'artillerie se ralentissait; l'infanterie, formée de nouvelles levées, n'avait ni expérience ni discipline. Enfin, le 11 juin,
après quelques jours de siège, Asparros se détermina à la
retraite, en apprenant qu'une armée de 4,000 Castillans, conduite
par le duc de Nagéra et le comte de Lerin, s'approchait de son
camp (3). Logroño fut ainsi délivré. Charles-Quint, pour récompenser l'héroïque cité de sa résistance, lui accorda de nombreux
privilèges, parmi lesquels l'exemption d'impôts (4).

Le général français se replia lentement vers les frontières de Navarre. Il campa d'abord au Soto del Rey, à deux lieues de Logroño;
puis, à la nouvelle que toutes les forces castillanes s'avançaient,
conduites par le cardinal Adrien, l'Almirante et le connétable de Castille (5), il se retira à Puente-la-Reina, sur le territoire navarrais.
Le 14 juin, il avait placé son camp dans la vallée de l'Èbre, entre
Viana et Mendavia, à proximité des montagnes, gardant la route
de Pampelune. Le connétable Velasco, qui s'était attribué le titre
de capitaine-général, malgré les protestations du vice-roi Nagéra,
prit le commandement des troupes et franchit avec elles à son
tour la frontière de Navarre. Il reçut encore plus de 7,000 hommes
de troupes nouvelles, et il eut ainsi sous la main près de 30,000
soldats. Malgré cette supériorité numérique, les Espagnols, n'osant
attaquer les lignes des Français, se bornèrent pendant près de
quinze jours à harceler l'armée ennemie. Dans une de ces nombreuses escarmouches, ils perdirent un escadron entier de 300
hommes, qui fut détruit par le jeu d'une mine. Asparros, luttant
pied à pied, arriva à Tiebas; il ne se trouvait plus qu'à peu de
distance de Pampelune, où il voulait se retirer. Mais l'évêque de
Couserans, son conseiller, l'en dissuada, prétendant « qu'il affa-

(1) Délibération résumée par Dormer, *Anales de Aragon*, liv. Iᵉʳ, chap.
XXVIII, p. 123. — (2) Le contingent rassemblé à Navarrete était de 150 lances
et de 2,000 fantassins. Mém. justif. du duc de Nagéra, 22 juillet, cité ci-dessus.
— (3) Bordenave, p. 13; Sandoval, liv. X, chap. VI, pp. 503-505; Sayas, chap.
XXX, p. 229. — (4) Privilège cité par Sandoval, liv. X, chap. VII, p. 505. —
(5) Mém. justif. de Nagéra, 22 juillet.

« merait incontinent la ville ». Le général français ne sut prendre
aucun parti à temps, ni répartir ses soldats dans les places pour
obliger les Espagnols à diviser leurs forces, ni concentrer ses
troupes pour livrer bataille. Il aurait pu cependant lutter avec
avantage, s'il eût fait appel aux contingents français et béarnais
dispersés dans le royaume. Il y avait sur les frontières du Béarn,
sous les ordres du prince Henri d'Albret, des renforts qui n'attendaient qu'un avis pour accourir ; en deux ou trois jours, ils
pouvaient arriver à Pampelune. Asparros ne daigna « même pas
« avertir le roi de la nécessité où il était ». Dans la capitale de la
Navarre, il y avait encore 6,000 Gascons ou Navarrais, et à
Tafalla 2,000 hommes sous les ordres d'Iñigo d'Échaux. Asparros
ne sut pas les rallier à temps (1). Il se trouva ainsi forcé de
livrer bataille contre une armée trois fois plus nombreuse que la
sienne (2). Il est vrai qu'il se croyait inattaquable dans la position
qu'il avait choisie. Ses troupes étaient placées dans la vallée de
l'Èbre, adossées à la sierra del Perdon ou de Reniega, dont on
aperçoit les cimes dentelées du haut des remparts de Pampelune.
Cette chaîne sépare le vallon où est assise la capitale de la
Navarre du bassin plus large où coule l'Èbre. Le camp français
occupait l'issue du col de Zubiça, par où passait alors le grand
chemin de Puente-la-Reina à Pampelune ; il n'était qu'à deux
lieues de cette dernière ville. Les Français pensaient n'avoir rien
à craindre, puisqu'ils étaient couverts à dos par la montagne, et
communiquaient aisément par le col avec la capitale, où étaient
concentrés leurs troupes auxiliaires et leurs approvisionnements.
L'armée castillane, arrivée le 29 juin à Puente-la-Reina, n'avait
pas de temps à perdre si elle voulait enlever le chef-lieu de la
Navarre, que l'on fortifiait à la hâte, et prévenir la jonction de
toutes les forces françaises. Le duc de Nagéra et le connétable de
Castille résolurent d'attaquer aussitôt les Français. Ne pouvant
l'assaillir dans la forte position qu'elle occupait, les généraux
castillans tournèrent habilement l'armée ennemie. Faisant un
détour de deux lieues, ils allèrent franchir la sierra del Perdon par
un autre passage étroit qui suivait le sommet de la montagne ;
c'est le col que traverse aujourd'hui la route royale. Le 30 juin,
les Castillans arrivaient dans le vallon de Pampelune ; ils
avaient coupé la retraite aux Français et pouvaient les obliger à
la bataille. Ils se portèrent, en attendant leur arrivée, aux petits
villages d'Esquiros et de Noain, qui ont donné leur nom au combat. Ils se trouvaient à une lieue à peine du col de Zubiça (3). Cette

(1) Bordenave, pp. 13-14. — Favyn, p. 705. — (2) Bordenave, p. 14. — (3) Récit
de Sandoval, liv. X, chap. VII, p. 506 ; Sayas, *Anales de Aragon*, chap. XXXI,
p. 331.

manœuvre effraya au plus haut point Asparros et ses lieutenants.
Ils se crurent perdus, et au lieu d'attendre l'arrivée des troupes
de Pampelune et de Tafalla, qui eussent placé l'armée castillane
entre deux feux, ils franchirent précipitamment la sierra (1),
et allèrent attaquer les Castillans à cinq ou six heures du
soir, deux heures environ avant le coucher du soleil (2). Ils
arrivèrent en bon ordre, l'artillerie en tête, avec un grand
bruit de trompettes et de tambours, au moment où les Espagnols
travaillaient à installer leur campement ou à prendre leur repas.
Le combat s'engagea aussitôt. Les Français eurent d'abord l'avantage ; leur artillerie, placée sur une éminence, balayait les prairies
où les troupes castillanes étaient rangées. Les Espagnols commençaient à plier ; un régiment d'infanterie, fort de 5,000 hommes
faiblit, et se fût mis en déroute si l'amiral de Castille, avec
un corps de cavalerie, ne l'avait soutenu. D'un autre côté, la
gendarmerie française, chargeant avec sa fougue habituelle, rom-
pait une partie des fantassins ennemis. Mais, à ce moment, le
connétable de Castille, se jetant dans la mêlée avec la cavalerie
espagnole, rétablit le combat ; les hommes d'armes français,
enveloppés, sont presque tous tués ou pris. Ce succès faisait, après
une « grosse heure » de lutte, pencher la balance en faveur des
Castillans. L'infanterie décida de la victoire en marchant droit à
l'artillerie française. Asparros n'avait pas assez d'hommes de pied
pour la défendre ; un millier de Gascons qui la gardaient furent
mis en fuite, et les canons tournés contre les Français. Ainsi fut
perdue la bataille « faute d'infanterie » (3). Les vaincus se
débandèrent de tous côtés ; ils laissaient 6,000 morts, toute
leur artillerie et un grand nombre de prisonniers entre les mains
du vainqueur. Asparros lui-même, renversé par un violent
coup de lance, qui, en frappant la visière de son casque, lui fit
perdre quelque temps la vue, se rendit à don François de Beaumont ; le seigneur de Tournon remit son épée au capitaine Donna
Maria. On retrouva parmi les morts les seigneurs de Durfort,
d'Aurignac, de Foixens, de Mauléon et de Saint-Martin. Les
autres chefs de l'armée, Arnaud de Gramont, Sainte-Colomine,
l'évêque de Couserans, s'enfuirent, « au lieu de recueillir l'armée
« esgarée et rompue, avec tel effroy et vitesse, qu'ils ne s'arrêtè-

(1) Bordenave, pp. 14-15. — (2) D'après Aleson, *Anales de Navarra*, t. V,
f°s 367-368, la bataille aurait duré de deux heures à cinq heures et demie.
Bordenave, Sandoval, et Sayas, plus exacts, racontent qu'elle commença de
cinq heures à six, deux heures avant le coucher du soleil. — (3) *Los Franceses
perdieron la batalla por falta de infanteria*, écrit l'Almirante de Castille.
Lo que Pero Çapata dice por virtud del memorial que le dió el Almirante.
Arch. de Simancas, *Estado Nav.*, leg. 344, f°s 60-61.

« rent qu'à Bayonne, d'où ils écrivirent aux rois de France et de
« Navarre la perte de la bataille et du royaume » (1). En quelques
jours, en effet, toute la Navarre fut reconquise. La garnison de
Pampelune s'enfuit pendant la nuit qui suivit le combat. Il n'y
resta que 500 hommes, qui livrèrent le château à la première
sommation, moyennant les honneurs de la guerre. Le duc de
Nagéra et le connétable de Castille firent aussitôt leur entrée
dans la cité (2). Ils licencièrent l'armée castillane, et avec les
troupes navarraises et aragonaises réoccupèrent aussitôt la province d'Ultrapuertos. La garnison de Maya, au débouché du col de
Baztan, fut renforcée. Saint-Jean-Pied-de-Port, assiégé pendant
vingt jours par Diego de Vera, finit par être enlevé d'assaut ;
300 hommes qui composaient la garnison y périrent avec
leur capitaine, Juan Cote (3). La dernière partie de la Basse-Navarre, un moment reconquise en 1522 par les Français, fut réoccupée en 1524 par le prince d'Orange (4). C'est seulement en
1530 que Charles-Quint, trouvant l'occupation de l'Ultrapuertos
trop coûteuse, abandonna spontanément ce petit pays, qui resta
depuis à la maison d'Albret, et qui a été transmis par elle à la
France (5). Les Régents d'Espagne, aussitôt après leur victoire,
rétablirent l'administration castillane en Navarre (juillet-août
1521). A la place du duc de Nagéra, dont le gouvernement avait
été trop partial pour les Beaumontais, ils nommèrent comme
vice-roi le comte de Miranda. Pendant les premiers temps, la
répression fut sévère. Les Navarrais compromis dans la révolte
s'enfuirent ; un grand nombre d'entre eux, traqués par les
paysans, périrent dans leur fuite. Les biens des exilés furent
confisqués et distribués aux partisans de la Castille. Les Beaumontais reçurent la récompense de leur dévouement. Leur chef,
Louis de Beaumont, obtint 150,000 maravédis de rente sur les
douanes du royaume (6), et ses parents se partagèrent les offices.
Bientôt, le découragement gagna les plus fidèles adhérents de

(1) Récits de la bataille de Noain ou d'Esquiros dans Sandoval, liv. X,
chap. VII, f° 508; Sayas, chap. XXXI, p. 334; Bordenave, p. 13. La citation est tirée de ce dernier auteur. — (2) Sandoval, f° 508; Bordenave,
p. 16. — (3) Mém. justificatif du duc de Nagéra, intitulé : *Instruccion del
duque de Nagéra*, sans date. Arch. de Simancas, *Estado Nav.*, leg. 344,
f° 119. — (4) Bordenave, pp. 27-29; Sandoval, liv. XI, chap. XX. — (5) Le
28 sept. 1527, Charles-Quint avait reçu le serment de fidélité de la Basse-Navarre. Arch. de Nav., *papelés sueltos*, leg. 24, carp. 1, doc. p. p. Yanguas,
Adiciones, 309-313. En 1530, il ordonna de l'abandonner; Martin de Vizcay,
Derecho de la naturaleza que tienen los naturales de la merindad de San-Juan en los reynos de Castilla, p. 11, mentionne cet abandon. — (6) Lettres
de Charles-Quint, 30 août 1524, en faveur de Louis de Beaumont. *Libro
genealógico de la casa del Condestable de Navarra*, f° 186 (Mss.).

Henri d'Albret, les Gramontais, qui se lassèrent de leur exil. Pendant son voyage en Navarre, le 23 décembre 1523, Charles-Quint se montra généreux ; il pardonna aux rebelles, n'exceptant de l'amnistie que leurs chefs, don Antonio de Peralta et don Pedro, le fils du maréchal (1). Encore ceux-ci obtinrent-ils leur pardon l'année suivante au prix d'une trahison : ils livrèrent Fontarabie aux Espagnols, et le 29 avril 1524, l'Empereur les récompensa en leur restituant leurs dignités et leurs biens (2). Toute la noblesse navarraise se rallia dès lors à l'Espagne, abandonnant l'ancienne dynastie. A la mort du cardinal d'Albret, arrivée en 1521, le siège de Pampelune se trouva vacant ; le chapitre désigna don Juan de Beaumont pour lui succéder (3). Le clergé navarrais fut ainsi entièrement rattaché à la cause de la Castille. Pour rallier la population du royaume, on respecta ses habitudes d'indépendance et ses intérêts. Le vice-roi Miranda promulgua une série d'ordonnances par lesquelles il s'engageait à n'exiler personne sans cause légitime, à juger les Navarrais selon leurs coutumes, à réserver les jugements et les exécutions aux tribunaux et à la police navarraise, à défendre la vente des offices administratifs et judiciaires (4). Il fit payer les dettes contractées par les corps d'occupation depuis 1513. En 1522, 2,000 ducats d'or, en 1523, 3,000, et en 1524, 6,000 furent consacrés à indemniser les Navarrais des frais qu'ils avaient faits pour nourrir et loger les troupes (5). Il fut interdit aux soldats de rien prendre à l'habitant sans payer, et le vice-roi dut veiller à ce que l'on indemnisât strictement les particuliers pour les fournitures de vivres et de bois et pour le logement des hommes d'armes (6). Un corps d'occupation important fut maintenu en Navarre ; le duc de Nagéra estimait qu'il devait comprendre 1,000 hommes d'armes et 400 lances, et l'Almirante de Castille demanda qu'on y joignit un corps de 3,000 lansquenets (7).

(1) Pardon accordé aux rebelles. Pampelune, 15 déc. 1523, texte orig. Arch. de Nav., *Comptos, cajon* 179, n° 26. — (2) Requête du maréchal de Navarre et des exilés, 1524. Arch. de Nav., *papeles sueltos*, leg. 23, carp. 73-74. Avis du Conseil de Navarre sur cette requête, 1524. Arch. de Simancas, *Est. Nav.*, leg. 344, f° 132. Pardon accordé au maréchal et aux autres exilés, Burgos, 29 avril 1524. Arch. de Nav., *papeles sueltos*, leg. 23, carp. 76 ; ce dernier document p. p. Yanguas, *Adiciones*, 297-308. — (3) Cédule du duc de Nagéra au sujet de cette élection, 19 juillet 1521. Arch. de Nav., *Comptos, cajon* 179, n° 17. — (4) Ordonnances du vice-roi Miranda, 1522-1523. Arch. de Nav., *Cortes, legislacion*, leg. 1, carp. 31-38. — (5) Ordres du vice-roi et de l'Empereur sur la répartition de ces indemnités, originaux (1522-1524). Arch. de Nav., *Cortes, Guerra*, leg. 2, carp. 10 à 20. — (6) Ordres du vice-roi Miranda au sujet du logement et des fournitures militaires, 1522-1523. Arch. de Nav., *Cortes, Guerra*, leg. 2, carp. 7 et 8 et 13 à 16. — (7) Mém. du duc de Nagéra, 30 août 1521, intitulé : *Lo que cos don Pedro de Beaumont áceys de desir de parte del duque de Nagéra*. Arch. de Simancas, *Est. Nav.*, leg. 344.

Sur le conseil des Régents d'Espagne, Charles-Quint ordonna de concentrer la défense au lieu de la disperser. Continuant l'œuvre commencée par Ferdinand le Catholique et Jimenez, il prescrivit au vice-roi de détruire toutes les forteresses qui restaient dans le royaume, à l'exception de Pampelune, de Lumbier, de Puente-la-Reina et du château d'Estella (1). Toutes les expéditions organisées par les princes d'Albret avec le concours des Valois furent dès lors infructueuses. La Navarre ne devait jamais être reconquise. Henri II, son successeur, Antoine de Bourbon, l'époux de Jeanne d'Albret, ensuite Henri III, qui est devenu notre grand roi Henri IV, tentèrent tour à tour vainement la voie des armes et des négociations pour recouvrer leur couronne. Ils ne rencontrèrent à la cour de France que mollesse, indifférence, parfois mauvais vouloir et hostilité. Un érudit distingué, M. de Ruble, a raconté en détail la longue histoire de leurs déboires et de leurs vains efforts. Les Valois, satisfaits d'avoir rattaché à leur dynastie par des liens plus étroits les princes d'Albret, les derniers de leurs grands vassaux, ne se préoccupèrent nullement de leur rendre l'indépendance en aidant à la restitution de leur royaume. Ils cherchèrent uniquement à les soumettre de plus en plus à leur autorité, soit par des alliances de famille, soit par la promesse, toujours ajournée, de faire triompher leurs revendications. En 1526, Henri II épousait la sœur du roi de France, Marguerite d'Angoulême. Sa fille unique, Jeanne d'Albret, devenait l'épouse d'un prince du sang, Antoine de Bourbon. Quarante ans plus tard, en 1589 enfin, Henri III, l'époux de Marguerite de Valois, montait sur le trône de France. Ces unions matrimoniales contribuèrent à la soumission des rois détrônés de Navarre. Leur dépendance devint tous les jours plus étroite ; leur caractère se transforma. La transformation est sensible depuis Henri II, prince à l'humeur sombre, encore à demi espagnol, qui ne répugnait pas à l'idée de livrer la France méridionale au roi d'Espagne moyennant une restitution de son royaume (2), jusqu'à Henri IV, le meilleur, le plus français peut-être de nos rois. Mais à mesure que les princes d'Albret se francisaient davantage, l'abîme se creusait entre eux et leurs anciens sujets. Les Navarrais se rattachaient tous les jours à l'Espagne par la communauté de langue, de mœurs, d'intérêts matériels, de gloire militaire. Déjà, au XVII° siècle, ils ne conservaient plus de leur

f° 78. — Mém. de l'Almirante de Castille, *Lo que Pero Çapata dice*, etc. Arch. de Simancas, *Estado Nap.*, leg. 344, f° 60-61.

(1) Lettres de Charles-Quint au vice-roi, 21 nov. 1521, citées par Aleson, t. V, f° 390-391. — (2) Voir M. de Ruble, *Le Mariage de Jeanne d'Albret*, pp. 53-118, sur cette trahison de Henri II.

ancienne dynastie qu'un souvenir effacé. Ils ne regrettaient, dans l'annexion de leur pays à la Castille, que la violence de la conquête et que la perte de cette indépendance absolue dont ils avaient joui pendant six siècles. Les rois d'Espagne eurent soin de ménager l'ombrageuse fierté de leurs nouveaux sujets en maintenant leurs privilèges politiques et leur autonomie administrative. Bien que peu convaincus de la légitimité de leurs droits sur le royaume annexé, ils éludèrent toujours toute restitution. Pour mettre d'accord leur conscience et l'intérêt de leur monarchie, ils se bornèrent à offrir des compensations pécuniaires ou territoriales qu'ils savaient inacceptables. Ils parvinrent ainsi à écarter pendant tout le XVIe siècle les revendications des souverains spoliés. La question navarraise resta insoluble, et le devint encore davantage depuis le moment où le descendant de Jean d'Albret fut l'héritier de la couronne de France. Ce n'est qu'à l'avènement de Philippe V au trône d'Espagne que le silence se fit autour de ce litige. Les Bourbons ne conservèrent de leurs ancêtres, les souverains navarrais dépouillés, que le vain titre de rois de Navarre, qu'ils ont gardé jusqu'en 1830, et la province d'Ultrapuertos, qui fait partie de l'un de nos départements. L'expédition de 1521 avait été le dernier effort de la dynastie légitime pour reprendre à la Castille un royaume usurpé, et comme le remarque tristement Aleson, la bataille de Noain « fut la sentence « définitive qui raya la Navarre du nombre des nations (1) ».

CONCLUSION.

La disparition du petit royaume pyrénéen, qui avait eu autrefois ses jours de grandeur, était le résultat à peu près inévitable des changements qui se produisirent en Europe au commencement des temps modernes. De « la tumultueuse officine du Moyen-« Age » sortirent de grands États « distincts les uns des autres, « ayant chacun son caractère, ses passions et ses intérêts » (2). Parmi eux s'organisèrent la France et l'Espagne. La formation de la monarchie espagnole et le conflit séculaire qui s'engagea entre elle et la monarchie française devaient amener fatalement la chute de l'indépendance de la Navarre. Les rois d'Espagne tendirent à compléter l'unité de la péninsule en portant la frontière de tous côtés jusqu'aux Pyrénées, et ils s'efforcèrent de fermer aux Français la porte dont les princes de Foix-Albret déte-

---

(1) Expression d'Aleson, *Anales de Navarra*, V, f° 369 A. — (2) Lavisse, Vue générale de l'histoire politique de l'Europe, pp. 107-108.

naient les clés. L'union de la Castille et de la Navarre eût été facile si, comme au temps de Charles le Noble et de Juan II, des souverains d'origine et de caractère espagnol eussent régné à Pampelune, et surtout si les destinées de ce royaume n'avaient pas été liées à celles des pays de la France méridionale. Mais, pour son malheur, en 1479, l'État navarrais devint l'héritage d'une dynastie française, celle de Foix, qui ne tarda pas à s'unir à la maison d'Albret (1484). Dès lors, l'Espagne fut obligée de tourner sans cesse ses regards vers le royaume voisin, et d'empêcher ses princes de livrer à la France l'accès des Pyrénées. Ce fatal événement força aussi les Valois à se préoccuper de la question navarraise. Ils n'avaient eu jusqu'alors que peu de motifs pour s'opposer à l'union de la Navarre et de la Castille ; ils se trouvèrent dès ce moment intéressés à s'y opposer de toutes leurs forces. Les souverains français ne pouvaient permettre que les princes de Foix-Albret, maîtres du Périgord, du Limousin, de la Gascogne et du Béarn, du Bigorre et du comté de Foix, devinssent les alliés ou les protégés de leurs rivaux espagnols. Les rois de Navarre, dont l'indépendance était menacée par ce conflit des deux plus grandes puissances de l'Europe, se trouvaient impuissants à écarter le danger. Deux longues minorités, la faiblesse de leur pouvoir, l'anarchie permanente de leurs États les livrèrent sans défense aux intrigues de leurs voisins. Louis XI leur imposa sa dangereuse alliance, et fit d'eux, en quelque sorte, les vassaux de la France. Ferdinand, par les conventions successives de Tudela, de Saragosse, de Valence, de Grenade, de Medina, de Madrid, de Pampelune et de Séville, les réduisit à la condition de protégés de l'Espagne. Vainement les souverains navarrais, en s'appuyant sur l'alliance autrichienne, crurent-ils échapper à l'onéreux protectorat du Roi Catholique et aux entreprises haineuses de Louis XII et de Gaston de Foix. Pendant six ans, ils parvinrent à éviter le péril. Enfin, en 1512, dupés par le roi d'Aragon aussi bien que par le roi de France, ils perdirent leur royaume, et ils ne devaient plus parvenir à le recouvrer. Tout sembla conjuré pour rendre leur malheur irréparable. Le Saint-Siège, serviteur complaisant des ambitions espagnoles, parut légitimer la spoliation par une sentence d'anathème. Les rois de France, peu sensibles à l'infortune de leurs anciens ennemis devenus leurs alliés, soutinrent mollement la cause des vaincus. Les princes espagnols, sûrs de l'appui de leurs sujets, intéressèrent l'orgueil national à la conservation de la conquête. Trois tentatives à main armée des souverains spoliés échouèrent devant l'énergique résistance des Castillans. De longues négociations, qui durèrent sept ans, n'aboutirent qu'à montrer l'impuissance des diplomates à réparer une injustice utile aux intérêts de tout un peuple. La Navarre conquise devait pour toujours rester aux vainqueurs. Elle accepta facilement sa destinée. Dans ce royaume, divisé par les factions, miné par l'anarchie, l'idée de patrie n'existait pas encore. La dynastie de Foix-Albret n'avait pas eu le temps de pousser de profondes racines. Les Navarrais, attachés avant tout à leurs libertés locales, à leurs privilèges particuliers, finirent, après une courte résistance, par se soumettre à la loi du plus fort. Les fueros étaient respectés ; les partis n'en demandaient pas davantage. La communauté de race, de langue, de mœurs, d'intérêts, facilita aussi l'annexion. La victoire des Espagnols n'était donc pas celle d'une nation sur une autre nation. Elle n'eut d'autre résultat que l'expulsion de princes plus français qu'espagnols. Il n'y avait rien de changé en Navarre, rien qu'une dynastie de plus.

FIN.

CHOIX DE PIÈCES JUSTIFICATIVES

I.

Aviso de los Estados de Navarra sobre la capitulacion del reyno. *(Orig. Arch. des Bass.-Pyrén., E. 556; copie, coll. Doat, 233, f⁰ˢ 48 et sq.) Doc. inédit, sans date (prob. 1479).*

Los tres Estados del reyno de Navarra, congregados en la villa de Olite, han visto algun capitulo de paz y concordia firmado por Vuestra Alteza con el señor Rey de Castilla y de Aragon, por el qual paresce como el dicho señor Rey promete y es contento de hazer venir á la perfecta y verdadera obediencia del Rey nuestro señor á don Luis de Beaumont, conde de Lerin, y á todos sus parciales y adherentes, y de hazer que restituyra la ciudad y villas y fortalezas pertenescientes á la corona real de Navarra y al Rey nuestro señor, y de le hazer ser acatado y obedecido por todos los subditos, como rey y natural señor dellos; loqual los dichos tres Estados reputan á singular gracia y merced á su Magestad, porque como católico principe y amador de justicia, conformandose con lo que á Dios plaze y al derecho y razon, quiere se demuestrar voluntario á favorescer la justicia del Rey nuestro señor, su sobrino, y á entender en la pacificacion de aqueste reyno suyo, y reduzirle en su entera y perfecta obediencia, de loqual á nuestro señor plega de lo dar premio y galardon y gracia con paz y prosperidad, reyne lungamente en el mundo! Y por quanto en la dicha capitulacion, por seguridad y firmeza de la paz que se tratava, el dicho Rey de Castilla demando algunas cosas, las quales, segun el parecer de los dichos Estados, redundan en gran daño y detrimento de la corona real de Navarra y del Rey nuestro señor, y son tales que sin contravenir al fuero del reyno y á su honor y fidelidad ellos no puedan dar su consentimiento, antes por render buena quenta de simesmo, han de esforçar con las vidas, como buenos y leales Navarros, los dichos pertenescientes á la corona, les paresce, que, vista la gran voluntad y amor que los dichos tres Estados y todo el reyno tienen al servicio del dicho señor Rey de Castilla, y que la cosa que mas dessean es de vivir en paz y sosiego con su Alteza y con sus reynos ó señorios, y ser defendidos é amparados por el, que por vuestra señoria se deve entender y atravesar (?) como aquello sea remediado, pues de la demanda como esta no puede surtir efecto por las cosas susodichas y por ser tratado contra fuero, sin consejo, saviduria ny consentimiento de los tres Estados; y porque el dicho señor Rey de Castilla quede enteramente seguro y contento en su real animo de las cosas que se concordaran por beneficio de paz, parece á los dichos Estados que, cumpliendo el señor Rey de Castilla lo sobre dicho, se deven ofrecer las cosas siguientes, como quiera que parezcan demasiadas, porque á Rey poderoso, á quien aman y dessean servir, y tienen firme propósito y voluntad de aguardar con toda verdad y cumplir lo que por bien de paz sera asentado y concordado, no seria necesario ny cumpliente de dar tan grandes y fuertes seguridades. Primeramente, paresce á los dichos Estados y súplican, que en la manera infrascrita, vuestra señoria, en voz y en nombre del Rey nuestro señor, deve asentar y hazer amistad, paz é confederacion firma é segura con el dicho señor Rey de Castilla, como los antepasados reyes la hizieron y han acostumbrado, y aquella guardar firme y inviolablemente, sin fraude ny maquinacion alguna, con todas aquellas seguridades que entre los reyes en semejantes casos se requieren. — Item, paresce á los dichos Estados que, con expresa licencia y mandado, deverian (?) los merinos y alcaydes que tienen las fortalezas de Viana, Sanguesa é Tafalla hazer juramento y pleyto homenage al dicho señor Rey de Castilla de no consentir ny dar lugar que gentes ningunas estrangeras ny del reyno hagan guerra de las dichas fortalezas á los reynos é señorios de Castilla y de Aragon, antes con toda verdad seran de mal y daño aguardados y preservados; y si caso era que ningunas gentes estrangeras entrasen en el dicho reyno de Navarra, por enojar al dicho señor Rey de Castilla ó á sus reynos, tierras é señorios, no acojeran ny reciviran en las dichas fortalezas tales gentes, antes á todo su leal poder contestaran por evitarlas tal guerra, y fuera echaran qualquieras gentes que entraran, y no daran favor ny ayuda oculto ny publicamente, ny por via directa ny indirecta, ny les daran provisiones ny otras cosas necesarias para mantenimiento, ny para hacer guerra, mal ny daño en los reynos é señorios de Castilla y de Aragon. — Item, paresce á los dichos Estados que mossen Pierres de Peralta, condestable de Navarra, por mas entero contentamiento del dicho señor Rey de Castilla, haga el dicho juramento y pleyto homenage, en la forma susodicha, por el castillo y fortaleza de Tudela. — Item, parece por beneficio de paz y concordia, y por mas entero contentamiento del dicho señor Rey de Castilla, y por quitar de su real animo qualquier escrúpulo de dubitacion, que los tres Estados del reyno, en voz y nombre de todo el reyno, juntamente hagan el dicho juramento y seguridad en la forma susodicha, con expreso mandado y licencia de vuestra señoria. — Item, es el parecer de los Estados, que por conseguir tanto beneficio de paz y concordia, y porque el Rey nuestro señor sea enteramente acatado é obedecido en todo su reyno y de todos sus subditos, que las ciudades, villas y lugares del reyno den al dicho señor Rey de Castilla la misma seguridad, y por mayor firmeza, cada una dellas dé su sellado patente, con juramento y homenage, de bien y lealmente guardar todo lo susodicho, y que no consentiran ny daran lugar á que el dicho señor Rey de Castilla, ny sus reynos y señorios recivan mal ny daño alguno de gente estrangera ny del reyno. — Item, paresce á los Estados, que por los respetos susodichos é por entero contentamiento del señor Rey de Castilla, las personas singulares del dicho reyno de Navarra que el dicho señor Rey escogera y nombrara hagan y presten el dicho juramento de ynviolablemente observar y guardar todas y cada unas cosas de suso especificadas, é todo esto se hara con licencia y mandado de vuestra señoria. — Item, mas súplican los dichos Estados á vuestra señoria, que por entera conservacion de la paz y concordia que se trata, quiera trabajar como todas las fortalezas, villas é lugares que á los dichos señores Rey y Reyna de Castilla ó otros subditos y vasallos suyos tienen en el reyno de Navarra, aquellas sean entregadas al Rey nuestro señor libre y desembargadamente.

II.

Lettre des Cortès de Navarre au roi de France. (Bibl. nation., Paris, Mss. français, 2907, pièce 36, f° 26, orig. inédit.)

Cristianissimo principe é muy poderosso Rey é señnor. Una carta de vuestra real señnoria havemos recebido con este panatier (1) sino por la qual nos agradece la buena voluntad é afection con que nos havemos demostrado en el servitio de la corona de Navarra, rogando nos que de aqui adelante en ello perseveremos é continuemos, segunt que por la letra mas á largo se contihene. — En mucha merced tenemos á Vuestra Alteza que demuestre haver plazer dello, por que tal esperança tenemos de aquello, considerando que aqueste regno siempre ha seydo sostenido y conservado por la real corona vuestra de Francia. E por tanto suplicamos á vuestra real señnoria que en sus prosperos tiempos non menos faga enveres este Rey nuestro señor, por el deudo tan propinquo que con el tiene, pues la obligation de servir á Vuestra Magestad teñrra mayor que otro nenguño, y asi bien nosotros, por su respecto, haunque estamos algunamente marabillados, porque en el escrito vuestra señnoria dexa de le intitular rey, seyendo tal, y quoando los otros lo dexassen de dezir, nos parece que vuestra real señnoria lo ha en ello de mas faborecer, lo qual tenrremos á Vuestra Magestad en asseñyalada merced. Cuyos dias y estado prospere Dios luengamente. De la ciudat de Pamplona, á veynte nuebe dias del mes de julio l'anyo de ochenta,

De V^a R. S.,
Affectados servidores los tres estados del Regno de Navarra, residentes en la ciudat de Pamplona.

J. DE MUNARRIZ.

Au dos : Cristianissimo principe é muy poderosso Rey el .... Señnor ? Rey de Francia.

III.

Mémoire sur les négociations de mariage entre Catherine de Foix et le prince de Castille (1485), intitulé : Lo que se ynformó á los Reyes Católicos sobre cosas del reyno de Navarre, *et à l'intérieur de la carpeta :* Relacion por donde el Rey nuestro señor sera ynformado de las cosas del estado del reyno de Navarre, *sans date. (Arch. de Simancas, Patroa. real. Cap., con Nav., leg. 2, f° 15 et suiv. Document inédit.)*

Primeramante. Antes que la Reyna nuestra señora llegase à Burgos, le llego un mensagero del Cardenal é Conde de Lerin y Alonso Doria (?), súplicandole que su Alteza se llegase á Logroño porque tenian acordado de llegar á le besar la mano luego que alli llegase; y como quiera que su Alteza, tenia pensado de no pasar de Burgos fasta tener mas asiento tomado en estas cosas de Navarra, porque parescio que aver de parar alli su Alteza, se creya que el Cardenal no llegaria alli, pues esta su Alteza en lugar donde el Cardenal no viniesse, parescio que le negava la venida à su Alteza, parescio que devia venirse aqui estos dias, y asi se fiso, y luego que aqui llego su Alteza, vinieron los dichos Cardenal y Conde de Lerin y Alonso Doria. — Venidos, comencose á platycar en lo que á ellos tocava, porque cada uno dellos lo pidio para el otro, antes que en negocio principal se entendiese cosa alguna, y asy se fiso. Y primero se hablo en lo que tocava al Cardenal, y en esto pasaron algunas platycas, por que el demandava que le sáneasen, la renta que aventurava á perder en Francia, que eran VIII° D. (?) francos de renta de la yglesia, y XVj d. francos de pension que le dava el Rey de Francia, por que esto todo desia que tenia perdido, no solo sy el negocio se concluyese, mas aun en aver venido á la Reyna nuestra señora. Demás desto, pedia emienda de lo que perdia de ganar con el Rey de Francia, que era un Arçobispado que valia mas renta, y otras dignidades en Francia. Y sobre todo, demandava quel Rey é la

Reyna nuestros señores, le fiziessen alguna merced de renta en la yglesia, porque segunt su dignidad y el debdo que tenia con sus Altezas, no era synrazon quel toviese alguna renta en estos sus reynos, en la yglesia de Dios, mayormente ofresiendose este caso en quel podia servir. Y asi dixo muchas rasones, que serian largas de desir. A lo qual todo se le respondio, como parescio que convenia, y la principal respuesta fue que todo era razon lo que desia, pero que la emienda de lo perdido se le devia dar quando lo perdiese, y lo que yva por merced, quando sirviese en el caso presente, El todavia aquexo que luego le diesen á lo menos lo que perdia de la pension, que esta el sabia que le estava ya quitada, que aun el tercio segundo deste año no ge lo avian querido librar en la corte del Rey; y junto con esto mostrava el asiento que tenia fecho con el doctor y Alonso Doria, que desia que desde luego le avia de dar dos quentos de renta en conclusion. Considerando todas las rasones dichas, y como aunque el Cardenal paresce que no tiene parte en Navarra, á lo menos para entregar ninguna fuerça, que convenia estar concertados con el, porque ambas ó dos parcialidades de Navarra lo demandavan, porque con el han de haser ellos qualquier cosa que ovieren de haser en servicio de sus Altezas, porque paresce que en seguir á aquel no hasen yerro ninguno á su Señora; su Alteza ovo de asentar de le dar vij quentos DD. de renta en la yglesia, y desde luego se le situasen los ij quentos de maravedis dellos, para que dandole obispado ó renta de la yglesia que los vala, sean quitos estos ij quentos de mrs. de lo primero que se le diere, y despues de aquellos quentos le den el otro i quento DD. de renta de lo primero que vacare en la yglesia. Esto es casi lo que tenia asentado con el Doctor y Alonso de Quintanilla, salvo que se mando que ellos desian que de lo primero que vacase le diese el i quento DD. de renta, y del otro en pos dello los ij quentos de mrs, de los quales avia siempre de gosar, hasta que todos iij quentos DD. de renta le fuesen llenos, y agora es por el contrario, que qualquier renta que se le diere de lo primero se le descuente de los ij quentos de mrs que le estan situados. Fisose le una escriptura, en la qual se situen, que sirviendo el á sus Altezas en todo lo que mandaren, especialmente en lo del casamiento, le davan la dicha renta, como vera el Rey nuestro señor por el traslado della que se le embia, para que su Alteza la firme y la embie luego, porque la Reyna nuestra señora esta obligada de ge la dar firmada del Rey nuestro señor dentro cierto termino que se cumple á......, dias de,......., y por esto deve su Alteza mandar embiarla luego con correo expreso, para que al termino se cumpla con el. Y el Cardenal fiso una escriptura muy firme para servir contra todas las personas del mundo, syn excepcion (?) alguna, (la) qual se le demando con juramento ó omenaje, y especial de haser en esto del casamiento y en las cosas de Navarra todo lo que sus Altezas mandaren, porque otra seguridad no pudo el dar. — Esto fecho platycose en lo del Conde de Lerin, y no se se acuerdo el Rey nuestro señor de un memorial que llevo el doctor de Talavera á Madrid de lo que demandava que en suma era que le diese á La Guardia y los otros, y le prometyese una encomienda, la primera que vacare en la orden de Santiago de DD. de renta, y dosientas lanças pagadas de sueldo, quanto tiempo durare la guerra, esto synmill confirmaciones en Navarra de lo que tiene y aun de lo que no tiene. Pidio que le respondiessen á este memorial por el dicho, que dixese lo qual haria por lo que pidia aquella merced. Dixo que serviria en este negocio en todo lo que pudiesse, assi ayudando y consejando, para en las cosas de Navarra que ovieren de yr por via de negociacion, como sirviendo con su persona y casa en la guerra si la oviesse con Francia ó en otra parte, y en aquello aventurava á perder su vida y hasienda. Respondiose lo que en este negocio de Navarra estavan determinados el Rey é la Reyna nuestros señores de entender, trabajando quel matrimonio del principe y de la Reyna de Navarra se haga, y quando esto no oviere lugar por agora, entender en las cosas de Navarra para tener en ella tanta parte que sea seguridad que de aquel reyno no se apoderara persona que sea contraria á sus Altezas ó de quien esperen rescibir alguno daño en sus reynos; y que bien eran contentos de haser merced al Conde de Lerin, porque sabia(n) que en todo los podria bien servir, pero que esta merced se le avia de dar quando la cosa oviese efecto, ó estoviese concertada con tal seguridad que sus Altezas fuesen contentas. El dixo que pues mostrandose en su servicio, desde luego aventurava á perder lo que tenia, que la merced que le ficiessen queria que luego le fuese entregada, porque esta era negociacion que devia y queria negociar á su provecho, y que por esto queria que la merced que lo hiciesen le fuese luego entregada. Respondiose le que pues asy queria, que para que sus Altezas toviessen seguridad de lo que que les serviria, que les entregase en aquel reyno alguna cosa en que sus Altezas toviessen alguna parte para lo que se oviesse de hazer en el reyno, y que si tal cosa entregase, que le darian luego á La Guardia por merced, y que le permitiria(n) de procurarle la segunda encomienda que vacara en la orden de Santiago, y haser todo su poder por la aver, y que en lo de las confirmaciones que pedia en Navarra se le confirmarian lo que tiene y posee. En lo de la merced el se contentava. Pero de aver de entregar cosa alguna, el dixo que por ninguna cosa no lo entregaria, y tomolo tan mal que no es cosa de decir. Lo que dixo que lo quel tiene en Navarra de lo Realengo es en Pamplona y á una fortalesa de Estella, y á Viana, aunque el dise que la tenencia desto tiene por merced de juro de heredad, y que ninguna cosa desto entregaria á Rey estranjero por la vida, porque pensava que caya en caso de trayçion, y aunque se le dixo lo que en esto se le avia ofresçido en Madrid al Rey nuestro señor, y aun algunas veces á Alonso Doria, que daria á Pamplona y la fortalesa de Estella y cercado el mismo en las otras fuerças que tiene, esto todo lo nego, jurando que nunca en ello hablo cosa alguna, pues entregar cosa de lo suyo por ninguna cosa lo faria, porque paresçia que esto era falta de confiança que del tenian, y que por ganar, venia el aqui, que no por dexar de lo que tenia. Fuele dicho que entregase el á personas fiables á sus Altesas y á el algo de lo que tenia en Navarra, y que tambien se entregaria La Guardia, y que asentado el casamiento con las seguridades bastantes, ó teniendo ganado algun titulo justo el Principe al reyno de Navarra, porque desia que syn el casamiento, del reyno de Navarra tanta parte que fuese ge la podran dar, y teniendo seguridad para sus Altesas, le fuése entregada La Guardia; el nego del todo que ni el pornia cosa de lo que tenia en terceria, ni aun quel ninguna cosa pusiesse, se contentaria que La Guardia se pusiesse en terceria, salvo que luego le fuese entregada. Visto esto y conosçido del que avia gana qué luego le diese(n) La Guardia, y quel no diese cosa alguna por dar salida á la pendencia que con el se traya, y no paresçiese que del todo yva desconcertado, fuele movido que la Reyna nuestra señora le daria seguridad por La Guardia de ge la dar, asentado el casamiento con la seguridad suficiente para el, ó teniendo el Principe titulo dicho del reyno de Navarra y aviendo sus Altesas ávido á Tudela y á Estella y á Pamplona; tanpoco se contentó con esto. Crea el Rey nuestro señor que desto ombre no se conosçio cosa buena, aunque la Reyna nuestra señora, en diversas veses que le hablo, procuro mucho de sanear y contentar con lo que dé rason se devia contentar, y tambien el señor Cardenal de España; porque en su presencia le hablavan siempre los que en esto entendian por mandado de la Reyna nuestra señora. En conclusion, porque su fin era llevar de aqui á lo menos á La Guardia, con solo ofresçimiento suyo de servir lo que pudiese, dis quel vio que no podia asy llevarla, dixo quel entretanto de servir en esta jornada al Rey é Reyna nuestros señores en todo lo que pudiesse, y que desto no queria dar otra seguridad mas de lo que ha principiado á haser por su servicio, desde que Alonso de Quintanilla esta en Navarra, esperando que si la cosa se acaba como cumple á servicio de sus Altesas, sus Altesas le daran á La Guardia, y quando la cosa no se acabara del todo, y se fisiere qualquier concierto, que sus Altesas le faran alguna merced, aviendo respeto á lo que les oviere servido y á lo que aventura por los servir. Y con esto se contento la Reyna nuestra señora, porque mas no se pudo del sacar, mostrando contentamiento su Altesa de lo que le desia, y asy mostro el contentamiento de la esperança que la Reyna nuestra señora le dio, y ofreciose de servir en este negocio quanto mejor pudiese, y asy se dispidio de hablar mas en el fecho del Conde de Lerin.

Hablose en el negocio principal, lo que se devia haser para mas presto llegar á la conclusion, y quiso la Reyna nuestra señora saber del Cardenal y Conde de Lerin y aun de Alonso de Quintanilla, por lo que conoscian de Navarra, lo que les parescia que se devia haser. Y en lo que todos se concertaron fué en lo siguiente. Que las Cortes de Navarra se tornasen á llamar, y que si ser pudiese para Estella, porque alli podrian venir á mas parcialidades seguramente, y que alli eligesen embaxadores que fuesen á la Princesa á le desir, que pues ella les avia respondido cuando el otro dia fueron á ella de parte del reyno, que del matrimonio con el Príncipe de Castilla era muy contenta, pero que lo queria consultar con el Rey de Francia su hermano, que pues sabian que su voluntad era quel matrimonio se ficiesse, y conoscian que aquello era lo que cumplia á servicio de Dios y suyo y bien de aquel reyno y aun de todos sus señorios, y de lo contrario se podrian recrescer grandes males y daños y total destruycion de aquel reyno, y segund los fueros de Navarra, aquella señora avia de casar á su consentimiento dellos, y no lo fasiendo, ellos quedavan libres para eligir Rey, que la requerian que luego fisiesse el casamiento con las seguridades bastantes, syn esperar consulta con el Rey de Francia ni con otros, pues ellos no son subjetos al Rey de Francia, ni tiene el en esto cosa de haser, y que sy con este requerimiento la Princesa lo asentare bien, donde no, que le hagan las protestaciones ó actos que convengan, para que ellos quedasen libres della, segund sus fueros; y que esto fecho, todos en concordia elijan por Rey de Navarra al señor Príncipe de Castilla y á la Reyna doña Catalina, sy con el casaré, por Reyna de aquel reyno, y no en otra manera. Y que teniendo titulo del reyno el Príncipe, que luego entregaria al Conde lo que tuviese de la corona real de Navarra, entrega(da) La Guardia. Y asy farian los otros que algo toviessen, y syno quisiesen, se podria tomar mucha parte dello por fuerça, porque todas las universidades estarian mucho conformes en esto, y que ellas mismas ayudarian á ganar las fortalezas dellas, y espécialmente Tudela se daria luego la cibdad si la quisiesen rescebir, incorporandola en el reyno de Castilla,

En marge: Escriva el Rey nuestro señor sy le paresce que á Tudela se deven otorgar estos fueros, si se dieren.

dandola los fueros de Aragon. Y que con la fortalesa quel Conde daria de Estella, y la voluntad de la villa, tardarian poco de se tomar las fortalesas que tiene el merino. Y asy en poco tiempo se podria aver gran parte de Navarra. Y que luego devia yr el doctor de Talavera á la Princesa, para apartar la quanto mas pudiese, y que se hallase alli quando la embaxada de las Cortes fuese; y que Alonso de Quintanilla devia yr á Navarra, para trabajar de ayuntar las Cortes, y que devian yr embaxadores al Conde de Comeje (1) que es el señor del estadó, y el suegro del señor de Luntrec, que tiene mucha parte en la Princesa, para que la conseje que haga este casamiento; y embaxador al duque de Bretaña, que asymismo aprovechara mucho quel escrive á la Princesa; y al Rey de Ynglaterra para poner en nescesidad al Rey de Francia; y tornar á escrivir al Rey de Francia, que ya sabe lo que con el vicario se le embio á desir sobre este casamiento, que hasta aqui ha difirido la respuesta, y paresce que no lo hagan, que sy le plase que se haga, su Altesa le ruega que luego escriva á su hermana que lo concluya, y sy esto no quisiere haser, á lo menos no le escriva por ninguna persona, y que converna que el principe se aya de casar, y podria ser que en otro lugar que mas perjuysio sea del Rey de Francia; y que no hasiendose el casamiento, converna que la Reyna nuestra señora procure de aver lo que del reyno de Navarra le pertenesce, por la sentencia quel dió; y que por esto le ruega que en las cosas de Navarra no entienda en cosa alguna, mas de quanto por el Rey é Reyna nuestros señores fuera requerido, por virtud de las alianças que uno tiene. Todo este acuerdo paresció bien á la Reyna, nuestra señora, y asy se puso luego en obra todo como fué platycado, en la forma siguiente. — Que luego embio su Altesa á Rojas al Conde de Comeje, á le requerir que el escriviese á la Princesa, aconsejandola que concluyese este matrimonio del Principe, mostrandole por rason, quantos provechos destos se seguian á la Princesa y á su casa, y aun al mismo Conde de Comeje, porque nos desia que el estava mal con el Rey de Francia, y que le queria quitar si pudiese esta tierra de Guiana quel dis que tiene por el, ofresciendole que para aquella se le dara quanta ayuda pudiese, y otras muchas cosas que serian largas de escrivir; el qual respondió á Rojas quel deseava mucho que este casamiento se fisiese, pero que por reçelo del Rey de Francia que sabia que estava en ésto muy contrario, no osaria entender en ello publicamente, especial por quel creya quel Rey de Francia queria esta Reyna de Navarra para su hijo el Delfin, asi porque era de hedad que es muy conveniente á la del

Esto escrivio luego al rey de Francia, aun no es venida repuesta del vicario.

(1) Ou Corneja.

— 574 —

<small>Esto deste casamiento de Borgoña se cree que no es cierto, por que dis que en Francia no llaman esta niña Dalfina, syno madama de la Paz (?) ou Pos (?), que asy lo mandó el Rey, y creese que lo fiso porque no la llamasen Dalfina, por aver lugar mejor de aver otro casamiento para su hijo, y no le puede ser otro mejor que esto.</small>

Delfin, para aver luego hijos, como para estorvar que alli no entrase otro ninguno, porquel el casamiento de Borgoña no lo tiene por cierto el Rey de Francia, porque ella no ha mas de tres años, y no es cosa que le viene bien al Rey de Francia casar su hijo con tan pequeña niña. Pero que por se asy faser el Conde á lo que Rojas le desia de parte de la Reyna nuestra señora, quel embiava un pariente suyo á la Princesa á la rogar y consejar que hisiese este casamiento, y hiso que Rojas fuese con aquel su pariente para traher la respuesta que la Princesa diese; y el asy lo fiso, y la respuesta que truxo fué poner muchos ynconvenientes al casamiento del Principe, asy por la hedad como otros muchos, y de tal manera lo respondió que parescia que tenia fecho algund concierto con su hermano, que quando mas lo podia en sus hablas crescia la hedad de su hija, mas de lo que ella ha, y hasia la del Principe menor de lo que es, porque paresciese mas desto pasadas las hedades. Y hase mas creher este concierto que la Princesa tiene con su hermano, allende las otras cosas, que antes que se concertase, para le poner á ella en nescesidad, hiso el Rey de Francia quel ynfante don Juan, señor de Narbona, dixese que le pertenescian aquellos señorios, y que no los podian heredar mugeres, y junto algunas gentes que pudo y tomo tres lugares del señorio de Fox con sus fortalesas, y alguno dellos asaz principal villa, y las otras buenas villas; y visto por la Princesa la nescesidad que tenia, embio al Rey de Francia uno suyo, y decian que ofresciendose de haser todo lo quel quisiese en este casamiento, y creese porque luego que aquel mensajero le embio ante el Rey de Francia, recibio dos mensajeros suyos al ynfante don Juan que lo entregase á el aquellas villas y fortalesas, y asy lo hiso luego, y el las tiene en su poder; creese que antes quel estoviese concertado con la Princesa, dio logar quel señor de Narbona le fisiese aquella guerra, y despues que estan concertados, tomo los lugares del poder del otro, y tiene los en su poder, para todavia tener en nescesidad á la Princesa. — Esto de la eleccion del Principe, como quiera que la Reyna nuestra señora lo acebto, quando el Cardenal y el Conde lo consejaron, pero su Altesa mando que Alonso de Quintanilla en ello toviese esta forma, que en las Cortes se juntasen y embiasen la embaxada á la Princesa, para que ella é su fija viniesen al Reyno de Navarra, que alli les jure sus fueros (dentro en Pamplona se ha de haser esto y no en otro logar), y que case á consentimiento del Reyno é no en otra manera, y sy esto no se hase, puedan ellos segund disen elegir Rey, y que sobresto les hagan sus requerimientos, para que queden libres de la Princesa é su fija, é que en las Cortes se haga por acto que desde luego prometan, que sy la Princesa é su fija no viene luego é no hase el casamiento que eligiran al Principe de Castilla por Rey de Navarra é á la Reyna doña Catalina por Reyna de aquel reyno, casada con el Principe é no en otra manera. Esto fiso su Altesa, porque podria ser que savido por la Princesa que en Navarra tienen fecho, estorvaran que le apartara para que luego asiente el casamiento ó se concierte este negocio en la mejor manera que ser pueda, y tambien durante este tiempo que va y viene la embaxada avera espaçio para quel Rey é la Reyna deliberen sy acebtaran la eleccion ó no. A lo menos ganarse ha en faser luego este acto, que ternemos prendados á los del reyno de Navarra, para que qualquiera que sus Altesas quieran seguir en estas cosas de Navarra y les ayan de servir en ella. — Su Altesa embio a un bachiller de Variola (?) que bino (ou bive) en la provincia de Guipuzcoa al Rey de Ynglaterra, con todo lo que convenia para este negocio, esperando que quando otra cosa no fuese, aprovecharia que estoviese en Ynglaterra, en lugar donde sus Altesas, para meter miedo al Rey de Francia. Hasta agora, no avemos avido respuesta alguna ; creemos que tanta turbacion tienen en aquel reyno, despues que murio el Rey de Ynglaterra, que poco nos ayudaran de alli ; con todo esperamos lo que troxieren. — Jóhan de Herrera, el de Valladolid, fue al duque de Bretaña, con lo que convenia para este negocio, y porque se sabe que sy el Rey de Francia muere, que la governacion de aquel reyno pertenesce al Duque de Bretaña, ofresçese lo que para aquello, quando tal acaesciese, se le daria toda ayuda que quisiese. Esperamos lo que respondera. — El doctor de Talavera fué luego á la Princesa, para aquexar que concluya el casamiento, y á la yda paso por Pamplona y por Roncesvalles, y lo que allí hallo, escrivio á la Reyna nuestra señora por esta carta que al Rey nuestro señor se embia. Y despues que llego á la Princesa, escrivio estas dos cartas que tambien se embian á su Altesa, y la Reyna nuestra señora le responde á todo, lo que dise en conclusion, que trabaje por actar el casamiento luego publicamente con las seguridades convenientes, y si no le pudiere actar publico que sea secreto, como el dice, con tanto que las seguridades sean, ó poner su fija en lugar seguro á sus Altesas y á su contentamiento, ó que del reyno de Navarra nos de, sy ella lo pudiere dar, ó sino consienta que tomemos algunas fuerças que sean seguridad para quel casamiento se hará ; y se desfisiesse el casamiento por voluntad de las partes, ó porque qualquier fallesca (lo que Dios no quiera !), que le daran seguridad sus Altesas de le tornar lo que ovieren tomado del reyno de Navarra. Todo esto se hase, porque lo que se procurara de aver del dicho reyno de Navarre en qualquier manera, paresca que esta voluntad de la Princesa, y no diga ella que estan tratando con ella el casamiento y por otra parte le toman el reyno, porque sy en qualquier manera algo pudiesemos aver del reyno, aquello hera harta seguridad para lo que nos convenia, y para lo aver aprovecha mucho el concierto de la Princesa, porque los que lo tienen mejor y mas presto lo dieran con el consentymiento de la Princesa que no syn el, y entonces con justicia y lo podremos demandar y aun tomar por fuerça. — El vicario de Francia ha escrito que nunca ha visto el Rey, ni le ha querido hablar, y que alla en Francia se dise que á esta Reyna de Navarra trahen tres casamientos en Francia; el uno es con el Conde de Angulema, que es un gran señor en aquel reyno; y el otro es con el Príncipe de Tarento, fijo del Rey de Napóles, y el otro es con el fijo del señor de Labrid. Y dis que la Princesa se quiere casar con su padre, y la fija con el hijo. Esto se cree mas que los otros, asy porque dis que los señorios deste son juntos con Fox y Bearne, como porque nos ha escripto don Juan de Gamboa que ha sabido quel Rey de Francia ha fecho Condestable de Francia al señor de Labrid, creese que por darle mas abtoridad para casarle con su hermana. No se sabe cosa desto de cierto. Otro casamiento nos disen que quiere mas el Rey de Francia que ninguno destos, y esto es con el hijo del Duque de Saboya. — Despues de ydos el Cardenal de Fox y el Conde de Lerin, vino el Condestable mosen Pierres (acavo de algunos dias partieron), y con el vinieron algunos de su parcialidad, y esto no lo pudo ninguno desir mejor quel lo dixo. Pero como algunos tienen á este por ombre que no cumple todo lo que dise, ni aun lo que jura, no se crehe del syno la obra que vieremos. Con todo, el fiso una escriptura muy fuerte con juramento y pleito omenaje de servir en este negocio á sus Altesas, y de se juntar á las Cortes, luego que fueren llamadas, y conformarse con el Cardenal, asy para hacer la embaxada, como para qualquier eleccion ó otro acto que haya de haser su Altesa. Quedo bien contenta del Condestable la Reyna nuestra señora; y todos los que con el vinieron juraron de hacer maravillas. Plega á Dios que asy lo cumplan! Quedo de embiar aqui luego á la Condesa su muger y aun al Infante su yerno, porque en caso de lo que á el toco, no quiso hablar, syno remitiole á su muger, la qual esperamos que verna aqui presto. — Antes que partiese para aca, entrego al Infante á la fortalesa de Tudela. A la Reyna nuestra señora plego desto, porque mas presto se sacara de poder del Infante sy no viniera, que no de mosen Pierres, asy hasiendole partido, porque dis que para solo esto que la entrego, porque mediase con ella, como por quel Infante esta muy ofrescido para servir á sus Altesas, y mejor hablaremos con aquel para ge la demandar claro, que no sy la toviera el Condestable; porque dis que sy teniendola el, le cometieran á ge la demandar que tomara tanto resabio, que nunca le pudieramos tornar á poner en ninguno concierto. Disen nos que venido aqui el Infante, que le plasera de entender en ello, y aun creese que á bueltas de lo que demandare que le den por Tudela, demandara que le den algo en Aragon, y porque la Reyna nuestra señora no sabe cosa que se le pueda ofresçer, suplica al Rey nuestro señor que le embie desir sy ay algo que se le pueda alli dar; porque Tudela es tal cosa y tan provechosa para Castilla y para Aragon, que no es de doler cosa que por ella se aya de dar. — Avêmos sabido de algunos que han hablado con la Condesa, muger del Condestable mosen Pierres, que tiene orden de mandar en partido para su marido y para el Infante á cosas las que tiene al duque de Villahermosa, porque disen que tiene derecho á ella el Infante, y una villa de Miranda que es en Navarra, porque disen que asy mismo tiene derecho á ella el Infante que ge la dexo su madre, y tambien dis que demanda á Amposta que dis que tiene alguno derecho á ella el Condestable; de todo esto no sabe cosa alguna la Reyna nuestra señora, ny sy tiene á ello derecho ó no; súplica al Rey nuestro señor lo que dello sabe lo escriva luego, y lo que paresce que en esto suelen haser. — Antes que mosen Pierres viniese acá, embio á la Princesa á su sobrino el Marichal y otros dos, como dise la carta quel doctor embio, y tambien á la muger del merino de Castilla. No sabemos que desir á tales cosas, que por un cabo vino aqui á ofrescer lo que ofrescio, y por la otra parte embio á aquellos á la Princesa, para lo que en su carta dise. Pero esto no es cosa nueva para el Condestable. — Alfon de Quintanilla es ydo á Pamplona para negociar con el Cardenal y con el Conde el juntamiento de las Cortes, y que se haga la embaxada, y no embargante lo que aqui asentaron antes que partiesen, y lo que despues escrivio el doctor por la otra que embio desde Pamplona, han agora ynovado lo quel Rey nuestro señor vera por esta carta que escrivio á la Reyna nuestra señora. Su Altesa le respondio maravillandose del Cardenal aver fecho aquella novedad de se llamar Visorey contra lo que quedó asentado, porque antes que de aqui partiese, le dixo la Reyna nuestra señora que en ningund caso se lo llamase, porque esto no ha lugar, pues en aquel reyno no la han jurado ni rescebido todos su Reyna, y pues no la tienen por Reyna de aquel reyno no resçebiran alli sus poderes, y aun porque sy asy fuese, no aura logar la eleccion del Principe, porque esta eleccion se ha de haser, por defecto que no viene al reyno la Reyna, que segund sus fueros alli se ha de venir á jurar, y no viniendo y casando syn su consentimiento, ha logar la eleccion; y sy oviese Visorey, no era necesaria la venida de la Reyna, y asy no auria logar la eleccion. Y embio mandar la Reyna á Alfon de Quintanilla que sobreste caso requiriese al Cardenal, por virtud de escriptura que tiene jurada, para le apartar que no se llame Visorey, y que llame á las Cortes, y en lo de los temores que de nuevo muestran el Cardenal y el Conde del Rey de Francia, le escrivio que no ay rason de nuevo porque lo tengan ; y en lo que certifican que la Princesa casara luego su hija, se les escrivió las rasones que ay por donde no es de creher ; y quanto á las dd. lanças que demandan, se les respondio que tomando sus Altesas la eleccion del reyno para el Principe, para cobrar el reyno, no solo dd. lanças mas tres y quatro mil meteran sus Altesas en el reyno, para lo aver. Y embio su Altesa á mandar á Alonso de Quintanilla que en todo caso apretase para que las Cortes se llamen y ayunten luego. Espéramos su respuesta. — Su Altesa embio á Juan de Luxan á toda la parte de los Agramonteses, porque el ha tenido con ellos alguna ynteligencia ; y don Alfon de Quintanilla tiene alguna sospecha, porque es amigo del Conde, para procurar de los ganar para el tiempo que las Cortes se juntaren, y aun para buscar manera de aver alguna parte en aquel reyno, para qualquier cosa que sus Altesas acordaren de seguir en esto fecho y tambien para venir con la Condesa, muger del Condestable, porque ella le dixó quel fuese á vivir con ella ; hasta agora no sabemos lo que aya fecho. Todos estos Navarros son tan mala gente que nunca fué vista peor ; no ay verdad en su boca ; todos piensan enriqueçer con este negocio y no poner cosa en aventura de lo que oy tienen. Y sobre todo, su estudio es poner cierto adelante á sus Altesas con este negocio, hasta que tengan en el nescésidad, y despues quedarse á fuera syn peligro ni aventura suya, como hisieron en los tiempos pasados, especial quando el Rey don Enrrique vino á ser llamado á esta tierra y despues que gasto CCC d. doblas castellanas le hurtaron quanto el avia ganado. Asy que es bien estar sobre el aviso con ellos, y la Reyna nuestra señora procura de no rescebir engaño dellos, y espero en Dios que asy se hara. — Sy caso fuese que no se pudiese acabar con la Princesa el asiento del casamiento del Principe, ni ay en ello remedio, é viniese por concierto con el Rey de Francia é con la misma Princesa, que por se quitar de questiones con el Rey de Francia y tambien con el Rey y Reyna de Castilla, que la Reyna de Navarra no casase con el Principe ni con el Dalfin, ni menos con ninguno del reyno de Francia, y que oviesse de casar con otra persona, á contentamiento del Rey é Reyna nuestros señores, y pues la Princesa por el debdo que tiene con el Rey de Francia consulta con el esto del casamiento é espera su voluntad en el, tambien es rason que espere la voluntad del Rey é

Reyna nuestros señores, pues esta señora tiene tanto debdo con sus Altesas, y de la parte que ella hereda lo que tiene, allende que por la vesindad que Navarra tiene con Castilla, y por lo que de aquel reyno pertenesce á sus Altesas se devria haser. La Reyna nuestra señora suplica al Rey nuestro señor, quel escriva quien deve nombrar para que case con esta señora, que su Altesa mucho lo ha pensado y no halla á quien pueda nombrar. Sy caso fuere qué esto del casamiento publico ni secreto no se pueda asentar con la Princesa, y que tambien estos del reyno de Navarra dilataren en embiar la embaxada y haser la eleccion del Principe, vea el Rey nuestro señor si sera buena salida para este negocio que se tomase seguridad de la Princesa que no haga el casamiento de su hija syno á voluntad de sus Altesas, y para esto que diese alguna seguridad y toda la que puede dar, no es syno que del reyno de Navarra se den algunas fortalesas á sus Altesas, en rehenes dello, y aun estas no las puede dar la Princesa, syno dar su consentymiento para que sus Altesas las ayan por partido ó por fuerça, como mejor pudieren, porque en qualquier manera que se ayan fortalesas de Navarra, para qualquier seguridad que se ayan de reheñar, aquello nos basta para ser seguros que en aquel reyno no entrara persona contra la voluntad de sus Altesas, pues que esto es lo que queremos, y con esto se quitan muchos ynconvenientes que de la rotura se podrian recrescer, especial por no estorvar á la guerra de los Moros.

IV.

Lettre de Charles VIII au vicomte de Lautrec, touchant le mariage de Catherine de Foix, reine de Navarre. (Arch. des Bass.-Pyrén., E. 543, orig. inédit.)

Mons' de Lautrec, pour ce que j'ay esté adverty que ma tante la Princesse de Vienne est fort requise de plusieurs lieux de traicter le mariage de ma cousine, la Royne de Navarre, sa fille, et que je désire bien qu'elle soit mariée et alliée en maison qui soit seure et féable à moy et à la couronne de France; j'escripts présentement à madite tante à ce qu'elle vueille traicter, consentir et accomoder le mariage de madite cousine, sa fille, au fils de mon cousin de Labret, qui sera chose bien consonnant, et que j'auray bien agréable, pour ce que ses prédécesseurs ont tousjours bien et vertueusement servy la couronne de France, comme vous sayez; et aussi que en la mariant ailleurs, je pourroys y avoir un pire subgect et voisin que luy. A ceste cause, je désire singulièrement que ledit mariage se face. Par quoy, je vous prie, Mons' de Lautrec, sur tout le plaisir et service que me désirez et vouldriez faire, que en ceste matière, vous vueilliez employer et y tenir la main, et à ce faire, inciter madite tante, et aussi les seigneurs barons et gens des estats de ses pays et autres où verrez que besoing sera, en manière que ceste matière sourtisse effect. Escript à Amboyse, le VIIIe jour de septembre.

CHARLES.

Et dessus : A nostre cher et amé cousin, le seigneur de Lautrec.

V.

Ligue entre Madeleine de France, tutrice de Catherine, reine de Navarre, Charles, comte d'Armagnac, Alain, sire d'Albret, Odet d'Aydie, comte de Comminges, Jean de Foix, vicomte de Lautrec, pour soutenir l'autorité de Charles VIII en France. (Arch. des Bass.-Pyrén., E. 86, orig. parchemin, doc. inédit.)

Madeleine, filhe, seur et tante de Roys de France, princesse de Vienne, tant en notre nom, comme ayant le bail, gouvernement et administracion de nostre très chère et très amée filhe, la Royne de Navarre, comtesse de Foix et dame de Béarn, Charles, comte d'Armagnac et de Rodès, Alain, comte de Dreux et de Gaure, Odet d'Aydie, comte de Comminges et seigneur de Lescun, Jehan de Foix, vicomte de Lautrec, et seigneur de Barbazan et de Villemur, à tous ceulx qui ces présentes lettres verront, salut.

Savoir faisons que nous, considérans le bas aaige et mynorité en quoy le Roy nostre souvirain seigneur est à présent constitué et posé; Par quoy, ses anciens ennemys et autres pourroient enterprendre sur sa personne, son royaume et subgectz; Pour obvier ausquelles entreprinses, tous les parans, amys, serviteurs, subgectz et bienveillants dudict seigneur se doivent esvertuer et résister de tout leur pouvoir; Et, en oultre, ayans considéracion à la proximité du lignaige qui est entre nous, et l'aliance, amour et amytié que tousjours par cy devant et de toute ancienneté, a été entre nous et nos prédécesseurs, seigneurs de nos terres et seigneuries, voulans icelle garder et entretenir, avons faict ensemble et faisons aujourd'huy, date de ces présentes, à tousjours mais, le cors de la vie durant et de chascun de nous, aliance, amytié et confédéracion pour nous, et nos adhérans et pour noz hommes et subgectz et toutes et chascunes noz terres et noz seigneuries. Et avons promis et juré par foy et serement par nous solempnément faict, et sur nostre honneur, que si aucun ou aucuns voulloient entreprendre aucune chose sur la personne du Roy, nostredict seigneur, son royaume et subgectz ou sur nous ou l'un de nous, nos biens, estatz et honneurs, et de nos adhérans, terres, pays, seigneuries et subgectz, de y obvier de tous noz pouvoirs et puissances et servir le Roy, nostredict seigneur, de corps et de biens envers et contre tous qui pourroient vivre et mourir ; et nous secourir et aider l'un l'autre, et endommager les ennemys du Roy, nostredict seigneur, et de nous et de chascun de nous le plus que nous pourrons, et, pour ce faire, exposer nos propres corps, si besoing est, nosdits pays, terres, seigneuries, et subgectz et biens quelzconques, sans rien y espargner ; Et, avecques ce, a esté accordé et appointé entre nous que si, par aventure, soubz colleur de ladite minorité et bas aage du Roy, nostredict seigneur, aucuns de leur autorité et sans la délib'ration de son conseil, tel que, par les trois Estats de sondit royaume, dernièrement assemblés dans la ville de Tours, a esté advisé et requis, et par le Roy nostredict seigneur, les princes et seigneurs du sang et autres de son conseil, accordé et auctroyé, voulloient donner mandement et commissions, et, par vertu d'icelles, faire exploictz à leur plaisir et voulanté à l'encontre de nous, nosdits biens, estatz et honneurs ou de l'un de nous, aliés, adhérens ou subgectz, que à tels mandemens et commissions ne sera par nous obey, ainz y résisterons de touz nos pouvoirs et puissances, mais seulement obéirons aux mandemens, lectres et commissions auctroyées par le Roy, nostredict seigneur, en sondict Conseil, tel que par lesdicts trois Estats, comme dit est, a esté requis, et par ledict seigneur, accordé et auctroyé, et aussi aux mandemens de sa justice, comme il est de faire. Pour l'entretènement et approbation de toutes et chascunes lesquelles choses, et après icelles avoir solempnement jurées, comme dit est, estre par nous de point en point gardées, entretenues, observées et accomplies inviolablement, Nous et chascun de nous avons signé ces présentes de sa main et fait sceller de son scel. Le dixiesme jour de juing, l'an mille quatre cens quatre vingt et quatre.

Signés : MADELEINE, CHARLES, ALAIN, ODET D'AYDIE, JEHAN DE FOYX.

VI.

Instructions de l'ambassadeur Pedro de Hontañon (17 juin 1494).
(Arch. de Simancas. Estado Navarra, leg. 344, f° 9, copie, document inédit.)

Lo que vos Pedro de Hontañon, contyno de nuestra casa, aveys de desir de nuestra parte á los muy ilustres Princesa é el Rey é Reyna de Navarra, nuestros muy caros é muy amados sobrinos, por virtud de las creencias que para ello llevays, es lo siguiente: Primeramente, que les rogamos mucho que en las cosas pasadas con el Condestable de Navarra, cerca de lo de Artajona, pierdan todo el enojo que del tengan y miren de aqui adelante por el é por lo que le tocare como si aquellas no pasaran, pues de aquello él ha 'sido de nos mucho reprehendido, que le avemos dicho é mandado desir la forma que en conplir sus mandamientos ha de tener, como es rason, lo qual creemos que el asi conplira, y ésto se le dira mas conplidamente antes que de nuestra corte parta, porque deseamos mucho ver á los dichos Princesa y al Rey é la Reyna nuestros sobrinos en mucha paz é sosiego, quitos de todo enojo con sus subditos é naturales, y que sean de todos ellos acatados é servidos como es razon, y que todos los ynconvinientes que en esto atravesar se pudiese, se apartasen, como mas conplidamente vos hablamos, asi cerca desto como en todas las cosas que en el memorial que del dicho Condestable llevays se contiene, las hablad de nuestra parte, diziendoles en todo nuestro parecer. — Otrosy les direys que el ynfante don Jayme, nuestro sobrino, nos ha fecho relacion que la reyna doña Leonor su madre, nuestra hermana (que santa gloria aya), diz que le dexo la villa de Miranda, la qual diz que muchas vezes les ha pedido que ge la den é fagan dar, pues le pertenesce, y fasta agora diz que no ha podido alcançar que la dicha villa se le de, y que pues el dicho ynfante nuestro sobrino tyene con ellos y con su casa tanto debdo, que nos paresce mucha razon que el y sus cosas sean bien miradas y tratadas, y guardada enteramente su justicia en lo que á esta villa toca y á el pertenesce. Por ende que les rogamos mucho que lo quieran haser asi, dando le lo que le pertenesce, y en todo administrando libremente justicia, asi en esto como en otras cosas que le toquen, lo qual mucho les gradesceremos.

Otrosy les dires que les rogamos que en lo que toca á don Juan de Mendoça, cavallero de nuestra casa, les rogamos que le guarden y manden guardar enteramente su justicia, mandando á los de su Consejo que lo vean bien y brevemente, porque nos dizen que en lo de fasta aqui le an puesto algunas dilaciones, pues saben que el dicho don Juan los a de servir y obedecer, como es rason.

En lo que toca al obispado de Pamplona, les dires que ya saben quánto nos quisieramos que se proveyera á su voluntad é lo procuramos, é visto que aquello no podia ser por las cabsas é rasones que con vos les enbiamos desir y despues en sus embaxadores hablamos, les rogamos mucho quieran tomar al Cardenal de Santa-Anastasia por amigo é servidor, y ayan por bien de le dexar pacificamente la posesion de su obispado, pues la persona que por el oviere de estar en la administracion sera á su voluntad dellos, y al Cardenal ternan por procurador en Roma, para en todas sus cosas, y para adelante se podra procurar como no se aya de prover de aquella yglesia sino á su voluntad, y nosotros no daremos de aqui adelante la posesion de lo que esta en nuestros reynos de aquella diocesi, sino fuere con consentimiente suyo, segund que con sus embaxadores se hablo que desto levaron cargo; lo qual rescibiremos dellos en mucho gradescimiento; y esto les hablad asi conplidamente como aqui vos lo hablamos. Fecha en la villa de Medina del Campo, á XVII dias (del mes) de junio de XCIIII° años.

VII.

Traslado de las cartas que llevo el doctor de Puebla para Navarra, quando fue por embaxador alla, desde Madrid XXIX de setiembre de XCIIII° años (1494). *(Arch. de Simancas,* Estado Navarra, *leg. 344, fº 10, doc. inédit.)*

Don Fernando é doña Ysabel, etc. A vos el doctor, Ruy Gonsalez de Puebla, del nuestro Consejo, salud é gracia; sepades que al tiempo que se fizieron é asentaron ciertas capitulaciones entre los muy yllustres Rey é Reyna de Navarra, nuestros muy caros é muy amados sobrinos de una parte, y el Condestable de Navarra, Conde de Lerin, por si é por sus hermanos é parientes é amigos de la otra parte, por ruego de los dichos Rey é Reyna de Navarra et á suplicacion del dicho Condestable, nos salimos por fiadores é seguradores de amas partes, para que cada una dellas conplira lo que asento é capitulo con la otra, é que si qualquier della non la cunpliese, nos ayudariamos é favoresceriamos á la otra parte, fasta que lo que asento oviese efecto é se cunpliese; é porque por parte del dicho Condestable de Navarra nos es hecha relacion que por los dichos Rey é Reyna de Navarra, nuestros sobrinos, es procedido contra el é contra sus bienes, contra lo que asy fué con el capitulado é asentado, de que nos diz que somos seguradores, é nos suplico cerca dello le mandasemos proveer é remediar, conforme á la seguridad que nos asy dimos, é para entender en el remedio dello, embiamos á vos por nuestro embaxador á los dichos Rey é Reyna de Navarra é Princesa de Viana, confiando de vos que soys tal que guardares, etc. Por la qual vos mandamos é damos poder conplido para que si entendierdes é creerdes que cunple al bien del negocio, sobre que asi vos enbiamos, é para que se cunpla lo que asy cerca dello tenemos proveydo é segurado para ello, podades juntar qualesquier nuestras gentes é de nuestros subditos é naturales, ó para que se faga é cunpla lo que asy tenemos prometido é segurado é por esta nuestra carta mandamos à qualesquier concejos destos nuestros reynos é señorios que son fronteras de Navarra ó á cada uno é qualquier dellos é á otros qualesquier nuestros vasallos que de nos tieuen tierras ó acostamientos, é á otros nuestros subditos é naturales que para ello por nos fueren requeridos é á cada uno dellos, que se junten con vos poderosamente con sus cavallos é armas é fagan é cumplan é pongan en obra lo que vos de nuestra parte los dixerdes é mandardes, como sy nos en persona ge lo mandasemos á los plasos ó so los penas que vos los pusierdes ó mandardes poner. Para lo qual todo vos damos poder conplido por esta nuestra carta, con todas sus yncidencias, etc. Dada en la villa de Madrid, XXIX dias del mes de setiembre, año de jdCCCC.XC.IIII° años.

VIII.

Instructions donnés par les rois de Navarre à leur ambassadeur Miguel d'Espinal. (Date probable, octobre 1494.) (Arch. de Simancas, Estado Navarra, leg. 344, f° 17, copie, doc. inédit.)

Memorial de las cosas que han succedydo en este nro reyno despues de vuestra partida, las quales vos Miguel del Espinal, nuestro secretario y enbaxador dares á las Altezas del Rey é de la Reyna de Castilla, nuestros muy caros thios señores. Primo, dirés que diez dias haura de tienpó poco mas ó menos, el Conde de Lerin continuando en su proposito malo, é no bastandole de hayer echado al tienpo que ocupo la villa é las iglesias de nuestra villa de Viana, mas de XXXᵃ vezinos de los principales, agora de nuebo ha fuera echado pasados de lXXXX vezinos, y segunt somos certificados, acuerda de echar los que quedan, é no dexar á nenguno, por mas enteramente señorearse de la dicha villa y de las faziendas de los vezinos della. — Item, dires como continuamente carga de gente estrangera, y tiene en la dicha nuestra villa fastal número de VIIIᵃ hombres de pié é quarenta de cavallo del duque de Nagéra, para la provision y mantenimiento de los quales toma los bienes é faziendas de los vezinos de la dicha villa, de manera que los destruye y echa á perder, en grant offensa nuestra é de sus Altezas, por tener assegurada la dicha nuestra villa destos dañnios que ha recebido é recibe. — Item, dirés como de cada dia el duque de Nagéra enbia de sus gentes de pié y de cavallo en favor del Conde de Lerin, y en todas las fortalezas que en este regno tiene estan puestos en garnicion y fazen todos los danyos que pueden á nuestros subditos, robando los caminos y faziendo otros excessos, muertes, y apresionando los caminantes. — Item, dires como luego despues que el Conde de Lerin se apoderó de la villa de Viana con gente del duque de Nagéra (y) de la ciudad de Logroño en fuera, nos enbiamos dos personas de nuestro consejo al dicho duque de Nagéra á le requerir, por virtud de las alianças que con sus Altezas tenemos y de los mandamientos é provisiones penales que acerca dello proveyeron, por los quales esta vedado á todos los cavalleros y bassallos de todos sus reynos so grandes penas que no ayan denbiar gente suya en este Regno, y lo mismo enbiamos notificar á la ciudad de Logroñyo, y á las provincias de Guipuzcoa é Alaba é á las otras partes destas fronteras. Todavia acabado que todos los otros han obedescido á sus mandamientos, y mandandolos pregonar y publicar, vedando que gente nenguna darmas no sea osada de venir en este nuestro Regno, el dicho duque de Nagéra no ha querido obedescer ni cunplir sus mandamientos, antes dió por respuesta á nuestros mensageros que no dexaria de favorescer é ayudar y embiar gente en favor del dicho Conde de Lerin, é assi en presencia de los dichos nuestros mensageros fizó pregonar en la villa de Navarrete y en los otros lugares suyos que todos sus vasallos de IX años abaxo y de XV arriba con sus armas estoviessen apercebidos para passar en este nuestro Regno, en desservicio nuestro y en favor del dicho Conde de Lerin, y assi lo pone por obra. Dires á sus Altezas que de la desobediencia y poco acatamiento que el dicho Duque demuestra, les pedimos de merced demuestren el sentimiento, que esperamos que á todo lo que el puede fazer de danyo y deservicio á nos é á nuestro Regno, libremente daremos remedio con la ayuda de Dios, que quando no se mirasse mas por el servicio é respeto de sus Altezas que es su merescimiento, le fariamos dar tanto que fazer en su casa, que perderia el pensamiento y presumpcion de passar en este nuestro Regno y se guardaria bien de fazerlo que agora comete y faze, en tanto deshonor de sus Altezas y deservicio nuestro. — Assi bien dires á sus Altezas como se dize publicamente que alguna gente de cavalleros principales, de su Regno de Castilla, á requesta del dicho Duque, se dize que han de venir en favor del dicho Conde de Lerin, é como quiera no podemos creher que tal sufran sus Altezas, pues tienen conocido de nos la gana que tenemos de siempre obedescerles como fijos, suplicares á sus Altezas que proveyendo con el rigor que el caso requiere contra los que han dado lugar y atrevimiento de venir en este nuestro Regno, den forma y orden como sus mandamientos sean obedescidos, y de sus basallos no recibamos danyo ni deservicio. — Item, por dar noticia á sus Altezas del estado en que estan los fechos deste nuestro Regno, les dires como vista la fortifficacion é guarnicion, que por el Conde de Lerin, con la ayuda, favor y estalfo (sic) de las gentes del dicho duque, se fazia en nuestra villa é castillo de Larraga, de donde en fuera, porque les parescia estava en parte mas conpetente, para nos deservir é fazer dañyo á todo nuestro Regno, es començaron fazer todo aquello que podian, corriendo el campo á donde se podian estender, saltear los caminos y apresionar é matar los hombres caminantes é otros, por lo qual fué nuestra deliberacion de recobrar la dicha villa é castillo, á nuestra obediencia, é assi la mandamos sitiar, porque en nenguna manera cumplia á nuestro honor é servicio quedasse la dicha villa como estava ni dessarla de cobrar, segundt las cosas desaguisadas que de aquella en fuera se havian principiado fazer, y lo han bien demostrado despues de ydo el sitio, poniendose en resistencia y rebeldía contra nuestro capitan general, faziendo armas é feriendo y matando los fieles é buenos subditos nuestros que van en nuestro servicio, é tirando tiros de ballesta con yerva que es cosa fuerte é inhumana de averlo de oyr. Como quiera que pongan sus fuerças, pues aquellas no pueden mucho resistir ni bastan contra sus propios Reyes ó señores, tenemos esperança que dentro espaçio de dos ó tres dias sera ganada la dicha villa é fortaleza, porque esta mucha banda de artillería y derribada gran parte de los muros, para dar al conbate, y day en fuera en lo que queda por reduzir á nuestra obediencia, habra poca difficultat é resistencia, mediante la ayuda de Dios y la buena affection y desseo que nuestros leales subditos tienen á nuestro servicio. Y en siguiente, procediendo por justicia contra nuestros rebeldes y desobedientes, como ya esta principiado y enancado, daremos á todo fin é conclusion en breve, de manera que ante que day partaes, sabres de nos como todo es redduzido á nuestra obediencia, y que en personas, bienes y en las honras, queden punidos é castigados nuestros rebedes, segunt merescen sus manifiestos y graves excesos. — Item, assimesmo dires como el Conde de Lerin continuando su mal proposito, llevaba tracto de tomar nuestra villa de la Puente de la Reyna algunos vezinos de la dicha villa, y tenia concierto para el domingo hultimamente pasado V° dia deste mes presente de Otubre, é si uno de los que fueron cometidos que es fijo del que llevaba el tracto no nos lo descubriera, se executara, donde se nos siguiera muy grant deservicio y á la villa gran dañyo porque tenia concierto de matar los principales de la villa affectados á nuestro servicio é tomar los bienes; lo qual todo queda remediado, porque como fueron sentidos, algunos dellos fuyeron y otros estan presos, los quales padeceran por justicia, segunt sus demeritos. — Assi bien dires como el dicho dia domingo, el Conde de Lerin enbió ciertos escuderos suyos á la fortaleza de Larraga que esta sitiada y como fueron sentidos, los de nuestro real de cierta instancia sallieron, é les quitaron ciertos tiros de polvora y otros pertrechos y VIII° caballos, y entre otras cosas que llevaban, les tomaron hun cuerno de yerba para tiros de ballesta que llebaban para matar con yeneno, con la crueldat é malicia que sienpre acostunbraron.

M. DE JAUREGUIÇAR.

IX.

Lettre de créance de Madeleine de Viane, pour son ambassadeur, Miguel d'Espinal (16 novembre 1494). (Bibl. nation., fonds espagnol, tome CLXXII, pièce 51, f° 62 ; nouveau classement, orig. inédit.)

Très haults et très puissants princes, nos chiers oncle et tante, je me recommande à vostre bonne grace tant de bon cueur que faire puis. Le Roy et la Royne de Navarre, mes fils, envoyent par devers vous Miguel de Espinal, leur secrétaire et fiscal, touchant les choses qui occorrent par dessa; et vous en escrivent au long par ledit fiscal. Je ne vous en escrips autre chouse, mais vous prie, tant affectueusement que faire puis, veuilliès donner foy et créance à ce que ledit fiscal vous dira de par moy et avoir les affaires de mes fils pour spécialement recommandées, ainsi que à tousiours en vous ay eu entière confiance. Priant Dieu, très haults et très puissans princes, et mes très chiers oncle et tante que vous doynt bonne vie et longue. Escript à Pampelonne, le seiziesme jour du mois de novembre, l'an de grâce M.CCCCXCIIII.

MADELEINE.

X.

Déclaration d'Alonso de Peralta, connétable de Navarre, par laquelle il consent à se démettre de sa charge dès qu'il plaira au roi de Navarre (15 février 1496). (Arch. des Bass.-Pyrén.; E. 547, orig. papier ; sceau plaqué d'Alonso de Peralta; inédit.)

Sea manifiesto á todos que como por el Rey y la Reyna de Navarra, mis naturales y soberanos seynors, aya seydo proveydo del officio é dignidat de la Condéstablia de Nayarra á mi, Alfonso de Peralta, conde de Sant-Esteban, y reconoci la gracia y merced que sus Altezas liberalmente han fecho y fazen del dicho officio é dignidat, de mi proprio movimiento y cierta ciencia, otorgo é reconosco y prometo por la present á sus Altezas, que cada é cuando les plazera é será cunpliente para su servicio disponer otramente del dicho officio de Condestablia, que dexare y renunciare aquel en manos y poder de sus Altezas, porque puedan disponer del dicho officio y Condestablia á toda su voluntad, á menos que yo no pueda dezir ni alegar nada al contrario, por respeto de las leyes y fueros, al Rey de Nabarra, á cosa que de semejantes provisiones de officios otorga, ni en otra manera alguna, á los quoales ellos fueros y leyes, renuncio espresamente, y de m. propia voluntad, y prometo et juro que no fare ni vendre al contrario directamente ni indirecta. En testimonio de loqual, he otorgado fazer la presente sinnada de mi mano é nombre, é sillada del sello de mis armas. Dada en la villa de Morláas en Bearne, á XXV° dias del mes de febrero del anyo mil é CCCIXXXX é siete anyos.

ALFONSO DE PERALTA.

(Sceau plaqué.)

XI.

Instructions données par la reine Catherine à Fernando de Egües, de ce qu'il aura à dire aux Cortès navarraises en réponse à leur ambassade au sujet des négociations entamées avec le vicomte de Narbonne, et du projet de mariage entre Anne de Navarre et Gaston de Foix. (Arch. de Navarre, Comptos, cajon 166, n° 25, orig. scellé, doc. inédit.)

Oyda la creencia y vista la instruccion que nos haveys dado, vos el reverendissimo fiel consellero y bien amado nuestro, don Fernando de Egües, prior de Roncesvalles, embaxador á Nos imbiado por parte de los tres Estados del reyno nuestro de Navarra, respondiendo adaquella, direys y referireys á los dichos Estados, de nuestra parte, lo siguiente. — Primeramente, en quanto á lo que los dichos Estados súplican, demandando la yda nuestra en aquel reyno, deziendo que con nuestra presencia real é residencia, seran seguros de los inconvinientes que tienen, é se seguira á nos servicio. A esto, respondiendo direys, que segund los grandes y arduos negocios que despues se ofrecen en este nuestro señorio de Bearne, y en los otros señorios y tierras nuestras de aquende puertos, y las cosas que de cada dia sobrevienen, se requeriria mucho aqua, por la expedicion de aquellos, nuestra presencia real; la qual animamente suplican y dessean tener las gentes de los Estados de aquellas. Todavia, adimplendo la peticion por vos abra por los dichos Estados de Navarra á nos fecha, porque nos paresce justa, é por cumplir con la sana voluntad que para con ellos tenemos, y por lo que al caso (?) cumple, somos contenta de entender en mucha celeridad en la breve expedicion de las cosas é negocios de aquá, que sera en este medio, que passada la fiesta y despues de aquella, muy brebemente cumplir, segund la suplicacion de los dichos Estados, é yendo en el dicho Reyno, contentar (?) los con nuestra real presencia. — En quanto á lo que nos haveys refferido del punto de los deseos de los dichos Estados, á causa del matrimonio que se trata de la ilustrissima Princesa, nuestra fija, con el fijo primero del señor de Narbona, que como quiere que la dicha Princesa, seyendo primogenita y heredera del dicho nuestro reyno y de los otros nuestros señorios, como de presente lo es, podría casar con qualquiere principe de España, y que quedaria acrecentada nuestra corona real; que todavía, por bien de paz y concordia, y con la cierta (?) esperanza que á todos nos queda de principe, é por otras cosas, que les paresce bien el dicho matrimonio y que se devo entender en aquel, de donde puede resultar mucha paz y concordia, asi al dicho reyno, como á los otros nuestros señorios, y que por ello, ellos abna con los otros señorios nuestros, se disponen (?) á ayudar (?) le (?)...... A esto respondaes ó direys, agradecendo los mucho la buena voluntad, que por la conclusion del dicho matrimonio muestran, é el buen consejo que en ello nos dan, y que los mesmos respetos, que vos de parte suya nos habeys referido por vuestra instruccion, conduzen mucho á nos tambien, porque assi se faga el dicho casamiento, y es cierto é tenemos creydo, que por favorecer aquel, ayudaran abna con los otros señorios, de la manera que de su fidelidat conocida queda, y sus predecessores en casos y actos semejantes lo acostumbraron fazer, y el dicho matrimonio se obran (?) de concluyr é tendran forma les comuniquen los capitulos matrimoniales, pues paresce assi razonable. — Assi mesmo, entendido lo que por parte de los dichos Estados referido nos haveys, en quanto toca á los bizcondados é otras tierras que demanda el dicho señor de Narbona; que á ello ne se debe dar lugar en ninguna manera, ni nos lo devemos querer, mirado que aquellos estan unidos con el dicho nuestro reyno y debaxo de nuestra corona real, é ser lo por siempre indivisibles; A esto respondereys, que sin dubda esto recebimos por muy bueno y sano consejo, tal qual en casos semejantes y majores destos tenemos conocido desto por speriencia, por los respetos que por vos de parte suya refferidos nos han seydo y otros que Nos mesma sabemos, que aqui dessamos de dezir, y aquello agradeciendoles muy mucho; Les direys que ciertamente tenemos tanta voluntad y mas, pues toca á nos mas que otra en la conservacion de nuestra corona y casa real, y querriamos menos que ninguno dar lugar á alienacion, ni que fuesse separado de aquella ninguno miembro ni parte de aquella, y es nuestra voluntad y pensamiento siempre en augmentar al estado real, y cobrar lo que de aquel esta antes (?) alienado, y no poner en deffazer y dar lugar á la diminucion de aquel; todavia hera menester á los dichos Estados se les diesse noticia de lo que el dicho señor de Narbona pedia, y assi pues havemos havido en esto el pesar de los dichos

Estados de Navarra y de los otros nuestros señorios, quoando el Rey mi señor, é nos veremos que será muy puesto, plaziendo á Dios, esponte deliberarémos con el consejo é parecer de los parientes (?) y deudos de la casa lo que mas fuera nuestro servicio y beneficio del dicho reyno é otros nuestros señorios, pacificacion é reposo de aquellos. — E por semejante, direys á los dichos Estados el sentimiento é melancolia que tenemos á causa del caso tan desastrado y malo acaescido á los de nuestra ciudad de Tudela con los Roncales, y quoando los tan justos respetos susodichos no hubieran movido nuestro animo por yr en aquel Reyno, solo aquello nos hubiera llevado, y affirmadamente tenemos intencion de mucho mas abreviar nuestra partida, por pueyr enviar abna, con el Rey mi señor en todo. Todavia direys y encargareys y los dichos Estados que en este medio quieran tener acerca del Rey y aconsejar lo que fazer en esto (?) se debe, assi en el dicho caso acaescido en Tudela, como en el entretinimiento de la justicia, pacifficacion, reposo, conservacion de nuestros subditos é del Reyno como simpre hastaqui han acostumbrado fazer.

Expedida á Pau, à Xb dias del mes de deciembre del añyo mil CCCCLXXXXbj.

CATALINA,
Por mandado de la Reyna.
DE LABETZ.

(Sceau de la Reine.)

XII.

Traité de Tarbes (7 septembre 1497). (Archives des Bass.-Pyrén., E, 547 (orig., doc. inédit). Copie, coll. Doat, 227, f° 68.)

Pour appaiser le différend et mettre fin à tous débats, procès et questions qui ont esté par cy devant, sont de présent, et pourroyent estre au temps advenyr, entre tres excellente et puissante Dame, madame Catherine de Foix, royne de Navarre, d'une part, et tres hault et puissant prince, messire Jehan de Foix, comte d'Estampes et vicomte de Narbonne, et messire Gaston son fils aisné d'autre, à cause de la succession dudit royaume de Navarre, comtés de Foix et Bigorre, seigneurie de Béarn et viscomtés de Castelbon et Nebosan, et autres terres et seigneuries appartenant à la maison de Foix, ont esté faits, passés et accordés par voye et manière de transaction les choses, pactes et articles qui s'ensuivent. Et premièrement aux fins que dessus de paix et union, icelluy monsieur le comte a esté et est content, tant pour luy que pour ledit messire Gaston son fils comme son père et le légitime administrateur de ses biens et choses, que pour ses autres héritiers et successeurs, appoincter et accorder le principal du différend de la succession et droit èsdites terres et seigneuries que dessus, et prendre party avec ladite dame tel que s'ensuit. — Item, pour tout le droit et action que ausdits Messire Jehan de Foix, sondit fils et leurs successeurs appartient, tant par succession paternelle et maternelle que de monsieur le prince de Viane son frère, et par toutes autres voyes et moyens par ledit messire Jehan déduits et couchés en Parlement à Paris, ou qui se pourroient déduire, quelsconques que soient, sera et est content ledit seigneur au nom que dessus prendre par ladite voye de transaction quatre mil livres tournois de rente en assiette sur les terres et seigneuries qui s'ensuivent.

Item, aura et prendra ledit seigneur, et par ladite dame et royne lui seront baillés et délivrés les vicomtés, terres et seigneuries de Marsan, Tursan, Gavarret et Gavardan, la baronie de Capcieux, Aire et le Máas, tant que contient la seneschaussée de Marsan, avecques tous les fruits, rentes, émoluemens et revenus, fiefs, hommage et toute juridiction, haute, moyenne et basse, mère, mixte et impère, sans aucune chose y réserver ni retenir, et en la façon et manière que ladite royne de Navarre les prend, et ce pour trois mil livres, et en assiette comme dessus, vaillent plus ou moins. Et dès maintenant ladite royne bailhe lesdites terres et seigneuries, et de tout son droit et action soy desmect et despouilhe ladite dame, en faveur dudit messire Jehan et sondit fils messire Gaston, et des enfans masles descendans d'eux par droite ligne et loyal mariage. — Item, fera bailler ladite dame réalle tradition desdites terres et seigneuries audit messire Jehan, incontinent après que ces présens accord et transaction seront par le roy et sa court de Parlement à Paris confirmés, auctourisés et passés par arrest, et à l'exécution d'icelluy, a commis et commect dès maintenant ladite dame, et a donné par ces présentes pouvoir, auctorité, licence et faculté à messire Jehan de Foix, vicomte de Lautrect, de faire la réalle tradition et délivrance desdites terres et seigneuries, au temps et cas dessusdits, et que icelluy pouvoir, auctorité et puissance puisse exécuter ledit de Lautrect, présente ou absente ladite dame. Et lesdits pouvoir et auctorité expédiera incontinent ladite dame, et faira expédier et depescher commission expresse signée de sa main et scellée de ses armes, audit messire Jehan, vicomte de Lautrec, en la forme deüe. — Item, et lesquelles terres et seigneuries prendra ledit messire Jehan de Foix, comte susdit, pour icelles tenir, posséder, jouir et user comme de son propre domaine, pour soy et les enfans masles tant seulement, descendans de luy et dudit messire Gaston, son fils, et leurs successeurs, par droite lignée et loyal mariage. — Item, outre plus a esté promis et accordé touchant Marsan, Gavardan et autres terres dessusdites que advenant le cas que ledit messire Jehan de Foix et sondit fils ou autres leurs successeurs décédassent sans hoirs masles descendans d'eux par loyal mariage, que icelles terres et seigneuries retournent à ladite royne ou à son héritier qui pour lors serait, et qui lesdites terres et seigneuries vouldroit recouvrer sera tenu bailher et délivrer la somme de quarante mille escuz petitz à la valeur commune du pays, 18 sols bons pour escu, qui sont vingt et sept sols tournois, à la filhe aisnée s'il y a de loyal mariage, aux termes qui s'ensuivent : est à sçavoir le tout en six années : le tiers dedans 2 ans, l'autre tiers dedans deux autres ans, et le tiers restant dedans les deux derniers ans, et sans accumulation de payes. Et payée entièrement ladite somme, ladite dame couvrera lesdites terres, et sera quitte desditz trois mil livres de rente en assiette. — Item, et oudit cas pour ladite filhe, héritiers et successeurs d'elle retenir lesdites terres, seigneuries, et d'icelles prendre, lever et percevoir les fruits et esmolumens jusques à ce que ladite somme de 40,000 escus de la valeur susdite lui sera entièrement payée aux termes dessusdits. Et tout ce sans diminution de sort, et sans iceux fruitz rabattre ni compter sur le principal, pourveu que ladite filhe ne puisse faire *subhaster ne inquanter* lesdites terres pour ladite somme, mais les tenir pour icelle somme comme dessus. — Item, pour accomplissement de ladite récompense de quatre mille livres, ladite royne bailhera et délivrera, ou fera bailher et délivrer audit messire Jehan de Foix, comte susdit, au nom que dessus, et ainsi a promis et promet, le lieu et place de Caumont assis au pays de Lauraguès en la seneschaussée de Tholose, avec tous les droits, fruits, rentes, revenus et émoluemens à icelle appartenans, et laquelle, ensemble lesdits droits et émoluemens, ladite dame a promis recouvrer, rachapter et acquérir des héritiers de feu messire Jehan de Chasteanverdun, c'est-à-dire tout le droit et action qu'ils y prétendent avoir, ou de celuy ou ceux qui de ladite place seront vrays seigneurs et possesseurs. Et dès maintenant ladite dame bailhera et délivrera, fera bailher et délivrer audit seigneur la part et porcion qu'elle et les seigneurs de la maison de Foix ont accostumé avoir et prendre audit lieu et place de Caumont. — Item, et cependant et jusques à ce que ladite dame aura délivrés ou fait délivrer audit seigneur ledit lieu et place de Caumont, entièrement, en la forme et manière susdite, faira valoir les fruitz, rentes et proufitz dudit Caumont jusques à la somme de mille livres tournoises, lesquelles faira payer et délivrer chascun an audit seigneur par son thrésorier de la comté de Foix, desduit toutes fois et rebattu ce que ledit messire Jehan prendra et livrera de la part et porcion que ladite dame lui aura bailhée audit Caumont; ycelle estimée et évalluée ainsi que vaut à présent; et en baillant et délivrant ladite place et revenu entièrement, ladite pension de 1,000 livres cessera. — Item, oultre plus, a esté convenu et accordé que ladite royneb ailhera et investira des places de Mazières, Savardun et Montault audit messire Jehan de Foix et sondit fils, pour en jouir leur vie durant tant seullement, en la forme et qualité que les barons et gentilshommes de ladite comté de Foix tiennent leurs places et lieux dans ladite comté, et lesdits père et fils fairont l'hommage pour icelles places à ladite royne et aultres qui pour temps advenir seroient comtes de ladite comté de Foix, et le ressort d'icelles en cas d'appel sera par devant le juge d'appeaulx de ladite comté, et ce faira tout ce dessus au temps de l'exécution dudit arrest. — Item, après le trespas desdits père et fils, lesdites places et seigneuries d'icelles retourneront à ladite royne ou son héritier qui par lors seroit de ladite comté de Foix, et à la table de ladite comté, en la forme et qualité qui à tousiours ont accoustumé d'estre. Et après le décès desditz père et fils, ladite royne, et son héritier, comtes de ladite comté, pourra de son auctorité et sans autre déclaration sur ce faire, prendre lesdites places de Masières, Savardun et Montault, et appréhender la possession d'icelles, pour en joir, tenir et posséder, comme vrays seigneurs et comtes de ladite comté, sans ce que les héritiers desdits seigneurs père et fils façent, et ne puissent faire, aucun empeschement ne contradiction, pourveu que ladite dame ou sondit héritier comté de Foix, en recouvrant lesdites places, sera tenu bailler et asseoir autant de rentes que vallent lesdites places de présent, aux héritiers et successeurs dudit messire Jehan de Foix et de sondit fils, et ce dedans ladite comté de Foix ou ailleurs, ès terres et seigneuries de ladite maison de Foix. — Item, et pourront lesdits héritiers et successeurs, retenir lesdites places et d'icelles en prendre et lever les fruits et émoluemens, jusques à ce que par ladite dame ou sondit héritier et seigneur qui pour lors seroit de ladite comté de Foix, ladite assiette et fourniture comme dessus luy aura esté faicte et réaument délivrée. — Item, pareillement ladite dame a consenti et consent que, autorisés lesdits accords et iceulx passés par arrest, la main du roy mise et apposée esdites places de Mazières, Savardun et Montault, et tous empeschemens soient levés et ostés au proffit et utilité desdits messire Jehan de Foix et de sondit fils, et constituera procureurs ayans pouvoir pour ce faire. — Item, aussi bien a esté accordé et appointé entre lesdites parties, que les personnages tant nobles, gens d'Église que autres, qui ont servy durant la question et différent audit messire Jehan de Foix, retourneront en leurs maisons, biens et offices; et bénéfices, et leur seront rendus et restitués sans difficulté; et empeschement, qui, à la cause dessusdite, par ladite dame y auroit mis et apposé, sera levé et osté à leur proffit et utilité, et ce touteffois sans aucune restitution de fruits cependant par les détenteurs et possesseurs desdits bénéfices, offices et autres biens perceus. — Item, et pour ce que plusieurs personaiges, tant nobles que d'autre condition, durant ledit différend ont servi ladite royne et ledit messire Jehan de Foix au faict de leurs guerres ou aultrement, et en ce faisant, ont commis et perpétré plusieurs maléfices, meurtres, pilleries, larrecins, destrossemens et voyes publiques, forces, violences, entreprinses, desrobement et bruslement de places, et maisons, tant ès terres du roy et ses subgects que aussi ès terres desdittes parties, et autres plusieurs et divers excès commis, injures et délicts, par lesquels aucuns ont desjà mis en cause, procès et prévention, tant à la requeste et instance du procureur du roy que des parties, et que les autres y pourroient le temps advenir estre mis et enveloppés; A ceste cause, ladite Royne de Navarre, et messire Jehan de Foix procureront envers le roy et feront deues diligences d'avoir et obtenir l'abolition gennérale desdits crimes et délicts, et en tant que touche ou appartient à eux, desjà présentement, remettent, pardonnent, relaxent et acquittent tous les crimes, excès, délits, injures et autres actes, faits et passés par les gens serviteurs de chacun costé. — Item, a esté convenu et accordé que par le moyen de la récompense et causes susdites, ledit messire Jehan, comte susdit, au nom que dessus, et par voye et manière de transaction, renonciera et quittera à tout droit et action qui luy appartient ou par fin de cause se pourroit trouver dire luy appartenir èsdites terres et seigneuries du royaume de Navarre, comtés de Foix et de Bigorre, seigneurie de Béarn, vicomtés de Marsan, Tursan, Gavardan, Nébozan, et autres appartenentes à ladite mayson de Foix, en faveur de ladite royne et de ses hoirs et successeurs, et desjà pour cause au moyen et au nom que dessus, donne, transporte et renoncie auxdits droits et action en faveur de ladite dame et de ses hoirs et possesseurs desdites terres et seigneuries de ladite maison de Foix assises en le royaulme de France, desquelles s'est meu et pend procès indécis en la court de Parlement à Paris entre ledit messire Jehan de Foix d'une part, et ladite royne de l'autre; ledit messire Jehan, au nom que dessus, desja renoncié à ladite plaidoyrie, procès et cause, et se départ d'iceux, en faveur de ladite royne et de ses hoirs, réservés touteffois le bon vouloir et consentement du roy et de ladite court de Parlement à Paris, et lesdits arrests exécutés en tant que touche les terres et seigneuries assises audit royaume de France. — Item, ledit messire Jehan a promis,

convenu et accordé et fait pacte pour cause, au moyen et nom
que dessus, que doresnavant, luy, sondit fils, hoirs ou successeurs,
ne fairont, ne mouvront débat, question de droit ny de faict, pour
soy ni par autre, ne fairont procès ni demande à l'encontre de
ladite royne et ses hoirs ou successeurs, en jugement ou hors
jugement, touchant lesdites terres et seigneuries de Navarre, Foix,
Béarn, Bigorre et toutes autres terres et seigneuries susdites. Et
ce pour les droits qu'ils ont prétendu ou pourroient prétendre
jusques à présent. — Item, a promis ledit messire Jehan de Foix
au nom que dessus, que, quand ledit messire Gaston de Foix, son
fils, sera de aage de quatorze ans, dedans un an après, icelluydit
Gaston ratiffiera et approuvera lesdits pactes, accords, et transaction en la forme et qualité que dessus, avecques serment de ne
venir ne faire au contraire. — Item, lesdits accord et transaction
seront auctorisés par le Roy et passés par arrest en court de Parlement. — Item, et pour seureté des choses dessusdittes, chacune desdittes parties signeront de leurs mains et signets ces présens articles ; lesquels ainsi signés demoureront pour registre ès
mains des notaires qui retiendront les instrumens qui sur ce pas-
seront, èsquels ces présens artigles seront insérés, lesquels notaires bailleront à chacune desdites parties son instrument d'une
mesme forme et teneur. — Actum en la cité de Tarbes, le sep-
tiesme jour du mois de septembre, l'an mil quatre cens quatre
vingt dix et sept.

      CATHALINE. — JEHAN DE FOIX.

XIII.

*Mémoire remis par les Rois Catholiques à leur ambassadeur en Navarre
(Pedro de Hontañon), sans date (date probable, 1499). (Arch. de Simancas, Patronato Real. Cap. de Aragon y Navarra, legajo 2, orig., doc.
inédit.)*

Lo que vos Pedro de Hontañon, continode nuestra casa é nuestro
embaxador, á los muy ylustres Rey y Reyna de Navarra, nuestros muy caros é muy amados sobrinos, por virtud de nuestra
creencia que para ello lebays, de nuestra parte les direys, en
respuesta de lo que vos de su parte, en virtud de su creencia, nos
obistes hablado, y de lo que despues nos hablo Miguel del Espinal,
su fiscal del reyno de Navarra, en virtud de otra creencia que de
los dichos Rey y Reyna, nuestros sobrinos, nos dió es lo siguiente.

Que para vos fué escrito desde Pamplona, y despues hablado
en la cibdad de Çaragoza en el año pasado de noventa y ocho, en
como los dichos Rey é Reyna nuestros sobrinos avian con nos

hablado, acerca de la restitucion de las villas y lugares y fuerzas
que en su Reyno y con su voluntad y consentimiento tenemos, que
el Condestable de Navarra, Conde de Lerin nos entrego, y de las
que estan en terceria, mostrando mucha gana que todo aquello
se restituyese y bolbiese en el primero estado, pues la paz entre
nos y el serenisimo Rey de Francia, nuestro muy caro é muy
amado (1)... hera asentada; é visto por nos lo que nos escrebistes
y hablastes de su gana y voluntad, y por los agradar y complacer,
acordamos que se entendiese en la forma de la dicha restitucion;
y para ello enbiamos á vos, el dicho Pedro de Hontañon, á los
dichos Rey y Reyna de Nabarra, nuestros sobrinos, con nuestra
creencia, en virtud de la qual os mandamos que de nuestra parte
les diciesedes y rogasedes hubiesen por bien que el dicho Condestable de Navarra volbiese en su reyno, y le fuesen entregadas
las villas y lugares y fuerzas que de su mano recebimos, y que
ellos le entregasen y restytuyesen todas las cosas que de su patry-
monio le abian tomado, con los oficios de condestablia y chancilleria, con lo qual ponya en complido efecto todo lo que los dichos
Rey y Reyna nuestros sobrinos queyan y abian gana, y aun que
sy haciendo esta restitucion quysiesen que por algunos dias á
tiempo se entretubiese el Condestable en nuestros Reynos, nos
lo procurariamos, por los mas complacer y agradar, y que don
Luys de Viamonte, hijo del dicho Condestable, fuese en tanto á su
tenedor de lo que le fuese restytuido; lo qual todo, ydo vos de
nuestra parte á lo procurar y asentar, los dichos Rey y Reyna,
nuestros sobrinos, mudados en otra gana y voluntad, tomaron
dilacion de nuebe ó diez meses en responder á ello, y en fin la
respuesta fué syn conclusion alguna, segund que vos nos la hem-
biastes desde la villa de Pau; é visto la respuesta su tal en forma
de mucha dilacion, creyendo que á esto daba ocasion la poca gana
que los dichos Rey é Reyna de Navarra tenyan á la yda del dicho
Condestable á su reyno, hembiamos vos mandar que procurase-
des con ellos de nuestra parte que se hyciese entera restitucion
de todo lo que al dicho Condestable avia seydo tomado con los
oficios y con lo que el dicho Condestable nos entrego, para que
de todo fuese tenedor don Luys de Viamonte su hijo, y que
con esto nos ternyamos en nuestros reynos al dicho Condestable
les pusiese nuevos bullicios ni escandalos en el, y que pues todo
esto fué por nuestra parte rogado y demandado por los complacer
y agradar, y que todas estas cosas tornasen en el primer estado
como ellos las querian, no sabemos que causa puedan tener para
se marabillar y quexar de cosa de lo susodicho, segund que por

(1) Ici une lacune dans l'original.

vos ó por el dicho su fiscal nos ha seydo hablado y representado, y que para demandar entera y complida restitucion de todas las cosas que al Condestable fueron tomadas y ocupadas, y á sus hermanos, parientes, criados y hallegados, nos paresce tenemos mucha mas razon, segund la ynformacion que de ellos tenemos, que el Rey y la Reyna, nuestros sobrinos, ternan, para buenamente lo poder negar, y asy mysmo para nos poder marabillar y mostrar quexa dellos, que no ellos ternan para quexarse de nos, por las razones syguientes. — Porque ya saben el Rey y la Reyna, nuestros sobrinos, que á su ruego y de la Princesa (que Dios aya!) y á súplicacion de mosen de Labrit, entramos por seguradores entrellos y el Condestable de Navarra, en la qual seguridad, á buelta de otras cosas, se contyene que se cumplyria con el dicho Condestable todo lo que fué asentado en una capitulacion firmada, jurada, y prometyda por ellos, y ansy mysmo con sus hermanos, parientes, criados y hallegados, y que por las cosas pasadas no les serya hecho mal ni daño en sus personas ny bienes, ny otra nobedad ny desaguisado alguno, é dicen que en esta capitulacion ay un capitulo en que dice que se guarde lo que les fué súplicado en la villa de Sant-Juan del Pié-de-Puerto para su entrada en el reyno de Navarra, segund lo dispone el fuero del dicho reyno, que en tal caso habla; y que aquello luego se les quebranto, y hasta oy esta quebrantado; y que teniendo merced el dicho Condestable de la villa de Hartaxona, fué mandado á los vecinos della que le no obedeciesen, antes se alterasen y lebantasen contra el, lo qual diz que es notorio y podra muy bien probar; y que estando el dicho Condestable en nuestra corte en la villa de Medina del Campo, porque un lacayo de don Felipe, su hermano, hirio é mato un labrador, fueron contra don Felipe á su casa por le prender, á la villa de Huarte de Valdarraquil, y no hallando al dicho don Felipe en su casa ni al lacayo, le derribaron la casa, en que mucho daño y mengua recibio, en lo qual diz que se hallaron capitanes y gente de cavallo del Rey y de la Reyna, nuestros sobrinos; y que pues por la culpa del lacayo se hizo tanto dapno en la casa de don Felipe é del Condestable, su hermano, sin ser llamado ny oido á justicia, segund los fueros de aquel reyno, bien se muestra aquello ser hecho, por los enojos y cosas pasadas, y no porque el dicho don Felipe tubiese cargo alguno, para proceder contra el de hecho de la suerte que se procedió; y que luego esto acaecido, mandaron el Rey y la Reyna nuestros sobrinos demandar á Gracian de Viamonte, y á Martyn (?) de Viamonte las fortalezas de Santa-Cara y de Tiebas, diciendo que aquellas pertenescian á la corona de Navarra, synmas ser llamados ni oydos á justicia, segund los fueros de aquel reyno; y ansy despues que las cercaron, y la uña de ellas tomaron, syn tener contra ellos otra cosa; y que aquello manifiesta hacerse por los enojos y cosas pasadas, pues solamente se procedia de hecho contra los parientes del dicho Condestable, y no contra otros algunos que semejantes casas, haziendas y mercedes tubiesen; y que todo lo susodicho ha sido y es contra el asiento con ellos hecho, y contra la seguridad por nos otros dada al dicho Condestable y á sus hermanos, parientes, criados y allegados; y que demas y hallende desto, por el yerro que el Condestable hizo en se lebantar con la villa de Viana, viendo todas las cosas susodichas ser en destruymiento del y de sus parientes, luego el Rey y la Reyna nuestros sobrinos movieron todo su reyno, para en destruymiento del dicho Condestable, y lo tomaron todas las fuerzas, villas y lugares que tomarle pudieron, sin tener memoria ni acatamiento alguno á la seguridad é ruego suyo á ellos y á el dada, para los semejantes casos que sucediesen, por lo qual fuera razon de nos notificar de hacer saber el yerro y enojo que el dicho Condestable les abia hecho, para que dieramos orden que el dicho Condestable lo emendara y recibiera la pena que en tal caso merecia, con que se atajaran muchas muertes, robos y gastos y otros ynconbenyentes que de ello se recrecieron; y como quiera que vos el dicho Pedro de Hontañon vos hallastes con los dichos Rey y Reyna, nuestros sobrinos, por nuestro embajador, y les rogastes, requeristes y procurastes de nuestra parte que se contentasen con la villa de Hartaxona, que luego fué tomada, por el trato y concierto que primero tenian con los vecinos de la dicha villa, é quisyesen cesar de mas proceder de hecho contra el dicho Condestable, hasta nos dar notycia de su yerro, y para que mandasemos entender en la hemienda del, ellos jamas la qysieron hacer, sino todabia proceder de hecho contra el dicho Condestable, lo qual visto por vos os venistes para nuestra córte á la villa de Madrid, donde sabido por vos todo lo que habia pasado y pasaba por el dicho Condestable y contra el, seyendo muy maravillados de todo ello y desplaciendonos de lo uno y de lo otro, y con ganas que todas las cosas de hecho cesasen, y las muertes, robos y daños, y otros ynconbenyentes que se podian recrecer se atajasen, y viendo la poca cuenta que se hacia de la seguridad por nos dada, acordamos de ynbiar y henbiamos al doctor de Puebla de nuestro consejo por nuestro henbajador, para el dicho Rey é Reyna nuestros sobrinos, para que de nuestra parte les rogase que se atajasen y cesasen todas las formas devias de hecho que se lebaban contra el dicho Condestable, y aquello atajado se entendiese en la enmienda que el dicho Condestable debia hacer para satisfacion y contentamiento á los dichos Rey y

Reyna nuestros sobrinos; lo qual no solamente quisyeron hacer, siendo por el rogados y requeridos de nuestra parte, mas estando el dicho nuestro embajador con ellos en su cibdad de Pamplona, mandaron hacer y se hizo proceso brevemente contra el dicho Condestable, y sus hermanos, y hijos, y parientes, y criados, y allegados que le syguian, y se cerro y publico, sin levar terminos de justicia ni curar de los fueros de su reyno, ny tenyendo acatamiento alguno á la seguridad por nos dada, ny á nuestros ruegos, ny á las buenas obras por nos recebidas desde su sucesion en aquel reyno, hasta la entrada, coronacion, y pacificacion en el, como sy nuestros hijos fueran; de lo qual todo, vos el dicho Pedro de Hontañon seys buen testigo; é veyendo de la suerte que contra el dicho Condestable se procedia, y que nuestros ruegos é yntercesion tan poco motaba *(sic)* con el dicho Rey y Reyna nuestros sobrinos, hembiamos á la frontera de Nabarra á don Juan de Ribera, nuestro capitan general en ella, á entender en que se atajasen las vias de hecho, que contra el dicho Condestable se lebaban, de donde resulto, á bueltas de otras platicas, de que tobimos abiso, aber de procurar las tercerias y seguridades que del Rey y de la Reyna de Nabarra y de su reyno tomamos; y como quiera que vistas y conocidas las cosas susodichas, con que darian mucha cabsa y ocasion á que nos recibiesemos en nuestra guarda, defensyon y amparo las villas y lugares y fuerzas que el dicho Condestable en aquel reyno tenya, y despues nos entrego, para que no se fisiese de hecho tomadas, por estar el y ellas, y sus parientes, y sus hermanos, y los suyos, debajo de nuestra seguridad, aquello no quesymos hacer por mucho nos onestar, y todavia mirar lo que al Rey y á la Reyna, nuestros sobrinos, y á su honrra tocaba, sin primero esperar su buena voluntad y consentimiento, y que la fuerza de Viana que el dicho Condestable tenya y nos entrego, que si nos se sometiese al omenaje, que don Juan de Ribera nuestro capitan general cerca della hizo; en que el Rey é la Reyna de Navarra y los que los consejan debian mirar y conocer el amor y buena voluntad que los tenemos; y que nynguna codicia ny deseo tenemos de lo suyo, sino solamente tener seguridad que de aquel Reyno ny por el no pueda venir ynconbenyente ni daño alguno á nuestros Reynos de Castilla y Aragon; asy que por todas las razones susodichas terniamos mas razon de nos maravillar y tener sentimiento del Rey y de la Reyna nuestros sobrinos, que ellos pueden tener para se maravillar y quejar de nos, como se nos ha dicho de su parte y por su ynstruccion se manifiesta. Y ansi tenemos mas razon para pedir entera y plenaria restitucion ... a el dicho Condestable, y sus hermanos y parientes, y que les sea guardado todo lo que con ellos se asento, con el capitulo que habla en la entrada del dicho Rey é Reyna de Navarra en su reyno, segund el fuero lo dispone, pues todo aquello esta debajo de nuestra seguridad; que ellos podran tener razon para lo negar, pero, porque nuestra voluntad syenpre esta muy entera para mirar en las cosas que les tocan, como por sus hijos, sin mirar á cosa alguna de las susodichas ny á otras que aqui se dejan de decir, de las quales al fiscal apuntamos y mas complidamente con vos hablamos; visto que á los dichos Rey é Reyna de Navarra se les hizo muy grave la entera restitucion, que de nuestra parte se les demando, para el Condestable de Navarra quedar en nuestros reynos, y don Luys de Viamonte yr á ser tenedor de sus bienes, y que lo que otorgaron para en tal caso, que es que la restitucion sea hecha en don Luys de Beamonte de las villas é lugares é fuerzas que nos tenemos y el dicho Condestable nos entrego, y que le restituyrian luego todo lo que le tienen tomado de su patrimonio, segund que el dicho Condestable lo tenia y poseia antes, y al tiempo de la diferencia de Viana, con el oficio de Condestablia, dentro de un año, ó pasado aquel no haciendo el dicho Condestable cosa que no debiese contra el dicho Rey é Reyna nuestros sobrinos, y con la tenencia de Viana, segund que por el dicho fiscal y por vos nos fué hablado de su parte; y que esto no se ha podido acabar con el dicho Condestable por muchas platicas é ymportunidades que con el se han tenido de nuestra parte; direys á lo dichos Rey é Reyna de Navarra, nuestros sobrinos, que muy afectadamente les rogamos que esta misma restitucion, que otorgaron para con la ida de don Luys de Viamonte á Navarra, esta se de y ortogue al dicho Condestable yendo el al dicho reyno, al qual hecha la dicha restitucion, nos hablaremos de tal manera que el yra tambien reprehendido en sus cosas pasadas, que aya por bien de se enmendar en las venideras, y obedecer y serbir al dicho Rey y Reyna, nuestros sobrinos, como es raçon; y que, en lo que toca á la chancillería, por complacer á la dicha Reyna, nuestra sobrina, que nos ha embiado rogar no se hable en ella, y se deje para el obispo de Oloron, que nos place por su contemplacion que asi se haga. — Asy mismo direys á los dichos Rey é Reyna, nuestros sobrinos, que les rogamos que den é otorguen al dicho Condestable, á sus hijos, hermanos, y parientes, perdon y remision de las cosas pasadas, muy complidamente, segund que en tal caso es nescesario, y que les hagan entera restitucion de todos sus bienes que les fueron tomados y ocupados. — Y en especial les rogares de nuestra parte que ayan por bien que sea restituida la fortaleza y villa de Santa-Cara á Gracian de Beamonte, con todos los otros bienes y rentas que el tenya y poseya antes, y al tiempo que los dichos

Rey é Reyna, nuestros sobrinos, entraron en el reyno de Navarra, pues el é sus bienes entraron debajo de nuestra seguridad, y no se muestra cosa contra el, por donde despues de aquella, lo mereciese perder; y esto mismo les rogares de nuestra parte en la restitucion de lo que fué tomado á Martyn (?) de Beamonte, de lo qual mucho el dicho Condestable se quexa, por lo que á el pertenesco, despues de los dias del dicho Martyn (?) de Beamonte. — Y en quanto á lo que de parte de los dichos Rey é Reyna de Navarra, nuestros sobrinos, se demanda, para cada vez que querran puedan mudar los alcaydes de las fortalezas de su reyno, que á nos tienen hechos omenajes, para que lo asentado, capitulado y jurado entre nos y los dichos Rey é Reyna de Navarra se terna é guardara en todo tiempo, y que del dicho reyno ni por el no entrara gente estrangera á hacer guerra, mal ni daño en nuestros reynos é señorios, ny para se apoderar del dicho reyno de Navarra, pues estos omenajes, por nuestra parte se procuraron y recibieron, y por los dichos Rey é Reyna se otorgaron en seguridad de lo susodicho, no podemos pensar que cabsa les mueba á querer mudar aquellos y poner otros de nuebo, no habiendo ellos hecho cosa alguna que no deban, en su deserbicio, y que ciertamente nos marabillamos mucho desto, y es dar cabsa á mucha sospecha, como mas complidamente con el fiscal y con vos hablamos. Por ende, de nuestra parte les direys que muy afectuosamente les rogamos, quieran cesar en hacer las dichas mudanças, pues no tienen causa ni raçon alguna, para las hacer, seyendo como son todos los alcaydes buenos subditos y leales serbidores suyos, y de ellos no se espera hagan cosa fea ni en su deserbicio, ny aun podemos pensar con quien la pudiesen hacer, pues de nuestra parte los dichos Rey y Reyna pueden estar muy seguros, segund que por las obras lo deben tener bien conoscido y siempre conoceran, queriendo ellos guardar y conserbar el asyento que entre nos y ellos esta hecho, y mirar al amor y voluntad, que como á verdaderos hijos les abemos tenido y tenemos, no dando credito á sinistres consejos é ynformaciones de personas, que sean nobedades y bollicios. — En quanto á lo que se demanda de parte de los dichos Rey é Reyna de Navarra, acerca de las fuerzas de la tercerin para que les sean entregadas, les dirés de nuestra parte que aquello fuera ya todo asentado y proveydo, aunque contra el tiempo llegado, si ellos quisieran brevemente concluir la restitucion del Condestable, segund que por nuestra parte les fué rogado, y que por la mucha dilacion que en esto han tomado, esta por aser, en que, á nuestro parescer, no han seydo bien aconsejados, segund que con el fiscal y con vos mas compli-

damente hablamos. — En lo que toca á la mudança que los dichos Rey é Reyna de Navarra querrian hacer del alcayde de Tudela, y del sentimiento que recibieron de vos en nuestro nombre procurar, y les rogar y requerir de parte nuestra cesasen en hacer la dicha mudança, les direys lo mysmo, que cerca de las mudanças de los otros alcaydes vos mandamos que les digays de nuestra parte; y que estamos muy maravillados dellos de venir al tiempo y de la suerte que vinieron á hacer esta mudança, no tenyendo nescesidad alguna de la hacer, conque dyeron ocasion á muchas diciones y sospechas, que de aquello resultaron; y que la cabsa que se da, para hacer esta mudança, diciendo que el alcayde Garci Perez, ha dado cabsa y ocasion á algunas muertes de los del bal de Roncal, y á que no se haga la paz entre ellos y los vecinos de Tudela, bien se debe creer y pensar, como se dice, que no es solo Garci Perez el que tiene recebido daño en Tudela de los Roncaleses, hantes otros vecinos de aquella cibdad recibieron mas perdida y daño en muertes de hermanos y parientes, que no Garci Perez recibio, los quales por les tocar en mas parte que al dicho Garci Perez, habran tambien cabsado las dichas muertes y dilacion de paz, como el dicho Garci Perez, por el daño que antes recibieron; y querer de todo esto dar el cargo á el, y por pena qytarle la dicha fortaleza, bien se muestra no ser esta la cabsa para le aver (?) de quitar la dicha fortaleza, mas quererse por otros fines que no nos parescen buenos ny onestos, como con vos y con el fiscal mas largamente habemos hablado; y en vos procurar con los dichos Rey é Reyna, de nuestrá parte, que semejante mudança no se hiçiese, no nos paresce que lo deben tener á mal, y en dejar de hacer la dicha mudança á intercesion nuestra, y en lo procurar vos de parte nuestra, que lo gradeceremos mucho; y ansy que lo direys, y de nuestra parte rogareys que pierdan qualquier enojo, que del dicho Garci Perez tengan, y ayan por bien de no le mudar de aquella tenencia, pues no la puede tener persona en su reyno que mejor ni con mas fidelidad la pueda tener, ansy para lo que á ellos toca, como para lo que á nos atañe, en quanto al omenaje, que por su mandamiento y voluntad, el dicho Garci Perez, como alcayde de aquella fuerza, nos tiene hecho; y que esto les rogamos muy afectuosamente.
— En quanto al descargo que se pide de la cédula que vos avisteis traydo del Rey é Reyna, nuestros sobrinos, en que nos prometieron y seguraron que no se haria mudança de alcayde alguno del dicho reyno de Navarra, syn primero nos lo hacer saber y esperar nuestra voluntad y descargo para el alcayde que mudar quisiesen, y que hembiasemos á recebir el omenaje del que nue-

bamente pusiesen, el qual obiese de ser natural del reyno de Navarra (1). — En quanto á lo que se demanda que ayamos de nombrar una persona, para que con otra que nombraren los dichos Rey é Reyna de Navarra, vean é determinen las diferencias y debates que ay sobre los terminos de las villas é logares de las fronteras de Castilla y de Navarra, á nos place nombrar... (2), para que el con la persona que nombraren los dichos Rey é Reyna, nuestros sobrinos, se junten, y entienden y determinen en los dichos debates y diferencias. — En lo que la Reyna, nuestra sobrina, nos hembio rogar cerca de la recompensa del deanazgo de Tudela, para que le aya el obispo de Oloron, á nos place mandarla complir en esta manera. — En quanto á lo que la dicha Reyna, nuestra sobrina, nos hembia rogar cerca del casamiento de su hija (de mosen de Labrit) *(sic)* en nuestros Reynos. — En lo que toca el obispo de Cosaranes. — En quanto á los omenajes que estan por recebir en el dicho Reyno de Navarra, algunos, porque nunca se entregaron, y otros por bariacion y mudança. — En las quejas de lo de Olito, satisfaciendo con los omenajes no haberse dado. — Si se cargara mucho mano en quejas, pues cabra dandoles á entender que se sostenga la forma, que se a tenido con algunos criados suyos, como don Juan de Mendoza, Bernal de Ezpeleta, y aun con otros en el Marichal (3). Le mémoire s'arrête là brusquement.

XIV.

Message de Jean d'Albret aux Cortès après l'entrevue et les traités de Séville (1500). (Archives de Navarre, Cortes, seccion de limites, leg. 1, carp. 2. Original; doc. inédit.)

El Rey,

Como dias ha oystes, al Rey y Reyna de Castilla, nuestros tios señores fué dado á entender que Nos y la Reyna tratavamos de trocar? este nuestro reyno con cierto ducado de Francia, por lo qual, assy para don Jóhan de Ribera como despues por el embaxador Hontañyon y por el Dean de Santiago, á causa dello nos fueron fechas ciertas requestas, y en especial por los homenajes de nuestro primo el Conde de Comenge y de los señores de Luxa y Agramont y Ezpeleta, que no eran dados, é segunt el capitulado se les devian dar, deziendo el dicho don Jóhan que habia sido requerido, hastaque los dichos homenages le diesemos, como estava capitulado, no restituyesse las tercerias, que nos súplicava diessemos hor den en ello, porque, cumpliendo nos aquello, el cumpliria con

(1) Ce paragraphe est incomplet. — (2) Le nom en blanc. — (3) Les derniers paragraphes semblent incomplets.

los Reyes sus señores lo que les era tenido por estas tercerias, y tambien con nos lo que nos era obligado á causa dello. Et puesto en lo destos homenages se demandasse lo que estava assentado, porque al tiempo que los otros homenages se dieron, algunos destos cessaron con voluntad destas Altezas, conoscimos la demanda dellos que al tiempo ó asy de las tercerias se hazia, causaba el entendimiento que del negocio se dió á los Reyes, mis tios. Sabe Dios quanta turbacion é dolor (?) la Reyna y Nos en nuestros corazones obimos dello mas é mayor de la que mostramos é dimos á entender, no tanto por la dificultad que fallaremos en aber los homenages de los susodichos, y por el incombiniente que para las tercerias dello se syguiria, si se insistiesse en la demanda dellas, porque eramos ciertos que sabida la verdad de todo, los Reyes nuestros tios no farian caso de los homenages y se nos restituyrian las dichas tercerias, mas solo por el se dezir et se pensar que fuessemos de tan baxos animos, que este tan antiguo y tan noble reyno, que la dignidad real del que naturalmente y por devyda y natural sucesion á la Reyna y á Nos pertenesce, y por Dios nos es encomendada, no por la recompensa que se dixo de ducado, puesto de tal troque fuessemos prometidos como no lo havemos seydo, mas por todos los interesses del mundo y haun que fuessen grandes (?) reynos, obiessemos de abandonar, porque dexada la tanta antiguedad y nobleza deste reyno de tantos y tan nobles y tan virtuosos (?) y tan fieles subditos como entonces os tenemos, por Nos tan conoscidos y espermentados é amados, en quien y en todos antepasados tanta virtud y fidelidad nuestros predecesores en su tiempo y en sus necessidades, y Nos en las nuestras é en el nuestro, como la esperiencia destos diez é siete años os muestra, havemos siempre y de continuo hallado, es cierto ninguna otra recompensa, por grande que fuese, para Nos podria satiffazer, y nos querriamos á nuestros herederos y sucesores dexar. — Estando la Reyna por su parte en Bearne é nos aqua por la nuestra, por estas causas é en esta coyuntura deliberamos yr en persona consultar con la Reyna lo que sobre ello se debia fazer, y hablando y comunicando sobre lo que ent honor nos tocava, y no menos para conservar el amor de los Reyes, nuestros tios, y cobrar las tercerias tanto nos convenia, mediante la gracia de Nuestro Señor, acordamos que la Reyna con su preñado y el camino ser tan largo non podia yr, é fuessemos Nos á los Reyes de Castilla, nuestros tios, á les certifficar de la verdad, y porque tales reportes adelante mas no oviessen lugar, é por los sanear sus animas de las dudas que les ponian, y segurarles no solamente de la intencion de guardarles lo assentado, mas aun de la afeccion y amor que como hijos les tenemos. Bien somos ciertos todos teneys sentimiento que? de cierto no hariamos ydo como convenia á nuestro honor, si segunt los negocios de nuestros señorios, quienes nuestro cargo (?) quisiera ordenar lo requisieran (?); por ende todos lo habeys de toner en bien, por el respeto que se hizo, é mayormente considerado que ybamos como fizimos por tierra suya; é como nuestros (?) padres con corte (?) nos recibian en todo por donde passavamos..... El Rey é la Reyna de Castilla, como supieron nuestra yda, obieron cierto mucho plazer y nos recibieron como aveys oydo con tanto amor y honor, como fizieran al Principe su hijo si viviese, demostrando tanta alegria en si y en toda su corte, como si el dicho Principe viviera, y mientre ay abemos estado, incesamente nos han fecho tantas fiestas y honrras, y demostrado tanto amor que serian largas de contar de mana, que allende la afeccion y amor que siempre les tobimos como fijos, por ello nos han tanto obligado que no lo podemos dezir ni estimar. E conocida la afeccion que nos y la Reyna tenemos para acatar los como fijos y goardar lo assentado, quedaron tanto assaneados y assegurados, que no fiziendo caso de los dichos homenages, los quales nos eran imposibles de dar, consintieron que (?) aquellos no se les den, dessistiendo de las resquestas por causa dellos fechas, é han querido se nos restitueyssen las tercerias, como sabeys nos han sydo restituydas, y los reportes y dudas que ataque del troque. del reyno y de otras cosas de Nos les han dado y se les podrian dar quedan y quedaran atajadas.... Por ende (?), fué la yda bien empleada. (S. date.)

XV.

Deuxième traité de Séville relatif au mariage des enfants des rois de Navarre (14 mai 1500). — Promesa del Rey don Juan de Navarra de casar sus hijos con los nietos de los Reyes Católicos, para la subçesion del Reyno de Navarra, año de 1500 *(titre inscrit sur la carpeta). (Arch. de Simancas,* Patronato Real. Capitulaciones con Aragon y Navarra, *leg. 2, f° 14, orig., doc. inédit.)*

Nos, don Jóhan, por la gracia de Dios, Rey de Navarra, Duque de Nemox, de Gandia, de Montblanch y de Peñafiel, señor de Bearne, Conde de Fox, de Begorra, de Ribagorça, de Pontiebre, de Peiregort, Vizconde de Limoges, Par de Francia é señor de la cibdad de Balaguer. Vistó el mucho amor é voluntat que todos tiempos conocimos é fallamos en vos, los muy altos é muy poderosos Rey é Reyna de Castilla, de Leon, de Aragon, de Siçilia, de Granada, etc., nuèstros muy caros thios Señores, entre (?) nos é la Serenisima Reyna, vuestra sobrina, nuestra muy cara é muy amada muger, y para nuestras cosas é negocios, é por el deudo allegado, que con Vuestras Altezas tenemos; desseando no solamente conservarlo, mas acrecentar y perpetuarlo, quanto en nos es, y queriendo demostrar por obra la mucha afeccion, voluntad é gana que en nos es para ello, y qualquiere complacimiento que á V. A. podamos fazer, ofrecemos adaquellas por las presentes, que fallando nos libres, la dicha Reyna nuestra muger é nos del casamiento de la ilustrisima princesa Doña Ana, ñuestra muy cara é muy amada fija, que de presente esta contractado, y en caso que Dios nos diesse yjo heredero, ó veniendo por voluntad divina la sucesion en otra de las yjas nuestras, daremos el tal hijo ó yja suscesor o suscessora al nieto ó nieta de Vuestras Altezas, de manera que nuestra intencion é voluntad es que qualquiere que aya de ser nuestro suscessor, yjo ó yja, venga en casamiento al nieto ó nieta que es ó sera de Vuestras Altezas. Et por cuanto, acerca desto mesmo, havia otro asiento y capitulo, por la dicha Reyna é por nos antes de agora fecho y otorgado á Vuestras Altezas de la seguiente forma : Otrosi prometemos é damos nuestra palabra real, que queriendo los dichos señores Rey é Reyna de Castilla contraher matrimonio de la muy Ill. Princesa Doña Ana nuestra fija, con el muy esclarecido Principe su fijo ó con el nieto que Dios les diere, ó dandonos Dios fijo baron, é los dichos señores Rey é Reyna de Castilla lo quisiesen para alguna de las infantas sus hijas ó de las nietas que Dios les diere, que podrian ser en mas conformedad, que faremos é concluyremos el tal casamiento ó casamientos ante todo otro qualquiere. E quando el tal casamiento ó casamientos no se fiziessen, por algunos respetos ó causas que los dichos señores Rey é Reyna de Castilla para ello toviesen, que en tal caso, por corresponder al deudo que con ellos tenemos y al amor y buena voluntad que nos han mostrado y muestran, les faremos saber del tal casamiento ó casamientos que assi nos salliere, antes de lo fazer é concluir, para que se faga con su sabiduria, buena voluntad y consentimiento, y no en otra manera. En testimonio de lo que dicho es, mandamos fazer é damos la presente seguredat, firmada de nuestros nombres é sellada con el sello de nuestras reales armas, é á mayor cumplimiento, lo juramos á Dios y á este senial de Cruz ✠, y á las palabras de los Santos Evangelios que con nuestras manos tocamos, en manos del dicho don Jóhan de Ribera, capitan general por los dichos señores Rey é Reyna, nuestros thios, que de nos recibió, y en presencia de mossen Pedro de Hontañyon, su embaxador, de tener, servar é cumplir, é fazer tener, servar é complir lo en el capitulo susodicho contenido, en la forma susodicha, y de no yr ni venir contra ello por cosa alguna que sea. Fecha en la ciudad de Pamplona, á XIX del mes de enero, año de la Natividad de nuestro Señor Jesucristo, de mil cuatrocientos noventa y cuatro. — Jóhan, Cathalina. — Por mandado del Rey é de la Reyna : Miguel del Espinal. — Por tanto, teniendo por bueno el dicho capitulo é assiento é todo lo susodicho que por nos se ofrece, en virtud de las presentes, prometemos en nuestra fé y palabra real é juramos á la Cruz ✠ é Santos Evangelios por nos tocados manualmente, de lo asi observar, guardar é complir en todo y por todo, sin nengun contravenymiento. En testimonio de lo qual, damos las presentes firmadas de nuestras manos é selladas del sello de nuestras armas reales. Fecha en la ciudad de Sevilla, á XIIII dias del mes de mayo, año de la Natividad de Nuestro Señor Jesucristo de mil é quinientos.

JÓHAN.
Por mandalo del Rey :
MARTIN DE JAUREGUIZAR.

XVI.

Troisième traité de Séville. (Cédule du roi de Navarre au sujet des gouverneurs des forteresses navarraises.) (14 mai 1500.) — Cedula ó carta del Rey don Juan de Navarra, fecha en Sevilla á 14 de mayo de 1500, « que los alcaydes de Navarra sean proveidos por el Rey de Castilla ». *(Arch. de Simancas, Patr. real. Cap. con Arag. y Nav., leg. 2, fº 15, orig., doc. inédit.)*

Nos don Jóhan, por la gracia de Dios, Rey de Navarra, Duque de Nemox, de Gandia, de Montblanch y de Peñafiel, Conde de Fox, señor de Bearne, Conde de Begorra, de Ribagorça, de Pontiebre, de Peyregort, Vizconde de Limoges, Par de Francia, é señor de la ciudat de Balaguer. Attendido que por la capitulacion postreramente fecha entre vos, los muy altos é muy poderosos Rey é Reyna de Castilla, de Leon, de Aragon, de Sicilia, de Granada, etc., nuestros muy caros thios Señores, y la Serenissima Reyna, vuestra sobrina, nuestra muy cara é muy amada muger, é nos, entre otras cosas esta assentado que los alcaydes del dicho nuestro reyno de Navarra ayan de fazer pleitos homenages á V. A. para en seguridad de las cosas assentadas en la dicha capitulacion y aliánças, segunt y como mas largamente parece por los homenages de los que de presente son alcaydes tienen recebidos V. A., y porque es nuestra voluntad que assi mesmo los alcaydes que se mudaran ó pornan de aqui adelante en los castillos del dicho nuestro reyno, fagan la mesma seguredat, segunt lo assentado en la dicha capitulacion y aliánças, affin que V. A. de aquello se tengan por ciertas y seguras, y no ha de haver frau ni cautela por nenguna mutacion que fagamos ó se fiziese de los dichos alcaydes. Por tanto, por las presentes ofrecemos y asseguramos que á todos ó qualesquiere alcaydes que se hauran de mudar en el dicho nuestro reyno, por vacacion ó otramente, por ser tal nuestra voluntad, faremos dar los pleitos homenages que los otros alcaydes del dicho reyno, que son de presente tienen fecho, de tener, guardar é cumplir en todo tienpo lo contenido en las dichas alianças y capitulaciones, y en aquellas esta assentado, y segunt que los otros lo tienen dado; é los dichos alcaydes que hauremos de poner seran propios naturales vezinos del dicho reyno de Navarra. Los quales homenages faremos entrégar, luego que lo tal acaesciere, é sera fecha la dicha mudança, á don Jóhan de Ribera ó á mossen Pedro de Hontañyon, su embaxador, en nombre de V. A., sy alla estovieren, ó los embiaremos adaquellas mesmas. Lo qual todo prometemos en nuestra fé y palabra real, é juramos sobre la Cruz ✠ é los Santos Evangelios tocados por nos manualmente, con obligacion de todos nuestros bienes patrimoniales é fiscales, de lo assi observar, guardar é cumplir, sin nengun contravenimiento. En testimonio de lo qual, damos las presentes firmadas de nuestro mano é selladas del sello de nuestras armas reales. Fecha en la ciudad de Sevilla, á XIIIj dias del mes de mayo, año de la Natividad de Nuestro Señor Jhesucristo, mil é quinientos.

JÓHAN.
Por mandado del Rey :
M. DE JAUREGUIÇAR, *prothonotarió*.

XVII.

Lettre d'Isabelle de Castille (au sujet de la naissance de Henri d'Albret), 2 juillet 1503. (Arch. de Pau, E. 549, orig., doc. inédit.)

Muy ilustre Rey de Navarra, nuestromu y caro y muy amado sobrino. Recebimos vuestra letra de veynte y seys de abril, en que nos haseys saber el alumbramiento de la muy ilustre Reyna nuestra sobrina, y el nacimiento del principe vuestro hijo, que Nuestro Señor ha plasydo os dar. De cierto avemos avydo tanto plazer, como si vos otros fuesedes nuestros proprios hijos; á Nuestro Señor plega de os lo guardar, como os deseays. Muy ilustre Rey, nuestro muy caro y muy amado sobrino, Nuestro Señor todos tiempos vos aya en su especial guarda y recomienda.

Dada en la villa de Alcala de Henares, á dos dias del mes de julio de quinientos y tres años.

YO LA REYNA.

(Scellé du grand sceau de Castille.)

XVIII.

Instructions de l'envoyé de Ferdinand (probablement Coloma) pour Jean et Catherine de Navarre, sur le fait du connétable de Navarre. (Archives des Bass.-Pyren., E. 559, minute orig., sans date (1503, date probable), doc. inédit.)

Direis al Rey y á la Reyna mis sobrinos que yo he visto lo que con vos me han embiado á dezir sobre las cosas del Condestable de Navarra, y tengo por cierto la templança y sufrimiento que dizen que han tenido en sus cosas, y aquello y lo que dizen que haran por el por mi respeto les agradezco mucho, y que crean que á entender en esto principalmente me mueve lo que toca á ellos y al sosiego de su reyno, y dessear que el Condestable los obedesca, y sirva como es de razon, y despues porque por nuestro ruego y respeto lo perdonaron y huvieron por bien que bolviesse á su reyno, querria yo que esto fuesse de manera que el no reziviesse daño, pareciendo me assi mesmo que bien al Rey y á la Reyna mis sobrinos recogeran sus subditos, y porque segun las cosas que dizen en la ynstruccion que truxistes, de los descontentamientos que tienen del Condestable, creo que desto son causas las sospechas y temores que el Condestable tiene de los Reyes mis sobrinos, y aunque el Rey é la Reyna mis sobrinos digan que por mi respeto quieren olvidar los enojos que les ha dado, y que el no tenga temor ni reçelo dellos, loqual yo les agradezco, claro esta que sino se quitan y remedian las causas destos enojos y temores, que ni ellos podrian ser enteramente bien servidos del Condestable, ni el podria perder el temor que dellos tiene, y assi siempre estarian en estos enoxos, y verdaderamente yo desseo quitarse los, y creo que por ninguna otra via se pueden mejor quitar que por nuestro medio, como aqui diremos, si ellos quieren; y á ponerse de fecho á destruir al Condestable, diziendo el que les quiere ser obediente y buen servidor, creo que ellos no lo harian y mucho menos agora que los Franceses publican que viene Mossen de Labrit con gente, y que so atchaque de ser su padre, no le han de negar con gente del rey de Francia la entrada en Navarra; y aunque yo tengo por cierto que el Rey y la Reina, mis sobrinos, guardaran enteramente lo que con nos tienen capitulado, pues aquello es lo que cumple á ellos y á su reino y estado y lo que nosotros queremos dellos, no es que no deen ayuda, sino que esten quedos, sin darla á una parte ni á la otra, y que esten en paz y fuera de gastos y de trabajos y daños y peligros, ellos y su reino y señorios. Pero con todo no querria yo que á tal tiempo se pusiessen en cosas de fecho contra el Condestable, é que diessen cosa de sospecha á los miradores, pudiendo se ligeramente remediar sin ningun escándalo ni sospecha, como yo espero que se remediara, á su contentamiento dellos, y para esto quiero ymbiar tal persona de mi consejo que en mi nombre entienda en ello, y crean que hago esto tan sumamente por ellos y con tanto amor como lo haria por mis hixos, y dezidles que me corro de la poca confiança que de mi tienen, en pensar quando Juan de Ribera queria juntar gente, para cosa de su reyno, que de aquello perpetuamente pueden estar tan seguros de my y de la Reyna como de sy mesmos, y no solamente seguros, mas an de tener por cierto que, si menester fuere, assi havemos de poner nuestro estado, por defender el suyo, como por defender el nuestro.

XIX.

Traité de Medina del Campo (5- 17 mai 1504). (Arch. des Bass.-Pyrén., orig., E. 550; copie, coll. Doat, 228, f°s 178-191. doc. inédit.)

Don Fernando y Doña Ysabel, por la gracia de Dios, Rey y Reyna de Castilla, de Leon, de Aragon, de Sicilia, de Granada, de Toledo, de Valencia, de Galicia, de Mallorcas, de Sevilla, de Cerdeña, de Cordova, de Murcia, de Jahen, de los Algarbes, de Algesiras, de Gibraltar, de las yslas de Canaria, Conde y Condessa de Barcelona, Señores de Vizcaya y de Molina, Duques de Athenas y de Neopatria, Condes de Rossellon y de Cerdania, Marqueses de Oristan, y de Goceano; Hazemos saver á quantos esta nuestra carta vieren, que vimos una capitulacion que fué concordada y assentada ó firmada entre nos, por medio de las personas del nuestro consejo, que para ello diputamos de la una parte, los muy Ilustres Don Juan y Doña Cathalina, Rey y Reyna de Navarra, Condes de Fox, Señores de Bearne, etc., y nuestros muy caros, y muy amados sobrinos, por medio de sus procuradores para ello especialemente diputados, de la otra parte; el thenor de la qual capitulacion es esto que se sigue : Por quanto, por la gracia de Nuestro Señor, entre los muy altos y muy poderosos Principes y Señores el Rey Don Fernando, y la Reyna Doña Ysabel, Rey y Reyna de Castilla, de Leon, de Aragon, de Sicilia, de Granada, etc., por sy y en nombre de los Serenissimos Señores Don Phelippe y Doña Juana, Principes de Castilla, y de Aragon, Archiduques de Austria, Duques de Borgoña, etc., sus hixos, y de la muy Ilustre Doña Ysabel, Infanta de Castilla y de Aragon, hixa de los dichos Señores Principes, y nieta de sus Altezas de la una parte, y los Serenissimos Señores Don Juan y Doña Cathalina, Rey y Reyna de Navarra, Condes de Fox, Señores de Bearne, etc., por sy y en nombre del muy Ilustre Don Henrrique de Viana, su hixo primogenito legitimo, y heredero, de la otra parte, por mos acrecentar el amor y amistad que es entre ambas las dichas partes, es tratado y concordado, que el dicho muy Ilustre Señor Don Henrrique, Principe de Viana se aya de desposar y casar con la dicha muy Ilustre Señora Infanta Doña Ysabel, sus Altezas mandaron al Doctor Martin Fernandez de Angulo, y al Licenciado Luys Çapata, y á Mossen Pedro de Hontañon, todos del su consejo, que en su nombre, y en nombre de los dichos Señores Principes sus hixos, y de la dicha Señora Infanta Doña Ysabel su nieta, y como diputados por sus Altezas para este negocio, juntamente con Don Fernando d'Egües, Prior de Roncesvalles, y Juan de San-Paul, capitan, y Martin de Jaureguizar, protonotario, ambaxadores y procuradores que son para esto especialmente diputados por los dichos Señores Rey y Reyna de Navarra, que hiziessen y concordassen, asentassen y capitulassen el dicho desposorio y casamiento, y todas las cosas para ellas necessarias y complideras, que ellos entendiessen que el dicho desposorio y casamiento ubiesse entero efecto, y lo que cerca dello es concordado y assentado por los susodichos señores, sus constituentes, es lo siguiente. — Primeramente, es concordado y assentado que, quando los dichos Señores Principe de Viana, y Infanta Doña Ysabel seran de hedad legitima y suficiente para contraer y firmar entre ellos el desposorio por palabras de futuro, comblene á saver quando seran ambos de hedad de cada siete años cumplidos, los dichos Señores Reyes y Reynas, y cada uno de ellos por sy, daran orden con efecto que los dichos Señores Principe de Viana, y Infanta Doña Ysabel se desposaran por palabras de futuro, y firmaran, y juraran el presente assiento, y capitulos, y todo lo en ellos contenido, segun que á cada uno dellos atañe ó ataner pueda, singula singulis, pro ut convenit referendo, y quando seran en hedad perfecta para contraer matrimonio por palabras de presente, combiene á saver el dicho Señor Principe de catorze años, contraeran matrimonio por palabras de presente, y despues lo solempnisaran en faz de la Santa Madre yglesia, y lo consumaran, para loqual los dichos Señores Rey y Reyna de Castilla y de Aragon, procuraran de obtener de nuestro muy santo padre dispensacion sobre el ympedimiento de sanguinidad que es entre los dichos Señores Principe y Infanta, dentro de dos ó tres años contadores de la data y firma del presente assiento en adelante, y aquella obtenida, lo haran notificar á los dichos Señores Rey y Reyna de Navarra. — Item, es concordado y assentado entre las dichas partes, que los dichos Señores Rey y Reyna de Navarra, padre y madre del dicho Señor Principe, hazen y ynstituyen, y cada uno dellos por sy, haze y ynstituye heredero y successor universal suyo, al dicho Señor Principe su hixo, en todo lo suyo, y en todos los drechos, y acciones que por succession, ó en qualquiere otra manera pertenezcan, ó podrian pertenezer á los dichos Señores Rey y Reyna de Navarra ó qualquiere dellos. — Item, es concordado y assentado entre las dichas partes que los hixos barones que nasceran del dicho matrimonio succedan y hereden en la forma siguiente, es á saver el hixo baron primogenito y despues del los hixos y hixas descendientes del nacidos de legitimo matrimonio, prefiriendo los barones á las mugeres, successivamente uno despues de otro, guardando orden de primogenitura; y faltando la linea del dicho primogenito, succeda y herede el segundo hixo, y los descendientes del legitimos y de legitimo matrimonio, assi varones como mugeres, como dicho es del primero, entendiendose lo mesmo quanto á los otros hixos, sy los ubiere; y no haviendo hixos barones los dichos Señores Principe y Infanta del dicho matrimonio, y haviendo hixas, que la hixa primogenita y los descendientes della legitimos y de legitimo matrimonio nascidos succedan y hereden universalmente por la mesma orden, que se ha dicho de los hixos, y despues della faltando su linea, la segunda hixa, y despues á otra por la mesma orden que se ha dicho de los hixos, y assi en las otras hixas sy las ubiere. — Item, es concordado y assentado entre las dichas partes, que dissolvendose el dicho matrimonio por muerte de la dicha Señora Infanta y Princesa sin hixos barones, ó que aquellos moriessen antes que el dicho Señor Principe su marido, quedando hixos del dicho matrimonio, el dicho Señor Principe se casasse otra vez y ubiesse hixos barones legitimos y de legitimo matrimonio, que en tal caso el hixo ó hixos barones del tal matrimonio escludidos, las hixas y hixos del primero matrimonio ayan de succeder y heredar á la herencia del dicho reyno de Navarra y de las otras tierras y señorios suyos. — Item, es concordado, y assentado entre las dichas partes que los dichos Señores Rey y Reyna de Navarra puedan proveer, y provean á los otros hixos segun la costumbre de su reyno, y de las otras tierras y señorios suyos, y lo mesmo se dize por los otros hixos esternos de los dichos Principe y Princesa, no embargante la dicha succession universal hecha en favor del dicho Señor Principe. — Item, es concordado y assentado entre las dichas partes, que los dichos Señores Rey y Reyna de Castilla y de Aragon, aguelo y aguela de la dicha Señora Infanta y Princesa, por causa y contemplacion del dicho matrimonio, daran y assignaran, y constituiran, assi como agora para entonces constituyen y assignan, á la dicha Señora Princesa, su nieta, en dote y por dote, la suma y cantitad de cinquenta mil doblas de la buena moneda de Castilla, de buen oro y justo peso, las quales dichas cinquenta mil doblas mandaran dar y pagar, y se daran y pagaran realmente y con efecto, como de yuso se contiene, á los sobredichos Rey y Reyna de Navarra, y al dicho Señor Principe su hixo, ó á quien su poder dellos ubiere, en tres pagas y terminos, combiene á saver la tercera parte al dia de la solempnizacion y consumacion del dicho matrimonio, la otra tercera parte dentro de un año contadero del dicho dia en adelante y la otra tercera parte á cumplimiento de la dicha dote dentro de otro año ymmediatemente siguiente, los quales dichos pagamentos se ayan de hazer en la ciudad de Tudela, ó en la villa de Viana, dando para ello los dichos Señores Rey y Reyna de Navarra por sy, y haziendo y mandando dar por los alcaldes, alguaziles, justicias, jurados, consejos, y universidades de las dichas ciudad y villa, donde el dicho pagamento se hiziere, ydoneas y sufficientes seguridades, para que los dichos pagamentos y los que los ubieren de hazer, quando entraren en el dicho reyno de Navarra y en las dichas ciudad y villa, sean seguros, assi los que llebaren para hazer los dichos pagamentos, como sus personas y bienes dellos, de todo daño, violencia, fuerça ó otra novedad, que hazer se les podiesse, y sean francos y libres con todo lo que llevaren de todo y qualquier drecho real y personal que pidir se les podiere, assi y en tal manera que los que las dichas pagas per soluciones ubiere de hazer segun y en la forma y manera de yuso contenida, las hagan y puedan hazer libremente, y sin impedimiento ny violencia alguna, de manera que se ayan de dar y entregar con tal seguridad que sea una llana por verdadero contentamiento de ambas partes, dando empero á los que hizieren assi los dichos pagamentos en la manera y en los tiempos en el presente assiento contenidos, cartas de pago y de fin y quito, y descargos bastantes, para el sanamiento de los dichos Señores Rey y Reyna de Castilla y de Aragon, y de los que por su mandado y en su nombre hizieren los dichos pagamentos; para hazer y testificar los quales dichos descargos, y cartas de pago, y los otros actos necessarios, ayan de dar, y los deen los dichos Señores Rey y Reyna de Navarra, publicos notarios que tengan para ello authoridad bastante de manera que hecha la solucion por qualquier de los susodichos sean tenidos por libres y quitos del sobredicho pagamento, assi los dichos Señores Rey y Reyna de Castilla y de Aragon, como los dichos Señores Principe y Princesa, sus hixos. — Item, es concordado y assentado entre las dichas partes, que la paga ó pagas que se ovieren de hazer de las sobredichas cinquenta mil doblas, de la dicha dote, en los tiempos terminos y lugares susodichos, se ayan de hazer y hagan en doblas de oro de la vanda, ó su justo valor en oro, ó en plata, y que vestidos, atavios de seda, y brocados, ny otras piedras preciosas de su persona y tapisserias, no sean contados en la suma de las cinquenta mil doblas. — Item, es concordado y assentado entre las dichas partes que los dichos Señores Rey y Reyna de Navarra, daran, assignaran, y asseguraran, assi como desde agora para entonces, por contemplacion del dicho matrimonio, y en favor del, dan, assignan y asseguran, y esso mesmo el dicho Señor Principe, su hixo primogenito, luego que sera constituido en hedad legitima y sufficiente, dara, assignara, y assegurara, assi como agora para entonces, et vice versa, da, assigna, y assegura, á la dicha Señora Infanta, su futura muger, por augmento y donacion propter nuptias, conviene á saver la suma y cantidad de diez y seys mil y seys cientos y sesenta y seys doblas y dos tercios de doblas de oro que montan tanto como la tercera parte de la dicha dote. — Item, es concordado y assentado entre las dichas partes, que los dichos Señores Rey y Reyna de Navarra, y el dicho Príncipe su hixo desde agora, para quando fuere de hedad legitima que aura consumido el dicho matrimonio, ayan de assegurar y asseguren validamente à la dicha Señora Princesa, desde agora para quando la cantidad de la dicha dote sera pagada, las susodichas cinquanta mil doblas de oro de dote, juntamente con las dichas diez y seys cientos y sesenta seys doblas y dos tercios de doblas de oro de augmento, para donacion propter nuptias. — Item, entendido y declarado, que en quanto á lo que toca á la dicha dote, esta obligacion no ha de ser por mas de las dichas doblas, que se pagaren ó seran pagadas en y sobre, sy es sobre todos sus bienes patrimoniales y fiscales havidos é por haver, y especialmiente en y sobre la villa y principado de Viana, con todas las villas y lugares y tierras anexas y pertenezientes al dicho principado, y assi mesmo en y sobre la villa de Olite, y todas las villas, palacios reales, y lugares de la dicha villa y su merindad; en el dicho principado son comprehendidas la villa de Viana con sus aldeas y otras villas y lugares del dicho principado; en la dicha merindad de Olite se comprehenden la dicha villa de Olite y la villa de Tafalla, con sus palacios, y las villas de Mendigorria, Artaxona, Miranda, Caparoso, Santa-Cara, Uxue, San-Martin, Pitillas, la val d'Orba, Miraglo y otras villas y lugares y tierras de la dicha merindad, laqual dicha merindad confronta con tierras de las merindades de Pamplona, Estella, Tudela, y Sanguessa y con el reyno de Castilla; juntamente con todas las rentas ordinarias y extraordinarias y quarteles y alcavalas, y otras qualesquiere rentas, provechos, y emolumentos á los dichos

Señores Rey y Reyna de Navarra en los dichos principado y merindad, y en las villas tierras y lugares dellos de suso nombrados, y los otros que estan por nombrar, pertenezientes, y pertenezer pudientes, en qualquiere manera; entendido, y expressamente declarado que los fructos, y rentas en qualquiere manera recividas de los dichos principado y merindad, no ayan de ser ny sean en caso alguno contados ó menos contadas en la suerte principal de la dicha dote y augmento de dote. — Item, es concordado y assentado entre las dichas partes, que los dichos Señores Rey y Reyna de Navarra padre y madre del dicho Señor Principe, deen y assignen, assi como agora para entonces dan, y assignan á la dicha Señora Princesa, por camara, las susodichas villas y principado de Viana, con todas las otras villas y lugares del, y assi mesmo la susodicha villa de Olite, con sus palaciós reales, y con todas las otras villas y lugares de su merindad, en que se comprehende la dicha villa de Tafalla con sus palacios, segun que de suso esta dicho, juntamente con todas rentas ordinarias y extraordinarias y otorgamientos de quarteres y alcabalas, y otras qualesquiere rentas, derechos, y hemolumentos, á los dichos Señores Rey y Reyna en los dichos principado y merindad pertenezientes y pertenecer pudientes, ahora ó en el tiempo de porvenir, en qualquiere manera, assi y en tal forma que la dicha Señora Infanta aya de tener y tenga en las susodichas villas y principado de Viana, con todas las villas y lugares del, y assi mesmo en la villa de Olite, con todas las otras villas y lugares de su merindad, en que se comprehende la dicha villa de Tafalla, con sus drechos, palacios, la juridicion baxa y mediana, y que aya de llevar y lleve, y goxar, y goxe de todas las rentas ordinarias y extraordinarias, y otorgamientos de quarteres, y alcabalas, y otras qualesquiere rentas, drechos y provechos, y hemolumentos, á los dichos Señores Rey y Reyna, en los dichos principado y merindad pertenescientes ó pertenescer pudientes, y que el merino y que el rezividor que ubiere de ser de la dichas rentas y quarteres y alcabalas ayan de ser puestos y nombrados á voluntad de la dicha Señora Princesa. — Item, es concordado y assentado entre las dichas partes que allende de la dicha camara, que por los dichos Señores Rey y Reyna de Navarra se consigna y da á la dicha Señora Infanta, para alguna sustentacion de su casa y estado, que ofrezen los dichos Rey y Reyna de Navarra de ordenar y mirar, por la dicha Señora Infanta, en asentarle y azerle su estado cada año, segun la facultad de su reyno de Navarra y señorio de Bearne, y de las otras sus tierras y señorios. — Item, es concordado y assentado entre las dichas partes que en caso de dissolucion del dicho matrimonio, moriendose qualquiere de los dichos Señores Principe y Princesa, con hijos del dicho matrimonio sobrevenientes, que la dicha Doña Princesa pueda disponer y ordenar libremente, á toda su voluntad, de la dicha dote y augmento como de suso y de suso se contiene. — Item es concordado y capitulado y firmado entre las dichas partes, que en caso de dissolucion del dicho matrimonio, por muerte de qualquiere de los dichos Principe y Princessa, assi premoriendo el uno al otro, sin quedar hixos sobrevenientes del dicho matrimonio, que en tal caso la dicha Señora pueda disponer y ordenar de la dicha dote y augmento de dote, y de todas sus soyas, bestidos, y atavios, y ornamentos de su persona y casa, á toda su voluntad, entendido assi mesmo é declarado, que los frutos y rentas que seran rezividos de los dichos principado y merindad no lo ayan de ser ny sean contados ny menos contados en la suerte principal, como de suso es dicho. — Item, es concordado ó assentado entre las dichas partes, que si caso fuere, que el dicho Señor Don Henrrique fallesciere de esta presente vida primero que la dicha Señora Princesa Doña Isabel, sin dexar hixos ó hixas della, que en tal caso los dichos Señores Rey é Reyna de Navarra ó sus herederos sean obligados á dar é pagar é restituir las dichas cinquenta mil doblas del dicho dote á la dicha Señora Princesa Doña Ysabel con mas el dicho augmento de la dicha dote, dentro de tres años contados desde el dicho fallescimiento, la tercera parte en fin del primer año ó la otra tercera parte en fin del segundo año, ó la otra tercera parte en fin del otro tercero año, é que en tanto que la dicha Señora Princesa sea pagada de la dicha dote é augmento de dote, que goze de la dicha villa é principado de Viana con las otras villas é lugares del, ó assi mesmo de la villa de Olite, con todas las otras villas é lugares, jurisdiccion, rentas, pechas é drechos segun de suso esta dicho; lo que sera entendido, que en la paga ó pagas, que como dicho es, se haran de la restitucion de la dicha dote, la dicha Señora Princesa aya de dexar de las dichas rentas por rata, segun la paga ó pagas que seran hechas, tanto que no se pueda hazer paga en la dicha restitucion, de menos cantidad de la tercera parte. — Item, es concordado é assentado entre las dichas partes que los dichos Señores Rey é Reyna de Castilla y de Aragon procuraran é travaxaran de cobrar á la dicha Señora Princesa á su poder en los reynos suyos de Castilla, para la criar é tener en su casa real é corte, hasta los sobredichos siete años que seran hechos é firmados los dichos desposorios, é tambien desde en adelante hasta consumir el dicho matrimonio, como dicho es, é affin que hallando se en su poder la dicha Señora Princesa, se pueda dar mejor orden é cumplimiento en todo ello. — Item, es concordado é assentado entre las dichas partes, que sus Altezas procuraran que los dichos Serenissimos Señores Principes de Castilla sus hixos, padre y madre de la dicha Señora Princesa Doña Ysabel, ayan de jurar ó ratificar todo lo contenido en esto dicho assiento y capitulacion, tanto quanto los toca, dentro de dos años primeros siguientes, contados del dia de la fecha de las presentes, assi que embiaran sus cartas patentes de ratificacion, firmadas de sus nombres é selladas con sus sellos. — Item, es concordado é assentado, que las pazes y amistades que antes de agora fueron ó estan asentadas, ó firmadas é juradas entre los dichos Señores Rey y Reyna de Castilla y de Aragon, y los dichos Señores Rey y Reyna de Navarra, con todos los pactos, vinculos, firmezas, y condiciones en ellas contenidas, segun y en la forma y manera que por ellos fueron assentadas y juradas, se confirmaran, y renovaran y por la presente, en nombre de los dichos Señores, sus constituentes, las confirman y renovan, de manera que los dichos Señores Rey y Reyna de Castilla y de Aragon, vista la cercania y acrescentamiento del deudo, ayan y tengan, por tan encomendado el estado y casa de los dichos Señores Rey y Reyna de Navarra como propia suya, y de propios hixos, y para assi la defender y amparar como suya, sy necessario fuere. — Item, es capitulado ó assentado entre las dichas partes, que los dichos Señores Rey y Reyna de Navarra ayan assi mesmo é tengan por tan encomendado el estado y casa de los dichos Señores Rey y Reyna de Castilla y de Aragon, como propia suya, é de propios padres, ó para assi la deffender é amparar como suya, si necessario fuere. — Item, es capitulado ó assentado entre las dichas partes, que los dichos Señores Rey y Reyna de Castilla y de Aragon ratificaran, aprovaran estos dichos capitulos, é juraran de los tener ó guardar ó complir en lo que á sus Altezas toca y procuraran ó se guardaran ó cumpliran, assi por los dichos Señores Principes sus hixos como por la dicha Señora Princesa de Navarra su nieta, y que de esta dicha ratificacion, aprovacion y juramento, mandaran dar sus cartas patentes, firmadas de sus reales nombres ó selladas con su sello, á los dichos Señores Rey y Reyna de Navarra ó á los dichos sus ambaxadores, dentro de setenta dias, contados desde el dia de la data de las presentes en adelante. — Item, es concordado ó assentado entre las dichas partes, que los dichos Señores Rey y Reyna de Navarra ratificaran á aprovaran estos dichos capitulos ó que juraran de los tener, guardar, ó cumplir, en lo que á sus excelencias toca, ó procuraran, ó travaxaran que se guarden ó cumplan, por los dichos Principes sus hixos; é que desta dicha ratificacion, aprovacion é juramento mandaran dar sus cartas patentes, firmadas de sus reales manos, é selladas con su sello á los dichos Señores Rey é Reyna de Castilla é de Aragon, ó á su ambaxador Mossen Pedro de Hontañon en su nombre, dentro de setenta dias, contados desde el dia de la data de las presentes en adelante; é por seguridad de todo lo susodicho, los susodichos ambaxadores, por procuradores ó diputados de los dichos Señores Reyes y Reynas, por virtud de la comision ó poder á ellos dado, y en nombre de los dichos Señores sus constituentes, otorgaron todos los capitulos susodichos é hizieron dellos dos traslados de un tenor, para cada una de las partes el suyo, firmados de sus nombres é sellados con sus sellos, é fueron hechos é otorgados en la villa de Medina del Campo, á tres dias del mes de Marzo, año del nazimiento de Nuestro Señor Jesu Christo de mil é quinientos ó quatro años. — Fernandus d'Egües, prior de Roncesvalles, Juan de San-Paul, Martin de Jaureguiçar, protonotario, Martinus, doctor, Archidiaconus de Talavera, licenciatus Çapata, Hontañon. Laqual capitulacion aqui ynserta y assentada de palabra á palabra vista é entendida, la aprovamos, loamos, ratificamos, otorgamos, y confirmamos, é prometemos, é juramos á Nuestro Señor Dios, é á la Cruz ✠, é á los quatro Evangelios, con nuestras manos corporalmente tocados, que cumpliremos, mantendremos é guarderemos esta dicha escritura de capitulacion, é todas las cosas en ella contenidas, conviene á saver aquellas que nos, por virtud de la dicha capitulacion, somos tenidos é obligados de cumplir é cada una dellas, á una fee é sin mal engaño, sin arte é sin cautela alguna, por nos é por los susodichos Principes é Princesa, nuestros hixos, é Infanta Doña Ysabel, nuestra nieta, so las clausulas, pactos, obligaciones é vinculos en esta dicha capitulacion contenidos, é por certidum, corroboracion é confirmacion de todo lo susodicho, mandamos hazer esta nuestra carta firmada por nos, é sellada con nuestro sello. Dada en la villa de Medina del Campo, á diez é siete dias del mes de Março, año del nazimiento de Nuestro Señor Jesu Christo mil quinientos é quatro años.

Yo el Rey, Yo la Reyna.

Yo Miguel Perez de Almaçan, secretario de los dichos Rey é Reyna de Castilla é de Aragon, mis soberanos Señores, la hize escrivir por su mandado.

XX.

Lettre de Ferdinand le Catholique à Catherine de Navarre (2 novembre 1504). (Archiv. des Basses-Pyrén., E. 557; coll. Doat. t. CCXXVIII, f°° 164-165, doc. inédit.)

A la muy ilustre y muy amada sobrina nuestra. Muy ilustre Reyna de Navarra, nuestra muy cara y muy amada sobrina, Nos el Rey de Castilla, etc., vos embiamos mucho á saludar, como aquella que mucho amamos y preciamos, y para quien queriamos que Dios diesse tanta vida, salud y honrra quanto vos misma desseays. Rezivimos vuestras cartas que truxo Pedro de Labez, vuestro secretario, llevador de esta, á nos y á la Serenissima Reyna, nuestra muy cara y muy amada muger, laqual por estar agora flaca de la dolencia, no vos escrive, mas agradece os mucho vuestra visitacion, y el amor con que embiastes á visitar la, y esta mejor (á Dios gracias), y con su ayuda, esperamos que cada dia yra de mejoria. En lo del casamiento, de que os habló Hontañon, nuestro embaxador, habemos avido plazer de ver vuestra respuesta, y en esto y en todo havemos de mirar por vuestros hixos y por vuestra casa con mucho amor, y porque sobrello escrivimos mas largamente al dicho nuestro embaxador, á su relacion nos remittimos en esto. Quanto á la materia de mossen de Late (?), pareze nos que para llegar al cavo aquel negocio y saver enteramente la verdad del, seria necessario que el dicho mossen de Late se ponga en nuestro poder, y si quisieredes embiar con el persona vuestra, para que en su presencia sea preguntado, nos hauremos dello plazer, y savida enteramente la verdad del dicho negocio, vos escriviremos nuestro parezer de lo que en ello se deva hazer. Otrosi, el dicho vuestro secretario nos dixo que teniades algun reçelo de cierta gente Francesa que era venida hacia la frontera de Fox, y que nos rogavades que escriviesemos al Marichal y al conde de Sant-Esteban y á otros de vuestro reyno, que si los ubiessedes menester y los embiassedes á llamar fuessen adonde los mandassedes. A lo qual dezimos que todas las cosas vuestras, las havemos de mirar y amparar como las nuestras, y que como saveys al presente nos tenemos tregua con el rey de Francia, en la qual por nuestra parte fuistes nombrada y ynclusa vos y vuestros reynos y señorios de Navarra, quel rey de Francia es obligado á la guardar assi á vos como á nos, y no creemos que el venga contra la dicha tregua, mas si el por aventura viniesse contra ella y la quebrantasse, haced nos lo saver, que en tal caso nos proveeríamos en socorro y ayuda de lo vuestro, como el deudo y amistad que entre nosotros es lo requieren, de manera que conozcays que no menos havemos de mirar por la conservacion y defension de lo vuestro que de lo propio nuestro. E Dios Nuestro Señor vos haya en su especial guarda y recomienda. De Medina del Campo, á dos dias del mes de noviembre, año de mil quinientos y cuatro.

Yo Fernando.
Almaçan, secretario.

XXI.

Lettres de Louis XII prenant sous sa protection le connétable de Navarre (12 octobre 1505). (Archiv. de Pau, E. 552, origin., doc. inédit.)

Loys, par la grâce de Dieu, roy de France, de Sicile, de Jhérusalem, duc de Milan, à tous ceulx qui lesdites présentes lectres voiront, salut. Comme depuis nostre advénement à la couronne, nostre cher et amé cousin Loys de Beaumont, comte de Lerin et connestable de Navarre, ayt envoyé par plusieurs foys devers nous aulcuns personnaiges, tant de ses gens et serviteurs que aultres, par lesquels il nous a fait faire plusieurs grans offres, remonstrances et advertissements concernans nostre bien, honneur, estat et prospérité de nos royaulmes, pays et seigneuries, en démonstrant vers nous une singulière et fervente amour, vouloir et affection de nous servir, tant de sa personne que de ses biens, places, chasteaulx, qu'il nous a offerts et offre mectre, bailler et délivrer en nos mains, ou de tels personnaiges nos subjectz qu'il nous plaira, pour nostre service et seureté des choses dessusdites. Lesquelles choses il a finablement dictes et déclairées à aulcuns personnaiges que avons envoyé devers luy, ainsi qu'ils nous ont amplement dit et rapporté, et en ce faisant, nous a fait supplier et requeroir que nostre plaisir soit le tenir, estimer et réputer nostre serviteur et amy, et comme tel le prandre, et mectre ensemble sesdites places, chasteaulx, terres, seigneuries et subgectz sous nostre protection et sauvegarde, et luy octroyer à ceste fin nos lectres à ce conveniables. Savoir faisons que nous, ayant regard et consideracion, ès choses dessusdites, et à la très grande et singulière amour, vouloir et affection que a demonstré par effect devers nous nostredit cousin, et désirans à ceste cause le traiter humainement, bénignement et favorablement, et par autres considérations à ce nous mouvans, icelluy avons tenu, extimé et réputé, estimons, tenons et réputons, de nostre certaine science et grâce spécialle, nostre bon amy, parent et serviteur, et icelluy avons prins et mys, prenons et mectons, ensemble sesdits chasteaulx, places, terres et seigneuries, serviteurs et subgectz, en et soubz nostre protection et sauvegarde spécialle, promettans en bonne foy, de parolles de roy, par ces présentes tenir et entretenir lesdites choses dessusdites, sans aller au contraire en aucune manière. Si donnons en mandement par cesdites présentes à tous nos lieutenans, cappitaines, chiefs et conducteurs de noz gens de guerre et autres noz officiers institués et subgectz; prions et requérons aussi à tous nos amys, alliez, et bienveillans et à chascun d'eulx, si comme à luy appartiendra, qu'à l'effect du contenu en cesdites présentes, ils entretiennent, gardent et observent, et fassent entretenir, observer et garder de point en point, selon leur forme et teneur, sans y contrevenir en quelque manière que ce soit, et tant en facent nosdits amys, alliés et bienveillans, qu'ilz vouldroient estre faict pour eulx en cas semblable, et nosdits officiers, justiciers et subgectz qu'ils en doivent estre recommandez de bonne et prompte obéissance envers nous. En tesmoing desquelles choses, nous avons faict mectre nostre scel à cesdites présentes.

Donné à Bloys, le XII° jour d'octobre, l'an de grâce mil cinq cens et cinq, et de nostre règne le huitième.

LOYS.

Par le Roy, Monsieur le cardinal d'Amboyse, légat en France et autres pays.

XXII.

Lettre de Ferdinand aux rois de Navarre (17 février 1506). (Bibliothèque nationale, coll. Doat, t. XCCXVIII, f° 140, copie, doc. inédit.)

A los muy ilustres Rey y Reyna de Navarra, nuestros muy caros y muy amados sobrinos. — Muy illustres Rey y Reyna de Navarra, nuestros muy caros y muy amados sobrinos, rezivimos vuestra carta, en que nos hazeis saber el mucho plazer que haveys havido de la concordia perpetua que esta assentada entre nos y los serenissimos rey y reyna y principes nuestros hijos, loqual nos teniamos por muy cierto, y vos lo agradezemos mucho; y assi podeys tener por cierto que nos havremos siempre plazer de todo bien y descanso y prosperidad vuestra, como de la propia nuestra. Quanto á lo que Ladron de Mauleon, vuestro embajador, nos hablo de vuestra parte sobre las capitulaciones y escrituras entre nos et vos, desde el tiempo que vivia la Serenissima Reyna Doña Ysabel, nuestra muger (que santa gloria haya!), en Segovia, quando nos embiasteys alli vuestros embajadores, sobre ello, vos respondimos con ellos que pues las dichas capitulaciones de amistad y concordia estavan en su fuerça y vigor, para entre nos y vos, que por nuestra parte se guardaran de muy buena voluntad, teniendo por cierto que otro tanto hareys de la vuestra. Y lo mismo vos dezimos agora, y esto tened por muy cierto, y que en todas las cosas que os tocaren, havemos de hazer por vos, como por hijos nuestros, con mucho amor y voluntad. Muy illustres Rey y Reyna de Navarra, nuestros muy caros y muy amados sobrinos, Nuestro Señor todos tiempos vos haya en su especial guarda y recomienda.

De Salamanca, á diez y siete dias de febrero, año de mil ó quinientos y seys.

YO FERNANDO.
ALMAÇAN, *secretario*.

XXIII.

Traité de Tudela (27 août 1506); alliances entre Philippe et Jeanne, roi et reine de Castille, et Jean et Catherine, roi et reine de Navarre. (Arch. des Bass.-Pyrén., E. 552, minute orig., coll Doat, t. CCXXVIII, f° 218, copie, doc. inédit.)

Don Phelipe y doña Juana, por la gracia de Dios, rey y reyna de Castilla, de Leon, de Granada, etc., acatando el amor y buena voluntad que tenemos á vos los muy ilustres don Juan y doña Catalina, rey y reyna de Navarra, señores de Bearne, etc., y el deudo que con nosotros teneys, vos havemos rezivido y rezivimos por nuestros amigos, criados y confederados, y nuestra voluntad es de tener con vosotros y con el dicho vuestro reyno de Navarra y señorio de Bearne, por manera que los unos y los otros esten en toda paz, y puedan entrar seguramente, segun y como lo hicieron, quando los dichos reynos y señorios estuvieron en paz, segun que en la escriptura dello nos distes firmada de vuestros nombres y sellada con vuestro sello, es contenido; y porque vos otros seays ciertos y assegurados que nosotros haremos y guardaremos á vos y á vuestro reyno de Navarra ó señorio de Bearne, lo susodicho, por la presente otorgamos, que vos rezivimos por nuestros amigos y aliados y confederados, y seguramos y prometemos de tener y guardar la paz con vosotros, y con vuestro reyno de Navarra y señorio de Bearne; y que de los dichos nuestros reynos de Castilla y de Leon, ny de fuera dellos, no sera hecha guerra, mal ny daño, ny otro desaguisado alguno al dicho vuestro reyno de Navarra y señorio de Bearne, ny en vuestros vasallos, subditos, y naturales dellos, ny consentiremos ny daremos lugar á lo contrario en manera alguna, antes, todos ellos seran bien tratados, y viviran en toda paz y sosiego, por manera que los dichos nuestros reynos de Castilla, y de Leon, y de Granada, etc., por gentes dellos ny fuera dellos no se hara guerra, mal ny daño, ny otro desaguisado alguno al dicho vuestro reyno de Navarra y señorio de Bearne, y subditos y naturales dellos, de forma que los unos y los otros esten y vivan en toda paz y puedan contratar seguramente, segun y como lo hicieron, y se ha hecho en los tiempos passados, quando los dichos reynos y señorios sean estado en paz; y assi mesmo asseguramos y promettemos que no consentiremos ni daremos lugar en manera alguna, que gente estrangera, que no sean nuestros subditos y vasallos entren en los vuestros dichos reynos, para que desde ellos ni por ellos sea hecha guerra, mal ny daño alguno en vuestro reyno de Navarra ny señorio de Bearne, ny á los subditos y naturales dellos; y si gente estrangera quisiere ó atentare de entrar en los dichos nuestros reynos, para hacer guerra, mal ó daño alguno al dicho vuestro reyno de Navarra y señorio de Bearne, ó en ellos, y á vuestros subditos y naturales, lo defenderemos y resistiremos con todas nuestras fuerzas y poder, y si menester fuere, vos lo haremos saber, para que vos junteys con vuestras gentes para resistir la dicha entrada, y para echar las fuera de los dichos nuestros reynos, sy fuesen entradas, de manera que desde los dichos nuestros reynos ny por ellos, no se hara guerra, mal ny daño alguno á los vuestros dichos reynos y señorios y subditos y naturales dellos, ny á vuestras gentes. Ny en caso que alguna gente estrangera quisiesse entrar ó entrasse al dicho reyno de Navarra ó señorio de Bearne, para pasar en estos nuestros reynos, por hacer guerra, mal ó daño á ellos y á nuestros vasallos, subditos y naturales, que en tal caso, sy vos otros y vuestro reyno de Navarra y señorio de Bearne, y vuestros subditos, vasallos y naturales y gentes dellos, no pudiereys resistir su entrada, ó si fuesen entradas, no pudiereys echar fuera dellos, siendo nosotros requiridos por vosotros, seamos tenidos de vos favorecer y ayudar, ynviando nuestras gentes y poder, para que juntandose con las vuestras, ayan de resistir la dicha entrada, y si fueren entradas, las echen fuera dellos, por manera que desde el dicho reyno de Navarra y señorio de Bearne, ny por ellos, no se haga guerra, mal ni daño alguno á los dichos nuestros reynos y señorios, subditos y naturales dellos, ny á nuestras gentes. Loqual todo prometemos y seguramos, por nuestra fé y palabra real, de hacer, y guardar y cumplir realmente, y con efecto, á buena fé, y sin mal engaño, syn fraude ny cautela alguna, guardandonos vosotros lo contenido en la vuestra escritura. Por mayor cumplimiento, yo el Rey juro á Dios y á santa Maria, y á la Señal de la Cruz ✠ que toco con my mano derecha, y á las palabras de los Santos Evangelios, en presencia de don Pedro de Navarra, marichal de Navarra, y de don Fernando de Egües, prior de Roncesvalles, que de vuestra parte rezivieron de my la dicha seguridad y juramento, de tener, y guardar realmente y con efecto, todo lo susodicho, y cada cosa y punto dello, y de no yr ny venyr contra ello, ny contra parte dello, en manera alguna. Otrossi, promettemos por nuestra fé y palabra real, que no defenderemos ny permittiremos, que sean sostenidos ny defendidos en los dichos nuestros reynos de Castilla, y de Leon, y de Granada, etc., ny en parte alguna dellos, personas algunas, de qualquiere estado ó grado ó condicion, que sean ó fuesen, naturales ó no naturales del dicho vuestro reyno de Navarra y señorio de Bearne, que en ellos ó en qualquiere parte dellos cometiere caso de trahicion, crime de lesa Magestad, ny qualquiere de los casos en que se cometen trahicion ó felonia, segun las leyes del reyno donde se cometiere, ó de muerte pensada, ó saltearo caminos ; antes al tal ó tales, si en los dichos nuestros reynos y señorios, se recogieren, luego que se diere noticia dello á nos ó á nuestros officiales, mandaremos y haremos prendrer la tal persona ó personas podiendo ser avidos, y los mandaremos y haremos entregar á los officiales del dicho vuestro reyno de Navarra y señorio de Bearne, ó á quien de vuestra parte ó de los dichos vuestros officiales, si dello nos requirieren á nos y á los dichos nuestros officiales; lo qual guardaremos y cumpliremos realmente y con efecto, á buena fé, sin mal engaño, syn fraude y syn cautela alguna, guardando vos lo contenido en la dicha escritura, que nos distes, semejante desta, y por mayor seguridad, lo juramos solemnemente, en la forma susodicha. Por seguridad de lo qual, dimos la presente escritura firmada de la mano de my el Rey, y sellada con nuestro sello. — Fecha en el lugar de Tudela del Duero, á veinte y seys dias del mes de Agosto, de mil y quinientos y seys años.

Yo el Rey.

Yo don Christoval de Sotomayor, secretario del Rey nuestro Señor, le hize escrivir por su mandado.

Fridericus, doctor.

XXIV.

Mandement des rois de Navarre enjoignant à leur fils et à leurs sujets (22 septembre 1506) d'observer la neutralité à l'égard de la Castille. (Archives de Pau, E. 552, original, document inédit.)

Don Jóhan, por la gracia de Dios, rey de Navarra, duque de Nemox, de Gandia, de Montblanch y de Peñafiel, conde de Fox, señor de Bearne, conde de Begorra y de Ribagorza, de Pontiebre y de Peyregorth, vizconde de Limoges, de Marsan, Tursan, Nebosan, Gabardan y Castelbon, y señor de la ciudad de Balaguier; et doña Catalina, por la misma gracia, reyna propietaria del dicho reyno, duquesa, condesa, y señora de los dichos condados, vizcondados y señorios, al ilustrisimo principe don Enrrique nuestro muy caro y muy amado hijo, y á los reverendisimos, egregios, nobles, fieles y bien amados nuestros, los prelados, condestable, marichal, condes, vizcondes, barones, cavalleros, merinos, alcaydes, alcaldes, justicias, prebostes, almirantes y otros officiales nuestros y de qualesquiere ciudades, villas y lugares deste nuestro reyno y de nuestro señorio de Bearne, especialmente en la frontera de Castilla, y á cada uno y qualesquiere de los que las presentes ó copia dellas fecha en devida forma, veran, salud y dileccion. Sepades que por quanto entre los muy altos y muy poderosos principes el Rey y la Reyna de Castilla, nuestros muy caros primos é nos, se ha seydo assentada alianza y confederacion, porque aquella pueda ser mejor agoardada y conservada, ó los subditos, vasallos y naturales de cada parte vivan mas reposados y en sossiego, sin bandos ny parcialidades, é sin que vayan adaquellas malhechores de un reyno á otro; por esto, á cada uno de vos y á todos qualesquiere nuestros officiales é subditos, dezimos é expressamente mandamos que, so incorrimiento de nuestra ira y indignacion, é de ser sus personas, bienes y faziendas, á nuestra merced, que como quiere que entre los bandos, cavalleros ó parcialidades de los dichos reynos de Castilla aya algunas diferencias, que ninguno ny alguno de nuestros dichos reynos é señorios nuestros, subditos é naturales, ny sus gentes de cavallo ny de pié, ayan de entrar ny embiar, ny entren ny embien al dicho reyno de Castilla, para fazer ny mal ny daño ny desaguisado alguno en el dicho reyno, ny contra los dichos Rey y Reyna de Castilla, nuestros primos, ny en favor de alguna de las dichas parcialidades ó voluntades del dicho reyno de Castilla, sin aver para ello nuestra licencia, é no cureys ny alguno cure de fazer lo contrario, si las dichas penas evitar desseays, pues quando lo contrario alguno atentar quisiere, mandaremos aquellas ejecutar con mucho rigor. É porque ninguno queda pretender ignorancia de lo susodicho, mandamos las presentes sean publicadas á voz de pregon, por todas las ciudades, villas y lugares del dicho nuestro reyno, porque vengan á noticia de todos, recibiendo dellas acto publico, que esta es nuestra voluntad, sin que por cosa alguna sea hecho lo contrario. — Dada en nuestra ciudad de Pamplona, so el sello de nuestra chancilleria, á XXII dias de setiembre, año MCCCCVI.

JÓHAN. — CATALINA.

XXV.

Réponses faites par l'empereur Maximilien au roi et à la reine de Navarre (date probable, fin 1506). (Arch. des Basses-Pyrén., E. 556, orig.; coll. Doat, t. CCXXVI, fº 158-160, copie, doc. inédit.)

Quantum ad primum articulum fuit nota Cæsari imo gratissima amicitia seu confœderatio quæ fuit inter regem Philippum defunctum et reges suos. Non dubitat Cæsar quin mors illius fuerit regibus Navarre molestissima; agit gratias illis pro visitatione et consolatione sua super eodem facta. — Quantum ad secundum articulum in quo reges Navarre dicunt se velle prosequi cum Majestate sua et principe Carolo illam amicitiam, quam habuerunt cum rege Philippo defuncto, placet Cæsari hos habere bonos amicos et fratres, et sic in posterum significabit eis tanquam fratribus et amicis suis omnium rerum suarum successus; utetur opera eorum ubi opus fuerit, offeret eis Cæsar omnia bona opera boni fratris et amici. — Quantum ad tertium articulum qui tangit matrimonium serenissimi principis Navarre cum serenissima domina Isabella, filia boni regis Philippi, Cæsar bene cupit illud concludere, cum propter affectionem quam habet erga ipsos reges, tum propter tractatum quem jam inceperat olim rex Philippus circa dictum matrimonium. — Prætera, quantum ad injurias quas intulit eis rex Gallorum, bene dolet eis fieri violentias, cum propter amorem quo eos prosequitur, tum propter commune odium quo afficitur in Gallos qui nunquam cessant similiter molestare Suam Majestatem et principem Carolum præter omnem æquitatem, prout etiam nunc sine aliqua causa fecerunt incursiones in illius dominiis, citra respectum honoris. Sibi est contentus ipsum jurare etiam nunc et continenti, et bene credit Cæsar nisi Rex Francie timuisset apparatum Sue Majestatis pro eundo in Italiam, quod forte prosecutus esset bellum contra ipsos jam proclamatum; sed vires omnes cum bono fundamento concludantur, et unus alterum non delinquat. Imo quilibet sciat quid de alio sperare debeat, et se invicem adjuvare possint, et illi reges cognoscerent sincerum animum Sue Majestatis. Vellet Majestas sua super hoc facere et renovare cum eis ligam, et descendere ad particularia tam matrimonii quam lige predicte præsertim quia pro conservatione et securitate sua et nepotum suorum, opus et medio istorum matrimoniorum compararet sibi amicos et confœderatos, sed quia orator non habet commissiones de particularitate neque mandatum ad concludendum, vellet Cæsar quod significaret regibus suis mentem, et quod super his mittat eis mandatum et resolutionem particularitatis quæ Cæsar proponit, videlicet quod Sue Majestatis mens est ob rationes prædictas et etiam ad persequendum ea quæ suus filius cœperat, utrumque simul tractare, et matrimonium quidem libere pro se concludere, et simul etiam ligam, et confœderationem inter Cæsarem, prædictos reges et principem Carolum et fratrem ejus Ferdinandum, nepotes Cæsaris, contra Gallos, communes et naturales hostes utriusque, cum pactis et conditionibus, quod non faciat aliquam pacem, treugam sive inducias, nisi comprehendat alium cum suâ querela, et quod circa hoc Serenitates sue declarent Cæsari querelam quam habent cum Francia, de qua tractandum erit, et similiter ultra hæc, quærant pro utilitate et securitate sua aliam querelam novam, quam habere intendunt contra ipsum regem Francie, et significent eam Cæsari, quod cum Cæsar intendat nunc rumpere et intentare querelam suam et sacri imperii in

Mediolano, si ipsi reges rumperint cum Cæsare, Sua Majestas non faciet aliquam pacem seu treugam, nisi comprehendat eos similiter, et etiam faciant ipsi reges, nisi comprehendant querelam Cæsaris pro Mediolano. — Et quod immediate illi reges, si placuerint ipsis tam Lga, quam matrimonium, quam primum rumpant ex latere suo contra Franciam, tam ad assecurandum se in posterum de ipso, quam ad satisfaciendum amicitie olim per regem Philippum concluse, et consentiendum et comprobandum ipso facto in ligam de novo faciendam, et Cæsar promittit, de continenti facta ruptura, tenere ratum ipsum matrimonium, imo quod ipso facto teneatur pro concluso in tali casu ; de dote vero et conditionibus dovarii et aliorum articulorum debeant ipsi reges concordare, prout fuerit honestum, et ipsi inter se convenire poterunt, et quod neque ob hoc, nec aliam quamcumque causam, dicta matrimonia debeant prætermitti, dummodo ipsa ruptura ex nunc immediate fiat. — Quantum ad restitutionem illorum oppidorum quæ dicti reges dicunt sibi injuste destineri in regnis Castelle, respondet Cæsar, quod ipsi reges vident gubernium dictorum regnorum non esse nunc in arbitrio Cæsaris, sed Cæsarem nunc tractare concordiam pro dicto gubernio, et si fuerit dictus tractatus, habebit respectum amicitie, et curabit in hoc, quod si habeat aliquod jus, fiat illud quod fuerit rationis. — Quantum ad hoc quod Cæsar in tractatibus quos faciet cum rege Aragonum aut cum Francia, ipsos includat, si dicta matrimonia et confœderatio fuerint conclusa, et ruptura contra Franciam secuta, Cæsar est contentus, si faciat tractatum cum aliquo istorum omnino ipsos includere. — De scripturis quas habent, ex quibus manifeste apparet de injuria quam infert eis rex Gallorum ut videantur in consilio, Cæsar est contentus quod videantur, et invicem voluit eis dare scripturas in quibus pro parte continentur injurie quas rex Gallorum intulit Sue Majestati et nepotibus suis. — De hoc, quod se offerant facturos pro Carolo et juribus suis in Hispania, placet Cæsari et refert gratias.

XXVI.

Instructions (primitives?) données à Lope de Conchillos au sujet de sa mission auprès des rois de Navarre (1507). (Arch. de Simancas, Estado Navarra, leg. 344 f°s 7 et 8, deux copies, doc. inédit.)

Lo que vos Lope de Conchillos, secretario de su Alteza, aveys de desir de parte de los del Consejo de la Reyna, nuestra señora, á los serenisimos Rey é Reyna de Navarra, es lo siguiente :

Direys á los dichos serenisimos Rey é Reyna de Navarra que ya saben quanto amor les tuvieron el Rey é la Reyna doña

Ysabel, nuestra señora (que santa gloria aya!), todo el tiempo que poseyeron estos reynos, y como les trataron y fisyeron por ellos, como por verdaderos fijos, asi en los meter y apoderar en su reyno de Navarra, como para les pacificar y conservar en el, por cuyo medio, despues de Dios, tienen pacifico el dicho reyno, y que porque de qualquier movimiento ó alteracion que aya en el dicho su reyno se sygue mucha turbacion en todas las fronteras destos reynos, donde podria resultar algun daño y escandalo para la pacificacion dellos; que asy por esto, como por ser como son cristianisimos principes y zeladores de justicia, no creemos que de su voluntad aya procedido tomar camino tan riguroso contra el Conde de Lerin, teniendo el y sus fijos el deudo tan cercano que tienen con la Reyna nuestra señora y con ellos. Por ende, que afectuosamente les pedimos y rogamos, que, conservando les alianças y confederaciones que han tenido y tienen con estos reynos y no dando lugar á que por vias yndirectas se quiebren, les plega de tomar algun buen medio con el dicho Conde y sobreseer con el rigor que han comencado contra el, por tiempo de tres meses primeros syguientes, quedando las cosas en el estado que agora estan, para que en este tiempo se de tal asyento como ellos sean bien servidos del dicho Conde de Lerin, y el no sea dañificado en tal manera, porque ya veen que no se fasyendo asy, sera necesario de poner remedio, para que çesen los escandalos que de los movimientos de alla se podrian seguir á estos reynos, y en esto poner toda la diligencia que pudierdes, para que esto aya efecto, y pareço nos que todo esto deveys comunicar con el señor obispo de Calahorra al qual escrevimos, pidiendole que llegue al Rey é á la Reyna de Navarra ó trabaje con ellos, como esto á que vos vays, haya efecto.

XXVII.

Secondes instructions de Conchillos et lettre de créance pour le connétable de Navarre (1507). (Arch. de Simancas, Estado Navarra, leg. 344, f° 6, copies, doc. inédit.)

Lo que vos Lope de Conchillos, secretario de la Reyna nuestra señora, aveys de desir de parte de los del Consejo, en nombre de su Altesa é destos reynos, al Conde de Lerin, ó lo que aveys de hazer en este camino, es lo siguiente :

Quanto nos ha pesado desta enpresa quel Rey é la Reyna de Nabarra han comencado contra el, asy por ser quien es, como por aver sido é ser tan gran servidor desta corona de Castilla y del Rey é la Reyna doña Ysabel, nuestra señora (que gloria aya!); y quanto deseamos su bien y conservaçion, y como con este deseo, con acuerdo del señor arçobispo de Toledo, avemos (pedido?) del Rey é de la Reyna de Navarra, para que vengan con el en algund medio razonable, aunque nos paresçe harto dificultoso de acabar con ellos, por estar el negocio en los terminos que agora; y que por agora se contente con lo que se pudiere hazer pues bee quanta razon es que los subditos obedescan á los señores, y quan grave cosa es favoresçer contra justiçia á los subditos contra sus superiores; y no queriendo el venir en medio que sea razonable, dadle á entender el poco fabor que por agora de aca se le puede dar. — Fecha en Torquemada á…,.. dias del mes de Março de quinientos é syete años.

Au revers : *Lettre de créance de Conchillos pour le comte de Lerin.*

MUY REVERENDO SEÑOR,

Vimos la carta que Vuestra Merced escrivio á la Reyna nuestra señora cerca de las cosas de Navarra, y en lo que alla ha fecho su Alteza, ha sydo muy servida, y para dar algund medio porque las cosas no vayan adelante, va allá Lope de Conchillos, secretario de su Alteza, el qual lleva instruccion de lo que ha de desir y mandamiento, para que todo lo comunique con Vuestra Merced. Pedimos os, señor, por merced que entendays en ello, por manera que se consiga el efecto que todos deseamos.

XXVIII.

Lettre originale de Maximilien d'Autriche à Ferdinand, sur les entreprises de Louis de Beaumont contre la Navarre (31 décembre 1509). (Arch. de Pau, E. 552, orig., doc. inédit.)

Maximilianus, divina favente clementia, Romanorum imperator, semper Augustus, ac Germanie, Hungarie, Dalmatie, Croatie rex, archidux Austrie, dux Burgundie, Brabantii, etc., comes Palatinus, etc..., serenissimo principi domino Ferdinando, Aragonie et utriusque Sicilie regi, fratri et consanguineo nostro charissimo, salutem et fraterni amoris continuum incrementum. — Serenissime princeps, frater et consanguinee charissime, intelleximus, non sine magna animi nostri displicentia, dominum Aloisium de Beaumont, nescimus si iussu cuiuspiam vel temeritate propria, in regno Castelle, ad fines regni Navarre, facere cordiunctionem gentium, et quodammodo minari aperte Regi et Reghe Navarre invadendi et molestandi eos in eorum regno et subditos ipsorum; quos cum fraterno amore et benivolentia complectamur et prosequamur, non potest id esse sine gravi molestia nostra. Et quum antiquum fedus et conventio sit inter regna

Castelle et Navarre et ipsorum regnorum incolas et subditos, nosque habeamus ipsos in singulari commendatione et peculiari protectione, sicuti novit Serenitas vestra, preter quod in innovatione quam videtur facere dictus Aloysius, nos in ea re graviter offenderemur, jura et federa (1) dictorum regnorum violarentur, quod scimus non esse intentionis vestre Serenitatis, nec quod dictum fedus violetur, nec nos in ea re offendamur, nec cuique etiam extreme conditionis homini injuria fiat; quapropter plurimum rogamus Serenitatem vestram, ut omnino non paciatur quicquam innovare in illis regnis Castelle per dictum dominum Aloysium vel quempiam alium contra præfatos Reges et Reginam aut Regnum, vel eorum subditos; sed omnino si quid præsidii, munitionis, vel quid simile constitutum fuisset, revocetur, et omnia in integro maneant, prout antea erant; in quo preter quod Serenitas vestra conservabit prædictum fedus Regnorum, nobis plurimum in ea re satisfaciet, et hanc Serenitatis vestro in nobis complacentiam omni offitio nostro erga eamdem recognoscemus, quam omnino ab ea pro singulari munere impetrare exposcimus. Datum in oppido nostro Bolsano, die ultima mensis decembris, anno Domini MCCCCIX, Regnorum nostrorum Romani vicesimo quarto, Hungarie vero vicesimo.

Vester bonus frater,
MAXIMILIANUS.

XXIX.

Traité d'alliance et de confédération entre la Navarre et le Béarn (février 1510), pour résister aux entreprises du roi de France, intitulé en espagnol : La Union con los Bearneses. (Arch. de Navarre, Comptos, cajon 168, n° 5, orig., doc. inédit.)

Ent juntamento de Estados generales fecho en Salvatierra, en el mes de febrero, año de la Incarnacion de Nuestro Señor Jesu-Cristo de mil quinientos y diez, de mandato de los Rey y Reyna de Navarra, señores de Bearne, al quoal juntamente se han hallado los disputados del reyno de Navarra, á saber el reverendo padro don Ferrando de Egües, prior de Roncesvalles, y venerables don Jóhan de Beamont, cavallero, señor de Arazuri, don Jóhan de Jasu, doctor, señor de Xabierre, Miguel del Espinal, fiscal de Navarra, Pedro de Berio, señor de Otaçu, et las gents de los tres Estados del pays de Bearne ; Despues, que por sus Altezas les fueron remostradas en la proposicion de los dichos Estados muchas cosas, ó en especial coma ahoran imbiado su Senescal de Bearne en embaxada

---

(1) Federis dans l'original.

al Rey de Francia, por entender en la acordia de las diferencias que han con su primo, el conde de Estampas; la respuesta que sobre aquello tomo el dicho Senescal es assaber, que los dichos el Rey é Reyna se determinasen de dividir ó partir sus Estados y casa real en dos partes desta manera, quel dicho reyno de Navarra y las otras tierras y señorias que han de aqua de los puertos é otra parte, y dellas que tomassen y escogiessen sus Altezas, que á ellos quedassen asy, y que la otra fuesse para el dicho conde de Estampas. Y sobre esto, y si otras cossas ccoriessen, contraditos reyno de Navarra y señorio de Bearne, como (?) ellos ensemble obieron é han seydo unidos y debaxo de un señor, tanto por los tratos y capitulos matrimoniales fechos y passados entre el principe don Gaston de Bearne he doña Leonor, Reyna del dicho reyno de Navarra, y don Gaston, principe de Viana he madama Magdalena, fija y hermana de reyes de Francia, que firmaron he aprovaron de aquello tocante la dicha union, en tiempo de la coronacion del rey Febus, rey del dicho reyno de Navarra he señor del dicho pays de Bearne, fecha é insignida, et los capitulos he á tratos matrimoniales empues fechos he subseguidos entre los ditos Rey é Reyna, afirmaron é apuntaron de todo lo susodicho en tiempo de la dicha su coronacion real, fecha la succession á los dichos señores del dito reyno y señorio de Bearne pueynda, por las quales cosas los dichos reyno he señorios han seydo reduzidos de suso el dominio é señorio de sus Altezas, á condicion expressa de en aquellos succeder primogenito dellos descendiente; sobre lo qual, los dichos Estados juntamente conformes y de una voluntad, attendido he considerado quanto les obliga su fidelidat et naturaleza, á servir, sostener é defender, el Estado de los ditos Rey y Reyna, como de sus reyes naturales et soberanos señores, rey y reyna, los quales, quanto en los dichos reyno y señorio de Bearne no han jamas conoscido ni reconozcen ningun superior; por el servicio de sus Altezas, bien é utilidat, defension, pacificacion destos dichos reyno é señorio, con licencia y querer de sus Altezas, han entre ellos concertado y concordado de se confederar, juntar he unir entre ellos, á los fines y efectos que se siguen, por tiempo y espacio de dos años solamente, contandoles del tiempo de la concesion y fecha de la tal dita union é confederacion en adelante; desta manera que se ningun Rey, principe, duque, conde ó otro poderoso señor, con gentes estrangeras, quisiesse azer guerra ó daño en el dicho reyno de Navarra ó en la dicha señoria de Bearne, ó en los dos comunamente, ó dibidia, ó queria ocupar ladita succession, que losditos reyno y señorio ayan de ser y sean juntos y unidos, y las gentes de aquellas juntamente se hayan de ayudar é socorrer, ay donde mas necessidad á breve, assy como si fuese todo el reyno ó señorio puesto en ello, como mejor sera visto, por defender los ditos reyno y señorio, myentras que [la]dita necessidad durare, dentro del dito tiempo de losditos dos años; assaver es, que losditos Navarros á costas y espensas del dito reyno, é los Bearneses por lo semejante á costas y espensas de ladita señoria é tierra de Bearne; la qual confederacion entienden hazer, sin perjuyzio de la antigua union, tanto por los dichos contratos matrimoniales como coronaciones de susodichas, fecha, y aquellos quedados en su eficacia y valor. Con esto los ditos diputados de Navarro no tienen tan abastante cumplido ó special poder que por semejante negocio perficir y firmar se requiere, y assi la dicha union, ó confederacion por su parte no se podra asentar, é incluyr entre ellos (?), los dichos diputados del reyno de Navarra se han puntados é ofrecidos de pensar é travajar á todo su leal poder de asi (?) surtir (?) é traher fealtad é poder bastante é suficiente por la dita confederacion, y aquella passar y assentar en la forma sobre dicha, y obligacion, juramento y otras cosas necessarias. — Assi bien las gentes de los ditos Estados de Bearne, por fazer é pasar la dita union y confederacion en la forma sobredicha con los ditos diputados de Navarra, vernan y traheran ó imbiaran la dita fealtad é han diputado....., á los quoales an dado é otorgado é por tenor del presente instrumento dan é otorgan por y en nombre desta cicha tierra é señorio de Bearne facultad é poder de hazer pasar por los ditos diputados de Navarra la union he confederacion sobreditas y en la forma sobredita prometidas.

ROGET DE BOHESIO, syndic.

XXX.

Lettre de Ferdinand le Catholique à la reine de Navarre (12 mai 1510).
(Arch. de Pau, E. 555, orig. scellé, doc. inédit.)

Muy ilustre reyna de Navarra, nuestra muy cara y muy amada sobrina, Nos el rey de Aragon, de las dos Sicilias, de Hierusalem, etc., vos embiamos mucho á saludar, como aquella que mucho amamos y preciamos, y para quien queriamos que Dios diese tanta vida, salud y honra, quanto vos misma desseays. Recebimos vuestras cartas que nos truxo mossen de Santa-Coloma, llevador desta, y oymos todo lo que de vuestra parte nos fablo, y porque á ella le respondimos como el dira, no es necesario repetar lo aqui, sino remitirnos á su relacion. Muy ilustre reyna, nuestra muy cara y muy amada sobrina, Nuestro Señor vos haya en su especial guarda y recomienda. — Dada en Monçon, á XII dias de mayo, año de mil quinientos y diez.

Yo el Rey,
ALMAÇAN, secretario.

XXXI.

Lettre de créance des rois de Navarre pour Ladron de Mauléon, leur envoyé auprès du roi d'Espagne (1510). (Bibl. nation., fonds espagnol, t. CLXXII, f° 25, pièce 19, nouveau classement, orig. inédit.)

Muy alto y muy poderoso Rey, nuestro muy caro tio señor. Recebimes la carta que á Vuestra Alteza plugo escrevirnos con Ladron de Mauleon, y oymos en lo demas que nos refirio de parte suya en creencia della, y le tenemos en mucha merced lo que de su buena y conocida voluntad nos hace saber, y le suplicamos muy caramente y con la misma fé y confiança que siempre tuvimos en Vuestra Alteza, que las personas, honrras y cosas de nuestro estado le plegua haberlas en su special encomienda, como mas largamente el dicho Ladron lo suplicara, assi bien porque se cumpla lo que con el dicho Ladron nos embio á deçir en lo que toca las diferencias de las fronteras; porque deseamos que aquellas queden pacificadas, embiamos alla al dicho Ladron ; suplicamos á Vuestra Alteza que mande cometer estos negocios sin tardanza, y á personas apartadas de interesses y pasiones, y á tales que tengan amor á la igualdad y justicia, porque con ella pongan fin á las dichas questiones y ley de honesto y pacifico vivir á las partes, por manera que con servicio de Dios den descanso á Vuestra Alteza y á nos. Tambien haura cargo al dicho Ladron de suplicarle sobre los negocios del obispado de Pamplona. Suplicamos á Vuestra Alteza lo mande oyr y de entera creencia, proveyendo lo del despacho que á la expedicion de la negociacion conviniere, segund de V. Alteza confiamos. Muy alto principe y muy poderoso señor, nuestro muy caro tio señor, la santa Trinidad sea en todos tiempos su especial y continua proteccion. Dal castillo de Pau, á ocho del mes de octubre de mil quinientos y diez años.

Sign. orig. : Johan. — Catalina.

XXXII.

Lettre de Maximilien au Roi Catholique (25 juin 1511). (Arch. de Pau, E. 555, doc. inédit.)

Maximilianus, divina favente clementia, Romanorum imperator, semper Augustus, et Germanie, Hungarie, Dalmatie, Croatie, etc., rex, dux Burgundie, Brabantii, etc., Comes Palatinus, etc., serenissime princeps, frater et consanguinee charissime, salutem, cum incremento continuo nostri mutui fraterni amoris ; insteterunt apud nos serenissimi principes Rex et Regina Navarre, fratres et consanguinei nostri, communes charissimi, ut tantum nos efficeremus cum Serenitate vestra, quod oppida La Goardie, Argues et Sancti Vincentii cum territoriis eorum qui fuerunt de antiqua hereditate ex pertinenciis regni Navarre, et per regnum Castelle olim illi adempta, eisdem regibus legitimis dominis restituerentur, quandoquidem etiam clarissima regina Isabella, olim consors Serenitatis vestre, id in sua ultima voluntate mandaverit. Quapropter rogamus Serenitatem vestram, ut pro ejusdem Regis et Regine affectu et observantia erga eam, et ipsius dilectione, et benignitate ad eos, ac intuitu et contemplatione nostra, et in primis ob justitiam et satisfactionem ultime voluntatis ipsius clarissime regine Isabelle, dignetur facere integre restitui eisdem Regi et Regine dicta eorum oppida cum pertinenciis eorum, sicuti convenit; in quo Serenitas vestra faciet rem se dignam, regine bone et justicie debitam, et nobis valde gratam, mutua vicissitudine erga eam recognoscendam, et regem et reginam hoc bono officio perpetuo sibi devinciet. Datum in oppido nostro Inspruglzh, die vicesima quinta mensis Julii, anno Domini MDXI, regnorum nostrorum Romani XXVI°, Hungarie vero XXII°.

Vester bonus frater,
Maximilianus.

XXXIII.

Lettre de créance de la reine de Navarre pour son ambassadeur Ladron de Mauléon (12 juin 1512). (Bibl. nation., fonds espagnol, t. CLXXII, pièce 49, f° 60, orig. inédit.)

Muy alto y muy poderoso Rey, nuestro muy caro tio señor; vista la carta de Vuestra Alteza que con mi embaxador Ladron de Mauleon me scrivio, y lo que por ella me haze saber, tuve plazer de oyr nuevas que particularmente (†) me refiere en todas sus obras que alla faze, por lo que con ellas fuelga amor que me tiene y voluntad de fazer por mi y por mi stado y todas mis cosas, y que no podria creer que por mi parte se diesse causa de fazer otra cosa; lo qual todo tengo en mucho agradecimiento y merced senyalada y en tanta estimacion quanto es razon semejante ofrecimiento de V^{ra} Alteza que siempre es y sera causa de mucho consolar nos, para my, y mucho mayor el credito que en mi tiene, pues ha de ser cierto que no queria fallarme donde estoy, ni en otra parte deste suelo, para no recognoscer y merecerle las buenas obras que tengo fasta aqui recebidas de Vuestra Alteza, para lo qual puede tener firme credito y fé entera que en mi no ha de faltar para las cosas del acrecentamiento, y conservacion (†) de su stado, tan constante amor, acatamiento y obediencia de verdadera hija quanto sea de ningunas en tiempos passados, como lo dara á recognoscer y demostrara la obra; que yo tengo ante mis ojos y por experiencia, lo he visto en tiempos passados, no acatando se tanto sus proprios hijos ni metiendo se en tales asistencias (?); y assi ruego quanto mas afectuosamente puedo á Vuestra Alteza todos tiempos tenga en mi tal firmeza y credito, como my voluntad lo merece, y deciran el dicho mi embaxador y el prothonotario, dando les fé y creencia entera en todo lo que de my parte referiran; é con tanto, muy alto y muy poderoso Rey, nuestro muy caro tio señor, la santissima Trinidad sea su special y continua proteccion por todos tiempos. De la ciudad de Pamplona, á XII dias del mes de Junio de mil quinientos y doce años. La Reyna de Navarra, vuestra obediente sobrina,

CATALINA.

XXXIV.

Réponse du roi de France aux demandes de la reine d'Aragon, relativement à la succession de la maison de Foix et du duc de Nemours (juin 1512).
La Respuesta que dieron á Felipon, de parte del Rey de Francia, sacada de frances en castellano. *(Arch. de Simancas, Patronato real. Capit. con Aragon y Navarra, leg. 2, copie, doc. inédit.)*

A XXVIII de junio de mil y quinientos y doce, el Rey de Francia fizo facer respuesta á la gente de la Reyna de Spaña, es á saber á su maestre de la guarda ropa y á su escuder, tocante á la sucesion del difunto (?) Mosen de Nemos, hermano de la dicha Reyna, los quales habian venido de parte de la dicha Reyna, é fue fecha esta respuesta por Mossen de Paris y Mossen de Bussage, y mossen el thesorero Robertet. — Y primeramente, en la primera respuesta que ellos nos ficieron, nos dijeron que el Rey queria guardar el derecho de la dicha Reyna, su hija y sobrina, y que el queria que todo lo que le perteneciese que lo hubiesso. — Item, nos dijeron mas, que habia muchas gentes que demandaban sobre las tierras y señorios, á causa de muchas deudas que debia el difunto (?) Mossen de Fox, su padre, y á esta causa, quando el Rey ha visto esto, el ha tomado y puesto toda la sucesion en su mano, para guardarla á provecho de la dicha Señora. — Item, dijeron mas que, si assi no se facia, que seria en gran perjuicio de la dicha Reyna, por lo qual farian esto poner se en posesion de las dichas tierras por las dichas deudas. — Item, dijeron mas que quando el dicho Rey supo la muerte del dicho Señor de Nemos, que el fué mas congoxado que de la muerte de su difunto hijo postreramente fallecido, y quel habia puesto pena en lo facer fastagora, y que si el biviera, el lo hubiese fecho el mayor hombre de todos sus reynos. — Item, mas dijeron, que, placiendo á Dios, las questiones no durarian siempre, y en este medio tiempo, la dicha Reyna fallara la dicha sucession de buena mano. — Mas dijeron que el Rey no nos queria embiar á Paris, y que el no queria otro advogado sino á el, en lo que toca á la sucession y casa del dicho difunto (?). — Item, mas nos dijeron que el lo faria ahun mejor, y que el los havia fecho grandes al fijo y la fija, y que aun el queria entretener la casa. — Item, nos dijeron mas, que el sabia bien el buen amor y buen poder que ella tenya con el Rey su marido, y que el querria que ella lo tubiesse ahun mucho mas, y que el esta dello muy alegre y contento.

XXXV.

Bulle Pastor ille cœlestis *(le début en capitales)*. *(Arch. de Simancas, Patronato real. Bulas sueltas, leg. 2¹, n° 54, orig. beau parchem. scellé. Cet original est inédit.)*

Julius, episcopus, servus servorum Dei, ad futuram rei memoriam. Pastor ille cœlestis, qui pro salute humani generis, quod prævaricator Satanas æterna perdiderat morte, in terram descendere, humanam carnem induere et in cruce mortem subire non abnuit, cum ad cœlos rediret, vicarium sibi constituit in terris qui gregis dominici, sanctissima sua passione redempti, curam præcipuam gereret, illumque, quantum in eo esset, præservaret a noxiis, et infra ovilis septa, id est veritatis septam, contineret, infectas autem pecudes quæ curari nollent, né alias sua contagione corrumperent, ab ovili depelleret et tanquam tabida et putrida membra, sano capite omnino præscinderet; unde Nos quibus hujusmodi vicariatus officium superna est dispositione commissum ac creditum, nobiscum nostrum (?) gregem nunc salubriter custodimus, et injuncti officii munus efficaciter adimplemus, cum Christi fideles quos diabolus insidiis tentat (?), conspicimus, ut ab illis caveant paterna charitate monemus, et qu. ex eis contumaces charitatis contemptores evadunt, ab humilium et bonorum filiorum cœtu et consortio separamus. Sane, quod nimis dolenter referimus, cum superioribus diebus, Ludovicus, Francorum rex, Alphonso olim duci Ferrarie, tunc in nostre et Sedis Apostolice contumacia et rebellione, cum titulo ducatuque Ferrarie ac omnibus terris et bonis, que a Sede præfata in feudum obtinuerat, legitime privato, et censuris omnibus irrestito, ac pro tali publice declarato contra Romanam Ecclesiam, et Nos, qui et senio et corporis infirmitate gravati, cum curia nostra pro ejusdem Ecclesie juribus honore et dignitate tuendis, per frigidissimam hyemem in præfate Ecclesie castra profiscisci coacti fuimus, quibus potuerat consilio auxilioque favisset, potentissimumque ad id exercitum destinasset; qui, paulatim dicti Alphonsi ducis patrocinio damnabili non contentus, agrum nostrum Bononiensem, nobis tunc Bononie laborantibus in extremis, hostilibus, sacrilegis que usque ad ipsius civitatis portas incursionibus invadere ausus fuit, et deinde post nostrum e Bononia versus Ravennam discessum, civitatem ipsam Bononiensem hostiliter invasisset, eamque violenter et tyrannice occupasset, eamque sibi (?) secretis confertis que titulis pertinere assereret, et tirannide sua latius in aliis præfate Ecclesie terris propaganda, nostraque et dicte Sedis auctoritate deprimenda quotidie mereretur, in ejus iniquo proposito hujusmodi confovendam pertinaciam, alumnos Bernardum de Caravajal, et Guillermum de Brissonet, ac Renatum de Prie, et Fridericum de Sancto Severino, tunc dicte Ecclesie cardinales, qui paulo ante, forsan ejusdem Ludovici regis hortatu, ab obedientia nostra et Catholice Ecclesie unione perfide se subtraxerant, et scismatis conventicula, auctore Satana, induxerant, suis sub patrocinio et tutela palam suscepisset, usque ad scindendam inconsutilem Christi tunicam, et ejus sponse Catholice Ecclesie unitatem sinceritatemque, per hujusmodi conatus scismaticos, violandam, omnem opem et operam solemniter promisisset, de quo nobis per publica ipsius promissionis innotuit documenta, etiam nihil non fecisset quod ad nostrum et præfate Ecclesiæ, si non totius christiane reipublice statum, in spiritualibus et temporalibus, perturbandum, pertinere posse videretur, et damnatissimis his incœptis, nullis, nec nostris nec plurium Catholicorum Regum et principum precibus, nec Dei nec hominum timore, retrahi potuisset, sed afflueret in dies majus ejus virus, cognosceremusque frustra nos assidue et ultramarinis comprimendis cogitare, si circumvicinis et domesticis hostibus non possemus resistere, Spiritu Sancto nobis ministrante consilium, charissimum in Christo filium nostrum Ferdinandum Aragonie et utriusque Sicilie Regem Catholicum, et dilectum nobilem virum Leonardum Lauredanum, ducem et dominum Venetorum, in nostrum et dicte Ecclesie subsidium adversus tantam vim imploravimus, et cum eis, quos prout vere catholicum decuit regem et religionis christiane ultoribus convenit, viros ad id promptos inveneramus, nostro et dicte Ecclesie nomine, pro ipsius Ecclesie dignitate et libertate tuendis, ac sedando perniciosissimo schismate, indissolubile fœdus inivimus, cui postmodum, charissimus etiam in Christo filius noster Henricus Anglie Rex illustris, se libenter adjunxit; communique singulorum ipsorum confœderatorum, nostroque ac Sedis prædicte fœdere durante, charum dominum (?) de Cardona ducem (?) in rebus omnibus bellicis statuimus; et quamvis divina ope dictorumque confœderatorum auxilio adjecto, civitatem prædictam et alia loca dicte Ecclesie tunc occupata nuper recuperaverimus, et dictum Alphonsum olim ducem culpam erroresque suos ante pedes nostros humiliter confitentem, et veniam cum pœnitentia deprecantem, ad misericordiæ gratiam receperimus, tandem dictus Ludovicus rex, qui, post percussum fœdus hujusmodi, aucto suo in duplum exercito, pones alias civitates et terras ejusdem Ecclesie hostiliter occupare, dicte Sedis legatum de latere capi, et captivum, donec cœlesti quidem dextera de satellitum manibus ereptus fuit, adduci jussit; et fecit dictos Bernardinum, et Guillermun ac Renatum et Federicum, eorum notoriis culpis et demeritis exigentibus, cardinalatus honore et omni ecclesiastica dignitate, apostolica auctoritate privatos et scismaticos atque hæreticos publice nunciatos, in suis regnis et dominiis, in cardinalium habitu incedentes, receptare, tanquam cardinales honorare, et in eorum hæreticis scismaticisque erroribus confovere, aliasque eis omni opportuno favore deesse non cessat; et contra dicte Sedis confœderatos, qui pro nobis et Sede apostolica, ad reprimendum impios ejus et dictorum scismaticorum conatus arma sumpserunt, novas quotidie acies instruire, et quos potest populos, præsertim Vascos et Cantabros, eisque circumvicinam gentem, qui dicte Sedi devotissimi semper fuerant, falsi errorisque suggestionibus, ab eorum erga nos et Sedem eamdem antiquissima devotione subtrahere, et adversus confœderatos prædictos suis stipendiis subagitat, in Apostolice auctoritatis contemptum, et in Christi fidelium, qui cum ipsis scismaticis a fidelium communione præciscis conversantur, in animarum periculum, confusionemque Ecclesie, perniciosissimum quoque exemplum et scandalum plurimorum.

Quare nos, tam præfatorum scismaticorum Ludovici regis aliorumque ipsorum scismaticorum fautorum, quantum cum Deo possumus, vires, ut sic facilius ab eorum improbis desistant incœptis, et spiritum sumant consilii sanioris, deprimere, bonarumque gentium simplicitati, ne prædictorum hominum dolo a recto tramite per ignorantiam seducantur, consulere intendentes; auctoritate præfata, tenore præsentium, universis et singulis Christi fidelibus, præsertim Vascis et Cantabris præfatis, illisque loca vicina colentibus, sub majoris excommunicationis late sententie pœna, quam quemlibet eorum etiamsi marchionali, ducali, regali, pontificali, aut alia quavis ecclesiastica vel mundana dignitate et auctoritate præfulgeat, post triduum a die publicationis præsentium Cæsaraugustana, Calagurritana, Burgensi et Elnensi ecclesiis, vel aliqua ex eis faciende, computandum, incurrere volumus ipso facto, a quo præterquam in mortis articulo constituti, ab alio quam a Romano pontifice etiam cujusvis Apostolice facultatis prætextu absolvi nequeant, qui contra Ecclesiam ac contra nos aut aliquem ex nostris et dicte Sedis confœderatis prædictis, nostrasve aut alicujus eorum gentes armatas (?), arma sumere, aut ad præfati Ludovici regis vel dictorum scismaticorum aut aliorum illius vel illorum fautorum, stipendium militare seu aliquod cum eis fœdus vel ligam inire præsumant ; et eis qui jam forsan talia stipendia receperint seu arma sumpserint, vel fœdus percusserint, ut aut arma ipsi vel in nostrum et confœderatorum prædictorum favorem auxiliumque convertant, vel saltem ea illico prorsus deponant, et a damnabili fœdere hujusmodi, quod etiamsi juramenti vinculo vel quavis firmitate alia sit vallatum, omnino discedant, ex parte omnipotentis Dei districte præcipiendo mandamus. Si vero quod Deus pro sua pietate esse non sinat, aliqui renitentes fuerint, et excommunicationis hujusmodi sententiam, per alios tres dies, animis sustinuerint induratis, lapsis tribus ultimis diebus eisdem, ipsos et eorum quemlibet, ex nunc prout ex tunc, excommunicamus, anathematizamus, maledicimus, et perpetuæ damnationis laqueo innodamus, ac omnibus feudis, concessionibus, indultis, gratiis et privilegiis, spiritualibus et temporalibus, quæ a præfata Romana et aliis quibuscumque Ecclesiis obtinuerint, omnique honore et dignitate privamus et exuimus, eosque excommunicatos, anathematizatos, maledictos, ac æterno damnatos supplicio, privatos et exutos, ut præfertur, ac active et passive, atque ad omnes actus legitimos omnino inhabiles et lesæ majestatis reos esse, eadem auctoritate et de Apostolicæ Sedis potestatis plenitudine nunciamus ; eorumque omnia et singula bona publicamus, et ipsos capientium servos effici volumus, statuimus atque decernimus, civitatesque, oppida et terras et loca quæcumque, vel qui ipsorum damnatorum aliquem declinare continget, quamdiu ibi manserit, et triduo post ejus inde discessum, ecclesiastico supponimus interdicto ; ceteris etiam fidelibus, ne cum ipsis anathematizatis aliquam ex tunc habeant consuetudinem vel commercium, sed eos, ne ita demum in ipsos illorum contagio descendat, tanquam ethnicos et publicanos fugiant et evitent ; et, ne ii, quos præsentes littere concernunt, ad velandam forsan suæ malignitatis perfidiam, aut pœnas et censuras hujusmodi declinandum, possint ignorantiam allegare, omnibus singulorum locorum ordinariis, et prædictarum ac aliarum cathedralium, etiam metropolitanarum ecclesiarum, et monasteriorum capitulis et conventibus, aliorumque ecclesiasticorum locorum sæcularium et quorumvis ordinum regularium, exemptorum et non exemptorum locorum rectoribus, vicariis, guardinis, prioribus et ministris, et eorum cuilibet, ut easdem præsentes litteras vel earum authenticum transumptum, quoties et quantum desuper fuerint rogati, in eorum ecclesiis publicent, et ad circumstantium populorum notitiam deducant in virtute sanctæ obedientiæ, et sub simili majoris excommunicationis latæ sententiæ, et etiam, quoad personas ecclesiasticas, si episcopi vel archiepiscopi, suspensionis a regiminibus ecclesiarum quibus præfuerint, et si (eis ?) inferiores sunt, monasteriorum et beneficiorum ecclesiasticorum quorumcumque, quæ quomodo libet tunc obtinuerint, privationis, ipso facto ineundis pœnis, præcipimus et injungimus, non obstantibus constitutionibus et ordinationibus apostolicis contrariis quibuscumque, aut si aliquibus commune vel divisum a dicta Sede indultum, quod interdici, suspendi, vel excommunicari non possint per litteras apostolicas non facientes plenam et expressam ac de verbo ad verbum de indultorum hujusmodi mentionem, et quibuslibet aliis privilegiis, indultis et litteris apostolicis, specialibus vel generalibus, quorumcumque tenorum existant, que (?) quanquam (?) præsentibus non expressa vel totaliter non inserta, effectus earum non impediri valeant quomodo libet vel differri, et de quibus totisque tenoribus habenda sit de verbo ad verbum in nostris litteris mentio specialis, quas quoad nos cuiquam suffragari nolumus; ceterum, quia difficile foret præsentes litteras ad singula quæque loca in quibus publicanda sunt, deferri, volumus et dicta auctoritate decernimus, quod earumdum præsentium transumptis, manu publici notarii subscriptis, alieneque curie ecclesiastice seu persone in dignitate ecclesiastica constitutæ sigilli impressione munitis, ea prorsus fides adhibeatur indubia, quæ eisdem præsentibus adhiberetur ubi forent exhibite vel ostense. Nulli ergo hominum liceat hanc paginam nostre intentionis, dissolutionis, mandati, anathematizationis, maledictionis, innodationis, privationis, nuntiationis, publicationis, statuti, suppositionis, præceptionis, injunctionis, voluntatis et decreti, infringere vel ausu temerario contraire; si quis autem hoc attemptare præsumpserit, indignationem Omnipotentis Dei ac Beatorum Petri et Pauli, Apostolorum ejus, se noverit incursurum. Datum Rome, apud Sanctum Petrum, anno Incarnacionis Dominice, millesimo quingentesimo duodecimo, duodecimo kalendas Augusti, Pontificatus nostri anno nono (1).

Sceau en plomb très bien conservé pendant à des lacs de soie rose et jaune; sur la face du sceau :

En haut les lettres :
    S. S.
    P. P.
    A. E.

En bas :
Effigies des deux Apôtres, et au-dessous les clés croisées.

Au revers du sceau, les lettres suivantes ainsi disposées :
    IV
    LIVS
    PAPA
    II

Sur le repli du parchemin : A. DE COMITIBUS.

(1) Dans le texte, les dates sont espacées.

XXXVI et XXXVII.

Pièces relatives à la publication de la bulle Pastor ille cœlestis, textes inédits. (Arch. de Simancas. Patronato real. Bulas sueltas, leg. 2, n°˚ 65 à 70).

1° Deux copies de la bulle Pastor ille cœlestis.

La première est imprimée en caractères gothiques; après la date, à la fin, sont les signatures suivantes :

Baltasar Tuerdus.
A Questenberg.

A la suite de cette copie se trouve *l'attestation manuscrite* suivante :

Que quidem littere apostolice, mandato et auctoritate Reverendissimi in Christo patris et domini Joannis Rufil, miseratione divina, archiepiscopi Cusentini, in regno Hispanie nuntii et collectoris apostolici, fuerunt impresse, et diligenter ac accumulatissime, de verbo ad verbum, sumpte, et extracte ex ipsis litteris originalibus apostolicis, et cum eisdem litteris apostolicis attente et accurate collationate, et in omnibus concordari reperte, in civitate Lucronii, Calagurritani diœcesis, die vicesima Augusti, anno a Nativitate Domini millesimo quingentesimo duodecimo. Ideo; ut fidem faciant non secus ac ipse original et littere apostolice fuerint ostense, et apparuerint, ipse dominus nuntius et archiepiscopus, hoc transumptum manu et sigillo ipsius roboravit, et per me, Alfonsum de Herrera, notarium apostolicum, ejus secretarium, subscribi et referendari mandavit, in fidem et testimonium veritatis, præsentibus Francisco Dinerio, clerico Salamanticensis diœcesis, et Didaco Mariana clerico Calagurritani diœcesis, quod transumptum collationavi et comprobavi, et viderunt testes rogati.

Signature originale de l'archevêque de Cosenza.
Au-dessous :
De Herrera.

Et plus bas : sceau de l'archevêque, sur papier.

2° Procès-verbal de la publication de la bulle (placé plus bas, à la suite de la même copie de la bulle), original manuscrit.

In nomine Domini, amen. Per hoc præsens publicum instrumentum cunctis pateat evidenter et sit notum. Anno a Nativitate ejusdem Domini millesimo quingentesimo duodecimo, indictione decima quinta, die vero sabbati, vicesima prima mensis Augusti, pontificatus sanctissimi in Christo patris et domini nostri domini Julii, divina providentia papæ secundi, anno nono. In ecclesia

Calagurritana, coram Reverendis viris, dominis capitulo, dignitatibusque et canonicis ejusdem ecclesie, in loco capitulari more solito convocatis, in meique notarii publici et testium infrascriptorum ad hoc vocatorum et rogatorum presencia; Comparuit et fuit personaliter constitutus Reverendus dominus Petrus Martir, prothonotarius apostolicus, prior ecclesie Granatensis, serenissimique et potentissimi ac Catholici regis, domini nostri, feliciter regnantis, capellanus. Qui habens et tenens pre manibus retroscriptas litteras apostolicas prelibati sanctissimi domini nostri Pape, et cum tenore earumdem, verum et autenticum transumptum desuper auctorizatum, ipsas litteras apostolicas, præfatis Reverendis dominis capitulo et canonicis dicte ecclesie Calagurritane, in loco capitulari ut præfertur convocatis, ex parte præfati Catholici regis domini nostri præsentavit, ac coram eis publicavit et ad ipsorum notitiam deduxit. Qui quidem Reverendi domini capitulares, tanquam veri obediencie filii, præfatas litteras apostolicas, ac cum tenore earumdem, verum et autenticum transumptum, ad se cum debi..is honore et reverencia receperunt, ipsasque perlegerunt, ac pro præsentatis, notificatis et publicatis habuerunt. Deinde vero, die dominica proxime sequenti, intitulata vicesima secunda ejusdem mensis Augusti, mandato et auctoritate eorumdem dominorum capituli et canonicorum, et ad instantiam præfati domini Petri Martiris, in præfata ecclesia Calagurritana, intra missarum solemnia, dum ibidem populi maxima convenerat multitudo, fuerunt lecte, publicate, notificate, ac plenissime alta et intelligibili voce in pulpitu generali declarate præfate littere apostolice, per venerabilem virum Rodericum Martini de Cuciso, canonicum atque dicte ecclesie sacre pagine magistrum. Et demum, pro majori earumdem litterarum apostolicarum noticia et publicatione, fuerunt affixe in valvis dicte ecclesie Calagurritane. De et super quibus omnibus et singulis præmissis, idem dominus Petrus Martir petiit et requisivit a me notario publico suprascripto fieri et confici unum et plura, publicum seu publica, instrumentum et instrumenta, cum appositione sigilli dicti capituli. Que fuerunt acta sub anno, indictione, diebus, mense, pontificatu et locis quibus supra, presentibus ibidem Reverendis et venerabilibus viris dominis, Didaco Lupi de Mendoça, archidiacono Calagurritano, et Petro Ximenio de Cornago, archidiacono de Beruennugo (?), et aliis in multitudine copiosa testibus ad præmissa vocatis et rogatis.

Et ego Johannes Rodericus (?) de Ciriso (?) hoc præsens instrumentum, etc.

Signature du notaire.

Sceau, sur papier, du chapitre de Calahorra.

XXXVIII.

Bulle Etsi ii qui christiani *(12 des kalendes d'août 1512). Début en capitales. (Arch. de Simancas,* Patronato real. Bulas sueltas, *leg.* 2¹*, f° 64. parchemin; les lacs de soie rose et jaune subsistent, le sceau a disparu; doc. inédit.).*

Julius, episcopus servus servorum Dei, ad futuram rei memoriam. Etsi ii qui christiani nomine tituloque gloriantur, et unam, sanctam, catholicam et apostolicam Ecclesiam profitentur, pro ipsius Ecclesie unione, puritate et dignitate tuendis, quosdam deberent subire labores, nulla recusare pericula, ipsamque si opus sit vitam exponere, prout pro salute nostra, humana carne indutus eam exposuit ejusdem catholice Ecclesie sponsus Salvator noster, dominus Jesus Christus; etsi fidelium nostrorum Christi cultorum esset officium armis non assistere aut alias qualitercumque favere, hiis qui heretici et scismatici auctoritate apostolica declarati existunt, et unitatem atque sinceritatem prefate Ecclesie scindere, violare et perturbare conantur, quique eis præstant, directe vel indirecte, quovis quæsito colore, auxilium, subsidium, consilium vel favorem; tamen accepimus quod nonnulli ex hereticis et scismaticis præfatis, eorumque consultoribus, adjutoribusque, defensoribus et fautoribus, quos omnes etiamsi Regia vel alia quavis præfulgeant dignitate, ultra alias censuras et pœnas in eos a jure promulgatas, excommunicationis sententia et anathematis mucrone, annis singulis, in die Cene Domini, publice et solemniter ferimus, auctoritate prefate sancte apostolice Ecclesie, quique ab ejus gremio, tanquam putrida membra sunt omnino præcisa, ne eorum perfidie vires desint, vel potius vel alios secum in præcipitem trahant, fideles populos ad capessendum arma, in eos subsidium inducere, immo seducere satagunt, et ex eis aliquos jam seduxerunt; Quare Nos tum fidelium illorum animarum saluti consulere, et ne quid eos quod in divine majestatis cederet offensam per simplicitatem aut ignorantiam contingat committere, providere, pervitiosorum hominum ausus reprimere, et diabolicis machinationibus obviare, quantum cum Deo possumus, affectantes, ex parte omnipotentis Dei, Patris et Filii et Spiritus Sancti, auctoritate quoque beatorum Petri et Pauli ac nostra, universos Christi fideles ubilibet constitutos, per viscera misericordie ejusdem Domini nostri Jesu Christi, hortamur requirimusque et monemus, eisque sub divini animadversione judicii districte præcipiendo mandamus, quatenus in auxilium, subsidium vel favorem hereticorum vel scismaticorum, eorumve consultorum, adjutorum, defensorum et fautorum atque quovis etiam vassalagii aut alterius mediate vel immediate subjectionis pretextu, alioque quocumque titulo vel colore, arma non sumant, et sumpta, infra triduum, post presentium publicationem in locis eis ad quos tutus patuerit accessus vicinis faciendam, deponant, et alias ab omni, erga hereticos et scismaticos, eorumque consultores, adjutores, defensores et fautores prefatos, auxilii, subsidii vel favoris prestatione omnino desistant; alioquin, eos et eorum quemlibet, qui monitioni et mandato juris..... non paruerint cum effectu, etiamsi pontificali, regali, aut alia quavis ecclesiastica vel mundana fuerint dignitate prediti, ex nunc prout ex tunc et e contra, excommunicamus et anathematizamus, excommunicatosque et anathematizatos esse nuntiamus, et uti ministros Sathane, cum Dathan et Abiron quos terra vivos absorbuit, portionem habituros, ad perpetuam gehennam æterna maledictione prescribimus ; mandantes in virtute sancte obedientie universis patriarchis, archiepiscopis, episcopis et aliis locorum ordinariis, et aliarum ecclesiarum prelatis et rectoribus, in locis ubi arma in predictorum auxilium, subsidium vel favorem sumentes aliqui moram traxerint et quibus manu fuerint, ut per se vel alium seu alios, presentes litteras vel earum authentica transumpta, quibus duorum publicorum notariorum subscriptione et alicujus curie ecclesiastice sigilli impressione munitis, sicuti eisdem præsentibus, fidem ubique indubiam decernimus adhibendum, in eorum ecclesiis, dum major ibi populi multitudo ad divina convenerit, per tres dies dominicas successive vel interpolatim, prout expedire convenerit, solemniter publicent, et ad Christi fidelium ibi interessentium (?) plenam deducant noticiam, ne in nostro destrictore Dei judicio, in quo de factis propriis rationem reddituri sumus, allegari quis possit ignorantiam eorum. quum ille patentes fuerint omnibus insinuate. Nulli ergo hominum liceat hanc paginam nostre orationis, requisitionis, monitionis, excommunicationis, anathematizationis, nuntiationis, prescriptionis, mandati et decreti infringere vel ausu temerario contraire. Si quis autem hoc attemptare præsumpserit, indignationem omnipotentis Dei ac Beatorum Petri et Pauli Apostolorum ejus, se noverit incursurum. Datum Rome apud Sanctum Petrum, anno Incarnacionis Dominice, millesimo quingentesimo duodecimo, duodecimo kl. Augusti, Pontificatus nostri anno nono.

Au bas : Bal^{re} Tuerdus a Questenberg.

Registrata apud me Bal^{re} Tuerdum.

XXXIX.

Bulle Exigit contumaciam. *(Arch. de Simancas,* Patronato real. Bulas sueltas, *leg. 2¹, n° 63 ; début en capitales ; orig. inédit, parchemin scellé.)*

Julius, episcopus, servus servorum Dei, ad perpetuam rei memoriam. Exigit contumaciam obstinata protervitas et delinquentium exposcit insana temeritas, ut Romanus pontifex, cui supra gentes et regna plenissima est a Deo in terris data potestas, solite oblitus clementie, summæ vindictam offense eo acrius consequatur (?), quo ipsorum contumacia aut delinquentium supra ceteros mortales est major auctoritas, et ex eorum impunitate audaciaque mult:s transire posset facile in exemplum apostolicorum mandatorum contemptus, proventumque (?) in sancta catholica Ecclesia et universa christiana republica perniciosissimorum (?) dissensionum (?) et scandalorum (?) verisimimilius formidetur (?). Dudum siquidem cum Ludovicus Francorum rex suadente diabolo, illius alumnis Bernardino de Caravajal et Guillermo de Brissonet et Renato de Prie et Federico de Sancto Severino scismatici conventiculi auctoribus, quod propterea et aliis eorum gravissimis culpis et demeritis exigentibus, de fratrum nostrorum consilio et auctoritate apostolica, cardinalatus honore quo fungebantur et omni ecclesiastica dignitate tam pridem privaveramus, et ab Ecclesia Dei tanquam corruptissima membra, ne alios sua contagione inficerent prorsus ejeceramus, ita etiam in eorum confovendis erroribus et perniciosissimo scismate pertinaciter adhæreret, auxiliumque, consilium et favorem palam efficaciterque præstaret; et ad scismaticorum et notorii illorum fautoris Ludovici regis predictorum damnatissima concilia facilius reprimendum et huiusmodi scisma antequam latius serperet ex agro Domini evellendum, ipsumque Ludovicum regem a tam erroneo tramite ad veritatis semitam revocandum, necessarium videretur omne subsidium et vires predicto Ludovico regi et scismaticis quoad possemus subtrahere ; auctoritate prefata universis et singulis Christi fidelibus, præsertim Vascis et Cantabris et aliis loca illis proxima incolentibus, etiamsi marchionali, ducali, regali, pontificali aut alia quacumque ecclesiastica aut mundana dignitate et auctoritate fulgerent, sub majoris excommunicationis late sententie post triduum tunc expressum ipso facto incurrenda pena, ne contra nos aut aliquém ex charissimis in Christo filiis nostris Ferdinando Aragonie et utriusque Sicilie Catholico, et Henrico Anglie, illustribus regibus, et nobili viro Leonardo duci et domino Venetorum, dilectis filiis nostris et præfate Ecclesie confœderatis, uniusve aut alicujus eorum armatas gentes, arma sumere, ac prefati Ludovici regis et dictorum scismaticorum aut aliorum eis faventium stipendium militare recipere, seu aliquod cum eis fœdus inire præsumerent, et eis qui forsan tunc pro illis arma sumpsissent aut stipendia recepissent vel fœdus percussissent, ut arma ipsa in nostrum et nostrorum confœderatorum prædictorum favorem auxiliumque converterent, vel saltem ea illico prorsus deponerent et ab iniquo fœdere cum Ludovico rege aut scismaticis et aliis eorum fautoribus forsan inito, quod etiamsi juramenti vinculo aut alia quatenus foret firmitate vallatum, ex tunc, omnino discederent, ex parte omnipotentis Dei districte præcipiendo mandavimus ; eis vero et dictis fidelibus etiamsi marchionali, ducali, regia aut pontificali dignitate aut alia quavis dignitate præfulgerent, qui renitentes forent et dictam excommunicationis sententiam per aliud triduum immediate sequens animis sustinuissent induratis, lapso ultimo triduo, ex tunc prout ex ea die, excommunicavimus, anathematizavimus, malediximus et perpetue damnationis laqueo innodavimus, ac omnibus honore et dignitate privavimus et exuimus, excommunicatosque, anathematizatos, maledictos, æterno damnatos supplicio, privatos et exutos, ut præfertur, et læse majestatis reos esse, dicta auctoritate et de apostolice potestatis plenitudine nuntiavimus, eorumque omnia et singula bona publicavimus, et ea capientium propria effici voluimus, statuimus atque decrevimus, prout in nostris inde confectis litteris plenius continetur. Et licet perditionis filii, Johannes olim rex et Catherina olim regina Navarre, de quorum erga nos et hanc sanctam Sedem, reverentiam et devotionem summamque in Domino fiduciam obtinebamus, et pro quorum precipue salute, ut a promissis antea per eos, in eorum animarum perniciem et divine majestatis offensam, dictis scismaticis et Ludovico regi eorum fautori, auxilio et favore possent justo titulo abstinere, dictas litteras edidimus, ad nos redire nobisque Christi vices, meritis quanquam imparibus, in terris gerentibus, humiliter obsequi, et mandata nostra in rebus que ad fidei orthodoxe unitatem et sinceritatem tuendas et totius militantis Ecclesie statum in pace et tranquillitate firmandum pertinere noscuntur, prout ex regalis officii debito ac sacrorum canonum censura astringebantur, adversus omnem hominem observare et adimplere debuissent; nichilominus idem Johannes et Catherina, spretis mandato nostro et contentis in eo censuris, spretisque nuncii nostri personaliter eis factis paternis monitis, litterisque nostris in forma brevis eis personaliter exhibitis, quibus eos hortati fuimus ut sacro Lateranensi concilio, contemptis scismaticis eorumque fautoribus, adhærerent; et invitis prædictis, Deique et hominum timore posposito, post dictarum litterarum publicationem et terminorum dictorum lapsum, quasi novi Sathane ministri prefato

Ludovico regi, in scismaticorum subsidium, se convenire (?), et
contra gentes armatorum per dictos Ferdinandum et Henricum
reges, nostros et prefatos Ecclesie confœderatos, pro nobis et
eadem Ecclesia, adversus dictos scismaticos et Ludovicum regem,
eorumque fautorem et receptatorem notorium destinatos, arma
sumere, eisque, in eorumdem scismaticorum subsidium, quasi
antemurale et propugnaculum se opponere palam, publice et noto-
rie præsumpserunt, censuras et pœnas prædictas damnabiliter in-
currendo ; Quare nos, considerantes quod si dictorum Johannis et
Catherine tam effrenata temeritas, et prefate sedis, spiritualiumque
et temporalium omnium pœnarum contemptus, qui ipsa perma-
nentis facti evidentia notorietateque, adeo sunt cunctis notissima,
ut nulla possint excusatione defendi aut tergiversatione celari,
quam notorietatem prout vera est attestamur, in ea tenore præsentium, in verbo veritatis fidem facimus, ita ut de cetero nulli
amplius habeant de notorietate illorum dubitare, diutius tole-
rarentur, possent, illis potissime temporibus quibus sathani-
cum virus perditorum scismaticorum ore fluere incepit, mul-
tis esse, maxime in partibus illis, exitio fidelibus, et scandalo et
confusioni in sacrosancta universali Ecclesia, nosque exinde sum-
mam possemus merito animadversionem subire, attendentes-
que adversus notorios scismaticos eorumque fautores quod do
jure nulla citatione opus esset, ac volentes in prefatum Johannem
et Catherinam talem exercere vindicte nervum, ut ipsis vires non
suppetant ad similia perpetrandum, et ceteri reges ac principes
discant eorum exemplo servire Domino in timore et ejus vicarii
in terris humiliter obedire mandatis, habita super quibus cum
nostris fratribus deliberatione matura, de eorum consilio pariter
et assensu, inherentes etiam vestigiis plurium prædecessorum
nostrorum Romanorum pontificum, qui reges et imperatores
etiam ex levioribus causis pari animadvertere censura ; apostolica auctoritate et de potestatis plenitudine, supradictos Johannem
et Catherinam prefatos, excommunicatos, anathematizatos, maledictos, fautores scismatis et heresis, ac lese divine majestatis et
æterni supplicii reos, ac de omnibus regnis titulo et honore ac dignitate privatos atque exutos, eorumque regna et dominia, ac bona
quæcumque publicata. et ea omnia, eorum qui illa ceperint seu
capient, tanquam justissimo sanctissimoque bello quesita, propria
effecta esse, nuntiamus et declaramus, potiorique pro cautela, ipsos
Johannem et Catherinam, dictis honore, titulo et dignitate Regni,
necnon Regno Navarre, ducatibus, comitatibus, ceterisque dominiis temporalibus ac bonis omnibus, que ubicumque possident et in
quibus eis jus competit, sententiando privamus, ipsaque omnia et
singula regna, dominia et bona publicamus, eaque eis, qui post

dictarum litterarum executionem, ab ipsis Johannis et Catherine manibus et potestate qualitercumque eripuerint atque eripient in posterum, jure quidem optimo, pariterque successoribus quibuscumque ex testamento vel ab intestato suo in hiis quomodolibet interesse pretendentibus, tanquam in penis fautorum heresis et criminis lese majestatis comprehensis, penitus atque perpetuis futuris temporibus exclusis, pro se suisque heredibus et successoribus in perpetuum donamus et elargimur; absolventes omnes et singulos Regni et dominiorum predictorum et infra eorum limites consistentium, comitatuum, oppidorum, castrorum et terrarum gubernatores, castellanos, ceterosque officiales, necnon duces, riarchiones, comites, barones, nobiles, incolas et habitatores, cujuscumque dignitatis, status, gradus, ordinis et conditionis existant, qui eis reis, Johanni et Catherine, gubernii, castellanie. officii, custodie, feudi, vassalagii aut cujusvis alterius fidelitatis juramento et homagio tenentur astricti, ab omni juramenti vinculo et homagii observantia, omnimodisque erga prefatos Johannem et Catherinam fidelitate, obedientia et subjectione; ac districtius præcipientes eis reis, sub pœnis infrascriptis, quas contrafacientes incurrere volumus ipso facto, ut infra sex dies, publicationem præsentium, in Burgensi, Calagurritani et Tirasonensi ecclesiis, vel duabus ex eis faciendam, immediate sequentes, quorum duos pro primo, duos pro secundo, ac reliquos duos dies pro tertio et peremptorio termino ac monitione canonica, eis et eorum cuilibet assignamus, Johanni et Catherine prefatis, et eorum cuilibet. solitam subtrahant obedientiam, eosque ex tunc de cetero in reges vel dominos minime recognoscant nec appellent, sed ipsos tanquam scismaticos et hereticos a sua et aliorum Christi fidelium, quantum in eis erit, communione se eludant. Quibus quidem sex diebus elapsis, in singulos ex predictis, et singulares personas comitatuum, et universitatum, et civitatum, oppidorum, castrorum, terrarum ac locorum aliorum regni et dominiorum predictorum, qui presenti mandato nostro non paruerint cum effectu, et eorum quemlibet, ex nunc prout ex tunc et e converso, majoris excommunicationis sententiam, a qua præterquam in mortis articulo constituti ab alio quam a Romano pontifice, etiam cujusque apostolici indulti prætextu, absolutionis beneficium nequeant obtinere, proferimus in quibus scriptis; et si excommunicati prefati per alios tres dies, dictos sex dies immediate sequentes, illam excommunicationis sententiam, animo, quod absit, sustinuerint indurato, sententiam ipsam, etiam ex nunc prout ex tunc et contra, aggravamus et reaggravamus, singulasque civitates, oppida, castra, terras et loca predicta, et in illis consistentia, cathedrales etiam metropolitanas et collegiatus ac alias ecclesias, monasteria, ceteraque religiosa, et pia loca quæcumque, quibusvis sint a Sede prædicta exemptionibus et privilegiis munita ecclesiastico subjicimos interdicto, quo durante in illis etiam causa (?) apostolicæ facultatis, personis, ordinibus, sive locis concesse obtenteque præterquam in casibus ac jure permissis, misse et alia divina officia nequeant celebrari; ipsasque civitates, oppida, castra et terras, quorum communitates vel universitates præsentibus non obedive- rint, illorumque cives, incolas et habitatores, omnibus privilegiis, indultis et aliis gratiis, favoribus, honoribus, et prærogativis spiritualibus et temporalibus, quibus ex dicte Sedis concessione quomodolibet tutantur, et omnibus bonis que in feudum vel emphiteosim perpetuam vel temporalem, a prædicta Romana vel aliis ecclesiis et locis ecclesiasticis obtinuerunt, penitus denudamus. Quod si aliqui ex excommunicatis predictis, per alios tres dies, dictos tres dies immediate sequentes, ad nos redire et in præmissis nobis obtemperare distulerint, eos et eorum quemlibet, anathematizationis et maledictionis æterne mucrone ferimus, in eos et eorum singulos lese majestatis criminis fautores, scismatis et heresis reos, cum eorum filiis et descendentibus, usque in tertiam generationem, honorum, titulorum et dignitatum, etiam ducalium et marchionalium, necnon baronalium, comitatuum, marchionatuum, ducatuum, et aliorum dominiorum temporalium et honorum quorumcumque privationis, et ad illa vel similia obtinenda inhabilitatis, illorumque omnium publicationis, cum similibus ipsorum qui illa ceperunt suisque successoribus in perpetuum donatione et largitione, sententiam, de consilio ac facultate et potestatis plenitudine supradictis, ex nunc prout ex tunc, harum serie promulgamus; eosque illam absque alia ulteriori monitione vel vocatione de eis facienda, incurrere volumus ipso facto. Ceterum quia impossibile vel saltem difficile admodum foret presentes litteras, cuilibet ex eis quos ille concernunt et concernere poterunt in futurum personaliter apprehenso presentialiter intimare, et ne ipsi ad suam duritiam vel obstinatam pertinaciam exarsendam, possint ex præmissis pretendere ignorantiam, similiter volumus et dicta apostolica auctoritate decernimus, quod earumdem presentium litterarum transumpta, quibus, si manu duorum publicorum notariorum subscripta et sigilli alicujus curie ecclesiastice fuerint impressione munita, sicuti ipsis originalibus litteris fidem statuimus debere ubique adhibere indubiam, publicationesque in dictis Burgensi, Calagurritana et Tirasonensi ecclesiis vel duabus ex eis, dum divina officia in illis celebrantur, facte, cum ipsarum litterarum seu transumptorum inde affixionibus in valvis ecclesiarum, earumque instrumenta publici edicti in albo pretoris apposita, omnes et singulos supradictos arctent, ac si littere seu earum authentica transumpta singulis eis et eorum cuilibet intimata et insinuata presentialiter exstitissent; necnon irrita, et..... si quem (?) super quibus a quavis (?) auctoritate scienter vel ignoranter configerit attemptare, sublata quibusvis judicibus ecclesiasticis vel secularibus, etiam sancte Romane Ecclesie cardinalibus, etiam legatis de latere, quavis aliter judicandi et interpretandi facultate et auctoritate; non obstantibus permissis ac constitutionibus et ordinationibus apostolicis contrariis quibuscumque; aut, si aliquibus etiam Regibus, ducibus, principibus, marchionibus, comitibus, baronibus, civitatibus, universitatibus a dicta sit Sede indultum, quod interdici, suspendi vel excommunicari, aut aliis sententiis, censuris et pœnis prædictis affici et innodari non possint, per litteras apostolicas non facientes plenam et expressam, ac de verbo ad verbum, de indulto hujusmodi mentionem, et quibuslibet aliis privilegiis, indultis et litteris apostolicis generalibus vel specialibus, quorumcumque tenorum existant, que quoad premissa nolumus cuiquam in aliquo suffragari. Nulli ergo hominum liceat hanc paginam nostre attestationis, declarationis, privationis, publicationis, donationis, elargitionis, absolutionis, præcepti, assignationis, prolationis, aggravationis, reaggravationis, interdicti, denudationis, percussionis, promulgationis, voluntatis, decreti et statuti, infringere, vel et ausu temerario contraire. Si quis autem hoc attemptare præsumpserit, indignationem omnipotentis Dei ac beatorum Petri et Pauli Apostolorum ejus, se noverit incursurum. Datum Rome, aprd Sanctum Petrum, anno Incarnacionis Dominice millesimo quingentesimo duodecimo, duodecimo kalendas Martii, Pontificatus nostri anno decimo.

Sur le repli : A. DE COMITIBUS.

Le parchemin, bien conservé, a quatre plis (à l'endroit des plis et au début, l'écriture, pâlie ou un peu effacée, est difficile à lire).

Le sceau de Jules II est attaché au parchemin par des lacs de soie rose et jaune. Ce sceau, en plomb, est bien conservé; d'un côté on voit :

En haut ces mots :
S. S.
P. P.
A. E.

Un peu plus bas :
Les figures des deux Apôtres;
et au-dessous : les clés croisées.

Sur le revers sont les lettres suivantes :

IV
LIVS
PAPA
II.

XL.

Manifesto de Jean d'Albret, avant la première expédition de Navarre (1512).
(Arch. de Navarre, Papeles sueltos, leg. 168, carp. 2, original, doc. inédit.)

Don Jóhan, por la gracia de Dios, rey de Navarra, duque de Nemoyx, de Gandia, de Monblanch y de Peñyafiel, conde de Fox, señor de Bearne, conde de Begorra, de Ribagorza, de Pontiebre, de Peiregorth, vizconde de Limoges, par de Francia é señor de la cuidad de Balaguer. Al Condestable, duques, marqueses, condes, vizcondes, barones, caballeros é fijosdalgo, corregidores, alcaldes, alcaides, justicias, jurados de cualesquiere ciudades, villas, tierras é lugares de los reinos de Castilla, salud et dileccion. No ignorais como á todos vos es notorio é publico la grande sinrazon é tirania que á Nos é á la Reina, nuestra muy cara é muy amada muger, ha seido fecha por el rey don Fernando, nuestro tio, en habernos usurpado, tiranizado é tomado por fuerza este nuestro reino de Navarra, olvidando é negando su propia sangre é deudo tan allegado que á nos tiene, y en eso mesmo el cargo en que ha al dicho nuestro reino de Navarra, por el cual hoy es rey en el mundo; y contraveniendo é faltando á la paz, amistad é alianzas que con Nos tenia, y quebrantando el juramento solemne con que las tenia asentadas, asi en vida de la buena reina de gloriosa memoria, como despues, y paresce por sus patentes, á menos que jamas por Nos le haya seydo dada nenguna causa ni ocasion para ello, ni fecho ninguno cumplimiento que para en tal caso se requieren de Rey á Rey, antes seyendo requeridos Nos de lo contrario, como el lo sabe, queriendo siempre aguardarle las dichas alianzas, para con el rey de Francia y con todos: de lo qual no acontentando se no ha parado fasta nos haber usarpado todo el dicho nuestro reino, en grant cargo y confusion suya y escandalo de la cristiandat; y porque, mediante Dios, somos en el, y entendemos, sin ninguna tardanza de tiempo ni aun de dias, poner lo á nuestra obediencia y mano con la buena justicia que nos acompaña y fidelidat y afeccion de nuestros subditos, y con el poder y esfuerzo que para ello tenemos; et no querriamos que en ello vosotros ni ningunos de sus reinos os entremetieseles á ninguna resistencia ni á dar gente, socorro, ni ayuda, siguiendo el consejo errado que fasta aqui en esto ha llevado el dicho rey don Fernando, porque aquello seria causa ó camino que pusiesemos la mano en vosotros y en todos los que tal daño nos querrian facer; por esto vos decimos, encargamos y exortamos por Nos mesmos y por el cargo que en este tenemos del cristianissimo rey de Francia, como aquellos que deseamos aguardar todo lo que es en bien y honra y provecho del serenissimo é muy poderoso don Carlos, rey de Castilla, nuestro primo, en defecto y por inhavilidat de su madre, y tambien por lo que cumple á la conservacion de sus subditos y basallos, y no menos de las alianzas é antigua amistad siempre guardadas entre las casas de Francia é Castilla, que luego entendais en dar la provision y remedio convenible, como ninguno ni algunas gentes desas partes, vengan en este nuestro reino á facer en el actos nengunos de guerra, ni á favorescer la hueste del dicho rey don Fernando ni á e., contra la buena conversacion, vecindad, comercio que fasta aqui habeis tenido con este nuestro reino, antes si nengunos á......... et faciendo........, todavia continues vuestros tractos y negocios en paz, como lo habeis acostumbrado, apartandoos del dicho rey como de persona que tan mala condicion lieva y á tanto mal ó daño ha dado causa, y faciendo lo que á vosotros fuere, como salga de todos estos reinos, que los tiene tiranicamente usurpados al dicho rey su nieto, y se los dexe libremente á su gobernacion, ó mandar ensemble con vosotros y los dichos naturales de sus reinos que para el tal caso se requieren y como de justicia y razon facer se debe con sus naturales y basallos de sus reinos ; y para que de todo ello y de lo que á vosotros y al bien de sus reinos conviene seais mas ciertos, invieis luego personas vuestras y mensajeros con poder bastante dentro en XVIII° dias de la data de las presentes á Nos, donde quiere que Nos fallaremos con nuestro ejercito ; y porque para todo ello estamos con buena voluntad y deliberacion aparejada y á Nos sea descargo y la falta vuestra, si alguna hubiere, acordamos de inviar las presentes é publicarlas en este dicho nuestro reino. Dada en nuestra villa de Sant-Pelay, so el sello de nuestra chancilloria, á XXX dias del mes de Setiembre del año del nascimiento de Nuestro Señor Jesucristo de MDXII.

JÓHAN.

XLI — XLIV.

Lettres de Louis XII aux rois de Navarre (1512-1513). (Coll. Doat, t. CCXXIX, f°s 220-222, doc. inédits.)

1° Monsieur, j'ay receu les lettres que m'avez escrites par les mains du sieur des Cars, et ouy ce qu'il m'a dit de vostre part, sur quoy me semble que dès l'heure que vous serès arrivé, vous devès adviser avecques mon cousin le duc de Longueville et les capitaines et gens de bien qui y sont, ce qui sera de faire tant pour le bien de vos affaires que pour les miens, car il faut conduire cela selon que l'on verra les choses pour l'heure présente estre disposées, et ce qui sera advisé, conclu et délibéré, soyez seur que je le feray promptement exécutter, que celuy qui désire faire pour vous et le recouvrement de vostre royaume autant que je le voudroye faire pour la conservation de mon estat, sans rien y espargner. Vous priant au surplus me faire sçavoir de vos nouvelles et ce qui surviendra et je vous escriray les miennes. Et adieu, mon cousin, que Dieu vous aye en sa garde. Escript à Bloys le 24⁰ jour de septembre (1512).

LOYS.
ROBERTET.

2° Mon cousin, j'ay présentement reçeu lettre de mon cousin le duc de Longueville, par lesquelles il me fait sçavoir son deslogement du Mont-de-Marsan pour venir avecques toute mon armée à Peireforade, et que dès l'heure que les Espagnols l'ont sçeu, se sont retirés de Mont-Gelcux et de St Jean du Pié des Ports, les gens de pied qui y estoient ; qui sont très bonnes nouvelles et telles que j'espère bientost en avoir de meilleures. Pareillement, m'escript que le duc d'Albe luy a fait porter quelques paroles de venir à une trêbe, à quoy je suis content d'entendre, pourveu qu'on vous rende tout ce qui a esté prins de vostre royaume de Navarre, car sans cela je ne le voudroye faire ne traitter pour riens, comme vous entendrez plus amplement par ce que mondit cousin vous en dira, vous advisant mon cousin que j'ay autant à cœur le recouvrement de vostre royaume et le voir en vos mains et obéissance que j'ay la conservation de mon estat, et n'y feray moins que je voudrois faire pour mon fait propre. Et adieu, mon cousin, que Dieu vous ayt en sa garde. Escrit à Bloys, le 24⁰ jour de septembre.

3° Mon cousin, j'ay sceu par le duc de Longueville vostre arrivée par delà, par quoy je ne vous escriray doresnavant aucunes choses de ce qui s'y fait, puisque vous estes sur le lieu et que de tout vous pouvez amplement estre adverty. Mon cousin, au surplus vous sçavez que par le moyen de l'Évesque de Samorre, on a eu plusieurs bons advertissements en fait du duc d'Albe et de son armée, et parce que maintenant marchant en..... on aura plus de besoing que jamais d'estre certainement adverti de ce qu'il faira, et que par le moien dudit Évesque tousiours se peut trouver expédient d'envoyer devers luy, je vous prie tant que je puis que vous ne vueilliès presser ne faire requerir ledit duc de Longueville de rendre ledit Évesque, mais le laissiès entre ses mains pour quelque temps, pour pendant icelluy en tirer du service tant pour vostre affaire que pour le mien, et vous me ferès plaisir en ce faisant. Priant Dieu, etc. Bloys, le 29⁰ jour de septembre.

4° Mon cousin, vostre ambassadeur estant cy devant par devers l'Empereur et Mad⁰ Margueritte est passé par cy et m'a dit et conté bien au long des nouvelles de là, d'où je luy ay sceu très bon gré, et parce qu'il s'en va présentement devers vous je luy ay prié vous dire des miennes et vous faire entendre que s'il est chose que je puisse faire pour vous, que je le feray de très bon cueur. Priant, etc. Bloys, 30º jour de mars (1513).

XLV.

Traité de Mauléon (29 juin 1514) entre les délégués des rois de Navarre et ceux du vice-roi espagnol de la Navarre, Comares. — La capitulacion que asento el Marques de Comares con el rey don Juan y con la Reyna doña Cathalina. *(Arch. de Simancas,* Patron. real. Cap. con Aragon y Navarra, *leg. 2, fº 48, doc. inédit.)*

En la villa de Mauleon de Sola, á beynte y nuebe dias del mes de Junio, año del nacimiento de Nuestro Salvador Jesucristo de mill y quinientos y catorce años, en presencia de mi Martin de Ripa, escrivano de su Alteza y de los testigos de yuso escritos, los señores el señor de Meretin y el señor (Fortaner?) de Neys, comisarios de los señores Rey don Juan y Reyna doña Catalina de la una parte, y de la otra los señores el alcayde Guymaran y el capitan Alonso de Albornoz, comisarios del illustre y muy magnifico señor el Marques de Comares, virey del reyno de Navarra é sus fronteras y de Aragon: por virtud del poder que de los sobredichos y de cada uno de ellos tienen é tiene de los dichos Señores Reyes é Marques, é su tenor de los quales dichos poderes es en la forma syguiente : Don Diego Fernandez de Cordoba, alcayde de los Donceles, etc. (suit le pouvoir, dont le texte n'est pas donné). — Catalina, por la gracia de Dios, Reyna de Navarra, Condesa de Fox, señora de Bearne, Condesa de Begorra, vizcondesa de Castelbon, de Marsan, de Gabardan y de Nebosan, etc., á nuestros bien amados mossen Tristan, señor de Meretin, cavallero, y maestre Fortaner de Neys, nuestro Juge de Bearne. Sabed como despues, no ha muchos dias, entre nos y el alcayde de los Donceles, por ciertos comysarios sea apuntado y acordado que por entender á la pacificacion de ciertas diferencias, que son entre algunos abitantes y particulares tanto de Aragon y Nabarra, como de la tierra de Bearne, acerca de algunas presas de gente y ganados y otras cosas pretendidas, é estar fechas de cada una parte, nos embiamos algunas personas á la villa de Mauleon de Sola por nuestra parte, y que el dicho alcayde ymbiara assi bien de su parte otras personas; é que se han de hallar á ocho dias del presente mes. Por esto nos confiando á lleno de vuestra diligencia, discrecion, y buena prudenza, vos comciemos y mandamos que incontinente vos transfirays á la villa de Mauleon, é ay os halleys en el dicho dia y otros en siguientes tantos quantos seran menester, y ensemble con los comisarios que seran diputados de parte del dicho alcayde, entendays sobre la dicha materia, y pacificando amigablemente las dichas partes, sy ser puede ó otramente agays aquellas, recebiendo dellas todas las traducciones que monester seran, de manera que sea sabida la verdad. E fecho aquello todo, entendays á la pacificacion de las dichas diferencias, hiciendo faser reparacion é hemyenda á cada una de las dichas partes, assi como bereys se deba hacer, por razon de aquello, compeliendo los compelidores por todas vias é rigores necessarias, en tanto que vengan á obediencia. Mandamos por las presentes á todos y qualesquier nuestros oficiales, justicias y nuestros subditos que en este sobredicho hacer é exercer, vos presten obydiencia como farian á nos la; para facer esto, vos damos lleno poder, por mandamiento especial, é cometemos nuestras bezes, é á los que no son nuestros subditos rogamos que para facer lo susodicho, vos den lugar, licencia é todas las cartas necesarias, ofreciendo nos los obedecer é complacer en semejantes casos, quando requerida fueremos. Dada à Pau, á seys dias de Junio, año mill y quinientos y catorce : CATALINA. — Por mandado de la Reyna : ARNAOT DE CASTAÑA.

Fueron acordados en razon de la aberiguacion de los daños á ellos cometida, por birtud de los dichos poderes, en la manera siguiente : Primeramente, acordaron los susodichos y fueron todos concertados, en que los dañados del reyno de Nabarra y de Aragon, y de otras partes subditos del Católico Rey, hayan de facer y fagan un memorial de todos los daños que piden, en que digan que es lo que les robaron, y que en que los robos, ó á donde, y en que tiempo, é si saben que digan en que lugar se acogieron con ello, é mas todas las mañas que pudieren y supieren, por donde se aclare la verdad de lo que querran pedir; y fecho este memorial á manera de interrogatorio, han de presentar pruebas de todo lo que dicen en sus demandas, y este interrogatorio se ha de embiar al señor Juge de Neys, para que alla examinen por el las partes é que alla pongan sus defensas, cabsas ó razones por donde no son obligados á pagar, y mas que las partes, que lo contenido en los memoriales y sus defensas, que es verdad. — Otro tal memorial y defensas y de la misma manera ha de hacer en su tierra, el señor Juge, y nos le ha de embiar aca para que hagamos la misma solenydad en aquellas personas que seran demandadas por los de la tierra de Bearne, de Begorra y de Fox. En Navarra y Aragon se ha de hacer la prueba de lo que se pide por ante el alcayde Guimaran ó por ante otro comisario ha de tomar las probanzas en forma por ante escribano publico, y examinar las segund forma de derecho, por el tenor del dicho memorial y las defensas que se allegaren por parte de los de la tierra de Navarra y Aragon, contra las demandas puestas y pruebas, firmado de su nombre y cerrado y sellado en manera que faga fe, ha de estar fasta el termino que bajo se dira. — El señor Juge ó otro comisario que los señores Reyes ó alguno de ellos nombrare, ha de tomar las pruebas por ante escríbano, conforme á los memoriales, de todo aquello que daran de los daños que han recebido por subditos del Catholico Rey, y sellada haran su prueba, segund que arriba dicho es, en el capitulo antes deste, é assi la ternan hasta que ambas pruebas juntamente se abran.

Estas pruebas se han de fazer fasta el dia de Santa Maria de agosto primero que biene, y al terzero dia de Santa Maria han de ser las dichas pruebas en esta villa de Mauleon traydas ante los dichos comysarios ó ante otros, sy para esto fueren llamados y nombrados, y hanse de allar en la villa de Mauleon los dichos comysarios el dicho tercero dia, y dentro en otro tercero dia han de ver las dichas pruebas é por virtud dellas han de condenar ó asolver, segund fallaren de justicia. — Lo que los dichos comysarios mandaren que se pague, dizen que dan lugar á que haya compensacion de la una parte á la otra, en esta manera que lo que se hallare ser devido por los Bearneses ó de Begorra ó Fox, que se compense por otro tanto que sera devido por gente de Aragon ó Navarra, é lo que mas sobraren que los dichos comysarios, por birtud de los dichos poderes, lo haran pagar é haran pago á las personas que debieren aver, fasta el dia de Natividad primero que verna. En lo porvenir, se ha acordado que qualquiera robo ó hurto ó cabalgada que se haga por lacayos ó hombres del Señor Rey don Juan y de la Señora Reyna doña Catalina, por personas que estan acogidas en sus señorios ó por sus subditos y naturales, y subditos del Católico Rey, que los dichos Señores Rey don Juan y Reyna doña Catalina sean obligados por sus bienes á lo pagar, dentro de un mes, de que fuere requerido ó se hallare el dicho daño ser fecho. — Otrosy quel Rey Católico, ó el Marques en su nombre, y sus bienes sean obligados á pagar todos los robos, hurtos ó cavalgadas que sus subditos fagan á subditos de los dichos Señores Rey don Juan y Reyna doña Catalina, dentro de otro mes siguiente primero que fuere requerido, é se hallare ser el dicho daño fecho. — Otrosy quel del domingo que viene, que seran dos dias de Julio, fasta quince dias primeros siguientes, tengan termino los dichos Señores Rey don Juan é Reyna doña Catalina, y el señor Marques para aprobar ó ymprobar todo esto capitulado, asy lo quysieren reprobar que dentro del dicho termino que sean obligados las comisarios de la parte que lo reprobare de ymbiar al otro una carta firmada de su nombre en que diga que no ha por bueno esto dicho capitulado, ó si el dicho termino pasare y no lo ympunare, que quede fuerte y firme. — Otrosy, los dichos comysarios, los de la una parte y de la otra dan salvo conducto á que puedan cada uno de ellos embiar un mensajero; el (?) del secretario Juge, ha de venir á San Juan al alcayde en casa de Petrivas de Sarasquita, y el mensajero del alcayde ha de yr á Pao á la casa de Juge de Neys. E porque todo lo susodicho sea firme, los dichos comysarios todos firmaron de sus nombres. == Tristan de Meretin, de Neys, comysarios susdits *(sic)*, el bachiller Guimaran, Alonso de Albornoz. — É yo, sobredicho Martin de Ripa, escribano de su Alteza la Reyna nuestra señora é su notario publico en la su corte y en todos los sus reynos ó señorios, en uno con los dichos comysarios, fuy presente á todo lo que dicho es, é por su mandado escrevi lo susodicho, é por ende fize aqui este myo signo en testimonio de verdad.

Martin de Ripa.

XLVI.

Lettre de Ferdinand le Catholique à Charles d'Autriche (1515). (Copie, l'original a disparu; doc. inédit. Egerton Mss. 544, f° 240, British Museum.)

Illustrissimo principe, nuestro muy caro y muy amado fijo. Rescebimos vuestras cartas que nos truxo Jaques de Marsilla, vuestro trinchante llevador desta, y mucho ves agradescemos la visitacion que con el nos embiastes á fazer; y tenemos por cierto que siendo nos como os somos tan verdadero padre, y teniendo os tan entranable amor como os tenemos, teneys el cuydado que dezis de nuestra salud y la desseays como nos desseamos la vuestra; y ciertamente havemos recebido mucho plazer y contentamiento de saber tan larga y particularmente por relacion del dicho Jaques de vuestra salud y prosperidad y buena dispossicion, porque siendo como soys vos en quien ha de quedar toda nuestra memoria y succesion con ninguna cosa holgamos mas que con saber siempre buenas nuevas de vuestra salud; á nuestro señor plega de vos la conservar y acrescentar y de vos fazer tan bien aventurado como nos desseamos. Nos aunque havemos tenido estos dias alguna indisposicion, estamos ya libre de ella (?) y bueno, á Dios gracias, segun mas largamente lo sabres del dicho Jaques, al qual, havemos respondido por scripto á loque nos embiastes á dezir sobrelo de Navarra, loque vereys, á aquello nos remitimos, y tenemos por cierto como dezis que lo que cerca dello haveys embiado á procurar con nos no procede

de vuestra voluntad, y que solamente lo fazeys por cumplir con
el Rey de Francia, porque claro esta que poseyendo nos como
poseemos tan justamente el dicho reyno, y cumpliendo el tanto
como cumple para el bien y seguridad destos reynos, y haviendo
vos de succeder en el dicho reyno como en todos los otros, no
procurariades cosa contra vos mismo, mayormente haviendo os
Dios dado la prudencia y discreçion que teneys, y no creemos que
ningun buen servidor vuestro vos aconseje otra cosa. Ills^{mo} principe, nuestro muy caro y muy amado fijo, nuestro señor todos
tiempos vos haya en su especial guarda y recomienda. Del lugar
de Santistevan, à XXV dias del mes de Agosto de mill é quinientos
é quinze.

XLVII.

Extroit des dépositions des prisonniers navarrais. Los dichos y deposiciones del Marichal y de los otros cavalleros que estan presos con el.
(Arch. de Simancas, Patron. real. Cap. con Aragon y Navarra, *leg. 2,
n°s 60 et 125, orig. et copie, doc. inédit.) Déposition du maréchal de
Navarre (1516).*

É hizo traer é parecer ante si (1) al Marichal Pedro de Navarra,
preso en la dicha fortaleza, del qual recibio juramento en forma
devida de derecho, segund de suso, el qual dixo sy juro é amen :
é vieron le jurar el alguazil Vallejo é los monteros. — El dicho
Pedro de Navarra, Marichal de Navarra, preso en la dicha fortaleza de Atiença, aviendo jurado en forma devida de derecho,
dixo á la primera pregunta que bien conosçe á los contenidos en
la pregunta, é porque este confesante es el uno dellos, é hera el
capitan general de la dicha gente que alli venia, et venian todos
so su mano. — Fue preguntado como los otros; dixo que no
sabia hasta que agora le vio (?) de presente el dicho licenciado.
— Preguntado por la segunda pregunta, dixo que es verdad que
este confesante é los susodichos nombrados en la pregunta, antes
desta, en ciertos dias del mes de março deste año de quinientos é
seys entraron en el reyno de Navarra por el val de Roncal, con
cierta gente, con yntençion é fin, que visto que hera muerto el
Señor Rey don Hernando, con cuya persona espiro sy alguna
obligacion se tuvo sobre este confesante, vyno á tomar el dicho
reyno de Navarra á la parte que pudiese é restituirle al Rey
don Juan ó á la Reyna doña Catalina, sus señores, á quienes le
pareçe que perteneçe el dicho reyno, é porque espresamente se
lo mandaron é encargaron; é que quando movio este confesante
de Salvatierra de Bearnia, que traya mill é dozientos ombres á

---

(1) Il s'agit du licenzié Galindo, chargé de l'enquête.

su pensar, ó que quando paso el puerto de val de Roncal, no venian con el mas de seyscientos ombres, pocos mas ó menos, porque los otros se bolvieron escondidamente syn su sabiduria; los quales heran Vascos y Biarneses é Franceses, é Navarros los que estan é fueron presos con este confesante; ó los principales que trayan cargo desta gente son los syguientes : el señor de Garro, ó el señor de Mazparratua, el señor de Salajusan, el señor de Camou ó el lugarteniente d'Espeleta; ó que traya este confesante pensamiento, que visto los Navarros ansy de una parçialidad como de otra, questava cercado San Juan de Pie de Puerto, é viendo este confesante el mal trato que el visorey hazia en sus personas é parientes, que luego se juntarian con el, á ser conformes á su proposyto; ó que tenia pensado este confesante de yrse á meter en Sanguesa ó á Lumbierre, á la una ó á la otra, ó sy pudiesse á las dos, para hazerse fuerte alli ó esperar socorro del Rey don Juan ó de los Navarros que quisyesen seguir su proposyto. — Preguntado por la tercera pregunta, dixo que como tiene dicho, entro en el dicho reyno de Navarra por mandado del Rey don Juan é de la Reyna doña Catalina, ó que bibia ó bibe e te confesante con el Rey de Francia, ó le pidio licencia en Milan ó despues en Valencia, para venir á servicio al Rey don Juan ó á la Reyna doña Catalina, sus señores, ó que especificadamente no dixo al Rey de Francia á que venia, porque entonces no lo sabia cosa cierta de lo que oviese de hazer; ó que si ovo concierto, ó no, entre el Rey de Francia y el Rey don Juan, que este confesante no lo sabe, salvo el concierto que se hizo en Paris, estando presentes los embaxadores del señor Rey don Carlos, quando el Rey don Juan fué alli á jurar la fidelidad que deve al Rey de Francia, sobre las tierras que tiene en sus reynos, ó á confirmar como se confirmaron las alianças que heran entre el Rey don Juan é el Rey Luis de Francia, y entonces se hablo en concierto sobre el dicho reyno de Navarra; como entonces no avia poder de ninguna de las partes principales á quien tocava, no se tomo asiento alguno ni conclusion, salvo que con los embaxadores del Rey de Francia que fueron á la corte del señor Principe don Carlos, fue mensajero del Rey don Juan á le suplicar et rogarle al señor Principe, que su Alteza oviese por bien de enbiar alguna persona de su casa real á rogar al Rey, su abuelo, quisiese hazer conçiençia á restituir el dicho Reyno de Navarra; y q e ansy uno de los embaxadores del Rey de Francia escrivio á este confesante, haziendole saber como el señor Principe, de muy buena voluntad, avia despachado un contino de su casa, que se llama Marzilla, para el Rey su abuelo, con la misma suplicacion ó rogaria; ó que su entrada deste confesante no fué por concierto de ningund grande de

Francia ni Navarra, ni otra persona, salvo por mandado del Rey don Juan é de la Reyna doña Catalina sus señores, é con concierto de los Biarneses ó Navarros, que alli se hallaron, ó que nunca escrevio ni tuvo por bien que le escreviese ninguno de sus parientes ni amigos, porque no se perdiesen, porque si oviese algund buen concierto, por mano del señor Principe ó del Emperador ó del Rey de Francia que se ofrecian á el, que ellos lo sabrian con tiempo, porque pudiesen los que en alguna yndinaçion pensavan estar de sus reynos abonarse, ó si la ventura les diese que por guerra pudiesen bolver al reyno de Navarra, que harian lo que la necesydad les mostrase. — Preguntado por la quarta pregunta, dixo que veniendo por el val de Roncal le binieron á obedeçer é ofreçer obediencia á este confesante, en nombre del Rey don Juan, los de val de Roncal, é ofreçieron de dar dozientos ombres, é dieron ciento é veynte; é val de Salazar vino alli á dar la obediencia, é profirianse á dar trezientos ombres é despues no lo dieron ninguno; é los de val de Aezcoa vinieron á ofrecer jente, otros trezientos ombres, é quando vieron quel coronel Villalva ó los otros capitanes que con el estavan, avian ganado la casa de Roncesvalles, juntaronse todos con el, é vinieron en seguimiento deste confesante é de los que con el venian; é que los que ofrecian esta obediencia é gente heran los alcaldes de los dichos valles et los capellanos, de cuyos nombres no se acuerda; á los quales les prometio este confesante buen tratamiento, é de tenelos en justicia; é que despues que este confesante llego al puerto, enbio espias á Pamplona et á Sanguesa é á Lumbierre é á Roncesvalles, por ver si avia algun juntamiento de jentes, é no bolvieron algunos dellos, é los que bolvieron de Roncesvalles truxeron relacion muy apresurada que se fuese este confesante á juntar con ellos en Roncesvalles, donde vernian de San Juan alguna mas jente, para poder resistir á la jente que saliese de Pamplona; é quando este confesante llego alli, hallo que heran ydos é dexada la casa, é los contrarios venian poderosos, é procuro de pasar un puerto, é hallole cerrado de nieve; é tanto por este inconveniente como por cobrar cierta jente que avia enbiado á cercar el castillo de Burgui, ovo de bolver al val de Roncal, donde fué atajado; é vistose atajado de los puertos, é que su jente le yva dexando, tuvo necesidad de tomar asyento con el coronel Villalva, que su persona é de don Antonio é don Pedro fuesen prisyoneros del señor Principe, é que la otra jente se fuese syn daño ninguno; é que ningund mensajero ni aviso le fue de Castilla ni de Navarra á el ni al Rey don Juan, quel sepa, para avisarle del estado de las cosas de Castilla, ni de las discordias que avia, salvo que segund razon se presumia. — Preguntado por la quinta pregunta, dixo que sy algund juramento este confesante hiso en el tienpo quel Rey don Juan ó la Reyna doña Catalina estavan en Navarra, por su mandado et como subdito suyo de guardar las alianças é asyentos ó capitulaciones hechas entre el Rey é la Reyna de gloriosa memoria é los Reyes de Navarra é los del dicho reyno, que aquellos este confesante guardo con toda la limpieza que onbre fijodalgo deve guardar, y fué siempre afiçionado al servicio del Rey é la Reyna de Castilla, é los sirvio en todo lo que buenamente pudo, syn errar á su devido; y ansy mismo, quando estas revoluciones començaron, fué este confesante á la corte del Rey don Hernando, de gloriosa memoria, por mandado del Rey don Juan é de la Reyna doña Catalina, é trabajo con toda voluntad é lealtad que las dichas alianças se confirmasen é guardasen, y quel dicho señor Rey don Hernando fuese asegurado de qualquier duda que de aquel reyno tuviese; é como á la sazon estavan las cosas muy al tanto é los exercitos de amas partes muy apareja dos, para romper, nunca su Alteza se quiso asegurar ni tomar conclusyon, mas remitio la negociacion al duque de Alva, con laqual al se fué al Rey don Juan, su señor; y hallole ya al dicho Rey don Juan fuera de Pamplona, y quel dicho duque de Alva ynsistia en demandar las fortalezas de San-Juan y de Amaya é cedulas deste confesante ó de otros de estar por todo lo quel dicho señor Rey don Hernando mandase; lo qual, por dar contentamiento á su Alteza, é porque todo lo demas que estava en obediencia del Rey don Juan no se perdiese, á mucha ymportunidad é suplicacion deste confesante se cumplio; é despues que ovo aconpañado este confesante al dicho Rey don Juan su señor, é se bolvio á su casa, luego el duque de Alva le enbio á requerir, por virtud de la cedula firmada de su nombre, que viniese á hazer juramento de fidelidad, como los otros lo hazian, y este confesante se escuso con dezir, que pues avia prometido de hazer lo que su Alteza mandase, que yria donde su persona real estava, á ver lo que le mandaria hazer; y este confesante fué á la cibdad de Logroño, por mandado de su Alteza, donde el dicho señor Rey estava, é despues de averle besado las manos á su Alteza, fué mandado á este confesante é á otros cavalleros Navarros hazer el dicho juramento; de lo qual dobladas vezes este confesante se escuso, con suplicaciones umildes, para con su Alteza, trayendole á la memoria, que todos los deste linaje deste confesante é de sus antepasados, avian sydo leales subditos de la corona de Navarra é del Rey don Juan, de gloriosa memoria, su padre, que fué Rey de aquel reyno, é muertos por su servicio muchos dellos é destruydas sus casas é haziendas, y todo por guardar su limpieza;

que suplicava á su Alteza que cosa que tan caro les costava, no quisiese mandarles que la perdiesen, é que do sus personas é haziendas se sirviese, é sus conçiencias é honrras les mandase guardar como Católico Rey; y todavia por los señores del Consejo, el licenciado Çapata y el doctor Carvajal le fué dicho á este confesante ó mandado dos vezes que hiziese el dicho juramento, ó que ansy convenia, mostrandole cierta provision apostolica, la sustancia de la qual este confesante no entendiani lo parecia aver cabsa licita, para contra los Reyes sus señores, porque nunca ellos en aquel caso, avian desobedecido à la Iglesia, ni faltavan los asientos tomados con su Alteza é con sus embaxadores; todavia, viendose este confesante ó los otros constreñidos por mandamientos é fuera de su libertad, este confesante ó los otros hizieron el dicho juramento, como se les demando, syn jamas tener yntençion de faltar à su primera obligacion; y ansy este confesante, antes quel dicho Rey don Juan entrase en Navarra, ni este confesante se fuese á su servicio torno à suplicar á su Alteza del Rey don Hernando, que, no obstante el dicho juramento, le quisiese dar licencia, syn quererle tener prendado, para que fuese á quien devia con su persona, deseando syempre emplearse, en que por via de matrimonio ó de otra manera, se tomase un buen medio é concordia en las cosas de aquel reyno, ansy para la seguridad de su Alteza, como para la restitucion de sus Reyes, de lo qual podra tener memoria el Reverendissimo señor Cardenal aver sido suplicado que su Señoría tomase la mano en esto, pues hera mas propiamente suyo de hazer que de nadie, y ansimismo el señor obispo de Burgos, y el señor Antonio de Fonseca saben la yntinçion deste confesante, lo que en este caso les uvo dicho. É despues de aver hecho el dicho complimiento susodicho, este confesante se fué é paso al Rey don Juan que estava en Navarra, el qual le enbio á mandar á este confesante que le fuese á servir, como lo hiso, syn aver otra respuesta ni mandado del dicho señor Rey don Hernando de gloriosa memoria; é questo es, lo que sabe desta pregunta. — Preguntado por la sesta pregunta, dixo lo que dicho tiene en la pregunta antes desta, é á ello se refiere, ó que esta es la verdad, para el juramento que hiso, ó no sabe otra cosa, ó es publica boz é fama. Fuele encargado que guarde el secreto, é firmolo de su nombre. — PEDRO DE NAVARRA.

É ansy tomados é reçebidos los dichos é deposiciones de los dichos presos en la manera que dicha es, luego el dicho licenciado Francisco Galindo, mando á mi el escrivano infraescripto que lo saçase linpio, de la manera é segund que ante mi avia pasado, para lo llevar é presentar ante sus Altezas, como por la dicha cedula lo hera mandado. Lo qual, yo el dicho escrivano saque ó escrevi en estas treze hojas de papel de pliego entero. — Yo Baltasar Rodrigues, escrivano de sus Altezas en la su corte ó en todos los sus reynos ó señorios, presente fuy en uno con los dichos testigos, é todo lo que dicho es, é juntamente con el dicho licenciado Francisco Galindo, que aqui firmo su nombre. Esto escrevi segund que antemi paso, é por ende fize aqui esto mi signo que es á tal, en testimonio de verdad.

Licenciado FRANCISCO GALINDO. — BALTASAR RODRIGUEZ.

XLVIII.

Lettre du roy d'Espagne au s[r] d'Andoins ambassadeur du roy de Navarre en la ville de Valladolid. (Arch. des Bass.-Pyrén. E., 559; coll. Doat, t. CCXXXII, f° 73.)

Le Roy d'Espaigne, des Deux-Siciles, de Hierusalem, archiduc d'Autriche, etc., Seigneur d'Andoins, suivant ce que jà vous avons dit et déclaré, nostre intention est que vous et vos collègues communiquiès la mattière de vostre charge avec nos commissaires que avons pour ce député et ordonné eux trouver devers vous en nostre ville de Vailladolit, pour et après, de tout nous estre fait relation et rapport, dont derechef vous avons bien voulcu advertir. Escript à Balbone, le 25e jour de mars (1518).

CHARLES.
SAUNART.

XLIX.

Lettre du roy de Navarre à ses ambassadeurs en Espagne. (Arch. des Bass.-Pyrén., E. 559; coll., Doat, t. CCXXXII, f° 73, v[o].)

Messieurs, je me recommande bien fort à vous. Si tost que euz receu vos lettres, les monstré à Madame, en la priant qu'elle voulsist avoir mon affaire pour recommandée, et elle me promist et m'en tinst bonnes paroles fort. Depuis, je parlé au Roy, qui me dit que luy et Madame en avoient parlé et que ne me souciast de mon affaire, car ils le pousseroient jusques au bout. A ceste cause, vous ay bien voulu renvoier le capitaine de Masières, par lequel serès pleinement advertis des responses que le Roy et Madame luy ont faittes, ensemble mon oncle d'Orval et M. le Grand-Maistre. En attendant que par le baron d'Arros vous advertisse plus amplement, s'il m'est possible, de ce que aurès à aire de par delà, vous prions, messieurs, que ne vous veuillès enuier, et que aiès mon affaire pour recommandée pour l'advenir, ainsi que avès tousiours eu par cy-devant, et que de vous je me

fie tout entièrement, car s'il plaist à Dieu, j'espère faire de sorte
envers vous, que recognoistrès que ne suis ingrat des services
que me faites. Je prie à Dieu, messieurs, qu'il vous ayt en sa
garde. A Angers, le 30e jour de juin.

HENRY.
HOURLART.

A Messieurs D'Andoins, de Lucq, de Gelas et Biaxs, mes ambassadeurs en Espaigne.

L.

Lettre de Charles-Quint au duc de Nagéra, vice-roi de Navarre (24 octobre 1520). — Traslado de una carta que su Magestad escrivio al duque de Nagéra, a XXIII de octubre de mill é quinientos é veynte años. *(Arch. de Simancas.* Estado Navarra, *leg. 344, f° 67 (copie), doc. inédit.)*

EL REY.

Duque primo, mi visorrey y capitan general del Reyno de Navarra. Todas vuestras letras e resçebido y he visto los memoriales y testimonios que aveys enbiado, y porque con la ocupaçion que estos dias he avido con mi coronaçion, no se ha podido tomar resoluçion particularmente en todas las cosas que escriviz, esta sola sera para dos cosas : la una, para que sepays que mi voluntad y determinaçion es, que, aunque, como es razon y se que lo fazeys, tengays mucho cuydado de la buena guarda y recabdo del Reyno de Navarra, que agora de presente tengays por principal el remedio de la pacificacion de los Reynos de Castilla, y asy proveyendo y teniendo á todo el recabdo que ser pueda las fortalezas de Pamplona y Estella, todas las vezes que fuere menester y os requeriere el condestable de Castilla, mi visorrey y governador de los dichos Reynos, para qualquier cosa de nuestro serviçio, que vos con la gente de guerra que tencys en ese dicho Reyno, y con la que mas pudieredes aver de vuestros debdos y casa y tierra, vays á la parte, y segund que de mi parte vos requeriere ; y asy vos ruego y encargo, quanto puedo, le hagays, que ofresçiendose nesçessidad en esse Reyno de Navarra, el dicho condestable, con todo lo que pudiere, ha de hazer el mismo socorro y ayuda, y pues el fin de todos es servirme, torno os á rogar y encargar, que aunque os sea trabajo y pena, lo hagays asy, y lo que de nuestra parte mas el dicho condestable os requeriere ; que en ello resçivire mucho plazer y serviçio.

Lo otro en hazer os saber que ayer martes, que fueron XXIII deste mes de octubre, resçivi la consagraçion de Rey de Romanos y la corona de Emperador, en esta ciudad de Aquisgran, con todas las solenidades que se acostumbran, y con muy grande sontuossidad, de que dio gracias á Nuestro Señor; y como en esto que hera lo principal que yo aca vine, se ha puesto diligençia, asy se pone y porna en lo poco que queda por hazer, porque con ayuda de Dios, mi buelta á estos Reynos sea tan brebe, como os he escrito, y lo desseo, y como el bien dellos cumple. Hazerlo eys saber de mi parte á los grandes y preiados y cavalleros dese Reyno, que se, que como buenos y fieles subditos y vasallos, han de aver dello el plazer que es razon, asy por lo que toca á mi Real persona, como porque mi buelta á estos Reynos ternan por cierta, para el tiempo que tengo escripto.

A todas las otras cosas particularmente vos mandare responder con la primera posta. De Aquisgran, á XXIII° de octubre de mill é quinientos ó veynte años.

Yo el Rey.
Por mandado de su Magestad:
Francisco de los Cobos.

Llevo yo la original para volvella al duque mi señor.

Juan de Porres.
Martin Perez.

LI.

Lettre du duc de Nagéra, vice-roi de Navarre, à Charles-Quint (25 mars 1521). — Sur l'env°: A su Mag^t Del Duque de Nagéra á XXV de março 1521. — (Arch. de Simancas. Estado Navarra, leg. 314, f° 99, doc. inédit.)

S. C^{res} C^a Mag^{tad},

A quinze del presente, escrevi á V^{ra} Alteza, haziendole saber quel Condestable de Castilla, me avia requerido para que fuese en persona con la gente de guardas que avia en este Reyno, y con otra cantidad que en el se avian hecho con algunos dineros que para ello enbio, y que por cumplir con lo que V^{ra} Mag^t sobre esto por sus cartas me avia enbiado á mandar, yo estava para partir con ello á servir á V^{ra} Mag^t, y que estando de partida, avia venido á su señorio de Bearne donde agora esta el hijo del Rey don Juan, por cuya venida en muchos deste Reyno se sintia solevantamiento, y que visto esto avia consultado con el Condestable mi yda ó quedada, el qual se avia determinado que yo quedase y toda la gente fuese, y que asy la avia embiado con don Manrrique mi hijo, á nos queda otra syno alguna de la gente de cavallo de mi casa, porque la otra avia ydo con el, y dozientos y cinquenta infantes de los viejos quel Condestable acordo que me quedasen, y suplicava á V^{ra} Alteza en lo deste Reyno mandase proveer, como convenia. — Despues, he sido avisado quel hijo del Rey don Juan haze aperçibimientos en todos sus señorios que tiene en estos confines, y quel Rey de Francia esta determinado de favoreçerle y ayudarle, y esto se cree ser asy, porque he sido certificado por personas que le han visto, que hazia estas partes ha mandado traer mucha cantidad de artilleria y entre ella pieças gruesas. Don Pedro Velez de Guevara, que agora es venido de Flandes y estuvo en la corte de Francia, me certifica que en ella sintio que se hazian aparejos para lo de este Reyno, y en el camino vio la dicha artilleria antes de llegar á Burdeos, y despues de venido, truxo aviso que la dicha artilleria se repartio en el camino della para Burdeos y della para Tolosa, y tambien he sydo avisado que en Gascuña, hazia la parte de Tolosa, se haze gran aperçibimiento de gente y que las comunidades de Castilla traen ynteligençias con el Rey de Francia, y el hijo del Rey don Juan con los deste Reyno que son de su parte, lo qual no he podido alcançar con quien ni quales, y segun los avisos que tengo, diz que todo esto se ha de poner en obra brebemente, porque les pareçe que agora es cojuntura para ello y que las ynteligençias que el hijo del Rey don Juan trae son á conçierto para que en cierto dia quel acuerda de entrar, se levanten pueblos y gentes por el. — Todo esto que he dicho tengo por avisos de personas que he traydo en Francia y en Bearne, y lo de las comunidades de Castilla por persona natural deste Reyno, ques de la parte del hijo del Rey don Juan, y como las ocasyones de los alborotos de Castilla son tan grandes y tan notorias, no es de dudar, syno quel tiempo ayuda al hijo del Rey don Juan para poner en obra lo que tanto tiene deseado, por donde convernia que en este Reyno huviese caudal para defendello, porque como tengo escrito á V^{ra} Alteza, en el no ay syno los dozientos é çinquenta infantes que he dicho, y estos casi amotinados para yrse, porque se les deve diez meses de sueldo, y los que estan en las fortalezas cada dia amenazan, porque se les deve lo mismo, para dexallas solas. Al Condestable he escrito todo esto, para que en ello provea, teniendo el daño que aqui podria redundar por mas irreparable que el de Castilla. Hasta agora no ha proveydo ninguna cosa. Suplico á V^{ra} Magestad, con toda la instancia que puedo, que luego mande en ello proveer, acordandose que este Reyno aunque pequeño es la llave de los otros de Castilla y Aragon, y que si este se pierde, es perdida toda la mayor parte de aquellos en coyuntura, y el condado de Rosellon que tanto importa á su real estado estaria puesto en aventura, y no en entera seguridad lo de Napoles, porque la necesidad en que por estas partes á V^{ra} Majestad pusiesen, seria tan grande, que le hiziese descuydar de aquello; y por todo esto es razon que lo de aquí se provea en cavdal ymportante, para defenderse, acordandose Vra Alteza que la fortaleza de Sant-Juan, como otras vezes tengo dicho y escrito, es casi perdida fecha de reparos, y que esta en los mismos confines de tierra de Sola y Laborte, que son del Rey de Francia, y de Bearne del hijo del Rey don Juan, y que aquella, por ser de la calidad que es y en la parte donde esta, no puede esperar largo socorro, y que perdida aquella, cobra el hijo del Rey don Juan quatro mill onbres de guerra muy buenos mas de los que truxere, porque toda tierra de Vascos se levantara por el, que es poblada de la gente mas util de este Reyno ; y que tomada la fortaleza de Sant-Juan, demas de tomar en ella mucha artillería que en ella ay de Vra Magt, no ternan ninguna resistencia hasta esta cibdad de Pamplona, la qual aunque la tengo por fidelisima al servicio de Vra Alteza, no se lo que haria si viese al hijo del Rey don Juan señor del campo, y que no tuviese socorro ni remedio como agora veen que no lo ay, sy Vra Alteza no lo provee. Por donde conviene con mucha brebedad, mandallo proveer, porque el daño de aquí seria tan grande, que en comparacion dello, (lo) de Castilla se ha de tener por acesorio ; con sola mi persona, aunque yo no tengo de faltar á lo que devo al servicio de Vra Magt, ya vee lo que puedo haser, no teniendo gente ni dineros con que hazella, ni esperança de aver ninguna de las cibdades y villas y provincias de estas comarcas, asy porquel tiempo las tiene mudadas, como porque todas dizen que harto tienen que hazer en guardar sus casas, y la provincia de Guipuzcoa que es el mas importante y presto socorro para lo de aquí, aun antes que se pusiesen en division, me respondieron que ellos tambien estavan en frontera y tenian neçesidad de guardarse. La neçesidad que se espera es tal y tan grande que si Vra Magestad no lo manda luego prover, puede haser cuenta que todo es perdido, y mi honrra con ello, loqual Vra Magestad no ha de querer que yo pierda, pues con ella pueda mejor servir á Vra Magt, y pues digo por esta todos los ynconvinientes que ay y el daño que de ellos se espera ; con dezillo cumplo con Dios y con Vra Magestad, y sera para mi descargo. Tambien sepa Vra Magt que el Rey de Francia tiene agora puestas postas desde Vayona á su corte, lo qual parece claro que es para las cosas que aquí digo. Acreciente Nuestro Señor la vida y Real estado de Vra Magestad. De Pamplona, á XXV de março.

De V. S. C. C. Mt.

Muy umil sierbo que sus Reales manos beso.

EL DUQUE CONDE.

FIN.

TABLE ANALYTIQUE DES MATIÈRES.

	Pages.
INTRODUCTION *(Étude sur les sources manuscrites et imprimées)*...	I-XXIV

LIVRE I*er*. *La Navarre sous les dynasties de Foix et d'Albret : la guerre civile, pacification des États navarrais, lutte des influences française et castillane en Navarre (1479-1498).* 125-133

CHAPITRE I*er*. *Situation de la Navarre à l'avènement de la dynastie de Foix.* — 1 — Affaiblissement de ce royaume, par suite des changements dynastiques et des convoitises des grands États voisins : la Castille et la France. 2 — L'anarchie, les guerres civiles, les factions en Navarre ; effets de ces troubles (Beaumontais et Gramontais. Férocité des guerres civiles, dépopulation et ruine de la Navarre). — 3 — L'intervention française en Navarre. La politique de Louis XI (mariage de Madeleine de France et du prince de Viane. Intrigues avec les Gramontais. Minorité de François-Phœbus). — 4 — L'intervention castillane en Navarre (Juan II d'Aragon. Relations de son fils Ferdinand avec les Beaumontais. Médiation du roi de Castille en Navarre ; convention de Pampelune. Le protectorat castillan en Navarre ; traité de Tudela, 4 octobre 1476). — 5 — Lutte de l'influence française et de l'influence castillane en Navarre. Madeleine de Viane refuse de ratifier le traité de Tudela. Renouvellement de la guerre civile en Navarre ; révolte des Beaumontais. Juan II et Ferdinand refusent leur secours à la gouvernante de Navarre, Leonor (1478-1479). — 6 — Avénement de la dynastie de Foix (janvier 1479) ; résultats funestes de ce changement dynastique pour la Navarre... 1-21

CHAPITRE II. *La Navarre sous le règne de François-Phœbus (1479-1483).* — 1 — Court règne de Leonor de Foix. Avénement de François-Phœbus et régence de Madeleine de Viane, sa mère. — 2 — Embarras du nouveau règne. Troubles en Navarre. Médiation castillane. Accord de Saragosse et maintien du protectorat de la Castille. Trève d'Aoiz avec les Beaumontais (1479). — 3 — Relations avec la France. Rapports de Louis XI avec les Gramontais ; son influence sur la Régente. —

4 — Révolte des Beaumontais en 1480. Nouveaux embarras de la Régente. Entrevue de Saragosse entre le cardinal de Foix et Ferdinand. Nouvelle médiation castillane et voyage de François-Phœbus en Navarre (fin 1481). Renouvellement des troubles (1482). Retour de Phœbus en Béarn. — 5 — Négociations pour le mariage de François-Phœbus. Intrigues de Louis XI et de Ferdinand le Catholique. Mort subite de François-Phœbus (23 janvier 1483)............................. 21-32

Chapitre III. *Les débuts du règne de Catherine de Navarre. Les négociations matrimoniales engagées par la France et la Castille.* — 1 — Le testament de François-Phœbus. Prétentions du vicomte de Narbonne à la succession navarraise. Catherine est reconnue en Béarn et en Navarre. — 2 — Les négociations relatives au mariage de la reine de Navarre. Démarches des rois de Castille. Ambassade des Beaumontais à Madrid. Conférences de la reine Isabelle avec les chefs navarrais à Santo-Domingo de la Calzada (1483). Candidature du prince Juan de Castille. Ambassade des Cortès navarraises en Béarn (30 juillet). Intrigues de Louis XI. Craintes de la régente Madeleine de Viane au sujet des prétentions de Jean de Narbonne. Les candidatures françaises. Ambassade castillane à Pau, réponse de la Régente, ajournement du mariage. — 3 — Nouvelle campagne diplomatique après la mort de Louis XI. Mission du grand-écuyer Antoine de la Tour en Béarn (1483). — 4 — Réunion des États de Navarre et des pays de Foix-Béarn. Délibération des États de Béarn (1484, février). Avis des Cortès gramontaises. Opposition des Cortès beaumontaises au mariage français (avril 1484). Les Castillans occupent les places de la Navarre méridionale. Réponse de la Régente aux envoyés espagnols (20 mai 1484). Mariage de Catherine de Navarre avec Jean d'Albret (14 juin) 32-56

Chapitre IV. *La querelle de la succession de Foix. Changement dans les rapports des rois de Navarre avec la France. Les coalitions féodales contre Charles VIII (1484-1491).* — 1 — La cour de France et la querelle de la succession de Foix. Revendications du vicomte de Narbonne, fondées sur le droit féodal. — 2 — Guerre entre Jean de Narbonne et la Régente de Navarre. Complot de 1484. Ravages des bandes des deux partis. — 3 — Attitude de la cour de France. Compromis du 9 juillet. Révolte du duc d'Orléans et de Jean de Foix. Appointement du 2 octobre 1484. Mission de l'évêque d'Albi en Languedoc et fin de la guerre. — 3 — Revirement dans la politique navarraise. Influence d'Alain d'Albret. La Navarre engagée dans les ligues féodales contre Anne de Beaujeu. Reprise de la guerre de la succession de Foix. Adhésion de la reine de Navarre à la coalition de décembre 1486. Traité de Nontron (28 mai 1487) entre Alain d'Albret et les troupes royales. Pacification du Languedoc (1480). Alliance des rois de Navarre avec l'Espagne. Alain d'Albret et la succession de Bretagne. Nouvelle guerre entre le vicomte de Narbonne et la Régente de Navarre (1488-1490). Ambassade française envoyée à Jaen (Espagne) en faveur du vicomte de Narbonne (1489). Réconciliation entre les rois de Navarre et Charles VIII. Traité de Moulins (1489). — 4 — Alliance des rois de Navarre avec l'Espagne ; rapprochement entre la Régente et les rois de Castille (fin 1484). Médiation castillane et traité de Pau (8 février 1485) avec les Beaumontais. Intervention des souverains castillans dans le gouvernement de la Navarre. Vice-royauté d'Alain d'Albret. Conclusion des deux traités de Valence (1488, 21 mars). Rôle des rois d'Espagne dans les affaires de Bretagne. Rapprochement des souverains navarrais et de la France (1491). Traité de Nantes.................................... 57-78

CHAPITRE V. *Alliance des souverains navarrais avec la France et la Castille; variations de leur politique. Règlement provisoire de la question de la succession de Foix et pacification de la Navarre par l'intervention franco-castillane (1491-1494)*. — 1 — Rapports amicaux des rois de France et des rois de Navarre après le traité de Nantes. Pacification du Midi. Faveur de Jean de Narbonne à la cour et alarmes de la Régente de Navarre (1492). Conférences de Narbonne (1493) ; la médiation franco-castillane résolue. Règlement provisoire du procès de la succession de Foix (avril 1493). Soumission de tous les États de la maison de Foix aux rois de Navarre. Jean de Foix fait appel au Pape (décembre 1493). Lettres patentes du 20 mars 1494 au sujet du différend de la succession de Foix. — 2 — Nouveau rapprochement entre les rois de Navarre et la Castille. Troubles de la Navarre. Embarras des souverains navarrais. Affaire de l'évêché de Pampelune (1492). Ambassade du sire de Láas à Grenade (1492). Projet de convention entre les rois de Castille et les rois de Navarre. Entrevue de Saragosse (août) ; accord avec les Beaumontais. Hésitations des souverains navarrais. Révolte des Beaumontais (1493). Ambassade de Pedro de Hontañon, au nom des rois de Castille, en Béarn. Les rois de Navarre acceptent la médiation espagnole. Traité de Pampelune (6 novembre 1493) avec les Beaumontais ; garantie du roi de Castille. Entrée des souverains navarrais dans leur royaume, sous la protection des troupes castillanes (décembre 1493-janvier 1494). Couronnement des rois de Navarre (13 janvier 1494). — 3 — Les traités de Pampelune (19 janvier) et de Medina del Campo (30 avril 1494). Commencements du nouveau protectorat castillan..... 78-100

CHAPITRE VI. *Progrès de l'influence castillane en Navarre. Affermissement du protectorat espagnol. Rapprochement et tentatives d'alliance entre les rois de France et de Navarre.*

— 672 —

	Pages.
Les projets de démembrement des États de Jean d'Albret et de Catherine. — 1 — Nouveaux troubles en Navarre. Réformation du domaine royal. Plaintes du connétable Louis de Beaumont et de ses parents Jaime de Foix et Mendoza. Nouvelle intervention des rois de Castille. Mission de Pedro de Hontañon à Pampelune (juin 1494). Mémoire justificatif des rois de Navarre (août). Guerre entre les Beaumontais et les troupes royales (septembre novembre). Missions du docteur de Puebla, de Juan de Ribera et de Garcia de Herrera en Navarre, de Miguel d'Espinal en Castille. Trêve du 23 novembre 1494. Conférences de Logroño. Mission de Luis d'Aguirre en Navarre. — 2 — Le protectorat castillan affermi. Les deux traités de Madrid (4 mars 1495). Occupation des places navarraises par les Castillans. Pacification de la Navarre ; troisième traité de Madrid (6 avril). Exil du connétable Louis de Beaumont ; occupation de ses domaines par les troupes castillanes. Guerre entre l'Espagne et la France. Les rois de Navarre essaient de se rapprocher de Charles VIII. Démonstrations militaires des Espagnols. Mission de Pedro de Ontañon (1496). Concessions des rois de Navarre (septembre 1496). — 3 — Essai de rapprochement entre les rois de Navarre et la France. Médiation de Charles VIII entre la reine de Navarre et le vicomte de Narbonne. Conférences de Tarbes (1496). Duplicité de la diplomatie française. Négociations de Medina del Campo (1497). Les ambassadeurs français proposent au roi d'Espagne le démembrement des États de la maison d'Albret ; refus du roi d'Espagne. Traités de Tarbes (7 septembre 1497) entre la reine de Navarre et le vicomte de Narbonne. Craintes des rois de Castille. Nouvelles démonstrations militaires des Espagnols. Campagne de faux bruits contre les rois de Navarre. Concessions des souverains navarrais. Convention de Pampelune (1497). Négociations de Medina (1498). Les ambassadeurs français proposent encore le démembrement des États de la dynastie d'Albret. Mort de Charles VIII (avril); situation de la Navarre à ce moment....	100-133
LIVRE II. *Alliance des rois de Navarre avec la France, l'Espagne et le Pape (1498-1502). Rupture entre les souverains navarrais et les rois de France et d'Espagne (1503-1506). L'alliance austro-navarraise. Tentatives infructueuses de Ferdinand le Catholique pour restaurer le protectorat castillan et de Louis XII pour spolier la dynastie d'Albret (1506-1511)*............	134-267

CHAPITRE Iᵉʳ. *Alliance des rois de Navarre avec la France, l'Espagne et le Pape. Les souverains navarrais parviennent à s'affranchir en partie du protectorat castillan.* — 1 — L'alliance entre Louis XII et les princes d'Albret ; rapprochement entre ces princes et le pape Alexandre VI (1498-1502). Mariage de César Borgia et de Charlotte d'Albret, sœur du roi de Navarre (1499). Faveur du sire d'Albret. Médiation du roi de France dans la querelle de la succession de Foix. Traités de Pau et d'Étampes (24 avril 1499-8 mars 1500). Le roi de Navarre à la cour de Blois (1502). Mort du vicomte de Narbonne (1500). Ambassade de Jean de Beaumont à Rome. Le pape Alexandre VI admet les rois de Navarre au serment d'obédience. Faveur du cardinal d'Albret. — 2 — Les relations avec l'Espagne. Affaiblissement du protectorat castillan en Navarre. Les souverains navarrais demandent la restitution de leurs forteresses (1498). Mission de Ontañon à Pau. Ambassade des Franciscains Rro et Vadeto à Ocaña auprès des rois d'Espagne (mai 1499). Mécontentement des souverains castillans. Ambassade de Ontañon (1499), du doyen de Santiago et de Juan de Ribera (1500). Entrevue de Séville (30 avril-16 mai) entre Jean d'Albret et Ferdinand. Les trois traités de Séville (14 mai). Rappel des Beaumontais ; évacuation des places navarraises. Difficultés soulevées par l'exécution des traités de Séville (juin 1500-mars 1501)................................. 134-160

CHAPITRE II. *Les États de la maison de Foix-Albret et le gouvernement des rois de Navarre avant la conquête castillane.* — 1 — Absence de cohésion dans les États de la maison de Foix-Albret. Caractère des rois de Navarre : frivolité et faiblesse de Jean d'Albret, ses qualités d'homme privé. La reine Catherine ; traditions au sujet de son caractère. — 2 — Essais de réformes administratives : les grandes charges de connétable et de maréchal ; la chancellerie ; les fonctions confiées à des étrangers ; réforme du Conseil royal, de la Corte mayor, de la Chambre des comptes. L'administration locale non modifiée. Le pouvoir des rois s'accroît peu (faible influence de l'administration et de la justice royale). — 3 — Insuffisance des ressources financières de la royauté navarraise. Le domaine de l'État usurpé ou aliéné. Les taxes indirectes : douanes et aides *(alcabalas)* ; les taxes directes : les cuarteles. Nombreuses remises et exemptions d'impôts ; l'altération des monnaies ; revenus de la Navarre ; besoins des souverains navarrais, leurs procès ; dépenses de leur cour, leurs prodigalités. — 4 — Insuffisance des institutions militaires : pas d'armée permanente ; les milices urbaines et rurales *(hermandades)*, leur suppression, les contingents féodaux, la levée en masse ou ban. Multitude et mauvais état des forteresses navarraises. — 5 — Accroissement des libertés publiques en Navarre ; soumission du clergé à l'autorité royale ; esprit d'indépendance de la bourgeoisie et de la noblesse navarraises, progrès de leurs libertés ; influence croissante des Cortès. — Faiblesse du pouvoir des rois de Navarre dans tous leurs États...................... 160-183

Chapitre III. *Rupture de l'alliance entre les rois de France et de Navarre ; la Navarre retombe sous la dépendance de l'Espagne (1503-1506), et finit par s'en affranchir.* — 1 — Les rois de Navarre essaient vainement de garder la neutralité dans la rupture entre la France et l'Espagne; guerre entre Louis XII et Ferdinand (1503); craintes du roi d'Espagne au sujet de la Navarre ; révolte des Beaumontais ; le sire d'Albret à la tête de l'armée de Guienne ; mission de Muñoz et de Manente à Pampelune ; ambassade de Berio et de Ladron de Mauléon à Barcelone (mai 1503) ; ambassade de Coloma en Navarre; armements des rois d'Espagne. — 2 — Embarras des rois de Navarre ; échec de l'expédition française en Guienne ; maladie de Louis XII ; ambassade de Ontañon et de Coloma ; les rois de Navarre se décident pour l'alliance espagnole; traité de Medina del Campo (17 mars 1504). Ambassade de Martin de Rada auprès du roi d'Espagne ; mission de Pedro de Labetz. Ferdinand assure les rois de Navarre de sa protection (novembre 1504). Mort de la reine Isabelle ; changement dans l'attitude du roi d'Espagne ; ambassade navarraise à Toro (1505) ; renouvellement du traité de Medina. — 3 — Rupture des rois de Navarre avec la France ; la campagne de 1503 ; le procès de Gié ; reprise du différend de la succession de Foix devant le Parlement de Paris, par Gaston, neveu de Louis XII (1502-1509) ; disgrâce de César Borgia. — 4 — Les négociations de Blois entre Ferdinand et Louis XII ; inquiétudes des rois de Navarre; ambassade de Martin de Rada et de Ladron de Mauléon à Ségovie (août 1505); le traité de Blois ; mariage de Ferdinand et de Germaine de Foix (12 octobre 1505) ; bruits alarmants au sujet des projets de Gaston de Foix sur la Navarre. — 5 — Relâchement de l'alliance entre les rois de Navarre et le roi d'Espagne ; révolte des Beaumontais ; Louis XII prend sous sa protection le connétable Louis de Beaumont (octobre 1505); attitude indécise du roi d'Espagne ; ambassade de Ladron de Mauléon à Salamanque (février 1506) ; projet de mariage entre Alain d'Albret et la sœur du connétable de Castille ; défiance des rois de Navarre à l'égard de Ferdinand.................... 184-206

Chapitre IV. *Alliance des rois de Navarre avec la maison d'Autriche; la dynastie d'Albret menacée par les rois d'Aragon et de France (1506-1508).*— 1 — Les origines de l'alliance austro-navarraise; Philippe le Beau, ses différends avec Ferdinand et Louis XII ; mission de Jean de Floyon, bailli d'Avesnes, envoyé de l'Archiduc en Navarre (octobre 1505) ; attitude expectante des rois de Navarre ; Philippe le Beau en Castille (mai 1506). — 2 — Alliance entre les rois de Navarre et Philippe le Beau ; traité de Tudela del Duero (27 août 1506) ; irritation des rois de France et d'Espagne. — 3 — Conflit des

rois de Navarre avec le roi de France ; la mort de Philippe le
Beau (23 septembre 1506] ; hostilité de Louis XII contre les
princes d'Albret ; procès de la succession de Foix ; procès du
sire de Coarraze évoqué devant le Parlement de Toulouse ; procès de la suzeraineté du Béarn revendiquée par le roi de
France ; projets de Louis XII en faveur de Gaston de Foix ;
mission du sire de Guise à Naples auprès de Ferdinand ; le
roi d'Espagne ajourne son appui ; l'empereur Maximilien protège
les rois de Navarre ; il leur propose une alliance offensive
contre Louis XII. — 4 — Le conflit des rois de Navarre avec
le roi d'Espagne ; les rois de Navarre prêtent leur appui au
parti autrichien en Castille, et donnent asile à César Borgia ;
soulèvement des Beaumontais ; occupation des domaines du
comte de Lerin ; siège de Larraga ; mort de César Borgia
(11 mars 1507) ; intervention du Conseil de Castille en faveur
de Lerin ; mission de Jaime de Conchillos en Navarre (mars-
avril 1507) ; les rois de Navarre refusent d'accorder une trève
de trois mois ; le roi d'Espagne prescrit à ses sujets de garder
la neutralité ; défaite des Beaumontais (mai-juin 1507) ; dernières démarches de Conchillos ; exil de Lerin et des Beaumontais. — 5 — L'entrevue de Savone entre Ferdinand et
Louis XII (28 juin : nouvelles attaques de Louis XII ; efforts
du roi de France pour obtenir l'appui du roi d'Espagne en
faveur de Gaston de Foix. Mission infructueuse de Gabriel de
Cardilhac à la cour de France. Louis XII déclare les rois de
Navarre ses ennemis. Nouvelle ambassade navarraise à la cour
de France. Pourparlers entre Louis XII et Maximilien (1507) ;
rupture des pourparlers ; faveur de Gaston de Foix. Propositions de l'Empereur aux rois de Navarre. Procès relatifs à la
souveraineté du Béarn et au sire de Coarraze (1508). Nouvelle
tentative de Louis XII auprès de Ferdinand en faveur du prétendant Gaston de Foix ; les Beaumontais au service de la
France ; conspiration beaumontaise à Pampelune (1508). —
6 — Tentatives du roi d'Aragon pour restaurer le protectorat
castillan en Navarre (1507-1508). Attitude réservée de Ferdinand à l'égard des rois de Navarre ; ambassade navarraise en
Castille (août 1507) ; mission du commandeur Diego Perez de
Sant-Estevan pour demander la restauration des Beaumontais (fin 1507) ; refus des rois de Navarre. Embarras du
roi d'Espagne dans ses États. Mort du connétable de
Beaumont (6 novembre 1508). — 7 — Les conférences de
Cambrai ; discussions entre le cardinal d'Amboise et Marguerite d'Autriche au sujet des rois de Navarre ; traité de
Cambrai, article relatif à la Navarre (10 décembre 1508)..... 206-246

CHAPITRE V. *Persistance du conflit entre les rois de Navarre et le
roi de France ; rapprochement entre ces souverains, le roi d'A-
ragon et le pape Jules II (1509-1511).* — 1 — Continuation

du conflit entre les rois de Navarre et Louis XII, malgré le traité de Cambrai. Procès de la souveraineté du Béarn. Lettres de représailles accordées au sire de Lahet contre les rois de Navarre. Préparatifs d'une expédition en faveur de Gaston de Foix. Conflit avec le pape Jules II, au sujet de la nomination du cardinal Faccio Sanctori à l'évêché de Pampelune, et du décanat de Tudela; excommunication des rois de Navarre (janvier 1509). Conflit avec le roi d'Aragon; ambassade de Ontañon à Pampelune (avril 1509); le roi d'Aragon demande la restauration des Beaumontais. Commencement des hostilités sur les frontières de Navarre. Ferdinand les arrête, craignant de favoriser les projets de Gaston de Foix (juillet 1509). Réconciliation entre Ferdinand et Maximilien; traité de Blois (décembre 1509); intervention de Maximilien en faveur des rois de Navarre. — 2 — Aggravation du conflit des rois de Navarre avec Louis XII; le Parlement de Toulouse ordonne l'exécution des arrêts rendus en faveur du sire de Coarraze et au sujet de la souveraineté du Béarn. Résistance des rois de Navarre; ambassade du sénéchal de Béarn à la cour de France; Louis XII propose aux rois de Navarre le démembrement de leurs États; il demande aux conférences de Blois (décembre 1509) l'appui du roi d'Aragon en faveur de Gaston de Foix. Arrêt du Parlement de Toulouse prononçant la confiscation du Béarn (7 janvier 1510). Levée de troupes en Navarre. Confédération de Sauveterre entre les Béarnais et les Navarrais (février). Hostilité persistante de Louis XII; il enjoint à tous ses sujets de quitter le service des rois de Navarre (12 juillet); faveur croissante du duc de Nemours. Continuation du procès de la succession de Foix (1511). — 3 — Maintien de l'alliance austro-navarraise; Maximilien nomme les rois de Navarre parmi ses alliés dans le traité de Blois (10 mars 1510). Projet de mariage entre l'infant de Navarre et Isabelle d'Autriche. Intervention de Maximilien auprès du roi de France en faveur des rois de Navarre (mars et août 1510). Rapprochement entre les rois de Navarre et le pape Jules II. Mort du cardinal Faccio; nomination du cardinal d'Albret à l'évêché de Pampelune. Fin du différend relatif au décanat de Tudela. Levée de l'excommunication prononcée contre les rois de Navarre. Rapprochement entre les rois de Navarre et le roi d'Espagne; ambassade du sire de Sainte-Colomme à Monçon (avril 1510). Mission de Ladron de Mauléon auprès de Ferdinand (octobre 1510). Ambassade navarraise en Castille (février 1511). Négociations au sujet du rappel des Beaumontais et de la restitution des places navarraises enlevées en 1463. Attitude des rois de Navarre au milieu de l'année 1511 et au moment de la formation de la Sainte-Ligue. Leurs craintes au sujet de la France.................................... 247-263

LIVRE III. *La conquête de la Navarre (1512), par le roi d'Espagne*.. 269-410

Chapitre Ier. *La Sainte-Ligue; attitude des rois de Navarre dans le conflit entre les confédérés et la France. Les négociations entre Jean d'Albret et Ferdinand le Catholique; rupture avec l'Espagne (1511-juillet 1512).* — 1 — Neutralité des rois de Navarre dans le conflit entre la Sainte-Ligue et Louis XII ; ils persévèrent dans leur attitude malgré les démarches de l'Empereur (juin 1511). Mission du docteur Capia au nom du Pape auprès d'eux. Crainte des rois de Navarre au sujet des entreprises de Louis XII ; négociations de Toblach ; menaces du roi de France contre les souverains navarrais (fin 1511). Alliance entre les rois de France et d'Angleterre ; projet d'une expédition en Guienne (février 1512) — 2 — Premières négociations entre les rois de Navarre et Ferdinand; mission de Ontañon à la cour de Navarre; conférences de Tudela (mars-avril 1512). Démonstrations militaires. Les rois de Navarre refusent de se départir de la neutralité. Revirement dans leurs dispositions après la mort de Gaston de Foix (11 avril). — 3 — Seconde période des négociations. Ambassade de Ladron de Mauléon à Burgos (mai) ; exigences du roi d'Espagne ; les rois de Navarre offrent de confirmer les traités antérieurs (12 juin). Le roi d'Espagne exige des garanties ; message des rois aux Cortès navarraises (20 juin). Mission du maréchal de Navarre à Burgos. Duplicité du roi d'Espagne ; il projette l'invasion de la Navarre et il continue à négocier. Mission de l'ambassadeur anglais W. Knygt à Pampelune. Demandes du roi d'Espagne notifiées par l'évêque de Zamora et John Stil (29 juin). Le roi d'Espagne tente vainement d'entraîner les Anglais à envahir la Navarre ; refus du marquis de Dorset. — 4 — Ultimatum de Ferdinand. Les Cortès navarraises décident la levée en masse (17 juillet). Le roi d'Espagne publie un texte falsifié du traité de Blois. Motifs qu'il invoque pour envahir la Navarre..................... 269-294

Chapitre II. *Les négociations de Blois. Alliance des rois de Navarre avec la France (avril-juillet 1512).* — 1 — Revirement dans la politique des rois de Navarre à l'égard de la France. Mort de Gaston de Foix (11 avril). Le sire d'Albret appelé à la cour. Mission de Jean d'Orval en Navarre (fin avril). Départ des ambassadeurs navarrais ; leur arrivée à la cour de France (3 mai). Demandes des rois de Navarre pour la conclusion d'une alliance (11 mai). Temps d'arrêt dans les négociations. — 2 — Les premières conférences de Blois. L'ambassade navarraise reçue en audience par Louis XII (11 juin). Débats entre les envoyés navarrais et les négociateurs français, surtout au sujet de la souveraineté du Béarn (12-14 juin). Entrevue des envoyés avec Louis XII (15 juin).

— 678 —

Pages.

La question de la souveraineté du Béarn et du maintien des traités avec la Castille. — 3 - Les dernières conférences de Blois (19-28 juin), avant la conclusion de l'alliance. Changement dans l'attitude des négociateurs français. Nouveaux débats sur les demandes des rois de Navarre. Mémoire du roi de France (19 juin) en réponse aux ambassadeurs navarrais. Les envoyés en réfèrent aux rois de Navarre. Mémoire des souverains navarrais (23 juin). — 4 - Ultimatum des négociateurs français (28 juin). L'alliance décidée en principe. Le roi de France ajourne l'examen des prétentions de la reine d'Aragon sur l'héritage du duc de Nemours. Échange des pouvoirs et rédaction du traité (5-7 juillet). Arbitrage au sujet de la souveraineté du Béarn (7-15 juillet). Concessions faites par Louis XII aux rois de Navarre (la souveraineté du Béarn reconnue; annulation des procédures du Parlement de Toulouse, etc.). — 5 — Le traité de Blois (18 juillet). Engagements des rois de Navarre à l'égard de la France. Rédaction ambiguë du traité. Les clauses relatives à la neutralité des rois à l'égard de l'Espagne. L'invasion de la Guienne conjurée. Maladresse de la politique des rois de Navarre........ 294-321

Chapitre III. *La conquête de la Navarre (21 juillet-fin septembre 1512). Ferdinand le Catholique prend le titre de roi de Navarre.* — 1 — Insuffisance des préparatifs militaires des rois de Navarre. Les forteresses en mauvais état. Les levées interrompues au mois d'avril. Les rois comptent sur les secours du roi de France. Préparatifs du roi d'Espagne : réunion des forces castillanes, sous les ordres du duc d'Albe, en Biscaye (17,000 hommes). L'armée anglaise en Guipuzcoa. — 2 — L'invasion espagnole (21 juillet); marche du duc d'Albe vers Pampelune par les vallées de Burunda et d'Araquil; occupation du défilé d'Osquiate (22 juillet). Fuite de Jean d'Albret à Lumbier (23 juillet). Capitulation de Pampelune (24 juillet). Entrée du duc d'Albe dans la capitale de la Navarre. Essai de négociation entre Jean d'Albret et le roi d'Espagne. Convention préliminaire du 29 juillet entre le duc d'Albe et l'ambassade navarraise. Ultimatum de Ferdinand le Catholique (31 juillet). Fuite du roi de Navarre en Béarn (août). — 2 — Achèvement de la conquête de la Haute-Navarre (août-septembre 1512). Capitulation de Maya, Lumbier, Viana, etc. Les troupes aragonaises entrent en Navarre; siège et capitulation de Tudela (14 août-9 septembre). Retards de l'expédition française; divisions entre les généraux. Les Anglais menacent la frontière de Guienne. Arrestation de l'évêque de Zamora, ambassadeur espagnol en Béarn. Excommunication des rois de Navarre. Soumission du royaume (septembre). — 3 — Ferdinand prend le titre de roi de Navarre. Manifeste du roi d'Aragon exposant les motifs pour lesquels il prend le titre de roi de Navarre (28 août). Le roi d'Espagne exige le serment de fidélité des Navarrais. Serment de Pampelune (31 août), du maréchal de Navarre, des villes navarraises (septembre).................................... 321-341

Chapitre IV. *L'excommunication des rois de Navarre.* — 1 — Les discussions entre publicistes français et espagnols depuis le XVIe siècle au sujet de l'excommunication des rois de Navarre. — 2 — De l'authenticité des bulles d'excommunication. Le roi de Navarre n'a pas été excommunié le 18 février 1512 par la bulle *Exigit contumaciam*. La première bulle d'excommunication contre les rois de Navarre : bulle *Pastor ille cœlestis* (21 juillet 1512); son authenticité; l'original, dont on niait l'existence, découvert à Simancas. La publication de la bulle (20-22 août 1512). Bulle *Etsi ii qui christiani*. — 3 — La seconde bulle d'excommunication. Bulle *Exigit contumaciam*; sa véritable date (18 février 1513); elle confirme la bulle *Pastor*; son authenticité douteuse, bien que l'original existe à Simancas; peut-être a-t-elle été obtenue par fraude ou surprise pendant l'agonie de Jules II. — 4 — De la valeur juridique de l'excommunication en général. L'argumentation des publicistes gallicans repose sur une erreur d'appréciation historique. Aux yeux des Espagnols, les papes ont le droit de disposer des royaumes de la péninsule. Argumentation de l'apologiste officiel de la conquête, Palacios Rubios. — 5 — De la valeur juridique de l'excommunication spéciale lancée contre les rois de Navarre. Les rois de Navarre pouvaient-ils être excommuniés comme schismatiques? Raisons favorables ou défavorables à l'accusation de schisme portée contre eux. Argumentation de Palacios pour prouver la valeur des bulles d'excommunication et montrer qu'elles ont été entourées des formes prescrites par le droit canonique. Doutes des rois d'Espagne et des papes sur la valeur de ces bulles... 341-370

Chapitre V. *La première tentative de recouvrement de la Navarre; confirmation de l'alliance franco-navarraise; expédition des Français en Navarre (septembre-décembre 1512).* — 1 — Jean d'Albret à la cour de Blois (7 septembre). Préparatifs de l'expédition de recouvrement. Désaccord entre les Anglais et les Espagnols. Négociations secrètes de Jean d'Albret avec le marquis de Dorset. Plan d'invasion de la Guienne et de jonction des deux armées; lenteurs et duplicité des Espagnols (août-septembre 1512). Départ de l'armée anglaise (15 octobre). Situation périlleuse de l'armée espagnole en Basse-Navarre : l'absence d'approvisionnements, les pluies d'automne, les maladies, l'affaiblissement. - 2 — Armements des rois de France et de Navarre : réunion des troupes françaises, arrivée des troupes d'Italie et des lansquenets (août-septembre) ; le comte d'Angoulême, chef de l'expédition. Négociations avec le duc d'Albe pour la conclusion d'une trêve. Manifeste de Jean d'Albret (30 septembre). Rupture des négociations (15 octobre). — 2 — Première période de l'expédition : les troupes françaises essaient d'envelopper l'armée du duc d'Albe en Basse-Navarre (15-26 octobre 1512). Occupation du val de Roncal par La Palice et Jean d'Albret ; lenteur de leur marche; siège et assaut du fort de Burgui. Marche du comte d'Angoulême vers Saint-Jean, combat de Mongelos (19 octobre) : retraite du duc d'Albe sur Saint-Jean ; retraite de l'armée française vers Mauléon. Le duc d'Albe passe le défilé de Roncevaux et se replie sur Pampelune (24-26 octobre). La Palice et Jean d'Albret laissent échapper l'armée espagnole. Révolte des Gramontais réprimée. Découverte du complot du duc de Calabre. — 3 — Deuxième période : premier siège de Pampelune et dévastation de la Navarre (novembre 1512). Les Français reçoivent des renforts (27 octobre-3 novembre) ; premier siège de Pampelune ; mesures de défense du duc d'Albe ; assaut du 7 novembre. Le siège converti en blocus (8-23 novembre). Dévastation de la Navarre ; indiscipline et excès des troupes françaises. Échec de la diversion tentée en Guipuzcoa ; siège de Saint-Sébastien (17-19 novembre). — 4 — Troisième période : second siège de Pampelune (24-30 novembre). Réunion d'armées de secours en Aragon et Castille. Assaut du 27 novembre 1512. Marche de l'armée du duc de Nagéra au secours de Pampelune. — 5 — Désastreuse retraite des Français (30 novembre-6 décembre). Levée du siège de Pampelune (30 novembre) ; arrivée de l'armée castillane de secours (1er décembre). La Palice offre la bataille aux Espagnols (2 décembre). Retraite des Français ; désastre des Béarnais dans le val d'Aoiz, et de l'arrière-garde française dans le val de Baztan (3-4 décembre). Retour des Français à Bayonne (6 décembre).................................... 371-399

Chapitre VI. *Gouvernement de Ferdinand le Catholique en Navarre ; organisation de la conquête (1512-1516)*. — 1 — Sage gouvernement de Ferdinand le Catholique ; maintien des anciens privilèges et des fueros de la Navarre. Serment du Roi Catholique aux délégués des Cortès (12 juin 1513). Les pouvoirs royaux délégués à un vice-roi ; fonctions du vice-roi. Maintien de l'ancienne administration avec quelques modifications : le Conseil royal, la Corte mayor, la Chambre des comptes conservent leurs attributions. Concessions du roi d'Espagne : pensions, modérations d'impôts, remises. Les libertés nationales respectées : les Cortès, les villes, la noblesse et le clergé. — 2 — Pacification de la Navarre : impartialité du roi d'Espagne à l'égard des partis ; amnistie de 1513. Les Beaumontais récompensés de leur dévouement à la Castille. Le roi d'Espagne tente de rallier les Gramontais et y réussit en partie. Indemnités accordées aux Navarrais pour leurs pertes pendant la guerre. — 3 — Mesures de défense militaire : occupation de la Basse-Navarre; Saint-Jean fortifié. Destruction d'une partie des forteresses navarraises. Concentration de la défense dans les places importantes ; maintien d'un corps d'occupation considérable en Navarre. Les forteresses confiées à des Espagnols. La Navarre est mise sous la sauvegarde du royaume de Castille (1515)........... 399-410

LIVRE IV. *Les tentatives de recouvrement de la Navarre : expéditions et négociations. Réunion définitive de ce royaume à la Castille (1513-1521)*..................................... 411-560

CHAPITRE 1er. *La question navarraise et les négociations de 1513-1514 ; échecs des rois de Navarre; achèvement de la conquête castillane.* — 1 — Les rois de Navarre sont abandonnés par leurs alliés : Berio, l'ambassadeur navarrais, invité à quitter les cours d'Autriche et de Flandre (janvier 1513). Intrigues de Ferdinand : négociations de janvier-mars 1513 entre lui et Louis XII ; le roi de France abandonne la cause des rois de Navarre; trêve d'Urtubie; occupation de la Basse-Navarre (1er avril 1513). — 2 — Négociations de Blois, de Paris et de Bayonne : rapprochement entre Louis XII et Ferdinand; rôle de la question navarraise dans les négociations. La reine d'Aragon revendique la succession de Foix : mission de Quintana et de Gabriel d'Orti (mai-juin 1513). Inquiétudes des rois de Navarre ; ambassade du maréchal de Navarre à la cour de France. Mission de Bernard de Vispalie à Rome pour la prestation d'obédience des rois de Navarre au pape Léon X. — 3 — Préparatifs d'une nouvelle expédition : rupture entre Louis XII et Ferdinand. Les rois de Navarre se préparent à la guerre (août 1513-janvier 1514). Nouvelles négociations sous la médiation d'Anne de Bretagne : missions du sire de Borne, de Gabriel d'Orti et de Quintana (octobre-décembre 1513); Ferdinand presse Louis XII d'abandonner les rois de Navarre. Mort d'Anne de Bretagne (janvier 1514). Scrupules de Louis XII au sujet des rois de Navarre. Mission de l'évêque de Trinopoli. Germaine, reine d'Aragon, revendique la succession de Foix (février 1514). Concessions de Ferdinand au sujet des rois de Navarre : ils ne sont pas compris dans la trêve d'Orléans (13 mars). Achèvement de la soumission de la Basse-Navarre. Serment de la noblesse basque (5 juin). Suspension d'armes ou convention de Mauléon entre la reine de Navarre et le vice-roi espagnol (29 juin). Alliance entre Louis XII et Henri VIII : traité de Londres (2 août). Projet d'expédition anglo-française en Navarre, repoussé par Louis XII (novembre). Mort de Louis XII (1er janvier 1515)... 411-430

Pages.

CHAPITRE II. *Les négociations de 1515 : le traité de Paris ; démarches de François Ier et de l'archiduc Charles pour le recouvrement de la Navarre; échec des négociations; union de la Navarre à la Castille (1515).* — 1 — Avénement de François Ier : étroite amitié entre les maisons d'Albret et d'Angoulême. Préparatifs d'une expédition en Béarn : mesures de défense du vice-roi de Navarre. Nouvelle démarche des rois de Navarre auprès du Pape : mission de Paul de Béarn, abbé de Boulbonne, à Rome (décembre 1514). Le roi de Navarre à la cour de France : traité de Paris (23 mars) entre Jean d'Albret et François Ier. Le roi de Navarre s'oppose au renouvellement de la trêve entre le roi de France et le roi d'Aragon, et demande des secours à François Ier (avril 1515). — 2 — Les négociations pour le recouvrement de la Navarre. Congrès de Paris. Traité entre François Ier et le prince de Castille. Article additionnel du 31 mars, relatif à la question navarraise : entente entre les ambassadeurs français et flamands. L'ambassade française à La Haye (juin 1515). Mission du maréchal de Navarre auprès du prince de Castille. — 3 — L'échec des négociations. Ferdinand incorpore la Navarre à la Castille (11 juin 1515); ratification des Cortès. Démarches inutiles des envoyés navarrais et français auprès du Roi Catholique à Burgos et à Osma (août-septembre 1515). Mission de l'envoyé du prince de Castille, Marsilla (août)............ 430-446

CHAPITRE III. *La seconde tentative de recouvrement de la Navarre : expédition de 1516; gouvernement de Jimenez et de Charles d'Espagne en Navarre.* — 1 — Préparatifs de la seconde expédition navarraise. Mission du maréchal de Navarre auprès du roi de France à Milan (octobre 1515). François Ier ajourne ses secours. Démarches des rois de Navarre auprès de l'Archiduc. Mission du maréchal de Navarre auprès du pape Léon X (décembre 1515). Projet de mariage entre Laurent de Médicis et une des filles du roi de Navarre (janvier-février 1516). — 2 — Opportunité de l'expédition : sentiments de la Navarre à l'égard des rois détrônés. Sympathies et espérances des Gramontais. Mécontentement des Beaumontais contre le Roi Catholique ; leurs négociations avec les rois de Navarre. Les troubles de la Castille. Promesses de secours des Béarnais. Mort de Ferdinand le Catholique (22 janvier 1516); ses dernières dispositions relatives à la Navarre. — 3 — L'expédition ; l'agitation en Navarre ; inexpérience du vice-roi Fadrique d'Acuña. François Ier pousse le roi de Navarre à entreprendre l'expédition, mais refuse ses secours. Invasion de la Basse-Navarre (mars 1516); occupation de Saint-Jean. Les rois de Navarre ne peuvent obtenir de secours du roi de France. Mesures prises par le vice-roi de Navarre ; il essaie d'arrêter les chefs des partis navarrais. Invasion du maréchal de Navarre. Désastre de sa petite armée à Roncal (16-18 mars 1516). — 4 — L'administration du cardinal Jimenez et de Charles d'Espagne en Navarre. Gouvernement énergique de Jimenez. Destruction des places fortes de la Navarre. Maintien d'un corps d'occupation considérable. Le duc de Nagéra nommé vice-roi. Changements apportés dans l'administration. Ménagements du roi d'Espagne à l'égard de ses sujets navarrais 446-471

CHAPITRE IV. *Les négociations de Noyon et de Bruxelles (mai-septembre 1516).* — 1 — Reprise des négociations avec l'appui de la France. Mission du commandeur de Samathan à Rome. Échec de cette mission. Le Pape néglige les intérêts des rois de Navarre. Mission de M. d'Asques et de M. de Lussan à la cour de France, de M. d'Estissac à la cour de Pau. Premières conférences de Noyon. Démarches des rois de Navarre auprès des conseillers des rois d'Espagne et de France. Les délégués navarrais Biaix et d'Asques aux conférences de Noyon (9-14 mai). Les ambassadeurs flamands déclarent n'avoir pas d'instructions pour régler la question navarraise. — 2 — Les rois de Navarre se décident à négocier directement avec le roi d'Espagne. Maladie et mort de Jean d'Albret (9-16 juin 1516). Les ambassadeurs navarrais essaient de connaître les intentions du Roi Catholique par l'entremise du prince de Chimay. Les Espagnols s'opposent à la restitution de la Navarre et à la délivrance du maréchal. — 3 — Les secondes conférences de Noyon (1er août-13 août). L'article du traité de Noyon relatif à la Navarre. La question navarraise ajournée. — 4 — Les conférences de Bruxelles. Harangue de Pierre de Biaix (25 août). Réponse du Roi Catholique et des ministres flamands (19 septembre). Nouvel ajournement de la question navarraise 471-488

CHAPITRE V. *Les négociations relatives au mariage du prince de Navarre ; les nouvelles conférences de Bruxelles et de Cambrai. La cour de France et les questions du mariage et de la succession navarraise (octobre 1516-mars 1517).* — 1 — Retour des ambassadeurs navarrais à la cour d'Amboise ; projet de mariage du jeune roi de Navarre et d'Éléonore d'Autriche, accueilli froidement par Louise de Savoie. Les secondes conférences de Bruxelles (novembre-décembre 1516) ; ambassade de Montfaucon et de Biaix à la cour du Roi Catholique. Charles d'Espagne accueille le projet de mariage. — 2 — Dernières démarches de la reine Catherine en faveur du mariage. Projets de la cour de France (union d'une des princesses navarraises avec Laurent de Médicis) ; opposition de la reine de Navarre à ces projets. Instructions des envoyés navarrais aux cours de France, d'Autriche et de Flandre. Mort de la reine de Navarre à Mont-de-Marsan (12 février 1517). — 3 — Conflit entre la cour de France et la maison d'Albret au sujet de la tutelle du roi de Navarre. Entrevue du 19 février entre les envoyés navarrais et François Ier. Les États de Béarn demandent le retour du jeune roi à Pau. Le sire d'Albret réclame la tutelle de son petit-fils ; il est reconnu comme tuteur du roi de Navarre (28 mars), mais le roi de France garde Henri d'Albret à sa cour. — 4 — Reprise des négociations avec le Roi Catholique ; mission de Montfaucon. Conférences de Cambrai (mars 1517). Nouvel ajournement de la question navarraise. Arrêt du Parlement de Paris terminant le procès de la succession de Foix en faveur du roi de Navarre (7 octobre 1517).. 489-508

Chapitre VI. *Les négociations d'Aranda et de Saragosse (1518).* — 1 — Le Roi Catholique en Espagne (septembre 1517). Premières démarches de l'ambassadeur français, La Rochebeaucourt, en faveur des rois de Navarre. Cortès de Valladolid (février 1518) : elles obtiennent du Roi Catholique confirmation de l'incorporation de la Navarre. — 2 — Démarches des Navarrais auprès des personnages influents de la cour d'Espagne. Départ de l'ambassade navarraise (23 février). Conférences de Valladolid (11-23 mars). Voyage du roi d'Espagne en Aragon : l'ambassade navarraise refuse de continuer les pourparlers à Valladolid (25-29 mars). — 3 — Conférences d'Aranda del Duero (7 avril) : harangue de Pierre de Biaix ; démarches auprès de M. de Chièvres ; entrevue du 17 avril ; la question navarraise encore ajournée. L'ambassade navarraise propose le mariage du roi de Navarre avec une des sœurs du Roi Catholique : audience du 20 avril ; ajournement des négociations. — 4 — Les ambassadeurs navarrais à Saragosse : le roi de Navarre sollicite l'intervention de la cour de France (mai-juin 1518) ; entrevue de l'envoyé espagnol Lachaux et de François Ier à Angers (7 juin). Ajournement des négociations et départ de l'ambassade navarraise (août 1518). Renonciation de Germaine de Foix à ses droits sur la succession navarraise en faveur de Charles d'Espagne (22 août 1518).............. 508-526

Chapitre VII. *Les négociations de Montpellier et les préliminaires de la rupture entre la France et l'Espagne : ajournement définitif de la question navarraise (1519-1520).* — 1 — Embarras de la cour d'Espagne au sujet de la Navarre. Réunion de troupes sur les frontières d'Espagne. Observations de l'ambassadeur de France, La Rochebeaucourt. Le programme des conférences de Montpellier et la question navarraise. Attitude suspecte de la cour de France. — 2 — Les conférences de Montpellier (3-10 mai 1519). Dispositions peu conciliantes des Français et des Espagnols. L'ambassade navarraise. Conférences des 3 et 4 mai au sujet de la Navarre. M. de Chièvres propose une indemnité pécuniaire pour le roi de Navarre.

Rupture des négociations (10 mai). — 3 — Les préparatifs de la guerre entre la France et l'Espagne. Le roi de France somme Charles-Quint de restituer la Navarre (février 1520). La situation de l'Espagne favorable à une nouvelle expédition : révolte des communes de Castille. La Navarre mécontente. Plan d'une conspiration contre le roi d'Espagne. Intrigues du roi de Navarre avec le duc de Cardonne......... 526-543

CHAPITRE VIII. *La troisième expédition de Navarre : la Navarre reconquise et définitivement perdue (1521).* — 1 — La Navarre avant l'expédition ; elle est dégarnie de troupes. Mauvais état des forteresses. Craintes du vice-roi Nagéra. — 2 — Lenteur des préparatifs militaires des rois de France et de Navarre ; ils laissent passer le moment favorable. Défaite des communes à Villalar (21 avril). L'invasion française en Navarre : conquête de la Basse-Navarre ; prise de Saint-Jean (12-15 mai). Le vice-roi Nagéra va demander secours aux Régents de Castille (22 mai). Occupation de la Haute-Navarre : soumission de Pampelune (19 mai). Prise de la citadelle. — 3 — Fautes du chef de l'expédition française, Asparros : on soupçonne le roi de France de vouloir garder la Navarre. Propositions des Beaumontais repoussées. Licenciement d'une partie des troupes. Invasion de la Castille et siège de Logroño (juin). Mouvement national en Castille contre les Français. Levée du siège de Logroño (11 juin). — 4 — Retraite des Français en Navarre. Supériorité de l'armée castillane ; elle tourne l'armée française et lui coupe la retraite sur Pampelune. Bataille de Noain (30 juin). Toute la Navarre est reconquise par les Espagnols. Soumission des Navarrais à l'Espagne : habile administration de Charles-Quint. Vains efforts des rois de Navarre au XVI° siècle pour recouvrer leur État ; ils ne peuvent vaincre l'hostilité de l'Espagne ni obtenir l'appui loyal de la France........................ 543-560

Conclusion.. 560-562

Choix de pièces justificatives.............................. 563-667

Table analytique des matières.............................. 669-685

FIN.

MANUELS DE BIBLIOGRAPHIE HISTORIQUE

LES ARCHIVES DE L'HISTOIRE DE FRANCE

PAR

CH.-V. LANGLOIS　　　　　　H. STEIN
Archiviste paléographe　　　　Archiviste paléographe
Chargé de cours à la Faculté des Lettres de Paris.　Archiviste aux Archives Nationales.

1 vol. in-8°, de plus de 800 pages.................... 18 f. »

PREMIÈRE PARTIE. — I. Archives nationales. — II. Archives des ministères. — III. Archives départementales. — IV. Archives municipales — V. Archives hospitalières. — VI. Archives diverses et commencement de la DEUXIÈME PARTIE. — Les Archives de l'Histoire de France à l'Etranger. — I. Allemagne. — II. Autriche-Hongrie. — III. Belgique. — IV. Espagne-Portugal. — V. Grande-Bretagne. — VI. Italie. — VII. Pays-Bas. — VIII. Pays Scandinaves. — IX. Pays Slavo-grecs. — X. Suisse. — Pays d'outre-mer. — TROISIÈME PARTIE. — Les Archives de l'Histoire de France dans les Bibliothèques de manuscrits. Chapitre préliminaire. — I. Bibliothèque nationale. — II. Bibliothèques de France. — III. Bibliothèques étrangères.

Une table jointe au volume facilitera les recherches.

MANUEL DE PALÉOGRAPHIE LATINE ET FRANÇAISE

DU VI° AU XVIII° SIÈCLE
Suivi d'un dictionnaire des abréviations par **Maurice PROU**
Avec 23 fac-similés en phototypie
Paris, 1890, 1 vol. in-8° carré, br., planches................. 12 f. »

RECUEIL DE FAC-SIMILÉS D'ÉCRITURES

DU XII° AU XVII° SIÈCLE
(MANUSCRITS LATINS ET FRANÇAIS)
Accompagnés de transcriptions par **Maurice PROU**
12 planches et transcription, in-4°, dans un carton............. 6 f. »

LE ROYAUME D'ARLES ET DE VIENNE (1138-1378)

ÉTUDE SUR LA FORMATION TERRITORIALE DE LA FRANCE DANS L'EST ET LE SUD-EST
Par M. **Paul FOURNIER**, professeur à la Faculté de Droit de Grenoble,
1 vol. in-8° (XXII-554 p.)................................. 12 f. »
Ouvrage auquel l'Académie des Inscriptions et Belles-Lettres
a décerné le 1er prix Gobert.

HISTOIRE DES INSTITUTIONS MONARCHIQUES DE LA FRANCE

Sous les premiers Capétiens (987-1180)
Par Ach. LUCHAIRE, professeur d'histoire du Moyen-Age à la Faculté des Lettres de Paris.
2° édition revue et augmentée, 2 vol. in-8° (XIV-358 et 379 p.).. 15 f. »
Ouvrage auquel l'Académie des Sciences morales et politiques
a décerné le prix d'Histoire générale.
Histoire des institutions monarchiques de la France sous les premiers Capétiens (mémoires et documents), étude sur les actes de Louis VII, 1885, 1 volume in-4°, br., avec planches de sceaux fac-similés................... 15 f. »

LOUIS VI LE GROS
ANNALES DE SA VIE ET DE SON RÈGNE (1081-1137)
Précédés d'une introduction historique développée, par A. LUCHAIRE
1 vol. in-8° (CII-499 p.)............... 10 f. »

FLOURAC, archiviste des Basses-Pyrénées. — Jean I°, comte de Foix, vicomte souverain de Béarn, lieutenant du roi en Languedoc. Etude historique sur le Sud-Ouest de la France pendant le premier tiers du XV° siècle, Paris, 1884, 1 vol. in-8°, br. (VII-315 p.)............. 5 f. »

BATIFFOL (Pierre). — L'abbaye de Rossano, contribution à l'histoire de la Vaticane. Paris, 1892, 1 vol. in-8° (XL-182 p.)............ 7 f.50
Etude des plus remarquables sur la civilisation byzantine et l'hellénisme dans l'Italie méridionale du XI° au XV° siècle. Cent exemplaires seulement sont dans le commerce.

BATIFFOL (l'abbé P.), docteur ès-lettres. — Histoire du Bréviaire romain, 1892, 1 vol. in-12 (XIV-356 p.)............ 3 f.50

KURTH (Godefroy), professeur à l'Université de Liége. — Histoire poétique des Mérovingiens. 1 vol. gr. 8° de 4 fnc et 552 p............. 10 f. »